[redacted]

[redacted]

westermann

Dipl.-Hdl. Dipl.-Kfm. Hartwig Heinemeier, Dipl.-Hdl. Hans Jecht, Dipl.-Hdl. Marcel Kunze,
Dipl.-Hdl. Peter Limpke, Dipl.-Hdl. Rainer Tegeler

Groß im Handel

1. Ausbildungsjahr:
Lernfelder 1–4

8. Auflage

Bestellnummer 203153

Die in diesem Produkt gemachten Angaben zu Unternehmen (Namen, Internet- und E-Mail-Adressen, Handelsregistereintragungen, Bankverbindungen, Steuer-, Telefon- und Faxnummern und alle weiteren Angaben) sind i. d. R. fiktiv, d. h., sie stehen in keinem Zusammenhang mit einem real existierenden Unternehmen in der dargestellten oder einer ähnlichen Form. Dies gilt auch für alle Kunden, Lieferanten und sonstigen Geschäftspartner der Unternehmen wie z. B. Kreditinstitute, Versicherungsunternehmen und andere Dienstleistungsunternehmen. Ausschließlich zum Zwecke der Authentizität werden die Namen real existierender Unternehmen und z. B. im Fall von Kreditinstituten auch deren IBANs und BICs verwendet.

Zusatzmaterialien zu Groß im Handel – 1. Ausbildungsjahr

Für Lehrerinnen und Lehrer

Lösungen: 978-3-14-203225-2
Lösungen Download: 978-3-14-203161-3
Lösungen zum Arbeitsbuch: 978-3-14-203233-7
Lösungen zum Arbeitsbuch Download: 978-3-14-203177-4

BiBox westermann inkl. E-Book

BiBox Einzellizenz für Lehrer/-innen (Dauerlizenz): 978-3-14-203217-7
BiBox Kollegiumslizenz für Lehrer/-innen (Dauerlizenz): 978-3-14-203209-2
BiBox Kollegiumslizenz für Lehrer/-innen (1 Schuljahr): 978-3-14-107764-3

Für Schülerinnen und Schüler

Arbeitsbuch: 978-3-14-203169-9

BiBox westermann inkl. E-Book

BiBox Einzellizenz für Schüler/-innen (1 Schuljahr): 978-3-14-203185-9

westermann GRUPPE

Druck und Bindung: Westermann Druck GmbH, Georg-Westermann-Allee 66, 38104 Braunschweig

ISBN 978-3-14-203153-8

Schon seit einiger Zeit sieht sich der Groß- und Außenhandel gewaltigen Veränderungen gegenüber, die sich in der näheren Zukunft noch verstärken werden. So wird durch die **Digitalisierung** die Datenkompetenz zur Schlüsselressource für fast jedes Geschäftsmodell im Groß- und Außenhandel. Digitale Technologien beeinflussen den Groß- und Außenhandel schon heute maßgeblich:

- Immer häufiger nutzen Groß- und Außenhandelsunternehmen im Rahmen ihrer E-Business-Aktivitäten unterschiedliche digitale Plattformen als Informations- und Bezugsquellen.
- Vor allem im Absatzbereich eröffnen sich völlig neue Möglichkeiten: Onlineshops und das Auftreten auf Marktplätzen (Omnichannel-Commerce-Plattformen) ermöglichen über die Nutzung neuer Vertriebskanäle die Ansprache weiterer Kundengruppen. Das Vertriebsnetz von Groß- und Außenhandelsunternehmen wird durch E-Commerce-Instrumente erheblich erweitert.
- ERP-Software sorgt für effizientere Abläufe aller wichtigen Geschäftsprozesse. Vormals manuelle und analoge Geschäftsprozesse werden nun digitalisiert und automatisiert.
- Durch die Digitalisierung werden in der Lieferkette (Supply Chain) Abläufe vom ersten bis zum letzten Glied gestrafft. Fehler werden vermieden. Zwischen allen Beteiligten gibt es einen zeitnahen und standardisierten Austausch von digitalen Informationen und Daten.

Für viele Groß- und Außenhandelsunternehmen steigt durch die **Globalisierung** als weitere Herausforderung die Zahl der Lieferanten und Kunden, mit denen sie in Kontakt treten.

Die Auszubildenden im neuen Ausbildungsberuf **Kaufmann/-frau für Groß- und Außenhandelsmanagement** stehen – bedingt durch diese Entwicklungen – vor **neuen Anforderungen und Herausforderungen**:

- Sie müssen in ihrem Berufsleben in den Geschäftsprozessen des Groß- und Außenhandels die fortschreitende Digitalisierung sowie die wachsenden Bedeutung des E-Commerce berücksichtigen.
- Ihnen muss bewusst sein, dass in ihrem Arbeitsalltag das Lösen von Problemen immer wichtiger wird.
- Sie müssen in der Lage sein, prozessorientierte Arbeitsabläufe durchzuführen bzw. zu steuern. Beherrscht werden muss daher ebenfalls ein professionelles Projektmanagement.
- Aufgrund der zunehmenden Globalisierung müssen sie Chancen des Außenhandels wahrnehmen, aber gleichzeitig dessen Risiken erkennen und möglichst vermeiden.
- Für ein erfolgreiches Handeln müssen sie zwar nach wie vor über umfassende Fach- und Methodenkompetenzen verfügen, zusätzlich gewinnt in diesem Zusammenhang jedoch immer mehr das Beherrschen von Soft Skills (z. B. Teamarbeit, Präsentationsfähigkeit, Kommunikationsfähigkeit, Konfliktmanagement usw.) an Bedeutung.

Der hier vorliegende erste Band der Schulbuchreihe „Groß im Handel“ möchte vor diesem Hintergrund die Handlungskompetenz der Lernenden explizit und nachhaltig fördern. Als Handlungskompetenz verstehen wir „die Fähigkeit des Einzelnen, sich in beruflichen, gesellschaftlichen und privaten Situationen sachgerecht, durchdacht sowie individuell und sozial verantwortlich zu verhalten» (KMK). Die Schülerinnen und Schüler sollen auf die selbstständige Bewältigung der zunehmend komplizierteren und komplexeren Praxis in den Groß- und Außenhandelsunternehmen vorbereitet werden.

In einem von dem neuen Rahmenlehrplan geforderten Unterricht muss ein Schulbuch

- den von den Lernsituationen ausgelösten Lernprozess strukturieren,
- die zur Erreichung der geforderten Kompetenzen notwendigen Inhalte und Methoden darstellen,
- zum Lesen und zum Lernen bewegen und motivieren.

Durchgehend basiert das Buch auf einem **Modellunternehmen** – der Fairtext GmbH –, sodass es den Lernenden erleichtert wird, die Strukturen, Prozesse, Phänomene und Probleme abzubilden und nachzuvollziehen, mit denen sie auch in ihrem späteren Berufsleben konfrontiert werden.

Komplexe Lernsituationen – sowohl für das **gesamte Lernfeld** als auch für die einzelnen Kapitel – konkretisieren das Lernfeld. Sie stellen den Ausgangspunkt problem- und entscheidungsorientierten Lernens dar.

Die einzelnen Kapitel dieses umfassenden und verständlichen Schulbuchs sind einheitlich gegliedert:

1. **Einstieg:** Jedes Kapitel beginnt mit einer anschaulichen Fallschilderung oder Darstellung, die auf die Problemstellung des Kapitels hinweist.

2. **Information:** Es schließt sich ein ausführlicher Informationsteil mit einer großen Anzahl von Beispielen und weiteren Veranschaulichungen an.
3. **Aufgaben:** Die dem Kapitelaufbau folgenden Lernaufgaben, die der Erschließung des Textes dienen, sollen von den Schülern mithilfe des Informationsteils selbstständig gelöst werden.
4. **Aktionen:** Durch Anwendung wichtiger Lern-, Arbeits- oder Präsentationstechniken im Zusammenhang mit dem behandelten Thema werden Grundlagen zum Erwerb der beruflich geforderten Handlungskompetenz gelegt.
5. **Zusammenfassung:** Am Kapitelende werden die wesentlichen Lerninhalte in Form einer farblich hervorgehobenen Übersicht als Post-Organizer zusammengefasst. Die Übersicht eignet sich sehr gut zur Wiederholung des Gelernten.

Durch die übersichtliche Gestaltung der Kapitel, die ausführlichen Erläuterungen der Fachbegriffe, die leicht verständliche Textformulierung und die vielen Beispiele und Abbildungen werden die Inhalte so veranschaulicht, dass das Lernen wesentlich erleichtert wird.

Der zweispaltige Satz und das breitere Buchformat wurden gewählt, um die Erfassbarkeit des Textes zu verbessern.

Das umfangreiche Sachwortverzeichnis am Schluss des Buches soll dem schnellen und gezielten Auffinden wichtiger Inhalte dienen.

Zu diesem Schulbuch gibt es ein **Arbeitsbuch** (978-3-14-203166-8). Dieses enthält Lernsituationen, die einen klaren Bezug zu beruflichen Situationen ausweisen und komplexe Handlungsaufgaben bieten, die problemlösend bearbeitet werden. Im Rahmen der Bearbeitung vollziehen die Schüler vollständige berufliche Handlungen nach. Das Arbeitsbuch stellt somit eine ideale Ergänzung des Schulbuchs dar und ermöglicht die Erarbeitung, Sicherung und Vertiefung der Unterrichtsinhalte.

In diesem Buch werden viele Begriffe – wie z. B. „Verkäufer“ und „Kunde“ – neutral verwendet, d. h., sie bezeichnen Personen aller Geschlechter. Wir bitten um Verständnis dafür, dass wir zugunsten der Lesefreundlichkeit auf die zusätzliche Erwähnung der anderen Formen verzichtet haben.

Lösungen zu den Schülerbänden und Arbeitsbüchern sind separat erhältlich.

Vorwort zur 8. Auflage

Seit der 7. Auflage hat es einige rechtliche, ökonomische und technische Neuerungen gegeben. Diese wurden eingearbeitet. Zudem haben wir die Anregungen und Vorschläge vieler Leser zum Lernfeld 4 bezüglich des inhaltlichen Aufbaus und der Aufgabenstellungen berücksichtigt. Für diese Hinweise möchten wir uns sehr bedanken.

Frühjahr 2022 — Die Verfasser

2031534

INHALTSVERZEICHNIS

1

DAS UNTERNEHMEN **PRÄSENTIERTEN** UND DIE EIGENE ROLLE **MITGESTALTEN**

Das Unternehmen präsentierten und die eigene Rolle mitgestalten

Nach der Durcharbeitung der Kapitel zum Lernfeld 1 werden Sie diese Lernsituationen sehr gut bewältigen können. Zum Erfassen des Textes sollten Sie auch das Kapitel „Lern- und Arbeitstechniken" heranziehen.

Lernsituation 1

Die neuen Auszubildenden verschiedener Filialen der Fairtext GmbH treffen sich am zweiten Tag ihrer Ausbildung in einem Seminar. Dort fordert sie die Ausbildungsleiterin Janina Schlemmer auf, in der nächsten Zeit ihre jeweilige Filiale zu erkunden und den anderen Auszubildenden vorzustellen. Berücksichtigt werden sollen dabei Präsentationsregeln und der Einsatz von entsprechenden Programmen für diese Darbietungen.

Damit auch Sie Ihr Ausbildungsunternehmen demnächst im Unterricht ähnlich vorstellen können, sollten Sie die folgenden Teilaufträge bearbeiten:

1. Arbeiten Sie die Unterschiede zwischen dem Modellunternehmen Fairtext GmbH und Ihrem Ausbildungsunternehmen heraus und halten Sie die Ergebnisse in einer übersichtlichen und aussagefähigen Tabelle fest.
2. Stellen Sie mithilfe von Mindmaps
   a) Ziele von Großhandelsunternehmen,
   b) Aufgaben von Großhandelsunternehmen
   am Beispiel Ihres Ausbildungsunternehmens vor.
3. Erläutern Sie die verschiedenen Informationsströme, die es
   a) einerseits innerhalb der Abteilungen Ihres Ausbildungsunternehmens und
   b) andererseits zwischen dem Ausbildungsunternehmen und anderen Wirtschaftsteilnehmern gibt.
   Stellen Sie Ihre Ergebnisse grafisch dar.
4. Erarbeiten Sie in Gruppen Merkmale der verschiedenen Weisungssysteme, die es in Großhandelsunternehmen gibt.
   Visualisieren Sie anschließend Ihre gefundenen Ideen und Vorschläge auf Wandzeitungen und präsentieren Sie sie vor Ihrer gesamten Klasse.
5. Stellen Sie den Warenprozess Ihres Unternehmens als Schaubild dar.
6. Vergleichen Sie die Betriebsform Ihres Ausbildungsunternehmens mit der des Modellunternehmens Fairtext GmbH.

Lernsituation 2

Nachdem die Auszubildenden der Fairtext GmbH die Präsentation durchgeführt haben, bekommen sie von der Ausbildungsleiterin Janina Schlemmer den Auftrag, sich über die Rechte und Pflichten im Rahmen ihrer Ausbildung zu informieren.

Damit auch Sie sich diese Informationen erarbeiten können, bereiten Sie ein Rollenspiel vor, in dem Sie als Interessenvertreter der Auszubildenden in einem Informationsgespräch Ihre Mitschülerinnen und Mitschüler über diesen Themenbereich informieren.

KAPITEL 1

Die Fairtext GmbH: Das Modellunternehmen

Anne Schulte,

Caroline König,

Sebastian Holpert und

Mete Öczan ...

... beginnen ihre Ausbildung zur Kauffrau bzw. zum Kaufmann für Groß- und Außenhandelsmanagement bei der Fairtext GmbH in Hannover. Anne, Caroline und Sebastian werden in der Fachrichtung Großhandel und Mete in der Fachrichtung Außenhandel ausgebildet.
Am ersten Tag der Ausbildung informiert die Ausbildungsleiterin Janina Schlemmer die Auszubildenden über das Unternehmen.

1. Vergleichen Sie dieses Unternehmen mit den Abteilungen Ihres Ausbildungsbetriebs.
2. Führen Sie auf, wo es Gemeinsamkeiten bzw. Unterschiede gibt.

INFORMATIONEN

Das Modellunternehmen

Das in diesem Buch verwendete Modellunternehmen ist die Fairtext GmbH.
Ein Modellunternehmen ist einem realen Großhandelsunternehmen nachempfunden. Es soll beispielhaft

- die Marktbeziehungen,
- das Leistungsspektrum,
- die Zusammensetzung der Belegschaft und
- die i. d. R. anfallenden kaufmännischen Tätigkeiten

typischer Unternehmen im deutschen Groß- und Außenhandel vermitteln. Die wirtschaftlichen Abläufe in einem Großhandelsunternehmen (und das dahinter liegende theoretische Wissen) können dadurch besser nachvollzogen werden.

Die Fairtext GmbH – das Unternehmen

Kurz nach dem Zweiten Weltkrieg gründete Rudolf Hahnenkamp den Rudolf Hahnenkamp Textilgroßhandel in Hannover. Später übernahm sein Sohn Daniel Hahnenkamp das Unternehmen. Seitdem eröffnete er nach und nach weitere Häuser. Im Zuge der Expansion wurde die Hahnenkamp GmbH zur Fairtext GmbH. Sie hat also die Rechtsform einer Gesellschaft mit beschränkter Haftung. Geschäftsführer sind mittlerweile Pascal Hahnenkamp und Viktoria Schröter.

Ein Ausschnitt aus der Festschrift zum 70-jährigen Betriebsjubiläum 2019:

1949 Rudolf Hahnenkamp gründet 1949 eine Firma mit der Bezeichnung „Rudolf Hahnenkamp Textilgroßhandel“. Das damalige Sortiment besteht hauptsächlich aus Meterware, Tüchern und Tischdecken.

1954 Trotz der schwierigen Nachkriegslage kann der Umsatz kontinuierlich gesteigert werden. 1954 hat der Betrieb schon fünf Mitarbeiter. Das Verkaufsgebiet beschränkt sich auf Geschäfte rund um Hannover.

1959 Der ältere Sohn Daniel Hahnenkamp tritt in die Firma ein, die er später übernehmen wird.

1962 Der Umsatz übersteigt erstmals die Millionengrenze. Ein neues Geschäftsgebäude wird errichtet.

1965 In Hamburg wird die erste Niederlassung eröffnet. Im Laufe der Jahre folgen noch Häuser in Braunschweig, Berlin, Frankfurt, Köln, Stuttgart, München, Leipzig und Rostock.

1967 Die Hahnenkamp GmbH beginnt das Sortiment um Geschenkartikel zu erweitern.

1970er Jahre Anfang der 1970er Jahre heiratet Daniel Hahnenkamp Frauke Schröter, Tochter eines Sportartikelgroßhändlers. Die Verantwortlichen beschließen, das Unternehmen mit dem der befreundeten Unternehmerfamilie Schröter zusammenzulegen. Durch die Gründung der Fairtext GmbH wird das Sortiment erheblich erweitert.

1977 Bisher wurde mit Prospekten auf das Sortiment aufmerksam gemacht. 1977 wird der erste umfangreiche Katalog gedruckt.

1980 Ab 1980 finden in den Häusern der Großhandlung jährlich Verkaufsmessen statt.

1980er Jahre Mitte der 1980er-Jahre wird das Sortiment ein weiteres Mal vergrößert. Schmuck und Accessoires werden nun zusätzlich ins Programm aufgenommen.

1989 Die steigenden Umsätze bzw. Stückzahlen zwingen die Firma Fairtext GmbH zum Neubau eines zentralen Büro- und Lagergebäudes.

1995 Im August 1995 stirbt Daniel Hahnenkamp. Sein Sohn Markus Hahnenkamp tritt als neuer Geschäftsführer in die Firma ein. Ebenfalls neue Geschäftsführerin wird Susanne Schröter, eine Cousine von Markus Hahnenkamp.

1997 Die Fairtext GmbH entschließt sich, in ausgewählten Sortimentsbereichen Artikel nicht nur im Inland, sondern auch im Ausland zu beschaffen und zu vertreiben.

1998 Die Fairtext GmbH beginnt mit dem Aufbau eines Internetshops.

2015 Die Fairtext GmbH erzielt erstmals einen Umsatz von mehr als 300 Mio. €.
Markus Hahnenkamp und Susannne Schröter gehen in den Ruhestand. Pascal Hahnenkamp und Viktoria Schröter übernehmen die Geschäftsführung.

2019 Die Fairtext GmbH feiert 70-jähriges Betriebsjubiläum.

Die Fairtext GmbH umfasst Niederlassungen in zehn deutschen Städten. Diese haben insgesamt eine Lagerfläche von 1,5 Mio. m^2. 300 Mitarbeiter arbeiten bei der Fairtext GmbH. Der Umsatz betrug im letzten Jahr 110 Mio. €. Die Filialen befinden sich überwiegend in Gewerbegebieten des jeweiligen Standorts. Die Fairtext GmbH möchte sich dort als Textilgroßhandlung der Zukunft positionieren.

Die Zentrale befindet sich am Stammsitz in Hannover. Hier werden alle wichtigen Unternehmensentscheidungen getroffen. Die Beschaffung der Ware erfolgt bislang ausschließlich durch die Zentrale, um Kostenvorteile bei der Beschaffung größerer Mengen auszunutzen. Aus diesem Grund bieten alle Filialen der Fairtext GbmH in den meisten Bereichen ein einheitliches Sortiment an, das durch regionale Besonderheiten ergänzt wird.

In Hannover befindet sich aber nicht nur die Zentrale. Der Stammsitz dient gleichzeitig ebenfalls als Filiale.

Sitz der Firma:
Walsroder Str. 6 a, 30625 Hannover
Postfach 21 31 41, 30604 Hannover
Telefon: 0511 4155-15, **Fax:** 0511 4155-11
Internet: www.fairtext-wvd.de
E-Mail: info@fairtext-wvd.de
Handelsregisternummer: HRB 200147, Amtsgericht Hannover
USt-ID: DE 183 034 912
Steuernummer: 2320 041 014
EORI-Nr. (Zoll-Nr.): DE6115209 HRA 200147
Erfüllungsort und Gerichtsstand: Hannover
Geschäftsjahr: 1. Januar bis 31. Dezember

Bankverbindungen:
Sparkasse Hannover
Kontonummer: 517 321
BLZ: 250 501 80
BIC: SPKHDE2H
IBAN: DE53 2505 0180 0000 5173 21

Postbank Hannover
Kontonummer: 15 305
BLZ: 250 100 30
BIC: PBNKDEFF
IBAN: DE82 2501 0030 000 0153 05

Commerzbank Hannover
Kontonummer: 141 919 100
BLZ: 250 400 66
BIC: COBADEFF
IBAN: DE09 2504 0066 0141 9191 00

Die betrieblichen Grundfunktionen der Fairtext GmbH

Die Fairtext GmbH bietet ihren Kunden ein breites und überwiegend tiefes Sortiment an:

- Dies geschieht durch einen zweimal jährlich erscheinenden Katalog. Die Kunden bestellen schriftlich. Ein Teil des Sortiments wird aber auch in Verkaufsgesprächen per Telefon abgesetzt.
- Gleichzeitig hat jedes Haus einen Showroom, der das Sortiment vorstellt. Dort kann das Fachpersonal die Kunden beraten, insbesondere z. B. bei erklärungsbedürftigen Artikeln.
- Zwei Reisende können das Sortiment aber auch direkt beim Kunden vor Ort vorstellen.

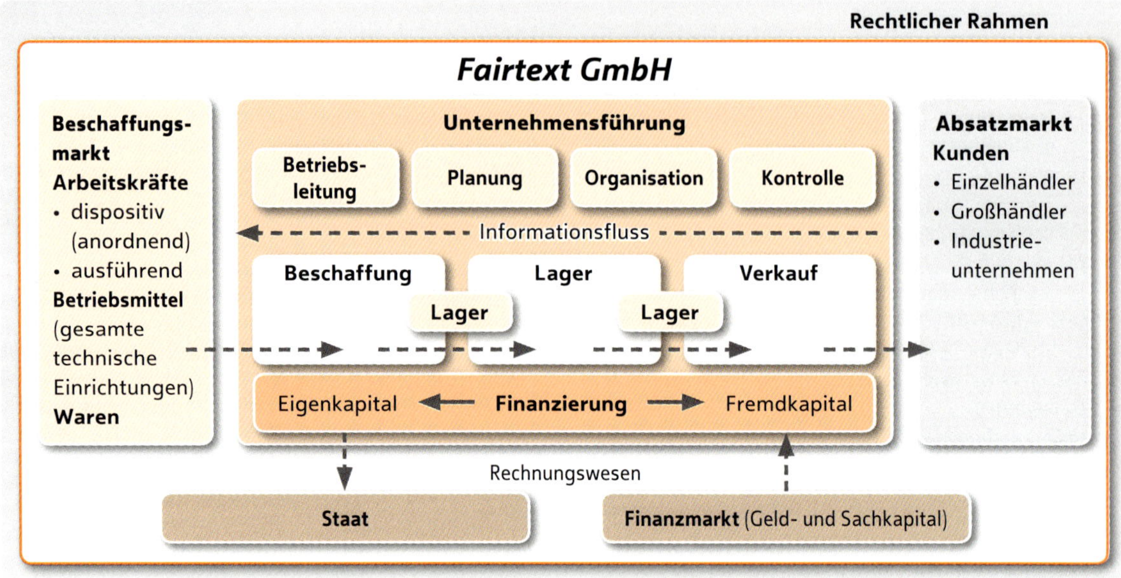

- Über einen von der Zentrale geführten Webshop bestellen immer mehr Kunden über das Internet. Für ausländische Kunden wird dieser mittlerweile in zehn Sprachen geführt. Zudem tritt die Fairtext GmbH auf verschiedenen Marktplätzen weltweit im Internet sowohl als Nachfrager als auch als Anbieter auf.

Im Internet stellt die Fairtext GmbH ihr Firmenprofil vor:

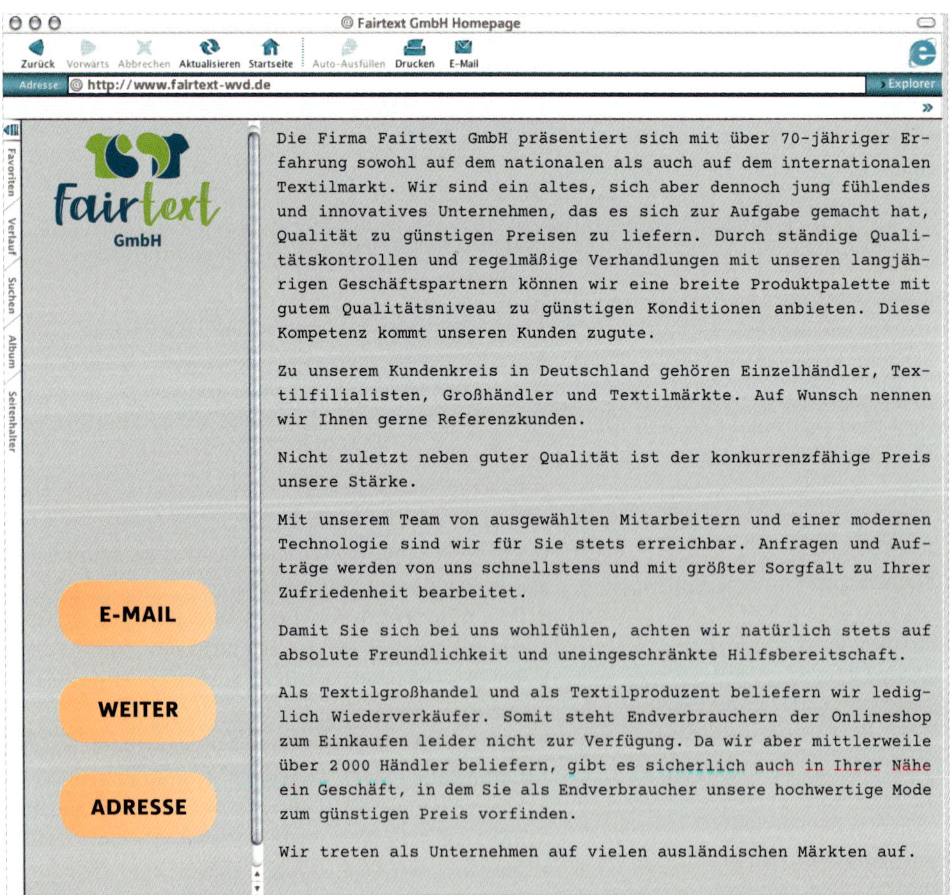

Die Firma Fairtext GmbH präsentiert sich mit über 70-jähriger Erfahrung sowohl auf dem nationalen als auch auf dem internationalen Textilmarkt. Wir sind ein altes, sich aber dennoch jung fühlendes und innovatives Unternehmen, das es sich zur Aufgabe gemacht hat, Qualität zu günstigen Preisen zu liefern. Durch ständige Qualitätskontrollen und regelmäßige Verhandlungen mit unseren langjährigen Geschäftspartnern können wir eine breite Produktpalette mit gutem Qualitätsniveau zu günstigen Konditionen anbieten. Diese Kompetenz kommt unseren Kunden zugute.

Zu unserem Kundenkreis in Deutschland gehören Einzelhändler, Textilfilialisten, Großhändler und Textilmärkte. Auf Wunsch nennen wir Ihnen gerne Referenzkunden.

Nicht zuletzt neben guter Qualität ist der konkurrenzfähige Preis unsere Stärke.

Mit unserem Team von ausgewählten Mitarbeitern und einer modernen Technologie sind wir für Sie stets erreichbar. Anfragen und Aufträge werden von uns schnellstens und mit größter Sorgfalt zu Ihrer Zufriedenheit bearbeitet.

Damit Sie sich bei uns wohlfühlen, achten wir natürlich stets auf absolute Freundlichkeit und uneingeschränkte Hilfsbereitschaft.

Als Textilgroßhandel und als Textilproduzent beliefern wir lediglich Wiederverkäufer. Somit steht Endverbrauchern der Onlineshop zum Einkaufen leider nicht zur Verfügung. Da wir aber mittlerweile über 2000 Händler beliefern, gibt es sicherlich auch in Ihrer Nähe ein Geschäft, in dem Sie als Endverbraucher unsere hochwertige Mode zum günstigen Preis vorfinden.

Wir treten als Unternehmen auf vielen ausländischen Märkten auf.

Das Unternehmen in Hannover

In der Filiale Hannover sind fast 50 Mitarbeiter beschäftigt. Der Anteil der Auszubildenden beträgt in der Regel etwa 10 %.

Zum 1. August haben Anne Schulte, Caroline König, Sebastian Holpert und Mete Öczan bei der Fairtext GmbH eine Ausbildung zur Kauffrau bzw. zum Kaufmann für Groß- und Außenhandelshandelsmanagement begonnen. Am 5. August entschließt sich Markus Hahnenkamp kurzfristig, Tamara Nestmann, die Tochter eines Geschäftsfreundes, als weitere Auszubildende im ersten Lehrjahr in das Unternehmen zu übernehmen. Marlies Grolms ist Auszubildende im zweiten Lehrjahr.

Die Fairtext GmbH ist bisher nach Funktionsbereichen organisiert. Für jeden Funktionsbereich ist ein Abteilungsleiter zuständig. Um einen reibungslosen Ablauf des betrieblichen Geschehens zu gewährleisten, wird mindestens einmal pro Woche eine Abteilungsleiterkonferenz einberufen, bei der alle wichtigen Informationen ausgetauscht und Themen von Bedeutung durchgesprochen werden.

Die Funktionsbereiche der Fairtext GmbH werden von folgenden Personen geleitet:

Funktionsbereich Einkauf:	Uwe Harriefeld
Funktionsbereich Logistik/Lager:	Herbert Zeggel
Funktionsbereich Verkauf:	Thomas Raub
Funktionsbereich Verwaltung:	Tanja Zimmerer
Funktionsbereich Rechnungswesen:	Daniela Beere
Funktionsbereich Außenhandel:	Adrian Sieg

Geschäftsführer der Fairtext GmbH sind Pascal Hahnenkamp und Viktoria Schröter.

Über die Beschäftigten, die am 1. August bei der Fairtext GmbH am Standort Hannover angestellt sind, gibt der folgende Gesamtstellenplan Auskunft:

Planstelle	Abteilung	Tätigkeitsbezeichnung	Name
101	Stabsstelle Organisation/EDV	Organisator/EDV-Unterstützung	Herr Sternecker
102	Sekretariat Geschäftsleitung	Sekretärin	Frau Stephan
201	Verwaltung	Abteilungsleiterin	Frau Zimmerer
202	Verwaltung	Sachbearbeiter	Herr Esser
203	Verwaltung	Sachbearbeiter	Herr Gillettern
204	Verwaltung	Sachbearbeiterin	Frau Thiele
205	Verwaltung	Sachbearbeiterin	Frau Evensen
206	Verwaltung	Sachbearbeiter	Herr Schmolke
207	Verwaltung	Sachbearbeiter	Herr Neitzerr
208	Verwaltung	Sachbearbeiterin	Frau Zadam
209	Verwaltung	Sachbearbeiterin	Frau Günes
210	Verwaltung	Sachbearbeiter	Herr Tetau
211	Verwaltung	Ausbildungsleitung	Frau Schlemmer
212	Verwaltung	Sachbearbeiter Poststelle	Herr Habekost
301	Rechnungswesen	Abteilungsleiterin	Frau Jonas
302	Rechnungswesen	Sachbearbeiterin	Frau Staudt
303	Rechnungswesen	Sachbearbeiterin	Frau Tegtmeyer
304	Rechnungswesen	Sachbearbeiter	Herr Strahler
305	Rechnungswesen	Sachbearbeiter	Herr Franke
401	Einkauf	Abteilungsleiter	Herr Harriefeld
402	Einkauf	Sachbearbeiter	Herr Lesser
403	Einkauf	Sachbearbeiter	Herr Marxen
404	Einkauf	Sachbearbeiterin	Frau Besten
405	Einkauf	Sachbearbeiter	Herr Ritter

Planstelle	Abteilung	Tätigkeitsbezeichnung	Name
406	Einkauf	Sachbearbeiterin	Frau Neumann
501	Logistik	Abteilungsleiter	Herr Zeggel
502	Logistik	Lagerarbeiter	Herr Schäfer
503	Logistik	Lagerarbeiter	Herr Steffen
504	Logistik	Lagerarbeiter	Herr Kache
505	Logistik	Lagerarbeiter	Herr Püster
601	Verkauf	Abteilungsleiter	Herr Raub
602	Verkauf	Sachbearbeiterin	Frau Molzahn
603	Verkauf	Sachbearbeiter	Herr Prinzker
604	Verkauf	Sachbearbeiterin	Frau Eisenberg
605	Verkauf	Sachbearbeiter	Herr Menne
606	Verkauf	Reisender (Nord)	Herr Storch
607	Verkauf	Reisender (Süd)	Herr Fleck
701	Außenhandel	Abteilungsleiter	Herr Sieg
702	Außenhandel	Sachbearbeiter (Einkauf Ausland)	Herr Neuser
703	Außenhandel	Sachbearbeiterin (Einkauf Ausland)	Frau Hildegard
704	Außenhandel	Sachbearbeiter (Verkauf Ausland)	Herr Tepe
705	Außenhandel	Sachbearbeiterin (Verkauf Ausland)	Frau Papst
801	Onlinevertrieb	Abteilungsleiter Onlinevertrieb	Herr Wange
802	Onlinevertrieb	Betrieb Webshop	Herr Mertesacker
803	Onlinevertrieb	Onlinemarketing	Frau Hegewald

Personalvertretung

Im Unternehmen sind ein Betriebsrat und eine Jugend- und Auszubildendenvertretung eingerichtet. Der Betriebsrat vertritt die Interessen der Arbeitnehmer gegenüber dem Arbeitgeber und hat Rechte bei Kündigungen und Einstellungen. Er wird für jeweils vier Jahre durch die Arbeitnehmer gewählt. Die letzte Wahl fand vor einem halben Jahr statt. Vorsitzende des Betriebsrats ist Frau Papst, ihr Stellvertreter Herr Ritter. Heike Eisenberg ist Vorsitzende der Jugend- und Auszubildendenvertretung. Diese vertritt die Interessen der jugendlichen Arbeitnehmer.

Einmal im Quartal wird eine Betriebsversammlung durchgeführt, bei der alle Mitarbeiter die Gelegenheit bekommen, neue Ideen vorzuschlagen, Verbesserungsvorschläge zu machen, aber auch aktuelle Probleme anzusprechen. Dadurch herrscht bei der Fairtext GmbH ein ausgesprochen gutes Betriebsklima. In regelmäßigen Abständen finden für die Mitarbeiter Schulungen statt. Insgesamt gilt bei allen Mitarbeitern der Fairtext GmbH das Motto: *„Der Kunde steht im Mittelpunkt."* Weiterhin wird auf die Warenpflege besonderen Wert gelegt.

Vollmachten

Um den reibungslosen Geschäftsablauf der Fairtext GmbH zu gewährleisten, haben die Geschäftsinhaber einen Teil ihrer Aufgaben und Handlungsvollmachten an ihre Mitarbeiterinnen und Mitarbeiter abgegeben.
Bei den Handlungsvollmachten unterscheidet man:

Allgemeine Handlungsvollmacht

Sie berechtigt zur Ausübung aller gewöhnlichen Rechtsgeschäfte, die in dem Betrieb vorkommen.

BEISPIELE

- übliche Zahlungsgeschäfte erledigen
- Ware verkaufen
- einkaufen
- Mitarbeiter einstellen und entlassen

Filialleiter und Abteilungsleiter haben meist eine allgemeine Handlungsvollmacht.

Artvollmacht

Sie berechtigt Angestellte, bestimmte Rechtsgeschäfte dauernd zu erledigen. Eine Artvollmacht besitzen z. B. Verkäufer, Einkäufer, Kassierer.

20315314

Einzelvollmacht

Wer eine Einzelvollmacht erhält, darf den erhaltenen Auftrag nur einmal ausführen.

BEISPIEL

Ein Angestellter wird beauftragt, als Bote eine Ware in die Wohnung eines Kunden zu bringen und dort den Rechnungsbetrag zu kassieren

Eine Handlungsvollmacht kann der Geschäftsinhaber formlos (schriftlich, mündlich oder stillschweigend) erteilen. Jeder Bevollmächtigte kann innerhalb seiner Vollmacht Untervollmachten erteilen, d.h.: ein Angestellter mit allgemeiner Handlungsvollmacht darf innerhalb seiner Vollmacht Artvollmachten, ein Artbevollmächtigter innerhalb seiner Artvollmacht Einzelvollmachten erteilen.

Handlungsbevollmächtigte versehen ihre Unterschrift mit dem Zusatz „i. V." (in Vollmacht) oder „i. A." (im Auftrag).

Das Sortiment

Die meisten Kunden begreifen die Fairtext GmbH vor allem als Großhandelsunternehmen.

Das Sortiment der Fairtext GmbH umfasst die folgenden Warengruppen:

- Herrenbekleidung
- Damenoberbekleidung
- Kindermode
- Herrenwäsche
- Damenwäsche
- Fashion
- Sportartikel
- Sport- und Freizeitbekleidung
- Haushaltswäsche
- Accessoires
- Schmuck
- Geschenkartikel unterschiedlichster Art

Im Rahmen der Sortimentsbildung hat sich die Fairtext GmbH entschieden, den Kunden ein noch interessanteres Warenangebot zu präsentieren. So sollen neue Trends aufgenommen werden. Die Fairtext GmbH wird in Zukunft deshalb im Bereich der Sportartikel auch Fahrräder und E-Bikes aus zugekauften Teilen produzieren und verkaufen.

Das Lager und die Warenwirtschaft

Um die gewünschten Waren jederzeit präsent zu halten bzw. eine optimale Belieferung der Verbraucher zu gewährleisten, hat jede Filiale der Fairtext GmbH – also auch die in Hannover – ein eigenes Lager. Durch die Größe des Lagers können gut laufende Artikel in größeren Mengen zu günstigen Preisen eingekauft werden, wodurch dem Kunden weitere Vorteile entstehen.

Hochregallager

Ein ausgeklügeltes **EDV-gestütztes Warenwirtschaftssystem (WWS)** dient der artikel-, artikelgruppen- oder warengruppengenauen sowie stück-, mengen- und wertgenauen Bestandserfassung und -führung des vorhandenen Sortiments und Lagerbestands an Waren. Es wird sowohl im Zentrallager Hannover als auch in den Filialen der Fairtext GmbH eingesetzt. Die Erfassung der Warendaten bei Bestellung bzw. Wareneingang und im gesamten Warenfluss erfolgt mittels Personal Computern, z.T. auch durch MDE-Geräte. Bei Verkauf der Waren wird durch das WWS – das die Daten über die Kassen bekommt – automatisch die Warendisposition bzw. auch die Bestellung gesteuert. Erweitert wird das WWS durch ein Rechnungswesenprogramm.

Ein WWS dient als Informationsquelle, um laufend das Sortiment

- bedarfsgerecht an Kundenwünsche anzupassen,
- den Lagerumschlag zu optimieren (optimale Bestellmenge),
- exakte Daten für die Inventur zu erhalten (Bilanzierung) sowie
- den Personaleinsatz zu planen und
- Warenverluste und Auszeichnungsfehler zu vermeiden.

Momentan baut die Fairtext GmbH im Softwarebereich ein **ERP-System (Enterprise Ressource Planning)** auf. Solche Systeme kombinieren Warenwirtschaftssysteme mit weiteren Kernprozessen (z.B. Finanzen, Personalwesen), die zur Führung eines Unternehmens notwendig sind: In einem Programm werden also sämtliche in einem Unternehmen ablaufende Geschäftsprozesse unterstützt.

Die Geschäftsleitung der Fairtext GmbH strebt eine hochwertige Ausbildung ihrer Auszubildenden an, um sich langfristig qualifiziertes Personal zu sichern. Besonders gefordert wird daher der Erwerb von Fachkenntnissen. Zu einem weiteren wesentlichen Aspekt der Ausbildung ist die gezielte Förderung der Kundenbetreuung geworden, mit der Zielsetzung, den Kunden als König zu betrachten und ihn entsprechend zu behandeln. Neben der Ausbildungsleiterin schulen auch die Abteilungsleiter die Auszubildenden und informieren diese über wesentliche Betriebsabläufe und -zusammenhänge. Die Geschäftsführung bzw. Janina Schlemmer als Ausbildungsleiterin halten einen engen Kontakt zu den ortsansässigen Berufsschulen, um die Ausbildung zu optimieren und eine Abstimmung der Lerninhalte und Lernziele beider Lernorte sicherzustellen.

Wie jeder andere gewerbesteuerpflichtige Betrieb ist auch die Fairtext GmbH Mitglied der örtlichen Industrie- und Handelskammer. Diese informiert und berät die Mitgliedsunternehmen in wirtschaftlichen Angelegenheiten.

Sie erstellt Gutachten und Berichte. Bei Streitigkeiten zwischen Unternehmen versucht sie über ihre Schlichtungsstelle auszugleichen. Eine der Hauptaufgaben der Industrie- und Handelskammer ist die Überwachung der Berufsausbildung. In diesem Zusammenhang sind Herr Herr Prinzker und Frau Molzahn Mitglied von Prüfungsausschüssen.

Unternehmensphilosophie

Immer mehr ist in der Wirtschaft das Bewusstsein für wirtschaftsethische Fragen gestiegen. Viele Kunden halten die folgenden Aspekte bei der Produktion bzw. dem Verkauf von Gütern für sehr wichtig:

- **Umweltverträglichkeit der Produkte:** Verbrauchern wird zunehmend deutlich, dass das Kollektivgut Umwelt immer mehr bedroht ist. Die Umweltaktivitäten von Unternehmen werden deshalb beobachtet und kritisch hinterfragt.
- **Gesundheitsverträglichkeit von Waren:** Die Produktion bzw. der Verkauf gesundheitsverträglicher Artikel wird immer mehr zu einem entscheidenden Verkaufsargument bei Verhandlungen zwischen Lieferanten und Kunden.
- **Sozialverträglichkeit von Waren:** Viele Unternehmen verpflichten sich dazu, soziale, menschenrechtliche und arbeitsmedizinische Mindeststandards in der eigenen Produktion und in der Produktion ihrer Lieferanten einzuhalten.

Die Fairtext GmbH hat beschlossen, diese Aspekte in Zukunft besonders zu beachten. Sie nimmt regelmäßig an einem Ökoaudit teil und hat sich eine Umweltcharta gegeben. Auch das Unternehmensleitbild geht darauf ein.

Wer nicht ständig versucht, besser zu werden, hat aufgehört, gut zu sein. Dieser Erkenntnis ist die Fairtext GmbH verpflichtet. Wir stellen den Kunden in den Mittelpunkt unseres Handels. Kundenzufriedenheit ist unsere wichtigste Zielsetzung.

Zu Recht erwarten unsere Kunden und die Öffentlichkeit auch in den Bereichen Umwelt- und Gesellschaftspolitik großes Verantwortungsbewusstsein und überdurchschnittliche Leistungen. Wir sind konsequent bestrebt, diese Ansprüche mit Spitzenleistungen zu erfüllen – zum Nutzen aller.

Der Schutz natürlicher Ressourcen ist ein wichtiger Bestandteil unserer unternehmerischen Tätigkeit. Dabei haben wir nicht nur innerhalb des Konzerns große Fortschritte für den Umweltschutz erzielt. Die Fairtext GmbH bezieht konsequent auch Lieferanten und Partnerunternehmen in ihre Bemühungen mit ein.

Viele Menschen sind weltweit direkt oder indirekt für die Fairtext GmbH tätig – innerhalb des Unternehmens ebenso wie bei Produzenten und Zulieferern.

Um der großen sozialen Verantwortung für diese Menschen gerecht zu werden, versuchen wir Beschaffungsverhaltensregeln einzuhalten, die die Einhaltung von Sozial- und Umweltstandards gewährleisten.

Wir pflegen den kooperativen Führungsstil.

Jede Filiale erhält Umsatzvorgaben. Mit welchen Mitteln und Aktivitäten diese Zielgrößen erfüllt werden, liegt im Ermessen der jeweiligen Niederlassung. Dabei beteiligen die Filialleiter/-innen die Mitarbeiter/-innen am Entscheidungsprozess. Ihr Partizipationsmaß umfasst zumindest die Beratungsfunktion.

Wir fördern die kontinuierliche Weiterbildung unserer Beschäftigten.

Neben fachlichem Wissen – wie Warenkunde und Kundenberatung – werden auch Schlüsselqualifikationen gefördert. Wir arbeiten auch ständig daran, methodische sowie soziale Kompetenzen (wie Eigeninitiative und Selbstständigkeit) auszubauen.

Wir stellen vorzugsweise Mitarbeiter/-innen ein, die aufgrund ihrer Lebensumstände und/oder Arbeitserfahrungen über ein hohes Maß an Methoden- und Sozialkompetenzen verfügen.

In unsere Unternehmenspolitik fließt die Erkenntnis ein, dass motivierte und zufriedene Mitarbeiter einen entscheidenden Wettbewerbsfaktor darstellen.

Wir streben flexible Arbeitszeiten an. Wir realisieren daher ein Arbeitszeitmodell, nach dem die Mitarbeiter/-innen sowohl den Umfang als auch die Lage ihrer Arbeitszeit selbst bestimmen können. Das auf die individuellen Gegebenheiten zugeschnittene Wochenarbeitszeitkontingent wird so verteilt, dass ein Tag frei bleibt und ganz für familiäre Verpflichtungen zur Verfügung steht. Die Abstimmung über die Arbeitseinsätze findet zwischen den Mitarbeiter/-innen in den Abteilungen statt. Die Führungskraft spielt bei den Absprachen die Rolle des neutralen Faktors und hält die getroffenen Entscheidungen in den wöchentlichen Dienstplänen fest.

Die Organisationsstruktur der Fairtext GmbH soll eine flache Hierarchie mit wenigen Stufen aufweisen.

20315316

Ein Auszug aus dem Leitbild der Fairtext GmbH, das die Unternehmensphilosophie wiedergibt:

Fairtext GmbH:

Faire Waren

–

Faire Preise

Der Unternehmensslogan der Fairtext GmbH

Einige wichtige Geschäftspartner der Fairtext GmbH

Lieferanten				
22006	BaBa GmbH	Neuer Weg 27	26135 Oldenburg	Textilwaren
25012	Bäte Spedition	Bavenstedter Str.22	30627 Hannover	Spedition
21012	Bätje OHG	Brühlstr. 13	30165 Hannover	Textilwaren
25007	Dieter Molzanski GmbH	Lehnhast 40	55122 Mainz	Textilwaren
25011	Düwel Bürotechnik	Nußriede 23	30627 Hannover	Bürotechnik
21011	Dynamo GmbH	Goschenstr. 12	30175 Hannover	Textilwaren
25004	Elser GmbH & Co KG	Wangener Str. 22	88069 Tettnang	Textilwaren
25006	Ernst Puszkat KG	Pfarrer-Brantzen-Str. 84	31542 Bad Nenndorf	Textilwaren
21030	Fit for Fun AG	Bavenstedter Str. 124	12347 Berlin	Sportartikel
25002	Hessing GmbH	Sickingerstr. 9	01309 Leipzig	Textilwaren
21020	Jonas Geschenke GmbH	Einumer Str. 17	30165 Hannover	Geschenkartikel
25001	Kierer KG	Menzinger Allee 25	80638 München	Textilwaren
25003	Kinke AG	An der Bojewiese 80 A	21033 Hamburg	Textilwaren
25010	Mathesmat KG	Heinkelstr. 15	88520 Weingarten	Versandmaterial
23008	Martin Kaiser	Rheinstr. 25	35260 Schweinsberg	Sportartikel
21013	Nachhaltige Produkte GmbH	Brühlstr. 7	30165 Hannover	Textilwaren
23007	PAGRO AG	Blumenweg 118	55595 Gutenberg	Sportartikel
21003	Paulmann KG	Ruhrstr. 198	45219 Essen	Haushaltswaren
25005	Peter Pührt	Kohlerstr. 33	90480 Nürnberg	Textilwaren
25008	Pinolart	Eulenkamp 46 B	22049 Hamburg	Werbeagentur
25013	Gebr. Preinel KG	Fabrikstr. 3A	73776 Altbach	Sport- und Freizeit-kleidung
21002	Robert König GmbH	Kabelweg 18	12347 Berlin	Schmuck
21004	StaWa AG	Mainzer Str. 75	60329 Frankfurt	Textilwaren
25009	Stefan Maibaum	Neustädter Markt 52	31134 Hildesheim	Steuerberater
24009	STO AG	Nadelweg 5	44532 Lünen	Textilwaren
24010	Stockmann OHG	Bachstr. 38	75180 Pforzheim	Textilwaren
21001	Tankert AG	Heerstr. 109	81247 München	Geschenkartikel
21010	Wodsack KG	Soltaustr. 17	31134 Hildesheim	Textilwaren
22003	Gerhard Zimmermann e. Kfm.	Zeißstraße 84	30519 Hannover	Tischlerei

Kunden				
10005	Adlatus GmbH	Rosenstr. 3	50733 Köln	Sportartikel
10007	Beckermann Moden	Im Feld 48	47228 Duisburg	Textileinzelhandel
10008	Design-Fascination	Ziegelstr. 20	23556 Lübeck	Einzelhandel Textildesign
10006	ELKO AG	Marktstr. 55	44289 Dortmund	Textilgroßhandel
11604	Exclusiva GmbH	Almstr. 34	31134 Hildesheim	Geschenkartikel
10002	Franz Stallmann Fashion OHG	Vogesenstr. 3	45468 Mülheim	Textileinzelhandel
10011	Guttex GmbH	Herrenhäuser Str. 55	30169 Hannover	Textilgroßhandel
10001	Holzhäuser GmbH & Co KG	Turmstr. 18	45470 Mülheim	Textileinzelhandel
12347	Hosenboutique GmbH	Schillstr. 48	26135 Oldenburg	Textileinzelhandel
10110	Kaufhier Warenhaus AG	Groner Str. 22–24	34567 Schönstadt	Einzelhandel
10015	Netzel GmbH	Halberstädter Str. 18	31141 Hildesheim	Herrenwäsche
14930	Schmuckstore GmbH	Timotheusplatz 34	81247 München	Schmuck und Accessoires
10010	Schneider KG	Schiffgraben 12	30625 Hannover	Textilgroßhandel
10003	Silke Bachmann e. Kffr.	Balgstr. 98	45147 Essen	Textileinzelhandel
10004	STOLCO eG	Birkenwald 12	47447 Moers	Textileinzelhandel
12342	Ulrike Steinhauer e. Kfr.	Kurzer Hagen 12	60329 Frankfurt	Geschenkartikel

AUFGABEN

1. Was bedeutet der Handelsregistereintrag HR B 200147 Hannover?
2. Erläutern Sie den Zusatz GmbH bei der Fairtext GmbH.
3. Wie ist die Fairtext GmbH Hannover organisiert?
4. Wozu dienen Warenwirtschaftssysteme?
5. Welche Aussagen kann ein Unternehmensleitbild enthalten?
6. Worauf legt die Fairtext GmbH bei der Einstellung von Mitarbeitern besonderen Wert?
7. Wer kann Kunde der Fairtext GmbH sein?
   a) Textilabteilung der Ambiente Warenhaus AG
   b) Privatkundin Sabine Porth
   c) Textilgroßhandlung Hotex GmbH
8. Beschreiben Sie den Weg einer Ware vom Beschaffungsmarkt durch die Fairtext GmbH bis zum Absatz.
9. Welche Beziehungen bestehen zwischen der Fairtext GmbH und
   a) dem Finanzamt sowie
   b) weiteren Behörden des Staates?

AKTIONEN

1. Erstellen Sie – am besten mithilfe eines entsprechenden Programms – eine Mindmap, die das Unternehmen Fairtext GmbH beschreibt.
2. In diesem Kapitel finden Sie eine Übersicht über alle Beschäftigten der Filiale Hannover der Fairtext GmbH.
   a) Entscheiden Sie, welche Vollmachten jeder einzelne Mitarbeiter benötigt, um seine Aufgaben erfüllen zu können.
   b) Gestalten Sie mit der Ihnen zur Verfügung stehenden Standardsoftware eine Übersicht, in der den einzelnen Mitarbeitern die jeweils notwendigen Vollmachten zugeordnet sind.
   c) Präsentieren Sie Ihre Übersicht in Ihrer Klasse und begründen Sie Ihre getroffenen Entscheidungen.

3. Erkunden Sie Ihr Ausbildungsunternehmen. Anschließend sollen Sie dieses kurz der Klasse vorstellen. Fertigen Sie dazu ein Plakat an, das alle wichtigen Angaben visualisiert, also übersichtlich darstellt.

   Das Plakat könnte beispielsweise
   - den Namen des Unternehmens,
   - die Branche,
   - die Betriebsform,
   - die Anzahl der Beschäftigten,
   - die Anzahl der Auszubildenden,
   - die Lagerfläche,
   - die Verkaufsfläche

   enthalten.

   Beachten Sie die Regeln zur Erstellung eines Plakats.

Regeln zur Erstellung eines Plakats:
- Nehmen Sie maximal sieben Inhaltspunkte auf.
- Formulieren Sie verständlich. Schreiben Sie deutlich und leserlich.
- Bilden Sie Blöcke: Setzen Sie für die vom Sinn her zusammengehörenden Sachverhalte immer die gleiche Form und Farbe ein.
- Verwenden Sie maximal vier Farben pro Darstellung. Verwenden Sie die Farben als Bedeutungsträger. Wechseln Sie die Farbe nur, wenn die Bedeutung wechselt.
- Nutzen Sie die Wirkungen von Symbolen, Zeichnungen oder Grafiken, die stimulieren können.
- Heben Sie **Wichtiges** hervor.

ZUSAMMENFASSUNG

Unternehmen haben u. a.

Aufbauorganisationen
Gliederung des Unternehmens in Abteilungen und Stellen

Verkaufsformen und Produktionsformen
- Art und Weise, wie der Kunde Ware auswählen kann
- Art und Weise, wie das Unternehmen Produkte herstellt

Warensortimente
ein von der Branche und der Betriebsgröße abhängiges Warenangebot

Rechtsform
Aus der Rechtsform lassen sich Art und Ausmaß der Merkmale
- Haftung,
- Leitungsbefugnis,
- Gewinnverwendung,
- Kapitalaufbringung usw.

erkennen

Betriebsformen
Art des Unternehmens, die sich unterscheiden kann nach Merkmalen wie
- Standort,
- Größe,
- Umfang des Sortiments,
- Abnehmer.

KAPITEL 2

Orientierung im neuen Unternehmen

Anne Schulte hat ihren ersten Tag in der Abteilung hinter sich. Kurz vor Feierabend kommt ihre Ausbildungsleiterin, Frau Schlemmer, zu ihr.

Anne Schulte:
„Hallo Frau Schlemmer!"

Frau Schlemmer:
„Na, Anne wie geht es Ihnen so nach Ihrem ersten Tag in der Abteilung?"

Anne Schulte:
„Ich glaube, ich bin sonst nicht auf den Kopf gefallen, aber heute bin ich doch etwas verunsichert: So viel Neues auf einmal ...!"

1. Führen Sie Gründe auf, warum Anne an ihrem ersten Tag in der Abteilung verunsichert ist.
2. Machen Sie Vorschläge, wie Anne sich möglichst schnell an ihrem Arbeitsplatz zurechtfinden kann.

INFORMATIONEN

Orientierungsschwerpunkte der ersten Arbeitstage

Die ersten Tage in einem neuen Unternehmen werden oft als sehr schwierig empfunden:

- Das gesamte Unternehmen ist unbekannt. Das betrifft sowohl den Aufbau des Betriebs als auch die Hierarchie und die Stellung bzw. die Aufgaben der Abteilungen.
- Unternehmen haben häufig eine eigene Unternehmensphilosophie, nach der sie und die Mitarbeiter handeln.
- Die unternehmenseigenen Arbeitsabläufe sind noch nicht vertraut.
- Auszubildende kannten bisher nur die Schule, jetzt sind sie in einer neuen Welt. Mit dem Eintritt in ein Unternehmen gelten bestimmte Regeln, die für die Arbeit am Arbeitsplatz unerlässlich sind.

Der erste Eindruck, den ein neuer Mitarbeiter macht, ist besonders wichtig: Er wirkt sich darauf aus, wie man zukünftig im Unternehmen wahrgenommen wird. Auf diese ersten Tage sollte man gut vorbereitet sein. Je schneller Auszubildende die Unsicherheit der ersten Tage ablegen, desto erfolgreicher wird die Ausbildungszeit werden.
Folgende Punkte sollten daher so früh wie möglich geklärt werden:

- Wie verhält man sich – gerade in den ersten Tagen – erfolgreich am Arbeitsplatz?
- Welche Strukturen und Besonderheiten kennzeichnen das Unternehmen?

Verhalten am neuen Arbeitsplatz

Tritt ein Auszubildender in ein Unternehmen ein, muss er sich klarmachen, dass dort die Regeln der Arbeitswelt gelten. Manche sind zwar schon aus der Schule bekannt, viele sind jedoch neu:

- **Kleidung**
  Wer ernst genommen werden möchte, muss sich angemessen und der Unternehmenskultur entsprechend kleiden.
- **Siezen**
  Grundsätzlich beginnt der erste Kontakt im Geschäftsleben mit dem „Sie". Wenn in einigen Abteilungen das „Du" üblich ist, wartet man, bis es einem offiziell angeboten wird.
- **Ordnung**
  Ein ordentlicher Arbeitsplatz signalisiert Übersicht und Verantwortungsgefühl.
- **Einsatzfreude**
  Gerade von neuen Mitarbeitern wird viel Engagement erwartet.
- **Pünktlichkeit**
  Die Einsatzbereitschaft neuer Mitarbeiter wird von Kollegen und Vorgesetzten auch an der Pünktlichkeit gemessen. Dies gilt nicht nur für den Beginn der Arbeitszeit, sondern auch für betriebsinterne Termine wie z. B. Besprechungen.

20315320

- **Mut zum Fragen**
  Zwar will man oft beweisen, dass man die richtige Person für den Ausbildungsplatz ist. Aber in der Ausbildung – und gerade zu Beginn der Ausbildungszeit – ist es wichtig und ein Zeichen von Interesse, Fragen zu stellen und so Fehler zu vermeiden. Gerade am Anfang kann man im Unternehmen noch nicht alles richtig machen.
- **Höflichkeit**
  Eine Selbstverständlichkeit ist die Höflichkeit: Sie sorgt für einen angenehmen und rücksichtsvollen Umgang, wenn Menschen aufeinandertreffen. Zudem ist sie ein Ausdruck von Respekt gegenüber dem anderen.

BEISPIEL

Sebastian Holpert wird von allen in der Abteilung, aber auch von vielen im Privatleben als höflich empfunden:

- Er grüßt andere und verabschiedet sich von ihnen.
- Andere Personen werden von ihm nicht in peinliche Situationen oder in Verlegenheit gebracht.
- Er bedankt sich, fordert aber selber keinen Dank ein.
- Mit anderen spricht er in einer angemessenen Form. Er verwendet weder Slang noch Schimpfwörter.
- In der Straßenbahn bietet er älteren Menschen oder Frauen mit Kindern seinen Sitzplatz an.

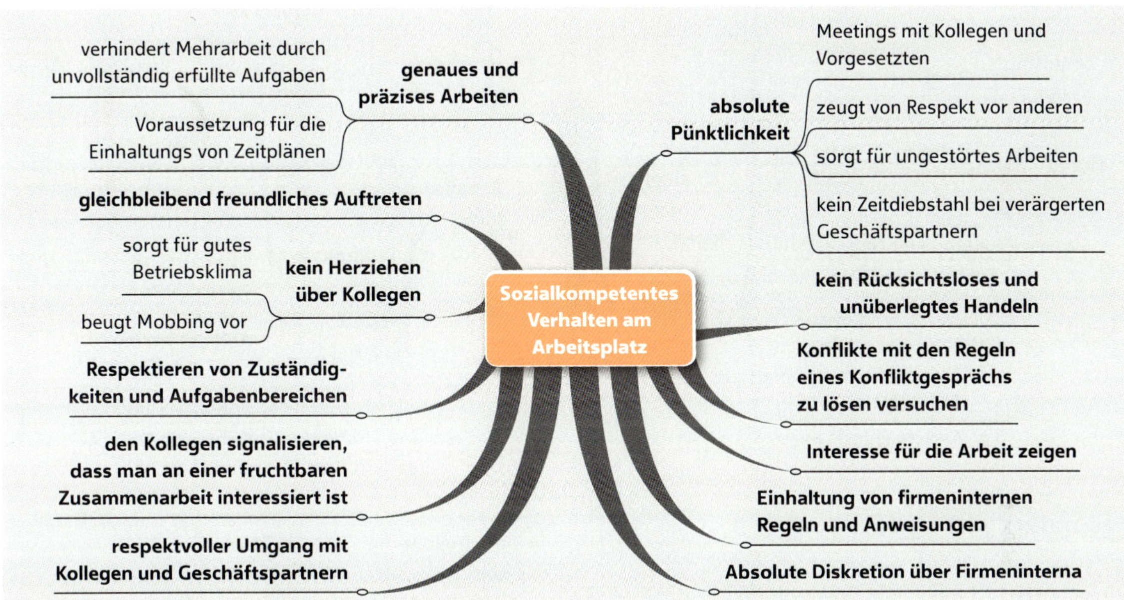

Immer höflich sein!

Wenn sich neue Mitarbeiter nicht vorstellen und die anderen auch nicht grüßen, empfinden das viele Kolleginnen und Kollegen als unhöflich und sogar respektlos. Es gibt aber viele weitere Verstöße gegen das Gebot der Höflichkeit, die die gute Zusammenarbeit in den Abteilungen stört.

„Man freut sich, wenn man freundlich behandelt wird, egal ob dies ein Kunde, ein Lieferant oder ein Mitarbeiter ist", sagt Barbara Bremer, Personalchefin einer Großhandlung. „Mit höflichem Verhalten kann man nur gewinnen. Dieses bekommt man dadurch oft auch zurück", führt sie weiter auf. Sie hat schon oft erlebt, in welchem Ausmaß unhöfliches Verhalten die Gesprächspartner enttäuscht und frustriert und die Geschäfts- und zwischenmenschlichen Beziehungen langfristig belastet.

Ein solches unhöfliches Verhalten wird in Großhandlungen nicht gern gesehen.

Erkundung des neuen Unternehmens

Um das eigene Interesse am Unternehmen zu verdeutlichen, sollten neue Mitarbeiter und Auszubildende so viel Wissen wie möglich über das Unternehmen in Erfahrung bringen. In den ersten Tagen müssen dazu sehr viele Informationen gesammelt werden:

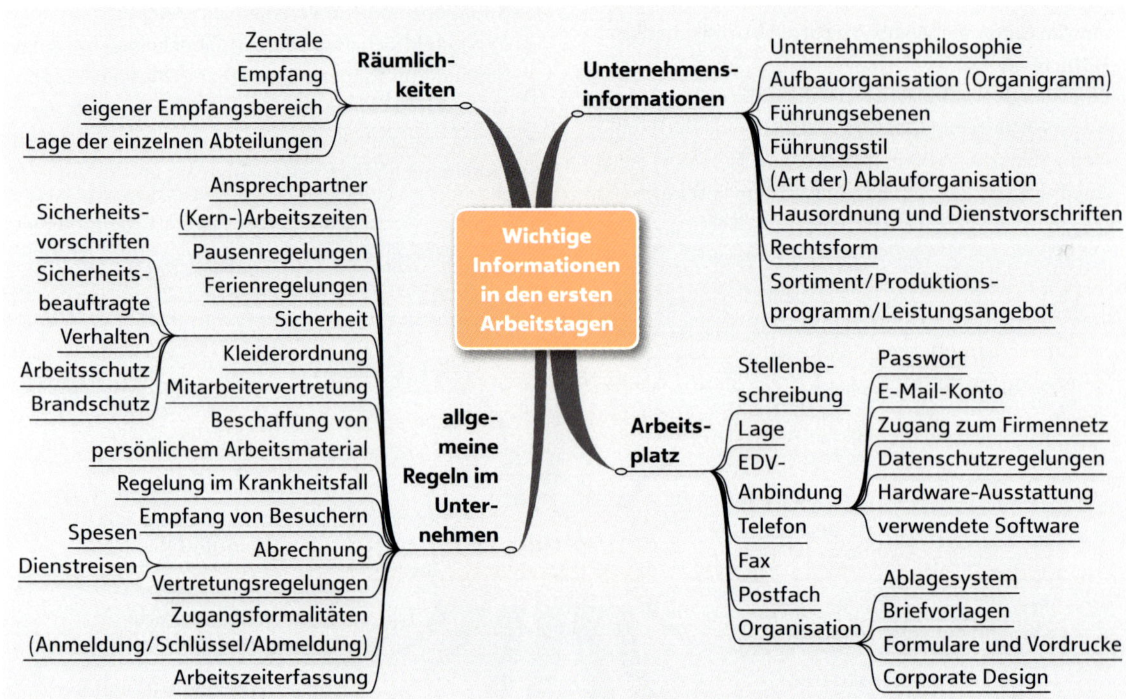

Besonders wichtige Fragen

Ein besonderes Augenmerk muss auf die Beantwortung der folgenden Fragen gelegt werden.

Wie ist das Sortiment/Produktionsprogramm/ Leistungsangebot des Unternehmens?
Das Unternehmen lebt vom reibungslosen Angebot und Absatz seiner Produktpalette. Daher sollte ein neuer Mitarbeiter die Produktpalette so schnell wie möglich kennenlernen.

Welche Informationen werden benötigt, um sofort mit der Arbeit am Arbeitsplatz loslegen zu können?
Als Erstes ist die direkte Umgebung des Arbeitsplatzes zu erkunden.

BEISPIEL

Für einen erfolgreichen Start am Arbeitsplatz klärt Anne Schulte erst einmal:

- Wie werden Postein- und -ausgänge gehandhabt?
- Wie wird die Post verteilt?
- Wie funktioniert die Telefonanlage?
- Wie meldet man sich am Telefon?
- Wer ist für welche Unterschriften zuständig?
- Woher bekommt man Formulare und anderes Büromaterial?
- Wo befinden sich Arbeitsunterlagen, auf die jeder zugreifen können muss?
- Wo sind Kopierer und Faxgerät?

Wie ist die Aufbauorganisation im Unternehmen gestaltet?
Unter der Aufbauorganisation versteht man die hierarchische Struktur eines Unternehmens. Unternehmen können unterschiedlich aufgebaut sein. Erfolgt eine Abteilungsbildung nach im Unternehmen vorkommenden Tätigkeiten (z. B. Einkauf, Produktion, Lager, Verkauf), liegen **Liniensysteme** vor.

- Um ein **Einliniensystem** handelt es sich, wenn jeder Untergebene einen direkten Vorgesetzten hat.
- Im **Mehrliniensystem** dagegen kann jeder Untergebene bei der Lösung einer Aufgabe Weisungen von unterschiedlichen Vorgesetzten bekommen, je nachdem, zu welchem Bereich die Aufgabe gehört.

20315322

- Eine Mischform ist das **Stabliniensystem.** Dies ist ein Einliniensystem, das durch Stabsstellen erweitert wurde, die keine Weisungsbefugnis haben, aber beraten dürfen.

BEISPIEL

Die Fairtext GmbH ist ein Stabliniensystem. Dies kann Anne Schulte dem Gesamtstellenplan entnehmen (siehe S. 13f.). Herr Tetau als Sachbearbeiter im Rechnungswesen hat als direkte Vorgesetzte nur Frau Zimmerer als Abteilungsleiterin. Diese wiederum hat als direkten Vorgesetzten nur Herrn Hahnenkamp. Herr Sternecker von der Stabsstelle Organisation/EDV darf sie beraten, ist aber nicht weisungsbefugt.

Wie ist die Unternehmensphilosophie?

Immer mehr Unternehmen sehen einen direkten Zusammenhang zwischen der Zufriedenheit der Kunden und einer erfolgreichen Geschäftstätigkeit. Sie setzen daher konsequent auf eine kundenorientierte Unternehmensausrichtung.

Im Rahmen der **Kundenorientierung** versucht ein Unternehmen, alle Kundenerwartungen zunächst zu ermitteln und zu analysieren. Anschließend wird versucht, diese mit den betrieblichen Leistungen weitgehend zu erfüllen, um langfristig stabile und vorteilhafte Beziehungen zu den Kunden aufzubauen.

Nach welchem Prinzip werden betriebliche Abläufe gestaltet?

In der herkömmlichen Ablauforganisation wird eine Aufgabe von verschiedenen Abteilungen (z.B. personell) getrennt bearbeitet. Da hier niemand die Verantwortung für den Gesamtprozess hat, führt dies oft zu Problemen.

Ist das Unternehmen dagegen an **Geschäftsprozessen** ausgerichtet, bearbeitet beispielsweise eine Person abteilungsübergreifend den Fall. Ein Geschäftsprozess ist also eine zusammengehörende Folge von betrieblichen Tätigkeiten mit dem Ziel, vom Kunden erwartete Leistungen optimal zu erzeugen.

AUFGABEN

1. Warum ist es wichtig, sich so schnell wie möglich im Unternehmen zurechtzufinden?
2. Führen Sie fünf wichtige Regeln für das Verhalten am Arbeitsplatz auf.
3. Welche Informationen werden in den ersten Tagen am Arbeitsplatz benötigt?
4. Wie geht man mit dem „Siezen“ im Betrieb um ?
5. Wozu dient die Kundenorientierung?
6. Was ist ein Geschäftsprozess?

AKTIONEN

1. Überprüfen Sie mithilfe der Mindmap auf S. 22, inwieweit Sie sich schon an Ihrem neuen Arbeitsplatz und in Ihrem neuen Unternehmen auskennen.
2. Rufen Sie die Internetadresse https://www.t-online.de/leben/id_73696504/hoeflichkeit-ist-immer-noch-wichtig.html auf. Erstellen Sie eine Mindmap, die die zehn wichtigsten Höflichkeitsregeln wiedergibt.

ZUSAMMENFASSUNG

Neu im Unternehmen

entscheidend für erfolgreiche Arbeit am Arbeitsplatz

- Beachtung von Regeln der Arbeitswelt für das Verhalten am Arbeitsplatz
- sofortige Gewinnung von Informationen über das Unternehmen

KAPITEL 3

Handlungskompetenz als grundlegende Voraussetzung für eine erfolgreiche Berufstätigkeit

Anne Schulte und Sebastian Holpert fahren gemeinsam am Feierabend nach Hause.

Sebastian Holpert:
„Also mit der Caroline und dem Mete kann man ja wirklich gut zusammenarbeiten. Die Erstellung der Referate hat richtig gut geklappt ... Aber die Tina – na ja, mit der ist es echt nicht einfach ..."

Anne Schulte:
„Ja, das sehe ich auch so. Ich habe auch zufällig mitbekommen – obwohl ich das gar nicht wollte –, dass sich unsere Ausbildungsleiterin Frau Schlemmer mit Frau Thiele von der Verwaltung, die auch für das Personal zuständig ist, über sie unterhalten hat. Da war irgendwie die Rede vom Fehlen sozialer Kompetenzen ..."

Sebastian Holpert:
„Ja, davon hören wir in letzter Zeit häufiger. Ich habe mich auch schon gefragt, ob Tina überhaupt weiß, wie wichtig diese Kompetenzen sind ..."

1. Führen Sie auf, was man bei der Zusammenarbeit mit anderen Mitarbeitern oder mit Vorgesetzten alles falsch machen kann.
2. Führen Sie auf, welche anderen Kompetenzen es neben den Sozialkompetenzen gibt.
3. Begründen Sie, warum diese Kompetenzen wichtig für das Berufs- und Privatleben sind.

INFORMATIONEN

Nach Ihrer Ausbildung in der Berufsschule und Ihrem jetzigen Ausbildungsbetrieb werden Sie in ein Unternehmen eintreten. Dort wird erwartet, dass Sie handlungskompetent sind.

DEFINITION

Unter **Handlungskompetenz** versteht man die Bereitschaft und Befähigung einer Person, sich in beruflichen, aber auch in gesellschaftlichen und privaten Situationen durchdacht und sachgerecht zu verhalten. Dabei soll individuell und sozial verantwortlich gehandelt werden.

Handlungskompetenz

- Fähigkeit, betriebliche Aufgaben aufgabengemäß, zielgerichtet, situationsbedingt und verantwortungsbewusst zu erfüllen und Probleme zu lösen
- Umfasst drei Dimensionen

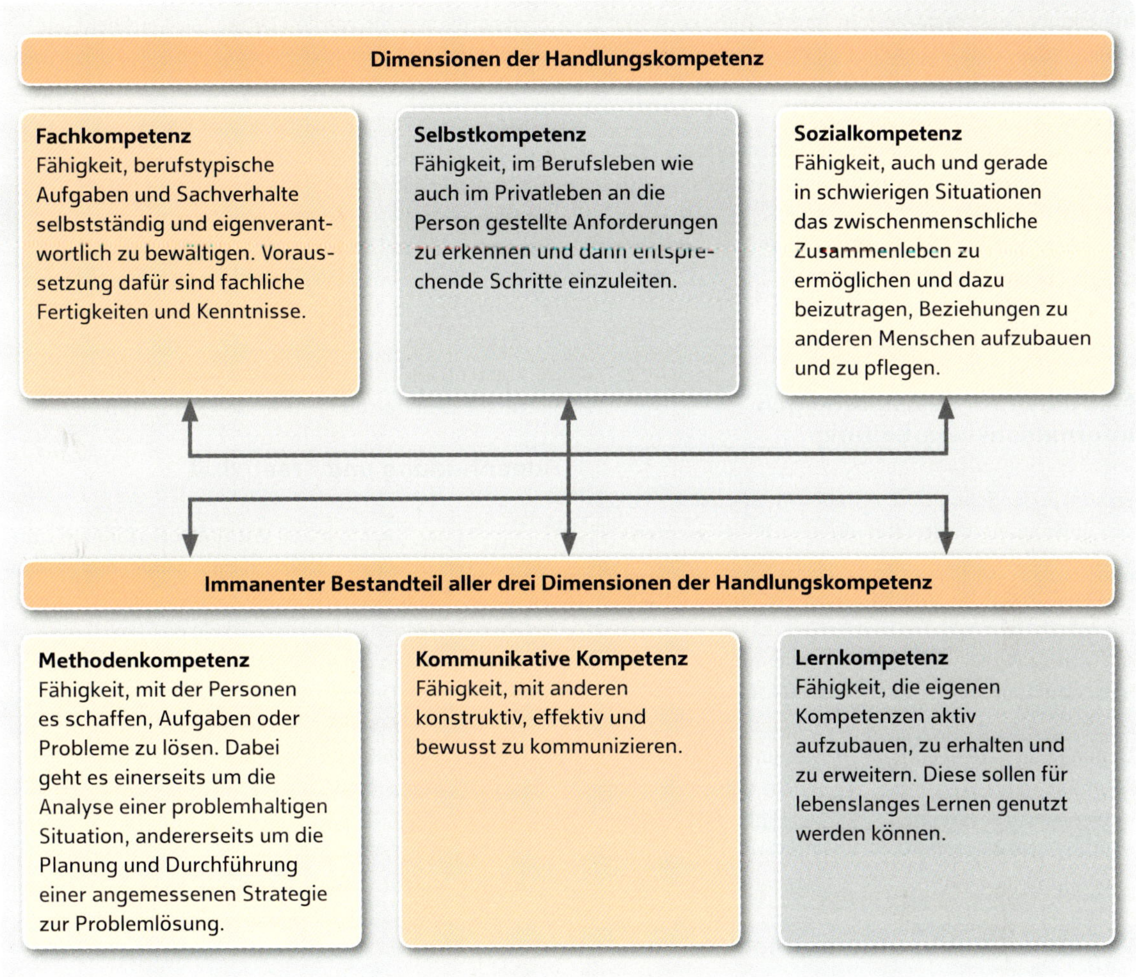

Fachkompetenz

Fachkompetenz ist die Fähigkeit einer Person, fachbezogenes und fachübergreifendes Wissen zu verknüpfen, zu vertiefen, kritisch zu prüfen und dann in beruflichen, aber auch privaten Handlungszusammenhängen praktisch anzuwenden.

In Ihrer Ausbildung zur Kauffrau/zum Kaufmann für Groß- und Außenhandelsmanagement erwerben Sie grundlegende Fertigkeiten und Kenntnisse, die Sie in Ihrer späteren Berufspraxis für die erfolgreiche Lösung von Aufgabenstellungen benötigen.

Methodenkompetenz

Um in der zukünftigen Arbeitswelt bestehen zu können, müssen Sie eine Vielzahl von Methoden beherrschen, mit denen Sie unterschiedliche Aufgaben z. B. im Betrieb optimal erfüllen können.

DEFINITION

Methodenkompetenz ist vor diesem Hintergrund die Fähigkeit, Arbeitstechniken, Verfahrensweisen und Lernstrategien zur Lösung beruflicher oder privater Problemstellungen sachgerecht, situationsbezogen und zielgerichtet einzusetzen.

Wir halten neben anderen die im Folgenden aufgeführten Arbeitstechniken und Methoden für so wichtig, dass sie Ihnen bereits in der Schule vermittelt werden sollten.

Methoden zur selbstständigen Informationsgewinnung

Eine der wichtigsten Schlüsselqualifikationen, die von Arbeitnehmern in Zukunft verlangt werden, ist die Fähigkeit zur selbstständigen Informationsgewinnung. In Ihrer

Ausbildung, erst recht aber in Ihrem späteren Arbeitsleben, müssen Sie alle Methoden beherrschen, um rasch und sinnvoll an wichtige Informationen heranzukommen.

Wichtigste Methoden in diesem Bereich sind:
- aktives Lesen (vgl. Einstiegsfall)
- kritisches Lesen
- Exzerpieren (einen Auszug aus einem Text anfertigen)
- Notizen und Mitschriften machen
- Erkundung
- Interview/Sachverständigenbefragung

Methoden zur selbstständigen Informationsverarbeitung

Sowohl in der Schulpraxis als auch im Berufsleben müssen gewonnene Informationen verarbeitet werden. Sie müssen also alle Methoden beherrschen, um Informationen aufbereiten zu können. Diese Methoden befähigen Sie, Inhalte
- zu reduzieren,
- zu strukturieren,
- wiederzugeben,
- darzustellen.

Zu den wichtigsten Methoden in diesem Bereich zählen:
- Inhalte reduzieren und Wesentliches erkennen
- Informationen ordnen und strukturieren
- Bericht schreiben
- Protokoll schreiben
- Tabellen und Schaubilder erstellen und auswerten

Visualisieren, Präsentieren, Moderieren

In Ihrem späteren Berufsleben – aber auch schon jetzt in der Schule – werden Sie häufig gefordert sein, in bestimmten Situationen frei zu sprechen bzw. auch zu argumentieren. Manch einer hat jedoch Hemmungen, vor anderen Personen aufzutreten.

Kundenorientiertes Verhalten und die Fähigkeit, sich selbst mitzuteilen, werden im Berufsleben immer wichtiger. Dazu gehören auch die Bereitschaft und die Fähigkeit zur Teamarbeit. Diese Qualifikationen verlangen von Ihnen die Beherrschung von Methoden, die für eine gedeihliche Zusammenarbeit und Diskussion unabdingbar sind.

Hierfür geeignete Methoden sind:
- Präsentation
- Diskussion
- Visualisierung
- Rollenspiel

Innere und äußere Vorbereitung

Nicht optimale Lernbedingungen können den Lernprozess beträchtlich stören. Deshalb sollten Sie einmal genauer untersuchen, wie Ihre Lernumwelt aussieht und wie sie sich auf Ihr Lernverhalten auswirkt. Vielleicht müssen Sie als Konsequenz daraus einiges lernfördernder gestalten und ändern.

Wenn Sie sich innerlich auf eine bestimmte Arbeits- bzw. Lernsituation vorbereiten, werden Sie diese erfolgreich bestehen. Sie sollten also
- Ziele, die Sie anstreben, festlegen;
- versuchen, sich zu motivieren, die festgelegten Ziele zu erreichen;
- konzentriert an der Zielerreichung arbeiten;
- für die Zielerreichung störenden Stress abbauen.

Ideenfindung und Kreativität

Ein wichtiger Baustein zur Wettbewerbsfähigkeit und zum wirtschaftlichen Erfolg von Unternehmen sind Innovationen. Besondere Wertschätzung werden Mitarbeiter erfahren, die eigene Ideen entwickeln und umsetzen können, aber auch an der Gestaltung ihrer Arbeitsplätze mitwirken können. Deshalb fordern die Unternehmen in den kaufmännischen Berufen Kreativität als Bestandteil des Qualifikationsprofils ein. Es ist für Sie daher sinnvoll, sich Methoden anzueignen, die Ihr kreatives Potenzial steigern: Einfallsreichtum, Improvisationsfähigkeit und schöpferische Fähigkeiten werden in kaufmännischen Berufen eine immer wichtigere Rolle spielen. Dazu können solche Methoden führen wie z. B.:
- Brainstorming
- Mindmapping
- Kartenabfrage

Lernen für Prüfungen

Die Unternehmen sind in der Wirtschaft einem ständigen Veränderungsprozess ausgesetzt. Neue Entwicklungen, Positionen, Herausforderungen und Ansprüche, die man an Sie stellt, werden Sie dazu zwingen, sich neue Inhalte anzueignen. Mit der Schule hört das Lernen also nicht auf, sondern es fängt erst richtig an: Jeder Berufstätige muss heute während seiner Berufslaufbahn häufig Weiterbildungsmaßnahmen besuchen. Nur so kann er den Entwicklungen an seinem Arbeitsplatz oder an neuen Arbeitsplätzen folgen oder ihnen voranschreiten.

Deshalb ist es für Sie entscheidend, über geeignete Strategien zu verfügen, um
- Inhalte effektiv zu üben und zu wiederholen,
- sich auf Prüfungen angemessen vorzubereiten,
- selbstständig und ohne Druck zu lernen.

20315326

Exemplarische Erläuterung einiger Methoden

Gruppenarbeit

Die wichtigsten Regeln der Gruppenarbeit

- Jeder fasst sich kurz.
- Es redet immer nur eine Person.
- Alle sind für das Gruppenergebnis mitverantwortlich.
- Jeder arbeitet mit.
- An der Ergebnispräsentation sollten möglichst alle Gruppenmitglieder teilnehmen oder diese zumindest gemeinsam vorbereiten und dann einen Sprecher wählen.
- Über den „richtigen“ Weg wird diskutiert.
- Diskussionsbeiträge dürfen nicht persönlich verletzend sein.
- Jedes Gruppenmitglied darf sich frei äußern und ausreden. Alle Meinungen werden gegenseitig akzeptiert.
- Fühlt sich jemand unwohl, sagt er es sofort.
- Vereinbarte Termine werden eingehalten.
- Jeder ist gegenüber der Gruppe für übernommene Aufgaben verantwortlich.

Die ideale Gruppengröße liegt bei vier bis sechs Teilnehmern. Bilden Sie die Gruppen selbst nach Sympathie. Nur bei Problemen bitten Sie den Lehrer um sein Eingreifen.

Die Gruppen sollen selbstständig arbeiten: Die Gruppenmitglieder planen selbst die Herangehensweise an die jeweiligen Handlungsanweisungen oder Arbeitsaufträge, deren Lösung bzw. Durchführung und die sich eventuell anschließende Präsentation. Dabei kann die Gruppe entscheiden, Teilaufgaben in Einzel- oder Partnerarbeit durchzuführen, die Ergebnisse sollten zu einem gemeinsamen Endergebnis zusammengeführt werden.

Um eine effektive Gruppenarbeit zu fördern, ist die Verteilung von Rollen in den Gruppen sinnvoll. Für die Gruppenarbeit werden grundsätzlich die folgenden fünf Rollen vergeben:

Die Zeitnehmerin/ der Zeitnehmer

achtet darauf, dass die vereinbarte Zeit eingehalten wird. Sie/er erinnert, wenn die Gefahr besteht, dass die Zeit „davonläuft“.

Die Gesprächsleiterin/ der Gesprächsleiter

ist Vorsitzende/-r der Gruppe, verteilt die Rollen in der Gruppe, eröffnet das Thema und leitet das Gespräch.

Die Wadenbeißerin/ der Wadenbeißer

achtet darauf, dass abgesprochene Regeln eingehalten werden, z. B.:

- es redet immer nur eine Person
- wir bleiben beim Thema
- spricht per „ich“, nicht per „man“

Die Protokollführerin/der Protokollführer

schreibt die Ergebnisse der Gruppenarbeit auf.

Die Präsentierende/ der Präsentierende

trägt die Ergebnisse der Gruppenarbeit vor der Klasse vor.

Die folgenden Rollen können bei umfangreichen Gruppenarbeiten und größeren Gruppen zusätzlich vergeben werden:

Die Gastgeberin/ der Gastgeber

sorgt für eine gute Atmosphäre:

- lüftet den Raum
- regelt die Temperatur
- gestaltet die Sitzordnung
- ...

Die Logbuchführerin/ der Logbuchführer

schreibt Fragen und/oder Anmerkungen auf, die im Anschluss an die Gruppenarbeit im Plenum geklärt werden müssen.

Aktives Lesen

Über 80 % unseres Wissens eignen wir uns durch das Lesen an. Wenn das Lesen ein so zentraler Informationsweg ist, werden sich schlechte Lesegewohnheiten umso nachteiliger auswirken. Sie werden also um die Frage, wie gut Ihr Leseverhalten ist, nicht herumkommen. Unwirksam ist es vor allem dann, wenn Sie einen passiven Lesestil praktizieren. Passiv bedeutet, einen Text lediglich mit dem Auge zu bearbeiten und ihn so ein oder mehrere Male durchzulesen. Dadurch wird das Gedächtnis unterversorgt, die Konzentration belastet und weniger gelernt. Die Alternative zum passiven ist das aktive Lesen: Sie nehmen dabei den Lesestoff auf mehreren Lernwegen auf. Es wird mehr getan als nur gelesen. Wissenschaftliche Untersuchungen haben gezeigt, dass ein aktives Leseverhalten zu deutlich besseren Aufnahme-, Verarbeitungs- und Behaltensleistungen führt als das übliche passive Leseverhalten. Darüber hinaus wird auch Zeit gespart.

Zum aktiven Lesen gehören:

1. das Unterstreichen und Markieren wichtiger Textstellen
2. das Anbringen von Merk- und Arbeitszeichen
   Bringen Sie dort, wo Textstellen eine bestimmte Bedeutung haben, am Rand Zeichen oder Buchstaben an.
3. das systematische und schrittweise Herangehen an den Text mit der **5-Schritt-Methode**:

Schritt 1:
Überfliegen Sie den Text grob.
Sie verschaffen sich durch diagonales Lesen einen ersten Überblick über den Inhalt des Gesamttextes. Um eine gewisse Vorinformation zu bekommen, lesen Sie rasch – ohne Zeile für Zeile durchzugehen – Überschriften, Einleitungen und Zusammenfassungen. Dadurch wird eine spätere Einordnung der Informationen erleichtert.

Schritt 2:
Stellen Sie Fragen zum Text.
Grundlage sind die Informationen, die Sie im ersten Schritt gesammelt haben. Solche Fragen können sein:

- Welche Kapitel, Absätze, Begriffe sind unbekannt, unverständlich?
- Wo kann auf gründliches Lesen verzichtet werden?
- Wo kann auf Vorkenntnisse zurückgegriffen werden?
- Welche Informationsquellen müssen bereitgelegt werden?
- Können alte Aufzeichnungen verwendet werden?

Schritt 3:
Lesen Sie den Text gründlich und konzentriert.
Schritt 1 und 2 waren nur die Vorbereitung für das eigentliche Lesen, das dadurch jedoch aktiver, konzentrierter und mit dem Blick auf das Wesentliche erfolgt.

- Lesen Sie den Text Absatz für Absatz intensiv durch.
- Unterteilen Sie diese Lesephase in kleine Schritte. Überlegen Sie nach jedem Schritt, ob die an den Text gestellten Fragen hinreichend beantwortet sind.
- Schenken Sie Zeichnungen, Abbildungen, Tabellen besondere Aufmerksamkeit. Diese können zum besseren Verständnis des Textes beitragen.
- Werten Sie andere Informationsquellen aus, um unbekannte Fachausdrücke und Definitionen kennenzulernen.

Schritt 4:
Verkürzen Sie den Textinhalt auf das Wesentliche.
Durch Unterstreichen wichtiger Textstellen und das Anbringen von Merk- und Arbeitszeichen sollen Sie die wichtigsten Aussagen sichtbar machen. Dieser Schritt ist auch eine Art Selbstkontrolle. Sie überprüfen, ob Sie den eigentlichen Inhalt verstanden haben.

Schritt 5:
Wiederholen Sie den Gesamttext.
Ohne alles gründlich zu lesen, wiederholen Sie vor allem die unterstrichenen bzw. markierten Stellen. Optimal wäre es, wenn Sie die wichtigsten Aussagen in einer Struktur darzustellen versuchen.
Auch wenn Ihnen das aktive Lesen zunächst etwas zeitraubend und umständlich erscheint, werden Sie nach einiger Übung damit sicherlich merken, wie viel schneller und besser Sie sich den Lernstoff einprägen und behalten können.

Referat

Die Vorbereitung und Durchführung eines Referats erfolgt in verschiedenen Phasen:

- **Information**
  Zunächst einmal müssen Sie sich zum Thema des Referats kundig machen. Mögliche Informationsquellen können Bücher, Lexika, Zeitschriften, das Internet oder Experten sein.
- **Erarbeitung**
  Wählen Sie zunächst die wesentlichen Informationen aus, ordnen Sie diese und erstellen Sie anschließend eine Gliederung. Dann formulieren Sie das Referat aus. Legen Sie parallel einen Stichwortzettel für den Vortrag an. Überlegen Sie, ob Sie ein Handout an die Zuhörer verteilen wollen.
- **Vortrag**
  Beachten Sie die Regeln der Präsentation und nutzen Sie nach Möglichkeit Medien zur Visualisierung (s. u.). Tragen Sie frei vor in Form kurzer Sätze.
- **Auswertung**
  Regen Sie nach dem Vortrag eine Diskussion an oder fordern Sie die Zuhörer auf, Fragen zu stellen.

Präsentation[1]

Beginnen Sie eine Präsentation pünktlich und halten Sie die eventuell vereinbarte Zeit ein. Sprechen Sie laut, aber mit einem normalen Sprechtempo. Machen Sie Pausen und unterstreichen Sie Inhalte durch Gestik. Halten Sie immer Blickkontakt zum Publikum. Visualisieren Sie wichtige Inhalte durch Medien.

Beachten sollten Sie, dass eine Präsentation in der Regel einen typischen Aufbau hat. Sie setzt sich fast immer aus drei Teilen zusammen:

- **Einleitung**
  Nach einer eventuellen Begrüßung und Vorstellung des Präsentierenden sollte über Thema, Ziel, Inhalte und Ablauf der Präsentation informiert werden.
- **Hauptteil**
  Die Inhalte des Vortrags werden dargestellt: Beispielsweise können die Ergebnisse einer Projektarbeit in zeitlicher oder sachlogischer Reihenfolge präsentiert werden.
- **Schluss**
  Die wichtigsten Aussagen werden zusammengefasst und häufig wird aus ihnen ein Fazit gezogen. Auch zu einer folgenden Diskussion kann aufgefordert werden.

Durchführung der Präsentation	
Schritte der Präsentation	**Zeitanteil**
Einleitung • Begrüßung • Thema/Inhalt/Ablauf • Anwärmen	ca. 15 %
Hauptteil • Gliederung der Inhalte • logischer Aufbau • Medien/Visualisierung	ca. 75 %
Schluss • Zusammenfassung • Aufforderung/Appell	ca. 10 %

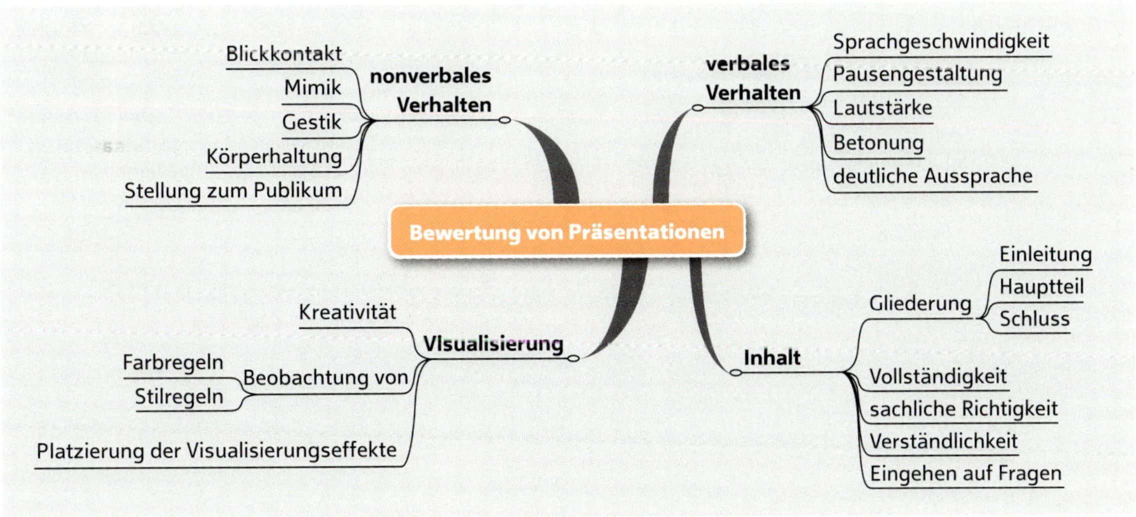

1 Siehe auch Kap. 1.21

Feedback-Regeln	
Sie erhalten Feedback	**Sie geben Feedback**
• Hören Sie zu. • Unterbrechen Sie den Feedbackgeber nicht. • Rechtfertigen Sie sich nicht. • Fragen Sie bei Unklarheiten. • Geben Sie Rückmeldung, ob das Feedback hilfreich war.	• Geben Sie der Zielperson zunächst die Möglichkeit, sich kurz zu äußern. • Starten Sie nach Möglichkeit mit positiver Kritik. • Beschreiben Sie nur das, was Sie tatsächlich beobachtet haben und der Wahrheit entspricht. • Sprechen Sie in der Ich-Form. • Führen Sie mögliche Verbesserungsvorschläge auf.

Visualisierung

Für die Visualisierung gilt:

- Stellen Sie nur Wesentliches prägnant dar.
- Die Inhalte müssen für die Zuhörer leicht erkennbar und lesbar sein.
- Gliedern Sie deutlich.
- Zeigen Sie nicht mit dem Finger auf Sachverhalte, sondern mit Stift, Zeigestock oder Laserpointer.

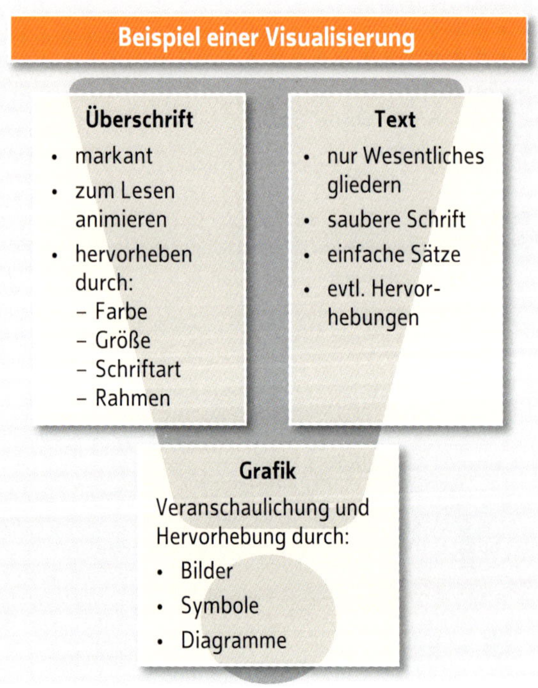

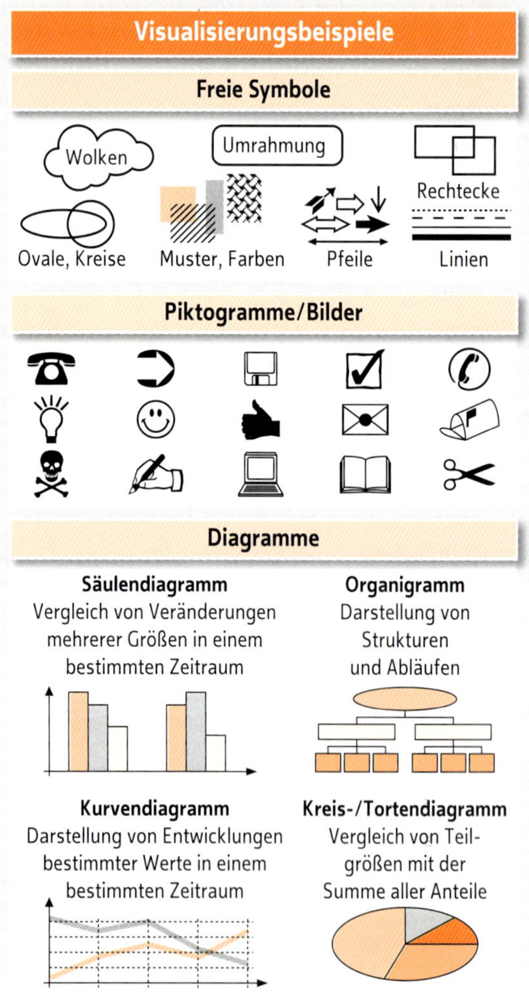

20315330

Mindmap[1]

Das Mindmapping ist eine Arbeitstechnik, Notizen und Gedanken, Gespräche und Ideen auf einfache Weise aufzuschreiben.

Eine Mindmap (wörtlich übersetzt: Gedankenlandkarte) lässt sich in unterschiedlichen Situationen anwenden:
- zur Zusammenfassung eines Vortrags, eines Artikels, eines Buchs
- zur Ergebnisdokumentation einer Gesprächsrunde: Arbeitsergebnisse können sichtbar gemacht werden.
- für die Planung, Durchführung und Kontrolle von Projekten
- zur Vorbereitung auf Prüfungen und Tests
- als Visualisierungstechnik für Besprechungen und Konferenzen
- zur Kreativität und Ideenfindung: Einfälle und Ideen können festgehalten werden.

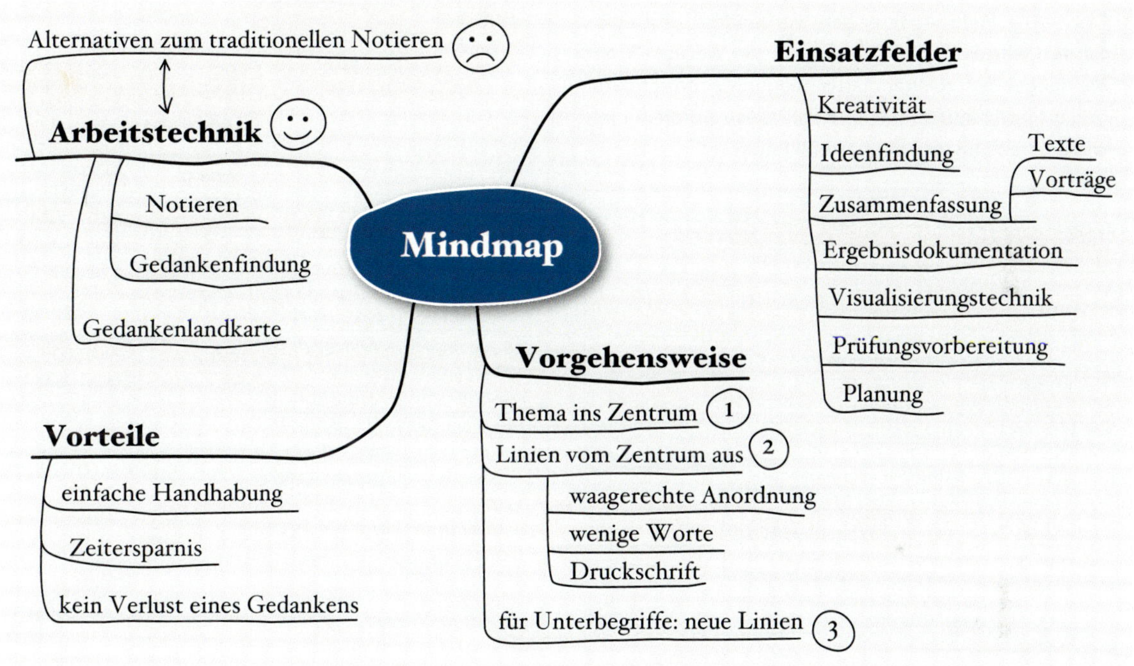

Für die Erstellung einer Mindmap per Hand sollte man sich an die folgende Ablauffolge halten:

1. Schreiben Sie ein **Schlüsselwort** für das Thema in die Mitte eines Blattes.
   Statt des Themas kann auch ein Symbol dafür ins Zentrum des Papiers gezeichnet werden.

2. Zeichnen Sie – vom Zentrum ausgehend – Linien (**„Äste“**), die in verschiedene Richtungen gehen.
   - Versuchen Sie die Linien so anzuordnen, dass Sie weitgehend waagrecht schreiben können.
   - Schreiben Sie auf jede Linie nur wenige Wörter in Druckschrift.
   - Verwenden Sie nur solche Begriffe, die eine Vielzahl von Fakten und Assoziationen zum Thema beinhalten.

3. Um Unterbegriffe aufzunehmen, werden bestehenden Linien neue („dünnere Nebenzweige“) hinzugefügt.

4. Zur Verbesserung des Arbeitsergebnisses können Sie evtl. Symbole, Pfeile, Zeichen und Farben verwenden.

Kartenabfrage

Mit einer Kartenabfrage sollen alle Mitglieder einer Gruppe (z. B. Klasse, Arbeitsgruppe, Projektteam) an der Lösung eines Problems beteiligt werden, indem möglichst viele Lösungsvorschläge erfasst werden. Die folgenden Regeln sind zu beachten:
- Notieren Sie die Ausgangs- oder Leitfrage an einer Pinnwand oder Tafel.
- Schreiben Sie Ihre Antworten in Druckbuchstaben mit möglichst wenig Worten auf die zur Verfügung

1 Siehe auch Kap. 1.21

gestellten Karten. Formulieren Sie nur eine Aussage auf einer Karte.

- Die Karten werden eingesammelt, vorgelesen und an die Pinnwand bzw. Tafel mit der Ausgangsfrage befestigt.
- Die Karten werden in gemeinsamer Diskussion nach akzeptierten Merkmalen – zu denen Oberbegriffe gefunden werden – in Gruppen zusammengefasst. Diesen Vorgang nennt man Clustern.
- Anschließend erfolgt eine Diskussion der einzelnen Lösungsansätze.
- Falls sehr viele Äußerungen vorhanden sind, bietet sich eine Punktabfrage an, um die Wertigkeit der Meinungen festzulegen. Jeder Teilnehmer erhält dann drei bis fünf Klebepunkte und darf diese auf die für ihn wichtigsten Cluster oder Karten kleben.

Brainstorming

Das Brainstorming (frei übersetzt: Gehirnsturm) ist ein Verfahren zur Problemlösung und zur Ideenfindung: In einer Gruppe wird versucht, zu einer vorher festgelegten Fragestellung möglichst kreative Antworten zu erhalten. Dabei gelten folgende Regeln:

- Jede Idee ist erwünscht und sei sie noch so ausgefallen.
- Die geäußerten Ideen können aufgegriffen und abgeändert werden.
- Eine Bewertung und Kritik der Beiträge ist nicht zugelassen, um den Ideenfluss nicht einzuschränken.
- Die Ideen müssen festgehalten werden.
- Im Nachhinein erfolgt eine Auswertung im Rahmen einer Diskussion durch Beurteilung.

Kopfstandmethode

Diese Methode führt nicht immer zu völlig neuen Lösungen, hilft aber in der Regel, Denkblockaden aufzubrechen. Dabei wird eine interessierende Problemstellung in ihr Gegenteil verkehrt und anschließend ein Brainstorming durchgeführt. Zu jeder genannten Idee wird eine Gegenlösung gesucht, die zur Lösungsfindung führen soll.

Pro-Kontra-Diskussion

In einer Pro-Kontra-Diskussion treffen unterschiedliche Meinungen zu einem bestimmten Thema aufeinander. Die Diskussionsteilnehmer versuchen, die anderen Beteiligten oder ein zuhörendes Publikum zu überzeugen.

Es ist empfehlenswert, einen Diskussionsleiter bzw. Moderator zu wählen, der auf die Einhaltung der Regeln achtet, die Diskussion an- und abmoderiert sowie für einen ordnungsgemäßen Ablauf sorgt.

Als Diskussionsteilnehmer sollten Sie auf folgende Punkte achten:

- Tragen Sie Ihre Meinung eindeutig und begründet vor.
- Setzen Sie sich mit den Meinungen der Gegenseite argumentativ auseinander.
- Vermeiden Sie nach Möglichkeit Killerphrasen oder andere rhetorische Tricks.

20315332

Rollenspiel

Mit einem Rollenspiel können Sie ein als vorteilhaft oder konstruktiv empfundenes Verhalten einüben (was erheblich effizienter ist, als über das gewünschte Verhalten nur zu sprechen). Durch die spielerische Ausgestaltung eines Problems kann das Problem häufig simulierend gelöst werden. Sie versetzen sich, ausgehend von einem vorgegebenen Fall, in die Rolle einer Person. Gelernt wird sowohl durch das direkte Erleben als auch durch die Rückmeldungen der vielen Beobachter.

BEISPIEL

Eine Schülerin spielt eine verärgerte Kundin, die wütend eine Reklamation vorbringt, ein anderer Schüler übt, sich trotz arger Angriffe der Kundin freundlich und kundenorientiert zu verhalten. In einer der Realität angenäherten Situation wird ein Vorgang bzw. Verhalten beliebig oft wiederholbar und analysierbar gemacht. Die Handelnden werden von den Beobachtern mit zusätzlichen Tipps zur Verhaltensverbesserung versehen. Eine Wiederholung macht eine systematische Veränderung in Details möglich.

Gerade auch die Beobachter lernen richtiges Verhalten. Beobachtet man gezielt gelungenes oder nicht erfolgreiches Handeln – und wertet diese Beobachtungen bewusst aus –, wird sich dies mit Sicherheit positiv in eigenen Handlungssituationen in der Praxis auswirken.
Die Vorteile davon, Handlungen in Rollenspielen zu üben, werden noch verstärkt, wenn man sie mithilfe der Videotechnik aufzeichnet: Das Anschauen der Videoaufzeichnung ermöglicht noch größere Selbsterfahrung.

a) Durchführung

Für die erfolgreiche Durchführung eines Rollenspiels sollten folgende Phasen eingehalten werden:

- Aufstellen und Bekanntmachen der Spielregeln
- Problemstellung
- Verteilung der Rollen
  Die Spieler erhalten häufig auf Rollenkarten eine Vorgabe der Rolle, die Nichtmitspieler übernehmen Beobachtungsaufgaben.
- Vorbereitung des Rollenspiels
  Die Spieler besorgen sich wichtige Sachinformationen und denken sich in ihre Rolle ein:
  - Sie sollten sich die Vorgaben zum Rollenspiel genau anschauen.
  - Sie sollten sich überlegen, was sie an Informationen benötigen.
  - Sie sollten sich ihr Vorgehen überlegen.

  BEISPIELE

  - Wie könnten sich die Mitspieler im gemeinsamen Rollenspiel verhalten?
  - Wie könnte auf mögliches Verhalten der Mitspieler reagiert werden?

  Auch die Beobachter bereiten sich auf ihre Aufgabe vor:
  - Welche Person soll beobachtet werden?
  - Auf welches Verhalten soll geachtet werden?
- Spielphase
- Reflexionsphase

b) Reflexion

Nach dem Spiel wird die Konfliktsituation bewusst gemacht und analysiert. Spieler und Beobachter werden nach ihren Eindrücken gefragt.

- Zunächst drücken die Rollenspielteilnehmer ihre Empfindungen und Gedanken aus.
- Die Beobachter geben dann Rückmeldungen anhand ihrer Aufzeichnungen ab. Dabei haben die Rollenspieler Gelegenheit zu Rückfragen an die Beobachter.
- In jedem Fall muss beachtet werden, dass die gespielten Rollen beurteilt werden, nicht die spielenden Personen! Das Klima in der Klasse muss vertrauensvoll sein.
- Kritik sollte aufbauend und konstruktiv sein, genauso sollte auf Lobhudeleien verzichtet werden. Wichtig sind also aufbauende, wohlwollende, positive Empfehlungen.

Nach der Reflexionsphase ist das Rollenspiel beendet. Die spielenden Personen werden aus den Rollen entlassen.

Erkundung (Exkursion)

Eine Erkundung bietet Ihnen die Chance, anschauliche Informationen direkt vor Ort (und nicht in der abgeschlossenen Lernumwelt Schule) aus erster Hand zu erhalten. Sie wird für Sie und die besuchte Institution erfolgreich sein, wenn Sie sich auf die Gastinstitution vorbereiten.

- Formulieren Sie das Ziel Ihrer Erkundung.
- Überlegen Sie sich die wichtigsten Fragen.
- Führen Sie eventuell ein Vorbereitungsgespräch.
- Klären Sie die organisatorischen Rahmenbedingungen wie Treffpunkt, Uhrzeit, Wegbeschreibung rechtzeitig und genau ab.
- Informieren Sie alle Beteiligten rechtzeitig über die getroffenen organisatorischen Verabredungen.

Interview/Sachverständigenbefragung

Interviews bzw. Sachverständigenbefragung sind besondere Formen der Informationsbeschaffung, die häufig auch in Zusammenhang mit Exkursionen durchgeführt werden.

- Bereiten Sie sich gründlich auf das zu behandelnde Thema, aber auch auf den Interviewpartner vor. Besorgen Sie sich dazu alle verfügbaren Informationen.
- Halten Sie alle Fragen, die Sie stellen wollen, schriftlich fest. Klären Sie den Einstieg in das Gespräch.
- Versuchen Sie, Ihr Interview abwechslungsreich zu gestalten. Dazu können Sie beispielsweise unterschiedliche Fragearten wie offene oder geschlossene Fragen verwenden.

Wandzeitung

Eine Wandzeitung ist ein großes Plakat, auf dem in übersichtlicher Form Informationen und Meinungen zu einem Thema dargestellt werden. Wandzeitungen werden in Gruppen oder durch die Zusammenarbeit aller Schüler erstellt. Die Informationen können dann leicht in dieser Form anderen Schülern/der Öffentlichkeit zugänglich gemacht werden.

Hauptvorteil eines Plakats ist es, die Ergebnisse des Lernprozesses zusammengefasst und übersichtlich wiederzugeben. Des Weiteren stehen im Mittelpunkt die erarbeiteten zentralen Aspekte, die durch das Plakat zum Nachdenken und zu einer eigenen Meinungsbildung angeregt werden. Außerdem wird durch die Gestaltung die kreativ-gestalterische Kompetenz gefördert. Speziell wird die Fähigkeit geschult, komplexe Themenzusammenhänge auf das Wesentliche zu reduzieren.

Der Betrachter muss die Aussagen der Wandzeitung schnell erfassen können, sonst verliert er evtl. das Interesse und wendet sich anderen Dingen zu. Wichtig ist:

- die Wandzeitung nicht überladen
- die Überschrift des Plakats groß und deutlich schreiben, damit man sofort erkennt, um welches Thema es sich handelt
- das Oberthema in Abschnitte unterteilen; gleiche Inhalte dazu unter einer Zwischenüberschrift zusammenfassen
- Überschriften und Bildern Raum lassen, damit sie wirken können: Weniger sagt oft mehr.
- Überschriften und Schlagzeilen griffig und einprägsam formulieren
- sich kurzfassen und nur wenig Text schreiben: Kurze Sätze lassen sich leicht lesen und prägen sich besser ein.
- wichtige Informationen hervorheben, damit sie vom Betrachter schnell erfasst werden können, z. B. durch Farbe, Schriftgröße, Schriftart
- Schriftgröße so wählen, dass sie auch aus größerer Entfernung klar lesbar ist, und je nach Wichtigkeit der Aussage abstufen
- Farben und Symbole so einsetzen, dass sie inhaltlich immer die gleiche Bedeutung haben
- Bilder zur Visualisierung einsetzen; allerdings sparsam und daher besonderen Wert auf die Eindeutigkeit der Bilder legen
- eventuell eigene Zeichnungen erstellen, um eine Thematik besser zu verdeutlichen

Strukturieren von Arbeitsprozessen und Kontrollieren von Arbeitsergebnissen mithilfe von Listen

Eine in vielen Fällen sehr hilfreiche Methode zur Erleichterung von Arbeitsprozessen ist das Anfertigen von Listen. Mit ihnen bekommt man einen Überblick über die Teilelemente eines Arbeitsprozesses (bzw. einer Sache). Eine sehr bekannte Art von Listen ist die **Checkliste:** In dieser werden Tätigkeiten (bzw. Merkmale), die einen Arbeitsprozess (bzw. eine Sache) ausmachen, schriftlich aufgeführt. Mit Checklisten können Arbeitsprozesse sowohl im Vorhinein beschrieben als auch während der Durchführung dokumentiert werden. Ziel der Arbeit mit einer Checkliste ist es, keinen Einzelaspekt zu übergehen oder zu vergessen.

Ein Beispiel für eine Checkliste ist die **To-do-Liste**: In dieser Liste hält man zu erledigende Tätigkeiten oder Aufgaben schriftlich fest. Das Erstellen einer To-do-Liste ist durch das Finden einer Struktur einerseits der erste Schritt zur erfolgreichen Organisation eines Arbeitsablaufs. Andererseits kann damit später gut kontrolliert werden, was im Rahmen des geplanten Arbeitsprozesses schon erledigt wurde.

20315334

Methodische Kompetenzen zur Vorbereitung auf die Prüfungen

Weil methodische Kompetenzen immer stärker in der beruflichen Praxis verlangt werden, sind sie natürlich auch immer bedeutsamer für das Bestehen der praktischen Prüfung am Ende der Ausbildung. Sie sollen dort die Beherrschung komplexer Fachaufgaben und ganzheitlicher Geschäftsprozesse sowie Problemlösungsfähigkeiten nachweisen. Dazu sollten Sie einerseits in Ihrer Ausbildung so viel Fachkompetenz gewonnen haben, dass Sie mit dem entsprechenden Fachwissen berufstypische Problemsituationen selbstständig bewältigen können. Dazu müssen Sie aber andererseits auch über ausreichend Methodenkompetenzen verfügen. Darunter versteht man die Fähigkeiten, die zum Erwerb bzw. zur Entwicklung und zur Erstellung sowie Vermittlung von Fachkompetenzen nötig sind.

Die praktische Prüfung besteht aus einem Fachreport und einem Fachgespräch. Hier sollen Sie zeigen, dass Sie die gestellte Fachaufgabe in Gesamtzusammenhänge einordnen und dabei Hintergründe bzw. Ergebnisse bewerten können.

Fallbezogenes Fachgespräch

Betrieb legt Zugangsvariante fest

Lösung von Aufgaben, die vom Prüfungsausschuss vorgegeben werden

- Zwei praxisbezogene Aufgaben (aus zwei Gebieten) müssen nach einer 15-minütigen Vorbereitungszeit in einem 30-minütigen Prüfungsgespräch gelöst werden

Lösung von Aufgaben, die vom Ausbildungsbetrieb festgelegt werden

- Zwei Reporte aus maximal drei Seiten müssen spätestens am 1. Tag des 1. Teils der Abschlussprüfung vorgelegt werden.
- Der Prüfungsausschuss wählt einen Report aus.
- Daraufhin findet ein auf den Report aufbauendes Prüfungsgespräch statt.
- Nicht bewertet werden die Durchführung der praxisbezogenen Aufgabe und deren Darstellung in dem Report.

Inhaltsgebiete:
- Verkauf und Distribution (Außenhandel: Internationaler Handel und Auslandsmärkte)
- Warensortiment und Marketing
- Einkauf und Beschaffungslogistik

Sozialkompetenz in Ausbildung und Beruf

Im Berufsleben werden von Vorgesetzten und Kollegen nicht nur die fachlichen Leistungen der Mitarbeiter geund bewertet. Auftreten und Umgangsformen des Einzelnen werden tagtäglich am Arbeitsplatz (aber natürlich auch an der Berufsschule) wahrgenommen. Als sozialkompetenter Mitarbeiter, der sich in jeder beruflichen Situation angemessen und vorteilhaft benehmen kann, ist man für verantwortungsvolle Aufgaben wie Verhandlungen oder Präsentationen besonders prädestiniert. Ein angenehmes soziales Verhalten am Arbeitsplatz wird sich in jedem Fall auszahlen. So achten einstellende Unternehmen bei neuen Mitarbeitern immer mehr auf das Vorhandensein sozialer Kompetenzen. Darunter versteht man alle Fertigkeiten, die für die soziale Interaktion notwendig oder nützlich sind. Zur Sozialkompetenz gehören:

- **Kooperationsfähigkeit**
  Ist diese vorhanden, kann wirkungsvoll mit Kollegen und Vorgesetzten, mit Kunden und Lieferanten zusammengearbeitet werden.

- **Konfliktfähigkeit**
  Liegt diese Kompetenz vor, können Konflikte am Arbeitsplatz mit Problemlösungstechniken und -strategien gelöst werden.

Teamfähigkeit

Vor allem in Teams kommt es auf eine gute Kommunikation an.

Teams werden in der Regel dann gebildet, wenn eine bestimmte Aufgabe erledigt werden muss, die eine Zusammenarbeit von Spezialisten aus verschiedenen Wissensgebieten verlangt. Ein Team stellt somit eine institutionalisierte Arbeitsgruppe auf Zeit dar, die durch einen bestimmten Arbeitsstil gekennzeichnet ist.

Jeder kann mit jedem in persönlichen Kontakt treten, es herrschen nach einiger Zeit gemeinsame Normen – es entsteht ein Wirgefühl – und die einzelnen Mitglieder nehmen unterschiedliche Rollen und damit verschiedenartige Funktionen im Team wahr.

Mit steigender Komplexität des anstehenden Problems steigt die Wichtigkeit der Koordination und Kooperation verschiedener Spezialisten im Team. Damit die Teamarbeit funktioniert, sollten folgende Mindestvoraussetzungen für die Teamarbeit beachtet werden:

- eine gut funktionierende Gruppenkommunikation
- die Bereitschaft und der Wille jedes Einzelnen, sich in der Gruppe zu engagieren
- die Bereitschaft und der Wille jedes Einzelnen, die eigenen Fähigkeiten zu erproben

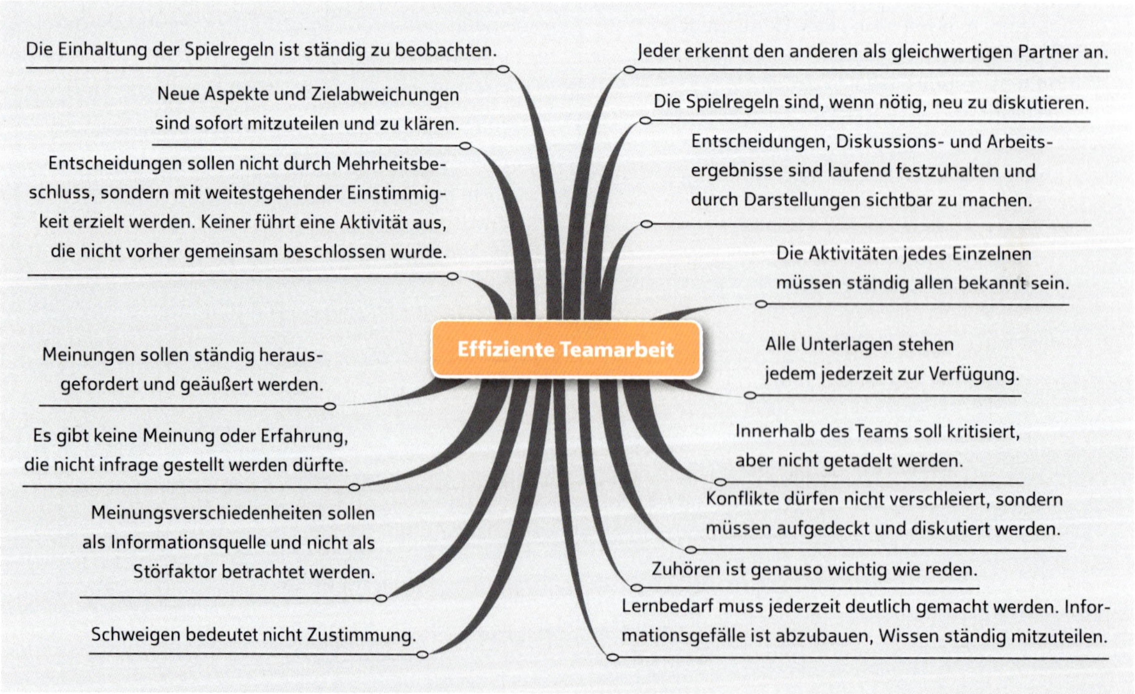

Konfliktfähigkeit

„Wenn zwei Menschen immer wieder die gleichen Ansichten haben, ist einer von ihnen überflüssig!"
Quelle: Zitat von Winston Churchill. In: Poggensee, Ingo: Verkaufen! Mit System, Handwerk und Leidenschaft zu mehr Vertriebserfolg. 1. Auflage. Wiesbaden: Gabler 2009, Seite 186.

In Unternehmen treten immer wieder Konflikte auf. Solche Spannungen und Auseinandersetzungen zwischen einzelnen Mitarbeitern, Arbeitsgruppen und Abteilungen können durch wirkungsvolles Konfliktmanagement früher erkennbar, überschaubarer und leichter handhabbar werden.

Konflikte werden oftmals als Störfaktoren gesehen. Aus diesem Grund wird häufig versucht, Konflikte eher zu leugnen und unter den „Teppich zu kehren", als sie zu lösen.

Konflikte und Widerstände können jedoch auch als Motor von Dynamik und Weiterentwicklung gesehen werden: Wo keine Auseinandersetzung stattfindet, gibt es auch keine Veränderung. Das Problematische ist daher nicht der Konflikt selbst, sondern die mangelnde Fähigkeit, ihn vernünftig auszutragen. Im Team sollten die Chancen von Konflikten und Widerständen genutzt werden.

Negative Auswirkungen von Konflikten	Positive Auswirkungen von Konflikten
• Konflikt ist ein Zeitfaktor. • Konflikte vergiften das Arbeitsklima. • Konflikte nehmen die Arbeitsfreude. • Konflikte blockieren die Kreativität. • Konflikte verursachen Kosten.	• Missstände und Missverständnisse werden deutlich. • Ideen und Problemlösungen werden angestoßen. • Verbesserungen werden entwickelt und ausprobiert. • Neue Kommunikationsformen werden gefunden. • „Reinigende Gewitter" klären die Luft.

Ist ein Konflikt festgestellt worden, stehen unterschiedliche Strategien zur Konfliktbewältigung zur Verfügung:

- Um einen Konflikt richtig bewältigen zu können, ist er zunächst einmal gründlich zu analysieren. Es ist festzustellen:
  - Wer ist alles am Konflikt beteiligt?
  - Um welchen Konflikt handelt es sich?
  - Wie wichtig ist die Streitfrage?

  Je früher ein Konflikt erkannt wird, desto besser können Gestaltungs- und Steuerungsmaßnahmen ergriffen werden.
- Nachdem die Konfliktursache festgestellt worden ist, muss entschieden werden, wie man den Konflikt löst. Es gibt dabei drei grundlegende Möglichkeiten:
  - Der Konflikt kann unterdrückt werden.
  - Der Konflikt kann vermieden werden.
  - Der Konflikt kann aktiv angegangen werden.

  Es geht also darum, entweder abzuwarten, was passiert, oder den Konflikt bewusst zu bewältigen.

Der Konflikt sollte nicht nur vom eigenen Standpunkt aus betrachtet werden. Durch einen perspektivischen Wechsel ist ein Verständnis sowohl für die eigene Situation als auch für die Situation des Konfliktpartners zu erreichen.

Vorgehensweise im allgemeinen Konfliktfall	
Wahrnehmen ↓	• Der Konflikt muss natürlich erst einmal erkannt werden. • Welche direkten oder indirekten Parteien befinden sich in welcher Eskalationsstufe? • Wer ist direkt, wer indirekt betroffen und wer fühlt sich betroffen?
Austragen ↓	• Der Konflikt darf nicht verschwiegen, sondern muss offen angegangen werden. • Der Konflikt sollte geregelt ausgetragen werden, sonst besteht die Gefahr der späteren Konfliktsteigerung.
Lösen ↓	• Keine der Parteien sollte mit dem Gefühl der Unterlegenheit aus dem Konflikt hervorgehen. • Eine kooperative Problemlösung sollte angestrebt werden.
Nacharbeiten	• Eine nachträgliche Konfliktanalyse zeigt eventuell ständig bestehendes Konfliktpotenzial oder zumindest Parallelen auf. • Die Parteien müssen sich an die Vereinbarungen halten. • Ein Lerneffekt sollte folgen.

Kommunikationsfähigkeit

Zu den wichtigsten Schlüsselqualifikationen gehört es auch, mit anderen gut kommunizieren und zusammenarbeiten zu können. Unternehmen sind angewiesen auf einen optimal funktionierenden Informationsaustausch. Dieser kann sowohl durch innerbetriebliche als auch durch außerbetriebliche Kommunikation erfolgen. Gibt es in der Kommunikation Störungen, so kann dies gewaltige Auswirkungen auf die Geschäftsprozesse des Unternehmens haben.

BEISPIEL

Ein Verkäufer führt gerade ein Verkaufsgespräch durch. Dazu hat er in der Phase der Bedarfsermittlung (in diesem Fall als Empfänger) die Äußerungen des Kunden (hier der Sender) interpretiert. Nun muss er als Sender in der Phase der Verkaufsargumentation sicherstellen, dass der Kunde als Empfänger die Verkaufsargumente auch so wahrnimmt, wie sie vom Verkäufer gemeint sind.

Einfaches Kommunikationsmodell

Von Kommunikation spricht man, wenn eine Person – der Sender – einer anderen Person – dem Empfänger – eine Nachricht übermittelt. Jeder der beiden verwendet als wichtigstes Kommunikationsmittel die Sprache (Fachausdruck: Code).

Der Sprechende (der Sender) verschlüsselt seine Informationen, Gedanken und Meinungen, die er mitteilen will, mithilfe von Sprache.

Der Hörende (Empfänger) versucht aufgrund der sprachlichen Äußerung des Sprechenden auf das Gemeinte zu schließen. Dies nennt man Dekodieren.

Damit die Kommunikation funktioniert, ist es notwendig, dass der Code des Senders und der Code des Empfängers sich zumindest teilweise decken. In Gesprächen muss der Sender also sicherstellen, dass der jeweilige Empfänger tatsächlich auch das versteht, was der Sender sagen wollte.

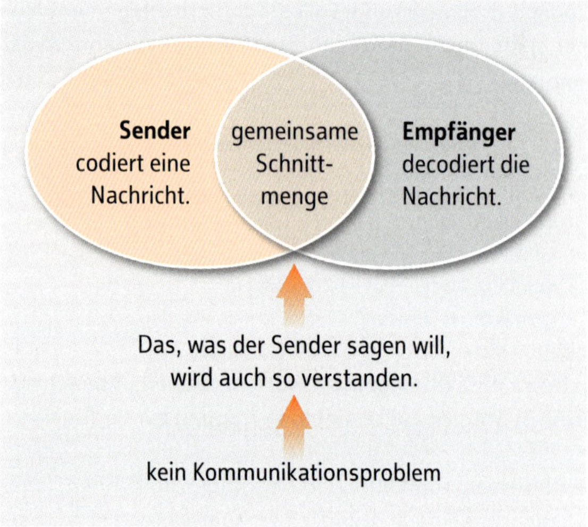

4-Ohren-Modell der Kommunikation

Nach dem 4-Ohren-Modell von Friedemann Schulz von Thun nimmt der Empfänger jede Nachricht auf vier verschiedenen Ebenen wahr:

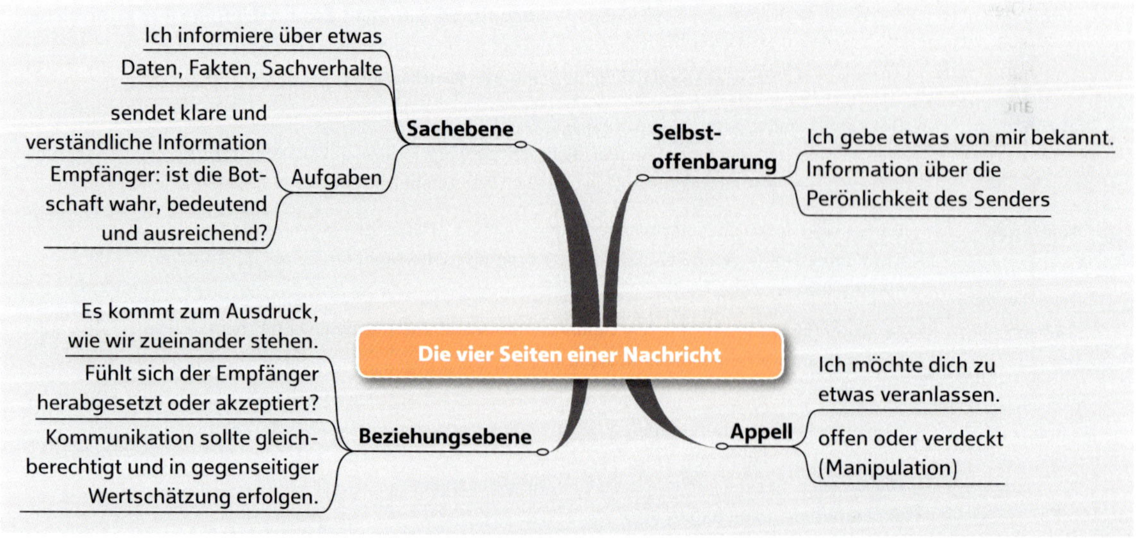

Der Sender schickt vier Botschaften, der Empfänger hört vier Botschaften. Die Qualität der Kommunikation hängt davon ab, wie diese Ebenen zusammenspielen. Jede der vier Botschaften kann vom Sender und/oder dem Empfänger falsch verstanden werden. Kommunikationsprobleme treten also besonders dann auf, wenn der Sender eine Botschaft falsch verpackt oder der Empfänger sie falsch entschlüsselt.

BEISPIEL

Eine Frau fährt Auto, ihr Mann begleitet sie. Es kommt zu folgendem Dialog:
Der Mann (Sender): „Du, die Ampel da vorn ist grün."
Die Frau (Empfänger): „Fährst du oder ich?"

Die vier Botschaften der Nachricht und wie sie aufgefasst werden:

Sachebene:
Mann: „Die Ampel da vorn ist grün."
Frau: „Die Ampel da vorn ist grün."

Selbstoffenbarung:
Mann: „Ich fahre gerne zügig und bin für den Fall der Fälle ja auch reaktionsschnell."
Frau: „Er ist immer so ungeduldig und will unbedingt noch über die Ampel, bevor sie umspringt."

Beziehungsebene:
Mann: „Sie braucht manchmal einen Stupser, um aus den Puschen zu kommen."
Frau: „Er gibt mir immer das Gefühl, dass ich nicht fahren kann."

Appellebene:
Mann: „Drück auf die Tube, damit wir nicht anhalten müssen."
Frau: „Ich soll schneller fahren."

AUFGABEN

1. Was sind Handlungskompetenzen?
2. Geben Sie an, welche Teilkompetenzen die Handlungskompetenz umfasst.
3. Wozu dienen Mindmaps?
4. Aus welchen Teilen besteht eine Präsentation?
5. Welche Vorteile hat eine Kartenabfrage?
6. Erläutern Sie das aktive Lesen.
7. Welche Kompetenzen sind in den folgenden Beispielen gemeint?
   a) „Dies ist die Fähigkeit und Bereitschaft, Informationen über Sachverhalte und Zusammenhänge selbstständig und auch gemeinsam mit anderen zu verstehen, auszuwerten und in gedankliche Strukturen einzuordnen. Dadurch wird eine erfolgreiche Aneignung von Fähigkeiten und Fertigkeiten möglich."
   b) „Diese ermöglicht es uns, effektiv und reibungslos – sogar in Krisensituationen – mit anderen Menschen zusammenzuarbeiten."
8. Was versteht man unter dem einfachen Kommunikationsmodell?
9. Was muss man aus Sicht des einfachen Kommunikationsmodells in einem Gespräch beachten?
10. Erläutern Sie die vier Seiten einer Nachricht nach dem 4-Ohren-Modell.
11. Die Abteilungsleiterin fragt eine Auszubildende: „Wann sind Sie fertig mit der Arbeit?" Die Auszubildende nimmt vier Botschaften mit dieser Nachricht wahr:
    a) Beeilen Sie sich!
    b) Diese Auszubildende schafft das nicht. Ich traue ihr das nicht zu.
    c) Wenn die Arbeit nicht fertig wird, bekomme ich als Abteilungsleiterin Ärger.
    d) Sie will wissen, wann ich fertig bin.

    Welche Ebene wird jeweils angesprochen?
12. Unterscheiden Sie Methoden- und Sozialkompetenzen.
13. Führen Sie Regeln für eine effiziente Teamarbeit auf.
14. Welche positiven Auswirkungen können Konflikte haben?
15. Wie sollte man bei einem Konflikt vorgehen?
16. In einer Filiale der Fairtext GmbH sagt der Abteilungsleiter zu einer Mitarbeiterin: „Frau Zahn, da kommt gerade ein Kunde!"

    Halten Sie fest, welche vier Botschaften die Aussage des Abteilungsleiters enthalten kann.

AKTIONEN

1. Die Lösung dieser Aufgabe soll in Gruppenarbeit erfolgen. Bilden Sie deshalb in Ihrer Klasse eine angemessene Anzahl von Arbeitsgruppen.
   a) Bereiten Sie sich in Ihrer Gruppe darauf vor, ein kurzes Referat zu einer in diesem Kapitel aufgeführten Methode zu halten. Versuchen Sie dabei, auch andere Informationsquellen zu nutzen (z. B. aus der Schulbücherei).
   b) Versuchen Sie Ihr Referat unter Zuhilfenahme verschiedener Medien zu visualisieren.
   c) Halten Sie Ihr Referat unter Beachtung der Regeln für eine Präsentation.
2. Führen Sie ein Brainstorming durch und wenden Sie dabei die Kopfstandmethode an. Die Problemstellung lautet: „Was muss ich tun, um bei einer Bewerbung erfolgreich zu sein?"
3. Führen Sie eine Pro-Kontra-Diskussion als Rollenspiel durch. Diskutiert werden soll über die „Ausweitung der Geschäftszeiten".
4. Versuchen Sie das Lehrbuchkapitel zum nächsten Thema, das der Lehrer mit Ihnen durchnimmt, nach der Methode des aktiven Lesens durchzuarbeiten. Schildern Sie Ihre Erfahrungen.
5. Neben Fach- und Methodenkompetenzen werden von den Arbeitgebern immer mehr auch personale und soziale Kompetenzen als wichtig angesehen. Das, was Unternehmen in diesen Bereichen erwarten, geben Auszüge aus einem Faltblatt der rheinland-pfälzischen Industrie- und Handelskammer Neuwied wieder.

Soziale Kompetenzen

1. Kooperationsbereitschaft – Teamfähigkeit

Der Erfolg des Unternehmens hängt immer auch vom Willen der Beschäftigten zur Zusammenarbeit ab. Jeder einzelne Mitarbeiter ist aufgefordert, Informationen auszutauschen, Erfahrungen weiterzugeben, Verbesserungsmöglichkeiten zu erkennen sowie umzusetzen.

In der Familie und der Freizeit geht es nicht ohne gemeinsame Problemlösung. In der Schule fordern und entwickeln z. B. Gruppen- und Projektarbeit das Miteinander und den Teamgeist.

2. Höflichkeit – Freundlichkeit

Wer freundlich ist, hat schneller und leichter Erfolg. Dies gilt für die Beziehungen des Unternehmens nach außen natürlich genauso wie für ein gutes Betriebsklima im Innern.

Schon auf dem Schulhof und im Klassenzimmer sollte kein Raum sein für ruppiges, aggressives oder in anderer Weise unhöfliches Verhalten.

3. Konfliktfähigkeit

Unterschiedliche Meinungen, Haltungen und Ansichten werden immer auch zu Differenzen führen. Sie sollten jedoch friedlich und konstruktiv bewältigt werden. Das setzt Sprach- und Argumentationsvermögen ebenso voraus wie die Fähigkeit, mit persönlicher Verärgerung und mit Widersprüchen umgehen zu können.

Der Schulunterricht bietet ideale Voraussetzungen, um das Diskutieren und Argumentieren an wechselnden Themen und Inhalten zu üben.

4. Toleranz

Für ein offenes Miteinander von Menschen ist es wichtig, auch Meinungen und Ansichten gelten zu lassen, die von der eigenen Haltung abweichen. Allerdings müssen sie mit der demokratischen Grundordnung und den Menschenrechten vereinbar sein.

Persönliche Kompetenzen

1. Zuverlässigkeit

Wichtige Voraussetzung für konstruktive Zusammenarbeit und das Erreichen von Zielen:

Man muss sich darauf verlassen können, dass die Auszubildenden die ihnen übertragenen Aufgaben ihrer Leistungsfähigkeit entsprechend wahrnehmen – auch unter widrigen Umständen und ohne ständige Überwachung oder Kontrolle.

5. Konzentrationsfähigkeit

Keine Leistung ohne Konzentration:

Es ist so einfach, sich ablenken zu lassen. Aber es ist auch notwendig, sich auf eine Sache zu konzentrieren. Das muss man wollen und können. Beides lässt sich mit gutem Erfolg trainieren. Die Schule ist dabei ein wichtiger Partner.

20315340

2. Lern- und Leistungsbereitschaft

Grundbedingung nicht nur für eine erfolgreiche Ausbildung:

Ausbildung, Beruf und Arbeit sind wichtige Bausteine des Lebens. Freude an der Arbeit und Erfolg im Beruf tragen zu einer positiven Lebenseinstellung und individueller Zufriedenheit bei. Jugendliche sollten von der Schule Neugier und Lust auf Neues mitbringen und diese Eigenschaften sowohl in der Ausbildung als auch im späteren Beruf weiterentwickeln.

3. Ausdauer – Durchhaltevermögen – Belastbarkeit

Wichtig, um Ziele zu erreichen:

Im (Berufs-)Leben kann nicht immer alles glattgehen. Auch Belastungen und Enttäuschungen muss man aushalten können. Nicht zuletzt stärkt dies das Selbstvertrauen. In Elternhaus und Schule sollten die Jugendlichen gelernt haben, nicht gleich aufzugeben, wenn sich der gewünschte Erfolg nicht sofort oder vielleicht auch gar nicht einstellt.

4. Sorgfalt – Gewissenhaftigkeit

Man kann nicht immer „fünf gerade sein lassen“:

Die Aufgaben und Tätigkeiten im Unternehmen erfordern Genauigkeit und Ernsthaftigkeit. Durch Oberflächlichkeit kann großer Schaden für Unternehmen und Umfeld entstehen. Wer dagegen mit Disziplin und Ordnungssinn pünktlich an die Arbeit geht, der ist gerüstet und braucht sich keine Sorgen zu machen.

6. Verantwortungsbereitschaft – Selbstständigkeit

Man muss für das, was man tut, einstehen und „Flagge zeigen“:

Erfahrung gibt Sicherheit für selbstständiges Denken und Handeln. Die Bereitschaft, Verantwortung zu übernehmen, wächst mit zunehmender Reife. Ansätze müssen jedoch mit dem Eintritt in die Ausbildung schon vorhanden sein.

7. Fähigkeit zu Kritik und Selbstkritik

Nobody is perfect:

Wer die Fähigkeit hat, Sachverhalte konstruktiv kritisch zu hinterfragen, schafft Chancen zur Verbesserung für sich und für Kollegen. Genauso wichtig ist auch die Fähigkeit, das eigene Tun kritisch zu hinterfragen, eigene Fehler einzusehen und sie korrigieren zu wollen.

8. Kreativität und Flexibilität

Wichtige Helfer in allen Lebenslagen:

Im Beruf muss jeder mitdenken. Wer ideenreich und aufgeschlossen ist, hat es einfacher – auch und gerade bei der Lösung von Problemen. „Frischer Wind“ hilft z. B., die täglichen Aufgaben oder die Organisation des eigenen Arbeitsplatzes positiv zu verändern.

Übrigens: Wer kreativ und flexibel ist, kann sich leichter und schneller in neue Aufgaben einarbeiten.

Ordnen Sie die folgenden Aussagen den einzelnen Kompetenzen zu.

A „Schon in der Ausbildung habe ich Umgang mit Kunden und darf projektorientiert arbeiten. Dadurch kann ich meine Kreativität direkt in den betrieblichen Ablauf einbringen. So wird meine Flexibilität immer wieder aufs Neue gefordert.“
Nicolas Fricker, Auszubildender, Saarbrücken

B „Kritikfähigkeit bedeutet, Wichtiges von Unwichtigem unterscheiden zu können und dies sachgerecht zu begründen. Selbstkritik ist die Fähigkeit, Fehler einzusehen und zu Korrekturen bereit zu sein.“
Egon Meyer, Ausbildungsberater, IHK Kaiserslautern

F „Produktions- und Arbeitsprozesse werden immer komplexer. Klar definierte Arbeitsanweisungen treten zunehmend in den Hintergrund, Problemlösungen unter erschwerten Bedingungen wie Zeitdruck nehmen zu. Der Auszubildende muss auf solche betrieblichen Ernstsituationen vorbereitet werden. Schlüsselqualifikationen wie Ausdauer, Durchhaltevermögen und Belastbarkeit sind zu entwickeln und zu fördern und helfen dem Auszubildenden, den zukünftigen Betriebsalltag zu ‚meistern‘.“
Gert Stötzel, Teamleiter Ausbildung, Rasselstein Hösch GmbH, Neuwied

C „Heutzutage wird es immer wichtiger, in höflicher und kompetenter Art und Weise auf die Bedürfnisse und Wünsche von Kunden bzw. Interessenten einzugehen. Höflichkeit und Freundlichkeit sind wichtige Servicegradfaktoren, die ein jeder Kunde verdient. Unabhängig von eigenen Gefühlslagen oder arbeitsbedingten Stresssituationen sollte jeder Kunde so behandelt werden, als wäre er der einzige."
Matthias Bieht, Dipl.-Bw. (FH), Ausbilder und Geschäftsführer my-next-home.de, Leipzig

D „Je stärker die Tätigkeitsbereiche des Unternehmens zusammenwachsen und von allen Mitarbeitern und Mitarbeiterinnen der Blick über den Tellerrand erwartet wird, umso mehr benötigen wir Menschen, die in Gruppen oder Teams zusammenarbeiten können. Teamfähigkeit ist der Schlüssel zum Erfolg; Kommunikationsbereitschaft – in persönlichem Kontakt, aber auch via PC – ist die Voraussetzung, um in unserer heutigen Informationsgesellschaft zu bestehen und Erfolg im Beruf zu haben."
Angelika Jösch, Ausbildungsleiterin, Detecka Produktions GmbH, Stuttgart

E „Konzentration ist die Fähigkeit, mit seinen Gedanken bei der ‚Sache' zu sein. Das ist nur bedingt eine Veranlagung. Konzentrationsfähigkeit muss man trainieren. Gerade weil in der heutigen Zeit die Ablenkungsmöglichkeiten für Jugendliche sehr groß sind, ist es wichtig, schon im Elternhaus und später in der Schule ein Gegengewicht zu setzen."
Jörg Kranzwon, Vorsitzender des Prüfungsausschusses Bürokaufleute Koblenz – Trier

G „Motivation, Zuverlässigkeit und Teamgeist sind wichtige Bedingungen für eine erfolgreiche Lehre. Spaß am Beruf und Werte-Einstellung am Arbeitsplatz gehören zum Vorwärtskommen in der Ausbildung wie im späteren Berufsleben."
Jürgen Günster, Ausbildungsleiter in einem Großhandelsunternehmen, Bad Kreuznach

H „Dazu gehört für mich die Kompetenz, die fachlichen und wirtschaftlichen Zusammenhänge von Aufträgen und Arbeitsabläufen im Betrieb zu erkennen, zu beherrschen und im Beruf gewissenhaft auszuführen. Dies beinhaltet zugleich Pünktlichkeit, schnelle Pflichterfüllung und Freundlichkeit im Unternehmen wie gegenüber den Kunden. Zur Zuverlässigkeit zählt auch deutlich der Wille zur beruflichen Fortbildung."
Michael Müller, Assistent der Geschäftsführung in einem Fertigungsunternehmen der Elektrotechnik, Hannover

I „Im Kontakt mit Kunden und Kollegen ist ein höfliches und verständnisvolles Auftreten sehr wichtig. Dafür akzeptieren mich auch die Mitmenschen so, wie ich bin. Meinen deutschen Kollegen und unseren Kunden ist meine Herkunft unwichtig. Im Vordergrund steht eindeutig meine fachliche Qualifikation."
Jeton Krasniqi, Auszubildender zum Bürokaufmann, Pirmasens

J „Ein Unternehmen ist immer auch ein Marktplatz der Beziehungen. Unsere Kunden und Kollegen spiegeln die Vielfalt menschlicher Charaktere wider. Die daraus entstehenden Konflikte können gegen die Person oder die Funktion gerichtet sein. Die Herausforderung besteht darin, gelassen und sachlich zu bleiben und Konflikte oder Kritik als Chance zur Verbesserung zu nutzen."
Doris Bogendörfer, Regionale Personalentwicklung in einem großen Handelsunternehmen

K „Für unsere Lehrlinge sind Selbstständigkeit und Verantwortungsbereitschaft selbstverständlich. Die Einbindung in Teams sowie die Übernahme eigenständiger Aufgaben und Projekte bereiten unsere Azubis optimal auf das Berufsleben vor. Sie nutzen die gebotenen Weiterbildungsmöglichkeiten und internen Kommunikationssysteme, um sich Informationen zu beschaffen. Wir erwarten von ihnen die Bereitschaft, für das eigene Handeln Verantwortung zu tragen."
Kay Hudalla, Ausbildungsleiter, Köln

L „Im Kundendienst werden an unsere Angestellten jeden Tag neue Herausforderungen gestellt. Die von uns verkauften Geräte müssen oft individuell eingestellt werden. Wir erwarten von unseren Beschäftigten also eine große Gewissenhaftigkeit."
Lars Rühmlandt, Inhaber einer Großhandlung für elektronische Spezialgeräte

20315342

6. Kennst du den Unterschied zwischen erfolglosen und erfolgreichen Menschen? Die erfolglosen Menschen lernen nur in der Schulzeit, nehmen ihren ersten Job an und ab diesem Zeitpunkt hören sie auf, sich weiterzubilden.
Erfolgreiche Menschen dagegen hören nie auf zu lernen. Egal wie erfolgreich sie sind, sie bilden sich immer fort, bleiben stets neugierig und versuchen, sich durch lebenslanges Lernen immer wieder neue Fähigkeiten und Fertigkeiten anzueignen.

Quelle: Selbstmanagement Blog: 5 Gründe für lebenslanges Lernen: In: www.selbst-management.biz. 22.11.2015. https://www.selbst-management.biz/lebenslanges-lernen/ [20.09.2021].

a) Begründen Sie die oben aufgeführte Meinung.

b) Spekulieren Sie: Wo erwarten Sie im nächsten Jahrzehnt größere technologische Entwicklungen, in die Sie sich eventuell einarbeiten müssen?

ZUSAMMENFASSUNG

Handlungskompetenz

- Fähigkeit, aufgabengemäß, zielgerichtet, situationsbedingt und verantwortungsbewusst betriebliche Aufgaben zu erfüllen und Probleme zu lösen
- Umfasst

Dimensionen der Handlungskompetenz

- Fachkompetenz
- Selbstkompetenz
- Sozialkompetenz

Immanenter Bestandteil aller drei Dimensionen der Handlungskompetenz

- Methodenkompetenz
- Kommunikative Kompetenz
- Lernkompetenz

KAPITEL 4

Duale Berufsausbildung im Groß- und Außenhandel

Auszubildende im Büro ihres Ausbildungsbetriebs

Auszubildende in der Klasse ihrer Berufsschule

Anne Schulte, Caroline König, Sebastian Holpert und Mete Öczan werden im Stammhaus der Fairtext GmbH in Hannover ausgebildet. Außerdem besuchen alle vier zweimal in der Woche die Berufsbildende Schule in Hannover.

1. Begründen Sie, warum die Auszubildenden der Fairtext GmbH an zwei verschiedenen Lernorten lernen.
2. Stellen Sie fest, wo die Auszubildenden Informationen über Inhalte und Ablauf ihrer Ausbildung zur Kauffrau/zum Kaufmann für Groß- und Außenhandelsmanagement finden können.

INFORMATIONEN

Auszubildende werden während ihrer Ausbildung an zwei Lernorten ausgebildet: im Ausbildungsbetrieb und in der Berufsschule. Deshalb nennt man das System der Berufsausbildung in der Bundesrepublik Deutschland auch **„duales Berufsausbildungssystem"**.

Im **Ausbildungsbetrieb** sollen die Auszubildenden die im Ausbildungsrahmenplan vorgeschriebenen Fähigkeiten und Fertigkeiten lernen und durch praktische Tätigkeit einüben. In der **Berufsschule** werden den Auszubildenden allgemeinbildende und berufsbezogene theoretische Lerninhalte vermittelt. Die Inhalte des Berufsschulunterrichts werden durch Richtlinien der Kultusministerien der Länder vorgeschrieben.

Der Berufsschulunterricht kann in Form von Teilzeitunterricht oder als Blockunterricht stattfinden. Wird der Berufsschulunterricht in **Teilzeitform** erteilt, besuchen die Auszubildenden im Groß- und Außenhandel einmal oder zweimal in der Woche die Berufsschule. An den anderen Arbeitstagen werden die Auszubildenden in ihren Ausbildungsbetrieben ausgebildet. Beim **Blockunterricht** besuchen die Auszubildenden an mehreren aufeinanderfolgenden Tagen die Berufsschule (z. B. zwei oder drei Wochen). Anschließend arbeiten sie mehrere Wochen in ihrem Ausbildungsbetrieb, ohne in dieser Zeit die Berufsschule zu besuchen.

Ausbildungsordnung

Informationen über Inhalte, die zeitliche Gliederung Ihrer Ausbildung und die Prüfungen findet man in der **Ausbildungsordnung** für den Ausbildungsberuf „Kaufmann für Groß- und Außenhandelsmanagement/Kauffrau für Groß- und Außenhandelsmangement.

Die Ausbildungsordnung wurde im Jahre 2020 vom Bundesminister für Wirtschaft erlassen. Sie enthält das Ausbildungsberufsbild, den Ausbildungsrahmenplan, Angaben zur Ausbildungsdauer, zur Zwischenprüfung und zur Abschlussprüfung.

- Das **Ausbildungsberufsbild** beschreibt die Kenntnisse und Fertigkeiten, die Gegenstand der Berufsausbildung sind.
- Der **Ausbildungsrahmenplan** regelt die Inhalte der betrieblichen Berufsausbildung verbindlich.
- Die **Dauer der Ausbildung** beträgt im Ausbildungsberuf „Kaufmann für Groß- und Außenhandelsmanagement/Kauffrau für Groß- und Außenhandelsmangement" drei Jahre.

Die Bestimmungen über die **Prüfung** regeln Art und Inhalt der einzelnen Prüfungsteile.

Prüfungen

Die Prüfung im Ausbildungsberuf „Kaufmann/Kauffrau für Groß- und Außenhandelsmanagement“ wird als gestreckte Abschlussprüfung durchgeführt. Dabei findet Teil 1 der gestreckten Abschlussprüfung in der Mitte des zweiten Ausbildungsjahres und der 2. Teil der Abschlussprüfung am Ende der Berufsausbildung statt.

Die gestreckte Abschlussprüfung

Prüfungsabschnitt Teil 1
Zur Mitte des 2. Ausbildungsjahres

Gegenstand: Inhalte der Berufsausbildung der ersten 15 Monate und Berufsschulstoff, soweit für die Berufsausbildung wesentlich

Bereich: Organisieren des Warensortiments und von Dienstleistungen

Prüfungsanforderungen: Der Prüfling hat nachzuweisen, dass er in der Lage ist,

- Bedarfe und Absatzchancen zu ermitteln, Informationen über Waren und Dienstleistungen einzuholen und marktorientierte Warensortimente und kundenbezogene Dienstleistungsangebote zu bewerten,
- Angebote von Lieferanten einzuholen und zu vergleichen, Waren zu bestellen und Dienstleistungen zu beauftragen,
- Kundenanfragen zu bearbeiten, Angebote zu erstellen und Aufträge unter Beachtung von Liefer- und Zahlungsbedingungen zu bearbeiten,
- adressatengerecht, situations- und zielorientiert zu kommunizieren sowie
- Kundendaten zu verwalten und dabei rechtliche Regelungen zum Datenschutz und zur IT-Sicherheit einzuhalten.

Prüfungsform: Schriftlich, Bearbeitung praxisbezogener Aufgaben; **Dauer:** 90 Minuten

Prüfungsabschnitt Teil 2 – Fachrichtung Großhandel
Gegen Ende des 3. Ausbildungsjahres

Gegenstand: Inhalte der gesamten Berufsausbildung und Berufsschulstoff, soweit für die Berufsausbildung wesentlich

Bereich: 1. Kaufmännische Steuerung von Geschäftsprozessen

Prüfungsanforderungen: Der Prüfling hat nachzuweisen, dass er in der Lage ist,

- Geschäftsvorgänge buchhalterisch zu erfassen und Zahlungsvorgänge zu bearbeiten,
- die betriebliche Kosten-und-Leistungs-Rechnung anzuwenden sowie Kennzahlen zu ermitteln und zu analysieren und Instrumente der kaufmännischen Steuerung und Kontrolle zu nutzen,
- im Rahmen eines Kundenauftrages den mengen- und wertebezogenen Daten- und Warenfluss in elektronischen Systemen zur Ressourcenplanung und zur Verwaltung von Kundenbeziehungen zu erfassen und die Zusammenhänge darzustellen und
- Arbeitsorganisation projekt- und teamorientiert zu planen und zu steuern.

Prüfungsform: Schriftlich, Bearbeitung praxisbezogener Aufgaben, **Dauer:** 60 Minuten

Bereich: 2. Prozessorientierte Organisation von Großhandelsgeschäften

Prüfungsanforderungen: Der Prüfling hat nachzuweisen, dass er in der Lage ist,

- logistische Prozesse von der Beschaffung bis zur Distribution zu steuern und zu kontrollieren,
- die Prozesse der betrieblichen Lagerlogistik von der Warenannahme bis zum Versand zu planen und abzuwickeln und dabei auch elektronische Lagerverwaltungssysteme anzuwenden,
- den Einkauf von Waren und Dienstleistungen durchzuführen und dabei auch Risiken und Besonderheiten im internationalen Handel zu berücksichtigen,
- Verkaufsprozesse durch zielgruppenorientierte Marketingmaßnahmen zu unterstützen,
- Reklamationen und Retouren abzuwickeln und
- Kundenanliegen lösungsorientiert mit dem Ziel des Vertragsabschlusses zu bearbeiten und Möglichkeiten der Konfliktlösung anzuwenden.

Prüfungsform: Schriftlich, Bearbeitung praxisbezogener Aufgaben, **Dauer:** 120 Minuten

Bereich: 3. Fallbezogenes Fachgespräch zu einer betrieblichen Fachaufgabe im Großhandel

Prüfungsanforderungen: Der Prüfling hat nachzuweisen, dass er in der Lage ist,
- berufstypische Aufgabenstellungen zu erfassen,*
- Probleme und Vorgehensweisen zu erörtern,
- Lösungswege zu entwickeln und zu begründen,
- Geschäftsgespräche kunden-, service- und prozessorientiert zu führen und auszuwerten und dabei Waren-, Dienstleistungs- und Fachkenntnisse einzubeziehen und
- praxisbezogene Aufgaben unter Berücksichtigung wirtschaftlicher und ökologischer Zusammenhänge sowie unter Beachtung rechtlicher Zusammenhänge zu planen, durchzuführen, zu steuern und auszuwerten.

** Für den Nachweis nach Absatz 1 ist eines der folgenden Gebiete zugrunde zu legen:*
- *Verkauf und Distribution,*
- *Warensortiment und Marketing und*
- *Einkauf und Beschaffungslogistik.*

Prüfungsform: Fallbezogenes Fachgespräch, **Dauer:** 30 Minuten. Zur Vorbereitung auf das fallbezogene Fachgespräch hat der Prüfling eine von zwei praxisbezogenen Fachaufgaben zu bearbeiten, Vorbereitungszeit: 15 Minuten

Bereich: 4. Wirtschafts- und Sozialkunde

Der Prüfling hat nachzuweisen, dass er in der Lage ist, allgemeine wirtschaftliche und gesellschaftliche Zusammenhänge der Berufs- und Arbeitswelt darzustellen und zu beurteilen.
Prüfungsform: Schriftlich, Bearbeitung praxisbezogener Aufgaben, **Dauer:** 60 Minuten

Prüfungsabschnitt Teil 3 - Fachrichtung Außenhandel
Gegen Ende des 3. Ausbildungsjahres

Gegenstand: Inhalte der gesamten Berufsausbildung und Berufsschulstoff, soweit für die Berufsausbildung wesentlich

Bereich: 1. Kaufmännische Steuerung von Geschäftsprozessen

Prüfungsanforderungen: Der Prüfling hat nachzuweisen, dass er in der Lage ist,
- Geschäftsvorgänge buchhalterisch zu erfassen und Zahlungsvorgänge zu bearbeiten,
- die betriebliche Kosten-und-Leistungs-Rechnung anzuwenden sowie Kennzahlen zu ermitteln und zu analysieren und Instrumente der kaufmännischen Steuerung und Kontrolle zu nutzen,
- im Rahmen eines Kundenauftrages den mengen- und wertebezogenen Daten- und Warenfluss in elektronischen Systemen zur Ressourcenplanung und zur Verwaltung von Kundenbeziehungen zu erfassen und die Zusammenhänge darzustellen und
- Arbeitsorganisation projekt- und teamorientiert zu planen und zu steuern.

Prüfungsform: Schriftlich, Bearbeitung praxisbezogener Aufgaben, **Dauer:** 60 Minuten

Bereich: 2. Prozessorientierte Organisation von Außenhandelsgeschäften

Prüfungsanforderungen: Der Prüfling hat nachzuweisen, dass er in der Lage ist,
- Absatzmärkte zu identifizieren,
- Außenhandelsgeschäfte vorzubereiten und abzuschließen und dabei Risiken und international gebräuchliche Handelsklauseln zu berücksichtigen,
- bei der Vorbereitung und beim Abschluss von Außenhandelsgeschäften Finanzierungs- und Kreditsicherungsmöglichkeiten sowie Zahlungsbedingungen zu berücksichtigen,
- logistische Prozesse von der Beschaffung bis zur Distribution zu steuern und zu kontrollieren,
- Außenhandelsgeschäfte in einer Fremdsprache abzuwickeln und dabei die Kommunikation mit ausländischen Geschäftspartnern und Geschäftspartnerinnen adressatengerecht zu gestalten,
- den Einkauf von Waren und Dienstleistungen durchzuführen und dabei Risiken und Besonderheiten im internationalen Handel zu berücksichtigen,
- Verkaufsprozesse durch zielgruppenorientierte Marketingmaßnahmen zu unterstützen und
- Kundenanliegen lösungsorientiert mit dem Ziel des Vertragsabschlusses zu bearbeiten und Möglichkeiten der Konfliktlösung anzuwenden.

Prüfungsform: Schriftlich, Bearbeitung praxisbezogener Aufgaben, **Dauer:** 120 Minuten

20315346

Bereich: 3. Fallbezogenes Fachgespräch zu einer betrieblichen Fachaufgabe im Außenhandel

Prüfungsanforderungen: Der Prüfling nachzuweisen, dass er in der Lage ist,

- berufstypische Aufgabenstellungen zu erfassen,*
- Probleme und Vorgehensweisen zu erörtern,
- Lösungswege unter Anwendung internationaler Berufskompetenz zu entwickeln und zu begründen,
- Geschäftsgespräche kunden-, service- und prozessorientiert zu führen und auszuwerten und dabei Waren-, Dienstleistungs- und Fachkenntnisse einzubeziehen und
- praxisbezogene Aufgaben unter Berücksichtigung wirtschaftlicher und ökologischer Zusammenhänge sowie unter Beachtung rechtlicher Zusammenhänge zu planen, durchzuführen, zu steuern und auszuwerten.

** Für den Nachweis nach Absatz 1 ist eines der folgenden Gebiete zugrunde zu legen:*

- *Internationaler Handel und Auslandsmärkte,*
- *Warensortiment und Marketing und*
- *Einkauf und Beschaffungslogistik.*

Prüfungsform: Fallbezogenes Fachgespräch, **Dauer:** 30 Minuten. Zur Vorbereitung auf das fallbezogene Fachgespräch hat der Prüfling eine von zwei praxisbezogenen Fachaufgaben zu bearbeiten, Vorbereitungszeit: 15 Minuten

Bereich: 4. Wirtschafts- und Sozialkunde

Prüfungsanforderungen: Der Prüfling hat nachzuweisen, dass er in der Lage ist, allgemeine wirtschaftliche und gesellschaftliche Zusammenhänge der Berufs- und Arbeitswelt darzustellen und zu beurteilen.
Prüfungsform: Schriftlich, Bearbeitung praxisbezogener Aufgaben, **Dauer:** 60 Minuten

AUFGABEN

1. Erläutern Sie das duale Berufsausbildungssystem.
2. Wer legt die Inhalte des Berufsschulunterrichts fest?
3. Unterscheiden Sie Teilzeit- und Blockunterricht.
4. Welche berufsbezogenen Unterrichtsfächer werden in der Berufsschule angeboten?
5. Was sollen die Auszubildenden im Ausbildungsbetrieb vor allem lernen?
6. Wie lange dauert normalerweise die Ausbildung zum Kaufmann/zur Kauffrau für Groß- und Außenhandelsmanagement?
7. Wann müssen die Auszubildenden Teil 1 der gestreckten Abschlussprüfung ablegen?
8. Was wird in Teil 1 der gestreckten Abschlussprüfung geprüft?
9. In welchen Prüfungsbereichen werden die Auszubildenden am Ende ihrer Ausbildung schriftlich geprüft?
10. Was wird in der mündlichen Prüfung geprüft?
11. Welche Teile der Ausbildungsordnung legen die Inhalte der betrieblichen Berufsausbildung fest?

AKTIONEN

1. Vergleichen Sie die Inhalte des Ausbildungsrahmenplans mit den Inhalten des Rahmenlehrplans für den Ausbildungsberuf „Kaufmann für Groß- und Außenhandelsmanagement/Kauffrau für Groß- und Außenhandelsmanagement".

   Erarbeiten Sie in der Gruppe inhaltliche Gemeinsamkeiten und Unterschiede der Ausbildung im Ausbildungsbetrieb und in der Berufsschule.

   Benutzen Sie dazu den Ausbildungsrahmenplan und den Rahmenlehrplan für den Ausbildungsberuf „Kaufmann für Groß- und Außenhandelsmanagement/Kauffrau für Groß- und Außenhandelsmanagement" als Informationsquellen.

   Präsentieren Sie die Gemeinsamkeiten und die Unterschiede auf einem Plakat.

2. Stellen Sie Ihren Mitschülerinnen und Mitschülern die Aufgaben und Tätigkeiten vor, die Sie in der letzten Woche in Ihrem Ausbildungsbetrieb durchgeführt haben.

ZUSAMMENFASSUNG

System der dualen Berufsausbildung

Ausbildungsbetrieb	Berufsschule
• überwiegend praktische Ausbildung • berufsbezogene Ausbildungsinhalte • Ausbildungsinhalte sind durch den Ausbildungsrahmenplan vorgeschrieben.	• überwiegend theoretische Ausbildung • berufsbezogener und allgemeinbildender Unterricht • Unterrichtsinhalte sind durch Richtlinien der Kultusministerien vorgeschrieben.

KAPITEL 5
Rechte und Pflichten in der Berufsausbildung

Die Fairtext GmbH hat mit Anne Schulte, Caroline König, Sebastian Holpert und Mete Öczan einen Ausbildungsvertrag über die Ausbildung zur Kauffrau für Groß- und Außenhandelsmanagement bzw. zum Kaufmann für Groß- und Außenhandelsmanagement abgeschlossen.

Stellen Sie fest, welche Pflichten Anne Schulte, Caroline König, Sebastian Holpert und Mete Öczan und die Fairtext GmbH mit Abschluss des Ausbildungsvertrags übernommen haben.

INFORMATIONEN

Das **Berufsbildungsgesetz** enthält die wichtigsten Bestimmungen über die Berufsausbildung. Es regelt den Abschluss von Berufsausbildungsverträgen, die Pflichten von Ausbildenden und Auszubildenden, die Dauer der Probezeit sowie Kündigung und Beendigung des Ausbildungsverhältnisses.

Abschluss des Berufsausbildungsvertrags

Der **Ausbildungsvertrag** wird zwischen dem Ausbildenden (= Inhaber des Ausbildungsbetriebs) und dem Auszubildenden abgeschlossen. Ist der Auszubildende noch keine 18 Jahre alt, so muss ein Erziehungsberechtigter (Vater, Mutter oder Vormund) den Ausbildungsvertrag mit unterschreiben. Der abgeschlossene Ausbildungsvertrag wird anschließend der zuständigen Industrie- und Handelskammer (IHK) vorgelegt. Die IHK prüft, ob die Inhalte des Ausbildungsvertrags mit den gesetzlichen Bestimmungen übereinstimmen, und trägt das Ausbildungsverhältnis in ein Verzeichnis der Berufsausbildungsverhältnisse ein. Sie wacht darüber, dass ordnungsgemäß ausgebildet wird.

20315348

Pflichten des Ausbildenden

1. Ausbildungspflicht	Der Ausbildende muss dafür sorgen, dass dem Auszubildenden die Kenntnisse und Fertigkeiten vermittelt werden, die zum Erreichen des Ausbildungsziels erforderlich sind.
2. Bereitstellung von Ausbildungsmitteln	Der Ausbildende muss Ausbildungsmittel, die für die betriebliche Ausbildung erforderlich sind, kostenlos zur Verfügung stellen.
3. Freistellung für den Berufsschulunterricht	Der Ausbildende muss den Auszubildenden zum Besuch der Berufsschule anhalten und freistellen. Dies gilt sowohl für jugendliche als auch für volljährige Auszubildende. Auszubildenden müssen freigestellt werden: – für die Teilnahme am Berufsschulunterricht an einem Berufsschultag mit mehr als fünf Unterrichtsstunden von je mindestens 45 Minuten, einmal in der Woche, – in Berufsschulwochen mit einem planmäßigen Blockunterricht von 25 oder mehr Stunden an mindestens fünf Tagen sowie – an dem Arbeitstag unmittelbar vor dem Tag der schriftlichen Abschlussprüfung. Dabei spielt es keine Rolle, ob der Auszubildende jugendlich oder volljährig ist. Beginnt der Berufsschulunterricht vor 9 Uhr, darf ein Auszubildender nicht mehr vorher in seinem Betrieb beschäftigt werden.
4. Sorgepflicht	Der Ausbildende darf dem Auszubildenden nur Tätigkeiten übertragen, die dem Ausbildungszweck dienen und seinen körperlichen Kräften angemessen sind. Der Auszubildende darf keinen gesundheitlichen und sittlichen Gefahren ausgesetzt werden.
5. Vergütungspflicht	Der Ausbildende muss dem Auszubildenden eine angemessene Vergütung bezahlen.

Für Auszubildende, deren Ausbildung im Jahr 2020 beginnt, muss diese Vergütung im ersten Ausbildungsjahr mindestens 515,00 € betragen (Mindestausbildungsvergütung). Diese Mindestausbildungsvergütung erhöht sich im zweiten Ausbildungsjahr um 18 % und im dritten Ausbildungsjahr um 35 %. So wird dem steigenden Beitrag Auszubildender zur betrieblichen Wertschöpfung spürbar Rechnung getragen. Für Auszubildende, deren Ausbildung im Jahr 2021 beginnt, beträgt die Mindestausbildungsvergütung im ersten Ausbildungsjahr 550,00 €. Für Ausbildungen, die 2022 beginnen, steigt die Mindestausbildungsvergütung im ersten Ausbildungsjahr auf 585,00 € und für Ausbildungen, die 2023 beginnen, auf 620,00 €. In den darauffolgenden Jahren werden die Mindestausbildungsvergütungen jährlich an die durchschnittliche Entwicklung aller Ausbildungsvergütungen angepasst.

Pflichten des Auszubildenden

1. Lernpflicht	Der Auszubildende muss sich bemühen, die notwendigen Kenntnisse und Fertigkeiten zu erwerben, die erforderlich sind, um das Ausbildungsziel zu erreichen.
2. Befolgung von Weisungen	Der Auszubildende muss die Weisungen befolgen, die ihm im Rahmen der Berufsausbildung vom Ausbildenden, vom Ausbilder oder anderen Weisungsberechtigten (z. B. dem Abteilungsleiter) erteilt werden.
3. Besuch der Berufsschule	Der Auszubildende muss am Berufsschulunterricht teilnehmen.
4. Führen des Berichtsheftes	Der Auszubildende muss ein vorgeschriebenes Berichtsheft führen und regelmäßig vorlegen.
5. Einhalten der Betriebsordnung	Der Auszubildende muss die für die Ausbildungsstätte geltende Ordnung einhalten.
6. Schweigepflicht	Der Auszubildende muss über Betriebs- und Geschäftsgeheimnisse Stillschweigen bewahren.

Probezeit

Das Berufsausbildungsverhältnis beginnt mit der Probezeit. Sie muss mindestens einen Monat und darf höchstens vier Monate betragen.

Kündigung des Berufsausbildungsverhältnisses

Während der Probezeit kann das Berufsausbildungsverhältnis vom Auszubildenden oder vom Ausbildenden ohne Einhaltung einer Kündigungsfrist und ohne Angabe von Gründen gekündigt werden.

Nach Ablauf der Probezeit kann das Berufsausbildungsverhältnis nur gekündigt werden:

- aus einem wichtigen Grund ohne Einhaltung einer Kündigungsfrist,
- vom Auszubildenden mit einer Kündigungsfrist von vier Wochen, wenn er die Berufsausbildung aufgeben oder sich für eine andere Berufstätigkeit ausbilden lassen will.

Ende des Berufsausbildungsverhältnisses

Das Berufsausbildungsverhältnis endet mit Ablauf der vorgeschriebenen Ausbildungszeit. Besteht der Auszubildende die Abschlussprüfung vor Ablauf der vereinbarten Ausbildungszeit, endet das Ausbildungsverhältnis mit dem Bestehen der Abschlussprüfung.

Besteht der Auszubildende die Abschlussprüfung nicht, verlängert sich das Ausbildungsverhältnis auf Wunsch des Auszubildenden bis zur nächstmöglichen Wiederholungsprüfung, höchstens um ein Jahr. Wird der Auszubildende im Anschluss an das Berufsausbildungsverhältnis weiterbeschäftigt, ohne dass hierüber ausdrücklich etwas vereinbart wurde, gilt er als auf unbestimmte Zeit angestellt.

AUFGABEN

1. Zwischen welchen Personen wird ein Ausbildungsvertrag abgeschlossen?
2. Wer überwacht die ordnungsgemäße Durchführung der Berufsausbildung?
3. Beurteilen Sie folgende Fälle:
   a) Karin Jäger meint, nach zehn Schuljahren genug gelernt zu haben. Sie bittet ihren Ausbilder, sie vom Berufsschulbesuch freizustellen.
   b) Vor seinen Freunden prahlt ein Auszubildender damit, welche Geldbeträge jeden Abend in der Firmenkasse seien.
   c) Ein Großhändler untersagt wegen der vielen Arbeit vor Weihnachten seinem Auszubildenden den Berufsschulbesuch.
   d) Herr Adams erklärt sich nach langem Bitten des Ehepaares Meyer bereit, dessen Tochter Sabine in seinem Betrieb auszubilden. Da er aber eigentlich keinen Auszubildenden benötigt, will er keine Ausbildungsvergütung bezahlen.
   e) In einem Berufsausbildungsvertrag ist eine Probezeit von vier Monaten vereinbart. Nach zwei Monaten kündigt der Auszubildende fristlos.
   f) Claudia Maier gefällt die Ausbildung zur Kauffrau im Groß- und Außenhandel nicht mehr. Sie möchte daher ihr Ausbildungsverhältnis nach nunmehr sechs Monaten fristlos kündigen.
   g) Nach sechs Monaten kündigt ein Ausbildender fristlos mit der Begründung: „Die Leistungen reichen nicht aus."

AKTIONEN

1. Informieren Sie Ihre Mitschülerinnen und Mitschüler über die Dauer Ihrer Ausbildung und über Ihre Rechte während der Ausbildung.

   Entnehmen Sie die dafür notwendigen Informationen Ihrem Ausbildungsvertrag.
2. a) Führen Sie eine Internetrecherche über das Berichtsheft durch.
   b) Halten Sie die Ergebnisse in einer Mindmap fest.
   c) Bereiten Sie sich darauf vor, Ihre Ergebnisse zu präsentieren.

20315350

ZUSAMMENFASSUNG

Ausbildender ◀ **Ausbildungsvertrag** ▶ **Auszubildender**

regelt unter anderem

Pflichten des Ausbildenden	Kündigung	Pflichten des Auszubildenden
• Ausbildungspflicht • Pflicht, den Auszubildenden für den Berufsschulbesuch freizustellen • Vergütungspflicht • Sorgepflicht • Bereitstellung von Arbeitsmitteln	• innerhalb der Probezeit (1–4 Monate) sofort ohne Angabe von Gründen • nach der Probezeit: – durch den Ausbildenden nur noch aus wichtigem Grund, – durch den Auszubildenden fristlos aus wichtigem Grund oder mit vierwöchiger Kündigungsfrist bei Berufswechsel oder Aufgabe der Ausbildung	• Lernpflicht • Pflicht zum Besuch der Berufsschule • Einhalten der Betriebsordnung • Schweigepflicht • Befolgen von Weisungen • Führen des Berichtsheftes

KAPITEL 6
Bestimmungen des Jugendarbeitsschutzgesetzes

Während der Mittagspause unterhält sich der Vorsitzende der Jugend- und Auszubildendenvertretung der Fairtext GmbH mit Caroline König und Mete Öczan:
„Da ihr beide noch keine 18 Jahre alt seid, gelten für euch im Betrieb besondere Schutzvorschriften. Seid ihr darüber informiert?“
„Ja, na klar, das Jugendarbeitsschutzgesetz. Da steht alles genau drin: Arbeitszeit, Pausen und so.“

Stellen Sie die entsprechenden Regelungen des Jugendarbeitsschutzgesetzes in einer Übersicht zusammen.

INFORMATIONEN

Das Jugendarbeitsschutzgesetz soll Arbeitnehmerinnen, Arbeitnehmer und Auszubildende, die noch keine 18 Jahre alt sind, vor Überforderungen im Berufsleben schützen. Es gilt für 14- bis 17-jährige Personen.

Arbeitszeitregelungen

Die wöchentliche Arbeitszeit darf 40 Stunden pro Woche nicht überschreiten. Jugendliche dürfen nur an fünf Tagen in der Woche beschäftigt werden. Die regelmäßige tägliche Arbeitszeit beträgt acht Stunden. Sie darf auf 8,5 Stunden erhöht werden, wenn dadurch die wöchentliche Arbeitszeit von 40 Stunden nicht überschritten wird. Jugendliche dürfen frühestens um 06:00 Uhr mit der Arbeit beginnen und nach 20:00 Uhr nicht mehr beschäftigt werden.

Ausnahmen von dieser Regelung sind für das Gaststätten- und Schaustellergewerbe, mehrschichtige Betriebe, die Landwirtschaft, Bäckereien und Konditoreien vorgesehen. In Bäckereien und Konditoreien dürfen über 16-Jährige ab 05:00 Uhr beschäftigt werden. Über 17-Jährige dürfen in Bäckereien ab 04:00 Uhr arbeiten.

Jugendliche, die im Groß- und Außenhandel beschäftigt sind, sollen an mindestens zwei Samstagen im Monat nicht arbeiten. Da es sich hierbei aber nur um eine Soll-Bestimmung handelt, können Jugendliche auch an diesen Samstagen beschäftigt werden, wenn es die betrieblichen Verhältnisse erfordern.

Pausen

Bei einer täglichen Arbeitszeit von mehr als 4,5 Stunden müssen Jugendlichen mindestens 30 Minuten Pause gewährt werden. Bei mehr als sechs Stunden sind es mindestens 60 Minuten. Die Pausen werden nicht auf die tägliche Arbeitszeit angerechnet. Eine Pause muss mindestens 15 Minuten lang sein. Jugendliche dürfen nicht länger als 4,5 Stunden ohne Ruhepause beschäftigt werden.

Urlaub

15-jährige Jugendliche haben einen Anspruch auf 30 Werktage Urlaub im Jahr. Für 16-jährige Arbeitnehmerinnen, Arbeitnehmer und Auszubildende sieht das Jugendarbeitsschutzgesetz 27 Werktage und für 17-jährige Beschäftigte 25 Werktage Jahresurlaub vor. Werktage sind alle Wochentage außer Sonntag.

Anrechnung des Berufsschulbesuchs auf die Arbeitszeit

Beginnt der Berufsschulunterricht vor 09:00 Uhr, dürfen Jugendliche vorher nicht mehr im Ausbildungsbetrieb beschäftigt werden. Das gilt auch für Personen, die über 18 Jahre alt und noch berufsschulpflichtig sind.

Jugendliche sind an einem Tag in der Woche den ganzen Tag von der Arbeit befreit, wenn sie an diesem Tag mehr als fünf Unterrichtsstunden die Berufsschule besuchen. Dieser Berufsschultag wird mit acht Stunden auf die wöchentliche Arbeitszeit angerechnet. Für einen zweiten Berufsschultag gilt diese Regelung nicht. Dieser zweite Berufsschultag wird auf die wöchentliche Arbeitszeit nur mit den Stunden angerechnet, die der Auszubildende in der Berufsschule verbringen musste (Unterrichtsstunden + Pausen).

Beschäftigungsverbote

Personen unter 15 Jahren dürfen nur in einem Ausbildungsverhältnis beschäftigt werden. Akkordarbeit wird für Jugendliche durch das Jugendarbeitsschutzgesetz untersagt. Außerdem dürfen Jugendliche nicht mit Arbeiten betraut oder an Orten beschäftigt werden, die eine sittliche Gefährdung darstellen. Gesundheitsgefährdende Arbeiten sind für Jugendliche unter 16 Jahren grundsätzlich verboten. Für 16- und 17-jährige Beschäftigte sind gesundheitsgefährdende Arbeiten nur dann erlaubt, wenn im Rahmen der Ausbildung nicht auf sie verzichtet werden kann.

Gesundheitliche Betreuung

Vor Beginn einer Ausbildung müssen alle Jugendlichen von einem Arzt untersucht worden sein. Die Untersuchung darf nicht länger als 14 Monate zurückliegen (Erstuntersuchung).

Nach dem ersten Ausbildungsjahr müssen sich alle Jugendlichen einer ersten Nachuntersuchung unterziehen (Pflichtuntersuchung). Weitere Nachuntersuchungen sind freiwillig.

Aufsicht über die Durchführung des Jugendarbeitsschutzgesetzes

Die Einhaltung der Bestimmungen des Jugendarbeitsschutzgesetzes wird durch die zuständige Aufsichtsbehörde überwacht. Das ist in der Regel das regionale Gewerbeaufsichtsamt.

20315352

Die Beamten der staatlichen Aufsichtsbehörde dürfen alle Betriebe in ihrer Region zu den Betriebs- und Arbeitszeiten unangemeldet betreten und prüfen.

Schwerwiegende Verstöße gegen das Jugendarbeitsschutzgesetz teilt die Aufsichtsbehörde der zuständigen Industrie- und Handelskammer mit.

AUFGABEN

1. Für welche Personen gilt das Jugendarbeitsschutzgesetz?
2. Ein Jugendlicher arbeitet 7,5 Stunden am Tag. Wie viel Minuten Pause stehen ihm zu?
3. Wie viel Stunden dürfen Jugendliche täglich höchstens arbeiten?
4. Wie viel Stunden dürfen Jugendliche wöchentlich höchstens arbeiten?
5. Wie viel Werktage Jahresurlaub stehen einer 16-jährigen Auszubildenden nach dem Jugendarbeitsschutzgesetz zu?
6. Eine 17-jährige Auszubildende soll an der Inventur in einem Baustoffgroßhandel teilnehmen. Bis wie viel Uhr darf sie höchstens im Betrieb beschäftigt werden?
7. Eine 16-jährige Auszubildende besucht an zwei Tagen in der Woche die Berufsschule. Am 1. Berufsschultag werden sechs Unterrichtsstunden in der Zeit von 07:45 Uhr bis 12:45 Uhr erteilt. Am 2. Berufsschultag hat sie von 07:45 Uhr bis 11:00 Uhr vier Unterrichtsstunden. Mit wie viel Stunden wird der Berufsschulbesuch auf die wöchentliche Arbeitszeit angerechnet?
8. Für welche Arbeiten dürfen Jugendliche nicht eingesetzt werden?
9. An wie viel Pflichtuntersuchungen müssen Jugendliche teilnehmen?
10. Wer überwacht die Einhaltung der Bestimmungen des Jugendarbeitsschutzgesetzes?

AKTIONEN

1. Sammeln Sie in Ihrer Klasse Gründe für die Notwendigkeit des Jugendarbeitsschutzgesetzes. Verwenden Sie dazu die Methode der Kartenabfrage.
2. Der Abteilungsleiter von Mete Öczan möchte für Mete einen Wocheneinsatzplan aufstellen. Stellen Sie den betrieblichen Wocheneinsatzplan auf.

   Berücksichtigen Sie dabei folgende Punkte:
   - Die Filiale Hannover der Fairtext GmbH ist montags bis freitags von 07:00 Uhr bis 20:00 Uhr geöffnet.
   - Mete Öczan hat am Mittwoch von 08:00 Uhr bis 14:45 Uhr und am Freitag von 08:00 Uhr bis 13:00 Uhr Berufsschulunterricht.
   - Mete ist 17 Jahre alt.

ZUSAMMENFASSUNG

Jugendarbeitsschutzgesetz

gilt für 14- bis 17-jährige Personen, enthält Regeln über:

Arbeitszeit und Freizeit
- tägliche Arbeitszeit: bis 8,5 Stunden
- wöchentliche Arbeitszeit: 40 Stunden
- 5-Tage-Woche
- Berufsschule: arbeitsfrei an einem Tag der Woche nach mehr als fünf Unterrichtsstunden
- Ruhepausen:
  4,5 bis 6 Stunden = 30 Minuten,
  mehr als 6 Stunden = 60 Minuten
- bis auf wenige Ausnahmen keine Sonntagsarbeit
- Samstagsarbeit: nur in einzelnen Beschäftigungszweigen; mindestens 2 Samstage sollen arbeitsfrei bleiben.
- Nachtruhe: normalerweise 20:00 bis 06:00 Uhr

Urlaub
- 30 Werktage für 15-Jährige
- 27 Werktage für 16-Jährige
- 25 Werktage für 17-Jährige

Beschäftigungsverbote und -beschränkungen
- gesundheitsgefährdende Arbeiten
- Akkordarbeit
- Arbeiten, die die Leistungsfähigkeit der Jugendlichen überschreiten
- Arbeiten, bei denen Jugendliche sittlichen Gefährdungen ausgesetzt sind

gesundheitliche Betreuung
- Erstuntersuchung
- 1. Nachuntersuchung
- weitere freiwillige Nachuntersuchungen

KAPITEL 7
Arbeitsvertrag

Petra Kommer hat sich bei der Fairtext GmbH als Sachbearbeiterin – Einkauf Haushaltswäsche – beworben. Während des Vorstellungsgesprächs vereinbart Frau Zimmerer, die Personalleiterin der Fairtext GmbH, lediglich, dass Petra ab dem 1. Oktober 20.. als Sachbearbeiterin beschäftigt werden soll.

Überlegen Sie, welche weiteren Punkte Petra und die Personalleiterin während des Vorstellungsgesprächs unbedingt klären sollen.

INFORMATIONEN

Abschluss des Arbeitsvertrags

Der Arbeitsvertrag wird zwischen einem Arbeitgeber und einem Arbeitnehmer abgeschlossen.

Minderjährige benötigen für den Abschluss eines Arbeitsvertrags grundsätzlich die Zustimmung ihres gesetzlichen Vertreters.

Der Arbeitsvertrag wird in der Regel schriftlich abgeschlossen. Gesetzlich ist der Abschluss eines unbefristeten Arbeitsvertrags jedoch an keine Form gebunden. Es genügt auch eine mündliche Einigung zwischen Arbeitnehmer und Arbeitgeber über die wichtigsten Arbeitsbedingungen (Eintrittstermin, Art der Arbeitsleistung und Höhe der Vergütung). In vielen Bereichen ist die Schriftform von Arbeitsverträgen jedoch durch Tarifverträge vorgeschrieben. Spätestens einen Monat nach Beginn eines mündlich geschlossenen Arbeitsvertrags müssen die wesentlichen Vertragsbedingungen schriftlich fixiert und dem Arbeitnehmer ausgehändigt werden.

In Betrieben mit mehr als zwanzig Arbeitnehmern muss der Arbeitgeber beim Abschluss des Arbeitsvertrags die Zustimmung des Betriebsrats einholen[1].

Vertragsfreiheit

Grundsätzlich besteht beim Abschluss eines Arbeitsvertrags Abschlussfreiheit; d. h., die Beteiligten können frei darüber entscheiden, ob sie einen Arbeitsvertrag abschließen wollen. Die inhaltliche Gestaltungsfreiheit eines Arbeitsvertrags ist jedoch stark eingeschränkt durch

- gesetzliche Vorschriften (Gesetze und Rechtsverordnungen),
- Tarifverträge,
- Betriebsvereinbarungen.

Gesetze werden von den Parlamenten beschlossen: Bundesgesetze also vom Bundestag unter Mitwirkung des Bundesrats, Landesgesetze der einzelnen Bundesländer von deren Landtagen.

Rechtsverordnungen können von der Bundesregierung, einem Bundesminister oder einer Landesregierung erlassen werden, wenn diese durch ein Gesetz dazu ermächtigt sind.

Tarifverträge sind Vereinbarungen, die zwischen Gewerkschaften und Arbeitgeberverbänden oder einzelnen Arbeitgebern abgeschlossen werden.

Betriebsvereinbarungen sind Vereinbarungen zwischen dem Arbeitgeber und dem Betriebsrat über die Ordnung und die Arbeitsverhältnisse des einzelnen Betriebs.

Die gesetzlichen Bestimmungen, Tarifverträge und Betriebsvereinbarungen sollen den einzelnen Arbeitnehmer vor Benachteiligungen schützen. Ihre Inhalte stellen Mindestbedingungen dar, die durch den Arbeitsvertrag nicht unterschritten werden dürfen. Vertragsinhalte, die den Arbeitnehmer schlechter stellen, sind nichtig. Günstigere Vereinbarungen dürfen im individuellen Arbeitsvertrag jederzeit getroffen werden.

BEISPIEL

Einem Arbeitnehmer stehen laut Gesetz im Krankheitsfall 6 Wochen Entgeltfortzahlung zu (Lohn bzw. Gehalt). Eine Vereinbarung im Arbeitsvertrag über 8 Wochen Entgeltfortzahlung ist gültig, weil sie den Arbeitnehmer besser stellt als die gesetzliche Regelung. Eine vertragliche Vereinbarung von 4 Wochen Entgeltfortzahlung wäre nichtig, weil sie den Arbeitnehmer schlechter stellt als das Gesetz.

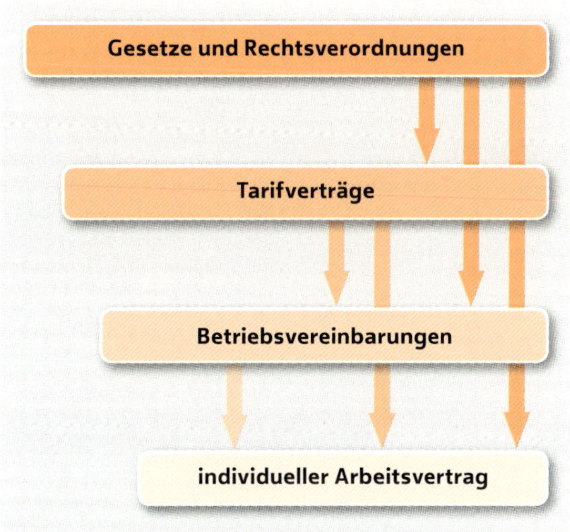

1 Siehe Kap. 1.9

Pflichten von Arbeitgeber und Arbeitnehmer

Mit dem Abschluss des Arbeitsvertrags übernehmen der Arbeitgeber und der Arbeitnehmer eine Reihe von Pflichten.

Die Pflichten des Arbeitgebers sind:	
1. Vergütungspflicht	Der Arbeitgeber muss für die erbrachte Arbeitsleistung des Arbeitnehmers eine Vergütung bezahlen. Der Arbeitgeber muss das Gehalt an seine kaufmännischen Angestellten spätestens am letzten Werktag des Monats bezahlen. Das Gehalt muss auch bei Arbeitsunfähigkeit wegen Krankheit bis zu 6 Wochen weiterbezahlt werden.
2. Beschäftigungspflicht	Der Arbeitgeber ist verpflichtet, dem Arbeitnehmer nicht nur Gehalt zu zahlen, sondern ihn auch tatsächlich zu beschäftigen.
3. Urlaubsgewährungspflicht	Der Arbeitgeber muss dem Arbeitnehmer in jedem Kalenderjahr bezahlten Erholungsurlaub gewähren. Den Urlaub regelmäßig durch Geldzahlungen abzugelten, ist unzulässig.
4. Fürsorgepflicht	Der Arbeitgeber muss alle Arbeitsbedingungen so gestalten, dass der Arbeitnehmer gegen Gefahren für Leben und Gesundheit so weit wie möglich geschützt ist.
5. Zeugnispflicht	Der Arbeitnehmer kann von seinem Arbeitgeber bei Beendigung des Arbeitsverhältnisses ein schriftliches Zeugnis verlangen.

Die Pflichten eines kaufmännischen Angestellten (= Handlungsgehilfen) sind:	
1. Arbeitspflicht	Der Arbeitnehmer muss die im Arbeitsvertrag vereinbarte Arbeitsleistung erbringen.
2. Verschwiegenheitspflicht	Der Arbeitnehmer darf Geschäfts- und Betriebsgeheimnisse nicht an Dritte mitteilen.
3. Verbot der Annahme von „Schmiergeldern“	Der Arbeitnehmer darf keine „Schmiergelder“ annehmen. **BEISPIEL** Ein Bürobedarfsgroßhändler verspricht einem Einkäufer eines Textilgroßhandelsbetriebs eine größere Geldsumme, wenn der Einkäufer den Bürobedarf des Textilgroßhandelsbetriebs nur noch bei ihm einkauft.
4. Gesetzliches Wettbewerbsverbot	Solange das Arbeitsverhältnis besteht, darf ein kaufmännischer Angestellter ohne Einwilligung des Arbeitgebers • nicht selbstständig ein Handelsgewerbe betreiben, • in dem Handelszweig des Arbeitgebers keine Geschäfte für eigene oder fremde Rechnung betreiben.
5. Nachvertragliches Wettbewerbsverbot	Nach Beendigung des Arbeitsverhältnisses darf ein kaufmännischer Angestellter seinem bisherigen Arbeitgeber grundsätzlich Konkurrenz machen. Soll ein Wettbewerbsverbot auch nach Beendigung des Arbeitsverhältnisses bestehen, muss dies ausdrücklich vertraglich geregelt werden. Dieses Wettbewerbsverbot darf nicht länger als 2 Jahre nach Beendigung des Arbeitsverhältnisses bestehen.

AUFGABEN

1. Zwischen welchen Personen wird ein Arbeitsvertrag abgeschlossen?
2. Durch welche Regelungen wird die Gestaltungsfreiheit der Arbeitsvertragsinhalte eingeschränkt?
3. Zwischen einem Arbeitnehmer und einem Arbeitgeber wird ein vertraglicher Jahresurlaub von 30 Werktagen vereinbart. In einer Betriebsvereinbarung zwischen Betriebsrat und Arbeitgeber

20315356

wurde für alle Betriebsangehörigen ein Jahresurlaub von 28 Werktagen vereinbart. Wie viele Tage Urlaub stehen dem Arbeitnehmer zu?

4. Welche Pflichten aus dem Arbeitsvertrag werden in folgenden Fällen verletzt?
   a) Eine Außendienstmitarbeiterin weigert sich, einen Kunden zu besuchen, mit dem sie schon einmal Schwierigkeiten gehabt hat.
   b) Die Kantine einer Lebensmittelgroßhandlung wird im Winter nicht geheizt.
   c) Der Arbeitgeber zahlt das März-Gehalt erst am 15. April.
   d) Ein Angestellter teilt dem Einkäufer eines Konkurrenzbetriebs die Einkaufspreise des eigenen Betriebs mit.
   e) Ein Arbeitgeber weigert sich, einer Angestellten für zwei Wochen, in denen sie arbeitsunfähig erkrankt war, Gehalt zu zahlen.
   f) Ein Arbeitgeber weigert sich, einem Angestellten, der gekündigt hat, ein schriftliches Zeugnis auszustellen.
5. Unter welchen Voraussetzungen darf ein Angestellter auch nach Beendigung eines Arbeitsverhältnisses seinem bisherigen Arbeitgeber keine Konkurrenz machen?

AKTIONEN

1. Petra Kommer soll als neue Sachbearbeiterin im Einkauf Haushaltswäsche der Fairtext GmbH eingestellt werden.
   Erstellen Sie einen Entwurf für den Arbeitsvertrag zwischen Petra Kommer und der Fairtext GmbH mithilfe eines Textverarbeitungsprogramms.
   Präsentieren Sie Ihren Entwurf in Ihrer Klasse als Folienbild oder mithilfe eines Beamers.
2. Stellen Sie die gesetzlichen und tarifvertraglichen Vorschriften, die bei der Gestaltung des Arbeitsvertrags für Petra Kommer beachtet werden müssen, in einer Mindmap zusammen.

ZUSAMMENFASSUNG

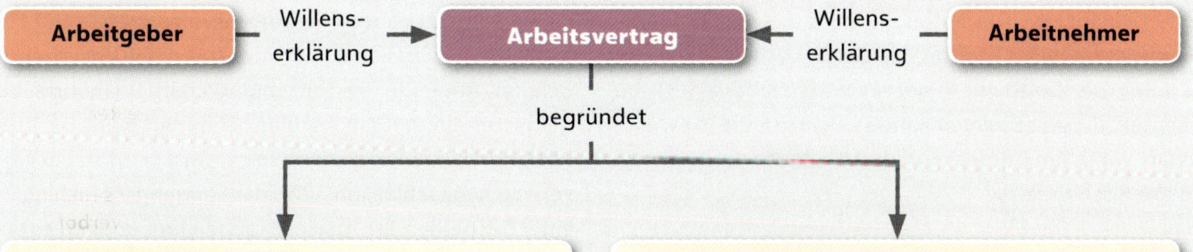

Pflichten des Arbeitgebers
- Vergütungspflicht
- Beschäftigungspflicht
- Pflicht zur Gewährung von Erholungsurlaub
- Fürsorgepflicht
- Zeugnispflicht

Pflichten des Arbeitnehmers
- Arbeitspflicht
- Verschwiegenheitspflicht
- Verbot der Annahme von Schmiergeldern
- Wettbewerbsverbot

Die **Vertragsfreiheit** beim Abschluss von Arbeitsverträgen ist eingeschränkt durch
- gesetzliche Bestimmungen,
- Tarifverträge,
- Betriebsvereinbarungen.

KAPITEL 8
Tarifvertrag

In ihrem Ausbildungsvertrag liest Anne Schulte, dass für die Höhe ihrer Ausbildungsvergütung der jeweils gültige Tarifvertrag für den Groß- und Außenhandel maßgebend ist.

1. Stellen Sie fest, welche Ausbildungsvergütung einer Auszubildenden zur Kauffrau für Groß- und Außenhandelsmanagement im 1. Ausbildungsjahr laut gültigem Tarifvertrag zusteht.
2. Erläutern Sie den Einfluss tarifvertraglicher Regelungen auf die Ausbildung von Anne Schulte.

INFORMATIONEN

Tarifparteien

Zwischen Gewerkschaften und Arbeitgeberverbänden – den sogenannten Tarifparteien – werden die Höhe von Löhnen und Gehältern, Arbeitszeit, Urlaub, Arbeitsbedingungen und anderes mehr ausgehandelt. Die Ergebnisse dieser Verhandlungen werden in Tarifverträgen festgehalten. Die Gewerkschaften und die Arbeitgeberverbände haben das Recht, diese Tarifverträge ohne Einmischung des Staates auszuhandeln. Dieses Recht wird als **Tarifautonomie** bezeichnet.

In der Bundesrepublik Deutschland haben sich annähernd sechs Millionen **Arbeitnehmer** in **Gewerkschaften** zusammengeschlossen. Gewerkschaften sind Selbsthilfeorganisationen der Arbeitnehmer, die sich für die Verbesserung der Situation der arbeitenden Menschen einsetzen. Die Mitgliedschaft in einer Gewerkschaft ist freiwillig. Der größte Gewerkschaftsdachverband ist der Deutsche Gewerkschaftsbund (DGB). Im Rahmen dieses Dachverbandes vertritt die Gewerkschaft ver.di die Interessen der Arbeitnehmer im Groß- und Außenhandel.

Arbeitnehmer im Groß- und Außenhandel können sich aber auch im Christlichen Gewerkschaftsbund (CGB) organisieren.

Die **Arbeitgeber** haben sich in **Arbeitgeberverbänden** zusammengeschlossen. Der Bundesvereinigung der Deutschen Arbeitgeberverbände gehören direkt oder indirekt über 88 Einzelverbände an. Auch die Mitgliedschaft in Arbeitgeberverbänden ist freiwillig.

Tarifverträge

Zustandekommen von Tarifverträgen

Zu Beginn der Tarifverhandlungen zwischen Gewerkschaften und Arbeitgeberverbänden stellen die Gewerkschaften ihre Forderungen auf. Die Arbeitgeber machen ein Angebot, das niedriger ist als die Gewerkschaftsforderungen. Im Laufe der Verhandlungen versucht man einen Kompromiss zu erreichen, dem beide Tarifparteien zustimmen können. Kommt es zu keiner Einigung, können die Tarifparteien das Scheitern der Tarifverhandlungen erklären. Lässt eine der Tarifparteien die Verhandlungen scheitern, schließt sich ein **Schlichtungsverfahren** nur dann an, wenn es zwischen den Tarifparteien zuvor in einem Abkommen vereinbart worden ist. An dem Schlichtungsverfahren nehmen die gleiche Anzahl Gewerkschafts- und Arbeitgebervertreter teil. Die Schlichtung wird von einem unparteiischen Vorsitzenden geleitet. Am Ende der Schlichtung steht ein mehrheitlich gefasster Einigungsvorschlag. Stimmen beide Tarifparteien dem Einigungsvorschlag zu, wird er als neuer Tarifvertrag abgeschlossen. Wird der Einigungsvorschlag von einer der beiden Tarifparteien abgelehnt, beginnt entweder eine neue Schlichtungsrunde oder es kommt zum **Arbeitskampf**.

Die Arbeitskampfmaßnahme der Gewerkschaften ist der **Streik**. Bei einem Streik legen die gewerkschaftlich organisierten Arbeitnehmer für einen vorübergehenden Zeitraum die Arbeit nieder. Bevor die Gewerkschaft einen Streik erklärt, stellt sie die Streikbereitschaft durch eine Abstimmung unter ihren Mitgliedern fest. Diese Abstimmung wird als Urabstimmung bezeichnet. Die Gewerkschaft ruft offiziell zum Streik auf, wenn bei der **Urabstimmung** mindestens 75 % der Gewerkschaftsmitglieder für einen Streik gestimmt haben. Ein Streik kann auf ein-

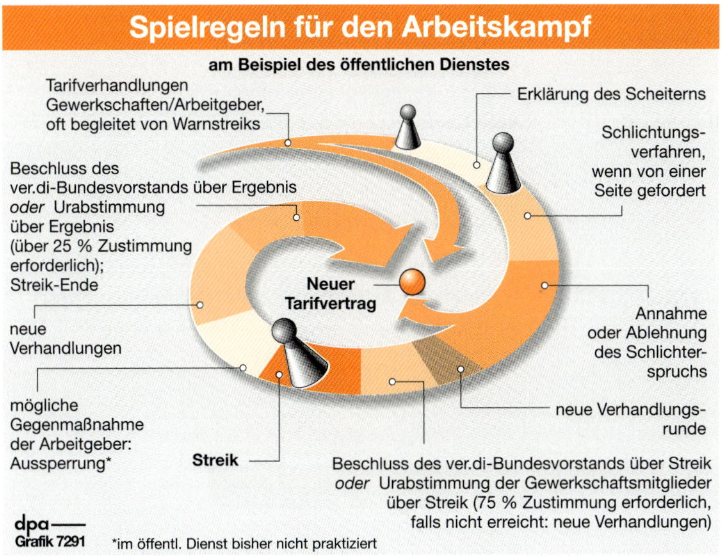

zelne Betriebe beschränkt sein, aber auch ganze Wirtschaftszweige, z. B. alle Großhandelsbetriebe, umfassen. Ziel des Streiks ist es, durch Produktionsausfall oder Umsatzeinbußen die Arbeitgeber zu zwingen, auf die Forderungen der Gewerkschaften einzugehen.

Die Arbeitskampfmaßnahme der Arbeitgeber ist die **Aussperrung**. Als Reaktion auf einen Streik verweigern die Arbeitgeber gewerkschaftlich organisierten und nicht organisierten Arbeitnehmern die Möglichkeit zu arbeiten.

Während des Arbeitskampfes erhalten die Arbeitnehmer weder Gehalt, Urlaub noch Gehaltsfortzahlung im Krankheitsfall. Die gewerkschaftlich organisierten Arbeitnehmer erhalten jedoch Streikgeld von ihrer Gewerkschaft. Die Höhe des Streikgeldes richtet sich nach dem monatlichen Gewerkschaftsbeitrag des Einzelnen. Arbeitnehmer, die nicht in einer Gewerkschaft organisiert sind, bekommen kein Streikgeld. Die bestreikten Arbeitgeber werden aus dem Arbeitskampffonds ihres Arbeitgeberverbands unterstützt.

Der Arbeitskampf wird beendet, wenn sich die beiden Tarifparteien in neuen Verhandlungen oder im Rahmen eines besonderen Schlichtungsverfahrens einigen. Es kommt zu einem neuen Tarifvertrag, wenn beide Seiten der in der Verhandlung oder dem Schlichtungsverfahren erzielten Einigung zustimmen. Aufseiten der Gewerkschaften, die Arbeitnehmer des Großhandels vertreten, müssen dazu in einer erneuten Urabstimmung mindestens 25 % der Gewerkschaftsmitglieder zustimmen.

Solange der neue Tarifvertrag gültig ist, besteht für die beiden Tarifparteien **Friedenspflicht**, d. h., dass während der Gültigkeitsdauer des Tarifvertrags von den vertragschließenden Gewerkschaften und Arbeitgeberverbänden keine Arbeitskampfmaßnahmen (Streik und Aussperrung) durchgeführt werden dürfen.

Bindung des Tarifvertrags

Tarifverträge gelten nur für die Mitglieder der Tarifparteien (Gewerkschaften und Arbeitgeberverbände). Für die nicht organisierten Arbeitnehmer gilt der Tarifvertrag nur dann, wenn er für **allgemein verbindlich erklärt** wurde. Der Bundesarbeitsminister kann einen Tarifvertrag auf Antrag einer Tarifpartei für allgemein verbindlich erklären. Damit ist der Tarifvertrag auch für nicht organisierte Arbeitgeber und Arbeitnehmer gültig.

Inhalt der Tarifverträge

Nach dem Inhalt werden Mantel- oder Rahmentarifverträge und Entgelttarifverträge unterschieden.

Manteltarifverträge regeln allgemeine Arbeitsbedingungen, wie z. B. Kündigungsfristen, Urlaubsregelungen, Dauer der täglichen und wöchentlichen Arbeitszeit, Nachtarbeit, Mehrarbeit, Sonn- und Feiertagszulagen, Vorschrift über Schlichtungsverfahren.

In **Entgelttarifverträgen** sind die getroffenen Vereinbarungen über Lohn- und Gehaltshöhen enthalten. In diesen Verträgen werden sehr häufig Tätigkeitsmerkmale für verschiedene Entgeltgruppen beschrieben, nach denen die Arbeitnehmer eingruppiert werden.

Die Bestimmungen der Tarifverträge sind Mindestbedingungen. Abmachungen in Einzelarbeitsverträgen zwischen Arbeitgeber und Arbeitnehmer dürfen die Normen des Tarifvertrags nicht unterschreiten. Die Vereinbarungen im Einzelarbeitsvertrag dürfen den Arbeitnehmer jedoch besserstellen, als es die Bestimmungen des Tarifvertrags regeln.

AUFGABEN

1. Wer sind die beiden Tarifparteien?
2. Für wen gelten die Bestimmungen eines Tarifvertrags, wenn er nicht für allgemein verbindlich erklärt wurde?
3. Wer darf Tarifverträge für allgemein verbindlich erklären?
4. Beschreiben Sie den möglichen Ablauf von Tarifverhandlungen.
5. Welche Voraussetzung muss erfüllt sein, damit eine Gewerkschaft den Streik erklären kann?
6. Welche Regelungen enthält
   - ein Manteltarifvertrag?
   - ein Entgelttarifvertrag?
7. Welche Auswirkungen haben Arbeitskampfmaßnahmen auf Arbeitgeber, gewerkschaftlich organisierte und nicht organisierte Arbeitnehmer?

AKTIONEN

1. Erstellen Sie eine Übersicht über die Arbeitszeit-, Pausen- und Urlaubsregelungen des zurzeit für Sie maßgeblichen Tarifvertrags.
2. Bei Tarifverhandlungen versuchen Gewerkschaften, möglichst hohe Gehaltserhöhungen durchzusetzen. Die Arbeitgeber versuchen hingegen, möglichst geringe Gehaltssteigerungen zu erreichen.

   Sammeln Sie Argumente für und gegen Gehaltserhöhungen.

   Bilden Sie dazu in Ihrer Klasse zwei Gruppen:

   a) Gruppe 1 sammelt Argumente für Gehaltserhöhungen.

   b) Gruppe 2 sammelt Argumente gegen Gehaltserhöhungen.

ZUSAMMENFASSUNG

Gewerkschaft → **vereinbaren** ← **Arbeitgeberverband**

▼

Entgelttarifverträge – **Tarifverträge** – **Manteltarifverträge**

- Bei Tarifverhandlungen ist die **Tarifautonomie** gewährleistet.
- Arbeitskampfmaßnahmen sind **Streik** und **Aussperrung**.
- Tarifverträge sind **Kollektivverträge**: Grundsätzlich gelten die Bestimmungen nur für Mitglieder der beteiligten Tarifparteien.
- Durch die **Allgemeinverbindlichkeitserklärung** des zuständigen Bundesministers für Arbeit und Soziales wird der Tarifvertrag für alle Arbeitgeber der betroffenen Branche gültig.
- Während der Laufzeit des Tarifvertrags gilt für die Tarifparteien die **Friedenspflicht**.

KAPITEL 9

Betriebliche Mitbestimmung

Die Vorsitzende des Betriebsrats und der Vorsitzende der Jugend- und Ausbildungsvertretung der Filiale Hannover der Fairtext GmbH begrüßen die neuen Auszubildenden:

„Liebe Kolleginnen und Kollegen, wir freuen uns, dass Sie eine Ausbildung in unserem Unternehmen begonnen haben. Wir möchten uns Ihnen heute als Ihre Arbeitnehmerinnen- und Arbeitnehmervertretung vorstellen. Wann immer Sie Fragen haben oder Hilfe und Unterstützung brauchen, kommen Sie zu uns. Sie finden uns während der angegebenen Sprechzeiten im Betriebsratsbüro."

Stellen Sie fest, welche Aufgaben der Betriebsrat und die Jugend- und Auszubildendenvertretung der Fairtext GmbH haben.

INFORMATIONEN

Im Betriebsverfassungsgesetz von 1972 sind die Mitwirkungs- und Mitbestimmungsrechte der einzelnen Arbeitnehmer, des Betriebsrats und der Jugend- und Auszubildendenvertretung im Betrieb geregelt.

Wahl des Betriebsrats

Der Betriebsrat ist die wichtigste Interessenvertretung der Arbeitnehmer in einem Betrieb.

Er wird von allen Arbeitnehmern eines Betriebs, die mindestens 18 Jahre alt sind, gewählt. In den Betriebsrat können alle Arbeitnehmer eines Betriebs über 18 Jahre gewählt werden, wenn sie seit mindestens sechs Monaten in diesem Betrieb beschäftigt sind. Die Amtsdauer des Betriebsrats beträgt vier Jahre. Betriebsräte dürfen in allen Betrieben gewählt werden, die mindestens fünf Arbeitnehmer über 18 Jahre beschäftigen. Die Mitgliederzahl des Betriebsrats ist abhängig von der Anzahl der wahlberechtigten Arbeitnehmer eines Betriebs.

Die Mitglieder des Betriebsrats wählen aus ihrer Mitte den Betriebsratsvorsitzenden und seinen Stellvertreter. Für ihre Tätigkeit müssen die Betriebsratsmitglieder so viele Stunden von ihrer beruflichen Arbeit befreit werden, wie zur Erfüllung ihrer Betriebsratsaufgaben notwendig sind. Sind in einem Betrieb mindestens zweihundert Arbeitnehmer beschäftigt, muss mindestens ein Betriebsratsmitglied ganz von der Arbeit freigestellt werden.

Bei fünf bis zwanzig wahlberechtigten Arbeitnehmern wird nur ein einzelner Betriebsobmann gewählt.

Der Betriebsrat besteht in Betrieben mit	
wahlberechtigten Arbeitnehmern	**aus**
21 bis 50	3 Mitgliedern
51 bis 100	5 Mitgliedern
101 bis 200	7 Mitgliedern
201 bis 400	9 Mitgliedern
401 bis 700	11 Mitgliedern
701 bis 1 000	13 Mitgliedern
1 001 bis 1 500	15 Mitgliedern
1 501 bis 2 000	17 Mitgliedern
2 001 bis 2 500	19 Mitgliedern
2 501 bis 3 000	21 Mitgliedern
3 001 bis 3 500	23 Mitgliedern
3 501 bis 4 000	25 Mitgliedern
4 001 bis 4 500	27 Mitgliedern
4 501 bis 5 000	29 Mitgliedern
5 001 bis 6 000	31 Mitgliedern
6 001 bis 7 000	33 Mitgliedern
7 001 bis 9 000	35 Mitgliedern
In Betrieben mit mehr als 9 000 Arbeitnehmern erhöht sich die Zahl der Betriebsratsmitglieder um zwei Mitglieder je weitere angefangene 3 000 Arbeitnehmer.	

Allgemeine Aufgaben des Betriebsrats

Zu den Aufgaben des Betriebsrats gehört es, darüber zu wachen, dass im Betrieb alle zum Schutz der Arbeitnehmer erlassenen Gesetze, Verordnungen, Unfallverhütungsvorschriften und Tarifverträge eingehalten werden. Darüber hinaus hat der Betriebsrat eine Reihe von Mitwirkungs- und Mitbestimmungsrechten.

Mitbestimmung des Betriebsrats bedeutet: Die betriebliche Maßnahme wird erst mit Zustimmung des Betriebsrats wirksam.

Mitwirkung des Betriebsrats bedeutet: Der Betriebsrat hat ein Informations-, Beratungs- oder Anhörungsrecht. Durch seinen Widerspruch wird die vom Arbeitgeber angeordnete Maßnahme jedoch nicht unwirksam.

Mitbestimmung in sozialen Angelegenheiten

Ein volles Mitbestimmungsrecht hat der Betriebsrat in sozialen Angelegenheiten. Dazu gehören:
- Kurzarbeit und Überstunden
- Beginn und Ende der täglichen Arbeitszeit
- Errichtung betrieblicher Sozialeinrichtungen (z. B. Kantinen und Aufenthaltsräume)
- Entscheidung über Arbeitsplätze mit leistungsbezogenem Entgelt (Akkordlöhne oder Prämien)
- Einführung von Arbeitskontrollen

Verweigert der Betriebsrat in diesen Angelegenheiten seine Zustimmung, so entscheidet eine Einigungsstelle. Sie setzt sich aus der gleichen Anzahl von Vertretern des Arbeitgebers und des Betriebsrats und einem unparteiischen Vorsitzenden zusammen.

Mitwirkung und Mitbestimmung in personellen Angelegenheiten

Ein Zustimmungsverweigerungs- oder Widerspruchsrecht hat der Betriebsrat bei folgenden personellen Angelegenheiten:
- Arbeitsplatzgestaltung
- Beurteilungsfragen
- Berufung und Abberufung von Ausbildern
- Versetzungen
- Umgruppierungen
- Einstellungen

In einem Unternehmen mit mehr als zwanzig wahlberechtigten Arbeitnehmern dürfen Einstellungen und Versetzungen grundsätzlich nur durchgeführt werden, wenn der Betriebsrat vorher zugestimmt hat (= **volles Mitbestimmungsrecht**). Verweigert der Betriebsrat die Zustimmung, kann der Arbeitgeber das Arbeitsgericht anrufen. Das Arbeitsgericht ersetzt die Zustimmung des Betriebsrats, wenn die Verweigerung der Zustimmung unbegründet war.

Bei Kündigungen von Arbeitnehmern hat der Betriebsrat nur ein **Anhörungsrecht.** Wird der Betriebsrat vor einer Kündigung nicht gehört, ist die Kündigung unwirksam. Ein Widerspruch des Betriebsrats kann eine Kündigung jedoch nicht verhindern; der Arbeitgeber kann den Arbeitnehmer trotzdem entlassen. Hat der Betriebsrat einer ordentlichen Kündigung binnen einer Woche widersprochen und hat der Arbeitnehmer Kündigungsschutzklage erhoben, so muss der Arbeitnehmer jedoch auf sein Verlangen bis zum rechtskräftigen Abschluss des Rechtsstreits weiterbeschäftigt werden.

Mitwirkung in wirtschaftlichen Angelegenheiten

In wirtschaftlichen Angelegenheiten hat der Betriebsrat nur ein Informations-, Unterrichtungs- und Beratungsrecht.

In Unternehmen mit mehr als einhundert Arbeitnehmern wird ein Wirtschaftsausschuss eingerichtet. Die Mitglieder dieses Ausschusses werden vom Betriebsrat bestimmt. Die Unternehmensleitung ist verpflichtet, den Wirtschaftsausschuss umfassend über die wirtschaftliche und finanzielle Lage des Unternehmens zu unterrichten.

Ein Widerspruch des Betriebsrats in wirtschaftlichen Angelegenheiten bleibt ohne Folgen. Letztlich kann hier der Arbeitgeber allein entscheiden.

Betriebsvereinbarungen

Zwischen dem Betriebsrat und dem Arbeitgeber können Vereinbarungen geschlossen werden, die für die Arbeitnehmer eines Betriebs unmittelbar gelten. Diese Betriebsvereinbarungen müssen in schriftlicher Form getroffen und von Arbeitgeber und Betriebsrat unterzeichnet werden. Der Arbeitgeber ist verpflichtet, Betriebsvereinbarungen durch Auslegen oder Aushang an einer geeigneten Stelle im Betrieb bekannt zu machen.

Eine Sonderform der Betriebsvereinbarung ist der **Sozialplan.** Er soll die wirtschaftlichen Nachteile, die dem Arbeitnehmer infolge einer geplanten Betriebsänderung (z. B. Stilllegung oder Verlegung des Betriebs) entstehen, ausgleichen oder mildern.

Betriebsversammlungen

Der Betriebsrat muss einmal in jedem Kalendervierteljahr auf einer Betriebsversammlung alle Arbeitnehmer (einschließlich der Auszubildenden) über seine Tätigkeit informieren und sich zur Diskussion stellen. Der Arbeitgeber, der ebenfalls eingeladen werden muss, hat das Recht, auf den Betriebsversammlungen zu sprechen.

Mindestens einmal im Jahr muss der Arbeitgeber oder sein Vertreter in einer Betriebsversammlung berichten über:

- das Personal- und Sozialwesen, einschließlich
  - Stand der Gleichstellung von Frauen und Männern im Betrieb
  - Integration der im Betrieb beschäftigten ausländischen Arbeitnehmer
- die wirtschaftliche Lage und Entwicklung des Betriebs
- den betrieblichen Umweltschutz

An den Betriebsversammlungen können Beauftragte der im Betrieb vertretenen Gewerkschaften beratend teilnehmen. Der Arbeitgeber kann Vertreter seines Arbeitgeberverbandes hinzuziehen, wenn er an einer Betriebsversammlung teilnimmt.

Jugend- und Auszubildendenvertretung

Die besonderen Belange der jugendlichen Arbeitnehmer unter 18 Jahren und Auszubildenden unter 25 Jahren werden durch die Jugend- und Auszubildendenvertretung wahrgenommen.

Eine Jugend- und Auszubildendenvertretung kann in Betrieben gewählt werden, in denen mindestens fünf Arbeitnehmer bis 18 Jahre oder Auszubildende bis 25 Jahre

beschäftigt sind. Sie wird von allen Arbeitnehmern unter 18 Jahren und allen Auszubildenden unter 25 Jahren gewählt. In die Jugend- und Auszubildendenvertretung können alle Arbeitnehmer des Betriebs gewählt werden, die noch nicht 25 Jahre alt sind. Die Amtsdauer der Jugend- und Auszubildendenvertretung beträgt 2 Jahre.

Die Zahl der Vertreter in der Jugend- und Auszubildendenvertretung richtet sich nach der Zahl der in dem Betrieb beschäftigten Jugendlichen bis 18 und Auszubildenden bis 25 Jahre.

Vertretung in der JAV	
Jugendliche bis 18 Jahre bzw. Azubis bis 25 Jahre im Betrieb:	**Zahl der Vertreter**
5 bis 20	1
21 bis 50	3
51 bis 150	5
151 bis 300	7
301 bis 500	9
501 bis 700	11
701 bis 1 000	13
über 1 000	15

Ansprechpartner für die Jugend- und Auszubildendenvertretung ist der Betriebsrat. An allen Sitzungen des Betriebsrats kann ein Vertreter der Jugend- und Auszubildendenvertretung teilnehmen. Stehen besondere Probleme der Jugendlichen und Auszubildenden im Betrieb zur Debatte, kann die gesamte Jugend- und Auszubildendenvertretung an der Betriebsratssitzung teilnehmen.

Die Jugend- und Auszubildendenvertreter haben im Betriebsrat dann Stimmrecht, wenn die Beschlüsse des Betriebsrats überwiegend jugendliche Arbeitnehmer oder Auszubildende betreffen.

Mitwirkungs- und Beschwerderechte des einzelnen Arbeitnehmers

Bei den im Betriebsverfassungsgesetz aufgeführten Rechten des einzelnen Arbeitnehmers handelt es sich in erster Linie um Informations- und Anhörungsrechte in Angelegenheiten, die die Person des Arbeitnehmers und seinen Arbeitsplatz betreffen.

Der Arbeitnehmer kann verlangen, dass ihm die Berechnung und die Zusammensetzung seines Gehalts erläutert werden. Seine Leistungsbeurteilung und seine beruflichen Entwicklungsmöglichkeiten im Betrieb müssen mit ihm erörtert werden, wenn er es wünscht. Dazu kann er ein Mitglied des Betriebsrats hinzuziehen.

Der Arbeitnehmer hat das Recht, sich über den Inhalt der vom Arbeitgeber über ihn geführten Personalakte zu informieren. Auch dazu kann er ein Betriebsratsmitglied hinzuziehen. Er hat die Möglichkeit, zum Inhalt der Personalakte Erklärungen abzugeben, und kann verlangen, dass diese Erklärungen der Personalakte beigefügt werden.

Der Arbeitnehmer darf sich bei der zuständigen Stelle des Betriebs (z. B. Geschäftsinhaber, Geschäftsführer) beschweren, wenn er sich benachteiligt oder ungerecht behandelt fühlt. Dabei kann er ein Betriebsratsmitglied zu seiner Unterstützung hinzuziehen.

AUFGABEN

1. Wie viele wahlberechtigte Arbeitnehmer müssen in einem Betrieb beschäftigt sein, damit ein Betriebsrat gewählt werden darf?
2. In welchen Fällen ist eine Entscheidung des Arbeitgebers ohne Zustimmung des Betriebsrats ungültig?
3. In welchen Angelegenheiten hat der Betriebsrat nur ein Informationsrecht?
4. Welche Folgen hat es, wenn einem Angestellten ohne Einschaltung des Betriebsrats gekündigt wurde?
5. Ein Großhändler will einen zusätzlichen Angestellten einstellen. Der Betriebsrat stimmt der Einstellung nicht zu. Kann der Angestellte trotzdem eingestellt werden? Begründen Sie Ihre Antwort.
6. Welche Personen dürfen zu Jugend- und Auszubildendenvertretern gewählt werden?
7. An wen muss sich die Jugend- und Auszubildendenvertretung in Streitfällen wenden?
8. Zwischen wem werden Betriebsvereinbarungen abgeschlossen?
9. Wie oft müssen Betriebsversammlungen in einem Jahr mindestens stattfinden?
10. Ein Angestellter liest in seiner Personalakte, dass er häufig zu spät gekommen sei. Tatsächlich ist er bisher nur zweimal verspätet zur Arbeit gekommen. Was kann er tun?
11. Was kann durch Betriebsvereinbarungen geregelt werden?

AKTION

Auf der nächsten Sitzung des Betriebsrats der Fairtext GmbH sollen Fragen und Probleme der Auszubildenden des Unternehmens behandelt werden. Aus diesem Grund ist zu dieser Sitzung die gesamte Jugend- und Auszubildendenvertretung eingeladen. In einer Sitzung der Jugend- und Auszubildendenvertretung bereiten die Jugend- und Auszubildendenvertreter die gemeinsame Sitzung mit dem Betriebsrat vor.

Führen Sie die Sitzung der Jugend- und Auszubildendenvertretung im Rollenspiel durch.

20315364

ZUSAMMENFASSUNG

Wahl des Betriebsrats

- Er kann in Betrieben mit mindestens fünf wahlberechtigten Arbeitnehmern für 4 Jahre gewählt werden.
- Wahlberechtigt sind alle Arbeitnehmer über 18 Jahre.
- Wählbar sind alle wahlberechtigten Arbeitnehmer, die seit mindestens 6 Monaten in dem Betrieb beschäftigt sind.

Aufgaben des Betriebsrats

Mitwirkung (= Anhörung oder Unterrichtung) + **Mitbestimmung** (= Mitentscheiden)

- Mitwirkung → bei wirtschaftlichen Angelegenheiten
- Mitwirkung und Mitbestimmung → bei personellen Angelegenheiten
- Mitbestimmung → bei sozialen Angelegenheiten

Der Betriebsrat
- achtet auf Gleichbehandlung aller Betriebsangehörigen,
- überwacht die Einhaltung von Arbeitsgesetzen, Verordnungen, Tarifverträgen und Betriebsvereinbarungen,
- schließt mit dem Arbeitgeber Betriebsvereinbarungen ab,
- führt regelmäßig Betriebsversammlungen durch.

Jugend- und Auszubildendenvertretung (JAV)

- Sie vertritt in Betrieben mit mindestens fünf Arbeitnehmern unter 18 Jahren oder Auszubildenden unter 25 Jahren die Interessen der Jugendlichen und Auszubildenden im Betrieb.
- Sie wird von allen Arbeitnehmern unter 18 Jahren und Auszubildenden unter 25 Jahren für 2 Jahre gewählt.
- Wählbar sind Arbeitnehmer und Auszubildende, die noch nicht 25 Jahre alt sind.

Rechte des einzelnen Arbeitnehmers

- Informations- und Anhörungsrecht in Angelegenheiten, die seine Person oder seinen Arbeitsplatz betreffen
- Recht, seine Personalakte einzusehen
- Beschwerderecht

KAPITEL 10
Unfallverhütung

Um sich und ihre Kollegen vor Arbeitsunfällen im Betrieb zu schützen, ist es wichtig, dass Anne Schulte, Caroline König, Sebastian Holpert und Mete Öczan verhaltensbedingte Unfallursachen vermeiden. Auf der Internetseite der Deutschen Unfallversicherung (DGUV) lesen sie:

Stolper-, Rutsch- und Sturzunfälle – Verhaltensregeln

Verhaltensbedingte Unfallursachen sind beispielsweise:

- Stress, Hektik, Müdigkeit, Ablenkung, Unachtsamkeit, Bequemlichkeit
- herumliegende Kabel
- herumliegende Schläuche
- ungeeignete Schuhe
- Alkohol

Jeder Einzelne kann zur Verhütung von Stolper-, Rutsch- und Sturzunfällen beitragen und sollte Mängel an Arbeitsplätzen und Verkehrswegen, z. B. beschädigte Fußroste, Unordnung, verschüttete Flüssigkeiten, allgemeine Verschmutzung, beschädigtes Schuhwerk, Schnee- und Eisglätte, nicht abgedeckte Bodenöffnungen und anderes, entweder selbst sofort beseitigen oder dem Vorgesetzten melden. Wichtig ist z. B. das Tragen von sicherem Schuhwerk, die Kontrolle von Bewegungsabläufen sowie die Anpassung von Gehgeschwindigkeiten an die örtlichen Bedingungen. [...]

Quelle: Deutsche Gesetzliche Unfallversicherung e.V. (DGUV): Stolper-, Rutsch- und Sturzunfälle – Verhaltensregeln. In: www.dguv.de/de/praevention/themen-a-z/stolperunfaelle/verhaltensregeln/index.jsp [20.09.2021].

Formulieren Sie Verhaltenshinweise, die Stolper-, Rutsch- und Sturzunfälle am Arbeitsplatz verhindern können.

INFORMATIONEN

Gesetzliche Unfallversicherung

In der gesetzlichen Unfallversicherung sind alle Arbeitnehmer und Auszubildenden gegen Arbeitsunfälle und Berufskrankheiten versichert.

Träger der gesetzlichen Unfallversicherung für Arbeitnehmer und Auszubildende sind die **Berufsgenossenschaften** für die einzelnen Berufszweige.

Die Beiträge zur gesetzlichen Unfallversicherung werden allein vom Arbeitgeber aufgebracht.

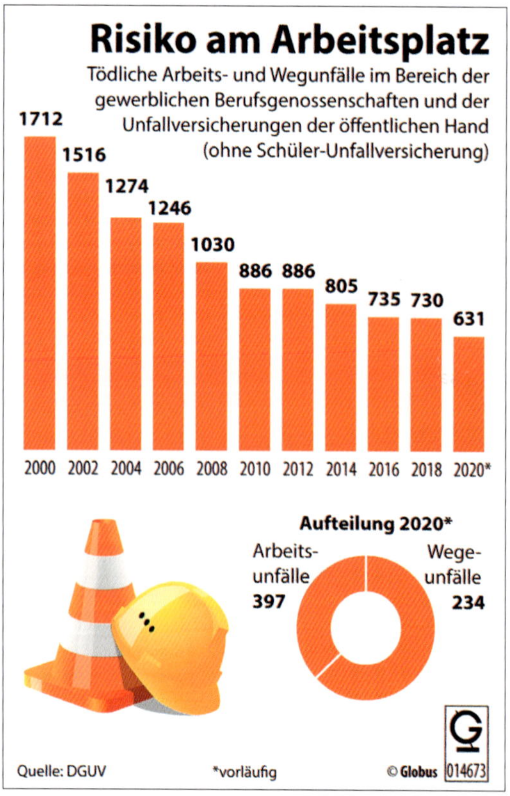

Leistungen nach Eintritt eines Arbeitsunfalls

Die gesetzliche Unfallversicherung bietet Versicherungsschutz nach **Arbeitsunfällen.** Darunter sind Unfälle zu verstehen, die im Zusammenhang mit der Berufsausübung eintreten, wie Unfälle während der Arbeit, Wegeunfälle und Berufskrankheiten.

Wegeunfälle sind Unfälle, die sich auf dem Weg von und zur Arbeit ereignen.

Berufskrankheiten sind Krankheiten, die durch besonders schädigende Einflüsse am Arbeitsplatz (z. B. Schadstoffe, Lärm) verursacht wurden.

Die zuständige Berufsgenossenschaft leistet als Träger der gesetzlichen Unfallversicherung nach einem Arbeitsunfall

- Heilbehandlung des Unfallverletzten (ärztliche und zahnärztliche Behandlung, Arznei- und Verbandsmittel, Heilmittel, Ausstattung mit Prothesen und Gewährung von Pflege bei Hilflosigkeit),
- Berufshilfe für den Unfallverletzten (z. B. Umschulungen),
- finanzielle Entschädigung für Unfallfolgen (Verletztenrente, Witwen- und Waisenrente, Verletztengeld, das dem Krankengeld entspricht).

Unfallschutzvorschriften

Die Berufsgenossenschaften erlassen die Unfallverhütungsvorschriften zur Verhütung von Arbeitsunfällen. Sie sind für Arbeitgeber und Arbeitnehmer gleichermaßen verbindlich.

Die Durchführung der Unfallverhütung wird durch die zuständige Berufsgenossenschaft überwacht. Sie führt in regelmäßigen Zeitabständen Betriebsbesichtigungen durch. Festgestellte Mängel muss der Arbeitgeber in einer angemessenen Frist beseitigen. Bei schweren Verstößen gegen die Unfallverhütungsvorschriften kann die Berufsgenossenschaft gegen Arbeitgeber und versicherte Arbeitnehmer Geldbußen verhängen.

Die deutschen Unfallverhütungsvorschriften sind für alle Mitglieder der Berufsgenossenschaft (Arbeitnehmer und Unternehmer) verbindlich. Sie sind auch für Fremdfirmen, die für Mitgliedsunternehmen der Berufsgenossenschaft tätig sind, verbindlich.

Der Unternehmer muss die erforderlichen Maßnahmen zur Verhütung von Arbeitsunfällen, Berufskrankheiten und arbeitsbedingten Gesundheitsgefahren sowie für eine wirksame Erste Hilfe treffen. Die zu treffenden Maßnahmen sind insbesondere in staatlichen Arbeitsschutzvorschriften, der DGUV Vorschrift 1 und in weiteren Unfallverhütungsvorschriften näher geregelt.

Staatliche Arbeitsschutzvorschriften

Gemäß **Arbeitsschutzgesetz** ist der Arbeitgeber für die Sicherheit und den Gesundheitsschutz bei der Arbeit aller Arbeitnehmer seines Betriebs verantwortlich. Er muss dies durch Maßnahmen des Arbeitsschutzes dauerhaft absichern.

Das **Arbeitsschutzgesetz** verpflichtet den Arbeitgeber,

- die Arbeit so zu gestalten, dass eine Gefährdung für Leben und Gesundheit möglichst vermieden und die verbleibende Gefährdung möglichst geringgehalten wird,
- die an bestimmten Arbeitsplatzen vorhandenen Gefahren zu ermitteln,
- die Beschäftigten über unvermeidbare Gefahren eines Arbeitsplatzes umfassend zu informieren, bevor sie den Arbeitsplatz einnehmen dürfen,
- die Beschäftigten während der Arbeitszeit über Sicherheit und Gesundheitsschutz ausreichend und angemessen zu unterweisen,
- den Beschäftigten zu gestatten, sich je nach den Gefahren für Sicherheit und Gesundheit bei der Arbeit regelmäßig arbeitsmedizinisch untersuchen zu lassen.

Das Arbeitsschutzgesetz bildet den Rahmen für viele weitere Spezialgesetze oder -verordnungen für den Arbeitsschutz, die der Arbeitgeber beobachten muss.

Das sind u. a.

- **Arbeitssicherheitsgesetz:**
  Es regelt den Einsatz von Betriebsärzten und Fachkräften für Arbeitssicherheit.
- **Arbeitsstättenverordnung:**
  Sie regelt die Gestaltung von Arbeitsräumen, Pausen- und Bereitschaftsräumen, Sanitärräumen, Erste-Hilfe-Räumen und Unterkünften. Sie schreibt vor, dass der Arbeitgeber die erforderlichen Maßnahmen trifft, damit nicht-rauchende Beschäftigte in Arbeitsstätten wirksam vor den Gesundheitsgefahren durch Tabakrauch geschützt sind. Soweit erforderlich, muss der Arbeitgeber ein allgemeines oder auf einzelne Bereiche der Arbeitsstatte beschränktes Rauchverbot erlassen.
- die **Bildschirmarbeitsverordnung:**
  Sie regelt die Mindestanforderungen bezüglich der Sicherheit und des Gesundheitsschutzes bei der Arbeit an Bildschirmgeraten. Sie schreibt die regelmäßige Unterbrechung der Bildschirmarbeit durch andere Tätigkeiten oder Pausen vor. Außerdem verlangt die Bildschirmverordnung, dass Beschäftigte ihre Augen und ihr Sehvermögen vor Aufnahme der Bildschirmarbeit und anschließend in regelmäßigen Zeitabstanden durch eine fachkundige Person untersuchen lassen.

- die **Gefahrstoffverordnung:**
  Sie regelt hygienische und technische Maßnahmen, z. B. die Kennzeichnung von giftigen Stoffen.
- die **Lastenhandhabungsverordnung:**
  Sie regelt die Verbesserung von Sicherheit und Gesundheitsschutz der Beschäftigten durch Arbeitsschutzmaßnahmen bei der manuellen Handhabung von Lasten.

DGUV Vorschrift 1 „Grundsätze der Prävention“

Die DGUV Vorschrift 1 „Grundsätze der Prävention“ beinhaltet die Pflichten des Arbeitgebers und des Arbeitnehmers, um Beschäftigte vor Arbeitsunfällen zu schützen.

Pflichten des Unternehmers

- **Gefährdungsbeurteilung**
  Der Unternehmer ist verpflichtet, Gefährdungsbeurteilungen zu überprüfen und zu aktualisieren. Er muss das Ergebnis der Gefährdungsbeurteilung und davon abgeleitete Maßnahmen sowie Ergebnisse von Kontrollen regelmäßig überprüfen. Der Unternehmer muss das Ergebnis der Gefährdungsbeurteilung, die von ihm festgelegten Maßnahmen und das Ergebnis ihrer Überprüfung dokumentieren.
- **Pflichtübertragung**
  Der Unternehmer muss Auftragnehmer und Lieferanten schriftlich auffordern, im Rahmen des Auftrags oder der Lieferung die für Sicherheit und Gesundheitsschutz einschlägigen Vorschriften einzuhalten.
- **Unterweisung der Versicherten**
  Der Unternehmer muss die Mitarbeiter über Sicherheit und Gesundheitsschutz bei der Arbeit unterrichten. Dabei sollen die konkreten Gefährdungen am Arbeitsplatz und die Schutzmaßnahmen im Mittelpunkt stehen. Die Unterweisungen müssen mindestens einmal im Jahr aufgefrischt werden.
- **Befähigung der Beschäftigten für Tätigkeiten**
  Der Unternehmer darf Aufgaben an seine Mitarbeiter nur übertragen, wenn sie befähigt und in der Lage sind, eine Arbeit ohne Gefahr für sich oder andere auszuführen, und Bestimmungen und Maßnahmen zum Arbeits- und Gesundheitsschutz ausführen können.

Treten Mängel auf, die für Mitarbeiter gefährlich werden könnten, muss der Arbeitgeber aktiv werden. Das heißt, die betroffenen Arbeitsmittel oder Einrichtungen müssen der weiteren Benutzung entzogen oder stillgelegt werden. Außerdem müssen Arbeitsverfahren oder -abläufe abgebrochen werden, bis der Mangel behoben ist.

Pflichten des Beschäftigten

Der Beschäftigte muss die Regelungen zum Arbeitsschutz einhalten. Dazu gehört z. B. das Tragen der vorgeschriebenen Schutzkleidung.

Außerdem darf sich der Beschäftigte nicht durch Alkohol, Drogen und andere Rauschmittel oder Medikamente in einen Zustand versetzen, in dem er sich oder andere bei der Arbeit gefährden kann.

Stellt der Beschäftigte fest, dass ein Arbeitsmittel oder eine sonstige Einrichtung einen Mangel aufweist, Arbeitsstoffe nicht einwandfrei verpackt, gekennzeichnet oder beschaffen sind oder ein Arbeitsverfahren oder Arbeitsabläufe Mängel aufweisen, muss er den Mangel sofort melden. Er muss den Mangel beseitigen, wenn dies zu seiner Arbeitsaufgabe gehört und er über die notwendige Befähigung verfügt.

Organisation des betrieblichen Arbeitsschutzes

- **Bestellung von Fachkräften für Arbeitssicherheit und Betriebsärzten**
  Der Unternehmer muss nach Maßgabe des Gesetzes über Betriebsärzte, Sicherheitsingenieure und andere Fachkräfte für Arbeitssicherheit (Arbeitssicherheitsgesetz) und der hierzu erlassenen Unfallverhütungsvorschriften Fachkräfte für Arbeitssicherheit und Betriebsärzte bestellen.

- **Bestellung und Aufgaben von Sicherheitsbeauftragten**
  In Unternehmen mit regelmäßig mehr als 20 Beschäftigten muss der Unternehmer Sicherheitsbeauftragte bestellen. Die Anzahl der Sicherheitsbeauftragten ist abhängig von
  - im Unternehmen bestehenden Unfall- und Gesundheitsgefahren,
  - der räumlichen Nähe der zuständigen Sicherheitsbeauftragten zu den Beschäftigten,
  - der zeitlichen Nähe der zuständigen Sicherheitsbeauftragten zu den Beschäftigten,
  - der fachlichen Nähe der zuständigen Sicherheitsbeauftragten zu den Beschäftigten,
  - der Anzahl der Beschäftigten.

  Die Sicherheitsbeauftragten müssen den Unternehmer bei der Durchführung der Maßnahmen zur Verhütung von Arbeitsunfällen und Berufskrankheiten unterstützen. Sie müssen sich insbesondere von dem Vorhandensein und der ordnungsgemäßen Benutzung

20315368

der vorgeschriebenen Schutzeinrichtungen und persönlichen Schutzausrüstungen überzeugen und auf Unfall- und Gesundheitsgefahren für die Versicherten aufmerksam machen.

- **Notfallmaßnahmen**
  Der Unternehmer muss die Maßnahmen planen, treffen und überwachen, die insbesondere für den Fall des Entstehens von Bränden, von Explosionen, des unkontrollierten Austretens von Stoffen und von sonstigen gefährlichen Störungen des Betriebsablaufs geboten sind.
  Der Unternehmer muss eine ausreichende Anzahl von Versicherten durch Unterweisung und Übung im Umgang mit Feuerlöscheinrichtungen zur Bekämpfung von Entstehungsbränden vertraut machen.

- **Maßnahmen gegen Einflüsse des Wettergeschehens**
  Beschäftigt der Unternehmer Versicherte im Freien und bestehen infolge des Wettergeschehens Unfall- und Gesundheitsgefahren, so muss er geeignete Maßnahmen am Arbeitsplatz vorsehen, geeignete organisatorische Schutzmaßnahmen treffen oder erforderlichenfalls persönliche Schutzausrüstungen zur Verfügung stellen.

- **Erste Hilfe**
  Der Unternehmer muss dafür sorgen, dass zur Ersten Hilfe und zur Rettung aus Gefahr die erforderlichen Einrichtungen und Sachmittel sowie das erforderliche Personal zur Verfügung stehen.
  Der Unternehmer muss dafür sorgen, dass nach einem Unfall unverzüglich Erste Hilfe geleistet und eine erforderliche ärztliche Versorgung veranlasst wird.

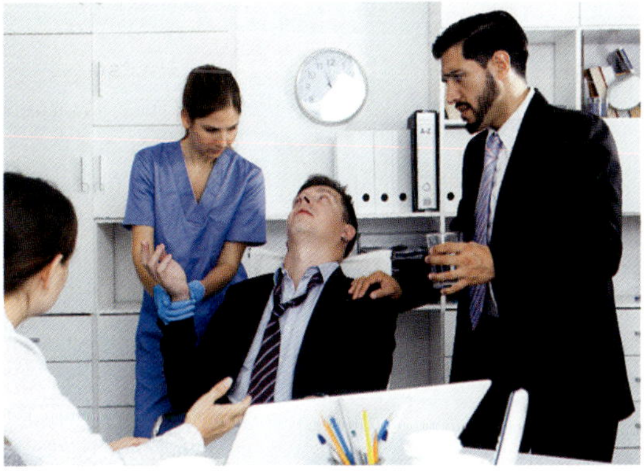

Erste Hilfe im Büro

Der Unternehmer muss dafür sorgen, dass Verletzte sachkundig transportiert werden.
Der Unternehmer muss im Rahmen seiner Möglichkeiten darauf hinzuwirken, dass Versicherte

- einem Durchgangsarzt vorgestellt werden, es sei denn, dass der erstbehandelnde Arzt festgestellt hat, dass die Verletzung nicht über den Unfalltag hinaus zur Arbeitsunfähigkeit führt oder die Behandlungsbedürftigkeit voraussichtlich nicht mehr als eine Woche beträgt,
- bei einer schweren Verletzung einem der von den Unfallversicherungsträgern bezeichneten Krankenhäuser zugeführt werden,
- bei Vorliegen einer Augen- oder Hals-, Nasen-, Ohrenverletzung dem nächsterreichbaren Arzt des entsprechenden Fachgebiets zugeführt werden, es sei denn, dass sich die Vorstellung durch eine ärztliche Erstversorgung erübrigt hat.

Der Unternehmer muss dafür sorgen, dass den Versicherten durch Aushänge der Unfallversicherungsträger oder in anderer geeigneter schriftlicher Form Hinweise über die Erste Hilfe und Angaben über Notruf, Erste-Hilfe- und Rettungs-Einrichtungen, über das Erste-Hilfe-Personal sowie über herbeizuziehende Ärzte und anzufahrende Krankenhäuser gemacht werden. Die Hinweise und die Angaben müssen aktuell sein.
Der Unternehmer muss dafür sorgen, dass jede Erste-Hilfe-Leistung dokumentiert und diese Dokumentation fünf Jahre lang verfügbar gehalten wird. Die Dokumente müssen vertraulich behandelt werden.

Richtig handeln bei Arbeitsunfällen

Bei einem Arbeitsunfall gilt es einige Dinge zu beachten: von der Rettungskette über die Unfallanzeige bis hin zum Versicherungsschutz.

[...]

Wer an einer Unfallstelle eintrifft, sollte

→ Ruhe bewahren,

→ die Unfallstelle absichern — beispielsweise noch laufende Maschinen stoppen,

→ Hilfe holen — Ersthelferinnen oder Ersthelfer und den Rettungsdienst benachrichtigen,

→ durch den Unfall gefährdete Personen alarmieren und aus der Gefahrenzone ziehen,

→ das Opfer retten und erstversorgen.

[...]

Quelle: DGUV: Richtig handeln bei Arbeitsunfällen. arbeit & gesundheit, CW Haarfeld GmbH, Hürth, 69. Jahrgang, Ausgabe 1 2017, S. 19.

AUFGABEN

1. In welchen der folgenden Fälle ist die gesetzliche Unfallversicherung zuständig?
   a) Ein Angestellter verstaucht sich bei der Arbeit einen Knöchel.
   b) Eine Angestellte verletzt sich bei der Hausarbeit.
   c) Ein Arbeiter ist durch den Maschinenlärm an seinem Arbeitsplatz schwerhörig geworden.
   d) Ein Angestellter verunglückt auf der Fahrt von seiner Wohnung zu seiner Arbeitsstelle mit dem Auto.
   e) Nach Betriebsschluss besucht ein Angestellter mit Kollegen noch eine Gaststätte. Auf dem Heimweg von der Gaststätte hat er einen Unfall.
2. Ein Angestellter hat einen schweren Arbeitsunfall. Welche Leistungen erhält er von der gesetzlichen Unfallversicherung?
3. Welche Leistungen gewährt die gesetzliche Unfallversicherung bei einem tödlichen Arbeitsunfall?
4. Durch welche Maßnahmen versucht die Berufsgenossenschaft, Arbeitsunfälle zu verhüten?
5. Erläutern Sie die Pflichten des Unternehmers zur Prävention von Arbeitsunfällen.
6. Erläutern Sie die Pflichten der Beschäftigten zur Prävention von Arbeitsunfällen.
7. Welche organisatorischen Maßnahmen für den Unfallschutz muss der Unternehmer in seinem Unternehmen ergreifen?
8. Welche Maßnahmen müssen vom Unternehmen ergriffen werden, wenn sich ein Beschäftigter bei der Arbeit verletzt?
9. Welche Maßnahmen müssen Sie ergreifen, wenn Sie sich während der Arbeit verletzen?

AKTION

Beantworten Sie folgende Fragen zur Meldung von Arbeitsunfällen:

a) Wer muss die Unfallanzeige erstatten?
b) Wann muss die Unfallanzeige erstattet werden?
c) In welcher Anzahl muss die Unfallanzeige erstattet werden?
d) Wohin muss die Unfallanzeige geschickt werden?
e) Innerhalb welcher Frist muss die Unfallanzeige erstattet werden?

Informieren sich dazu auf der Internetseite der Berufsgenossenschaft Handel und Warenlogistik zur Meldung eines Arbeitsunfalls https://www.bghw.de/der-versicherungsschutz-der-bghw/arbeitsunfall

ZUSAMMENFASSUNG

Berufsgenossenschaften

- sind Träger der gesetzlichen Unfallversicherung
- bieten Versicherungsschutz nach **Arbeitsunfällen** (Unfälle während der Arbeit, Wegeunfälle und Berufskrankheiten)
- erlassen und überwachen **Unfallverhütungsvorschriften**

↓

20315370

ZUSAMMENFASSUNG

DGUV Vorschrift 1 „Grundsätze der Prävention"

Pflichten des Unternehmers

- Gefährdungsbeurteilung
- Pflichtübertragung auf Auftragnehmer und Lieferanten
- Unterweisung der Beschäftigten
- Befähigung der Beschäftigten für Tätigkeiten

Pflichten des Beschäftigten

- Einhalten der Regelungen des Arbeitsschutzes
- Kein Konsum von Alkohol, Drogen, anderen Rausch mitteln oder Medikamenten, durch die er sich und andere bei der Arbeit gefährden kann
- Melden und Beseitigen von Mängeln an Arbeitsmitteln, sonstigen Einrichtungen, Verpackung und Kennzeichnung von Arbeitsstoffen, von Arbeitsstoffen und Arbeitsabläufen

Organisation des betrieblichen Arbeitsschutzes

- Bestellung von Fachkräften für Arbeitssicherheit und Betriebsärzten
- Bestellung von Sicherheitsbeauftragten
- Ergreifen von Notfallmaßnahmen
- Ergreifen von Maßnahmen gegen Einflüsse des Wettergeschehens
- Sicherstellung von Maßnahmen zur Ersten Hilfe und zur Rettung aus Gefahr

KAPITEL 11
Entgeltabrechnung

Anne Schulte hält am 1. September ihre Ausbildungsvergütungsabrechnung in Händen. Da sie diese Abrechnung nicht versteht, bittet sie die Vorsitzende der Jugend- und Ausbildungsvertretung, ihr diese Abrechnung zu erklären.

Stellen-Nr. 005173		Stamm-Nr. 000 191L4		Name, Vorname Schulte, Anne		Religion 00	St.-Kl. I/0	Freibetrag	AOK-Nr. SVK 132-09	Monat/ Jahr 09/..
Gehaltsabrechnung			Lohnart Ausbildungsvergütung Sept. 20..			Tage/Std.	Lohnersatz	sozialverspfl. 900,00	steuerpfl. 900,00	gesamt 900,00
gesamt gesetzl. Abzüge	Lohnst.	Solidaritätszuschl.	Kirchenst.	Krankenvers.	Rentenvers.	Pflegevers.	Arbeitsl.-Vers.	SV-Abzüge	Steuer-Brutto	Gesamt-Nettolohn
lfd. Monat	–	–	–	69,75	83,70	13,73	10,80	177,98	900,00	722,03
		sonstige Abzüge	Schl.-Betrag 041 39,00	Schl./Betrag	Schl./Betrag	Schlüssel Betrag		Schlüssel Betrag	Gesamt 39,00	
						Bankverbindung			Ausgez. Betrag	
						Sparkasse 0815			683,03	

1. Warum ist mein Nettoentgelt in der Abrechnung geringer als die Ausbildungsvergütung in meinem Ausbildungsvertrag?
2. Welche Bedeutung haben die in der Abrechnung aufgeführten gesetzlichen Abzüge?
3. Wie werden diese Abzüge ermittelt?

INFORMATIONEN

Bruttoentgeltermittlung

Zum Bruttoentgelt gehören alle Zuwendungen, die ein Arbeitnehmer oder Auszubildender von seinem Arbeitgeber aufgrund seines Arbeits- oder Ausbildungsverhältnisses erhält. Die Höhe des Bruttoentgelts ist abhängig von

- festen Vorgaben aufgrund gesetzlicher, tariflicher, betrieblicher und einzelvertraglicher Regelungen und
- sonstigen Zulagen, wie z.B. Leistungszulagen oder Provisionen.

BEISPIEL

Grundlage für die Ausbildungsvergütung von Anne Schulte, ledig, ev.-luth., ist der geltende Lohn- und Gehaltstarifvertrag des Einzelhandels für Niedersachsen. Für das erste Ausbildungsjahr ist hier eine Ausbildungsvergütung von 874,00 € festgelegt. Zusätzlich zu dieser Ausbildungsvergütung zahlt ihr Ausbildungsbetrieb einen Anteil zu den vermögenswirksamen Leistungen von 26,00 €. Ihr Bruttoverdienst beträgt somit:

Ausbildungsvergütung gemäß Tarifvertrag	874,00 €
+ vermögenswirksame Leistungen (Arbeitgeberanteil)	26,00 €
= steuer- und sozialversicherungspflichtiger Bruttoverdienst	900,00 €

Nettoentgeltermittlung

Zur Ermittlung des Nettoentgelts müssen vom Bruttoentgelt die gesetzlichen Abzüge zu

- Lohnsteuer
- Kirchensteuer,
- Solidaritätszuschlag und
- Sozialversicherungsbeiträgen (Beiträge zur Renten-, Kranken-, Pflege- und Arbeitslosenversicherung) abgezogen werden.

BEISPIEL

Bruttoentgelt	900,00 €
– Lohnsteuer (StKl. I)	0,00 €
– Kirchensteuer (9 %)	0,00 €
– Solidaritätszuschlag	0,00 €
– Beiträge zur Sozialversicherung (Arbeitnehmeranteil)	
Rentenversicherung (9,3 %)	83,70 €
Arbeitslosenversicherung (1,2 %)	10,80 €
Krankenversicherung (7,3 % + Zusatzbeitrag)	69,75 €
Pflegeversicherung (1,525 %)	13,73 €
= Nettoverdienst	722,03 €

Lohnsteuer

Der Arbeitgeber muss jedem Arbeitnehmer bzw. jedem Auszubildenden vom Bruttoentgelt die Lohnsteuer abziehen und an das zuständige Finanzamt überweisen.

Lohnsteuerabzugsmerkmale

Die Lohnsteuer des Arbeitnehmers oder Auszubildenden ermittelt der Arbeitgeber auf Grundlage folgender Merkmale:

- Anschrift des Arbeitnehmers
- Familienstand
- Geburtsdatum
- Steuerklasse
- Religionszugehörigkeit
- Zahl der Kinder
- Zahl der Kinderfreibeträge

Das Finanzamt ist dafür zuständig, dem Arbeitgeber die notwendigen Merkmale für die Besteuerung des Arbeitnehmers zu übermitteln.

Am Jahresende erhält der Arbeitnehmer vom Arbeitgeber eine Bescheinigung über die abgeführten Steuern. Auf dieser Bescheinigung sind u.a.

- das Bruttoentgelt,
- die einbehaltene Lohn- und Kirchensteuer,
- die Sozialversicherungsbeiträge,
- etwaige vermögenswirksame Leistungen und
- die eTIN (elektronische Transfer-Identifikations-Nummer)

vermerkt, die der Arbeitnehmer bei seiner Einkommensteuererklärung oder seinem Antrag auf Einkommensteuerveranlagung angeben muss. Der Arbeitgeber übermittelt diese Lohnsteuerbescheinigungsdaten spätestens bis zum 28. Februar des Folgejahres außerdem per ELSTER an die Finanzverwaltung. Mithilfe der eTIN wird die eindeutige Zuordnung gewährleistet.

Lohnsteuertabelle

Der Arbeitgeber ermittelt die einzubehaltende Lohnsteuer mithilfe einer Lohnsteuertabelle. Diese Tabelle gibt es als Tages-, Wochen-, Monats- und Jahrestabelle. Den Steuerbeträgen in der Lohnsteuertabelle liegt der Einkommensteuertarif zugrunde. In die Tabelle sind Freibeträge eingearbeitet. Die Lohnsteuertabelle gliedert die Arbeitnehmer in sechs Steuerklassen. Ehegatten, die beide Arbeits- oder Ausbildungsentgelte beziehen, können zwischen der Steuerklassenkombination IV/IV und III/V wählen. Sie sollten die Kombination III/V nur dann wählen, wenn der Arbeitslohn des einen Ehegatten wesentlich höher ist als der des anderen. Der Ehegatte mit dem höheren Einkommen sollte sich dann in die günstigere Steuerklasse III, der mit dem niedrigeren Einkommen in die Steuerklasse V einstufen lassen.

Steuerklasse	Personenkreis
I	• ledige und geschiedene Arbeitnehmer • verheiratete Arbeitnehmer, die von ihrem Ehegatten dauernd getrennt leben oder deren Ehegatte im Ausland lebt • verwitwete Arbeitnehmer, wenn der Ehegatte vor dem vorangegangenen Kalenderjahr gestorben ist Steuerklasse I gilt nicht für Arbeitnehmer, denen ein Entlastungsbeitrag für Alleinerziehende zusteht.
II	• ledige und geschiedene Arbeitnehmer • verheiratete Arbeitnehmer, die von ihrem Ehegatten dauernd getrennt leben oder deren Ehegatte im Ausland lebt • verwitwete Arbeitnehmer, wenn der Ehegatte vor dem vorangegangenen Kalenderjahr gestorben ist Steuerklasse II gilt nicht für Arbeitnehmer, denen ein Entlastungsbeitrag für Alleinerziehende zusteht.
III	• verheiratete Arbeitnehmer, wenn der Ehegatte – keinen Arbeitslohn bezieht oder – auf Antrag beider Ehegatten in die Steuerklasse V eingereiht wird • verwitwete Arbeitnehmer, wenn der Ehegatte im vorangegangenen Kalenderjahr gestorben ist
IV	verheiratete Arbeitnehmer, wenn beide Ehegatten Arbeitslohn beziehen
V	verheiratete Arbeitnehmer, wenn der Ehegatte • ebenfalls Arbeitslohn bezieht und • auf Antrag beider Ehegatten in die Steuerklasse III eingereiht wird
VI	Arbeitnehmer, die aus mehreren Arbeitsverhältnissen gleichzeitig von verschiedenen Arbeitgebern Arbeitslohn beziehen, ab dem zweiten Arbeitsverhältnis.

Kirchensteuer

Wenn ein Arbeitnehmer einer erhebungsberechtigten Religionsgemeinschaft angehört, muss ihm sein Arbeitgeber neben der Lohnsteuer bei jeder Entgeltabrechnung auch Kirchensteuer abziehen und diese an das zuständige Finanzamt überweisen. Die Höhe der Kirchensteuer ist in den einzelnen Bundesländern unterschiedlich. Sie beträgt 8 % oder 9 % der Lohnsteuer.

Lohnsteuer und Kirchensteuer werden Arbeitnehmern und Auszubildenden nur von ihrem Bruttoentgelt abgezogen, wenn dieses 832,00 € im Monat übersteigt (jährlich nicht zu versteuernder Grundfreibetrag: 9.984,00 € [Stand: 2022]).

Solidaritätszuschlag

Der Solidaritätszuschlag ist eine Ergänzungsabgabe. Er beträgt 5,5 % der Lohnsteuer. Er muss nur gezahlt werden, wenn eine Steuerlast entsteht, die bei der Einkommensteuer über einer Freigrenze liegt. Die Freigrenze, bis zu der kein Solidaritätszuschlag gezahlt werden muss, beträgt 16.956 € der Steuerzahlung, sodass bis zu einem zu versteuernden Einkommen von 61.717,00 € kein Soli bezahlt werden muss.

Sozialversicherungsbeiträge

Sozialversicherungspflicht

Die Sozialversicherungen sind Pflichtversicherungen, denen die Mehrheit der Bevölkerung zwangsweise angehören muss.

Die Mitgliedschaft in der gesetzlichen Rentenversicherung und der gesetzlichen Arbeitslosenversicherung ist für alle Arbeiter, Angestellten und Auszubildenden verpflichtend.

In der gesetzlichen Krankenversicherung und in der gesetzlichen Pflegeversicherung sind alle Arbeiter, Angestellten, Auszubildenden, Arbeitslosen, Rentner und Studenten pflichtversichert. Angestellte und Arbeiter sind in der gesetzlichen Krankenversicherung jedoch nur pflichtversichert, wenn ihr monatliches Einkommen 5.362,50 € (Stand 2022) nicht übersteigt.

In der gesetzlichen Unfallversicherung müssen alle Arbeitnehmer und Auszubildende gegen Arbeitsunfälle und Berufskrankheiten versichert werden.

Berechnung der Sozialversicherungsbeiträge

Die Beiträge zur Renten-, Kranken-, Pflege- und Arbeitslosenversicherung werden für jeden versicherungspflichtigen Arbeitnehmer prozentual nach den festgesetzten Beitragssätzen vom beitragspflichtigen Bruttoentgelt berechnet. Bei der Ermittlung der Beiträge wird das Bruttoentgelt jedoch nur bis zu einer festgesetzten Höchstgrenze (= Beitragsbemessungsgrenze) berücksichtigt. Grundsätzlich werden die Beiträge zur Renten-, Kranken- und Arbeitslosenversicherung von Arbeitnehmer und Arbeitgeber je zur Hälfte getragen. Für die Krankenversicherung können die einzelnen Krankenkassen einen Zusatzbeitrag erheben. Diesen Zusatzbeitrag tragen der Arbeitnehmer und der Arbeitgeber ebenfalls je zur Hälfte.

Bei der Pflegeversicherung beträgt der Beitrag für Arbeitnehmer mit Kindern 3,05 %, der je zur Hälfte von Arbeitnehmer und Arbeitgeber zu tragen ist. Kinderlose Arbeitnehmer ab dem 23. Lebensjahr müssen 3,3 % ihres Bruttolohns als Beitrag zur Pflegeversicherung bezahlen. Der Arbeitnehmerbeitrag beträgt in diesem Fall 1,775 % und der ArbeitgeberanTeil 1,525 %.

Die Beitragsanteile des Arbeitnehmers werden von seinem Bruttoentgelt abgezogen.

BEISPIEL

Das steuer- und sozialversicherungspflichtige Bruttoentgelt von Frau Jonas aus Köln beträgt 3.835,00 €. Sie hat eine achtjährige Tochter. Daraus ergeben sich für sie folgende Beiträge zur Sozialversicherung (Stand 2020):

- Beitrag zur Rentenversicherung: 18,6 % des Bruttoentgelts bis zur Beitragsbemessungsgrenze von 7.050,00 € → 18,6 % von 3.835,00 € = 713,31 €
- Beitrag zur Arbeitslosenversicherung: 2,4 % des Bruttoentgelts bis zur Beitragsbemessungsgrenze von 7.050,00 € → 2,4 % von 3.835,00 € = 92,04 €
- Beitrag zur Krankenversicherung: 14,6 % + Zusatzbeitrag (0,9 %) des Bruttoentgelts bis zur Beitragsbemessungsgrenze von 4.738,50 € → 15,5 % von 3.825,00 € = 594,42 €
- Beitrag zur Pflegeversicherung: 3,05 % des Bruttoentgelts bis zur Beitragsbemessungsgrenze von 4.738,50 € → 3,05 % von 3.825,00 € = 97,54 €

Beiträge zur Sozialversicherung insgesamt: 1.497,31 €
Arbeitnehmeranteil: 1.497,31 € : 2 = 748,66 €
Arbeitgeberanteil: 1.497,31 € : 2 = 748,66 €

Vermögenswirksame Leistungen

Arbeitnehmer, deren Einkommen eine bestimmte Einkommensgrenze (20.000,00 € für Alleinstehende, 40.000,00 € für Verheiratete/Lebenspartner) nicht übersteigt, erhalten vom Staat eine Arbeitnehmersparzulage, wenn sie bis zu 480,00 € jährlich in bestimmten Anlageformen (außer Anlagen für wohnungswirtschaftlichen Zwecken) vermögenswirksam sparen. Für eine Anlage für wohnungswirtschaftliche Zwecke (z. B. Bausparverträge) erhalten Arbeitnehmer nur eine Arbeitnehmersparzulage, wenn ihr Einkommen 17.900,00 € (Alleinstehende) bzw. 35.900,00 € (Verheiratete/Lebenspartner) nicht übersteigt. Die Arbeitnehmersparzulage wird dem Arbeitnehmer auf Antrag mit dem Lohnsteuerjahresausgleich oder der Veranlagung zur Einkommensteuer jährlich nachträglich vom Finanzamt ausgezahlt. Das vermögenswirksame Sparen kann vom Arbeitgeber aufgrund von tarifvertraglichen Regelungen, Betriebsvereinbarungen oder einzelarbeitsvertraglichen Vereinbarungen bezuschusst werden. Dieser Zuschuss ist für den Arbeitnehmer ein zusätzliches steuer- und versicherungspflichtiges Entgelt. Für den Arbeitgeber gehört er zu den Personalkosten. Die vermögenswirksame Sparleistung des Arbeitnehmers wird vom Arbeitgeber vom Bruttoverdienst abgezogen und an das Unternehmen überwiesen, bei dem der Arbeitnehmer seine vermögenswirksamen Sparleistungen angelegt hat (z. B. Sparvertrag bei Sparkassen oder Banken, Lebensversicherungsverträge bei Versicherungsunternehmen).

BEISPIEL

Entgeltabrechnung für Frau Müller, Steuerklasse I

Bruttoentgelt	2.750,00 €
+ vermögenswirksame Leistungen des Arbeitgebers	20,00 €
= steuer- und versicherungspflichtige Bruttobezüge	2.770,00 €
– Lohnsteuer, Kirchensteuer und Solidaritätszuschlag	337,25 €
– Arbeitnehmeranteil zur Sozialversicherung (ohne Zusatzbeitrag)	560,24 €
– vermögenswirksame Sparleistung des Arbeitnehmers	40,00 €
= Auszahlung durch Banküberweisung	1.832,51 €
Arbeitgeberanteil zur Sozialversicherung	560,24 €

20315374

AUFGABEN

1. Wählen Sie die jeweils richtige Steuerklasse:
   a) ledige Auszubildende ohne Kinder
   b) berufstätiges Ehepaar, wenn die Ehefrau 40.000,00 € und der Ehemann 12.000,00 € brutto jährlich verdient
   c) alleinstehende Auszubildende mit einem zweijährigen Kind
   d) lediger Angestellter mit zwei Arbeitsverhältnissen
2. Frau Matz verdient als Kauffrau für Groß- und Außenhandelsmanagement im Monat 2.200,00 € brutto. Sie ist geschieden und hat eine zwölfjährige Tochter. Wie viel Euro Lohnsteuer muss ihr Arbeitgeber von ihrem Monatsgehalt abziehen?
3. Ermitteln Sie die Nettoentgelte der folgenden Auszubildenden:
   - Herr Hickel, Ausbildungsvergütung 970,00 €, verheiratet, ein Kind, Steuerklasse III, ev.
   - Herr Hoffmann, Ausbildungsvergütung 900,00 €, ledig, ein Kind, Steuerklasse II, keine Kirchenzugehörigkeit
   - Frau Janssen, Ausbildungsvergütung 850,00 €, verheiratet, keine Kinder, Steuerklasse IV, keine Kirchenzugehörigkeit

   Besorgen Sie sich zur Lösung der Aufgabe die entsprechenden Lohnsteuertabellen.
4. Stellen Sie die einzelnen Arbeitsschritte der Entgeltabrechnung für die Auszubildenden in Aufgabe 3 als Ablaufschema dar. Präsentieren Sie diesen Entgeltabrechnungsprozess auf einem Plakat.

AKTION

In der politischen Diskussion wird immer wieder überlegt, das Ehegattensplitting bei der Festsetzung der Einkommensteuerschuld abzuschaffen.

a) Informieren Sie sich im Internet über den Begriff und die Bedeutung des Ehegattensplittings.
b) Diskutieren Sie mit Ihrem Tischnachbarn Gründe, die für die Beibehaltung des Ehegattensplittings sprechen.
c) Diskutieren Sie in Ihrer Klasse Gründe, die für die Abschaffung des Ehegattensplittings sprechen.

ZUSAMMENFASSUNG

Nettoentgeltermittlung

↓

Bruttoentgelt
– Lohnsteuer
– Kirchensteuer
– Solidaritätszuschlag
– Arbeitnehmerbeitrag zur Sozialversicherung
= Nettoentgelt

KAPITEL 12
Unternehmensziele

Das Leitbild der Fairtext GmbH

„Wer nicht ständig versucht, besser zu werden, hat aufgehört, gut zu sein." Dieser Erkenntnis ist die Fairtext GmbH verpflichtet.

Wir stellen den Kunden in den Mittelpunkt unseres Handels. Kundenzufriedenheit ist unsere wichtigste Zielsetzung.

Zu Recht erwarten unsere Kunden und die Öffentlichkeit auch in den Bereichen Umwelt- und Gesellschaftspolitik großes Verantwortungsbewusstsein und überdurchschnittliche Leistungen. Wir sind konsequent bestrebt, diese Ansprüche mit Spitzenleistungen zu erfüllen – zum Nutzen aller.

Der Schutz natürlicher Ressourcen ist ein wichtiger Bestandteil unserer unternehmerischen Tätigkeit. Dabei haben wir nicht nur innerhalb des Konzerns große Fortschritte für den Umweltschutz erzielt. Die Fairtext GmbH bezieht konsequent auch Lieferanten und Partnerunternehmen in ihre Bemühungen mit ein.

Viele Menschen sind weltweit direkt oder indirekt für die Fairtext GmbH tätig – innerhalb des Unternehmens ebenso wie bei Produzenten und Zulieferern. Um der großen sozialen Verantwortung für diese Menschen gerecht zu werden, versuchen wir Beschaffungsverhaltensregeln einzuhalten, die die Einhaltung von Sozial- und Umweltstandards gewährleisten.

Wir pflegen den kooperativen Führungsstil. Jede Filiale erhält Umsatzvorgaben. Mit welchen Mitteln und Aktivitäten diese Zielgrößen erfüllt werden, liegt im Ermessen der jeweiligen Niederlassung. Dabei beteiligen die Filialleiter/-innen die Mitarbeiter/-innen am Entscheidungsprozess. Ihr Partizipationsmaß umfasst zumindest die Beratungsfunktion.

Wir fördern die kontinuierliche Weiterbildung unserer Beschäftigten. Neben fachlichem Wissen – wie Warenkunde und Kundenberatung – werden auch Schlüsselqualifikationen gefördert. Wir arbeiten auch ständig daran, methodische sowie soziale Kompetenzen (wie Eigeninitiative und Selbstständigkeit) auszubauen.

Wir stellen vorzugsweise Mitarbeiter/-innen ein, die aufgrund ihrer Lebensumstände und/oder Arbeitserfahrungen über ein hohes Maß an Methoden- und Sozialkompetenzen verfügen.

In unsere Unternehmenspolitik fließt die Erkenntnis ein, dass motivierte und zufriedene Mitarbeiter einen entscheidenden Wettbewerbsfaktor darstellen.

Wir streben flexible Arbeitszeiten an. Wir realisieren daher ein Arbeitszeitmodell, nach dem die Mitarbeiter/-innen sowohl den Umfang als auch die Lage ihrer Arbeitszeit selbst bestimmen können. Das auf die individuellen Gegebenheiten zugeschnittene Wochenarbeitszeitkontingent wird so verteilt, dass ein Tag frei bleibt und ganz für familiäre Verpflichtungen zur Verfügung steht. Die Abstimmung über die Arbeitseinsätze findet zwischen den Mitarbeiter/-innen in den Abteilungen statt. Die Führungskraft spielt bei den Absprachen die Rolle des neutralen Faktors und hält die getroffenen Entscheidungen in den wöchentlichen Dienstplänen fest.

Die Organisationsstruktur der Fairtext GmbH soll eine flache Hierarchie mit wenigen Stufen aufweisen.

Dieses Leitbild ist eine Leitlinie und Orientierungshilfe für die Arbeit der Geschäftsführung sowie jeder einzelnen Mitarbeiterin und jedes einzelnen Mitarbeiters der Fairtext GmbH.

1. Nennen Sie die Ziele, die von der Geschäftsführung und den Mitarbeiterinnen und Mitarbeitern der Fairtext GmbH zur Umsetzung des Unternehmensleitbildes verfolgt werden müssen.
2. Überlegen Sie, durch welches Handeln die Mitarbeiterinnen und Mitarbeiter der Fairtext GmbH zum Erreichen dieser Ziele beitragen können.

INFORMATIONEN

Streben nach Gewinn

Jeder Großhandelsunternehmer strebt durch seine selbstständige Tätigkeit einen möglichst hohen Gewinn an (= Gewinnmaximierung), da er sein Einkommen und damit seinen Lebensstandard sichert.

Häufig findet dieses Streben nach einem maximalen Gewinn in dem Ziel einer möglichst hohen Rentabilität des eingesetzten Kapitals seinen Ausdruck.

DEFINITION

Die **Rentabilität** gibt die Verzinsung des in einem Unternehmen eingesetzten Kapitals an.

Bei der Ermittlung der Rentabilität unterscheidet man
- Eigenkapitalrentabilität (= Unternehmerrentabilität),
- Gesamtkapitalrentabilität (= Unternehmensrentabilität) und
- Umsatzrentabilität.
- Bei der Ermittlung der **Eigenkapitalrentabilität** wird der erzielte Unternehmergewinn ins Verhältnis zum Eigenkapital gesetzt. Der Unternehmergewinn ist der Reingewinn, vermindert um den kalkulatorischen Unternehmerlohn.

Eigenkapitalrentabilität =

$$\frac{\text{Unternehmergewinn} \cdot 100}{\text{Eigenkapital}}$$

DEFINITION

Die **Eigenkapitalrentabilität** gibt an, mit wie viel Prozent sich das eingesetzte Eigenkapital verzinst hat.

- Bei der Ermittlung der **Gesamtkapitalrentabilität** wird der erzielte Kapitalgewinn zum Gesamtkapital ins Verhältnis gesetzt. Der erzielte Kapitalgewinn ist der Unternehmergewinn zuzüglich der Fremdkapitalzinsen. Das Gesamtkapital ist die Summe von Eigen- und Fremdkapital.

Gesamtkapitalrentabilität =

$$\frac{(\text{Unternehmergewinn} + \text{Fremdkapitalzinsen}) \cdot 100}{\text{Eigenkapital} + \text{Fremdkapital}}$$

Die Zurechnung der Fremdkapitalzinsen zum Gewinn ist erforderlich, weil bei Einbeziehung des Fremdkapitals in das Gesamtkapital des Unternehmens diese Zinszahlungen nicht mehr als Aufwand angesehen werden dürfen, sondern als Erträge des Fremdkapitaleinsatzes.

DEFINITION

Die **Gesamtkapitalrentabilität** gibt an, mit wie viel Prozent sich das gesamte eingesetzte Kapital verzinst hat.

- Bei der **Umsatzrentabilität** wird der Unternehmergewinn ins Verhältnis zum Nettoumsatz gesetzt.

Umsatzrentabilität =

$$\frac{\text{Unternehmergewinn} \cdot 100}{\text{Nettoumsatz}}$$

DEFINITION

Die **Umsatzrentabilität** gibt den im Nettoumsatz enthaltenen Gewinn in Prozent an.

Eine geringe Umsatzrentabilität führt bei gleichem Umsatz zu einem geringeren Gewinn als eine hohe Umsatzrentabilität.

Streben nach Umsatz

Viele Großhändler versuchen über einen möglichst hohen Umsatz auch einen möglichst hohen Gewinn zu erzielen.

Erhaltung des Betriebs

Gewinn- und Umsatzziele können auf Dauer nur in einem lebensfähigen Unternehmen erzielt werden. Um im Wettbewerb bestehen zu können, reicht es nicht aus, nur hohe Umsätze zu erzielen. Diese Umsätze müssen vielmehr auf möglichst wirtschaftliche Weise erzielt werden.

Ein Unternehmer handelt wirtschaftlich, wenn er versucht
- eine bestimmte Leistung mit möglichst geringem Aufwand
  oder
- eine möglichst große Leistung mit einem gegebenen Aufwand zu erzielen (= ökonomisches Prinzip).

Die **Wirtschaftlichkeit** eines Großhandelsbetriebs lässt sich aus dem Verhältnis seines Nettoumsatzes zu seinen Kosten ermitten.

$$\textbf{Wirtschaftlichkeit} = \frac{\text{Nettoumsatz}}{\text{Kosten}}$$

DEFINITION

Der **Nettoumsatz** ist die Absatzmenge, bewertet zu Nettoverkaufspreisen.
Die **Kosten** des Großhandelsbetriebs sind alle betriebsbedingten Aufwendungen des Großhandelsbetriebs, z. B. Personalkosten, Raumkosten, Lagerkosten.

Bei gleichbleibendem Umsatz kann ein Großhändler die Wirtschaftlichkeit seines Betriebs durch die Senkung seiner Kosten erhöhen.

BEISPIEL

vor der Kostensenkung:

Umsatz:	100.000,00 €
Kosten:	40.000,00 €

$$\textbf{Wirtschaftlichkeit} = \frac{100.000{,}00\,€}{40.000{,}00\,€} = 2{,}5\,\%$$

nach der Kostensenkung:

Umsatz:	100.000,00 €
Kosten:	20.000,00 €

$$\textbf{Wirtschaftlichkeit} = \frac{100.000{,}00\,€}{20.000{,}00\,€} = 5\,\%$$

Die Wirtschaftlichkeit darf nicht mit der Produktivität verwechselt werden. Während die Wirtschaftlichkeit das Verhältnis von Ertrag zu Aufwand zeigt, ist Produktivität das Verhältnis von Output zum Input eines Betriebes.

DEFINITION

Die **Produktivität** gibt das Verhältnis von Waren- und Dienstleistungs-Output (= Ausbringungsmenge) zum Produktionsfaktoren-Input (= Einsatzmenge) an.

$$\textbf{Produktivität} = \frac{\text{Ausbringungsmenge}}{\text{Einsatzmenge}}$$

Die Einsatzmenge kann sich dabei auf das eingesetzte Personal oder das eingesetzte Kapital (z. B. Maschinen, Verkaufs- und Lagerfläche) beziehen.

BEISPIEL

Ein Großhandelsunternehmen erzielt einen Umsatz von 5 Mio. Euro. Das Unternehmen beschäftigt 10 Mitarbeiter

Die Produktivität beträgt:

$$\frac{5\text{ Mio € Umsatz (= Ausbringungsmenge)}}{10\text{ Mitarbeiter (= Einsatzmenge)}}$$

= 500.000,00 € Umsatz je Mitarbeiter

Sicherung der Arbeitsplätze

Eine wirtschaftliche Unternehmensführung ist auch im Interesse der Arbeitnehmer. Nur in einem wettbewerbsfähigen Unternehmen können Arbeitsplätze langfristig erhalten werden.

Bedarfsdeckung

Die Umsatz- und Gewinnziele des Großhandelsunternehmens lassen sich nur mit einem kundengerechten Sortiment erreichen. Deshalb ist der Großhändler bestrebt, ein Sortiment anzubieten, das dem Bedarf seiner Kunden entspricht.

Corporate Social Responsibility

In der Bevölkerung hat das Bewusstsein für die soziale Verantwortung von Unternehmen in den letzten Jahren stark zugenommen. Dies hat Auswirkungen auf das Einkaufsverhalten der Kunden. Viele Kunden bevorzugen

20315378

Waren und Dienstleistungen von Unternehmen, die sich sozial und ökologisch verantwortlich verhalten. Deshalb berücksichtigen Unternehmen bei ihrem Handeln zunehmend das Konzept der Corporate Social Responsibility, das die soziale Verantwortung der Unternehmen betont.

DEFINITION

Corporate Social Responsibility (soziale Verantwortung der Unternehmen) ist ein Konzept, das den Unternehmen als Grundlage dient, auf freiwilliger Basis soziale Belange und Umweltbelange in ihre Unternehmenstätigkeit und in die Wechselbeziehungen mit den Stakeholdern zu integrieren.

Sozial verantwortlich handeln heißt dabei nicht nur, die gesetzlichen Bestimmungen einzuhalten, sondern über die bloße Gesetzeskonformität hinaus „mehr" in Humankapital, in die Umwelt und in die Beziehungen zu anderen Stakeholdern zu investieren. […][1]

Stakeholder sind die Personen, die mit einem Unternehmen in Beziehung stehen, also Kunden, Lieferanten, Banken, Mitarbeiter, Eigentümer, Gläubiger, Staat, gesellschaftliche Organisationen.

Integration sozialer Belange

Unternehmen integrieren soziale Belange in ihre Unternehmenstätigkeit und in die Wechselbeziehungen mit ihren Stakeholdern, wenn sie

- die Aus- und Weiterbildung von Mitarbeitern fördern,
- die Chancengleichheit der Mitarbeiter fördern,
- familienfreundliche Angebote für ihre Mitarbeiter machen (z. B. flexible Arbeitszeiten),
- die Gesundheit der Mitarbeiter fördern,
- Arbeitsschutz- und Arbeitssicherheitsmaßnahmen über die rechtlichen Vorschriften hinaus umsetzen,
- sich für Kinder- und Jugendschutz (z. B. gegen Kinderarbeit) einsetzen,
- Schulen und Kindergärten unterstützen.

BEISPIELE

- Die Fairtext GmbH nimmt in ihr Sortiment Produkte mit Fairtrade-Siegel auf. Dieses signalisiert, dass die Produkte in Entwicklungsländern unter fairen Lebens- und Arbeitsbedingungen für die herstellenden Arbeitnehmer geschaffen wurden.
- Die Fairtext GmbH plant die Einrichtung eines Betriebskindergartens. Sie sieht zudem die Wiedereingliederung nach der Elternteilzeit sowie Teilzeitstellen als selbstverständlich an.
- Die Fairtext GmbH engagiert sich in zahlreichen sozialen Projekten. So werden qualitativ einwandfreie Textilien, die sich nicht verkaufen lassen, über eine entsprechende Hilfsorganisation an Bedürftige weitergegeben.

Integration von Umweltbelangen

Neben der Berücksichtigung sozialer Belange sind Umweltschutz und Nachhaltigkeit wichtige Aspekte im Rahmen von Corporate Social Responsibility.

DEFINITION

Nachhaltige Entwicklung ist eine Entwicklung, die die Bedürfnisse der heutigen Generation befriedigt, ohne zu riskieren, dass künftige Generationen ihre Bedürfnisse nicht befriedigen können. […][2]

Zum Umweltschutz und zur Nachhaltigkeit kann ein Unternehmen beitragen durch:

- energiesparende Maßnahmen im Bereich Logistik (Lagerhaltung und Transport), in Gebäuden und Geschäftsräumen
- umweltfreundliche Sortimentsgestaltung
- Materialeinsparungen in den Bereichen Logistik und Geschäftsausstattung
- Abfallvermeidung und -entsorgung

1 Quelle: Kommission der Europäischen Gemeinschaften: Grünbuch – Europäische Rahmenbedingungen für die soziale Verantwortung der Unternehmen. 18.07.2001. In: https://eur-lex.europa.eu/LexUriServ/LexUriServ.do?uri=COM:2001:0366:FIN:DE:PDF, Seite 7 [20.09.2021]. Verändert.

2 Quelle: Hauff, Volker (Hrsg.): Unsere gemeinsame Zukunft. Der Brundtland-Bericht der Weltkommission für Umwelt und Entwicklung. Greven: Eggenkamp 1987.

Umweltschutz in Unternehmen

Bereich	BEISPIELE FÜR MASSNAHMEN
energiesparende Maßnahmen im Bereich der Logistik	• gute Auslastung der Transportmittel • Optimierung der Tourenplanung • Einsatz von Elektrofahrzeugen • Einsatz von Dreikammer-Lastkraftwagen, mit denen gleichzeitig frische, gekühlte und tiefgekühlte Waren transportiert werden können
energiesparende Maßnahmen in Geschäftsräumen	• Einsatz von Energiesparlampen für die Beleuchtung • Einsatz von Zeitschaltuhren für die Beleuchtung • Einsatz energiesparender Geräte, z. B. energieeffizienter Kühleinrichtungen für Lebensmittel
Produkt- und Sortiments-gestaltung	• Angebot von Produkten, deren Herstellung die Umwelt möglichst wenig belastet, z. B. Produkte mit umweltverträglichen Inhaltsstoffen • umweltgerechte Verpackungen • Angebot regionaler Produkte • Angebot von Produkten aus kontrolliert ökologischem Anbau • Angebot von Produkten aus artgerechter Tierhaltung • Angebot von Fairtrade-Produkten • Angebot schadstoffarmer Textilien • Angebot von Fisch aus ressourcenschonendem Fischfang
Abfallvermeidung und -entsorgung	• Verwendung von Packmitteln und Werbemitteln, die die Umwelt wenig belasten • sparsame Verpackung • Verwendung von Mehrwegtransportbehältnissen • konsequente Abfalltrennung • stoffliche Verwertung (Recycling) und energetische Verwertung von Abfällen (Nutzung der Abfälle zur Energiegewinnung)

AUFGABEN

1. Warum streben Großhändler nach einem möglichst hohen Gewinn?
2. Unterscheiden Sie Rentabilität und Wirtschaftlichkeit.
3. Weshalb streben Großhändler häufig einen möglichst hohen Umsatz an?
4. Weshalb sind
   a) der Inhaber eines Großhandelsunternehmens,
   b) die Arbeitnehmer eines Großhandelsunternehmens

   an einer hohen Wirtschaftlichkeit ihres Unternehmens interessiert?

20315380

5. Weshalb ist ein Großhändler bestrebt, den Bedarf seiner Kunden bestmöglich zu decken?
6. Durch welche Maßnahmen kann ein Großhändler zum Umweltschutz beitragen?
7. Welche Vorteile hat es für ein Unternehmen, wenn es bei seinem Handeln Aspekte des Konzepts „Corporate Social Responsibility" berücksichtigt?
8. Ein Textilgroßhändler besitzt eine Filiale in Bielefeld und eine Filiale in Münster. In beiden Filialen wird das gleiche Sortiment verkauft. In der Bielefelder Filiale wurden in einem Jahr 2.000.000,00 € Nettoumsatz erzielt. Im gleichen Zeitraum entstanden in dieser Filiale Kosten von insgesamt 1.200.000,00 €. Die Filiale in Münster erzielte im gleichen Jahr einen Nettoumsatz von 1.400.000,00 €. In dieser Filiale entstanden im gleichen Zeitraum insgesamt 800.000,00 € Kosten. In der Filiale Bielefeld werden 10 Mitarbeiter beschäftigt, in der Filiale Münster 8 Mitarbeiter.
   a) Beurteilen Sie die Wirtschaftlichkeit der beiden Filialen.
   b) Vergleichen Sie die Produktivität je Mitarbeiter.

AKTIONEN

1. Im Leitbild der Fairtext GmbH findet sich u. a. folgende Aussage:
   „Wir stellen den Kunden in den Mittelpunkt unseres Handels. Kundenzufriedenheit ist unsere wichtigste Zielsetzung."
   Wie müssen sich die Mitarbeiterinnen und Mitarbeiter der Fairtext GmbH verhalten, um diese Zielsetzung des Leitbildes zu fördern?
   Sammeln Sie in der Gruppe Handlungsweisen der Mitarbeiterinnen und Mitarbeiter, die die Kundenzufriedenheit fördern. Wenden Sie dabei die Kopfstandmethode an.
2. Die Leitung und die Mitarbeiterinnen und Mitarbeiter der Fairtext GmbH haben sich in ihrem Leitbild verpflichtet, bei all ihren Handlungen die Auswirkungen auf unsere Umwelt zu berücksichtigen. Erstellen Sie eine Mindmap zum Thema „Umweltschutzmaßnahmen des Großhandels".

ZUSAMMENFASSUNG

Unternehmerische Zielsetzungen	
Gewinnstreben	Rentabilität • Eigenkapitalrentabilität • Gesamtkapitalrentabilität • Umsatzrentabilität
Umsatzstreben	• Bedarfsdeckung der Bevölkerung • Berücksichtigung des zunehmenden Umweltbewusstseins
Erhaltung des Betriebs und Sicherung der Arbeitsplätze	• Wirtschaftlichkeit • Produktivität
menschengerechte Gestaltung der Arbeitsbedingungen	• Gestaltung des Arbeitsplatzes und der Arbeitsräume • Arbeitsschutzbestimmungen
Nachhaltigkeit und Umweltschutz	• Angebot umweltverträglicher Waren • sparsame Verpackung • stoffliche und energetische Verwertung von Abfällen

KAPITEL 13
Kundenorientierung

Anne Schulte liest zufällig in einer Zeitschrift einen Artikel über die Entwicklung der Wirtschaft in der Zeit vom Zweiten Weltkrieg bis heute. Sie bringt diesen Artikel mit in den Betriebsunterricht.

Vom Nachholkonsum zur Anschaffungskultur

In keinem anderen Jahrzehnt der bundesdeutschen Nachkriegsgeschichte sollte der Unterschied zwischen seinem Anfang und Ende so augenfällig werden wie in den Fünfzigerjahren – sichtbar an Lebensstandard und Konsumniveau, aber auch am Sozialverhalten der Menschen. Dabei hatte es zunächst gar nicht rosig ausgesehen. Bis zur Währungsreform liefen im vom Krieg verwüsteten Deutschland beispielsweise 18 Millionen Frauen strumpflos oder in Lumpen herum. In jedem Bereich des täglichen Lebens herrschte absoluter Mangel an Gütern. Es konnte nur das gekauft und konsumiert werden, was angeboten wurde – und das war sehr wenig.

Das änderte sich zunächst mit der Währungsreform. Doch es kam noch zu einem großen Rückschlag: Mitte 1950 begann der Koreakrieg und die Rohstoffpreise schnellten auf dem Weltmarkt in die Höhe. Je mehr sich der Koreakonflikt im Winter 1950/51 verschärfte, Angst vor dem Ausbruch eines dritten Weltkrieges grassierte, desto knapper und teurer wurden viele Waren. Sunlichtseife wurde im Frühjahr wegen Papiermangels schon ohne Verpackung angeboten und die Frankfurter Illustrierte bemerkte, dass „auf vielen Tischen immer noch ein paar Brote fehlen“, und fragte bang: „Werden wir im Winter frieren müssen?“ Hauptarbeit des Großhandels in dieser Zeit war die schnelle Verteilung der wenigen produzierten Güter auf die Einzelhandelsunternehmen.

Spätestens im Sommer 1951 war abzusehen, dass die Konfrontation der neuen Großmächte USA und UdSSR (und nun auch China) auf Korea begrenzt bleiben und sich nicht zu einem neuen Welt- oder gar Atomkrieg auswachsen würde. Die bis Ende 1952 reichlich gewährte Marshallplanhilfe (fast 3 Milliarden US-Dollar) konnte nun ganz in den Aufbau der westdeutschen Konsumgüterindustrie fließen. Und so verkehrte sich im Sommer 1951 die Korea-Psychose in den Korea-Boom. Der Wirtschaftsaufschwung begann: Und der Nachholbedarf der Westdeutschen, was ihre Konsummöglichkeiten betraf, war enorm – nach 10 Jahren Kriegsalltag und Nachkriegszeit, Rationierungen, Hungererfahrungen, Lebensmittelkarten.

In der Folgezeit entwickelten sich die Märkte allmählich zu Käufermärkten. Käufermärkte sind Märkte mit einem Angebotsüberhang. Verpasstes wollte nachgeholt werden. Nach dem Kauf des Kühlschranks kam die Waschmaschine, danach der Fernseher usw.

Der Markt ist mittlerweile in den allermeisten Bereichen gesättigt oder gar übersättigt (Beispiel Flugreisen, Baubranche, Computermarkt). Wird ein solcher Käufermarkt von vielen Anbietern stark umworben, spricht man von einem Konkurrentenmarkt. Heute haben wir überwiegend solche Märkte. Um auf ihnen erfolgreich bestehen zu können, ist es zusätzlich erforderlich, immer neue Wettbewerbsvorteile zu erarbeiten, ohne dass der Markt bzw. Kunde dies zwingend fordert. Der Druck kommt vom Wettbewerb. Hier muss der Unternehmer sich konzentrieren auf

- Marktanforderungen,
- marktorientierte Gestaltungsinstrumente (Analysemethoden, Werbung),
- Leistungserstellungsprozess,
- Problemlösung,
- Kundennutzen.

Durch den Wandel zum Käufermarkt müssen die Unternehmen die Absatzmärkte erschließen, definieren und bearbeiten. Die Kenntnis über die Bedürfnisse des (potenziellen) Käufers spielt damit heute eine sehr große Rolle im Handel. Immer wichtiger für unternehmerisches Handeln wird die Orientierung an der Kundschaft.

Quelle: Schindelbeck, Dirk: Illustrierte Konsumgeschichte der Bundesrepublik Deutschland 1945-1990. Landeszentrale für politische Bildung. Thüringen, Erfurt 2001.

1. Beschreiben Sie die Rolle des Großhandels und der dort beschäftigten Arbeitnehmer früher und heute.
2. Begründen Sie, warum heute die Kundenorientierung ein entscheidendes Verkaufsargument von Großhandelsunternehmen ist.
3. Charakterisieren Sie, welche Merkmale Kundenorientierung ausmachen.

20315382

INFORMATIONEN

In den letzten Jahren wandelte sich der Großhandelsmarkt vom Verkäufer- zum Käufermarkt. Dadurch sind Großhandelsunternehmen immer mehr gezwungen, sich mit den Problemen, Wünschen und Bedürfnissen der potenziellen Kunden auseinanderzusetzen. Sie konkurrieren untereinander heute nicht mehr nur mit der Qualität der Artikel im Sortiment, sondern immer mehr mit der Qualität der Mitarbeiter. Vor diesem Hintergrund ist es für erfolgreiche Unternehmen von größter Wichtigkeit, dass sich jeder Mitarbeiter der besonderen Bedeutung des Verkaufs bewusst ist.

Verkäufermärkte

Nach dem Zweiten Weltkrieg agierte der Großhandel zunächst auf einem Verkäufermarkt.

DEFINITION

Kennzeichen eines **Verkäufermarktes** ist eine Marktsituation, in der die Nachfrage größer als das Angebot ist.

Der Großhandel musste sich nicht an den spezifischen Bedürfnissen des Marktes orientieren, da der Absatz der von ihm angeboten Waren aufgrund der Knappheit nach dem Krieg problemlos war. Im Mittelpunkt der Großhandelstätigkeit stand die Versorgung der Einzelhandelsunternehmen (z. T. auch anderer Unternehmen) mit Waren: Der Großhandel versuchte die Waren auf damals sehr engen Märkten zu beschaffen. Hatte er damit Erfolg, bot er die Artikel an und konnte sicher sein, die dringend nachgefragten Waren auch loszuwerden. Die Einzelhandelsunternehmen waren froh, überhaupt etwas kaufen zu können, was sie sofort an die Verbraucher weitergeben konnten.

Der Verkäufermarkt in der Bundesrepublik Deutschland

Direkt nach dem Zweiten Weltkrieg herrschte in der Bundesrepublik eine allgemeine Mangelsituation. Grundbedürfnisse konnten nur mit großen Schwierigkeiten befriedigt werden.

Diese Mangelsituationen konnten erst allmählich in den 1950er-Jahren während des Wirtschaftsaufschwungs beseitigt werden. Es kam nacheinander zu verschiedenen Kaufwellen, die Grundbedürfnisse befriedigten:

- Fresswelle
- Bekleidungswelle
- Wohnungswelle
- Hauswelle
- Einrichtungswelle

Käufermärkte

In den 1950er-Jahren begann die Zeit des Wiederaufbaus und des Wirtschaftswachstums. Die mit dem Käufermarkt einhergehende Mangelwirtschaft hatte ein Ende. Ab 1960 setzte in der Bundesrepublik der Wandel vom Verkäufermarkt zum Käufermarkt ein: Immer mehr Unternehmen boten immer mehr Waren an, sodass es schwieriger wurde, Käufer für die angebotenen Artikel zu finden. Die Unternehmen waren daher zunehmend gezwungen, verkaufsorientiert anzubieten.

DEFINITION

Ein **Käufermarkt** zeichnet sich dadurch aus, dass die Käufer gegenüber den Anbietern eine starke Marktposition haben. Auf einem solchen Markt überwiegt das Angebot die Nachfrage.

Für die Großhandelsunternehmen ist mittlerweile nicht mehr die Beschaffung der Engpass, sondern der Verkauf von Waren.

Der Käufermarkt wird für Großhandelsunternehmen immer dynamischer:

- Die zunehmende Massenproduktion von Konsumgütern in der Industrie schlägt sich im Großhandel in riesengroßen Sortimenten nieder. Diese führen zu einer Sättigung aller relevanten Märkte.
- Der Großhandel sieht sich immer komplexeren Wettbewerbsbedingungen gegenüber. Großhandelsunternehmen sind beispielsweise einer Vielzahl neuer Wettbewerber ausgesetzt.
- Aufgrund des hohen Wettbewerbsdrucks sind die Gewinne, die von Großhandelsunternehmen erzielt werden, im Vergleich zu anderen Wirtschaftsbereichen relativ gering.

Der Käufermarkt in der Bundesrepublik Deutschland

In den 1960er-Jahren entwickelte sich langsam der Käufermarkt. Die Grundbedürfnisse waren befriedigt, durch steigendes Einkommen der Konsumenten entstanden Prestigebedürfnisse. Die Märkte waren zunehmend gesättigt. Hohe Kapazitäten auf Anbieterseite führten zu einer neuen Sichtweise des Marktes: weg vom Produkt, hin zum Kundenbedürfnis.

Verkäufermarkt

Durch die große Nachfrage der Käufer bei gleichzeitig geringem Warenangebot haben die Verkäufer die Marktmacht.

Käufermarkt

Durch das riesige Warenangebot haben die Käufer die Marktmacht.

Der deutsche Großhandel nahm bisher eine bedeutende Rolle in der Umsatzliste der deutschen Wirtschaftszweige ein. Die Entwicklung ist gekennzeichnet durch eine Vergrößerung der Verkaufsflächen; entsprechend nimmt auch die Zahl der Beschäftigten weiter zu. Mit seinen vielen Branchen gehört der Großhandel zu den vielseitigsten Wirtschaftszweigen. Fachleute schätzen, dass über zwei Millionen Güter angeboten werden. Für die Abnehmer des Großhandels ist es kaum mehr möglich, sich in dieser Produktvielfalt zurechtzufinden. Daher wird in Zukunft der Stellenwert der individuellen Beratung des Kunden für viele Warenbereiche erhalten bleiben bzw. in vielen Fällen sogar steigen – als Hauptaufgabengebiet der Beschäftigten im Großhandel.

Veränderungen im Großhandel	Vergangenheit	Gegenwart und Zukunft
Markt	• Verkäufermarkt • geringer Wettbewerb • weitgehend nationale Konkurrenz • begrenzte Märkte	• Käufermarkt • Globalisierung • weltweite Märkte • intensiver Wettbewerb
Waren	• einfache Technologie • geringe Angebotspalette • relativ lange Lebenszyklen • oft Waren mit „Produktvorsprung“	• komplizierte Technologie • große Angebotspalette • relativ kurze Lebenszyklen • oft austauschbare Produkte

Die Veränderung der Großhandelstätigkeit im Verkauf

In Zeiten der Mangelwirtschaft nach dem Krieg waren Schulungen von Verkäufern im Großhandel so gut wie überflüssig. Es ging nicht darum, irgendetwas zu verkaufen, sondern eher darum, etwas zu bekommen, zu organisieren. In der späteren „Wirtschaftswunderzeit“ – dem Übergang vom Verkäufer- zum Käufermarkt – war das Selbstverständnis des Verkäufers meist nur davon geprägt, dass er der Fachmann der zu verkaufenden Ware war. In diese Richtung gingen deshalb auch die meisten Verkaufsschulungen, die eher Produktschulungen waren. Es ging um Warenkunde, darum, was die zu verkaufende Ware z. B. alles konnte, woraus etwas bestand und wie etwas funktionierte.

Die Zeit des Verteilens auf einem Verkäufermarkt ist für den Handel lange vorbei. In den letzten Jahrzehnten hat sich im Großhandel damit aus absatzpolitischer Sicht eine Neuorientierung in der Denkhaltung durchgesetzt. Statt eines Produkts und dessen Verteilung wurden zunehmend die Bedürfnisse der aktuellen und potenziellen Kunden in den Mittelpunkt der Betrachtung gestellt. Nur die Anbieter, denen es gelingt, diese Bedürfnisse besser zu befriedigen als die Konkurrenz, können dabei im Wettbewerb dauerhaft bestehen.

Die heutigen Anforderungen an einen Großhändler gehen daher erheblich weiter als früher. Natürlich muss er sich auch mit der Ware auskennen, die er verkaufen will. Er ist darüber hinaus aber auch „Beziehungsmanager“ des Kunden. In den Verkaufsgesprächen muss er eine positive

Beziehung zum Kunden aufbauen und durch kundenorientiertes Verhalten eine langfristige Kundenbindung an das Geschäft erreichen. Zum Handwerkszeug gehören auch Fragetechnik, wirkungsvolles Präsentieren, gekonnter Umgang mit Kundeneinwänden, überzeugende Preisverhandlung, ein sicherer Abschluss sowie die Fähigkeit, eine angenehme Gesprächsatmosphäre aufzubauen.

Kundenorientierung

Was ist ein Kunde?

- Ein Kunde ist die wichtigste Persönlichkeit für unsere Firma – egal ob persönlich anwesend oder außerhalb unseres Hauses.
- Ein Kunde ist nicht nur von uns abhängig, sondern wir auch von ihm – das ist nichts Neues, wird aber viel zu wenig beachtet.
- Ein Kunde ist nicht nur die Unterbrechung unserer Arbeit, sondern ihr Zweck.
- Ein Kunde ist ein wesentlicher Teil unseres geschäftlichen Daseins und damit indirekt Teilhaber unserer Firma.
- Ein Kunde ist kein kalter Rechenfaktor, er ist ein Mensch mit Gefühl und Empfindungen, wie auch wir sie haben.
- Ein Kunde ist kein Streitobjekt, an dem man seine Tüchtigkeit beweist. Noch nie gewann man einen Streit mit einem Kunden. Ein Kunde ist ein Partner, der uns seine Wünsche mitteilt. Unsere Aufgabe ist es, diese Wünsche für ihn und für uns zu erfüllen.

Mit dem Käufermarkt hat für den Großhandel das Zeitalter der Kundenorientierung begonnen. Kundenzufriedenheit stellt in Zukunft den wesentlichen Erfolgsfaktor des langfristigen Geschäftserfolgs eines Großhandelsunternehmens dar.

Nur zufriedene Kunden
- kommen wieder und kaufen erneut,
- bezahlen für Produkte auch einen angemessenen Preis.

Wie wichtig Kundenzufriedenheit ist, verdeutlichen auch folgende Zahlen:
- Wiederholungskäufe zufriedener Kunden machen ca. 80 % des Umsatzes aus.
- Die Sicherung bestehender Kundenbeziehungen kostet nur 10–20 % des Aufwands gegenüber einer Neugewinnung von Kunden.

BEISPIELE FÜR MANGELNDE KUNDENORIENTIERUNG

Einen 20 Jahre alten Videorekorder der Firma Irrdiad mit Funktionsproblemen wollte der Besitzer in Reparatur geben und rief mit diesem Anliegen beim Hersteller an. Sein Gesprächspartner erklärte ihm, dass eine Reparatur nicht durchgeführt werde könne. Und bei einem so alten Geräte mache eine Reparatur doch auch keinen Sinn mehr. Der Kunde gab sich mit dieser für ihn unbefriedigenden Antwort nicht zufrieden und wiederholte seine Bitte. Daraufhin wurde der Ansprechpartner der Firma immer unfreundlicher. Als der Kunde hartnäckig blieb, beschimpfte der Kundenberater ihn schließlich und legte zum Schluss einfach auf.

Was der Gesprächspartner nicht ahnen konnte: Der Kunde hatte das Gespräch aufgezeichnet. Um seinem Ärger Luft zu machen, veröffentlichte dieser die Aufnahme im Internet. So konnte jeder hören, wie mit seiner freundlich vorgetragenen Bitte umgegangen worden war. In den nächsten zwei Monaten wurde die Aufnahme von über 4 Millionen Menschen gehört, zwei weitere Monate darauf waren es bereits über 6 Millionen. Es folgten regelrechte Boykottaktionen gegen Produkte der Firma Irrdiad. Ausgelöst durch einen einzigen unfreundlichen Mitarbeiter.

Gereizt – Kassiererin schlägt zu
Wenn Pinnebergerinnen durchdrehen, sollte man besser in Deckung gehen. Diese Erfahrung hat ein Ehepaar gemacht, das in einem Supermarkt an eine rabiate Verkäuferin geriet.
Hamburg – Nachdem die Kassiererin die Kunden in barscher Weise darauf aufmerksam gemacht hatte, dass die Waren nicht ordnungsgemäß auf dem Band lägen, war dem Ehepaar offenbar die Lust am Einkauf vergangen. Sie wollten den Laden verlassen – ohne die Waren, und verständlicherweise auch, ohne zu bezahlen.

Doch da platzte der 28-jährigen Verkäuferin der Kragen: Dem 65-jährigen Kunden warf sie eine Konservendose und einen Blumentopf hinterher, heißt es in einer Erklärung, die die Pinneberger Polizei am Mittwoch veröffentlichte. Die Frau kam glimpflicher davon. Sie wurde „nur“ angebrüllt und zum Ausgang geschubst.

Doch damit nicht genug. Dem Mann versetzte die Kassiererin mehrere Faustschläge ins Gesicht und einen Fußtritt zwischen die Beine. Zunächst hätten sich die Kunden zur Wehr setzen wollen, doch dann zogen sie die Flucht vor – und erstatteten Anzeige wegen Körperverletzung.

Quelle: Der Spiegel: Gereizt – Kassiererin schlägt zu. In: SPIEGEL.de vom 10.04.2002. http://www.spiegel.de/panorama/gereizt-kassiererin-schlaegt-zu-a-191139.html [20.09.2021].

Um Kunden für ein Großhandelsunternehmen zu gewinnen bzw. sie zu halten, müssen sie nicht nur durch das Sortiment oder die Preisgestaltung, sondern auch durch den Service zufriedengestellt werden.

Wenn der Kunde also den Erfolg eines Großhandelsunternehmens bestimmt, dann hat nicht er sich auf das Angebot des Großhandels einzustellen, sondern die Mitarbeiter des Großhandels haben auf den Kunden, seine Fragen und Wünsche einzugehen. Die zentrale Frage, die sich jedes Großhandelsunternehmen stellen muss, ist: „Was muss ich tun, damit der Kunde bei mir kauft?“

Es gibt verschiedene Merkmale, durch die die Kundenorientierung eines Unternehmens charakterisiert wird:

Gründe für Kundenabwanderungen

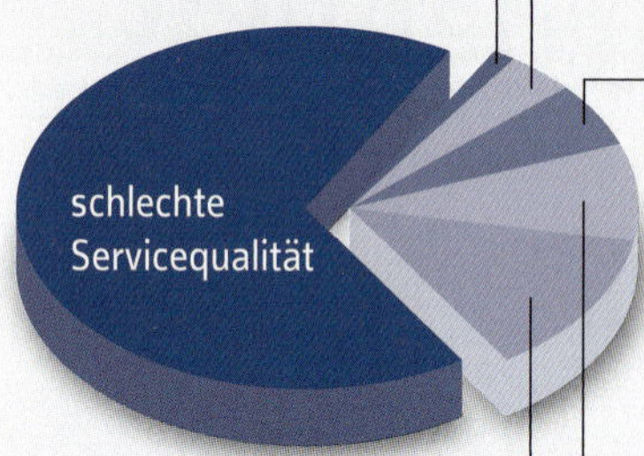

Eigene Darstellung nach Zahlenwerten aus: Bruhn, Manfred, Kundenorientierung. Bausteine eines exzellenten Unternehmens, dtv, 2. Aufl., München

Elemente der Kundenorientierung

Kundenkenntnis
- Wie gut ist die Kenntnis der potenziellen und tatsächlichen Kunden?
- Ist bekannt, welche Wünsche die Kunden haben?

Kundenaktivität
- Laufen Maßnahmen, die direkt der Kundenorientierung dienen?

Kundenzufriedenheit
- Ist bekannt, womit die Kunden zufrieden oder unzufrieden sind?
- Ist das Ausmaß der Kundenzufriedenheit ermittelt?

Kundenfreundlichkeit
- Wird die Kundenfreundlichkeit freiwillig oder gezwungenermaßen nach außen getragen?

Kundenfaszination
- Wird mehr geboten, als der Kunde erwartet?
- Wird Außergewöhnliches geboten?

Hineinversetzen in den Kunden
- Wird versucht zu ermitteln, was der Kunde denkt?

Servicegedanke
- Wird über kundenorientierte Dienstleistungen versucht, einen entscheidenden Mehrwert für das Unternehmen zu schaffen?

Betreuung des Kunden
- Erfolgt eine aufmerksame Kundenpflege?
- Zum Beispiel durch Erinnerung an Jubiläen oder Geburtstage von Kunden?

Erfüllung der Kundenanforderung
- Wird den Wünschen der Kunden nachgegangen?

Verkaufsphilosophien

Auch die Verkaufsphilosophie hat sich in der Zwischenzeit gewandelt. Um Kundenorientierung zu erreichen, muss der Verkäufer darauf verzichten, Hardselling-Methoden anzuwenden. Beim **Hardselling** (wortwörtlich etwa „hartes Verkaufen“) wird der Kunde als Gegner gesehen, dem der Verkäufer häufig auch mithilfe manipulativer Methoden etwas verkauft, was er verkaufen will – auch wenn der Kunde es nicht braucht: Dem kurzfristigen Verkaufserfolg steht damit langfristig ein schlechter Ruf gegenüber. Viele Menschen reagieren berechtigterweise sehr empfindlich, wenn sie das Gefühl haben, gedrängt oder manipuliert zu werden.

Beim Softselling geht es um ehrliche Beratung, nicht um den Verkauf um jeden Preis.

- Gleichberechtigte Gesprächspartner führen ein Verkaufsgespräch.
- gemeinsame Ermittlung der Kundenbedürfnisse
- Kauf dient der Bedürfnisbefriedigung des Kunden.
- Verkäufer und Kunde sollen gewinnen.
- zielt auf eine langfristige Kundenbindung

Softselling

Verkaufsphilosophien

Hardselling

- Verkauf, egal mit welchen Mitteln
- Die Kundenbedürfnisse sind für den Verkäufer nebensächlich.
- Der Kunde ist ein Gegner, den es durch einen Verkauf zu „besiegen“ gilt.
- Anwendung von Druck und Manipulation vernichtet Vertrauen der Kunden.
- kurzfristiger Verkaufserfolg
- langfristig schlechter Ruf

Dem **Softselling** (wortwörtlich etwa „weiches Verkaufen“) liegt dagegen die Einstellung zugrunde, dass Verkäufer und Kunde Partner sind. Das Ziel ist eine vertrauensvolle Gesprächsatmosphäre, ohne Druck zu schaffen, in der sich der Kunde frei für oder auch gegen etwas entscheiden kann. Beim Softselling wird angestrebt, die Bedürfnisse, Wünsche und Probleme des Kunden zu ermitteln und dafür Lösungen anzubieten. Auch beim Softselling möchte der Verkäufer natürlich Verkaufsabschlüsse tätigen. Dies will er aber nicht in jedem Fall und vor allem nicht um den Preis eines schlecht beratenen und unzufriedenen Kunden.

Kundenansprüche

Der Kunde steht im Mittelpunkt jeder Verkaufstätigkeit im Großhandel. Werden die Erwartungen des Kunden erfüllt, können Verkaufsgespräche in der Regel erfolgreich durchgeführt werden. Kunden stellen Anforderungen an

- das Verkaufspersonal,
- das Großhandelsunternehmen,
- die Ware.

Kunden binden und neue hinzugewinnen kann ein Großhandelsunternehmen nur, wenn es allen drei Anspruchsarten genügt.

Ansprüche an das Verkaufspersonal

Das Anforderungsprofil der Kunden an das Personal im Großhandel ist sehr differenziert und umfangreich:

- Die Kunden erwarten ein angemessenes **Erscheinungsbild** des im Großhandelsunternehmen Beschäftigten.
  - Die Kleidung sollte den Waren und dem Kundenkreis des Geschäfts entsprechen. Sie sollte modisch, sauber, gepflegt und zweckmäßig sein und zur Person des Verkäufers (Figur, Alter, Typ) passen. Alles, was die Aufmerksamkeit des Kunden von der Ware ablenkt, ist zu vermeiden.
  - Ein gepflegtes Aussehen des Großhändlers im Verkauf erleichtert die Kontaktaufnahme in Verkaufsgesprächen. Die Körperpflege ist von entscheidender Bedeutung für den Umgang mit dem Kunden, weil auf ihn nichts abstoßend wirken darf.

BEISPIELE

Zur Körperpflege gehören unter anderem die folgenden Maßnahmen:
- Säubern und Pflegen von Händen und Fingernägeln
- Pflege der Haare durch ordentliche Frisur
- bei Männern Rasur oder gepflegter Bart
- dezentes und gekonntes Make-up bei Frauen
- Beseitigung eventuellen Mund- oder Körpergeruchs

  - Durch verschiedene Verhaltensweisen kann der Verkäufer im Großhandel eine positive Verkaufsatmosphäre schaffen. Eine freundliche und einladende Körpersprache und gute Umgangsformen verbessern die Verkaufschancen.
- Kunden stellen hohe Anforderungen an die **Fachkompetenz** der Großhändler. In jedem Fall erwarten sie große Warenkenntnisse: Die Kunden benötigen sachliche und vertrauenswürdige Informationen als Entscheidungshilfe beim Kauf.
- Erhofft wird sich von Käuferseite bei Großhändlern auch eine hohe **Verkaufskompetenz**. Das Verkaufspersonal soll große Kenntnisse und Fertigkeiten bei der gezielten Durchführung von Verkaufsgesprächen besitzen und Verkaufstechniken angemessen und den Kunden zufriedenstellend anwenden. Verkaufskompetenz zeichnet sich aus durch:
  - ein professionelles, aber nicht routinehaftes Verhalten
  - eine angenehme menschliche Beziehung zwischen Kunde und Verkäufer
  - Glaubwürdigkeit
  - Verzicht auf Verkaufsdruck durch aggressives Verkaufen (Hardselling)
- Zur **Sprachkompetenz** eines Großhändlers werden seine rhetorischen Fähigkeiten gezählt. Redegewandtheit und eine verkaufsfördernde Sprache erleichtern das Gespräch mit den Kunden – und natürlich auch mit den Lieferanten.
- Wichtig sind für die Kunden auch die **persönlichen Kompetenzen**, über die der Großhändler verfügt. Es wird die Bereitschaft erwartet, diese weiter auszubauen bzw. zu verbessern. Die persönlichen Kompetenzen umfassen vier Bereiche:

Ein Großhändler braucht unterschiedlichste Kompetenzen.

  - Großhändler sollten über verkaufsrelevante Einstellungen verfügen. Dazu gehört beispielsweise ein generelles Interesse am Verkauf und am Umgang mit Kunden.
  - Positiv wirken sich auch alle Kenntnisse und Fertigkeiten aus, die eine gute Beziehung zum Kunden fördern. Zu einer solchen sozialen Kompetenz zählen Eigenschaften wie Freundlichkeit, Kontaktfähigkeit, Einfühlungsvermögen (Empathie), Hilfsbereitschaft, Engagement und Überzeugungskraft.
  - Eine hohe Selbstkompetenz befähigt Großhändler zur Bewältigung eventuell auch kritischer Situationen im Umgang mit Kunden. Geduld, Stressresistenz, Selbstsicherheit und Selbstkontrolle helfen auch bei nicht normal verlaufenden Verkaufsgesprächen, sie erfolgreich durchzuführen.
  - Auch die Allgemeinbildung sollte dem Niveau des Großhandelsgeschäfts gerecht werden. Das Verkaufspersonal sollte über aktuelle und allgemein interessierende Themen aus dem kulturellen, wirtschaftlichen, politischen oder sportlichen Bereich informiert sein, da in einigen Verkaufsgesprächen nicht nur die Ware Gesprächsgegenstand ist.

DEFINITION

Erfolg im Verkauf bedeutet: eine positive Einstellung, grundlegende Beherrschung der Verkaufstechniken und umfassende Warenkenntnisse.

Ansprüche an das Großhandelsunternehmen

Je mehr die Leistungen des Unternehmens die Ansprüche der Kunden erfüllen, desto positiver wirkt sich das auf ihr endgültiges Kaufverhalten aus. Die Kunden erwarten je nach Geschäfts- und Kundentyp unterschiedliche Leistungen von den Großhandelsgeschäften. Sie haben – mehr oder weniger ausgeprägt – die folgenden Anforderungen an die Unternehmen:
- Die Kunden erwarten vom Unternehmen die Bereitstellung eines Sortiments, das ihrem Bedarf entspricht. Deshalb ist es eine der entscheidenden Aufgaben eines Großhandelsunternehmens, mit einem **bedarfsgerechten Sortiment** dem Kunden eine zufriedenstellende Auswahl von Waren verschiedener Qualitäten, Hersteller, Preislagen, Größen, Farben usw. anzubieten.
- Die heutigen Kunden möchten in einer ihren Kaufmotiven angepassten **Verkaufsatmosphäre** einkaufen.
- Sowohl die Wahrnehmung des Sortiments durch die Kunden als auch die Verkaufsatmosphäre werden be-

einflusst durch die **Warenpräsentation.** Die Kunden möchten die Waren übersichtlich, in verständlichen, einsichtigen Einteilungen angeboten bekommen.

- Die Kunden erhoffen sich – zumindest bei erklärungsbedürftigen Artikeln – von einem Großhandelsunternehmen, das sie besuchen, eine qualifizierte, individuelle **Beratung**. Sie möchten durch aufmerksame, freundliche und sachkundige Verkäufer so bedient werden, dass sie ihre Kaufentscheidung sachkundig vorbereiten und ihren Einkauf erfolgreich abschließen können. Das wird unterstützt durch das Anbringen von **Informationen** an der Ware, an den Warenträgern und im Verkaufsraum.
- Um den Einkauf so angenehm wie möglich zu gestalten, bieten die Großhandelsunternehmen viele **Serviceleistungen** an. Durch Bereitstellung solcher Dienstleistungen wie beispielsweise Kundenkredite, Warenzustellung, Reparatur- oder Anpassungsservice wird dem Kunden der Einkauf erleichtert.

Ansprüche an die Ware

Verbraucher haben unterschiedlichste Bedürfnisse. Durch den Kauf einer Ware sollen sie befriedigt werden. Kunden stellen deshalb vielfältige Anforderungen an Waren:

- Ist ein Artikel seiner Ansicht nach seinen Preis wert, kauft der Kunde. Der Kunde erwartet also, dass das **Preis-Leistungs-Verhältnis** stimmt. Da es von Kunden unterschiedlich wahrgenommen wird, muss ein Verkäufer jedem Kunden den Wert der Ware individuell verständlich machen.
- Kunden achten nicht nur auf das Preis-Leistungs-Verhältnis, sondern allgemein auf die **Qualität** eines Artikels.
- Sehr wichtig ist vielen Kunden die **Sicherheit** in und bei der Anwendung eines Produkts.
- Positiv auf einen Kauf können sich auch die Vorteile auswirken, die sich in der **Bequemlichkeit** beim Gebrauch eines Artikels ergeben.

BEISPIEL

Ein Backofen ist selbstreinigend und verfügt über konstruktive Gegebenheiten, die ein selbsttätiges und automatisches Backen ermöglichen.

- **Umwelt-, Gesundheits- und Sozialverträglichkeitsaspekte** treten bei immer mehr Kunden beim Kauf einer Ware in den Vordergrund.

BEISPIEL

Darauf reagieren viele Großhändler in ihren Geschäftsräumen mit Hinweisen wie:

- „Wir achten auf fairen Handel."
- „Lassen Sie die Verpackungen bei uns. Wir entsorgen ordnungsgemäß."

Aufgaben des Großhändlers		
in der Volkswirtschaft	**gegenüber dem Kunden**	**für das Unternehmen**
• bringt Einzelhändler und Produzenten miteinander in Kontakt • erleichtert die Güterverteilung • schafft und vermittelt Dienstleistungen • erhöht Werte, weil Waren dank seiner Beratung besser genutzt werden • vermittelt Sicherheit, Komfort, Bequemlichkeit, Einsparungen, Gewinn • vermittelt Wissen und Können an die Einzelhändler • leitet deren Erfahrungen und Anregungen weiter, um die Perfektion von Produkten voranzutreiben • trägt zur Erhöhung des Lebensstandards auf breiter Basis bei	• hilft Problemlösungen für den Kunden zu finden • vermittelt Angebote und Dienstleistungen • bringt nützliche Informationen über Markttendenzen, Anwendungstechniken usw. • trägt Neuheiten an den Einzelhändler heran • nimmt sich spezieller Wünsche an • erleichtert den Bestellaufwand des Kunden • vermittelt in Reklamationsfällen	• bietet die Dienstleistungen des Unternehmens an • schafft ein persönliches Verhältnis zum Kunden • verkauft Ware und bringt damit Umsatz und Gewinn • dient der Existenzsicherung der Firma • beobachtet den Markt und die Konkurrenzleistungen • stellt Vergleiche mit der Konkurrenz an • regt organisatorische und qualitätsmäßige Verbesserungen an • erledigt Reklamationen und verwandelt sie in neue Chancen • macht neue An- und Verwendungsmöglichkeiten ausfindig • führt Neuheiten ein und überprüft ihren Erfolg

AUFGABEN

1. Was versteht man unter einem Verkäufermarkt?
2. Welche Aufgabe hat der Großhandel auf einem Verkäufermarkt?
3. Durch welche Merkmale ist der Käufermarkt gekennzeichnet?
4. Seit wann gibt es in der Bundesrepublik einen Käufermarkt?
5. Warum wird der Käufermarkt für Großhandelsunternehmen immer dynamischer?
6. Entscheiden Sie, ob ein Käufer- oder Verkäufermarkt vorliegt.
   a) Im November 1948 kommt der Großhändler Rudolf Neckernann überraschend in den Besitz von 500 Wintermänteln. Das spricht sich rasend schnell herum. Angesichts des bevorstehenden kalten dritten Nachkriegswinters werden ihm die Mäntel aus den Händen gerissen. Einzelhändler schauen auch bei anderen Großhändlern vorbei, ob sie zufällig ebenfalls irgendwo irgendwelche Waren herbekommen haben.
   b) In der Bundesrepublik werden pro Jahr fast 16 Milliarden Euro für Werbung in den Medien ausgegeben.

7. Wie veränderte sich die Verkaufstätigkeit im Großhandel in den letzten Jahrzehnten?
8. Welche von Verkäufern angewandten Verkaufsphilosophien lassen sich in den folgenden Kundenäußerungen erkennen?
   a) „Wenn ich als Schuheinzelhändler im Großhandel neue Schuhe kaufe, bin ich zunächst unentschlossen. Wenn ich mich dann endlich zum Kauf entschlossen habe, bin ich ganz erleichtert. Am meisten hilft mir, wenn ich jemanden habe, der mich bei der Entscheidung unterstützt. Dann habe ich hinterher das gute Gefühl, den richtigen Entschluss gefasst zu haben."
   b) „Sie sind doch auch nur wieder so einer, der mir nur was andrehen will."
   c) „Im Moment kann ich Ihnen leider keine für Sie optimale Lösung bieten."
9. Durch welche Merkmale sind die Verkaufsphilosophien des Hardsellings bzw. des Softsellings gekennzeichnet?
10. Warum ist die Kundenzufriedenheit der wesentliche Erfolgsfaktor des Großhandels?
11. Welche Folgen ergeben sich für Großhändler angesichts der aktuellen Marktlage des Käufermarktes?
12. Warum müssen die Ansprüche von Kunden im Großhandel beachtet werden?
13. Welche Anforderungen stellen die Kunden an das Erscheinungsbild von Großhändlern?
14. Erläutern Sie den Unterschied zwischen der Fach- und der Verkaufskompetenz eines Großhändlers.
15. Bringen Sie Beispiele für die persönlichen Kompetenzen eines Großhändlers.
16. Warum sollte ein Verkäufer über eine hohe Sprachkompetenz verfügen?

AKTIONEN

1. Lesen Sie das Kapitel mithilfe der Methode des aktiven Lesens durch. Erstellen Sie eine Mindmap, die die wichtigsten Inhalte wiedergibt.
2. Sie erhalten vom bekannten Fernsehmoderator Jörg Sönckens eine Einladung in dessen Talkshow Talk 4. Es geht dort um Kundenorientierung im Einzelhandel. Das ist auch für den Großhandel ein wichtiges Thema.

Einladung

hiermit laden wir Sie als Gast zur nächsten Ausgabe unserer Talkshow Talk 4 am ... ein. Das Thema der Sendung lautet:

Ist der Handel kundenfreundlich?

Wir laden Vertreter aller betroffenen Gruppen ein:

- Wenn Sie Kunde sind, können Sie mal richtig Dampf ablassen: Ärgern Sie sich vielleicht über unfreundliche Verkäufer und schlechten Service in Ihrem Supermarkt? Sie als Kunde haben in der Sendung die Gelegenheit, Ihre positiven und negativen Erfahrungen mit dem Service im Handel vorzutragen.
- Sind Sie Geschäftsführer eines Großhandelsunternehmens, sollen Sie Ihre Sicht zum Serviceproblem darstellen.
- Haben Sie als Verkäufer oft Ärger mit meckernden Kunden? Sie haben in der Sendung die Gelegenheit, Ihre Meinung zum Thema Kundenorientierung im Handel vorzutragen.

Bei Fragen bezüglich der Sendung setzen Sie sich bitte mit mir in Verbindung.

Mit freundlichen Grüße

Offener Kanal

Jörg Sönckens

a) Bilden Sie sechs Gruppen und bereiten Sie sich in Gruppenarbeit auf die Ihnen zugewiesene Rolle vor.

b) Erarbeiten Sie in Ihrer Gruppe Punkte, über die Sie sich in Ihrer Rolle ärgern. (Sie können dabei gerne auch eigene Erfahrungen z. B. als Kunde oder Verkäufer in die Rolle einbringen.)

c) Überlegen Sie sich mögliche Gegenargumente vonseiten der anderen an der Talkshow Beteiligten und versuchen Sie, diese zu entkräften.

d) Schreiben Sie sich die Punkte auf, die Sie in der Talkshow ansprechen wollen. Überlegen Sie sich ein „knackiges" Eingangs-Statement, mit dem Sie die Gegenseite provozieren wollen.

Rollenspielanweisung Kunde 1:
Ein Mitglied Ihrer Gruppe wird in der Talkshow die Rolle eines Kunden/einer Kundin übernehmen. Sie sind ein 28-jähriger, gut verdienender Single. Ständig ärgern Sie sich über Unfreundlichkeit und mangelhaften Service im Handel. Kürzlich waren Sie in den USA im Urlaub und waren begeistert von dem Service, der dort geboten wird.

Rollenspielanweisung Kunde 2:
Ein Mitglied Ihrer Gruppe wird in der Talkshow die Rolle eines Kunden/einer Kundin übernehmen. Sie sind Rentner(in). Ständig ärgern Sie sich über Unfreundlichkeit und mangelhaften Service im Handel. Sie meinen, dass speziell auf die Wünsche älterer Menschen zu wenig Rücksicht genommen wird.

Rollenspielanweisung Verkäufer:
Ein Mitglied Ihrer Gruppe wird in der Talkshow die Rolle eines Verkäufers übernehmen. Sie sind Angestellte(r) in einem Supermarkt. Sie werden häufig von Kunden „angemotzt" und können das Gerede über die Servicewüste nicht mehr hören. Sie wollen in der Talkshow klarstellen, dass die Probleme eher beim Kunden liegen und nicht beim Verkäufer.

Rollenspielanweisung Geschäftsführer einer Großhandlung:
Ein Mitglied Ihrer Gruppe wird in der Talkshow die Rolle des Geschäftsführers/der Geschäftsführerin einer Großhandlung übernehmen. Auch Ihre Kunden – die Einzelhandelsunternehmen – erwarten ein kundenorientiertes Verhalten von Ihnen. Sie selbst erwarten dies natürlich auch von Ihren Lieferanten.

Rollenspielanweisung Geschäftsführer:
Ein Mitglied Ihrer Gruppe wird in der Talkshow die Rolle des Geschäftsführers/der Geschäftsführerin eines Supermarktes übernehmen. Sie legen großen Wert auf Freundlichkeit gegenüber Ihren Kunden und wollen so viel Service wie möglich bieten. Oftmals fällt es Ihnen schwer, Ihre Angestellten von der Bedeutung der Kundenfreundlichkeit und des Service zu überzeugen.

Rollenspielanweisung Moderator Jörg Sönckens:
Ein Mitglied Ihrer Gruppe wird in der Talkshow die Rolle des Moderators/der Moderatorin übernehmen. Bereiten Sie in Ihrer Gruppe die Moderation vor. Bearbeiten Sie dazu die folgenden Aufgaben:

- Die Aufgabe des Moderators wird es sein, die Teilnehmer der Talkshow zu begrüßen und das Thema und das Ziel der Sendung vorzustellen. Erarbeiten Sie dazu einige einleitende Worte. Dann bitten Sie die Talkgäste um ein Eingangs-Statement.
- Der Moderator steuert die Diskussion. Überlegen Sie sich Fragen, mit denen Sie die Teilnehmer in die Diskussion einbeziehen können.

Beachten Sie darüber hinaus bei der Talkshow:

→ Der Moderator selbst hält keine langen Reden, er fasst hin und wieder das Gesagte zusammen.

→ Die Talkshow dauert 15 Minuten! Der Moderator achtet darauf, dass jeder Talkshow-Gast zu

Wort kommt und dass alle Gäste die gleiche Redezeit bekommen.

→ Der Moderator sorgt dafür, dass immer nur einer spricht und dass jeder Sprecher ausreden darf.

→ Der Moderator lässt keine persönliche Kritik zu („Sie haben ja keine Ahnung!").

e) Führen Sie die Talkshow durch.

f) Die Gruppenmitglieder, die nicht an der Talkshow teilnehmen, sind das Publikum. Sie können nicht direkt an der Diskussion teilnehmen. Stattdessen sollen sie einen Talkshow-Teilnehmer beobachten.
Bei der Beobachtung sollen Sie zum einen darauf achten, welche Argumente die zu beobachtende Person genannt hat. Zum anderen sollen Sie darauf achten, wie sich die Person verhalten hat. Nehmen Sie für Ihre Beobachtungen den Beobachtungsbogen zu Hilfe.

3. a) Lesen Sie den folgenden Text:

Im Vordergrund des betriebswirtschaftlichen Denkens stand viele Jahre lang die Angebots- und Produktorientierung. Es ging zunächst darum, überhaupt bestimmte Produkte und Dienstleistungen herzustellen und dann im Markt anzubieten. Bei der Vielzahl von Konkurrenzprodukten, die heutzutage in jedem Markt und jedem Marktsegment angeboten werden, ist diese Orientierung jedoch nicht mehr zeitgemäß. Denn jeder Kunde hat eine nahezu unendliche Auswahl zwischen Produkten, die alle gleiche oder sehr ähnliche Funktionen erfüllen. Dies erlaubt es ihm, wählerisch zu sein: Der Kunde überlegt sich ganz genau, welche Vorteile es für ihn hat, das Produkt von Firma X und nicht dasjenige von Firma Y zu kaufen. Die Marktmacht hat sich also längst vom Verkäufermarkt zum Käufermarkt verschoben. Aus einem Anbieter- und Produktmarkt ist damit ein Kundenmarkt geworden.

Daher ist für die Unternehmen ein Umdenkprozess erforderlich, der die Produkte und Dienstleistungen auf die aktuellen und potenziellen Bedürfnisse des Kunden ausrichtet. Kunden kaufen keine Produkte, sondern einen Nutzen.

Diese Binsenweisheit wird noch immer von vielen Unternehmen missachtet.

Es gibt vier Trugschlüsse, die Unternehmen gravierend daran hindern, die Kundenorientierung zu verbessern.

1. „Nur Dienstleistungsunternehmen sind in der Lage, Service zu bieten." Diese Aussage beruht auf einer Engführung des Begriffs „Service".
Dieser kann nämlich nicht nur eine eigenständige Leistung sein, wie bei einer Dienstleistung, sondern ebenfalls eine Gesamtlösung (Servicepaket) oder eine Ergänzung zu einer Kernleistung (Service als Zusatzleistung).
2. „Es gibt ausschließlich externe Serviceleistungen, keine internen."
3. „Qualität spricht für sich selbst und verkauft sich von alleine." Dies stimmt insoweit nicht, als dass nahezu alle Firmen mit der „Qualität" ihrer Produkte werben und für den Kunden der Qualitätsunterschied zwischen verschiedenen Produkten häufig gar nicht erkennbar ist. Qualität ist nur ein Hygienefaktor, den die Konkurrenz in der Regel auch zu bieten hat.
4. „Service ist kostspielig und rechnet sich nicht." Dies ist einer der schlimmsten Trugschlüsse. Im Rahmen des Kostenmanagements wird häufig Personalabbau betrieben und dieser wirkt sich besonders verheerend auf den Service aus. Denn nichts ist „personalintensiver" als der Service. Wer jedoch den Service wegrationalisiert, rationalisiert auch gleich seine Kunden weg!

Diese Überlegungen machen deutlich:
Kundenorientierung bedeutet, das betriebliche Denken und Handeln des gesamten Unternehmens wie auch aller Führungskräfte und Mitarbeiter auf den Kunden auszurichten, sich auf seine Bedürfnisse, Wünsche und Probleme zu konzentrieren.

Quelle: Seiwert, Lothar J.: Kundenorientierte Unternehmensstrategie – Wettbewerbsvorteile durch Fokussierung. In: Wolfgang Mewes, Beratergruppe Strategie (Hrsg.): Mit Nischenstrategie zur Marktführerschaft. Zürich: Orell Füssli Verlag, 2001.

b) Arbeiten Sie kurz (jeweils höchstens einen Satz!) schriftlich die Thesen des Autors heraus.

c) Bereiten Sie sich darauf vor, Ihre Meinung (Zustimmung oder Ablehnung) zu den Thesen zu begründen.

4. In dieser Aktion geht es um die Ansprüche, die an einen Beschäftigten im Großhandel gestellt werden. Sie sollen sich klarmachen, in welcher Weise Ihre Stärken für Ihre berufliche Tätigkeit förderlich bzw. Ihre Schwächen hinderlich sind. Bilden Sie dazu in Ihrer Klasse mehrere Gruppen.
Sie benötigen ein großes Blatt Papier und Stifte, evtl. Schere, Kleber und alte Zeitungen bzw. Zeitschriften.

a) Sie sollen zwei Ihrer Stärken und zwei Ihrer Schwächen, die sich auf den Verkauf auswirken können, darstellen, indem sie entweder
   - Ihre Stärken und Schwächen als vier Symbole auf dem großen Blatt skizzieren oder
   - Fotos, die Ihre Stärken und Schwächen repräsentieren, aus alten Zeitungen/Zeitschriften ausschneiden und auf das große Blatt kleben.

b) Stellen Sie am Beispiel Ihres „Bildes" der Gruppe Ihre Stärken und Schwächen vor.

20315392

ZUSAMMENFASSUNG

Groß- und Außenhandel

früher

Verkäufermarkt
- Nachfrage der Kunden größer als das Angebot des Großhandels
- Mangelsituation (vor allem nach dem 2. Weltkrieg)
- Aufgabe des Großhandels: Verteilung knapper Ware

heute

Käufermarkt
- Angebot des Großhandels überwiegt Nachfrage der Verbraucher
- immense Produktvielfalt, die kaum übersehbar ist
- Markt wird immer dynamischer
- Aufgabe des Großhandels: Befriedigung der Bedürfnisse der Kunden

Erfolgsfaktor für die Unternehmen: **Kundenzufriedenheit**

Konsequenz für Mitarbeiter im Großhandel:

- **Kundenorientierung:** Eingehen auf den Kunden, seine Fragen und Wünsche
- **Softselling:** Verkäufer und Kunde sind Partner (statt Hardselling: aggressives Verkaufen um jeden Preis)
- umfassende **Beratung** des Kunden
- Beherrschen effizienter **Verkaufstechniken**

Ansprüche von Kunden
Je mehr die Erwartungen von Kunden eines Großhandelsunternehmens erfüllt werden, desto positiver wirkt sich das auf ihr Kaufverhalten aus.

Ansprüche an den Verkäufer im Großhandel
- Erscheinungsbild
  - Kleidung
  - Körperpflege
  - Verhaltensweisen
- Fachkompetenz
- Verkaufskompetenz
- Sprachkompetenz
- persönliche Kompetenzen
  - verkaufsrelevante Einstellungen
  - soziale Kompetenzen
  - Selbstkompetenzen
  - Allgemeinbildung

Ansprüche an das Großhandelsunternehmen
- bedarfsgerechtes Sortiment
- Verkaufsatmosphäre
- Warenpräsentation
- Beratung und Information
- Serviceleistungen

Ansprüche an die Ware
- Preis-Leistungs-Verhältnis
- Qualität
- Sicherheit
- Bequemlichkeit
- Umwelt-, Gesundheits- und Sozialverträglichkeit

KAPITEL 14

Bedeutung und Aufgaben des Groß- und Außenhandels

Am Dienstagmorgen öffnet Frau Altmann, Sekretärin in der Geschäftsleitung der Fairtext GmbH, wie an jedem Werktag die Geschäftspost.

Unter den eingegangenen Briefen befinden sich u. a.:

- je eine Eingangsrechnung über bezogene
  - 300 Herrenschlafanzüge, bestehend aus Oberteil, langer Hose und Sleep-Shorts (Material: Single Jersey aus 100% Baumwolle, Maschinenwäsche; Farbe: Grün; Größen 44/46, 48/50, 52/54 und 56/58; Preis: 14,98 €, 17,48 €, 19,98 €, 22,48 €) von Alber & Bayer GmbH & Co. KG, Nelkenweg 28, 52078 Aachen, und
  - 450 Damenblusen (Best.-Nr. 67356/61 Rot; 67340/01 Champagner; Größen 36/38, 40/42, 44/46, 48/50; Preis: 44,50 € bzw. 49,50 €) von Leistner GmbH, Ritterstr. 37, 28865 Lilienthal,
- die Bitte um ein Angebot über Gymnastikhosen (in 5-Pocket-Form; Farben: Grün, Bordeaux, Schwarz, Blau, gemustert) von der Stammkundin Gertrud Schön e. Kffr., Textileinzelhandel, Sundernstr. 34 in 22159 Hamburg,
- die Gutschriftsanzeige des Lieferanten M. Heusel GmbH & Co. KG, Lerchenfeld 47, 86381 Krumbach wegen mangelhafter und deshalb zurückgesandter Tischdecken,
- der Firmenkontoauszug von der Lindener Volksbank, aus dem Susanne Strobel ersieht: den Rechnungseingang über 5.365,20 € vom Kunden Impex, Gdansk, gutgeschrieben am 24. Mai,
- sowie einen Betrag von 6.337,17 €, der fristgerecht am 22. Mai nach Ablauf des eingeräumten Zahlungsziels von 30 Tagen vom Kunden Ringella Moden, Bergener Str. 6 A, 30169 Hannover, eingegangen ist,
- ein unverlangtes Angebot des Lieferanten Cheung Yuk Kee Garment Fty Ltd., Manufacturer, Wholesaler & Exporter of ladies' & men's clothing aus Hongkong über Röcke (mit Gehschlitz und Knopfschlingenverschluss; aus 55% Polyester/45% Schurwolle; Futter: 100% Polyester; Länge mit Bund ca. 70 cm, ab Gr. 44 ca. 75 cm. Schwarz; Preis 178,00 €), das Frau Altmann aber zunächst in eine separate Vorlagemappe legt, da nach den Erfahrungen der Fairtext GmbH diese angebotene Ware weder in der Qualität noch im Preis von den Kunden verlangt wird,
- eine Rechnung des Deutschen Fachverlags, Herausgeber der Fachzeitschrift Textilwirtschaft, in der die Fairtext GmbH eine Werbeanzeige über ihr derzeitiges Sortiment veröffentlicht hatte,
- eine weitere Rechnung der Firma management office über Schulungsgebühren zum Thema „Verkaufen heißt überzeugen", zu dem Geschäftsführerin Strobel ihren Reisenden Herrn König im April für 10 Tage geschickt hatte.

Frau Altmann bei ihrer Arbeit

Mitunter wird behauptet, der Handel verlängere nur die Warenwege vom Produzenten zum Konsumenten, verteuere daher die Waren unnötig und sei deshalb überflüssig.

1. Sammeln Sie Argumente, die dieser These widersprechen.
2. Erläutern Sie, welche Stellung die Fairtext GmbH im Versorgungssystem „Leistungsaustausch" einnimmt.
3. Nennen Sie Aufgaben, die die Fairtext GmbH in einer arbeitsteiligen Wirtschaft übernimmt.

INFORMATIONEN

Bedeutung der Handelsbetriebe in der Wirtschaft

Die Wirtschaft eines Landes ist nicht nur konjunkturellen und saisonalen Einflüssen ausgesetzt, sondern unterliegt auch einem ständigen Strukturwandel. Im Zeitablauf können bestimmte Branchen wachsen, z.B. Unternehmen in der Elektronikindustrie Anfang der 1990er-Jahre und im Bereich der Telekommunikation Ende der 1990er-Jahre bzw. Anfang des neuen Jahrhunderts, oder auch schrumpfen, wie beispielsweise die Automobilindustrie Mitte der 1990er-Jahre.

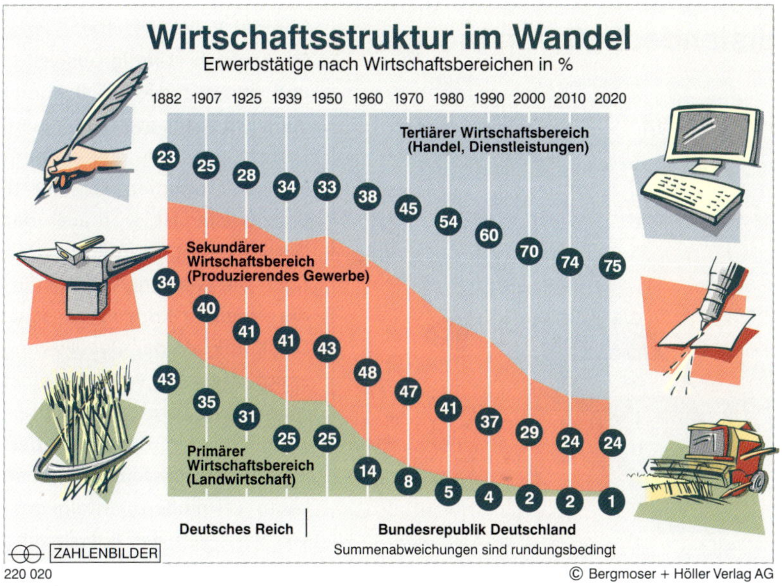

Die Entwicklung zeigt eine Verlagerung der Produktion und Beschäftigung vom **primären Wirtschaftssektor** (Land- und Forstwirtschaft, Fischerei und Bergbau) und dem **sekundären Sektor** (Sachgüterproduktion in Handwerk und Industrie) immer stärker zum **tertiären Bereich** (Handel und Dienstleistungen).

Dieses Grundmuster des Wandels der Beschäftigungsstruktur setzte sich langfristig auch in Deutschland durch.

Diese strukturellen Veränderungen innerhalb der Wirtschaft sind ursächlich zurückzuführen auf das Wirtschaftswachstum (= Anstieg des Bruttoinlandsprodukts).

BEISPIELE FÜR URSACHEN DES WIRTSCHAFTSWACHSTUMS

- Substitution (= Austausch) des Produktionsfaktors Arbeit durch den Produktionsfaktor Kapital, wie z. B. durch Maschinen und maschinelle Anlagen
- Bevölkerungswachstum und veränderte Bevölkerungsstruktur
- technischer Fortschritt
- verbesserte Ausbildung der Arbeitskräfte
- außenwirtschaftliche Verflechtung
- veränderte Einkommensverteilung und -verwendung

Aus dem Wachstum der Wirtschaft ergeben sich:
- veränderte Produktionsverfahren und
- ein verändertes Nachfrageverhalten der Verbraucher (Bedarfsstruktur).

Für den nachfragebedingten **Wandel** innerhalb der Volkswirtschaft können verantwortlich sein:
- die Bevölkerungsentwicklung
- der Wandel der Haushaltsstruktur
- die Entwicklung neuer Güter
- die Veränderung im Konsumverhalten

Die wachstumsbedingten Veränderungen der Produktions- und Bedarfsstruktur haben das Entstehen und Schrumpfen einzelner Wirtschaftsbereiche zur Folge.

Die Wandlungen im Erwerbsleben, die den Industrialisierungsprozess in Deutschland seit dem 19. Jahrhundert begleitet hatten, setzten sich in der Bundesrepublik nach dem Zweiten Weltkrieg in hohem Tempo fort. Der Bergbau und die „neuen Industrien" wie die Textil- und Bekleidungsindustrie, die elektrotechnische Industrie, die Chemie, der Fahrzeugbau und der Maschinenbau waren die großen Arbeitgeber der ersten Hälfte des 20. Jahrhunderts.

Im weiteren Verlauf der wirtschaftlichen Entwicklung verlagerte sich dann der Schwerpunkt der Beschäftigung in den Wirtschaftsbereich „Dienstleistungen, Handel und Verkehr". Dieser tertiäre Bereich der Wirtschaft hatte einerseits eine immer größer werdende Nachfrage zu befriedigen, verfügte andererseits aber nur über begrenzte Rationalisierungsmöglichkeiten. Gleichzeitig verloren der primäre und sekundäre Sektor an Bedeutung: Beides sind Wirtschaftsbereiche mit großen Produktionsfortschritten, aber bezogen auf die Gesamtbeschäftigung lediglich mäßiger Absatzentwicklung. Der Fortschritt der industriellen Produktivität und der weltweite Wettbewerb kostengünstigerer Produktionsstandorte haben die einst bedeutenden Industriebereiche erfasst. Die Industrie geht den Weg der Landwirtschaft: Der Ausstoß steigt, aber die Arbeitsplätze verringern sich.

Gegen Ende der 1960er-Jahre war fast jeder zweite westdeutsche Erwerbstätige im produzierenden Gewerbe beschäftigt. Zuletzt hatte das produzierende Gewerbe einen Erwerbstätigenanteil von rund 35 % – Handel und Verkehr, Dienstleistungsunternehmen, Staat und private Haushalte kamen hingegen auf fast 62 %.

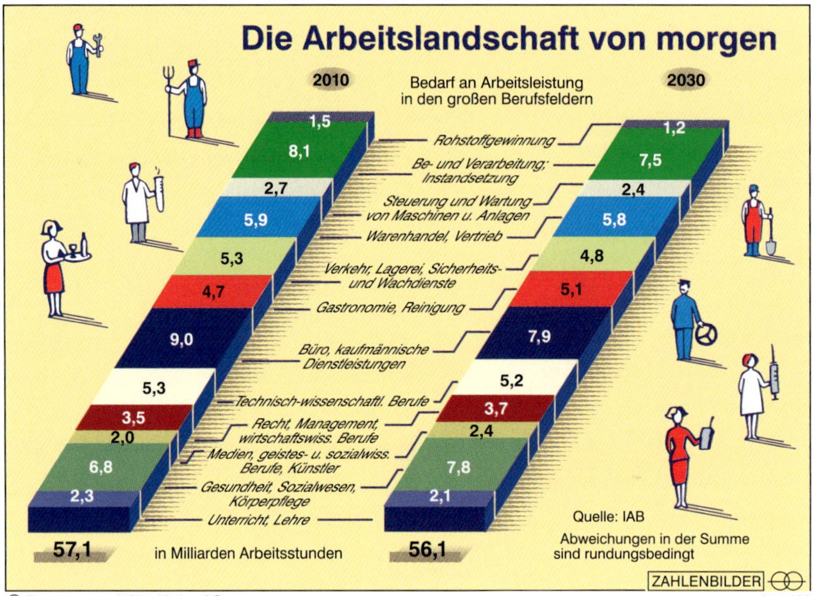

© Bergmoser + Höller Verlag AG 247 133

In einer Volkswirtschaft, deren Märkte sich ständig ausweiten und deren Zweige sich immer mehr spezialisieren, in einem Europa, in dem eine zunehmende Integration der Märkte festzustellen ist, wird auch das Güterangebot ständig vielfältiger. Die Werbung weckt ständig neue Konsumwünsche. Die Kaufkraft der Bevölkerung steigt. Deshalb werden selbst rationellere Formen der Güterverteilung den Personalbedarf in den Dienstleistungsbetrieben kaum vermindern. Infolgedessen wird sich der Aufschwung im tertiären Wirtschaftsbereich weiter verstärken.

Dass sich die Beschäftigung immer mehr in diesen Sektor verlagert, hat verschiedene Ursachen:

- Neue, „intelligente" Dienste (z. B. Forschung und Entwicklung, Softwareproduktion, Finanzdienstleistungen, Information) nehmen einen immer breiteren Platz im Wirtschaftsleben ein.
- Dienstleistungsfunktionen werden aus dem produzierenden Sektor ausgegliedert und verselbstständigt.
- Mit zunehmendem Wohlstand wächst die Nachfrage der Bevölkerung nach Dienstleistungen, die früher nur von den besonders begüterten Schichten der Gesellschaft in Anspruch genommen werden konnten (z. B. im Tourismussektor).
- Und anders als in Industrie und Landwirtschaft lässt sich die Produktivität in vielen Dienstleistungsbereichen nur in begrenztem Umfang steigern. Die wachsende Nachfrage erfordert also den Einsatz zusätzlicher Arbeitskräfte.

Stellung der Handelsunternehmen in der Wirtschaft

Handel und Verkehr stellen die notwendigen Verbindungen zwischen Industrie und Handwerk (Leistungserstellung) einerseits und den Haushalten (Leistungsverwertung) mit ihren immer differenzierter werdenden Ansprüchen andererseits her.

Die Betriebe der **Urproduktion** schaffen die Voraussetzungen für die Produktion. Die nachgelagerten Betriebe, wie z. B. die des Maschinen- und Fahrzeugbaus, des Textilgewerbes, der Leder- und Mineralölverarbeitung, des Nahrungs- und Genussmittelgewerbes, der Elektrotechnik, des Stahlbaus oder des Handwerks werden der **Weiterverarbeitung** zugerechnet. Auf dieser Stufe geschieht die eigentliche Herstellung der Güter.

Zum Endverbraucher gelangen die Wirtschaftsgüter über den Groß-, Außen- und Einzelhandel. Auf dieser dritten Stufe werden die Güter verteilt.

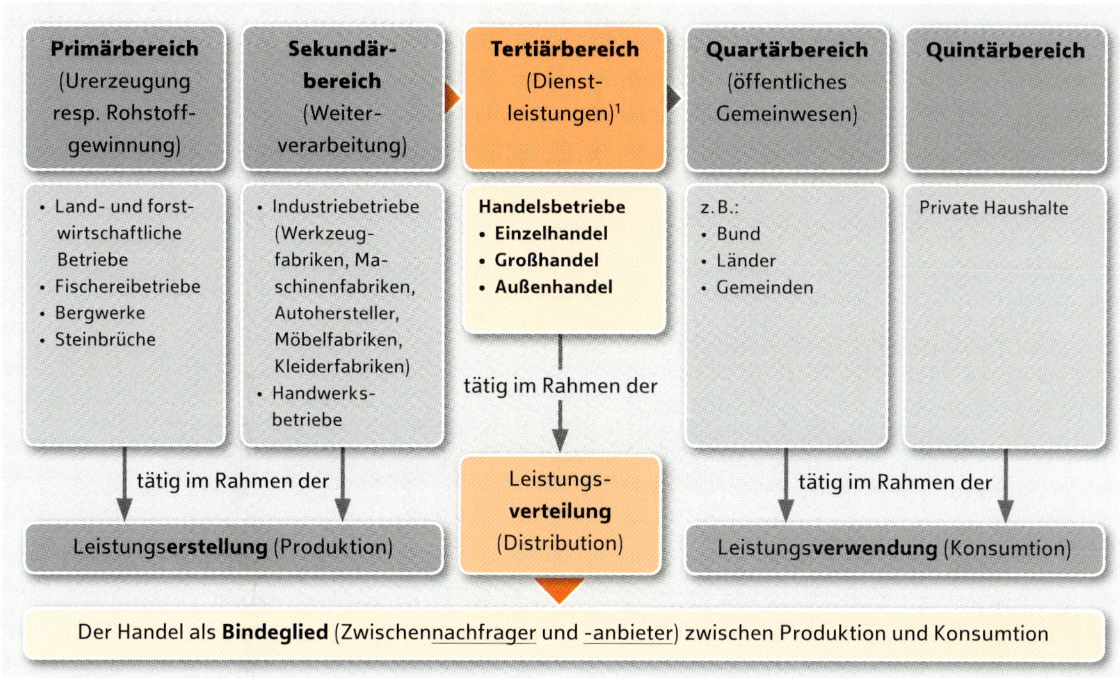

Die Verteilung **(Distribution)** kann als die Hauptleistung des Handels angesehen werden.

Darin besteht auch seine volkswirtschaftliche Bedeutung, denn

- der Verbraucher kann nicht sämtliche Waren direkt beim Hersteller beziehen (der Handel schafft die Ware herbei und bietet sie in bedarfsgerechten Sortimenten jederzeit in der verlangten Menge und Qualität an) und
- der Hersteller kann nicht sämtliche Waren direkt absetzen (der Handel nimmt den Herstellungsbetrieben eine große Zahl von Aufgaben im Absatzbereich ab, sodass sie sich auf ihre produktionswirtschaftlichen Aufgaben konzentrieren können).

Grundsätzlich kann ein Hersteller seine Güter auf dem direkten oder indirekten Absatzweg vertreiben.

- Beim **indirekten Absatzweg** werden zwischen Herstellung und Verbrauch Handelsbetriebe eingeschaltet, die dem Hersteller mit ihrem Verteilungs- und Dienstleistungsangebot auf der Absatzseite viele Aufgaben abnehmen.
- Beim **direkten Absatzweg** verkauft der Produktionsbetrieb unmittelbar, d.h. ohne die Zwischenschaltung des Handels, an den Endverbraucher, z.B. bei Autos oder Blumen, Eiern und Gemüse.

Der direkte Absatzweg ist nur dann möglich, wenn die Spannungen zwischen Herstellung und Verbrauch möglichst niedrig sind. Bestehen z.B. große räumliche und zeitliche Unterschiede, so würde das eine große Lagerhaltung des Produzenten notwendig machen. Lagerhaltung und die Einrichtung einer eigenen Absatzorganisation (z.B. Versandabteilungen, Auslieferungslager, Werksniederlassungen, eigene Verkaufsgeschäfte und/oder Reisende) wiederum erfordern den Einsatz von mehr Kapital. Andererseits bietet der direkte Absatzweg den Vorteil des engen Kontakts zwischen Hersteller und Kunde.

Der Handel lässt sich in Einzelhandel und Großhandel unterscheiden: Der **Einzelhandel** verkauft Waren, die er in großen bis mittleren Mengen beim Großhandel oder Hersteller einkauft, unmittelbar an den Endverbraucher weiter. Einzelhandel ist ein B2C-Geschäft.[3]

DEFINITION

Als **Großhandel** bezeichnet man Handelsunternehmen, die Ware ohne wesentliche Veränderungen[2] an gewerbliche Nutzer/Weiterverarbeiter (Handwerks- und Industriebetriebe), Großabnehmer (z.B. Krankenhäuser, Behörden, Werksküchen, Hotellerie) oder Wiederverkäufer (Groß-, Einzelhandels- und Handwerksbetriebe) weitergeben. Großhandel ist ein B2B-Geschäft.[3]

1 Zu den Dienstleistungsbetrieben gehören: • Handelsbetriebe, • Verkehrsbetriebe, • Dienstleistungsbetriebe i.e.S. wie Kreditinstitute, Postbank, Beratungsbetriebe (Rechtsanwälte, Steuerberater, Unternehmensberater, Werbeagenturen)

2 Sortieren, Abfüllen, Veredeln, Umpacken usw. gehören zu den üblichen Handelstätigkeiten und gelten **nicht als wesentliche Veränderung.**

3 B2B = Business to Business; B2C = Business to Consumer

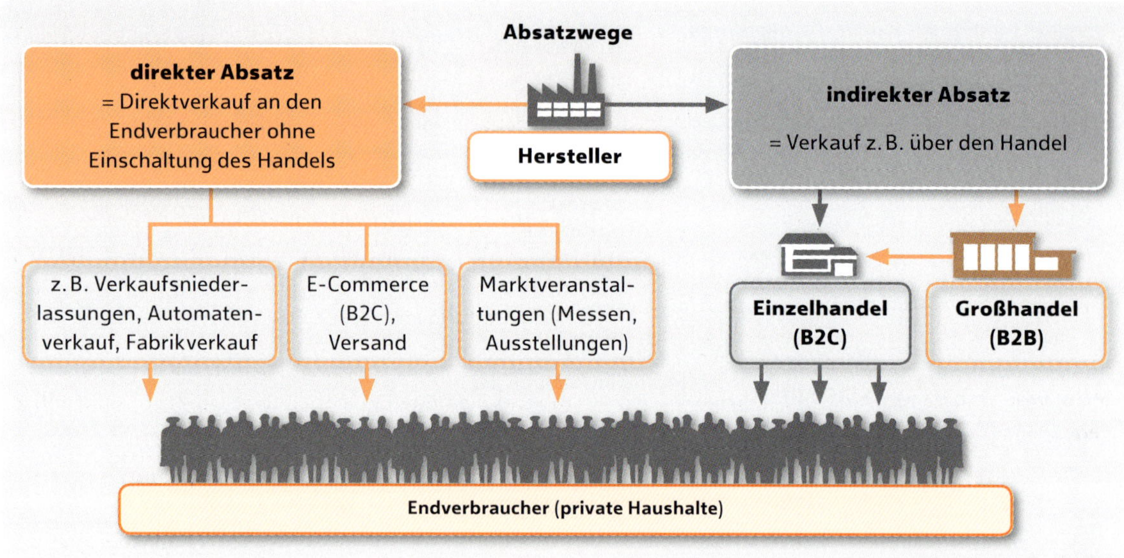

Wie viele Handelsunternehmen zwischen Urproduktion und Endverbraucher eingeschaltet sind, ist davon abhängig, welche Dienste der Handel dem Hersteller beim Absatz bieten kann. Der Hersteller wird stets prüfen müssen, welche Kosten ihm bei der Wahl des direkten Absatzweges entstehen und mit welchen Teilen dieser Kosten ihn die Handelsunternehmen entlasten können. Während Einzelhandelsunternehmen nur am Ende der Absatzkette[1] erscheinen, sind Großhandelsunternehmen auf allen Stufen zwischen Urerzeugung und Leistungsverwendung tätig (mit Ausnahme der Stellung unmittelbar vor der Endverwendung durch die Haushalte), sodass es „die" Stellung des Großhandels in der Wirtschaft nicht geben kann.

Das wird deutlich, wenn man die Stellung der unterschiedlichen Großhandelsunternehmen in der „Stufenfolge in der Güterveredlung" betrachtet (siehe Bild).

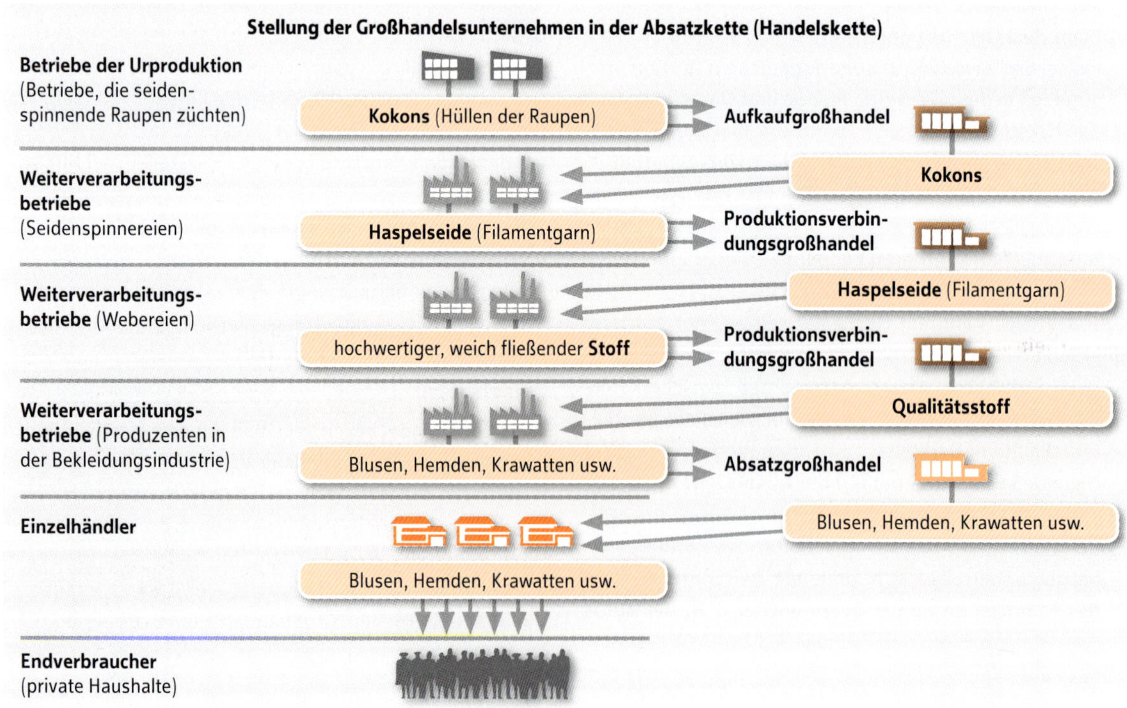

1 Die Stufen, die ein Produkt von der Urproduktion bis zur Verwendung durch den Endverbraucher durchläuft, werden unter der Bezeichnung „Absatzkette" zusammengefasst.

Arten des Großhandels

Nach ihrer Stellung im Wirtschaftsablauf (bzw. nach der Stufenfolge in der Güterveredelung) können folgende Arten des Großhandels unterschieden werden:

1. Aufkaufgroßhandel

DEFINITION

Der **Aufkaufgroßhandel** kauft von verschiedenen Herstellern Wirtschaftsgüter in **kleinen Mengen**, die gesammelt, umsortiert und anschließend in **größeren Mengen** an ein oder wenige Unternehmen der Weiterverarbeitung verkauft werden.

Diese Wirtschaftsgüter können sein:

- land- und forstwirtschaftliche Produkte (z.B. Holz, Eier, Gemüse, Milch, Obst, Getreide, Vieh, Kartoffeln, Häute, Wolle),
- Rohstoffe (z.B. Erze, Kohle) und
- Altmaterial (z.B. Altpapier, Schrott, Altglas, Industrieabfälle, Lumpen).

BEISPIEL

Viele kleine Obstbauern verkaufen ihre jeweils geringen Apfelernten an einen Aufkaufgroßhändler, der sie in größeren Mengen an einen Apfelsafthersteller weiterverkauft.

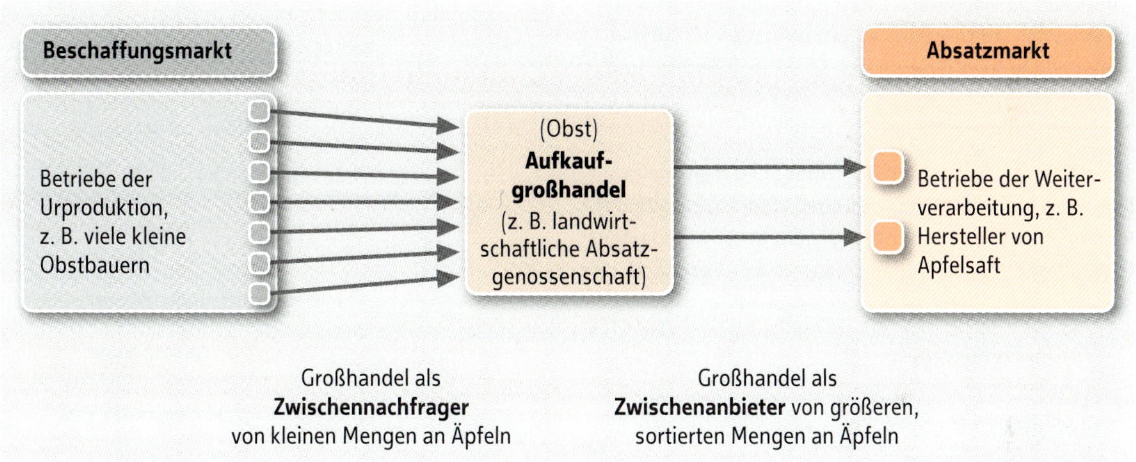

2. Produktionsverbindungsgroßhandel

DEFINITION

Der **Produktionsverbindungsgroßhandel** ist als Mittler zwischen den verschiedenen aufeinanderfolgenden Stufen der gewerblichen Wirtschaft (Weiterverarbeitungsbetriebe) tätig: Er kauft Erzeugnisse von Produzenten und verkauft sie weiter an Produzenten der nachfolgenden Produktionsstufe.

Ein Unternehmen wird dem Produktionsverbindungshandel zugerechnet, wenn weniger als die Hälfte des Großhandelsumsatzes auf Geschäfte mit dem inländischen Einzelhandel entfällt.

56% aller Großhandelsunternehmen sind nach dem Schwerpunkt ihrer Tätigkeit dem Produktionsverbindungsgroßhandel zuzuordnen.

Sie handeln in erster Linie mit Halb und Fertigerzeugnissen (z.B. Garne, Beschläge, Maschinenteile, Baustoffe, Tabak, Bleche, Schrauben, Werkzeuge), die sie als Zwischennachfrager in größeren Mengen vornehmlich von Industriebetrieben beziehen und an andere Industriebetriebe, aber auch Handelsbetriebe der nachgelagerten Produktionsstufe wieder verkaufen.

Werden die Produkte auf Anweisung des Produktionsverbindungsgroßhändlers vom Hersteller direkt an den Abnehmer geschickt, so spricht man von einem **Streckengeschäft**[1].

1 Zum Streckengeschäft siehe auch Ausführungen im Bd. 1, Kap. 1.15 und Bd. 2, Kap. 5.2.

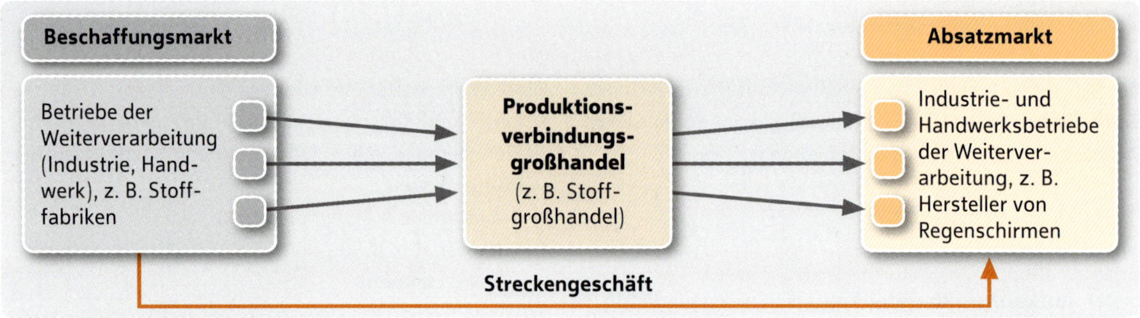

3. Absatzgroßhandel (Konsumgütergroßhandel)

DEFINITION

Der **Absatzgroßhandel** bezieht Güter in **größeren Mengen** von den Herstellern, gruppiert sie kundengerecht zu **kleineren Mengen** um und verkauft sie anschließend überwiegend an Einzelhändler und Handwerksbetriebe.

Typische Absatzgroßhändler sind Lebensmittelgroßhandlungen, Textilgroßhandlungen, Getränkegroßhandlungen, Eisenwarengroßhandlungen. Wenn mindestens die Hälfte des Großhandelsumsatzes auf Geschäfte mit dem inländischen Einzelhandel entfällt, wird ein Konsumgütergroßhändler dem Konsumtionsverbindungshandel zugerechnet. Der Konsumtionsverbindungshandel kann also als der klassische Großhandel bezeichnet werden, der traditionellerweise den Einzelhandel mit Konsumgütern beliefert, also in der Kette Hersteller → Großhandel → Einzelhandel steht.

BEISPIEL

Ein Produzent von Kugelschreibern stellt täglich Zehntausende seiner Stifte her. Ein Verbraucher wird davon höchstwahrscheinlich nur einen benötigen und den dann darüber hinaus noch über einen längeren Zeitraum benutzen.

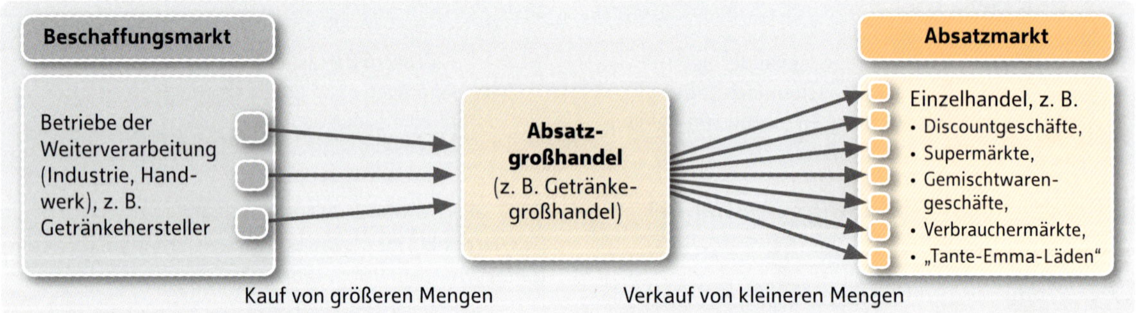

Aufgaben des Großhandels

Der Großhandel hat als Vermittler zwischen den einzelnen Herstellern sowie zwischen Herstellern und Endverbrauchern eine Reihe von Aufgaben zu erfüllen:

1. Raumüberbrückung (Transport)

Der Großhändler nimmt – zusammen mit dem Einzelhändler – dem Hersteller die Aufgabe ab, die Waren an den Endverbraucher abzusetzen. Er bringt die betreffende Ware unmittelbar an den Wohnort des Verbrauchers und überbrückt damit die räumliche Entfernung zwischen Hersteller und Konsument.

BEISPIELE

Frau Staudt, Sachbearbeiterin in der Fairtext GmbH, die gern italienische Schuhe trägt, braucht nicht erst beim Schuhhersteller in Mailand zu bestellen. Sie kann ihre Schuhe in Hannover, etliche Hundert Kilometer von Mailand entfernt, kaufen, weil Groß- und Einzelhändler italienische Schuhe dort anbieten, wo sie nachgefragt werden.

Weitere Beispiele:
- Kabeljau direkt von der Küste nach Magdeburg
- Käse und Wein aus Frankreich
- Bananen und Kaffee aus Südamerika
- Aprikosen aus Griechenland
- Tomaten aus Holland

Insofern verringert der Großhandel die Anzahl der Schnittstellen zwischen Hersteller und Endabnehmer, indem er jeden Anbieter mit vielen Abnehmern verbindet. Dadurch trägt er zur Effizienzsteigerung und Kostensenkung innerhalb der Wertschöpfungskette bei.

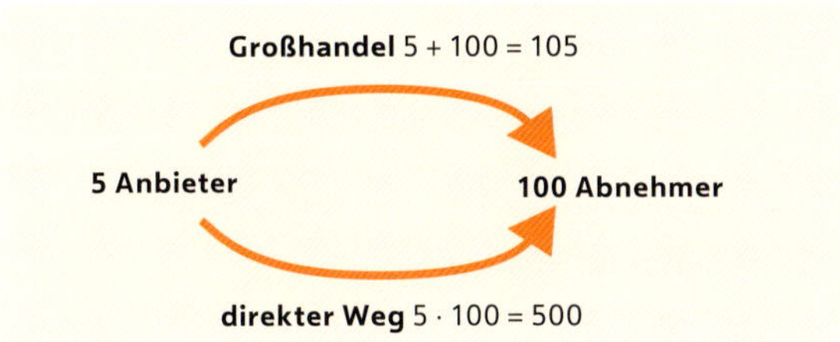

Vorteile für den Hersteller:
Er hat geschäftlich nur noch mit einer begrenzten Zahl von Großhändlern zu tun und keinen direkten Kontakt mit einer unübersehbaren Zahl von Konsumenten. Die Großhändler wiederum haben Geschäftsbeziehungen mit einer überschaubaren Zahl von Einzelhändlern.

Das bedeutet:
- eine begrenzte Zahl von Großaufträgen für den Produzenten anstelle von vielen sehr kleinen Aufträgen;
- dadurch reduzierter Umfang der Vertriebsabteilung;
- Möglichkeit der produktionsmäßigen Vordisposition.

2. Lagerhaltung

Um ständig verkaufsbereit zu sein, muss der Händler bestimmte Warenmengen vorrätig haben. Die ständige Vorratshaltung macht es möglich, dass jeder Bedarf der Kunden jederzeit gedeckt werden kann, insbesondere bei Waren, bei denen Herstellung und Verwendung zeitlich nicht übereinstimmen.

BEISPIELE

- Der Verbrauch von Honig erfolgt das ganze Jahr über, obwohl er nur zu einer bestimmten Jahreszeit gewonnen werden kann.
- Die Herstellung von z.B. Mikrowellenherden oder Handys erfolgt gleichmäßig das ganze Jahr über, obwohl der Bedarf Schwankungen unterliegt.

In beiden Fällen überbrückt der Handel die Zeit zwischen Herstellung und Verbrauch durch Lagerung (**Zeitüberbrückung**).

3. Preisausgleich

Die Raumüberbrückungsfunktion ist auch mit der Preisausgleichsfunktion verbunden. In der Regel sind am Herstellungsort einer Ware deren Preise niedrig, weil das Angebot dort hoch ist. In anderen Regionen, wo das Angebot des betreffenden Gutes knapper ausfällt, ist der Preis relativ hoch.

BEISPIEL

Zur Zeit der Spargelernte würden die Preise für Spargel im niedersächsischen Raum stark fallen, während sie in einem Gebiet ohne Spargelanbau, z. B. im oberbayerischen Raum, hoch wären.
Dadurch, dass der Handel im Spargelanbaugebiet Spargel kauft, um ihn dort anzubieten, wo er knapp ist, nämlich im Süden Deutschlands, kommt es zu einem Preisausgleich. In der Nordregion fällt der Spargelpreis nicht mehr so stark bzw. steigt vielleicht sogar aufgrund der Nachfrage. Und dort, wo Spargel knapp ist, sinken die Preise für Spargel.

Dieser Ausgleichsprozess kann sich auch auf die Preisbildung konkurrierender Unternehmen auswirken.

BEISPIEL

Bei überhöhten Spargelpreisen in Deutschland wird sich die Nachfrage stärker auf den qualitativ guten chinesischen Spargel konzentrieren. Preissenkungen beim deutschen Spargel wären die Folge.

4. Absatzfinanzierung (Kreditgewährung)

Von der Kreditfunktion des Handels spricht man, wenn der Handelsbetrieb z. B. Anzahlungen oder Vorauszahlungen an den Hersteller leistet, eigenen Kunden Zahlungsziele gewährt oder ihnen Kredite vermittelt, um seinen Umsatz zu steigern. Diese Maßnahmen helfen den Kunden, die Zeit zwischen Kauf und Zahlung zu überbrücken.

BEISPIEL FÜR EINEN LIEFERANTENKREDIT

Die Textilgroßhandlung Fairtext GmbH, Hannover, gewährt ihrem Kunden, dem Textileinzelhändler Bernd Krellwitz e. Kfm., ein Zahlungsziel von 60 Tagen zur Begleichung der Rechnung für bereits gelieferte Damenröcke. Zahlt der Kunde innerhalb von 10 Tagen nach Rechnungsstellung, erhält er 2 % Skonto.

Der **Warenkreditierung** als absatzpolitisches Instrument des Großhandels kommt nach wie vor hohe Bedeutung zu. Durch Gewährung finanzieller Nebenleistungen werden Präferenzen geschaffen und Kunden an das Unternehmen gebunden. Auch die Gewährung langfristiger Investitionskredite an Abnehmer zur Sicherung des Absatzpotenzials wird künftig in einzelnen Branchen von Bedeutung sein, z. B. die Entwicklungskredite des Getränkefachgroßhandels an Gastronomen.

Außerhalb der üblichen Kaufpreisstundung gewähren die meisten Großhandelsunternehmen ihren Kunden zusätzliche Darlehen für

- die Einführung neuer Produkte,
- die Saisonfinanzierung,
- die Beschaffung einer neuen Geschäftseinrichtung,
- die Erstausstattung von Warenlagern.

Großhandelsunternehmen werden in Zukunft weiterhin im Finanzierungsgeschäft aktiv bleiben, u. U. in Kooperation mit Banken und Versicherungen.

Weitere Möglichkeiten der Absatzfinanzierung sind Factoring und Leasing.[1]

5. Mengenausgleich (Mengenumgruppierung)

Zwischen der **Produktions**menge einer Ware und der **Verbrauchs**menge bestehen meistens erhebliche Unterschiede. Der Handel übernimmt eine **mengenmäßige Umgruppierung**, um das auszugleichen (Ausgleichsfunktion).

- **sammelnder Großhandel**
  Der Großhändler kauft von vielen kleinen Unternehmen kleine Mengen auf und verkauft die Gesamtmenge an ein Unternehmen weiter. Der **Sammelgroßhandel** ist häufig im ländlichen Bereich anzutreffen (siehe auch Aufkaufgroßhandel).
- **verteilender (distribuierender) Großhandel**
  Hierbei kauft der Großhändler von einem Hersteller große Mengen und gruppiert sie kundengerecht zu kleinen Mengen um.
  Der verteilende Handel ist typisch bei industrieller Massenproduktion, insbesondere von Konsumgütern, die vom einzelnen Endverbraucher nur in kleinen Mengen benötigt werden (siehe Absatzgroßhandel).

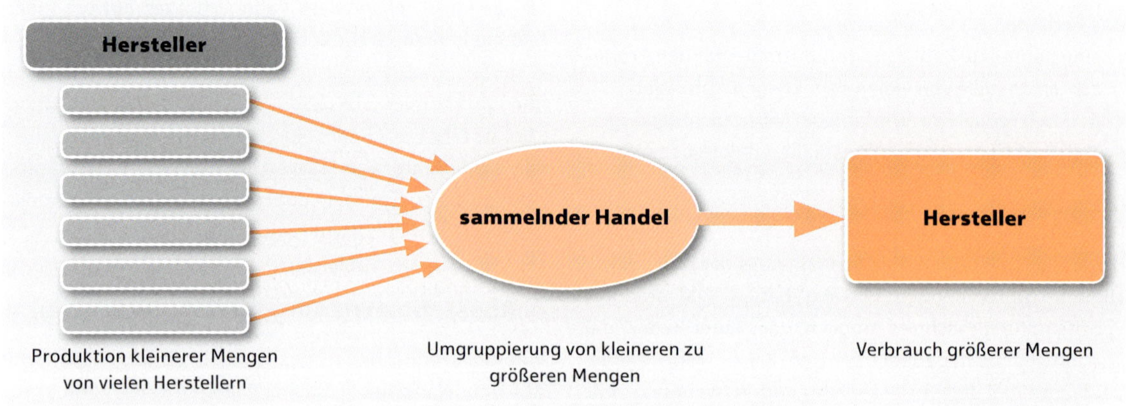

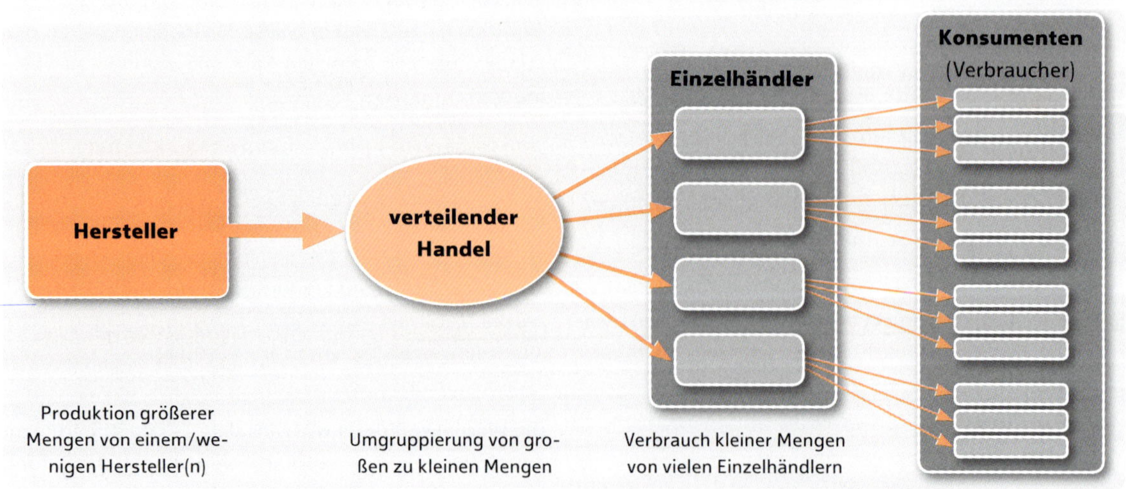

1 Siehe „Groß im Handel – 2. Ausbildungsjahr", Kap. 8.9

6. Sortimentsbildung

Aus den vielfältigen Angeboten der Lieferanten wählt der Großhändler für seine Kunden die entsprechenden Güter aus und stellt ein bedarfsgerechtes Angebot zusammen. Die Kunden finden daher im Handel eine Vielzahl von Waren, die sich nach Art, Güte und Ausführung unterscheiden. Er führt aber auch gleiche Waren verschiedener Hersteller. Die Kunden haben die Möglichkeit, die Angebote zu vergleichen und zu prüfen.

DEFINITION

Sortiment = die Gesamtheit der in einem Großhandelsunternehmen regelmäßig zum Verkauf angebotenen Waren und Dienstleistungen.

Hat der Händler **neue** Warengruppen in sein Sortiment aufgenommen, die nicht miteinander verwandt sind, so spricht man von **Diversifikation**. Es bedeutet eine Ausweitung des Warensortiments zum Zweck der Risikostreuung und Wachstumssicherung.

BEISPIELE

- Ein Lebensmittelgroßhändler nimmt zusätzlich Topfpflanzen in sein Sortiment auf.
- Ein Weingroßhändler hat Weingläser und -krüge neu in seinem Angebot.
- Eine Textilgroßhandlung hält seit Neuestem auch Schuhe für ihre Kunden bereit.
- Ein Großhändler weitet sein Sortiment aus: Neben Herstellermarken führt er zukünftig auch Handelsmarken.

7. Qualitätsausgleich (Warenmanipulation)

Häufig ist es der Handel, der die Waren erst bedarfsgerecht auf den Markt bringt. Das geschieht, indem er bestimmte Waren

- mischt, z.B. Bonbons, Tabak, Tee;
- sortiert, z.B. Eier, Obst, Gemüse, Kartoffeln;
- veredelt, z.B. Lagerung von Obst oder Wein bis zur Reife.

8. Kundendienst (Servicefunktion)

Der Kundendienst macht häufig den Verkauf einer Ware erst möglich. **Serviceleistungen**, die mit der Ware und dem Verkauf zusammenhängen, zeigt die Übersicht.

Gliederung der Serviceleistungen

Gruppen von Serviceleistungen / Arten von Serviceleistungen	produktbezogene Serviceleistungen		kundenbezogene Serviceleistungen	
	zur **Verbesserung der Gebrauchsfähigkeit und zur Ermöglichung der Ingebrauchnahme**	zur **Erhaltung der Gebrauchsfähigkeit**	zur **Erleichterung der Beschaffungsfähigkeit**	zur **Steigerung der Leistungsfähigkeit**
nichttechnische Serviceleistungen	• Produktinformation • Produktberatung • Manipulation • Zustellung • Umtausch	• Pflegedienst • Änderung • Reparatur • Ersatzteilhaltung	• Erleichterung der Auftragserteilung • Erleichterung der Auftragsabwicklung • Erleichterung der kaufbegleitenden Umstände	• Schulung • Betriebsberatung • Unterstützung der Betriebsprozesse • Kreditgewährung • Kulanz bei der Rücknahme von Waren
technische Serviceleistungen	• Unterweisung im Gebrauch • Installation	• Inspektion • Wartung • Reparatur • Ersatzteilhaltung • Stellung von Ersatzgeräten		

9. Markterschließung

Die Probleme der Hersteller beginnen am Ende des Fließbandes, dort, wo die Waren abgesetzt werden müssen. Der Großhandel trägt zur Lösung des Problems bei, die Herstellung mit der Nachfrage in Übereinstimmung zu bringen.

Da er die Wünsche und Vorstellungen seiner Kunden kennt, kann er dem Hersteller helfen, die richtigen Absatzmärkte zu finden und zu erschließen. Seiner Marktkenntnis ist es letztlich zu verdanken, wenn der Hersteller über Nachfrage- und Bedarfsverschiebungen rechtzeitig informiert wird und Absatzmöglichkeiten für neue Waren geschaffen werden. Maßnahmen: Durchführung von Hausmessen, Eröffnung von weiteren Niederlassungen, Onlineshop usw.

Diese Funktion wird mit dem zunehmenden Wunsch der Verbraucher nach maßgeschneiderten Produkten immer bedeutsamer.

10. Kundenberatung (Servicefunktion)

Der Handelsbetrieb vergrößert durch persönliche Beratung die Marktübersicht, die dem Kunden bei der Vielzahl der angebotenen Waren fehlt, und erleichtert ihm dadurch die Kaufentscheidung.

Beratung ist unerlässlich beim Verkauf z. B. von komplizierten technischen Geräten wie Personal Computern, Digitalkameras u. Ä. m.

Fachgerechte Beratung und Information über Beschaffenheit, Pflege und Bedienung tragen zur Umsatzsteigerung bei.

Beratung findet auch gegenüber dem Lieferanten statt. Dank seiner Marktnähe und breiten Produkterfahrung gibt der Großhändler bei der **Produktgestaltung** oft wichtige Impulse.

11. Sonstige Aufgaben

- **Verkaufsförderung**

  BEISPIELE

  - Schulung des im Einzelhandel tätigen Verkaufspersonals
  - Bereitstellung von Displaymaterial, von werbewirksamen Ständern oder Schütten, Regalstoppern und -aufklebern

- **Ladengestaltung**
  Abhängig vom Sortiment und dem Kundenkreis im Einzugsgebiet des Großhändlers kann die Ausstattung der Geschäftsräume (showrooms) schlicht und zweckmäßig sein oder gehobenen oder luxuriösen Ansprüchen genügen. Durch eine individuell gestaltete Ausstattung kann man sich von der Konkurrenz abheben, besondere Aufmerksamkeit beim Kunden erzielen und dadurch die eigenen Absatzmöglichkeiten – soweit sie im Rahmen der geschäftlichen Tätigkeiten des Großhändlers an dieser Stelle von Bedeutung sind – verbessern.

- **Logistik**
  Der Großhandel ist auch Logistikmanager. Die Steuerung und das Timing der Informations- und Warenflüsse zwischen Lieferanten und Abnehmern (Supply-Chain-Management) sowie die Organisation von Transporten gehören zu den Kernaufgaben des Großhandels.
  Beispiele für Supply-Chains sind etwa die Lieferketten der Automobilindustrie oder die textile Wertschöpfungskette. Im Extrem kann die Supply-Chain dabei von der Rohstoffgewinnung bis zum Recycling (manchmal auch der Entsorgung) von Altprodukten reichen.

- **Innovationsträger**
  Aufgrund seiner Stellung in der Absatzkette spürt der Großhandel als einer der Ersten sowohl den Wandel von Kundenpräferenzen auf der Abnehmerseite als auch die Veränderungen bei den Herstellern durch deren Produktmodifikationen bzw. -innovationen.
  An der Markteinführung dieser neu entwickelten Produkte ist daher der Großhandel maßgeblich beteiligt. Aufgrund seiner Hilfestellung bei der Umsetzung der Innovation über die Produktion zum Kunden fungiert er als Mittler zwischen etablierten Produkten und Technologien einerseits und der fortschreitenden Modernisierung andererseits.

203153104

In Zukunft wird der Großhandel ...

„... der **persönlichen Kundenbeziehung** einen noch höheren Stellenwert einräumen.“

„... den **E-Commerce** ausbauen müssen, um zu bestehen.“

„... zum **Global Player** werden.“

„... eine **breitere Produktvielfalt** anbieten und dabei vor allem Markenprodukte fokussieren.“

„... die **verschiedenen** Vertriebskanäle bedienen.“

Quelle: ECC Köln: Die Zukunft des Handels – Einzelhandel, Großhandel und Handelsvermittler. Köln: Juli 2014, S. 34.

AUFGABEN

1. „... und verkauft sie in kleineren Mengen überwiegend an Einzelhändler weiter.“ Wie muss der erste Teil dieses Satzes lauten, der die Tätigkeit eines bestimmten Großhändlers beschreiben will?
2. Beschreiben Sie die Stellung und die Bedeutung von Handelsbetrieben in der Gesamtwirtschaft.
3. a) Was verstehen Sie unter indirektem Absatz?
   b) Was wird die Elegantia Textil GmbH, Lübeck, Hersteller von Damenoberbekleidung und Lieferant der Fairtext GmbH, dazu veranlasst haben, den indirekten Absatzweg für ihre Textilerzeugnisse zu wählen?
4. Warum zählt man den Großhandel zu den Dienstleistungsbetrieben?
5. Erklären Sie die Aufgaben des Handels am Beispiel Ihres Ausbildungsunternehmens. Beschreiben Sie möglichst genau, ob und wie das Unternehmen die einzelnen Aufgaben erfüllt.
6. Nennen Sie verschiedene Leistungen eines Großhandelsunternehmens, die zu den Serviceleistungen zählen.
7. Worin besteht die „Markterschließungsaufgabe“ des Großhandels?
8. Welche Unternehmen sind aus den Produktionsstufen Urproduktion, Weiterverarbeitung und Dienstleistungen an der Herstellung und dem Verkauf folgender Güter beteiligt:
   a) Wollpullover, c) Automobil,
   b) Wohnzimmerschrank, d) Bleistift?
   Betrachten Sie bei Ihren Überlegungen die Stellung der Großhandelsbetriebe differenziert nach dem Kriterium „Stufenfolge in der Güterveredelung“.
9. Welche Auswirkungen hätte es für
   a) die Hersteller und b) die Verbraucher,
   wenn es in der Volkswirtschaft keine Handelsbetriebe gäbe?
10. Welche Aufgabe übernimmt der Sportfachhandel aufgrund der Tatsache, dass seine Vorausbestellungen es den Herstellern möglich machen, z. B. Alpinski während des gesamten Jahres herzustellen?
11. a) Nennen Sie das Ziel der Absatzfinanzierung.
    b) Begründen Sie, warum die Gewährung eines Lieferantenkredits zur Absatzfinanzierung zählt.

AKTIONEN

1. Lesen Sie den Text zum Kapitel „Stellung und Aufgaben des Großhandels". Arbeiten Sie zu den Aufgaben des Großhandels ein maximal zehnminütiges Kurzreferat aus und tragen Sie es vor der Klasse überwiegend frei vor.

   Orientieren Sie sich an der folgenden Schrittfolge:

   A. Text lesen und verstehen

   Erstes Lesen: einen Überblick über den Text gewinnen

   Fragen an den Text richten: grundlegende Informationen herausfiltern (Wer? Wann? Wie? Warum? Wo?)

   Zweites Lesen: den gedanklichen Aufbau des Textes verstehen (auf Schlüsselwörter und Kernaussagen besonders achten)

   Notizen machen: das Verstandene mit eigenen Worten zusammenfassen. Notieren Sie auf einer Karteikarte die wichtigsten Stichwörter aus dem Sachtext des Lehrbuches. Die Karteikarte soll dann die Vorlage für den Vortrag sein.

   Wiederholen: das Erarbeitete zusammenführen und behalten

   B. Ergebnis präsentieren

   Ihr Vortrag sollte lediglich mithilfe der Stichworte auf der/den Karteikarte(n) erfolgen.

   Beachten Sie:

   - In vollständigen, einfachen und kurzen Sätzen sprechen und nicht zu viele Informationen präsentieren! Jeden Gedanken daraufhin überprüfen, ob er für das Kurzreferat notwendig ist.
   - Klare Strukturierung des Gedankengangs. Beachten Sie die Regeln der Präsentation (Einleitung, Hauptteil, Schluss) und verlieren Sie nicht den „roten Faden" des Vortrags.
   - Ergebnisse visualisieren (z. B. eine Präsentationsfolie gestalten oder eine Gliederungsansicht für die Zuhörenden vorbereiten).
   - Blickkontakt zu den Zuhörern herstellen.

2. a) Entwickeln Sie in Gruppenarbeit mithilfe des Brainstormings einen Fragebogen zu der (möglichen) Fragestellung: „Welche Bedeutung haben für Sie die Großhandelsunternehmen in Ihrer Region?"
   - Der Fragebogen sollte nicht mehr als vier bis fünf Fragen enthalten.
   - Berücksichtigen Sie sowohl offene als auch geschlossene Fragestellungen.
   - Seien Sie darauf vorbereitet, dass Sie u. U. den Befragten mit Beispielen zu einigen ansässigen Großhandelsunternehmen helfen müssen.

   b) Führen Sie anschließend in der Innenstadt Ihres gewählten Ortes die Befragung bei den Passanten durch. Bei der Auswahl der Befragten sollten beide Geschlechter ausreichend repräsentiert sein und unterschiedliche Altersgruppen berücksichtigt werden.

   c) Werten Sie die gesammelten Aussagen aus und ordnen Sie sie nach selbst gewählten Gesichtspunkten.

   d) Bereiten Sie anschließend das Material für die Präsentation übersichtlich und leicht verständlich auf, z. B. mithilfe eines Diagramms.

   e) Stellen Sie die so strukturierten Ergebnisse dem Plenum vor. Eine zusammenfassende Würdigung Ihrer Untersuchung sollte am Schluss nicht vergessen werden.

203153106

ZUSAMMENFASSUNG

Bedeutung des Handels

- Die moderne Arbeitsteilung führte zur Entstehung des Handels.
- Handelsbetriebe sind Dienstleistungsbetriebe, deren Hauptleistung in der **Verteilung** (Distribution) der Waren zu sehen ist.
- Aufgrund wachstumsbedingter Veränderungen entstanden Einzel- und Großhandelsbetriebe. Sie sind das notwendige **Bindeglied** zwischen Industrie/Handwerk (Leistungs**erstellung**) und Haushalten (Leistungs**verwertung**).

Aufgaben des Handels

Aufgabe an der Ware

Zusammenstellen bedarfsgerechter Artikel zu Artikelgruppen und zu einem kundengerechten Verkaufsprogramm

durch

Sortimentsbildung

- Mengenausgleichsaufgabe
  Unterschiede zwischen der Produktionsmenge und der Verbrauchsmenge werden durch mengenmäßige Umgruppierung (Sammeln oder Verteilen) ausgeglichen.
- Qualitätsaufgabe
  Nicht bedarfsgerechte Waren werden aussortiert, sodass dem Kunden Qualitätsware angeboten werden kann (Manipulationsaufgabe).

Überbrückungsaufgabe

Raum und Zeit werden überbrückt

durch

- **Transport**
  Er überwindet den Raum zwischen Hersteller und Verbraucher.
- **Lagerhaltung**
  Sie überwindet die Zeit zwischen Herstellung und Verwendung.
  Ziel:
  Sicherstellung der Versorgung

fehlende Fähigkeit oder Bereitwilligkeit von Kunden, ein Gut zu kaufen, wird beseitigt

durch

Absatzfinanzierung (Kreditgewährung)

Sie dient dem Zweck, Verbrauch und Produktion zu ermöglichen, wenn sie sonst unterblieben wären.

Maßnahme:
Lieferantenkredite an Abnehmer über verlängerte Zahlungsziele

Vermittlungsaufgabe

zwischen Hersteller und Verbraucher

durch

- **Kundendienst und -beratung (Servicefunktion)**
  bezüglich der Ware gegenüber Kunden und Lieferanten
- **Markterschließung**
  Weitergabe von Kundenbedürfnissen an den Hersteller; Einführung neuer Artikel

ZUSAMMENFASSUNG

Die Stellung der Großhandelsunternehmen in der Absatzkette (Stufenfolge in der Güterveredelung)

Aufkaufgroßhandel (Sammelgroßhandel)
- kauft in kleinen Mengen von Betrieben der Urproduktion und verkauft in größeren Mengen an Weiterverarbeitungsbetriebe.

Produktionsverbindungsgroßhandel
- kauft und verkauft in größeren Mengen;
- ist Mittler zwischen zwei aufeinanderfolgenden Produktionsstufen

Absatzgroßhandel (Konsumgütergroßhandel)
- kauft in größeren Mengen von den Herstellern und verkauft in kleineren Mengen an Einzelhändler

Großhandelsdifferenzierungen nach Waren und Abnehmern

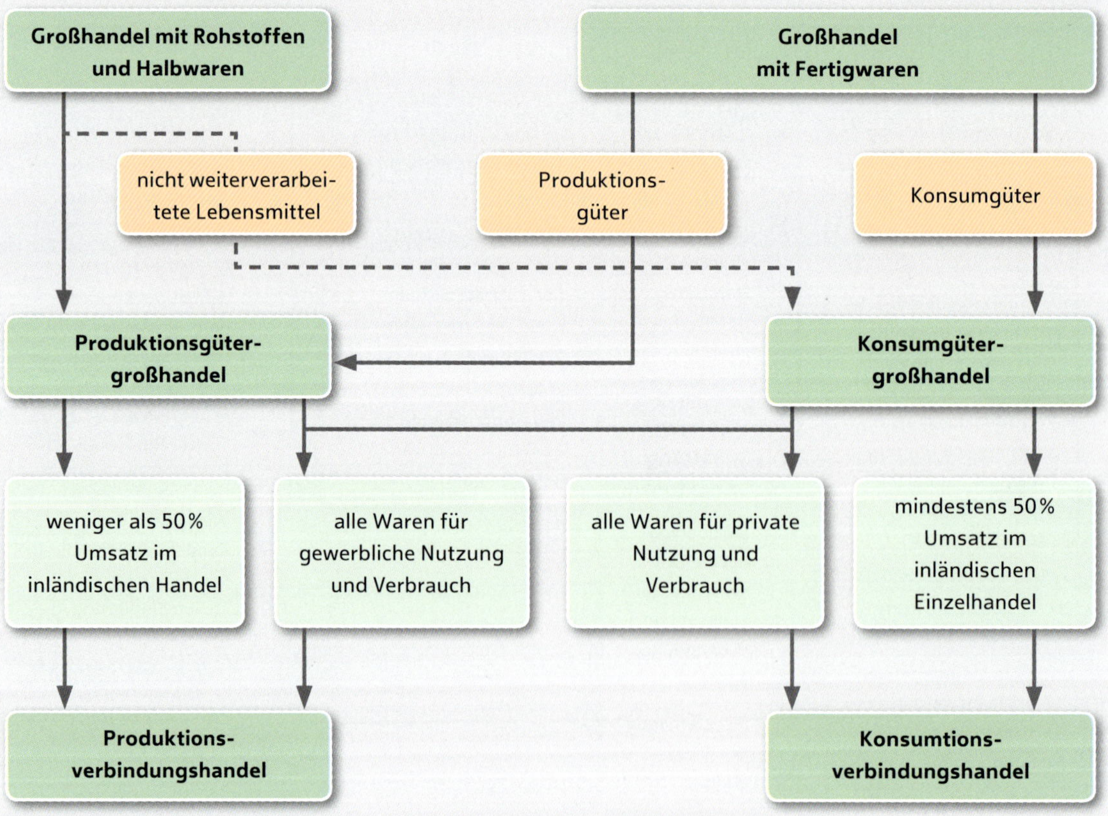

ZUSAMMENFASSUNG

Großhandelsunternehmen ...

- analysieren den Markt und entwickeln Marketingkonzepte
- beraten ihre Kunden umfassend bei standort-, transport- oder lagerpolitischen Entscheidungen
- bieten Dienstleistungen wie Personalschulungen, Wartung und Installation von Maschinen an
- bündeln Produktsortimente unterschiedlicher Hersteller
- entwickeln neue Logistikdienstleistungen und innovative IT-Lösungen
- erschließen neue Märkte
- finanzieren Handelsgeschäfte durch Lieferantenkredite
- führen neue Waren auf dem deutschen Markt ein
- geben Ratschläge für die Gestaltung von Produkten für die Qualität der von ihnen gehandelten Waren
- garantieren für die Qualität der von ihnen gehandelten Waren
- leisten Marketingdienste wie Werbung, Anzeigenschaltung oder Messeorganisation
- optimieren beständig Produktionsabläufe – von der Herstellung bis zum Verkauf
- organisieren die Beschaffung, Lagerhaltung und den Absatz von Waren weltweit
- setzen Produktinnovationen am Markt durch
- steigern die Vielfalt der angebotenen Produkte
- übernehmen den Transport von Waren mit allen Aufgaben – vom Schutz der Produkte bis hin zur Erfüllung von Zollvorschriften
- unterstützen ihre Kunden in der Absatz-, Beschaffungs- und Sortimentspolitik
- verfügen über umfangreiche Kenntnisse zu Produkten und Markt und geben diese an Kunden weiter
- verteilen die Waren an eine Vielzahl von Abnehmern

KAPITEL 15

Betriebsformen des Groß- und Außenhandels

Auszug aus dem Selbstporträt der Fairtext GmbH:

Die Fairtext GmbH ist ein Absatzgroßhandel, da sie in größeren Mengen von Industriebetrieben Produkte einkauft und diese dann in kleineren Mengen an Einzelhändler, Textilfilialisten, Großhändler und Textilmärkte verkauft. Wir kaufen auch Produkte in Asien ein und verkaufen sie an Kunden in Deutschland. Wir gewährleisten den Transport, um somit weite Entfernungen zwischen Produzent und Endverbraucher zu überbrücken.

Des Weiteren lagert die Textilgroßhandlung Fairtext GmbH ein tiefes Warensortiment ein, wie z. B. Sport- und Freizeitbekleidung, Herren- und Damenwäsche, Herrenbekleidung und Damenoberbekleidung, um kurze Lieferzeiten zu gewährleisten. Die Kunden schicken uns eine Anfrage, die sachlich bearbeitet wird. Danach wird ein Angebot erstellt mit der Möglichkeit, einen Lieferantenkredit in Anspruch zu nehmen. Erhalten wir auf unser Angebot eine Bestellung, wird der Auftrag schriftlich bestätigt. Wir übernehmen den Transport, die Servicegewährung sowie weitere Dienstleistungen für den Kunden. [...]

Ausschnitt aus dem Unternehmensprofil einer Einkaufsgenossenschaft:

Mit einem Gesamtumsatz von knapp 67 Milliarden Euro, mehr als 195 000 Beschäftigten und 9 500 Einzelhandelsmärkten in Deutschland und neun Ländern Europas ist die Hartlen-Handelsgruppe die Nummer sechs im europäischen Handel. Allein in Deutschland beschäftigt die Hartlen 155 000 Mitarbeiter, die in 7 100 Geschäften (Supermärkte, Discounter, SB-Warenhäuser, Fachmärkte und Reisebüros) einen Gesamtumsatz von über 19 Milliarden Euro erwirtschaften.

Im Stammgeschäft Lebensmittelhandel erlöst die Gruppe in Europa mehr als 52 Milliarden Euro. Weitere Geschäftsfelder sind Fachmärkte und Touristik. Der selbstständige Einzelhandel bildet seit 1929 die Basis der genossenschaftlichen Gruppe. Die selbstständigen Kaufleute führen ihre Supermärkte unter dem Namen Hartlen. Seit Mitte der 1970er-Jahre tragen Filialbetriebe entscheidend zu den guten Ergebnissen der Gruppe bei. Beliefert werden eigene Märkte und selbstständiger Einzelhandel vom Hartlen-Sortimentsgroßhandel. Großverbraucher wie Gastronomiebetriebe, Kantinen oder Krankenhäuser werden vom Hartlen-Großverbraucher-Service bedient. Für Selbstabholer gibt es die Cash-and-carry-Märkte Melgros, die für ihre Kunden (Einzelhändler und Handwerker) ein kundengerecht gestaltetes Lager bereithalten, insbesondere aber eine den Zugriff durch den Abholer ermöglichende Warenplatzierung.

Zeigen Sie auf, inwiefern sich die Fairtext GmbH von der Einkaufsgenossenschaft unterscheidet. Untersuchen Sie dabei insbesondere

- die Transportübernahme zum Kunden und
- den Sortimentsumfang.

INFORMATIONEN

Betriebsformen des Großhandels

1. Zustell- und Abholgroßhandel (Absatzgroßhandel)

Nach der Vertriebsorganisation (Art der Warenabgabe) können folgende Betriebsformen unterschieden werden.

Absatzgroßhandel

Zustellgroßhandel

Nachdem der Kunde seine Bestellung beim Großhändler vor Ort im Markt, per Telefon, per Fax oder online aufgegeben hat, **liefert der Großhändler sie mit eigenen oder fremden Transportmitteln aus.** Ein Einzelhändler kann daher seine Bestellungen unabhängig von den Öffnungszeiten des Großhändlers aufgeben.
Für den Großhändler ergeben sich bei dieser Vertriebsorganisation notwendigerweise Folgemaßnahmen, u. a.:

- Unterhaltung eines eigenen Fuhrparks bzw. Vergabe von Transportaufträgen an fremde Frachtführer
- Aufstellung eines Tourenplans
- Erstellung von Versanddokumenten

Es gibt Vertriebsvarianten des Zustellgroßhandels. Wenn z. B. der Kunde zwar die Warenauswahl beim Großhändler selbst trifft, die Auslieferung jedoch durch den Großhändler erfolgt, spricht man von sogenannten **Musterschauen** des Großhändlers.

Mittlerweile ist aber aus dem reinen Zustellgroßhandel, der die Ware der Industrie zum Einzelhandel bringt, ein moderner Dienstleister geworden, der sich zusätzlichen Herausforderungen gegenübersieht. Der moderne Großhandel

- übernimmt die Lagerhaltung,
- betreibt Regalpflege,
- fungiert als Kreditgeber und
- berät seine Einzelhandelskunden in Sortimentsfragen.

Abholgroßhandel

Beim Abholgroßhandel holt sich der Kunde des Großhändlers (Einzelhändler und Großabnehmer wie Hotels, Krankenhäuser oder Kantinen) die Ware beim Großhändler selbst ab. Die Ware wird vom Kunden selbst ausgewählt und zusammengestellt (Kunde übernimmt Bedienungsfunktion). In diesem Fall spricht man auch von **Cash-and-carry-Großhandel** („bezahlen & abholen"), abgekürzt C&C.

Cash-and-carry-Betriebe sind vorwiegend Großhandelsbetriebe, die gewerblichen Abnehmern ein breites Sortiment sowohl von Nahrungs- und Genussmitteln als auch Gebrauchsartikeln anbieten, und zwar in Selbstbedienung, gegen Barzahlung (cash) und Warentransport (carry) durch den Kunden.

Mit seinem breiten Sortiment stellt der Cash-and-carry-Großhändler eine Ergänzung zum Zustellgroßhandel dar. Allerdings ist der Cash-and-carry-Betrieb in der Regel nicht auf Serviceleistungen ausgerichtet. Eine Funktion wird der Cash-and-carry-Großhandel allerdings mehr und mehr bereitstellen müssen: die Auslieferung von Waren.

Hochregallager eines Cash-and-carry-Großhändlers

Vorteile für den Cash-and-carry-Großhändler

Kosteneinsparungen bei:

- Personal
- Transport
- Ladengestaltung

Vorteile für den Einzelhändler:

- übersichtlich geordnetes und umfassendes Sortiment
- stete Warenpräsenz
- günstige Einkaufspreise
- lange Öffnungszeiten (06:00 Uhr–22:00 Uhr)

Holen sich die Abnehmer die Ware beim Großhändler in dessen Verkaufsräumen selbst ab, nachdem sie zuvor vom Verkaufspersonal bedient und fachkundig beraten worden sind (Fremdbedienung), so liegt ein **Thekengeschäft** vor.

Die relativ aufwendige Verfahrensweise eignet sich nur bei geringem Mengenumschlag je Artikel, wie er vor allem im Spezialgroßhandel vorkommen kann. Gewöhnlich decken Einzelhandel und Handwerker mit ihrem oft spezialisierten Bedarf über diesen Angebotstyp ihren unvorhergesehenen Bedarf ab.

2. Rackjobber

Eine Sonderform des Großhandels stellt der **Rackjobber** (Regalgroßhändler) dar. Beim Rackjobbing handelt es sich um eine intensivierte und spezialisierte Form des Zustellgroßhandels:

Das Serviceprogramm der Rackjobber erstreckt sich auf

- den **Anlieferungsservice**: Annahme und Auszeichnung der Waren;
- den **Regalservice**, d.h., er platziert die Ware in den Einzelhandelsregalen (vorwiegend in Supermärkten, aber auch in Warenhausern, Verbrauchermärkten und C&C-Märkten) und sorgt für regelmäßige Auffüllung der Regale;
- den **Dispositionsservice**: Häufig mietet der Rackjobber die Regale vom Einzelhandel an, stattet sie mit Waren in eigener Disposition aus (oftmals mit Randsortimenten) und verkauft auf eigene Rechnung.

Durch Rackjobber häufig angebotene Warengruppen sind Tonträger, Kurzwaren, Batterien, Haushaltswaren, Spielzeug, Werkzeuge.

Die Inkasso- und Abrechnungsfunktion wird dann in der Regel vom Vermieter übernommen. Hierfür und für die Überlassung der Regalflächen erhält der Einzelhändler eine Vergütung.

Vorteile für den Rackjobber	Vorteile für den Einzelhändler
• Umsetzung seines Marketingkonzepts bis zum Endverbraucher (Konsumenten) • breite und schnelle Markteinführung • Übertragung der Verkaufsbesorgung • geringere eigene Lagerhaltung	• gesicherte umsatzunabhängige Einnahmen durch Regalmiete • geringes Absatzrisiko (Risikoabwälzung durch Rückgaberecht der Waren) • in der Regel keine Warenpflege • Verbreiterung des eigenen Sortiments (häufig Belieferung mit Randsortimenten) • Umsatzprovision • regelmäßiger Auffülldienst

Kombiniert man Selbst- bzw. Fremdbedienung mit Lieferung bzw. Selbstabholung, so werden die Grundformen der verschiedenen Angebotstypen und Vertriebstechniken des Großhandels sichtbar:

Grundformen der Angebotstypen und Vertriebstechniken im Großhandel		
Bedienungsform / **Lieferung bzw. Selbstabholung der Ware**	**Großhandel bedient die Abnehmer (Bedienung)**	**Abnehmer bedienen sich selbst (Selbstbedienung)**
Großhandel liefert die Ware (Lieferung)	• traditioneller Zustellgroßhandel • Rackjobbing	Musterschauen
Abnehmer holen die Ware selbst ab (Selbstabholung)	Thekengeschäft	C&C-Großhandel

3. Sortiments- und Spezialgroßhandel

Nach dem Merkmal des Sortimentsumfangs (Spezialisierungsgrad des Sortiments) lassen sich unterscheiden[1]:

Sortimentsgroßhandel	Spezialgroßhandel (Fachgroßhandel)
Der Sortimentsgroßhandel führt ein branchenübergreifendes (breites) Sortiment. Das Großhandelsunternehmen bezieht die unterschiedlichen Warenarten und -gruppen von unterschiedlichen Lieferanten in größeren Mengen und gibt sie an seine Kunden in kleineren Mengen wieder ab, z. B. an kleine Handwerksbetriebe, deren Bestellmengen relativ gering sind. **BEISPIELE** Ein Großhändler hat in seinem Sortiment Damen-, Herren- und Kinderschuhe, Lederkoffer, Geldbörsen, Röcke, Kostüme und Mäntel. Beim Sortimentsgroßhandel handelt es sich zumeist um einen klassischen Konsumtionsverbindungshandel, der die Verbindung zwischen Vorlieferer und Letztverkäufer darstellt, wie es z. B. im Lebensmittelgroßhandel der Fall ist. Vorteile gegenüber den Spezialgroßhändlern ergeben sich für den Sortimentsgroßhandel aufgrund eines zum Teil breit differenzierten Warenangebots, das sich an der Zielgruppe orientiert. In diesem Zusammenhang sind Convenience Stores – wie Tankshops, Bahnhofsläden oder Kioske/Trinkhallen – zu nennen, die von den Endverbrauchern immer häufiger aufgesucht werden (längere Öffnungszeiten, zentrale Lagen, persönlicher Kontakt).	Der Spezialgroßhändler ist mit seinem Sortiment auf eine ganz bestimmte Branche spezialisiert. Er führt als Fachhändler nur bestimmte Warenarten (schmales, tiefes Sortiment). Ein Lebensmittelgroßhandel mit Ausrichtung auf Obst und Gemüse wäre beispielsweise ein Fachgroßhändler. **BEISPIELE** Roh-[2], Hilfs-[3] und Betriebsstoffe[4], Holz (Aufkaufgroßhandel), Halberzeugnisse (Produktionsverbindungshandel), Wein, Elektrogeräte, Arzneimittel, Kaffee, Textilien (Absatzgroßhandel) Zu den Kunden des Spezialgroßhandels gehören Fach- und Spezialgeschäfte, Fachmärkte oder auch Fachabteilungen von Warenhäusern. Der Schwerpunkt des Spezialgroßhandels liegt im Handel mit Gebrauchs- und Verbrauchsgütern, z. B.: • Textilien • Bekleidung und Schuhen • elektrischen Haushaltsgeräten, Rundfunk- und Fernsehgeräten (Elektrogroßhandel) • kosmetischen Erzeugnissen und Körperpflegemitteln • Haushaltswaren aus Metall, keramischen Erzeugnissen, Glaswaren, Tapeten und Reinigungsmitteln

1 Siehe auch „Groß im Handel – 2. Ausbildungsjahr", Kap. 6.4: „Sortimentspolitik".

2 **Rohstoffe** werden nach der Bearbeitung oder Verarbeitung Hauptbestandteil des Fertigerzeugnisses, z. B. Baumwolle in der Textilindustrie, Mehl fürs Brot, Holz für einen Küchenschrank, Leder für die Schuhproduktion, Gummi für die Reifenherstellung.

3 **Hilfsstoffe** sind Stoffe, die bei der Bearbeitung verbraucht werden, um das Erzeugnis herzustellen. Sie sind nicht wesentlich für das **Endprodukt**, sondern ergänzen es lediglich (= Nebenbestandteile); z. B. Beschläge beim Kleiderschrank, Leim beim Autoreifen, Knöpfe eines Anzugs, Glasur bei der Porzellanproduktion.

4 **Betriebsstoffe** gehen nicht in das Produkt ein, sondern werden bei der Produktion verbraucht, wie z. B. Schmieröl, Benzin, Putzmittel, Strom, Kühlmittel oder Kohle.

4. Streckengroßhandel[1]

Als Streckengroßhandel bezeichnet man Großhandelsbetriebe ohne eigenes Warenlager.

DEFINITION

Beim **Streckengeschäft** handelt es sich um Eigenumsätze des Großhandels, bei denen die Ware das Lager des Großhändlers nicht berührt, sondern direkt vom Lieferanten an die Kunden des Großhändlers geliefert wird.

Da der Streckengroßhändler Eigentümer der Ware wird, erfolgt auch die anschließende Rechnungsabwicklung über ihn.

Das Streckengeschäft ist immer dann von Vorteil, wenn
- hohe Transport- und Umladekosten entstehen,
- sich aufgrund der Warenart erhöhte Gefahren beim Umladen ergeben können,
- gleichartige Güter in größeren Mengen transportiert werden.

Knapp 27 % aller Großhandelsunternehmen betätigen sich im Streckengeschäft. Auf das Streckengeschäft entfielen 47,3 % aller Großhandelsumsätze. Demnach handelt es sich bei den Unternehmen, die im Streckengeschäft tätig sind, um überdurchschnittlich große Unternehmen.

Binnengroßhandel und Außenhandel

Handelsgeschäfte, die zwischen den Unternehmen einer Volkswirtschaft durchgeführt werden, zählen zum Binnenhandel. Überschreiten im Rahmen des Warenaustauschs die Güter die nationale Grenze, spricht man von Außenhandel.
Rund 80 % aller Großhandelsbetriebe zählen zum Binnengroßhandel und 20 % zum Außenhandel. Zum Binnenhandel wird ein Unternehmen gezählt, wenn höchstens 50 % der Geschäfte mit dem Ausland abgewickelt werden, zum Außenhandel, wenn mehr als 50 % der wirtschaftlichen Aktivitäten auf Auslandsgeschäfte entfallen.
Vom Gesamtumsatz des deutschen Großhandels entfallen rund drei Viertel auf den institutionellen Binnengroßhandel und knapp ein Viertel auf den institutionellen Außenhandel, wobei im Großhandel mit Rohstoffen und Halbwaren der Umsatzanteil des Außenhandels etwas überdurchschnittlich, im Fertigwarengroßhandel etwas unterdurchschnittlich ist.

1. Binnengroßhandel

Im Binnengroßhandel handeln die Großhändler entweder mit Produktionsgütern oder mit Konsumgütern. Mit Produktionsgütern (Roh-, Hilfs- und Betriebsstoffe, Maschinen, Einbauteile aller Art, Werkzeuge) werden insbesondere Industrie- und Handwerksbetriebe beliefert (= Spezialgroßhandlungen, die nur eine bestimmte Branche versorgen). Beim Großhandel mit Konsumgütern hingegen wird der Einzelhandel zwischengeschaltet. Der Großhändler führt in diesem Fall in der Regel ein bedarfsorientiertes Sortiment (= Sortimentsgroßhandlungen), wie es der Einzelhandel aufgrund seiner Stellung in der Absatzkette zusammenstellen muss.

Branchenstruktur des Binnengroßhandels
Anteil der Großhandelsbranchen am Gesamtumsatz des Binnengroßhandels (ohne Handel mit Kraftfahrzeugen)

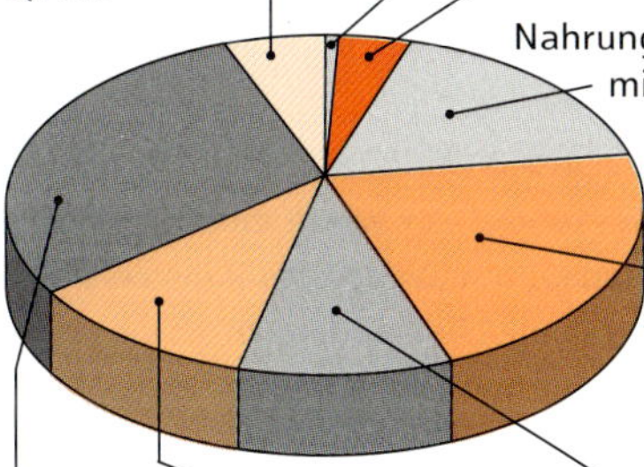

2. Außengroßhandel

- Nach dem **Umfang des Beschaffungs- und/oder Absatzgebiets** kann man Außengroßhandelsbetriebe in Länderspezialisten und Länderuniversalisten unterteilen: Während die **Länderuniversalisten** ihre geschäftlichen Aktivitäten auf weltweite Marktgebiete ausdehnen, beschränken sich die Länderspezialisten auf bestimmte Regionen oder Länder, z. B. auf Mittelmeerländer. Bei der Einfuhr liegt die Konzentration bei den Waren, bei der Ausfuhr ist eine Länderkonzentration festzustellen, d. h., der Ausfuhrgroßhändler beschränkt sich auf ein Land oder einige wenige Länder.
- Nach dem Einteilungskriterium **„Räumliche Lage der Marktgebiete"** ist folgende Unterscheidung des Außengroßhandels[2] möglich.

1 Siehe auch Kap. 2.13 und Bd. 2, Kap. 5.2.
2 Außenhandelsgroßhandlungen liegen vor, wenn die Handelsgeschäfte im Außenhandel von selbstständigen und spezialisierten Unternehmen des Handels durchgeführt werden.

Exporthandel	Importhandel	Transithandel
= Ausfuhr von wirtschaftlichen Gütern aus einem Mitgliedsland der EU in ein Drittland[1] → durchgeführt von **Exportgroßhandlungen**	= Einfuhr von wirtschaftlichen Gütern aus einem Drittland in ein Mitgliedsland der EU → durchgeführt von **Importgroßhandlungen**	= **Durchfuhrhandel:** Ein inländisches Unternehmen kauft Waren im Ausland und verkauft sie gleichzeitig wieder an einen Kunden im Ausland (Beschaffungs- als auch Absatzmärkte liegen jenseits der nationalen Grenzen)[2].

Innerhalb des Außenhandels dominiert geringfügig der Exporthandel: 54 % aller Außenhandelsunternehmen entfallen auf ihn, knapp 42 % auf den Ausfuhrhandel und rund 4 % auf den sogenannten Globalhandel. Das sind Außenhändler, die überwiegend Import- und Exportgeschäfte betreiben und bei denen eine schwerpunktmäßige Zuordnung zum Einfuhr- oder Ausfuhrhandel nicht möglich ist.

2.1 Importhandel

Innerhalb des Großhandels mit Rohstoffen und Halbwaren hat der **Importhandel** vor allem eine überdurchschnittlich große Bedeutung bei textilen Rohstoffen und Halbwaren sowie technischen Chemikalien und Kautschuk, ein unterdurchschnittliches Gewicht dagegen bei Baustoffen, Holz, Installationsmaterial sowie Mineralölerzeugnissen. Im Bereich des Fertigwarengroßhandels ist der Importanteil vor allem bei Textilien, Bekleidung, Schuhen, Lederwaren, Schmuck sowie bei feinmechanischen und optischen Erzeugnissen weit überdurchschnittlich groß.

Hongkong:
Finanzmetropole und Tor für den chinesischen Handel mit Europa

2.2 Exporthandel

Im **Bereich des Exports** hat der Großhandel große Bedeutung für die Exportartikel erzeugende Klein- und Mittelindustrie.

Containerschiff mit Exportgütern auf dem Weg in die USA

Betrachtet man die Rahmendaten der deutschen Volkswirtschaft über die letzten Jahre, erkennt man, dass Wachstumspotenziale fast nur noch im Außenhandel liegen. Während die Binnenkonjunktur lahmt, kann die exportierende Wirtschaft an der Dynamik aufstrebender Wirtschaftsräume partizipieren. Nicht nur der Export in die Staaten Mittel- und Osteuropas, sondern auch in die VR China und nach Russland glänzt häufig mit hohen Wachstumsraten.

Wenn viele deutsche Unternehmen diese Chancen dennoch nicht nutzen, liegt dies meist an der Unkenntnis der Märkte und ihrer spezifischen Rahmenbedingungen und Risiken. Ungeklärte Fragen des Marktzugangs, der Logistik und Versicherung, des Kundendienstes und der Finanzierung sind es, die insbesondere den mittelständischen Unternehmer oft vor einem Auslandsengagement zurückschrecken lassen.

1 Gebiete außerhalb des Zollgebiets der Gemeinschaft werden als Drittland bezeichnet.
2 Ein bedeutender Transithandelsplatz für den Handel im asiatischen Raum ist z. B. Hongkong.

Die Beantwortung dieser Fragen ist das Aufgabengebiet des spezialisierten Exporthändlers.

- **Positionssicherung auf fremden Märkten (Marktzugang)**
  Im Laufe ihrer langjährigen Handelsgeschäftstätigkeit bauen die Exporteure auf ihren Absatzmärkten tragfähige Beziehungsnetzwerke auf. Bestandteile dieser Netzwerke sind:
  - eingespielte Vertriebskanäle
  - eigene Niederlassungen
  - breit gefächerte Beschaffungsbeziehungen
  - etablierter Kundenstamm
  - Kenntnis auch potenzieller Kunden

- **Absatz- und Kundendienstorganisation**
  Die Übernahme der Absatz- und Kundendienstorganisation verbindet der Exporthändler oft mit dem Angebot
  - Risiken sowie fixe Kosten zu übernehmen,
  - sich an bestimmten Projekten auch mit eigenem Kapital zu beteiligen,
  - Fachkräfte für den After-sales-Service im Zielmarkt zu stellen.

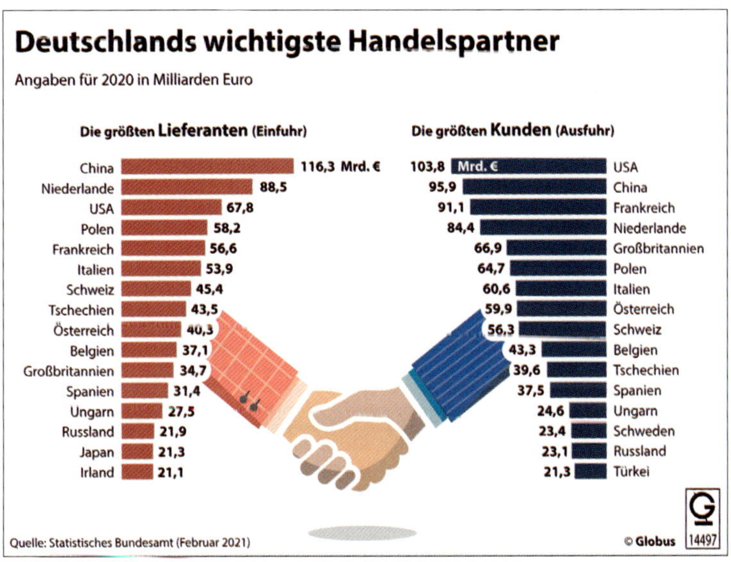

- **Rechtliche Rahmenbedingungen**
  Für den Geschäftserfolg muss sich der Exporthändler auch im Dickicht der nationalen Einfuhr- und sonstigen Regelungen und Verordnungen auskennen. Dazu gehört das Wissen um:
  - Devisenbestimmungen und Einfuhrbedingungen
  - Besonderheiten der Warenkontrollen
  - Ursprungsregelungen
  - Standards und Normen der einzelnen Länder
- **Produktaufbereitung für den Exportmarkt**
  Je nach Exportmarkt muss das einzelne Produkt besonders aufbereitet werden.

BEISPIELE

- Etikettieren in fremder Sprache
- Normierung und Typisierung für kleine Stückzahlen zum Export auf überseeische Märkte

- **Finanzierung von Exportgeschäften**
  Ohne die Fähigkeit, dem ausländischen Interessenten eine Finanzierung der Handelsware zu ermöglichen – sei es durch eigene Kreditgewährung oder durch das Wissen über Möglichkeiten der Kreditbeschaffung –, würde es den Händlern sehr schwerfallen, im sich verschärfenden Wettbewerb zu bestehen.

Der Exporthändler muss
- die ortsüblichen Zahlungsziele und Finanzierungsmöglichkeiten kennen,
- vor Ort mit zuverlässigen Finanzinstituten kooperieren,
- Kontakte zur internationalen Bankenwelt unterhalten,
- die landesspezifischen Devisenbestimmungen sowie die Devisensituation kennen,
- über die Möglichkeiten der Exportfinanzierung und Exportkreditversicherung informiert sein.

2.3 Transithandel

Der **Transithandel** (lat.: transitus = Durchgang) ist eine besondere Form des Warenverkehrs. Man versteht hierunter einen Handel, bei dem die Ware unbearbeitet und unverändert das Land des Transithändlers passiert. Gewöhnlich sind drei Länder beteiligt.

BEISPIEL

Ein Transithändler aus Deutschland kauft Waren aus Norwegen und verkauft sie nach Tunesien.

Es gibt zwei Möglichkeiten des Transithandels:

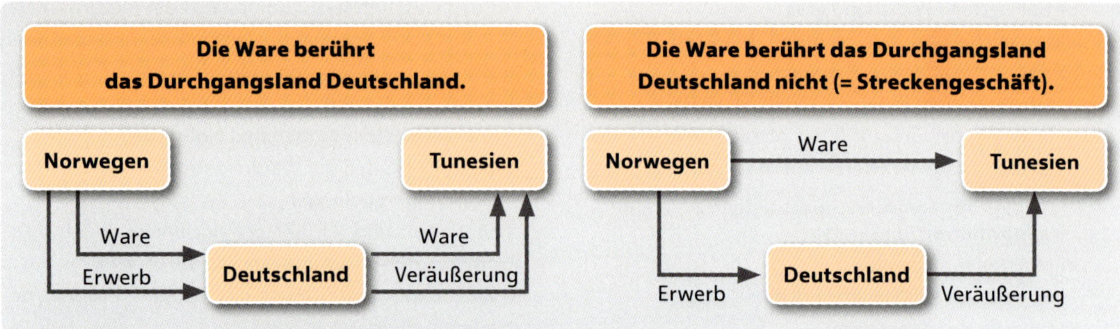

AUFGABEN

1. Welche der folgenden Aussagen ist richtig?
   a) Der Cash-and-carry-Großhandel zählt zum Zustellgroßhandel.
   b) Die Betriebsform des Rackjobbers ist eine Form des Zustellgroßhandels.
   c) Das Charakteristische beim Thekengeschäft ist die fachkundige Beratung.
   d) Beim Abholgroßhandel liefert der Großhändler die Ware mit eigenen oder fremden Transportmitteln an den Kunden aus.
   e) Die Vorteile beim Cash-and-carry ergeben sich für den Großhändler u. a. in den günstigen Einkaufspreisen.
2. Ordnen Sie der Fairtext GmbH die entsprechenden Betriebsformen zu und begründen Sie Ihre Entscheidung.
3. Erläutern Sie an einem selbst gewählten Beispiel das Streckengeschäft.
4. Nennen Sie die Vorteile für die Beteiligten beim Streckengeschäft.
5. Die beiden Vertriebsorganisationen C&C-Großhandel und Rackjobber setzen sich immer mehr durch. Nennen Sie die wirtschaftlichen Vorteile dieser Betriebsformen aus der Sicht
   - des Einzelhandels,
   - des Großhandels.
6. Welche Aussage zu einem Streckengeschäft ist richtig?
   a) Ein Streckengeschäft liegt vor, wenn eine Ware durch einen außerbetrieblichen Frachtführer über eine längere Strecke transportiert werden muss.
   b) Streckengeschäfte sind in der Regel für beide Vertragspartner nachteilig, da zusätzliche Kosten auftreten.
   c) Beim Streckengeschäft übernimmt der zwischengeschaltete Großhändler die Lagerfunktion seines Kunden.
   d) Beim Streckengeschäft erfolgt die Lieferung nicht an den Großhändler, sondern unmittelbar an dessen Kunden.
   e) Beim Streckengeschäft erfolgt die Lieferung zwar über das Lager des Großhändlers, die Fakturierung erfolgt allerdings vom Lieferanten des Großhändlers.
7. Je nach Spezialisierungsgrad des Sortiments unterscheidet man Sortiments- und Spezialgroßhandel.
   a) Erklären Sie den generellen Unterschied zwischen den beiden Betriebsformen.
   b) Nennen Sie zu jeder dieser Betriebsformen mindestens drei Beispiele.
8. Um welche Betriebsform des Großhandels hinsichtlich des Sortimentsumfangs handelt es sich, wenn eine Weingroßhandlung nur französische Rotweine anbietet?
9. Welchen Vorteil hat die Einrichtung einer eigenen Verkaufsniederlassung im Ausland für einen Exportgroßhändler?

AKTIONEN

1. Schaffen Sie sich eine Übersicht zum Thema: Mit welchen Betriebsformen kann der Großhandel seine Leistungen anbieten?
   a) Bearbeiten Sie dazu das vorliegende Kapitel unter Anwendung der SQ3R-Methode (aktives Lesen).

203153116

b) Erstellen Sie beim Lesen Exzerpte mithilfe von Karteikarten im A5-Format.

c) Suchen Sie arbeitsteilig nach weiteren ergänzenden bzw. vertiefenden Informationen zu diesem Thema im Internet (Betriebsformen, Außenhandel, Strukturwandel usw.).

d) Fassen Sie Ihre Informationen in anschaulichen und einprägsamen Darstellungen zusammen.

e) Tragen Sie – mit Unterstützung Ihrer angefertigten Darstellungen – die Ergebnisse Ihrer Arbeit zu diesem Thema dem Plenum vor.

2. a) Stellen Sie in Gruppenarbeit mithilfe der Netzwerktechnik (Strukturlegetechnik) die Konsequenzen dar, die sich aus der Forderung nach einem auf die Zukunft ausgerichteten Großhandelsunternehmen ergeben:
   - Suchen Sie die Konsequenzen aus dieser Forderung.
   - Verbinden Sie zwei Wirkungen mit einem Pfeil in die entsprechende Richtung.
   - Kennzeichnen Sie im weiteren Verlauf die Pfeile
     – nach ihrer Wirkung: mit + bei einer Beeinflussung in derselben Richtung bzw. mit – bei einer Beeinflussung in entgegengesetzter Richtung;
     – nach ihrem Zeithorizont: mit unterschiedlichen Pfeilfarben für kurz-, mittel- und langfristig;
     – nach ihrer Intensität: mit unterschiedlichen Strichstärken: 0 = keine oder äußerst geringe; 1 = geringe; 2 = starke; 3 = sehr starke Intensität

   b) Fertigen Sie mithilfe des Computers und geeigneter Software eine Folie Ihrer Arbeit (z. B. durch die Benutzung eines Flussdiagramms) an. Beachten Sie dabei die Tipps zur Gestaltung von Folien und Plakaten.

   c) Bereiten Sie sich darauf vor, Ihr Arbeitsergebnis mittels Overheadprojektor vorzutragen:
   - Prüfen Sie zuvor, ob der Inhalt der Folie auf der Projektionsfläche zu lesen ist.
   - Achten Sie auf die Anwendung der Präsentationsregeln.

ZUSAMMENFASSUNG

Betriebsformen des Großhandels

Sonderformen

Rackjobber
(Regalgroßhandel)
- übernimmt den Regaldienst in Einzelhandelsbetrieben (Super- und Verbrauchermärkten, Warenhäusern, C&C-Märkten)

Streckengroßhandel
- Großhändler ohne eigenes Lager
- Vermittler zwischen Produzenten und Abnehmern

Unterscheidung nach

der Vertriebsorganisation
(Art der Warenabgabe)

Zustellgroßhandel inkl. alternativer Vertriebstechniken wie Musterschauen. Kennzeichnend für den Zustell-GH sind zentrale Großlager, die für Kunden in der Regel nicht begehbar sind. Aus diesen Lagern werden Großverbraucher auf Bestellung mit eigenen, speziellen Kühlfahrzeugen in ihren Betrieb beliefert. Im Unterschied zum Abholgroßhandel liefert der Zustell-Großhandel seinen Abnehmern die Waren an.

Abholgroßhandel
- C&C-Großhandel
  Selbstbedienung gegen Barzahlung und Warentransport durch den Kunden selbst
- Thekengeschäft

dem Sortimentsumfang
(Spezialisierungsgrad des Sortiments)

Sortimentsgroßhandel
- breites Sortiment

Spezialgroßhandel
(Fachgroßhandel)
- schmales, tiefes Sortiment

ZUSAMMENFASSUNG

Der Außenhandel

wird unterschieden nach

der räumlichen Lage der Marktgebiete

Transithandel
- durch ein Land hindurchgeleiteter Handel. Die Waren dürfen beim Transithandel im Durchgangsland weder verändert noch bearbeitet oder verarbeitet werden.

Importhandel
- die vom spezialisierten Handel betriebene Einfuhr von im Ausland eingekauften Waren zum Zweck des Weiterverkaufs an inländische Hersteller und Händler

Exporthandel
- Ausfuhr durch Großhandelsunternehmen, die die Exportware beim Hersteller im Inland (Mitgliedsland der EU) einkaufen und ins Käuferland liefern

dem Umfang des Beschaffungs- und/oder Absatzgebiets

Länderuniversalisten
- sind weltweit aktiv.

Länderspezialisten
- sind konzentriert auf bestimmte Länder oder Regionen.

KAPITEL 16
Organisation des Ausbildungsbetriebs

Sebastian Holpert durchläuft in den ersten Wochen seiner Ausbildung verschiedene Abteilungen. Eine Woche ist er auch in der Verkaufsabteilung beschäftigt. Die Abteilung besteht momentan aus fünf Beschäftigten. Sebastian Holpert beobachtet folgende Vorfälle:

- Frau Eisenberg muss mehrmals Kunden wegschicken, weil die gewünschten Artikel nur in einer blauen Ausführung, nicht aber in Rot vorrätig sind. Die Kunden wollten die Artikel sofort mitnehmen.
- Frau Eisenberg bestellt in Abwesenheit von Frau Molzahn insgesamt 50 Artikel in Rot.
- Frau Molzahn ist ärgerlich und überrascht zugleich. Sie hat kürzlich ebenfalls 10 Artikel in Rot bestellt, die eigentlich schon eingetroffen sein müssten. In einem Nebenraum findet sie den Karton mit dieser Ware.
- Frau Eisenberg hat Ärger mit ihrem Kollegen Herrn Prinzker. Dieser behauptet, nur er habe Zugang zur Kasse. Frau Eisenberg weiß davon nichts.

1. Erklären Sie, wodurch das schlechte Betriebsklima zustande gekommen ist.
2. Machen Sie Verbesserungsvorschläge.
3. Schauen Sie sich den Gesamtstellenplan der Fairtext GmbH auf Seite 13f. an.
   a) Stellen Sie in grafischer Form das Weisungssystem der Fairtext GmbH dar.
   b) Ermitteln und begründen Sie, welches Weisungssystem bei der Fairtext GmbH vorliegt.

INFORMATIONEN

Arten der Organisation

Jeder Betrieb sollte so organisiert sein, dass die betrieblichen Tätigkeiten reibungslos und mit dem geringstmöglichen Aufwand durchgeführt werden können. Daher braucht jedes Unternehmen ein System von generellen und fallweisen Regelungen zur ordnungsgemäßen Erfüllung der betrieblichen Aufgaben. Durch die Organisation werden der Aufbau des Betriebs und der Ablauf der betrieblichen Tätigkeiten festgelegt.

Es werden für die Betriebsorganisation daher zwei Anwendungsbereiche deutlich:

- **die Aufbauorganisation:**
  Sie legt die Betriebsstruktur durch Aufgliederung der Tätigkeitsbereiche und Bildung von Stellen und Abteilungen fest.
- **die Ablauforganisation:**
  Sie versucht, den Arbeitsablauf optimal zu regeln.

Um organisatorische Regelungen vornehmen zu können, müssen bestimmte Voraussetzungen gegeben sein:

1. Vorhandensein einer Aufgabe
   Die Aufgabe ist beispielsweise der Betrieb eines Handelsunternehmens.
2. Teilbarkeit der Aufgabe
   Die Gesamtaufgabe muss in Teilaufgaben festgelegt werden können. Dies sind z.B. Einkauf, Lager, Vertrieb und Verwaltung.
3. Wiederholbarkeit
   Die Teilaufgaben sollen nicht nur einmal, sondern wiederholt durchgeführt werden.

Die Ziele der Organisation werden durch die drei Tätigkeiten

- Planung (Soll-Zustand),
- Durchführung (Realisierung),
- Kontrolle (Stimmt die Planung mit den Ergebnissen der Realisierung überein?)

erreicht.

Der Organisationsaufbau richtet sich nach der Größe des Betriebs.

BEISPIEL

Während in einem Kleinbetrieb der Inhaber sämtliche Aufgaben selbst erfüllt, wird die Organisation in großen Betrieben wie der Fairtext GmbH in mehrere Aufgabenbereiche aufgeteilt.

Aufbauorganisation

Aufgabenanalyse

Mithilfe der Aufgabenanalyse wird zunächst einmal der gesamte Aufgabenkomplex des Betriebs untersucht und bis in kleinste Teilaufgaben aufgegliedert. Die Aufgabengliederung kann dabei nach unterschiedlichen Gliederungsprinzipien erfolgen.

BEISPIEL

Die Gliederung kann nach den Arbeitsarten vorgenommen werden **(Verrichtungsprinzip)**. Die Aufgabenanalyse eines großen Einzelhandelsbetriebs sieht wie folgt aus:

Funktionsbereiche	Großaufgaben
Beschaffung	Marktforschung; Sortimentsgestaltung; Feststellung der Bezugsquellen und -wege; Führen der Bezugsquellenkartei; Feststellung der Einkaufsmenge und -zeit; Bestellungserteilung; Führen des Bestellbuches; Überwachung der Liefertermine; Prüfen der Rechnungen; Erledigung von Reklamationen
Lager	Annehmen und Auspacken der Ware (sofern keine eigene Abteilung „Warenannahme" eingerichtet ist); Verkehr mit den Beförderungsstellen; Wareneingangskontrolle; Einordnen der Waren nach Lagerplan; Führung der Wareneingangs- und Ausgangsbücher bzw. -karteien; Eingangs- und Versandmeldungen an die Abteilungen Einkauf oder Verkauf; Verpackung und Versand der Waren (falls keine eigene Versandabteilung eingerichtet ist); Überwachung und Einsatz des Fuhrparks; Bestandskontrollen und Meldung an die Einkaufsabteilung bei Erreichen des Meldebestands

Funktionsbereiche	Großaufgaben
Verkauf	Aufstellen des Werbeplans; Durchführung der Werbung (Schaufensterdekoration, Ladengestaltung, Inneneinrichtung); Werbeerfolgskontrolle; Verkauf über die verschiedenen Verkaufsabteilungen: Zahlung (Kasse); Warenausgangskontrolle (Packtisch); Warenübergabe (Kassenzettel); Verkaufsaufsicht; Kundendienst; Bearbeitung von Anfragen; Ausführung von Sonderbestellungen; Erledigung von Beanstandungen; Kreditverkäufe; Überwachung der Zahlungseingänge
Rechnungswesen	Buchen der ein- und ausgehenden Belege; Kontrolle der Zahlungsbereitschaft und der Außenstände; periodische Erfolgsermittlung; Verkehr mit den Finanzbehörden (Vorbereitung und Abgabe der Steuererklärungen, Überwachung der Steuertermine); monatliche, vierteljährliche und jährliche Abschlussarbeiten; Aufarbeiten der Unterlagen für die Betriebsabrechnung, Auswertung der Zahlen für die Betriebsstatistik
Verwaltung	eingehende Post in das Posteingangsbuch eintragen, mit lfd. Nummer und Eingangsstempel versehen; Prüfung durch Abteilungsleiter; Bearbeitung des Schriftwechsels und der Rechnungen hinsichtlich ihrer sachlichen und rechnerischen Richtigkeit; wichtige Durchschläge in Umlaufmappen allen zuständigen Sachbearbeitern zur Kenntnis bringen; Schriftgutablage in der Arbeitsplatz- oder Zentralablage; Bearbeitung von Rechts- und Personalfragen; Telefonzentrale

Eine Aufgabengliederung kann aber auch nach den Objekten eines Betriebs (z. B. den Artikeln) vorgenommen werden. Hat ein Baumarkt die Abteilungen Teppiche, Tapeten und Farben, so liegt eine Gliederung nach dem **Objektprinzip** zugrunde.

Stellenbildung

Alle ständig wiederkehrenden Teilaufgaben, die eine Person zu erledigen hat, werden anschließend zu einer Stelle zusammengefasst.

DEFINITION

Eine **Stelle** ist der Aufgabenbereich einer Person und entspricht ihrem Arbeitsplatz. Sie ist die kleinste organisatorische Einheit eines Unternehmens.

Die Zahl der Stellen in einem Unternehmen hängt von seiner Größe ab.

Manche Stellen sind gleichzeitig **Instanzen**.

DEFINITION

Instanzen sind Stellen, die Anordnungs- und Entscheidungsbefugnisse gegenüber untergeordneten Stellen haben.

BEISPIEL

Die Stelle des Lagerleiters, dem sechs Lagerarbeiter untergeordnet sind, ist eine Instanz.

Erforderlich ist, dass alle Beteiligten, also Stelleninhaber und Vorgesetzte, genau über die Aufgaben in der betreffenden Stelle informiert sind, d. h., dass das Arbeitsgebiet und die Verantwortung eindeutig abgegrenzt sind.

Deshalb sollten folgende Inhalte schriftlich festgelegt werden:

- alle Aufgaben und Befugnisse des Stelleninhabers,
- wer der Vorgesetzte ist,
- wem man selbst „vorgesetzt ist",
- welches Leitziel man verfolgen soll (= Stellenziel),
- wie man selbst und wie der Arbeitsplatz „benannt" wird,
- wen man vertritt und von wem man selbst vertreten wird,
- welche Kenntnisse und Fähigkeiten die Stelle erfordert.

Eine solche Beschreibung des Arbeitsplatzes wird als **Stellenbeschreibung** bezeichnet.

Vorteile der Stellenbeschreibung:
- keine Kompetenzstreitigkeiten
- leichtere Überwachung der Arbeitsleistung
- Orientierung für neu eingestellte Mitarbeiter
- transparente Betriebsorganisation

Abteilungsbildung

Aus der Unternehmensgröße ergibt sich schließlich die Notwendigkeit der Abteilungsbildung.

DEFINITION

Eine **Abteilung** ist die Zusammenfassung mehrerer Stellen unter einer Leitung.

Durch Abteilungsbildung wird festgelegt, wer weisungsbefugt ist. Die Weisungsberechtigung muss auch für die großen Abteilungen untereinander geregelt werden.

Die Abteilungsbildung kann nach dem **Verrichtungsprinzip** (Beispiel 1) oder nach dem **Objektprinzip** (Beispiel 2) erfolgen.

BEISPIELE

Beispiel 1

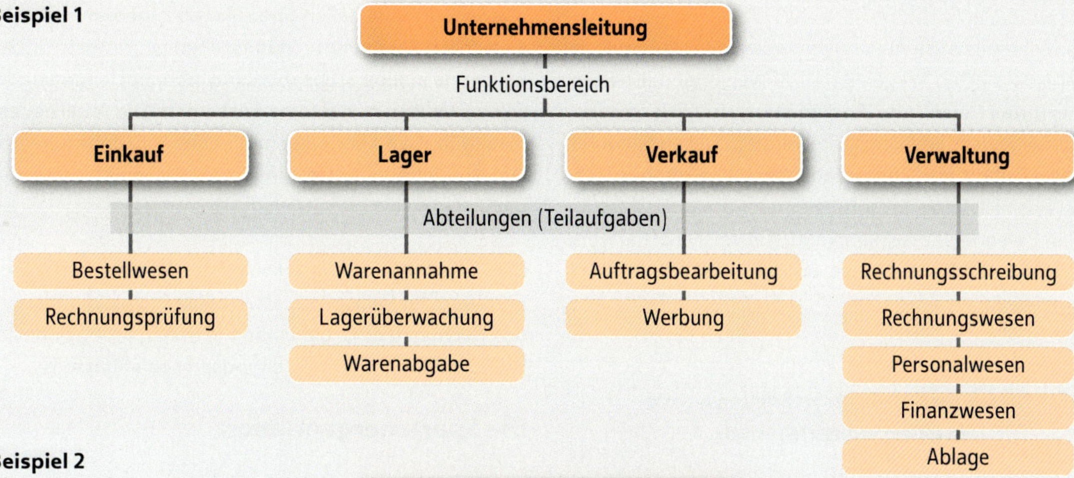

Beispiel 2

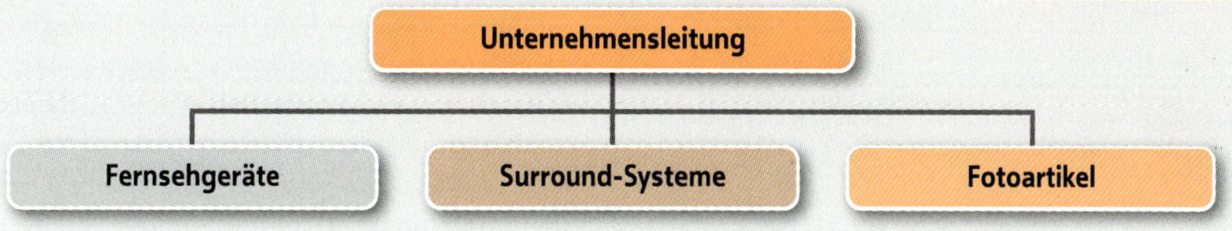

Weisungssysteme

Das jeweils gewählte Weisungssystem (oft auch Leitungssystem genannt) vervollständigt die Aufbauorganisation eines Betriebs:

Für jede Stelle wird genau festgelegt, welche anderen Stellen in ihren Aufgaben gleichgeordnet, über- bzw. untergeordnet sind. Die Weisungssysteme geben Auskunft über die offiziellen Befehls- und Informationswege im Unternehmen. Die wichtigsten Weisungssysteme werden im Folgenden genannt.

Das Einliniensystem

Alle Personen sind in einen einheitlichen Befehlsweg eingegliedert, der von der obersten Instanz bis zur letzten Arbeitskraft reicht. Jeder Mitarbeiter erhält nur von seinem unmittelbaren Vorgesetzten Anweisungen. Ebenso kann er Meldungen und Vorschläge nur bei ihm vorbringen (= Instanzen- oder Dienstweg).

Einliniensystem	
Vorteile	**Nachteile**
• klare Verantwortungsbereiche • eindeutige Regelungen der Weisungszuständigkeiten • gute Kontrollmöglichkeiten • übersichtlicher organisatorischer Aufbau • einheitliche Leitung	• durch die langen Dienstwege für Anordnungen und Meldungen sehr schwerfällig • Starke Belastung der oberen Leitungsebenen, weil alle Entscheidungen vom Vorgesetzten getroffen werden müssen. Mit steigender Ranghöhe nimmt die Arbeitsbelastung zu. • Gefahr von Fehlentscheidungen • Spezialisierung wird erschwert

Einliniensystem

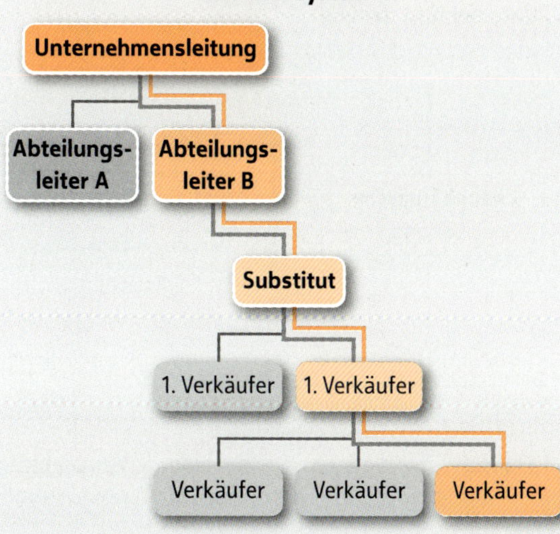

Das Mehrliniensystem

Beim Mehrliniensystem kann ein Mitarbeiter von mehreren spezialisierten Vorgesetzten Anweisungen erhalten. Das erfordert eine gute Abstimmung und Zusammenarbeit der jeweils weisungsberechtigten Stellen. Dadurch wird die Gefahr von Kompetenzüberschneidungen sehr groß, was sich leicht leistungshemmend auf die ausführenden Personen auswirken kann. Als vorteilhaft erweist sich jedoch häufig der kurze und schnelle Dienst- und Instanzenweg.

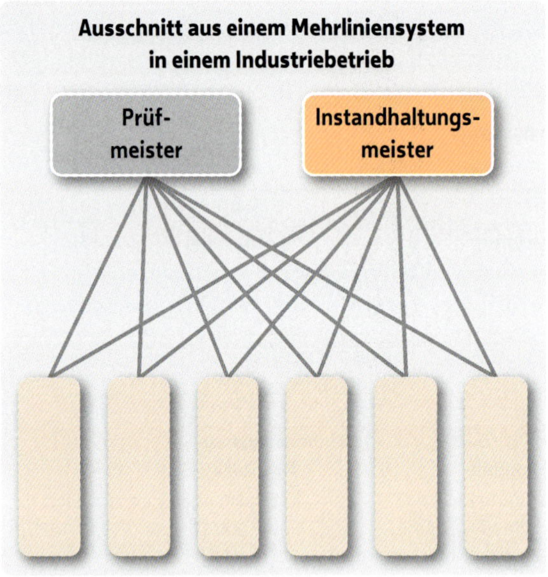

Das Stabliniensystem

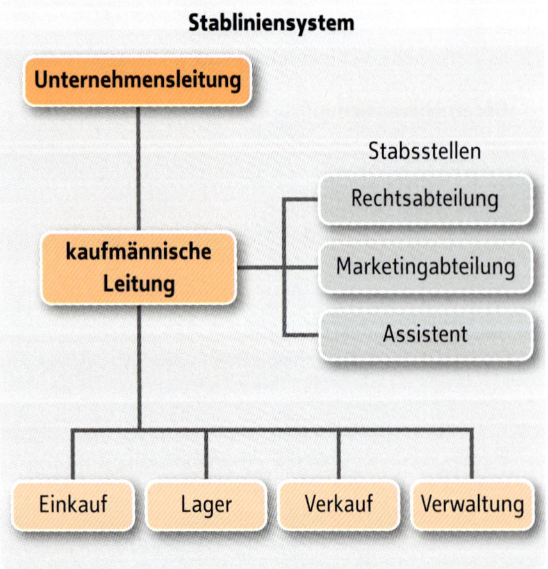

Das Stabliniensystem ist ein Liniensystem, wobei den oberen Leitungsstellen Spezialisten zugeordnet werden. Es werden sogenannte **Stabsstellen** gegründet. Ein Stab kann eine eigene Stabsabteilung, aber auch nur eine einzelne Stelle sein, z. B. eine Sekretärin. Die Mitarbeiter in diesen Stäben können selbst keine Anordnungen erteilen. Notwendige Anweisungen werden durch den obersten Leiter erteilt.

Die Aufgabe der Stabsstellen besteht in der fachkundigen Beratung der Führungskräfte, z. B. in Fragen der Planung, des Rechtes, der Organisation, des Marketings oder der Finanzen. Sie sollen die Leitungsstellen entlasten.

Die Spartenorganisation

Im Rahmen der Spartenorganisation – häufig auch **divisionale Organisation** genannt – werden große, daher in der Regel unübersichtliche und schwer zu steuernde Unternehmen in mehrere Geschäftsbereiche unterteilt. Diese Sparten oder Divisionen sind praktisch wirtschaftlich unabhängige Teilunternehmen, denen nur die Gesamtunternehmensleitung übergeordnet ist. Die Unternehmensbereiche werden nach dem Objektprinzip gebildet. Sie sind also beispielsweise für einzelne Produktgruppen zuständig, die sich oft sehr stark unterscheiden. Innerhalb der einzelnen Sparten sind das Einlinien- oder Stabliniensystem mit den üblichen Funktionsbereichen eines Unternehmens anzutreffen.

Verfügt ein Spartenleiter über die direkte Gewinnverantwortung gegenüber der Unternehmensleitung, spricht man im Zusammenhang mit der Sparte auch von einem **„Profitcenter"**.

Spartenorganisation	
Vorteile	**Nachteile**
• bessere Anpassung an die Marktverhältnisse bei Produktgruppen mit unterschiedlichen Eigenschaften • Die Erfolgsentwicklung wird transparenter und beim Profitcenter-Konzept werden sogar Gewinne klar zurechenbar. • Die Unternehmensleitung wird durch Delegation von Verantwortung an die Geschäftsbereiche vom Alltagsgeschäft entlastet.	• Die Unternehmensleitung kann den Gesamtüberblick verlieren. • Mit der Zahl der Führungspositionen wächst die Gefahr, dass Informationen für das Topmanagement verschleiert werden.

Die Matrixorganisation

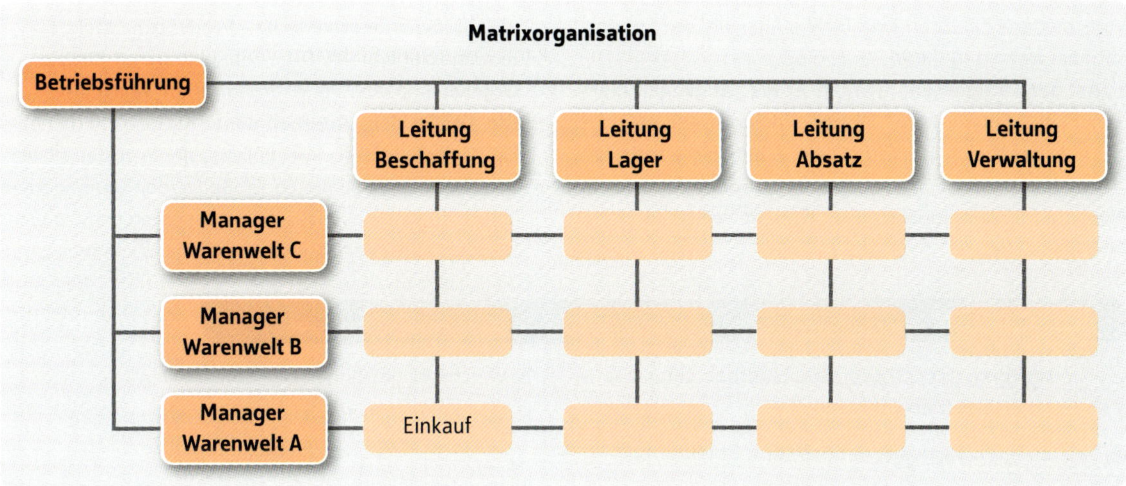

Wenn einzelne Mitarbeiter auf das Management bestimmter Produkte bzw. Projekte spezialisiert sind, ohne dass die übrigen Funktionsbereiche der Unternehmensleitung aufgegeben werden, liegt eine Matrixorganisation vor. Jeder Mitarbeiter untersteht also sowohl einer verrichtungsorientierten als auch einer objektorientierten Instanz.

In Matrixorganisationen kann es zu Konflikten zwischen Produktmanagern und Funktionsmanagern kommen. Diese z. T. sogar gewollten Konflikte bieten oft Wege, gemeinsam Möglichkeiten einer optimalen Lösung zu finden.

BEISPIEL

Einem Produktmanager sind in der Regel alle Entscheidungen vorbehalten, die sich aus der Sicht des Produkts ergeben. Er ist beispielsweise allein zuständig für Lebensmittel, er kümmert sich um alle anfallenden Probleme vom Einkauf über die Lagerung bis zum Verkauf.
Dagegen entscheidet der Leiter eines Funktionsbereichs – der für alle Produkte verantwortlich ist –, wie in seinem Bereich die verschiedenen Aufgaben ausgeführt werden.

Teamorientierte Organisation

Diese Organisationsform gibt es vor allem bei Projekten. Dabei werden Teams oft aus Mitarbeitern unterschiedlicher Abteilungen zusammengestellt. Es gibt keine straffe Hierarchie: Die Teammitglieder sind gleichberechtigt und sind lediglich dem Teamleiter verantwortlich.

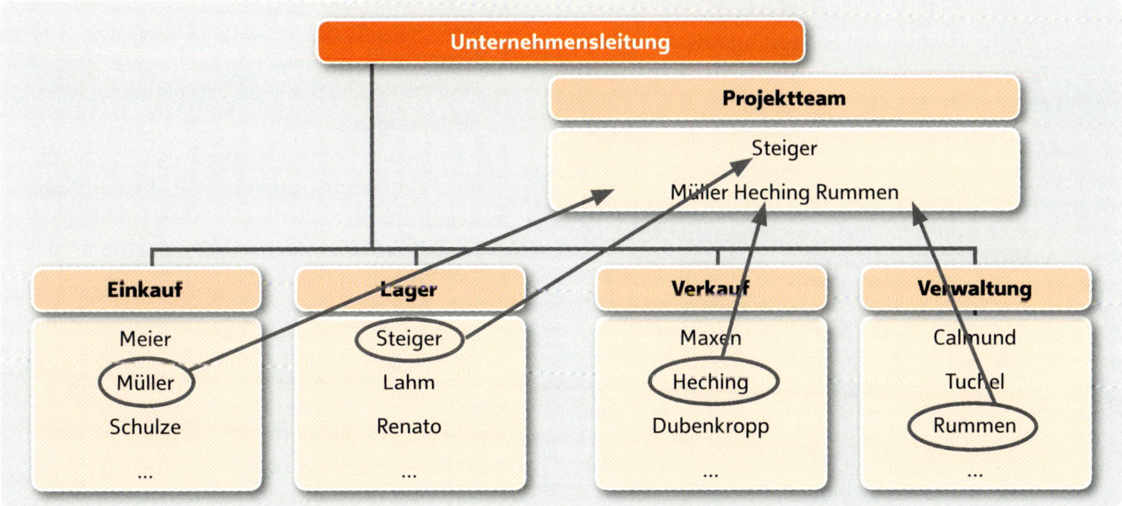

Auswahl der Organisationsform

Verschiedene Faktoren sind für die Auswahl der Organisationsform maßgebend:

- **Art der Tätigkeiten**: Je kreativer die Tätigkeiten (Forschung, Entwicklung, Design), desto weniger starr sollte das Weisungssystem sein: Kreativität kann nicht unbedingt von Vorgesetzten angeordnet werden. In solchen Fällen spricht vieles für eine teamorientierte Organisation.
- **Das Produkt- oder Leistungsprogramm des Unternehmens**: Wenn ein Unternehmen viele – und vor allem vollständig unterschiedliche – Produkte herstellt, könnten objektorientierte Organisationsformen (divisionale Organisation oder Matrixorganisation) sinnvoll sein.
- **Die Größe des Unternehmens**: Kleine Unternehmen können sehr effektiv über Liniensysteme gesteuert werden. Ab einer bestimmten Größe werden Unternehmen jedoch so komplex, dass es in Liniensystemen zu einer Überforderung der Unternehmensleitung kommen kann.

AUFGABEN

1. Wovon ist der Organisationsaufbau eines Großhandelsbetriebs abhängig?
2. Erklären Sie das Funktions- und Objektprinzip.
3. Worin besteht der Unterschied zwischen einer Abteilung und einer Stelle?
4. Warum ist es sinnvoll, eine Stelle möglichst genau zu beschreiben?
5. Was verstehen Sie unter Hierarchie und Instanz?
6. Warum wird das Einliniensystem in größeren Unternehmen nicht angewendet?
7. Welche Bedeutung haben Stabsstellen?
8. Welche Vorteile hat das Stabliniensystem gegenüber dem Einliniensystem?
9. Nennen Sie Beispiele für Abteilungen, Stellen und Stabsstellen Ihres Ausbildungsbetriebs.
10. Beschreiben Sie den Unterschied zwischen Einlinien- und Mehrliniensystem.
11. Wodurch unterscheiden sich die verschiedenen Liniensysteme von
    a) der divisionalen Organisation,
    b) der Matrixorganisation?

AKTIONEN

1. Informieren Sie sich über Ihren Ausbildungsbetrieb.
   Erstellen Sie ein Organigramm, das Auskunft über das Weisungssystem Ihres Ausbildungsbetriebs gibt.
2. In Ihrem Ausbildungsunternehmen ist eine Person für Ihre Ausbildung zuständig. Fertigen Sie eine Stellenbeschreibung für diese Person an.
3. Direkter Nachbar der Fairtext GmbH ist die Teka Textilkaufhaus GmbH.
   A. Zeichnen Sie nach der unten stehenden Beschreibung ein Organigramm, aus dem der Aufbau der Teka Textilkaufhaus GmbH hervorgeht:
   a) Geschäftsführer der Teka Textilkaufhaus GmbH ist Bernd Schneider; sein Sekretariat leitet als Chefsekretärin Frau Tippe.
   b) Ernst Breit leitet das Lager und untersteht dem Leiter des Einkaufsbereichs (Herr Bastian).
   c) Der Verkaufsbereich gliedert sich in die Abteilungen Verkauf Haus Hannover und in die Versandabteilung.
   d) Innerhalb der Textilabteilung ist Herr Scheuermann Gruppenleiter Einkauf Herrenbekleidung, Frau Winkelmann ist zuständig für die Damenbekleidung, Herr Otto ist Gruppenleiter Einkauf Raumtextilien.
   e) Der Verwaltungsbereich besteht aus den Abteilungen Hausverwaltung, Personal sowie Rechnungswesen/Controlling.
   f) Herr Jansen ist Leiter des Verkaufsbereichs, die zwei anderen unter dem Geschäftsführer liegenden Bereiche werden von Frau Zuege und Herrn Bastian geleitet.
   g) Frau Dr. Kremtz berät die Geschäftsführung in Rechtsfragen.
   h) Innerhalb des Einkaufsbereichs gibt es neben der Textilabteilung noch eine Abteilung für Raumtextilien.
   i) Frau Becke berät die Geschäftsführung in Organisations- und Datenverarbeitungsfragen.

   B. Geben Sie an, welches Weisungssystem vorliegt, und begründen Sie das anhand des Organigramms.
4. Stellen Sie die Aufbauorganisation anderer Unternehmen vor. Führen Sie dazu eine Internetrecherche durch (z. B. Stichwort „Organigramm“).

203153124

ZUSAMMENFASSUNG

Aufbauorganisation = Ordnung von Zuständigkeiten

regelt die Gliederung der Betriebsaufgaben nach a) Verrichtungen (Tätigkeiten, Funktionen) b) Objekten (Waren)	legt Verantwortungsbereiche und Handlungsbefugnisse fest	ordnet Aufgaben und Teilaufgaben (Zuständigkeiten) Personen zu	soll durch die Stellen- und Abteilungsbildung eine reibungslose betriebliche Leistungserstellung ermöglichen	wird im Organisationsplan festgehalten	legt Weisungsbefugnisse und Über- bzw. Unterstellungen fest

- Eine **Abteilung** ist die Zusammenfassung mehrerer Stellen unter einer Leitung. In ihr werden gleichartige oder miteinander verwandte Tätigkeiten zusammengefasst.

- Eine **Stelle** ist die unterste Gliederungsstufe der Aufbauorganisation. Sie ist eine Zusammenfassung von Teilaufgaben zum Arbeitsgebiet einer Person.

- **Instanzen** sind Stellen mit Weisungsbefugnis.

- **Stabsstellen** haben keine Weisungsbefugnis, beraten aber die Vorgesetzten.

- Ein **Weisungssystem** ist die Organisation des Betriebs nach dem Instanzenaufbau. Dadurch werden sämtliche Mitarbeiter entsprechend der Weisungsbefugnis erfasst.

Einliniensystem: Jeder untergeordneten Stelle ist nur eine Stelle mit Weisungsbefugnis übergeordnet.

Mehrliniensystem: Jeder Mitarbeiter hat mehrere spezialisierte Vorgesetzte.

Divisionale Organisation (Spartenorganisation): Auf der Ebene unterhalb der Unternehmensleitung erfolgt die Abteilungsbildung nach Objekten.

Matrixorganisation Jeder Mitarbeiter hat einen produkt- bzw. projektorientierten und einen funktionsorientierten Vorgesetzten.

Herr Springer tritt als Teilhafter mit einer Kapitaleinlage von 20.000,00 € in die Textileinzelhandlung Giesselmann KG ein. Der Eintritt wird ordnungsgemäß beim Registergericht gemeldet und daraufhin auch eingetragen. Infolge eines Versehens des Registergerichts wird Herr Springer in der öffentlichen Bekanntmachung als persönlich haftender Gesellschafter (= Vollhafter) bezeichnet.
Die Verantwortlichen der Fairtext GmbH verlassen sich bei ihrer Einsicht in das Handelsregister auf diese Eintragung, von deren Fehlerhaftigkeit sie zu diesem Zeitpunkt noch nichts ahnen.
Kurz darauf gewährt die Fairtext GmbH, vertreten durch die Abteilungsleiterin des Rechnungswesens, Frau Beere, der Giesselmann KG im Vertrauen auf die ihr bekannten Vermögensverhältnisse von Herrn Springer einen Kredit über 50.000,00 €.
Als die Fairtext GmbH wegen Zahlungsschwierigkeiten der Giesselmann KG deren Gesellschafter Herrn Springer als persönlich haftenden Gesellschafter in Anspruch nimmt, wendet dieser ein, er sei gar nicht voll haftender Gesellschafter, sondern nur Teilhafter, und hafte daher nur in Höhe seiner Kapitaleinlage.

Prüfen Sie, welche Auswirkungen diese fehlerhafte Eintragung in das Handelsregister für die Fairtext GmbH hat.

INFORMATIONEN

Kaufmannseigenschaft

1. Kaufmannsbegriff

DEFINITION

Kaufmann ist **jeder Gewerbetreibende, der ein Handelsgewerbe betreibt** – ohne Rücksicht auf die Branche. (§ 1 Abs. 1 HGB)
Handelsgewerbe ist **jeder Gewerbebetrieb**, der nach Art und Umfang einen in kaufmännischer Weise eingerichteten Geschäftsbetrieb erfordert.

Handelsgewerbe können Dienstleistungs-, Handwerks- und Industriebetriebe sein. Typische Handelsgewerbe sind Banken, Außen-, Groß- und Einzelhandel, Kommissionäre, Transportunternehmen, Verlage und Versicherungen.
Wer in einem Handelsgewerbe als kaufmännischer Angestellter beschäftigt ist, ist laut HGB kein Kaufmann, sondern Handlungsgehilfe.

2. Arten der Kaufmannseigenschaft

2.1 Istkaufmann (Kaufmann kraft Gewerbebetrieb)

DEFINITION

Gewerbebetrieb ist jede selbstständige, nach außen erkennbare Tätigkeit, die auf Dauer und Gewinnerzielung angelegt und kein „freier Beruf" ist.

Personen, die ein Handelsgewerbe betreiben, sind auch ohne Eintragung in das Handelsregister Kaufleute (**= Muss- oder Istkaufleute).** Sie gelten von vornherein, d. h. durch die tatsächliche Ausübung ihrer Geschäfte, als Kaufleute (= Kaufmann kraft Gewerbebetrieb gem. § 1 HGB), sofern sie nach Art und Umfang einen in kaufmännischer Weise eingerichteten Geschäftsbetrieb führen.

Die Industrie- und Handelskammern gehen davon aus, dass das regelmäßig ab einem jährlichen Umsatz von 600.000,00 € bzw. bei einem Gewinn von 60.000,00 € der Fall ist. Ist eine dieser Grenzen erreicht, besteht eine Pflicht zur Buchführung[1]. Folgerichtig wird dann davon ausgegangen, dass auch ein in kaufmännischer Weise eingerichteter Geschäftsbetrieb erforderlich ist.

Es kommt für die Beurteilung der Art und des Umfangs des Geschäftsbetriebs nicht darauf an, ob tatsächlich kaufmännische Einrichtungen vorhanden sind. Vielmehr sind neben dem Umsatzvolumen folgende Kriterien zu berücksichtigen:

- Vielfalt der hergestellten und vertriebenen Erzeugnisse oder erbrachten Leistungen
- Zusammenfassung verschiedener Unternehmensarten (Handwerk, Handel, Vertretungen)
- Art der Geschäftsabwicklung (Kredit- und Wechselverkehr, Bargeschäfte)

1 Solange keine dieser beiden Grenzen überschritten wird, sind die Unternehmen von der Buchführungspflicht befreit. Sie können die weniger aufwendige Einnahmen-Überschuss-Rechnung verwenden: Betriebseinnahmen abzüglich Betriebsausgaben = Gewinn bzw. Verlust.

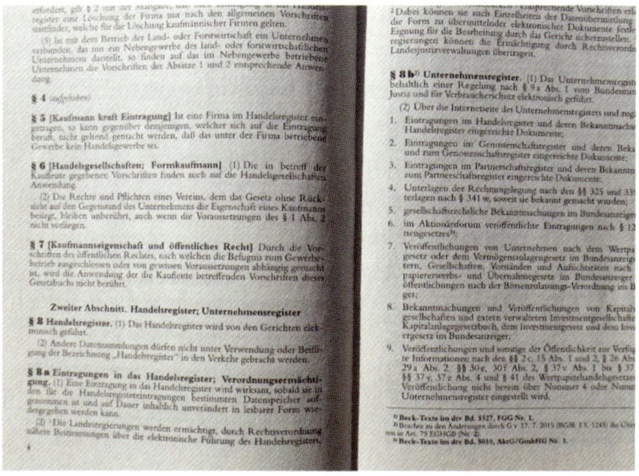

Rechtsvorschriften im Geschäftsleben

Kleingewerbetreibende

- Erfordernis langfristiger Dispositionen, Schwierigkeit der Kalkulation, Übernahme von Gewährleistungspflichten
- Vielfalt der Geschäftsbeziehungen (Anzahl der Lieferanten und Kunden, Anzahl der Geschäftsfälle)
- Zahl, Funktion und Qualifikation der Beschäftigten
- Anzahl der Betriebsstätten
- Umfang der Werbung
- Größe der Lagerhaltung
- Höhe des Anlage- und Umlaufvermögens

Die Entscheidung, ob eine kaufmännische Organisation notwendig ist, trifft das Amtsgericht – ggf. mit Unterstützung der zuständigen Industrie- und Handels- oder Handwerkskammer. Ergibt eine Gesamtwürdigung dieser Kriterien, dass der Geschäftsbetrieb kaufmännische Einrichtungen erfordert, hat der Kaufmann seine Firma in notarieller Form zur Eintragung in das Handelsregister anzumelden.

Die vorgeschriebene Eintragung der Istkaufleute in das Handelsregister hat **rechtsbezeugende** (deklaratorische) Wirkung, da die Kaufmannseigenschaft bereits vor der Eintragung besteht.

2.2 Kannkaufmann

Handelt es sich um einen Gewerbebetrieb, der **keinen** kaufmännischen Geschäftsbetrieb benötigt, wie z. B. Kioske oder Imbissstände **(= Kleingewerbe),** so liegt **kein Handelsgewerbe** vor und der Betrieb wird rechtlich wie eine Privatperson behandelt (= Nichtkaufmann). Er unterliegt somit auch nicht der Buchführungspflicht nach HGB bzw. der Strenge des Handelsrechts.

Kleingewerbetreibende, gleich, welcher gewerblichen Branche sie angehören, sowie **land- und forstwirtschaftliche Betriebe** und deren Nebenbetriebe[1] (z. B. Brennereien, Molkereien, Mühlen) können aber **freiwillig** zu vollwertigen Kaufleuten werden (= Kannkaufmann; §§ 2, 3 HGB), indem sie (in notarieller Form) die Eintragung in das Handelsregister beantragen. Ab dem Zeitpunkt der Eintragung sind auch sie dann vor dem Gesetz Kaufleute mit allen damit verbundenen Rechten und Pflichten, wie z. B. Untersuchungs- und Rügepflicht, kaufmännisches Zurückbehaltungsrecht und insbesondere auch Buchführungspflicht.

Die Eintragung in das Handelsregister hat **rechtsbegründende** (konstitutive) Wirkung, d. h., erst mit der Eintragung entsteht die Kaufmannseigenschaft.

Darüber hinaus hat – im Gegensatz zu den Istkaufleuten und den Betrieben der Land- und Forstwirtschaft – der **Kleingewerbetreibende** die Möglichkeit, sich auf Antrag aus dem Handelsregister streichen zu lassen und wieder den Status eines Nichtkaufmanns zu erlangen. Das gilt allerdings nur unter der Voraussetzung, dass er zwischenzeitlich nicht als Kaufmann mit kaufmännischer Organisation anzusehen ist.

2.3 Formkaufmann

Alle Kapitalgesellschaften (z. B. die Aktiengesellschaft und die Gesellschaft mit beschränkter Haftung) sind unabhängig von der Art ihrer Tätigkeit Handelsgesellschaften, auch wenn sie kein Handelsgewerbe betreiben. Sie sind daher generell als Kaufleute zu betrachten. Die Kaufmannseigenschaft erwerben sie erst durch Eintra-

1 Nebenbetrieb ist ein Gewerbe, das organisatorisch und sachlich selbstständig neben dem Hauptbetrieb ausgeübt wird. Der bloße Hilfsbetrieb reicht dazu nicht. Trotzdem muss der Nebenbetrieb vom Hauptbetrieb abhängig sein. Das ist z. B. der Fall, wenn er den Vertrieb der Produkte des Hauptbetriebs übernimmt oder den Hauptbetrieb auf sonstige Weise fördert. Die Größenverhältnisse sind nicht entscheidend.

gung in das Handelsregister (= Formkaufmann; Kaufmann kraft Rechtsform; § 6 HGB).

2.4 Nichtkaufmann

Als Nichtkaufleute gelten Land- und Forstwirte, die nicht im Handelsregister eingetragen sind. Ferner **Freiberufler** wie Künstler, Architekten, Rechtsanwälte, Ärzte und Steuerberater. Sie betreiben kein Gewerbe und sind daher keine Kaufleute.

Handelsvertreter, Handelsmakler, Frachtführer, Spediteure und Lagerhalter werden als Gewerbetreibende bezeichnet und sind deshalb ebenfalls keine Kaufleute.

Keine Kaufleute im handelsrechtlichen Sinne sind auch kaufmännische Angestellte, gleichgültig, welche Position sie im Unternehmen einnehmen, sowie Vorstandsmitglieder einer AG oder Geschäftsführer einer GmbH.

Kaufleute nach HGB	Betriebe ohne Handelsregistereintragung
• müssen als Rechtsgrundlage des Handelns das HGB beachten • führen eine Firma • müssen ihre Firma in das Handelsregister eintragen lassen • dürfen Prokura erteilen und selbstständige Zweigniederlassungen errichten • haben die Pflicht, die handelsrechtlichen Buchführungs- und Bilanzvorschriften zu beachten (Buchführungspflichtgrenze: 500.000,00 € Umsatz pro Jahr) • müssen bei Mängeln beim Handelskauf unverzüglich rügen • bürgen selbstschuldnerisch	• müssen als Rechtsgrundlage des Handelns das BGB beachten • dürfen keine Firma führen • dürfen keine Prokura erteilen • sind zur **Mindestbuchführung** nach Steuerrecht verpflichtet • können nur eine Ausfallbürgschaft übernehmen

Firma

DEFINITION

Die **Firma** ist der **Name eines Kaufmanns**[1], unter dem er
- seine Geschäfte betreibt,
- die Unterschrift abgibt,
- klagen und verklagt werden kann (§ 17 HGB).

Der Begriff „Firma“ darf also nicht verwechselt werden mit dem Begriff „Unternehmen“.

Die Firma muss
- von anderen Gewerbetreibenden zu unterscheiden sein,
- die Gesellschafts- und Handelsverhältnisse offenlegen und
- wahr (nicht irreführend) sein (§ 18 HGB).

1. Firmenarten

Zur Firma können **Firmenkern** (zwingend vorgeschrieben) und **Firmenzusatz** gehören. Der Firmenkern ist jeweils für die verschiedenen Unternehmensformen gesetzlich geregelt:

Kleinbetriebe (kleingewerbetreibende Personenhandelsgesellschaften), deren Unternehmen keinen kaufmännischen Geschäftsbetrieb erfordert, können ebenfalls die Rechtsform einer OHG oder KG wählen (§ 105 Abs. 2 HGB).

Der Firmenkern wird häufig um einen Firmenzusatz ergänzt. Darunter sind diejenigen Angaben der Firma zu verstehen, die über den gesetzlich vorgeschriebenen Mindestinhalt – den Firmenkern – hinausgehen.

Alle Kapitalgesellschaften, Personengesellschaften und Einzelkaufleute haben ansonsten die freie Wahl einer aussagekräftigen und werbewirksamen Firma. Sie können zwischen einer Personenfirma, einer dem Unternehmensgegenstand entnommenen Sachfirma, einer gemischten Firma (Person des Kaufmanns und Unternehmensgegenstand) und einer „Fantasiefirma“ wählen.

1 Kaufmann im Sinn des HGB ist, wer ein Handelsgewerbe betreibt (§ 1 Abs. 1 HGB).

Beim **Firmenkern** sind folgende Bezeichnungen zwingend vorgeschrieben (§ 19 HGB):					
Einzelkaufleute[1]	**Offene Handelsgesellschaft (OHG)**	**Kommanditgesellschaft (KG)**	**Gesellschaft mit beschränkter Haftung (GmbH)**	**Aktiengesellschaft (AG)**	**Kommanditgesellschaft auf Aktien (KGaA)**
„eingetragener Kaufmann", „eingetragene Kauffrau" oder eine allgemein verständliche Abkürzung dieser Bezeichnung, insbesondere „e. K.", „e. Kfm." oder „e. Kffr." (§ 19 Abs. 1 HGB)	„offene Handelsgesellschaft" oder eine allgemein verständliche Abkürzung dieser Bezeichnung (§ 19 Abs. 1 Nr. 2 und 3 HGB)	„Kommanditgesellschaft" oder eine allgemein verständliche Abkürzung dieser Bezeichnung	„Gesellschaft mit beschränkter Haftung" oder eine allgemein verständliche Abkürzung dieser Bezeichnung	„Aktiengesellschaft" oder eine allgemein verständliche Abkürzung dieser Bezeichnung	„Kommanditgesellschaft auf Aktien" oder eine allgemein verständliche Abkürzung dieser Bezeichnung

1.1 Personenfirma

Der Firmenname besteht aus einem oder mehreren bürgerlichen Namen.

BEISPIELE

- Christina Grundstedt e. Kffr.
- Grundstedt & Wichmann KG
- J. Lembke e. Kfm.

1.2 Sachfirma

Bei einer Sachfirma ist der Firmenname aus dem Gegenstand des Unternehmens abgeleitet.

BEISPIELE

- Rheinische Weinkellerei KG
- Deutsche Industriewartung GmbH
- sparda Bank Hannover e. G.
- ABC-Handels GmbH
- Transport KG

1.3 Gemischte Firma

Sie beinhaltet neben dem Personennamen den Gegenstand des Unternehmens.

BEISPIELE

- Richard Weibke, Fahrradkontor, e. Kfm.
- Fotostudio Michael Scholz OHG
- Werner Grigat – Immobilien KG
- Blumenlädchen Bärbel Stobbe e. Kffr.
- Helen Villanueva, Textileinzelhandel KG

1.4 Fantasiefirma

Sie kann aus Abkürzungen oder Firmenzeichen entstehen.

BEISPIELE

- Pelikan AG
- Getränkehandlung Kalt und Spritzig OHG
- adidas AG
- Büroreinigung Blitzblank, e. Kffr.
- Hartlen KG
- Pharos e. K.

2. Firmengrundsätze

Die Firma des einzelnen Unternehmers kann sich in der Öffentlichkeit und bei Geschäftspartnern durch z. B. besonders gute Qualitätsware, vorzüglichen Kundenservice, großzügige Kulanzregelungen, Zuverlässigkeit, Kreditwürdigkeit usw. ein besonderes Ansehen erwerben.

Aus diesem Grund unterliegt der Gebrauch der Firmenbezeichnung besonderem Schutz und besonderen Grundsätzen.

2.1 Firmenöffentlichkeit

Jeder Kaufmann ist verpflichtet, seine Firma in das Handelsregister eintragen zu lassen. Er hat seine Namensunterschrift unter Angabe der Firma bei dem Gericht, in dessen Bezirk sich seine Handelsniederlassung befindet, zu zeichnen (§ 29 HGB).

2.2 Firmenwahrheit

Bei der Unternehmensgründung muss die Firma wahr sein. Für den Unternehmer bedeutet das, dass die Firma den zwingenden Hinweis auf die Kaufmannseigenschaft enthalten muss.

1 Durch den zwingenden Hinweis auf die Kaufmannseigenschaft in der Firma des Einzelkaufmanns wird der Kaufmann von dem nichtkaufmännischen Gewerbetreibenden, dem sogenannten Kleingewerbetreibenden i. S. von § 1 Abs. 2 HGB, abgegrenzt.

Nicht zwingend vorgeschrieben, aber erlaubt sind Zusätze, die über den Geschäftszweig Auskunft geben, wie beispielsweise „Süßwarengeschäft" oder „Möbelzentrale". Auch sie müssen wahr sein.

BEISPIEL

Der Einzelunternehmer Gerhard Volker Bodenstein kann seine Firma z. B. nennen:

- Gerhard Bodenstein, eingetragener Kaufmann
- Volker Bodenstein e. K.
- GeVoBo e. Kfm.

2.3 Firmenklarheit

Die Firma muss klar sein. Sie darf den Außenstehenden nicht über wesentliche geschäftliche Verhältnisse irreführen (§ 18 Abs. 2 HGB).

BEISPIELE[1]

- „Markt": Ein kleines Schuhgeschäft darf sich nicht „Schuhmarkt" nennen, weil die Bezeichnung „Markt" auf ein Einzelhandelsgeschäft mit einer gewissen Größe und Angebotsvielfalt hinweist.
- „Kinderladen" ist für ein bloßes Kinderbekleidungsgeschäft unzulässig. Beim „Kinderladen" erwartet man ein Geschäft, das vielerlei Gegenstände des kindlichen Bedarfs, z. B. auch Spielwaren, führt.
- Gebiets- oder Stadtnamen sind nur zulässig für führende Unternehmen des Gebiets (Orts) und Geschäftszweiges, wie
  - Frankfurter Sitzmöbel oder
  - Buchvertrieb Europa.

2.4 Firmenausschließlichkeit

Nach den §§ 18 und 30 HGB muss sich jede neue Firma von allen an demselben Ort oder in derselben politischen Gemeinde bereits bestehenden und in das Handelsregister eingetragenen Firmen deutlich unterscheiden (§ 30 HGB).[2] „Sich deutlich unterscheiden" heißt, jede Verwechslungsgefahr ausschließen.

Firmenzusätze, die Wahl eines anderen oder weiteren Vornamens oder der Zusatz „jun." oder „sen." dienen zur Unterscheidung des Geschäfts.

BEISPIEL

bereits bestehende Firma:
Klaus R. Fasold e. Kfm.
neue Firma:
Richard Fasold e. Kfm.
Klaus R. Fasold e. K., Feinkostgeschäft
Klaus Fasold jun., e. K.

Gesellschafterzusätze allein, z. B. „GmbH", sind kein genügendes Unterscheidungsmerkmal. Die örtliche Begrenzung gilt nicht für Unternehmen, deren Bedeutung über den Ort hinausgeht. Sein Schutz kann sich auf das gesamte Inland beziehen, wie z. B. bei adidas, IBM oder Mercedes.

2.5 Firmenübertragbarkeit

Dieser Grundsatz besagt, dass eine Firma nur mit dem dazugehörigen Handelsgeschäft verkauft werden kann (§ 23 HGB).

2.6 Firmenbeständigkeit

Die bisherige Firma kann fortgeführt werden

- bei Änderung des in der Firma enthaltenen Namens des Geschäftsinhabers oder eines Gesellschafters, d. h. ohne eine Änderung der Person, z. B. bei Heirat oder Adoption (§ 21 HGB);
- beim Erwerb eines bestehenden Handelsgeschäfts (z. B. Kauf, Erbschaft, Schenkung), und zwar mit oder ohne einer Beifügung eines Zusatzes, der das Nachfolgeverhältnis andeutet (§ 22 HGB);
- bei Änderung des Gesellschafterbestands, auch wenn sie den Namen des bisherigen Geschäftsinhabers oder Namen von Gesellschaftern enthält (§ 24 HGB).

1 Wegen des reduzierten Überprüfungsmaßstabes nach § 18 Abs. 2 HGB werden die in den Beispielen genannten Firmenbestandteile nicht mehr durch die Registergerichte abgelehnt werden können. Die Registergerichte müssen insoweit berücksichtigen, dass eine abstrakte, vielleicht täuschungsgeeignete Firma im Geschäftsverkehr tatsächlich nicht missverstanden wird. Sollte es dann im Rechtsverkehr zu Missverständnissen kommen, so bleibt die Klärung dem Wettbewerbsrecht vorbehalten.

2 Die Eintragung ins Handelsregister gibt in diesem Fall aber keine Garantie für die wettbewerbsrechtliche Zulässigkeit der Firma. Falls ein Unternehmen eine überregionale Tätigkeit beabsichtigt, empfiehlt es sich, auch hier eine entsprechende Recherche vorzunehmen.

203153130

In den beiden letztgenannten Fällen ist die ausdrückliche Einwilligung des bisherigen Geschäftsinhabers, des Gesellschafters oder deren Erben notwendig.

BEISPIELE

- Frau Schramm hat der Schramm OHG ihren Namen gegeben. Die Firma kann diesen Namen behalten, auch wenn die Namensgeberin heiratet und nunmehr Grundmann heißt.
- Frau Elke Zimmermann erwirbt das Textilfachgeschäft Olaf Brennecke e.K. Mögliche Firmenbezeichnungen wären:
  - „Elke Zimmermann e. Kffr." mit oder ohne Zusatz „Textilfachgeschäft"
  - „Elke Zimmermann e. Kffr. vorm. Olaf Brennecke"
  - „Olaf Brennecke, e.K., Nachfolgerin Elke Zimmermann"
  - „Olaf Brennecke, e.K., Nachf."
  - „Olaf Brennecke, e.K., Inh. Elke Zimmermann"

Durch die Fortführung der Firma bleibt der Firmenwert (= Goodwill) erhalten, der durch den guten Ruf des Unternehmens entstanden ist.

Die Kunden müssen sich nicht umstellen und das Unternehmen kann weiter mit seinem bekannten und seriösen Namen werben. Nur weil geheiratet wird oder der Inhaber sein Geschäft verkauft, ist ein Umsatzrückgang nicht zu befürchten.

Bei Verstößen gegen die Firmengrundsätze kann der geschädigte Kaufmann auf Unterlassung klagen und Schadensersatz verlangen.

3. Pflichtangaben auf Geschäftsbriefen

Um eine eindeutige Identifizierung des Kaufmanns zu ermöglichen, sind sämtliche kaufmännischen Unternehmen verpflichtet, handelsrechtliche Angaben auf Geschäftsbriefen und Bestellscheinen vorzunehmen. Der Umfang der Pflichtangaben unterscheidet sich je nach der Rechtsform, in der das Unternehmen geführt wird. Im Einzelnen sind folgende Angaben zu machen:

- die Firma,
- Rechtsform und (Haupt-)Sitz der Gesellschaft bzw. bei Einzelkaufleuten Rechtsformzusatz nach § 19 HGB und Ort der Handelsniederlassung (§ 37 a HGB),
- das Registergericht sowie
- die Nummer, unter der die Firma in das Handelsregister eingetragen ist (§ 37 a HGB; zur entsprechenden Verpflichtung der Personenhandelsgesellschaften vgl. § 125 a HGB).

Bei **Aktiengesellschaften** sind ferner alle Vorstandsmitglieder und der Vorsitzende des Aufsichtsrates mit dem Familiennamen und mindestens einem ausgeschriebenen Vornamen anzugeben (§ 80 AktG). Der Vorstandsvorsitzende ist als solcher zu bezeichnen.

Die gleichen Bestimmungen gelten für die **Gesellschaft mit beschränkter Haftung** bezogen auf alle Geschäftsführer und den Aufsichtsratsvorsitzenden, sofern die Gesellschaft einen Aufsichtsrat gebildet hat.

Sind die Angaben auf den Geschäftsbriefen oder Bestellscheinen nicht enthalten, so kann der Kaufmann hierzu vom Registergericht durch Festsetzung von Zwangsgeld gezwungen werden (§ 37 a Abs. 4 HGB).

Aufgabe und Inhalte des Handelsregisters

DEFINITION

Das **Handelsregister** ist ein öffentliches Verzeichnis beim regional zuständigen Amtsgericht, in das alle Kaufleute des betreffenden Amtsgerichtsbezirks einzutragen sind. Es wird von den Gerichten elektronisch geführt (§ 8 HGB).

Durch die Eintragungen im Handelsregister wird die Öffentlichkeit über wichtige Sachverhalte und Rechtsverhältnisse der Kaufleute und Handelsgesellschaften informiert.

Jeder Kaufmann ist verpflichtet, seine Firma und den Ort der Handelsniederlassung bei dem Gericht, in dessen Bezirk sich die Niederlassung befindet, zur Eintragung in das Handelsregiser anzumelden. Zur Übersendung der Dokumente ist ein spezieller Übermittlungsweg (das „Elektronische Gerichts- und Verwaltungsfach") zu nutzen (§ 29 HGB). Das Registergericht kann vorgeschriebene Anmeldungen durch Ordnungsstrafen erzwingen (§ 14 HGB).

Andererseits kann in das Register nur eingetragen werden, was das Gesetz als eintragungsfähig bestimmt. Der Kaufmann kann daher nicht beliebige Tatsachen, die er der Öffentlichkeit mitteilen möchte, in das Handelsregister eintragen lassen.

Zweck des Handelsregisters ist es,
- die Firma des Kaufmanns zu schützen sowie
- der Allgemeinheit, insbesondere aber den Geschäftspartnern des Kaufmanns die Möglichkeit zu verschaffen, sich über die kaufmännischen Verhältnisse eines Kaufmanns zuverlässig zu informieren (Gläubigerschutz).

1. Anmeldungen zur Eintragung

Anmeldungen (über Neueintragung, Veränderung, Löschung) müssen elektronisch und in öffentlich beglaubigter Form erfolgen (§ 12 Abs. 1 HGB). Eintragungen erfolgen grundsätzlich nur auf Antrag. Das zum Handelsregister einzureichende Dokument kann in jeder Amtssprache eines Mitgliedstaates der Europäischen Union übermittelt werden.

Vor jeder Handelsregistereintragung erfolgt eine firmenrechtliche Prüfung sowie die Stellungnahme durch die IHK (= Prüfung der Eintragsfähigkeit). Über den Eintrag entscheidet immer das Registergericht.

2. Bekanntmachung

Die Bekanntmachung von Registrierungen erfolgt elektronisch über das bundesweite Portal www.justiz.de. Genossenschaften werden in einem besonderen Genossenschaftsregister geführt.

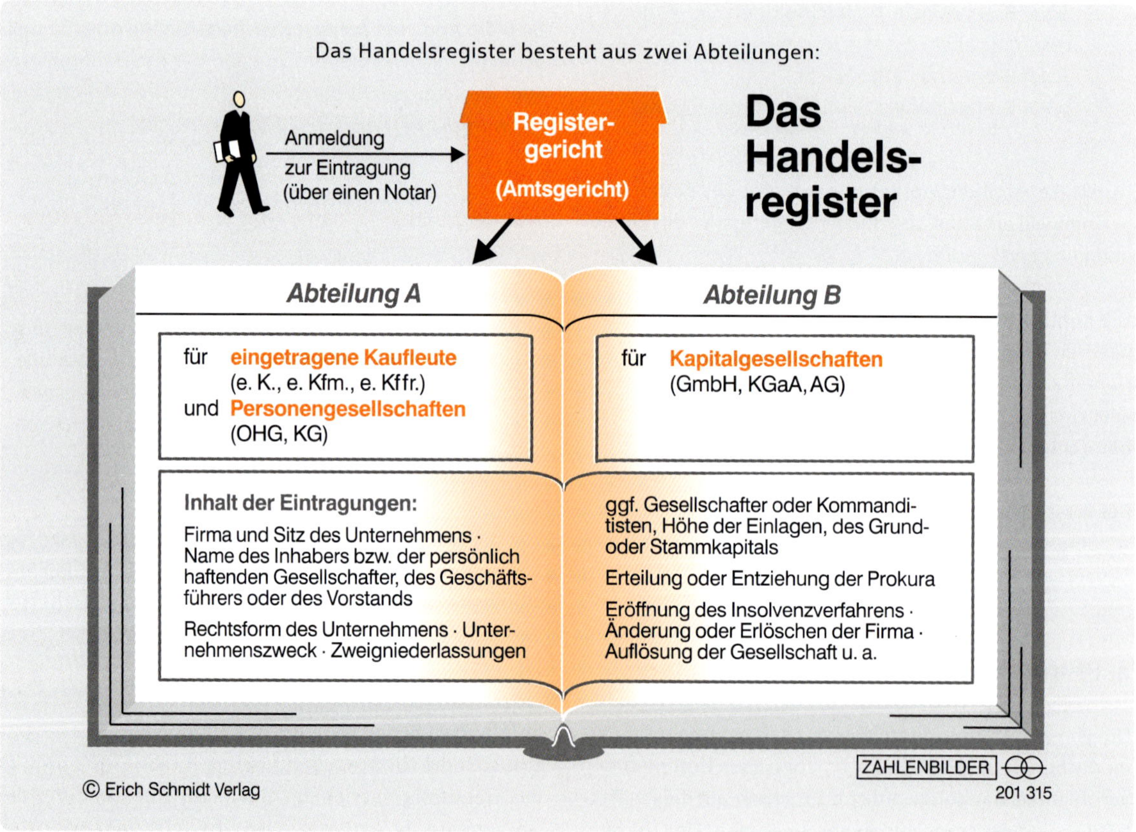

BEISPIELE FÜR EINTRAGUNGEN IM HANDELSREGISTER

1. Neueintragungen

HRB 5402 – 22. Dez. 20..:

D.K. Warenhandel und Vertrieb GmbH, 28832 Achim-Baden (Badener Holz 26). Gegenstand des Unternehmens ist der Handel und Vertrieb von Waren jeglicher Art. Die Gesellschaft kann alle Geschäfte betreiben, die dem Gesellschaftszweck unmittelbar oder mittelbar dienen können, und/oder mit ihm im Zusammenhang stehende Aufgaben übernehmen. Sie kann Zweigniederlassungen errichten und sich an gleichartigen oder ähnlichen Unternehmen beteiligen. Stammkapital: 50.000,00 €. Geschäftsführer: Dietmar Korreck, 28832 Achim-Baden. Gesellschaft mit beschränkter Haftung. Der Gesellschaftsvertrag ist am 20. November 20.. abgeschlossen. Die Gesellschaft hat einen oder mehrere Geschäftsführer. Ist nur ein Geschäftsführer bestellt, vertritt er die Gesellschaft allein. Sind mehrere Geschäftsführer bestellt, wird die Gesellschaft gemeinschaftlich durch zwei Geschäftsführer oder durch einen Geschäftsführer zusammen mit einem Prokuristen vertreten. Durch Gesellschafterbeschluss können Geschäftsführer zur Alleinvertretung ermächtigt und auch von den Beschränkungen des § 18 BGB befreit werden. Der Geschäftsführer, Dietmar Korreck, 28832 Achim-Baden, ist alleinvertretungsberechtigt und von den Beschränkungen des § 181 BGB befreit. Nicht eingetragen: Die Bekanntmachungen der Gesellschaft erfolgen im Bundesanzeiger.

II. Veränderungen

HRB 4089 – 29. Jan. 20..:

VME-Gesellschaft für Medizinelektronik mbH, Mönchengladbach (Rollberg 1), Ingrid von Gehlen, geb. Fuhrmann, geb. am 30. April 1944, Mönchengladbach, ist zur Geschäftsführerin bestellt. Sie ist stets alleinvertretungsberechtigt und von den Beschränkungen des § 181 BGB befreit. Maria Fuhrmann ist nicht mehr Geschäftsführerin.

HRB 3380 – 4. Feb. 20..:

R & S Fenster e. Kfm., Mönchengladbach (Dahlener End 69). Dietmar Josef Wevers, geb. am 23. November 1961, Mönchengladbach, ist als persönlich haftender Gesellschafter eingetreten. Dadurch offene Handelsgesellschaft, die am 1. Januar begonnen hat. Die Firma ist entsprechend geändert. Sie lautet nun: R & S Fenster OHG.

III. Löschungen

HRB 3383 – 24. Feb. 20..:

Lord Spielhallengesellschaft mbH, Braunschweig. Gemäß § 141 a FGG (früher § 2 LöschG) von Amts wegen gelöscht, weil die Gesellschaft vermögenslos ist.

HRB 161 – 27. Jan. 20..:

Steinberg GmbH, Elze. Die Liquidation ist beendet. Die Gesellschaft ist erloschen.

Die **Löschung aus dem Handelsregister** erfolgt, wenn das Handelsgewerbe aufgegeben (Liquidation, Insolvenz) oder in eine juristische Person umgewandelt wird.

3. Einsichtnahme und elektronische Registerführung

Das Handelsregister soll eine Publikations-, Beweis-, Kontroll- und Schutzfunktion erfüllen. Daher steht es jedermann zur Einsicht offen (§ 9 Abs. 1 HGB).

Sämtliche im Handelsregister geführten Daten eines Unternehmens können bundesweit von jedermann über das Internet abgerufen werden (siehe Registerportal unter www.unternehmensregister.de). Eingesehen werden können alle in elektronischer Form vorliegenden Dokumente.

Jeder darf ferner vom Handelsregister Ausdrucke bzw. Abschriften der Eintragungen und eingereichten Dokumente verlangen.

Hierfür stellen die Gerichte elektronische Postfächer zur Verfügung. Der Eingang in diesem Postfach ist maßgeblich für Rechtswirkungen oder Stichtage, die an den Eingang einer Anmeldung bei Gericht anknüpfen.

Wirkung der einzelnen Eintragungen

Eine Eintragung in das Handelsregister wird wirksam, sobald sie in den für die Handelsregistereintragungen bestimmten Datenspeicher aufgenommen ist und auf Dauer inhaltlich unverändert in lesbarer Form wiedergegeben werden kann.

1. Manche Eintragungen haben **konstitutive** (= rechtsbegründende oder rechts**erzeugende**) Wirkung. In solch einem Fall ist die Eintragung notwendig, damit eine bestimmte Rechtslage überhaupt entsteht.

BEISPIELE

- **Eintragung von Kannkaufleuten:** Land- und Forstwirte oder Inhaber von Gewerbebetrieben, die keine kaufmännische Organisation erfordern (Kleingewerbetreibende), erwerben erst mit der Eintragung in das Handelsregister die Kaufmannseigenschaft.

- **Eintragung von Formkaufleuten:** Die Aktiengesellschaft und die GmbH entstehen ebenfalls erst durch die Eintragung.

2. Die meisten Eintragungen haben **deklaratorische** (= rechts**bezeugende**) Wirkung. Der Rechtsvorgang ist dabei ohne die Eintragung wirksam, die Eintragung bestätigt ihn lediglich.

BEISPIELE

Eintragung von Istkaufleuten: Derjenige, der ein Handelsgewerbe betreibt, wird – ohne Rücksicht auf die Branche – automatisch Kaufmann, wenn sein Geschäftsbetrieb einen gewissen Umfang überschreitet; die Eintragung gibt das nur kund.
Eintragung der Prokura: Die Erteilung und der Widerruf der Prokura sind ohne Eintragung rechtswirksam. Die Eintragung ist zwar vorgeschrieben. Sie hat aber nur die Aufgabe, die Prokuraerteilung kundzugeben.

3. In den Fällen der **freigestellten Anmeldung** ergibt sich die Wirkung aus der jeweiligen Bestimmung, die dem Betreffenden die Eintragung erlaubt.

BEISPIEL

Für Herrn Bruns als Erwerber der Firma Klaus Kubel e. Kfm., Haus für Herren- und Damenbekleidung, der die Firma unverändert fortführt, gilt folgende gesetzliche Regelung des HGB:

> § 25 Haftung des Erwerbers bei Firmenfortführung
>
> (1) Wer ein unter Lebenden erworbenes Handelsgeschäft unter der bisherigen Firma mit oder ohne Beifügung eines das Nachfolgeverhältnis andeutenden Zusatzes fortführt, haftet für alle im Betrieb des Geschäfts begründeten Verbindlichkeiten des früheren Inhabers.

Herr Bruns kann nun aber die Haftung für die Verbindlichkeiten des bisherigen Inhabers gegenüber den Gläubigern ausschließen, wenn der Haftungsausschluss im Handelsregister eingetragen und bekannt gemacht worden ist.

Schutz des Vertrauens auf das Handelsregister

1. Das Handelsregister genießt **öffentlichen Glauben**, d.h., dass sämtliche eingetragenen und veröffentlichten Tatsachen als bekannt gelten und ein Dritter auf die Richtigkeit der Eintragungen vertrauen darf (§ 15 HGB). Er braucht daher nur das zu glauben, was im Handelsregister eingetragen ist.

2. Das gilt auch für den Fall, dass eine in das Handelsregister einzutragende Tatsache **nicht eingetragen und bekannt gemacht** wurde. Diese nicht in das HR eingetragene aber eintragungspflichtige Information kann einem Dritten nicht entgegengehalten werden. Es gilt daher auch hier der Schutz des Vertrauens auf das Register: Auf das Schweigen des Handelsregisters kann sich der außenstehende Dritte verlassen.

BEISPIEL

Herr Hentschel scheidet aus der Liebig OHG als Gesellschafter aus. Sein Ausscheiden wird nicht zum Handelsregister angemeldet und deshalb auch nicht eingetragen und bekannt gemacht.

Die Gesellschaftsgläubiger könnten Herrn Hentschel weiterhin als Gesellschafter behandeln und auch für ihre nach dem Ausscheiden begründeten Forderungen persönlich in Anspruch nehmen.

Ausnahme:
Der Außenstehende war über die nicht eingetragene Tatsache auch ohne die fehlende Eintragung informiert. Das Risiko des Nachweises liegt in diesem Fall bei der zur Eintragung verpflichteten Person. Durch den Zwang der möglichst schnellen Anmeldung von anmeldepflichtigen Tatsachen wird die Vollständigkeit des Handelsregisters gewährleistet.

3. Andererseits kann sich ein Kaufmann auf eine von ihm ordnungsgemäß vorgenommene und veröffentlichte Eintragung berufen. Das heißt andererseits auch, dass ein außenstehender Dritter
   - ordnungsgemäß eingetragene Tatsachen gegen sich gelten lassen muss und
   - verpflichtet ist, sich ausreichend im Handelsregister zu informieren.

BEISPIEL

Herr Bruns, der die Firma Klaus Kubel e. Kfm., Haus für Herren- und Damenbekleidung e. Kfm., unverändert fortführt, schließt die Haftung für alle vor der Übernahme des Geschäfts entstandenen Verbindlichkeiten des früheren Inhabers, Herrn Kubel, aus.

Gemeinsam mit Herrn Kubel lässt er diese vertragliche Regelung in das Handelsregister eintragen und bekannt machen. Drei Wochen nach der Übernahme fordert der Gläubiger Homann von Herrn Bruns 4.300,00 € aus einer zwei Monate alten, noch offenen Rechnung. Herr Bruns braucht nicht zu zahlen, da Herr Homann über die Eintragung hätte informiert sein müssen; er hat fahrlässig gehandelt.

4. Letztlich kann sich ein Dritter auf eingetragene und bekannt gemachte Tatsachen im Handelsregister verlassen, auch wenn sie **unrichtig** sind.

BEISPIEL

Die Fairtext GmbH (vgl. Eingangsbeispiel) kann auf die Eintragung des Herrn Springer als Vollhafter vertrauen und ihre Forderung von 50.000,00 € gegen ihn persönlich geltend machen.

Ein außenstehender Dritter kann sich auf die unrichtige Eintragung berufen.

Eine Ausnahme besteht nur dann, wenn der Dritte (hier die Fairtext GmbH) die Unrichtigkeit kannte.

AUFGABEN

1. Welche Arten von Kaufleuten unterscheidet das Handelsgesetzbuch?

2. Auf welche Weise wird die jeweilige Kaufmannseigenschaft erworben?

3. Wovon hängt es ab, wann im Einzelfall Art oder Umfang der Tätigkeit einen in kaufmännischer Weise eingerichteten Geschäftsbetrieb erfordert?

4. Wer gilt als Nichtkaufmann?

5. Was verstehen Sie unter dem Begriff „Firma“?

6. Welche Vorschrift besteht für die Firma eines Einzelunternehmens?

7. Welchen Sinn hat der Grundsatz der Firmenwahrheit?

8. Welcher Firmengrundsatz wird angesprochen, wenn sich Unternehmen an demselben Ort voneinander unterscheiden müssen?

9. Frau Engelmann eröffnet unter der Firmenbezeichnung „Lieselotte Engelmann, Weinhandlung e. Kffr.“ ein Einzelhandelsgeschäft. Im Nachbarort befindet sich ein sehr angesehenes Weingeschäft, die Firma „Lieselotte Tengelmann, Weinhandlung e. Kffr.“.

Was kann Frau Tengelmann gegen die Firmenwahl ihrer Konkurrentin unternehmen?

10. Wer kann eine Firma führen?

11. Suchen Sie aus der Tageszeitung, den Gelben Seiten und weiteren Quellen je vier Personen-, Sach-, Fantasie- und gemischte Firmen.

12. Horst Frank hat ein Computerfachgeschäft übernommen, das zuvor Roland Waak gehörte und unter der Firma „Roland Waak, Computer Software e. Kfm.“ geführt wurde.

Welche Firma ist rechtlich zulässig? Nennen Sie drei Möglichkeiten.

13. Warum kann aus dem Firmennamen allein nicht ohne Weiteres auf den dahinterstehenden Inhaber geschlossen werden?

14. Wer ist für die Führung des Handelsregisters zuständig?

15. Wer kann Einsicht in das Handelsregister nehmen?

16. Aus welchen Abteilungen besteht das Handelsregister und welche unterschiedlichen Informationen kann man ihnen entnehmen?

17. Wie werden Handelsregistereintragungen veröffentlicht?

18. Warum ist es für einen Großhändler sinnvoll, die Veröffentlichung von Eintragungen im Handelsregister laufend zu verfolgen?

19. Nennen Sie Gründe für die Notwendigkeit des Handelsregisters.

20. Welche Eintragung ins Handelsregister hat
  a) rechtserzeugende (konstitutive),
  b) rechtsbezeugende (deklaratorische) Wirkung?
  - Eintragung der Hannoverschen Papierfabrik AG
  - Ein Hotelbesitzer lässt sich als Kaufmann eintragen.
  - Eintragung eines Handelsgewerbes
  - Eintragung des Bauunternehmens Frank Neumann OHG
  - Eintragung von Herrn Adam als Prokurist
  - Eintragung der Kaufmannseigenschaft eines Kleingewerbetreibenden
  - Eintragung eines Landwirtschaftsbetriebs mit kaufmännischem Geschäftsbetrieb

21. Wie kann die Anmeldung zum Handelsregister erfolgen?

22. Wer muss die Eintragung der Firma ins Handelsregister beantragen?

23. Eine neu eröffnete Boutique wird ins Handelsregister eingetragen. Nennen Sie die Angaben, die die Anmeldung enthalten muss.

24. Wann muss die Firma oder Firmenänderung zur Eintragung ins Handelsregister angemeldet werden?

25. Der Unternehmer Flach hat seinem Prokuristen Adam die Prokura entzogen. Die Löschung der Prokura im Handelsregister hat er vergessen. Welche Folgen hat sein Versäumnis?

AKTIONEN

1. **a)** Erstellen Sie eine sechsspaltige Übersicht über die Rechtsformen (siehe Seite 129). Sammeln Sie zu jeder Rechtsform mindestens fünf Firmenbeispiele aus Ihrer Region und vermerken Sie die jeweilige Branchenzugehörigkeit.
  b) Präsentieren Sie diese Übersicht in Ihrer Klasse. Gehen Sie dabei besonders auf den Zusammenhang von Rechtsform und Branchenzugehörigkeit ein.

2. Versuchen Sie, bei der örtlichen Industrie- und Handelskammer Informationen darüber zu bekommen,
  a) wie viele eingetragene Unternehmen es in dem Kammerbezirk gibt,
  b) wie viele Neugründungen man durchschnittlich pro Jahr verzeichnet,
  c) nach welchen Kriterien man die Betriebsgröße unterscheidet,
  d) wie hoch der prozentuale Anteil der Unternehmen ist, die ausbilden,
  e) wie groß der Anteil der einzelnen Rechtsformen ist.

3. Sie sollen ein zweiseitiges Referat über das Thema „Die Firma" (alternativ „Die Kaufmannseigenschaft") halten.
  a) Zur Informationsbeschaffung nutzen Sie bitte das vorliegende Lehrbuch, das Internet und Ihre Schulbibliothek.
  b) Erstellen Sie eine Gliederung und formulieren Sie das Referat.
  c) Überlegen Sie sich, welche Möglichkeit der Visualisierung Sie nutzen werden.
  d) Seien Sie darauf vorbereitet, Ihr Referat vorzutragen.

4. Jens Lembke, seit kurzer Zeit stolzer Inhaber eines eigenen Kaffeeshops in der Zentrale der Fairtext-GmbH in Hannover, benötigt für sein neu gegründetes Unternehmen sowie für die von ihm selbst geröstete Kaffeesorte „Pikant"noch eine werbewirksame Umhüllung. In der Hoffnung auf einen besseren Absatz wirbt er – ungeachtet des in Hannover bestehenden und bekannten Kaffeeröstunternehmens von Frau Janina Lembke – für seinen Kaffee auf den Packungen wie abgebildet. Stellen Sie mithilfe des Gesetzes fest, ob Herr Lembke mit diesem Entwurf seinen Kaffee vermarkten darf.

5. Erarbeiten Sie das Kapitel mithilfe des aktiven Lesens und erstellen Sie anschließen eine Mindmap, die alle wichtigen Informationen dieses Kapitels zum Handelsregister wiedergibt.

6. Organisieren Sie einen Besuch bei dem nächstgelegenen Amtsgericht und nehmen Sie Einblick in das Handelsregister.
   a) Notieren Sie sich
      - die Rubriken des Handelsregisters (Abteilungen A und B),
      - die Handelsregistereintragungen, die Ihr Ausbildungsunternehmen betreffen.
   b) Erfragen Sie
      - wie viele Neugründungen es durchschnittlich pro Jahr gibt,
      - wie groß die Zahl der Firmenpleiten pro Jahr ist und
      - wie viele Firmenschließungen junge Unternehmen betreffen.
7. Analysieren Sie den nachfolgenden Text. Mit welcher Begründung zwang das Oberlandesgericht in Celle die beiden Betriebe zur Eintragung in das Handelsregister?

Betrieb muss ins Register

Ein Handwerksbetrieb, der nach Art und Umfang einen in kaufmännischer Weise eingerichteten Geschäftsbetrieb erfordert, kann zur Eintragung ins Handelsregister gezwungen werden.

Von dieser Möglichkeit machte das Oberlandesgericht Celle bei einem Schmiedemeister Gebrauch. Er erzielt mit dem Landmaschinenhandel, mit Schlosser- und Wasserversorgungsarbeiten, mit dem Vertrieb von Garten- und Kleingeräten einen Umsatz von über einer Million Euro. Achtzig Zulieferer geben ihm die Waren an die Hand, zwei Banken gestehen ihm einen Überziehungskredit von rund 70.000,00 € zu.

Das Oberlandesgericht zog daraus folgende Schlussfolgerung: Ein Kapitaleinsatz von diesem Umfang erfordere eine Überwachung der Vermögensentwicklung unter Berücksichtigung der Abnutzung und des Geschäftsrisikos, um die Ertragslage des Unternehmens auch im Interesse der Geschäftspartner beurteilen zu können. Eine realistische Einschätzung der Wertentwicklung hoher Sachwerte sei nur unter Zuhilfenahme eines kaufmännischen Rechnungswesens möglich.

Das gleiche Gericht zwang einen Gastwirt dazu, die Eintragung ins Handelsregister anzumelden. Dieser erzielt einen Umsatz von 600.000,00 € und beschäftigt außer seiner Ehefrau drei Facharbeiter, sechs Angelernte, drei Ungelernte und fünf Auszubildende.

Schon allein die Abrechnung der Löhne und die damit verbundene Abführung von Sozialabgaben und Steuern erfordere eine Lohnbuchhaltung. Ein Betrieb mit etwa fünfzehn nicht familienangehörigen Mitarbeitern sei nicht mehr als einfach strukturiert anzusehen.

ZUSAMMENFASSUNG

Arten der Kaufmannseigenschaft

Istkaufmann
(Kaufmann kraft Gesetz; § 1 HGB)

natürliche Personen, die ein Handelsgewerbe in kaufmännischer Weise betreiben

- Sie sind auch ohne Eintragung in das Handelsregister Kaufleute.
- Handelregistereintragung hat rechtsbezeugende (deklaratorische) Wirkung.

Formkaufmann
(Kaufmann kraft Rechtsform; § 6 HGB)

juristische Personen, die per Gesetz die Kaufmannseigenschaft erhalten haben:

- Kapitalgesellschaften (z. B. AG und GmbH)
- Genossenschaften

- Sie sind unabhängig von der Art ihrer Tätigkeit Kaufleute.
- Handelregistereintragung hat rechtsbegründende (konstitutive) Wirkung.

Istkaufmann und Formkaufmann: Eintragung ist Pflicht („Pflichtkaufmann“)

Kannkaufmann

- **natürliche Personen,** deren Handelsgewerbe keinen kaufmännischen Geschäftsbetrieb erfordert (Kleingewerbetreibende; § 2 HGB); eine Löschung der Handelsregistereintragung ist jederzeit auf Antrag möglich, es sei denn, inzwischen wurde ein kaufmännischer Geschäftsbetrieb notwendig.
- Inhaber von **land- und forstwirtschaftlichen Betrieben** und deren Nebenbetrieben mit kaufmännischer Einrichtung (§ 3 HGB)

- Sie sind Kaufleute, wenn sie sich in das Handelsregister (freiwillig) eintragen lassen (ohne Eintragung kein Kaufmann!).
- Handelregistereintragung hat rechtsbegründende (konstitutive) Wirkung.

Eintragung ist möglich („freiwilliger Kaufmann“)

Die Firma

Begriff

Die Firma ist der Name eines Kaufmanns, unter dem er seine Handelsgeschäfte betreibt und unterschreibt. Er kann unter seiner Firma klagen und verklagt werden.

Form

Firmenkern + (ggf.) Firmenzusatz

Arten

- Personenfirma
- Sachfirma
- gemischte Firma
- Fantasiefirma

} ist unabhängig von der Rechtsform des Unternehmens

Grundsätze

- Wahrheit
- Klarheit
- Ausschließlichkeit
- Übertragbarkeit
- Öffentlichkeit
- Beständigkeit

Schutz

Die Firma wird durch das Gesetz geschützt. Bei Verstößen gegen die Grundsätze kann der geschädigte Kaufmann auf Unterlassung klagen und Schadenersatz verlangen.

ZUSAMMENFASSUNG

Handelsregister
- amtliches und öffentlich zugängliches Verzeichnis aller Kaufleute eines Amtsgerichtsbezirks
- schützt die Firma des Kaufmanns
- gibt zuverlässig Auskunft über die kaufmännischen Verhältnisse des Kaufmanns

wird eingeteilt in

Abteilung A
- eingetragene Kaufleute
- Personengesellschaften

Abteilung B
- Kapitalgesellschaften

Anmeldung durch Inhaber oder Geschäftsführer

elektronisch in öffentlich beglaubigter Form (Notar, Gericht)

I. Neueintragungen mit wesentlichen Inhalten

II. Veränderungen

III. Löschungen

Wirkung der Eintragung

konstitutiv (= rechts**erzeugend**)
Erst durch die Eintragung wird die Tatsache rechtswirksam und auch dadurch erst geschaffen.

deklaratorisch (= rechts**bezeugend**)
Die rechtliche Wirkung der Tatsachen ist schon vor der Eintragung entstanden und wird durch die Eintragung nur öffentlich bekannt gemacht.

Veröffentlichung

elektronisch über bundesweites Portal

Bedeutung

Eintragungen im Handelsregister genießen **öffentlichen Glauben**, d.h.,
- die Eintragungen gelten als richtig,
- jedermann kann sich darauf berufen.

Tatsache ist nicht eingetragen:
Dritter kann darauf vertrauen, dass die Eintragungen gültig sind.

Tatsache ist eingetragen:
Dritter muss sie gegen sich gelten lassen.

Tatsache ist unrichtig eingetragen:
Dritter kann sich darauf verlassen.

KAPITEL 18
Rechtsformen

Herr Werner arbeitete bis vor Kurzem in der Fairtext GmbH. Er ist fachkundig und tatkräftig. So machte er beispielsweise häufig Verbesserungsvorschläge, um die Umsatzsituation seiner Abteilung zu verbessern. Nicht immer konnte er seine Ideen verwirklichen.

Während seiner Tätigkeit bei der Fairtext GmbH, bei der er häufig auch in China zu tun hatte, hat Herr Werner eine Marktlücke entdeckt. Er sieht Chancen für eine Großhandlung, die chinesische Lebensmittel importiert, und beschließt, sich selbstständig zu machen. Nach einer Erbschaft verfügt er über das notwendige Startkapital, mietet Geschäftsräume in günstiger Lage und beginnt, sie einzurichten. Doch bevor sein Unternehmen die Geschäftstätigkeit aufnimmt, muss er noch einige rechtliche Probleme überprüfen.

1. Stellen Sie fest, welche Fragen geklärt werden müssen.
2. Herr Werner möchte zunächst als Einzelunternehmer tätig werden. Halten Sie die wichtigsten Merkmale der Rechtsform Einzelunternehmen fest.
3. Führen Sie die wichtigsten Vor- und Nachteile dieser Rechtsform auf.
4. Herr Werner stöhnt über die große Arbeitsbelastung. Seine Firma „Egbert Werner Asia Import e. Kfm.“ ist sehr erfolgreich. Aus Gesprächen mit Kunden erfährt Herr Werner, dass diese zu den hochwertigen Lebensmitteln auch gern die passenden Weine und chinesischen Spirituosen kaufen möchten. Eines Tages trifft er zufällig Lukas Volkmarsen. Dieser sucht, nachdem er mehrere Jahre in einer Weinhandlung gearbeitet hat, eine neue, anspruchsvolle Beschäftigung. Da Herr Volkmarsen sehr sparsam ist, verfügt er über ein Kapital von 120.000,00 €. Herr Werner, der über 180.000,00 € Kapital verfügt, möchte sein Unternehmen auf eine breitere Kapitalbasis stellen und außerdem um eine Abteilung für Weine und Spirituosen ergänzen. Daher schlägt er Herrn Volkmarsen die Gründung einer Personengesellschaft vor.
   a) Stellen Sie fest, welche Rechtsformen dafür infrage kommen.
   b) Schlagen Sie eine Rechtsform vor, wenn Herr Volkmarsen
      - nicht möchte, dass seine Beteiligung nach außen hin bekannt wird,
      - zur Geschäftsführung bereit ist,
      - sein Risiko im Fall einer Insolvenz minimieren möchte.
   c) Im ersten Jahr werden 400.000,00 € Gewinn erzielt. Geben Sie an, wie dieser Gewinn in einer OHG bzw. in einer KG verteilt wird.
5. Herr Werner, Komplementär der Werner und Volkmarsen OHG, hat Sorgen. In der Nachbarschaft hat sich eine andere Lebensmittelgroßhandlung eine chinesische Feinkostabteilung zugelegt. Die Umsatzzahlen des bisher erfolgreichen Unternehmens gehen stark zurück. Da die Situation momentan nicht gerade rosig ist, macht sich Herr Werner vorsichtshalber Gedanken um die Zukunft. Im Insolvenzfall würde er als Gesellschafter wegen der vollen Haftung sein ganzes Privatvermögen aufs Spiel setzen.
   Herr Werner sucht eine Unternehmensform, bei der er als Gesellschafter nicht persönlich haften muss. Nachdem er einige Erkundigungen eingezogen hat, wandelt er mit Zustimmung der übrigen Gesellschafter die bisherige Firma in die Werner GmbH um.
   a) Führen Sie Vorteile der GmbH auf.
   b) Stellen Sie fest, ob Herr Werner auch allein eine GmbH gründen kann, wenn alle anderen Gesellschafter ausscheiden würden.
   c) Führen Sie auf, wodurch sich eine GmbH & Co. KG von
      - einer GmbH,
      - einer KG

      unterscheidet.

INFORMATIONEN

Die Rechtsform eines Unternehmens muss bei der Gründung festgelegt werden. Es muss dann entschieden werden, wie das Unternehmen im Hinblick auf die unternehmerische Zielsetzung rechtlich am besten gestaltet werden soll. Änderungen der Rechtsform werden oft vorgenommen, wenn sich wesentliche persönliche, wirtschaftliche oder rechtliche Bedingungen im Umfeld eines schon bestehenden Unternehmens ändern.

Die richtige Wahl der Unternehmensform ist abzuleiten von der Beantwortung folgender Fragen:

- Wer bringt das Eigenkapital auf?
- Wer soll die Entscheidungen im Unternehmen treffen?
- Wer soll das Unternehmen nach außen vertreten?
- Wer soll haften, wenn das Unternehmen – z.B. im Insolvenzfall – nicht mehr zahlen kann?
- Wer soll – in welchem Ausmaß – Anspruch auf Gewinn haben?

Der Großhändler wird die Unternehmensform wählen, die sich am besten für die Aufgaben eignet, die das Großhandelsunternehmen zu leisten hat. Er kann das Unternehmen – als Einzelunternehmen – allein führen oder aber mehrere Personen am Unternehmen beteiligen. Dann liegt eine Gesellschaft vor.

Gesellschaftsunternehmen

Personengesellschaften

Personengesellschaften entstehen immer dann, wenn sich mindestens zwei Personen zur Erreichung eines genau bestimmten Zwecks – in diesem Fall also zur Führung eines Einzelhandelsunternehmens – zusammenschließen.

Die Gründung erfolgt durch einen Gesellschaftsvertrag. Personengesellschaften sind dadurch gekennzeichnet, dass bei ihnen die persönliche Mitarbeit und Haftung der Unternehmer im Vordergrund stehen. Der Zusammenschluss zu Personengesellschaften beruht auf dem persönlichen Vertrauen, das sich die einzelnen Gesellschafter entgegenbringen. Deshalb ist der Fortbestand einer Personengesellschaft grundsätzlich von der unveränderten Zusammensetzung des Personenkreises abhängig, der sich zu der Gesellschaft zusammengeschlossen hat.

Das bedeutet u.a.:

- Im Zweifel endet die Gesellschaft mit dem Tod eines Gesellschafters.
- Grundsätzlich muss sich keiner der Gesellschafter gegen seinen Willen einen anderen Gesellschafter aufzwingen lassen.

Die Gründung einer Personengesellschaft erfordert einen geringen Kapitalbedarf und ist relativ einfach durchzuführen. Die Geschäftsführung ist auf einen oder mehrere Inhaber zugeschnitten. Kredite können wegen der persönlichen Haftung wenigstens einer Person leicht beschafft werden.

Kapitalgesellschaften

Kapitalgesellschaften unterscheiden sich von den Einzelunternehmen und den Personengesellschaften dadurch, dass sie „anonym" sind. Das zum Betrieb erforderliche Kapital wird hier nicht von Einzelpersonen unter ihrem Namen gegeben, sondern von einem nicht mit Namen genannten größeren Personenkreis, der Anteile erwirbt. Die Höhe der Kapitalbeteiligung ist die Grundlage für Haftung, Stimmrecht und Gewinnbeteiligung der Gesellschafter.

Die Form der Kapitalgesellschaft erleichtert die Beschaffung von langfristigem Kapital. Bei einer Kapitalgesellschaft ist das Verlustrisiko eines Teilhabers auf seinen Anteil beschränkt. Den Geschäftsanteil kann er im Allgemeinen jederzeit verkaufen. Die Teilhaber haften für Gesellschaftsschulden nur mit ihrer Geldeinlage. Da die Gesellschafter an den Kapitalgesellschaften meist nur geldmäßig beteiligt sind, wird die Geschäftsführung von besonderen, gesetzlich vorgeschriebenen Organen wahrgenommen.

Genossenschaften

Als besondere Gesellschaft ist noch die Genossenschaft zu nennen. Sie ist eine Selbsthilfeorganisation, die auf der Solidarität ihrer Mitglieder beruht. Sie strebt vorrangig also keine Gewinnmaximierung an wie Personen- und Kapitalgesellschaften. Bei der Genossenschaft ist eine Mindestgründerzahl von drei „Genossen" vorgeschrieben, die allerdings kein Mindestkapital aufbringen müssen. Das Verlustrisiko eines Genossen ist in der Regel auf seinen Anteil beschränkt: Es haftet also nur das Vermögen der Genossenschaft. Die Gewinnverteilung erfolgt laut Statut oder nach Geschäftsanteilen.

Einzelunternehmen

Ein Einzelunternehmen ist ein Unternehmen, dessen Eigenkapital von einer Person aufgebracht wird.

Diese Unternehmensform hat also nur einen Inhaber, der für das Unternehmen mit seinem ganzen **Privatvermögen haftet**. Da der Eigentümer daher das Unternehmensrisiko allein zu tragen hat, steht ihm als Ausgleich auch der gesamte erzielte Gewinn zu.

Die meisten Betriebe in der Bundesrepublik (ca. 70 %) sind Einzelunternehmen. Sie beschäftigen aber nur ungefähr ein Drittel aller Arbeitnehmer. Es handelt sich dabei in der Regel um Kleinbetriebe mit wenigen Beschäftigten. Die Bedeutung dieser Unternehmensform geht – auch im Großhandel – stark zurück. Das ist auch auf den **Hauptnachteil** der Einzelunternehmen zurückzuführen: Ihre **mangelnde Kapitalstärke** bewirkt oft, dass notwendige Betriebsinvestitionen nicht durchgeführt werden können, die eventuell für die Zukunft des Unternehmens sehr wichtig sind. Ebenfalls negativ wirkt sich aus, dass das Geschick des Betriebs unlösbar mit dem Schicksal des Einzelunternehmers verbunden ist.

Der Eigentümer leitet das Einzelunternehmen sowohl im Innenbereich als auch in der Vertretung nach außen **alleinverantwortlich**. Er kann aber verschiedene Aufgaben der Geschäftsführung an von ihm dazu ermächtigte Personen (Handlungsbevollmächtigte oder Prokuristen) übertragen.

Alle neu ins Handelsregister eingetragenen Unternehmen müssen einen eindeutigen **Rechtsformzusatz** führen. Das gilt auch für einen Einzelkaufmann oder eine Einzelkauffrau. Sie haben die Wahl, „e. K." bzw. „e. Kfm." (eingetragener Kaufmann) oder „e. Kffr." (eingetragene Kauffrau) zu führen. Auch fantasievolle, werbewirksame und ins Auge springende Unternehmensnamen sind erlaubt.

Das Einzelunternehmen hat aber auch **Vorteile**. Der Unternehmer kann seine Entscheidungen selbstständig, frei und vor allem schnell treffen. Das hat für das Marktgeschehen positive Auswirkungen. Der Einzelunternehmer ist unabhängig von kontrollierenden Organen und ist niemandem Rechenschaft schuldig. Es gibt auch keine Meinungsverschiedenheiten in der Geschäftsführung, wie es bei Gesellschaftsunternehmen häufig der Fall ist.

BEISPIEL

Für das Einzelunternehmen von Heinz Kühne wäre also möglich:

„Heinz Kühne e. Kfm.",

„Heinz Kühne e. K. – Asia Lebensmittelimport",

„Super-Delikado e. Kfm.".

Personengesellschaften

Offene Handelsgesellschaft

Ist die Kapitalgrundlage eines Einzelunternehmens zu schwach, kommt es oft zur Gründung einer offenen Handelsgesellschaft (abgekürzt OHG).

Die OHG ist eine vertragliche Vereinigung von mindestens zwei Personen, die Eigenkapital zum Betrieb eines Handelsgewerbes zur Verfügung stellen. Alle Gesellschafter sind zur Geschäftsführung berechtigt und verpflichtet.

Die Inhaber der OHG haften für die Verbindlichkeiten der Gesellschaft mit ihrem gesamten Privatvermögen und nicht nur mit ihren Anteilen am Gesellschaftsvermögen. Die **Haftung** ist also **unbeschränkt**. Darüber hinaus haftet jeder Gesellschafter **unmittelbar**. Die Gläubiger der OHG können ihn direkt, ohne zuvor bei der Gesellschaft einen Ausgleich der Verbindlichkeiten gesucht zu haben, in Anspruch nehmen. Dabei liegt es im Ermessen der Gläubiger, ob ein Gesellschafter die Schulden der OHG in voller Höhe oder nur zu einem Teil begleichen soll. Jeder Gesellschafter haftet mit den anderen Gesellschaftern als Gesamtschuldner **(solidarische Haftung)**.

Eine Regelung zur Beschränkung der Haftung ist zwar im Innenverhältnis möglich (Gesellschaftsvertrag), Dritten gegenüber (Außenverhältnis) jedoch unwirksam.

BEISPIEL

Die Gesellschafter einer OHG schließen einen Gesellschaftsvertrag. Einer der Gesellschafter soll im Fall einer Insolvenz nicht mit seinem Privatvermögen haften.
Rechtliche Wirkung:
Dieser Gesellschafter haftet gegenüber den Gläubigern weiterhin unbeschränkt.

Wegen der unbeschränkten Haftung wird das Risiko der Gesellschafter nicht von den Kapitaleinlagen, sondern von der Höhe des vorhandenen Privatvermögens mitbestimmt. Deshalb ist eine **Gewinnverteilung** nur nach Kapitalanteilen in der Regel nicht angemessen. Falls nichts anderes vereinbart wurde, gilt die gesetzliche Regelung, wonach sowohl die Kapitaleinlage als auch die Arbeitsleistung der Teilhaber bei der Verteilung der Gewinne berücksichtigt werden sollen. Die Gesellschafter erhalten zunächst vom Reingewinn der OHG 4 % ihrer Einlage als Kapitalverzinsung. Der sich danach ergebende Gewinnrest wird als Entgelt für die Arbeitsleistung nach Köpfen verteilt.

BEISPIEL

Die von Werner und Volkmarsen gegründete OHG hat im ersten Jahr 27.000,00 € Gewinn erzielt.

Gesellschafter	Kapitaleinlage	4 % Zinsen auf die Einlage	Gewinnrest nach Köpfen	Gesamtgewinn
Werner	180.000,00 €	7.200,00 €	7.500,00 €	14.700,00 €
Volkmarsen	120.000,00 €	4.800,00 €	7.500,00 €	12.300,00 €
		12.000,00 €	15.000,00 €	27.000,00 €

Ein **Jahresverlust** wird gleichmäßig auf alle Teilhaber verteilt, unabhängig von der Höhe ihrer Kapitaleinlagen. Der Verlust mindert die Kapitaleinlagen.

Die **Firma** (Name) muss einen Hinweis auf die Rechtsform enthalten (z. B. „offene Handelsgesellschaft“ oder „oHG“ oder „OHG“), im Übrigen aber darf der Name Fantasiebezeichnungen enthalten; die Nennung des Namens eines Gesellschafters ist nicht erforderlich.

BEISPIEL

Chinesische Delikatessen OHG

Die OHG wird aufgelöst
- durch den Ablauf der Zeit, für die sie eingegangen worden ist;
- durch den Beschluss der Gesellschafter;
- durch die Eröffnung des Insolvenzverfahrens über das Vermögen der Gesellschaft;
- durch den Tod eines Gesellschafters, sofern sich aus dem Gesellschaftsvertrag nichts anderes ergibt.

Kommanditgesellschaft

BEISPIEL

Die Firma Werner und Volkmarsen OHG hat sich durchgesetzt. Ein fester Kundenstamm bringt Umsatz und Gewinn. Doch es treten Probleme auf. Werner soll auf ärztliches Anraten im Geschäft nicht mehr mitarbeiten und möchte sich daher aus der Geschäftsführung zurückziehen. Die Verkaufsräume haben sich als zu klein erwiesen. Für die Anmietung und Einrichtung eines neuen, größeren Geschäfts benötigen Werner und Volkmarsen Kapital, das sie allein nicht aufbringen können. Zwei Bekannte von Werner, der Rechtsanwalt Lüth und die

Hausfrau Anneliese Henke, sind bereit, sich zu beteiligen. Sie möchten allerdings im Geschäft nicht mitarbeiten und auch nicht mit ihrem Privatvermögen haften.

Werner schlägt die Gründung einer Kommanditgesellschaft vor.

Die Kommanditgesellschaft (abgekürzt KG) unterscheidet sich von der OHG dadurch, dass bei einem oder einem Teil der Gesellschafter die Haftung gegenüber den Gesellschaftsgläubigern auf den Betrag einer bestimmten Vermögenseinlage beschränkt bleibt. Es gibt also in einer KG zwei Arten von Gesellschaftern, von denen mindestens je einer vorhanden sein muss:

- Die **Komplementäre** (= Vollhafter) haben als persönlich haftende Gesellschafter im Wesentlichen die gleiche Stellung wie die Gesellschafter einer OHG. Sie haften mit ihrem ganzen Vermögen. Das Recht, Entscheidungen im Unternehmen zu treffen, liegt allein bei ihnen. Auch nach außen vertreten nur die Komplementäre die Gesellschaft.
- **Kommanditisten** (= Teilhafter) heißen die Gesellschafter, deren Haftung den Gesellschaftsgläubigern gegenüber auf den Betrag ihrer Kapitaleinlage beschränkt ist. Ihnen stehen gewisse Kontrollrechte zu. Sie dürfen Bilanzabschriften und Bucheinsichten verlangen.

Bei der **Gewinnverteilung** bekommt zunächst einmal jeder Gesellschafter 4 % seines Kapitalanteils. Der Gewinnrest wird in einem angemessenen Verhältnis, das in dem Gesellschaftsvertrag festgelegt wird, verteilt. Dabei steht den Komplementären, die die Geschäftsführung innehaben und zudem mit ihrem ganzen Vermögen haften, im Allgemeinen ein größerer Gewinnanteil zu als den Kommanditisten.

BEISPIEL FÜR DIE GEWINNVERTEILUNG IN EINER KG

In dem Gesellschaftsvertrag einer KG ist festgelegt, dass der Restgewinn zu 70 % an den Komplementär und zu je 10 % an die drei Kommanditisten fallen soll. Der Jahresgewinn beträgt 80.000,00 €.

Gesellschafter	Kapitaleinlage	4 % Zinsen auf die Einlage	Restgewinn nach Gesellschaftsvertrag	Gesamtgewinn
Werner (Komplementär)	180.000,00 €	7.200,00 €	44.800,00 €	52.000,00 €
Volkmarsen (Kommanditist)	120.000,00 €	4.800,00 €	6.400,00 €	11.200,00 €
Lüth (Kommanditist)	60.000,00 €	2.400,00 €	6.400,00 €	8.800,00 €
Henke (Kommanditist)	40.000,00 €	1.600,00 €	6.400,00 €	8.000,00 €
		16.000,00 €	64.000,00 €	80.000,00 €

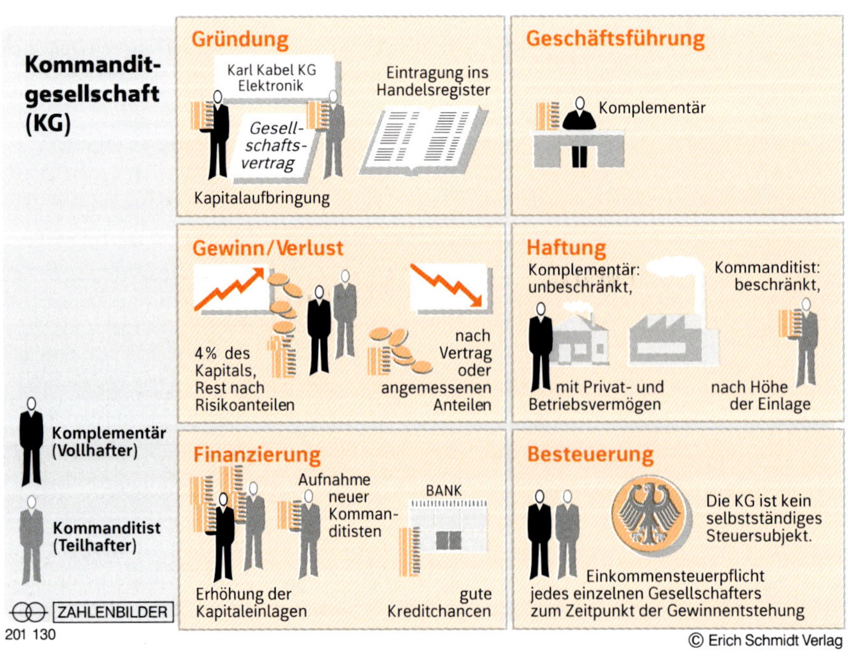

Die **Verteilung eines Verlusts** wird im Gesellschaftsvertrag geregelt. An dem Verlust darf der Kommanditist aber nur bis zum Betrag seines Kapitalanteils beteiligt werden.

Die **Firma** (Name) muss einen Hinweis auf die Rechtsform enthalten (z. B. „Kommanditgesellschaft" oder „KG"), im Übrigen aber darf der Name Fantasiebezeichnungen enthalten; die Nennung des Namens des Komplementärs/der Komplementäre ist nicht erforderlich.

BEISPIEL

Gänseblümchen KG für einen Bücherladen oder ein Bekleidungsgeschäft für Kindertextilien.

Die Kommanditgesellschaft hat im Wirtschaftsleben ständig an Bedeutung gewonnen. Die Möglichkeit der Aufnahme neuer Gesellschafter ist größer als bei der OHG. Kommanditisten gehen nicht das Risiko ein, auch ihr Privatvermögen bei Verlusten der Gesellschaft zu verlieren. Durch den Eintritt von Kommanditisten erhöht sich das Eigenkapital des Unternehmens, wodurch die Kreditwürdigkeit gestärkt wird.

Kapitalgesellschaften

Gesellschaft mit beschränkter Haftung

Die Gesellschaft mit beschränkter Haftung (abgekürzt GmbH) ist eine **Kapitalgesellschaft**, die nicht nur zum Betrieb eines Handelsgewerbes, sondern zu jedem gesetzlich zulässigen Zweck errichtet werden kann.[1] Die GmbH hat eine eigene Rechtspersönlichkeit. Sie ist eine **juristische Person**, die selbstständig ihre Rechte und Pflichten hat. Sie kann beispielsweise Eigentum und Rechte an Grundstücken erwerben, vor Gericht klagen und verklagt werden.

Die Gläubiger können sich nicht an das Privatvermögen der Gesellschafter halten. Die Gesellschafter haben Anspruch auf den von der GmbH erzielten Reingewinn. Falls der Gesellschaftsvertrag nichts anderes bestimmt, wird der Gewinn nach dem Verhältnis der Geschäftsanteile verteilt.

Die **gesetzlich vorgesehenen Organe** zur Vertretung, Überwachung und Beschlussfassung der GmbH sind Geschäftsführer, Gesellschafterversammlung und Aufsichtsrat:

- Durch die **Geschäftsführer** handelt die GmbH. Mindestens ein Geschäftsführer führt die Geschäfte und vertritt die Gesellschaft gerichtlich und außergerichtlich nach außen. Der Geschäftsführer muss nicht unbedingt Gesellschafter sein. In bestimmten Fällen können Fachleute das Unternehmen besser führen.
- Die **Gesellschafterversammlung**, die in der Regel durch die Geschäftsführer einberufen wird, ist das oberste Organ der GmbH. Hier entscheiden die Gesellschafter über alle grundsätzlichen Angelegenheiten, beispielsweise:
  - die Bestellung oder Abberufung von Geschäftsführern und Prokuristen
  - die Feststellung des Jahresabschlusses
  - die Verteilung des Reingewinns

Das Gesellschaftskapital wird **Stammkapital** genannt und muss mindestens 25.000,00 € betragen. **Stammeinlagen** sind die Beiträge der einzelnen Gesellschafter zum Stammkapital. Die Höhe der Stammeinlage kann für die einzelnen Gesellschafter unterschiedlich groß sein. Jeder Gesellschafter muss sich aber mit mindestens 100,00 € beteiligen.

Für die Verbindlichkeiten der Gesellschaft **haftet** den Gläubigern grundsätzlich nur die GmbH mit ihrem **Gesellschaftsvermögen**.

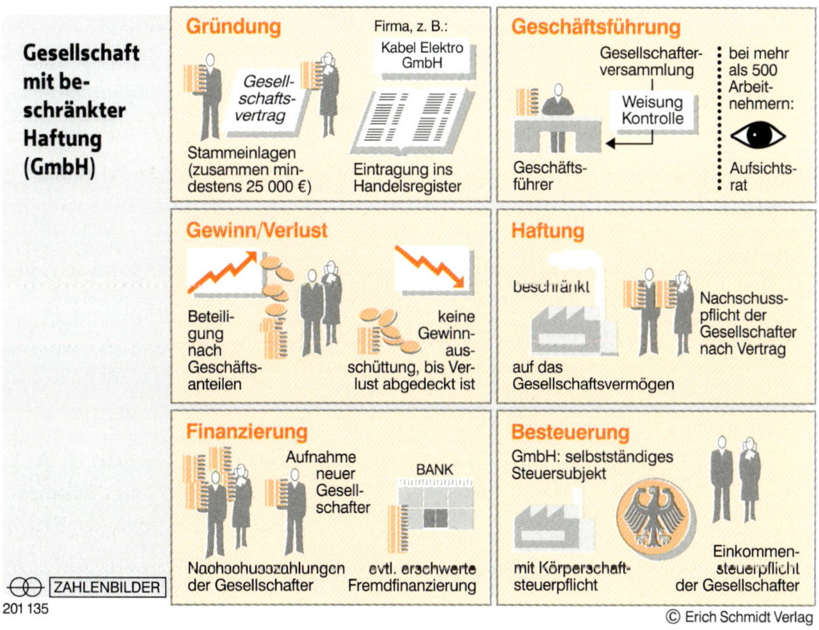

© Erich Schmidt Verlag

1 Der Bundestag hat am 26. Juni 2008 das Gesetz zur Modernisierung des GmbH-Rechts und zur Bekämpfung von Missbräuchen (MoMiG) beschlossen. Es sieht für die GmbH eine Vereinfachung und Beschleunigung des Gründungsvorgangs in verschiedenen Punkten vor. Neben der Normalform der GmbH ist als zusätzliche Variante jetzt die Gründung einer sogenannten **Unternehmergesellschaft mit beschränkter Haftung** möglich, die bei ihrer Gründung mit einem Stammkapital von 1,00 € auskommt. Durch die gesetzliche Beschränkung der jährlichen Gewinnausschüttung soll das Stammkapital allmählich auf die GmbH-übliche Mindesthöhe von 25.000,00 € anwachsen.

  - die Einforderungen von Einzahlungen und Nachschüssen
  - Satzungsänderungen und Angelegenheiten, die sich die Gesellschafter im Gesellschaftsvertrag vorbehalten haben
- Ein **Aufsichtsrat** kann als Kontrollorgan eingerichtet werden. Gesetzlich vorgeschrieben ist er nur für Gesellschaften mit beschränkter Haftung, die mehr als 500 Arbeitnehmer beschäftigen.

Die **Firma** der GmbH muss sich durch einen eindeutigen Zusatz „GmbH" identifizieren lassen. Wie bei anderen Rechtsformen sind bei der Gesellschaft mit beschränkter Haftung auch Fantasiefirmen möglich.

Die GmbH wird als Unternehmensform oft gewählt, wenn eine einzelne Person oder ein überschaubarer Kreis mehrerer Personen ein kaufmännisches Unternehmen führen wollen, bei dem keiner die volle Haftung übernehmen will. Sie ist daher hauptsächlich bei kleineren und mittleren Unternehmen zu finden. Auch die meisten Neugründungen erfolgen als Gesellschaften mit beschränkter Haftung. Neben der eingeschränkten Haftung hat die GmbH weitere Vorzüge:

- Die Zahl der Gesellschafter ist unbegrenzt.
- Das zur Gründung notwendige Mindestkapital beträgt lediglich 25.000,00 €.
- Die gesetzlichen Vorschriften, die für eine GmbH gelten, sind relativ einfach zu erfüllen. Daher kann die GmbH über den Gesellschaftsvertrag den Besonderheiten des Einzelfalles besonders gut angepasst werden.

GmbH & Co. KG

BEISPIEL

Die Werner GmbH möchte ohne Formalitäten ihr Kapital erhöhen. Gleichzeitig wird in der Geschäftsführung überlegt, ob es Steuersparmöglichkeiten gibt. Der eingeschaltete Steuerberater Dübel weist auf eine Mischform zwischen GmbH und KG hin.

Eine spezielle Unternehmensform stellt die GmbH & Co. KG dar. Sie ist eine **Personengesellschaft**, als deren **Komplementär** eine **Kapitalgesellschaft** – nämlich die GmbH – auftritt. Der Unterschied zur KG liegt darin, dass in dieser Gesellschaft eine juristische Person das Unternehmen führt. Dadurch gelingt es, die **unmittelbare und unbeschränkte Haftung** des Komplementärs in eine mittelbare und beschränkte Haftung zu verwandeln. Die Firma der GmbH & Co. KG muss die volle Bezeichnung der GmbH enthalten. Außerdem ist ein das Vorhandensein eines Gesellschaftsverhältnisses andeutender Zusatz („& Co. KG") enthalten.

BEISPIEL

Werner GmbH & Co. KG

Aktiengesellschaft

BEISPIEL

Herr Werner hat wieder einmal eine Marktlücke entdeckt, die viel Gewinn abzuwerfen verspricht: die Gründung eines Unternehmens, das hormonfreies Kalbfleisch produziert und vertreibt. Vier seiner Bekannten sind von dieser Idee begeistert und möchten sich beteiligen. Die Aufzucht von Kälbern verursacht jedoch zunächst einmal riesige Kosten. Da Werner und die anderen Gesellschafter den für die nötigen Investitionen erforderlichen Kapitalbetrag nicht allein aufbringen können, suchen sie eine große Zahl weiterer Kapitalgeber, die zur Finanzierung des Vorhabens beitragen wollen. Zu diesem Zweck gründen sie eine Aktiengesellschaft.

Die Aktiengesellschaft (abgekürzt AG) ist eine **Kapitalgesellschaft**. Die Anteilseigner haften nicht mit ihrem persönlichen Vermögen für die Verbindlichkeiten des Unternehmens, sondern ausschließlich mit ihrer Kapitaleinlage. Das Kapital der AG wird durch den Verkauf von Aktien aufgebracht.

Aktien sind Urkunden über Anteils- und Besitzrechte an einer Aktiengesellschaft. Der Aktionär – der Inhaber von Aktien – ist somit Teilhaber am Vermögen und den Erträgen einer Aktiengesellschaft.

Die Aktien können einen unterschiedlichen **Nennwert** haben.

Der Nennwert ist der auf einer Aktie aufgedruckte Betrag in Euro. Er drückt aus, mit welchem Euro-Betrag ein Aktionär am Grundkapital der AG beteiligt ist.

Zum Nennwert wird eine Aktie meistens bei der Gründung der Aktiengesellschaft ausgegeben. Der Mindestnennwert beträgt 1,00 €.

Ein Aktionär erhält den auf ihn entfallenden Gewinn nur zum Teil in Form der **Dividende** ausbezahlt.

203153146

Die Dividende ist der auf die einzelne Aktie kommende Betrag des Jahresüberschusses der AG.

Sie ist also ein Entgelt dafür, dass der Aktionär dem Unternehmen Geld zur Verfügung stellt, mit dem es arbeiten kann.

Der weitaus größere Teil des Gewinns wird jedoch einbehalten und wieder in die AG investiert, um deren wirtschaftliche Leistungsfähigkeit zu verbessern. Werden ständig finanzielle Mittel in eine Aktiengesellschaft gesteckt, wird das Unternehmen natürlich immer wertvoller. Dadurch steigt jedoch in der Regel auch der tatsächliche Wert der Aktie über den Nennwert. Wird die Aktie z. B. an der Börse gehandelt, dann erhöht sich der Preis der Aktie. Dieser Börsenpreis wird auch **Kurs** oder **Kurswert** genannt. Für den Kapitalanleger hat die Aktie den Vorteil, dass er immer am Gewinn des Unternehmens beteiligt ist – zum einen in Form der Dividende, zum anderen über den steigenden Kurswert der Aktie, wenn Jahresüberschüsse einbehalten werden. In diesem Fall lässt sich der Gewinn verwirklichen, indem der Aktionär seine Aktien verkauft.

Die in der Bundesrepublik übliche Form der Aktie ist die **Inhaberaktie**. Bei ihr sind alle Rechte aus der Aktie (z. B. auf Dividendenzahlung) allein an den Besitzer der Aktie und nicht an eine namentlich bestimmte Person geknüpft. Eine Inhaberaktie kann jederzeit wie eine bewegliche Sache veräußert werden.

Seltener ist die Ausgabe von **Namensaktien**, bei denen der Name des Inhabers auf der Aktie vermerkt ist. An der Ausgabe von Namensaktien kann die Aktiengesellschaft ein Interesse haben, wenn sie anhand des Aktienbuches den Bestand der Aktionäre überwachen will. Nur der im Aktienbuch eingetragene Besitzer einer Aktie gilt als Aktionär.

Zur Gründung einer AG ist nur eine Person notwendig. In der Satzung (dem Gesellschaftsvertrag) wird die Höhe des **Grundkapitals** festgelegt, das mindestens 50.000,00 € betragen muss.

Eine Aktiengesellschaft muss über folgende **Organe** verfügen:

- Die **Hauptversammlung** ist die Zusammenkunft aller Aktionäre, die regelmäßig jedes Jahr mindestens einmal einberufen wird. Die Aktionäre üben überwiegend hier ihre Rechte aus. Sie entscheiden u. a. über die Verwendung des ausgewiesenen Jahresgewinns oder über die Änderung von Grundkapital und Satzung. Die Hauptversammlung wählt mindestens die Hälfte der Mitglieder des Aufsichtsrates sowie den Vorsitzenden. Der Vorstand hat über die geschäftliche Lage zu berichten und sich vor den Aktionären zu verantworten.
- Der **Aufsichtsrat** soll als Kontrollorgan der AG den Vorstand überwachen. Er wird auf vier Jahre gewählt. Der Aufsichtsrat besteht aus mindestens drei Personen, die nicht im Vorstand sein dürfen. Zu seinen Pflichten gehört die Berufung bzw. Entlastung des Vorstands. Zusätzlich hat er den Jahresabschluss und den Geschäftsbericht zu prüfen.
- Der **Vorstand** führt als Leitungsorgan der Gesellschaft die Geschäfte. Er wird auf höchstens fünf Jahre bestellt, wobei aber eine wiederholte Bestellung zulässig ist. Der Vorstand vertritt die AG gerichtlich und außergerichtlich. Der Vorstand kann aus einer oder mehreren Personen bestehen, die nicht Aktionäre zu sein brauchen. Im Allgemeinen gehören dem Vorstand Fachleute („Manager") an, die keine Aktien des Unternehmens besitzen.

Es gehört zu den wesentlichen Merkmalen der Aktiengesellschaft, dass die Unternehmensleitung und die Mitgliedschaft an der Aktiengesellschaft grundsätzlich getrennt sind: Der einzelne Aktionär trägt zwar das wirtschaftliche Risiko – das allerdings auf den bei Erwerb der Aktien erbrachten Kapitaleinsatz beschränkt ist –, er ist aber nicht an der Unternehmensleitung beteiligt.

Die **Firma** muss den Zusatz „Aktiengesellschaft" enthalten.

BEISPIELE

Nordwestdeutsche Kalbfleisch AG
Bayerische Motoren Werke AG
Daimler-AG

Die Aktiengesellschaft ist die **geeignete Unternehmensform für Großunternehmen**. Der große Kapitalbedarf eines Unternehmens, der das Vermögen einzelner Personen übersteigen würde, kann bei der AG durch den Verkauf von Aktien an eine Vielzahl anderer Personen gedeckt werden. Der Erwerb von Aktien wird für diese Personen interessant durch

- die einfache Form der Beteiligung,
- das geringe Risiko,
- die freie Übertragbarkeit der Aktien,
- den geringen Preis der einzelnen Aktie,
- die Möglichkeit, sich ohne kaufmännische Fähigkeiten an einem Wirtschaftsunternehmen zu beteiligen.

Genossenschaft

Einige Großhandlungen haben auch die Rechtsform einer Genossenschaft. Eine Genossenschaft ist eine Selbsthilfeorganisation zur Förderung der wirtschaftlichen Ziele ihrer Mitglieder. Sie ist eine juristische Person. Eine Genossenschaft kann von mindestens drei Mitgliedern gegründet werden.

Das Grundkapital, dessen Größe gesetzlich nicht vorgeschrieben ist, wird durch Einlagen der Genossen (das sind die Mitglieder) aufgebracht. Der Betrag (wird Geschäftsanteil genannt), mit dem die Genossen an einer Genossenschaft beteiligt sind, ist für alle Genossen gleich. Ein Mindestkapital ist nicht vorgeschrieben.

Der Grundgedanke der Genossenschaft ist die gegenseitige Hilfe und Solidarität. Bei einem solchen Zusammenschluss vieler (zum Teil wirtschaftlich schwacher) Mitglieder wird der ständige Geschäftsbetrieb dieser Genossen gestärkt, indem ihnen Vorteile geboten werden, die sonst nur einem kapitalstarken Großbetrieb vorbehalten sind.

Voraussetzungen für die Gründung einer Genossenschaft sind:
- mindestens drei Genossen (Mitglieder)
- Aufstellung eines Statuts (Gesellschaftsvertrag einer Genossenschaft)
- Erstellung einer Namensliste alle Genossen
- Anmeldung der Genossenschaft zum Eintrag ins Genossenschaftsregister beim Amtsgericht.

Eine Genossenschaft hat drei Organe:
- den Vorstand als leitendes Organ.
- den Aufsichtsrat als überwachendes Organ,
- die Generalversammlung als beschließendes Organ.

Rechte eines Genossenschaftsmitglieds	Pflichten eines Genossenschaftsmitglieds
• Es kann die Dienste der Genossenschaft in Anspruch nehmen (zum Beispiel Ware einkaufen). • Es hat ein Recht auf Anteil am Gewinn. • Es hat ein Stimmrecht bei der Generalversammlung	• Es hat eine Einlagepflicht: jeder Genosse muss mindestens einen Geschäftsanteil übernehmen. • Es hat gegebenenfalls eine Haftpflicht gegenüber der Genossenschaft. • Eventuell kann auch eine Nachschusspflicht bestehen.

Wenn viele gemeinsam eine Sache anpacken, können alle zusammen auch viel erreichen. Gemeinsamkeit macht stark!

Merkmale		Einzelunternehmen	OHG (offene Handelsgesellschaft)	KG (Kommanditgesellschaft)	AG (Aktiengesellschaft)	GmbH (Gesellschaft mit beschränkter Haftung)	eG (eingetragene Genossenschaft)
Wesen		Inhaber führt das Unternehmen selbstständig	Unternehmen für den Betrieb eines Handelsgewerbes	Unternehmen für den Betrieb eines Handelsgewerbes	• Gesellschaft mit eigener Rechtspersönlichkeit • Errichtung für jeden gesetzlichen Zweck zulässig • Aktionäre haften nur mit Gesellschaftsvermögen	• Gesellschaft mit eigener Rechtspersönlichkeit • Errichtung für jeden gesetzlichen Zweck zulässig • Gesellschafter haften nur mit Gesellschaftsvermögen • Errichtung durch eine oder mehrere Personen	• Gesellschaft mit nicht geschlossener Mitgliederzahl • Förderung der Mitglieder bzw. deren Wirtschaft (Selbsthilfe) durch gemeinsamen Geschäftsbetrieb • verschiedene Formen der Haftung der Gesellschaftsmitglieder
Gründung	Rechtsnatur	keine eigene Rechtspersönlichkeit des Unternehmens	keine eigene Rechtspersönlichkeit des Unternehmens	keine eigene Rechtspersönlichkeit des Unternehmens	juristische Person	juristische Person	juristische Person
	Form	formfrei; Schriftform üblich	formfrei; Schriftform üblich	formfrei; Schriftform üblich	notarielle Beurkundung des Vertrags, Satzung	notarielle Beurkundung des Vertrags, Satzung	notarielle Beurkundung des Vertrags, Statut
	Beginn	mit Geschäftsbeginn	mit Geschäftsbeginn	mit Geschäftsbeginn Haftungsbeschränkung des Kommanditisten ab Eintragung ins Handelsregister	mit Eintragung ins Handelsregister Abt. B	mit Eintragung ins Handelsregister Abt. B	mit Eintragung ins Genossenschaftsregister
	Mindestkapital				50.000,00 €	25.000,00 € (Sonderfall 1,00 € bei haftungsbeschränkter Unternehmergesellschaft)	
	Gründer (Mindestzahl)	1	2	2	1	1	3
	Firma	Vor- und Zuname und/oder (Zusatz möglich); Fantasiefirma mit Zusatz e. K., e. Kfm, e. Kffr.	Fantasiefirma mit Zusatz OHG, Name eines Gesellschafters oder mehrerer Gesellschafternamen mit Zusatz OHG	Fantasiefirma mit Zusatz KG, Name mindestens eines Komplementärs mit Zusatz KG	Sachfirma oder fortgesetzte Personenfirma mit Zusatz AG	Fantasiefirma, Sachfirma oder fortgesetzte Personenfirma mit Zusatz GmbH	Sachfirma mit Zusatz eG
Inhaber		Unternehmer	Gesellschafter (natürliche und/oder juristische Person)	a) Komplementär b) Kommanditist	Aktionäre	Gesellschafter	Genossenschaftsmitglieder
Eigenkapital	Bezeichnung	Eigenkapital	Kapitalanteile	a) Kapitalanteil(e) b) Einlage(n)	Grundkapital (gezeichnetes Kapital)	Stammkapital	Geschäftsguthaben (+ Reservefonds)
	Beteiligung		Stand der Kapitalkonten	Stand der Kapitalkonten	Aktien	Geschäftsanteil/Stammeinlage	Geschäftsanteil
Organe					• Vorstand (VS) (mind. 1 Pers.) • Hauptversammlung (HV) • Aufsichtsrat (AR) (mindestens 3 Personen)	• Geschäftsführer (GeFü) • Gesellschafterversammlung • Aufsichtsrat bei mehr als 500 Arbeitnehmern erforderlich	• Vorstand (mind. 2 Pers.) • Generalversammlung (GV), ggf. Vertreterversammlung, mind. 3 Pers.

Merkmale	Einzelunternehmen	OHG (offene Handelsgesellschaft)	KG (Kommanditgesellschaft)	AG (Aktiengesellschaft)	GmbH (Gesellschaft mit beschränkter Haftung)	eG (eingetragene Genossenschaft)
Rechte und Pflichten der Gesellschafter/Organe	**Inhaber** • führt das Unternehmen selbstständig • hat alle Aufgaben eines ordentlichen Kaufmanns zu erfüllen • erhält/trägt allein Gewinn/Verlust	**Vollhafter** • Geschäftsführungsbefugnis für alle gewöhnlichen Geschäfte, für außergewöhnliche Geschäfte ist der Beschluss aller Gesellschafter erforderlich, auch für die Bestellung von Prokuristen und Handlungsbevollmächtigten • Kontrollrecht über den Gang der Gesellschaft, insbesondere, falls einzelne Gesellschafter von der Geschäftsführungsbefugnis ausgeschlossen sind • Anspruch auf Jahresgewinn, 4 % Zinsen auf Kapitaleinlage, Rest nach Köpfen • Verlust Verteilung nach Köpfen • Recht auf Privatentnahmen (bis zu 4 % Zinsen auf Kapitaleinlage) • Wettbewerbsverbot – für Geschäfte im gleichen Handelszweig – für Beteiligung als Vollhafter an anderen Gesellschaften	**Vollhafter** Rechte und Pflichten wie OHG-Gesellschafter **Teilhafter** • Kontrollrecht, Recht zur Einsicht in Jahresbilanz sowie Recht, ihre Richtigkeit anhand von Büchern und Papieren zu prüfen • Anspruch auf Jahresgewinn, 4 % Zinsen auf Kapitaleinlage, Rest im angemessenen Verhältnis • Recht auf Auszahlung des Gewinns • Verlust nur bis zur Höhe seiner (gezeichneten) Kapitaleinlage • Recht auf Privatentnahmen (bis zu 4 % Zinsen auf Kapitaleinlage)	**Vorstand** • Wahl für fünf Jahre • gemeinschaftliche Geschäftsführung und Vertretung • verantwortlich für Führung der Handelsbücher, Vorlage des Jahresabschlusses, Lagebericht und Bericht des AR zur HV **Hauptversammlung** • Bestellung der AR-Mitglieder für höchstens vier Jahre (Wiederwahl möglich) • Beschluss über Verwendung des Bilanzgewinns (dabei an Bestimmungen von Gesetz und Satzung gebunden) • nur bei Bewilligung des AR ist dem VS erlaubt – Betreiben eines Handelsgewerbes – im Geschäftszweig für eigene und fremde Rechnung tätig zu sein • Entlastung von VS und AR, Bestellung des Abschlussprüfers • Recht auf Auskunft über Angelegenheiten der Gesellschaft • Beschlussfassung über Satzungsänderungen (Dreiviertelmehrheit des anwesenden Kapitals) • Beschlussfassung über Kapitalbeschaffung, -herabsetzung, bedingte Kapitalerhöhung und genehmigtes Kapital **Aufsichtsrat** • Wahl für höchstens vier Jahre (Wiederwahl möglich) • Zusammensetzung gemäß den gesetzl. Bestimmungen; überwacht die Geschäftsführung des VS	**Geschäftsführer** • Bestellung für unbestimmte Zeit • Geschäftsführung und Vertretung (im Innenverhältnis ist Einschränkung der Vertretungsbefugnis möglich) einschl. Recht zur Bestellung von Prokuristen und Handlungsbevollmächtigten; alle Aufgaben eines ordentlichen Kaufmanns **Gesellschafterversammlung** • Bestellung der AR-Mitglieder für höchstens vier Jahre (Wiederwahl möglich) • Feststellung der Jahresbilanz und Verteilung des Gewinns • Bestellung und Abberufung der GeFü • Maßnahmen zur Prüfung und Überwachung der GeFü • Geltendmachung von Ansprüchen gegen GeFü und Gesellschafter • Beschlussfassung über Satzungsänderungen (drei Viertel der anwesenden Stimmen) • Beschlussfassung über – Einforderung von Einzahlungen auf ihre Stammeinlagen – Rückzahlung von Nachschüssen – Teilung und Einziehung von Geschäftsanteilen **Aufsichtsrat** Sofern AR gebildet wird, gelten die aktienrechtlichen Vorschriften.	**Vorstand** • gemeinschaftliche Geschäftsführung und Vertretung • im Übrigen entsprechen Rechte und Pflichten des VS im Wesentlichen denen des VS einer AG **Generalversammlung** • vertritt die Interessen der Genossenschaftsmitglieder • entspricht im Wesentlichen der HV einer AG **Anmerkung** Bei mehr Mitgliedern als 1 500 kann, 3 000 muss AR gebildet werden. Die Vertreterversammlung besteht aus mind. 50 Vertretern. **Aufsichtsrat** Sofern AR gebildet wird, gelten die aktienrechtlichen Vorschriften.
Haftung	Inhaber haftet mit seinem gesamten Vermögen für sämtliche Schulden seines Unternehmens	Vollhafter haftet gesamtschuldnerisch (unbeschränkt, unmittelbar, solidarisch)	Vollhafter haftet gesamtschuldnerisch (unbeschränkt, unmittelbar, solidarisch) Teilhafter haftet nur bis zur Höhe der gezeichneten Kapitaleinlage	Haftung der Aktionäre auf Kapitaleinlage beschränkt	Haftung der Gesellschaftsversammlung auf Stammeinlage beschränkt (ggf. beschränkte oder unbeschränkte Nachschusspflicht gemäß Satzung)	Haftung der Genossenschaftsmitglieder beschränkt auf Geschäftsanteile; laut Statut möglich – bis zum Geschäftsanteil – bis zum Geschäftsanteil zzgl. einer Haftsumme – unbeschränkt mit dem Privatvermögen

AUFGABEN

1. Was ist eine Rechtsform?
2. Durch welche Merkmale unterscheiden sich Rechtsformen?
3. Durch welche Merkmale ist ein Einzelunternehmen gekennzeichnet?
4. Welche Vorteile bringt die Gründung eines Einzelunternehmens?
5. Wodurch könnte ein Unternehmer veranlasst sein, sein Einzelunternehmen in eine Gesellschaft umzuwandeln?
6. Welche Bedeutung hat das Einzelunternehmen?
7. Können Einzelunternehmen folgendermaßen firmieren?
   a) „E. Surmann – Haushaltwaren"
   b) „Max Büsing – Spirituosen"
   c „4812 – Parfümerie"
   d) „Gänseblümchen e. K."
8. Was ist eine OHG?
9. Die OHG Schulz & Otto hat einen Jahresgewinn von 90.000,00 € erwirtschaftet. Schulz hat sich mit 400.000,00 €, Otto mit 150.000,00 € am Unternehmen beteiligt. Wie viel Euro erhält jeder der beiden Gesellschafter vom Gewinn, wenn der Gesellschaftsvertrag über die Gewinnverteilung nichts aussagt?
10. Erläutern Sie am Beispiel der OHG die Begriffe
    a) unbeschränkte Haftung,
    b) unmittelbare Haftung,
    c) solidarische Haftung.
11. Wie firmiert eine KG?
12. Welche Organe hat eine GmbH?
13. Welche Vorteile sprechen für die Unternehmensform der GmbH?
14. Was ist eine Ein-Mann-GmbH?
15. Wie heißt das beschließende Organ einer GmbH?
    a) Gesellschafterversammlung
    b) Aufsichtsrat
    c) Generalversammlung
    d) Mitgliederversammlung
    e) Hauptversammlung
    f) Vertreterversammlung
16. Warum wählt man die Rechtsform GmbH & Co. KG?
17. Erklären Sie die folgenden Begriffe:
    a) Aktie
    b) Kurs
    c) Dividende
18. Eine Gesellschaft erstrebt für ihre Mitglieder Vorteile durch Großeinkauf. Ihre Organe sind der Vorstand, der Aufsichtsrat und die Generalversammlung. Welche Rechtsform liegt vor?
    a) GmbH
    b) OHG
    c) eG
    d) AG
    e) KG
19. Prüfen Sie in den folgenden Fällen, um welche Unternehmensform es sich handelt:
    a) 14 selbstständige Winzer haben sich zusammengeschlossen. Durch einen gemeinsamen Verkauf ihrer Produkte und gemeinschaftliche Werbung erhoffen sie sich bessere Absatzmöglichkeiten. Andere Winzer des Weinanbaugebiets sind aufgerufen, sich ebenfalls zu beteiligen.
    b) Christine Errath beabsichtigt die Eröffnung einer Modeboutique. Mit einem angesparten Kapital von 45.000,00 € richtet sie ihr Geschäft ein. Als zusätzliche Hilfe stellt sie die Verkäuferin Helga Herzhom ein.
    c) Herr Schmidt und Herr Rössig betreiben zehn Lebensmittelsupermärkte. Herr Schmidt haftet mit seinem Geschäfts- und Privatvermögen, Herr Rössig nur mit seiner Einlage von 700.000,00 €.
    d) Fünf Hotelbesitzer in einem Alpendorf wollen eine Seilbahn bauen, um die Attraktivität des Feriengebiets zu erhöhen. Von den veranschlagten Kosten von 7.000.000,00 € können sie nur 2.000.000,00 € aufbringen. Deshalb sollen sich auch andere Bewohner des Ortes sowie interessierte Feriengäste beteiligen. Der Mindestanteil beträgt 50,00 €.
    e) Hans Ebensen beteiligt sich am Sportartikelgeschäft Franz Feuerstein. Er hat das Recht auf einen angemessenen Gewinnanteil, ist jedoch von der Geschäftsführung ausgeschlossen.
    f) Göttmann, Sehimanski und Marlowe betreiben eine Privatdetektei. Die drei Gesellschafter haften aber nur mit ihrem Geschäftsanteil von 40.000,00 €, 10.000,00 € und 50.000,00 €.
    g) Erwin Bodenburg und Matthias Groß vereinbaren die Gründung eines Fotogeschäfts. Bodenburg übernimmt die Verwaltungsarbeiten, Groß den Verkauf. Beide sind bereit, auch mit ihrem Privatvermögen zu haften.

AKTIONEN

1. Öffnen Sie folgende Website:
https://www.existenzgruender.de/DE/Gruendung-vorbereiten/Rechtsformen/inhalt.html
   - Gehen Sie die einzelnen Punkte im Menü links unter Rechtsformen durch. Bearbeiten Sie die dann erscheinenden Lernprogramme zu den einzelnen Rechtsformen.
   - Beantworten Sie anschließend die folgenden Aufgaben:

   a) Welche Fragen sind vor einer Entscheidung bezüglich der Rechtsform des zu gründenden Unternehmens zu klären?

   b) Erstellen Sie mit Word eine Tabelle nach folgendem Muster (Querformat):

Art der Rechtsform	wesentliche Merkmale	Vorteile	Nachteile

2. Überprüfen Sie ihre „Qualitäten" als Unternehmer/als Unternehmerin. Rufen Sie dazu den Persönlichkeitstest im Internet auf und bearbeiten Sie ihn.
https://www.existenzgruender.de/static/etraining/existenzgruendung/existenz/kapitel_2.html#kapitel-02-01

3. a) Erstellen Sie mithilfe von Excel eine Tabellenkalkulation, mit der Sie die gesetzliche Gewinnverteilung in einer OHG berechnen können.

   b) Testen Sie Ihre Kalkulation mit der folgenden Aufgabe:
   Böttger bringt 60.000,00 €, Greiser 40.000,00 € und Dessin 20.000,00 € in die OHG ein. Erfreulicherweise machen sie im ersten Jahr 100.000,00 € Gewinn.

4. Die von Aktiengesellschaften herausgegebenen Aktien werden in der Regel an Börsen gehandelt. Zur Vertiefung des Wissens über Aktien sollen Sie in sechs Gruppen die folgenden Arbeitsaufträge bearbeiten:

   a) Gruppen 1 und 4:
   Welche Aktienarten gibt es und worin unterscheiden sie sich? Welche weiteren Wertpapiere können für die Anleger interessant sein?

   b) Gruppen 2 und 5:
   In welche Marktsegmente gliedert sich die Börse und welche Indizes zeigen dem Anleger Tendenzen auf?

   c) Gruppen 3 und 6:
   Wie ergeben sich die Kurse und was besagen die vielen Abkürzungen des Kursblattes?

   Denken Sie daran, Ihre Arbeit zu organisieren. So sind folgende Aufgaben innerhalb der Gruppe zu verteilen oder gemeinschaftlich zu erfüllen:

   1. auf die von Ihrer Lehrerin bzw. Ihrem Lehrer genannte Zeit achten
   2. die Ergebnisse in Form einer PowerPoint-Präsentation festhalten und für die Präsentation aufbereiten
   3. verschiedene Aspekte aufgreifen und bearbeiten
   4. das Ergebnis der Klasse vorstellen
   Nutzen Sie zur Lösung Ihres Arbeitsauftrags die Internetseite https://boersenlexikon.faz.net/.

5. Nachdem Sie sich in Aktion 4 mit den grundlegenden Informationen zum Börsengeschehen vertraut gemacht haben, soll nun der Schritt an die Börse erfolgen. Aufgrund der doch meist eher knapp bemessenen finanziellen Mittel geschieht das in Form eines Börsenspiels, das über einen längeren Zeitraum in den nächsten Wochen parallel zum Unterricht läuft. Sie spielen in Ihren bestehenden Arbeitsgruppen. Das Spielgeschehen erfolgt über das Internet (https://boersenspiel.faz.net). Ziel des Spiels ist es, die Ihnen fiktiv zur Verfügung gestellten 50.000,00 € durch geschicktes Anlegen möglichst zu vermehren.

   Aufgaben:

   a) Machen Sie sich bei der angegebenen Internetadresse mit den Grundlagen des Spiels vertraut.

   b) Melden Sie sich individuell an.

   c) Besprechen Sie im Anschluss innerhalb der Arbeitsgruppen die Anlageentscheidungen und kaufen Sie als Gruppe die aus Ihrer Sicht lohnenden Wertpapiere.

   d) Halten Sie innerhalb der Gruppen Ihre Kaufentscheidung fest. Stellen Sie die Entwicklung sowie den Schlussbestand Ihres Gruppendepots am von Ihrer Lehrerin bzw. Ihrem Lehrer genannten Termin fest.

ZUSAMMENFASSUNG

Unternehmensformen

rechtliche Gestaltungsmöglichkeit eines Unternehmens

- **Einzelunternehmen**: Eine Person bringt das Eigenkapital auf.
- **Gesellschaftsunternehmen**: Zwei oder mehr Personen bringen das Eigenkapital auf.
  - **Personengesellschaften**: Neben dem Gesellschaftsvermögen haftet den Gläubigern auch das Privatvermögen mindestens eines Gesellschafters.
  - **Kapitalgesellschaften**: Nur das Gesellschaftsvermögen haftet den Gläubigern.
- **Genossenschaft**: Selbsthilfeorganisation zur Förderung wirtschaftlicher Ziele der Mitglieder

Einzelunternehmen

Eine Person bringt das Eigenkapital auf, leitet das Unternehmen und trägt das Risiko allein.

- **Gründerzahl**: einer
- **Mindestkapital**: (keine Regelung)
- **Haftung**: unbeschränkt mit Privat- und Geschäftsvermögen
- **Geschäftsführung und -vertretung**: der Einzelkaufmann allein
- **Gewinnverteilung**: an den Einzelkaufmann allein

ZUSAMMENFASSUNG

Personengesellschaften	Offene Handelsgesellschaft Alle Gesellschafter haften persönlich.	Kommanditgesellschaft mindestens ein Vollhafter (Komplementär) und mindestens ein Teilhafter (Kommanditist)
Mindestgründerzahl	zwei	zwei
Mindestkapital	–	–
Haftung	alle Gesellschafter unbeschränkt, unmittelbar, solidarisch	Komlementär wie bei der OHG, Kommanditist mit Einlage
Geschäftsführung und -vertretung	jeder Gesellschafter	nur Komplementäre
Gewinnverteilung	falls keine vertragliche Regelung: 4 % der Kapitaleinlage, Rest nach Köpfen	falls keine vertragliche Regelung: 4 % der Kapitaleinlage, Rest im angemessenen Verhältnis

Kapitalgesellschaften	Gesellschaft mit beschränkter Haftung (GmbH) Eine Person (Ein-Mann-GmbH) oder mehrere Personen beteiligen sich am Stammkapital, das mindestens 25.000,00[1] € betragen muss.	Aktiengesellschaft (AG) Eine oder mehrere Personen (Aktionäre) beteiligen sich an dem in Aktien zerlegten Grundkapital, das mindestens 50.000,00 € betragen muss.
Mindestgründerzahl	einer	einer
Mindestkapital	mindestens 25.000,00[1] € Stammkapital	mindestens 50.000,00 € Stammkapital
Haftung	Nur die Gesellschaft haftet mit ihrem Vermögen.	Nur die AG haftet.
Geschäftsführung und -vertretung	Geschäftsführer	Vorstand
Gewinnverteilung	im Verhältnis der Geschäftsanteile	im Verhältnis der Aktienanteile

1 1,00 € bei der Unternehmergesellschaft mit beschränkter Haftung

203153154

KAPITEL 19

Arbeits- und Geschäftsprozesse im Groß- und Außenhandelsunternehmen

Die Fairtext GmbH ist dabei, das Unternehmen auf die Geschäftsprozessorientierung auszurichten. Zur Beratung wird in dieser Phase die Otte-consulting hinzugezogen. In einer einführenden Veranstaltung hält der Unternehmensberater Uwe Otte einen Folienvortrag:

„... Sprechen wir einmal über die Aufbauorganisation von Großhandlungen.

In immer noch vielen Unternehmen gibt es eine Organisation, die zum Teil noch auf Prinzipien des letzten oder sogar vorletzten Jahrhunderts basiert: Mithilfe von Methoden der Ablauforganisation hat man Arbeiten in kleine Teile zerlegt. Diese Zerstückelung in kleine Teile wurde dann im Rahmen der Aufbauorganisation ebenfalls für die Zuständigkeit, Verantwortung und Macht im Großhandelsunternehmen übernommen. Das hatte damals einige Vorteile. Leistungsfähige Großhandlungen konnten nur durch klare Aufgabengebiete und begrenzte Verantwortlichkeiten für einen Großteil der Mitarbeiter erreicht werden.

Mittlerweile erweist sich diese Art der Organisation vor dem Hintergrund der Veränderungen in Wirtschaft und Gesellschaft immer mehr als nachteilig. Viele Organisationsformen der Aufbauorganisation erweisen sich – zum Beispiel durch lange Instanzenwege – als sehr unflexibel. Gerade größere Unternehmen werden so oft zu behäbigen Dinosauriern.

So, und jetzt komme ich langsam zu den Geschäftsprozessen.

Die Kunden einer Großhandlung werden immer anspruchsvoller. Sie sind besser informiert als früher. Die Beziehung zu den Kunden haben sich dadurch grundlegend geändert. Gerade dies zwingt Unternehmen, über Veränderungen der Organisation nachzudenken. Wenn man überlegt, was Kundenorientierung eigentlich bedeutet, wird einem relativ schnell klar: Das Unternehmen muss auf den Kunden ausgerichtet werden.

In Unternehmen mit einer herkömmlichen Aufbauorganisation wurden von einer Verkaufsabteilung zunächst die Situation des Kunden im Hinblick auf seine Bedürfnisse untersucht und dann Lösungsmöglichkeiten für die Probleme des Kunden entwickelt. Der Geschäftsablauf wurde in der Regel schwerfällig, wenn andere Abteilungen (zum Beispiel Einkauf/Lager/Versand) einbezogen werden mussten. Es kam dadurch beispielsweise zu Zeitverzögerungen, was zu unzufriedenen Kunden führte.

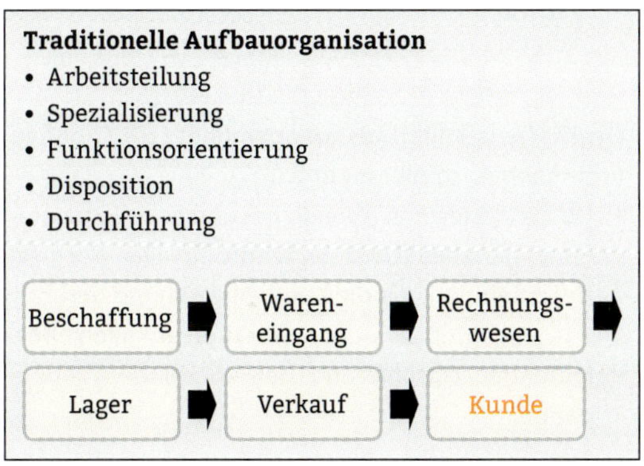

Möchte eine Großhandlung dagegen heute kundenorientiert sein, muss sie sich nach Geschäftsprozessen ausrichten. Auslöser eines Geschäftsprozesses ist der Kunde. Der Mitarbeiter der Verkaufsabteilung fordert zielgerichtet und unmittelbar die Leistungen und Geschäftsprozesse bei den anderen Abteilungen im Unternehmen an, die benötigt werden, um den Kunden zufriedenzustellen. Alle Beteiligten im Unternehmen treten in Kunden-Lieferanten-Beziehungen zueinander: Jeder Mitarbeiter kann im ersten Moment Kunde, im nächsten Moment Lieferant sein.

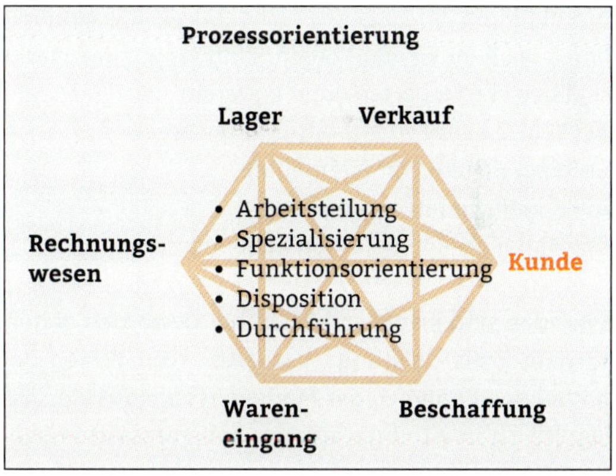

Wenn sich Großhandlungen geschäftsprozessorientiert sehen, erfolgt die Erbringung von Leistungen in aufeinander abgestimmten Prozessen.

Der Fokus liegt dabei vor allem auf den Kernprozessen. Innerhalb dieser Prozesse werden die vielfältigen Problemlösungen für den Kunden erbracht. Die Kunden sind zufrieden, wenn die Großhandlung die Kernprozesse angemessen bewältigt. Leistungen und Bedürfnisse der Kunden müssen vor diesem Hintergrund zusammenpassen.

Beachtung finden dürfen aber nicht nur jene Prozesse, die unmittelbar zur Erstellung der Großhandelsleistung notwendig sind. Neben den Kernprozessen müssen auch Unterstützungsprozesse optimiert werden."

1. Definieren Sie den Begriff „Geschäftsprozess“.
2. Stellen Sie fest, warum sich heute immer mehr Unternehmen mit der Geschäftsprozessorientierung beschäftigen.
3. Erläutern Sie, welche Vorteile die Geschäftsprozessorientierung in Großhandelsunternehmen hat.

INFORMATIONEN

Veränderte Geschäftsauffassung im Großhandel

In den letzten Jahren unterlag der Handel zahlreichen Veränderungsprozessen. Sie sind auf

- zunehmenden Wettbewerbsdruck infolge eines schärferen Preiskampfes,
- fortschreitende Internationalisierung und Globalisierung der Wirtschaft,
- erhöhte Marktdynamik,
- verkürzte Produktlebenszyklen,
- Ersatz altbekannter Produkte durch Innovationen usw.

zurückzuführen. Im Zuge des Wandels zum Käufermarkt[1] nahmen die Kunden immer mehr Einfluss auf das Marktgeschehen. Sie forderten unter anderem

- bessere Qualität zu attraktiven Preisen,
- umfangreichere Warenangebote,
- günstigere Lieferkonditionen
- und vor allem kompetenten Kundenservice.

Die Kunden sind insgesamt kritischer geworden gegenüber dem Preis-Leistungs-Verhältnis von Waren und den Werbemaßnahmen der Markenartikelindustrie. Dies spiegelt sich in einer geringeren Einkaufsstätten- und Markentreue wider. Um sich den permanent wechselnden Marktbedingungen anzupassen und mit den Konkurrenzunternehmen Schritt zu halten, führt für Großhandelsunternehmen kein Weg daran vorbei, die betrieblichen Abläufe kundenorientiert zu gestalten: Langfristig kann nur eine größere Kundennähe ein erfolgreiches Handeln am Markt sicherstellen. Alle betrieblichen Abläufe sollten daher auf den Kundennutzen ausgerichtet werden.

In den meisten Großhandelsunternehmen findet man heute noch die verschiedenen – meistens funktionsbezogenen – Formen der Aufbauorganisation vor.[2] Bei ihnen kommt es innerhalb des Betriebsablaufs häufig zu Verzögerungen, da der Fortschritt der Arbeit oft durch die Weitergabe von Abteilung zu Abteilung gehemmt wird. Zu diesen Zeitverlusten kommen in vielen Fällen noch zusätzliche Reibungsverluste zwischen den verschiedenen Abteilungen. Sie ergeben sich dadurch, dass Informationen mehrfach erfasst, gespeichert sowie vielfach bearbeitet werden.

In funktionsorientierten Unternehmen werden die Unternehmensziele (wie Gewinnsteigerung, Umsatzerhöhung usw.) in den einzelnen betrieblichen Abteilungen umgesetzt. Das Verfolgen von Zielen durch einzelne Abteilungen kann die Zielerfüllung in anderen Abteilungen beeinflussen. Eine Gesamtoptimierung der Unternehmensziele kann gefährdet werden.

BEISPIELE

- Die Lagerabteilung versucht, niedrige Lagerkosten durch Senkung der Lagerbestände zu erzielen.
- Die Einkaufsabteilung dagegen möchte niedrige Einkaufspreise erzielen, indem sie größere Mengen einkauft und dafür Mengenrabatte bekommt.
- Auch der Verkauf möchte größere Bestände vorrätig sehen, damit es nicht zu Lieferschwierigkeiten kommt und damit Gewinn entgeht.

Die Kräfte des Marktes zwingen heute die Großhandelsunternehmen immer mehr zu

- Überwindung von Abteilungs- und Funktionsegoismen;
- einer ganzheitlichen Betrachtung aller Vorgänge im Unternehmen, die die Kundenbeziehung berühren;
- ausgeprägter Kundenorientierung auf allen Ebenen;
- laufender Optimierung der kundenbezogenen Vorgänge.

1 Siehe Kap. 1.13
2 Siehe Kap. 1.16

203153156

Daher versuchen viele Großhandelsunternehmen momentan, ihre durch herkömmliche Formen der Aufbauorganisation geprägte Unternehmensstruktur in eine geschäftsprozessorientierte Unternehmensstruktur umzuwandeln. Das erfolgt mit dem Ziel, die Vorteile der traditionellen Aufbauorganisationsformen (z. B. Expertenwissen in den Funktionsabteilungen) zu nutzen und deren Nachteile wie z. B.

- Bereichsegoismus,
- mangelnde Unternehmensorientierung,
- mangelnde Kundenorientierung

zu überwinden.

Kunden, Wettbewerb und Wandel in der Wirtschaft verlangen Flexibilität und schnelle Reaktionsfähigkeit.

Im Hinblick auf Reaktionsfähigkeit und Flexibilität sind Unternehmen „gut“, wenn

- die Kundenanforderungen erfüllt werden,
- der zunehmende Wettbewerb berücksichtigt wird,
- interne Prozesse verbessert werden,
- der Service verbessert wird und
- die Mitarbeiter Zielvorgaben erhalten.

Konsequenz:
kundenorientierte Geschäftsprozesse

Geschäftsprozesse

DEFINITION

Ein **Geschäftsprozess** ist eine logisch zusammengehörende Folge von Aktivitäten, die

- dem Kunden einen Nutzen bringen,
- einen Beitrag zur Erreichung der Unternehmensziele leisten und
- von betrieblichen Mitarbeitern nach bestimmten Regeln durchgeführt werden.

Geschäftsprozesse bestehen aus mehreren betrieblichen Großaktivitäten, die von den Mitarbeitern – auch abteilungsübergreifend – realisiert werden.

Das Feststellen eines Kundenbedarfs ist der Beginn eines Geschäftsprozesses, der Verkauf eines Artikels an den Kunden das Ende. Wenn der Kunde zufrieden ist, kann normalerweise der Geschäftsprozess als optimal gelaufen angesehen werden.

Ein Geschäftsprozess besteht aus einer Vielzahl von unternehmensinternen Aktivitäten, die durchgeführt werden, um die Wünsche des Kunden zu befriedigen. Ein Geschäftsprozess genügt allen **qualitativen Anforde-run-gen**, wenn eine Kundenzufriedenheit hergestellt wird. **Kriterien** dafür sind:

- klar, einfach und verständlich
- so wenig beteiligte Mitarbeiter wie möglich
- volle Verantwortung für die Mitarbeiter
- unkomplizierte Schnittstelle zum Kunde
- Von ihren Wertvorstellungen her arbeiten die Mitarbeiter für die Kunden, nicht für den Vorgesetzten.
- Alle Schritte eines Geschäftsprozesses erhöhen den Wert für den Kunden.

Geschäftsprozesse entstanden Anfang der 1990er-Jahre. Sie dienen seitdem der Optimierung: Sie sollen dabei helfen, die organisatorischen Unternehmensabläufe in Einkauf und Verkauf, Lager und Rechnungswesen usw. zu minimieren. Die Darstellung der Geschäftsprozesse wird vor allem benötigt, um

- die Kosten der Geschäftsprozesse zu erfassen,
- betriebliche Hierarchien abzubauen,
- die Abläufe im Unternehmen zu verbessern,
- betriebswirtschaftliche Anwendungssoftware einzuführen.

Geschäftsprozessorganisierte Unternehmensstruktur

Eine geschäftsprozessorientierte Organisation versucht einerseits Reibungsverluste zwischen den Abteilungen zu vermeiden und andererseits gleichzeitig die Beziehungen zu den Kunden in den Mittelpunkt zu stellen. Bei der geschäftsprozessorientierten Organisationsform wird über die herkömmlichen Abteilungsgrenzen hinweg zusammengearbeitet. Auslöser dazu ist normalerweise ein Kundenwunsch.

BEISPIEL

Ein Beispiel aus dem Einzelhandel

Die Larstadt Warenhaus AG ist ursprünglich aus einem kleinen Gemischtwarengeschäft entstanden, das Arthur Müller bis in die früheren Fünfzigerjahre allein betrieb: Er kaufte ein, verkaufte, lieferte manchmal aus und machte auch seine Buchhaltung selbst. Arthur Müller machte alles allein und hatte alles im Griff. Die Kunden waren sehr zufrieden, da er sich um alle Probleme sofort kümmerte.

Mitte der Fünfzigerjahre wurde die Wettbewerbssituation in Schönstadt schwieriger. Um besser als die Konkurrenz zu sein, musste er billiger anbieten. Dazu nahm er jeden Mengenrabatt mit, den er im Einkauf kriegen konnte. Um nicht auf den größeren Lagerbeständen sitzen zu bleiben, musste er zwangsläufig seine Umsätze steigern. Das schaffte er aber allein nicht mehr, er musste Mitarbeiter einstellen:

- drei Mitarbeiter waren im Verkauf tätig,
- einer für den Einkauf zuständig,
- ein weiterer machte die Buchhaltung.

Arthur Müller teilte seine Beschäftigten also nach Funktionen ein.

Im Laufe der Jahre und mit zunehmender Unternehmensgröße wurde es immer problematischer, dass sich die Beschäftigten auf ihre Teilbereiche konzentrierten.

Arthur Müller erinnert sich an einen Fall aus früherer Zeit:

> „Der Verkäufer wollte dem Kunden, der Fisch kaufen wollte, bestmögliche Qualität anbieten und sicherte das seinem Gegenüber auch zu. Der Einkäufer dagegen kaufte damals sehr große Mengen Fisch ein, um Rabatte nutzen zu können. Sein Ziel war ja Senkung der Einkaufskosten. So gefährdete er aber die Frische der Produkte und damit die Kundenzufriedenheit. Da er nicht in Kundenkontakt stand wie der Verkäufer, konnte er das aber nicht direkt und sofort merken ..."

Die Geschäfte liefen für das Warenhaus über viele Jahre hinweg sehr gut. Vor zwei Jahren stand das Unternehmen trotz der insgesamt befriedigenden Gesamtergebnisse allerdings vor Schwierigkeiten. Rückläufige Umsätze bzw. Gewinne waren in fast allen Warenhäusern der Larstadt Warenhaus AG zu verzeichnen. Die Gründe hierfür waren vielschichtiger Natur. Zunehmende Marktstagnation, Sättigungstendenzen in den angestammten Sortimentsbereichen, rückläufige Bevölkerungsentwicklung und steigende Arbeitslosigkeit waren in diesem Zusammenhang zunächst zu nennen. Die zunehmende Konzentration und Verdrängung im Handel, die neuen Informations- und Kommunikationstechniken sowie das veränderte Konsumentenverhalten, bedingt durch einen Werte- und Lebensstilwandel der Konsumenten, verschlechterten die Erfolgsbedingungen für die Warenhäuser ebenfalls. Der Markt zwang den Nachfolger von Arthur Müller, Leonard Müller, bestehende Strukturen zu überdenken. So stellte man unter anderem auch die bestehende funktionale Aufbauorganisation in den einzelnen Häusern infrage. Versuchsweise fasste man dann in der Sportabteilung der Filiale in Hildesheim Einkäufer und Verkäufer in einem Geschäftsprozess „Verkauf an Kunden" zusammen: Die Mitarbeiter arbeiten also ohne große, zeitraubende und schwerfällige Umwege über Abteilungsleiter funktionsübergreifend zusammen. Alle Beschäftigten stehen direkt im Kontakt mit Kunden. Jeder überblickt den gesamten Vorgang.

Aufgrund der guten Erfahrungen will man unternehmensweit die Geschäftsprozessorientierung einführen.

Die **geschäftsprozessorganisierte Unternehmensstruktur** ist also durch zwei Merkmale gekennzeichnet:

- **Prozessorientierung:**
  Aufgehoben wird – so weit wie möglich – die bisherige funktionsorientierte Arbeitsteilung. Die Tätigkeiten und Aufgaben, die in den einzelnen Abteilungen bisher getrennt wahrgenommen wurden, werden jetzt zu einem Prozess zusammengefasst. Dieser sollte möglichst vollständig ausgeführt werden.
- **Kundenorientierung**:
  Um neue Kunden zu gewinnen bzw. Stammkunden zu halten, versuchen immer mehr Unternehmen, das Ziel „Kundenorientierung" als maßgeblich für die Verkaufsaktivitäten zu definieren.

203153158

Warum Prozessorientierung?

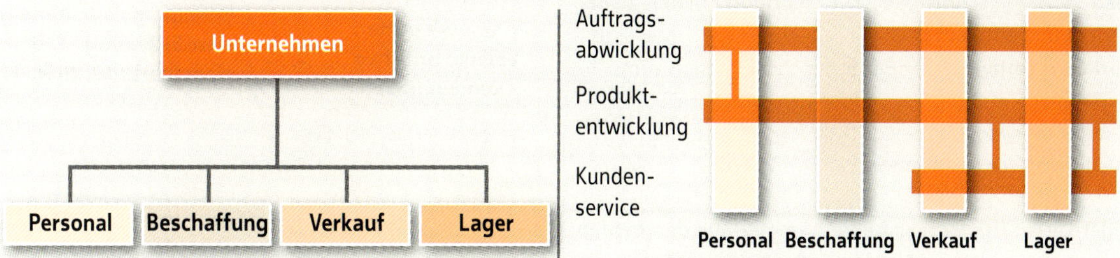

Funktionale Gliederung
- Kunde als Störgröße
- starre Organisationsstruktur
- Strukturgestaltung steht im Vordergrund

Prozessorientierte Gliederung
- auf Kunden ausgerichtete Ziele
- flexible Organisationsstruktur
- Verhaltensgestaltung steht im Vordergrund

Vermieden wird durch die Geschäftsprozessorientierung:

- **fehlender Kundenbezug**
  Vorgesetzten-Denken („Ist es meinem Chef recht ...", Kunde ist unwichtig, in manchen Abteilungen zu weit weg)
- **fehlende Transparenz von Geschäftsvorgängen**
  Es ist oft nur schwer erkennbar, wie weit ein Vorgang in einem konkreten Fall bereits bearbeitet ist.
- **Medienbrüche**
  Daten werden von einem Informationsträger auf einen anderen Informationsträger übertragen. Das kann zu Fehlern führen.
- **lange Durchlaufzeiten**
  - lange Entscheidungswege (Informationen nach oben, Entscheidungen nach unten)
  - viele nicht wertschöpfende Tätigkeiten (Wartezeiten, Transportzeiten, wiederholte Einarbeitung in denselben Vorgang durch verschiedene Personen)
- **geringe Motivation**
  da nur spezialisierte Funktionsbearbeitung
- **hoher Abstimmungsbedarf**
  wegen abteilungsindividueller Ziele
- **übertriebenes Formularwesen**
  Papierflut zur Datenübergabe zwischen Abteilungen
- **geringe Informationsqualität**
  Daten stehen nicht allen Abteilungen zur Verfügung, inoffizielle Informationsnetze (nur für Eingeweihte)
- **Bürokratie**
  - schwerfällig – geringe Innovationen
- **hohe Lagerbestände**
  zum Ausgleich von Unsicherheiten, Probleme werden damit nicht sichtbar

Entscheidende betriebliche Faktoren

Kundenorientierung

standardisierte, unternehmensspezifische Arbeitsabläufe (= Geschäftsprozesse)

betriebliche Kommunikationsstruktur

Qualifizierung vorhandener Mitarbeiter

qualitätsorientierte Personalpolitik

Berücksichtigung aller am Leistungsprozess beteiligten Ressourcen (z. B. Personal, Maschinen und Informationssysteme)

Kosten- und Leistungsaspekte bleiben selbstverständlich Erfolgsfaktoren!

Prozessstruktur eines Unternehmens

Die Gesamtheit aller Geschäftsprozesse bildet die Prozessstruktur eines Unternehmens. Ein Geschäftsprozess (= Hauptprozess) setzt sich aus einer Vielzahl von Teilprozessen zusammen.

Teilprozesse stellen die Teileinheiten des Geschäftsprozesses dar, die zusammengefügt den Geschäftsprozess ergeben und miteinander in Beziehung stehen. Es sind also Vorgangsschritte, die auf mehreren Ebenen weiter zerlegt und entweder

- nacheinander,
- parallel
- oder wahlweise

ausgeführt werden können.

Jeder Geschäftsprozess besteht immer aus den beiden Komponenten Warenprozess und Informationsprozess. Der **Warenprozess** umfasst den Warendurchlauf durch das Unternehmen: Die Ware wird bestellt, angeliefert, gelagert und an den Kunden verkauft. Gleichzeitig wird der Warenprozess von Informationsverarbeitung (**Informationsprozess**) begleitet. So werden beispielsweise Warenbestellungen durch Informationen ausgelöst.

Dabei ist der Auslöser des Prozesses ein Informations-/Dateninput (z. B. auf einem Datenträger/Beleg). Die Daten werden durch einen Aufgabenträger (Mensch oder Maschine) verarbeitet. Das Verarbeitungsergebnis wird durch Informationen beschrieben (Informations-/Datenoutput) und wieder auf einem Datenträger oder Beleg gespeichert. Dieser Datenoutput ist oftmals der Dateninput für einen darauffolgenden Informationsprozess.

Arten von Geschäftsprozessen

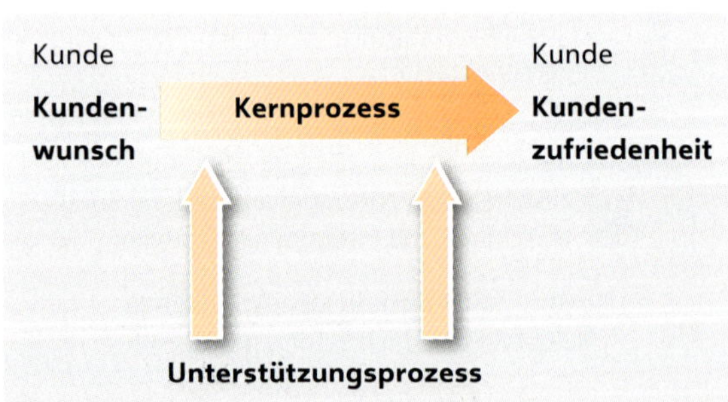

Es werden Kern- und Unterstützungsprozesse unterschieden:

- **Kernprozesse** erbringen die Hauptleistung eines Unternehmens. Sie sind kundennah.

Kernprozesse sind Prozesse, deren Aktivitäten einen direkten Bezug zum Produkt oder zur Dienstleistung des Unternehmens besitzen und damit direkt zur Wertschöpfung beitragen. Sie werden vom Kunden des Unternehmens wahrgenommen.

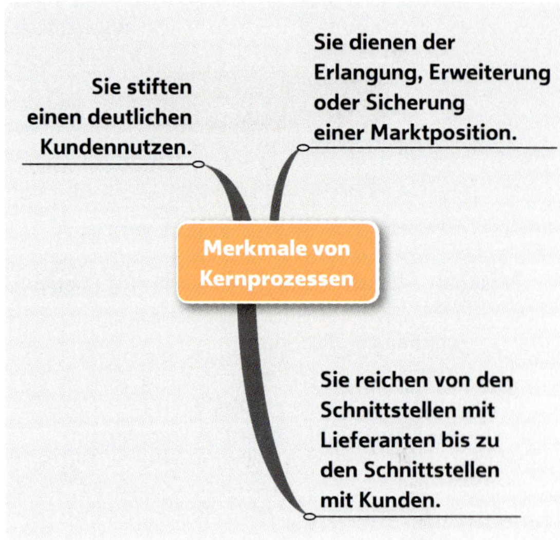

- **Unterstützungsprozesse** unterstützen die Kernprozesse durch interne Leistungen. Häufig werden sie auch Supportprozesse genannt. Sie stellen nicht das Kerngeschäft eines Unternehmens dar, weil sie nicht unmittelbar zur Bildung oder Erhaltung von Wettbewerbsvorteilen beitragen.

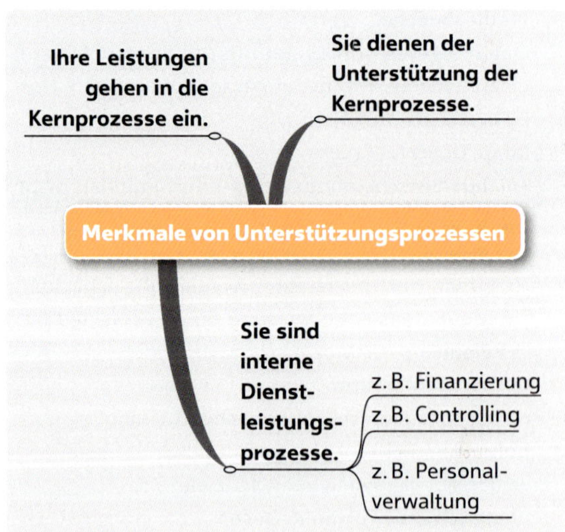

Unterstützende Prozesse sind – aus Kundensicht – nicht wertschöpfend, jedoch für den Betrieb der Kernprozesse unbedingt notwendig. Sie werden in der Regel nicht vom Kunden wahrgenommen.

Beitrag zur Wertschöpfung

Ein Handelsunternehmen kauft von seinen Lieferanten zu einem bestimmten Preis Waren ein. Später werden diese zu einem höheren Preis an die Verbraucher weiterverkauft.

203153160

Dieser Mehrwert ergibt sich aus der Leistungserstellung des Handelsbetriebs für den Kunden. So wird u.a.

- für den Kunden ein bedarfsgerechtes Sortiment gebildet,
- die Ware gelagert, bis der Kunde sie tatsächlich benötigt,
- der Kunde evtl. umfangreich beraten.

Die Schaffung von Mehrwert wird auch Wertschöpfung genannt.

Kern- und Unterstützungsprozesse können auch nach ihrem Beitrag zur Wertschöpfung eines Unternehmens unterschieden werden:

- **Kernprozesse**, die eine direkte Schnittstelle zum Kunden haben, erbringen eine direkte Wertschöpfung für den Kunden. So sind beispielsweise in einem Computerfachgeschäft, das den Zusammenbau eines PC aus Einzelelementen anbietet, die Montagekosten unmittelbar in dem Verkaufspreis enthalten.
- Bei **Unterstützungsprozessen** liegt keine direkte Schnittstelle zum Kunden vor. Sie übernehmen einen Service für andere Prozesse. Die Personalbereitstellung für die verschiedenen Abteilungen in einem großen Warenhaus erbringt z.B. eine Wertschöpfung für die Kernprozesse, die im Unternehmen stattfinden. Die Wertschöpfung ist also mittelbar.

Die Fairtext GmbH möchte die Geschäftsprozessorientierung einführen. Dazu wendet sie sich an eine Unternehmensberatung. Die cell-consulting fasst alle Prozesse des Großhandelsunternehmens in einem Kernprozessmodell zusammen:

Einkauf	Logistik	Filiale	Vertrieb und Zentrale
Sortimentsarbeit	Zentrallager-disposition	Disposition und Bestandsmgmt.	Kundenbindung/Marketing
Verhandlungen	Wareneingang	Wareneingang	Werbung und Aktionen
Stammdatenpflege	Kommissionierung	Regalservice	Sortiments- und Preismanagement
Lieferanten-bewerbung	Warenausgang/Transport	Kasse	Filialsteuerung
interne/externe Kommunikation	Logistik-management	Kundenservice	Rechnungs-kontrolle
Einkaufs-management		Filialmanagement	Personal-management

Anschließend wird ein Geschäftsprozessmodell für das Großhandelsunternehmen entwickelt und analysiert.

Disposition/Bestand		Wareneingang		Regalservice		Kasse		Kundenservice	
15,6 %		14,6 %		30,5 %		24,1 %		5,1 %	
Bestands-kontrolle	Waren-verderb	Warenan-nahme	Retouren	Regal-pflege	Display-Plakate	Kassen-prüfung/-abrech-nung	Tresor-bestand	Kunden-service/Informa-tion	Kundenre-klamation
2,9 %	0,4 %	1,5 %	1,3 %	17,9 %	2,4 %				
Disposi-tion	Diebstahl	Waren-kontrolle	Umliefe-rungen	Regaleti-kettierung	EAN-Pflege Scanning				
9,8 %	0,1 %	5,8 %	1,5 %	3,9 %	2,2 %	1,8 %	0,3 %	2,4 %	0,5 %
Bestellung	Inventur	Waren-handling	Mehrweg-abwicklung	Preis- und Sortiments-änderungen		Kassieren		Bedienung	Orientie-rungshilfe
1,4 %	1,0 %	3,9 %	0,6 %	4,1 %		22,0 %		0,4 %	1,8 %

Filialmanagement 10,1 %		
	lokale Aktionsplanung/Projekte	1,2 %
	Personalverwaltung und -management	1,7 %
	Instandhaltung	0,9 %
	Filialsteuerung, -planung und -kontrolle	3,2 %
	allgemeine Administration	3,1 %

Die Prozentzahlen geben den Anteil der einzelnen Teilprozesse am Gesamtprozess wieder.

Strategien zur Optimierung von Geschäftsprozessen im Unternehmen

Das unternehmerische Handeln im Großhandel wird heute von tief greifenden Entwicklungstendenzen in der Wirtschaft geprägt. So führen beispielsweise die zunehmende internationale Wirtschaftsintegration, ausgelöst u. a. durch sinkende Zölle sowie durch einen immer stärker werdenden globalen Kapitalfluss, aber auch gesättigte Inlandsmärkte aufgrund von Überkapazitäten zu einer Globalisierung von Wettbewerb und Märkten. Der in den Industrienationen damit einhergehende Verdrängungswettbewerb bringt wiederum einen Preisverfall und sinkende Gewinnmargen mit sich, wodurch ein erheblicher Kostendruck auf die Unternehmen ausgeübt wird. Der Kostendruck wird noch verstärkt durch die Verknappung natürlicher Ressourcen, da hierdurch die Rohstoffpreise steigen. Auch vor dem Hintergrund der Umweltproblematik werden Investitionen für umweltfreundliche Produktion und Entsorgung notwendig. Insbesondere die beiden erstgenannten Entwicklungen werden noch forciert durch Innovationen im Bereich der Mikroelektronik, der Informatik und der Telekommunikation. Durch den Ausbau weltweiter Informations- bzw. Kommunikationsnetzwerke können Informationen beliebig kanalisiert und nahezu ohne Zeitverluste weltweit transportiert werden. Das führt zu einer Beschleunigung aller Geschäftsprozesse, was einen erheblichen Veränderungsdruck auf die Unternehmen mit sich bringt.

Durch diese Veränderungen im Wettbewerbsumfeld sowie der damit verbundenen Änderung der Kundenbedürfnisse wird auch die absolute Kundenorientierung zur Überlebensfrage eines jeden Großhandelsunternehmens. Deshalb sind neben einem optimalen Preis-Leistungs-Verhältnis auch eine ausgezeichnete Qualität und der umfassendste Service wichtige Voraussetzungen zur Sicherung der Unternehmensexistenz. Jedes Unternehmen muss sich also Gedanken machen über die Optimierung seiner Geschäftsprozesse, um den Unternehmenserfolg und die Konkurrenzfähigkeit zu stärken. Dazu werden im Großhandel heute verschiedene Strategien – oft auch gleichzeitig – angewandt, die ursprünglich überwiegend aus dem Industriebereich stammen:

- **Just-in-time-Verfahren**[1] (Jit)

Just-in-time bedeutet, die Waren zum richtigen Zeitpunkt in richtiger Qualität und Menge am richtigen Ort bereitzustellen.

1 Siehe auch „Groß im Handel – 3. Ausbildungsjahr“

Alle Materialien werden stündlich oder täglich angeliefert und unverzüglich in den Verkaufsprozess übernommen. Der Just-in-time-Gedanke fordert eine rigorose Reduzierung der herkömmlichen Lager auf das absolut unvermeidbare Mindestmaß. Zentrale Wareneingangslager, in denen das gesamte Material mit mehrfacher Sicherheit liegt, passen nicht in dieses System.

- **Null-Fehler-Strategie und kontinuierlicher Verbesserungsprozess (KVP bzw. Kaizen)**

Moderne Strategien zur Verbesserung der Geschäftsprozesse zeichnen sich durch ein System der Fehlerentdeckung und -beseitigung aus, das darauf abzielt, jedes Problem auf seine letztendliche Ursache zurückzuführen.

Es ergibt sich ein Prozess der kontinuierlichen Verbesserung (japanisch = Kaizen), der dazu führt, dass die Qualität fortlaufend steigt, Nacharbeiten immer seltener nötig werden und der Geschäftsprozess kaum noch unterbrochen wird.

- **Qualitätsmanagement**

Unter Qualitätsmanagement versteht man eine auf der Mitwirkung aller Mitarbeiter beruhende Führungsmethode eines Unternehmens, die Qualität in den Mittelpunkt stellt und durch Zufriedenstellung der Kunden auf langfristigen Geschäftserfolg zielt.

Man versucht durch verschiedene Maßnahmen ein hohes Qualitätsniveau anzustreben. Qualität bezieht sich dabei sowohl auf die vermarkteten Produkte und Dienstleistungen als auch auf die internen Prozesse des Unternehmens. Qualität ist definiert als das Maß, in dem das betrachtete Produkt oder der betrachtete Prozess den Anforderungen genügt. Diese Anforderungen können explizit definiert sein, sie können aber auch implizit vorausgesetzt werden. Das Qualitätsmanagement soll sicherstellen, dass Waren, Dienstleistungen und Prozesse den Anforderungen entsprechend abgearbeitet werden. Das Qualitätsmanagement dient damit der Schaffung von Vertrauen bei Führung und Kunden.

- **Outsourcing**

Beim Outsourcing werden Prozesse, die nicht Kernprozesse des Unternehmens darstellen, ausgegliedert, d.h. Fremdunternehmen übertragen. Hiervon erhofft man sich Qualitätssteigerungen und/oder Kostensenkungen.

- **Supply-Chain-Management**

Unter Supply-Chain-Management versteht man eine neue Form der integrierten Planung, Steuerung und Kontrolle aller in einer Liefer- und Wertschöpfungskette auftretenden logistischen Aktivitäten.

Supply-Chain-Management ist die unternehmensübergreifende Koordination der Waren-, Informations- und Geldflüsse über den gesamten Wertschöpfungsprozess von der Rohstoffgewinnung über die einzelnen Veredlungsstufen bis hin zum Endkunden mit dem Ziel, den Gesamtprozess sowohl zeit- als auch kostenoptimal zu gestalten.

Das Supply-Chain-Management führt zu einer (unternehmens-)übergreifenden Prozessverbesserung, da Kunden, Lieferanten und weitere Dienstleister in die logistische Kette einbezogen werden. Es wird von einem Unternehmen versucht, durchgängige, übergreifende Prozesse zu realisieren.

AUFGABEN

1. Durch welche Veränderungen sind die Großhandelsunternehmen gezwungen, sich mit der Geschäftsprozessorientierung auseinanderzusetzen?
2. Zu welchen Nachteilen können herkömmliche Formen der Aufbauorganisation führen?
3. Was versteht man unter einem Geschäftsprozess?
4. Führen Sie die Merkmale eines Geschäftsprozesses auf.
5. Erläutern Sie, warum die Kundenorientierung im Vordergrund der Geschäftsprozessorientierung steht.
6. Wodurch unterscheiden sich Kernprozesse von Unterstützungsprozessen?
7. Führen Sie drei Merkmale von Kernprozessen auf.
8. Erläutern Sie die Begriffe
   a) Warenprozess,
   b) Informationsprozess.
9. Erläutern Sie, warum Geschäftsprozesse immer auch Wertschöpfungsprozesse sind.

AKTIONEN

1. Visualisieren Sie die Informations-, Geld- und Warenströme innerhalb des Kernprozesses „Beschaffung und Absatz von Waren im Handel“.
   a) Analysieren Sie die folgende Grafik.

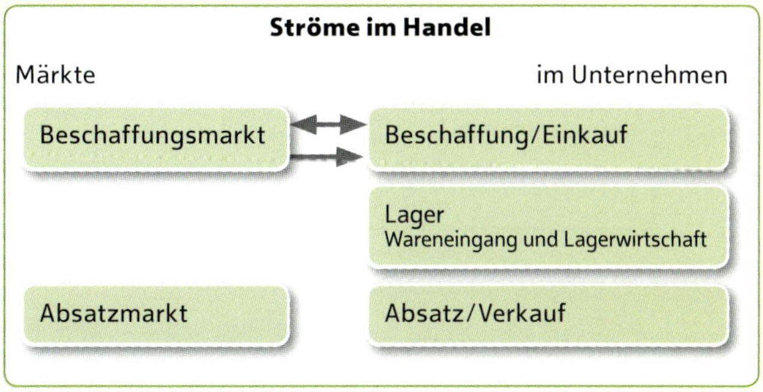

b) Ergänzen Sie die den Kernprozess „Beschaffung und Absatz von Waren“ unterstützenden Ströme:
   - Informationsströme ....
   - Geldströme.............................
   - Warenströme ....

2. Erinnern Sie sich noch einmal an den Vorfall aus der Geschichte der Larstadt Warenhaus AG:
Der Verkäufer wollte dem Kunden, der Fisch kaufen wollte, bestmögliche Qualität anbieten und sicherte das seinem Gegenüber auch zu. Der Einkäufer dagegen kaufte damals sehr große Mengen Fisch ein, um Rabatte nutzen zu können. Sein Ziel war ja die Senkung der Einkaufskosten. So gefährdete er die Frische der Produkte und damit die Kundenzufriedenheit. Da er nicht im Kundenkontakt stand, konnte er das aber nicht direkt und sofort merken ...
   a) Arbeiten Sie heraus, worin das Problem in dieser Situation liegt.
   b) Entwerfen Sie einen Lösungsvorschlag und wenden Sie dabei Ihr Wissen über die Geschäftsprozessorientierung an.
   c) Präsentieren Sie Ihre Lösung.

ZUSAMMENFASSUNG

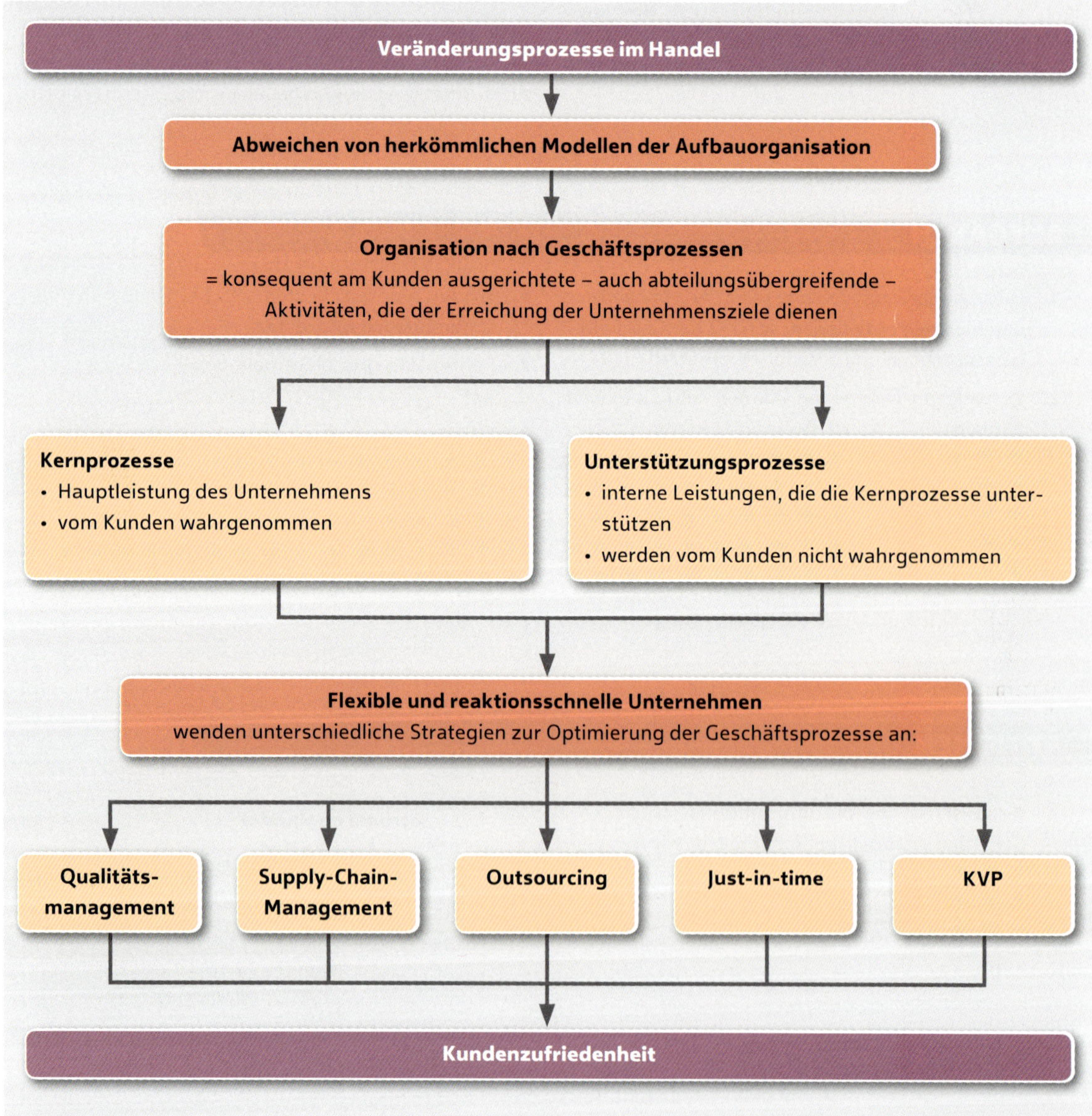

KAPITEL 20

Anwendung verbaler und nonverbaler Kommunikationstechniken

Heute passiert viel in der Fairtext GmbH.

- Seit heute Morgen herrscht schlechte Stimmung im Lager. Herr Zeggel hatte zu Mete Öczan und Anne Schulte gesagt: „Man sollte mal das Lager aufräumen. Ihr macht sowieso, was ihr wollt!“ Als die beiden Auszubildenden etwas erwidern wollen, sagte Herr Zeggel: „Ich will jetzt nicht mit Ihnen reden!“ Die beiden Auszubildenden sind verärgert.
- Sebastian Holpert ist heute im Showroom eingesetzt. Er beobachtet, wie ein Kunde in die Umkleidekabine geht und dort ein Hemd anprobiert. Als der Kunde den Umkleidebereich wieder verlässt, sagt Sebastian Holpert: „Das Hemd steht Ihnen. Sie können es sehr gut auch zu Jeanshosen tragen. Dann wird es bei Ihren Kunden erst recht gut aussehen.“ Der Kunde reagiert gereizt.
- Caroline König bekommt zwei Verkaufsgespräche mit Kunden mit:

Ausschnitt aus Verkaufsgespräch 1: „... Diese Frage wird im weiteren Verlauf noch Gegenstand des Verkaufsgesprächs sein ... Sie werden Ihre Kaufentscheidung nie bedauern ... Für den Kauf möchte ich meinen Dank zum Ausdruck bringen ...“

Ausschnitt aus Verkaufsgespräch 2: „... Wir werden diese Frage noch im weiteren Verlauf besprechen ... Sie werden sich über diese Kaufentscheidung immer freuen ... Ich bedanke mich bei Ihnen ...“

1. Geben Sie an, welche Fehler Herr Zeggel gemacht hat.
2. Machen Sie Verbesserungsvorschläge.
3. Stellen Sie fest, welche vier Botschaften die Aussage von Sebastian Holpert enthalten kann.
4. Erläutern Sie, wo es zu Konflikten in der Kommunikation zwischen dem Kunden und Sebastian Holpert kommen kann.
5. Entscheiden Sie, in welchem Verkaufsgespräch, dem Caroline zuhört, die Sprache besser eingesetzt wird.

INFORMATIONEN

Kommunikationstechniken als Erfolgsfaktor

Für Unternehmen wird es immer wichtiger, dass die Kommunikationsprozesse zwischen den Mitarbeitern bzw. zwischen Mitarbeitern und Vorgesetzten gut funktionieren. Gibt es in der Kommunikation Störungen, so kann dies gewaltige Auswirkungen auf die Geschäftsprozesse des Unternehmens haben.

BEISPIEL

Scheitern Verkaufsgespräche, weil der Informationsaustausch zwischen Verkäufern und Kunden nicht funktioniert, entgehen dem Unternehmen Umsätze und Gewinne. Es kann zudem zu Kundenverlusten kommen.

Eine störungsfreie Kommunikation zwischen allen im Unternehmen arbeitenden Personen wird daher immer mehr als wesentlicher Bestandteil der Kultur erfolgreicher Unternehmen angesehen. Sowohl die interne Unternehmenskommunikation – also der Dialog zwischen den Mitarbeitern bzw. Mitarbeitern und Vorgesetzten – als auch die externe Kommunikation zu Lieferanten, Kunden und anderen Geschäftspartnern können also schnell zum entscheidenden Wettbewerbsvorteil werden:

- Je gelungener die interne Kommunikation verläuft, desto besser ist das Arbeitsklima und produktiver die Zusammenarbeit.
- Je gelungener die externe Kommunikation ist, desto besser kann sich das Unternehmen am Markt behaupten.

Instrumente für eine erfolgreiche Gesprächsführung

Entscheidende Weichenstellungen geschehen im Berufsleben in den verschiedenen Formen des direkten Gesprächs. Als **Gespräch** wird dabei die verbale Kommunikation zwischen mindestens zwei Personen bezeichnet. Diese wird erfolgreich sein, wenn bestimmte Instrumente angewendet werden:

Instrumente für erfolgreiche Gesprächsführung			
Sprache	**Körpersprache**	**Fragetechnik**	**Kommunikationsregeln**
Sprachliche Äußerungen können hemmend oder fördernd für einen erfolgreichen Verlauf von Gesprächen sein.	Körpersprache zu entschlüsseln oder sie sogar bewusst einzusetzen, bietet in Gesprächen zahlreiche Vorteile.	Fragen bieten die Möglichkeit, Gespräche zu lenken.	Durch Kenntnis der Kommunikationsregeln können Störungen in Gesprächen vermieden werden.

Kommunikationsregeln

Der Mensch lernt im Laufe seiner Erziehung unbewusst einige Kommunikationsregeln. Dennoch gibt es im täglichen Berufsleben, aber auch im privaten Alltag sehr viele Probleme und Konflikte, die auf mangelnde Kenntnis und Anwendung von Kommunikationsregeln zurückzuführen sind. Je mehr Kommunikationsregeln man beherrscht, desto eher kann man

- seinen eigenen Standpunkt deutlich, überzeugend und konfliktfrei vermitteln,
- den Gesprächsverlauf steuern,
- ein von allen akzeptiertes Ergebnis erzielen.

Eine gute Kommunikation fördert die Beziehung der Gesprächspartner und stellt sie gleichermaßen zufrieden. Daher ist es von enormer Wichtigkeit, dass Beschäftigte in Unternehmen Kenntnisse über die Kommunikation besitzen.

Gesprächssituation beachten

Macht man sich bewusst, in welcher Gesprächssituation man kommuniziert bzw. kommunizieren wird, steigt die Wahrscheinlichkeit, dass die Kommunikation erfolgreich sein wird: Hat man sich z. B. klar gemacht, welche Zielsetzungen der Partner in der jeweiligen Gesprächssituation verfolgt, kann man sich erheblich besser auf das Gespräch vorbereiten.

BEISPIEL

Einem möglichen Käufer in einem Beratungsgespräch muss man anders gegenübertreten als einem potenziellen Verkäufer in einer Verhandlung über Einkaufskonditionen. Beschwerden und Reklamationen bringen andere Anforderungen an die Gesprächssituation mit sich wie Mitarbeitergespräche.

Äußerungen als individuelle Wahrnehmungen betrachten

Was und wie jeder Mensch denkt und fühlt, hängt von den Erfahrungen im Verlauf seines Lebens ab. Vor diesem Hintergrund neigt er dazu, seine Sicht der Wirklichkeit als die einzig wahre und richtige anzusehen.

Stimmt diese weitgehend mit der Erfahrungs- und Gefühlswelt einer anderen Person überein, wird es zwischen diesen kaum Probleme in der Kommunikation geben. Es kann jedoch schnell zu Problemen, Missverständnissen und Konflikten kommen, wenn diese sich nicht ähneln. Deshalb muss in jeder Kommunikation beachtet werden, was die andere Personen wahrnimmt: Für eine erfolgreiche Kommunikation ist nicht nur wichtig, was und wie etwas gesagt wird. Mindestens ebenso bedeutend ist, was und wie die andere Personen es versteht und aufnimmt. Man muss sich also klarmachen, dass Gesagtes und Gehörtes nicht automatisch immer übereinstimmen.

Einfaches Kommunikationsmodell beachten

Kommunikationsprozesse verlaufen störungsfrei, wenn man das einfache Kommunikationsmodell und das Vier-Ohren-Modell der Kommunikation kennt. Derjenige, der Informationen gibt (der Sender), muss sicherstellen, dass der Adressat (der Empfänger) diese auch genauso versteht, wie sie gemeint war.[1]

Emotionale Ebenen berücksichtigen

Kommunikation erfolgt nicht nur auf einer sachlichen und rationalen Ebene, bei der Informationen nüchtern in Worten zum Ausdruck gebracht werden. Diese Inhalte sind oft gut wahrzunehmen. Gleichzeitig werden Informationen auf emotionalen (= gefühlsmäßigen) Ebenen vermittelt, die sich hinter den eigentlichen Worten verbergen. Dieser Bereich der Kommunikation, bei dem Gefühle, Wünsche, Sympathien/Antipathien, Stimmungen usw. transportiert werden, ist oft nicht direkt wahrnehmbar.

1 Vgl. Kap. 1.3

203153166

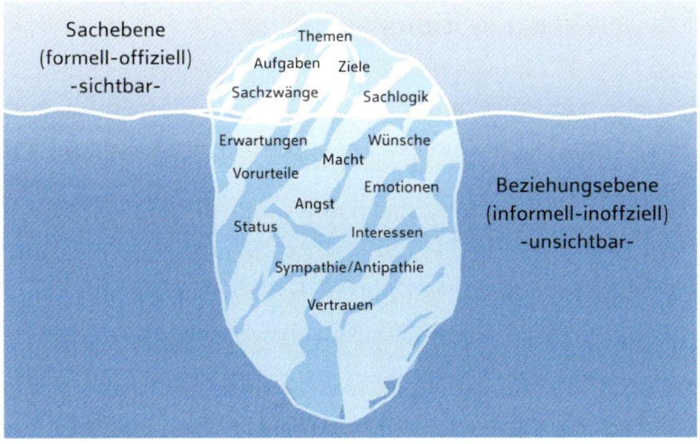

Das Eisbergmodell besagt, dass nur ein kleiner Teil der Kommunikation offen sichtbar ist und der erheblich größere Anteil, der den Beziehungsbereich wiedergibt, quasi unter der Oberfläche liegt.

Aktiv zuhören

Sehr häufig werden Kommunikationsprozesse dadurch gestört, dass nicht richtig zugehört wird. Häufige Fehler in diesem Zusammenhang sind:

- Der Sprecher wird unterbrochen.
- Es wird schon geredet, während der andere noch spricht.
- Es wird nicht darauf geachtet, was der andere sagt.

Man sollte deshalb dem Gesprächspartner deutlich zeigen, dass man ein Interesse daran hat, seine Informationen aufrichtig wahrzunehmen. Der Gesprächspartner soll sich verstanden fühlen. Aktives Zuhören ist eine Grundeinstellung, mit der man dem Sprechenden mit aller Aufmerksamkeit zeigt, dass man innerlich zuhört.

Sprachliche Signale für aktives Zuhören können u.a. sein:

- kurze Ein-Wort-Rückmeldungen
- Nachfragen
- kurze Zusammenfassungen des Gesagten

Körpersprachliche Signale für aktives Zuhören sind:

- Blickkontakt
- Kopfnicken
- Anfertigung von Notizen
- leicht nach vorne geneigte Körperhaltung

BEISPIEL

Wegen eines nicht eingehaltenen Termins führt Herr Raub ein Gespräch mit Caroline König. Sie signalisiert Herrn Raub mit Blickkontakt, Kopfnicken und mehrmaligen kurzen Äußerungen wie z.B „Ja", „Aha" und „Mhm", dass sie seinen Ausführungen aufmerksam folgt. Sie unterbricht Herrn Raub nicht, fragt aber während einer kurzen Sprechpause von Herrn Raub bei einer Unklarheit kurz nach, ob sie dies auch richtig verstanden habe. Zum Ende des Gesprächs fasst sie das von Herrn Raub Gesagte noch einmal kurz zusammen: „Ich habe Sie doch richtig verstanden? Sie glauben, dass ich den Termin absichtlich nicht eingehalten habe?"

Ich-Botschaften senden

Aussagen in Sätzen, die mit „Du" beginnen, werden vom Gesprächspartner oft als Beschuldigungen, Vorwürfe oder Anklagen aufgefasst. Der Angesprochene reagiert dann mit Rechtfertigungen oder aggressivem Verhalten. Er fühlt sich bevormundet und unverstanden. Erheblich günstiger ist es, Sätze mit „Ich" zu beginnen.

BEISPIEL

Statt „Sie müssen ja bei jeder Sitzung zu spät kommen!", sollte man dem Gesprächspartner seine Meinung zu verstehen geben, ohne dass er sich direkt und aggressiv angegangen fühlt: „Ich bevorzuge es, Sitzungen pünktlich anzufangen!"

Zu beachten ist, dass abschwächende Formulierungen bei Ich-Botschaften das Gesagte entwerten und unsicher wirken.

BEISPIEL

„Es macht mich ein bisschen ärgerlich, dass Sie ..."

Gefühle äußern

In der Kommunikation spielt der Ausdruck von Gefühlen immer eine besondere Rolle. Diese sollten dem Gesprächspartner zurückgemeldet werden. Dabei ist auf die Formulierung von Ich-Botschaften zu achten.

So gibt es häufig Situationen, in denen der Empfänger einer Nachricht emotional so sehr aufgeregt und aufgebracht ist, dass er nicht mehr mit Verständnis auf den Sender reagieren kann. Um Missverständnisse zu vermeiden und anzusprechen sowie Veränderungen herbeizuführen, ist das Ausdrücken negativer Gefühle sehr wichtig.

BEISPIEL

Caroline König regt sich darüber auf, dass Herr Raub ihr im Gespräch vorhält, einen Termin nicht eingehalten zu haben, denn sie war über den Termin vorher gar nicht informiert worden.

Falsch wäre eine Reaktion von Caroline, ihren Ärger – um z.B. einen Konflikt zu vermeiden – herunterzuschlucken und gar nichts zu sagen. Dies könnte dazu führen, dass aufgestaute Gefühle irgendwann – vielleicht sogar bei einem vergleichsweise geringen Anlass – unverhältnismäßig stark zum Ausdruck kommen und zu einer Eskalation führen. Genauso falsch wäre eine Reaktion wie: „So ein Quatsch, was Sie da erzählen! Das ist doch gar nicht wahr!" Hier richtet Caroline ihre Kritik und ihre Gefühle indirekt auf die Person des Gesprächspartners als Ganzes, nicht auf dessen konkretes Verhalten.

Gut wäre es, wenn Caroline ihre eigenen Gefühle dem Gesprächspartner direkt mit einer Ich-Botschaft zurückmelden würde: „Ich bin sehr verwundert, dass Sie meinen, ich hätte den Termin absichtlich nicht eingehalten."

Auch positive Gefühle sollten dem Gesprächspartner zurückgemeldet werden: Bei positiven Emotionen meinen die Gesprächspartner nämlich oft, dass der jeweilige Gegenüber diese auch wahrnimmt. Dies ist aber sehr häufig gar nicht der Fall.

BEISPIEL

Nachdem in dem Gespräch sehr sachlich geklärt wurde, dass Caroline von dem Termin gar nichts wissen konnte, meldet Herr Raub seine Freude darüber zurück: „Ich finde es gut und sehr erfreulich, dass wir dieses Missverständnis gemeinsam aus der Welt schaffen konnten!"

Sich konkret und positiv äußern

Nach Möglichkeit sollten in Gesprächen keine negativ besetzten Worte verwendet werden. Solche Worte verstärken das Negative und vermindern die Chance auf eine erfolgreiche Kommunikation. Deshalb sollten Sachverhalte konkret benannt werden und wenn möglich auch positiv ausgedrückt werden.

BEISPIEL

Statt „Ich will jetzt nicht mit Ihnen reden. Keine Zeit!", sollte Herr Harriefeld besser folgendermaßen vorgehen: „Lassen Sie uns heute Nachmittag darüber reden. Ich habe jetzt gleich eine Sitzung mit Herrn Raub!"

Nicht unterbrechen

Ein Gesprächspartner sollte in seinen Ausführungen nach Möglichkeit nicht unterbrochen werden. Lässt man ihn ausreden, vermeidet man destruktive Emotionen durch die Unterbrechung.

Fragen statt kritisieren

Fragen wirken erheblich Konflikt entschärfender und diplomatischer als eine direkt vorgebrachte Kritik.

BEISPIEL

Statt direkt zu kritisieren: „Sie haben nur an die eine Möglichkeit gedacht!", stellt Herr Raub eine Frage: „Sind Sie sicher, dass dies die einzige Möglichkeit war?"

Status des Gesprächspartners beachten

Im Alltag, erst recht im Berufsleben, wird im Rahmen der Kommunikation bewusst oder unbewusst ein Statusverhältnis zwischen den Beteiligten hergestellt. Unter einem Status versteht man das wahrnehmbare Verhalten einer Person gegenüber einer anderen Person oder einer Gruppe von Personen.

Ist jemand im Hochstatus, verhält er sich dominant gegenüber einer anderen Person im Tiefstatus. Diese passt ihr Handeln dagegen an den Vorgaben der Person im Hochstatus an.

Wenn eine Person im Hochstatus einer andern begegnet, die sich ebenfalls im Hochstatus verhält, entsteht ein Kampf um den Status. Ist keiner bereit, seinen Status zu senken, muss jeder seinen Status immer weiter erhöhen. Der Fall des Verlierers wird dadurch tiefer werden, seine Demütigung größer: Die Kommunikation ist letztlich gescheitert.

Eine gelungene Kommunikation basiert auf dem ständigen Statuswechsel beider Gesprächspartner: Während des Gesprächs wird intuitiv ein gegenseitiger Statusausgleich hergestellt, weil sich keiner über den anderen heben will.

Tiefstatus- Hochstatus

BEISPIEL

Beratungsgespräche im Verkauf können durch das Einnehmen von zwei gegensätzlichen Statusformen wirkungsvoll gesteuert werden:

Damit ein Beratungsgespräch überhaupt stattfinden und durchgeführt werden kann, kommt es gewöhnlich auch auf Sympathie des Kunden an. Diese kann der Verkäufer z. B. in der Kontaktphase zunächst dadurch gewinnen, dass er den Tiefstatus einnimmt, bei dem er dem Kunden eher freundschaftlich begegnet.

Um im Beratungsgespräch zu überzeugen, sind z. B. in Phasen, in denen argumentiert wird, neben Sympathie auch Kompetenz, Fachlichkeit und Respekt erforderlich. Diese Eigenschaften kann der Verkäufer erfahrungsgemäß durch den Hochstatus vermitteln. Auch beim Herbeiführen des Kaufentschlusses sollte man den Hochstatus anstreben. In der Abschlussphase des Beratungsgesprächs sollte der Verkäufer wieder zurück in den Tiefstatus gehen.

Interkulturelle Besonderheiten beachten

Abhängig von ihrer Herkunft haben Mitarbeiter in einem Unternehmen oft eine unterschiedliche kulturelle Orientierung. Häufig hat man es zudem mit ausländischen Geschäftspartnern zu tun. Eine Kommunikation mit diesen beiden Personengruppen wird umso erfolgreicher sein, je eher man bereit ist, Unterschiede in deren Kommunikationsverhalten (im Vergleich zum eigenen) bewusst und sensibel wahrzunehmen und sich darauf entsprechend einzustellen.

Verfügt man über interkulturelle Kompetenz, wird dies nicht schwerfallen.

BEISPIEL

In asiatischen Ländern erfolgt eine Begrüßung durch eine Verbeugung. Händeschütteln wie bei uns wird dort als zu direkt und aggressiv empfunden. Anschließend erfolgt oft eine formale Übergabe von Visitenkarten – allerdings ausschließlich mit beiden Händen.

Ist man sich dessen bei Verhandlungen mit chinesischen Geschäftsleuten bewusst, verfügt man über interkulturelle Kompetenz.

Win-win-Situation anstreben

Ein Kommunikationsprozess wird auch dann erfolgreich sein, wenn beide Gesprächspartner darauf achten, dass es zu einer Win-win-Situation kommt. Eine solche liegt z. B. vor, wenn das Ergebnis einer Verhandlung für beide Verhandlungspartner einen größeren Nutzen darstellt, als wenn keine Vereinbarung getroffen worden wäre. Beide Seiten sollten darauf achten, dass sich alle im Vorteil fühlen.

Konventionen einhalten

Beachtet man in beruflichen Gesprächen bestimmte Konventionen bzw. Höflichkeitsregeln, wird die Kommunikation erheblich erleichtert. Eine Missachtung solcher Regeln im geschäftlichen Umfeld kann sich sehr nachteilig auswirken.

Empfang

Man kann schon vor dem Gesprächstermin die Kommunikation positiv beeinflussen. Mit dem richtigen Empfang kann man die Weichen dafür stellen, dass sich Geschäftspartner wohl- und willkommen fühlen. Durch den dadurch gewonnenen positiven ersten Eindruck werden beste Voraussetzungen für das folgende Gespräch geschaffen:

- Vor dem eigentlichen Besucherempfang sollte dem Gast eine Anfahrtsbeschreibung zugestellt werden. Ebenfalls sollte ihm genau mitgeteilt werden, wo im Unternehmen das Gespräch stattfindet.
- Ankommende Besucher müssen sofort wahrgenommen werden. Es sollte vermieden werden, dass sie warten müssen (ggf. sollte dem Gast ein Platz und evtl. Getränke angeboten werden).
- Jedem Besucher sollte Wertschätzung entgegengebracht werden. Er sollte ernst genommen werden.
- Der empfangende Mitarbeiter sollte zu jedem ankommenden Besucher Blickkontakt aufnehmen und lächeln.
- Kommt ein Besucher, darf niemals dem Telefon Vorrang gegeben werden.
- Der Gast sollte mit einem Willkommensgruß angesprochen werden.
- Der Besucher sollte – wenn möglich persönlich – durch das Unternehmen begleitet werden.
- Vor dem Gespräch ist für angemessene Getränke und ggf. Verpflegung zu sorgen.

Begrüßungen

Bei Begrüßungen im geschäftlichen Umfeld müssen die ökonomischen oder hierarchischen Beziehungen der Gesprächsteilnehmer berücksichtigt werden:

- Mitarbeiter grüßen Vorgesetzte immer zuerst.
- Geschäftspartner, wie z. B. Kunden oder Lieferanten, werden ebenfalls zuerst gegrüßt.
- Falls bekannt, werden Gesprächspartner namentlich begrüßt, um eine persönliche Atmosphäre zu schaffen.
- Bei Gleichgestellten gilt, dass
  - jüngere Gesprächspartner die älteren begrüßen oder im Zweifel
  - der, der den anderen Gesprächspartner als Erster wahrnimmt, die Begrüßung vornimmt.

Handschlag

Trifft man mit Geschäftspartnern zusammen, erfolgt eine Begrüßung per Handschlag. Hierbei gilt:

- Beim Handschlag wird Blickkontakt aufgenommen.
- Ranghöhere oder ältere geben den rangniedrigen bzw. jüngeren Mitarbeitern als Erstes die Hand.

Vorstellung

Trifft man im Geschäftsleben auf eine oder mehrere unbekannte Personen, ist eine Vorstellung notwendig. Alle Gesprächspartner müssen darüber informiert sein, mit wem sie es zu tun haben. Allgemein gilt im Geschäftsleben, dass der rangniedrigere Gesprächspartner dem ranghöheren Mitarbeiter (Vorgesetzter, Geschäftspartner) vorgestellt wird.

Stößt man zu einer Gruppe unbekannter Personen hinzu, stellt man sich dagegen selbst namentlich vor.

Small Talk

Ein Gespräch gleich mit geschäftlichen Themen zu beginnen, kann kontraproduktiv sein. Oft wird die Atmosphäre dadurch positiv beeinflusst, dass man zunächst mit einem kurzen Small Talk beginnt. Unter einem Small Talk versteht man ein informelles Gespräch (im Plauderton) über nicht geschäftliche Themen.

Ein Gespräch kommt einfacher in Gang, wenn man offene Fragen stellt, z. B. kann man den Gesprächspartner nach seiner Meinung zu einem Thema von allgemeinem Interesse fragen.

Auf jeden Fall sollte man versuchen, schnell einen gemeinsamen Nenner zu finden, z. B. gleiches Interesse an einem Hobby, einer Sportart, einem Fußballverein. Man bekundet dadurch Interesse an seinem Gesprächspartner und wird von ihm als Person mit positiver Ausstrahlung wahrgenommen. Zudem wecken Gemeinsamkeiten Sympathien und vertiefen den Kontakt.

Wie bei jedem Gespräch ist auch für einen gelungenen Small Talk aufmerksames und aktives Zuhören eine Grundvoraussetzung.

Körpersprache

Bestandteile der Körpersprache

Bis zu 80 % aller Informationen in Gesprächen werden durch nonverbale Signale ausgesandt. Diese nonverbale Kommunikation wird unter dem Begriff Körpersprache zusammengefasst. Die Körpersprache wird ohne Worte „gesprochen“: Sie vollzieht sich in der Regel unbewusst, unwillkürlich und unbeabsichtigt.

In Verbindung mit dem gesprochenen Wort kann Körpersprache einerseits verbale Aussagen verdeutlichen, ersetzen oder verstärken, in bestimmten Fällen diesen aber auch widersprechen.

BEISPIELE

Verstärkung:
Ein Politiker unterstützt bei einer Bundestagsrede seine Argumentation, indem er mit der Faust auf das Rednerpult schlägt.
Widerspruch:
Eine Aussage, die auf den ersten Blick ernst gemeint erscheint, wird durch Lächeln und ein Augenzwinkern ins Gegenteil gewendet.

Bestandteile der Körpersprache sind:

Nonverbale Kommunikation in Gesprächen

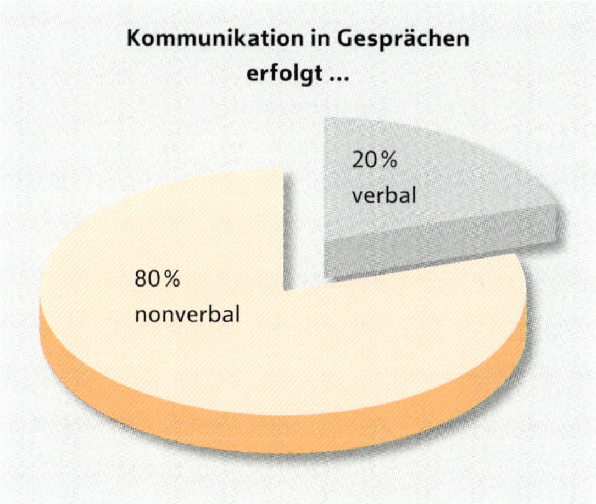

Lernen Mitarbeiter körpersprachlich auf Geschäftspartner einzugehen, so wird dies für sie und ihr Unternehmen große Vorteile haben. Die Körpersprache verrät Interessen, Abneigungen, Gefühle und Empfindungen. Wer diese körpersprachlichen Aussagen des Gesprächspartners erkennt und bei der Gesprächsführung berücksichtigt, kann leichter überzeugen.

BEISPIEL

Ein Mitarbeiter, der in einem Beratungsgespräch auf die körpersprachlichen Signale des Kunden achtet und sie richtig deuten kann, kann besser erkennen, welche Ware er vorführen soll und wie er auf Einwände reagiert.

Es geht für den Mitarbeiter aber nicht nur darum, körpersprachliche Signale des Geschäftspartners richtig zu interpretieren. Von ebenso großer Bedeutung ist, dass er seine eigene Körpersprache gezielt als Instrument in erfolgreichen Gesprächen einsetzt.

BEISPIELE

- In der Phase der Kontaktaufnahme eines Beratungsgesprächs wird der Blickkontakt zum Kunden gesucht.
- Die Warenvorlage kann durch demonstrierende Bewegungen von Armen und Händen unterstützt werden.

Mimik

Zur Mimik gehören alle Signale des Gesichts. Ein Bestandteil der Mimik ist der Gesichtsausdruck, der das innere Erleben spiegelt. Es gibt etwa 400 unterscheidbare Gesichtsausdrücke.

Die Mimik umfasst aber auch die Art des Blickkontakts. Blicke sind Ausdrucksbewegungen der Augen. Mit Blicken kann man ganz allgemein positiv oder negativ bekräftigen. So kann man beispielsweise mit ihnen Kontakt aufnehmen oder Sympathie bekunden, aber auch Dominanz (durch Fixieren) und Drohen (durch Anstarren) ausdrücken.

Die Gestik umfasst die Signale von Armen und Händen. Sie kann

- das Verständnis des Gesagten unterstützen,
- Hinweise auf die Stimmung geben,

BEISPIEL

Ärmelaufkrempeln oder Faustbildung als Zeichen für Entschlossenheit

- Zweifel am Gesagten schaffen durch die Diskrepanz zwischen Inhalt und Gestik.

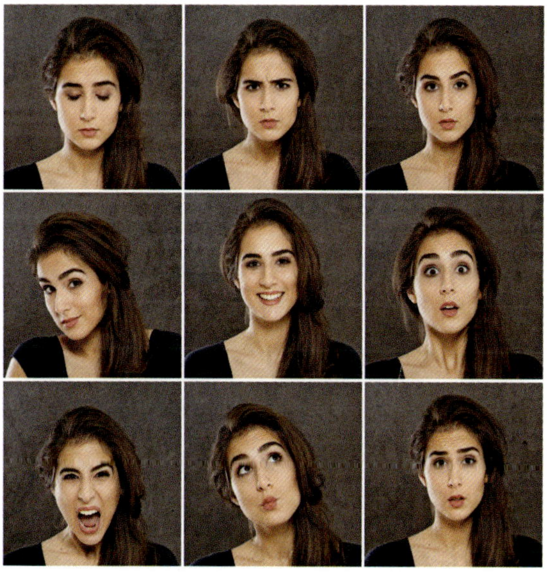

Verschiedene Ausprägungen von Mimik und Gestik senden unterschiedliche nonverbale Signale aus.

Körperhaltung

Die innere Haltung eines Menschen wird oft in seiner körperlichen Haltung ausgedrückt. Zur Körperhaltung zählen Ausdrucksbewegungen des Kopfes, des Oberkörpers und der Beine.

BEISPIEL

Ein erhobener Kopf kann Selbstbewusstsein und Entschlossenheit signalisieren.

„Das Kinn streicheln“

Was Mimik, Gestik und Körperhaltung bedeuten

Gestik

Ablehnung:

- Bei Selbstsicherheit:
  virtuelle Luftschläge von oben nach unten (Etwas soll kleiner gemacht werden, als es ist.)

- Bei Unsicherheit:
  mit den Händen ein Spitzdach in Richtung des Gesprächspartners formen

Aggression:
Aneinanderlegen der Zeigefinger bei Verschränkung der anderen Finger

Aussagen unterstreichen:
die Fingerkuppen einer Hand aneinanderpressen

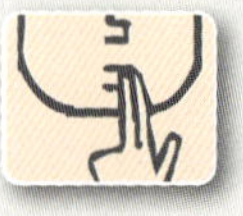

Informationen zurückhalten:
einen oder mehrere Finger auf die Lippen legen

Nachdenklichkeit:
mit den Händen ein Spitzdach formen

Selbstgefälligkeit:
das Kinn strecken

Sicherheit:
Armbewegungen oberhalb der Taille

Verkrampfung:
Hände vor der Brust falten

Verlegenheit:
Armbewegungen unterhalb der Taille, sich an die Nase fassen

Verwirrung/Erregung:
die Brille hastig abnehmen

Zeit gewinnen:
die Brille hochschieben

Körperhaltung

Ablehnung:
körperliches Zurückweichen (Distanz vergrößern); Blick über Schulter, Oberkörper wird abgewendet

Rücksichtslosigkeit:
Sitzen mit breit auseinandergespreizten Beinen

Sicherheit:
Jackett öffnen, aufrechter, lockerer Stand

Unsicherheit:
die Füße um die Stuhlbeine schlingen; die Hände um die Stuhllehne klammern; sich selbst mit den Armen umarmen

Mimik

Ablehnung:
den Kopf mehrmals ruckartig zurückwerfen, gerümpfte Nase, zurückgeschobenes Kinn

Arroganz:
ein Mundwinkel oder die Augenbrauen werden angehoben

Innere Anspannung/Abschottung:
zusammengekniffene Lippen

Interesse:
Blickkontakt wird gehalten

Nachdenklichkeit:
die Unterlippe wird hochgezogen; das Gesicht wird verdeckt

Skepsis:
Augenbrauen werden angehoben

203153172

Stimme

Auch mit der Stimme kann ein Mensch nonverbale Signale aussenden. Veränderungen des Tonfalls, der Lautstärke, der Stimmlage, des Sprechtempos und der Sprechpausen können die Bewertung einer Aussage ändern. Auch mit Lachen oder Seufzen können Informationen übermittelt werden.

BEISPIEL

Sind Menschen erregt (sowohl durch Angst als auch durch freudig gespannte Erwartung), werden sie in höheren Tönen sprechen. Betonen sie etwas nachdrücklich, werden sie tiefer sprechen, was aber auch Sicherheit, Ruhe, Dominanz oder auch etwas Drohendes signalisieren kann.

Abstand zu anderen Menschen

Der Abstand, der zu anderen Menschen eingenommen wird, drückt Nähe bzw. Distanz zu ihnen aus. Mit einem zu geringen Abstand kann die Dringlichkeit eines Anliegens oder eine Angriffslust signalisiert werden.

Unter Gesprächspartnern können grob vier Distanzzonen unterschieden werden:

- **Intimzone**
  In Mitteleuropa beginnt die Intimzone circa 50 cm vor und endet 50 cm hinter einer Person – an der Seite ist die Intimzone etwas kleiner. In diese Zone dürfen nur Personen mit einer besonderen Erlaubnis eindringen.
- **persönliche Distanzzone**
  Die persönliche Distanzzone beginnt am Rande der Intimzone und reicht etwa einen bis 1,5 Meter nach vorne und hinten. Zur Seite ist die Distanz wiederum etwas geringer. In diesem Bereich werden persönliche Gespräche geführt, ohne sich bedrängt zu fühlen. Die persönliche Distanzzone ist in normalen Situationen (also z. B. nicht gerade in der vollbesetzten S-Bahn oder in einem Fahrstuhl) Freunden und dem Lebenspartner vorbehalten. Hier ereignen sich persönliche Gespräche. Auch bei vielen erfolgreich verlaufenden Geschäftsgesprächen findet hier ein Teil der Kommunikation statt.
- **soziale Distanzzone**
  Von der Grenze der persönlichen Distanzzone bis zu einer Entfernung von circa vier Metern nach vorne und hinten erstreckt sich die soziale Distanzzone. In ihr finden formale Gespräche statt, also auch die meisten Geschäftsgespräche (zumindest zu Beginn). In diesem Bereich werden andere Personen wahrgenommen.
- **öffentliche Zone**
  Sie beginnt bei ca. vier Metern Abstand. Redner wählen z. B. diese Entfernung, wenn sie eine Rede vor einem großen Publikum halten müssen.
  Die Abstandszonen werden subjektiv unterschiedlich aufgefasst. Introvertierte Menschen werden die Abstandszonen enger setzen als extrovertierte. Auch die Zugehörigkeit zu bestimmten Kulturkreisen bestimmt die Distanzzonen.

Sprache

„Aus vielen Worten entspringt ebenso viel Gelegenheit zum Missverständnis."

Quelle: VNR Verlag für die Deutsche Wirtschaft AG: Zitat von William James (1842–1910), amerik. Philosoph. In: www.zitate.de. https://www.zitate.de/autor/James%2C+William [20.09.2021].

Das Vertrauen gewinnen Mitarbeiter in Gesprächen insbesondere durch ihre Sprache. Damit wird die Sprache zum wichtigsten Instrument in Gesprächen. Die Beherrschung dieses Handwerkzeugs ist also von großer Bedeutung.

Verschiedene Faktoren beeinflussen sprachliche Aktivitäten in Gesprächen:

- die Persönlichkeit der Gesprächsteilnehmer
- die momentane Stimmung der am Gespräch Beteiligten
- das Verhältnis zum Gesprächsgegenstand
- die Ziele der Gesprächspartner

Gesprächsstörer

Natürlich sollte in Gesprächen alles vermieden werden, was diese negativ beeinflussen könnte:

- Ein Gesprächsteilnehmer sollte keine Monologe führen.
- Um einfach zu sprechen, sollte auf Fremdwörter verzichtet werden. Bei Fachausdrücken sollte man sich überlegen, ob diese Begriffe dem Gesprächspartner bekannt sind.
- Langatmige Sätze sind zu vermeiden. Jeder ist dankbar, wenn sich der Gesprächspartner kurz, knapp und präzise ausdrückt.
- Eine erfolgreiche Gesprächsführung sollte auf ironische und bewertende Bemerkungen verzichten.

BEISPIELE

„Das ist aber schlecht ..."
„Das glauben Sie doch selbst nicht!"

- Gesprächspartnern wird häufig verübelt, wenn sie
  - versuchen, zu überreden bzw. Befehle zu geben,

BEISPIELE

- „Ich kann es nicht oft genug wiederholen, nehmen Sie diesen Artikel!"
- „Greifen Sie sofort zu, sonst ...!"
- „Folgen Sie unserer Verhandlungslinie! Ansonsten ..."

  - Vorwürfe machen,

BEISPIELE

- „Ich habe Ihnen gleich gesagt, ..."
- „Hätten sie mal ..."

  - die Erwartungen dämpfen.

BEISPIELE

- „Diesen DVD-Player werden Sie kaum bedienen können ..."
- „Damit werden Sie sicher Schwierigkeiten haben ..."

- Sehr negativ werden **Killerphrasen** aufgefasst. Dies sind Negativformulierungen, die meistens dazu führen, dass ein Gespräch ohne Erfolg beendet wird.

BEISPIEL

- „Ohne jetzt dieses Gespräch unterbinden zu wollen ..."
- „Das geht im Augenblick nicht."
- „Keine Zeit für so etwas."
- „Schaffen wir nie."
- „So haben wir das früher doch (nicht) gemacht."
- „Sie stellen sich das so einfach vor."

Gesprächsstörer	Gesprächsförderer
befehlen	umschreiben
überreden	zusammenfassen
warnen und drohen	übertreibend bestätigen
herunterspielen/ bagatellisieren	nachfragen
ausfragen	klärend auf den Punkt bringen
	zuhören

Killerphrasen sind pauschale und abwertende Angriffe, z. B. in einer Diskussion oder in einem Verkaufsgespräch. Sie sind nicht an der Sache orientiert, sondern werden im Gegenteil vorzugsweise dann hervorgezogen, wenn Sachargumente fehlen. Sie kehren soziale Dominanz hervor bei sachlicher Unterlegenheit. Der Sprecher versucht so, eine höhere Rangordnung einzunehmen, ohne Argumente dafür zu haben.
Killerphrasen verhindern einen Austausch und ein echtes Gespräch, indem sie die andere bzw. den anderen abblocken.

„Ich hab ‚ne tolle Idee!" **„Es war ja nur mal so ‚ne Idee ..."**

Gesprächsförderer

Für die Formulierung von Aussagen, die z. B. einen erfolgreichen Geschäftsabschluss fördern, gilt eine Reihe von Grundsätzen:

- Man sollte kurze Sätze gebrauchen. Um den Gesprächspartner nicht mit Bandwurmsätzen zu verwirren, sollte man beispielsweise Nebensätze vermeiden.
- In Gesprächen deutlich zu sprechen, ist eine Selbstverständlichkeit.
- Die Sprache muss dem Gegenüber angemessen sein. Man sollte die Fachsprache der jeweiligen Klientel beherrschen und auch anwenden können.
- Die Aussagen müssen dem fachlichen Bildungsstand des Gesprächspartners entsprechen.
- Die Sprache soll aktiv und motivierend sein.
- Bestimmte Formulierungen erweisen sich als sehr gesprächsfördernd, da man seinem Gesprächspartner Interesse signalisiert. Mit solchen Zwischenbemerkungen kann man

– seinem Gesprächspartner aktiv zuhören.

BEISPIELE

- „ah ja"
- „mmh"
- „ja gut"

– ihm zustimmen.

BEISPIELE

- „Richtig!"
- „Ja!"
- „Da bin ich ganz Ihrer Meinung!"

– etwas nachfragen.

BEISPIELE

- „Könnten Sie das noch etwas erläutern?"
- „Habe ich das richtig verstanden?"

– seinem Gesprächspartner Denkanstöße geben.

BEISPIELE

- „Was halten Sie denn von ...?"
- „Haben Sie sich schon einmal überlegt ...?"

Aktives Zuhören

Auch das Zuhören ist eine Form der Kommunikation, insbesondere, wenn man dabei dem Gesprächspartner das Gefühl vermittelt, dass man wirklich bei der Sache ist. Wer aktiv zuhört, gibt seinem Gegenüber durch Körperhaltung und Mimik zu verstehen, dass er im Mittelpunkt der Aufmerksamkeit steht. Gelegentliche Reaktionen wie Kopfnicken und kurze gesprochene Aufmunterungen unterstützen den Redefluss des Gesprächspartners. Als guter Zuhörer wirkt man interessiert und gibt dem Redenden ein Gefühl von Geltung und Achtung. Man kann dieses Gefühl noch verstärken, indem man ab und zu Fragen stellt, die beweisen, dass man tatsächlich zuhört und dass man gerne noch mehr erfahren würde.

- Die Stimmtechnik muss stimmen:
  – Man darf nicht zu hoch sprechen, da dies auf Nervosität und Verspannung des Sprechers hindeutet.
  – Eine zu leise und dünne Stimme wird oft als Signal für fehlende Fachkompetenz wahrgenommen. Im Zweifel sollte man lieber etwas lauter sprechen.
  – Wer erfolgreiche Geschäftsabschlüsse anstrebt, sollte öfters seine Stimme kontrollieren. Spricht man sehr monoton und abgehackt, wirkt sich dies negativ auf die Überzeugungskraft aus.
  – Gesprächsteilnehmer bevorzugen auch eine nicht zu schnelle Sprache des Gegenübers.
- Substantivierte Sätze haben etwas Träges, manchmal sogar Umständliches an sich. Verbale Sätze bestimmen wesentlich eindeutiger, was passiert. Die verbale Ausdrucksweise wirkt dadurch wesentlich konzentrierter und dynamischer.

BEISPIEL

substantivierter Satz:
„Sie wollen also einen **Einkauf** tätigen?"
verbaler Satz:
„Sie wollen etwas **einkaufen**?"

- Vorteilsformulierungen unterstützen sprachlich die Überzeugungskraft.

BEISPIEL

Mit einem Verb (Tätigkeitswort) weist der Verkäufer den Kunden auf Vorteile der Ware hin:

- „Das Gerät hilft Ihnen ..."
- „Sie sparen beim Kauf dieses Artikels zwölf Euro im Vergleich zu ..."
- „Dieses Label garantiert Ihnen ..."

- Grundsätzlich ist ein passiver Satzaufbau in der deutschen Sprache nicht falsch, er enthält jedoch einen gewissen Grad an „Faulheit". Deshalb sollte man bewusst aktiv – d. h. also mit aktivierender Wirkung – sprechen.

BEISPIEL

passive Aussage:
„Es **wird** von uns ein Angebot **ausgearbeitet**."
aktive Aussage:
„Wir **arbeiten** ein Angebot **aus**."

- Ein und dasselbe Argument kann jeweils mit einer negativen und positiven Ausdrucksweise vorgebracht werden. Positive Aussagen wirken als Gesprächsförderer.

BEISPIEL

negative Aussage: „Bei diesem Gerät werden Sie sicherlich keine Reklamationen haben."
positive Aussage: „Diese Gerät bleibt immer leistungsfähig und einsatzbereit."

Fragetechnik
Instrument in erfolgreichen Gesprächssituationen

Fragen helfen
- Informationen über Gesprächspartner zu gewinnen,
- Vertrauen zum Gesprächspartner aufzubauen,
- das Gespräch zu lenken,
- in einigen Fällen Zeit zu gewinnen.

verschiedene Frageformen

Fragen, um bestimmte Antworten zu erhalten

geschlossene Fragen
- beginnen mit dem Verb und können nur mit Ja oder Nein beantwortet werden
- „Ist das Ihre Größe?"

offene Fragen
- beginnen mit „W"-Fragewörtern und lassen individuelle Antworten zu
- „Zu welcher Sportart brauchen Sie die Schuhe?"

Alternativfragen
- geben die Antwortmöglichkeiten schon vor
- „Suchen Sie ein rotes oder ein grünes Hemd?"

Fragen, um das Gespräch zu lenken

Suggestivfragen
- wollen den Gesprächspartner manipulieren
- „Der Anzug sitzt wie angegossen. Meinen Sie nicht auch?"

rhetorische Fragen
- zur Gesprächsfortführung: Es werden keine Antworten erwartet.
- „Wer weiß nicht, dass die Fairtext GmbH in Sachen Lieferantenkredite die besten Konditionen hat?"

Gegenfragen
- fordern den Gesprächspartner auf, eigene Aussagen klarer darzulegen
- Kunde: „Wieso ist Ihr Kundendienst so schlecht organisiert? Gegenfrage: „Womit genau haben Sie denn schlechte Erfahrungen gemacht?"

Kontrollfragen
- sichern Teilergebnisse des Verkaufsgesprächs
- „Wenn ich Sie richtig verstanden habe, suchen Sie eine Hose, die weit geschnitten ist. Ist das korrekt?"

Fragen, um Informationen zu erhalten

bedarfsbezogene Fragen
- ermitteln z. B. in Verkaufsgesprächen den Bedarf des Kunden
- „Zu welchem Anlass benötigen Sie den Anzug?"

warenbezogene Fragen
- beziehen sich direkt auf die Ware
- „Aus welchem Material sollte das Hemd sein?"

203153176

AUFGABEN

1. Warum müssen Unternehmen viel Augenmerk auf Kommunikationsprozesse legen?
2. Welche Fehler werden in den folgenden Fällen gemacht?
   a) „Sie müssen das immer folgendermaßen machen!"
   b) „Da haben Sie ein wenig übertrieben!"
   c) „Sie haben nur an diesen einen Lieferanten gedacht!"
3. Was ist der Status?
4. Woran erkennt man einen Tiefstatus?
5. Liegt in den folgenden Fällen jeweils ein Hochstatus oder Tiefstatus vor?
   a) Eine Kollegin wendet den Blick rasch ab.
   b) Ein Mitarbeiter spricht stockend.
   c) Ein Vorgesetzter hat eine tiefe Stimmlage.
   d) Ein Kunde kommt mit einem aufrechten Gang in den Besprechungsraum der Fairtext GmbH.
   e) Ein neuer Auszubildender spricht leise.
   f) Der Personalchef lässt den Bewerber warten.
   g) Der Bewerber streicht sich während des Bewerbungsgesprächs durch die Haare.
6. a) In welchem Status befindet sich die Person?

   b) Woran wird der eingenommene Status erkennbar?
7. Welche Bestandteile umfasst die Körpersprache?
8. Welche Aufgaben haben die nonverbalen Signale des Körpers?
9. Welche Bedeutung hat die Körpersprache in Geschäftsgesprächen?
10. Bringen Sie Beispiele für Signale der Körperhaltung.
11. Wie können mit der Stimme nonverbale Signale ausgesendet werden?
12. Welche Distanzzonen werden unterschieden?
13. Warum ist die Sprache ein wichtiges Instrument in Gesprächen?
14. Führen Sie drei Beispiele für Gesprächsstörer auf.
15. Was sind Killerphrasen?
16. Führen Sie drei Beispiele für Gesprächsförderer auf.
17. Was sind Vorteilsformulierungen?
18. Finden Sie für eine negative Aussage über einen Artikel oder eine Leistung Ihres Unternehmens eine positive Aussage.
19. Wie hört man aktiv zu?
20. Entscheiden Sie, ob in den folgenden Fällen Gesprächsförderer oder Gesprächsstörer vorliegen.
   a) „Mit der Entscheidung für diese Ware haben Sie sehr gut gewählt."
   b) „Eigentlich hätte ich gedacht, Sie wissen, was wir so alles im Angebot haben."
   c) „Ja, wer ist denn hier der Experte, Sie oder ich? Also mir können Sie so schnell nichts vormachen."
   d) „Ja, das stimmt. Wie finden Sie denn ...?"
21. Welche Vorteile haben Fragen in Geschäftsgesprächen?
22. Was ist eine offene Frage?
23. Machen Sie aus der Aussage
   a) „Möchten Sie das Hemd in Weiß oder in einer anderen Farbe?" eine offene Frage,
   b) „Wollen Sie einen Artikel mit besonders langer Lebensdauer?" eine Suggestivfrage,
   c) „Der Pullover sieht gut aus!" eine rhetorische Frage.

AKTIONEN

1. Führen Sie eine Übung in Partnerarbeit zum aktiven Zuhören durch.
   a) Lassen Sie sich von Ihrem Partner/Ihrer Partnerin von seinem/ihrem gestrigen Tag drei Minuten berichten.
   b) Wenden Sie dabei die Technik des aktiven Zuhörens bewusst an.
   c) Verständigen Sie sich anschließend kurz mit Ihrem Partner/Ihrer Partnerin, wie es ihm/ihr und Ihnen ergangen ist.
   d) Wechseln Sie die Rollen.

2. Führen Sie eine Übung in Partnerarbeit zum Senden von Ich-Botschaften durch.
   a) Versuchen Sie, sich an Verhaltensweisen anderer Personen in der letzten Woche zu erinnern, über die Sie sich geärgert haben.
   b) Formulieren Sie Satze als Ich-Botschaften, wie Sie dies der anderen Person (in diesem Fall Ihrem Partner/Ihrer Partnerin in der Partnerarbeit) hatten sagen können.
3. a) Jeweils acht Schülerinnen und Schuler der Klasse stellen sich in einer Reihe auf. Die Reihe Bekommt eine Vorgabe, z. B.: Ein Kunde beschwert sich, dass eine Ware mangelhaft ist. Von rechts nach links wird ein zunehmend höherer Status gespielt, anschließend von links nach rechts ein zunehmend tieferer Status.
   b) Die zuschauenden Schülerinnen und Schüler werten aus: Was passiert mit der Haltung
      - des Kopfes: Augen, Mund, Kinn, ...?
      - des Oberkörpers: Schultern, Rucken, Hände,
      - der Finger,
      - des Unterkörpers: Beine, Knie, Füße?

      Weitere Vorgaben könnten sein:
      - Ein Kunde wird begrüßt.
      - Ein Verkäufer argumentiert.
      - Ein Kunde wird verabschiedet.
      - Es können auch Situationen nach Wahl der Klasse durchgespielt werden.
4. Bei Geschäftsgesprächen, z. B. Verhandlungen, Verkaufsgesprächen, ist es von großer Bedeutung, die körpersprachlichen Signale der Gesprächspartner zu erkennen. Zeigen Sie je zwei körpersprachliche Reaktionen für
   a) Ablehnung,
   b) Unentschlossenheit,
   c) Zustimmung.
5. Zum Thema Körpersprache führen wir zunächst ein Experiment durch:
   a) Setzen Sie sich bitte so hin, dass Sie Ihren Partner nicht sehen können (also: Rücken gegen Rücken, Blick zur Wand).
   b) Führen Sie ein Gespräch über das Thema „Warum ist es in der Schule so schön?"
   c) Achten Sie auf die Änderungen in der Kommunikationsstruktur. Was ist anders als sonst?
6. Diese Übung findet in Partnerarbeit statt. Sie sollen mit körpersprachlichen Mitteln verschiedene vorgegebene Stimmungen ausdrücken. Suchen Sie sich drei Stimmungen aus, ohne Ihren Partner darüber zu informieren.

ärgerlich · **interessiert** · **glücklich** · **traurig** · **abwesend** · **einfühlsam** · **aggressiv** · **selbstsicher** · **unsicher** · **abwehrend** · **müde**

7. Erarbeiten Sie einen Fragenkatalog mit typischen Fragen aus Ihrem Arbeitsbereich. Finden Sie jeweils fünf Fragen zu den folgenden Fragearten:
   a) rhetorische Frage
   b) Gegenfrage
   c) Suggestivfrage
   d) Kontrollfrage (Bestätigungsfrage)
   e) Motivierungsfrage
   f) geschlossene Frage
   g) offene Frage
   h) Alternativfrage

ZUSAMMENFASSUNG

Instrumente für erfolgreiche Gesprächsführung

Sprache:
Sprachliche Äußerungen können hemmend oder fördernd für einen erfolgreichen Verlauf von Gesprächen sein.

Körpersprache:
Körpersprache zu entschlüsseln oder sie sogar bewusst einzusetzen bietet in Gesprächen zahlreiche Vorteile.

Fragetechnik:
Fragen bieten die Möglichkeit, Gespräche zu lenken.

Kommunikationsregeln:
Durch Kenntnis der Kommunikationsregeln können Störungen in Gesprächen vermieden werden.

203153178

KAPITEL 21
Planen und präsentieren mit Programmen

Frau Eisenberg möchte Abteilungsleiterin werden und bildet sich deshalb weiter. Auf einem Seminar zum Thema Marketing arbeitet der Vortragende zusammen mit den Teilnehmern die wesentlichen Merkmale des Marketings am Computer heraus. Über einen Beamer wird das Ergebnis an die Wand geworfen:

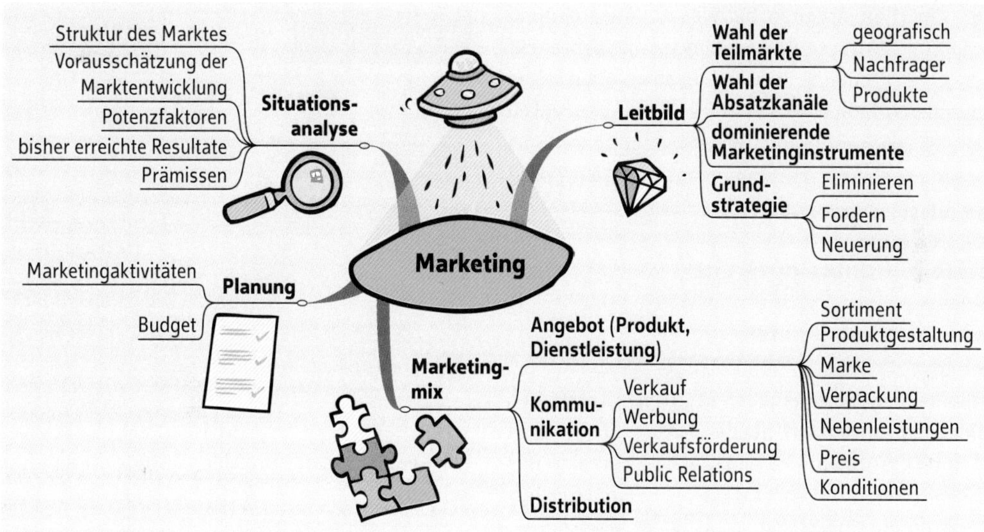

1. Geben Sie an, welche Vorteile die Darstellung von Inhalten in dieser Form mithilfe einer speziellen Software hat.
2. Erstellen Sie mithilfe des MindManagers die oben abgebildete Mindmap.
3. Erstellen Sie eine PowerPoint-Präsentation über Präsentationsregeln (vgl. Kapitel 1.3).
4. Bereiten Sie sich darauf vor, die PowerPoint-Präsentation im Rahmen eines Vortrags vorzuführen.

INFORMATIONEN

Im Geschäftsleben werden immer mehr Planungsprozesse und Präsentationen durch Einsatz von Programmen unterstützt.

Der MindManager

Mindmapping ist eine Methode mit der man Gedanken aufzeichnen und aufschreiben kann.

Sehr komfortabel am Computer kann man mit dem Programm MindManager Mindmaps erstellen. MindMana-

DEFINITION

Das **Mindmapping** ist eine Technik zur Denkorganisation, wobei das Lernen, Speichern oder kreative Gewinnen von komplexen Inhalten und Gedanken auf geringstem Papierraum und mit höchstem Erinnerungswert ermöglicht wird. Als Ergebnisse ergeben sich **Mindmaps** (vgl. Kapitel 1.3). Diese sind hervorragende Mittel, um unstrukturierte Informationen und Prozesse durch Visualisierung in einer hierarchisch strukturierten Form darzustellen.

ger kombiniert also die Mindmappingmethode mit modernster Technologie. Alle für eine Analyse bzw. Planung notwendigen Kriterien lassen sich nicht nur in einem Verzweigungssystem fixieren, sondern nach Bedarf ändern oder umorganisieren und ergänzen. Das Einfügen von Links, Texten, Abbildungen und verschiedenen anderen Verweisen sichert, dass alle wichtigen Informationen schnell zugänglich sind und aktualisiert werden können. Hyperlinks verschaffen schließlich den Zugang zu ausgewählten Adressen im Internet und zu eigenen Anwendungen. Der MindManager kann eingesetzt werden bei einfachen täglichen Arbeiten bis hin zur Ausarbeitung sehr komplexer Konzepte. Die Ergebnisse können direkt im Internet veröffentlicht werden. Problemorientiertes systematisches Arbeiten wird auf diese Weise wesentlich erleichtert. Mit dem Programm MindManager kann man also planen, Ergebnisse zusammenfassen, Ideen dokumentieren und auch präsentieren.

Eine erste Mindmap entsteht

Eingeben des Mindmaptitels

Nachdem das Programm MindManger gestartet ist, kann mithilfe der MindManager-Startfläche über den Menüpunkt *Datei-Neu* ein neues Dokument geöffnet werden. Im Zentrum der Arbeitsfläche erscheint das Symbol *Neues Thema*. Wenn auf dieses Symbol geklickt wird, kann durch Überschreiben der Titel der neuen Mindmap eingegeben werden.

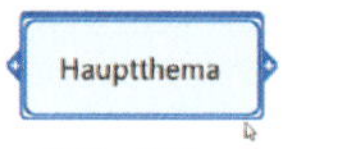

MindManager

Um vom *Neuen Thema* in der Mitte einen Zweig einzufügen, verwendet man das Symbol

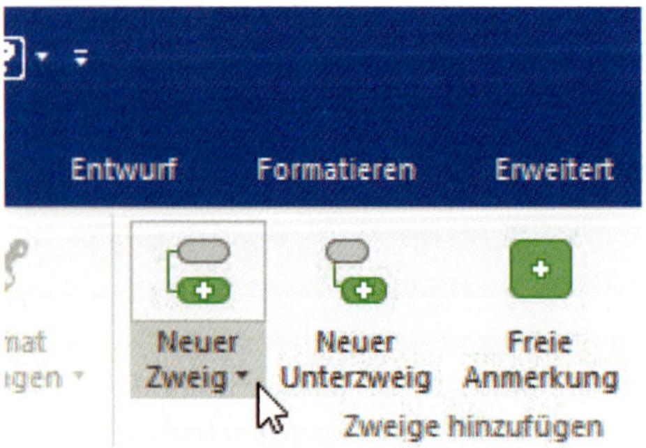

MindManager

Die Mindmap sieht nun so aus:

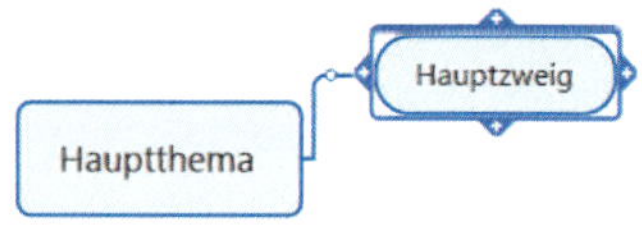

MindManager

Um einen Unterzweig anzulegen, klickt man auf dieses Symbol:

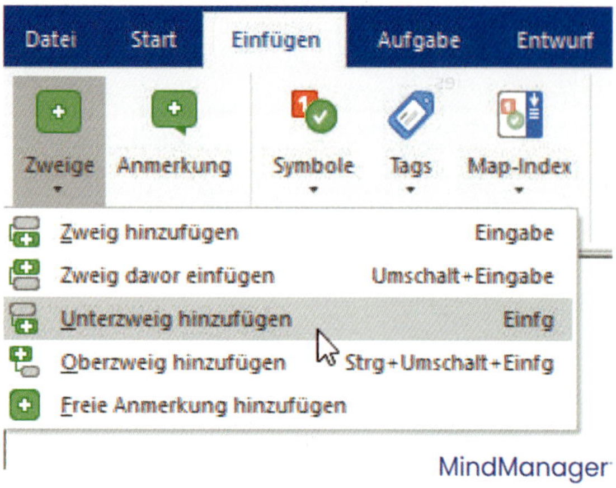

MindManager

Die Benennung der einzelnen Zweige erfolgt durch Überschreiben.

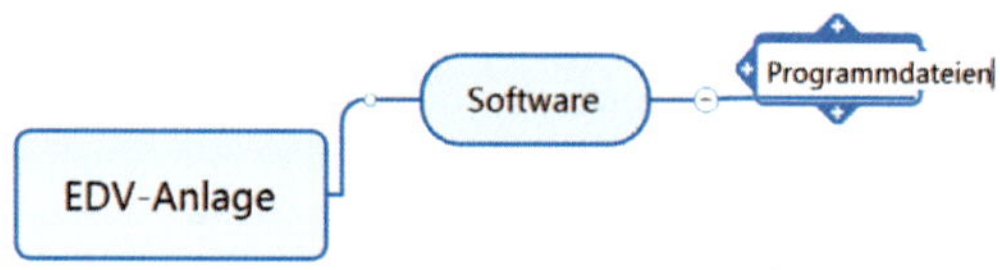

MindManager

Hinzufügen neuer Zweige

Ein neuer Zweig entsteht hierarchisch immer unterhalb der gerade markierten Ebene.

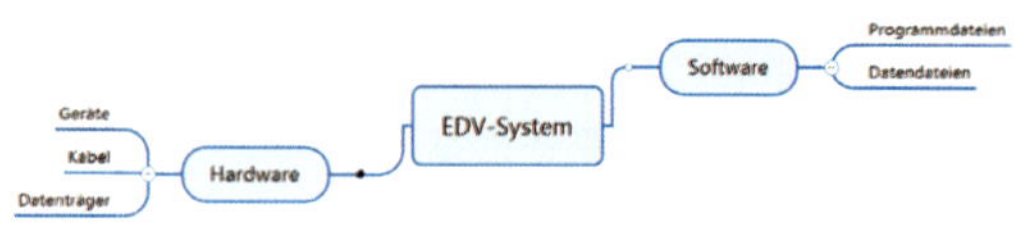

MindManager

Änderung der Reihenfolge von Zweigen

Eine der großen Vorteile EDV-gestützter Mindmaps ist die leichte Verschiebbarkeit von Zweigen: Dazu wird der entsprechende Zweig markiert und bei gedrückter linker Maustaste zum gewünschten Ort gezogen. Hat man ihn erreicht, lässt man die Maus los.

Beim Verschieben von Hauptästen ist zu beachten, dass auf den kleinen Kreis am Anfang des Hauptastes geklickt werden muss.

Ausdruck und Speichern

Unter dem Menüpunkt *Speichern unter* im Rahmen der MindManager-Startfläche wird die Datei mit der Endung .mmp abgelegt. Soll die erstellte Mindmap gedruckt werden, wird *Datei – Drucken* gewählt. Man kann zwischen den beiden Möglichkeiten wählen, die Mindmap als Grafik oder als textbasierte Gliederung zu bekommen.

PowerPoint

PowerPoint erlaubt die rasche Zusammenstellung von Präsentationen für alle Zwecke:

- Schulungen
- Produktpräsentationen
- Vorträge
- Moderationen
- Workshops

PowerPoint bietet viele Vorteile:

- Eine Präsentation strukturiert Vorträge,
- dient als Spickzettel,
- erzeugt gleichzeitig die Unterlagen für das Publikum,
- die dann bei Bedarf ganz einfach ins Internet/Intranet gestellt werden können.

Eine erste PowerPoint-Präsentation entsteht

Nach dem Start von PowerPoint bietet das Programm einen Eröffnungsbildschirm mit der Vorlage *leere Präsentation* an.

Möchte man andere Vorlagen auswählen, öffnet man das Layoutfenster.

Hier werden verschiedene Vorlagen angeboten. Sie sollen nach dem Gesichtspunkt ausgewählt werden, ob nur Text oder auch Grafiken, Videos und Diagramme präsentiert werden sollen.

Hier wird die Vorlage *Nur Titel* gewählt. Vorgegeben ist dann nur das Eingabefeld für den Titel (in unserem Beispiel tragen wir dort den Seitentitel *Der Computer* ein).

Eingaben in die Folie

Soll Text auf die Folie kommen, muss in das *Einfügen-Menü* gegangen und dort der Menüpunkt *Textfeld* angesteuert werden. Anschließend muss in das freie Feld der Folie geklickt werden: In das sich öffnende Textfeld kann geschrieben werden.

Sollen Abbildungen auf die Folie kommen, kann ähnlich vorgegangen werden. Bereits vorhandene Grafiken oder Cliparts werden über *Einfügen – Grafik* in die Folie eingebunden.

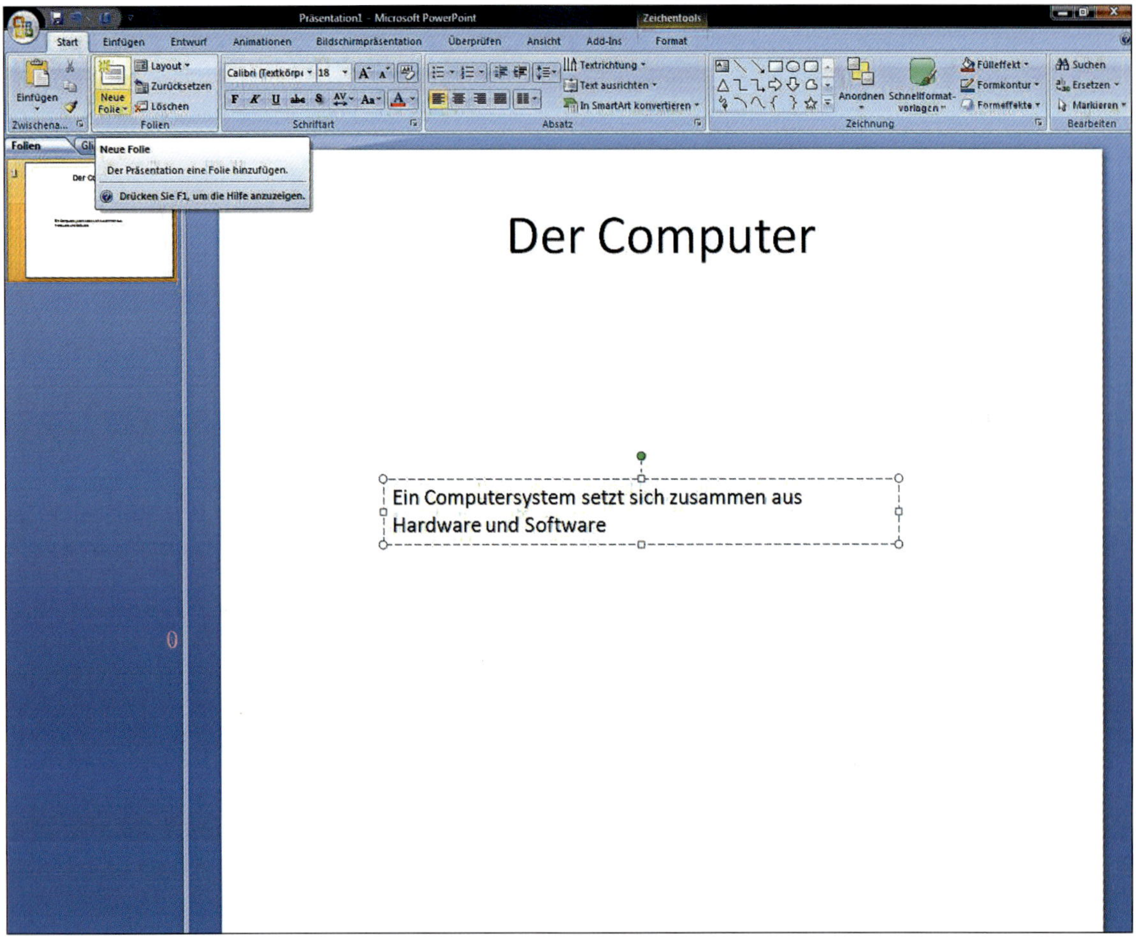

Ist die erste Folie erstellt, können mit *Start – Neue Folie* weitere Folien bearbeitet und der Präsentation hinzugefügt werden.

Bearbeiten und Sortieren von Folien

Ruft man den Menüpunkt *Ansicht – Foliensortierung* auf, erhält man eine Übersicht über alle Folien der Präsentation. Durch einen Doppelklick auf eine Folie wird diese zur Bearbeitung geöffnet.

Die Reihenfolge der Folien kann man ändern, indem man eine Folie durch einfaches Klicken markiert und mit der gedrückten Maustaste dorthin schiebt, wo sie hinsoll.

Vorführen der Präsentation

Die fertige Bildschirmpräsentation kann über *Bildschirmpräsentation – Von Anfang an* angeschaut werden. Durch einen Mausklick, die Leertaste, Return oder über die Bildtasten wechselt PowerPoint auf die nächste Folie. Im Kontextmenü, das mit der rechten Maustaste geöffnet wird, kann mit *Präsentation beenden* zum PowerPoint-Programm zurückgekehrt werden.

Speichern und Drucken der Präsentation

Die Präsentation wird langfristig gesichert mit Anklicken des Office-Symbols. Dort wird *Speichern unter* gewählt. In verschiedenen Formaten können die Folien der Präsentation unter *Drucken* in Papierform zur Verfügung gestellt werden.

Animieren der Präsentation

Wenn Text und Grafiken auf der Folie angeordnet sind, können die Präsentationen auch animiert werden: Man kann die Texte und Grafiken nach und nach erscheinen lassen. Es können dabei die unterschiedlichsten Effekte erzeugt werden. Dazu müssen der Menüpunkt *Animationen* und eine der dort angebotenen Möglichkeiten gewählt werden.

Ziele einer Präsentation:

Wenn man anderen etwas vorträgt bzw. präsentiert, dann möchte man:

- informieren,
- etwas verkaufen,
- motivieren,
- ein Image aufbauen,
- überzeugen,
- repräsentieren,
- Handlung auslösen.

Unbedingt beachten sollte man, dass der Vortrag mit seinen Zielen im Vordergrund steht. Die PowerPoint-Präsentation soll lediglich

- die wichtigsten Aussagen **kurz und prägnant** zusammenfassen;
- die Aussagen visualisieren.

Das bedeutet, dass auf der Folie alle unwichtigen und unwesentlichen Informationen weggelassen werden sollten. Um das Auffassungsvermögen der Zuhörer nicht zu überfordern, sollten für PowerPoint-Folien deshalb folgende Regeln gelten:

- Alle Folien der Präsentation müssen ein einheitliches Layout haben: also keine Spielereien.
- Grundsatz: Lieber mehr Folien, auf denen wenig steht, als wenige Folien, auf denen viel steht.
- Pro Seite sollte es nur eine Überschrift geben.
- Deutlich zwischen Titel und der eigentlichen – meistens in Unterpunkten gegliederten – Textinformation unterscheiden.
- Es sollte maximal nur 7 Textzeilen pro Folie geben.
- Die Sätze schlagwortmäßig auf wenige Begriffe reduzieren: also höchstens 6 – 8 Wörter pro Zeile.
- Große Schriftgrößen wählen: mind. 14 p, besser 24 p!
- Farben Bedeutung geben, aber sparsam verwenden.
- Auf Farbkontraste achten. Dezente Hintergrundfarben verwenden – die Schrift muss lesbar sein.

- Mit bildlichen Elementen wie
  – Diagrammen;

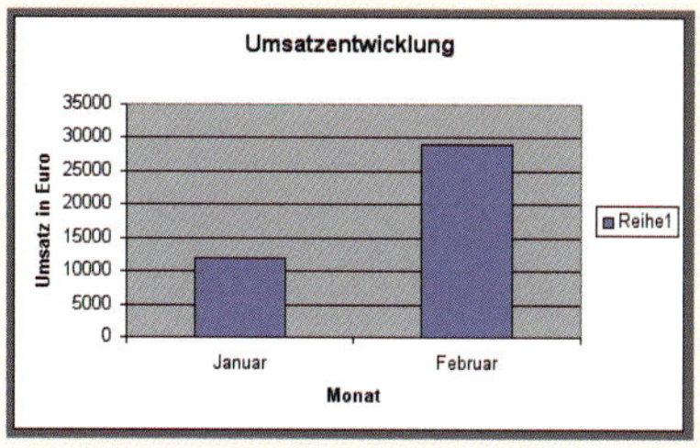

  – Fotos;

  – Zeichen/Cliparts

  werden Informationen visualisiert. Aussagen werden dadurch verständlicher: Ein Bild sagt manchmal mehr als tausend Worte.
- Die Visualisierung nicht übertreiben: die Folien nicht überfrachten. Jedes Bild zusätzlich auf seine Aussage überprüfen.
- Bei der Präsentation daran denken: Die Zuhörer brauchen Zeit, um die Folie zu lesen und um sie gedanklich zu verarbeiten.

Internetseitenerstellung mit PowerPoint und dem MindManager

Sowohl mit PowerPoint als auch mit dem MindManager können auf einfachste Weise Internetseiten erstellt werden:

- Möchte man das mit PowerPoint tun, bringt man die Inhalte (Texte und Grafiken), die man ins Internet stellen möchte, zunächst einmal in eine PowerPoint-Präsentation. Anschließend speichert man sie über das Office-Symbol gehend unter *Speichern unter – Andere Formate* als eine Datei mit der Endung htm ab.
- Mit dem MindManager erstellte Inhalte werden mit *Export – Webseite* ... in Internetseiten umgewandelt.

AUFGABEN

1. Welche Tätigkeiten können mithilfe des Programms MindManger erledigt werden?
2. Welche Vorteile hat das Arbeiten mit dem Programm MindManager gegenüber der herkömmlichen Erstellung von Mindmaps per Hand?
3. Auf welche Weise können mit dem MindManager neue Zweige hinzugefügt werden?
4. In welchen Situationen sind im Geschäftsleben Präsentationen denkbar?
5. Welche Vorteile bietet die Präsentation mithilfe eines Präsentationsprogramms?
6. Welche Tätigkeiten können mithilfe des Programms PowerPoint erledigt werden?
7. Erklären Sie, wie unter PowerPoint
   a) Text auf eine Folie gebracht wird,
   b) eine Grafik in eine Folie eingebunden wird,
   c) eine neue Folie der Präsentation hinzugefügt wird.

AKTIONEN

1. Erstellen Sie eine PowerPoint-Präsentation, mit der in das Programm MindManager eingeführt wird.
2. Erstellen Sie eine Mindmap, die Einsatzgebiete und Vorteile von PowerPoint vorstellt.
3. Wandeln Sie die PowerPoint-Präsentation (aus Aktion 1) und die Mindmap (aus Aktion 2) in Internetseiten um.

ZUSAMMENFASSUNG

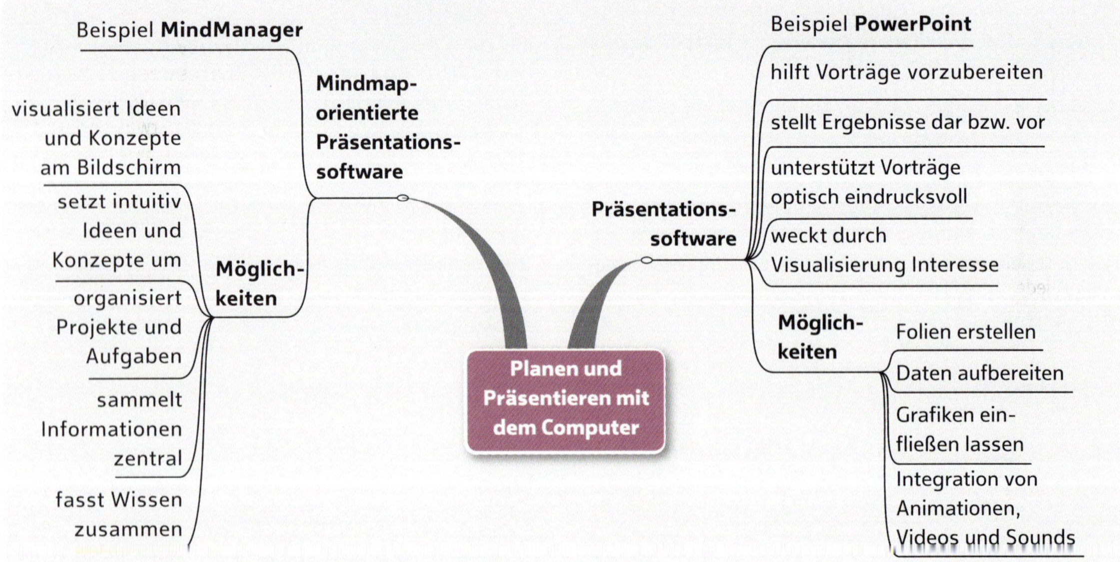

Caroline König und Mete Öczan lesen im Internet den folgenden Artikel über die Notwendigkeit des lebenslangen Lernens im Beruf.

Früher Kür, heute Pflicht –

Weiterbildungen werden immer wichtiger

Nürnberg (dpa/tmn) – Viele müssen gar nicht lange überlegen. Dann fällt ihnen eine Veränderung in ihrem persönlichen Arbeitsalltag ein. Da ist ein neues Betriebssystem, das ganz anders aussieht als das alte. Es gibt ein neues Gerät, das den alten Arbeitsablauf verkürzt. Da sind neue Kommunikationskanäle, die neue Fähigkeiten verlangen. Scheinbar von einem Tag auf den anderen verändert sich die eigene Arbeitswelt – und plötzlich schleicht sich das Gefühl ein, nicht mehr up to date zu sein.

Auf der Höhe der Zeit zu bleiben, ist laut Prof. Lutz Bellmann vom Institut für Arbeitsmarkt- und Berufsforschung eine der wesentlichen Herausforderungen an den Berufstätigen von morgen. „Denn die Bedingungen am Arbeitsplatz wandeln sich immer schneller." Der technische Fortschritt und die Internationalisierung des Wirtschaftslebens zwinge viele Firmen dazu, sich immer neu anzupassen. Das bringe auch viele Veränderungen für die Arbeitnehmer mit sich – und die Notwendigkeit, sich permanent weiterzubilden.

„Niemand darf heute mehr damit rechnen, seinen Arbeitsplatz für die nächsten zwanzig Jahre zu haben", sagt Bellmann. Es sei auch unwahrscheinlich, dass jemand, der heute in den Beruf einsteigt, über dreißig oder vierzig Jahre dieselbe Arbeit macht. Umso wichtiger sei es, dafür zu sorgen, auf der Höhe der Zeit zu bleiben. „Früher war Weiterbildung im Job eher die Kür, heute ist sie eine Notwendigkeit."

Weiterbildung – das ist ein vager Begriff. Gemeint ist damit jedes Dazulernen nach dem ersten Berufsabschluss. Abgesehen von dem erhöhten Anpassungsdruck sind die Motive für einen Fernlehrgang, ein Seminar oder einen Workshop seit Jahren immer die gleichen: „Einer möchte etwas für seine Karriere tun, der nächste will mehr Geld verdienen, der Dritte will in seinem Job besser werden, und der Vierte will sich vor Arbeitslosigkeit schützen", sagt Knut Diekmann, zuständig für den Bereich Weiterbildung beim Deutschen Industrie- und Handelskammertag (DIHK).

Das Engagement der Deutschen ist beim Thema Weiterbildung seit Jahren verhältnismäßig konstant: So hat 2010 fast jeder zweite Erwachsene im Erwerbsalter (42 Prozent) eine Weiterbildung gemacht.

Das hat eine repräsentative Umfrage von TNS Infratest Sozialforschung ergeben. Für die Studie wurden im Auftrag des Bundesministeriums für Forschung und Bildung 7035 Personen befragt. Schon zehn Jahre zuvor lag die Teilnahmequote bei Weiterbildungen ähnlich hoch – nämlich bei 43 Prozent. Im Vergleich zu 2007 ist der Wert leicht zurückgegangen (44 Prozent).

Dem gegenüber steht ein für den Einzelnen kaum zu überschauender Markt. Die Zahl der Angebote liegt laut der Datenbank Kursnet der Bundesagentur für Arbeit bei circa 670000. Nach jüngsten Daten des Bundesinstituts für Berufsbildung und des Deutschen Instituts für Erwachsenenbildung gibt es rund 20000 Anbieter von Weiterbildungen in Deutschland. Am häufigsten sind kommerzielle Privatanbieter (29 Prozent), gefolgt von gemeinnützigen Privatanbietern (16 Prozent).

Rund jede siebte Veranstaltung (15 Prozent) wird von einer Volkshochschule angeboten. Aber woher weiß der Einzelne überhaupt, dass es an der Zeit ist für eine Weiterbildung?

„Googeln", rät die Karriereberaterin Svenja Hofert. Sie empfiehlt, sich einmal pro Jahr hinzusetzen und nach Stellenausschreibungen zu suchen, die auf die derzeitige Position passen. „Spätestens, wenn dort etwas verlangt wird, das ich nicht beherrsche, sollte ich mich weiterbilden."

Als Ziel könnten sich Berufstätige setzen, eine Weiterbildung pro Jahr zu machen. Das müsse nicht immer eine fachliche Fortbildung sein. Gut sei auch, Soft Skills wie Teamarbeit zu schulen. Wer sich zu diesem jährlichen Modernisierungskurs zwingt, läuft weniger Gefahr, irgendwann hinterherzuhinken.

Gut sei auch, bei Gehaltsverhandlungen nach einem Weiterbildungsbudget zu fragen. In vielen Firmen hätten Mitarbeiter pro Jahr einen bestimmten Freibetrag zur Verfügung, den sie für Weiterbildungen nutzen können.

„Wichtig ist, sich nicht erst weiterzubilden, wenn die Probleme da sind und ein Arbeitnehmer droht, den Anschluss zu verpassen", sagt Prof. Bellmann. Besser sei, kontinuierlich am Ball zu bleiben. Dabei sind einige Gruppen weniger aktiv als andere.

„Es sind vor allem Geringqualifizierte, Frauen in Teilzeitpositionen und Berufstätige mit Migrationshintergrund, die sich laut Statistik weniger stark als andere Berufstätige weiterbilden", sagt Diekmann vom DIHK. Sie sollten deshalb besonders darauf achten, dass sie den Anschluss nicht verpassen. Aber auch alle anderen sollten sich ranhalten, sagt Knut Diekmann. «Die Zeit, in der man dachte, nach der Schule liegen die Prüfungen hinter einem, sind definitiv vorbei.

Quelle: dpa: Früher Kür, heute Pflicht – Weiterbildungen werden immer wichtiger. 04.03.2013. © dpa Deutsche Presse-Agentur GmbH.

1. Stellen Sie fest, warum es notwendig ist, dass sich Caroline König und Mete Öczan auch nach Abschluss ihrer Ausbildung weiterbilden.
2. Stellen Sie fest, wie die Geschäftsführung der Fairtext GmbH die Weiterqualifizierung ihrer Mitarbeiterinnen und Mitarbeiter fördern kann.

INFORMATIONEN

Notwendigkeit der Weiterqualifizierung

Die in der Ausbildung zur Kauffrau bzw. zum Kaufmann für Groß- und Außenhandelsmanagement erworbenen **Qualifikationen** (Kenntnisse, Fertigkeiten und Fähigkeiten) reichen nicht aus, um ein ganzes Berufsleben lang als Kauffrau bzw. Kaufmann für Groß- und Außenhandelsmanagement arbeiten zu können. Veränderungen und neue Entwicklungen in der Arbeitswelt führen zu veränderten Anforderungen an die Qualifikation der kaufmännischen Mitarbeiterinnen und Mitarbeiter in Industrie-, Handels- und Dienstleitungsunternehmen.

Qualifizierungsänderungen ergeben sich u.a. aus
- der Einführung integrierter Unternehmenssoftware in den Unternehmen,
- steigenden Ansprüchen der Kunden, z.B. nach mehr Beratung und mehr Service,
- häufigen Veränderungen im Produktionsprogramm oder Sortiment, z.B. durch Modeänderungen oder neue technische Entwicklungen,
- neuen Vertriebswegen, z.B. der Nutzung von E-Commerce.
- Veränderungen der internationalen Märkte,
- Veränderungen von Rechtsvorschriften und Handelsbräuchen im grenzüberschreitenden Handel

In Zukunft werden im Kaufleute für Groß- und Außenhandelsmanagement immer mehr Qualifikationsanforderungen und Kenntnisse wie die folgenden eine entscheidende Rolle spielen:
- EDV-Kenntnisse
- Organisations- und Planungsaufgaben
- Denken in arbeitsplatzübergreifenden Zusammenhängen
- Gesprächsführung und Kundenbetreuung
- Fremdsprachen

Über die für die berufliche Tätigkeit notwendigen Fachqualifikationen hinaus erfordern der technische Fortschritt und der internationale Wettbewerb verstärkt Qualifikationen, die früher nicht unbedingt für die Berufsausübung erforderlich waren:
- Feedbackfähigkeit
- Flexibilität
- Führungsfähigkeit
- Kommunikationsfähigkeit
- Konfliktfähigkeit
- Konzentrationsfähigkeit
- Kooperationsfähigkeit
- Kreativität
- Leistungsbereitschaft
- Lernfähigkeit
- Problemlösefähigkeit
- Selbstständigkeit
- Teamfähigkeit
- Veränderungsbereitschaft
- Verantwortungsbewusstsein
- Zuverlässigkeit

Diese **Soft Skills** (= „weiche" Fähigkeiten) sind für jedes zweite Unternehmen genauso wichtig wie die Fachqualifikationen. Ein Drittel der Unternehmen würde sogar den Soft Skills im Zweifelsfall Vorrang einräumen.

Weiterbildung am Arbeitsplatz

Einen Teil der neuen Kenntnisse, Fertigkeiten und Fähigkeiten kann sich der Arbeitnehmer am Arbeitsplatz aneignen, z. B.:
- durch innerbetriebliche Schulungen
- durch Fragen an erfahrene Arbeitskollegen und Vorgesetzte
- durch Studium von Produkt- und Verkaufsinformationen, Prospekten und Katalogen der Hersteller

Seine Produktkenntnisse erweitern kann er durch:
- Fachbücher und Fachzeitschriften
- Schulungsmaterial der Hersteller
- Informationsmaterial von Fachverbänden und Gütezeichengemeinschaften

Fort- und Weiterbildungsmaßnahmen

Für Personen, die in ihrem Beruf vorankommen wollen, ist die Teilnahme an Fort- und Weiterbildungsmaßnahmen unumgänglich.

Möglichkeiten der Fort- und Weiterbildung für Kaufleute für Groß- und Außenhandelsmanagement bieten u. a.:
- betriebsinterne Weiterbildungsmaßnahmen
- die Industrie- und Handelskammern
- Fachschulen

  BEISPIEL

  An verschiedenen Fachschulen kann man sich in einem bis zu zweijährigen Studium zum Betriebswirt in einer bestimmten Fachrichtung ausbilden lassen.

- Volkshochschulen
  In Volkshochschulen können Arbeitnehmer nützliche Zusatzkenntnisse auf vielen Gebieten (z. B. Fremdsprachen, EDV) erwerben und eventuell vorhandene Wissenslücken (z. B. Mathematik, Buchführung, Rechtschreibung) auffüllen.

Anpassungsweiterbildung

Da Veränderungen und neue Entwicklungen in der Arbeitswelt (z. B. Onlinehandel, integrierte Logistiksysteme) regelmäßig zu veränderten Anforderungen an die Qualifikationen von Kaufleuten für Groß- und Außenhandelsmanagement führen, reichen die in der Ausbildung erworbenen Qualifikationen nicht für das gesamte Berufsleben aus. Durch die Teilnahme an Fort- und Weiterbildungsmaßnahmen, z. B. in den Bereichen E-Commerce, Einkauf, Verkauf und Vertrieb, Zollabwicklung, Im- und Export, Sekretariat, Korrespondenz, Controlling, können sich Kaufleute für Groß- und Außenhandelsmanagement so weiterentwickeln, dass sie den veränderten Anforderungen an ihrem Arbeitsplatz gerecht werden.

Aufstiegsweiterbildung

Für Kaufleute für Groß- und Außenhandelsmanagement, die beruflich weiterkommen möchten, ist die Teilnahme an Weiterbildungsmaßnahmen unerlässlich. Für sie ist es sinnvoll, eine der folgenden Abschlüsse zu erlangen:
- Geprüfte/-r Handelsfachwirt/in
- Betriebswirt/-in für Außenwirtschaft
- Geprüfte/-r Fachkauffrau/-mann für Außenwirtschaft
- Betriebswirt/-in für Handel
- Fachkaufmann/-frau für Vertrieb
- Geprüfte/-r Fachwirt/-in für Logistiksysteme
- Betriebswirt/-in für Logistik
- Betriebswirt/-in für Absatz/Marketing

Voraussetzung für die Zulassung zur Prüfung für diese weiterführenden Abschlüsse ist die bestandene Abschlussprüfung in einem kaufmännischen Ausbildungsberuf und eine anschließende mindestens zweijährige Berufspraxis. Personen, die keine erfolgreich abgeschlossene Berufsausbildung in einem kaufmännischen Ausbildungsberuf besitzen, müssen eine mindestens fünfjährige Berufspraxis nachweisen, um zur Prüfung zugelassen zu werden. Mit ihrer erfolgreich bestandenen Prüfung weisen Kaufleute für Groß- und Außenhandelsmanagement nach, dass sie gehobene Aufgaben in einem Unternehmen wahrnehmen können (z. B. Koordinationsaufgaben und Leitungssaufgaben auf der mittleren Führungsebene).

Für Kaufleute für Groß- und Außenhandelsmanagement, die Leistungsaufgaben auf der Führungsebene anstreben, ist es sinnvoll, berufsbegleitend ein Studien mit dem Abschluss Bachelor oder Master in den Studiengängen
- Betriebswirtschaftslehre
- Wirtschaftswissenschaften
- Business Administration
- Handelsbetriebswirtschaft
- International Management
- Logistik
- Supply Chain Management

zu absolvieren.

Da der externe Weiterbildungsmarkt sehr unübersichtlich und die unterschiedlichen Weiterbildungsangebote so vielschichtig und schwer vergleichbar sind, ist die Information und die Auswahl geeigneter Veranstaltungen nicht einfach. Wichtige Informationsquellen sind:

- öffentliche Weiterbildungsberatungsstellen
- die IHK-Datenbank WiS – Das Weiterbildungs-Informationssystem (www.wis.ihk.de)
- die Datenbank für Aus- und Weiterbildung der Agentur für Arbeit KURS (http://kursnet-finden.arbeitsagentur.de/kurs/)

Computer Based Training

Informationstechnologien und elektronische Medien eröffnen neue Möglichkeiten der beruflichen Weiterbildung. Lernprogramme sind auf DVD erhältlich und im Internet abrufbar. Computer-Based-Trainings-Programme (CBT-Programme) werden von verschiedenen Anbietern zu fast allen Themenbereichen angeboten. Die häufigsten Anwendungsfelder sind bislang EDV, Sprache, Technik, betriebswirtschaftliche Grundlagen, Produktkenntnisse sowie Kommunikation und Verhalten.

Computer Based Training
- qualifiziert schnell und flexibel,
- stellt bedarfsgerechtes Training zur rechten Zeit zur Verfügung,
- ermöglicht strukturiertes Lernen am Arbeitsplatz,
- fördert Lernen außerhalb der Arbeitszeit,
- individualisiert und verkürzt den Zeitaufwand für Lernen und Training,
- nimmt auf individuelle Lerngewohnheiten Rücksicht.

AUFGABEN

1. Welche Qualifikationen sind für Ihre berufliche Tätigkeit in Zukunft besonders wichtig?
2. Welche Möglichkeiten gibt es, neue Kenntnisse und Fähigkeiten am Arbeitsplatz zu erwerben?
3. Welche Fort- und Weiterbildungseinrichtungen kann ein Arbeitnehmer nutzen?
4. Welche Vorteile bieten CBT-Programme im Vergleich zu herkömmlichen Fort- und Weiterbildungsveranstaltungen?
5. Erstellen Sie eine Übersicht der Soft Skills, die Sie für Ihre Tätigkeit in Ihrem Ausbildungsbetrieb benötigen.

AKTION

Erstellen Sie eine Liste von beruflichen Weiterbildungsangeboten für Kaufleute für Groß- und Außenhandelsmanagement zu einem von Ihnen ausgewählten Schwerpunkt. Nutzen Sie dazu als Informationsquellen auch die Datenbanken für Aus- und Weiterbildung der Industrie- und Handelskammer und der Bundesagentur für Arbeit im Internet.

ZUSAMMENFASSUNG

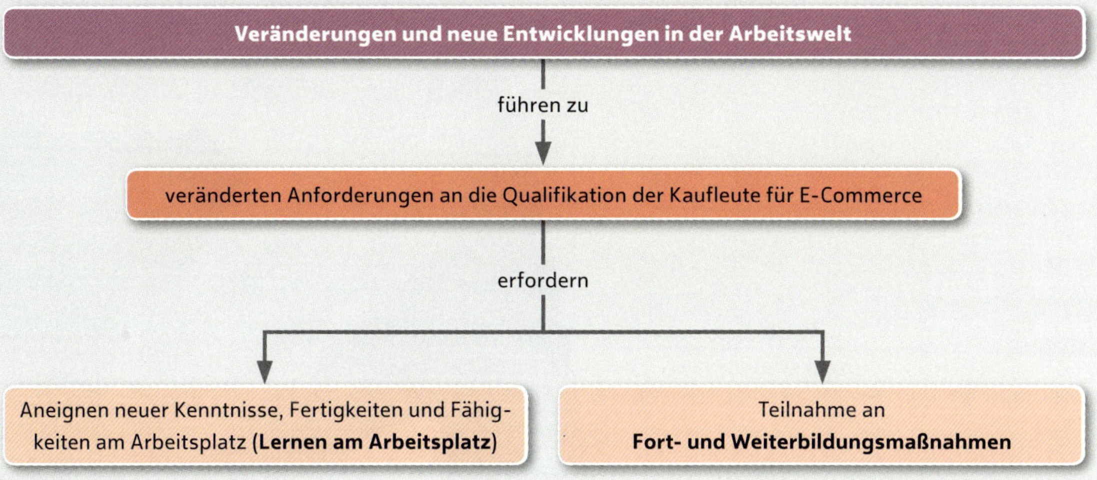

AUFTRÄGE KUNDENORIENTIERT BEARBEITEN 2

Aufträge kundenorientiert bearbeiten

Lernsituation 1

Ein Großhandelsunternehmer schließt täglich viele Kaufverträge ab. Insbesondere Jungunternehmer müssen dann häufig feststellen, dass der abgeschlossene Vertrag nicht dem entspricht, was man vereinbaren wollte. Das führt oft zu großen finanziellen Einbußen und kann im Einzelfall sogar dem Unternehmen die Existenz kosten.

1. Prüfen Sie als Mitglied des Verkaufsteams der Fairtext GmbH, welche Inhalte in einen Kaufvertrag gehören. Stellen Sie dabei die Regelungen Ihres Ausbildungsunternehmens den gesetzlichen gegenüber.
2. Gehen Sie der Frage nach, welche gesetzlichen Regelungen greifen, wenn
   - der ein selbstständiges Unternehmen führende Einzelhändler eine beschränkt geschäftsfähige Person ist, die ohne Kenntnis des gesetzlichen Vertreters vom Großhändler Ware „auf Rechnung" kauft,
   - dabei kein Eigentumsvorbehalt vereinbart und
   - die Ware dem Kunden bereits persönlich ausgehändigt wurde.
3. Informieren Sie sich in Ihrem Ausbildungsunternehmen und schildern Sie aus dessen Sicht
   a) das Zustandekommen eines Kaufvertrags mit einem Kunden. Gehen Sie dabei von einer **Kundenanfrage** aus und zeigen Sie die weiteren Schritte bis zum Abschluss des Kaufvertrags auf;
   b) die Arbeitsschritte bei der Auftragsbearbeitung, von der Erstellung der Warenbegleitpapiere bis hin zur Überwachung der termingerechten Lieferung;
   c) das betriebliche Vorgehen beim Absatz über das Internet sowie
   d) die Wichtigkeit und die Kriterien der Bonitätsprüfung für den Vertragsabschluss.
4. Prüfen Sie, welche Rolle in Ihrem Ausbildungsunternehmen das Warenwirtschaftssystem sowohl bei der Auftragsbearbeitung als auch bei der Überwachung der Zahlungseingänge spielt.
5. a) Teilen Sie als Mitarbeiter Ihres Ausbildungsunternehmens einem Kunden aus Hongkong in englischer Sprache mit, dass der angefragte Artikel (Produkt Ihrer Wahl) leider erst in zwei Monaten lieferbar ist. Fragen Sie nach, ob der Kunde seine Anfrage trotz dieser Einschränkung aufrechterhält.
   b) Mahnen Sie einen Kunden in Delhi in englischer Sprache wegen eines 18-tägigen Zahlungsverzugs.

Lernsituation 2

1. Die Fairtext GmbH hat ihrem Kunden, der Hessing GmbH (Gesellschafter sind Herr Michels und Frau Lindenberg), am 6. Juni Textilien zum **Kauf auf Probe** geschickt. Die Ware wurde vom Geschäftsführer Herrn Lehmann bestellt.
   Nach Ablauf der vereinbarten Frist von 14 Tagen hat sich die Hessing GmbH allerdings nicht mehr gemeldet.
   a) Prüfen Sie, ob Herr Lehmann überhaupt berechtigt ist, Ware zu bestellen, durch die die Hessing GmbH rechtlich gebunden ist.
   b) Beurteilen Sie die gesamte vertragsrechtliche Situation unter Berücksichtigung Ihrer Antwort aus a)
2. Erstellen Sie eine Mindmap über die besonderen Arten des Kaufvertrags.
3. Angenommen, ein rechtsgültiger Kaufvertrag ist zustande gekommen. Stellen Sie fest, an welchem Tag die Hessing GmbH Eigentümerin der Textilien wird.
   Zu berücksichtigen ist der folgende zeitliche Ablauf:
   - Die bestellten Textilien werden am 2. Juni im Warenausgang der Fairtext GmbH versandfertig verpackt.
   - Am 5. Juni holt im Auftrag der Hessing GmbH ein Lkw der SpeedLog GmbH die Ware ab und händigt sie am 6. Juni beim Wareneingang der Hessing GmbH aus.
   - Die Bezahlung (Überweisung) der auf Probe gekauften Textilien erfolgt vertragsgemäß am 13. Juli und wird am darauffolgenden Tag auf dem Konto der Fairtext GmbH gutgeschrieben (wertgestellt).

   a) Stellen Sie fest, an welchem Tag die Hessing GmbH unter diesen Umständen Eigentümerin der Textilien wird.
   b) Prüfen Sie, ob sich an Ihrem Ergebnis unter a) etwas ändert, wenn für diesen Fall die AGB des Kapitels 2.12 zugrunde gelegt werden.
4. Die Hessing GmbH hat die Rechnung am 13. Juli per Banküberweisung bezahlt. Erst bei der Prüfung des Kontoauszugs stellt man in der Fairtext GmbH fest, dass im schriftlichen Angebot statt 830,00 € nur 380,00 € angegeben wurden. Prüfen Sie die rechtliche Situation.

KAPITEL 1

Warenwirtschaftssysteme und integrierte Unternehmenssoftware

Sebastian Holpert liest Anne Schulte einen Artikel aus einer Fachzeitschrift vor:

> [...] Wie Helmut Reinekötter, Leiter der Abteilung Verkaufsorganisation des Warenhauses Kaufstadt, mitteilte, sei man aufgrund der bisherigen Erfahrungen sicher, dass der mittelfristige Nutzen von EDV-gestützten Warenwirtschaftssystemen den erforderlichen Investitionsaufwand erheblich übersteige. Die Einsparungen beim Personal könnten mit 0,8%, Reduzierungen der Inventurdifferenzen mit 0,5% und die verbesserte Sortimentssteuerung mit 0,45% vom Umsatz angesetzt werden. Diesem Bruttonutzen von 1,75% stünde ein Aufwand von etwa 0,75 Umsatzprozent (einschließlich der Wartung der EDV-Anlagen) gegenüber.

1. Klären Sie,
   a) was überhaupt Warenwirtschaftssysteme sind,
   b) in welchen Unternehmensbereichen eines Großhandelsunternehmens man sie braucht.
2. Stellen Sie verschiedene Arten von Warenwirtschaftssystemen gegenüber und zeigen Sie deren Vor- und Nachteile auf.

INFORMATIONEN

Die erfolgreiche Nutzung rechtzeitig aufgefundener oder bereitgestellter Informationen beeinflusst heute in immer stärkerem Maße die Wettbewerbsfähigkeit eines Großhandelsunternehmens. Auf breiter Front setzt sich die Erkenntnis im Großhandel durch, dass eine optimierte Informationsverarbeitung und -übertragung für die zukünftige Unternehmensführung unabdingbar sind.

Um als Unternehmen auf den überwiegend unübersichtlichen und schwierigen Märkten bestehen zu können, müssen sich die betrieblichen Entscheidungen als richtig erweisen: Je mehr Informationen einem Unternehmen zur Verfügung stehen und je besser sie sind, desto höher wird die Qualität der Entscheidungen im Handel sein.

Vor diesem Hintergund hat die Großhandelspraxis die Notwendigkeit von aktuellen und zuverlässigen Informationen erkannt. Sie fordert daher leistungsfähige Informations- und Steuerungssysteme in den Unternehmen. Das Hauptaugenmerk wird dabei auf den Bereich Ware gerichtet, den Kernbereich eines Handelsbetriebs.

Warenwirtschaft

Der Warenbereich des Großhandelsunternehmens wird sehr oft auch Warenwirtschaft genannt. Die Warenwirtschaft umfasst sämtliche Tätigkeiten, die mit der Beschaffung, der Lagerung und dem Absatz der Handelswaren verbunden sind. Die Entscheidung, Waren zu erwerben, löst in der Warenwirtschaft des Betriebs eine Reihe voneinander abhängiger Vorgänge aus: Die Ware muss bestellt, geliefert, geprüft, ausgezeichnet und verteilt werden, bevor sie den Kunden wieder angeboten und verkauft werden kann. Im Unternehmen findet in der Regel folgender Waren- und Informationskreislauf statt.

Waren- und Informationsflüsse in der Warenwirtschaft

- Im Warenfluss wird die Ware physisch (= körperlich) durch das Großhandelsunternehmen bewegt. Die Mitarbeiter arbeiten mit und an den Waren.

BEISPIEL

Die Mitarbeiter der Fairtext GmbH nehmen die vom Lieferanten kommende Ware an, überprüfen sie und zeichnen sie aus. Anschließend wird sie in das Lager transportiert und dort z. B. in ein Regal eingestellt.

- Im Informationsfluss werden Informationen über Waren durch das Großhandelsunternehmen bewegt. Die Beschäftigten arbeiten mit Informationen über Waren.

BEISPIELE

Der Eingang an Ware führt bei der Fairtext GmbH – z. T. zeitlich versetzt – u. a. zu folgenden Tätigkeiten:

- Der Lieferschein wird geprüft.
- Die Rechnung wird kontrolliert.
- Der Bestand an Ware wird in den Büchern aktualisiert.
- Für den Verkauf wird der Ladenpreis mithilfe der Kalkulation festgelegt.
- Die Umsätze dieses Artikels werden beim Verkauf erfasst.
- Aufgrund der Nachfrage wird der Umfang der Nachbestellungen festgelegt.

Die Ware ist die wichtigste und meist die größte Investition in dem Handelsunternehmen. Daher können Fehler im Bereich der Ware den Bestand des Unternehmens direkt und relativ kurzfristig gefährden.

In der Warenwirtschaft geht das Bestreben des Handelsbetriebs dahin, die richtige Ware zur rechten Zeit, zum richtigen Preis, in der richtigen Menge und am richtigen Ort vorrätig zu haben. Sobald eine dieser Forderungen nicht erfüllt ist, entstehen dem Unternehmen zusätzliche Kosten bzw. es entgeht Gewinn:

Ist die Ware z. B. zu früh oder in zu großen Mengen am Lager, entstehen unnötige Lagerkosten. An anderer Stelle dringend benötigtes Kapital wird gebunden.

Im umgekehrten Fall – wenn z. B. die Nachfrage nach einem Artikel das Angebot übersteigt – kann der kaufwillige Kunde nicht bedient werden und das Unternehmen kann wegen der ausbleibenden Verkäufe keinen Gewinn machen. Die gleichen Feststellungen können gemacht werden, sobald im Sortiment die nachgefragte Ware nicht enthalten oder nicht zum richtigen Preis angeboten wird.

Warenwirtschaftssystem

Damit die Ware möglichst rationell vom Hersteller zum Kunden gebracht wird, arbeitet der Großhandelsbetrieb mit einem Warenwirtschaftssystem. Ein Warenwirtschaftssystem ist das Steuerungs- und Informationssystem in der Warenwirtschaft des Handelsbetriebs. Es soll den gesamten Weg der Ware, angefangen vom Lieferanten über das Großhandelsunternehmen bis hin zum Käufer, abbilden und durch warenbezogene Auswertungen kontrollieren. Diese warenbezogenen Informationen können dem Großhändler helfen, optimale Entscheidungen im Warenbereich zu treffen.

Ein rationell arbeitendes Warenwirtschaftssystem, das den Warenkreislauf steuert und kontrolliert, kann wesentlich zum Unternehmenserfolg beitragen. Es hilft dem Großhändler vor allem bei der Lösung von Konflikten zwischen den beiden grundlegenden **Zielen der Warenwirtschaft:** Die **Beschaffung** und **Bereitstellung** aller Artikel sollten möglichst wenig Kapital binden und Kosten verursachen. Der Lagerbestand ist daher so weit wie möglich zu verringern. Gleichzeitig strebt der Handel aus Service- und Imagegründen häufig die permanente, sofortige Erfüllung aller Kaufwünsche an.

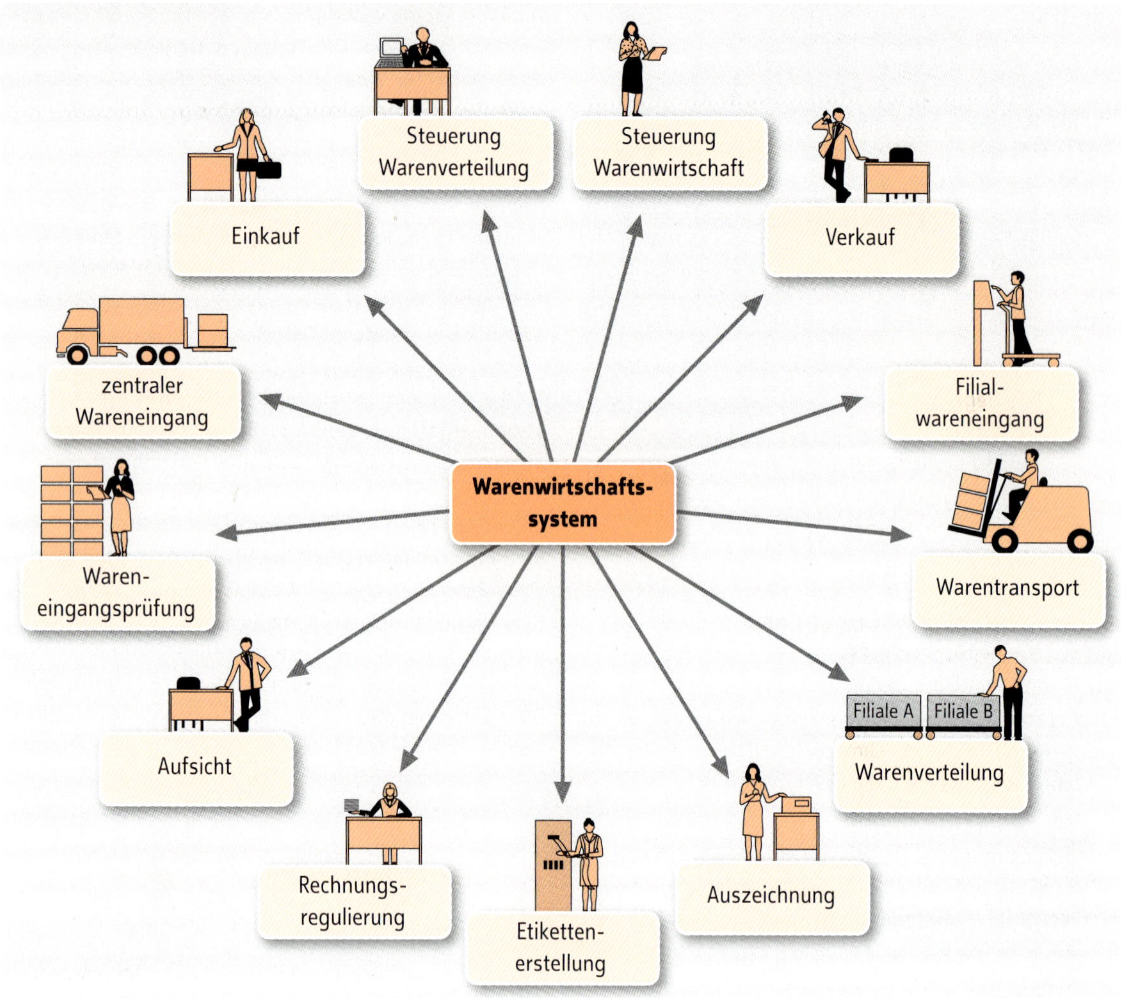

Warenwirtschaftssysteme sind so alt wie der Handel. Schon immer versuchen nämlich Handelsunternehmen, den Fluss der Ware im Betrieb zu planen, zu steuern und zu kontrollieren. Alle Handelsbetriebe arbeiten daher mit Warenwirtschaftssystemen, auch wenn sie nicht so genannt werden. Diese unterscheiden sich aber bezüglich Umfang, Methoden und Instrumentarium.

Die Hauptgründe dafür sind zu sehen in:

- den verschiedenen Betriebsformen im Großhandel
- der unterschiedlichen Größe der Großhandelsbetriebe
- branchentypischen Besonderheiten
- dem unterschiedlichen Ausstattungsgrad mit elektronischer Datenverarbeitung

Herkömmliche Warenwirtschaftssysteme

Die herkömmlichen Warenwirtschaftssysteme werden oft auch **manuelle** (= mit der Hand) **Warenwirtschaftssysteme** genannt. Sie listen alle Informationen über Warenbewegungen in Form von „handerstellten" **Belegen** (Listen, Karteikarten, Rechnungen usw.) auf. Um den Warenfluss in den Griff zu bekommen, wird im Betrieb eine Vielzahl von gleichen Informationen benötigt, die in unterschiedlichen Karteien gespeichert werden. Es kommt zu einer anwachsenden Papierflut im Unternehmen. Ein einziger Beleg, wie z. B. eine Bestellung, wird vervielfältigt und an mehrere Arbeitsplätze wie Warenannahme, Lager usw. geschickt. Auf diesem Weg werden laufend Daten hinzugefügt und übertragen.

Je häufiger das geschieht, desto größer ist die Gefahr, falsch abgelesene oder unleserliche Daten zu erhalten.

Letztendlich besitzen die einzelnen Mitarbeiter als Grundlage ihrer weiteren Arbeit verschiedene statt einheitliche Informationsausschnitte. Das mehrfache Bearbeiten der Belege und der begrenzte Datenumfang an einem Arbeitsplatz haben zur Folge, dass die von herkömmlichen Warenwirtschaftssystemen zur Verfügung gestellten Informationen von der Großhandels-Praxis als zu ungenau angesehen werden.

Manuelle Warenwirtschaftssysteme – und seien sie noch so geschickt aufgezogen – laufen daher Gefahr, überfordert zu werden. Angesichts der Sortimentserweiterungen und des gestiegenen Informationsbedarfs im Handel erscheint ein herkömmliches Erfassen sämtlicher Artikelbewegungen in der Praxis als kaum lösbar.

EDV-gestützte Warenwirtschaftssysteme

Die Möglichkeiten der elektronischen Datenverarbeitung (EDV) haben zu einer wirtschaftlichen und überschaubaren Lösung geführt. Erst die EDV ermöglichte es, die Zeitabstände von der Entstehung bis zur Auswertung der Informationen – beispielsweise zwischen den verschiedenen Bereichen im Unternehmen – zu verkürzen. Mithilfe von Computern können warenwirtschaftliche Informationen also schneller und fehlerfreier verarbeitet und damit Arbeitsabläufe rationeller gestaltet werden. Im Großhandel werden daher verstärkt EDV-gestützte Warenwirtschaftssysteme eingeführt.

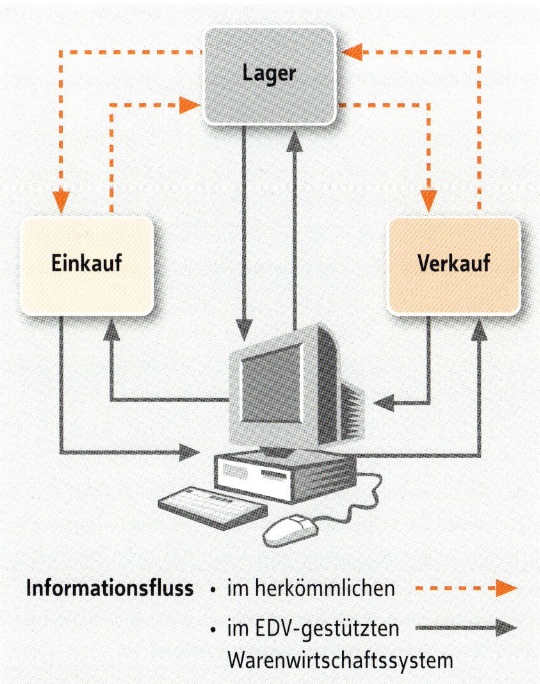

In einem EDV-gestützten Warenwirtschaftssystem wird der gesamte Warenfluss lückenlos – vom Wareneingang bis zum Warenausgang – von einer EDV-Anlage erfasst, gesteuert und kontrolliert. Dieses System ermöglicht also zu jeder Tages- und Nachtzeit in Sekundenschnelle die Informationsaufbereitung und -verarbeitung des Warendurchlaufs in einem Handelsunternehmen, indem es alle Artikelbewegungen vom Bestellvorgang über die Lagerhaltung bis zum Verkauf mengen- und wertmäßig erfasst.

Die Routinearbeit in der Warenwirtschaft wird weitgehend dem Computer überlassen. Die entlasteten Mitarbeiter können sich mehr auf die Entscheidungsprozesse konzentrieren. Informiert das EDV-gestützte Warenwirtschaftssystem beispielsweise darüber, dass ein bestimmter Artikel kaum verkauft wurde, muss der Mitarbeiter nur noch eine Entscheidung darüber treffen, ob bzw. wie der Absatz des Artikels angekurbelt wird. Als Maßnahme steht ihm u. a. eine verstärkte Werbung oder eine Preisherabsetzung zur Verfügung. In bestimmten Zeitabständen wird anschließend der Erfolg der gewählten Maßnahme wieder mithilfe des EDV-gestützten Warenwirtschaftssystems überprüft.

Unterschiede zwischen traditionellen und EDV-gestützten Warenwirtschaftssystemen

Folgende Unterschiede bestehen zwischen den herkömmlichen Warenwirtschaftssystemen der Vergangenheit und den EDV-gestützten Warenwirtschaftssystemen:

- Alle den Warenfluss betreffenden Daten und Informationen sind durch EDV-gestützte Warenwirtschaftssysteme **leichter zugänglich** und **schneller verfügbar**. Statt, wie es bei herkömmlichen Systemen in der Vergangenheit häufig der Fall war, mehrere Abteilungen oder Personen um eine bestimmte Auskunft bitten zu müssen, kann nun über einen Bildschirm sofort und verlässlich eine Vielzahl von warenwirtschaftlichen Informationen abgefragt werden.
- Die Informationen über das Sortiment des Handelsbetriebs sind durch den Einsatz von EDV **genauer** und **aussagekräftiger** geworden. EDV-gestützte Warenwirtschaftssysteme ermöglichen eine artikelgenaue Beobachtung des Warenflusses bis zum Verkauf.
- Bei EDV-gestützten Warenwirtschaftssystemen kommt es zu einem **Wegfall zeitraubender, ständig wiederkehrender Routinearbeiten** im Bereich der Warenwirtschaft, wie z. B. Belegerstellung und -ablage, Verbrauchserrech-

nungen usw. Das bedeutet mehr Zeit für Entscheidungsprozesse bzw. für kundenbezogene Tätigkeiten wie Beratung und Verkauf.

Jedes EDV-gestützte Warenwirtschaftssystem hat also grundsätzlich zwei **Aufgaben** zu erfüllen:

- Es soll den Warenfluss in einem Großhandelsbetrieb abbilden, steuern und regeln. Durch den Einsatz der computergestützten Warenwirtschaftssysteme werden – im Vergleich zu früher – nahezu sämtliche Funktionsabläufe, die im Zusammenhang mit Warenbewegungen und der mit ihnen verbundenen Tätigkeiten stehen, rationalisiert. Der Warendurchlauf über verschiedene Stufen hinweg wird eindeutig verbessert.
- Es soll Informationen aus dem Bereich der Warenwirtschaft – z. B. in Form von betriebswirtschaftlichen Kennzahlen – bereitstellen, um die Qualität der Entscheidungen im Handelsbetrieb zu verbessern.

Warenwirtschaftssysteme (Arten)

geschlossene	offene	integrierte
Alle Aufgaben der Warenwirtschaft werden mit dem PC gelöst. Die EDV-Anlage begleitet den gesamten Warendurchlauf durch das Unternehmen.	Nur ein Teil der Warenwirtschaftsarbeiten wird mithilfe des Computers erfasst, die übrigen werden manuell gelöst.	(stark zunehmend) Diese Warenwirtschaftssysteme binden Kunden, Lieferanten und Banken in die Warenwirtschaft des Einzelhandels ein. Die warenwirtschaftlichen Daten fließen ohne manuelle Erfassung direkt durch Datenträgeraustausch oder -übertragung in das EDV-System der Partner, schnell und kostensparend durch Wegfall der Mehrfacherfassung.

Da Großhandelsbetriebe sehr uneinheitlich in ihrer Struktur und in ihren Abläufen sein können, bestehen unterschiedliche Anforderungen an ein EDV-gestütztes Warenwirtschaftssystem. Das optimale System gibt es nicht, sondern immer nur das am besten passende. Der Softwareauswahl kommt eine entscheidende Bedeutung zu. Es gibt im deutschsprachigen Raum über 700 Warenwirtschaftsprogramme für Großhändler.

ERP-Software

Viele Unternehmen sind angesichts eines immer härter werdenden nationalen sowie internationalen Wettbewerbs dazu gezwungen, sich auf eine schnellere Vermarktung, einen verbesserten Kundenservice und eine effiziente Ausführung ihrer Geschäftsprozesse zu konzentrieren.

Dies verlangt eine perfekte Abstimmung des Informationsflusses und der Arbeitsabläufe aufeinander: Das Unternehmen muss einwandfrei funktionieren. Notwendig dazu sind leistungsfähige Computersysteme, die Informationen und Daten aus vielen verschiedenen Funktionsbereichen und Organisationseinheiten zusammenführen. Auch die Aktivitäten des Unternehmens müssen mit denen von Lieferanten und anderen Geschäftspartnern koordiniert werden.

Die Konsequenz für die betriebliche Informationsverarbeitung eines Unternehmens ist, dass die einzelnen Programme für solche Funktionsbereiche wie Warenwirtschaft, Finanzbuchhaltung, Rechnungswesen, Produktion usw. immer weniger für sich allein stehen können.

Daher rücken seit einigen Jahren ERP-Systeme in den Mittelpunkt des Interesses. Mittlerweile setzen über 70 % der deutschen Unternehmen ERP-Systeme ein.

ERP-Systeme sind umfassende Programmpakete, die die Geschäftsprozesse eines Unternehmens abbilden. ERP bedeutet „Enterprise Ressource Planning". Diese Programmpakete, die in jedem Unternehmen eingesetzt werden können, erfassen die Prozesse eines Unternehmens nicht mehr softwaremäßig in Einzelbereichen und isoliert, sondern über alle Funktionsbereiche.

Mit ERP-Systemen verliert also das auf die einzelnen Funktionsbereiche bezogene unternehmerische Denken und Handeln an Bedeutung. Solche Systeme verknüpfen stattdessen Informationen über Finanzen, Einkauf, Produktion, Vertrieb und Personalwesen. Sie erfassen alle Aufgaben der Auftragsabwicklung, Warenwirtschaft, Produktionsplanung und -steuerung, Betriebsdatenerfassung, der Finanzwirtschaft und des Rechnungswesens.

Sie ermöglichen Handels- und Industrieunternehmen die Integration der früher isoliert eingesetzten unterschiedlichen Programme im Rahmen der gesamten finanz- und warenwirtschaftlich orientierten Wertschöpfungskette: Alle administrativen und operativen Aufgabenbereiche entlang der gesamten Wertschöpfungskette im Unternehmen werden mithilfe einer zentralen Datenbasis zusammengeführt. Diese Softwarepakete haben also die Aufgabe, die in einem Unternehmen vorhandenen Ressourcen wie Personal, Betriebsmittel oder Kapital möglichst effizient für den betrieblichen Ablauf einzusetzen.

Vorteile solcher Programmpakete sind:
- Alle einmal erfassten Daten stehen in sämtlichen Modulen zur Verfügung. Die Datenbestände sind damit immer aktuell.
- Eine Mehrfacherfassung von Daten wird vermieden.
- Die zentrale Datenhaltung und bereichsübergreifende Datennutzung bringen Effizienzvorteile durch Integration von Geschäftsprozessen.
- Es kommt zu einer erhöhten Informationsqualität.
- Die Kommunikation wird durch offene Daten- und Prozessmodelle erleichtert.
- Es ergibt sich eine einfache Bedienung durch Einheitlichkeit der Benutzeroberflächen.

Mögliche Nachteile können sein:
- hoher Aufwand bei Anpassungen an spezifische Geschäftsprozesse und branchenspezifische Abläufe (Customizing = Anpassung eines Produkts – in diesem Fall der Software – an die Bedürfnisse des Kunden)
- Abhängigkeit vom Hersteller, da man im Extremfall nur noch Programme eines Softwareanbieters verwendet
- hohe Komplexität und überladene Funktionalität (Die Programme haben eine für einen Sachbearbeiter kaum noch überschaubare Vielfalt an Funktionen.)

Typische Module einer ERP-Software sind:
- Stammdaten
- Warenwirtschaft
- Produktionsplanung und -steuerung
- Verkauf
- Finanzwirtschaft
- Rechnungswesen
- Controlling
- Personalwesen
- Marketing

Neben diesen klassischen Modulen bieten ERP-Systeme mittlerweile weitere Lösungen an:
- Sie streben (durch Integration früher unterschiedlicher Module) eine Beschleunigung der Geschäftsprozesse an.
- Mithilfe des Customer Relationship Managements (Maßnahmen zur Kundenbindung) versucht man die Kundenbeziehungen zu optimieren.
- Sie bieten oft die Möglichkeit an, einen Internetshop aufzubauen.
- Über das Supply Chain Management werden die EDV-Systeme der Geschäftspartner integriert.

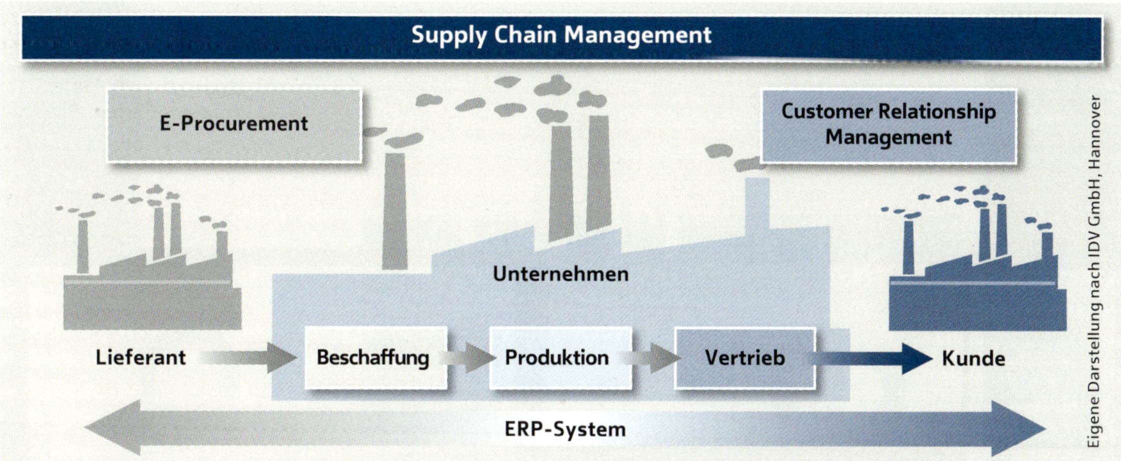

Unter Supply Chain Management versteht man die optimale Koordinierung der Zusammenarbeit mit den Partnern des eigenen Unternehmens (Lieferant, Händler, Logistikdienstleister, Kunden) über verschiedene Wirtschaftsstufen hinweg. Diese Prozesse werden innerhalb des Unternehmens durch das ERP-System gesteuert. So regelt das System beispielsweise sowohl die Beschaffung über das Internet beim Lieferanten (E-Procurement) als auch die Beziehung zum Kunden (Customer Relationship Management).

ERP-Anbieter

„ERP-Software in Zukunft noch wichtiger. Alte Zöpfe abschneiden"
Quelle: Überschrift in einem Online-Artikel von Karin Zühlke (Zühlke, Karin: ERP-Software in Zukunft noch wichtiger. Alte Zöpfe abschneiden. 25.02.2020. In: elektroniknet.de. https://www.elektroniknet.de/markt-technik/alte-zoepfe-abschneiden-173844.html [20.09.2021]).

Das Zitat stammt aus einem Online-Artikel des Jahres 2020. Die schier unaufhaltsame Weiterentwicklung der Digitalisierung, die Implementierung und das Nutzen von Künstlicher Intelligenz, all diese Aspekte sorgen dafür, dass auch der **ERP-Markt** in den nächsten Jahren immer größer wird. Einerseits durch bestehende Akteure, anderseits werden auch neue Unternehmen mit neuen ERP-Lösungen in den Markt vorpreschen. Dabei konkurrieren die Anbieter untereinander, oder sie spezialisieren sich mit ihren Angeboten auf ganz bestimmte Branchen (z. B. der Dienstleistungssektor, die Lebensmittelbranche oder die Automobilbranche).

Bestehende ERP-Anbieter

- SAP
- Oracle
- Microsoft Dynamics (früher: Navision)
- Sage
- IBM
- DATEV
- weclapp
- (...)

Jede Anwendung lebt von der Funktion. So müssen sich auch bestehende ERP-Anbieter an den Markt in dynamischer Form anpassen. Dabei hat sich vor allem die Möglichkeit in den Vordergrund gespielt, die ERP-Lösung neben der traditionellen Anwendung „on premise" genannt = (lokal auf den Rechnern installiertes Programm) auch **cloudbasiert** bereitzustellen. Verwendet werden die ERP-Lösungen sodann mithilfe eines Web-Clients. Es muss somit kein extra Programm installiert werden.

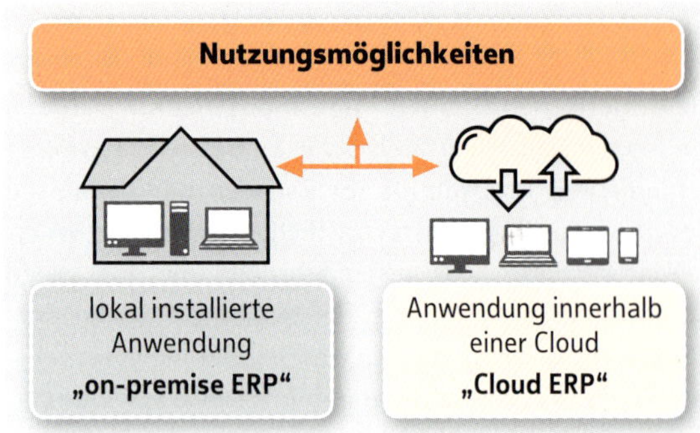

Vorteile von Cloud-Lösungen

- Mit einer cloudbasierten Lösung kann grundsätzlich mit jedem mobilen Endgerät von überall aus der Welt gearbeitet werden.
- Schnelles und effizientes Arbeiten ist möglich.
- Flexible Konfiguration durch modulartige Zusammenstellung ist möglich – genau auf das Unternehmen zugeschnitten.
- Die übergeordnete und allgemeine Pflege der Anwendung wird durch den Anbieter selbst geleistet.
- Keine kostspielige IT-Infrastruktur für das eigene Unternehmen nötig.

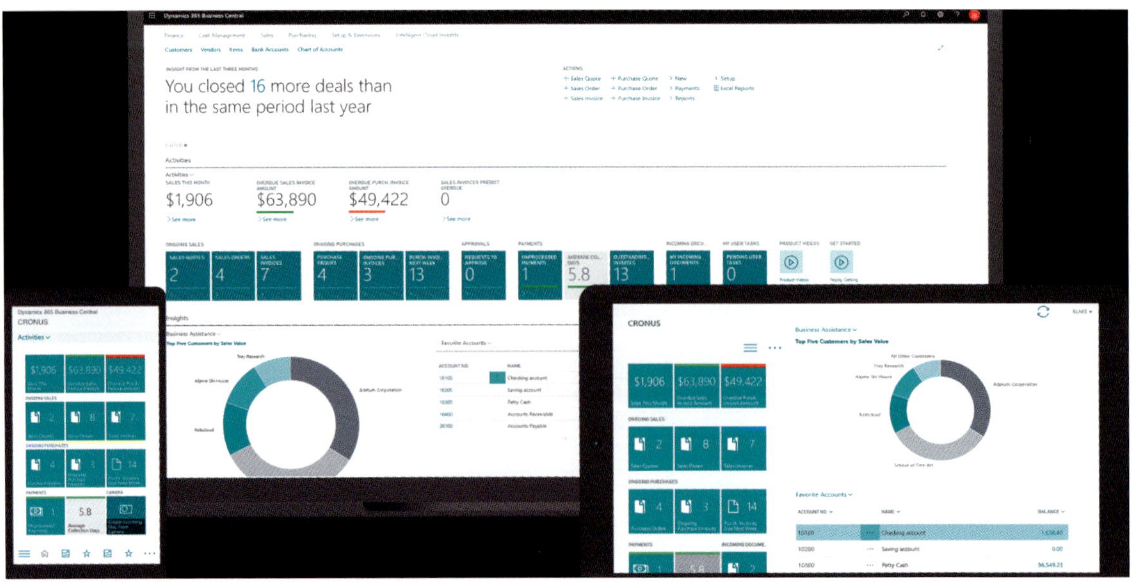

ERP mobil nutzen

- Der Datenschutz und die Datensicherheit liegen grundsätzlich in den Händen des jeweiligen Anbieters.

So verwundert es nicht, dass primär die Big Player ihre bisherigen ERP-Lösungen mitunter auch in einer Cloud-basierten-Lösung anbieten.

Beispielhafte[1] cloudbasierte ERP-Anwendungen
- SAP BusinessOne
- SAP Business ByDesign
- Oracle ERP Cloud
- Microsoft Dynamics Business Central
- DATEV Auftragswesen online
- (...)

Beispielhafte ERP-Darstellung

Nach dem Einloggen in eine (cloudbasierte) ERP-Anwendung liefern die Anwendungen in der Regel zunächst alle relevanten Informationen auf einen Blick. Mithilfe eines Dashboards werden die gewünschten Informationen so konfiguriert, dass der Anwender seine gewünschten Informationen auf der Startseite angezeigt bekommt. Die folgende Abbildung zeigt dies beispielhaft für die Cloud-Lösung **Microsoft Dynamics Business Central** mit Daten eines von Microsoft implementierten fiktiven Unternehmens.

Wenn das Dashboard etwas detaillierter in den Blick genommen wird, wird deutlich, welche (Teil-)Prozesse beispielhaft in dieser Anwendung umgesetzt werden können. Mithilfe des entsprechenden Klicks auf den gewünschten Bereich öffnet sich jeweils eine Untermaske mit den jeweiligen Teilbereichen (im Beispiel werden alle Teilbereiche des **Einkaufs** aufgelistet, z. B. „Einkaufsrechnungen").

Im Schülerband des 2. Ausbildungsjahres werden konkrete Umsetzungsmöglichkeiten einer ERP-Anwendung betrachtet.

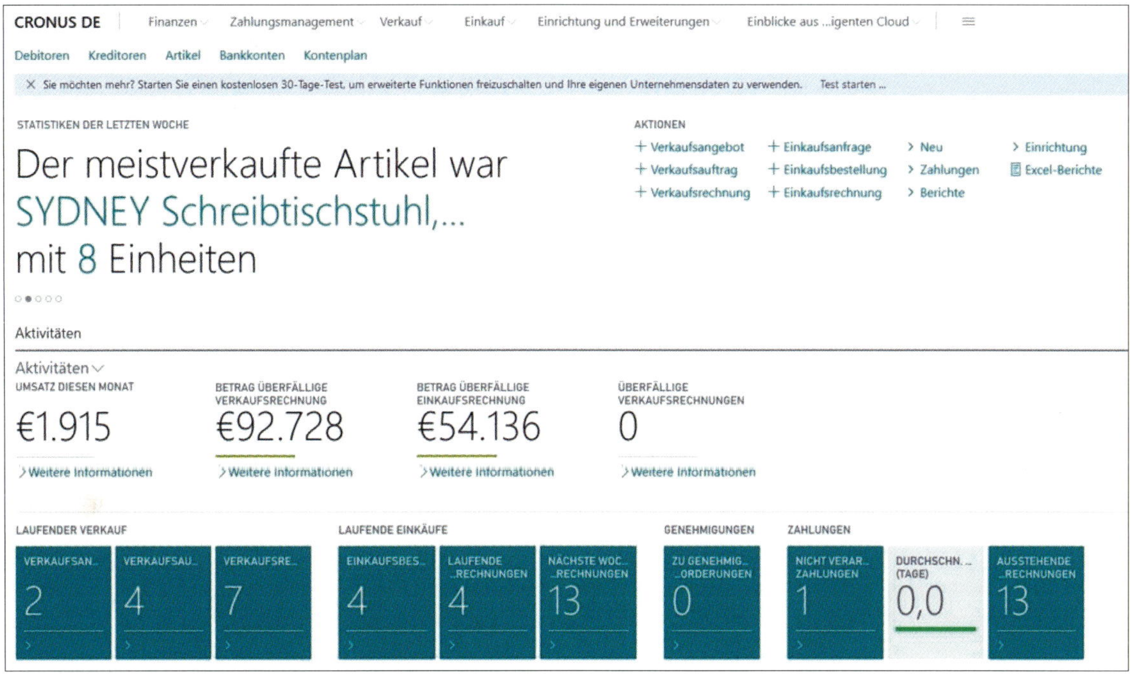

Beispielhafte Startseite von Microsoft Dynamics Business Central

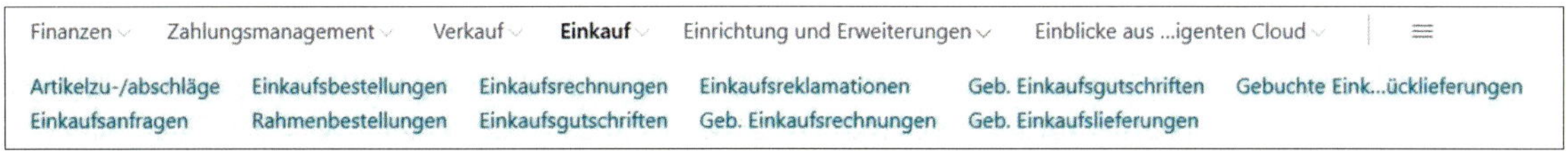

Menüleiste von Microsoft Dynamics Business Central

1 Anmerkung: Selbst innerhalb der Anbieter werden oftmals unterschiedliche ERP-Lösungen angeboten.

AUFGABEN

1. Welche Bedeutung haben Informationen für ein Großhandelsunternehmen?
2. Was versteht man unter dem Begriff „Warenwirtschaft“?
3. Warum wird der Warenwirtschaft im Großhandel eine sehr große Aufmerksamkeit geschenkt?
4. Erläutern Sie
   a) den Warenfluss,
   b) den Informationsfluss
   in einem Großhandelsunternehmen.
5. In der Textilgroßhandlung Rohrmoser KG führen die Mitarbeiter die folgenden Tätigkeiten durch:
   a) Pullover werden Textileinzelhändlern im Verkaufsgespräch vorgeführt.
   b) Die Ware wird für den Kunden verpackt.
   c) Die Merkmale und Leistungen einer Ware werden beschrieben.
   d) Es wird eine Rechnung für den Kunden geschrieben.
   e) Ware wird im Showroom dekorativ angeordnet.
   Entscheiden Sie, ob die Tätigkeiten zum Waren- oder zum Informationsfluss im Unternehmen -gehören.
6. Was ist ein Warenwirtschaftssystem?
7. Welcher Zielkonflikt tritt in der Warenwirtschaft auf?
8. Durch welche Merkmale sind herkömmliche Warenwirtschaftssysteme gekennzeichnet?
9. Was ist ein EDV-gestütztes Warenwirtschaftssystem?
10. Welche Vorteile haben EDV-gestützte Warenwirtschaftssysteme gegenüber den herkömmlichen?
11. Experten bezeichnen die EDV-gestützten Warenwirtschaftssysteme als „neue Lösung für alte Probleme“. Begründen Sie diese Ansicht.
12. Wodurch unterscheiden sich offene und geschlossene Warenwirtschaftssysteme?
13. Entscheiden Sie in den folgenden Fällen, ob ein offenes oder ein geschlossenes Warenwirtschaftssystem vorliegt.
    a) Bei der Rohrmoser KG werden beim Verkauf der Ware alle Artikel mengen- und wertmäßig exakt von den Datenkassen erfasst, die eine Verbindung zur EDV-Anlage haben. Diese Daten werden in alle anderen Bereiche der Warenwirtschaft weitergeleitet und dort ausgewertet.
    b) Im Zentrallager der Hintermann OHG werden die Lagerbestände mithilfe eines Computers gesteuert und kontrolliert. Die Umsätze in den Filialen werden warengruppengenau mit mechanischen Registrierkassen ohne Anbindung an die EDV erfasst.
14. Welche Art von Warenwirtschaftssystem wird in Ihrem Betrieb verwendet?
15. Was sind integrierte Warenwirtschaftssysteme?
16. Was versteht man unter ERP-Systemen?
17. Welche Vorteile erhoffen sich Unternehmen vom Einsatz der ERP-Systeme?
18. Welche Module umfasst eine ERP-Software?

AKTIONEN

1. Bearbeiten Sie dieses Kapitel mithilfe des aktiven Lesens.
2. Erstellen Sie eine Mindmap, die alle wichtigen Informationen dieses Kapitels zu Warenwirtschaftssystemen enthält.
3. Um sich in die Warenwirtschaft Ihres Unternehmens einzuarbeiten, müssen Sie die Tätigkeitsbereiche der Warenwirtschaft analysieren.
   a) Zeichnen Sie jeweils den Waren-, Geld- und Datenfluss in Ihrem Ausbildungsbetrieb.
   b) Tragen Sie jeweils den Standort von Computern und mit der EDV in Verbindung stehenden Geräten ein.
   c) Versuchen Sie den Waren- und Datenfluss im Kreislaufmodell darzustellen.
4. Recherchieren Sie im Internet, welche ERP-Anwendungen für welche Branche geeignet sind.

5. Recherchieren Sie im Internet am Beispiel von *Microsoft Dynamics 365 Business Central*, welche allgemeinen Funktionen die einzelnen Bereiche leisten können. Erstellen Sie dazu eine Tabelle gemäß dem folgenden Schema:

Bereich	Funktionen
Finanzen	
Zahlungsmanagement	
Verkauf	
Einkauf	
(...)	

6. a) Recherchieren Sie im Internet je ein Unternehmen, das auf einen „großen" ERP-Anbieter (SAP, Oracle, Microsoft) setzt.

b) Welcher Vorteil ergibt sich für die Anbieter, dass derartige Unternehmen „ihre" ERP-Anwendung nutzen?

ZUSAMMENFASSUNG

Warenwirtschaft

- **Bereich der Ware im Handelsbetrieb**
- **umfasst die Aufgaben**

Beschaffung der Ware | Lagerung der Ware | Absatz der Ware

Warenwirtschaftssysteme

- steuern und kontrollieren den Warenfluss im Unternehmen.
- stellen warenbezogene Informationen als Grundlage für Entscheidungen zur Verfügung.
- helfen, den Zielkonflikt der Warenwirtschaft (hoher Lieferservice einerseits, niedrige Bestände andererseits) zu lösen.

herkömmliche (manuelle) Warenwirtschaftssysteme

- Instrumente: Belege
- nur warengruppengenaue Informationen

EDV-gestützte Warenwirtschaftssysteme

- Instrumente: elektronische Datenverarbeitung
- Informationen sind leichter zugänglich und schneller verfügbar.
- Vereinfachung vieler Arbeitsprozesse

KAPITEL 2
Verkaufsprozess von Waren und Dienstleistungen (B2B)

Die Fairtext GmbH hat seit Kurzem im Rahmen einer Neuorganisation auf EDV umgestellt. Der Sachbearbeiter im Verkauf, Herr Storch, bearbeitet gerade einen Auftrag des Kunden Netzel GmbH, Halberstädter Str. 18, 31141 Hildesheim, der 40 Herrenschlafanzüge bestellt hat.

Um den Überblick über die Tätigkeiten bei der Auftragsabwicklung nicht zu verlieren, hat Herr Storch sich ein **Flussdiagramm** erstellt.

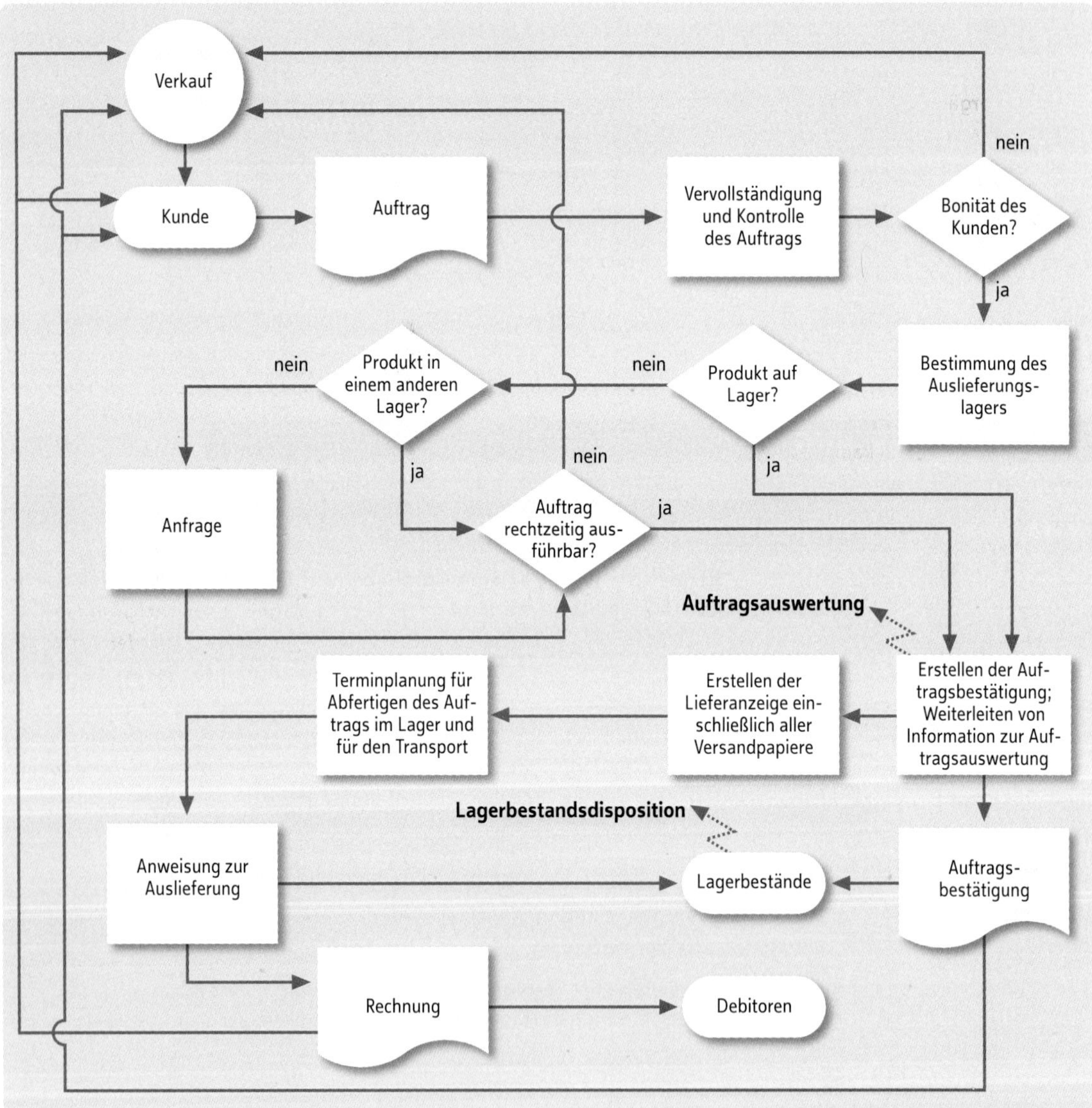

1. Stellen Sie fest, welche Aufgaben Herr Storch bei der Auftragsbearbeitung erfüllt.
2. Geben Sie an, welche Hilfen ihm dabei die EDV bietet.

INFORMATIONEN

Die Auftragsbearbeitung umfasst die datenmäßige Bearbeitung und Kontrolle der Aufträge vom Zeitpunkt der Auftragsaufgabe bis zur Ankunft der Sendungsdokumente und Rechnungen beim Kunden. Man versteht also darunter die Vorgangskette, durch die ein erteilter Auftrag bis zu seiner Auslieferung und Abrechnung geführt wird.

Stellung der Auftragsbearbeitung im Warenwirtschaftssystem

Die beiden Vorgänge Auftragsbearbeitung und Bestellwesen zusammen sind Hauptbestandteile der übergeordneten Warenwirtschaft oder eines Warenwirtschaftssystems (WWS).

Die Auftragsbearbeitung als Geschäftsprozess ist der Teilbereich eines übergeordneten Unternehmensablaufs als Gesamtprozess und stellt eine kleinere, wenn auch wichtige Softwareeinheit dar, nämlich die Abwicklung und Überwachung des Verkaufsvorgangs.

Die Auftragsbearbeitung kann Teil eines übergeordneten Warenwirtschaftssystems[1] sein, wird aber auch als autarke (selbstständige) Softwarelösung eingesetzt. Zu ihrem Aufgabenbereich gehört die reine Abwicklung des Verkaufs. Sie umfasst zusätzlich das Angebotswesen, Lieferungen an und Rücklieferungen von Kunden sowie die Fakturierung (Rechnungserstellung).

Wird die Auftragsbearbeitung als eigenständige Software betrieben, kommt sie fast nur in kleinen Betrieben zum Einsatz und kann „von der Stange“ schon sehr preisgünstig beschafft werden. Ist sie hingegen vollständig in ein WWS integriert, dient sie als Auslöser für umfangreiche weitere Bearbeitungsschritte, wie z. B. die Beschaffung.

Aufgaben der Auftragsbearbeitung

Unabhängig von der Art der Auftragsbearbeitung lassen sich stets bestimmte Grundaufgaben unterscheiden, die bei ihr zu erfüllen sind.

Bestellübermittlung

Der Ausgangspunkt für die Auftragsinformation ist die Auftragserstellung beim Kunden. Die Aufträge können von dort per Brief, Fernschreiber, Telefon, Fax oder Internet an die Großhandlung direkt oder an einen Außendienstmitarbeiter übermittelt werden.

Aufbereitung des Auftrags

Die Auftragsübermittlung erfolgt an eine Auftragsempfangsstelle der Großhandlung, die die Aufträge für die Weiterverarbeitung im Unternehmen aufbereitet. Dadurch wird der Auftrag den internen Anforderungen der Großhandlung angepasst, der Auftrag wird in den Betriebsablauf eingeplant. Hierzu gehört zunächst, dass der Auftrag um möglicherweise noch fehlende Informationen ergänzt wird. Außerdem muss er im Hinblick auf Preise, Konditionen, Liefermodalitäten und die Bonität des Kunden überprüft werden. Falls die gewünschten Güter nicht auf Lager sind, kann die Auftragsbearbeitung Maßnahmen im Bereich der Bestandsdisposition veranlassen.

Umsetzung der Aufträge

Im Anschluss an die Aufbereitung der Aufträge werden die Aufträge in Auftragsbestätigungen und in interne Bearbeitungspapiere umgeschrieben.

Zusammenstellung des Auftrags

Aufgrund der aufbereiteten und umgesetzten Aufträge wird die Lagerorganisation in Gang gesetzt. Die Auftragsabwicklung liefert in dieser Phase Informationen beispielsweise für die Lagerbuchhaltung und für die Steuerung von Lagerbediengeräten. Auf der Grundlage der in dieser Phase zur Verfügung gestellten Unterlagen über z. B. Warenart, -menge, -gewicht und Verpackung werden die Waren im Lager zusammengestellt. Man spricht in diesem Zusammenhang auch von der Kommissionierung der Güter.

Versand

Nach der Kommissionierung werden die Versandpapiere fertig gemacht, die gegebenenfalls mit Fracht-, Transport- und Zeitdaten ergänzt werden müssen. In dieser Phase der Auftragsbearbeitung erfolgt die Festlegung des optimalen Transportmittels und Transportweges für die Auslieferung der Güter. Enge Beziehungen bestehen also zum Transportwesen. Die Verladung und der Transport der Güter werden in dieser Phase ausgelöst.

Fakturierung

Unter der Fakturierung versteht man die Rechnungserstellung für die Aufträge. Sie kann nach der Versand-

1 Dieses kann wiederum Bestandteil einer ERP-Software sein.

Die Auftragsbearbeitung verbindet zunächst zwei räumlich getrennte Organisationseinheiten, den Kunden und den Lieferanten. Erteilt der Kunde (z. B. ein Einzelhandelsunternehmen) dem Lieferanten (das Großhandelsunternehmen) einen Auftrag, handelt es sich aus der Sicht des Kunden um einen Bestellvorgang, während der Großhändler (Lieferant) bei Erhalt der Bestellung einen Auftragsvorgang, nämlich die Auftragsbearbeitung, auslöst.
Der gesamte Vorgang besteht idealtypisch aus acht Schritten:

Schritt	Vorgang	Belegart/ Vorgang
1	Kunde fordert Angebot vom Lieferanten an	Anfrage
2	Lieferant gibt Angebot an den Kunden ab	Angebot
3	Kunde bestellt aufgrund des Angebots beim Lieferant	Bestellung
4	Lieferant nimmt Bestellung des Kunden bzw. Auftrag an	Auftrags-bestätigung
5	Lieferant liefert an den Kunden aus	Lieferschein
6	Kunde erhält die Ware vom Lieferanten	Waren-eingang
7	Lieferant schreibt Rechnung an den Kunden	Rechnung
8	vKunde erhält die Rechnung vom Lieferant	Rechnungs-kontrolle

disposition oder vor (bzw. auch parallel zu) den Phasen der Zusammenstellung erfolgen:

- Bei der **Vorfakturierung** wird die Rechnung schon in der Phase der Aufbereitung und Umsetzung erstellt. Es wird also auf der Grundlage der Bestellung fakturiert, bevor die Güter physisch kommissioniert werden.
- Bei der **Nachfakturierung** wird durch die Kommissionierung im Lager die vollständige Basis der Rechnung erstellt und dann erst die Fertigstellung der Rechnung vorgenommen.

Formen der Auftragsabwicklung

Abhängig davon, welche Instrumente von der Großhandlung zur Bewältigung des Formular- und Belegflusses eingesetzt werden, unterscheidet man manuelle und maschinelle (EDV-gestützte) Formen der Auftragsabwicklung.

Manuelle Formen der Auftragsabwicklung

Alle Aufträge werden mit hand- oder schreibmaschinengeschriebenen Belegen abgewickelt. Bei einer großen Anzahl von Aufträgen kann das sehr zeitraubend sein. Warenwirtschaftliche Auswertungen können nur mit unverhältnismäßig hohem Aufwand vorgenommen werden.

Bei den manuellen Formen werden drei miteinander verwandte Verfahren unterschieden:

- Das **Durchschreibeverfahren** geht von dem Gedanken aus, die erforderlichen Daten und Texte nur einmal zu schreiben. Es wird ein kombinierter Formularsatz benutzt, der normalerweise aus Auftragsbestätigung, Lagerschein, Lieferschein und Rechnung besteht. Die notwendigen Eintragungen erfolgen in einem Arbeitsgang mithilfe von selbstschreibenden Papieren in Durchschrift. Die Grenze dieses Verfahrens liegt in der Anzahl der herstellbaren leserlichen Kopien.
- Das **Umdruckverfahren** wird angewandt, wenn eine unterschiedliche Zahl von Durchschlägen verschiedener Formulare herzustellen ist.
  Wird z. B. ein Auftrag aus mehreren Lagereinheiten zusammengestellt, müssen mehrere Lagerscheine erstellt werden. Der Grundgedanke des Umdruckverfahrens ist, dass ein Original einmal geschrieben wird. Von ihm werden dann Abzüge nach individuellen Anforderungen vervielfältigt. Das Umdruckverfahren ist beträchtlich teurer als das Durchschreibeverfahren.
- Das **Ordersatzverfahren** versucht die Schreibarbeit weiter zu vereinfachen und in die Phase der Auftragsübermittlung zu verschieben. Der normale Ordersatz enthält sämtliche Artikel des Lagersortiments. Da er bereits vom Besteller ausgefüllt wird, kann der Auf-

tragssachbearbeiter in der Großhandlung ihn nach kurzer Prüfung direkt ins Lager weiterleiten. Der Grundgedanke dieses Verfahrens ist also

- den Auftragssachbearbeiter von Tätigkeiten der Aufbereitung und Umsetzung möglichst zu entlasten,
- dem Kunden durch Aufführung aller Artikel einen Kaufanreiz zu bieten,
- durch Aufführung der Artikel auf dem Ordersatz in entsprechender Reihenfolge eine Vorbereitung der Lagerarbeit zu ermöglichen.

Das Verfahren hat den Nachteil, dass relativ viel Papier aufgewendet werden muss und kurzfristige Preisänderungen bzw. geänderte Lagerbelegungen wegen der damit verbundenen Neuerstellung der Ordersätze erschwert werden.

Maschinelle Formen der Auftragsbearbeitung im Rahmen EDV-gestützter Warenwirtschaftssysteme

Die Notwendigkeit zur Bewältigung massenhafter Daten unter Zeitdruck legt es nahe, zur Auftragsabwicklung maschinelle Formen einzusetzen. Die Auftragsbearbeitung ist für den Einsatz der EDV sehr geeignet, weil

- sie in der Regel aus einer Vielzahl von routinemäßigen, zeitraubenden Tätigkeiten besteht,
- die dem Auftragsformular zu entnehmenden Informationen in vielfältiger Weise ausgewertet werden müssen.

Programme für die Auftragsbearbeitung im Rahmen EDV-gestützter Warenwirtschaftssysteme bzw. ERP-Software[1] sorgen für einen schnelleren Informationsfluss und eine bessere Organisation der Auftragsabwicklung. Der Computer ist ständig für die Übernahme von Auftragsabwicklungsarbeit bereit, sodass die Aufträge ohne den Aufbau einer Warteschlange kontinuierlich erledigt werden können.

Vorteile der EDV-Anwendung:

- umgehende Ausgabe von Auftragsbestätigungen
- Vorprüfung des verfügbaren Warenbestands
- umfassende Prüfung der Bonität
- umfassende Ausrechnung der Auftragskonditionen
- kontinuierliche Kontrolle des Auftragsbestands

Im Auftragseingang können die Auftragsdaten dabei auf verschiedene Art und Weise erfasst werden:

- Bildschirmeingabe
- maschinell lesbare Belege (z. B. Ordersätze)
- Datenträgeraustausch
- Datenfernübertragung

Ähnlich wie bei der Bestellung genügt es, beim Auftrag nur Ordnungsbegriffe (wie z. B. Kundennummer, Artikelnummer, bestellte Menge und gewünschten Liefertermin) zu erfassen. Sonstige Daten wie Kundenanschrift, Artikelbezeichnung, Preis usw. werden aus den Artikel- und Kundenstammdateien ergänzt.

Im Anschluss an eine Kreditkontrolle anhand des für den Kunden gespeicherten Kreditlimits wird eine Auftragsbestätigung erstellt, falls der bestellte Artikel verfügbar ist. Ansonsten wird dem Kunden ein Ersatzartikel angeboten. Die vollständigen Texte und Daten werden den gespeicherten Merkmalen entsprechend zusammengestellt und ausgedruckt.

In der Auftragsverwaltung wird der geprüfte und bestätigte Kundenauftrag als offener Posten bis zu seiner Auslieferung geführt. Die eingegangenen Aufträge werden in einer Auftragsdatei artikelweise gespeichert. Über die Auftragsbestände und deren Liefertermine wird der Einkäufer informiert, um Artikel beim Lieferanten rechtzeitig nachbestellen zu können. Das geschieht ebenfalls computergestützt mit Listen („Auftragsbestand" oder „Auftragsrückstand") oder im Dialog am Bildschirm.

Für die Auslieferung der fälligen Aufträge werden von der EDV Kommissionieranweisungen erstellt. Sie bewirken, dass die Kommissionierung durch Vermeiden unnötiger Wege möglichst kostengünstig erfolgt. Bei der Berechnung der Kommissionierwege berücksichtigen EDV-gestützte Warenwirtschaftssysteme u. a. folgende Merkmale:

- optimaler Weg des Sammlers
- Verträglichkeit der Ware beim Transport
- technische Möglichkeiten der Regalförderzeuge
- Gewicht bzw. Füllgrad der Palette
- Einhaltung des Prinzips „first in – first out"

Für jeden Auftrag ermittelt die EDV das Volumen und das Gewicht der gesamten zu liefernden Ware. Daraus ergibt sich die benötigte Transportkapazität (Eisenbahnwaggons, Lkw-Größe usw.). In dieser Bearbeitungsphase erfolgt beispielsweise die Tourenplanung. Zum jeweiligen gewünschten Auslieferungstermin werden automatisch Unterlagen wie

1 Siehe Kap. 2.1

- Lieferschein,
- Versandliste,
- Personal- und Fahrzeugeinsatzplanung

gedruckt.

Schließlich werden die Aufträge im Rahmen der Fakturierung abgerechnet. Dazu wird systemintern auf die bereits erstellte Auftragsbestätigung und auf die Rücklaufdaten aus der Auslieferung zurückgegriffen.

AUFGABEN

1. Was versteht man unter der Auftragsbearbeitung in einem Großhandelsbetrieb?
2. Welche Stellung nimmt die Auftragsbearbeitung im Rahmen eines Warenwirtschaftssystems ein?
3. Erläutern Sie die Phasen der Auftragsbearbeitung.
4. Was versteht man unter Fakturierung?
5. Wodurch unterscheidet sich die Vor- von der Nachfakturierung?
6. Wodurch unterscheiden sich die Verfahren der manuellen Auftragsbearbeitung?
7. Erläutern Sie die Unterschiede zwischen manueller und EDV-gestützter Auftragsbearbeitung.

AKTIONEN

1. a) Untersuchen Sie die Auftragsbearbeitung in Ihrem Ausbildungsbetrieb.
   b) Klären Sie,
      – welche Belege bzw. Vordrucke verwendet werden,
      – welche Aufgaben diese erfüllen.
   c) Stellen Sie Ihrer Klasse die Belege/Vordrucke vor.
   d) Vergleichen Sie die vorgestellten Belege/Vordrucke.
2. a) Untersuchen Sie das Warenwirtschaftssystem bzw. die ERP-Software in der Berufsschule.
   b) Stellen Sie fest, in welchen Modulen die Phasen der Auftragsbearbeitung durchgeführt werden.

ZUSAMMENFASSUNG

Auftragsbearbeitung

= Bearbeitung aller Vorgänge, durch die ein erteilter Auftrag bis zu seiner Auslieferung und Abrechnung geführt wird.

Ablauf

Übermittlung → Aufbereitung → Umsetzung → Zusammenstellung → Versand → Fakturierung

Formen

Manuelle Auftragsbearbeitung

Aufträge werden mit handgeschriebenen Belegen abgewickelt.

EDV-unterstützte Auftragsbearbeitung

Programme für Auftragsbearbeitung im Rahmen EDV-unterstützter WWS sorgen für einen schnelleren Informationsfluss und eine bessere Organisation der Auftragsabwicklung.

KAPITEL 3
Rechts- und Geschäftsfähigkeit

Die 17-jährige Caroline König ist als Auszubildende zurzeit im Verkauf der Textilgroßhandlung Fairtext GmbH beschäftigt. Aufgrund einer Bestellung des Herrenausstatters Grote OHG schickt sie eine Auftragsbestätigung über 100 Herrenhemden an den Einzelhändler.

Stellen Sie fest, ob Caroline König dieses Geschäft abschließen darf.

INFORMATIONEN

Rechtsfähigkeit

DEFINITION

Unter **Rechtsfähigkeit** versteht das Gesetz die Fähigkeit einer Person, Träger von Rechten und Pflichten zu sein.

Eine Person hat z. B. das Recht, ein Geschäft zu erben, oder die Pflicht, die Schule zu besuchen.

Rechtsfähig sind nicht nur Menschen (= **natürliche Personen**), sondern auch Personenvereinigungen, z. B. Vereine, Aktiengesellschaften, Gesellschaften mit beschränkter Haftung, Genossenschaften. Sie werden als **juristische Personen** bezeichnet.

Rechtsfähigkeit		
	natürliche Personen	**juristische Personen**
Beginn	Vollendung der Geburt	Gründung: AG: Eintragung ins Handelsregister
Ende	Tod	Auflösung: AG: Löschung im Handelsregister

Geschäftsfähigkeit

DEFINITION

Unter **Geschäftsfähigkeit** versteht das Gesetz die Fähigkeit von Personen, Rechtsgeschäfte rechtswirksam abzuschließen.

Eine geschäftsfähige Person kann z. B. Waren einkaufen oder verkaufen, eine Wohnung mieten oder eine Reise buchen. Man unterscheidet drei Stufen der Geschäftsfähigkeit:

- Geschäftsunfähigkeit
- beschränkte Geschäftsfähigkeit
- unbeschränkte oder volle Geschäftsfähigkeit

Geschäftsunfähig sind:

- Kinder unter 7 Jahren
- dauernd geisteskranke Personen

Die Willenserklärung eines Geschäftsunfähigen ist nichtig, d. h. ungültig. Geschäftsunfähige Personen können also keine Rechtsgeschäfte rechtswirksam abschließen.
Beschränkt geschäftsfähig sind Personen, die mindestens 7, aber unter 18 Jahre alt sind.

Eine beschränkt geschäftsfähige Person darf Rechtsgeschäfte normalerweise nur mit **Zustimmung** des gesetzlichen Vertreters (Vater, Mutter, Vormund) abschließen. Rechtsgeschäfte, die sie ohne **vorherige Einwilligung** des gesetzlichen Vertreters abgeschlossen hat, sind schwebend unwirksam. Sie können durch die **nachträgliche Genehmigung** des gesetzlichen Vertreters wirksam werden.

BEISPIEL

Der 17-jährige Auszubildende Jochen Reinhard kauft einen Blu-Ray-Player, ohne dass er seinen Vater vorher gefragt hat. Der Verkäufer des Blu-Ray-Players fragt den Vater von Jochen später, ob er mit dem Kauf einverstanden ist. Wenn sich Jochens Vater mit dem Kauf einverstanden erklärt, ist ein Kaufvertrag zustande gekommen. Ist er nicht einverstanden, kommt kein Kaufvertrag zustande.

In **Ausnahmefällen** darf eine beschränkt geschäftsfähige Person Rechtsgeschäfte auch ohne Zustimmung ihres gesetzlichen Vertreters abschließen.

- Sie darf Willenserklärungen abgeben, die ihr nur rechtliche Vorteile bringen, z. B. ein Geschenk annehmen.
- Sie darf Verträge abschließen, die sie mit ihrem Taschengeld erfüllen kann.

BEISPIEL

Die 15-jährige Sabine Beyer kauft von ihrem Taschengeld eine CD zum Preis von 12,90 €.

- Sie darf Rechtsgeschäfte im Rahmen eines Arbeitsvertrags abschließen, den sie mit Zustimmung ihres gesetzlichen Vertreters eingegangen ist.

BEISPIEL

Ein 17-jähriger Verkäufer darf Ware an Kunden verkaufen, ohne vorher seinen gesetzlichen Vertreter zu fragen. Er darf ohne Zustimmung seines gesetzlichen Vertreters Vereinbarungen über Arbeitszeit, Gehalt, Pausen, Urlaub usw. treffen. Er darf das Arbeitsverhältnis, sofern es als Dienstverhältnis anzusehen ist, auch ohne Zustimmung des gesetzlichen Vertreters kündigen.

- Wenn sie ihr gesetzlicher Vertreter mit Erlaubnis des Vormundschaftsgerichtes ermächtigt, einen selbstständigen Geschäftsbetrieb zu führen, darf sie ohne Zustimmung alle Rechtsgeschäfte abschließen, die dieser Betrieb mit sich bringt.

BEISPIEL

Die 16-jährige Carmen Freese führt selbstständig einen Jeansshop. Sie darf ohne Zustimmung ihres gesetzlichen Vertreters Ware einkaufen und verkaufen, Rechnungen bezahlen usw. Will sie jedoch privat von ihrem Geld eine teure Hi-Fi-Anlage kaufen, muss sie ihren gesetzlichen Vertreter um Erlaubnis bitten.

Unbeschränkt geschäftsfähig sind natürliche Personen, die das 18. Lebensjahr vollendet haben. Willenserklärungen unbeschränkt geschäftsfähiger Personen sind voll rechtswirksam. Kann ein Volljähriger seine Angelegenheiten aufgrund einer psychischen Krankheit oder einer körperlichen, geistigen oder seelischen Behinderung ganz oder teilweise nicht erledigen, so bestellt das Vormundschaftsgericht für ihn einen Betreuer, der ihn gerichtlich und außergerichtlich vertritt.

AUFGABEN

1. Unterscheiden Sie Rechtsfähigkeit und Geschäftsfähigkeit.
2. Der 17 Jahre alte Markus Vollmer erhält von seinem Vater 500,00 € für eine Hi-Fi-Anlage. Der Händler besteht darauf, dass der Vater ihm gegenüber erklärt, dass er mit dem Kauf einverstanden ist. Warum verlangt der Händler diese Einverständniserklärung?
3. Die 14-jährige Sandra und der 15-jährige Thomas kaufen von ihrem Taschengeld einen gebrauchten CD-Player für 20,00 €. Ihr Vater will den Kaufvertrag rückgängig machen. Der Händler weigert sich. Wer hat recht? Begründen Sie Ihre Meinung.
4. Der 9 Jahre alte Julian bekommt von seiner Tante einen MP3-Player geschenkt. Seine Eltern verbieten ihm die Annahme des Geschenks. Sind sie dazu berechtigt? Begründen Sie Ihre Meinung.
5. Die 17-jährige Anja Schneider schließt mit Einwilligung ihrer Eltern ein Ausbildungsverhältnis zur Kauffrau im Groß- und Außenhandel in einer Elektrogroßhandlung ab. Welches der folgenden Rechtsgeschäfte darf sie nur mit Zustimmung ihrer Eltern abschließen? Begründen Sie Ihre Meinung.
   a) In ihrem Ausbildungsbetrieb verkauft sie zehn Fernsehgeräte mit OLED-Display an einen Kunden.
   b) Am Wochenende verkauft sie ihre Stereoanlage an eine Freundin.
6. Der 17 Jahre alte Frank Förster führt mit Genehmigung des Vormundschaftsgerichts den Betrieb seines verstorbenen Vaters. Welche der folgenden Rechtsgeschäfte darf er ohne Zustimmung seines gesetzlichen Vertreters abschließen? Begründen Sie Ihre Meinung.
   a) Einkauf einer neuen Maschine für den Betrieb
   b) Kauf eines Ferienhauses in Griechenland
   c) Kauf eines Taschenrechners im Wert von 15,00 €
   d) Einstellen eines neuen Mitarbeiters

AKTIONEN

1. Stellen Sie die rechtlichen Regelungen zusammen, die Sie beim Abschluss von Kaufverträgen mit Kunden beachten müssen. Erstellen Sie eine Übersicht mithilfe einer Mindmap.

2. Die Firma Grote hat bei der Fairtext GmbH irrtümlich anstatt 100 Herrenhemden 1 000 Herrenhemden bestellt. Da die Fairtext GmbH von diesen Hemden nicht genügend Stück auf Lager hatte, hat die Fairtext GmbH diese 1 000 Herrenhemden bei dem Hersteller bestellt, um den Auftrag von Grote ausführen zu können. Anne Schulte erhält den Auftrag, das dadurch entstandene Problem in Gesprächen mit dem Kunden Grote und dem Hersteller der Herrenhemden zu lösen.
Versetzen Sie sich in die Rolle von Anne Schulte.
   a) Entwickeln Sie zusammen mit Ihrem Nachbarn eine Lösungsstrategie für das Problem.
   b) Bereiten Sie zusammen mit Ihrem Nachbarn die Telefongespräche vor.
   c) Führen Sie zusammen mit Ihrem Nachbarn die Telefongespräche vor Ihrer Klasse im Rollenspiel durch.

ZUSAMMENFASSUNG

Rechtsfähigkeit

= Fähigkeit einer Person, Träger von Rechten und Pflichten zu sein

natürlicher Personen

- beginnt mit Vollendung der Geburt
- endet mit dem Tod

juristischer Personen

- beginnt mit der Gründung
- endet mit ihrer Auflösung
- handelt durch ihre Organe (AG = Vorstand; GmbH = Geschäftsführer)

Geschäftsfähigkeit

= Fähigkeit einer Person, Rechtsgeschäfte rechtswirksam abzuschließen

Geschäftsunfähigkeit

Willenserklärungen von
- Kindern unter 7 Jahren und
- dauernd geisteskranken Personen

sind **nichtig**.

beschränkte Geschäftsfähigkeit

Willenserklärungen von Personen, die mindestens 7 Jahre, aber unter 18 Jahre alt sind, sind bis auf bestimmte Ausnahmen **schwebend unwirksam**.

unbeschränkte Geschäftsfähigkeit

Personen, die das 18. Lebensjahr vollendet haben, können **uneingeschränkt** Rechtsgeschäfte abschließen.

Abschluss von Kaufverträgen

Die Textilgroßhandlung Fairtext GmbH bietet dem Herrenausstatter Grote OHG aus Hannover 100 Hemden zu 16,20 € je Stück an. Der Herrenausstatter Grote OHG findet das Angebot günstig und bestellt die angebotene Ware.

Prüfen Sie, ob in diesem Fall ein Kaufvertrag zwischen der Fairtext GmbH und der Grote OHG zustande gekommen ist.

INFORMATIONEN

Rechtsgeschäfte und Willenserklärungen

DEFINITION

Rechtsgeschäfte entstehen durch eine oder mehrere Willenserklärungen. Willenserklärungen sind gewollte und zwangsfreie Erklärungen einer Person.

BEISPIELE

- Ein Verkäufer bietet einer Kundin eine preisgünstige Kaffeemaschine an. Er will der Kundin die Kaffeemaschine verkaufen.
- Die Geschäftsführerin eines Technikkaufhauses kündigt einem Abteilungsleiter. Sie will, dass der Abteilungsleiter nicht mehr in dem Technikkaufhaus arbeitet.

Willenserklärungen werden abgegeben
- durch ausdrückliche mündliche oder schriftliche Äußerungen,
- durch bloße Handlungen, aus denen der Wille zu erkennen ist, z.B. Handzeichen bei Versteigerungen, Geldeinwurf in einen Zigarettenautomaten, Einsteigen in ein Taxi,
- in Ausnahmefällen durch Schweigen.

Unter Kaufleuten gilt Schweigen nur dann als Annahme einer unbestellten Lieferung, wenn zwischen beiden Kaufleuten ein regelmäßiger Geschäftsverkehr besteht. Sonst bedeutet das Schweigen Ablehnung der unbestellten Lieferung.

BEISPIEL

Der Großhändler Hahn schickt dem Lebensmitteleinzelhändler Grewe, den er regelmäßig mit Konserven beliefert, 100 Dosen Gemüsekonserven, ohne dass Grewe sie bestellt hat. Wenn sich der Einzelhändler Grewe zu dieser Lieferung nicht äußert, bedeutet dieses Schweigen, dass er mit der Lieferung einverstanden ist.

Ist der Empfänger der unbestellten Ware eine Privatperson, gilt ihr Schweigen immer als Ablehnung der unbestellten Lieferung. Der Verbraucher ist auch nicht verpflichtet, eine unerwünschte Ware zu bezahlen. Er muss die Ware auch nicht zurücksenden und kann sich den lästigen Gang zur Post und das Rücksendeporto sparen. Der Verbraucher ist auch nicht verpflichtet, den Absender davon zu unterrichten, dass er die Ware nicht kaufen möchte. Das braucht er auch dann nicht zu tun, wenn es in der Sendung zum Beispiel heißt, ein Kaufvertrag gelte als abgeschlossen, wenn nicht binnen bestimmter Frist Einspruch erhoben wird.

Zustandekommen von Verträgen

Verträge kommen grundsätzlich durch die Abgabe von zwei übereinstimmenden gültigen Willenserklärungen zustande. Die erste Willenserklärung wird als Antrag, die zweite Willenserklärung als Annahme bezeichnet. Mit der Annahme des Antrags ist ein Vertrag abgeschlossen.

Abschluss des Kaufvertrags

Der Antrag auf Abschluss eines Kaufvertrags kann vom Verkäufer oder vom Käufer einer Sache oder eines Rechtes ausgehen.

Möglichkeit

Der Verkäufer macht einen Antrag auf Abschluss eines Kaufvertrags, indem er dem Käufer ein Angebot unterbreitet. Der Käufer nimmt das Angebot durch eine Bestellung an. Ein Kaufvertrag kommt zustande, wenn die Bestellung mit dem Angebot übereinstimmt.

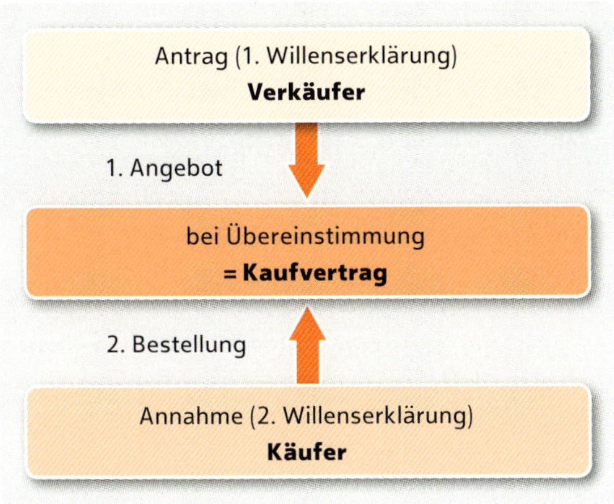

Möglichkeit

Der Antrag auf Abschluss eines Kaufvertrags geht vom Käufer aus, wenn der Käufer bestellt, ohne dass er ein Angebot erhalten hat. Der Verkäufer nimmt diesen Antrag durch die sofortige Lieferung oder die Zusendung einer Bestellungsannahme (= Auftragsbestätigung) an.

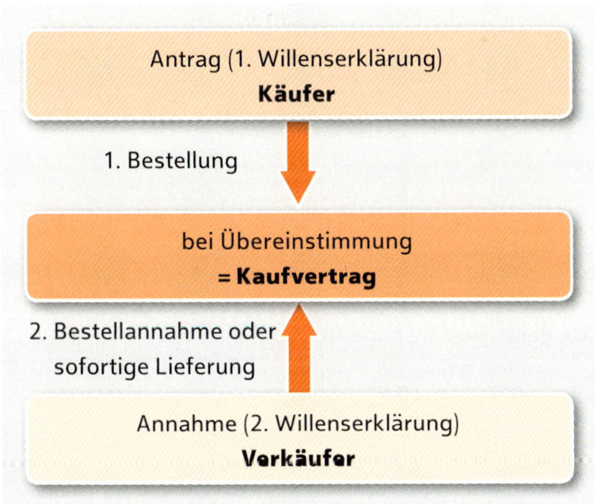

Nichtigkeit von Willenserklärungen

Nichtige Willenserklärungen sind von Anfang an ungültig. Sie haben keine Rechtsfolgen.

Nichtig sind …	BEISPIELE
Willenserklärungen von Geschäftsunfähigen.	Ein 6-jähriger Schüler kauft eine Hörspiel-CD.
Willenserklärungen, die im Zustand der Bewusstlosigkeit oder vorübergehenden Störung der Geistesfähigkeit abgegeben wurden.	Ein Mann kauft im volltrunkenen Zustand eine Schlafzimmereinrichtung.
Willenserklärungen von beschränkt Geschäftsfähigen gegen den Willen des gesetzlichen Vertreters.	Ein 17-jähriger Auszubildender kauft ohne Zustimmung seines Vaters ein Motorrad.
Willenserklärungen, die gegenüber einer anderen Person mit deren Einverständnis nur zum Schein abgegeben wurden (= Scheingeschäft).	Ein Gast lässt sich in einem Restaurant von einem Kellner eine Quittung über 75,00 € geben, obwohl er nur 50,00 € bezahlt. Er will die Quittung als Beleg für Geschäftskosten verwenden, um damit Steuern zu sparen.
nicht ernst gemeinte Willenserklärungen (= Scherzgeschäfte).	Jemand sagt im Scherz: „Du kannst mein Haus geschenkt haben!"
Rechtsgeschäfte, die nicht in der vorgeschriebenen Form abgeschlossen wurden.	Ein Vertrag über einen Hauskauf wurde nur mündlich abgeschlossen.
Rechtsgeschäfte, die gegen ein gesetzliches Verbot verstoßen.	Ein Verkäufer verkauft Alkohol an Kinder.
Rechtsgeschäfte, die gegen die guten Sitten verstoßen.	Ein Glasermeister nimmt nach einer Sturmkatastrophe überhöhte Preise für seine Glasscheiben (= Wucher).

Anfechtbare Willenserklärungen

Anfechtbare Willenserklärungen können im Nachhinein durch Anfechtung ungültig werden. Bis zur Anfechtung sind sie gültig.

Anfechtungsgründe	BEISPIELE
Irrtum in der Erklärung: Die Äußerung einer Person entspricht nicht dem, was sie sagen wollte.	Ein Einzelhändler bestellt irrtümlich 53 Mäntel anstatt 35 Mäntel.
Irrtum über die Eigenschaft einer Person oder Sache	Ein Großhändler stellt einen Buchhalter ein und erfährt nachträglich, dass dieser wegen Urkundenfälschung vorbestraft ist.
Irrtum in der Übermittlung: Die Willenserklärung wurde von der mit der Übermittlung beauftragten Person oder Organisation (z. B. der Post) falsch weitergegeben.	Ein Einzelhändler bittet einen Angestellten, bei einem Großhändler telefonisch 100 A4-Blöcke, rautiert, zu bestellen. Der Angestellte bestellt irrtümlich karierte Blöcke.
Widerrechtliche Drohung: Eine Person wird durch eine Drohung zur Abgabe einer Willenserklärung gezwungen.	Ein Zeitschriftenwerber bedroht eine alte Frau, damit sie ein Zeitschriftenabonnement bestellt.

Anfechtungsgründe	BEISPIELE
Arglistige Täuschung: Eine Person wird durch arglistige Täuschung zur Abgabe einer Willenserklärung veranlasst.	Ein Kunde kauft einen gebrauchten Pkw. Nach Angaben des Verkäufers ist er unfallfrei. Nachträglich stellt sich heraus, dass der Pkw einen Unfallschaden hatte.

Die Anfechtung wegen Irrtums muss unverzüglich nach Entdecken des Irrtums erfolgen. Entsteht durch die Anfechtung ein Schaden, ist der Anfechtende schadenersatzpflichtig.

Bei widerrechtlicher Drohung muss die Anfechtung innerhalb eines Jahres, nachdem die Drohung nicht mehr besteht, erfolgen.

Bei arglistiger Täuschung muss die Anfechtung innerhalb eines Jahres, nachdem die Täuschung entdeckt wurde, erfolgen.

Bei der Anfechtung wegen arglistiger Täuschung hat der Anfechtende Schadenersatzanspruch.

BEISPIEL

Jens K. aus Hildesheim:
„Ich habe für 5.500,00 € einen Gebrauchtwagen gekauft. Noch am selben Tag wollte der Autohändler das Geschäft rückgängig machen. Er habe den Preis versehentlich um 1.500,00 € zu niedrig angesetzt. Darf ich mein Schnäppchen trotzdem behalten?"
Antwort:
„In diesem vorliegenden Fall ist ein wirksamer Kaufvertrag zustande gekommen, sodass Jens K. den Wagen behalten darf. Ein sogenannter Berechnungsirrtum, wenn er sich bei der Kalkulation vertan hat, auf den sich der Verkäufer hier beruft, ist kein Anfechtungsgrund. Den Kaufvertrag könnte der Verkäufer nur dann wirksam anfechten, wenn er sich verschrieben oder im Verkaufsgespräch versprochen hat (Irrtum in der Erklärung). In einem solchen Fall müsste der Käufer den Wagen zurückgeben. Allerdings bekäme der Käufer die Kosten ersetzt, die durch das Vertrauen auf die Gültigkeit des Kaufvertrags entstanden sind, etwa weil ihm nachweislich eine andere günstige Kaufchance entgangen ist und er nun teurer kaufen muss."

AUFGABEN

1. In welcher Form können Willenserklärungen abgegeben werden?
2. Wie kommt in folgenden Fällen der Kaufvertrag zustande?
   a) Der Einzelhändler Reimann bestellt, ohne dass ihm ein Angebot vorliegt, bei der Fairtext GmbH 100 T-Shirts zum Preis von 3,00 € je Stück. Die Fairtext GmbH nimmt die Bestellung an und liefert die Ware.
   b) Eine Kundin lässt sich in den Geschäftsräumen der Fairtext GmbH Pullover vorlegen. Nach langem Vergleichen entscheidet sie sich für einen Pullover. Sie sagt: „Den nehme ich."
   c) Frau Lange bestellt 1000 Briefumschläge für 1,50 €. Der Lieferant liefert zwei Tage später.
3. In welchen der folgenden Fälle ist ein Kaufvertrag zustande gekommen? Begründen Sie Ihre Antwort.
   a) Der Verkäufer unterbreitet ein Angebot. Der Käufer bestellt zu den Angebotsbedingungen.
   b) Der Käufer bestellt, ohne ein Angebot erhalten zu haben. Der Verkäufer reagiert überhaupt nicht.
   c) Der Verkäufer macht ein Angebot. Der Käufer bestellt mit abgeänderten Bedingungen.
   d) Der Käufer bestellt. Der Verkäufer liefert sofort.
4. Beurteilen Sie folgende Fälle.
   a) Eine Ware, die 198,00 € kostet, wird irrtümlich mit 189,00 € angeboten.
   b) Ein Kunsthändler verkauft die Kopie eines Bildes als Original.
   c) Der 16-jährige Frank Schrader kommt stolz mit einem Motorrad nach Hause. Er hat es für 1.250,00 € gekauft. Den Kaufpreis will er in zehn Raten abbezahlen. Sein Vater ist nicht so begeistert und verlangt, dass er das Motorrad zurückbringt.
   d) Ein Großhändler schließt den Kauf über ein Grundstück mündlich ab.
   e) Ein Großhändler verrechnet sich bei der Ermittlung des Verkaufspreises für eine Ware. Irrtümlich errechnet er 28,50 € anstatt 32,60 €.
   f) Der Kaufpreis eines Hauses war doppelt so hoch wie der durch ein späteres Gutachten ermittelte Wert.

AKTIONEN

1. In den Geschäftsräumen der Fairtext GmbH bietet Caroline König dem Einkäufer des Kaufhauses Lux Freizeithemden aus der neuen Herrenhemdenkollektion an.
   Versetzen Sie sich in die Rolle von Caroline König und stellen Sie den Abschluss des Kaufvertrags über den Kauf von Herrenfreizeithemden im Rollenspiel dar.

2. Stellen Sie fest, wie in Ihrem Ausbildungsbetrieb Kaufverträge mit den Kunden abgeschlossen werden. Präsentieren Sie das Ergebnis Ihren Klassenkameraden mit einem von Ihnen gewählten Präsentationsmittel.

ZUSAMMENFASSUNG

Abschluss des Kaufvertrags durch

- **Angebot** + **Bestellung**

oder

- **Bestellung** + **Bestellungsannahme (Auftragsbestätigung) oder Lieferung**

Rechtsgeschäfte sind

nichtig

= von Anfang an ungültig

bei

- Willenserklärungen von Geschäftsunfähigen
- Willenserklärungen von beschränkt Geschäftsfähigen gegen den Willen des gesetzlichen Vertreters
- Willenserklärungen, die im Zustand der Bewusstlosigkeit oder vorübergehender Geistesstörung abgegeben wurden
- Scherzgeschäft
- Scheingeschäft
- sittenwidrigem Rechtsgeschäft
- Fehlen der vorgeschriebenen Form
- Verstoß gegen ein gesetzliches Verbot

anfechtbar

= bis zur Anfechtung gültig

wegen

- Irrtums:
  - in der Erklärung
  - in der Eigenschaft einer Person oder Sache
  - in der Übermittlung
- widerrechtlicher Drohung
- arglistiger Täuschung

Schadenersatz!
(nur für den Anfechtenden)

KAPITEL 5
Erfüllung von Kaufverträgen

Der Messestand der Textilgroßhandlung Fairtext GmbH wird von einer Einkäuferin der Larstadt Warenhaus AG besucht.

Messestand der Fairtext GmbH

Stellen Sie fest, welche Pflichten die Fairtext GmbH als Verkäufer und die Larstadt Warenhaus AG als Käufer aufgrund des zustande gekommenen Kaufvertrags übernommen haben.

INFORMATIONEN

Leistung und Gegenleistung

Beim Zustandekommen eines Kaufvertrags durch Antrag und Annahme übernehmen Verkäufer und Käufer bestimmte Verpflichtungen; man spricht vom sogenannten **Verpflichtungsgeschäft**.

§ 433 BGB
(Grundpflichten des Verkäufers und des Käufers)

(1) Durch den Kaufvertrag wird der Verkäufer einer Sache verpflichtet, dem Käufer die Sache zu übergeben und das Eigentum an der Sache zu verschaffen. Der Verkäufer hat dem Käufer die Sache frei von Sach- und Rechtsmängeln zu verschaffen.

(2) Der Käufer ist verpflichtet, dem Verkäufer den vereinbarten Kaufpreis zu zahlen und die gekaufte Sache abzunehmen.

Im weiteren Verlauf liefert die Textilgroßhandlung Fairtext GmbH die Ware aus, das Warenhaus überweist den Rechnungsbetrag.

An diesem Beispiel lässt sich zeigen, wie ein Kaufvertrag ordnungsgemäß **erfüllt** wird:

Die Ware wird mangelfrei übergeben.	Die Textilgroßhandlung liefert einwandfreie Blazer
Die Lieferung erfolgt rechtzeitig.	Das geschieht zum vereinbarten Zeitpunkt.
Die Übergabe der Ware erfolgt am vereinbarten Ort.	Die Blazer werden zur Warenannahme des Warenhauses geliefert.
Die Ware wird abgenommen.	Das Warenhaus nimmt die Textilien in Empfang.
Die Ware geht in das Eigentum des Käufers über.	Das Warenhaus kann nun frei über die Blazer verfügen.
Der vereinbarte Kaufpreis wird rechtzeitig bezahlt.	Das Warenhaus überweist innerhalb der Zahlungsfrist.

Durch diese Handlungen haben Verkäufer und Käufer ihre **Pflichten** aus dem Kaufvertrag **erfüllt** (= **Erfüllungsgeschäft**).

Die Erfüllung der Pflichten aus dem Kaufvertrag ist rechtlich immer unabhängig vom eigentlichen Verpflichtungsgeschäft.

Zeitlich können zwischen dem Abschluss (Verpflichtungsgeschäft) und der Erfüllung (Erfüllungsgeschäft) Wochen oder sogar Monate liegen.

BEISPIEL

Ein Einzelhändler kauft bei einem Elektrogroßhändler 10 DVD-Rekorder. Die Geräte sind erst in sechs Wochen lieferbar. Da der Einzelhändler die Rekorder kaufen möchte und der Großhändler bereit ist, sie zu verkaufen, ist der Kaufvertrag und damit das Verpflichtungsgeschäft zustande gekommen. Erfüllt ist der Kaufvertrag hingegen erst, wenn die DVD-Rekorder nach sechs Wochen geliefert werden, der Einzelhändler sie angenommen und bezahlt hat. Zwischen Abschluss und Erfüllung des Kaufvertrags liegen in diesem Beispiel sechs Wochen.

Verpflichtungs- und Erfüllungsgeschäft fallen allerdings zeitlich zusammen bei sogenannten **Handkäufen in Ladengeschäften**. Darunter sind Geschäfte des täglichen Lebens, also Barkäufe, zu verstehen. Die Ware wird bar bezahlt und gleich mitgenommen. Dabei wird das Verpflichtungsgeschäft in der Regel mündlich abgeschlossen, während das Erfüllungsgeschäft in der gleichzeitigen Übergabe des Eigentums bzw. des Geldes zu sehen ist.

Besitz und Eigentum

Die Eigentumsverhältnisse ändern sich durch die Erfüllung des Kaufvertrags. Durch Einigung und Übergabe gelangt der Käufer rechtmäßig an sein Eigentum. Dabei ist der Eigentumsübergang nicht davon abhängig, ob der Käufer die Ware bezahlt hat oder nicht.

DEFINITION

Eigentümer ist derjenige, dem eine Sache gehört. Er hat die rechtliche (= unsichtbare) Herrschaft über sie und kann nach Belieben mit ihr verfahren (§ 903 BGB).

BEISPIELE

- Sebastian Holpert, Auszubildender in der Fairtext GmbH, hat zum Geburtstag ein iPhone geschenkt bekommen und will nun seinen bisherigen MP3-Player für 30,00 € verkaufen. Sein Sitznachbar in der Berufsschule, Jacob Fengler, interessiert sich für das Modell mit 512 MB. Sebastian leiht ihm den MP3-Player, damit Jacob ihn ausprobieren und sich leichter entscheiden kann. Nach 14 Tagen, der MP3-Player ist noch bei Jacob, bietet Sebastian das Gerät dem Nachbarn der Familie Wagner für 45,00 € zum Kauf an. Der Nachbar nimmt an. Wer hat die tatsächliche und wer die rechtliche Verfügungsgewalt über den MP3-Player?

  Jacob hat zwar augenblicklich den MP3-Player bei sich zu Hause, doch hat Sebastian die rechtliche Herrschaft über das Gerät behalten. Da ihm der MP3-Player noch gehört, kann er ihn auch an den Nachbarn verkaufen.

- Erst wenn das Warenhaus Eigentümerin der Sportkombinationen geworden ist (siehe Einstiegsfall), kann es mit der Ware machen, was es will, z. B. sie verkaufen, verschenken, verändern, vernichten oder verleihen.

Der Eigentümer kann unter Beachtung der Gesetze von jedem, der nicht zum Besitz berechtigt ist, Herausgabe verlangen (§§ 985, 986 BGB). Somit ist das Eigentum gegen widerrechtliche Verletzungen geschützt.

DEFINITION

Der **Besitzer** einer Sache hat die **tatsächliche (= sichtbare) Herrschaft** über eine Sache, er hat die Sache augenblicklich (§ 854 BGB).

BEISPIEL

Die Landhandel GmbH als Käuferin eines Lkw ist sowohl Eigentümerin als auch Besitzerin. Erst wenn sie den Lkw einer befreundeten Landmaschinenfabrik leiht, wird diese Besitzerin, die Landhandel GmbH bleibt aber Eigentümerin.

Die Landmaschinenfabrik ist rechtmäßige Besitzerin geworden, denn man hat ihr den Lkw freiwillig überlassen. Sie hat nun das Recht, das Fahrzeug zu fahren, muss es aber sorgfältig behandeln.

Eine Person kann auch Besitzer einer Sache werden, die sie unrechtmäßig erworben hat, z. B. durch Raub, Plünderung oder Hehlerei. Ein Dieb ist also ebenfalls Besitzer, aber niemals Eigentümer der Sache.

Zugunsten des Besitzers einer beweglichen Sache wird vermutet, dass er Eigentümer der Sache sei (§ 1006 BGB). Das entspricht der allgemeinen Lebenserfahrung. Man wird oft nicht in der Lage sein, dokumentarisch das Eigentum an all den Sachen nachzuweisen, die man lange Zeit im Besitz hat.

Der Besitz einer Sache kann enden durch freiwillige Aufgabe (z. B. Rückgabe der Bluse; Lösung des Mietverhältnisses) oder durch Verlust.

Die **Übertragung** von Besitz und Eigentum geschieht nach vertraglicher Einigung wie folgt:

Übertragung von	bei beweglichen Sachen (Mobilien)	bei unbeweglichen Sachen (Immobilien, z. B. Gebäuden)
Eigentum	durch Übergabe	durch Eintragung des Eigentümerwechsels ins Grundbuch
Besitz	durch Übergabe	durch Überlassung

Bei unbeweglichen Sachen wird die Einigung zwischen dem Verkäufer und dem Käufer **Auflassung** genannt.

BEISPIEL FÜR EIGENTUMSÜBERTRAGUNG BEI UNBEWEGLICHEN SACHEN

Der kaufmännische Angestellte Frank Bruns kauft von dem Kaufmann Erhard Grünhage ein kleines Landhaus. Der Kaufvertrag wird bei einem Notar abgeschlossen. In diesem Vertrag erklären beide übereinstimmend den Eigentümerwechsel (Auflassung = Einigung). Daraufhin wird Frank Bruns als neuer Eigentümer in das Grundbuch beim zuständigen Amtsgericht eingetragen (Eintragung = Übergabe).

Ist der Käufer einer beweglichen Sache bereits im Besitz der Sache, so genügt die Einigung der Vertragspartner darüber, dass die betreffende Sache den Eigentümer wechseln soll.

BEISPIEL

Ein Kunde kauft in einer Elektrogroßhandlung mehrere 4-K-Fernseher. Kunde und Verkäufer vereinbaren eine Probezeit von 14 Tagen. Nach Ablauf der Frist entschließt sich der Kunde, die Apparate zu behalten. Da die Übergabe bereits 14 Tage zuvor erfolgt war, bedarf es jetzt nur noch der Einigung.

Der Erwerber einer beweglichen Sache wird auch Eigentümer, wenn die Sache nicht dem Verkäufer gehört. Der Erwerber muss jedoch „in gutem Glauben" gehandelt haben (§ 932 BGB).

Der Erwerber ist nicht in gutem Glauben, wenn ihm **bekannt oder infolge grober Fahrlässigkeit unbekannt ist, dass die Sache nicht dem Verkäufer gehört**. „Guter Glaube" wird nach dem Gesetz grundsätzlich vermutet.

Der **gutgläubige Erwerb** ist dann **ausgeschlossen**, wenn die Sache dem Eigentümer

- gestohlen worden,
- verloren gegangen oder
- sonst abhandengekommen ist.

Das gilt dann nicht, d. h., gutgläubiger Erwerb ist möglich, wenn es sich um Geld handelt oder um Sachen, die im Wege öffentlicher Versteigerung veräußert werden (§ 935 Abs. 2 BGB).

AUFGABEN

1. Die Fairtext GmbH verkauft an die Trumpf Wäsche KG Bettwäsche zum Preis von 2.295,00 € auf Ziel. Beim Abschluss des Kaufvertrags wurde zwischen der Fairtext GmbH und der Trumpf Wäsche KG vereinbart: „Die Fairtext GmbH behält sich bis zur vollständigen Zahlung des Kaufpreises das Eigentum an der Ware vor."
   a) Welche Pflichten aus dem Kaufvertrag haben Käufer und Verkäufer bisher erfüllt?
   b) Wodurch wird der Kaufvertrag erst vollständig erfüllt?
2. Worin besteht die Leistung des Verkäufers bzw. die Gegenleistung des Käufers beim Erfüllungsgeschäft?
3. Herr Weißenbach pachtet eine Gaststätte; der Sportler Hurtig kauft eine Stoppuhr; der Schüler Peter D. leiht sich von seinem Sitznachbarn einen Bleistift; Anke M. holt beim Kostümverleih eine originelle Maske für den Fasching ab.
   a) Welche Rechte haben diese Personen an den von ihnen erworbenen Gegenständen?
   b) Anke M. übermalt die Gesichtsmaske mit poppig-grüner Farbe; der Sportler Hurtig verschenkt die gerade erworbene Uhr an einen Freund. Wie beurteilen Sie diese Maßnahmen?
4. Wie kommt die Eigentumsübertragung zustande?
   a) Ein Hobbyläufer möchte ein paar Laufschuhe kaufen. Nach dem Anprobieren mehrerer Modelle entscheidet er sich für ein Paar Trainingsschuhe mit besonderen Dämpfungseigenschaften. An der Kasse erhält er nach Zahlung des Kaufpreises die Schuhe ausgehändigt.
   b) Der sehr vermögende Herr Schwarzenberger verkauft eine seiner drei Eigentumswohnungen an Herrn Bertram.
5. Was darf der Eigentümer einer Sache alles mit ihr machen?
6. Warum wird bei Immobilien die Übergabe durch die Eintragung ersetzt?
7. Herr Mertens hat das Angebot von Fernseh-Knuth angenommen und sich für zehn Tage kostenlos einen Blu-Ray-Player zum Ausprobieren nach Hause bringen lassen. Nach Ablauf der Frist teilt er Fernseh-Knuth telefonisch mit, dass er mit dem Gerät sehr zufrieden sei und es behalten möchte. Der Händler stimmt zu.
   a) Wer ist vor dem Telefonat Eigentümer und wer Besitzer des Blu-Ray-Players?
   b) Wie findet der Eigentumsübergang statt?
8. Stefan und Thomas, beide volljährig, treffen sich zufällig eines Abends in der Disco „Bel Air" und schließen in gemütlicher Runde einen Kaufvertrag. Stefan verkauft seine Alpinskier „Arrow" an Thomas für 90,00 €. Die Übergabe soll am nächsten Tag erfolgen, die Bezahlung aber erst in 14 Tagen. Wann wird Thomas Eigentümer der Ski?
9. Wodurch endet der rechtmäßige Besitz einer Sache?
10. Welche Herrschaft übt ein Dieb über das von ihm gestohlene Fahrrad aus?

AKTIONEN

1. Erstellen Sie eine kleine PowerPoint-Präsentation, die informiert über
   a) den Unterschied zwischen Verpflichtungs- und Erfüllungsgeschäft,
   b) die unterschiedlichen Pflichten zwischen Verkäufer und Käufer im Rahmen des Verpflichtungsgeschäfts.
2. Bereiten Sie sich darauf vor, Ihre Präsentation vorzustellen.
3. Lesen Sie den Text über Besitz und Eigentum und prägen Sie sich die Inhalte mithilfe der SQ3R-Methode (aktives Lesen) ein.
4. Erarbeiten Sie anschließend einen Vortrag über den Unterschied zwischen Besitz und Eigentum. Benutzen Sie dabei das Mindmapping zum Aufschreiben Ihrer Gedanken.
5. Veranschaulichen Sie Ihre Ausführungen, z. B. mit Folie und Overheadprojektor, mithilfe eines Wandplakats oder eines farbigen Tafelanschriebs.

ZUSAMMENFASSUNG

Die Pflichten der Kaufvertragspartner

Mit dem
Abschluss des Kaufvertrags durch Antrag und Annahme (§ 433 BGB)
verpflichtet sich

der Verkäufer,

1. mangelfreie Ware zu liefern,
2. rechtzeitig zu liefern,
3. dem Käufer das Eigentum an der Ware zu verschaffen.

Verpflichtungsgeschäft

der Käufer,

die ordnungsgemäß gelieferte Ware
1. abzunehmen,
2. rechtzeitig zu bezahlen.

Leistung

Die Vertragspartner erfüllen ihre Vertragspflichten durch:

Gegenleistung

Erfüllungsgeschäft (§ 929 BGB)
(Der Käufer wird durch Übergabe Eigentümer der Ware.)

Die Pflichten des einen Vertragspartners sind zugleich die Rechte des anderen.

Besitz und Eigentum = Herrschaft über eine Sache

Besitz = tatsächliche Herrschaft

Besitzer
ist, wer eine Sache augenblicklich **hat**.

rechtmäßig

sodass

Recht auf
- Benutzung
- Schutz vor Wegnahme durch Dritte

Pflicht zu
- Pflege
- Verwahrung
- Schadenersatz

endet durch

freiwillige Aufgabe

Verlust

unrechtmäßig

durch rechtswidrige, strafbare Handlung,
z. B.
- Raub
- Plünderung
- Hehlerei

Eigentum = rechtliche Herrschaft

Eigentümer
ist der, dem die Sache **gehört**.

verschafft **Rechte**

wie
- verkaufen
- vermieten
- verleihen
- verändern
- vernichten
- staatlichen Schutz (Strafe bei Diebstahl)

bringt **Pflichten**

Grundgesetz
Art. 14.2:
„Eigentum verpflichtet ...“

wird erworben an

beweglichen Sachen

durch Einigung und Übergabe

unbeweglichen Sachen

durch Auflassung und Eintragung ins Grundbuch

203153218

Gesetzliche Regelungen zur Vertragsfreiheit und Formvorschriften

Die Verantwortlichen der Textilgroßhandlung Fairtext GmbH sind insgesamt mit ihrer Marktpositionierung auf den aufstrebenden Märkten Osteuropas sehr zufrieden. Erweiterungspotenzial sehen sie gegenwärtig aber noch im Bereich Sportausrüstung. Insbesondere sind es die Sportschuhe und Sportgarderobe, die immer mehr von jungen Menschen auch außerhalb der eigentlichen sportlichen Betätigung getragen werden und synonym für das „In-Sein" gelten. Hierauf sollen in den nächsten Monaten die unternehmerischen Aktivitäten schwerpunktmäßig ausgerichtet werden.

Um ihr Ziel möglichst schnell zu erreichen und der Konkurrenz entsprechende Marktanteile in diesem Marktsegment abzunehmen, verfolgen Geschäftsführer Hahnenkamp und der Abteilungsleiter im Verkauf Herr Raub eine aggressive Konditionenpolitik.

Anstatt des sonst üblichen Zahlungsziels von 30 Tagen wird nun **das Ziel für die Einzelhändler auf 60 Tage** ausgedehnt, während der gewährte **Skontoabzug** von 1,5 % **auf 3 % erhöht** wird; der Skontozeitraum von 14 Tagen bleibt unverändert.

Versehentlich wird nun dieses Angebot mit den Sonderkonditionen für das Unternehmen ELEGANT MODE Konfekcio 'ipari RT. (AG) in Budapest/Ungarn von dem Auszubildenden Martin Solms zusammen mit einem Angebot an die Kundin Helen Villanueva einkuvertiert und an diese verschickt.

fairtext GmbH
Textilgroßhandlung

Fairtext GmbH · Walsroder Str. 6 a · 30625 Hannover
Sportfachgeschäft
Helen Villanueva e. Kffr.
Sallstraße 75
39393 Barneberg

Ihr Zeichen:
Ihre Nachricht vom:
Unser Zeichen: ei-s
Unsere Nachricht vom:

Name: Frau Eisenberg
Telefon: 0511 4155-17
Internet: www.fairtext-wvd.de
E-Mail: eisenberg@fairtext-wvd.de

Datum: 06.02.20..

Angebot Sportanzüge und Freizeitschuhe

Sehr geehrte Frau Villanueva,

wir bedanken uns für Ihre Anfrage und bieten Ihnen nachfolgend an:

Zahlbar innerhalb von 14 Tagen mit 1,5 % Skonto oder innerhalb von 30 Tagen ab Rechnungsdatum netto Kasse.

Wir freuen uns auf Ihren Auftrag.

Mit freundlichen Grüßen

Fairtext GmbH
Textilgroßhandlung

i. V. Eisenberg
Eisenberg

Walsroder Str. 6 a, 30625 Hannover E-Mail: info@fairtext-wvd.de Sparkasse Hanno
Tel.: 0511 4155-15, Fax: -11 Internet: www.fairtext-wvd.de Commerzbank Ha
Geschäftsführer: Pascal Hahnenkamp, Viktoria Schröter Amtsgericht Hann

fairtext GmbH
Textilgroßhandlung

Fairtext GmbH · Walsroder Str. 6 a · 30625 Hannover
ELEGANT MODE
Konfekcio 'ipari RT (AG)
Frau Voros-Todor
Szentendrei u't 143
1035 Budapest
UNGARN

Ihr Zeichen:
Ihre Nachricht vom:
Unser Zeichen: ei-s
Unsere Nachricht vom:

Name: Frau Eisenberg
Telefon: 49 511 4155-17
Internet: www.fairtext-wvd.de
E-Mail: eisenberg@fairtext-wvd.de

Datum: 06.02.20..

Angebot Sportanzüge und Freizeitschuhe

Sehr geehrte Frau Voros-Todor,

wir bedanken uns für Ihre Anfrage und bieten Ihnen nachfolgend an:

Ihre Zahlung erbitten wir innerhalb von 14 Tagen abzüglich 3 % Skonto oder innerhalb von 60 Tagen ohne Abzug.

Wir freuen uns auf Ihren Auftrag.

Mit freundlichen Grüßen

Fairtext GmbH
Textilgroßhandlung

i. V. Eisenberg
Eisenberg

Walsroder Str. 6 a, 30625 Hannover E-Mail: info@fairtext-wvd.de Sparkasse Hannover, DE53 2505 0180 0000 5173 21
Tel.: 0511 4155-15, Fax: -11 Internet: www.fairtext-wvd.de Commerzbank Hannover, DE09 2504 0066 0141 9191 00
Geschäftsführer: Pascal Hahnenkamp, Viktoria Schröter Amtsgericht Hannover HRB 200149

1. Beurteilen Sie das unterschiedliche Verhalten der Geschäftsführung gegenüber beiden Kunden.
2. Kann die inländische Kundin Frau Villanueva die günstigeren Konditionen bei der Fairtext GmbH einfordern? Begründen Sie Ihre Stellungnahme.

INFORMATIONEN

Wesen der Vertragsfreiheit

Art. 2 Abs. 1 GG
„Jeder hat das Recht auf die freie Entfaltung seiner Persönlichkeit, soweit er nicht die Rechte anderer verletzt und nicht gegen die verfassungsmäßige Ordnung oder das Sittengesetz verstößt."

Diese „freie Entfaltung" findet im Handelsgesetzbuch (HGB) und im Bürgerlichen Gesetzbuch (BGB) ihren Ausdruck in der **Vertragsfreiheit**.

Vertragsfreiheit bedeutet

In der Bundesrepublik Deutschland kann niemand dazu gezwungen werden, mit jemandem ein Rechtsgeschäft abzuschließen.	Zwischen den Vertragspartnern dürfen die Inhalte der Rechtsgeschäfte frei vereinbart werden.	Bis auf einige Ausnahmen wird keine durch Gesetze bestimmte Form vorgeschrieben.

Es besteht

Abschlussfreiheit	**Inhalts- oder Vertragsfreiheit**	**Formfreiheit**
	Lediglich wenn die Vertragspartner keine besonderen Abmachungen getroffen haben, gilt die gesetzliche Regelung.	Die Formfreiheit ist das Grundmodell des bürgerlichen Rechts und gilt für die meisten Rechtsgeschäfte, insbesondere für die des täglichen Lebens. Folglich können Verträge **mündlich, schriftlich, telefonisch, elektronisch** oder in sonstiger Weise (z. B. durch schlüssige Handlungen wie Handheben auf einer Auktion, Kopfnicken) geschlossen werden.

Grenzen der Vertragsfreiheit

Das Prinzip der Vertragsfreiheit gilt dann nicht, wenn
- Abschlusszwang (= Kontrahierungszwang) besteht,
- ein wirtschaftlich schwächerer Vertragspartner durch besondere Formvorschriften geschützt werden soll.

1. Abschlusszwang (Kontrahierungszwang)

Vor allem **sozialpolitische Gründe** veranlassen den Gesetzgeber, zum Schutz des Bürgers – der auf bestimmte Leistungen angewiesen ist – einen Abschlusszwang vorzuschreiben.

Unternehmen, die eine **Monopolstellung** haben, sollen ihre Vertragspartner **nicht** frei wählen dürfen. Das wäre mit der Gefahr verbunden, dass einzelne Personen möglicherweise willkürlich von (lebensnotwendigen) Leistungen ausgeschlossen werden. Insofern sind öffentliche Versorgungsunternehmen verpflichtet, Verträge mit jedem Antragsteller zu schließen. Sie unterliegen einem Abschlusszwang. Die Abschlussfreiheit wird damit weitgehend eingeschränkt.

Der Abschlusszwang kann auch in Betracht kommen, wenn das Gleichgewicht der Vertragspartner nicht annähernd erfüllt ist. Eine Einschränkung der Vertragsfreiheit wird daher auch unter dem Aspekt des **„gerechten Vertrags“** und der Vertragsparität erwogen.

BEISPIELE FÜR ANWENDUNGSBEREICHE

Der Abschlusszwang gilt für einen Bereich, der **monopolartig** von wenigen Unternehmen beherrscht wird. Darüber hinaus ist die Vertragsfreiheit (inhaltlich) deutlich eingeschränkt worden im Bereich der Wohnraummiete, im Arbeitsrecht und im Reisevertragsrecht.

- Energiewirtschaft:
  Energieversorgungsunternehmen, z. B. Gas- und Elektrizitätswerke: Zu den geltenden Bedingungen muss jedermann an das Versorgungsnetz angeschlossen und versorgt werden.
- Kommunikationsbereich:
  Betreiber von Telekommunikationsnetzen: Verpflichtung, jedermann einen Netzzugang zu gewährleisten (Telefonanschluss, Anschluss von Computern).
- Transportrecht:
  Öffentliche Eisenbahnverkehrsunternehmen, Taxen und Fluggesellschaften: Beförderungspflicht, wenn der Fahrgast die Beförderungsbedingungen einhält.

Der Anspruchberechtigte kann zunächst auf den Abschluss des Vertrags bestehen. Verweigert der Verpflichtete den Vertragsabschluss, so kann **Klage auf den Vertragsabschluss** vor dem zuständigen Gericht erhoben werden.

2. Formvorschriften (Formzwang)

Die Grenzen der Vertragsfreiheit sind vom Gesetzgeber weiterhin dort gezogen worden, wo die Gefahr besteht, dass der sozial und wirtschaftlich schwächere Vertragspartner benachteiligt wird. Daher besteht die Regelung der Rechts- und Geschäftsfähigkeit und die Forderung

nach Einhaltung gesetzlicher Formvorschriften bei bestimmten Rechtsgeschäften. Das BGB kennt folgende Formtypen:

- Schriftform
- Textform
- notarielle Beurkundung
- elektronische Form
- öffentliche Beglaubigung

2.1 Schriftform (§ 126 BGB)

Die Schriftform ist bereits dadurch erfüllt, dass die Urkunde (z. B. eine Kündigung) eigenhändig unterzeichnet wird. Sofern der Erklärende dadurch sicher festgestellt werden kann, genügt die Angabe des Familiennamens. Die schriftliche Vertragsform ist z. B. gesetzlich vorgeschrieben für:

- Miet- und Pachtverträge, die länger als ein Jahr gültig sind (§ 566 BGB)
- Bürgschaftserklärungen von Nichtkaufleuten (§ 766 BGB)
- Schuldanerkenntnisse (§ 781 BGB)
- handschriftliche Testamente
- Schuldversprechen (§ 780 BGB)
- Verträge über Ratenzahlung
- Ausbildungsverträge
- Vereinbarungen eines vertraglichen Wettbewerbsverbots (§ 74 HGB)

Wer ein Testament allein (ohne Notar) errichten will, muss den gesamten Text handschriftlich anfertigen und eigenhändig unterschreiben. In allen anderen Beispielen genügt wie gesagt die eigenhändige Unterschrift der (des) Aussteller(s). Die Übermittlung einer Urkunde durch Telefax genügt nicht der Schriftform, wohl aber der Textform.

2.2 Elektronische Form

Die schriftliche Form kann durch die elektronische Form ersetzt werden, wenn sich nicht aus dem Gesetz etwas anderes ergibt, z. B. für eine Bürgschaftserklärung.

Damit soll vor allem die Möglichkeit geschaffen werden, Rechtsgeschäfte, bei denen die Form beachtet werden muss, im Internet abwickeln zu können.

Voraussetzung für die elektronische Form (als Ersatz für die Schriftform):

- Die Parteien müssen sie ausdrücklich oder schlüssig **vereinbaren**.
- Es muss ein entsprechendes **Dokument** verwendet werden. Allerdings entsprechen nur solche Dokumente der elektronischen Form, die beim Adressaten auf einem geeigneten Speichermedium gespeichert werden können.

- Der Aussteller muss seinen Namen auf einer qualifizierten elektronischen Signatur (i. S. d. § 2 Nr. 3 SigG) hinzufügen, um ihn eindeutig identifizieren zu können.

2.3 Textform

Schreibt das Gesetz die Textform vor, muss die Erklärung
- in einer Urkunde oder
- auf andere zur dauerhaften Wiedergabe in Schriftzeichen geeigneten Weise abgegeben werden.

Infrage kommen Dokumente aus Papier und elektronische Datenspeicher, z. B. Festplatte, Diskette, USB-Stick oder CD-ROM. Sogar eine Internetseite, die der Empfänger ausdrucken kann, ist zur dauerhaften Wiedergabe geeignet.

Des Weiteren müssen bei der Textform
- die Person des Erklärenden genannt werden und
- der Abschluss der Erklärung erkennbar gemacht werden, indem z. B. die **Namensunterschrift nachgebildet** wird. Auf eine eigenhändige **Unterschrift** wird damit **verzichtet**.

Die Textform dient hauptsächlich der Bequemlichkeit der Nutzer (z. B. „Vorwarnung" eines Mieters durch Vermieter bei geplanten Modernisierungsmaßnahmen). Sehr häufig geht es um Informations- und Dokumentationsaufforderungen.

2.4 Öffentliche Beglaubigung (§ 129 BGB)

Sie ist gesetzlich vorgeschrieben, z. B. bei:
- Anmeldung eines Vereins ins Vereinsregister (§ 77 BGB)
- Handelsregister- und Grundbucheintragungen (§ 12 HGB)
- maschinenschriftlichen Testamenten
- Forderungsabtretungen (§ 403 BGB)
- Gehaltsabtretungen (§ 411 BGB)
- Anträgen auf Eintragung ins Güterrechtsregister (§ 1560 BGB)

Hierbei muss der Aussteller die schriftliche Erklärung vor einem Notar unterschreiben. Die Echtheit der Unterschrift wird anschließend vom Notar beglaubigt.

2.5 Notarielle Beurkundung (§ 128 BGB)

Sie wird in einigen Fällen vom Gesetz verlangt, z. B. für:
- Kaufverträge bei Grundstücken (Käufe und Verkäufe)
- Schenkungsversprechen
- Erbverträge
- Hauptversammlungsbeschlüsse einer Aktiengesellschaft
- Eheverträge
- Eintragung einer Hypothek oder Grundschuld ins Grundbuch
- Gründung einer Aktiengesellschaft

Durch seine Unterschrift beurkundet der Notar bzw. die Behörde den Wahrheitsgehalt der Unterschrift(en) und den gesamten protokollierten Vorgang, also den Inhalt (vgl. § 13 BeurkG).

Die notarielle Beurkundung ist unter den (Schrift-)Formen des BGB die strengste Form des Formzwangs und ersetzt die anderen Formen.

Der gesetzliche Formzwang schützt letztlich die Interessen der am Rechtsgeschäft beteiligten Personen. Es wird die „Überprüfbarkeit" gewährleistet (**Beweisfunktion**). Ferner sollen die Beteiligten vor Rechtsnachteilen durch unüberlegtes und schnelles Handeln bewahrt werden (**Warnfunktion**), beispielsweise dadurch, dass beim Grundstückskauf ein Notar eingeschaltet werden muss, der bei irgendwelchen Bedenken juristischen Rat geben kann. Soweit eine notarielle Beurkundung vorgeschrieben ist, tritt eine **Belehrungsfunktion** durch den Notar hinzu.

Wird die gesetzlich vorgeschriebene Form nicht beachtet, ist das Rechtsgeschäft **nichtig** (§ 125 Abs. 1 BGB).

3. Verbrauchsgüterkauf[1] (§ 474 BGB)

DEFINITION

Verbraucher ist jede natürliche Person, die ein Rechtsgeschäft zu Zwecken abschließt, die **überwiegend** weder ihrer gewerblichen noch ihrer selbstständigen beruflichen Tätigkeit zugerechnet werden können (§ 13 BGB).

1 Zum Verbrauchsgüterkauf siehe Ausführungen in Kap. 2.13

Für den gesamten Bereich des Verbrauchsgüterkaufs, bei dem der Käufer kein Kaufmann ist, sondern Verbraucher, ist die Vertragsfreiheit weitgehend außer Kraft gesetzt. Das bedeutet, dass fast sämtliche den Käufer bevorzugenden Regelungen vertraglich nicht geändert werden dürfen. Das gilt insbesondere für:

- die Wahlfreiheit des Käufers bei Mängelrechten
- die Beweislastumkehr innerhalb der ersten sechs Monate
- die Verjährungsfrist von zwei Jahren für Mängel der Kaufsache (§ 475 BGB)

So sind insbesondere Vereinbarungen unwirksam, mit denen versucht wird, den Käufer auf eine bestimmte Form des Nacherfüllungsrechts zu begrenzen oder den Rücktritt vom Vertrag oder die Minderung von zusätzlichen Bedingungen abhängig zu machen, die das Gesetz nicht vorsieht.

AUFGABEN

1. Was verstehen Sie unter dem Prinzip der Vertragsfreiheit?
2. Was bezweckt der Gesetzgeber mit dem sogenannten Formzwang?
3. Rechtsgeschäfte, für die der Gesetzgeber keine Formvorschriften vorschreibt, sind formfrei. Welche Folgen hätte es, wenn für alle denkbaren Rechtsgeschäfte eine notarielle Beurkundung notwendig wäre?
4. Worin liegt der Unterschied zwischen öffentlicher Beglaubigung und notarieller Beurkundung?
5. Welche Formvorschrift (formfrei; Schriftform; öffentliche Beglaubigung; notarielle Beurkundung) ist in den folgenden Fällen vorgeschrieben?
   a) 25 Sportinteressierte wollen einen Hockeyclub gründen.
   b) Kauf eines Pkw für 22.000,00 €
   c) Verkauf eines Gartengrundstücks für nur 4.000,00 €
   d) Herr Sander mietet auf einem Campingplatz für zwei Jahre einen Standplatz für seinen Wohnanhänger.
   e) Buchung einer Luxusferienreise für 9.000,00 €
6. Beurteilen Sie folgende Sachverhalte unter dem Gesichtspunkt der Vertragsfreiheit:
   a) Der eher konservative Friseurmeister G. Stein weigert sich, einem Punker die Haare zu waschen.
   b) Der Apotheker Wilhelm ist nicht bereit, seinem Nachbarn Herrn Gerhold ein dringend benötigtes Medikament zu verkaufen, weil der ihn in der Vergangenheit mehrfach beleidigt hat.
   c) Malermeister Krüger lehnt es ab, bei Familie Wentritt das Wohnzimmer zu tapezieren.

AKTIONEN

1. Natürlich wird man Kaufverträge über den täglichen Einkauf im Supermarkt oder Warenhaus nicht schriftlich abschließen. Dennoch empfiehlt es sich, bestimmte Verträge nicht nur mündlich zu schließen.
   a) Führen Sie in verschiedenen Arbeitsgruppen eine Kartenabfrage durch. Ausgangsfrage: Wann und warum sollten Verträge – trotz Formfreiheit – schriftlich abgeschlossen werden?
   b) Stellen Sie Ihr Gruppenergebnis mithilfe einer von Ihnen selbst ausgewählten Präsentationsmethode vor. Bereiten Sie sich darauf vor, die von Ihnen vorgetragenen Inhalte zu begründen.
2. a) Sammeln Sie – auch mithilfe des Internets – möglichst viele Dokumente, für die die Schriftform bzw. die öffentliche Beglaubigung oder die notarielle Beurkundung notwendig ist.
   b) Stellen Sie anschließend Ihre Unterlagen mithilfe von Folien dem Plenum vor und begründen Sie aufgrund der Inhalte des jeweiligen Dokuments den Sinn/die Notwendigkeit der gesetzlichen Regelung.

ZUSAMMENFASSUNG

Vertragsfreiheit

bedeutet

Freiheit, eine Willenserklärung abzugeben oder nicht:
Jeder kann selbst entscheiden, ob er überhaupt einen Vertrag abschließen will und mit wem er ihn abschließt.

Abschlussfreiheit

aber:

Abschlusszwang
(= Kontrahierungszwang)
Es besteht häufig ein gesetzlicher Abschlusszwang für Unternehmen mit einer staatlich genehmigten Monopolstellung.

Freiheit bei der Wahl der Vertragsform:
Die meisten Verträge sind auch mündlich gültig ohne Einhaltung bestimmter Formvorschriften.

Formfreiheit

- mündlich
- schriftlich
- telefonisch
- elektronisch
- schlüssige Handlungen

aber:

gesetzliche Formvorschriften
(= Formzwang)
für bestimmte Rechtsgeschäfte

Freiheit bei der Gestaltung des Vertragsinhalts:
Der Vertragsinhalt kann frei nach den Vorstellungen der Vertragspartner festgelegt werden.

Gestaltungs- und Inhaltsfreiheit

aber:
Wenn die Vertragspartner über bestimmte Inhalte keine Vereinbarungen getroffen haben, werden die gesetzlichen Bestimmungen angewandt.
Zum Schutz vor Missbrauch sind Verträge, deren Inhalt gegen ein gesetzliches Verbot (§ 134 BGB) oder gegen die guten Sitten (§ 138 BGB) verstößt, ungültig.

Schriftform
Anforderungen:
Eigenhändige Unterschrift.
Die Schriftform kann – soweit nicht gesetzlich verboten – durch elektronische Form oder – ohne Einschränkung – durch notarielle Beurkundung ersetzt werden.

elektronische Form
Anforderungen:
- Namensangabe
- qualifizierte elektronische Signatur

Textform
Anforderungen:
- Erklärung auf Urkunde oder auf andere zur dauerhaften Wiedergabe in Schriftzeichen geeigneter Weise
- Angabe der Person
- Erklärungsabschluss

öffentliche Beglaubigung
Anforderungen:
- schriftliche Erklärung und Unterschrift des Erklärenden
- Beglaubigung durch Notar

notarielle Beurkundung
Anforderungen:
Beurkundung gem. § 6 ff. BeurkG.
Sie ersetzt die Schriftform und die öffentliche Beglaubigung.

Der Formzwang dient dem Schutz vor leichtfertigem und übereiltem Handeln (**Warn- und Beweisfunktion**). Wird das betreffende Rechtsgeschäft nicht in der gesetzlich vorgeschriebenen Form abgeschlossen, ist es **ungültig**.

KAPITEL 7

Möglichkeiten der Kontaktaufnahme zu Kunden

Die Fairtext GmbH plant ihre Waren zukünftig auch in Österreich anzubieten. Überlegt wird, wie man mögliche österreichische Kunden am besten erreichen kann.

1. Machen Sie Vorschläge, wie die Fairtext GmbH Kontakt zu möglichen Kunden in Österreich aufnehmen kann.
2. Entscheiden Sie sich für Möglichkeiten der Kontaktaufnahme zu österreichischen Kunden und begründen Sie dies.
3. Geben Sie an, welche Online-Vertriebswege sich anbieten.

INFORMATIONEN

Ein Großhändler muss konsequent überprüfen, welchen Kunden er die zu verkaufenden Artikel auf welche Art und Weise anbieten möchte.

Früher konzentrierten sich die meisten Unternehmen auf einen einzigen Absatzweg. Dies wird **Single-Channel-Vertrieb** genannt. Heute benutzen – auch gefördert durch die Verbreitung des Internets – immer mehr Unternehmen mehrere Absatzwege gleichzeitig. Der Fachausdruck dafür ist **Multi-Channel-Vertrieb**. Im Rahmen der Distributionspolitik hat ein Unternehmen grundsätzlich die Wahl zwischen Möglichkeiten des direkten und des indirekten Absatzes.

BEISPIEL

Die Fairtext GmbH hat sich entschieden, ihre Waren nicht nur über stationäre Niederlassungen, sondern auch über einen Webshop zu vertreiben.

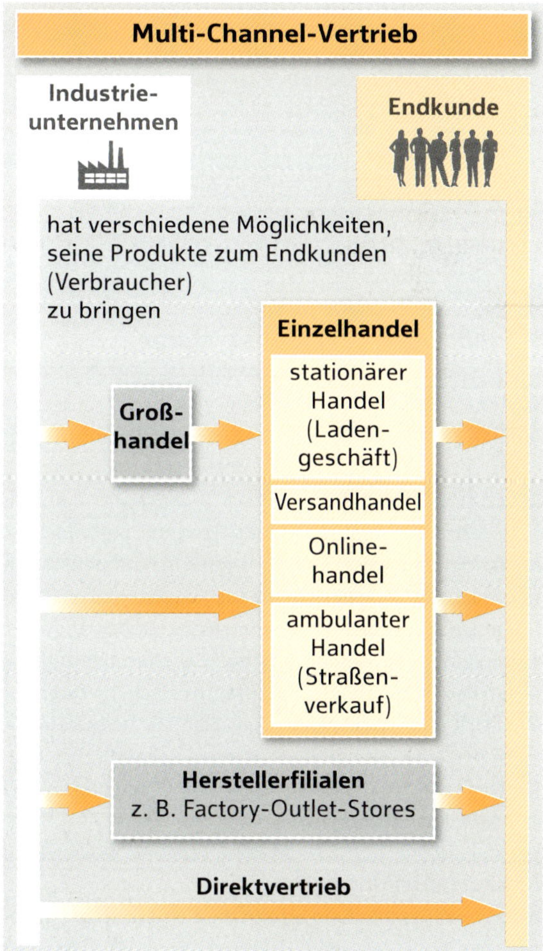

Direkter Vertrieb

DEFINITION

Kennzeichen des **Direktvertriebs** ist es, dass das Produkt genau einmal den Eigentümer wechselt: Das Produkt wird also unmittelbar an einen Abnehmer verkauft. Der Absatz erfolgt über betriebseigene Vertriebssysteme oder über Absatzhelfer.

Der direkte Absatz kann einem Unternehmen verschiedene **Vorteile** bringen:

- Es fallen die Kosten und Gewinnspannen der Zwischenhändler weg.
- Man begibt sich nicht in die Abhängigkeit von Handelsbetrieben.
- Man ist sehr nahe am Kunden.
- Kunden können sehr schnell beliefet werden, da der Weg über Zwischenhändler entfällt.

Der direkte Absatz kann aber auch **Nachteile haben**:
- Es fallen erhöhte Vertriebskosten an.
- Der Hersteller muss die Lagerhaltung (Hauptaufgabe des Handels ist nämlich die Überbrückung des Zeitraums zwischen Produktion und Verkauf) übernehmen.
- Der Hersteller muss sich Marktkenntnisse verschaffen, die ortsansässige Händler schon haben.
- Ein direkter Absatz belastet die Liquidität: Der Handel dagegen kauft in größeren Mengen auf Vorrat, wodurch dem Hersteller frühzeitig größere Geldbeträge zur Verfügung stehen.

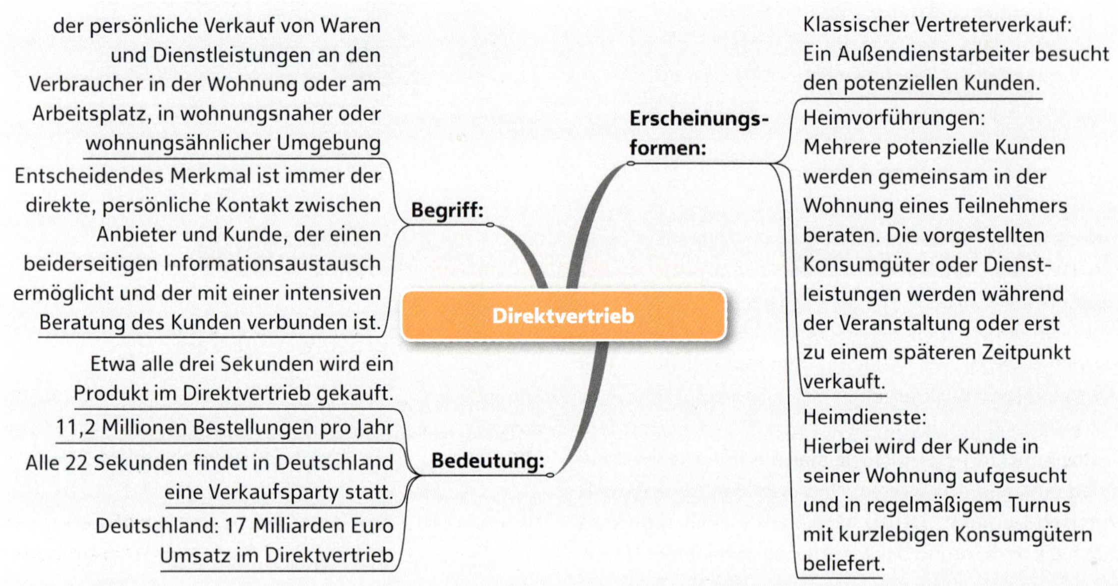

Betriebseigene Vertriebssysteme

Betriebseigene Vertriebssysteme gehören dem Unternehmen an.

Geschäftsleitung

Dem Vertrieb kommt als letztes Glied der betrieblichen Wertschöpfungskette in Zeiten weithin gesättigter Märkte (Käufermärkte) eine entscheidende Rolle für das gesamte Betriebsergebnis des Unternehmens zu. Daher ist immer mindestens eine Person aus der Geschäftsleitung für diesen Bereich zuständig und verantwortlich. Hier werden die distributionspolitischen Zielvorgaben festgelegt. In die eigentlichen Absatzbemühungen schalten sich Mitglieder der Geschäftsleitung aber nur bei komplexen und sehr wichtigen Aufträgen ein.

Verkaufsabteilungen

In der Verkaufsabteilung erfolgt die zielgerichtete Steuerung des Absatzes eines Unternehmens. Hier wird der Verkaufsvorgang gestaltet.

Niederlassungen

Eine Verkaufsabteilung agiert zentral in der Regel vom Unternehmenssitz aus. Um aber in dem entsprechenden Markt besser und ständig präsent zu sein, können die Verkaufsbemühungen auch dezentral erfolgen. Hat ein Unternehmen regionale oder nationale Niederlassungen, gewinnt es eine größere Kundennähe.

Reisende

DEFINITION

Der **Reisende** ist Angestellter des Unternehmens und somit weisungsgebunden. Seine Aufgabe ist es, für das Unternehmen Geschäfte zu vermitteln und abzuschließen.

Dazu betreut er den bestehenden Kundenstamm durch Besuche vor Ort, versucht aber auch neue Kunden zu gewinnen. Ein Reisender erhält ein festes Grundgehalt und eine erfolgsabhängige Provision.

Absatzhelfer

Absatzhelfer sind betriebsfremde Vertriebssysteme, die einen direkten Absatz ermöglichen. Sie vermitteln Aufträge, erwerben aber kein Eigentum an den Produkten.

Handelsvertreter

Ein Handelsvertreter ist ein selbstständiger Gewerbetreibender, der ständig aufgrund einer vertraglichen Vereinbarung damit betraut ist, Geschäfte für ein anderes Unternehmen zu vermitteln oder sogar in dessen Namen abzuschließen.

DEFINITION

Ein **Handelsvertreter** ist für ein (oder mehrere) Unternehmen in fremden Namen und auf fremde Rechnung tätig.

Häufig haben Handelsvertreter Gebietsschutz: Ihnen wird ein Gebiet zugeteilt, für das sie allein zuständig sind. Neben der Vermittlung von Verträgen können sie in einigen Fällen auch die folgenden Aufgaben übernehmen:

- Lagerhaltung
- Auslieferung der Waren
- Service und Kundendienst
- Übernahme des Zahlungsausfallrisikos
  Durch eine schriftliche Vereinbarung (und eine höhere Provision) kann der Handelsvertreter die Zahlungsfähigkeit des Kunden garantieren.

Handelsvertreter stehen ständig in Beziehung zu ihren Kunden. Sie besuchen oft ihre Kunden und kennen sie daher gut. Ein Handelsvertreter bekommt eine im Vergleich zum Reisenden erheblich höhere Provision (nur in Ausnahmefällen ein – geringes – Fixum).

Handelsmakler

DEFINITION

Handelsmakler stellen den Kontakt zwischen mehreren möglichen Käufern und Verkäufern her, sodass diese die Chance zu einem Vertragsabschluss erhalten.

Ein Handelsmakler führt also Angebot und Nachfrage zusammen. Im Gegensatz zum Handelsvertreter schließt er aber nicht selber die Verträge ab. Handelsmakler sind nur fallweise tätig. Zum Nachweis seiner Tätigkeiten führt er ein Tagebuch. In der Regel bekommt er von beiden Vertragspartnern eine Courtage genannte Provision. Beide Vertragspartner bekommen nach Abschluss des Geschäfts vom Handelsmakler eine Schlussnote, die alle wichtigen Angaben zum Geschäft enthält.

Handelskommissionär

DEFINITION

Ein **Kommissionär** führt Geschäfte in eigenem Namen, aber auf Rechnung eines dritten aus.

Er ist also ein selbstständiger Gewerbetreibender, der gegen Provisionen Waren verkauft (manchmal auch einkauft). Die von ihm geknüpften Geschäftsbeziehungen werden nicht aufgedeckt.

Indirekter Vertrieb

DEFINITION

Beim **indirekten Vertrieb** werden zwischen produzierendem Unternehmen und Abnehmer externe, rechtlich selbstständige Unternehmen eingeschaltet.

Dies sind einerseits betriebsfremde Vertriebsorgane wie Groß- und Einzelhandel. Diese sind rechtlich und wirtschaftlich unabhängig. Daneben gibt es noch betriebsfremde, aber unternehmensgebundene Absatzorgane wie Vertragshändler und Franchiseunternehmen, die zwar rechtlich selbstständig, aber wirtschaftlich an den Hersteller gebunden sind.

Nach der Herstellung wechselt das Produkt also mehrfach den Eigentümer auf dem Weg zum endgültigen Abnehmer.

Vorteile des indirekten Absatzes:

- Man braucht sich als Hersteller nur auf einige wenige – z. B. Handelsunternehmen – konzentrieren, die dann allerdings die Betreuung des gesamten Markts übernehmen.
- Dadurch fallen auch geringere Vertriebskosten an.
- Der Hersteller hat geringere Kosten, da die Handelsunternehmen die überwiegende Lagerhaltung und Beratung übernehmen.
- Da als Vertriebsweg Groß- und Einzelhandelsunternehmen eingeschaltet werden, benötigt die eigene Vertriebsabteilung nur eine einfachere Organisation.

Nachteile des indirekten Absatzes:

- Die Gewinnspanne des Herstellers sinkt.
- Es kann zu einer Abhängigkeit von Handelsunternehmen kommen.
- Bei Produkten, die vom Endverbraucher gekauft werden, besteht die Gefahr einer Marktferne. Neue Entwicklungen und Tendenzen werden eventuell zu spät erkannt.

Einzel- und Großhandel

Handelsunternehmen sind Unternehmen des Einzel- und Großhandels. Sie bewirken den Austausch von Waren zwischen den Wirtschaftseinheiten. Aufgaben von Handelsunternehmen sind:

- Lenkung der Waren bis zum Endverbraucher
- Bedarfsdeckung
- Beratung
- Service

Sie verteilen also Waren kundennah durch ein bestehendes Netz von Verkaufsstellen weiter.

Unternehmensgebundene Absatzorgane

Hier arbeitet ein Hersteller mit Unternehmen zusammen, die durch spezielle Verträge in seine Marketing- und Vertriebsstrategie eingebunden sind.

Vertragshändler

DEFINITION

Ein **Vertragshändler** hat einen Vertrag mit einem Hersteller abgeschlossen, in dem er sich langfristig verpflichtet, die Produkte eines Herstellers zu führen und deren Absatz zu fördern.

Vertragliche Vereinbarungen, auf den Vertrieb von Konkurrenzprodukten zu verzichten, stehen im Widerspruch zur Wettbewerbspolitik innerhalb der Europäischen Union. Wie ein Handelsvertreter ist der Vertragshändler in das Vertriebssystem des Herstellers eingebunden. Er kauft bei ihm die Produkte im eigenen Namen und verkauft sie dann ebenfalls im eigenen Namen an seine Kunden. Vertragshändler bekommen oft das Alleinvertriebsrecht für eine bestimmte Region vom Hersteller eingeräumt. Die Hersteller haben dafür gewisse Kontrollrechte: Die Vertragshändler müssen beispielsweise Kundendaten oder Umsatzzahlen weiterleiten.

Absatz über das Internet

E-Commerce und Großhandel

Immer mehr Großhandelsunternehmen erkennen, dass der Einstieg in das E-Business ein entscheidender Erfolgsfaktor für sie wird. Wenn alle Geschäftsprozesse in einem Unternehmen elektronisch abgewickelt werden, liegt **E-Business** (Electronic Business) vor: Sämtliche Geschäftsprozesse – im Unternehmen selbst, aber auch mit betriebsfremden Partnern – werden mithilfe elektronischer Kommunikationstechniken wie z. B. dem Internet durchgeführt.

Anbieter der Leistung ↓ / Nachfrager der Leistung →	Consumer	Business	Administration
Consumer	**Consumer-to-Consumer** z. B. Internet Kleinanzeigenmarkt	**Consumer-to-Business** z. B. Jobbörsen mit Anzeigen von Arbeitsuchenden	**Consumer-to-Administration** z. B. Steuerabwicklung von Privatpersonen (Einkommensteuer etc.)
Business	**Business-to-Consumer** z. B. Bestellung eines Kunden in einer Internet Shopping Mall	**Business-to-Business** z. B. Bestellung eines Unternehmens bei einem Zulieferer per EDI	**Business-to-Administration** z. B. Steuerabwicklung von Unternehmen (Umsatzsteuer, Körperschaftsteuer etc.)
Administration	**Administration-to-Consumer** z. B. Abwicklung von Unterstützungsleistungen (Sozialhilfe, Arbeitslosenhilfe etc.)	**Administration-to-Business** z. B. Beschaffungsmaßnahmen offentlicher Institutionen im Internet	**Administration-to-Administration** z. B. Transaktionen zwischen öffentlichen Institutionen im In- und Ausland

Quelle: Herrmanns, Arnold; Sauter, Michael: Management Handbuch Electronic Commerce: Grundlagen, Strategien, Praxisbeispiele. München: Vahlen 2001, S. 23.

Die verschiedenen Arten von E-Commerce unterscheiden sich dadurch, welche der drei Arten von Geschäftspartnern aufeinandertreffen: Unternehmen (= business, mit „B“ abgekürzt), Konsumenten (= consumer, mit „C“ abgekürzt), Öffentliche Verwaltung (= administration, mit „A“ abgekürzt).

Der wichtigste Teilbereich von E-Business ist **E-Commerce** (Electronic Commerce). Unter E-Commerce wird die elektronische Geschäftsabwicklung über das Internet verstanden. Dazu zählen also alle Formen des Einkaufs und Verkaufs von Waren und Dienstleistungen auf der Basis von Rechnernetzen.

Großhandlungen agieren im Teilbereich Business-to-Business. Darunter versteht man alle Formen des elektronischen Handels zwischen Unternehmen.

BEISPIEL

Ein Großhandelsunternehmen bestellt als professioneller Wirtschaftsteilnehmer auf seiner Beschaffungsseite bei einem Industrieunternehmen Ware über das Internet. Auf der Verkaufsseite nutzt die Großhandlung unterschiedliche Vertriebswege im Internet.

Man rechnet damit, dass in den nächsten Jahren weit mehr als 50% der Geschäftsprozesse zwischen Unternehmen über das Internet abgewickelt werden.

Online-Verkaufskanäle

Es gibt verschiedene Möglichkeiten, über das Internet Waren und Dienstleistungen zu verkaufen. Diese können jeweils in Reinform betrieben werden, sie können jedoch auch mit klassischen Vertriebswegen kombiniert werden.

Webshop

Grundlage jeder Verkaufsaktivität im Internet ist der eigene Webshop. Dieser muss ansprechend gestaltet und benutzerfreundlich sein, um erfolgreich zu funktionieren. Ein großes Augenmerk sollte darauf gelegt werden, wie das Angebot des Unternehmens bekannt gemacht wird: es ist von enormer Bedeutung, dass Kunden den Webshop sofort finden. Der Webshop ist ein direkter Verkaufskanal: Hier sollen Kunden Kaufverträge abschließen.

Online-Branchenbücher

Große Chancen, neue Märkte bzw. zusätzliche Geschäfte abzuschließen, bieten Online-Branchenverzeichnisse.

Im Internet finden sich unzählige Verzeichnisse, Kataloge und Branchenbücher, in die sich die Großhandlung eintragen kann. Mit jedem einzelnen Eintrag in diesen zusammenfassend sogenannten „Online-Branchenbüchern" erhöht die Großhandlung die Wahrscheinlichkeit, dass weitere potenzielle Kunden auf das Unternehmen hingewiesen werden.

Ein Eintrag in ein solches Online-Branchenbuch besteht in der Regel mindestens aus:
- einer kurzen Beschreibung des Unternehmens,
- einer Übersicht über das Sortiment
- sowie den Kontaktdaten der Großhandlung.

Hinzukommen können noch Bilder und weitere, die Kunden möglicherweise interessierende Informationen.

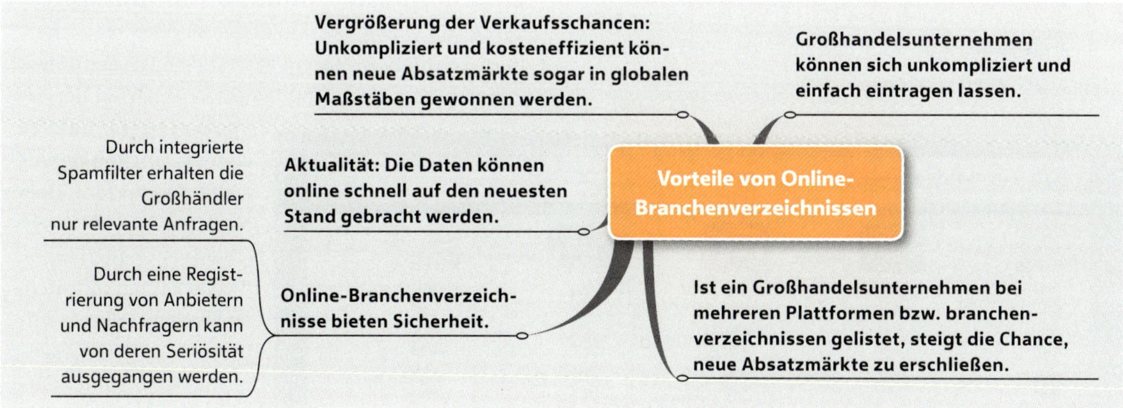

Die Übergänge zu B2B-Marktplätzen (Vertriebsplattformen) sind fließend.

Verkaufsplattformen

Unternehmen können ihre Artikel zusätzlich auf einer Verkaufsplattform (B2B-Marktplatz) anbieten. Dort werden unter einer Internetadresse vom Betreiber verschiedene Angebote zusammengefasst. Verkaufsplattformen haben das Ziel viele verschiedene Verkäufer an einem Ort konzentrieren, damit diese gegenseitig profitieren können. Da der Kunde nicht mehr langwierig suchen muss, wird für ihn der Kauf deutlich vereinfacht.

Ein B2B-Online-Handelsmarktplatz bietet Großhandlungen viele potenzielle Käufer. Ermöglicht werden weitere Leistungen wie z. B. die Sendungsverfolgung und eine leichte und sichere Abwicklung der Zahlungsvorgänge.

BEISPIEL

Verkaufsplattformen können mit Einkaufszentren in der echten Welt verglichen werden. Dort findet man auch Tür an Tür verschiedene Textilgeschäfte.

Vorteile:

- Die Händler haben Zugriff auf dieselbe Infrastruktur und können so Kosten sparen.
- Das Unternehmen kann sich ganz auf seine eigentliche Verkaufstätigkeit konzentrieren. Durch ein vorkonfiguriertes Shopsystem erfolgen Wartung und Verwaltung zentral.
- Das Unternehmen kann auf einen bestehenden großen Kundenstamm der Verkaufsplattform zurückgreifen.
- Kosten für Werbung und Marketing verringern sich, weil diese zumeist vom Betreiber der Verkaufsplattform getragen werden.

Der Hauptnachteil von Verkaufsplattformen liegt in der mangelnden Flexibilität: Geschäftsprozesse können nicht nach eigenen Vorstellungen angepasst werden.

BEISPIEL

Die Verkaufsplattform bietet bestimmte Zahlungsverfahren an. Möchte ein Unternehmen den Kunden eine weitere Zahlungsart anbieten, ist dies oft nicht möglich.

B2B-Marktplätze

Eine Großhandlung kann mithilfe von Verkaufsplattformen (B2B-Marktplätzen) in Regionen als Anbieter auftreten, in der sie noch keine Geschäftsbeziehungen unterhält. Solche Marktplätze ermöglichen es, die eigene Reichweite zu vergrößern, die generelle Bekanntheit zu verbessern und mehr Kundenanfragen als sonst zu bewirken. Die Gewinnung von Daten zu potenziellen Neukunden ist so mit niedrigem Risiko und geringen Kosten möglich. Die Überprüfungsprozesse von Online-Marktplätzen erhöhen die Sicherheit. Solche B2B-Marktplätze stellen für ein Unternehmen also einen überlegenswerten Weg dar, im Internet gefunden zu werden. Suchen potenzielle Käufer auf dem Marktplatz gezielt nach einer bestimmten Ware, die sie kaufen möchten, stellen sie konkrete Anfragen. Die Verkaufsabteilung kann schnell darauf reagieren (weil sie schon alle zur Weiterverarbeitung nötigen Daten hat) und damit eventuell einen Kaufvertrag abschließen.

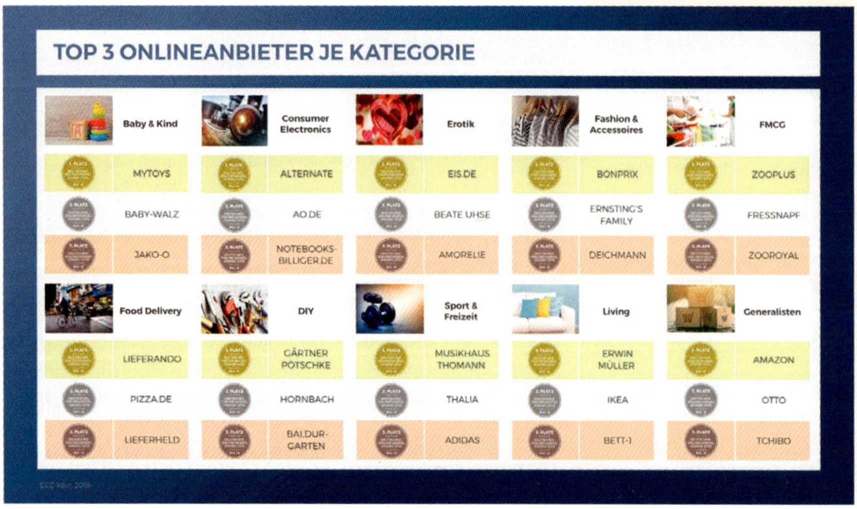

Auktionsplattformen
Produkte können im Internet auch über Versteigerungen verkauft werden. Hierbei läuft der Prozess in der Regel immer ähnlich ab: Nachdem man sich als Verkäufer angemeldet hat, kann man seine Artikel auf der Auktionsplattform einstellen. Man bekommt eine Benachrichtigung (z. B. per E-Mail), sobald ein Produkt vom Kunden ersteigert wurde.

BEISPIEL

eBay
Die Vorteile für den Händler liegen vor allem in der hohen Kundenbasis. Als nachteilig können sich vergleichsweise hohe Gebühren erweisen. Der Händler hat zudem nur geringe Möglichkeiten, Einfluss auf das Layout zu nehmen.

Verkauf über Sub-Shops
Sub-Shops sind eine zusätzliche Möglichkeit, Waren im Internet zu verkaufen. Bei einem Sub-Shop wird die Installation eines bestehenden Shopware-Onlineshops genutzt, um einen neuen Onlineshop mit eigener URL, eigenem Design und eigenen Produktdaten zu realisieren. Der Sub-Shop greift zusammen mit anderen Shops auf ein gemeinsames Backend (Administrationsoberfläche) zu. Im Frontend treten den Kunden gegenüber jedoch verschiedene Shops auf.

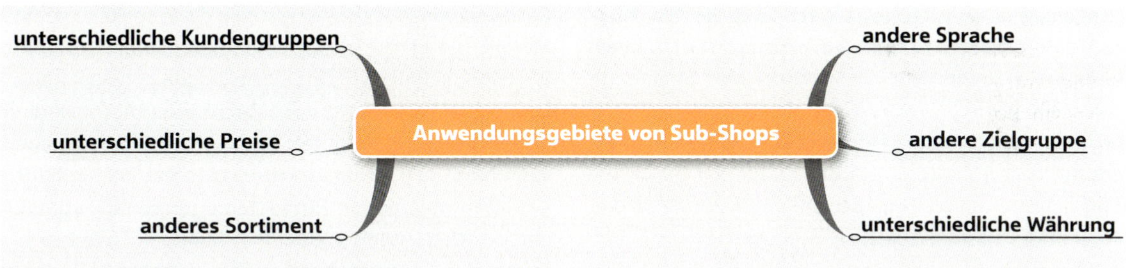

Auch kann ein Dritter seine Webseite zur Verfügung stellen, um dort die Shop-Plattform einzuflechten. Der Betreiber der Webseite wird an den Verkäufen des Shops beteiligt.

BEISPIEL

Ein Vertreiber von T-Shirts ermöglicht es, sowohl privaten als auch kommerziellen Betreibern von Webseiten, einen eigenen Onlineshop mit selbst gestalteten T-Shirts einzurichten. Diese Webseiten werden dann in den Internetauftritt des T-Shirt-Anbieters aufgenommen. Notwendig sind lediglich ein Internet-Zugang sowie die Grafiken und Logos der Merchandising-Produkte. Der Vertreiber der T-Shirts erledigt von der Lagerhaltung über Produktion, Versand und Zahlungsabwicklung bis hin zum Kundenservice alle notwendigen Tätigkeiten.

Weitere indirekte Online-Vertriebskanäle
Händler können noch weitere indirekte Online-Vertriebskanäle nutzen. Diese haben eine informierende Funktion und leiten den Kunden in der Regel auf den Webshop weiter.

Ergebnisse von Suchmaschinen

Suchmaschinen sind ein sehr wichtiger Vertriebskanal für Händler. Sucht ein Kunde einen Shop bzw. einen Artikel, müssen diese unter den ersten Suchergebnissen erscheinen, um wahrgenommen zu werden. Ein gutes Ranking in Suchmaschinen generiert hohe Umsätze. Für eine optimale Nutzung dieses Vertriebsweges muss ein Unternehmen mittlerweile eine professionelle **Suchmaschinenoptimierung** (SEO = ***Search Engine optimization***) betreiben. Darunter werden alle Maßnahmen verstanden, die darauf abzielen, dass Webseiten in den organischen Suchergebnisseiten von Suchmaschinen auf höheren Plätzen gelistet werden. Ist dies der Fall, werden sie öfter von Kunden besucht. Der Webshop wird im Rahmen der SEO so gestaltet, dass eine Suchmaschine die Seiten optimal lesen und analysieren kann. Angestrebt wird, dass der Webshop bzw. der auf ihm angebotene Artikel unter den ersten zehn angezeigten Suchergebnissen aufgeführt wird.

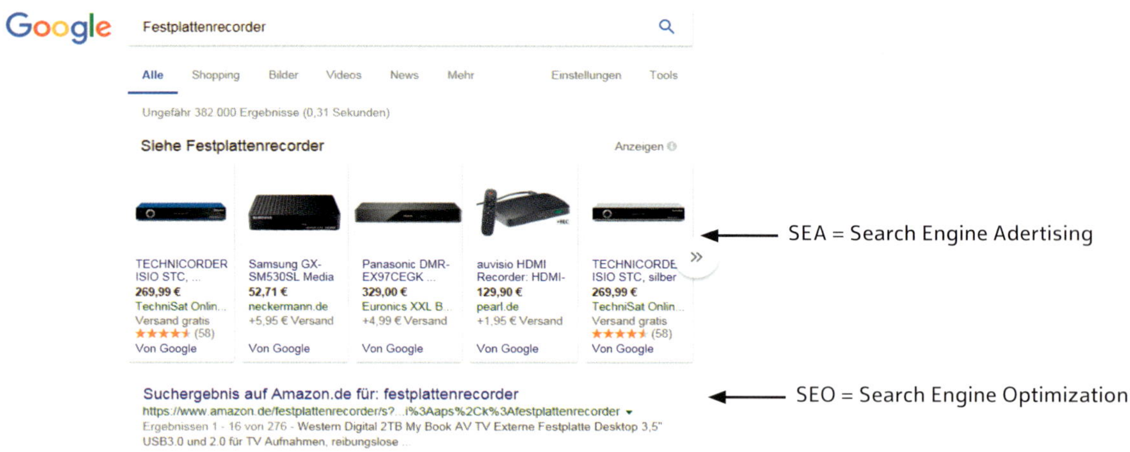

SEO ist die Optimierung einer Webseite, damit diese zu bestimmten relevanten Suchbegriffen eine bessere Positionierung in Suchmaschinen erhält. SEA ist ein Marketing über bezahlte Anzeigen.

Suchmaschinenwerbung

Die **Suchmaschinenwerbung** ist eine Werbemöglichkeit in Suchmaschinen wie Google oder Bing. Der Fachausdruck dafür ist ***Search Engine Advertising*** (SEA). Gibt ein Kunde in die Suchmaske der Suchmaschine bestimmte Schlüsselbegriffe (keywords) ein, die für den Webshop ausgewählt worden sind, erscheint auf der Suchmaschinenseite eine Anzeige. Klickt der Kunde auf diese Anzeige, zahlt der Händler einen bestimmten Betrag an den Betreiber der Suchmaschine.

BEISPIEL

Google AdWords

Affiliate Marketing

Betreiber von Websites empfehlen die Website eines Anbieters. Sie platzieren Produktempfehlungen auf ihren Websites, verlinken diese zu dem entsprechenden Anbieter und werden nach Vertragsabschluss erfolgsbasiert für ihre Empfehlung vergütet. Der Vorteil für den Anbieter liegt darin, dass er nur im Erfolgsfall zahlt. Häufig finden sich die Anbieter von Produkten und Dienstleistungen und die Webseitenbetreiber in Affiliate-Netzwerken zusammen. Ein Anbieter hat dort eine Vielzahl von Partnern (engl. Affiliates), um seine Dienstleistung oder sein Produkt zu vermarkten.

Social-Media-Marketing

Sozialen Medien haben immer stärkere Bedeutung bekommen und können von Händlern ebenfalls zu Marketingzwecken genutzt werden. Unter **Social-Media-Marketing** versteht man in diesem Zusammenhang den Einsatz von sozialen Netzwerken und Netzgemeinschaften im Internet zu Umsatz- und Absatzsteigerungen.

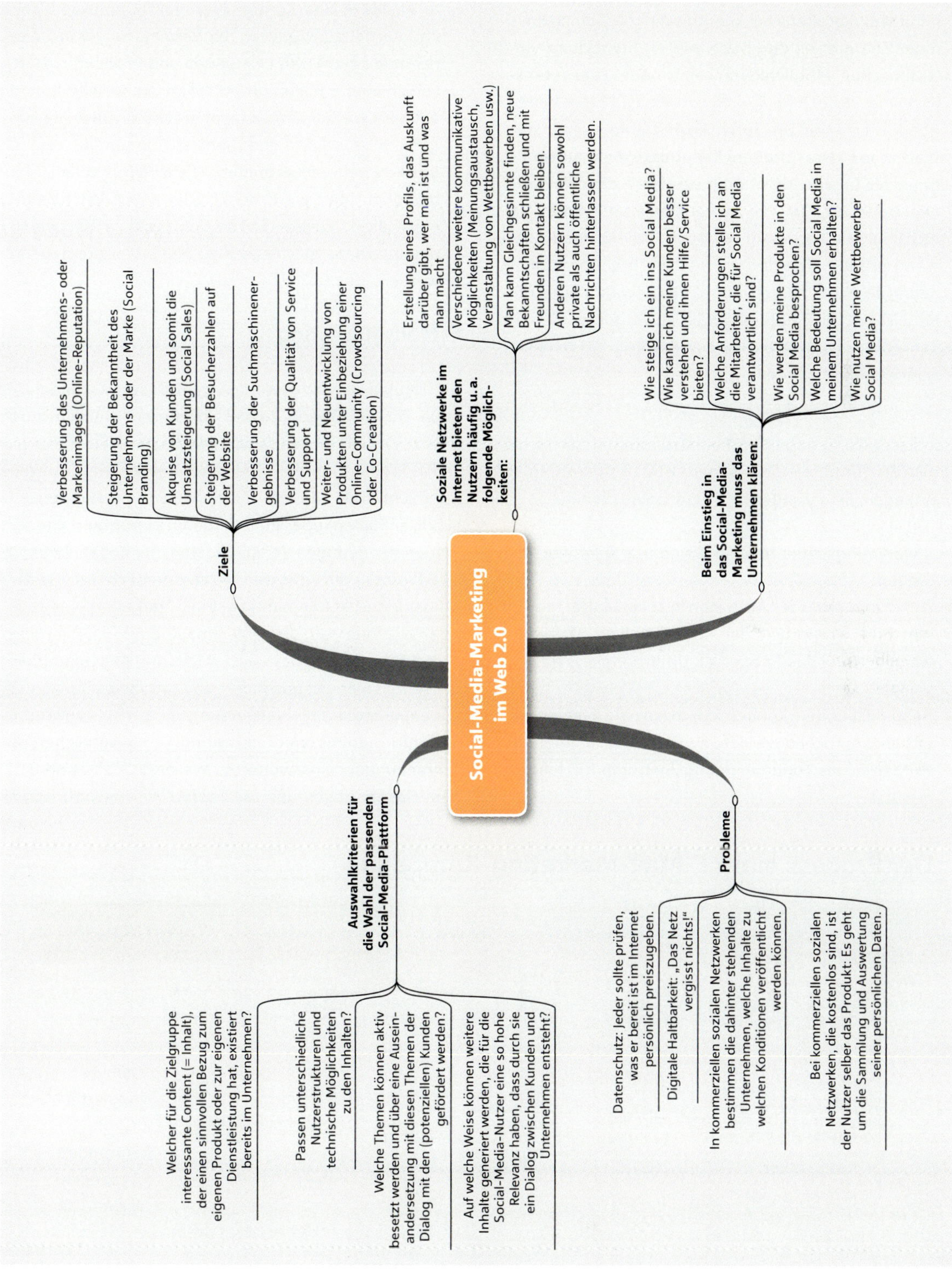

Social-Media-Marketing im Web 2.0
Im traditionellen World Wide Web hatten normale Internetnutzer lediglich die Rolle eines nur lesenden und Informationen konsumierenden Individuums inne. Das Einstellen von Inhalten in das Netz war nur mit (relativ) großen Fachkenntnissen möglich. Seit einiger Zeit gibt es durch die Weiterentwicklung von technischen Möglichkeiten eine neue Internetentwicklungsstufe: Man spricht von *Web 2.0*. Nun benötigen Internetnutzer durch Anwendung einfachster Werkzeuge keine (großen) Kenntnisse mehr, um multimediale Inhalte im Internet veröffentlichen zu können. Die Nutzer im Web 2.0 konsumieren Inhalte also nicht nur, sie können diese auch ohne großen Aufwand produzieren und im Netz verbreiten. Zudem haben die Nutzer durch interaktive Anwendungen die Möglichkeit, sich untereinander zu vernetzen. Damit kann die kollektive Intelligenz der Internetgemeinschaft genutzt werden.

Bei dieser Marketingart stehen also Internetplattformen im Vordergrund, die dem gegenseitigen Austausch von Meinungen, Erfahrungen und Eindrücken dienen.

Aus Marketingsicht interessant sind u. a. folgende Möglichkeiten:
- Durch kompetentes Auftreten in sozialen Netzen können die Bekanntheit der Produkte bzw. Dienstleistungen sowie das Image des Unternehmens gestärkt werden.
- Bestandskunden können durch soziale Medien sehr gut angesprochen werden. In diesem Zusammenhang werden sie als Kundenbindungsinstrument erfolgreich genutzt.
- Da die in sozialen Netzwerken ausgewiesenen Profile oft sehr detailliert sind, können Unternehmen dort sehr viel über ihre Zielgruppen erfahren.
- Der neueste Trend im Social-Media-Marketing ist das **virale Marketing**. Darunter versteht man das gezielte Auslösen und Kontrollieren von Mundpropaganda im Internet zum Zwecke der Vermarktung von Unternehmen bzw. deren Leistungen und Produkten. Durch verschiedene Maßnahmen sollen potenzielle Kunden animiert werden, Informationen und positive Meinungen über Produkte und Dienstleistungen aus eigenen Stücken weiterzuverbreiten. Wie ein Virus sollen Informationen über ein Produkt oder eine Dienstleistung innerhalb kürzester Zeit in den sozialen Netzwerken des Internets von Mensch zu Mensch weitergegeben werden.

E-Mail-Marketing

Um Neukunden zu gewinnen oder Bestandskunden für neue Entwicklungen zu sensibilisieren, werden durch direkte E-Mails gezielt Kunden angeschrieben. Beispielsweise können Kunden über **Newsletter** (elektronische Rundschreiben, die oft die Funktion von Kundenzeitschriften haben) über neue Angebote informiert werden. Wegen der geringen Versandkosten, der hohen Versandgeschwindigkeit und den unterschiedlichsten Gestaltungsmöglichkeiten nimmt E-Mail-Marketing eine wichtige Rolle innerhalb des Onlinemarketings ein. Allerdings besteht die Gefahr, dass die E-Mails von den Spamfiltern der Adressaten ausgesondert und evtl. gelöscht werden. Zudem unterliegt die Versendung von E-Mails zu Werbe- und Informationszwecken besonderen gesetzlichen Beschränkungen: Unerwünschte Werbe-E-Mails sind nach dem Gesetz gegen den unlauteren Wettbewerb (UWG-

Der Prozess einer E-Mail-Marketing-Kampagne

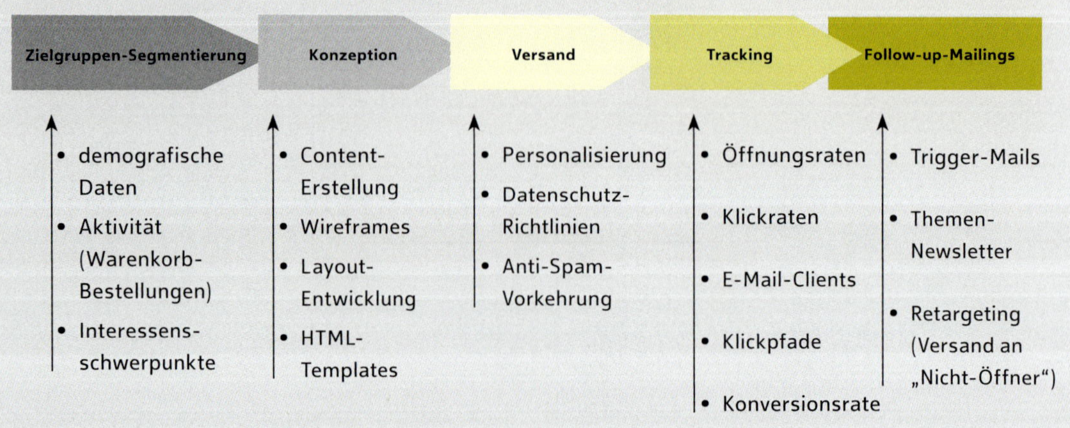

203153234

Gesetz) als „unzumutbare Belästigung" grundsätzlich wettbewerbswidrig. Eine unzumutbare Belästigung ist immer dann gegeben, wenn

- die Einwilligung des Adressaten für das Versenden der E-Mail fehlt,
- der Absender seine Identität verschleiert oder verheimlicht und
- die E-Mail keine gültige Adresse enthält, unter der der Empfänger das künftige Zusenden von E-Mails untersagen beziehungsweise unter der er sich abmelden kann (Unsubscribe).

Das Bespielen verschiedener Verkaufskanäle

Unternehmen, die ihre Waren über das Internet verkaufen möchten, können sich entscheiden, dies nur online zu tun oder zusätzlich auch stationäre Vertriebswege zu nutzen. Handelt ein Unternehmen so, dass nahtlos mehrere Online- und Offline-Vertriebswege genutzt werden, spricht man vom **Seamless Commerce**: Informations- und Kaufprozesse bestehen aus Sicht der Käufer ohne spürbare Brüche. Die Grenzen zwischen stationärem und Onlinehandel verschwimmen und werden von den Kunden nicht mehr bewusst wahrgenommen. Sie können problemlos von offline zu online und andersherum wechseln, ohne dass für sie Verluste beim Einkaufserlebnis entstehen.

Der immer größere Wettbewerb und die daraus resultierenden Änderungen im Verhalten der Kunden lassen auch den Vertriebswegen eine immer größere Bedeutung zukommen. Nicht jeder Vertriebsweg eignet sich nämlich gleichermaßen für jedes Produkt und um jede Zielgruppe zu erreichen. Unternehmen, die Waren und Dienstleistungen anbieten, sollten mit ihren Kunden daher über verschiedene Kommunikationswege kommunizieren können. Dabei gibt es verschiedene Möglichkeiten.

Neue Strategien des Vertriebs aufgrund der Digitalisierung des Handels		
Multi-Channel	**Cross-Channel**	**Omni-Channel**
Ein Großhandelsunternehmen verkauft seine Ware über mehrere voneinander klar getrennte Vertriebswege: Der Kunde kann dabei nicht kanalübergreifend agieren.	Um an potenzielle Kunden zu kommen, stehen dem Großhändler mehrere Vertriebswege zur Verfügung. Diese sind miteinander verknüpft.	Omnichannel ist die Weiterentwicklung des Cross-Channels: Der Käufer hat Zugriff auf die gesamte Angebotspalette, unabhängig davon, auf welchem Kanal er sich befindet. Technisch gesehen findet die gesamte Datenhaltung in einem zentralen System statt. Beim Omnichannel erfolgt eine Verschmelzung von Online- und Offlinewelten hin zu einem durchgängigen, grenzenlosen und einmaligen Vorgang für potenzielle Kunden. Merken Käufer in Zukunft gar nicht, wo der Kauf stattfindet, da auf allen Kanälen die identischen Informationen bereitgestellt werden, liegt No-line-Commerce vor. Bei dieser Extremform des Omnichannels erfolgen Kaufprozesse in gleicher Art und Weise.

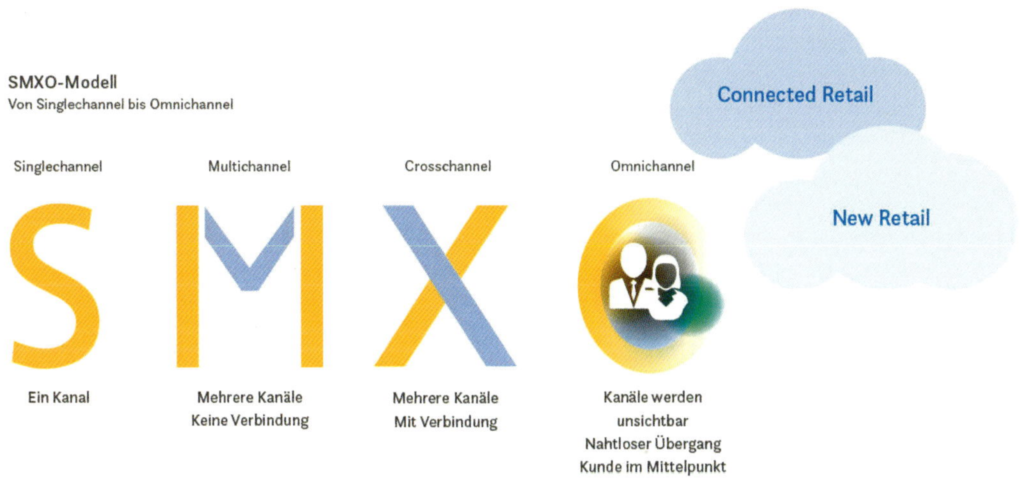

Quelle: EHI

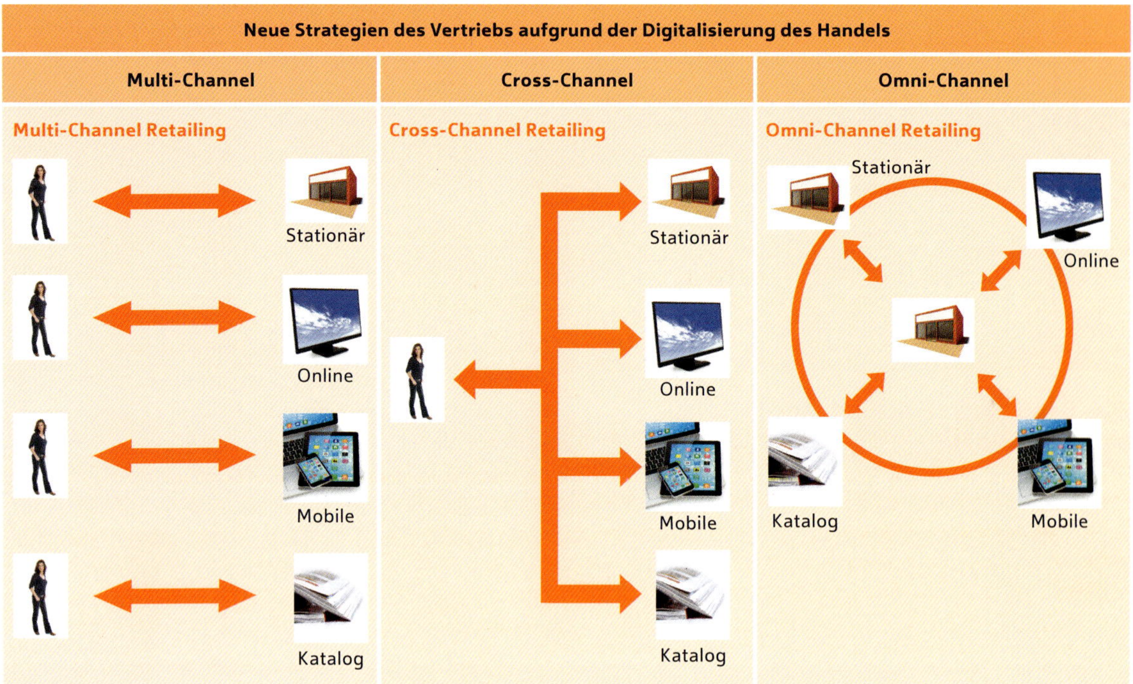

„Ein guter Händler geht dahin, wo seine Ware gehandelt wird."

Quelle: Zitat von Michael Busch. In: www.boersenblatt.net: Service, Service, Service. 17.03.2016. https://www.boersenblatt.net/2016-03-17-artikel-service__service__service-interview_mit_thalia-chef_michael_busch.1116289.html [20.09.2021].

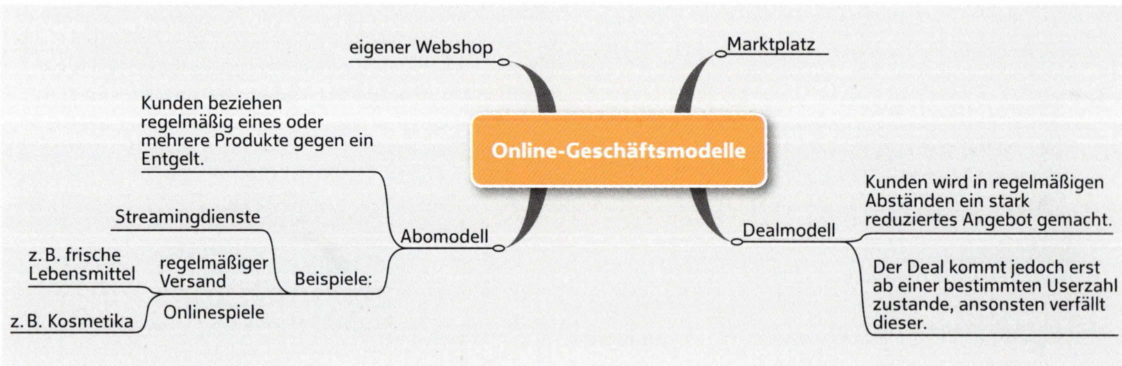

AUFGABEN

1. Durch welches Merkmal ist der direkte Absatz gekennzeichnet?
2. Führen Sie Vor- und Nachteile des direkten Absatzes auf.
3. In welchem Fall wählt die Texpro AG – ein Modeproduzent – einen direkten Absatzweg?
   a) Texpro AG – Verkaufsniederlassung – Einzelhändler – Verbraucher
   b) Texpro AG – Großhändler – Einzelhändler – Verbraucher
   c) Texpro AG – Auslieferungslager – Verkaufsfiliale – Verbraucher
   d) Texpro AG – Auslieferungslager – Einzelhändler – Verbraucher
   e) Texpro AG – Reisender – Einzelhändler – Verbraucher
4. Wodurch unterscheiden sich die Absatzmittler?
5. Stellen Sie den Unterschied zwischen Reisenden und Vertretern heraus.
6. Verdeutlichen Sie am Beispiel des Handels den indirekten Absatz.
7. Welche Vertriebsform liegt in den folgenden Fällen vor?
   a) Ein Unternehmen stellt anderen die Nutzung eines ausgefeilten und kompletten Geschäftskonzepts gegen Entgelt zur Verfügung.
   b) Herr Blerim soll als sozialversicherungspflichtig angestellter Verkäufer im Außendienst der Bernd Meissner OHG den Umsatz im Bezirk Bayern/Baden-Württemberg mehren.
   c) Aufgrund einer vertraglichen Verpflichtung vertreibt das Autohaus Teske in eigenem Namen für eigene Rechnung Waren des Automobilherstellers NMW. Durch die Integration in die Vertriebsstruktur des Herstellers entsteht für die Kundin Jessica Genschow der Eindruck, dass das Autohaus Teske ein Filialunternehmen von NMW ist.
   d) Maren Runge ist selbstständige Gewerbetreibende, die damit beauftragt ist, für die Fairtext GmbH Geschäfte zu vermitteln und in deren Namen abzuschließen. Sie arbeitet in fremdem Namen und für fremde Rechnung.
   e) Die Ehefrau von Michael Engwart besitzt eine Galerie. Sie kauft und verkauft Bilder von Künstlern. Manchmal wird sie darüber hinaus auch von Kunden gebeten, mit einem Künstler einen Vertrag über die Anfertigung eines Portraits auszuhandeln und diesen zu vermitteln. Nach erfolgreicher Vermittlung erhält sie einen Geldbetrag, der als Courtage bezeichnet wird.
8. Was ist eine Verkaufsplattform?
9. Erläutern Sie kurz die Funktionsweise einer Auktionsplattform.
10. Warum arbeiten viele Unternehmen mit einem Sub-Shopsystem?
11. Was versteht man unter Affiliate Marketing?
12. Welche Vorteile hat ein Händler, wenn er den Vertriebsweg Social Media nutzt?
13. Wodurch unterscheidet sich die Search Engine Optimization von Search Engine Advertising?
14. Welche Rolle spielen Newsletter im Rahmen des E-Mail-Marketing?
15. Welcher Online-Vertriebsweg wird in den folgenden Beispielen angesprochen?
    a) Diese Maßnahmen dienen dazu, die Sichtbarkeit von Webseiten in den Suchmaschinen zu erhöhen. Es geht also darum, einen möglichst hohen Rang in den unbezahlten Suchergebnissen einer Suchmaschine zu erlangen.
    b) Hierbei stellt ein Webseitenbetreiber dem werbungtreibenden Webshop Werbefläche zur Verfügung.
    c) Mit E-Mails wird der direkte Dialog zu Kunden oder neuen Interessenten hergestellt.
    d) Hier bieten Unternehmen und Privatleute die verschiedensten Waren und Dienstleistungen an und versteigern diese. Der Handel findet zwischen dem Anbieter der Ware, dem Versteigerer, und dem Käufer, dem Ersteigerer, statt.
    e) Diese Vorgehensweise bezeichnet die Platzierung von Anzeigen auf den Ergebnisseiten von Suchmaschinen. In der Regel sind das Anzeigen in Textform, die Angebote bewerben, die zur jeweiligen Suchanfrage des Nutzers passen.
16. Was versteht man unter Seamless Commerce?
17. Unterscheiden Sie Multi-Channel, Cross-Channel und Omni-Channel.

AKTIONEN

1. a) Bilden Sie Gruppen.
   b) Jede der Gruppen bearbeitet eines der folgenden Themen:
   - Webshops
   - Sub-Shops
   - Affiliate Marketing
   - Verkaufsplattformen
   - Auktionsplattformen
   - E-Mail-Marketing
   - Search Engine Advertising
   - Search Engine Optimization
   - Social Media

   c) Stellen Sie auf einem Wandplakat die wesentlichen Merkmale Ihres Themas heraus.
   d) Präsentieren Sie Ihr Thema vor der Klasse.
2. Erkunden Sie Ihr Ausbildungsunternehmen.
   a) Ermitteln Sie, auf welchen Wegen Ihr Ausbildungsunternehmen Kontakt zu Kunden aufnimmt.
   b) Erstellen Sie eine PowerPoint-Präsentation, die diese Vertriebswege Ihres Ausbildungsunternehmens vorstellt.
   c) Bereiten Sie sich darauf vor, die Ergebnisse der Klasse zu präsentieren.

ZUSAMMENFASSUNG

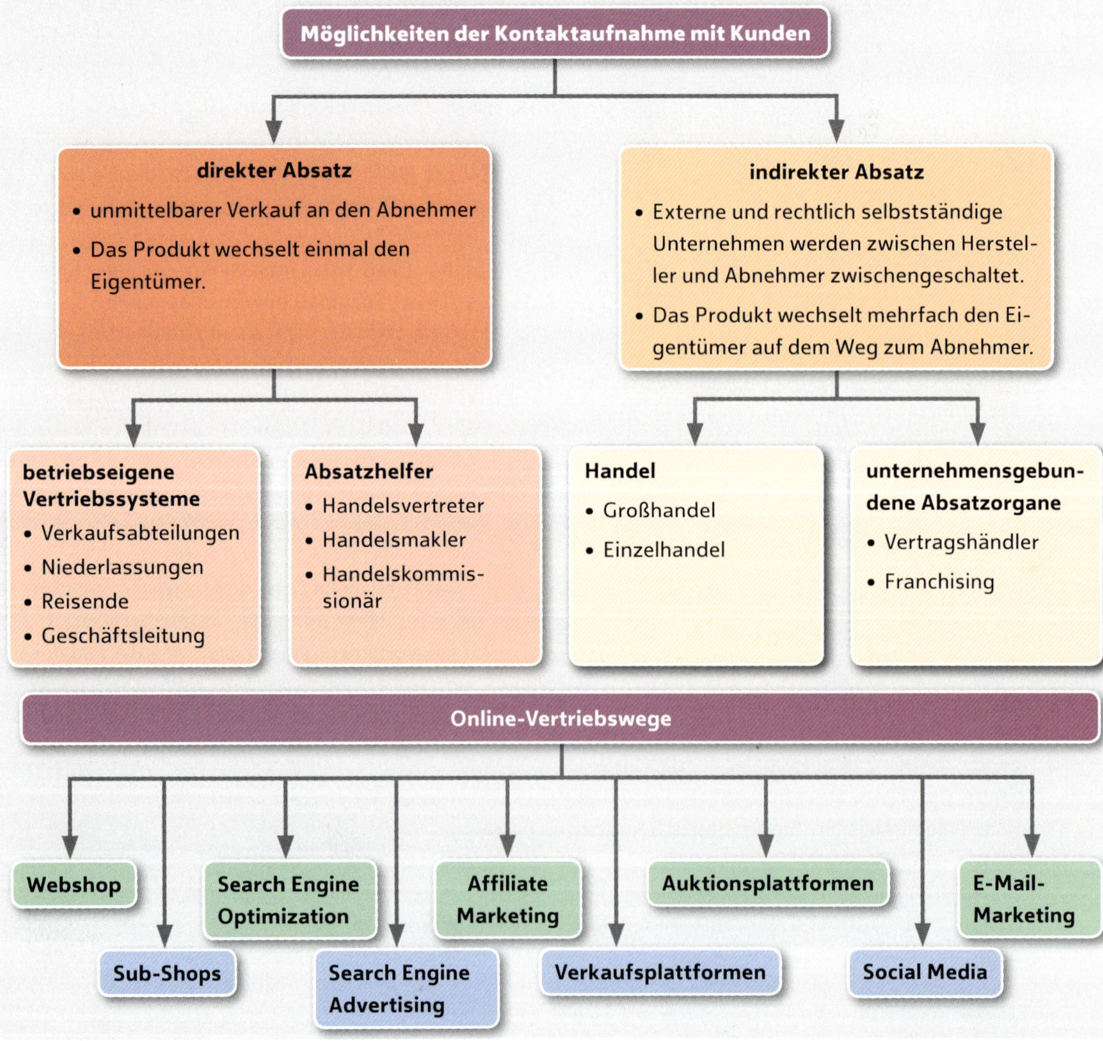

203153238

KAPITEL 8

Bearbeitung von Anfragen und Bonitätsprüfung

Die Textilgroßhandlung Fairtext GmbH erhält am 19. Mai folgenden Brief des Herrenausstatters Grote OHG aus Hannover:

Herrenausstatter Grote OHG
Hannover

Grote OHG · Herrenhäuser Str. 12 · 30169 Hannover
Textilgroßhandlung
Fairtext GmbH
Walsroder Str. 6 a
30625 Hannover

Ihr Zeichen:	
Ihre Nachricht vom:	
Unser Zeichen:	g/i
Unsere Nachricht vom:	
Name:	Heinz Grote
Telefon:	0511 373820
Datum:	18.05.20..

Anfrage

Sehr geehrte Damen und Herren,

wir benötigen dringend Herrenfreizeithemden aus 100 % Baumwolle, blau gestreift, in den Größen 39 bis 43.

Bitte senden Sie uns deshalb ein ausführliches Angebot über 100 Herrenfreizeithemden bis zum 1. Juni 20.. .

Mit freundlichen Grüßen

Grote OHG

Heinz Grote

Heinz Grote

Stellen Sie fest, welche Bedeutung dieses Schreiben für die geschäftlichen Beziehungen des Herrenausstatters Grote OHG mit der Textilgroßhandlung Fairtext GmbH hat.

INFORMATIONEN

Gründe für eine Anfrage

DEFINITION

Anfragen dienen der **Einholung von Angeboten**. Damit kann festgestellt werden, ob und zu welchen Preisen und sonstigen Bedingungen Waren von den Lieferanten eingekauft werden können.

Durch eine Anfrage kann sich der Käufer Informationsmaterial wie z. B. Warenmuster, einen Katalog oder ein Warenverzeichnis von bestimmten Waren beschaffen. Er kann außerdem Preise und Beschaffungskonditionen, z. B. Lieferbedingungen, Warenqualität, Preisnachlässe, erfragen. Dadurch wird es für den Käufer möglich, die Leistungsfähigkeit der bisherigen Lieferanten zu überprüfen und somit Geschäftsbeziehungen zu erhalten. Durch eine Anfrage können andererseits aber auch neue Geschäftsverbindungen zustande kommen. Zweck der Anfrage ist letztlich die Aufforderung an den Lieferanten, ein Angebot abzugeben.

Rechtliche Bedeutung

Eine Anfrage ist rechtlich stets **unverbindlich**, d. h., der Anfragende ist **nicht gebunden** und daher auch nicht zum Kauf verpflichtet.

Um am günstigsten einkaufen zu können, ist die Anfrage nach ein und derselben Ware bei **mehreren Lieferanten gleichzeitig** sinnvoll.

Form und Arten

Die Anfrage ist an **keine bestimmte Form** gebunden (Grundsatz der Formfreiheit). Sie kann sowohl mündlich, schriftlich, telefonisch, fernschriftlich, telegrafisch oder elektronisch (Internet) erfolgen.

Bittet der Kunde in seiner Anfrage zunächst nur um einen Katalog, eine Preisliste, ein Muster oder einen Vertreterbesuch, so liegt eine **allgemein gehaltene Anfrage** vor. Wird dagegen z. B. nach dem Preis, der Farbe, der Güte und Beschaffenheit oder den Lieferbedingungen gefragt, so spricht man von einer **bestimmt gehaltenen Anfrage**.

Schriftliche Anfrage: bestimmt gehalten

Textileinzelhandel
Silke Bachmann e. Kffr.

Silke Bachmann e. Kffr. · Balgstr. 98 · 45174 Essen
Fairtext GmbH
Walsroder Str. 6 a
30625 Hannover

Ihr Zeichen:	
Ihre Nachricht vom:	
Unser Zeichen:	fl
Unsere Nachricht vom:	
Name:	Frauke Lohmann
Telefon:	0201 3622
E-Mail:	lohmann@bachmann-eh-wvd.de
Datum:	23.05.20..

Anfrage nach Jogginganzügen

Sehr geehrte Damen und Herren,

bitte senden Sie mir Ihr Angebot über

Jogginganzüge, Größe 38 bis 44,
Farben: Silber, Marine und Rot, Obermaterial Tactel-Polyamid,
Polyester, Goretex-Membrane mit verstellbarem Beinabschluss,
in der Taille Kordelzug und Klemmverschluss.

Bei der Preisangabe berücksichtigen Sie bitte zunächst eine Bestellmenge von 150 Anzügen; bei einem zufriedenstellenden Angebot können Sie mit regelmäßigen Bestellungen rechnen.

Infolge neuer Abschlüsse habe ich langfristigen Lieferverpflichtungen nachzukommen. Die Lieferzeit darf deshalb nicht länger als 14 Tage betragen, die Lieferungsbedingungen sollten sich frei Haus verstehen.

Mit freundlichen Grüßen

Silke Bachmann e. Kffr.
Textileinzelhandel

Lohmann
Lohmann, Abt. Einkauf

Schriftliche Anfrage: allgemein gehalten

Textileinzelhandel
Silke Bachmann e. Kffr.

Silke Bachmann e. Kffr. · Balgstr. 98 · 45174 Essen
Fairtext GmbH
Walsroder Str. 6 a
30625 Hannover

Ihr Zeichen:	
Ihre Nachricht vom:	
Unser Zeichen:	fl
Unsere Nachricht vom:	
Name:	Frauke Lohmann
Telefon:	0201 3622
E-Mail:	lohmann@bachmann-eh-wvd.de
Datum:	23.05.20..

Vertreterbesuch

Sehr geehrte Damen und Herren,

bei meinem Besuch auf der Internationalen Sportwarenmesse in München bin ich auf Ihren Ausstellungsstand und Ihre Sportanzüge aufmerksam geworden.

Ich würde mich gern über Ihr gesamtes Angebotssortiment ausführlicher informieren. Bitte schicken Sie aus diesem Grund in den nächsten Tagen einen Ihrer Fachberater vorbei.

Mit freundlichen Grüßen

Silke Bachmann e. Kffr.
Textileinzelhandel

Lohmann
Lohmann, Abt. Einkauf

Bonität und Vertragsabschluss

Das Abschließen von Kaufverträgen zwischen zwei Vertragsparteien setzt ein Mindestmaß an Vertrauen voraus. Der Großhändler als Warenlieferant möchte nicht riskieren, dass sein Geschäftspartner seinen Teil des Vertrages nicht einhält.

An dieser Stelle gewinnt die Bonität eines Kunden an besonderer Bedeutung.

DEFINITION

Bonität ist die Fähigkeit, Schulden zurückzahlen zu können. Die Bonität gibt daher dem Lieferanten Auskunft über die Vertrauenswürdigkeit eines Kunden.

Insbesondere bei der Warenlieferung auf Ziel (Einräumung eines Lieferantenkredits), also bei Forderungen aus Lieferungen und Leistungen, spielt die Bonität von Debitoren eine wichtige Rolle, da der Kunde diese Warenlieferung nicht unmittelbar bezahlt. Mithilfe u. a. der Bonitätsprüfung möchte sich der Großhändler daher vor Zahlungsausfällen schützen.

Die einfache Formel lautet:
- Gute Bonität = Geringes Risiko eines Zahlungsausfalls
- Schlechte Bonität = Hohes Risiko

Die Überprüfung der Kreditwürdigkeit schafft somit das notwendige Vertrauen, das zum Abschluss von Kaufverträgen notwendig ist.

Natürlich kann sich die Bonität während der Laufzeit des Lieferantenkredits bzw. der Geschäftsbeziehung verändern. Änderungen in der Bonität der Debitoren müssen jeweils rechtzeitig erkannt werden und beim Auftreten von entsprechenden Frühwarnindikatoren (z. B. Überschreitung des Zahlungsziels) zu geeigneten Maßnahmen des Kreditors führen (z. B. Anpassung der Zahlungsweise).

Bevor nun allerdings der Kaufvertrag abgeschlossen wird, findet u. a. die Prüfung der Kreditfähigkeit und der Kreditwürdigkeit (Bonität) statt.

1. Kreditfähigkeit

Kreditfähig ist, wer rechtswirksam Kreditgeschäfte abschließen kann.

Das sind
- natürliche Personen, die voll geschäftsfähig sind,
- handelsrechtliche Personenvereinigungen (OHG/KG) und
- juristische Personen des privaten und öffentlichen Rechts, wenn sie rechtsfähig sind, d. h., wenn sie im Handelsregister eingetragen sind.

2. Bonitätsprüfung

Neben der Kreditfähigkeit hat die **Bonität** eines Kunden besondere Bedeutung. Sie ist abhängig von persönlichen und materiellen Faktoren.

2.1 Persönliche Faktoren

Zur persönlichen Kreditwürdigkeitsprüfung zählen bei natürlichen Personen:
- charakterliche Eigenschaften, wie z. B. Fleiß, Tüchtigkeit, Zuverlässigkeit
- fachliche und kaufmännische Qualifikationen, z. B. Berufserfahrung, Studienabschlüsse, Auslandsaufenthalte
- „geordnete" finanzielle Verhältnisse (keine nennenswerten Schulden und keine größeren ungewöhnlichen finanziellen Belastungen)
- persönliche Haftungsverhältnisse, z. B. Vollhafter in einer OHG oder „nur" Teilhafter in einer KG
- unternehmerische Fähigkeiten

Dazu kommt der „gute" Eindruck, den ein Geschäftspartner hinterlassen sollte: entschlossen, tatkräftig, überzeugt von sich selbst und seinem Vorhaben sowie – vor allem auch – gut vorbereitet auf das ggf. stattfindende geschäftliche Gespräch.

Bedeutsam sind auch:
- die familiären Verhältnisse
- das Image des Unternehmens
- die Antworten auf die Fragen, ob der zukünftige Geschäftspartner seriös und gewissenhaft ist und ob er pünktlich zahlt (Zuverlässigkeit und Zahlungswillen).

2.2 Materielle oder wirtschaftliche Faktoren

Die materielle Bonität bezieht sich auf die wirtschaftliche Lage des Kunden. Bei Unternehmen ist es in erster Linie die Liquiditäts- und Ertragslage und demzufolge eine Einschätzung darüber, ob das betreffende Unternehmen wirtschaftlich überhaupt in der Lage ist, eine bestimmte finanzielle Verpflichtung zu erfüllen.

Zur Beurteilung der Bonität können die folgenden Unterlagen/Hilfsmittel herangezogen werden (= **sachliche** Prüfung):

- Handelsregister- und Grundbuchauszüge
- Investitionspläne
- Steuerunterlagen
- Bilanz
- GuV-Rechnung
- Finanzplan, der über die betriebliche Liquidität – sprich Zahlungsfähigkeit – informiert
- Geschäftsbücher, z.B. Kreditoren- und Debitorenziel, Lagerdauer, Auftragsbestand
- Gesellschaftsvertrag
- Betriebsbesichtigung (Zustand der Organisation)
- Auskünfte von z.B. Auskunfteien, anderen Banken, Kammern, Verbänden, Auskunfteien (z.B. SCHUFA, Creditreform, Boniversum, CRIF Bürgel).

Zwar unterliegen die Algorithmen zur Berechnung von Bonitätsscores dem Geschäftsgeheimnis der jeweiligen Auskunfteien, einige Faktoren, die für die Berechnung relevant sind, sind aber dennoch bekannt:

- Personendaten: Name, Vorname, Geburtsdatum, Geschlecht, Adresse(n)
- Zahlungserfahrungen: Zahlungsunregelmäßigkeiten, aber auch positive Merkmale, wie die erfolgreiche und pünktliche Rückzahlung eines Kredites oder einer Kreditkarte
- Inkassodaten: nicht beglichene Rechnungen, die einem Inkassounternehmen übergeben wurden
- Gerichtsdaten: sogenannte harte Negativmerkmale, wie „Nichtabgabe der Vermögensauskunft“, „Gläubigerbefriedung ausgeschlossen“ oder „Gläubigerbefriedung nach einem Monat nicht nachgewiesen“
- Insolvenzverfahren
- bestehende Kreditverpflichtungen/laufende Kredite/Konten

Für eine gute Bonität ist vor allem eine **positive Zahlungshistorie** wichtig. Wurden Rechnungen und Kredite stets pünktlich beglichen bzw. zurückgezahlt, sind alle Daten aktuell und liegen keine Negativmerkmale vor, liegt höchst wahrscheinlich eine gute Bonität vor.

Heutzutage umfasst die Bonitätsprüfung (Kreditwürdigkeitsprüfung) drei Bestandteile:

- die **vergangenheitsbezogene** Auswertung der Jahresabschlüsse
- die Beurteilung der **gegenwärtigen** Situation auf der Grundlage von betriebswirtschaftlichen Auswertungen
- die **zukunftsbezogene** Darstellung der wirtschaftlichen Verhältnisse. In diesem Zusammenhang ist von besonderer Bedeutung die sogenannte „Kapitaldienstfähigkeit“ des Kunden. Hiermit ist eine ausreichend hohe zu erwartende Rentabilität gemeint.

Und letztlich: Je mehr Eigenkapital der Kreditnehmer einsetzen kann, desto besser sind die Erfolgsaussichten, dass es zum gewünschten geschäftlichen Abschluss kommt.

2.3 Goodwill

Sehr häufig spielt beim Abschluss eines Kaufvertrages auch der **Goodwill (Geschäfts- oder Firmenwert)** des Vertragspartners eine maßgebliche Rolle. Er ist der Teil des Unternehmenswertes, der über den Buchwert hinausgeht. Der Goodwill setzt sich aus Werten zusammen, die nicht in der Bilanz erscheinen, aber maßgeblich am Unternehmenserfolg beteiligt sein können.

Er ist umso höher, je positiver die folgenden firmenwertbildenden Faktoren bewertet werden:

- Standort (verkehrsgünstige Lage)
- Zukunftsaussichten des Unternehmens
- bekannter Markenname
- gesicherter Kundenstamm
- treue Stammkundschaft
- Zahlungsverhalten
- vorhandene Patente und Lizenzrechte
- gut qualifiziertes Personal
- gutes Management
- rationelle betriebliche Organisation

Bei all diesen Faktoren ist es jedoch schwierig, eine Bewertung vorzunehmen.

Sicherheit: vorrangig bei der Geschäftsbeziehung

Die Finanzkraft eines Kreditnehmers (Bonität) soll mithilfe eines **Ratings** festgestellt werden.

Rating

DEFINITION

Als **Rating** bezeichnet man eine Aussage über die zukünftige Fähigkeit eines Unternehmens zur vollständigen und termingerechten Tilgung und Verzinsung seiner Schulden.

Die Einstufung der Bonität in eine Rangliste ist daher eine Art Schulnote. Das Spektrum reicht von AAA = sehr gute Bonität über BBB = gut bis zu C = schlechte Bonität (Vorsicht: Insolvenzgefahr) bzw. D = bereits eingetretene Zahlungsstörung.

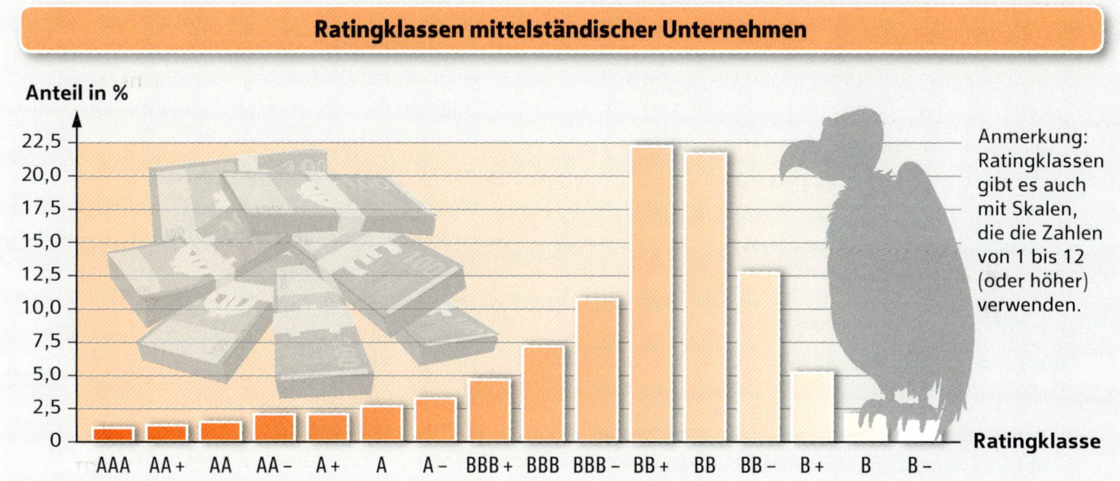

Eigene Darstellung nach ESPRIT Unternehmensberatung AG

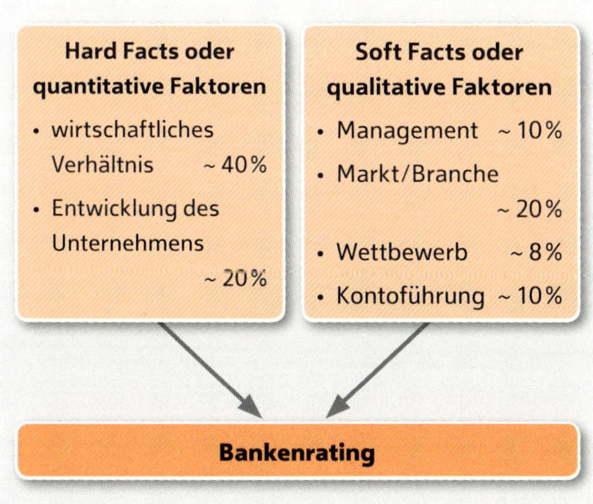

Beurteilungsmerkmale

Es fließen sowohl quantitative als auch qualitative Faktoren in die Beurteilung ein. Im Unterschied zur herkömmlichen Kreditwürdigkeitsprüfung beinhaltet die Bewertung beim Rating einen stärkeren Zukunftsbezug; darüber hinaus werden die qualitativen Faktoren stärker gewichtet.

Neben den klassischen Kennziffern der Bilanzanalyse, wie zum Beispiel

- Eigenkapitalquote,
- Liquidität,
- Verschuldungsgrad,
- Umsatz- und Eigenkapitalrentabilität usw.,

sind folgende Merkmale (beispielhaft) von Bedeutung:

- Rechtsform des Unternehmens
- Eigentumsverhältnisse
- Branchenumfeld
- Konjunkturabhängigkeit
- Qualität des Managements
- Investitionstätigkeit
- Konkurrenzsituation
- Qualität des Rechnungswesens/Reportings
- Entwicklung des Cashflows
- Existenz und Qualität eines internen Kontrollsystems
- Kontoführung des Unternehmens

Aus der Bewertung dieser Merkmale erhält das Großhandelsunternehmen zusätzliche Informationen über den (zukünftigen) Kunden. Deshalb müssen Unternehmer sich im Vorfeld bereits über ihre „Rating-Strategien" im Klaren sein.

AUFGABEN

1. Wodurch unterscheiden sich die beiden schriftlichen Anfragen?
2. Welche Inhalte sollte eine Anfrage nach einer bestimmten Ware enthalten?
3. Wann wird ein Kaufmann lediglich eine allgemein gehaltene Anfrage absenden?
4. Wann wird ein Kaufmann an einen möglichen Lieferanten eine Anfrage mit gezielten Fragen nach einer Ware richten?
5. Bei wie vielen Lieferanten kann ein Kunde anfragen?
6. Welche Bedeutung hat die Anfrage für das Zustandekommen eines Kaufvertrags?
7. In welcher Form kann eine Anfrage an den Lieferanten gerichtet werden?
8. Warum ist es für ein Großhandelsunternehmen notwendig, die Bonität eines Kunden zu prüfen?
9. Welche Informationsquellen kann der Großhändler bei der Bonitätsprüfung benutzen?
10. Welche der folgenden Aussagen ist/sind falsch?
    a) Es kann bei vermehrten Kreditanfragen innerhalb eines kurzen Zeitraums zu einer Verschlechterung der Bonität kommen.
    b) Eine negativ ausgefallene Bonitätsprüfung bedeutet zwangsläufig, dass der Kaufvertrag nicht zustande kommt.
    c) Rechnungen, die nicht oder nicht rechtzeitig bezahlt werden, führen u. U. zu einer Verschlechterung des Bonitätsscores.
    d) Eindeutig festgelegte und rechtsverbindliche Kriterien für die Einschätzung einer Kreditwürdigkeit gibt es nicht.
    e) Erhaltene Mahnungen können einen starken, negativen Einfluss auf die eigene Bonität ausüben.
    f) Ein Unternehmen, das nach einer Bonitätsprüfung einen Kaufantrag verweigert, ist verpflichtet, Auskunft über die Gründe und die genutzten Quellen zu erteilen.
    g) Bei über das Internet abgewickelten Käufen, die auf Rechnung erfolgen, wird der Großhändler in aller Regel eine Prüfung der Bonität des Kunden vornehmen.
    h) Die pünktliche Bezahlung der Lieferantenrechnungen hat negativen Einfluss auf die Bonität.
    i) Die Bonitätsprüfung bietet dem Unternehmen eine gewisse Sicherheit, was die zukünftigen Zahlungsverpflichtungen eines Kunden angeht.
11. Welche Auswirkungen hat die eigene Bonität auf mögliche Geschäftsbeziehungen?
12. Wie kann das einzelne Unternehmen Einfluss auf seine Bonität nehmen?
13. Warum sollte ein Unternehmer die Bonität seines Unternehmens regelmäßig überprüfen?

AKTIONEN

1. Lesen Sie den Text über die Anfrage und prägen Sie sich die Inhalte mithilfe der SQ3R-Methode[1] (aktives Lesen) ein.
2. Erarbeiten Sie anschließend einen Vortrag über die Bedeutung der Anfrage im Wirtschaftsleben. Benutzen Sie dabei das Mindmapping zum Aufschreiben Ihrer Gedanken.
3. Veranschaulichen Sie Ihre Ausführungen z. B. mit Folie und Overheadprojektor oder mithilfe eines farbigen Tafelanschriebs.
4. Besorgen Sie sich aus Ihrem Ausbildungsunternehmen je eine allgemein gehaltene und eine bestimmt gehaltene Anfrage einer beliebigen Ware. Stellen Sie die beiden Schriftstücke – auf Folie übertragen – Ihren Klassenkameraden vor und begründen Sie die jeweils gewählte Art der Anfrage.
5. Schaffen Sie sich einen Überblick zum Thema „Bonität: Bedeutung, mögliche unternehmerische Auswirkungen von negativen Ergebnissen und Lösungsansätze".

1 Zur Bearbeitung eines Textes gehen Sie die folgenden fünf Schritte durch: **S**urvey = Überblick gewinnen; **Q**uestion = Fragen stellen; **R**ead = Lesen; **R**ecite = Zusammenfassen; **R**eview = Wiederholen

a) Bilden Sie hierzu arbeitsgleiche Arbeitsgruppen.

b) Nutzen Sie für Ihre Recherche verschiedene Informationsquellen:
   - Nehmen Sie die Informationen dieses Kapitels mithilfe der Methode des „aktiven Lesens" auf.
   - Suchen Sie darüber hinaus im Internet nach Ausführungen zur Bonitätsprüfung.
   - Nutzen Sie zur weiteren Informationsbeschaffung diverse Nachschlagewerke, Fachzeitschriften sowie Auskünfte aus Ihrem eigenen Unternehmen.

c) Fassen Sie Ihre Ergebnisse aus b) mithilfe des Computers in einer entsprechenden visuellen Darstellung zusammen.

6. a) Erarbeiten Sie in Gruppen von vier bis sechs Teilnehmern die Bedeutung der Bonitätsprüfung als Grundlage für eine vertrauenswürdige Geschäftsbeziehung.

b) Nutzen Sie dabei die „Kopfstand-Technik" („Umkehrmethode"): Verkehren Sie die Aufgabenstellung in ihr Gegenteil und erarbeiten Sie dafür Lösungen mit der „Kartenabfrage".

c) Sammeln Sie sämtliche Vorschläge und systematisieren Sie sie an der Pinnwand.

d) Halten Sie das Gesamtergebnis für Ihre eigenen Unterlagen mithilfe des Computers fest.

e) Stellen Sie Ihr Ergebnis mithilfe einer Folie dar. Beachten Sie die Hinweise zur Gestaltung von Folien und zur Arbeit mit dem Overheadprojektor.

ZUSAMMENFASSUNG

Die Anfrage
- Aufforderung zur Abgabe eines Angebots
- soll Geschäftsbeziehungen erhalten
- kann Geschäftsbeziehungen anbahnen

Form

Die Anfrage ist **formfrei**.
Sie kann erfolgen:
- mündlich
- schriftlich
- telefonisch
- fernschriftlich
- telegrafisch
- elektronisch (Internet)

Arten

allgemein gehalten
Bitte um:
- Muster
- Katalog
- Preisliste
- Warenverzeichnis
- Vertreterbesuch

bestimmt gehalten
Bitte um Informationen über:
- Artikel
- Artikelnummer
- Farbe
- Güte und Beschaffenheit
- Warenmenge
- Preis
- Zahlungsbedingungen
- Lieferbedingungen
- Lieferzeit

→ **rechtlich unverbindlich**
(Kunde muss die nachgefragte Ware nicht kaufen)

ZUSAMMENFASSUNG

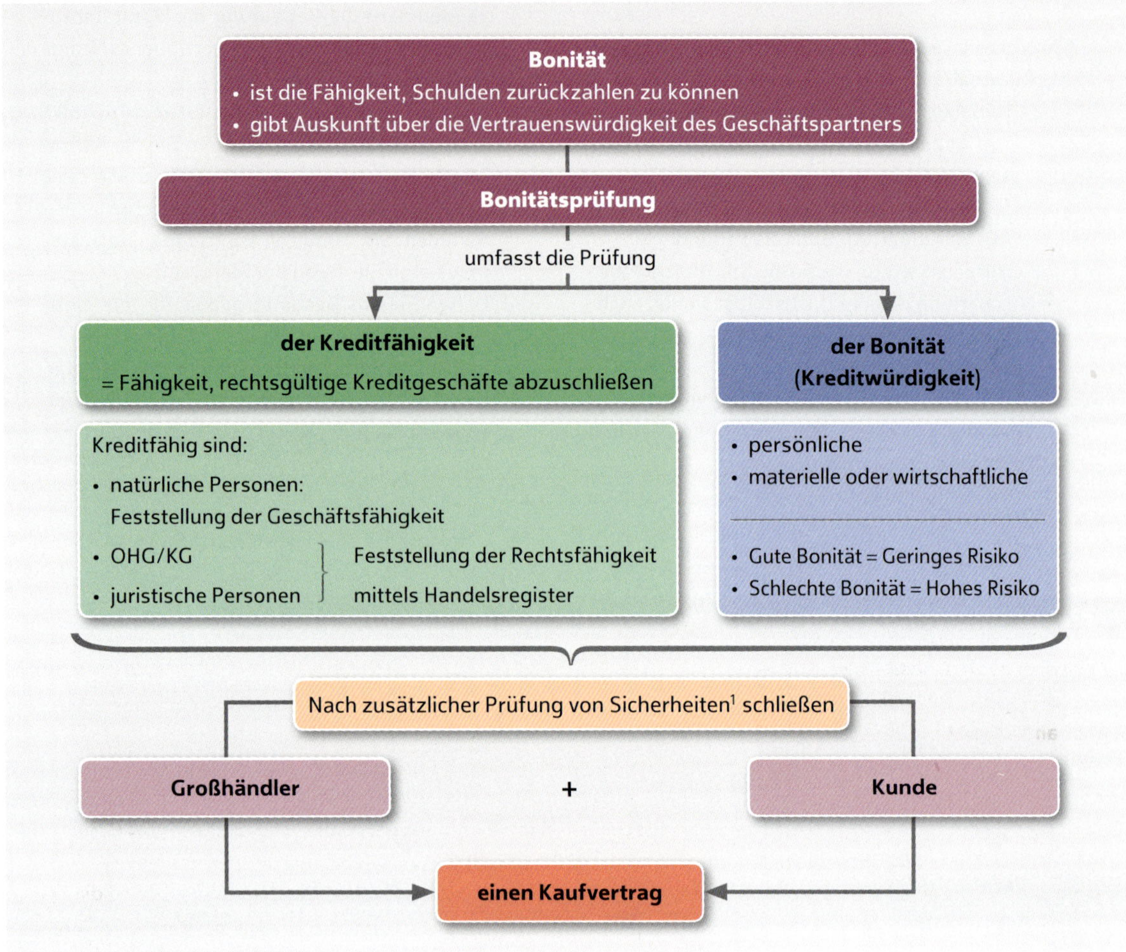

1 Nicht eingegangen werden soll im Rahmen dieser Ausführungen auf einfache und verstärkte Personalkredite sowie Sicherungen durch Sachen (Realsicherheiten).

KAPITEL 9

Beschaffung, Erfassung und Vervollständigung der Kundendaten

Sebastian Holpert trifft am Ende des Arbeitstages Anne Schulte.

Anne Schulte:
„Na Sebastian, wo warst du heute eingesetzt?"

Sebastian Holpert:
„Im Lager – das war interessant, da haben die Kollegen mir die Bedeutung der Warenpflege erklärt."

Anne Schulte:
„Und?"

Sebastian Holpert:
„Bei uns im Lager stecken ja Riesenwerte in den Beständen. Und wenn wir Warenpflege betreiben, sorgen wir dafür, dass es zu keinen Riesenverlusten kommt. Von daher war ich – haha, nicht ernst nehmen – heute für unseren Betrieb viel wertvoller als du!"

Anne Schulte:
„Hahaha! Aber das sehe ich überhaupt nicht so: Mir wurde heute in der Verkaufsabteilung am Beispiel der Kundendaten die Bedeutung der Stammdaten gezeigt. Die Kollegen sagten, dass die Daten das Gold des digitalen Zeitalters sind. Na, wer ist denn jetzt wertvoller?"

Sebastian Holpert:
„Mmh ..."

Anne Schulte:
„Ein Mitarbeiter sprach sogar davon, dass der Anteil der Daten an den Geschäftsprozessen immer mehr zunimmt: Daten hätten einen immer größeren Anteil an der Wertschöpfung einer Großhandlung."

Sebastian Holpert:
„Aber ich habe heute mit meiner Arbeit den Wert der Waren erhalten, eine ähnliche Wirkung hatte deine Arbeit heute nicht!"

Anne Schulte:
„Nein, das stimmt nicht: Wir arbeiten in unserer Abteilung ganz stark daran, die Qualität der Kundendaten zu optimieren. Du musst dir einfach mal klarmachen, welchen Wert Daten haben. Frag dich doch mal, was passiert, wenn wichtige Kundendaten entweder nicht verfügbar sind oder nur in unzureichender Qualität vorliegen."

Sebastian Holpert:
„Tja, jetzt hast du mich überzeugt: Datenbestände haben genauso einen Wert wie Warenbestände."

Anne Schulte:
„Der Vergleich geht ja noch weiter: Gerade weil die Daten so wertvoll sind, sind andere – wie Diebe, die Waren stehlen – da ziemlich hinterher. Deshalb – ich bleibe mal beim Goldvergleich – müssen wir auf die unsere Schätze ganz stark aufpassen. Und deshalb achten wir ganz stark auf Datenschutz und Datensicherheit."

1. Begründen Sie die Meinung, dass Daten das Gold des 21. Jahrhunderts für Großhandelsunternehmens darstellen.
2. Führen Sie auf, warum eine hohe Datenqualität wichtig für eine Großhandlung ist.
3. Erläutern Sie die Bedeutung von Datensicherheit und Datenschutz.

INFORMATIONEN

Die Bedeutung der Datenqualität

In den meisten Großhandlungen wächst gegenwärtig die im Unternehmen anfallenden Datenmenge in gewaltigem Ausmaß. Drei Entwicklungen zwingen Großhandelsunternehmen dabei, die vorliegenden Bestände an Stammdaten möglichst effizient zu nutzen:

- die voranschreitende Digitalisierung
- der steigende Wettbewerbsdruck
- die zunehmende Automatisierung von Abläufen im Großhandel

Die Mitarbeiter müssen sicher sein, dass die Datengrundlage, die ihnen zur Verfügung steht, korrekt und zuverlässig ist.

Den meisten Großhandlungen ist bewusst, dass die Qualität ihrer Daten auf den Erfolg des Unternehmens maßgebliche Auswirkungen hat. Werden Datenbestände korrekt ausgewertet, ist dies die Voraussetzung für erfolgreiche Entscheidungen.

BEISPIELE

In der Fairtext GmbH kommt es vermehrt zu Störungen in den Geschäftsprozessen, die alle Datenfehler als Ursache haben:

- Ein Kunde schickt einen Artikel zurück, den er nicht bestellt hat.
- Die Fairtext GmbH verschickt im Rahmen ihrer After-Sales-Services regelmäßig Newsletter. Sie bekommt nun eine Abmahnung, weil ein Kunde sich vor einiger Zeit vom Verteiler schon abgemeldet hatte, den Newsletter aber trotzdem immer noch bekommt.
- Ein Mitarbeiter der Verkaufsabteilung ruft beim Kunden an, obwohl ein Kollege dies vor Kurzem ebenfalls einen Geschäftsfall abschließend gemacht hat.
- Eine Rechnung an einen Kunden wird falsch gestellt.
- Eine Ware wird zu spät ausgeliefert.

Diese Vorfälle können negative Auswirkungen in Form von Umsatzeinbußen oder Imageschäden haben:

- Kunden beschweren sich direkt bei der Fairtext GmbH.
- Einige Kunden erwähnen diese Vorfälle bei Gesprächen mit anderen Großhandlungen.
- Auch in Internetforen werden die Vorfälle erläutert.
- Einige Kunden wandern zu Mitbewerbern ab.

Entlang der Lieferketten werden sehr viele erfolgskritische Entscheidungen getroffen. Dort kann sich ein Großhandelsunternehmen Wettbewerbsvorteile verschaffen. Eine unzureichende Stammdatenqualität hat dagegen deutlich spürbare negative Auswirkungen auf die Geschäftsprozesse entlang der Wertschöpfungskette.

Mithilfe des Stammdatenmanagements werden kritische Datenkonstellationen auf einen Blick erkannt.

Wurden Stammdaten einmal im EDV-System erfasst, stehen die verwendeten Programmpakete i. d. R. allen Abteilungen unternehmensweit zur Verfügung. Sogar ein kleiner Datenfehler kann sich dann eventuell auf die gesamte Großhandlung auswirken: Es entstehen Folgefehler, und Fehlentscheidungen werden hervorgerufen.

BEISPIEL

Bei einem ausländischen Kunden der Fairtext GmbH ist in den Stammdaten eine falsche Adresse hinterlegt. Dieser bekommt nun einen Artikel ausgeliefert. Der Adressfehler wird erst am Bestimmungsort erkannt, der Artikel wird zurückgeschickt. Schließlich wird der Artikel dann – mit der richtigen Adresse versehen – noch einmal ausgeliefert. Es geht insgesamt wertvolle Zeit verloren, weswegen der Kunde unzufrieden ist. Zusätzlich entsteht in verschiedenen Abteilungen ein zusätzlicher logistischer Aufwand.

Vor dem Hintergrund der rasant wachsenden Datenmenge durch die zunehmende Digitalisierung werden die Qualität, Aktualität und Fehlerfreiheit der Stammdaten für den Erfolg der Großhandlungen also immer bedeutender.

Daten gelten dann als qualitativ hochwertig, wenn sie geeignet sind, einem bestimmten Zweck des Großhandelsunternehmens zu dienen.

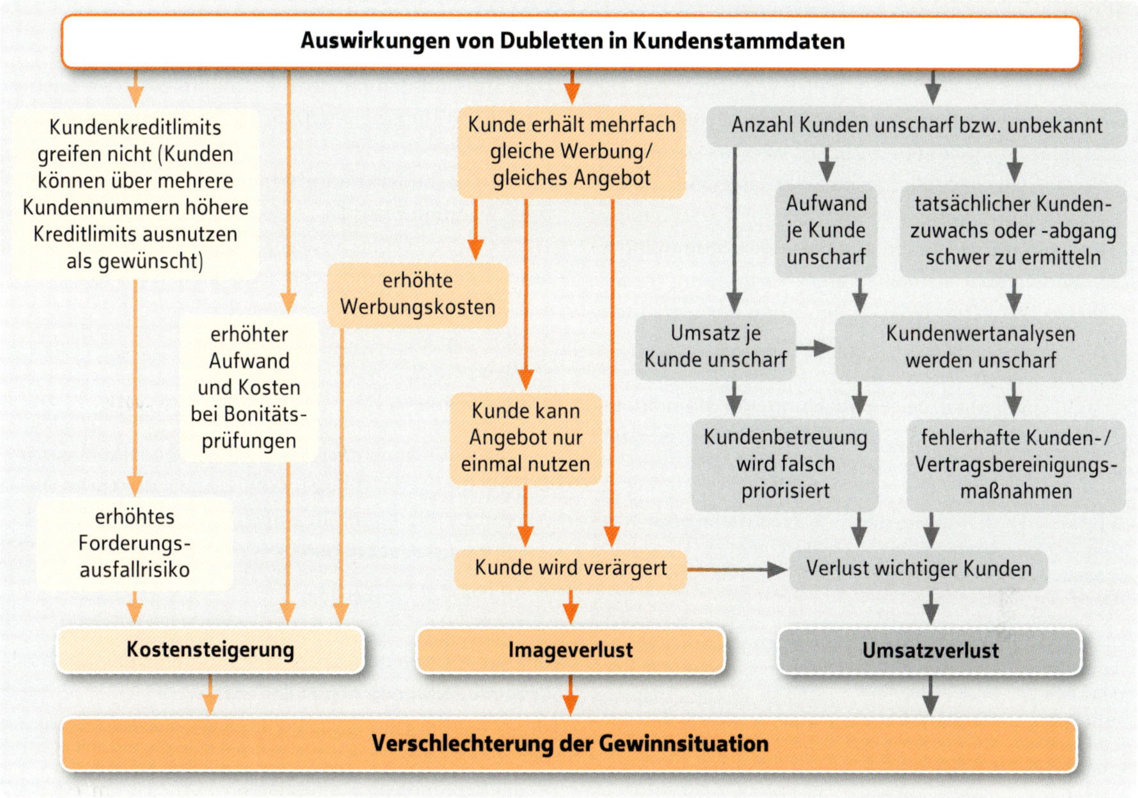

Nur wenigen Mitarbeitern in einer Großhandlung sind die tatsächlichen Kosten, die Dubletten verursachen, bewusst.

Stammdaten und Stammdatenmanagement

Stammdaten

Die in einer Großhandlung verwendeten Daten lassen sich nach der Häufigkeit ihrer Änderung unterscheiden in:

- Stammdaten:
  Diese Daten bleiben über einen längeren Zeitraum unverändert. Sie ändern sich selten oder nie.

BEISPIELE

- Die Anschrift, die Telefonnummer und die Kundennummer eines Kunden gehören zu den Kundenstammdaten.
- Die Artikelnummer und die Artikelbezeichnungen sind Artikelstammdaten.
  In beiden Fällen gibt es keine (oder nur extrem selten) Veränderungen.

Stammdaten sind die grundlegenden Unternehmensdaten die für den laufenden Betrieb in den verschiedenen Unternehmensbereichen des Großhandels erforderlich sind.

BEISPIELE

- Kundenstammdaten
- Artikelstammdaten
- Lieferantenstammdaten
- Mitarbeiterstammdaten

- Bewegungsdaten
  Darunter versteht man alle Daten, die öfters Veränderungen unterliegen.

BEISPIELE

- Artikelzu- und abgänge
- Zahlungsein- und -ausgänge auf den Konten

Stammdaten legen die Grundlage für eigentlich jeden Geschäftsprozess. Man benötigt sie in allen Lieferkettenprozessen des Großhandels, von der Beschaffung über die Lagerung und den Verkauf bis hin zur Auslieferung. Sowohl qualitativ hochwertige Stammdaten als auch fehlerhafte haben große Auswirkungen auf alle wichtigen Abläufe im Großhandel.

BEISPIEL

In einer Großhandlung werden Stammdaten zu verschiedensten Zwecken von unterschiedlichen Mitarbeitern verwendet. Wenn neue Mitarbeiter hinzukommen oder neue Stammdaten angelegt werden, steigt die Wahrscheinlichkeit, dass es zu einer schlechteren Datenqualität und Fehlern kommt. Greifen verschiedene Programmpakete auf ein und dieselben Stammdaten zu, kann es sehr schnell zu einer Verbreitung dieser Fehler in den verschiedenen Bereichen des gesamten Unternehmens kommen.

Der zeitliche Verlauf der Entwicklung von Stammdaten in einem Unternehmen kann in drei Schritte unterteilt werden:

1. Erfassung der Stammdaten	2. Nutzung der Stammdaten	3. Archivierung der Stammdaten
Die Stammdaten werden angelegt. Dies kann zentral oder dezentral erfolgen.	Das Großhandelsunternehmen verwendet die Stammdaten. Sie müssen ständig aktualisiert und vervollständigt und gepflegt werden. Gegebenenfalls sind Korrekturen notwendig.	Werden Stammdaten nicht mehr benötigt oder sind sie veraltet, sollten sie archiviert werden. Es wird dafür gesorgt, dass sie von den Mitarbeitern nicht mehr verwendet werden. Eine komplette Löschung ist (auch wegen der Beachtung von Aufbewahrungsfristen) nicht erforderlich.

Das Stammdatenmanagement

Das Stammdatenmanagement sollte ein permanenter Prozess im Unternehmen sein. Beim Stammdatenmanagement geht es um die Verwaltung der Stammdaten. Dabei wird besonders darauf geachtet, deren Qualität möglichst zu optimieren.

Aufgabe des Stammdatenmanagement ist es, die
- Einheitlichkeit,
- Genauigkeit,
- Verwaltung,
- Konsistenz

Die Datenkonsistenz ist einer der Qualitätsansprüche für Daten. Die Konsistenz ist als die Korrektheit von Daten innerhalb eines auf Datenbanken EDV-Systems zu verstehen.

- und Verantwortlichkeit

der gemeinsam genutzten Stammdaten eines Großhandelsunternehmens zu gewährleisten.
Die Bedeutung des Stammdatenmanagements steigt mit der zunehmenden Anzahl:
- der Bestände an Stammdaten,
- der im Großhandelsunternehmen genutzten unterschiedlichen Softwarepakete,
- der Abteilungen,
- der Mitarbeiter.

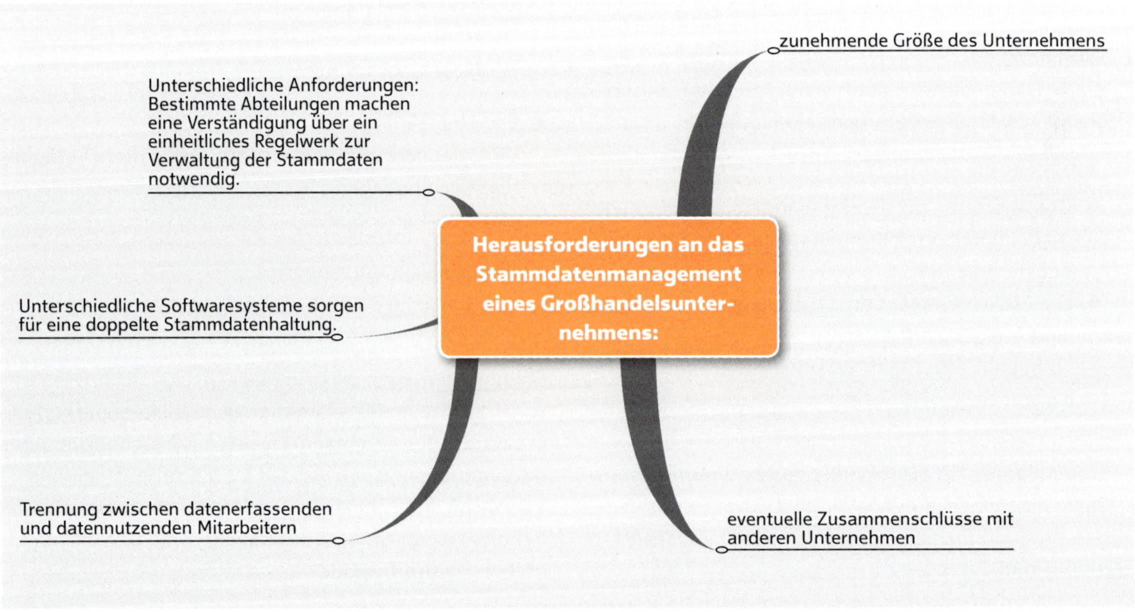

Das Stammdatenmanagement gewinnt auch durch die zunehmend unternehmensübergreifende Standardisierung von Stammdaten an Bedeutung.

Wird das Stammdatenmanagement professionell betrieben, wissen die Mitarbeiter, wie die im Unternehmen anfallenden Daten

- erfasst,
- beschrieben,
- formatiert,
- gespeichert und
- abgerufen

werden. Ihnen ist ebenfalls klar, dass die Stammdaten systematisch und regelmäßig überprüft und aktualisiert werden müssen.

Zahlreiche unterschiedliche Daten werden in einer Großhandlung von verschiedenen Abteilungen und Mitarbeitern gepflegt. Dabei entstehen unzählige Sichten und Eingabefelder. Werden Stammdaten unterschiedlich definiert, erzeugt und verwendet, hat dies negative Auswirkungen auf die Datenqualität. Um die Stammdatenqualität zu sichern, müssen unterschiedliche Abteilungen durch ein gemeinsames Stammdatenmanagement ein einheitliches Verständnis über die Stammdaten entwickeln.

Mit einem angemessenen Stammdatenmanagement kann eine Großhandlung die Qualität ihrer Daten verbessern: Dadurch kommt es gleichzeitig zu einem besseren Datenaustausch zwischen einzelnen Mitarbeitern und den Abteilungen.

Stammdatenmanagement kann nur dann zielgerichtet betrieben werden, wenn genau festgelegt wird, was „gute" Stammdaten sind. Dazu muss der zuständige Mitarbeiter im Unternehmen die Qualität der Stammdaten messen. Deswegen wird oft auch ein Kennzahlensystem für die Stammdatenqualität aufgebaut. Darauf basierend wird das Stammdatenmanagement systematisch vorgenommen.

Vorgehen im Rahmen des Stammdatenmanagements

Möchte ein Unternehmen die Qualität seiner Daten verbessern, wird es in mehreren Schritten vorgehen:

- Grundlage für eine Datenbereinigung ist es, sich über alle Stammdaten hinweg systematisch klarzumachen, welche Daten für die Großhandlung wichtig sind und wie ein korrekter und vollständiger Datensatz jeweils auszusehen hat. In der Großhandlung muss also ein **Regelwerk** vorliegen, das klare Vorgaben zu den Dateninhalten macht. Es muss also klar definiert sein im Unternehmen, was gute Stammdaten sind.

BEISPIEL

In der Fairtext GmbH wird gerade diskutiert:

- Gilt bei der Aufnahme von Kundendaten ein Datensatz schon mit der Telefonnummer als vollständig?
- Ist in jedem Fall die E-Mail-Adresse des Kunden erforderlich oder muss sie nur optional eingegeben werden?

Das Regelwerk sollte insbesondere folgende Fragestellungen beantworten:

Wann sind die Stammdaten zu erfassen?	Wann müssen Stammdaten aktualisiert werden?	In welchen Softwaresystemen sind die Stammdaten zu erfassen?	Welche Prüfungen müssen bei der Neuanlage von Daten durchgeführt werden?	Welche Felder eines Datensatzes müssen mindestens ausgefüllt werden?	Welcher Inhalt soll in den jeweiligen Feldern erfasst werden?	Welche Schreibweisen sollen in den Feldern gelten?

- Das Regelwerk muss verbindliche Vorgaben zur Datenverwendung machen. Namen von Kunden, Artikel, Lieferanten usw. sowie die jeweils beschreibenden Merkmale und Bezeichnungen müssen **eindeut**ig sein. Je genauer diese Vorgaben sind, desto höher ist die Chance auf saubere Daten

BEISPIEL

Eine Großhandlung aus dem Eisenwarenbedarf verwendet in ihrem EDV-System bei der Eingabe von Stammdaten die Bezeichnung „SK". Weil darunter bei Schrauben sowohl „Sechskantkopf" als auch „Senkkopf" verstanden werden kann, führt die Verwendung dieser Abkürzung nicht zu einer Eindeutigkeit. Deshalb besteht hier die Gefahr von Dubletten.

- Wird ein Stammdatenmanagement eingeführt, werden die Stammdaten **regelmäßig bereinigt** und im Hinblick auf die Qualität überprüft.

BEISPIEL

Die Fairtext GmbH hat für ihre Stammdaten einen regelmäßigen Prüfungs- und Bereinigungsprozess eingeführt. Sie spürt dadurch unvollständig gepflegte Daten auf und bereinigt diese. Auch Dubletten von Datensätzen werden entfernt.

- Im Rahmen des Stammdatenmanagements wird auch schon bei der Eingabe neuer Stammdatensätze dafür gesorgt, dass mögliche Fehler überhaupt erst nicht entstehen.

BEISPIEL

Bei der Auswahl der von der Fairtext GmbH verwendeten Softwarepakete wurde darauf geachtet, dass alle die folgenden Bedingungen erfüllen:

- Für eine korrekte Datenerfassung sorgen auf die Mitarbeiter zugeschnittene Eingabemasken.
- Eine hohe Datenqualität wird auch durch eine leicht zu bedienende Benutzeroberfläche des jeweiligen Programmpakets geschaffen.
- Für eine fehlerfreie Eingabe in die jeweilige Software sorgen Plausibilitätskontrollen und Kontrollen auf die Vollständigkeit der Daten: Als Liefertermin zum Beispiel den 32. zu nennen, wird hier sofort entdeckt und durch Warnsignale vermieden.

Software für Stammdatenmanagement

EDV-Programme zum Stammdatenmanagement ermöglichen einen Großteil der erforderlichen Arbeiten zur Pflege und zur Verbesserung der Daten: Diese Softwarepakete ermöglichen ein effizientes Anlegen, Pflegen und Verwalten der Stammdaten, wodurch sich die Datenqualität erheblich verbessert.

Unter **Datenqualität** versteht man die Eignung der Daten zur Nutzung in einem bestimmten Verwendungszusammenhang. So werden die Geschäftsprozesse beschleunigt. Gleichzeitig werden Schwachstellen identifiziert.

Stammdatenmanagementsoftware bereinigt fehlerhafte Stammdatenbestände. Diese Programmpakete erkennen:

- redundante Stammdaten,
- unvollständige Datensätze,
- fehlerhaft erfasste Daten,
- Widersprüche zwischen Datenbeständen.

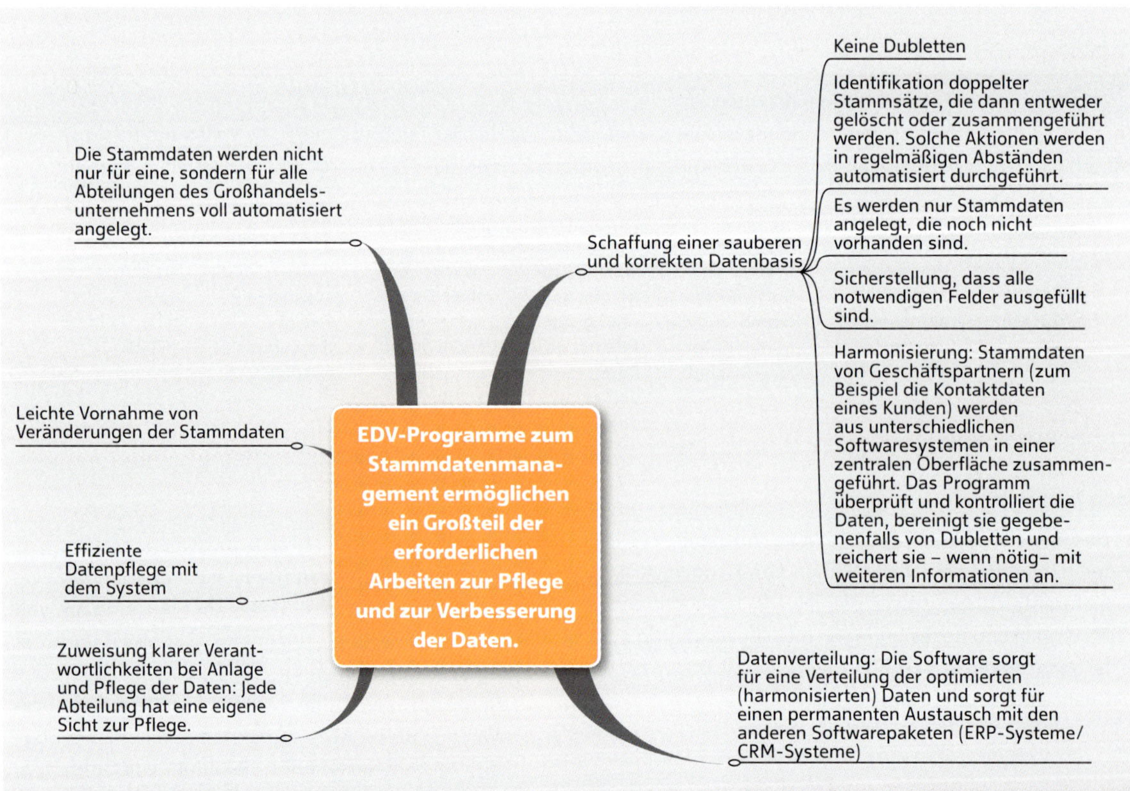

Programme für das Stammdatenmanagement gibt es als eigenständige Versionen. Oft sind sie aber auch in anderen Softwarepaketen (z. B. in ERP-Systemen) integriert. Die Software für das Stammdatenmanagement sorgt für ein unternehmensweit einheitliches Verständnis und eine einheitliche Verwendung der Stammdaten.

BEISPIEL

Das in der Fairtext GmbH verwendete Programmpaket sorgt schon bei der Datenerfassung für eine hohe Datenqualität:

- Das Programm weist den Mitarbeiter bei der Dateneingabe darauf hin, wenn er gegen Regeln im Hinblick auf die Schreibweise verstößt.
- Es enthält auch Plausibilitätskontrollen bei der Datenerfassung. So wird kontrolliert, ob ein ähnlicher Eintrag bereits vorhanden ist. Der Mitarbeiter wird dann darauf hingewiesen.

Durch solche und weitere Maßnahmen ließ sich die Anzahl der Dubletten deutlich verringern.

Die EDV-Systeme, die das Stammdatenmanagement unterstützen, ermöglichen oft eine Automatisierung der Datenerfassung in Teilen bzw. komplett: Dadurch werden die Mitarbeiter entlastet.

BEISPIEL

Artikelstammdaten werden automatisch angelegt auf der Grundlage von Daten, die die Lieferanten zur Verfügung stellen. Sehr viele Felder werden automatisch bereits ausgefüllt. Der Mitarbeiter in der Großhandlung muss nur noch kontrollieren, ob der Stammdatensatz tatsächlich angelegt.

Im Idealfall sollten die Stammdaten möglichst nur in einem Programmpaket vorgehalten werden. Verfügt eine Großhandlung z. B. über ein umfassendes ERP System, werden alle Bereiche des Unternehmens abgedeckt: Alle Abteilungen teilen sich dann die Stammdaten. Obwohl jede Abteilung eventuell eine andere Sichtweise auf die Stammdatensätze hat, wird durch das Stammdatenmanagement dennoch sichergestellt, dass alle Mitarbeiter aufgrund einheitlicher Informationen handeln.

Das Stammdatenmanagement im Bereich der Kundendaten

Besonders Kundendaten stellen für ein Großhandelsunternehmen eine große Herausforderung dar.

BEISPIEL

Da verschiedene Abteilungen der Fairtext GmbH Zugang zu den Kundenstammdaten haben, entstehen vermehrt Datensätze, die unterschiedlich in der Struktur aufgebaut sind. Grund dafür kann ein unterschiedlicher Blick der einzelnen Abteilungen auf den Kunden sein. Dadurch kommt es zu fehlerhaften Datensätzen. Datensätze sind zum Teil unvollständig oder sie liegen als Dubletten vor.

Eine professionelle Durchführung eines Stammdatenmanagements im Bereich der Kundendaten wird daher als immer wichtiger angesehen.

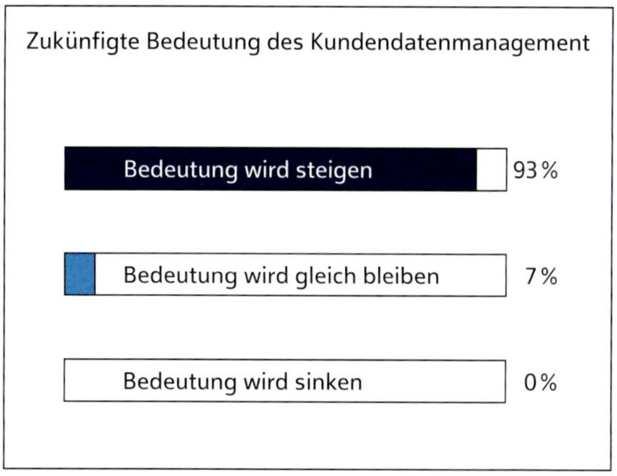

Quelle: Reick, Jeannette: Kundendaten: der „Rohstoff“ des 21. Jahrhunderts für jedes Unternehmen. In: uniserv.com. 17.05.2016. https://www.uniserv.com/unternehmen/blog/detail/article/kundendaten-der-rohstoff-des-21-jahrhunderts-fuer-jedes-unternehmen/[20.09.2021].

Experten sprechen im Zusammenhang von Kundendaten von dem Rohstoff des 21. Jahrhunderts für Unternehmen.

Ein besonderes Augenmerk muss dabei auf die Gewinnung der Kundendaten gelegt werden:

- Fallen bei einem Geschäftsvorfall mit Bestandskunden neue Informationen über diesen an, müssen diese sofort in das EDV-System eingegeben werden.

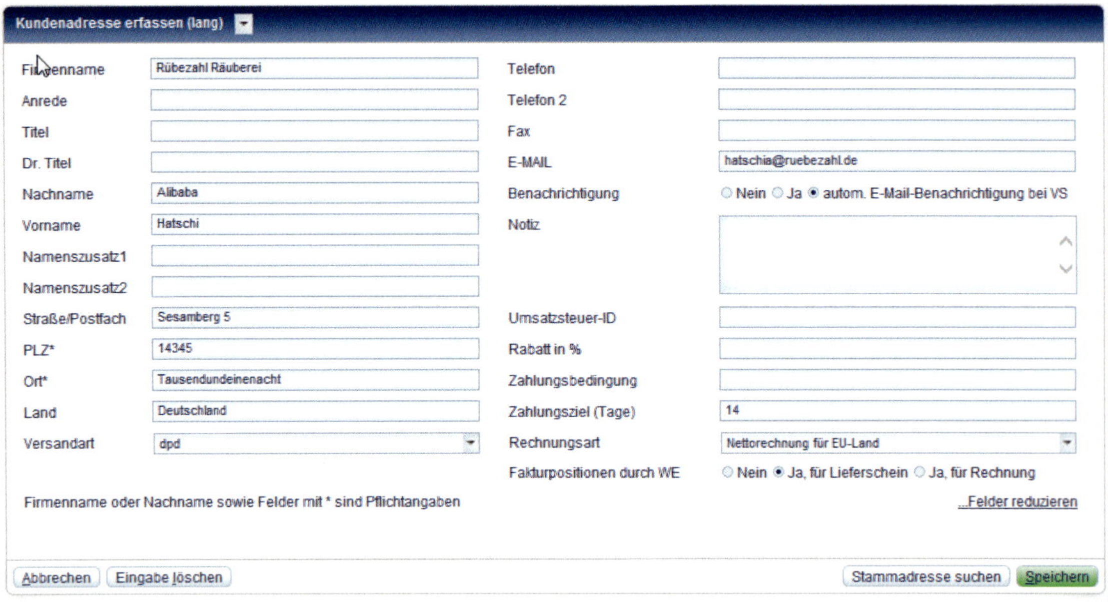

Eine Eingabemaske für die Erfassung von Kundendaten

- Große Anstrengungen werden in Großhandelsunternehmen gemacht, um Neukunden zu gewinnen. Quellen, um an Informationen über potenzielle Kunden zu kommen, sind
  - das sogenannte Telefonmarketing: Darunter versteht man den Telefonverkauf.
  - persönlich adressierte E-Mails: Bei einer eventuellen Reaktion des möglichen Kunden fallen Informationen an.
  - Kundenkontakt in Verkaufs- und Beratungsgesprächen
  - gezielte Recherche in Suchmaschinen
  - Auch der Kauf von Adressen möglicher Kunden ist möglich.
  - Auch die Daten eventueller Neukunden werden sofort erfasst.

Quelle: Montag, Thorsten: Adressen kaufen: Wo und zu welchen Preisen? In: www.gruenderlexikon.de. o. ED. https://www.gruenderlexikon.de/checkliste/fuehren/kunden-akquirieren/adressen-kaufen/ [09.11.2021].

Gerade bei Kundenstammdaten müssen Anforderungen des Datenschutzes sowie der Datensicherung bei der Anlage beachtet werden.

Datenschutz und Datensicherung von Kundendaten

Beim Umgang mit Stammdaten sollten Großhandelsunternehmen immer sowohl den Datenschutz als auch die Datensicherung beachten. Datensicherheit und Datenschutz überschneiden sich sehr häufig auf dem Gebiet der zu treffenden Maßnahmen.

Unterschied von Datenschutz und Datensicherung	
Datenschutz	**Datensicherung**
Was soll geschützt werden? Schutz der Privatsphäre	Was soll geschützt werden? Schutz von Daten vor Verlust, Zerstörung, Missbrauch oder Zugriff durch Dritte
Fragestellung: Darf ich bestimmte (personenbezogene) Daten verarbeiten?	Fragestellung: Mit welchen Verfahren und Methoden kann ich die erhobenen Daten vor Verlust oder Missbrauch schützen?
Beispiel: Darf ich den Familienstand der Mitarbeiter der Geschäftspartner in das ERP System aufnehmen?	Beispiel: Wie sorge ich dafür, dass nur dazu berechtigte Mitarbeiter auf bestimmte Daten von Kunden zugreifen dürfen?

Datenschutz

Beim Datenschutz geht es um Schutz vor Datenmissbrauch personenbezogener Daten. Personenbezogene Daten sind alle Daten einer natürlichen Person. Es sind die Daten, mit denen Außenstehende Rückschlüsse auf eine Person ziehen können.

Nach der Datenschutzgrundverordnung (DSGVO) sind personenbezogene Daten alle Informationen zu

- physischen,
- physiologischen,
- genetischen,
- geistigen,
- wirtschaftlichen,
- kulturellen und
- sozialen

Merkmalen einer natürlichen Person.

Gewahrt werden soll durch verschiedene Maßnahmen das allgemeine Persönlichkeitsrecht Betroffener. Dies ist im Grundgesetz verankert: Danach hat jede Person ein Recht auf informationelle Selbstbestimmung. Im Detail[1] regeln dann die Datenschutzgrundverordnung (DSGVO) und das Bundesdatenschutzgesetz (BDSG) die verschiedenen Maßnahmen, um einen Datenmissbrauch personenbezogener Daten zu vermeiden.

Großhandelsunternehmen sind verpflichtet, personenbezogene Daten von Kunden, Mitarbeitern oder Geschäftspartnern zu schützen.

Verstöße gegen datenschutzrechtliche Regelungen können zu Abmahnungen, hohen Bußgeldern und Imageverlusten führen.

Datensicherheit

Im Rahmen der Datensicherheit sollte ein Großhandelsunternehmen Daten jeglicher Art (also nicht nur personenbezogene Daten) gegen Manipulation, Verlust, Diebstahl und andere schützen. Die Datensicherheit wird durch Umsetzung geeigneter technischer und organisatorischer Maßnahmen erreicht.

Trifft ein Großhandelsunternehmen keine entsprechenden Maßnahmen zur Sicherung seiner Datenbestände, bestehen für diese Daten große Sicherheitsrisiken: Datenverlust, unerlaubte Datenmanipulation oder Diebstahl können die Folgen fehlender Sicherheitsanforderungen sein.

1 Mehr dazu im Band 2, Lernfeld 9

BEISPIEL

Einem Hacker gelingt es wegen unzureichender Daten-Sicherheitsmaßnahmen, in das ERP-System eines Industrieunternehmens einzudringen. Dort zerstört er sämtliche Kundendaten. Da auch keine Datensicherungen vorgenommen worden sind, kann das Unternehmen keine Rechnungen mehr stellen und Forderungen eintreiben. Schnell wird die Situation für das Unternehmen existenzgefährdend.

Eine Maßnahme zur Aufrechterhaltung der Datensicherheit ist die Vergabe von Passwörtern.

Mit Maßnahmen der Datensicherung[1] soll die Aufrechterhaltung einer ununterbrochenen Funktionsfähigkeit der Datenverarbeitung gewährleistet werden.

AUFGABEN

1. Aus welchen Gründen steigen die Datenmengen in Großhandelsunternehmen an?
2. Welche Datenfehler können zu Störungen in Geschäftsprozessen führen?
3. Welche Folgen können Datenfehler haben?
4. Wodurch unterscheiden sich Stamm- und Bewegungsdaten?
5. Führen Sie Beispiele für im Großhandelsunternehmen verwendete die Stammdaten auf.
6. Wie entwickeln sich Stammdaten im zeitlichen Ablauf?
7. Was versteht man unter dem Stammdatenmanagement?
8. Führen Sie Herausforderungen von Stammdatenmanagement eines Großhandelsunternehmens auf.
9. Geben Sie Vorteile eines professionell betriebenen Stammdatenmanagements an.
10. Welche Fragestellungen müssen im Unternehmen im Rahmen des Stammdatenmanagements beantwortet und anschließend in ein Regelwerk umgesetzt werden?
11. Ein Ziel des Stammdatenmanagements ist es, für eindeutige Daten zu sorgen. Was versteht man darunter?
12. Welche Fehler erkennen Stammdatenmanagementprogramme?
13. Auf welche Weise können Kundenstammdaten gewonnen werden?
14. Wodurch unterscheiden sich Datenschutz und Datensicherheit?
15. Was sind personenbezogene Daten?
16. Der Datenschutzbeauftragte der Fairtext GmbH prüft, welche Daten personenbezogene Daten sind. Entscheiden Sie:
    a) die betrieblichen Telefonnummern der Abteilungsleiter
    b) Name und Vorname des Leiters der Einkaufsabteilung auf der Internetseite der Fairtext GmbH
    c) die Daten der Gewinn- und Verlustrechnung sowie der Schlussbilanz
    d) die Daten der Mitarbeiter in der Personaldatei
    e) die Angaben im Handelsregister
17. Warum ist es wichtig, dass ein Großhandelsunternehmen sich um Datenschutz und Datensicherung kümmert?

1 Mehr dazu im Band 2, Lernfeld 9

AKTIONEN

1. Fehler in den Stammdaten wirken sich auf Prozesse im Unternehmen aus und vererben sich bspw. vom Angebot bis zur Rechnungsstellung. In dem Video mit der Internetadresse https://youtu.be/piE8haahTz4 kann man sehr schön sehen, wie man mithilfe einer Kundendaten-Managementsoftware am Beispiel von Adressdaten unvollständige Einträge für Straßennamen mit Hausnummern finden kann.
   Beschreiben Sie in maximal sechs Sätzen, wie dies im Beispiel geschieht.
2. Man versteht erst dann etwas richtig, wenn man versucht, es jemand anderen zu erklären. Dies führt zu einer eigenen gründlichen Auseinandersetzung mit dem gerade behandelten Thema.
   a) Suchen Sie sich einen Partner.
   b) Lesen Sie noch einmal den Informationstext und die Zusammenfassung. Bei Verständnisproblemen schlagen Sie ggf. noch einmal im Informationstext nach.
   c) Ihre Lehrerin/Ihr Lehrer stellt Ihnen 20 Karten zur Verfügung. Auf diese schreiben Sie die zentralen Begriffe des Themas.
   d) Diese Karten legen Sie nun so, dass sich eine sinnvolle Struktur ergibt. Dies geschieht in gemeinsamer Diskussion mit Ihrem Partner: Sie sollen gemeinsam begründen können, warum Sie Ihre Struktur so gelegt haben.
   e) Stellen Sie sich darauf ein, einer anderen Gruppe – oder dem Plenum – Ihre Struktur vorzustellen.

ZUSAMMENFASSUNG

Steigende Datenmengen

Datenfehler beeinflussen

↓

Datenqualität

wird immer wichtiger für den Erfolg eines Großhandelsunternehmens

macht erforderlich

↓

Stammdatenmanagement

Verwaltung der Stammdaten mit dem Ziel, deren Qualität möglichst optimal vorzuhalten

wird unterstützt durch

↓

Stammdatenmanagementprogramme

müssen beachten

↓

Anforderungen

- des Datenschutzes
- der Datensicherheit

KAPITEL 10
Erstellen von Angeboten

Die Textilgroßhandlung Fairtext GmbH erhält am 19. Mai die Anfrage des Herrenausstatters Grote OHG aus Hannover (siehe Einstieg Kap. 2.8):

Der Abteilungsleiter Verkauf der Fairtext GmbH, Herr Raub, beauftragt daraufhin Sebastian Holpert, die Anfrage der Grote OHG zu bearbeiten und einen Angebotsentwurf zu erstellen.

Versetzen Sie sich in die Rolle von Sebastian Holpert und erfüllen Sie den Auftrag von Herrn Raub.

INFORMATIONEN

Wesen des Angebots

DEFINITION

Ein **Angebot** ist eine Willenserklärung, Waren zu den angegebenen Bedingungen zu verkaufen.

Angebote richten sich an eine genau bestimmte Person oder Personengruppe. Deshalb sind Zeitungsanzeigen, Prospekte, Kataloge, Plakate, Werbefernsehen, Werbefunk und Schaufensterauslagen keine Angebote, sondern **Anpreisungen**.

Auch die Präsentation von Waren in Selbstbedienungsgeschäften gilt nicht als Angebot, sondern lediglich als Anpreisung. In Selbstbedienungsgeschäften kommt der Kaufvertrag erst durch das Bringen der Ware zur Kasse und das Kassieren des Kaufpreises zustande.

Andererseits gilt die Aufstellung eines Automaten als Angebot an jeden, der die richtige Münze einwirft.

Form des Angebots

Die Abgabe eines Angebots ist an keine Formvorschrift gebunden. Sie kann schriftlich (Brief, Telegramm, E-Mail, Fax), mündlich oder telefonisch erfolgen.

Bindungsfristen

Angebote, die ohne Einschränkungen gemacht wurden, sind grundsätzlich verbindlich.

Gesetzliche Bindungsfrist

Angebote müssen **unverzüglich** angenommen werden, wenn in dem Angebot keine Frist genannt wurde:

- **Mündliche und telefonische Angebote** sind deshalb nur so lange bindend, wie das Gespräch dauert.
- **Schriftliche Angebote** werden in dem Moment verbindlich, in dem sie dem Empfänger zugehen. Der Anbieter ist so lange an dieses Angebot gebunden, wie er unter verkehrsüblichen Bedingungen mit einer Antwort rechnen muss.

Die Bindungsfrist beträgt bei einem Angebotsbrief nach Handelsbrauch gewöhnlich eine Woche. Bei telegrafischen Angeboten beträgt sie 24 Stunden.

BEISPIEL

Ein Einzelhändler erhält von einem Großhändler am 1. Dez. einen Angebotsbrief. Das Angebot ist nur bis zum 8. Dez. bindend. Der Großhändler muss zu den Angebotsbedingungen nur dann liefern, wenn die Bestellung des Einzelhändlers bis zu diesem Zeitpunkt bei ihm eingetroffen ist.

Ob ein Vertrag schriftlich, per Handschlag oder per Mausklick besiegelt wird, spielt keine Rolle – die Vertragspartner müssen ihn erfüllen. Verträge, die nach dem Gesetz nicht unbedingt schriftlich sein müssen – und das ist bei den meisten Internetgeschäften der Fall –, können also per E-Mail geschlossen werden. Spezielle Regelungen dafür, die den Verbraucher unter anderem durch ein Widerrufsrecht auch bei elektronisch geschlossenen Verträgen schützen sollen, gibt es im Bürgerlichen Gesetzbuch (§ 312 b–d BGB). Den grauen Kapitalmarkt im Internet ficht das jedoch nicht an: Für Finanzdienstleistungen gilt die Richtlinie nicht.

Der Vertragsschluss per Internet birgt Probleme: Wenn ein Kunde einem dubiosen Anbieter ins Netz gegangen

203153258

ist und von ihm z. B. Schadenersatz verlangen will, muss er zunächst beweisen, dass es überhaupt einen Vertrag gibt. Das sicherste Beweismittel in einem Zivilprozess ist immer eine Urkunde, denn daran ist der Richter gebunden.

Der Computerausdruck einer E-Mail ist jedoch lediglich ein sogenannter Augenscheinbeweis: Der Richter kann frei entscheiden, ob er den Inhalt glaubt oder nicht.

In Deutschland gibt es seit dem 1. Aug. 1997 das Gesetz zur Regelung digitaler Signaturen: Danach können Zertifizierungsstellen den Nutzern elektronischer Medien Signaturschlüssel zuweisen, mit denen Nachrichten gekennzeichnet werden. Die digitale Signatur soll den Absender und auch die Echtheit der Daten erkennen lassen.

Vertragliche Bindungsfrist

Wird in einem Angebot eine Frist angegeben (z. B. „gültig bis 31. März 20..“), muss die Bestellung bis zum Ablauf dieser Frist beim Anbieter eingegangen sein.

Freizeichnungsklauseln

Durch Freizeichnungsklauseln kann die Verbindlichkeit eines Angebots ganz oder teilweise ausgeschlossen werden.

BEISPIELE

„Preisänderungen vorbehalten“	→	Preis ist unverbindlich.
„solange Vorrat reicht“	→	Menge ist unverbindlich.
„freibleibend“, „unverbindlich“, „ohne Obligo“	→	Das ganze Angebot ist unverbindlich.

Erlöschen der Bindung

Der Anbieter ist nicht mehr an sein Angebot gebunden, wenn
- der Empfänger das Angebot ablehnt,
- die Bestellung zu spät eintrifft,
- die Bestellung vom Angebot abweicht.

Außerdem erlischt die Bindung an das Angebot, wenn der Anbieter sein Angebot rechtzeitig widerruft. Der **Widerruf** muss möglichst vor, spätestens aber mit dem Angebot beim Empfänger eingetroffen sein.

Inhalte des Angebots

Angebote können Vereinbarungen enthalten über:
- Art, Beschaffenheit und Güte der Ware
- Menge der Ware
- Preis der Ware und Preisabzüge
- Lieferungsbedingungen:
  - Versandkosten
  - Kosten der Versandverpackung
  - Lieferzeit
- Zahlungsbedingungen

Fehlen in einem Angebot entsprechende Angaben, gelten die jeweiligen gesetzlichen Bestimmungen.

Art, Beschaffenheit und Güte der Ware

Die Art der Ware wird durch handelsübliche Bezeichnungen gekennzeichnet. Die Beschaffenheit und Güte der Ware kann durch Abbildungen und Beschreibungen in Katalogen oder Prospekten, durch Güteklassen, Gütezeichen, Muster und Proben oder nach Augenschein festgelegt werden. Fehlt im Angebot eine Angabe über Beschaffenheit und Güte der Ware, ist bei einer Gattungsschuld eine Ware mittlerer Art und Güte zu liefern (gesetzliche Bestimmung).

Menge der Ware

Normalerweise wird die Menge in handelsüblichen Maßeinheiten angegeben (z. B. kg, m, Stück).

Der Anbieter kann in seinem Angebot Mindestbestellmengen und Höchstbestellmengen festlegen.

Bei Angabe einer **Mindestbestellmenge** werden nur solche Bestellungen ausgeführt, die über diese Mindestmenge oder eine größere Bestellmenge lauten.

Mit der Angabe einer **Höchstbestellmenge** beschränkt der Anbieter die Abgabemenge an einen Besteller.

Preis der Ware

Der Preis ist der in Geld ausgedrückte Wert einer Ware. Er kann sich beziehen auf
- gesetzliche Maßeinheiten (kg, l, m, m^2, m^3) oder
- handelsübliche Bezeichnungen (Stück, Kisten, Ballen usw.).

Preisabzüge

Rabatt
Rabatt ist ein Preisnachlass. Er wird gewährt als:
- **Mengenrabatt** für Abnahme größerer Mengen
- **Wiederverkäuferrabatt** für Händler
- **Sonderrabatt** bei bestimmten Anlässen (z. B. Jubiläum)
- **Personalrabatt** für Betriebsangehörige

Naturalrabatte sind Rabatte, die in Form von Waren gewährt werden. Sie können in Form einer Draufgabe oder Dreingabe gewährt werden:
- **Draufgabe:** Es wird eine bestimmte Menge zusätzlich unentgeltlich geliefert (z. B. 50 Stück bestellt, 60 Stück geliefert, 50 Stück berechnet).
- **Dreingabe:** Es wird weniger berechnet, als geliefert wurde (z. B. 50 Stück bestellt, 50 Stück geliefert, 40 Stück berechnet).

Ein **Bonus** ist ein nachträglich gewährter Preisnachlass, der in der Regel am Jahresende gewährt wird, wenn der Kunde einen Mindestumsatz erreicht oder überschritten hat.

Skonto
Skonto ist ein **Preisnachlass für vorzeitige Zahlung**.

Lieferungsbedingungen

Versandkosten
Zu den Versandkosten (Beförderungskosten) gehören:
- Hausfracht am Ort des Verkäufers, die durch den Transport von der Geschäftsniederlassung des Verkäufers zur Versandstation (z. B. Versandbahnhof) entsteht
- Wiege- und Verladekosten
- Fracht, die für den Transport von der Versandstation bis zur Empfangsstation zu zahlen ist
- Entladekosten
- Hausfracht am Ort des Käufers, die durch den Transport von der Empfangsstation bis zur Geschäftsniederlassung des Käufers entsteht

a) Gesetzliche Regelung

Wenn zwischen dem Verkäufer und dem Käufer keine besondere Vereinbarung getroffen wurde, trägt der Käufer die Versandkosten. Das bedeutet:
- Beim **Platzkauf**, d. h., wenn Verkäufer und Käufer ihren Geschäftssitz am selben Ort haben, muss der Käufer die Versandkosten ab der Geschäftsniederlassung des Verkäufers bezahlen.
- Beim **Versendungskauf**, d. h., wenn Verkäufer und Käufer ihren Geschäftssitz nicht am selben Ort haben, muss der Verkäufer die Versandkosten bis zur Versandstation (= Hausfracht am Versendungsort und Wiegekosten) bezahlen. Die Versandkosten ab Versandstation (Verladekosten, Fracht, Entladekosten, Hausfracht am Bestimmungsort) muss der Käufer bezahlen (Warenschulden sind Holschulden).

BEISPIEL

Die Fairtext GmbH bestellt Mäntel bei der Mantelfabrik Meyer in Bielefeld. Die Mantelfabrik schickt die Mäntel mit der Eisenbahn. Für den Transport zum Versandbahnhof Bielefeld entstehen 20,00 € Hausfracht. Die Fracht der Bahn beträgt 200,00 €. Für den Transport von der Empfangsstation Hannover bis zur Filiale der Fairtext GmbH berechnet der Bahnspediteur 25,00 € Hausfracht. Wenn keine vertragliche Vereinbarung über die Versandkosten erfolgte, muss die Fairtext GmbH die 200,00 € Fracht zuzüglich 25,00 € Hausfracht in Hannover = 225,00 € bezahlen.

b) Vertragliche Regelungen
Abweichend von der gesetzlichen Regelung können zwischen Käufer und Verkäufer anderslautende vertragliche Regelungen vereinbart werden.

Beförderungsbedingungen	Verkäufer zahlt	Käufer zahlt
ab Werk, Lager oder Fabrik = **gesetzliche Regelung beim Platzkauf**	keine Versandkosten	alle Versandkosten
unfrei, ab hier, ab Versandstation, ab Bahnhof hier = **gesetzliche Regelung beim Versendungskauf**	Versandkosten bis zur Versandstation (Hausfracht am Versendungsort, Wiegekosten)	Versandkosten ab Versandstation (Verladekosten, Fracht, Entladekosten, Hausfracht am Bestimmungsort)
frachtfrei, frei dort, frei Bahnhof dort, frei	Versandkosten bis zur Empfangsstation (Hausfracht am Versandort, Verladekosten, Fracht)	Versandkosten ab Empfangsstation (Entladekosten, Hausfracht am Empfangsort)
frei Haus, frei Lager	alle Versandkosten	keine Versandkosten

Kosten der Versandverpackung

a) Gesetzliche Regelung

Wenn zwischen Käufer und Verkäufer keine besonderen Vereinbarungen getroffen wurden, trägt die Kosten der Versandverpackung grundsätzlich der Käufer.

b) Vertragliche Regelungen

Vertraglich kann vereinbart werden:

- **Preis für Reingewicht** (= Nettogewicht) **einschließlich Verpackung** (netto einschließlich Verpackung): Der Preis wird nur vom Gewicht der Ware (Rein- bzw. Nettogewicht) berechnet. Die Verpackung erhält der Käufer unberechnet.
- **Preis für Reingewicht ausschließlich Verpackung** (netto ausschließlich Verpackung): Der Preis wird vom Reingewicht (Nettogewicht) berechnet. Die Verpackung wird dem Käufer zusätzlich, normalerweise zum Selbstkostenpreis, in Rechnung gestellt (= gesetzliche Regelung).
- **Preis für das Bruttogewicht einschließlich Verpackung** (brutto für netto [b/n; bfn]): Für die Berechnung wird das Bruttogewicht (= Reingewicht + Verpackungsgewicht) zugrunde gelegt. Die Verpackung wird wie die Ware berechnet.

BEISPIEL

Das Nettogewicht einer Ware beträgt 20 kg. Das Verpackungsgewicht (Tara) beträgt 2 kg. Der Preis der Ware beläuft sich auf 2,00 € je kg. Der Selbstkostenpreis der Verpackung beträgt 1,00 €.

Vertragliche Regelung	Preis für Ware und Verpackung
Preis einschließlich Verpackung	Nettogewicht 20 kg · 2,00 € = 40,00 €
Preis zuzüglich 1,00 € Verpackung	Nettogewicht 20 kg · 2,00 € + 1,00 € = 41,00 €
brutto für netto (b/n)	Bruttogewicht 22 kg · 2,00 € = 44,00 €

Lieferzeit

a) Gesetzliche Regelung

Wurde zwischen den Vertragspartnern keine Lieferfrist vereinbart, dann ist der Verkäufer verpflichtet, die Ware unverzüglich zu liefern.

b) Vertragliche Regelungen

Abweichend von der gesetzlichen Regelung kann vereinbart werden:

- Lieferung innerhalb eines bestimmten Zeitraums, z. B. Lieferung innerhalb von 14 Tagen
- Lieferung bis zu einem bestimmten Termin, z. B. Lieferung bis Ende August
- Lieferung zu einem genau festgelegten Datum (Fixkauf), z. B. Lieferung am 5. Nov. 20.. fix

Zahlungsbedingungen

a) Gesetzliche Regelungen

Der Käufer ist verpflichtet, die Ware unverzüglich bei Lieferung zu bezahlen, wenn zwischen ihm und dem Verkäufer kein anderer Zahlungszeitpunkt vereinbart worden ist. Die Kosten der Zahlung (z. B. Überweisungsgebühren) muss der Käufer tragen.

b) Vertragliche Regelungen

Vertraglich kann zwischen Verkäufer und Käufer vereinbart werden:

- **Zahlung vor der Lieferung**
  Vor der Lieferung muss ein Teil des Kaufpreises oder der gesamte Kaufpreis bezahlt werden, z. B.:
  - Anzahlung
  - Vorauszahlung
- **Zahlung bei Lieferung**
  Die Zahlung erfolgt Zug um Zug, d. h., der Verkäufer händigt die Ware aus und der Käufer bezahlt den Kaufpreis, z. B.:
  - „sofort netto Kasse" = sofortige Zahlung ohne Abzug
  - „gegen Nachnahme" = Aushändigung einer Warensendung nur gegen Zahlung
- **Zahlung nach der Lieferung**
  Der Käufer muss die Ware erst eine bestimmte Zeit nach der Lieferung bezahlen:
  - Zielkauf, z. B. „Zahlung innerhalb 30 Tagen"
  - Ratenkauf: Der Käufer kann den Kaufpreis in Raten begleichen.

Rahmenbedingungen für die Angebotsgestaltung

Aspekte der Gesundheits- und Umweltverträglichkeit

Großhandelsbetriebe sollten bei ihrem Warenangebot auch die Gesundheits- und Umweltverträglichkeit der Waren beachten.

In der Bevölkerung hat in den letzten Jahren das **Umweltbewusstsein** stark zugenommen. Das hat Auswirkungen auf ihr Einkaufsverhalten. Handelsbetriebe können diesem Bewusstseinswandel durch die **Aufnahme umwelt-**

verträglicher Waren in ihr Sortiment Rechnung tragen. Sie können z. B. Waren, deren Herstellung, Verwendung oder Beseitigung die Gesundheit und Umwelt belasten, aus ihrem Sortiment herausnehmen und durch umweltverträgliche Waren ersetzen.

Rechtsvorschriften

Das Angebot des Großhändlers wird auch durch **Rechtsvorschriften** beeinflusst. Zu beachtende Rechtsvorschriften sind u. a.:

- das Lebensmittel- und Bedarfsgegenständegesetz (LMBG)
- das Gesetz über den Verkehr mit Arzneimitteln (AMG)
- das Geräte- und Produktsicherheitsgesetz (GPSG)
- das Wasch- und Reinigungsmittelgesetz

Das **Lebensmittel- und Bedarfsgegenständegesetz** hat vor allem durch die Einbeziehung von Tabakerzeugnissen, Kosmetika und Bedarfsgegenständen (u. a. Körperpflegemittel, Reinigungs-, Pflege- und Imprägniermittel, Mittel zur Geruchsverbesserung und Insektenvertilgung, Scherzartikel, Spielwaren) weitreichende Bedeutung für sortimentspolitische Entscheidungen. Es verbietet z. B.

- Lebensmittel, Kosmetika oder sonstige Bedarfsgegenstände herzustellen oder zu vertreiben, die geeignet sind, die menschliche Gesundheit zu schädigen;
- Zusatzstoffe in Lebensmitteln und Tabakwaren zu verwenden, die nicht ausdrücklich als Zusatzstoffe zugelassen sind;
- Textilien mit Azofarbstoffen, die möglicherweise Krebs erregen (sogenannte Benzidinfarbstoffe), herzustellen und zu importieren;
- Erzeugnisse, die keine Lebensmittel sind, bei denen jedoch aufgrund ihrer Form, ihres Geruchs, ihres Aussehens, ihrer Aufmachung, ihrer Etikettierung, ihres Volumens oder ihrer Größe vorhersehbar ist, dass sie von den Verbrauchern, insbesondere von Kindern, mit Lebensmitteln verwechselt und deshalb zum Mund geführt, gelutscht oder geschluckt werden können, herzustellen und zu verkaufen.

Das **Gesetz über den Verkehr mit Arzneimitteln** regelt u. a.

- wer Arzneimittel herstellen darf,
- wie und durch wen ein Arzneimittel in den Verkehr gebracht werden darf.

Es verbietet, „bedenkliche" Arzneimittel in den Verkehr zu bringen.

Das **Geräte- und Produktsicherheitsgesetz** (GPSG) bestimmt, dass nur sichere Produkte auf den Markt gebracht werden dürfen.

Aufgrund dieses Gesetzes können die zuständigen Überwachungsbehörden (z. B. Gewerbeaufsichtsamt) der einzelnen Bundesländer Herstellern und Importeuren von Produkten (z. B. Arbeits- und Kraftmaschinen, Werkzeuge, Haushaltsgeräte) den Vertrieb sicherheitstechnisch mangelhafter Geräte untersagen.

Das **Wasch- und Reinigungsmittelgesetz** verbietet u. a., Wasch- und Reinigungsmittel zu verkaufen, deren biologische Abbaubarkeit oder sonstige Möglichkeit der Beseitigung nicht bestimmten Anforderungen entspricht.

Normen, Prüfzeichen, Gütezeichen

Neben warenspezifischen Gesetzen und Verordnungen dienen

- Normen, z. B. DIN,
- Prüfzeichen,
- Gütezeichen

der **Qualitätssicherung** von Produkten.

Das Zeichen **DIN** (Deutsches Institut für Normung) mit Nummern der Norm auf einem Gegenstand bedeutet, dass er nach Angaben des Herstellers der entsprechenden Norm entspricht. Das kann hinsichtlich der Maße (z. B. Größe, Höhe, Durchmesser), der Form, der Ausführung oder Güte der Fall sein.

Prüfzeichen dürfen Produkte tragen, die ein Prüfverfahren z. B. des Technischen Überwachungsvereins (TÜV) oder des Verbands der Elektrotechnik, Elektronik, Informationstechnik e. V. (VDE) bestanden haben und entsprechend zertifiziert wurden. Geprüft wird dabei vor allem, ob das Produkt den Sicherheitsbestimmungen entspricht.

BEISPIELE PRÜFZEICHEN

203153262

Gütezeichen garantieren eine genau festgelegte und nachkontrollierbare Qualität der Waren und Leistungen. Jedes Unternehmen, das nachweisen kann, dass seine Waren oder Leistungen den Qualitätsansprüchen des Gütezeichens entsprechen, darf das Gütezeichen führen.

BEISPIELE GÜTEZEICHEN

AUFGABEN

1. In welchen der folgenden Fälle liegt ein Angebot vor?
   a) Ein Lebensmittelhändler lässt Handzettel mit aktuellen Sonderangeboten an die Haushalte in seinem Stadtbezirk verteilen.
   b) Ein Verkäufer bietet einem Kunden in der Elektroabteilung eines Cash-and-carry-Betriebs einen Staubsauger an.
   c) Ein Möbelhaus lässt seine Kataloge von der Post an alle Haushalte verteilen.
   d) Ein Weinhändler bietet einem Stammkunden telefonisch einen besonders günstigen Posten Rotwein an.

2. Der Textilgroßhändler Gauß macht seiner Stammkundin Frau Lorenzen (Inhaberin einer Boutique) in seinem Geschäft ein Angebot für wertvolle Abendkleider. Frau Lorenzen kann sich jedoch nicht sofort entscheiden. Drei Tage später sucht sie das Geschäft noch einmal auf, um die Abendkleider zu kaufen. Herr Gauß hat die Kleider jedoch mittlerweile verkauft.

   Warum war er nicht mehr an das Angebot gebunden?

3. Karl Lang, Mainz, macht seinen langjährigen Kunden Fritz Kaiser, Hannover, und Gertrud Meyer, Göttingen, ein schriftliches Angebot über „Margaret Öster" Feuchtigkeitscreme zu 3,00 € je Tube. Der Brief wird von ihm am 20. Mai zur Post gegeben.
   a) Am 22. Mai bestellt Herr Kaiser 40 Tuben zu 2,80 € je Tube. Wie kann Herr Lang auf die Bestellung reagieren?
   b) Am 31. Mai bestellt Frau Meyer 100 Tuben zu 3,00 € je Tube. Warum muss Herr Lang nicht mehr liefern?

4. Erläutern Sie folgende Freizeichnungsklauseln:
   a) „freibleibend"
   b) „solange Vorrat reicht"
   c) „Preis freibleibend"

5. Bis zu welchem Zeitpunkt kann ein schriftliches Angebot widerrufen werden?

6. Was bedeutet das Einräumen eines Zahlungsziels für den Käufer einer Ware?

7. Welchen Teil der Transportkosten trägt beim Bahnversand der Käufer, wenn im Angebot des Lieferanten keine Angabe über die Transportkostenverteilung enthalten ist?

8. Die Lieferungsbedingung lautet „frachtfrei", die Fracht beträgt 50,00 €, die Hausfracht für die An- und Abfuhr je 10,00 €.

   Wie viel Euro muss der Käufer für den Transport bezahlen?

9. Wann muss der Käufer zahlen, wenn im Angebot keine Klausel darüber enthalten ist?

10. Wer zahlt die Versandverpackung, wenn im Angebot keine Angabe darüber enthalten ist?

11. Was bedeutet die Zahlungsbedingung „netto Kasse"?

12. Ein Großhändler bietet an: „Beim Kauf von 20 Flaschen erhalten Sie eine Flasche gratis!"

    Um welchen Rabatt handelt es sich hierbei?

13. Wann muss geliefert werden, wenn im Kaufvertrag keine Lieferfrist vereinbart wurde?

AKTIONEN

1. Da im Verkaufsbereich eine Vielzahl von Angeboten erstellt werden muss, möchte der Leiter der Verkaufsabteilung, Herr Raub, diese Arbeit durch den Einsatz des Textverarbeitungsprogramms Word vereinfachen. Er bittet Anne Schulte und Sebastian Holpert, eine Dokumentvorlage für Angebotsbriefe zu entwickeln.

   Versetzen Sie sich in die Rolle von Anne Schulte oder Sebastian Holpert und entwickeln Sie zusammen mit einer Mitschülerin oder einem Mitschüler eine Dokumentvorlage für Angebotsbriefe.

2. Die Fairtext GmbH gewährt ihren Abnehmern bei allen Lieferungen ein Zahlungsziel von 30 Tagen. Beim Überschreiten des Zahlungsziels berechnet sie Verzugszinsen in Höhe von 5%. Sie beliefert in erster Linie größere Fachgeschäfte. Kleinere Fachgeschäfte kaufen bei ihr nur Waren in kleinen Mengen, da sie nur wenig liquide sind. Um den Absatz zu verbessern, möchte Herr Trumpf die Lieferungs- und Zahlungsbedingungen der Fairtext GmbH verändern.

   Machen Sie Vorschläge zur Veränderung der Lieferungs- und Zahlungsbedingungen der Fairtext GmbH. Stellen Sie die Chancen und Risiken veränderter Lieferungs- und Zahlungsbedingungen gegenüber. Präsentieren Sie Ihre Ergebnisse in Ihrer Klasse.

ZUSAMMENFASSUNG

Angebot	und	Anpreisung
• an eine **genau bestimmte** Person oder Personengruppe gerichtet • grundsätzlich **verbindlich**		• an die **Allgemeinheit** gerichtet • **unverbindlich**

Bindungsfristen bei

unbefristeten Angeboten (= gesetzlich)	**befristeten Angeboten** (= vertraglich)	**Angeboten mit Freizeichnungsklausel**
• mündliche und telefonische Angebote: solange das Gespräch dauert • Angebotsbriefe: ca. 1 Woche • telegrafische Angebote: 24 Std.	• bindend bis zum Ablauf der Frist	• ganz oder teilweise unverbindlich

Erlöschen der Bindung an das Angebot bei

- **Ablehnung des Angebots**
- **verspäteter Bestellung**
- **vom Angebot abweichender Bestellung**
- **rechtzeitigem Widerruf des Angebots**

ZUSAMMENFASSUNG

Inhalte des Angebots

Inhalte des Angebots	gesetzliche Regelung	vertragliche Regelung
Art, Beschaffenheit und Güte der Ware	• mittlere Art und Güte	• nach Augenschein • nach Probe • Güteklassen • Abbildungen und Beschreibungen
Menge	• Bezeichnung: m, kg, Stück usw. • Mindestbestellmenge • Höchstbestellmenge	
Preisabzüge	Rabatt • Mengenrabatt • Wiederverkäuferrabatt • Sonderrabatt • Naturalrabatt (Draufgabe; Dreingabe) • Personalrabatt • Bonus	**Skonto**
Kosten der Versandverpackung	• Kosten sind vom Käufer zu tragen.	• netto einschließlich Verpackung • netto ausschließlich Verpackung **(gesetzliche Regelung)** • brutto einschließlich Verpackung (brutto für netto)
Versandkosten	• Versandkosten trägt der Käufer.	• ab Werk, ab Lager • ab hier, ab Bahnhof hier, unfrei • frei dort, frei Bahnhof dort, frachtfrei • frei Haus
Lieferzeit	• sofortige Lieferung	• Lieferung innerhalb eines bestimmten Zeitraumes • Lieferung bis zu einem bestimmten Termin • Fixkauf
Zahlungsbedingungen	• sofortige Zahlung • Kosten der Zahlung trägt der Käufer.	• Anzahlung • Vorauszahlung • „netto Kasse“ • „gegen Nachnahme“ • Zielkauf • Ratenkauf

KAPITEL 11
Eigentumsvorbehalt zur Forderungssicherung

Die Fairtext GmbH verkauft Haushaltswäsche für 43.500,00 € zu folgenden Sonderkonditionen: „Zahlbar innerhalb von 90 Tagen ohne Abzug, Lieferung sofort." Mit dem Käufer, der Martin Heuser GmbH & Co. KG in Krumbach, wird zudem eine erste Zahlung in Höhe von 10.000,00 €, fällig nach vier Wochen ab Rechnungsdatum, vereinbart. Im Kaufvertrag ist ferner zu lesen:

> **4. Eigentumsvorbehalt**
> Der Lieferant behält sich das Eigentum an dem Liefergegenstand bis zum Eingang aller Zahlungen aus dem Kaufvertrag vor.
> Der Käufer darf den Liefergegenstand weder veräußern noch verpfänden. Bei vertragswidrigem Verhalten des Käufers, insbesondere bei Zahlungsverzug, ist der Lieferant zur Rücknahme nach Mahnung berechtigt und der Käufer zur Herausgabe verpflichtet. [...]

Prüfen Sie, welche rechtliche Bedeutung dieser Vertragspunkt für die Fairtext GmbH als Verkäufer und den Käufer, die Martin Heuser GmbH & Co. KG, hat.

INFORMATIONEN

Einfacher Eigentumsvorbehalt

Eine der wichtigsten Formen der Sicherung von Forderungen aus Warenlieferungen auf Ziel ist der Eigentumsvorbehalt (= Mittel der Kreditsicherung).

Durch den Eigentumsvorbehalt wird der Käufer zunächst lediglich Besitzer der Sache, Eigentümer bleibt der Verkäufer bis zur vollständigen Bezahlung des Kaufpreises; man spricht vom **einfachen Eigentumsvorbehalt** (§ 449 BGB).

Der zwischen Käufer und Verkäufer formlos vereinbarte Eigentumsvorbehalt bringt **dem Verkäufer folgende Vorteile**:

- Er kann die Ware zurücknehmen, falls der Kunde den Kaufpreis nicht bezahlt.
- Er kann die Freigabe der Ware verlangen, falls sie durch den Gerichtsvollzieher gepfändet wurde.
- Er kann die Ware aus der Insolvenzmasse aussondern lassen, sollte gegen den Käufer ein Insolvenzverfahren eingeleitet worden sein (§ 47 InsO).

Der Eigentumsvorbehalt erlischt bei vollständiger Bezahlung des Kaufpreises.

Nicht übersehen darf man aber, dass der Eigentumsvorbehalt auch Schwachstellen hat. Er wird nämlich **unwirksam**, wenn die bewegliche Sache vom Käufer

- verarbeitet,
- verbraucht,
- vernichtet oder
- mit einer anderen, unbeweglichen Sache fest verbunden wird (§ 946, 950 BGB).

Das gilt auch, wenn, wie im Wirtschaftsleben üblich, die unter Eigentumsvorbehalt gelieferte Ware weiterverkauft wird (§ 932 BGB).

BEISPIELE

- Ein Großhändler erwirbt Waren von einem Konfektionär unter Eigentumsvorbehalt. Er verkauft diese noch nicht bezahlten Waren vier Tage später, denn der Ein- und Verkauf gehören zu seinen täglichen Geschäften. Eine Vereinbarung, die ihm den Verkauf der Ware verbieten würde, wäre unzweckmäßig und wenig sinnvoll.
- In der Reparaturwerkstatt eines Großhandelsbetriebs wird ein Ersatzteil, das der Großhändler unter Eigentumsvorbehalt gekauft hat und das noch nicht bezahlt ist, in das Smartphone eines Kunden eingebaut. Der Kunde wird Eigentümer dieses eingebauten Ersatzteils.
- Der Inhaber einer Tischlerei erwirbt Fenster aus Isolierglas unter Eigentumsvorbehalt. Er baut die noch nicht bezahlten Fenster in das Verwaltungsgebäude der Textilgroßhandlung Fairtext GmbH ein. Mit der Installation wird der Großhandelsbetrieb Eigentümer der Fenster.`

Verlängerter Eigentumsvorbehalt

Möchte der Verkäufer seine Waren auch oder gerade beim Weiterverkauf durch den Käufer sichern, so kann ein **verlängerter Eigentumsvorbehalt** vereinbart werden.

Der Käufer darf nun die von ihm unter Eigentumsvorbehalt gekaufte Ware weiterverkaufen, muss aber seine Kaufpreisforderung gegen seinen Kunden im Voraus an seinen Verkäufer abtreten.

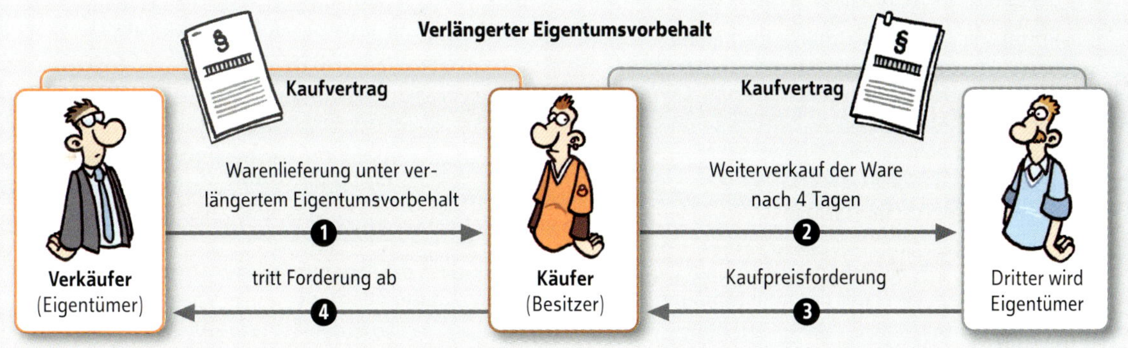

Erweiterter Eigentumsvorbehalt

Eine dritte Form des Eigentumsvorbehalts ist der **erweiterte Eigentumsvorbehalt**. Er liegt vor, wenn der Verkäufer nicht nur die Forderung aus einer Warenlieferung sichert, sondern wenn **sämtliche Lieferungen** an einen Käufer geschützt werden sollen.

BEISPIEL

Ein Großhändler hat im Lauf der letzten sechs Monate zehn verschiedene Warenlieferungen an einen Einzelhändler vorgenommen. Das Eigentum auch der letzten Lieferung geht erst dann auf den Einzelhändler über, wenn **alle zehn Lieferungen** vollständig bezahlt sind.

AUFGABEN

1. Warum wird im Kaufvertrag ein Eigentumsvorbehalt vereinbart?
2. Welche Rechte hat der Verkäufer beim Eigentumsvorbehalt?
3. Warum wäre es nicht sinnvoll, Lebensmittel unter Eigentumsvorbehalt zu liefern?
4. Wodurch erlischt der einfache Eigentumsvorbehalt?
5. Wie kann ein Unternehmer das Erlöschen des Eigentumsvorbehalts verhindern?
6. Das Großhandelsunternehmen Hansen & Co. KG, Baumarktlieferant, verzichtet darauf, in ihren Kaufverträgen mit den Einzelhändlern den Eigentumsvorbehalt aufzunehmen.

a) Welcher Grund wird wohl ausschlaggebend sein, auf diese Sicherheitsmaßnahme zu verzichten?

b) Wie kann das Großhandelsunternehmen seine Warenlieferungen dennoch sichern?

7. Die Spezialgroßhandlung für Berufskleidung Werner Münchmeyer e. Kfm. hat an die Arztpraxis von Dr. Zimmermann zehn Berufskittel unter Eigentumsvorbehalt geliefert. Noch bevor der Kaufpreis von 450,00 € bezahlt ist, erfährt Herr Münchmeyer, dass der Gerichtsvollzieher das Vermögen des Arztes gepfändet hat.
Was kann der Großhändler Münchmeyer tun, um seine Forderung zu sichern?

AKTIONEN

1. Sammeln Sie in Ihrer Klasse Gründe für die Notwendigkeit des Eigentumsvorbehalts. Verwenden Sie dazu die Methode der Kartenabfrage und formulieren Sie nur einen Gedanken pro Karte.
2. Führen Sie in Kleingruppen eine Internetrecherche durch: Suchen Sie nach entsprechenden Unternehmen, die in ihren Verträgen die Klausel „Eigentumsvorbehalt" verwenden. Nutzen Sie dazu geeignete Suchstrategien.
3. Protokollieren Sie Ihre Internetrecherche.
4. Tragen Sie Ihre Ergebnisse in eine Tabelle nach unten stehendem Muster ein. Fassen Sie mögliche Erkenntnisse, die Sie aus den gesammelten Informationen gewonnen haben, in wenigen Ergebnissätzen zusammen.

Unternehmen	Vertragsformulierung	Art des Eigentumsvorbehalts
Schrader OHG, Frankfurt	„... bleibt die Ware bis zur vollständigen Bezahlung unser Eigentum."	einfacher Eigentumsvorbehalt

ZUSAMMENFASSUNG

Eigentumsvorbehalt

= Vereinbarung zwischen Verkäufer und Käufer, dass das Eigentumsrecht erst **mit der vollständigen Bezahlung** auf den Käufer übergeht

Rechte des Verkäufers

- Rücktritt vom Vertrag (nach Setzen einer Nachfrist) bei Nichtzahlung
- Antrag auf Freigabe
- Aussonderung

Eigentumsvorbehalt erlischt bei

- Bezahlung des Kaufpreises
- Verbrauch, Verarbeitung, Vermischung oder Einbau
- Verkauf oder Verpfändung an einen Dritten

Formen

- Einfacher Eigentumsvorbehalt
- Verlängerter Eigentumsvorbehalt:
  Die aus dem Weiterverkauf entstandene Forderung an einen Dritten wird an den Lieferanten weitergegeben.
- Erweiterter Eigentumsvorbehalt:
  Die Eigentumsrechte beziehen sich auf alle Lieferungen an denselben Kunden, bis sie vollständig bezahlt sind.

203153268

KAPITEL 12

Allgemeine Geschäftsbedingungen

Im Sportfachgeschäft Michels e. K. hatte man rechtzeitig den Trend „Der Golfsport auf dem Weg zum Breitensport" erkannt und daher schon frühzeitiger als die Konkurrenz in den letzten Jahren beachtliche Umsatzerfolge mit dem Verkauf von Ausrüstungsgegenständen und Golfgarderobe erzielen können.

Für die neue Sommersaison deckt sich der Inhaber des Sportfachgeschäfts, Herr Michels, erneut bereits im März mit der neuen Sommerkollektion der Textilgroßhandlung Fairtext GmbH ein. Auf die neuen Golfschuhe muss er jedoch noch warten, da sie momentan vergriffen sind.

Schon wenige Tage nach dem Eintreffen der Neuware im Einzelhandelsgeschäft Michels e. K. fragen etliche Stammkunden nach den Schuhen. Daraufhin erkundigt sich Herr Michels sicherheitshalber noch einmal telefonisch nach seiner Bestellung und fragt nach dem Eintreffen der Golfschuhe.

Herr Dehn, in der Fairtext GmbH-Zentrale zuständig für den „Einkauf Ausland", antwortet ihm auf seine ungeduldige Nachfrage mit „ca. 14 Tagen" und verweist hinsichtlich der Lieferzeit darüber hinaus auf die Allgemeinen Geschäftsbedingungen der Fairtext GmbH.

Stellen Sie fest,
- was Allgemeine Geschäftsbedingungen sind und
- welche Bedeutung sie im Wirtschaftsleben eines Großhändlers haben.

INFORMATIONEN

Notwendigkeit, Anwendungsgebiete und Inhalt der Allgemeinen Geschäftsbedingungen

Heutzutage kommt es in vielen Handelsbetrieben täglich zu einer Vielzahl von Vertragsabschlüssen. Das hat dazu geführt, dass die dabei verwendeten vertraglichen Bedingungen vereinheitlicht wurden. Beim Abschluss eines Kaufvertrags werden die Vertragsinhalte nicht mehr jedes Mal neu ausgehandelt und formuliert. Es werden vielmehr, im Interesse eines reibungslosen und nicht zu zeitaufwendigen Geschäftsablaufs, Vertragsbedingungen **einheitlich vorformuliert**.

Diese **Allgemeinen Geschäftsbedingungen (AGB)** – so werden die vorformulierten Klauseln genannt – sind heute aus dem Wirtschaftsleben nicht mehr wegzudenken. Sie haben eine **Rationalisierungsaufgabe**, denn sie helfen Kosten und Arbeit zu sparen.

Insbesondere Hersteller und Händler nutzen die Vertragsfreiheit zu ihren Gunsten. Sie haben AGB ausgearbeitet und auf typische, regelmäßig wiederkehrende Probleme des Geschäftsverkehrs abgestimmt, wie z. B.
- Liefer- und Zahlungsbedingungen,
- Erfüllungsort und Gerichtsstand,
- Lieferzeit,
- Eigentumsvorbehalt,
- Gefahrenübergang,
- Verpackungs- und Beförderungskosten.

Damit haben sie sich eine Art Modellvertrag geschaffen, der **jederzeit neu verwendbar** ist. Die AGB liegen meist in kleingedruckter Form vor, z. B. auf der Rückseite von Angeboten. Man bezeichnet sie deshalb auch als das „Kleingedruckte".

Vorzufinden sind entsprechende AGB in fast jedem Wirtschaftszweig: Banken, Versicherungen, Groß- und Einzelhandel, Reiseveranstalter, Spediteure, Industriebetriebe u. v. m. Die im Verkehr befindlichen AGB werden auf mindestens 22000 geschätzt.

In der Regel veröffentlichen die meisten Unternehmen heutzutage aber ihre AGB auch auf ihrer Website. Wenn dann Verträge über das Internet abgeschlossen werden, müssen diese AGB auch in den Bestellvorgang eingebunden sein, damit der Kunde bei Vertragsschluss die geschäftlichen Bedingungen einsehen kann. Ansonsten werden die AGB nicht Vertragsbestandteil und sind nicht wirksam.

Darüber hinaus können fehlerhafte und unrichtige AGB einen Wettbewerbsverstoß darstellen.

Gefahren durch die AGB

Die sehr häufig umfangreichen Vertragsbedingungen des Verkäufers werden mit dem Käufer nicht mehr einzeln ausgehandelt, sondern sollen von ihm von vornherein als Ganzes akzeptiert werden.

Da im deutschen Recht Vertragsfreiheit herrscht, gelten stets die AGB, wenn sie Bestandteil eines Vertrags geworden sind, und nicht die Regelungen des HGB und BGB. Die gesetzlichen Bestimmungen sind nur dann wirksam, wenn die Vertragspartner keine besonderen vertraglichen Vereinbarungen getroffen haben.

So verlagerten Hersteller und Händler in ihren Allgemeinen Geschäftsbedingungen zunehmend die Risiken, die z. B. ein Güterkauf mit sich bringt, auf den Käufer, der sich der Gegenmacht nicht erwehren konnte. Die im BGB enthaltenen Schranken der Vertragsfreiheit erwiesen sich als unzulänglich gegenüber dem „Kleingedruckten“, das ja nicht ausgehandelt wurde. Der Käufer wurde in seinen gesetzlichen Rechten eingeschränkt. Mitunter wurden Preiserhöhungsmöglichkeiten für den Verkäufer willkürlich eingeräumt, berechtigte Reklamationsrechte oder die Haftung bei grobem Verschulden ausgeschlossen. Sehr häufig wird auch das „Kleingedruckte“ vom Käufer nicht gelesen, übersehen oder aufgrund komplizierter Formulierungen nicht verstanden.

Verbraucherschutz[1] (§ 305 ff. BGB)

Um Benachteiligungen des wirtschaftlich Schwächeren, insbesondere des Endverbrauchers, durch vorformulierte Vertragsbedingungen zu verhindern, wurde im BGB der **Verbraucherschutz** entsprechend berücksichtigt.

1. Gesetzliche Bestimmungen

Im Einzelnen wird zum **Schutz von Nichtkaufleuten** (= einseitiger Handelskauf) ausgeführt:

- „Kleingedrucktes“ gehört nicht automatisch zum Vertrag (§ 305 BGB), sondern nur, wenn
  a) der Käufer ausdrücklich auf die AGB hingewiesen wurde: Üblicherweise finden sich bei schriftlichen Angeboten des Verkäufers AGB auf der Rückseite des Vertrags. Hierbei ist aber erforderlich, dass sich auf der Vorderseite ein deutlicher Hinweis auf die auf der Rückseite abgedruckten Bedingungen erkennen lässt. Fehlt ein solcher Hinweis ganz oder ist er undeutlich und unter dem Unterschriftenfeld abgedruckt, werden die AGB nicht Bestandteil des Vertrags. Es gelten dann automatisch die BGB-Regelungen;
  b) der Wortlaut der AGB für den Käufer leicht erreichbar ist, also z. B. im Verkaufsraum aushängt oder auf dem Vertragsformular abgedruckt ist. Der sichtbare Aushang ist nur in Ausnahmefällen gestattet, wenn eine andere Mitteilung dem Vertragspartner nicht zuzumuten ist, wie beispielsweise bei Sportveranstaltungen oder im Parkhaus;
  c) die AGB (auch ohne Lupe) mühelos lesbar und verständlich sind;
  d) der Käufer mit den AGB einverstanden ist.

Bei elektronischen Geschäftsabschlüssen müssen die AGB rechtzeitig zur Verfügung gestellt werden, der Vertragspartner muss sie bei Vertragsabschluss abrufen und speichern können.
Beim Vertragsabschluss kann der Käufer das „Kleingedruckte“ insgesamt oder auch nur bestimmte Klauseln durchstreichen und auf Geltung der BGB-Regelungen drängen.

1 Das AGB-Recht gilt nur bei Verträgen zwischen Unternehmen und Verbrauchern.

Dadurch sind die AGB ganz oder teilweise nicht Bestandteil des Vertrags geworden mit der Folge, dass
- der Vertrag wirksam bleibt;
- der Vertrag sich nach den gesetzlichen Vorschriften richtet. Dies gilt auch für die Teile des Vertrags, die AGB enthalten, die unwirksam sind, und weitere Unwirksamkeitsregelungen (§ 306 BGB).

Aber: Der Vertrag ist insgesamt unwirksam, wenn die nötigen Änderungen der unwirksamen Bestandteile für eine Vertragspartei eine unzumutbare Härte darstellen würden.

Ist der Verkäufer unter diesen Umständen nicht mehr zum Vertragsabschluss bereit, steht es dem Käufer frei, sich einen anderen Verkäufer zu suchen. In den meisten wirtschaftlich bedeutsamen Bereichen besteht diese Möglichkeit der Vertragsfreiheit für den Käufer jedoch nicht, denn sämtliche Verkäufer verwenden AGB, z. T. sogar über Empfehlungen der jeweiligen Verbände (Automobile, Banken, Versicherungen, Reisen u. v. m.). Für Verträge im Telekommunikationsbereich, für Beförderungsverträge durch den Einwurf von Postsendungen in Briefkästen, für die Beförderung in öffentlichen Verkehrsmitteln usw. gelten die AGB allerdings auch ohne die Einhaltung der Erfordernisse a) bis d).

- Die AGB dürfen keine „überraschenden“ Klauseln enthalten (§ 305 c BGB).

BEISPIELE

- Der Käufer einer bestimmten Möbelgarnitur darf bei Lieferschwierigkeiten nicht zur Abnahme einer anderen Ausführung verpflichtet werden.
- Mit dem Kauf einer Ware darf nicht der Kauf einer anderen Ware oder Leistung verbunden werden.

- Persönliche Absprachen haben Vorrang vor den AGB (§ 305 b BGB).

BEISPIEL

Auf der Vorderseite des Vertrags steht die zwischen Verkäufer und Käufer ausgehandelte Vertragsbedingung „Zahlbar innerhalb von 14 Tagen mit 2 % Skonto“. Auf der Rückseite ist in den AGB des Verkäufers aber die Klausel „Zahlbar innerhalb von 10 Tagen ohne Abzug“ zu lesen. Nach dem AGB-Gesetz muss sich der Verkäufer nach der Zahlungsweise mit Skontoabzug richten.

Grundsätzlich gilt das auch für mündliche Absprachen, doch ist im Streitfall der Beweis schwierig.

- **Verbraucherstreitbeteiligungsgesetz**
  Alle Unternehmen
  - die eine Webseite unterhalten oder
  - Allgemeine Geschäftsbedingungen verwenden,

  müssen bei einseitigen Handelskäufen Verbraucher darüber informieren, inwieweit sie bereit oder verpflichtet sind, an Streitbeteiligungsverfahren vor einer Verbraucherschlichtungsstelle teilzunehmen.
  Dazu müssen die Informationen über das Streitbeilegungsverfahren immer an zwei Stellen erteilt werden: auf der Website (Internetimpressum) des Unternehmens und in dessen AGB. Die Angaben im Impressum und in einem Informationsblatt genügen diesen Anforderungen nicht (BGH, Urteil vom 22.09.2020 – XI ZR 162/19).

  Sind Unternehmer grundsätzlich nicht bereit, an einem Streitbeteiligungsverfahren teilzunehmen, müssen sie die Verbraucher darüber informieren.
  Unternehmer, die sich zu einem Streitbeteiligungsverfahren bereit erklären, haben zusätzlich auf die zuständige Verbraucherschlichtungsstelle mit Anschrift und Webseite hinzuweisen.

Auszug aus den AGB:

Außergerichtliche Streitbeilegung

Zur Beilegung eines Streits [...] kann der Kunde bei der Verbraucherschlichtungsstelle [...] durch einen Antrag ein Schlichtungsverfahren einleiten.

Die Teilnahme für uns ist freiwillig. Wir werden daher im Einzelfall prüfen, ob wir an dem Schlichtungsverfahren teilnehmen.

Die Kontaktdaten der Verbraucherschlichtungsstelle lauten: [...]

Die Europäische Kommission stellt eine Plattform zur Online-Streitbeteiligung (OS-Plattform) verbraucherrechtlicher Streitigkeiten, die aus Online-Kaufverträgen und Online-Dienstleistungsverträgen resultieren, bereit. Diese Plattform erreichen sie im Internet unter: http://ec.europa.eu/consumers/odr/.

Quelle: Stadtwerke Konstanz GmbH: Verbraucherinformation, In: www.seeconnect.de. O. D. https://www.seeconnect.de/verbraucherinfo/ [20.09.2021]. Verändert.

Ausnahme von der Informationspflicht: Die Informationspflicht besteht nicht für Unternehmen, die am 31.12. des Vorjahres zehn oder weniger Personen beschäftigen. Maßgeblich ist die Kopfzahl. Es bedarf daher jedes Jahr einer entsprechenden Überprüfung in Bezug auf die Zahl der beschäftigten Personen. Die Ausnahme hinsichtlich der Mindestbeschäftigtenzahl gilt nicht für die im Streitfall zu erteilende Verbraucherinformation: Konnte eine Verbraucherstreitigkeit nicht beigelegt werden, so muss das Großhandelsunternehmen den Verbraucher auf die zuständige Verbraucherschlichtungsstelle unter Angabe von Anschrift und Webseite hinweisen.

2. Verbotene Klauseln

Das BGB enthält aber auch einen ganzen Katalog von **verbotenen** und damit **unwirksamen Klauseln** bei Verbrauchergeschäften (§§ 308, 309 BGB):

- **Nachträgliche Preiserhöhungen** für Waren oder Leistungen, die innerhalb von vier Monaten nach Vertragsschluss geliefert oder erbracht werden.
- **Verkürzung der gesetzlichen Gewährleistungsfrist** bei mangelhafter Lieferung (nach BGB mind. zwei Jahre).
- **Ausschluss der Haftung** bei grobem Verschulden des Verkäufers.
- **Ausschluss von Reklamationsrechten.**
- **Ausschluss des Rücktritts vom Vertrag** bzw. des Rechtes auf Schadenersatz, wenn der Verwender der AGB seine Leistung nicht oder nicht in der vereinbarten Form erbringen kann.
- Das **Leistungsverweigerungsrecht**, das nach § 320 BGB vorsieht, dass eine vertragsmäßige Leistung bis zur Erbringung der Gegenleistung verweigert werden kann, darf nicht eingeschränkt werden.
- **Aufrechnungsverbot**, d.h., dass eine Mindestleistung des Verwenders der AGB in einem Fall mit der unbestrittenen Forderung in einem anderen Fall verrechnet wird.
- **Mahnungen und Fristsetzungen** dürfen von dem Verwender der AGB nicht ausgeschlossen werden.

  BEISPIEL

  Bei Zahlungsverzug kann nicht sofort ohne Mahnung eine Zwangsvollstreckung betrieben werden.

- **Änderungsvorbehalt**, d.h. Vereinbarungen, nach denen der Verwender der AGB von der vereinbarten Leistung in einer für den Vertragspartner unzumutbaren Weise abweichen kann.

  BEISPIEL

  Statt der bestellten Möbel mit dezent grün besetztem Saum werden Möbel in knallig blauer Farbe geliefert. Der Möbelhändler besteht auf die Abnahme.

- Abwicklung von Verträgen im Fall von Vertragsrücktritten mit unangemessen hohen Forderungen für den Ersatz von Aufwendungen.
- **Zahlungsfristen** (bei Forderungen von Unternehmen gegenüber anderen Unternehmen): In den Allgemeinen Geschäftsbedingungen unangemessen lange vereinbarte Zahlungsfristen sind unwirksam, weil sie den Gläubiger unangemessen benachteiligen (§ 308 Nr. 1a BGB). Als unangemessen lang gilt dabei eine Zeit von mehr als 30 Tagen, nachdem der zur Zahlung verpflichtete Schuldner die Rechnung empfangen hat.
- **Rücktrittsvorbehalt**, d.h., dass der Verwender der AGB das Recht in Anspruch zu nehmen versucht, sich ohne sachlich gerechtfertigten Grund von seiner Leistungspflicht zu lösen

  BEISPIELE

  Der Lieferant hat stets das Recht, innerhalb von vier Wochen nach Vertragsabschluss vom Vertrag zurückzutreten.

  Weitere Beispiele für unwirksame AGB-Klauseln:
  Unwirksam sind u.a. folgende „Verkaufs- und Lieferungsbedingungen“

  - von Möbelhandelsunternehmen:
    - „Änderungen oder Ergänzungen bedürfen der Schriftform“ (= unangemessene Benachteiligung des Kunden).
    - „Der Verkäufer kann in schriftlicher Erklärung vom Vertrag zurücktreten, wenn der Käufer seine Zahlungen einstellt oder einen Zahlungsaufschub beantragt.“
    - „Bei Annahme oder Behandlung von Beipack übernimmt der Verkäufer keine Haftung für Beschädigung oder Verlust.“ (Haftung bei grobem Verschulden darf nicht ausgeschlossen werden!)
  - von Textilreinigungsunternehmen:
    „Für Schäden haften wir nur bis zum 15-Fachen des Reinigungspreises.“
  - von Einzelhändlern:
    „Sonderangebot! Verkauf erfolgt unter Ausschluss jeglicher Gewährleistung.“

Insgesamt darf niemand durch das „Kleingedruckte“ unangemessen benachteiligt werden. In diesem Fall sind die Bestimmungen in den AGB **unwirksam**.

Bei der Frage der „unangemessenen Benachteiligung“ sind auch die den Vertragsabschluss begleitenden Umstände zu berücksichtigen. Das heißt, es muss im Einzelfall geprüft werden, ob Klauseln der jeweiligen AGB in Ordnung sind oder nicht.

BEISPIELE

- Das Aufreißen von Verpackungen verpflichtet nicht automatisch zum Kauf des Inhalts. Wer beispielsweise eine elektrische Zahnbürste aus ihrem Karton reißt, muss sie nicht bezahlen. Solange die Ware noch verkäuflich ist, darf der Händler lediglich Schadenersatz für die Verpackung fordern. Anderslautende Klauseln in den Allgemeinen Geschäftsbedingungen oder Schilder in Verkaufsräumen sind **unwirksam**, weil sie den Kunden unangemessen benachteiligen.

- Eine AGB-Klausel in einem Fitnessstudio lautete: „Der Beitrag bei einem längerfristigen Vertrag ist auch dann regelmäßig zu zahlen, wenn ein Mitglied die Einrichtungen wegen Krankheit oder Verletzung auf Dauer nicht nutzen kann."
  Diese Klausel ist **unwirksam**, weil sie den Vertragspartner unangemessen benachteiligt.

AGB müssen in Übereinstimmung mit den gesetzlichen Regelungen abgefasst sein. Auszug aus den AGB eines Elektrogroßhändlers.

Sind AGB ganz oder teilweise unwirksam, bleibt der Vertrag dennoch rechtswirksam. An die Stelle der unwirksamen vertraglichen Verpflichtung (AGB) tritt die gesetzliche Vorschrift.

Durch die rechtlichen Bestimmungen zu den AGB wird der wirtschaftlich Schwächere vor einseitig vorformulierten Vertragsbedingungen geschützt. Es stärkt und verbessert bei der Vertragsgestaltung gleichzeitig entscheidend die Stellung des Käufers.

Dennoch darf aber nicht übersehen werden, dass trotz dieser Vorschriften des BGB durch die Verwendung Allgemeiner Geschäftsbedingungen die Käuferrechte, wie sie ansonsten das Bürgerliche Gesetzbuch vorsieht, eingeschränkt werden.

Trifft ein Verbraucher im Geschäftsverkehr auf fragwürdige Allgemeine Geschäftsbedingungen, sollte er sie den **Verbraucherberatungsstellen und -zentralen** mitteilen. Erst die konsequente Verfolgung unzulässiger AGB-Klauseln verhilft nämlich den BGB-Vorschriften zu den AGB letztlich zu ihrer Durchsetzung in der Alltagspraxis und damit den Verbrauchern zu größerem Schutz vor den Tücken des „Kleingedruckten".

Die Schutzbestimmungen haben vorwiegend Bedeutung für Verbrauchsgüterkäufe (Geschäfte mit privaten Käufern), weniger für zweiseitige Handelskäufe (Geschäfte zwischen Kaufleuten; § 310 BGB), wie sie im Großhandel überwiegend vorzufinden sind.

BEISPIEL ALLGEMEINER GESCHÄFTSBEDINGUNGEN UNTER VERWENDUNG VON ORIGINALAUSZÜGEN VERSCHIEDENER UNTERNEHMEN (AUSZUG)

1. Allgemeines

Unsere Bedingungen gelten für alle gegenwärtigen und zukünftigen Geschäfte zwischen uns und dem Käufer, auch wenn wir abweichenden Einkaufsbedingungen oder Gegenbestätigungen, die wir hiermit ausdrücklich ablehnen, nicht widersprechen.

Sie gelten spätestens mit Entgegennahme der Ware oder Leistung seitens des Käufers als vereinbart. Abweichungen bedürfen für jeden einzelnen Vertrag unserer schriftlichen Bestätigung.

2. Angebote, Abschlüsse

Angebote sind freibleibend. Unsere Muster, Proben und sonstigen Angaben über die Beschaffenheit der Ware sind unverbindliche Rahmenangaben, sofern sie nicht ausdrücklich garantiert werden. Kostenvoranschläge und Frachtangaben sind unverbindlich. Bestellungen des Käufers bei uns sowie Angebote, Auskünfte, Empfehlungen, Ratschläge und Vereinbarungen unserer Mitarbeiter binden uns erst mit unserer schriftlichen Bestätigung.

3. Lieferung, Verzug und Unmöglichkeit

(1) Von uns angegebene Lieferzeiten sind annähernd und unverbindlich. Fest vereinbarte Lieferfristen beginnen mit dem Tag unserer Auftragsbestätigung, jedoch nicht vor Klarstellung aller Ausführungseinzelheiten.

(2) Uns steht es ohne ausdrückliche Weisung des Käufers frei, die Versandart, die mit dem Versand beauftragte Firma und den Versandweg nach billigem Ermessen zu bestimmen. Die Lieferung nicht paketversandfähiger Ware erfolgt frei Bordsteinkante.

(3) Lieferung frei Baustelle oder frei Lager bedeutet Lieferung ohne Abladen unter der Voraussetzung einer mit schwerem Lastzug befahrbaren und von Witterung unbeeinträchtigten Anfuhrstraße. Verlässt das Lieferfahrzeug auf Weisung des Käufers die befahrbare Anfuhrstraße, haftet er für auftretenden Schaden. Das Abladen hat unverzüglich und sachgemäß durch den Käufer zu erfolgen. Wartezeiten werden dem Käufer berechnet.

(4) Teillieferungen sind zulässig, soweit sie dem Kunden zumutbar sind.

(5) Ist der Kunde Unternehmer, geht die Gefahr des zufälligen Untergangs oder der zufälligen Verschlechterung der Ware mit Übergabe an den beauftragten Logistikpartner auf den Kunden über.

(6) Im Falle des Leistungsverzugs des Verkäufers oder der von ihm zu vertretenden Unmöglichkeit der Leistung sind Schadenersatzansprüche des Käufers ausgeschlossen, es sei denn, sie beruhen auf Vorsatz oder grober Fahrlässigkeit des Verkäufers, eines gesetzlichen Vertreters oder Erfüllungsgehilfen.

4. Transportschäden/Abschlussfrist für Mängelanzeige

Werden Waren mit offensichtlichen Schäden an der Verpackung oder am Inhalt abgeliefert, so hat der Kunde uns dies unbeschadet seiner Gewährleistungsrechte spätestens zwei Wochen nach Erhalt der Ware unter Tel.: +49 (0)511 4155-0 mitzuteilen, damit wir den Transportschaden unsererseits gegenüber dem beauftragten Logistikunternehmen geltend machen können. Ist der Kunde Kaufmann und gehört der Vertrag zum Betrieb seines Handelsgewerbes, gilt § 377 HGB.

5. Preise und Zahlungsbedingungen

(1) Unsere Preise verstehen sich mangels anderweitiger schriftlicher Vereinbarung rein netto ohne Skonti oder sonstige Nachlässe. Maßgebend sind unsere am Tage der Lieferung gültigen Preise.

(2) Rechnungsbeträge sind sofort zur Zahlung fällig und ohne jeglichen Abzug zu zahlen.

(3) Der Kunde ist nicht zur Aufrechnung berechtigt. Das Aufrechnungsverbot gilt nicht, wenn die Gegenforderungen von uns nicht bestritten, rechtskräftig festgestellt oder zur Entscheidung reif sind oder wenn es sich um Gegenforderungen handelt, die zu den Zahlungsansprüchen von uns in einem Gegenseitigkeitsverhältnis stehen. Zur Ausübung eines Zurückbehaltungsrechts ist der Kunde nur insoweit befugt, als sein Gegenanspruch auf dem gleichen Vertragsverhältnis beruht.

(4) Bei Zahlungsverzug sind wir berechtigt, Verzugszinsen von 9 % über dem jeweiligen Basiszinssatz zu berechnen.

(5) Bei Zahlungsschwierigkeiten des Käufers, insbesondere auch bei Zahlungsverzug, Scheck- oder Wechselprotest, ist der Verkäufer berechtigt, weitere Lieferungen nur gegen Vorauskasse auszuführen, alle offenstehenden – auch gestundeten – Rechnungsbeträge sofort fällig zu stellen und gegen Rückgabe zahlungshalber hereingenommener Wechsel Barzahlung oder Sicherheitsleistung zu verlangen.

(6) Die Zurückhaltung von Zahlungen oder die Aufrechnung wegen etwaiger vom Lieferanten bestrittener Gegenansprüche des Bestellers sind nicht statthaft.

6. Eigentumsvorbehalt

(1) Die gelieferte Ware verbleibt bis zur vollständigen Zahlung des Kaufpreises unser Eigentum.

(2) Ferner ermächtigen wir den Besteller, in unserem Eigentum stehende Ware im ordentlichen Geschäftsgang weiter zu veräußern. Der Besteller tritt bereits jetzt seine Zahlungsansprüche gegen den Erwerber an uns ab, und zwar in Höhe des Teilbetrages, der dem Rechnungswert unserer veräußerten oder im unveräußerten Produkt enthaltenen Waren entspricht. Zur Einziehung dieser Forderung ist der Besteller nach deren Abtretung ermächtigt. Unsere Befugnis, die Forderung selbst einzuziehen, bleibt hiervon unberührt. Kommt der Besteller in Zahlungsverzug, können wir verlangen, dass der Besteller uns die abgetretenen Forderungen und deren Schuldner bekannt gibt und dem Schuldner die Abtretung mitteilt.

(3) Eine Veräußerung der Ware an Personen, die gegenüber der Forderung des Bestellers aufrechnen können, ist unzulässig. Das Gleiche gilt für eine

Verpfändung oder Sicherungsübereignung der Vorbehaltsware.

(4) Unsere Eigentumsrechte gehen erst dann auf den Besteller über, wenn dieser alle uns gegenüber bestehenden Verpflichtungen aus der laufenden Geschäftsverbindung erfüllt hat.

7. Gewährleistung

(1) Für gelieferte Ware besteht ein gesetzliches Mängelhaftungsrecht. Die Gewährleistung richtet sich nach den gesetzlichen Bestimmungen sowie den nachstehenden Regelungen.

(2) Handelt der Kunde als Verbraucher, beträgt die Gewährleistungsfrist bei gebrauchten Sachen ein Jahr ab Ablieferung der Sache. Dies gilt nicht, [...]

(3) Handelt der Kunde als Unternehmer, so verjähren seine Ansprüche aufgrund von Mängeln der Ware mit Ablauf von einem Jahr ab Erhalt der Ware; die gesetzliche Verjährung von Rückgriffsansprüchen (§ 479 BGB) bleibt unberührt. Darüber hinaus ist die Gewährleistung für gebrauchte Sachen ausgeschlossen.

(4) Die in den Ziffern 2. und 3. genannten Verjährungsfristen gelten nicht für Schadenersatzansprüche im Falle des Vorsatzes oder bei arglistigem Verschweigen eines Mangels oder soweit wir eine Garantie für die Beschaffenheit des Liefergegenstandes übernommen haben. [...]

(5) Schäden, die durch unsachgemäße oder vertragswidrige Maßnahmen des Kunden bei Aufstellung, Verwendung, Anschluss, Bedienung oder Lagerung hervorgerufen werden, begründen keinen Anspruch gegen uns.

(6) Vor Einsendung von mangelhafter Ware hat der Kunde auf eigene Kosten und auf eigenes Risiko eine vollständige Datensicherung vorzunehmen.

8. Datenschutz

(1) Bei allen Vorgängen der Datenverarbeitung (z. B. Erhebung, Verarbeitung und Übermittlung) handeln wir nach den gesetzlichen Vorschriften. Die vom Kunden übermittelten personenbezogenen Daten werden bei uns elektronisch gespeichert. Wir sind berechtigt, die zur Vertragsabwicklung erforderlichen Daten auch an zur Abwicklung des Vertrages eingeschaltete Dritte weiterzugeben. [...]

9. Widerrufsrecht

Schließt der Kunde als Verbraucher einen Vertrag mit uns und verwenden der Kunde und wir für die Vertragsverhandlungen und den Vertragsschluss ausschließlich Fernkommunikationsmittel (z. B. Bestellung über einen unserer Onlineshops oder über Handelsplattformen wie z. B. eBay.de sowie Telefon oder Fax), steht dem Kunden in der Regel ein gesetzliches Widerrufsrecht zu, über das wir gesondert belehren.

10. Haftung

(1) Wir haften nach den gesetzlichen Bestimmungen für Schäden des Kunden,

a) die von uns oder unseren Erfüllungs- oder Verrichtungsgehilfen vorsätzlich oder grob fahrlässig verursacht wurden,

b) die Folge des Nichtvorhandenseins einer garantierten Beschaffenheit der Leistung sind,

c) die auf einer schuldhaften Verletzung wesentlicher Vertragspflichten beruhen,

d) die Folge einer schuldhaften Verletzung der Gesundheit, des Körpers oder des Lebens sind, oder

e) für die eine Haftung nach dem Produkthaftungsgesetz vorgesehen ist.

11. Verbraucherstreitbeteiligungsgesetz/ Schlussbestimmungen

(1) Wir sind grundsätzlich nicht bereit und verpflichtet, an Streitbeilegungsverfahren vor einer Verbraucherschlichtungsstelle teilzunehmen.

(2) Sollte eine Bestimmung dieser allgemeinen Geschäftsbedingungen unwirksam sein, berührt dies die Wirksamkeit der sonstigen Vereinbarungen nicht.

(3) Hat der Kunde keinen allgemeinen Gerichtsstand innerhalb der Europäischen Union oder ist er Kaufmann, juristische Person des öffentlichen Rechts oder öffentlich rechtliches Sondervermögen, ist Gerichtsstand für alle sich aus dem Vertragsverhältnis ergebenden Ansprüche 31159 Hannover. Wir sind jedoch berechtigt, Klage auch am Sitz des Kunden zu erheben.

(4) Es gilt ausschließlich deutsches Recht unter Ausschluss des UN-Kaufrechtes, auch im grenzüberschreitenden Lieferverkehr. Ist der Kunde ein Verbraucher, sind darüber hinaus die zwingenden Verbraucherschutzbestimmungen anwendbar, die in dem Staat gelten, in dem der Kunde seinen gewöhnlichen Aufenthalt hat, sofern diese dem Kunden einen weitergehenden Schutz bieten.]...]

AUFGABEN

1. Welche wirtschaftliche Bedeutung haben AGB für den Verkäufer?
2. Warum haben AGB Vorrang vor gesetzlichen Regelungen?
3. Was beabsichtigen die §§ 305–310 BGB?
4. Welche Mindestanforderungen müssen erfüllt sein, damit die AGB Bestandteil eines Vertrags werden?
5. Entscheiden Sie mithilfe des BGB, ob und warum in den folgenden Beispielen die gesetzlichen Bestimmungen befolgt oder verletzt wurden.
   a) AGB-Klauseln von verschiedenen Unternehmen:
      - Wir sind berechtigt, den Pkw auch in einer anderen als der bestellten Farbe zu liefern.
      - Sollten es die wirtschaftlichen Umstände erfordern, so können nachträglich jederzeit die Verkaufspreise entsprechend erhöht werden.
      - Reklamationen sind nur innerhalb von acht Tagen nach Warenempfang möglich; bei einer nicht mehr möglichen Nachbesserung einer mangelhaften Ware wird eine Rücktrittserklärung bzw. eine Preisherabsetzung ausgeschlossen.
      - Grundsätzlich gelten die AGB, schriftlich oder mündlich getroffene Vereinbarungen sind unwirksam.
      - Die gelieferten Waren bleiben bis zur völligen Bezahlung des Kaufpreises Eigentum des Verkäufers.
      - Erfüllungsort und Gerichtsstand ist der Wohnsitz des Verkäufers.
      - Mit dem Kauf des Fernsehgeräts verpflichtet sich der Käufer, alle notwendigen Reparaturen in der Werkstatt des Verkäufers durchführen zu lassen.
      - Im Falle des Zahlungsverzugs ist eine Vertragsstrafe von 25 % des Kaufpreises zu zahlen.

   b) Herr Denzin hat für die bevorstehende Heizperiode 6000 Liter Öl bestellt. Durch grobes Verschulden des Lieferanten, der beim Einfüllen des Öls achtlos eine Zigarette weggeworfen hat, brennt das gesamte Untergeschoss aus. Der Lieferant weigert sich, für den Schaden aufzukommen, da in den AGB eine Haftung grundsätzlich ausgeschlossen wird.
6. Herr Reinhardt bestellt in einem Fachgeschäft telefonisch einen Kühlschrank. Die Inhaberin des Geschäfts, Frau Bruns, bestätigt den Kauf und teilt Herrn Reinhardt mit, dass ihre Allgemeinen Geschäftsbedingungen Bestandteil des Kaufvertrags sind und in ihren Geschäftsräumen ausliegen. Nachdem der Kühlschrank geliefert wurde, findet Herr Reinhardt auf der Rückseite des Lieferscheins die AGB des Fachgeschäfts.
   Sind die AGB des Geschäfts Bestandteil des Kaufvertrags geworden? Begründen Sie Ihre Antwort.

AKTIONEN

1. Informieren Sie sich über die Allgemeinen Geschäftsbedingungen in Ihrem Ausbildungsunternehmen.
2. Vergleichen Sie deren Inhalte hinsichtlich der Einhaltung der gesetzlichen Vorschriften. Benutzen Sie für diese Überprüfung das vorliegende Lehrbuch und ergänzend das Bürgerliche Gesetzbuch. Halten Sie Ihre Ergebnisse nach AGB-Inhalten geordnet in einer Übersichtstabelle fest.
3. Begründen Sie Ihre Ergebnisse in Form eines Kurzreferats vor der Klasse. Wiederholen Sie zum Schluss die wichtigsten Erkenntnisse Ihrer Arbeit.
4. Führen Sie eine Pro-und-Kontra-Diskussion zum Thema „Verwendung von Allgemeinen Geschäftsbedingungen im Wirtschaftsleben" durch. Bereiten Sie für die Rollenspieler die Rollenkarten vor:
   - Christina Bruns, Geschäftsführerin eines Versandhandelsunternehmens: pro
   - Katja Mann, private Kundin: kontra
   - Klaus Voss, Inhaber eines Sportfachgeschäfts: pro
   - Torben Kleine, privater Kunde: kontra

   Formulieren Sie für die Rollenspieler die entsprechenden Pro- und Kontra-Argumente.

203153276

ZUSAMMENFASSUNG

Allgemeine Geschäftsbedingungen

Wesen

AGB
- sind alle für eine Vielzahl von Verträgen vorformulierten Vertragsbedingungen,
- die eine Vertragspartei der anderen Vertragspartei einseitig stellt,
- ohne dass die Klauseln im Einzelnen ausgehandelt worden sind;
- können von einzelnen Unternehmen bzw. für Wirtschaftsbereiche formuliert werden: z. B. AGB bei Banken, Transportunternehmen, Reiseveranstaltern, Groß- und Einzelhandel.

Bedeutung im Wirtschaftsleben

- vereinfachen den Abschluss von Massenverträgen (Rationalisierungsaufgabe)
- begrenzen das Risiko des Verkäufers durch die Einschränkung seiner Vertragspflichten
- stärken die Stellung des Verkäufers und schränken die Rechte des Käufers ein

Schutz des Verbrauchers gegenüber AGB

durch

Inhalte

z. B. Vereinbarungen über:
- Gefahrenübergang
- Erfüllungsort
- Gerichtsstand
- Zahlungsweise
- Eigentumsvorbehalt
- Gewährleistungsansprüche bei Mängeln
- Verpackungs- und Beförderungskosten
- Verbraucherstreitbeteiligung (vornehmlich bei einseitigen Handelskäufen)

Gestaltung rechtsgeschäftlicher Schuldverhältnisse durch AGB, insb. beim Verbrauchsgüterkauf

- „Kleingedrucktes“ gehört nicht automatisch zum Vertrag; Mindestvoraussetzungen:
  - ausdrücklicher Hinweis des Verkäufers auf seine AGB,
  - AGB müssen für den Käufer leicht erreichbar und mühelos lesbar sein,
  - Käufer muss den AGB zustimmen.
- Persönliche Absprachen haben Vorrang vor abweichenden AGB; dies gilt auch für mündliche Absprachen, aber Vorsicht: Der Beweis ist schwierig!
- Überraschende Klauseln werden nicht Bestandteil des Vertrags – sie sind unwirksam.
- Einzelverbote, z. B.
  - Ausschluss oder Einschränkung von Reklamationsrechten,
  - unangemessen lange oder ungenau bestimmte Nachfrist,
  - Beschneidung von Rechten bei zu später Lieferung,
  - nachträgliche Preiserhöhung (innerhalb von vier Monaten),
  - Ausschluss oder Beschränkung der Haftung bei grobem Verschulden u. Ä. m.

Vorschriften des BGB, die den Käufer schützen, können nicht durch Bestimmungen der AGB umgangen werden (§ 306 a BGB).

Oberster Grundsatz:
Der Verbraucher darf nicht unangemessen benachteiligt werden (§ 307 BGB).

KAPITEL 13
Kaufvertragsarten

Kaufvereinbarung

Die Firma	Textilgroßhandlung Fairtext GmbH Walsroder Str. 6 a, 30625 Hannover
verkauft an	Damenmoden Kramer OHG Hauptstraße 34, 37083 Göttingen
zur Probe	
2 Stück	Artikel K 123, Damenbluse Seide, pinkfarben, Größe 36
Kaufpreis:	124,00 € je Bluse

Sollte die Bluse bei den Kundinnen des Käufers Anklang finden, wird der Käufer bis zum 30. April 20.. vom Verkäufer weitere 20 Stück des Artikels K 123 beziehen.

Der Käufer hat das Recht, die Farben und Größen der 20 Damenblusen bis 2 Wochen vor der Lieferung zu bestimmen.

Zahlungsbedingungen: Zahlung nach Eingang der Ware mit 3 % Skonto oder innerhalb von 30 Tagen ohne Abzug

Hannover, 4. Februar 20..

Fairtext GmbH
Textilgroßhandlung

Menne (Verkäufer: Menne) — Kramer (Käufer: Kramer)

Überlegen Sie, durch welche Merkmale sich dieser Kauf von den üblichen Verkäufen bzw. Käufen unterscheidet.

INFORMATIONEN

Kaufverträge lassen sich unterscheiden nach:

- der Art und Beschaffenheit der Ware
- der Lieferzeit
- dem Zeitpunkt der Zahlung
- der rechtlichen Stellung der Vertragspartner
- dem Leistungsort (Erfüllungsort)

Kaufverträge nach Art und Beschaffenheit der Ware

1. Kauf auf Probe

(Kauf auf Besichtigung; § 454 f. BGB)

Der Käufer hat das Recht, den Kaufgegenstand innerhalb einer vereinbarten Frist zu prüfen und auszuprobieren. Sollte ihm die Ware nicht gefallen, kann er **sie innerhalb der Frist zurückgeben**, ohne dass dies für ihn nachteilige rechtliche Folgen hat – ein Kaufvertrag ist nicht zustande gekommen **(Kauf mit Rückgaberecht)**.

Meldet sich der Käufer allerdings während der Probezeit nicht, gilt sein Verhalten als Annahme des Angebots. Nach Ablauf der Frist ist ein rechtsgültiger Kaufvertrag zustande gekommen.

2. Kauf nach Probe (Muster)

Beim Kauf nach Probe liefert der Verkäufer die Ware kostenlos aufgrund einer vorher vorgelegten oder übergebenen Probe oder eines Musters. Der Verkäufer muss sich bei seiner späteren Lieferung ganz genau an sein Probeexemplar halten.

BEISPIELE

Kauf von textilen Stoffen, Tapeten, Leder, Papier, Baustoffen, Lebensmitteln oder Tabak

3. Kauf zur Probe

Ein Einzelhändler möchte eine neue Ware in sein Sortiment aufnehmen und kauft bei einem Großhändler zunächst lediglich eine geringe Menge, um sie zu testen. Bei seiner Bestellung kann er die Nachbestellung größerer Mengen in Aussicht stellen.

Sollte ihm die Ware nicht zusagen, so geht er bei der bezogenen kleinen Menge kein großes wirtschaftliches Risiko ein. Kommt die Ware hingegen beim Kunden gut an, kann er später immer noch eine größere Bestellung aufgeben. Das Recht zur Rückgabe der Ware besteht beim Kauf zur Probe nicht.

4. Gattungskauf

Von einem Gattungskauf spricht man, wenn im Kaufvertrag die Ware nur der Art oder Klasse nach (nach allgemeinen Merkmalen) bestimmt ist. Ist nichts Näheres zwischen Verkäufer und Käufer vereinbart, ist eine Ware mittlerer Art und Güte zu liefern.

BEISPIELE

- Frau Mangelsdorf möchte den DVD-Rekorder Modell „De Luxe“ NR. 760 kaufen. Ob es der fünfte oder sechste in der Verkaufsreihe oder einer aus dem Lager ist, ist ihr gleichgültig.
- Kauf einer bestimmten Menge Soja
- Kauf eines fabrikneuen Pkw
- Kauf von Heizöl, Brot oder eines Herrenanzugs „von der Stange“ (Konfektionsware)

Die Kaufgegenstände sind also stets **gleichartige (= vertretbare) Sachen**.

DEFINITION

Vertretbare Sachen sind Sachen von gleicher Beschaffenheit, die nach Maß, Zahl oder Gewicht bestimmt werden.

Eine vertretbare Sache kann durch eine andere, gleiche Sache ersetzt werden, z. B. Getreide, Obst, Bier, Geld, Aktien oder Serienmöbel.

5. Stückkauf

Der Stückkauf betrifft eine nicht nur der Gattung nach, sondern vom Käufer auch persönlich bestimmte Ware, die nicht durch eine andere Ware ersetzt werden kann.

BEISPIELE

- Frau Mangelsdorf besteht beim Kauf eines DVD-Rekorders auf die Aushändigung eines ganz bestimmten Geräts. Sie zeigt mit dem Finger auf den Rekorder. Dieses Gerät möchte sie haben und kein anderes baugleiches Modell.
- Kauf eines Maßanzugs, eines gebrauchten Pkw, eines Originalgemäldes von Picasso oder eines Grundstücks

Kaufgegenstände sind in diesen Fällen **genau bestimmte (nicht vertretbare) Waren**.

Bei Mängeln an einer nicht vertretbaren Sache kann der Käufer nicht die Neulieferung einer fehlerfreien Ware verlangen.

6. Bestimmungskauf

(Spezifikationskauf; § 375 HGB)

Der Käufer legt beim Vertragsabschluss lediglich die Warenart und die Gesamtmenge der Gattungsware fest. Er behält sich das Recht vor, innerhalb einer festgelegten Frist die Ware genauer zu bestimmen (zu spezifizieren), z. B. nach Maß, Form, Farbe, Stück u. v. m. Sollte der Käufer die vereinbarte Frist versäumen, kann der Verkäufer nach Ablauf einer ihm gesetzten Nachfrist die genauere Bestimmung vornehmen.

7. Ramschkauf

(Kauf „en bloc“ bzw. „in Bausch und Bogen“)

Ein Käufer kauft eine bestimmte Warenmenge und vereinbart mit dem Verkäufer einen Gesamtpreis (= Pauschalpreis). Besonderes Merkmal beim Ramschkauf ist, dass für die einzelnen Stücke keine bestimmte Qualität zugesichert wird; ausschlaggebend ist die Beschaffenheit der Gesamtmenge. Der Umtausch einzelner Stücke ist nicht möglich.

BEISPIEL

Aufgrund der Insolvenz eines Strickwarenherstellers wird der gesamte Warenbestand zum Pauschalpreis von 120.000,00 € von einer Textilgroßhandlung ersteigert.

Kaufverträge nach der Lieferzeit

1. Sofortkauf (Tageskauf)

Der Verkäufer muss die Ware unmittelbar nach Abschluss des Kaufvertrags liefern. Die vertragliche Klausel lautet „Lieferung sofort".

2. Terminkauf (Zeitkauf)

Man spricht von einem Terminkauf, wenn zwischen Käufer und Verkäufer vereinbart wird, dass die Ware zu ei-nem bestimmten Termin oder innerhalb einer festgelegten Frist geliefert werden soll.

BEISPIELE FÜR VEREINBARUNGEN

Lieferung innerhalb der Zeit vom 1. bis 6. Juni; Lieferung Anfang Mai d. J.; Lieferung am Ende des folgenden Monats; Lieferung innerhalb eines Monats nach Bestellung; Lieferung bis 14 Tage nach der Ernte.

3. Fixkauf[1]

Wird zwischen Käufer und Verkäufer ein Fixkauf vereinbart, muss der Verkäufer die bestellte Ware **zu einem genau festgelegten Zeitpunkt** liefern. Versäumt der Verkäufer diesen Termin, hat er den Vertrag nicht erfüllt und gerät automatisch in Lieferungsverzug. **Die Einhaltung des vereinbarten Liefertermins ist wesentlicher Bestandteil des Kaufvertrags.** Eine nachträgliche Leistung kann nicht mehr als Erfüllung des Vertrags angesehen werden.

BEISPIELE FÜR VEREINBARUNGEN

Lieferung am 30. September .. fix (bestimmt, exakt, präzise); Lieferung zur Party am 15. Februar 20.. um 17 Uhr; Buffet für die Jubiläumsfeier am 10. Juni .. um 18 Uhr.

Man spricht in diesem Zusammenhang auch von **Zweckkauf**, da eine nachträgliche Vertragserfüllung keinen Sinn mehr machen würde.

4. Kauf auf Abruf

Der Verkäufer liefert die bestellte Ware erst später, d. h. wenn der Käufer sie abruft. Vereinbart wird dabei ein Zeitpunkt innerhalb einer angemessenen Frist, zu dem der Käufer die Ware als Ganzes oder in Teilmengen geliefert haben möchte.

BEISPIEL

Der Inhaber einer gut gehenden Pizzeria kauft 500 kg Mehl, das er in fünf Teilmengen von je 100 kg liefern lässt. Vorteil: Durch die Abnahme einer größeren Menge erhält er Mengenrabatt und kann gleichzeitig Lagerkosten einsparen.

Kaufverträge nach dem Zeitpunkt der Zahlung

1. Kauf gegen Anzahlung

Der Käufer muss vor der Warenlieferung eine Teilsumme bezahlen. Verkäufer verlangen diese Zahlungsweise häufig dann, wenn über die Zahlungsfähigkeit eines Kunden (= Bonität) keine zuverlässigen Angaben vorliegen.

2. Barkauf

Ein Barkauf liegt vor, wenn der Käufer die Ware sofort nach der Übergabe der Ware zahlen muss (Zug-um-Zug-Geschäft).

3. Kommissionskauf

Beim Kommissionskauf schließt z. B. ein Großhändler mit dem Hersteller einen Kommissionsvertrag. Danach soll der Großhändler Ware vom Hersteller erhalten und sie für ihn, aber in eigenem Namen verkaufen, sodass der Hersteller selbst unbekannt bleiben kann. Der Großhändler

1 Beim Fixkauf muss unterschieden werden zwischen Fixhandelskauf (beide Parteien des Vertrages sind Kaufleute; § 376 HGB) und bürgerlich-rechtlichem Fixkauf (§ 323 Abs. 2 BGB).

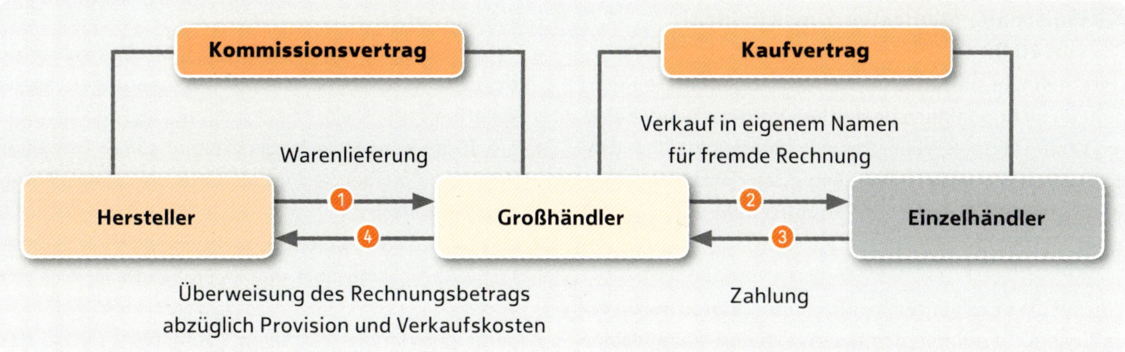

muss die Ware erst bezahlen, wenn er sie weiterverkauft hat. Wie in der Abbildung dargestellt, bleibt bis zum Verkauf an den Einzelhändler der Hersteller Eigentümer der Kommissionsware, danach geht das Eigentum auf den Einzelhändler über.

Der Großhändler rechnet die verkaufte Kommissionsware mit dem Hersteller ab, indem er den Rechnungsbetrag abzüglich der Verkaufskosten und der ihm zustehenden Provision überweist. Nicht verkaufte Ware kann er ohne Nachteile an den Hersteller zurückgeben.

Kommissionsgeschäfte können für den Großhändler von Vorteil sein, wenn er z. B. neue oder/und modische Waren einführen will. Denn einerseits trägt der Hersteller das Absatzrisiko allein und andererseits ist der Kapitalbedarf für den Großhändler gering bei gleichzeitig breitem und/ oder tiefem Sortiment.

Kommissionsgeschäfte sind von Bedeutung im Buch-, Schmuck-, Gebrauchtwagen-, Möbel- und Elektrohandel.

4. Zielkauf (Kreditkauf)

4.1 Wesen

Wird zwischen Käufer und Lieferant vereinbart, dass die Zahlung des Kaufpreises zu einem **späteren**, vertraglich festgelegten **Zeitpunkt** erfolgen soll, z. B. „30 Tage nach der Lieferung" oder „Zahlung bis 30. Juni 20..", so handelt es sich um einen **Ziel- oder Kreditkauf**. Der Verkäufer bietet dem Käufer einen Kredit an.

4.2 Vereinbarungen über Fristen der Bezahlung

Das „Gesetz zur Bekämpfung von Zahlungsverzug im Geschäftsverkehr" schränkt die Möglichkeit ein, durch eine Vereinbarung von Zahlungsfristen die Begleichung einer Forderung beliebig hinauszuschieben.

a) Zahlungsfristen **bis zu 60 Tage** sind unbedenklich. Zwischen **privaten Unternehmern** kann auch eine längere Zahlungsfrist als 60 Tage vereinbart werden. Hat sich ein Unternehmen eine Zahlungsfrist von **mehr als 60 Tagen** einräumen lassen, so ist die Vereinbarung nur wirksam, wenn das Unternehmen nachweisen kann, dass die Vereinbarung ausdrücklich getroffen wurde und für den Gläubiger nicht grob unbillig ist.

b) Ist der Schuldner ein **öffentlicher Auftraggeber**[1], so gelten strengere Vorgaben: Sie müssen Rechnungen bereits nach 30 Tagen begleichen. Auch hier ist eine ausdrücklich vereinbarte Verlängerung auf bis zu 60 Tage möglich. Vereinbarungen, die über diese Frist hinausgehen, sind unwirksam und daher nicht vereinbar.

Allerdings gilt es zu beachten (§ 271a BGB):

- Ergibt sich aus den Vorschriften zur Fristenregelung eine Unwirksamkeit, bleibt der restliche Vertrag wirksam.
- Die Regelungen zur Fristenregelung scheiden aus bei vereinbarten Ratenzahlungen, Abschlagszahlungen und gegenüber Verbrauchern, wenn sie die Zahlung schulden.
- Sonstige Vorschriften zu Zahlungsfristen gelten weiter.

1 Als öffentlicher Auftraggeber gelten dabei nur die in § 98 Nr. 1 bis 3 des Gesetzes gegen Wettbewerbsbeschränkungen (GWB) genannten. Dazu zählen unter anderem Gebietskörperschaften wie Bund, Länder und Gemeinden.

4.3 Pauschaler Mindestverzugsschaden von 40,00 €

Unternehmen und öffentliche Auftraggeber, die Rechnungen nicht pünktlich begleichen, müssen einen höheren Verzugszins als früher (neun Prozentpunkte über dem Basiszinssatz) sowie – unabhängig von der tatsächlichen Höhe – **eine Verzugsschadenpauschale von 40,00 €** zahlen (§ 288 Abs. 5 BGB).[1]

Wer auf die Bezahlung seiner Rechnung warten muss, soll dadurch nicht auf den damit verbundenen Kosten sitzen bleiben. Darüber hinausgehende Kosten, etwa für die Einschaltung eines Rechtsanwalts, können wie bisher geltend gemacht werden.

Gegenüber Verbrauchern ist die Forderung dieser Pauschale jedoch ausgeschlossen. Umgekehrt können Verbraucher die Verzugspauschale aber auch nicht von einem säumigen Unternehmer verlangen.

4.4 Ergänzungen im AGB-Recht

Die Regelungen zu den Zahlungsfristen werden ergänzt durch Bestimmungen zum AGB-Recht. Danach sind in den Allgemeinen Geschäftsbedingungen unangemessen lange vereinbarte Zahlungsfristen unwirksam, weil sie den Gläubiger unangemessen benachteiligen (§ 308 Nr. 1a BGB). Als unangemessen lang gilt dabei eine Zeit von mehr als 30 Tagen, nachdem der zur Zahlung verpflichtete Schuldner die Rechnung empfangen hat.

5. Ratenkauf (Teilfinanzierungsgeschäft)

DEFINITION

Beim **Ratenkauf** (auch **Teilzahlung** oder **Finanzkauf** genannt) vereinbart der Händler mit seinem Kunden die Tilgung seiner Schuld mittels ratenweiser Zahlung oder Begleichung der Schuld innerhalb eines festgelegten Zeitraums *ohne Hinzuziehung einer dritten Partei* (Bank).

Der Ratenkauf ist nicht zu verwechseln mit dem *Ratenkredit*, bei dem eine dritte Partei, i. d. R. ein Kreditinstitut oder ein Zahlungsdiensteanbieter, erforderlich ist.

Der Zeitraum der Rückzahlung kann beim Ratenkauf je nach Einkaufssumme – meist zwischen drei Monaten und vier Jahren – variieren.

Einige Händler nutzen dabei zur Abwicklung des Ratenkaufs einen Dienstleister für die Kreditbearbeitung einschließlich Risiko- und Debitorenmanagement.

Durch den Ratenkauf

- wird es dem Kunden erleichtert, höherpreisige Produkte ohne größere zeitliche Verzögerungen anzuschaffen;
- erhält der Kunde die Möglichkeit, in seiner Liquidität flexibel zu bleiben, selbst wenn eine Gesamtzahlung möglich wäre;
- lässt sich die Kundenzufriedenheit steigern. Eine einfache Abwicklung über mobile Endgerate ist hier von Vorteil;
- sorgt der Händler für einen Kaufanreiz, sodass der Kunde die betreffende Ware bei ihm erwirbt und nicht vielleicht später – nach einer Zeit des Ansparens – bei einem anderen Händler;
- erhofft sich der Händler die Steigerung seines Umsatzes;
- können Neukunden gewonnen werden.

Der Verkäufer kann sich bis zur vollständigen Bezahlung des Kaufpreises das Eigentum an der Kaufsache vorbehalten. Erst mit der Zahlung der letzten Rate geht das Eigentum an der Sache auf den Käufer über.

Sollte der Käufer mit seinen Ratenzahlungen in Verzug geraten, ist der Lieferant ohne vorherige Fristsetzung zum Rücktritt vom Kaufvertrag berechtigt. Jede Vertragspartei ist dann verpflichtet, der anderen die bereits empfangenen Leistungen zurückzuerstatten.

Kaufverträge nach der rechtlichen Stellung der Vertragspartner

Am Zustandekommen eines Kaufvertrags können Kaufleute und Privatpersonen (= Nichtkaufleute) beteiligt sein.

1. Zweiseitiger Handelskauf

Beide Vertragspartner sind Kaufleute, die im Rahmen ihres Handelsgewerbes ein Geschäft abschließen (= Handelsgeschäft).

BEISPIEL

Eine Holzgroßhandlung verkauft Spanplatten an einen Tischler. Da Käufer und Verkäufer mit dem Holz aus geschäftlichen Gründen handeln, ist das Geschäft für beide ein Handelsgeschäft.

2. Einseitiger Handelskauf (§ 345 HGB)

Nur ein Vertragspartner handelt als Kaufmann. Für ihn ist das Geschäft ein Handelsgeschäft, sodass die Bestim-

[1] Bei der Beteiligung eines Verbrauchers bleibt es bei fünf Prozentpunkten über dem Basiszinssatz pro Jahr.

203153282

mungen über den Handelskauf zutreffen. Der andere Partner kann eine Privatperson oder ein Kaufmann sein, der den **Kauf für private Zwecke** abschließt.

Es ist daher stets entscheidend, ob jemand als Kaufmann **handelt**, nicht aber, ob er Kaufmann ist.

BEISPIELE

- Ein Unternehmer kauft in einem Kaufhaus einer Taschenrechner, den er ausschließlich für den privaten Gebrauch benötigt.
- Jens Schrader kauft in einem Fachgeschäft zwei Druckerpatronen.

Ist der Käufer kein Kaufmann, sondern Verbraucher[1], so liegt ein **Verbrauchsgüterkauf** vor. Verbrauchsgüterkäufe sind Kaufverträge über bewegliche Sachen zwischen einem Verbraucher und einem Unternehmer. Darüber hinaus werden auch solche Verträge erfasst, die daneben die **Erbringung einer Dienstleistung** durch den Unternehmer zum Gegenstand haben (§ 474 BGB). Gemeint sind insbesondere Fälle, in denen der Unternehmer die Dienstleistung als Nebenleistung zu seiner Hauptpflicht erbringt, dem Verbraucher die gekaufte Sache zu übereignen und zu übergeben.

BEISPIEL

Der Verkäufer verkauft dem Verbraucher eine Parabolantenne und montiert und installiert sie gleichzeitig. Damit unterliegt diese Vertragskombination Kauf-Dienstleistung insgesamt dem Verbrauchsgüterkauf und damit dem Kaufrecht und seinen Regelungen über Mängelgewährleistungen.

3. Bürgerlicher Kauf (Privatkauf, § 433 ff. BGB)

Beide Vertragspartner sind Nichtkaufleute, für beide ist das Geschäft kein Handelsgeschäft. Für den bürgerlichen Kauf gelten die Bestimmungen des BGB.

BEISPIELE

- Martina kauft das gebrauchte Surfbrett ihrer Freundin Patty.
- Der Lebensmittelgroßhändler Breves kauft aufgrund einer Zeitungsanzeige von einer Privatperson einen Tennisschläger.

Kaufverträge nach dem Leistungsort (Erfüllungsort)

1. Handkauf

Der Kauf findet in den Geschäftsräumen des Verkäufers statt. Verpflichtungs- und Erfüllungsgeschäft fallen zeitlich zusammen. Mit der Warenübergabe geht die Gefahr auf den Kunden über.

BEISPIELE

- Thekengeschäft des Zustellgroßhandels
- Cash-and-carry-Großhandel als eine Form des Abholgroßhandels

2. Platzkauf

Beim Platzkauf haben Verkäufer und Käufer ihren Geschäftssitz am selben Ort und die Ware wird zum Käufer geschickt. Die Gefahr des zufälligen Untergangs und einer zufälligen Verschlechterung geht bei diesem Kauf mit der Übergabe der Ware an den Käufer über. Beim Platzkauf wird häufig der Sitz des Käufers als Erfüllungsort vereinbart.

3. Versendungskauf[2]

Die Geschäftssitze von Verkäufer und Käufer befinden sich an verschiedenen Orten, wobei der Ort des Verkäufers der Erfüllungsort ist. Beim Versendungskauf versendet der Verkäufer die Ware auf Verlangen des Käufers an einen anderen Ort als den Erfüllungsort. Die Gefahr der Beschädigung, Verschlechterung oder des zufälligen Untergangs geht bei diesem Kauf mit der Übergabe an der Versandstation auf den Käufer über.

BEISPIEL

Die Fairtext GmbH vereinbart mit dem Textilfachgeschäft Hempe e. Kffr. in München: „Erfüllungsort und Gerichtsstand ist für beide Teile Hannover." Frau Hempe, die Geschäftsinhaberin, bittet um Zusendung der bestellten Ware.

Das gilt beim Verbrauchsgüterkauf nicht. Vielmehr geht die Gefahr erst bei Eintreffen der Sache beim Käufer über; die Ware reist also stets auf Gefahr des Verkäufers (§ 474 Abs. 2 BGB). Der Verbraucher muss deshalb die Kaufsache nicht bezahlen, wenn sie auf dem Weg zu ihm zerstört wird.

1 Definition „Verbraucher" siehe Kap. 2.6

2 Zum Versendungskauf siehe auch „Groß im Handel – 2. Ausbildungsjahr", Kap. 5.1

Die Gefahren gehen allerdings immer dann auf den Käufer über, wenn dieser als **Verbraucher handelt** und die Warenbeförderung selbst organisiert, also ein Transportunternehmen ohne den Vorschlag des Unternehmers mit der Warenbeförderung beauftragt.

4. Fernkauf

Die Geschäftssitze von Verkäufer und Käufer befinden sich an verschiedenen Orten, wobei der Ort des Verkäufers nicht der Erfüllungsort ist. Der Verkäufer übergibt die Ware dem Käufer auf dessen Gefahr am vertraglich vereinbarten Erfüllungsort.

5. Kauf im Streckengeschäft[1]

Von einem Streckengeschäft spricht man, wenn die Ware beispielsweise vom Hersteller nicht an den Käufer (Großhändler), sondern direkt, ohne das Lager des Großhändlers zu berühren, an dessen Kunden geliefert wird.

BEISPIEL

Die Boutiqueinhaberin Helen Villanueva aus Hannover bestellt bei der Fairtext GmbH in Hannover 50 Pullover der neuen Yanni-Herbstkollektion, Größen 48/54. Der zuständige Sachbearbeiter im Einkauf, Herr Prinzke, der die Bestellung von seinem Kollegen aus dem Verkauf erhält, bestellt die Pullover beim Hersteller Herbert Hutter in Oldenburg. Der Textilfabrikant schickt die Ware direkt an die Einzelhändlerin Villanueva.

Beim **Streckengeschäft** handelt es sich um ein Eigengeschäft des Großhandelsunternehmens, d. h.,

- der Großhändler erwirbt das Eigentum an der Ware, sodass auch
- die Rechnungsabwicklung über ihn erfolgt und
- die Risiken der Beschädigung oder des Untergangs der Ware von ihm zu tragen sind.

Oft werden räumlich entfernt liegende Kunden, die aber nicht abgewiesen werden sollen, im Wege des Streckengeschäfts bedient.

Als Faustregel kann gelten: Die Alternative des Streckengeschäfts sollte vom Großhändler ernsthaft geprüft werden, wenn die Entfernung zwischen Hersteller und Großhandelskunde geringer ist als diejenige zwischen Großhandelslager und Kunde.

BEISPIEL

Die Fairtext GmbH in Hannover bekommt einen Auftrag von einem Kunden aus Baden-Württemberg. Daraufhin erteilt sie dem Hersteller, der auch in Baden-Württemberg ansässig ist, den Auftrag. Der Hersteller liefert nun die Ware per Bahn nach Hannover. Von dort versendet sie die Fairtext GmbH mit einer Spedition zurück nach Baden-Württemberg zu ihrem Kunden.

Dieses Beispiel zeigt die Unsinnigkeit einer kompromisslosen Anwendung des Lagergeschäfts und macht die Vorteile des Streckengeschäfts deutlich.

1 Zum Streckengeschäft siehe auch die beiden Kapitel 1.15 und in „Groß im Handel – 2. Ausbildungsjahr", Kap. 5.2

AUFGABEN

1. Bestimmen Sie, welche Kaufvertragsarten mit den folgenden Beispielen bzw. Aussagen angesprochen werden.
   a) Die Firma Sander & Sohn erhält eine Warensendung mit folgendem Begleitschreiben (Auszug): „Aufgrund Ihrer schriftlichen Anfrage vom 18. Juni erhalten Sie das gewünschte Gerät mit Rückgaberecht innerhalb von 14 Tagen."
   b) Ein Kaufmann bezieht eine geringe Menge einer Ware und gibt dem Lieferanten zu erkennen, dass später weitere Bestellungen folgen werden, wenn die gelieferte Ware seinen Erwartungen entspricht.
   c) Ein Kaufmann nimmt aufgrund einer Probe einen Artikel in sein Warensortiment neu auf.
   d) Ein Händler kauft bei seinem Lieferanten eine vertretbare Sache, z. B. Mehl.
   e) Der Zeitpunkt der Lieferung ist in das Ermessen des Käufers gestellt.
   f) Kauf einer Ware, bei dem nähere Einzelheiten innerhalb einer Frist noch angegeben werden.
   g) Der Käufer erwirbt eine größere Menge Ware, „wie sie steht und liegt", ohne dass der Verkäufer bestimmte Eigenschaften zusichert.
   h) Die Lieferung hat sofort nach der Bestellung zu erfolgen.
   i) Der Käufer einer Ware muss erst nach Ablauf einer Frist bezahlen.
   j) Die Lieferung muss zu einem genau bestimmten Zeitpunkt oder innerhalb des vereinbarten Zeitraums erfolgen; das ist ein wesentlicher Bestandteil des Vertrags.
   k) Ein Einzelhändler lässt sich von einem Weingroßhändler eine Ansichtssendung mit Weinen verschiedener Jahrgänge und Qualitäten zusenden. Danach bestellt er „wie gehabt" verschiedene Weine in unterschiedlichen Bestellmengen.
   l) Der Käufer hat das Recht auf Prüfung der Ware innerhalb einer bestimmten Frist ohne Kaufzwang.
   m) Im Kaufvertrag wurde vereinbart „Lieferung Anfang Oktober d. J.".
   n) Ein Großhändler verkauft Ware in eigenem Namen, aber für fremde Rechnung.
2. Welchen Vorteil hat der „Kauf auf Abruf" für den Käufer?
3. Welchen Vorteil bietet der „Kauf auf Probe"?
4. Nennen Sie verschiedene Vorteile, die das Kommissionsgeschäft für
   a) den Großhändler,
   b) den Auftraggeber bringt.
5. Welche Geschäfte führen zu einem
   - einseitigen Handelskauf,
   - zweiseitigen Handelskauf,
   - bürgerlichen Kauf?

   a) Frau Weiß ist Inhaberin einer Blumengroßhandlung. Sie kauft von einem Autohändler einen Kleintransporter für ihr Geschäft.
   b) Frau Weiß kauft sich im Modehaus „Lafontaine" ein Kostüm.
   c) Die Hausfrau Bruns kauft einen Staubsauger in einem Warenhaus.
   d) Der Geschäftsführer eines Unternehmens kauft für private Zwecke einen Pkw von einem Gebrauchtwagenhändler.
   e) Der Geschäftsführer eines Unternehmens schließt einen Kaufvertrag über den Bezug von Stoffen für die Produktion.
   f) Der Bäckermeister Gravenkamp entnimmt Backwaren aus seinem Laden für private Zwecke.
   g) Peter verkauft seine Briefmarkensammlung an seinen Freund Jens.
6. Unterscheiden Sie Versendungskauf und Fixkauf.
7. Nennen Sie mindestens drei Vorteile, die das Streckengeschäft für den Großhändler hat.

AKTION

Sie sollen ein zweiseitiges Referat über die „Besonderen Arten des Kaufvertrags“ halten.

a) Zur Information nutzen Sie bitte die Informationen dieses Kapitels und ergänzend das Internet. Verwenden Sie zur Bearbeitung der vorhandenen Texte die SQ3R-Methode bzw. die Regeln für die Informationsbeschaffung von Texten:
   - Informationsquellen/Texte suchen,
   - gefundene Texte sichten und auf Verwertbarkeit überprüfen,
   - Texte auswählen und ordnen

b) Erstellen Sie eine Gliederung und formulieren Sie das Referat.

c) Nutzen Sie ggf. Möglichkeiten zur Visualisierung, z. B. Mindmapping.

d) Seien Sie darauf vorbereitet, Ihr Referat vorzutragen.

ZUSAMMENFASSUNG

Kaufvertragsarten

Unterscheidung nach

Art und Beschaffenheit der Ware

- Kauf auf Probe (Kauf auf Besichtigung)
- Kauf nach Probe
- Kauf zur Probe
- Gattungskauf
- Stückkauf
- Bestimmungskauf (Spezifikationskauf)
- Ramschkauf (Kauf „en bloc“ bzw. „in Bausch und Bogen“)

dem Zahlungszeitpunkt

- Kauf gegen Anzahlung
- Barkauf
- Kommissionskauf
- Zielkauf
- Ratenkauf (Teilfinanzierungsgeschäft)

der Lieferzeit

- Sofortkauf (Tageskauf)
- Terminkauf
- Fixkauf (oder Fixhandelsgeschäft)
- Kauf auf Abruf

dem Leistungsort (Erfüllungsort)

- Handkauf
- Platzkauf
- Versendungskauf
- Fernkauf
- Kauf im Streckengeschäft

der rechtlichen Stellung der Vertragspartner

- Handelskauf
  - zweiseitiger Handelskauf
  - einseitiger Handelskauf
  - Verbrauchsgüterkauf
- Bürgerlicher Kauf (Privatkauf)

203153286

Die Netzel GmbH in Hildesheim erhält aufgrund ihrer Anfrage von der Fairtext GmbH das gewünschte Angebot über Herrenfreizeithemden. Die darin formulierten Zahlungsbedingungen lauten *„Zahlbar innerhalb von 14 Tagen ab Rechnungsdatum mit 3 % Skonto oder innerhalb von 45 Tagen netto."*

Fairtext GmbH
Textilgroßhandlung

Ihr Zeichen:	ha
Ihre Nachricht vom:	10.03.20..
Unser Zeichen:	me
Unsere Nachricht vom:	
Name:	Jörg Menne
Telefon:	0511 4155-45
Telefax:	0511 4155-10
E-Mail:	menne@fairtext-wvd.de
Internet:	www.fairtext-wvd.de
Datum:	12.03.20..

Fairtext GmbH | Walsroder Str. 6 a | 30625 Hildesheim
Netzel GmbH
Herrn Bodo Habenicht
Halberstädter Str. 18
31141 Hildesheim

Angebot

Sehr geehrter Herr Habenicht,

wir danken für Ihre Anfrage vom 10.03.20.. und bieten Ihnen die Herrenfreizeithemden, Buttondown, Leinen-Mix, dunkelblau wie folgt an:

Best.Nr. 36982 20 Stück Größe S
Best.Nr. 36983 20 Stück Größe M
Best.Nr. 36984 40 Stück Größe L
Best.Nr. 36985 30 Stück Größe XL
Best.Nr. 36986 25 Stück Größe XXL

zum Stückpreis von 10,20 € netto einschließlich Verpackung.

Die Lieferung kann innerhalb von 2 Wochen frachtfrei erfolgen.

Die Zahlung erfolgt innerhalb von 14 Tagen ab Rechnungsdatum mit 3 % Skonto oder innerhalb von 45 Tagen netto.

Wir würden uns über einen Auftrag von Ihnen sehr freuen und verbleiben mit freundlichen Grüßen

Fairtext GmbH

Menne

Jörg Menne

Sachbearbeiter Verkauf

1. Erläutern Sie, warum die Fairtext GmbH der Netzel GmbH derartig günstige Zahlungsbedingungen anbietet, obwohl möglicherweise durch die Einräumung des Zahlungszieles bzw. des Skontosatzes die eigene finanzielle Situation bzw. die Umsatzerlöse negativ betroffen/geschmälert werden könnte(n).

2. Für die Annahme des Angebots und der damit verbundenen Zahlung innerhalb von 14 Tagen bei Skontonutzung fehlen der Netzel GmbH momentan die nötigen finanziellen Mittel. Daher überlegt man sich im Einkauf des Einzelhändlers, ob sich zur Skontoausnutzung die Inanspruchnahme eines Überziehungskredits empfiehlt oder die Rechnung erst nach Ablauf der Zahlungsfrist von 45 Tagen beglichen werden sollte, um die Zinszahlung für die Überziehung des Geschäftskontos in Höhe von 14 % p. a. zu vermeiden.
   Helfen Sie den Entscheidungsträgern im Einkauf der Netzel GmbH.

INFORMATIONEN

Lieferantenkredit

Der Lieferantenkredit entsteht dadurch, dass der Großhändler seinem Kunden (Geldschuldner; Debitor) ein Zahlungsziel einräumt (**Verkauf von Waren auf Ziel** bzw. **Verkauf von Waren auf Rechnung**).

Der Kunde muss den Rechnungsbetrag erst nach einer bestimmten Frist begleichen, z. B. nach 30 Tagen. Dadurch gewährt der Großhändler seinem Kunden einen kurzfristigen Kredit über den Zeitraum zwischen der Übergabe der Ware und dem auf der Rechnung angegebenen Zahlungszeitpunkt. So können die Kunden des Großhändlers die gekauften Waren verwenden, ohne dafür sofort finanzielle Mittel bereitstellen zu müssen, womit der Großhändler gleichzeitig seinen Kunden bei der Finanzierung ihrer Beschaffungen hilft (= Waren- oder Händlerkredit).

Zahlungsbedingungen sind Teil der Allgemeinen Geschäftsbedingungen, die festlegen, innerhalb welcher Frist Verbindlichkeiten (eine Rechnung), die bei einem Geschäftsabschluss entstehen, zu bezahlen sind. Durch die Bestellung einer Ware oder die Inanspruchnahme einer Dienstleistung akzeptiert der Käufer die Zahlungsbedingungen des Verkäufers.

BEISPIEL

Zahlung innerhalb von 60 Tagen netto Kasse

Bei einem Zahlungsziel von *60 Tagen nach Rechnungseingang* muss die Zahlung des Kunden innerhalb dieser Frist auf dem Bankkonto des Lieferanten gutgeschrieben sein. Nach Ablauf des vereinbarten Zahlungsziels gerät der Geldschuldner automatisch in Zahlungsverzug.

Die Zahlungsfristen können unterschiedlich lauten, sie sind gesetzlich nicht festgeschrieben. Es steht dem Großhändler (Kreditoren) daher frei, seinem Kunden beliebige Zahlungsbedingungen bzw. Fristen einzuräumen.

Bei unsicheren oder unbekannten Kunden wird normalerweise eine für den Unternehmer risikolose Zahlungsbedingung gewählt: Vorauskasse, Übergabe gegen Bezahlung oder Barzahlung. Hier liegt das Risiko beim Kunden, der vor oder bei Erhalt der Ware in Zahlung treten muss.

Bei einem ihm angebotenen Lieferantenkredit durch den Großhändler hat der Kunde verschiedene Aspekte zu berücksichtigen. Der Lieferantenkredit

- dient ihm zur Überbrückung der Zeitspanne zwischen Warenbeschaffung und Warenabsatz: Dem Kunden wird durch den Zahlungsaufschub, den der Großhändler ihm einräumt, ermöglicht, seine Schulden aus den Umsatzerlösen der verkauften Waren zu bezahlen, sodass sein sonstiger Kapitalbedarf durch diese Art der Kreditgewährung durch den Großhändler wesentlich geringer ist;
- entlastet insofern die Kreditlinie bei seiner Bank;
- ist die besonders bequeme Form der kurzfristigen Fremdfinanzierung, da
  - er ohne besondere Formalitäten bei Abschluss des Kaufvertrags abgeschlossen wird,
  - eine systematische Kreditprüfung fehlt,
  - die Kreditsicherung durch Eigentumsvorbehalt möglich ist;
- birgt anderseits aber auch die Gefahr der Abhängigkeit zum Lieferanten;
- verlangt einen „Preis" für die Inanspruchnahme: Der Großhändler (Lieferant) gewährt den Kredit nicht kostenlos. Er kalkuliert den Zins für die Gewährung des Lieferantenkredits zuvor in seinen Verkaufspreis ein, denn üblicherweise kann bei vorzeitiger Zahlung vom Rechnungspreis **Skonto als Preisnachlass** abgezogen werden.

BEISPIEL

Zahlung in 40 Tagen ohne Abzug oder **innerhalb von 14 Tagen mit 2,5 % Skonto**

DEFINITION

Skonto ist ein
- prozentualer Preisnachlass bei vorzeitiger Zahlung innerhalb einer bestimmten Frist und
- wird dem Kunden gewährt, damit er auf das vom Lieferanten eingeräumte Zahlungsziel verzichtet.

Das folgende Beispiel zeigt, dass es aus kaufmännischer Sicht für den Käufer wirtschaftlich sogar vernünftiger sein kann, den Skonto selbst dann in Anspruch zu nehmen, auch wenn ihm das nötige Geld momentan nicht sofort zur Verfügung steht und die Summe für den vorzeitigen Rechnungsausgleich nur durch einen Kredit (Kontokorrentkredit[1]) bei der Bank zu beschaffen ist.

1 Erläuterungen zum Kontokorrentkredit siehe Folgeseiten innerhalb dieses Kapitels

BEISPIEL

Die Graaf KG erhält die Rechnung ihres Lieferanten, der Textilgroßhandlung Fairtext GmbH, vom 6. Aug. 20 .. über 6.000,00 € netto. Sie enthält die Zahlungsbedingung *„Zahlbar innerhalb von 10 Tagen mit 2% Skonto oder 30 Tage netto"*.

Skontozeitraum
10 Tage
(= kostenloser Lieferantenkredit)
Lieferkreditzeitraum
20 Tage (=kostenpflichtiger Kreditzeitraum)

6. Aug. – Rechnungsdatum
16. Aug. (10. Tag) – Zahlung mit Skontoabzug 5.880,00 € (= 98 %)
6. Sept. (30. Tag) – Zahlung ohne Abzug (netto Kasse) 6.000,00 € (100 %)

Zielzeitraum = 30 Tage

Zahlt die Graaf KG spätestens am 10. Tag, so erhält sie dafür, dass sie 20 Tage vor dem Zahlungsziel zahlt, 2 % = 120,00 € Skonto.

Die ersten zehn Tage des Ziels, während der ein Skontoabzug möglich ist, verursachen noch keine Kreditkosten. Kreditkosten in Höhe von 2 %, die von der Fairtext GmbH in den Verkaufspreis einkalkuliert wurden, entstehen ab dem 11. bis zum 30. Tag. Der kostenpflichtige Kreditzeitraum umfasst 20 Tage (Zielzeitraum ./. Skontozeitraum).

20 Tage Kredit kosten demnach 120,00 €.

Überschlagsrechnung:
Da sich 2 % Skonto auf den kostenpflichtigen Kreditzeitraum von 20 Tagen beziehen, ergibt das, bezogen auf ein Jahr, einen Jahreszinssatz von

20 Tage ≙ 2 %
360 Tage ≙ x %

$$x = \frac{360 \cdot 2\,\%}{20} = 36\,\%$$

Angenommen, es müsste für die Skontoausnutzung von der Graaf KG ein Bankkredit über den Überweisungsbetrag zu 18 % p. a. aufgenommen werden. Der Vergleich aufgrund der Überschlagsrechnung zeigt dann, dass der Jahreszinssatz des Bankkredits in Höhe von 18 % p. a. niedriger ist als der des Lieferantenkredits in Höhe von 36 % p. a. Die Inanspruchnahme des Bankkredits zur Skontoausnutzung wäre insofern für die Graaf KG wirtschaftlich sinnvoll.

Sahnehäubchen obendrauf: Skontoertrag als attraktiver Zusatzertrag für vorzeitige Zahlung

Mathematisch genauere Lösung:

1. | | |
|---|---|
| Rechnungsbetrag | 6.000,00 € |
| – Skonto 2 % | 120,00 € |
| = Überweisungsbetrag | 5.880,00 € |

Benötigter Kreditbetrag: 5.880,00 €

Kredit = Rechnungsbetrag – Skontobetrag

2. **Kreditzeitraum:** 30 Tage – 10 Tage = 20 Tage

Kreditzeitraum = Zielzeitraum – Skontozeitraum

3. **Kreditzinsen** $= \frac{K \cdot p \cdot t}{100 \cdot 360} = \frac{5.880 \cdot 18 \cdot 20}{100 \cdot 360} = 58{,}80\ €$

4. **Finanzierungserfolg**:

Kosten des Lieferantenkredits (= Skontoertrag)	120,00 €
– Kosten des Bankkredits (= Kreditzinsen)	58,80 €
= **Finanzierungsgewinn**/~~-verlust~~	**61,20 €**

Übersteigt der Skontoertrag (hier 120,00 €) die Kosten für einen Bankkredit (58,80 €), ist es für den Käufer wirtschaftlicher, einen kurzfristigen Bankkredit aufzunehmen, um den Skontoabzug ausnutzen zu können. Nur wenn der Skontoertrag niedriger ist als die Kosten des Bankkredits, ist es ratsam, den gesamt Zielzeitraum in Anspruch zu nehmen.

5. Effektiver Jahreszinssatz (Kosten des Lieferantenkredits pro Jahr):
Um den Skontoprozentsatz mit einem Bankkredit, der in einem Zinssatz pro Jahr angegeben wird, vergleichen zu können, muss er in einen **Jahreszinssatz umgerechnet** werden. Hierzu sind für die genaue Bestimmung des effektiven Skontosatzes der Skontobetrag und die tatsächliche Zahlung zu berücksichtigen:

$$p = \frac{\text{Kosten Lieferantenkredit} \cdot 100 \cdot 360}{\text{Kreditsumme (Zahlung mit Skotoabzug)} \cdot t}$$

$$p = \frac{120 \cdot 100 \cdot 360}{5.880 \cdot 20} = \underline{\underline{36{,}73\,\%}}$$

oder

$$p = \frac{\text{Skontosatz} \cdot 100 \cdot 360}{(100 - \text{Skontosatz}) \cdot \text{Kreditzeitraum}}$$

$$p = \frac{2\,\% \cdot 100\,\% \cdot 360}{98\,\% \cdot 20} = \underline{\underline{36{,}73\,\%}}$$

Würde die Graaf KG auf die Skontoziehung verzichten und würde sie das Zahlungsziel von 30 Tagen ausnutzen, würde das bedeuten, dass das Unternehmen einen sehr teuren Lieferantenkredit in Höhe von 36,73 % in Anspruch nimmt. Aus diesem Grund ist eine vorzeitige Zahlung – wie auch die Berechnung des Finanzierungserfolgs gezeigt hat – empfehlenswert.

Oder anders formuliert: Die Graaf KG hat bei Skontoausnutzung einen Zinsvorteil von 36,73 % p. a., während die Bank lediglich einen Zinssatz für den Kredit in Höhe von 18 % p. a. berechnet. Daher ist es für die Graaf KG vorteilhafter, den Bankkredit in Anspruch zu nehmen und die Rechnung der Fairtext GmbH unter Ausnutzung von Skonto innerhalb der angebotenen 10 Tage zu begleichen.

Neben dieser i. d. R. sinnvollen Ausnutzung von Skontoziehung kann die Finanzierung durch Lieferantenkredit für den Käufer von besonderer Bedeutung sein, wenn Eigenkapital und Liquidität[1] gering sind und wenn er nicht über genügend Sicherheiten verfügt, um Bankkredite zu erhalten. Mithilfe des Lieferantenkredits kann er dadurch zumindest teilweise seine Lagerbestände finanzieren.

Der Großhändler hingegen verkauft seine Waren auf Ziel (Stundung des Kaufpreises) vor allem aus **absatzpolitischen Gründen**. Im Mittelpunkt steht die **Kundenbindung**: Gerade dann, wenn der Kunde die finanziellen Mittel nicht aufbringen kann, um den Rechnungsbetrag sofort begleichen zu können, hat er nun die Möglichkeit, zunächst die Ware zu veräußern und später mit dem eingenommenen Geld aus diesen Umsatzerlösen seine Verbindlichkeit aus der Warenlieferung beim Großhändler begleichen zu können.

Da die Zahlungsbedingungen einen erheblichen Einfluss auf das Kauf- und Zahlungsverhalten der Kunden haben, wirken sie sich nicht zuletzt auch positiv auf die Liquidität des Großhandelsunternehmens aus. So sorgt ein gewährter Skonto für eine **bessere Liquidität**, da der Kunde durch den Preisnachlass zu einer besonders schnellen Zahlung außerhalb der üblichen Fristen bewegt wird.

Daher gilt: Werden ausstehende Rechnungen durch entsprechende Zahlungsbedingungen zügiger beglichen, kehrt das Geld schneller ins Großhandelsunternehmen zurück. Das Unternehmen gewinnt dadurch an Liquidität. Gleichzeitig müssen weniger Ressourcen in Mahnungen und das Forderungsmanagement investiert werden.

Nicht übersehen werden darf in diesem Zusammenhang aber, dass in der Gewährung eines Zahlungsziels auf Seiten des Großhändlers das **Debitorenrisiko eines Kreditgebers** liegt, weil sein Kunde während der Laufzeit des Lieferantenkredits insolvent werden kann und damit die Bezahlung der Forderung ausbleiben oder zumindest zweifelhaft werden kann. Zur Sicherung seines Zahlungsrisikos kann der Großhändler mit dem Käufer im Kaufvertrag daher z. B. einen Eigentumsvorbehalt (siehe Kap. 2.11) vereinbaren.

Exkurs

Kontokorrentkredit
(Kredit in laufender Rechnung)

1. Begriff und Aufgaben

Der Kontokorrentkredit ist der wichtigste und am häufigsten vorkommende kurzfristige Bankkredit im Handel. Er entsteht bei der **Abwicklung** des Zahlungsverkehrs **über das laufende Konto**.

Zur Einräumung eines Kredits auf dem Kontokorrentkonto sind ein Kreditantrag und eine Kreditwürdigkeitsprüfung durch die Bank erforderlich. Die Kreditzusage erfolgt durch Einräumung einer Kreditlinie. Diese **Kreditlinie** stellt den Maximalbetrag dar, bis zu dem das Girokonto überzogen werden darf.

1 Erläuterungen zur Liquidität siehe Folgeseiten innerhalb dieses Kapitels

Durch ständige Ein- und Auszahlungen entsteht eine laufende Rechnung, deren Saldo entweder ein Guthaben oder eine Kreditinanspruchnahme aufweist.

Der Kontokorrentkredit ist ein kurzfristiger Kredit. Vereinbarungen zwischen Kreditnehmer und Kreditgeber von bis zu einem Jahr sind der Regelfall. Normalerweise wird der Kontokorrentkredit aber verlängert, sodass er dem Kreditnehmer tatsächlich langfristig zur Verfügung steht.

2. Kapitalkosten

- **Soll-Zinsen**: Berechnung für den tatsächlich beanspruchten Kreditbetrag (Der Soll-Zinssatz für den Kreditsaldo ist relativ hoch, die Haben-Zinsen für den Guthabensaldo dagegen verhältnismäßig niedrig.)
- Überziehungsprovision bei Überschreitung der Kreditlinie (Kreditlimit): Sie wird zusätzlich zu den Soll-Zinsen berechnet.
- **Kreditprovision** für die Einräumung einer Kreditlinie
- **Bereitstellungsprovision** für den **nicht** in Anspruch genommenen Teil des Kredits.
- **Umsatzprovision:** Entgelt für die Führung des Kontokorrentkontos sowie für die Bereitstellung der banktechnischen Einrichtungen
- **Auslagen** für z. B. fremde Spesen, Porti und Gebühren.

3. Bedeutung

Dem Kreditnehmer dient der Kontokorrentkredit zur Sicherung seiner Zahlungsbereitschaft. Er ist besonders **bedeutsam für die Ausnutzung von Skonto**. Der Kontokorrentkredit ist nicht zweckgebunden, sodass der Kreditnehmer selbst entscheiden kann, wofür und in welcher Höhe er ihn einsetzt (= optimale Dispositionsfreiheit).

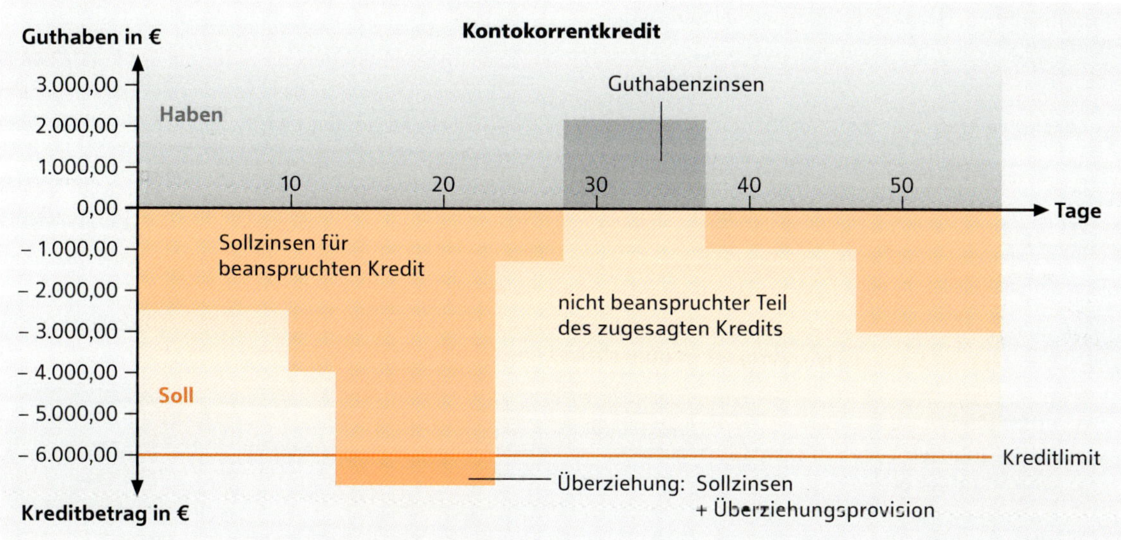

Leasing

Neben der Skontogewährung bieten Großhändler ihren Kunden auch **mittel- und langfristige** Finanzierungsangebote an, wie beispielsweise über das **Leasing**[1] **(Mietfinanzierung)**:
Der Großhändler stellt als Leasinggeber dem Leasingnehmer für einen gewissen Zeitraum ein Konsum- oder Investitionsgut zur Nutzung zur Verfügung. Für diese Nutzung zahlt der Leasingnehmer zuvor vereinbarte monatliche Raten.

Vergleichbar ist dies mit der Miete einer Wohnung, denn der Großhändler als Leasinggeber bleibt während des Leasingvertrages rechtlicher und wirtschaftlicher Eigentümer des Leasingobjektes und bilanziert es demzufolge auch. Der Leasingnehmer übernimmt die Rolle des Halters oder Nutzers.

1 Zwischen Operate-Leasing und Financial-Leasing soll in diesem Kapitel nicht differenziert werden. Weitergehende Ausführungen auch über Grundsätze des Leasings und Leasingformen siehe Kap. 8.8.

DEFINITION

Leasing ist
- die mittel- und langfristige Vermietung oder Verpachtung
- von beweglichen oder unbeweglichen Investitions- sowie langlebigen Konsumgütern
- durch die Hersteller dieser Güter oder durch besondere Leasinggesellschaften

an einen Leasingnehmer.

Für sein Leasingangebot sind für den Großhändler als Leasinggeber hauptsächlich die Bonität seines Kunden und die Bewertung des Objektes entscheidend.

BEISPIELE FÜR LEASINGOBJEKTE

Pkw, Busse und Hänger, Traktoren, Transporter, Verpackungsmaschinen, Stromerzeuger, Schienenfahrzeuge, Computer- und Telefonanlagen, Kopiertechnik, Bagger, Röntgengeräte, Laserbehandlungstechnik, Arbeitsbühnen, Stapler, Bäckereimaschinen, Videotechnik, Kassensysteme, Regalanlagen etc.

Im **Leasingvertrag** zwischen Großhändler und seinem Kunden, dem Leasingnehmer, sind i. d. R. vereinbart:
- Höhe der Anzahlung,
- Mietdauer, i. d. R. zwischen einem Jahr bis zu 30 Jahren,
- Höhe der monatlichen Leasingrate,
- Leasingobjekt,
- Versicherungen und
- Kündigungsfrist.

Normalerweise ist die vereinbarte Nutzungsdauer nicht kündbar. Im Gegensatz zum Leasingnehmer kann der Leasinggeber aber unter verschiedenen Umständen den Leasingvertrag für das Leasingobjekt vor Ablauf der Vertragslaufzeit kündigen. Dies kann zum Beispiel der Fall sein, wenn der Leasingnehmer seine Leasingraten für das Leasingobjekt nicht rechtzeitig oder gar nicht mehr bezahlt.

Nach Ablauf des Leasingvertrages
- ist das Leasingobjekt zurückzugeben.
- Alternativ kann das Leasingobjekt nach Absprache zum Restwert auch gekauft oder
- eine Verlängerung des Leasingvertrages (Anschlussleasing) ausgehandelt werden.

Leasinggeber können sein
- der Hersteller des Leasingobjektes
- Leasinggesellschaften, die aufgrund des Kundenwunsches beim Hersteller das Leasingobjekt bestellen und anschließend an den Leasingnehmer (Benutzer) vermieten.

Im Normalfall ist der Großhändler nicht der Hersteller des Leasingobjektes, sodass man in einem derartigen Fall von einem **indirekten Leasing** spricht.

Abwicklung eines indirekten Leasinggeschäfts (Mobilien)

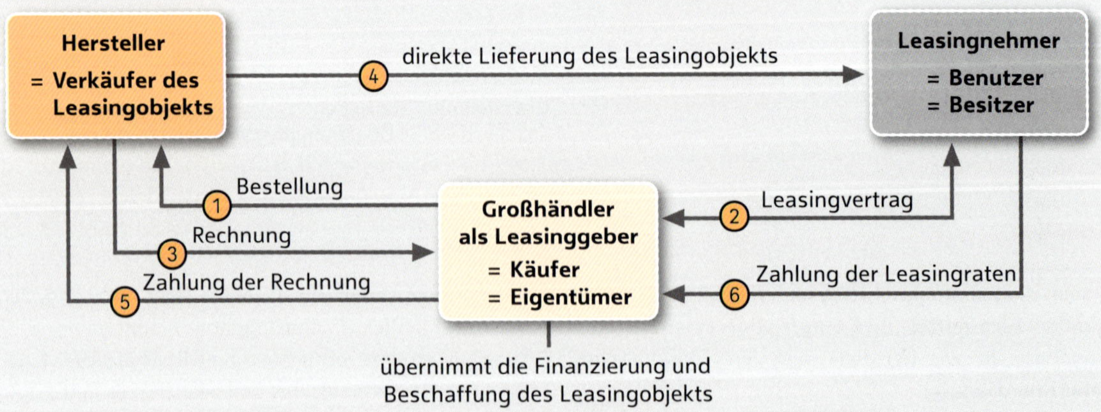

Der Großhändler als Leasinggeber ist demzufolge auch als **Finanzierungsgesellschaft** tätig.

Für den Leasingnehmer ist Leasing allerdings kein Rettungsanker für seine möglicherweise verfehlte Unternehmenspolitik. Voraussetzung für das Leasing ist immer eine ausreichende Bonität.

Sein **Leasingangebot als alternative Finanzierungsform** wird der Großhändler als Leasinggeber vor allem mit folgenden Argumenten untermauern (wobei die Nachteile für den Leasingnehmer nicht zu übersehen sind):

Leasing	
Vorteile	**Nachteile**
• **Aktualität**: Der Anlagenbestand bleibt technisch immer auf dem neuesten Stand. Das Leasingobjekt wird so lange genutzt, bis etwas Moderneres oder technisch Besseres auf dem Markt zu bekommen ist. • **Liquiditätsspielräume**: Da der Großhändler als Leasinggeber die Anschaffungskosten für die Leasingobjekte übernimmt, entstehen für seinen Kunden keine höheren Kosten (Liquiditätsvorteil). Insofern investiert der Leasingnehmer ohne oder mit wenig Einsatz von Eigenkapital oder Ausweitung seines Fremdkapitalanteils und kann die so bewahrte Liquidität (Definition siehe im Anschluss) beispielsweise in das Wachstum des eigenen Unternehmens investieren. • **Feste Kalkulationsgrundlage:** Der Leasingnehmer zahlt gleichbleibende und damit genau kalkulierbare Leasingraten. • **Planungssicherheit:** Die Mieten (Leasingraten) werden i. d. R. aus dem laufenden wirtschaftlichen Ertrag des Mietobjektes bezahlt („Pay-as-you-earn-Prinzip"). • **Flexibilität:** Leasingverträge bzw. vereinbarte Leasingraten sowie der Rückkaufpreis können oft in Absprache, z. B. an die Auftragslage des Unternehmens, angepasst werden. • **Positive Bilanzeffekte**: Leasinggegenstände erscheinen nicht in der Bilanz des Leasingnehmers, da das Leasingobjekt beim Leasinggeber aktiviert wird (Leasing ist bilanzneutral). Indem dadurch die Eigenkapitalquote (Verhältnis von Eigenkapital zu Gesamtkapital) unverändert bleibt, hat das positive Auswirkungen auf die Bonitätsbewertung bei Banken und Ratingagenturen: Eine höhere Eigenkapitalquote **verbessert** die eigene **Kreditwürdigkeit**, da das Gläubigerrisiko geringer ausfällt. • **Steuervorteile:** Leasingraten können als Betriebsausgaben steuermindernd geltend gemacht werden. • **Servicevorteil:** Leasing bietet bei einem entsprechenden Vertrag den Vorteil der Beratung, Wartung und Reparatur des Leasingobjektes durch den Leasinggeber (Großhändler), was zu organisatorischen und personellen Entlastungen führt.	• Ggf. teurer als ein Bankkredit. • Hohe finanzielle Belastung mit fixen Kosten (lfd. Liquiditätsbelastung). • Sofortiger Entzug bei Zahlungsrückständen • Leasinggeber ist rechtlich kein Eigentümer, wodurch die Verfügungsgewalt über das Leasingobjekt eingeschränkt ist. • Während der Leasingzeit hat der Leasingnehmer die Pflicht, das Leasingobjekt instand zu halten und dessen Nutzungsqualität zu gewährleisten. • Wird das Leasingobjekt während der vereinbarten Leasingdauer beschädigt oder unbrauchbar, trägt die Kosten der Leasingnehmer. • Erhöhte Kosten bei Auflösung des Leasingvertrages vor der vereinbarten Mietzeit.

Exkurs
Liquiditätssicherung

Planung und Sicherung der Liquidität muss oberstes Gebot sein. Daher ist der Hinweis des Großhändlers auf den Liquiditätsvorteil durch sein Leasingangebot von nicht zu unterschätzender Bedeutung.

Jedes Unternehmen hat Verpflichtungen: Monatlich sind Löhne und Gehälter zu zahlen, die Rechnungen der Lieferanten sind zu begleichen, Kosten der Verwaltung wie Bürobedarf, Porto und Telefon müssen bezahlt werden, Versicherungen, Mieten und vieles mehr werden fällig. Wird diesen Verpflichtungen fristgerecht nachgekommen, bedeutet es, dass **Auszahlungen** gleichzusetzen sind mit einem **Geldabfluss**.

Forderungen entstehen u. a. durch den Warenverkauf. Die daraus resultierenden **Einzahlungen** stellen einen **Zufluss an flüssigen Mitteln** (= Zahlungsmittel) dar, dessen Umfang man an der Summe der Finanzmittelbestände (Kasse, Bank, Postbank, diskontfähige Wechsel) ablesen kann.

Die Zahlungsfähigkeit eines Unternehmens ist gegeben, wenn sich Einzahlungen (= Geldzuflüsse) und Ausgaben (= Geldabflüsse) ausgleichen. Es liegt ein finanzielles Gleichgewicht vor (**optimale Liquidität**).

DEFINITION

Liquidität (Flüssigkeit) ist die Fähigkeit eines Unternehmens, stets seine fälligen Zahlungsverpflichtungen **fristgerecht** erfüllen zu können.

Liquiditätsbedingung:
Bestand an flüssigen Mitteln (Zahlungsmittel)
\+ Einzahlungen
– Auszahlungen
≥ 0

Übersteigen die Zahlungsmittelbestände die betrieblichen Verpflichtungen bzw. die Geldeingänge aus den Forderungen die Zahlungsabflüsse aus den Verpflichtungen, entsteht ein Überschuss an Zahlungsmitteln; man spricht dann von **Überliquidität**.

BEISPIEL FÜR ÜBERLIQUIDITÄT

Guthaben auf Kontokorrentkonten

Zwar kann das Unternehmen in dieser Situation seine Zahlungsverpflichtungen erfüllen, vorhandene überschüssige Zahlungsmittel bedeuten aber auch, dass das Kapital unwirtschaftlich genutzt wird und Zinsverluste hingenommen werden müssen.

Ehe man sich's versieht, ist es passiert: Die Zahlungsfähigkeit ist gefährdet!

1. Einnahmen > Ausgaben (= Überdeckung)

Die Situation einer Überliquidität sollte wie folgt genutzt werden:

- Tilgung von Krediten
- Anlage als Termingeld
- Kauf von Wertpapieren
- Verbesserung des Zahlungsziels für Kunden zur Steigerung des Umsatzes

Sind die Ausgaben höher als die Einnahmen, so liegt **Unterliquidität** vor. In dieser Situation decken die flüssigen Mittel nicht die fälligen kurzfristigen Verpflichtungen. Das Unternehmen ist nicht mehr jederzeit in der Lage, seine Zahlungsverpflichtungen zu erfüllen – es ist nur noch eingeschränkt zahlungsfähig.

BEISPIEL FÜR EINGESCHRÄNKTE ZAHLUNGSFÄHIGKEIT

Ein Einzelhändler ist aufgrund seiner Liquiditätssituation zu einem bestimmten Zeitpunkt nicht in der Lage, das ihm vom Großhändler angebotene Lieferantenskonto zu nutzen.

2. Einnahmen < Ausgaben (= Unterdeckung)

Bei Unterliquidität wäre denkbar:

- Aufnahme neuer Kredite
- **Leasing von Wirtschaftsgütern**
- Verkauf von Kundenanforderungen an eine Factoringgesellschaft[1]
- Verlängerung von Krediten

Hält dieser Zustand über einen längeren Zeitraum an, kann es zur **Illiquidität** (= Zahlungsunfähigkeit) führen und letztlich zur Auflösung des Unternehmens.

1 Factoring siehe Kap. 8.8

AUFGABEN

1. Die Zahlungsbedingung in einem Angebot eines Lieferanten lautet *„Der Rechnungsbetrag ist zahlbar innerhalb von 8 Tagen ab Rechnungsdatum mit 2 % Skonto oder nach spätestens 30 Tagen ohne Abzug."* Erläutern Sie diese Zahlungsbedingung.
2. Wie lässt sich das rechnerische Ergebnis des Finanzierungserfolges interpretieren?
3. Eine Lieferantrechnung lautet über 5.000,00 €. Laut Kaufvertrag sind folgende Zahlungsbedingungen vereinbart: *„Bei Zahlung innerhalb von 14 Tagen 2,5 % Skonto, innerhalb von 40 Tagen netto Kasse"*.

   Um Skonto ausnutzen zu können, müsste vom Käufer ein Bankkredit über den Überweisungsbetrag zu 16 % in Anspruch genommen werden.

   Prüfen Sie, ob sich die Kreditaufnahme für das Ausnutzen von Skonto für den Käufer lohnt:
   a) Welcher Kreditbetrag muss für das Ausnutzen von Skonto aufgenommen werden?
   b) Wie viel Euro beträgt der Finanzierungserfolgt (Gewinn bzw. Verlust) durch die Kreditaufnahme?
   c) Wie viel Prozent (bezogen auf ein Jahr) beträgt der Skontosatz für die kostenpflichtige Kreditzeit (= effektiver Skontosatz)? Wählen Sie für die Berechnung den mathematisch genaueren Lösungsweg.
4. Die Holzhäuser GmbH & Co. KG in Mülheim bezieht von der Fairtext GmbH Waren unter folgender Zahlungsbedingung: *„Zahlung innerhalb von 10 Tagen mit 3 % Skonto oder nach spätestens 60 Tagen ohne Abzug."*

   Berechnen Sie – mathematisch genau – den effektiven Zinssatz (Zinssatz des Lieferantenkredits pro Jahr), der diesen Bedingungen zugrunde liegt.
5. Die Exclusiva GmbH in Hildesheim erhält aufgrund einer Anfrage über Geschenkartikel von der Fairtext GmbH ein Angebot über 2.500,00 € netto. Die Zahlungsbedingungen im Kaufvertrag lauten: *„Zahlbar sofort mit 3 % Skonto oder innerhalb von 90 Tagen netto."*

   Um Skonto ausnutzen zu können, müsste die Exclusiva GmbH bei ihrer Hausbank einen Kontokorrentkredit in Höhe von 12 % für den notwendigen Überweisungsbetrag in Anspruch nehmen.
   a) Berechnen Sie den Skontoabzug und den Überweisungsbetrag / benötigten Kreditbetrag.
   b) Ermitteln Sie die Kosten des Bankkredits und den Finanzierungserfolg.
   c) Wie hoch ist der effektive Jahreszinssatz des Skontosatzes für die kostenpflichtige Kreditzeit?
6. a) Erklären Sie den Lieferantenkredit und den Kontokorrentkredit.
   b) Warum wird der Lieferantenkredit relativ häufig in Anspruch genommen, obwohl er sehr teuer ist?
   c) Worin besteht der Unterschied zwischen einem Kontokorrentkredit und einem Darlehen?
7. Beschreiben Sie in wenigen Sätzen, was Sie unter Leasing verstehen.
8. Erläutern Sie die Abwicklung eines indirekten Leasinggeschäftes.
9. Welche der folgenden Aussagen sind falsch? Begründen Sie Ihre Auswahl.
   a) Mit Leasing ist der Leasinggeber stets auf dem neuesten Stand der Technik
   b) Leasing ist bilanzneutral
   c) Bei der Anschaffung des Leasingobjektes hat der Leasingnehmer einen geringeren Kapitalbedarf
   d) Beim indirekten Leasing wird das Leasingobjekt immer direkt von der herstellerunabhängigen Leasinggesellschaft an den Leasingnehmer geliefert
   e) Es können wahlweise die Leasingraten oder die Abschreibungsbeträge steuermindernd als Betriebsausgaben abgeschrieben werden
   f) Die Leasingraten können steuerlich als Aufwand berücksichtigt werden
   g) Der Leasinggeber bleibt während der Dauer des Leasingvertrages Eigentümer
   h) Der Leasingnehmer haftet für Beschädigungen am Leasingobjekt
   i) Beim Leasing tritt an dies Stelle einer laufenden, regelmäßig zu entrichtenden Mietzahlung eine einmalige Zahlung des Kaufpreises
   k) Die Leasingraten können aus den Erträgen finanziert werden, sodass der Leasingnehmer bei der Anschaffung nicht den vollen Kaufpreis finanzieren muss
10. Was bedeutet es, wenn man davon spricht, dass ein Unternehmen „liquide" ist?
11. Erläutern Sie, was Leasing mit Finanzierung zu tun hat.
12. Was haben aus der Sicht des Großhändlers seine Skontogewährung und seine Leasingangebote an seine Kunden gemeinsam?

AKTIONEN

1. a) Lesen Sie zunächst in Einzelarbeit den Text des Kapitels 2.14 über das Finanzierungs- und Dienstleistungsangebot des Großhandels und prägen Sie sich die Inhalte mithilfe der SQ3R-Methode[1] (aktives Lesen) ein.
   b) Bilden Sie anschließend vier arbeitsteilige Gruppen.
      - Jede Gruppe erarbeitet einen Vortrag über ein zuvor über das Plenum zugewiesenes Unterkapitel.
      - Jedes Gruppenmitglied stellt die ihm wichtig erscheinenden Merkmale den anderen vor. Diskutieren Sie bei Bedarf darüber.
      - Benutzen Sie dabei das Mindmapping zum Aufschreiben aller Gedanken.
   c) Veranschaulichen Sie Ihre Ausführungen z. B. mit Folie und Overheadprojektor oder einem farbigen Tafelanschrieb.
   d) Stellen Sie Ihr Gruppenergebnis den anderen drei Gruppen vor.
2. Sie sollen ein Referat über das Thema „Leasing" im Rahmen der kundenorientierten Auftragsbearbeitung halten.
   a) Zur Information nutzen Sie bitte die Informationen dieses Kapitels und die des Internets.
   b) Erstellen Sie eine Gliederung und formulieren Sie das Referat.
   c) – Organisieren und strukturieren Sie die Informationen, die Sie vermitteln möchten, sodass Ihre Zuhörer möglichst gut folgen können.
      – Benutzen Sie dazu die Strukturen und Organisationsprinzipien, die Sie in den zugrunde liegenden Texten vorfinden; orientieren Sie sich z. B. an Kapitelüberschriften.
   d) Präsentieren Sie Ihre Arbeit mithilfe ausgewählter Medien. Benutzen Sie dabei bildliche Darstellungen wie z. B. Organigramme, Tabellen, Symbole, Cartoons, Strukturdarstellungen usw., um Ihre mündlichen Informationen zu unterstützen. Denken Sie daran, dass Zuhörer ungefähr 70 % Ihrer Informationen über die Augen und nur 30 % mittels der Ohren aufnehmen.
3. Skonto wird beschrieben als prozentualer Preisnachlass bei vorzeitiger Zahlung innerhalb einer bestimmten Frist.
   a) Erläutern Sie zwei alternative Zahlungsbedingungen Ihrer Wahl unter Berücksichtigung unterschiedlicher Unternehmensziele.
   b) Begründen Sie, wie sich die unter a) genannten Beispiele bei der kundenorientierten Auftragsbearbeitung auswirken könnten.
4. a) Informieren Sie sich über die Finanzierungs- und Dienstleistungsangebote im Groß- und Außenhandel. Führen Sie hierzu eine Internetrecherche durch.
   b) Stellen Sie die Zusammenhänge dar. Fertigen Sie dazu auch eine Skizze an.
   c) Bereiten Sie sich darauf vor, Ihre Arbeitsergebnisse zu präsentieren.

1 Zur Bearbeitung eines Textes gehen Sie die folgenden fünf Schritte durch: **S**urvey = Überblick gewinnen; **Q**uestion = Fragen stellen; **R**ead = Lesen; **R**ecite = Zusammenfassen; **R**eview = Wiederholen

ZUSAMMENFASSUNG

Lieferantenkredit

- Verkauf auf Rechnung (auf Ziel)
- gewährter Zahlungsaufschub

bedeutet für den

Lieferanten (Verkäufer)

- Gewährung eines Zahlungsziels
- Mittel der Absatzförderung

Kunden (Käufer)

- Inanspruchnahme des Zahlungsziels
- **Finanzierungsmittel** (Finanzierung des Warenumschlags)

Merkmale

Lieferanten (Verkäufer):

- Kundenbindung
- Umsatzsicherung bzw. –steigerung
- Hohe Zinsbelastung wird im Warenpreis einkalkuliert
- Liquiditätsgewinn

Kunden (Käufer):

Insbesondere bei mangelnder Liquidität bzw. Kreditwürdigkeit

- **Bequemlichkeit:** Bonitätsprüfungen oder sonstige bankübliche Formalitäten entfallen
- **Schnelligkeit:** Der Kredit steht zur Verfügung, wenn die Geldschuld entsteht.
- **Formfreiheit:** Ein normaler Kaufvertrag ist ausreichend.
- **Keine notwendigen Sicherheiten** (mit Ausnahme des unentgeltlichen Eigentumsvorbehalts)

ABER: Hoher effektiver Jahreszinssatz bei Verzicht auf Skontoziehung.

Finanzierungserfolg

Kosten des Lieferantenkredits (≙ Skontoertrag) bei Verzicht auf Skontoabzug

$$Z = \frac{\text{Rechnungsbetrag} \cdot \text{Skontosatz}}{100}$$

Kosten des Bankkredits (≙ Kreditzinsen) bei vorzeitiger Zahlung unter Abzug von Skonto

$$Z = \frac{(\text{Rechnungsbetrag} - \text{Skonto}) \cdot \text{Bankkredit (p)} \cdot (\text{Zielzeitraum} - \text{Skontozeitraum})}{100 \cdot 360}$$

Finanzierungsgewinn = Skontoertrag > Kreditzinsen
Finanzierungsverlust = Skontoertrag < Kreditzinsen

ZUSAMMENFASSUNG

Effektiver Jahreszinssatz
(Kosten des Lieferantenkredits pro Jahr)

Überschlagsrechnung:

$$p = \frac{\text{Skontosatz} \cdot 360}{\text{Kreditzeitraum}}$$

Mathematisch genaue Lösung:

$$p_{eff} = \frac{\text{Kosten Lieferantenkredit} \cdot 100 \cdot 360}{\text{Kreditsumme (Zahlung mit Skontoabzug)} \cdot t}$$

oder

$$p_{eff} = \frac{\text{Skontosatz} \cdot 100 \cdot 360}{100 - \text{Skontosatz} \cdot \text{Kreditzeitraum}}$$

Leasing

- **Finanzierung** eines Konsum- oder Investitionsgutes durch einen *Leasinggeber* und
- – gegen Zahlung einer monatlichen Rate –
- Übergabe an einen *Leasingnehmer* zur Nutzung
- über einen bestimmten Zeitraum

⇓

Abschluss eines **Leasingvertrages** zwischen

Leasinggeber z. B. **Großhändler** (Finanzierungsgesellschaft)

und

Leasingnehmer

- Leasinggeber bleibt Eigentümer des Leasingobjektes
- Nutzungsgegenstand erscheint in der Bilanz des Leasinggebers
- Leasingobjekt wird nach Vertragsablauf an den Leasinggeber zurückgegeben oder zum Restwert vom Leasingnehmer käuflich erworben

Leasinggeber: Ziel: Kundenbindung

sowie

Absatzpolitische Interessen

Leasingnehmer: **Hauptvorteile:**

- Aktualität des Inventars
- Schonung der Liquidität und Eigenkapitalressourcen
- Steuerliche Aspekte

203153298

KAPITEL 15
Führen von Beratungs- und Verkaufsgesprächen

Ein Verkaufstrainer schult Verkaufsmitarbeiter der Fairtext GmbH auf einem Seminar. Die Veranstaltung beginnt mit einigen einführenden Worten:

„[...] Ein Verkaufsvorgang im Großhandel ist eine äußerst komplexe, beratungsintensive Handlung: Technische Fragen, persönliche unterschiedliche Einstellungen, Abwicklungs- und Verwaltungsfragen sowie Zufälligkeiten des Gesprächsablaufs sind Aspekte, die im Hinblick auf den jeweiligen Kunden immer wieder neu auszuloten sind. Um die Beratungsarbeit während des Verkaufsgesprächs zu verbessern, muss die Vielfalt der verkäuferischen Aktivitäten klar definiert und darauf aufbauend systematisiert werden. Die Überzeugungsarbeit und Information des Kunden während der Beratung sind in Etappenziele unterteilt: die Phasen des Verkaufsgesprächs. [...]"

Im Verlauf des Gesprächs äußert der Verkaufstrainer auch Folgendes:

„[...] Wenn ein Verkäufer sein eigenes Fachwissen kritisch überprüft, wird er feststellen, dass er es mit einer schwer zu beurteilenden Aufgabe zu tun hat. Der Tätigkeitsbereich des Verkäufers ist nämlich sehr vielschichtig. Ein Verkäufer, der den Anspruch erhebt, professionell und gut zu sein, muss zunächst seine Arbeit in ihren verschiedenen Erscheinungsformen analysieren. Er muss sich ganz offen und nüchtern fragen, auf welchen Gebieten ihm Informationen und Kenntnisse fehlen. Es ist sinnvoll, die einzelnen Punkte dieses Fehlwissens festzuhalten und systematisch zu beseitigen. [...]"

1. Stellen Sie fest, welche Phasen ein typisches Verkaufsgespräch umfasst.
2. Bereiten Sie in Partner- oder Gruppenarbeit ein Verkaufsgespräch als Rollenspiel vor. Darin soll ein Artikel Ihres Ausbildungssortiments an einen Kunden verkauft werden. Das Verkaufsgespräch soll alle acht Phasen enthalten.
3. Bereiten Sie sich darauf vor, das Rollenspiel Ihrer Klasse vorzuführen.
4. Klären Sie ab, ob Sie vollständig den Aufbau des Sortiments Ihres Ausbildungsbetriebs kennen.
5. Stellen Sie fest, ob Sie in der Lage sind, alle Verkaufsphasen situationsgerecht und erfolgreich durchzuführen.

INFORMATIONEN

Während der gesamten Verkaufshandlung findet ein Kommunikationsprozess zwischen dem Großhändler und dem Kunden statt: Verkaufsgespräche sind die persönliche Begegnung zwischen Verkäufer und Käufer. Sie sind im Großhandel für den Verkaufserfolg von entscheidender Bedeutung.

Verkaufsgespräche

direkt
- im eigenen Unternehmen (z. B. im Showroom)
- durch Außendienstvertreter beim Kunden oder auf Messen

über Telefon
- Kunde ruft an (passives Telefonmarketing: Inbound)
- Potenzielle Kunden werden angerufen: Das Unternehmen betreibt aktives Telefonmarketing (Outbound).

Direkte Verkaufsgespräche

Ein typisches Verkaufsgespräch beim Beratungskauf (Verkaufsform Bedienung) kann maximal acht Phasen umfassen:

Kontaktaufnahme zum Kunden ▶ **Ermittlung des Kaufwunsches** ▶ **Vorlegen der Ware** ▶ **Verkaufsargumentation** ▼ **Preisnennung** ◀ **Behandlung von Einwänden** ◀ **Herbeiführen des Kaufabschlusses** ◀ **Abschluss der Verkaufshandlung**

Findet die Verkaufsform Selbstbedienung statt (wie z. B. beim Cash-and-carry-Großhandel), enthält das Verkaufsgespräch einige – aber in der Regel nicht alle – der aufgeführten Phasen.

Verkaufsgespräche sind sehr komplex. In jeder Phase muss ein Verkäufer in Sekundenbruchteilen die jeweilige Verkaufssituation richtig einschätzen und vielfältige Entscheidungen treffen. Stellt sich nur eine dieser Entscheidungen als falsch heraus, kann das Verkaufsgespräch empfindlich gestört werden.

Wenn ein Verkäufer die vielen in einer Phase des Verkaufsgesprächs geltenden Regeln für einen erfolgreichen Verkaufsabschluss nicht einhält, wird die einzelne Phase nicht ordnungsgemäß durchlaufen und kann nicht abgeschlossen werden. Erfahrungsgemäß wird er in einer darauffolgenden Stufe der Verkaufsverhandlung Schwierigkeiten haben. Störungen in Verkaufsverhandlungen treten – wenn sie nicht sofort das Verkaufsgespräch beeinträchtigen – dann auf, wenn eine der Vorphasen nicht abgeschlossen wurde.

BEISPIEL

Wenn ein Verkäufer ohne jeden Kontakt zum Kunden – also ohne eine Vertrauensbasis hergestellt zu haben – den Kunden zu einem Verkaufsabschluss bringen will, wird er feststellen, dass der Kunde sich nicht entscheiden wird.
Wird die Vertrauensbasis jedoch im Verkaufsgespräch geschaffen, lernt der Verkäufer viel besser die konkreten Vorstellungen und Bedürfnisse des Kunden kennen. Er kann so gezielter zu einem Verkaufserfolg kommen.

Kontaktaufnahme zum Kunden

Der Kunde erwartet in dieser Phase des Verkaufsgesprächs, freundlich begrüßt zu werden. Die Verkaufshandlung wird also eröffnet, indem man den Kunden beispielsweise freundlich grüßt oder ihm zumindest zeigt, dass man ihn bemerkt hat und beachtet. Dadurch zeigt das Verkaufspersonal dem Kunden seine Wertschätzung

Kontaktaufnahme

- soll eine positive Atmosphäre für das Verkaufsgespräch herstellen
- soll für einen positiven Gesamteindruck beim Kunden sorgen

Bedienungssystem

- mit körpersprachlichen Mitteln den Kunden einen positiven Gesamteindruck vermitteln
- Begrüßung des Kunden mit einem der Tageszeit angepassten Gruß und ggf. Nennung des Namens
- Ansprechen des Kunden

Selbstbedienung

- Kunden grüßen
- Beratung nur bei Bedarf

und gibt dem Verkaufsgespräch eine persönliche Natur: Das erleichtert den Verkauf.
Kunden, die Hilfe benötigen, senden vor Beginn des Verkaufsgesprächs Signale aus. Verkäufer müssen diese unbedingt beachten, um ein Verkaufsgespräch einleiten zu können. Dabei sollten sich die Verkäufer nie aufgrund der ersten äußerlichen Eindrücke eine (vorschnelle) Meinung bilden.

Bedarfsermittlung

In dieser Phase muss der Bedarf des Kunden ermittelt werden: Weiß der Kunde schon genau, was er kaufen möchte, braucht der Verkäufer den gewünschten Artikel nur auszuhändigen (Aushändigungskauf). Das ist im Großhandel sehr häufig der Fall.

Will der Kunde zwar kaufen, ist sich aber noch nicht genau im Klaren, was, muss der Verkäufer konkrete Informationen gewinnen. Dazu sollte der Großhändler dem Kunden situationsgerechte Fragen stellen, die in der Regel mit einem Fragewort beginnen sollten. Denkbar ist auch ein gleichzeitiges Verkäuferhandeln, bei dem z. B. durch sofortiges Vorlegen und Empfehlen von Waren der Kunde dazu gebracht wird, Signale auszusenden, die seinen Bedarf aufzeigen.

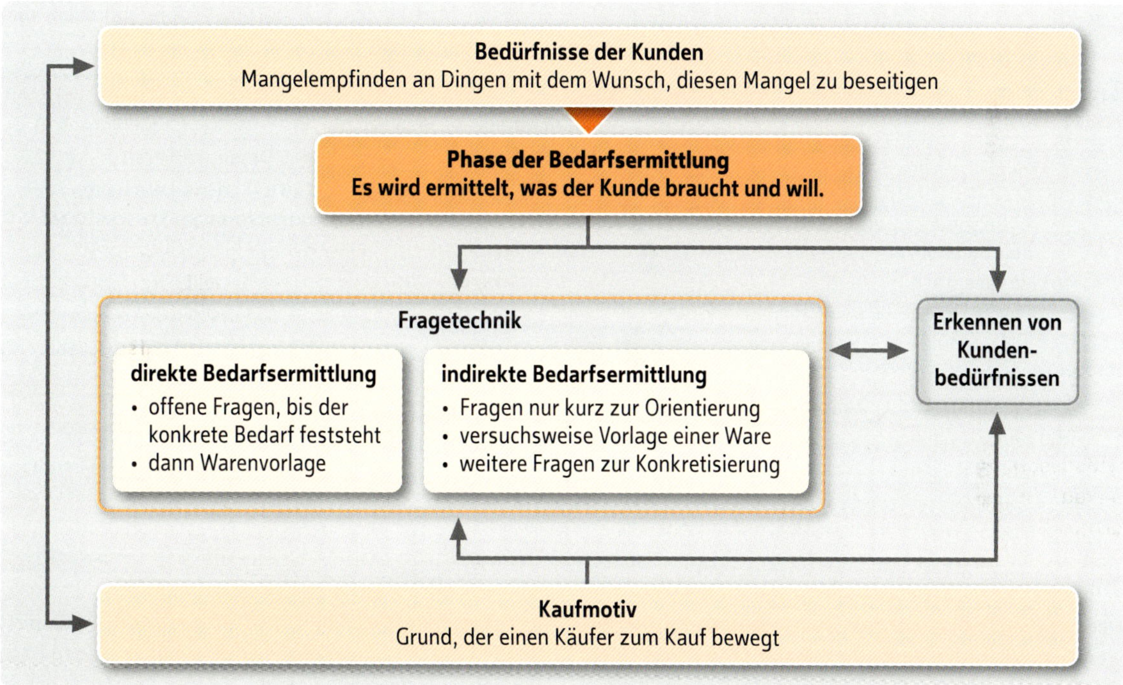

Vorlegen der Ware

Dem Kunden wird eine begrenzte Anzahl von Artikeln präsentiert. Die Warenvorlage sollte nach Möglichkeit sofort durchgeführt werden. Es sollten maximal drei – in begründeten Fällen fünf – Artikel dem Kunden vorgelegt werden, damit er nicht die Übersicht verliert. Es sollten Artikel sein, die dem Kaufwunsch und der Kaufkraft des Kunden entsprechen. Bei der Präsentation der Artikel sollten die Sinne des Käufers angesprochen werden: Wenn möglich dem Kunden also die Ware zum An- und Ausprobieren in die Hand geben.

Verkaufsargumentation

Ausgerichtet an den Kaufmotiven des Kunden soll der Verkäufer helfen, die Einkaufsprobleme des Kunden durch Anbieten von Artikeln mit hohem Nutzen für den Kunden zu lösen. Dabei geht der Verkaufsmitarbeiter idealerweise wie folgt vor:

- Der Verkäufer, zu dessen Aufgaben ja auch das permanente Aneignen von Warenkenntnissen gehört, macht sich die Warenmerkmale des Artikels klar.
- Der Kunde erwartet mehrere Vorteile von einem Artikel: Er kauft die Ware wegen des Nutzens, den sie für ihn bzw. für seine eigenen Abnehmer haben kann. Der Verkäufer muss also die Merkmale und Eigenschaften des Artikels so übersetzen, dass der Kunde sie als Vorteile sehen kann.
- Der Verkäufer überträgt die Vorteile, die der Artikel für den Kunden haben kann, in eine kundenbezogene Sprache durch Verwendung des „Sie-Stils“: Durch eine direkte Ansprache des Kunden wird eine unmittelbare Beziehung zwischen dem Kunden und dem Artikel hergestellt. Die Nutzungseigenschaften der Ware werden also in kundenbezogene Verkaufsargumente umgewandelt.
- Kunden wollen durch den Kauf von Artikeln bestimmte individuelle Probleme lösen. Aus der Vielzahl der denkbaren kundenbezogenen Verkaufsargumente wird der Verkäufer diejenigen im Verkaufsgespräch verwenden, die am ehesten das Problem des Kunden lösen. Auf keinen Fall dürfen Verkaufsphrasen verwendet werden.

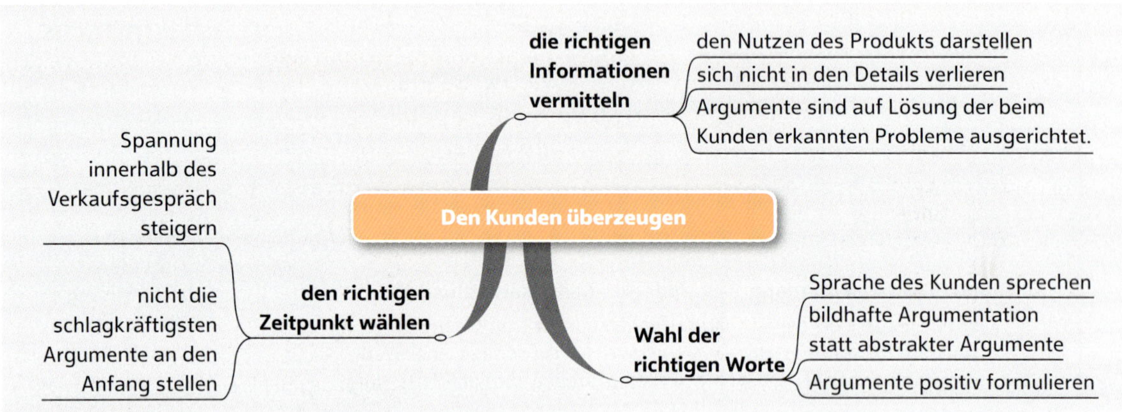

Preisnennung

Der Preis sollte dem Kunden erst dann genannt werden, wenn er nach der Verkaufsargumentation des Verkäufers den Verkaufswert des Artikels kennt. Der Preis sollte dem Kunden nie isoliert mitgeteilt werden, sondern immer in Bezug zur Leistung gesetzt werden, indem man ihn mit einigen besonders wirkungsvollen Verkaufsargumenten in Verbindung bringt. Nie sollten die Begriffe „teuer“ bzw. „billig“ in einem Verkaufsgespräch verwendet werden.

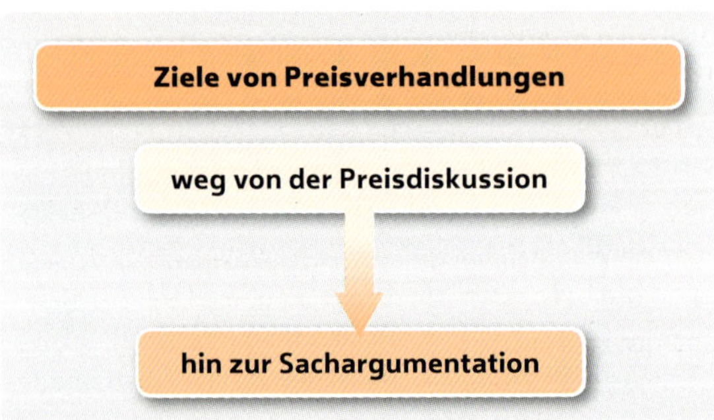

Behandlung von Einwänden

Auf Kundeneinwände sollte argumentativ reagiert werden: Ist der Kunde unsicher oder hat er Fragen bzw. Bedenken, äußert er Einwände, die vom Verkäufer genau beachtet werden müssen und nie übergangen werden dürfen?

Ohne in Widerspruch zum Kunden zu geraten, sollten die Kundeneinwände höflich und sachkundig entkräftet werden. Dabei können verschiedene Methoden verwendet werden (Abb. siehe nächste Seite).

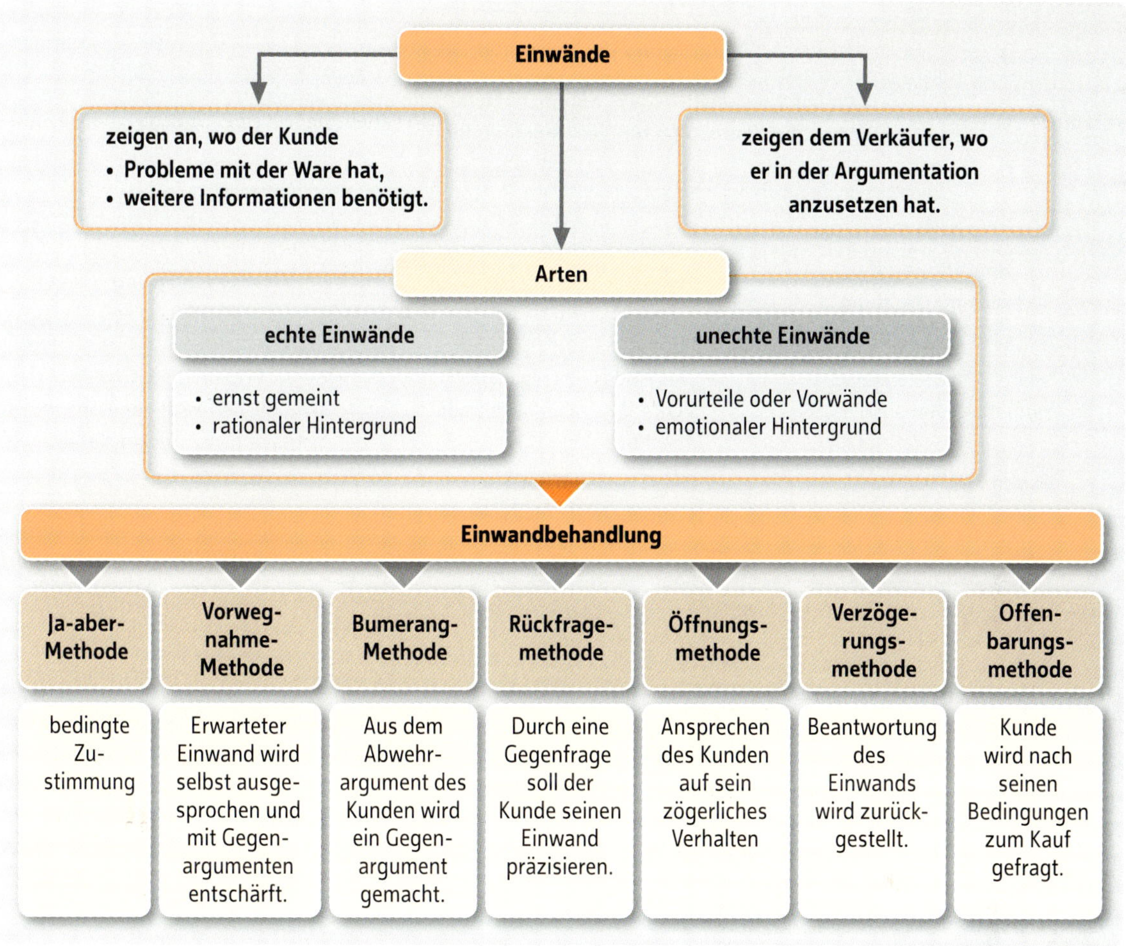

Herbeiführen des Kaufentschlusses

Dem Kunden muss die Kaufentscheidung erleichtert bzw. ermöglicht werden. Durch verschiedene Kundensignale (Äußerungen, Gesten) kann der Verkäufer Hinweise darauf erhalten, dass der richtige Zeitpunkt für die Einleitung des Kaufabschlusses gekommen ist. Das kann beispielsweise geschehen durch

- eine Zusammenfassung der Verkaufsargumentation,
- systematische Einschränkung der Artikelauswahl auf zwei Artikel,
- direkte Kaufaufforderung,
- durch Handlungen oder Argumentationen, als wäre die Entscheidung des Kunden bereits gefallen.

Abschluss der Verkaufsverhandlung

Hat der Kunde sich zum Kauf entschlossen, sollte durch den Verkäufer noch einmal die Richtigkeit seiner Entscheidung (damit der Kunde das Unternehmen in angenehmer Erinnerung hat und gern wieder Geschäfte mit ihm macht) bekräftigt werden. Neben dem Kassieren des Kaufpreises und dem eventuellen Einpacken der gekauften Ware bedankt und verabschiedet sich das Verkaufspersonal der Großhandlung.

Beendigung des Verkaufsgesprächs

- Es muss eine positive Nachwirkung beim Kunden erzielt werden.
- von großer Bedeutung für die Kundenbindung

Bestätigung der Kaufentscheidung

- Zweifel und Bedenken des Kunden werden ausgeräumt.
- Es werden Gründe geliefert, die den Kauf rechtfertigen.

Hinweise und Anregungen

- zeigen das Interesse des Verkäufers auch nach Kaufabschluss
- Die Ware kann auch später vorteilhaft genutzt werden.

Verabschiedung

- Bei Nichtkauf: dem Kunden ermöglichen, sich ohne Gesichtsverlust zurückzuziehen
- Bei Kauf: Dank
- In jedem Fall: Verabschiedung mit Grußformel

Durchführung komplexer Verkaufsgespräche

Um zu lernen, in jeder Phase des Verkaufsgesprächs – abhängig von der jeweiligen Verkaufssituation – die angemessene Entscheidung zu treffen, empfiehlt es sich, immer die Kriterien für eine erfolgreiche Durchführung der einzelnen Phasen zu beachten. Übt man das schon in der Ausbildung – beispielsweise in Rollenspielen zwischen Verkäufer und Kunde –, wird man später im eigentlichen Berufsleben in Verkaufsgesprächen weitgehend Fehler vermeiden und viele den Kunden zufriedenstellende Kaufabschlüsse tätigen.

Die wichtigsten Kriterien zur erfolgreichen Durchführung von Verkaufsgesprächen sind in der nachfolgenden Übersicht aufgeführt. Sie kann auch als Beobachtungsbogen für komplexe Verkaufsgespräche verwendet werden.

Phase	Zielsetzung	Kriterien für eine erfolgreiche Durchführung der Phase
Kontaktaufnahme mit dem Kunden	Der Kunde soll sich positiv angenommen fühlen.	• Blickkontakt halten • den Kunden freundlich begrüßen • den Kunden – so bekannt – mit Namen ansprechen
Ermittlung des Kaufwunschs	Der Verkäufer soll in Erfahrung bringen, welche Bedürfnisse der Kunde hat.	• Kundenwunsch erfragen • aktives Zuhören praktizieren • dabei Kaufmotive ermitteln • dabei auf genannte Motive eingehen
Vorlegen der Ware	Der Verkäufer soll die Ware bedarfsgerecht anbieten.	• eine begrenzte Zahl von Artikeln vorlegen • alle Sinne des Käufers ansprechen
Verkaufsargumentation: Anbieten von Problemlösungen	Der Kunde soll durch die Nutzendarstellung des Verkäufers überzeugt werden.	• auf das zu lösende Problem des Kunden eingehen • Nutzen der Ware für den Kunden aufzeigen • im Sie-Stil formulieren • Verkaufsargumente möglichst anschaulich und überzeugend aus Warenkenntnissen ableiten • keine Verkaufsphrasen verwenden
Nennung des Preises	Der Verkäufer setzt den Preis der Ware in Bezug zur Leistung.	• keine Begriffe wie „billig" oder „teuer" verwenden • den Preis nicht isoliert nennen

Phase	Zielsetzung	Kriterien für eine erfolgreiche Durchführung der Phase
Behandlung von Einwänden	Dem unsicheren Kunden wird gezeigt, dass seine Bedenken ernst genommen werden.	• Es wird Verständnis für den Kunden gezeigt. • Es wird eine der möglichen Methoden der Einwandbehandlung angewandt, um auf die Bedenken des Kunden zu reagieren.
Herbeiführen des Kaufentschlusses	Der Kunde soll dazu gebracht werden, eine Entscheidung zu treffen.	• Die Kaufsignale des Kunden müssen erkannt werden. • Um dem Kunden die Entscheidung zu erleichtern, wird eine der möglichen Abschlusstechniken eingesetzt.
Abschluss der Verkaufsverhandlung	Das Verkaufsgespräch wird für den Kunden zufriedenstellend beendet.	• Es werden evtl. Serviceleistungen angeboten. • Es werden passende Zusatzartikel empfohlen. • Der Kaufentschluss des Kunden wird bekräftigt. • Der Kunde wird verabschiedet.

Verkaufsgespräche am Telefon

Zu den Hauptvorteilen von Verkaufsgesprächen am Telefon gehören

- Schnelligkeit,
- Kostengünstigkeit,
- Wirksamkeit und
- leichte Einsetzbarkeit für viele Produkte.

Verkaufsgespräche am Telefon können sowohl aktiv als auch passiv erfolgen:

- Sogenannte passive Verkaufsgespräche liegen vor, wenn der Kunde selbst die Initiative ergreift und das Großhandelsunternehmen anruft, um zunächst einmal mehr Produktinformationen zu bekommen, vielleicht auch um gleich zu bestellen. Solche ankommenden Gespräche werden als **Inbound** bezeichnet.
- Wenn der Großhändler von sich aus aktiv wird, also den Kunden bzw. Interessenten anruft, um ein Produkt zu verkaufen, liegt ein aktives Verkaufsgespräch über Telefon vor. Ausgehende Anrufe zur Durchführung von Verkaufsgesprächen werden auch **Outbound** genannt.

Unabhängig davon, ob das aktive oder passive Vorgehen angewandt wird, dient jedes Verkaufsgespräch über Telefon zunächst einmal der Kundenbindung.

Erste Aufgabe der telefonischen Kommunikation mit den Kunden des Großhandelsunternehmens ist es, ihnen einen effizienten Service anzubieten und Fragen schnellstmöglich und effizient zu beantworten. Mit der Qualität des telefonischen Services kann sich ein Unternehmen vom Wettbewerb unterscheiden bzw. abheben. Zweites Ziel ist es jedoch immer, einen Verkauf zu tätigen.

Die Rechtslage im Bereich Telefonmarketing in Deutschland orientiert sich an der aktuellen Rechtsprechung und entwickelt sich ständig weiter. Gegenüber Privatpersonen sind dem aktiven Telefonmarketing, bei dem der Anruf vom Unternehmen ausgeht, sehr deutliche Grenzen gesetzt. Grundsätzlich gilt, dass Anrufe bei Privatpersonen, zu denen bislang noch kein Kontakt bestand, nur dann erlaubt sind, wenn deren vorheriges Einverständnis vorliegt.

Im Geschäftsverkehr sind die Grenzen etwas weiter gesteckt. Hier steht weniger der Schutz des Persönlichkeitsrechts im Mittelpunkt der Argumentation als vielmehr die Beeinträchtigung des Geschäftsbetriebs. Anrufe sind erlaubt, wenn das Einverständnis vorliegt, eine Geschäftsbeziehung besteht oder der Anruf den eigentlichen Geschäftsbereich des Unternehmens betrifft und konkrete Anhaltspunkte für ein Interesse an dem Angebot vorliegen. Ob diese Voraussetzungen erfüllt sind, ist immer im Einzelfall zu entscheiden.

Die Phasen eines telefonischen Verkaufsgesprächs entsprechen denen eines direkten Verkaufsgesprächs. Besonders beachtet werden sollte zu Beginn des Telefongesprächs:

- Der potenzielle Kunde sollte angesprochen bzw. namentlich verlangt werden.
- Der telefonierende Mitarbeiter der Großhandlung muss sich namentlich vorstellen,
- den Namen der Großhandlung nennen und
- den Zweck des Anrufs erklären.

Wichtig bei der Durchführung eines Telefongesprächs ist es, alle elementaren Dinge, die zum Erfolg führen, voll auszuschöpfen. Beim Gespräch sollten generell Fremdwörter vermieden werden, denn viele können sich mit Fremdwörtern nicht identifizieren und verlieren sofort das Interesse am Gespräch. Die telefonierenden Mitarbeiter müssen sich mit dem Produkt identifizieren können, damit sie die eigene Überzeugung auf ihren Gesprächspartner übertragen können.

Der letzte Eindruck, den man hinterlässt, ist auch bei einem Telefongespräch von Bedeutung.

Ziel eines Telefongesprächs ist es, eine Vereinbarung zu treffen, z. B. einen Kaufvertrag abzuschließen. Hierbei sind die Kaufsignale, die der Gesprächspartner sendet, zu erkennen und für den Abschluss positiv zu nutzen. Der telefonierende Mitarbeiter hat sich am Ende des Gesprächs, auch wenn es zu keinem Abschluss gekommen ist, höflich zu bedanken. Das Ergebnis bzw. die wichtigsten Punkte eines Telefongesprächs sollten in einem sogenannten Telefonprotokoll festgehalten werden. Dieses Protokoll enthält Informationen über den Gesprächsverlauf und auch über das Ergebnis.

Die 10 Gebote telefonischer Verkaufsgespräche

1. Wenn's klingelt, heben Sie sofort ab – langes Warten nervt.
2. Lächeln Sie, seien Sie freundlich.
3. Sprechen Sie Ihren Partner mit Namen an. Schwierige Namen unbedingt buchstabieren (lassen). Akademische Titel nicht unterschlagen.
4. Sprechen Sie mit angemessenem Tempo und verständlich.
5. Hören Sie gut zu. Unterbrechen Sie nicht. Gehen Sie auf das Anliegen ein.
6. Machen Sie Gesprächspausen, geben Sie dem Gesprächspartner Zeit zum Nachdenken.
7. Fassen Sie sich kurz, niemand hat Zeit!
8. Machen Sie nur Zusagen, die Sie einhalten können.
9. Fassen Sie das Gespräch zusammen.
10. Notieren Sie sich das Wesentliche.

Eigene Darstellung in Anlehnung an: Töpfer, Armin/Greff, Günter: Servicequalität am Telefon. Neuwied: Verlag Luchterhand, 1995.

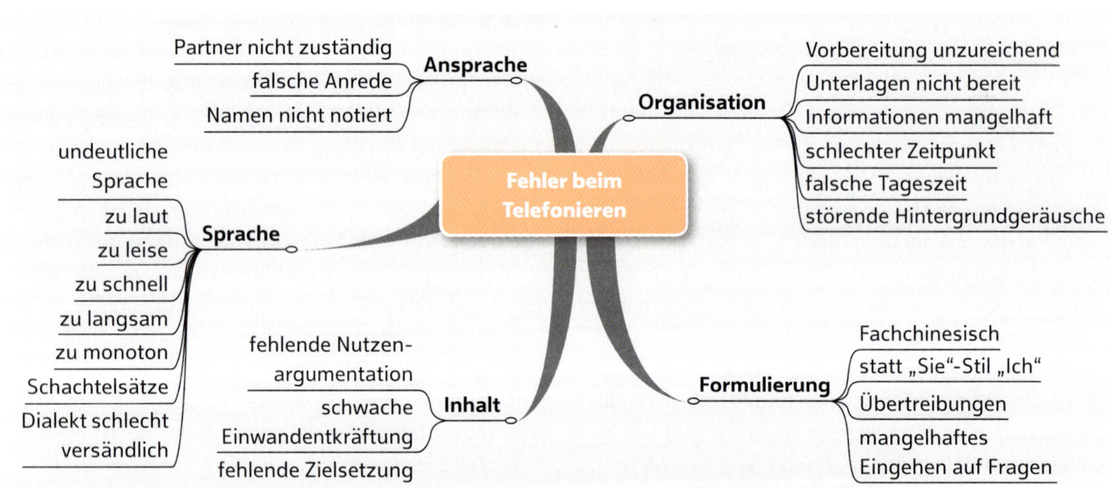

AUFGABEN

1. Was sind Verkaufsgespräche?
2. Wodurch unterscheiden sich Verkaufsgespräche in der Verkaufsform Bedienungssystem von solchen in der Verkaufsform Selbstbedienung?
3. Was muss ein Verkäufer bei der Kontaktaufnahme mit dem Kunden beachten?
4. Wie ist die Ermittlung des Kaufwunsches durchzuführen?
5. Erläutern Sie die Warenvorlage.
6. In welchen Schritten wird die Verkaufsargumentation durchgeführt?
7. Was ist bei der Preisnennung zu beachten?
8. Erläutern Sie Methoden der Einwandbehandlung.
9. Was ist bei der Herbeiführung des Kaufentschlusses zu beachten?
10. Erläutern Sie die Tätigkeiten beim Abschluss der Verkaufsverhandlungen.

11. Welche Folgen hat ein Fehler in einer der Phasen eines Verkaufsgesprächs?
12. Warum ist es wichtig, schon in der Ausbildung immer die Regeln für eine erfolgreiche Durchführung der einzelnen Phasen eines Verkaufsgesprächs zu beachten?
13. Führen Sie die Ziele der einzelnen Phasen eines Verkaufsgesprächs auf.
14. Nennen Sie für jede einzelne Phase eines Verkaufsgesprächs Kriterien für eine erfolgreiche Durchführung der Phase.
15. Warum sind Rollenspiele ein wichtiges Instrument beim Üben von Verkaufsgesprächen?
16. Unterscheiden Sie die Begriffe Inbound und Outbound in Zusammenhang mit telefonischen Verkaufsgesprächen.
17. Führen Sie typische Fehler bei telefonischen Verkaufsgesprächen an und wie man sie vermeiden kann.
18. Beurteilen Sie die rechtliche Situation bei telefonischen Verkaufsgesprächen, die von der Großhandlung ausgehen.

AKTIONEN

1. Erstellen Sie eine Mindmap, die über alle Phasen eines typischen Verkaufsgesprächs informiert.
2. a) Suchen Sie sich einen Partner (nach Möglichkeit aus der gleichen Branche).
   Entwerfen Sie in Stichworten als Rollenspiel ein Verkaufsgespräch zwischen einem Verkäufer Ihrer Branche und einem Kunden.
   Um richtiges Verkäuferverhalten herauszuarbeiten, wenden Sie zunächst die Kopfstandmethode an: In dem Dialog soll der Verkäufer so viele Fehler wie möglich machen (!!).
   Das Verkaufsgespräch soll alle typischen Phasen umfassen. Benutzen Sie entsprechende Artikel, sofern welche im Verkaufskundenraum vorhanden sind.
   b) Führen Sie möglichst frei mit Ihrem Partner das Verkaufsgespräch vor.
   c) Notieren Sie bei den vorgeführten Verkaufsgesprächen der anderen Gruppen die dort vorgestellten Verkäuferfehler.
   d) Führen Sie die Aktion 2c) wenn möglich als Kartenabfrage durch: Formulieren Sie jeweils einen Fehler auf einer Karte, die Ihnen zur Verfügung gestellt wird.
   e) Fassen Sie mit der gesamten Klasse die eingesammelten Karten in Gruppen zusammen (Clustern), um Oberbegriffe für die genannten Fehler zu finden.
   f) Formulieren Sie nach den Regeln der Kopfstandmethode für jeden Oberbegriff, der ein fehlerhaftes Verhalten im Verkaufsgespräch repräsentiert, eine Regel für ein positives Vorgehen im Verkauf.
   g) Entwerfen Sie ein zweites Verkaufsgespräch als Rollenspiel im Dialog. Versuchen Sie nun bei der Vorführung so wenig Fehler wie möglich zu machen.
   h) Notieren Sie bei den vorgeführten Verkaufsgesprächen der anderen Gruppen zunächst das dort präsentierte gute Verkäuferverhalten, anschließend die dort vorgestellten Verkäuferfehler.
3. Vor der Abschlussprüfung sollten Sie auch versuchen, Klarheit über das Niveau Ihres Warenwissens zu gewinnen. Dazu können u. a. vielleicht die folgenden Fragen helfen:
   - In welchen Warengruppen Ihres Ausbildungssortiments kennen Sie sich nicht besonders gut aus?
   - Sind Ihnen die Ausführungen (Fachbegriffe usw.) in den unterschiedlichen Informationsquellen zu Waren Ihres Ausbildungssortiments verständlich?
   - Kennen Sie die Produktmerkmale der wichtigsten und typischsten Artikel Ihres Ausbildungssortiments?
   - Können Sie alle Produktmerkmale erläutern, beurteilen und kommentieren sowie Produktvorteile daraus ableiten?
   - Ist Ihnen detailliert klar, wie die Herstellungsverfahren der von Ihnen angebotenen Waren sind?
   - Welche Fragen von Kunden haben Sie in den letzten Monaten ausweichend beantworten müssen?

   usw.

   Prüfen Sie sich bitte selbstkritisch und seien Sie ehrlich zu sich selbst. Erkannte Lücken im Warenwissen versuchen Sie systematisch zu schließen.

ZUSAMMENFASSUNG

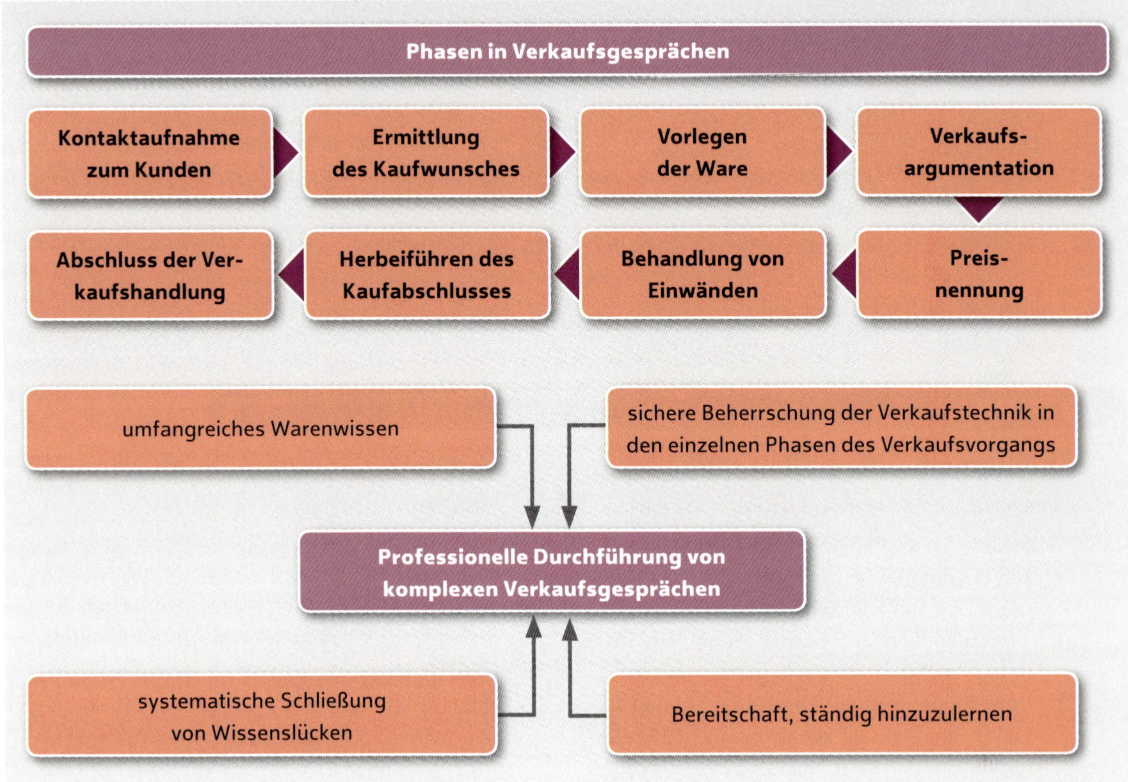

KAPITEL 16

Erstellung und Kontrolle von Rechnungen und Lieferscheinen mit einer integrierten Unternehmenssoftware

Sebastian Holpert ist bei Frau Tegtmeyer im Rechnungswesen eingesetzt. Frau Tegtmeyer ist dafür zuständig, dass die eingehenden Rechnungen auf ihre rechnerische Richtigkeit geprüft und gebucht werden. Leider wurde bei dervorliegenden Rechnung noch keine Prüfung der sachlichen Richtigkeit vorgenommen.

Die Prüfung der folgenden Rechnung soll Sebastian übernehmen:

1. Geben Sie an, anhand welcher anderen Dokumente die Rechnung geprüft werden könnte.
2. Überlegen Sie, was der Unterschied zwischen der sachlichen und rechnerischen Prüfung einer Rechnung ist.
3. Erläutern Sie, was bei der Rechnungsprüfung zu beachten ist.

Spengler & Sohn OHG

Lahnstraße 14 – 35578 Wetzlar

Spengler & Sohn OHG – Lahnstraße 14 – 35578 Wetzlar
Fairtext GmbH
Herrn Sebastian Holpert
Walsroder Str. 6 a
30625 Hannover

Kunde Nr.: 10 109
Lieferdatum: 20..-06-10
Bestelldatum: 20..-06-03
Sachbearbeiter/-in: Frau Mohns

Rechnung Nr. 1020/06
Lieferdatum: 20..-06-10
Rechnungsdatum: 20..-06.-10

Rechnung

Pos.	Einheit	Artikel	Menge	Preis je Einheit/€	Betrag/€
1	Stück	Herrenfreizeithemd, Art.-Nr. 4537	100	8,10	810,00
				– 15 % Rabatt	121,50
					688,50
				+ Versandkosten	10,00
					698,50
				19 % USt	132,72
				Rechnungsbetrag	**831,22**

Zahlung: Innerhalb von vier Wochen ab Rechnungsdatum, bei Zahlung innerhalb von 7 Werktagen gewähren wir Ihnen 1,5 % Skonto.

INFORMATIONEN

Rechnungen und Lieferscheine

Rechnungen und Lieferscheine spielen als Dokumente in den Geschäftsprozessen des Großhandels eine sehr große Rolle. Dies betrifft sowohl die Einkaufsseite als auch die Verkaufsseite eines Großhandelsunternehmens.

Der Lieferschein

Unternehmen, die Ware verkaufen, sind gesetzlich verpflichtet, Rechnungen auszustellen und dem Käufer zukommen zu lassen. Es besteht jedoch keine Verpflichtung, einen Lieferschein anzufertigen. Ein Lieferschein informiert über die mit der Sendung ausgelieferten Waren. Der Verkäufer bringt diesen entweder an der Verpackung der Ware an oder legt ihn in das Paket. Während des gesamten Versandweges befindet sich der Lieferschein also bei der Ware. Der Lieferschein wird deshalb oft auch Warenbegleitschein genannt.
Wird ein Lieferschein einer Sendung beigelegt, muss dieser die Mindestanforderungen eines Geschäftsbriefes erfüllen. Notwendige Bestandteile des Warenbegleitscheins sind:

- eine eindeutige Lieferscheinnummer
- die Adresse und der Name des Käufers (Empfänger der Sendung)
- die Adresse unter dem Namen des Verkäufers (Absender der Warenlieferung)
- eine genaue Beschreibung der versendeten Ware:
  - die Art (also die genaue Bezeichnung) der gelieferten Ware
  - die Menge der gelieferten Ware in der entsprechenden Maßeinheit
- das Versanddatum, gegebenenfalls auch das Kaufdatum
- die gewählte Versandart

Auf einem Lieferschein sollte auch vermerkt werden, wenn die Lieferung aus mehreren Packstücken besteht. Der Verkäufer kann Lieferscheine mithilfe bestimmter Programmpakete (ERP-Systeme, Warenwirtschaftssysteme, Finanzbuchführungsprogramm) erstellen.

Zunehmend stellen Versender heute auch elektronische Lieferscheine aus. Wenn der Kunde damit einverstanden ist, übermittelt der Verkäufer Lieferscheindaten auf elektronischem Weg an den Käufer.

Liegt einer Warensendung ein Lieferschein bei, so gilt dieser als Dokument im Geschäftsverkehr: Sowohl der Verkäufer als auch der Käufer müssen den Warenbegleitschein (bzw. dessen Kopie) sechs Jahre lang aufbewahren. Im Gegensatz dazu gibt es eine zehn Jahre lange Aufbewahrungspflicht für Rechnungen, die in den meisten Fällen getrennt vom Lieferschein verschickt werden.
Das Ausstellen eines Lieferscheins hat für den Verkäufer mehrere Vorteile:

- Die Kommissionierung (das Zusammenstellen) der Ware im Lager des Verkäufers wird erleichtert.
- Auch die Kontrolle vor dem Versand der Ware kann effizienter durchgeführt werden.
- Mit einem Hinweis, dass die gelieferte Ware bis zur vollständigen Bezahlung Eigentum des Lieferanten bleibt, sichert sich ein Lieferant zusätzlich ab, dass der Empfänger erst bei vollständiger Bezahlung der Ware über diese verfügen darf.
- Auf der Käuferseite kann der ordnungsgemäße Inhalt der Warensendung mithilfe des Lieferscheins schnell und leicht kontrolliert werden: Dadurch werden die Warenannahme und gegebenenfalls auch Reklamationen erleichtert.

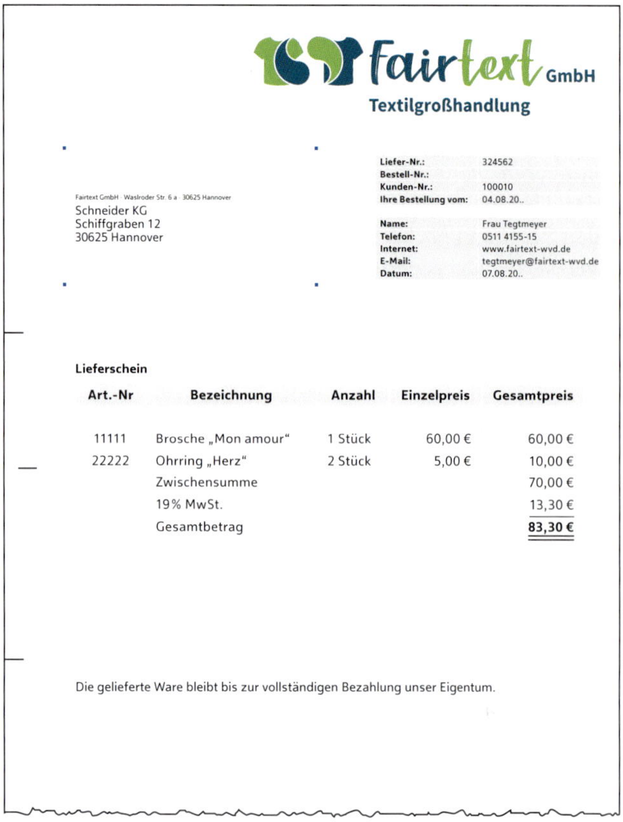

fairtext GmbH
Textilgroßhandlung

Fairtext GmbH · Waslroder Str. 6 a · 30625 Hannover
Schneider KG
Schiffgraben 12
30625 Hannover

Liefer-Nr.: 324562
Bestell-Nr.:
Kunden-Nr.: 100010
Ihre Bestellung vom: 04.08.20..

Name: Frau Tegtmeyer
Telefon: 0511 4155-15
Internet: www.fairtext-wvd.de
E-Mail: tegtmeyer@fairtext-wvd.de
Datum: 07.08.20..

Lieferschein

Art.-Nr	Bezeichnung	Anzahl	Einzelpreis	Gesamtpreis
11111	Brosche „Mon amour“	1 Stück	60,00 €	60,00 €
22222	Ohrring „Herz“	2 Stück	5,00 €	10,00 €
	Zwischensumme			70,00 €
	19 % MwSt.			13,30 €
	Gesamtbetrag			**83,30 €**

Die gelieferte Ware bleibt bis zur vollständigen Bezahlung unser Eigentum.

Die Rechnung

In jedem Unternehmen müssen Rechnungen geschrieben werden: Die Pflicht zum Schreiben von Ausgangsrechnungen ist im Handelsgesetzbuch (HGB) gesetzlich geregelt. Damit die Rechnungen alle gesetzlichen Anforderungen erfüllen, müssen sie bestimmte Bestandteile enthalten:

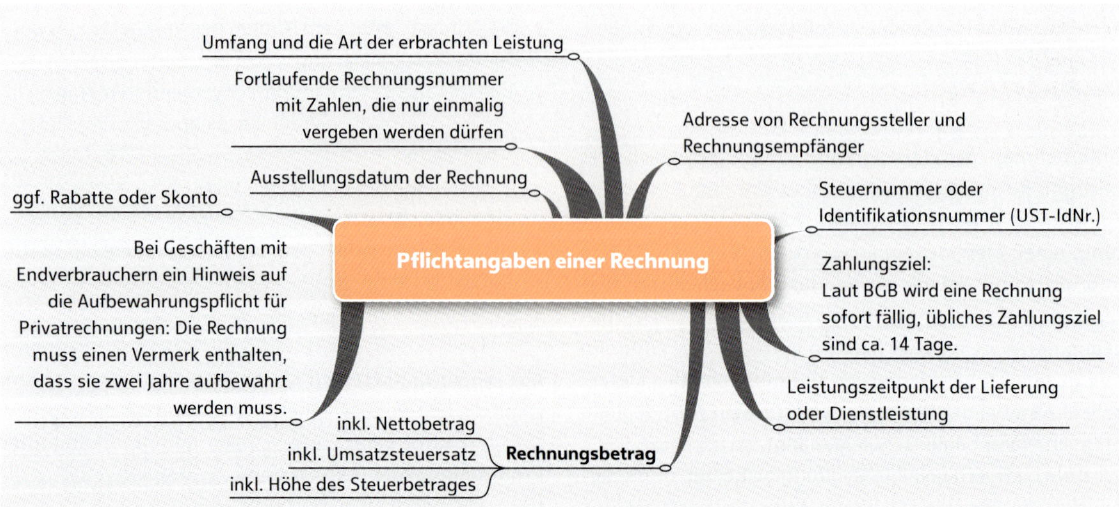

Fehlt eine (oder mehrere) Angabe(n) auf der Rechnung, gilt diese als unvollständig und damit auch als fehlerhaft. Fehlerhafte Rechnungen können aus verschiedenen Gründen entstehen:

- Die Rechnung enthält nicht alle Pflichtangaben.
- Der Rechnungsbetrag ist zu hoch.
- Der Rechnungsbetrag ist zu niedrig.
- Es werden keine Rechnungen für Leistungen in Form von Warenlieferungen oder Dienstleistungen ausgestellt. Unternehmen, die sich mit der Rechnungserstellung zu lange Zeit lassen, riskieren ein Bußgeld.

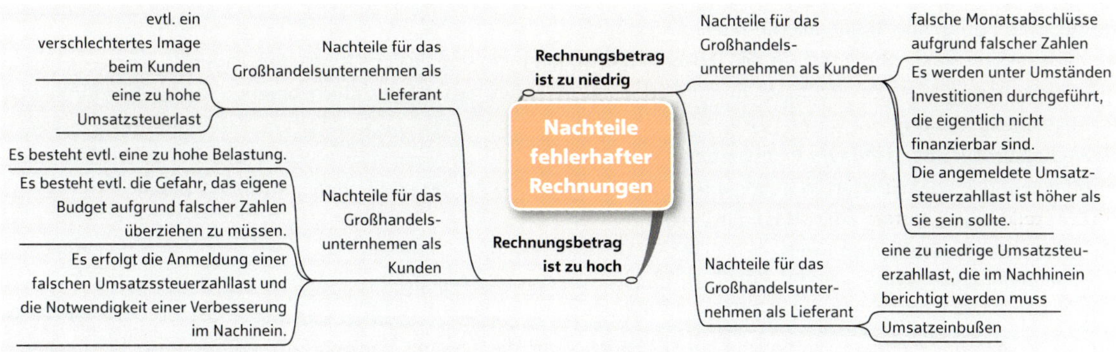

Sowohl für das ausstellende Unternehmen als auch für den Rechnungsempfänger haben fehlerhafte Rechnungen einen erhöhten Arbeitsaufwand zur Folge.

Neben etwaigen Buchungskorrekturen, wenn die Rechnung bereits in System eingegeben (und vielleicht sogar bezahlt) wurde, muss das Dokument neu angefordert und erstellt werden.

Vor diesem Hintergrund wird die Bedeutung der Rechnungskontrolle deutlich.

Prüfung von Rechnungen und Lieferscheinen

Jede Eingangsrechnung eines Unternehmens wird vor der Bezahlung genau überprüft. Die Belegprüfung stellt sicher, dass die bestellten Waren gemäß den Konditionen des Angebots geliefert worden sind. Die Prüfung erfolgt in vielen Unternehmen im Rahmen eines festgelegten Prozesses, welcher allerdings unternehmensspezifisch ist.

Die Überprüfung beinhaltet häufig zwei Schritte. Zunächst wird die sachliche Richtigkeit der Rechnung geprüft. Anschließend erfolgen die rechnerische Überprüfung und dann die Bezahlung der Rechnung. Für eine sorgfältige Belegprüfung müssen alle der Rechnung zugrunde liegenden Dokumente vorliegen. Dies sind insbesondere die Bestellung und der Lieferschein. Bezieht sich eine Bestellung ausdrücklich auf ein konkretes Angebot, muss auch dieses zur Belegprüfung herangezogen werden.

Sachliche Prüfung

Die sachliche Prüfung der Rechnung wird in den meisten Unternehmen von der Person vorgenommen, die die Bestellung vorgenommen hat. Bei der Prüfung der sachlichen Richtigkeit einer Rechnung wird der Beleg hinsichtlich der folgenden Aspekte geprüft:

Prüfungsinhalt	Prüfungshandlung
• Wurde die gelieferte Ware überhaupt bestellt?	• Abgleich mit Bestellung (z. B. Auftrags-/Bestellnummer)
• Stimmen Art und Umfang der gelieferten Ware?	• Abgleich mit Bestellung und Lieferschein (z. B. Artikelnummer, Anzahl, Gewicht, Größe)
• Werden die korrekten Einzelpreise ausgewiesen?	• Abgleich mit Bestellung
• Wurden die Liefervereinbarungen eingehalten?	• Abgleich mit Bestellung (ggf. Angebot)
• Erfüllt die Rechnung die umsatzsteuerlichen Anforderungen an eine ordnungsgemäße Rechnung?	• Abgleich mit § 14 (4) UStG (und ggf. Sondervorschriften, siehe Exkurs unten: Umsatzsteuer in der Belegprüfung)

Stellt der Bearbeiter die sachliche Richtigkeit des überprüften Belegs fest, so notiert er dies direkt auf dem Beleg (z. B. Stempel: „sachlich richtig") und versieht den Prüfungsvermerk mit seiner Unterschrift/seinem Kürzel.

Umsatzsteuer in der Belegprüfung

Unternehmen können sich die gezahlten Umsatzsteuerbeträge als Vorsteuer vom Finanzamt erstatten lassen (sogenannter *Vorsteuerabzug*). Um diese Erstattung in Anspruch zu nehmen, muss dem Unternehmen eine ordnungsgemäße Rechnung im Sinne von § 14 Abs. 4 UStG vorliegen. Nach diesem muss eine ordnungsgemäße Rechnung grundsätzlich folgende Angaben enthalten:

- vollständiger Name und Anschrift des leistenden Unternehmers und des Leistungsempfängers
- Steuernummer oder Umsatzsteuer-Identifikationsnummer des leistenden Unternehmers
- Ausstellungsdatum
- Rechnungsnummer (fortlaufend und einmalig)
- Menge und Art der gelieferten Gegenstände oder Umfang und Art der erbrachten sonstigen Leistung
- Zeitpunkt der Lieferung oder sonstigen Leistung
- Entgelt, das heißt der Nettopreis
- anzuwendenden Steuersatz (7 %, 19 % oder Hinweis auf Steuerbefreiung)

Zu dieser Thematik existieren zahlreiche Sondervorschriften, die hier im Einzelnen nicht erläutert werden können. Insbesondere gibt es Besonderheiten und Erleichterungen bei:

- Rechnungen über Kleinbeträge bis 150,00 € brutto (§ 33 UStDV)
- Fahrausweisen, die als Rechnungen gelten (§ 34 UStDV)
- Sachverhalten, in denen der Leistungsempfänger die Umsatzsteuer schuldet (§§ 13b, 14a UStG)

Rechnerische Prüfung

Bei der rechnerischen Prüfung einer Eingangsrechnung wird die Berechnung der Positionen nachvollzogen. Hierzu werden beispielsweise die in Rechnung gestellten Verkaufspreise, die Umsatzsteuer, mögliche Rabatte und die Berücksichtigung eventueller Anzahlungen geprüft.

BEISPIEL

Sebastian Holpert muss bei der Prüfung der Rechnung der Spengler & Sohn OHG folgende Beträge prüfen:

- 100 Stück · 8,10 €/Stück = 810,00 €
- $\frac{810{,}00\text{ €} \cdot 15}{100} = 121{,}50\text{ €}$
- 810,00 € – 121,50 € = 688,50 €
- 688,50 € + 10,00 € = 698,50 €
- $\frac{698{,}50\text{ €} \cdot 19}{100} = 132{,}72\text{ €}$
- 698,50 € + 132,72 € = 831,22 € = Überweisungsbetrag

Bei Skontonutzung kommen folgende Berechnungen hinzu:

- $\frac{831{,}22\text{ €} \cdot 1{,}5}{100} = 12{,}47\text{ €}$
- 831,22 € – 12,47 € = 818,75 € = Überweisungsbetrag

Nach der abschließenden Prüfung erhält die Eingangsrechnung den Vermerk „rechnerisch richtig" und die verantwortliche Person zeichnet diesen Vermerk ab. Der Vermerk erfolgt direkt auf der Rechnung. Häufig wird die erforderliche Buchung in der Buchhaltung des Unternehmens auch sofort vorgenommen. Dieser Teil der Belegbearbeitung wird im zweiten Ausbildungsjahr behandelt.

Konsequenzen der Belegprüfung

Werden im Rahmen der Belegprüfung sachliche und/oder rechnerische Fehler in der Rechnung festgestellt, ist der Lieferant unverzüglich zu kontaktieren. Die Fehler müssen angezeigt und besprochen werden. Dies erfolgt in der Regel telefonisch. Der Lieferant wird dann zur Ausstellung einer neuen, fehlerfreien Rechnung aufgefordert. Es sollte geklärt werden, wie mit dem offenen Betrag und den Skontofristen verfahren wird.

Rechnungen und ERP-Systeme

Lieferscheine und Rechnungen in Papierform spielen in den Geschäftsprozessen Rechnungseingang, Rechnungsbearbeitung, Rechnungsausgang viele Großhandelsunternehmen nach wie vor eine große Rolle. Werden solche Prozesse digitalisiert, kann es in mehrfacher Hinsicht Ersparnisse geben.

203153312

BEISPIEL

Die Fairtext GmbH stellt momentan die Bereiche Rechnungseingang, Rechnungsausgang und Rechnungsbearbeitung auf digitale Verfahren um. Sie erhofft sich dadurch Zeit, Porto sowie Erstellungs- und Erfassungskosten einzusparen:

- Die Fairtext GmbH hat berechnet, dass im Vergleich zu digitalen Lösungen eine Ausgangsrechnung auf Papier viel Zeit benötigt, bis sie das Unternehmen verlassen hat. Hinzu kommen noch hohe Material- und Handlingkosten. Ein Unternehmensberater hat für die Fairtext GmbH ermittelt, dass für eine Rechnung im Warenausgang etwa 30,00 € Kosten anfallen.
- Der Rechnungseingang der Fairtext GmbH war bisher durch vergleichsweise langwierige interne Prüfungen, eine aufwendige Erfassung sowie eine umständliche Ablage und Archivierung der Rechnungen gekennzeichnet. Auch dies trieb den Zeitaufwand und die Kosten in die Höhe.

Lange Zeit Standard war **die Rechnungserstellung mit Textverarbeitungs- und Tabellenkalkulationsprogrammen** wie Word und Excel. Dies hatte den Vorteil, dass solche Programme auf den meisten Computern vorhanden sind. Die Arbeit mit Word und Excel ist sehr einfach. Mit Tabellenkalkulationsprogrammen können auch Berechnungen ausgeführt werden. Als entscheidender Nachteil erweist sich jedoch, dass sehr viel manuelle Arbeit erforderlich ist. Dies benötigt Zeit, gleichzeitig wird das Fehlerrisiko durch Übertragungsfehler erhöht. Zudem ist nicht sichergestellt, dass die ausgestellte Rechnung alle Pflichtangaben enthält.

BEISPIEL

In der Fairtext GmbH wurde bisher mit einer Word-Vorlage gearbeitet. In dieser musste aber jedes Mal

- eine neue Rechnungsnummer einzeln vergeben werden,
- die jeweilige Adresse des Kunden eingetragen werden,
- die in Rechnung gestellten Artikel (bzw. Dienstleistungen) einzeln aufgeführt werden,
- die jeweiligen Mehrwertsteuersätze geprüft und berechnet werden.
- Außerdem musste die Rechnung ausgedruckt werden,
- per Post verschickt werden,
- der Zahlungseingang beobachtet und schließlich verbucht werden,
- gegebenenfalls gemahnt werden.

Ein erster Schritt Richtung Digitalisierung ist es, Rechnungen zwar auf dem üblichen **Postweg** zu verschicken, die Rechnungsinformationen werden zudem aber **parallel per E-Mail** geliefert. Die dann zusätzlich im CSV- oder XML-Format vorliegenden Rechnungsdateien lassen sich dann elektronisch gewöhnlich unproblematischer und wirkungsvoller als bislang weiterverarbeiten. Zusätzlich hat man mit der Papierrechnung ein rechtsgültiges Dokument in der Hand.

Mit **ERP-Systemen** wird das Erstellen von Rechnungen weitgehend automatisiert. ERP-Systeme unterstützen die Auftragsbearbeitung lückenlos vom Angebot bis zur Nachkalkulation.

BEISPIEL

Das ERP-System der Fairtext GmbH erstellt auf Knopfdruck sofort die gewünschte Rechnung. Alle im Geschäftsprozess wichtigen Daten werden nur einmal eingegeben. Das ERP-System erzeugt automatisch die jeweils nächste Rechnungsnummer. Alle relevanten Daten werden automatisch innerhalb der Rechnung an der richtigen Stelle eingetragen und platziert. Das ERP-System stellt sicher, dass automatisch alle rechtlich notwendigen Pflichtangaben vorhanden sind. Anschließend sorgt es für den Ausdruck bzw. Versand der Rechnung.
Im weiteren Verlauf zeigt das ERP-System, welche Rechnungen durch Kunden bezahlt worden sind. Sie sorgen zudem für ein Überblick darüber, welchen Kunden eventuell eine Zahlungserinnerung oder Mahnung zugesandt werden sollte.

Zwar ist bei der Arbeit mit einem ERP-System ein gewisser Einrichtungsaufwand erforderlich, die Installation, das individuelle Einrichten sowie die Eingabe bestimmter Stammdaten muss jedoch nur einmal durchgeführt werden. Der große Vorteil eines ERP-Systems ist es, dass es Ordnung in die Abläufe des Geschäftsprozesses bringt, denn ein großer Teil der immer wieder anfallenden Arbeiten wird durch diese integrierte Unternehmenssoftware automatisch abgearbeitet. Die früher oft erforderliche und zeitraubende Mehrfacherfassung von Daten entfällt. Der Geschäftsprozess zeichnet sich insgesamt durch eine höhere Effektivität aus, womit Arbeitszeit und Kosten gespart werden.

Die ERP-Systeme können Rechnungen auf mehrfache Weise erstellen:

- Sie werden auf Papier ausgedruckt und dann per Post versandt.
- Sie werden per E-Mail versandt, parallel dazu wird für die Ablage ein Papierdokument erzeugt.
- Die Rechnungsabwicklung erfolgt über EDI.

Im Bereich des Wareneingangs gibt es noch die Möglichkeit der Digitalisierung mithilfe von **OCR-Systemen**: In einigen Großhandelsunternehmen werden Eingangsrechnungen in Papierform gescannt. Eine automatisierte Zeichenerkennung (OCR-Software = Optical Character Recognition) extrahiert dann aus dem Papierbeleg Rechnungsdaten, die dann in das ERP-System übertragen werden.

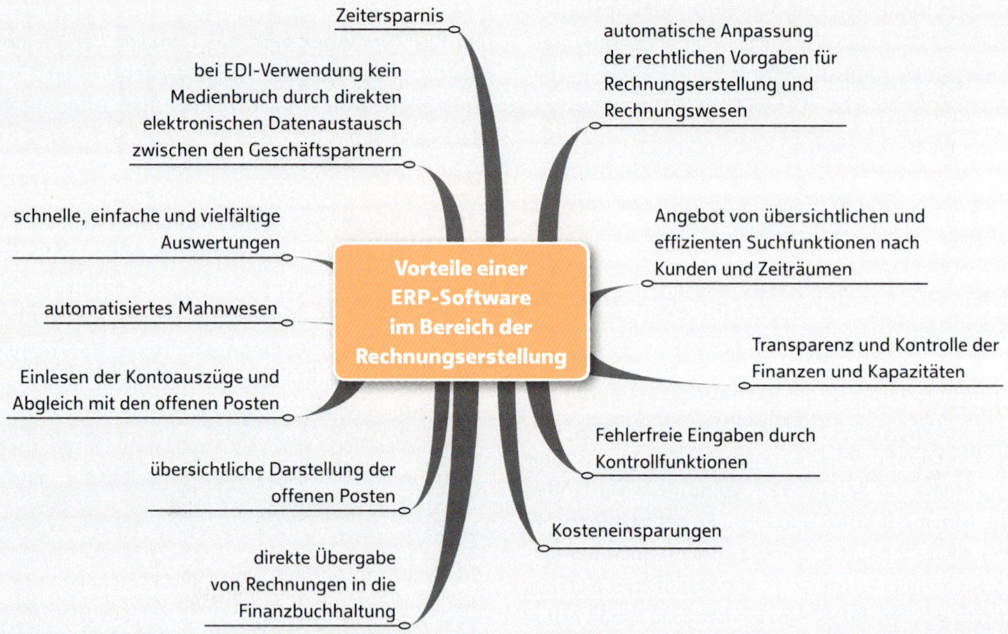

Großhandelsunternehmen können digitale Geschäftsdaten, die im ERP-System anfallen, schnell und fehlerfrei austauschen, wenn sie ihre Rechnungsabwicklung über **EDI** abwickeln. EDI ist die Abkürzung für **Electronic Data Interchange**. Übersetzt bedeutet dies „elektronischer Datenaustausch“: Mithilfe festgelegter Standards werden strukturierte Daten zwischen den Geschäftspartnern – also zum Beispiel zwischen Lieferanten und Kunden – ausgetauscht. Dies ermöglicht auf allen Stufen eine Datenverarbeitung ohne manuelle Erfassung.

BEISPIEL

Das ERP-System der Fairtext GmbH erzeugt eine Ausgangsrechnung mit allen notwendigen Informationen. Ein spezielles Modul des ERP-Systems (der sogenannte EDI-Konverter) wandelt die entsprechenden Daten in das mit dem Kunden vereinbarte Format um. Anschließend werden die Daten dann an den Kunden übermittelt. Das ERP-System des Kunden passt die übermittelten Daten sofort an die Datenstrukturen des eigenen Systems an. Dort können sie dann unmittelbar weiterverarbeitet werden.

AUFGABEN

1. Was ist ein Lieferschein?
2. Welche Vorteile ergeben sich, wenn ein Lieferschein einer Warensendung beigelegt wird?
3. Führen Sie die Bestandteile auf, die eine ordnungsgemäße Rechnung enthalten muss.

4. Was können Gründe für fehlerhafte Rechnungen sein?
5. Welche Nachteile haben fehlerhafte Rechnungen für Großhandelsunternehmen?
6. Geben Sie an, welche Prüfungen im Rahmen der sachlichen Belegprüfung vorgenommen werden.
7. Erläutern Sie, welche Prüfungen im Rahmen der rechnerischen Belegprüfung erfolgen.
8. Erläutern Sie, wie verfahren werden sollte, wenn sich im Rahmen der Belegprüfung Probleme ergeben.

AKTIONEN

1. Führen Sie eine Belegprüfung mit einer Eingangsrechnung durch. Verwenden Sie hierfür eine Eingangsrechnung Ihres Ausbildungsbetriebs (fragen Sie bitte vorher um Erlaubnis). Achten Sie darauf, dass der Bruttobetrag der Rechnung über 250,00 € liegt.
2. Finden Sie auf der Seite www.gesetze-im-internet.de die Umsatzsteuerdurchführungsverordnung. Erstellen Sie einen kurzen tabellarischen Überblick über die Besonderheiten der Angaben, die
   a) eine Kleinbetragsrechnung gemäß § 35 Abs. 1 in Verbindung mit § 33 UStDV,
   b) ein Fahrausweis gemäß § 35 Abs. 2 Satz 1 in Verbindung mit § 34 UStDV

   haben muss, damit ein Vorsteuerabzug möglich ist.
3. Erstellen Sie eine ordnungsgemäße Rechnung, die alle Pflichtangaben enthält, für den Geschäftsfall, dessen Rechnung Sebastian Holpert im Einstiegsfall kontrollieren soll. Verwenden Sie dazu
   a) eine Textverarbeitung,
   b) eine Tabellenkalkulation.

ZUSAMMENFASSUNG

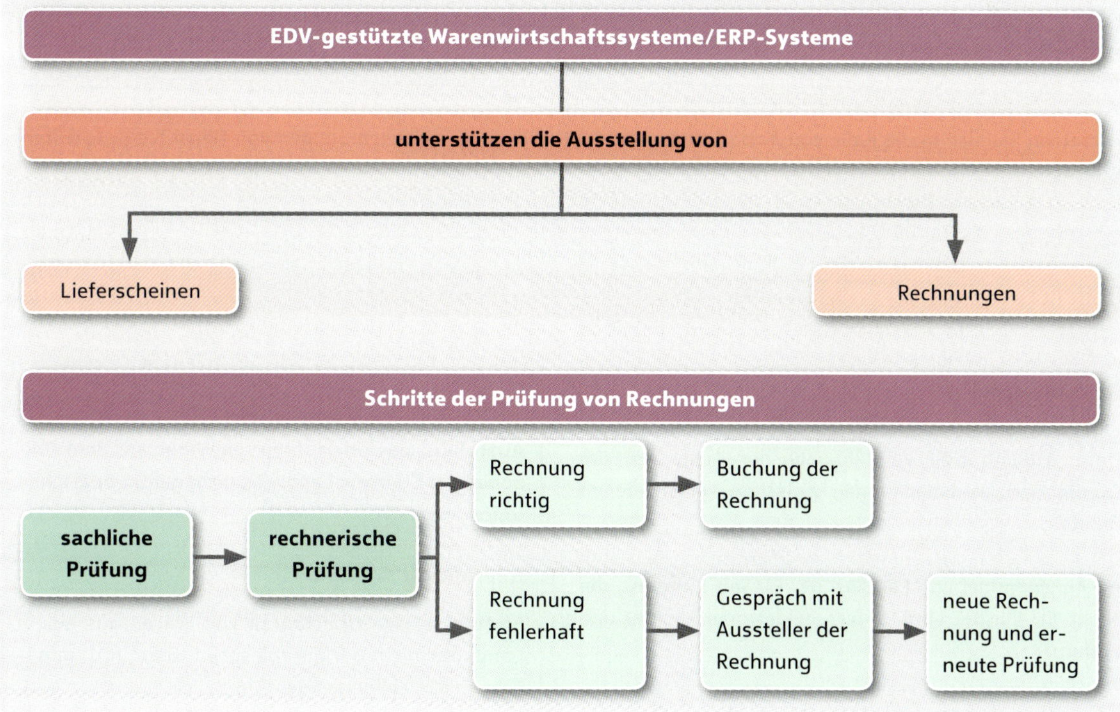

KAPITEL 17
Besonderheiten von Auslandsgeschäften

Die Fairtext GmbH erhält am 19. März eine Anfrage der Impex, Basel.

Impex – Basel

Impex, Rheinufer 12, CH-4027 Basel

Textilgroßhandlung
Fairtext GmbH
Walsroder Str. 6a
30625 Hannover

Basel
15. März ..

Anfrage

Sehr geehrte Damen und Herren,

wir benötigen dringend Herrenfreizeithemden aus 100% Baumwolle, blau gestreift, in den Größen 39 bis 43.

Bitte senden Sie uns deshalb ein ausführliches Angebot über 200 Herrenfreizeithemden bis zum 25. März ..

Mit freundlichen Grüßen

Impex – Basel

Der Leiter der Außenhandelsabteilung Herr Sieg beauftragt Anne Schulte und Mete Öczan festzustellen, welche Besonderheiten bei dem Abschluss eines Ausfuhrgeschäftes an die Impex, Basel von der Fairtext GmbH beachtet werden müssen.

Versetzen Sie sich in die Rolle von Anne Schulte und Mete Öczan und erfüllen Sie den von Herrn Sieg gestellten Auftrag.

INFORMATIONEN

Außenhandel

Unter **Außenhandel** versteht man den Austausch von Gütern und Dienstleistungen zwischen verschiedenen Staaten.

Im Außenhandel von Ländern der **EU mit Ländern, die Nicht-EU-Länder sind**, unterscheidet man Ausfuhr und Einfuhr.

DEFINITION

Ausfuhr ist das Überführen von Waren aus dem Zollgebiet der EU in ein Land, das nicht der Europäischen Union angehört.

DEFINITION

Einfuhr ist das Überführen von Waren aus einem Land, das nicht der Europäischen Union (EU) angehört, in das Zollgebiet der EU.

Im **Handel zwischen EU-Ländern** unterscheidet man Versendung und Eingang.

DEFINITION

Wird eine Ware aus einem Land des Zollgebiets der EU in ein anderes Land des Zollgebiets der EU ausgeführt, handelt es sich um eine **Versendung**.

DEFINITION

Wird eine Ware in ein Land des Zollgebiets der EU in ein anderes Land des Zollgebiets der EU eingeführt, handelt es sich um einen **Eingang**.

Innerhalb der EU können Waren mit der Schaffung des EU-Binnenmarktes seit 1993 ohne zollrechtliche Förmlichkeiten und Zollkontrollen gehandelt und befördert werden. Spätestens mit der vollendeten Integration wird der Außenhandel mit den EU-Mitgliedstaaten zum Binnenhandel.

DEFINITION

Erfolgt die Lieferung eines Gegenstands aus dem Gemeinschaftsgebiet der EU in ein anderes Land des Gemeinschaftsgebiets der EU, liegt **eine innergemeinschaftliche Lieferung** vor.

DEFINITION

Erfolgt die Lieferung eines Gegenstands in ein Land des Gemeinschaftsgebiets der EU aus dem Gemeinschaftsgebiet der EU, liegt ein **innergemeinschaftlicher Erwerb** vor.

Informationen über Auslandsmärkte

Informationen über Auslandsmärkte sind zu erhalten bei

- den **Außenwirtschaftsabteilungen der Industrie- und Handelskammern**:
  Sie stellen Informationen über Wirtschaftsverhältnisse und Einfuhrbestimmungen von Importländern zur Verfügung.

- der **Bundesstelle für Außenhandelsinformationen (BFA), Köln**:
  Sie bieten Länderinformationen, Informationen über Informations- und Liefermöglichkeiten, Ausschreibungen, Einfuhrbestimmungen usw.

- **Außenhandelskammern, Botschaften, Konsulaten und Handelsvertretungen der Importländer in der Bundesrepublik Deutschland**:
  Sie stellen länderbezogene Informationen zur Verfügung.

- **im Auslandsgeschäft tätigen Kreditinstituten**:
  Sie berichten laufend über den Stand der Handels- und Zahlungsabkommen mit fremden Ländern, über Exportmöglichkeiten, Einfuhrlizenzbestimmungen, Konsularvorschriften und wichtige Änderungen im Dokumentenverkehr mit dem Ausland.

- **international tätigen Speditionen**:
  Sie geben u.a. Auskünfte über günstigste Transportmöglichkeiten.

- **diplomatischen und konsularischen Vertretungen der Bundesrepublik Deutschland im Ausland**

- **Wirtschaftsverbänden**, z.B. Bundesverband des Deutschen Groß- und Außenhandels e.V., Bonn; Arbeitsgemeinschaft der Deutschen Exportvereine, Hamburg.

- **wirtschaftswissenschaftlichen Forschungsinstituten**, z.B. Informationsdienste des Hamburger Weltwirtschaftsarchivs (HWWA), produkt- und branchenbezogene Berichte des Münchener ifo-Instituts.

- **Messen und Ausstellungen**

- **Germany Trade & Invest (GTAI):**
  Sie ist eine Gesellschaft der Bundesrepublik Deutschland für Außenwirtschaft und Standortmarketing. Sie informiert über die Wirtschaftslage und -entwicklung der wichtigsten Märkte der Welt. Ihre Informationen umfassen Branchentrends, Rechts- und Zollfragen, Ausschreibungen und Geschäfts- und Kooperationswünsche ausländischer Unternehmen.

Informationen können außerdem den **Veröffentlichungen der internationalen Organisationen** (OECD, WTO, Weltbank usw.) entnommen werden.

Anbahnung von Auslandsgeschäften

Kontakte zu möglichen Handelspartnern im Ausland können aufgenommen werden durch

- die Einschaltung von Handelsmittlern,
- Geschäftsreisen ins Ausland, um sich persönlich nach Geschäftspartner im Ausland umzusehen,
- B2B-Marktplätze, auf denen Exporteure ihre Waren anbieten und Importeure nach Warenangeboten suchen können,

- schriftliche Anfragen bei möglichen Lieferanten im Ausland,
- Ausschreibungen.

Eine **Ausschreibung** ist eine besondere Form der Anfrage. Sie fordert einen bestimmten Lieferantenkreis öffentlich auf, ein Angebot abzugeben. Die möglichen Lieferanten können die Ausschreibungsbedingungen einem Lastenheft entnehmen. Dieses Lastenheft enthält Angaben über den Liefergegenstand, Lieferort und -termin, Prüfungs- und Abnahmebedingungen, Art und Höhe der Sicherheitsleistungen.
Ausschreibungen werden in Tageszeitungen, Fachzeitschriften, Amtsblättern u. Ä. veröffentlicht. Hinweise auf Ausschreibungen werden auch von Industrie- und Handelskammern, Banken, konsularischen Vertretungen und von Germany Trade & Invest gegeben.
Ausschreibungen werden hauptsächlich von Behörden, öffentlichen Betrieben und privaten Großbetrieben vorgenommen.

Besonderheiten beim Abschluss von Außenhandelsgeschäften

Außenhandelsgeschäfte können
- durch einen gemeinsam ausgehandelten und unterzeichneten Kaufvertrag oder
- durch die Abgabe eines Angebots durch den Exporteur und eine Bestellung des Importeurs

abgeschlossen werden.

Da bei Kaufverträgen mit ausländischen Kunden nicht ohne Weiteres das deutsche Inlandsrecht angewandt werden kann, sollten beim Abschluss von Außenhandelsgeschäften von größerem wirtschaftlichen Gewicht alle in Betracht kommenden Rechtsfragen genau geregelt werden.

Dabei sind insbesondere folgende Punkte zu beachten:
- vertragliche Vereinbarungen, die eine störungsfreie Vertragserfüllung fördern, z. B.
  - Festlegung des Kaufrechts, das die Rechtsgrundlage des Kaufvertrages bilden soll,
  - Qualitätsbestimmung,
  - Mengenbestimmung
  - Versandinstruktionen,
  - Verpackung und Markierung der Ware,
  - Versandanzeige
  - Schiedsgerichtsklauseln,
  - Konventionalstrafen,
  - Erfüllungsgarantien,
  - Gerichtsstandvereinbarung,
- die im Außenhandel üblichen Zahlungs- und Lieferungsbedingungen,
- die Währung, in der der Exporteur fakturiert (= die Rechnung ausstellt).

Internationales Kaufvertragsrecht

Seit 1980 besteht ein UN-Übereinkommen über internationale Warenkaufverträge.
Dieses UN-Kaufrechtsübereinkommen bildet die Rechtsgrundlage für Kaufverträge über bewegliche Sachen zwischen Vertragsparteien, die ihre Niederlassung in verschiedenen Staaten haben, sofern diese Staaten Vertragsstaaten sind.
Das Übereinkommen gilt in Ägypten, Argentinien, Australien, Bulgarien, Chile, China, Dänemark, Deutschland, Finnland, Frankreich, Irak, Italien, Lesotho, Mexiko, Niederlande, Norwegen, Österreich, Sambia, Schweden, Schweiz, Spanien, Syrien, Tschechien, Ukraine, Ungarn, USA und Weißrussland.

In dem UN-Kaufrechtsübereinkommen werden folgende Bereiche geregelt:
- Angebot und Annahme (Art. 14 ff.),
- Ort und Zeit der Lieferung (Art. 31 ff.),
- Mängelanzeige durch den Kunden (Art. 39),
- Rechtsbehelfe des Käufers bei Vertragsverletzungen durch den Verkäufer (Art. 45 ff.),
- Zahlung des Kaufpreises (Art. 53 ff.),
- Rechtsbehelfe des Verkäufers bei Vertragsverletzungen durch den Käufer (Art. 61 ff.),
- Gefahrenübergang (Art. 66 ff.),
- Schadenersatz und Schadenberechnung (Art. 74 ff.),
- Zinsanspruch (art. 78),
- Nichterfüllung und Befreiung von Vertragsverpflichtungen (Art. 79 ff.),
- Erhaltung der Ware (Art. 85 ff.).

Ähnlich wie das Kaufvertragsrecht im BGB gilt dieses internationale Kaufvertragsrecht nur dann, wenn die Vertragspartner keine anderen Regelungen vereinbart haben.

Internationale Handelsbräuche

DEFINITION

Handelsbräuche sind besondere Methoden und Verfahrensweisen, dies sich unter Kaufleuten entwickelt haben. Sie sind keine verbindlichen Rechtsnormen. Sie werden jedoch unter Kaufleuten allgemein anerkannt und befolgt.

203153318

Internationale Handelsbräuche spielen im Außenhandel eine wichtige Rolle.

„Die Parteien sind an die Handelsbräuche, mit denen sie sich einverstanden erklärt haben, und an die Gepflogenheiten gebunden, die zwischen ihnen entstanden sind. Haben die Parteien nicht anderes vereinbart, so wird angenommen dass sie sich in ihrem Vertrag oder seinem Abschluss stillschweigend auf Handelsbräuche bezogen haben, die sie kennen oder kennen mussten und die im internationalen Handel den Parteien von Verträgen dieser Art in dem betreffenden Geschäftszweig weithin bekannt sind und von ihnen regelmäßig beachtet werden." (Artikel 9 des UN-Kaufrechts)

Wichtige Handelsbräuche im Außenhandel sind die
- Incoterms® 2020,
- einheitlichen Richtlinien und Gebräuche für Dokumentenakkreditive,
- einheitlichen Richtlinien für Inkassi,
- einheitlichen Richtlinien für auf Anforderung zahlbare Garantien,
- internationale Schiedsgerichtsordnung.

Typische Vereinbarungen in Außenhandelskontrakten

Qualitätsbestimmung

Die Qualität der zu liefernden Ware kann u.a. festgelegt werden, durch
- genaue Beschreibung der Warenmerkmale, z.B. Herrenoberhemd aus 100% mercerisierter Baumwolle,
- Angabe des Herkunftslandes oder -gebietes (Provinience), z.B. Baumwolle von der Ostküste der USA (Sorte: Sea Island), Baumwolle aus Ägypten und Sudan (Sorte: Mako), Baumwolle aus Indien und Pakistan (Sorte: Bengal),
- Typen bzw. Standards, z.B. bei Mehl und Zucker,
- Muster (Kauf nach Probe bzw. Kauf nach Muster).

Mengenbestimmung

Bei der Vereinbarung der Mengeneinheit muss der Importeur darauf achten, dass die im Kaufvertrag vereinbarte Mengenbezeichung (z.B. t, kg, m, yd, gallon) so eindeutig festgelegt wird, dass sie mit seinen Vorstellungen übereinstimmt.

BEISPIEL

Bei der Mengenbezeichnung tons kann es sich um eine metrische Tonne (= 1 000 kg), eine long ton (= 1 016 kg) oder eine short ton (= 907,185 kg) handeln.

Um bei der Mengenbestimmung keinen Interpretationsspielraum zu lassen, wäre es hier sinnvoll, anstelle der Mengenbezeichnung tons z.B. die eindeutige Bezeichnung mt (= metrische Tonne) zu wählen.

Versandinstruktionen

Der Exporteur muss bei der Abwicklung des Außenhandelsgeschäftes eventuelle Versandinstruktionen des Empfängers beachten, z.B. Instruktionen über
- Bestimmungsort,
- Empfänger,
- Markierung und Verpackung der Ware,
- zu beauftragender Spediteur und Frachtführer,
- Anzahl und Art der Warenbegleitpapiere.

Verpackung und Markierung der Exportware

Eine **Transportverpackung** ist notwendig
- zum Schutz gegen gänzlichen oder teilweisen Verlust und gegen Beschädigung,
- um eine Beschädigung von Personen, Betriebsmitteln oder anderen Gütern zu verhüten.

Ob eine Ware eine Verpackung benötigt und welche Verpackung ausreichend ist, hängt ab
- von der Beschaffenheit der zu versendenden Ware,
- vom Transportmittel und
- vom Transportweg,

Eine dauerhafte und gut lesbare **Markierung von Packstücken** ist notwendig, damit
- jede Sendung unterwegs sachgemäß behandelt werden kann,
- Fehlleitungen vermieden werden,
- jede Sendung ihren Bestimmungsort sicher erreicht.

Bei der Markierung der versandfertigen Ware sind die Vorschriften des Einfuhrlandes zu beachten (z.B. „Made in Germany"-Bestimmungen).

Um einer Ausschaltung des Exporthandels entgegenzuwirken, werden viele Exporthändler darauf achten, dass die Verpackung keine Hinweise auf den Lieferanten enthält (**neutrale Verpackung**).

Versandanzeige

Mit einer Versandanzeige gibt der Exporteur dem Importeur einen verbindlichen Zwischenbescheid über die abgeladene bzw. verladene Ware, deren Menge und Markierung, über das Transportmittel, den Ort und Zeitpunkt der Abladung bzw. Verladung sowie den Bestimmungshafen bzw. Bestimmungsort. Der Importeur kann nach Erhalt der Versandanzeige, sofern erforderlich, eine Transportversicherung abschließen, seine Kunden über die voraussichtliche Ankunftszeit der Ware informieren, weitere Transportmittel und benötigten Lagerraum organisieren sowie die Verzollung der Waren vorbereiten.

Das Abladegeschäft im Außenhandel

Das Abladegeschäft ist eine besondere Kaufvertragsart zwischen einem Importeur und einem Exporteur für den Export einer Ware von einem überseeischen Hafen (Abladehafen) zu einem Bestimmungshafen mit einer Abladeklausel. Das Abladegeschäft ist immer ein Dokumentengeschäft. Dabei liefert der Exporteur die Ware nicht konkret, sondern in Gestalt des die Ware vertretenden Konnossements. Das Abladegeschäft verpflichtet den Exporteur (Ablader), die Ware innerhalb einer bestimmten Frist im Verschiffungshafen abzuladen. Dazu muss er die Ware an einen Reeder übergeben. Der Reeder (Verfrachter) händigt ihm zum Beweis der Warenübernahme ein Konnossement aus. Dieses Konnossement sendet der Exporteur an den Importeur. Damit kann der Importeur die Ware im Bestimmungshafen abnehmen. Der Importeur ist verpflichtet, die Dokumente abzunehmen und zu zahlen, ohne das Eintreffen der Ware im Bestimmungshafen abzuwarten. Das Abladegeschäft ist somit ein Dokumentengeschäft und gleichzeitig ein Fixgeschäft. Wenn die Abladeklausel verletzt wird, kann der Importeur vom Vertrag zurücktreten. Gegenstand des Abladegeschäfts sind vor allem Rohstoffe und Nahrungs- und Genussmittel aus überseeischen Ländern.

Schiedsgerichtsbarkeit

Im Außenhandel hat sich die Schiedsgerichtsbarkeit als Alternative zum ordentlichen Rechtsweg etabliert. Die Schiedsgerichtsbarkeit hat u. a. den Vorteil, dass die Vertragsparteien die Schiedsrichter sowie Art und Ablauf des Verfahrens selbst bestimmen können. In den meisten Fällen ist ein Schiedsverfahren auch schneller und kostengünstiger als ein Gerichtsverfahren vor ausländischen Gerichten.

Es ist wichtig, dass die Anerkennung und die Vollstreckbarkeit des Schiedsspruches durch die Gerichte des Heimatstaates des Vertragspartners gewährleistet sind. Dies und die Auswahl einer geeigneten Schiedsgerichtsbarkeit muss vor der Aufnahme einer bindenden Schiedsklausel in den Vertrag geklärt werden.

BEISPIEL

„Alle aus dem gegenwärtigen Vertrag sich ergebenden Streitigkeiten werden nach der Vergleichs- und Schiedsordnung der Internationalen Handelskammer in Paris von einem oder mehreren gemäß dieser Ordnung ernannten Schiedsrichter endgültig entschieden."

vgl. Deutsche Institution für Schiedsgerichtsbarkeit e. V., www.disarb.org

Ausfuhrverfahren

Bei der Ausfuhr von Waren in ein Land, das nicht zum EU-Binnenmarkt gehört, ist zu unterscheiden in

- genehmigungsfreie Ausfuhr und
- genehmigungsbedürftige Ausfuhr.

Das jeweilige Ausfuhrverfahren ergibt sich aus der Art der Ware und dem Einfuhrland.

Genehmigungsfreie Ausfuhr

Die Ausfuhr von Waren aus der Bundesrepublik Deutschland ist grundsätzlich genehmigungsfrei. Sie unterliegt lediglich der **Ausfuhrkontrolle** durch die zuständige Zollstelle.

Bei einem Warenwert über 3.000,00 € (Stand 2020) muss die Ausfuhrlieferung vor dem Überschreiten der Zollgrenze unter Vorlage einer **Ausfuhranmeldung** der zuständigen Versandzollstelle (Ausfuhrzollstelle) gestellt werden, um eine Zollbeschau zu ermöglichen. Die zuständige Versandzollstelle ist das Hauptzollamt des Zollbezirks, in dem der Exporteur seinen Sitz hat.

Die Ausfuhranmeldung muss in elektronischer Form mithilfe des EDV-Systems ATLAS (automatisiertes Tarif- und lokales Zollabwicklungssystem) erfolgen. Für die Ausfuhranmeldung benutzt der Ausführer die Exemplare 1, 2 und 3 des Einheitspapiers der EU.

Bei Warensendungen zwischen 1.000,00 € und 3.000,00 € ist eine Gestellung bei der Versandzollstelle nicht erforderlich. Es genügt die Gestellung an der Ausgangszollstelle. Die Ausgangszollstelle ist die letzte Zoll-

203153320

stelle in der EU, über die die Ausfuhr in das Drittland abgewickelt wird. Bei Ausfuhrsendungen unter 1.000,00 € ist keine schriftliche Ausfuhranmeldung und Gestellung erforderlich. Es genügt die Vorlage der Handelsrechnung.

Wenn ein Dritter im Auftrag des Ausführers (Exporteurs) die Lieferung durchführt (z. B. bei einem Streckengeschäft), kann bei der Zollabfertigung als vorläufiges Ausfuhrpapier eine **unvollständige Anmeldung** verwendet werden. Die unvollständige Anmeldung ermöglicht die Wahrung von Geschäftsgeheimnissen zwischen Ausführer (Exporteur) und Versender, da sie nicht alle Angaben der Ausfuhranmeldung, z. B. den Wert der Warensendung, enthalten muss. Der Ausführer muss jedoch innerhalb von zehn Tagen nach dem Warenversand bei der zuständigen Versandzollstelle die fehlenden Daten oder eine vollständige Ausfuhranmeldung nachreichen. Mit Genehmigung der zuständigen Versandzollstelle darf der Ausführer aber auch alle während eines Monats anfallenden unvollständigen Anmeldungen in einer Ausfuhrerklärung zusammenfassen.

Genehmigungsbedürftige Ausfuhr

Das **Außenwirtschaftsgesetz (AWG)** sieht in bestimmten Fällen Ausfuhrbeschränkungsmöglichkeiten vor, z. B.:

- Beschränkungen zum **Schutz der nationalen Sicherheit** (z. B. Exportverbot von Waffen in Spannungsgebiete)
- Beschränkungen zum **Schutz auswärtiger Interessen** (z. B. Exportverbot in Staaten, gegen die übernationale Organisationen ein Embargo verhängt haben)
- Beschränkungen zur **Aufrechterhaltung der Versorgung im Inland** (z. B. Verhinderung der Ausfuhr von landwirtschaftlichen Erzeugnissen bei Versorgungsengpässen)

Sämtliche Waren, die einer Ausfuhrbeschränkung unterliegen, sind in der **Ausfuhrliste** genannt. Die Ausfuhrliste ist der **Außenwirtschaftsverordnung (AWV)** als Anlage beigefügt. Sie wird im Bundesanzeiger veröffentlicht.
Bei genehmigungsbedürftiger Ausfuhr muss der Exporteur die Ausfuhrgenehmigung auf einem Formblatt beim **Bundesamt für Wirtschaft und Ausfuhrkontrolle** beantragen.

AUFGABEN

1. Welche Informationsquellen über Auslandsmärkte kann die Fairtext GmbH nutzen?
2. Welche Punkte sollte die Fairtext GmbH beim Abschluss von Kaufverträgen mit ausländischen Geschäftspartnern beachten?
3. Welche Bedeutung haben internationale Handelsbräuche für Außenhandelsgeschäfte?
4. Erläutern Sie die Besonderheiten eines Abladegeschäfts.
5. Unterscheiden Sie die Ausschreibung von der Anfrage als Mittel der Anbahnung eines Außenhandelsgeschäfts.
6. Unterscheiden Sie genehmigungsfreie und genehmigungsbedürftige Ausfuhr.
7. Wie kann die Fairtext GmbH feststellen, ob die Ausfuhr von Herrenhemden an die Impex, Basel genehmigungsfrei oder genehmigungsbedürftig ist?
8. Bei welchen Warenausfuhren muss eine Ausfuhrgenehmigung vorgelegt werden?

AKTIONEN

1. Stellen Sie fest, welche der folgenden Ausfuhren genehmigungspflichtig sind.
   a) Baumwollblusen nach Mexiko
   b) Gurken nach Südafrika
   c) Leinenhemden in die USA
   d) Äpfel nach Großbritannien
   e) Blumenkohl nach Chile
   f) Chemiefaserblusen nach Japan
   Informationen finden Sie dazu auf der Webseite des Bundesamts für Wirtschaft und Ausfuhrkontrolle (www.bafa.de).
2. Die Fairtext GmbH muss 500 Damenkostüme zum Preis von 100.000,00 € nach Quebec (Kanada) liefern. Die Kostüme sollen auf dem Seeweg von Hamburg nach Quebec geliefert werden.
   a) Stellen Sie fest, ob die Ausfuhr der Ware genehmigungspflichtig ist.
   b) Beschreiben Sie die Schritte des Ausfuhrverfahrens, die bei der Ausfuhr der Damenkostüme durchgeführt werden müssen.

ZUSAMMENFASSUNG

Außenhandel

= Austausch von Gütern und Dienstleistungen zwischen verschiedenen Staaten

zwischen EU-Ländern und Nicht-EU-Ländern
- **Ausfuhr**
- **Einfuhr**

zwischen EU-Ländern
- **Versendung**
- **Eingang**

Anbahnung von Außenhandelsgeschäften

durch
- die Einschaltung von Handelsmittlern,
- Geschäftsreisen ins Ausland, um sich persönlich nach Geschäftspartnern im Ausland umzusehen,
- B2B-Marktplätze, auf denen Exporteure ihre Waren anbieten und Importeure nach Warenangeboten suchen können,
- schriftliche Anfragen bei möglichen Lieferanten im Ausland,
- Ausschreibungen.

Regelungen beim Abschluss von Außenhandelsgeschäften

- Festlegung des Kaufrechts, das die Rechtsgrundlage des Kaufvertrages bilden soll,
- Qualitätsbestimmung,
- Mengenbestimmung,
- Versandinstruktionen,
- Verpackung und Markierung der Ware,
- Versandanzeige,
- Schiedsgerichtsklauseln,
- Konventionalstrafen,
- Erfüllungsgarantien,
- Gerichtsstandvereinbarung,
- die im Außenhandel üblichen Zahlungs- und Lieferungsbedingungen,
- die Währung, in der der Exporteur fakturiert (= die Rechnung ausstellt).

Ausfuhrverfahren

- **genehmigungsfreie Ausfuhr**
- **genehmigungsbedürftige Ausfuhr**

203153322

KAPITEL 18

Bewertung und Optimierung von Verkaufsprozessen

Die Verkaufsabteilung der Fairtext GmbH trifft sich zum gemeinsamen Mittagessen in der Kantine.

Sebastian Holpert:
„Hurra, habe gerade die gute Nachricht gehört: Ein neuer Kunde, die Müller KG, hat gerade mit uns einen Kaufvertrag über eine sehr große Menge eines Artikels, den wir gerade neu ins Sortiment aufgenommen haben, abgeschlossen!“
Herr Prinzke:
„Na, da kann die Abteilungsleitung ja mal einen drauf ausgeben ...“
Herr Raub:
„Warum das denn?“
Sebastian Holpert:
„Ja, die Arbeit ist doch gemacht: Wir erzielen jetzt hier gerade einen Riesenumsatz!“
Herr Raub:
„Nein, das siehst du vollkommen falsch: Die Arbeit fängt jetzt erst bei uns an!“
Sebastian Holpert:
„Hä, wieso das denn?“
Herr Raub:
„Jetzt müssen wir dafür sorgen, dass die Müller KG als Neukunde zu einem Bestandskunden wird. Dazu müssen wir diesen für uns neuen Kunden in unser CRM-System einpflegen. Mit verschiedenen After-Sales-Services müssen wir dann dafür sorgen, dass die Müller KG zu einem zufriedenen Kunden wird, der uns im besten Fall sogar weiterempfiehlt. Der gesamte Verkaufsprozess muss vor diesem Hintergrund zudem immer und ständig durch Key Performance Indicators überwacht werden.“

Erläutern Sie die Begriffe
a) Key Performance Indicators,
b) CRM-Systeme,
c) After-Sales-Services.

INFORMATIONEN

Immer wichtiger wird für den Erfolg eines Großhandelsunternehmens die Kundenzufriedenheit. Diese bildet auch die Grundlage zur Kundenbindung: Sind die Kunden zufrieden mit dem Großhandelsunternehmen, werden sie sich daran wieder erinnern. Die Chance auf weitere Bestellungen wächst immens und es kommt zu Mehrumsätzen. Oft wird die Großhandlung von den Kunden sogar weiterempfohlen.

Untersuchungen haben gezeigt, dass über 90 % der Kunden, die nicht mit einem Unternehmen zufrieden waren, dort in Zukunft nicht mehr einkaufen.

Ein Großhandelsunternehmen hat verschiedene Möglichkeiten, den Verkaufsprozess im Hinblick auf Kundenzufriedenheit und Kundenbindung zu optimieren:

- Der Verkaufsprozess muss bewertet werden: Aus der Messung der Kundenzufriedenheit können Maßnahmen zur Verbesserung des Verkaufsprozesses abgeleitet werden. Dazu verwendet man unterschiedliche Arten von Kennzahlen, die sogenannten **Key Performance Indicators** (KPI).
- Die Pflege der Kundenbeziehungen sollte dann systematisch und konsequent erfolgen. Durch das sogenannte **Customer-Relationship-Management** (CRM) soll die Gewinnung von Neukunden, aber auch die Pflege von Bestandskunden optimiert werden. Dies geschieht oft mithilfe spezieller Software (CRM-Systeme).
- Vor dem Hintergrund der Kundenbindung werden als immer wichtiger die **After-Sales-Services** angesehen: Darunter versteht man alle Maßnahmen eines Großhandelsunternehmens, um nach dem erfolgreichen Verkauf von Artikeln den betreffenden Kunden langfristig an das eigene Unternehmen zu binden. Dazu soll das After-Sales-Management den Kunden nachträglich in seiner Kaufentscheidung zu bestätigen, ihn von weiteren Käufen überzeugen und die Kundenzufriedenheit im Allgemeinen steigern.

Die Analyse des Verkaufsprozesses

Möchte ein Großhandelsunternehmen im Verkauf erfolgreich sein, muss es ständig seine Verkaufsprozesse im Hinblick auf Effizienz und Effektivität analysieren und bewerten. Durch regelmäßige Überprüfungen wird der Verkaufsprozess stetig verbessert. Entscheidendes Hilfsmittel dabei sind die Key Performance Indicators (KPIs). Dies sind Leistungskennzahlen, die anzeigen, ob bzw. in welchem Maß das Großhandelsunternehmen ein bestimmtes Ziel erreicht. Ohne solche Kennzahlen würden die Mitarbeiter im Verkauf vergleichsweise ziellos vor sich hinarbeiten. Mithilfe der KPIs verfügt jeder Mitarbeiter jedoch über eine konkrete Zielsetzung, an der er sich orientieren kann.

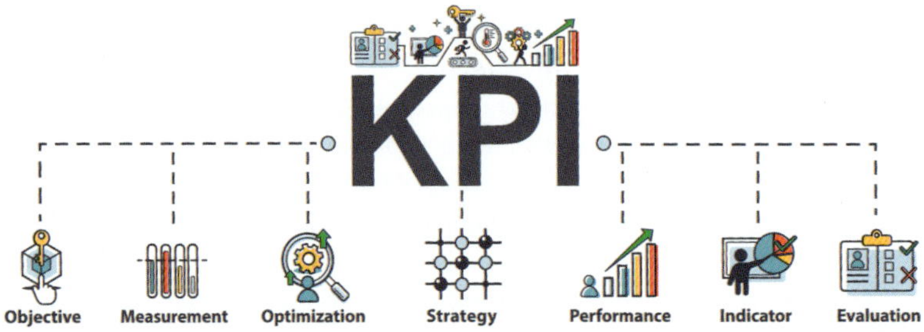

KPIs dienen dazu, zu überprüfen, wie erfolgreich bestimmte Tätigkeiten in der Großhandlung sind. Sämtliche Prozesse im Unternehmen – zum Beispiel auch die im Verkaufsprozess – können anhand dieser Leistungskennzahlen kontrolliert werden. Wurden die Abläufe im Verkauf entsprechend ausgewertet, können entsprechende Maßnahmen ergriffen werden, um den Verkaufsprozess zu optimieren. Durch konsequentes Monitoring können Prozesse und Maßnahmen entsprechend angepasst und optimiert werden.

Voraussetzung für die Aussagekraft von KPIs sind eindeutig formulierte Ziele. Um aussagekräftig zu sein, benötigt eine KPI einen Vergleichsparameter. Der Nutzen aus der Gewinnung von KPIs ist erst gegeben, wenn die Großhandlung diese in kurzen Abständen kontrolliert und Veränderungen prüft.

Die Ziele, deren Erreichung die KPIs messen, sollten mit der **SMART**-Methode formuliert werden.

Ziele nach der SMART-Methode
- Specific (spezifisch)
- Measurable (messbar)
- Attainable (erreichbar)
- Realistic (realistisch und ergebnisorientiert)
- Time-bound (zeitlich gebunden, terminiert)

KPIs zeigen also den Fortschritt bzw. den Erfüllungsgrad hinsichtlich wichtiger Zielsetzungen oder kritischer Erfolgsfaktoren innerhalb einer Großhandlung. Die Ziele müssen SMART formuliert sein:
- Spezifisch: Das Ziel sollte nicht vage, sondern so genau wie möglich r beschrieben werden. Damit soll es überprüfbar werden.
- Messbar: Es muss klar sein, wann ein Ziel erreicht wird.
- Erreichbar: Das Ziel muss von der Großhandlung zu schaffen sein.
- Realistisch: Das gesteckte Ziel sollte für die Großhandlung möglich und realisierbar sein.
- Terminierbar: Es muss innerhalb einer bestimmten Zeit erfüllt werden.

Wo immer möglich, sollten für die Auswertungen der KPIs Benchmarks herangezogen werden. Mit KPIs wird der Fortschritt in Bezug auf die festgelegten strategischen Ziele eines Unternehmens einer Organisation gemessen.

DEFINITION

Ein **Benchmark** ist ein Maßstab für den Vergleich von Leistungen. Im Rahmen eines Benchmarkingprozesses kann ein Unternehmen über entsprechende KPIs seinen Verkaufsprozess mit dem ähnlicher, aber als sehr gut beurteilter anderer Unternehmen vergleichen.

Die ermittelten KPIs dienen also der stetigen Einschätzung, Kontrolle und Verbesserung des Verkaufsprozesses. Verändert sich eine Kennzahl, sollte sofort eine Reaktion im Unternehmen erfolgen: Diskutiert werden müssen zunächst die Ursachen dafür. Anschließend muss darauf basierend eine Handlungsstrategie abgeleitet werden, um den Ist-Zustand zu verbessern.

Je nach Großhandlung können unterschiedliche KPIs zur Leistungsmessung des Verkaufsprozesses herangezogen werden. Welche KPIs die richtigen sind, hängt immer davon ab, welche Aktivitäten unter welchen Rahmenbedingungen überprüft werden sollen. Vor diesem Hintergrund gibt es eine Vielzahl von KPIs im Verkauf.

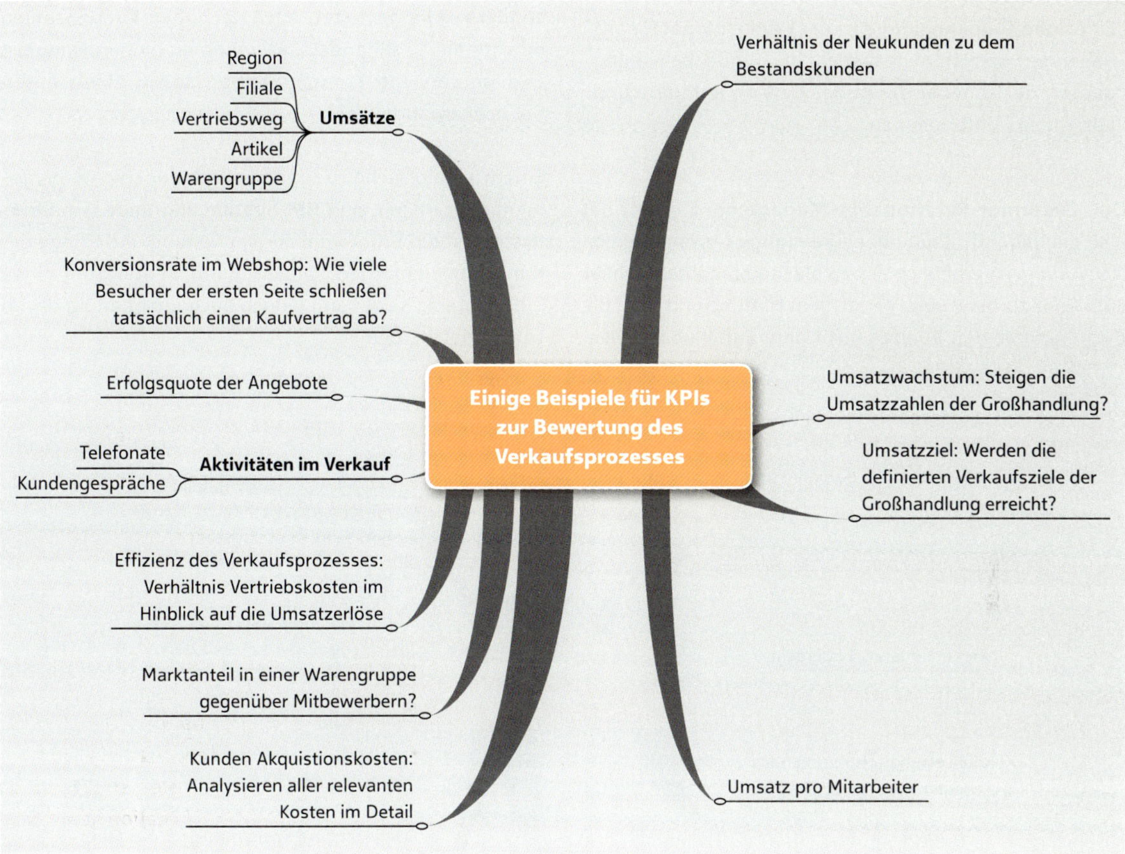

Customer-Relationship-Management

Lange Zeit stand im Bereich der Kommunikation mit Kunden die Werbung im Sinne einer möglichst breiten Streuung der Werbebotschaft an potenzielle Konsumenten im Mittelpunkt der Marketingaktivitäten der Unternehmen. Deren vornehmliches Ziel war es, neue Kunden zu gewinnen. Die Reichweite der Werbemaßnahmen und die Anzahl der Kundenkontakte waren Ausdruck erfolgreich durchgeführter Marketingaktionen. Dieser offensiven Gewinnung neuer Kunden wird nun bewusst die defensive Marketingstrategie der Bindung bestehender Kunden an das Unternehmen gegenübergestellt. Der Verlust von Kunden stellt für ein Unternehmen durch den Verlust von Umsätzen einen enormen wirtschaftlichen Schaden dar. Einen neuen Kunden zu gewinnen kostet bis zu fünfmal mehr, als bestehende Kunden im Kundenstamm zu halten. Daher muss es das Ziel der Unternehmen sein, eine hohe Kundenbindung zu erreichen. Eine solche Bindung kann durch ein starkes **Beziehungsmarketing** (Customer-Relationship-Management) erreicht werden, bei dem die Kundenwünsche erfasst und zur Zufriedenheit des Kunden erfüllt werden.

DEFINITION

Customer-Relationship-Management bedeutet den positiven Ausbau der geschäftlichen Beziehungen zu Kunden, um eine anhaltende und stabile Partnerschaft zu gewährleisten.

Das Beziehungsmarketing spielt im Großhandel eine immer größere Rolle.

Um dieser anspruchsvollen Aufgabe gerecht zu werden, müssen Unternehmen ihre Prozesse entsprechend **kundenorientiert ausrichten** und **bedürfnisgerechte Servicedienstleistungen** anbieten. Zentrale Zielgröße ist dabei die Kundenzufriedenheit, die einen Indikator für die Kundenbindung und somit auch einen wesentlichen Einflussfaktor auf den langfristigen Unternehmenserfolg darstellt.

Eine hohe Kundenbindung ist der Erfolgsgarant für anhaltendes Wachstum. Je länger eine Kundenbeziehung dauert, desto höher steigt der Gewinn je Kunde und Jahr für das Unternehmen.

Das **Customer-Relationship-Management** (CRM) hat also die folgende Grundidee: Die stetige Gewinnung von Neukunden ist erheblich teurer, als Stammkunden erneut zum Kauf zu bewegen. Vor diesem Hintergrund wird die Beziehung zu den Kunden nicht dem Zufall überlassen, sondern aktiv gestaltet. Auch bei hohen Kundenzahlen möchte ein Großhandelsunternehmen eine individuelle und persönliche Kommunikation sowie einen guten Service gewährleisten.

Einem erfolgreichen Customer-Relationship-Management liegt immer ein **CRM-System** zugrunde. Ein CRM-System ist ein Programm zur Verwaltung und Pflege der Kundenbeziehungen. Dieses kann Bestandteil eines ERP-Systems sein, kann jedoch auch unabhängig davon verwendet werden.

In einem CRM-System sind alle relevanten Informationen über Kunden auf einem Blick verfügbar. Der einzelne Mitarbeiter der Großhandlung kann den Kunden dadurch einen persönlicheren Service bieten.

BEISPIEL

Mithilfe eines CRM-Systems werden die (potenziellen) Kunden der Fairtext GmbH individuell und angemessen bedient. Schon ab dem zweiten Kontakt weiß der zuständige Mitarbeiter, was wann und mit wem auf Kundenseite vereinbart wurde: Dem Kunden wird dadurch deutlich, dass die Fairtext GmbH Wert auf die Kundenbeziehung legt.
Kommt es bei hinzu gewonnenen Kunden später zu Problemen oder Rückfragen, kann die Fairtext GmbH darauf gut vorbereitet und kompetent reagieren. Die dadurch steigende Kundenzufriedenheit führt zu Mehrverkäufen und eine höhere Kundenbindung: Die neuen Kunden entwickeln sich zu loyalen Bestandskunden, die die Fairtext GmbH oft weiterempfehlen.

Der angemessene Einsatz des CRM- Systems wirkt sich bei der Fairtext GmbH insgesamt sehr positiv auf Umsatz und Gewinne aus.

After-Sales-Services

Unter einem After-Sales-Service versteht man produktbegleitende Dienstleistungen, die ein Kunde nach Abschluss des Kaufvertrags in Anspruch nehmen kann.

Der Zeitraum nach der eigentlichen wirtschaftlichen Tätigkeit wird also für zusätzliche Marketinganstrengungen genutzt, um die Kundenzufriedenheit sowie die Kundenbindung zu steigern. Die After-Sales-Services beruhen auf der Erkenntnis, dass die Kundenbeziehung nicht mit dem Geschäftsabschluss endet, sondern über die gesamte Nutzungsdauer eines Produkts oder einer Dienstleistung weiter bestehen bleibt.

Grundsatz: „Nach dem Kauf ist vor dem Kauf“.

Durch einen umfassenden After-Sales-Service kann sich ein Unternehmen daher einen entscheidenden Vorteil gegenüber der Konkurrenz verschaffen und durch diese Serviceleistungen seine Kunden dauerhaft an sich binden.

Instrumente

Die normalen Instrumente des After-Sales-Service sind Service und Wartung, Ersatzteilbeschaffung, Reparatur und das Beschwerdemanagement.

Aber auch die folgenden Instrumente gewinnen zunehmend an Bedeutung:
- One-to-One-Marketing
- Kundenkarten
- Kundenklubs
- Kundenzeitschriften
- Events

Beschwerdemanagement

Die meisten Großhandelsunternehmen sprechen von Kundenorientierung und wissen, dass ein langfristiger Unternehmenserfolg dann gegeben ist, wenn sie es schaffen, Kunden dauerhaft an ihr Unternehmen zu binden. Dennoch verschenken sie jedes Jahr enorme Beträge, weil Reklamationen und Beschwerden mangelhaft oder einfach gar nicht bearbeitet werden.

Dabei sollte gerade die Reklamation bzw. Beschwerde für jedes Unternehmen eine willkommene Chance darstellen. Zum einen ist es die günstigste Form von **Werbung**, denn jeder Kunde, dessen Reklamation zu seiner Zufriedenheit bearbeitet wurde, erzählt dies weiter. Zum anderen bietet eine Reklamation bzw. Beschwerde dem Unternehmen die Möglichkeit, den Kunden als **Stammkunden** zu binden – einen Stammkunden zu halten ist preiswerter, als einen Neukunden zu gewinnen – und sich somit auf dem Markt zu profilieren. Darüber hinaus stellt jede Reklamation bzw. Beschwerde eine Gelegenheit dar, die eigenen **Angebote und Prozesse** weiter zu optimieren.

Deshalb richten viele Unternehmen ein Beschwerdemanagement ein. Das Beschwerdemanagement wird mit dem Ziel betrieben, Kundenklagen nicht als leidiges Übel, sondern als Chance zu begreifen, offenkundig vorhandene oder sich abzeichnende Missstände eines Großhandelsunternehmens abzustellen, indem die Beschwerden der Kunden systematisch gesammelt und bearbeitet werden.

Schritte einer erfolgreichen Reklamationsbehandlung im Rahmen des Beschwerdemanagements

Durch aktives Zuhören dem Kunden ermöglichen, „Dampf“ abzulassen

↓

Klärung des Sachverhalts:

Recherchieren (Wie ist es zur Unzufriedenheit des Kunden gekommen ?)

↓

Wenn es die eigene Schuld ist:

Entschuldigen!

↓

Wenn Fremdverschulden vorliegt:

Hilfe anbieten!

↓

Für Abhilfe sorgen

↓

Alles tun, um die gute Beziehung zum Kunden aufrechtzuerhalten

Wurde eine Reklamation oder Beschwerde nicht oder nur mangelhaft behoben, bedeutet dies einen kaum einzuschätzenden Verlust. Nicht nur der eine – vielleicht sehr wichtige – Kunde ist weg, dieses Erlebnis erzählt er anderen, potenziellen Kunden weiter.

Die Vermutung, dass eine geringe Anzahl an Kundenbeschwerden mit Kundenzufriedenheit oder nur wenigen Beschwerde- oder Reklamationsgründen gleichzusetzen ist, erweist sich bei genauerem Hinsehen als unwahr. Die meisten Kunden beschweren sich nicht, sie wandern stillschweigend zur Konkurrenz. Das Großhandelsunternehmen erfährt weder den Grund, noch bekommt es die Möglichkeit, Verbesserungen vorzunehmen. Nur ein geringer Kundenanteil bringt die Reklamation bzw. Beschwerde vor und bietet somit eine Chance, die unbedingt genutzt werden sollte.

Beschwerdemanagement

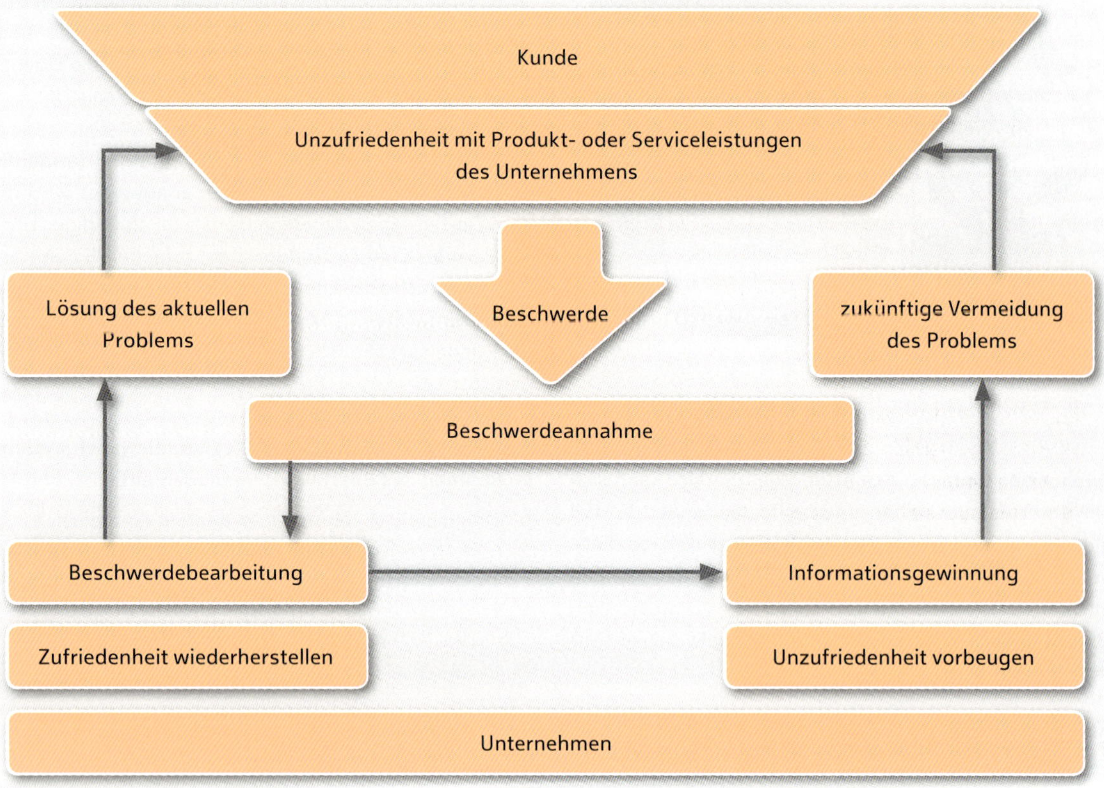

Serviceleistungen

Der Service des Unternehmens bezieht sich im Bereich After-Sales-Services unmittelbar auf das verkaufte Produkt:

- **technische Serviceleistungen**
  Sie umfassen alle Maßnahmen, die der Gewährleistung oder Wiederherstellung der einwandfreien Funktion einer Ware dienen.

  BEISPIELE
  - Aufstellen von technischen Geräten (Waschmaschinen, Fernsehgeräte, Konsolen usw.)
  - Reparaturservice (z. B. für technische Geräte, Uhren, Schuhe)
  - Inspektions- und Wartungsservice (z. B. bei Kraftfahrzeugen und Büromaschinen)

- **kaufmännische Serviceleistungen**
  Sie umfassen Beratungs- und Zustellungsdienste sowie Gefälligkeiten aller Art, individuelles Entgegenkommen und Hilfsbereitschaft in vielfältigen Ausprägungen.

  BEISPIELE
  - Garantiegewährung
  - Kulanz: Der Umtausch von Waren bei Nichtgefallen ist eine freiwillige Leistung des Großhändlers, da er gesetzlich nur zum Umtausch fehlerhafter Ware verpflichtet ist. Ein solches Verhalten des Großhändlers wird als **Kulanz** (= Entgegenkommen) bezeichnet.
  - Entsorgung (z. B. von alten Autos oder Computern)

One-to-One-Marketing

Entscheidend für eine erfolgreiche Kundenbindung ist der ständige Dialog zwischen Lieferant und Kunden, damit die Kundenbindung weiter wächst. Der Kunde wird direkt vom Unternehmen angesprochen (One-to-One-Marketing). Dies geschieht überwiegend über:

- Briefe
- Postwurfsendungen
- E-Mails
- SMS

Dieser Dialog darf nicht abbrechen oder ins Stocken geraten. Dabei geht es darum, den Kunden mit Informationen zu ihn interessierenden Produkten zu versorgen. Ziel soll dabei aber immer die Kontaktaufnahme mit dem Unternehmen und dort der Dialog mit den Mitarbeitern sein.

Um den Kunden direkt ansprechen zu können, ist die Ermittlung der Kundendaten notwendig. Daten wie

- Name,
- Kontaktmöglichkeiten,
- Kaufverhalten (Was mag der Kunde?)
- und Nichtkaufverhalten (Was mag der Kunde nicht?),
- Kontaktgründe,
- Kontaktversuche und die Reaktion darauf

müssen in einer Kundendatenbank festgehalten werden. Schnell werden verlorene Kunden in einer gut gepflegten Datenbank aufgedeckt und können durch Rückgewinnungsmaßnahmen reaktiviert werden.

One-to-One-Marketing basiert auf der einfachen Idee: „Behandle unterschiedliche Kunden auf unterschiedliche Weise!" Das Kaufverhalten einzelner Kunden wird sehr genau beobachtet und der Dialog mit den Kunden gesucht, um von ihnen selbst zu erfahren, was sie wirklich wollen. Das Ziel einer One-to-One-Beziehung mit dem Kunden: Es geht nicht darum, möglichst viele Kunden für ein Produkt zu finden, sondern möglichst viele Produkte für einen Kunden. Dabei soll sich jeder Kunde so fühlen, als ob er von dem Unternehmen mit einem direkt auf ihn zugeschnittenen persönlichen Angebot beliefert wird.

BEISPIEL

Während der Garantiefrist fragt eine Elektrogroßhandlung nach der Zufriedenheit der Kunden.

Kundenkarten

Kundenkarten sind ein bekanntes Instrument, mit dem die Kunden an ein Unternehmen gebunden werden sollen.

Es gibt verschiedene Varianten:

- Karten, die von einem Unternehmen allein herausgegeben werden
- gemeinsame Kundenkartenprogramme als Zusammenschluss mehrerer Unternehmen
- Kundenkarten, die im Rahmen von Stadtmarketingprogrammen ausgestellt werden:

Hier stehen nicht bestimmte Unternehmen, sondern eine Stadt im Vordergrund, die als Einkaufsziel attraktiv gemacht werden soll. Gerade für kleine Händler ist ein solches System vorteilhaft, da für sie allein die Durchführung zu aufwendig wäre.

Die Kundenkarten bringen dem Kunden verschiedene Vorteile. Er kann mit den Umsätzen, die er mit der Karte gesammelt hat, Rabatt oder Bonus erzielen. Um diesen Bonus, z. B. bestimmte Produktgeschenke wie Radio oder Küchenmaschine, zu erreichen, kauft der Kunde bei den Anbietern, die auf der Karte genannt sind, ohne die Preise von anderen Anbietern zu erfragen. Er ist also durch die in Aussicht gestellte Prämie an die oder das Unternehmen gebunden.

Kundenklubs

Durch spezielle Angebote soll eine gefühlsmäßige Bindung der Kunden an das Unternehmen erfolgen. Solche besonderen Angebote werden oft als *Kundenklub* organisiert.

Durch Kundenklubs bemühen sich Unternehmen, ihren Kunden – entsprechend ihres Wertes für das Unternehmen – das Bewusstsein zu vermitteln, ganz besonders vorteilhaft behandelt zu werden. Ein Kundenklub ist eine durch ein – manchmal auch durch mehrere – Unternehmen organisierte Vereinigung von tatsächlichen oder potenziellen Kunden. Das jeweilige Unternehmen bietet ihnen ein umfangreiches Informations- und Veranstaltungsprogramm. Darüber hinaus erhalten Klubmitglieder beim Kauf von Produkten besondere finanzielle Vorteile. Durch die Angebote des Klubs soll ein ganz eigenes Unternehmensimage geschaffen werden. Ein Kundenklub ermöglicht also eine dauerhafte, intensive Kommunikation zwischen Unternehmen und den Klubmitgliedern. Es ist ein integratives Kundenbindungsinstrument eines Unternehmens, das seinen Mitgliedern eine Auswahl exklusiver Leistungen zur Verfügung stellt. Der entscheidende Vorteil eines Kundenklubs ist der Aufbau eines persönlichen Verhältnisses zum Kunden. Somit wird dem Klubmitglied durch die Zugehörigkeit einer ausgewählten Gruppe das Gefühl gegeben, etwas Besonderes zu sein.

Kundenzeitschriften

Kundenzeitschriften erfreuen sich immer größerer Beliebtheit. Das **Marketinginstrument Kundenmagazin** schafft Vertrauen, gibt Einblick in das Unternehmen und fördert die Kundenbindung.

BEISPIEL

Norbert Schäfer, verantwortlicher Redakteur der Kundenzeitschrift der Fairtext GmbH:
„Die Fairtext Rundschau flattert unseren Kundinnen und Kunden vierteljährlich ins Haus und versorgt sie mit den wichtigsten, interessantesten und kuriosesten Neuigkeiten rund um die Fairtext GmbH. Sie soll keine plumpe Aufforderung zum Kauf von Fairtext-Produkten sein, sondern konzentriert sich auf für den Leser interessante und wichtige Hintergrundinformationen. Dabei geht es natürlich auch um den Verkauf, die Sicherung von Marktanteilen und die Umsetzung von Unternehmenszielen.
Die Fairtext GmbH selbst steht bei Texten und Illustrationen nur bedingt im Mittelpunkt. Für uns sind die Kundenzeitschriften ein Serviceangebot, das wir ganz gezielt an den Bedürfnissen unserer Kunden im Einzelhandel ausrichten ...“

Umfang, Form und Erscheinungsweise von Kundenzeitschriften variieren stark. Die Spanne reicht von acht Seiten im Tageszeitungsformat bis zu über 80 Seiten als vierfarbiges Hochglanzmagazin. Immer häufiger werden Printmedien mit ergänzenden Online-Newslettern kombiniert.

So unterschiedlich Kundenzeitschriften sein können, einige grundsätzliche Dinge haben sie gemeinsam:

- Sie richten sich an eine klar definierte Zielgruppe.
- Sie tragen einen einprägsamen Titel, der nicht zu offensichtlich auf den Herausgeber verweist.
- Sie bieten professionell geschriebene Texte mit ansprechendem, professionell gestaltetem Layout.
- Sie stellen das Unternehmen bzw. die Unternehmensstrategie im Kontext der anderen Inhalte dar und nicht als „Selbstzweck“.
- Sie vermitteln Inhalte, die Lesevergnügen mit Service und Nutzen verbinden.
- Sie bieten sich als Verteilungsmedien für Coupons, Produktmuster oder Teilnahmekarten an.
- Sie enthalten eine Vielzahl von Möglichkeiten, um Antworten (wichtig für die Gewinnung von Kundendaten!) zu erhalten: Kreuzworträtsel, Gewinnspiele/Preisausschreiben, Hotlines, Internetadressen, Anmeldungen zu Veranstaltungen, Wettbewerbe, Angebotsscheckhefte, Bestellmöglichkeiten für Publikationen u. v. m.

203153330

Events[1]

Zur Kundenbindung dient ebenfalls das Eventmarketing. Als Marketingstrategie auf dem gesättigten Käufermarkt wird dabei die Erlebnisvermittlung als Strategie eingesetzt.

Gutes Eventmarketing sollte immer etwas Emotionales und Einzigartiges sein. Gute Events sind unterhaltsam, aber auch informativ und marketingwirksam.

Events können:

- institutionalisiert sein, wie beispielsweise Legoland
- regelmäßig geplant werden

BEISPIEL

Immer in der ersten Juliwoche findet in der Hamburger Filiale der Fairtext GmbH die BOSS-Woche statt.

- sporadisch stattfinden, wie beispielsweise Jubiläen oder Produkteinführungen

Events sind eine nicht zu unterschätzende organisatorische Herausforderung. Sie machen vor allem dann Sinn, wenn sie als Highlight in ein strategisches Kommunikationskonzept des Unternehmens eingebunden sind.

Weitere Möglichkeiten, den Kontakt zu den Kunden zu intensivieren und persönlicher zu machen, sind **Kundenabende** und **Filialfeste**.

AUFGABEN

1. Welcher Zusammenhang besteht zwischen Kundenzufriedenheit und Kundenbindung?
2. Was sind Key Performance Indicators?
3. Wie sind die Ziele, denen Key Performance Indicators zugrunde liegen, zu formulieren?
4. Erläutern Sie den Begriff „Benchmark".
5. Wie ist bei der Veränderung von Kennzahlen in der Großhandlung vorzugehen? Führen Sie fünf Beispiele für Key Performance Indicators im Verkauf auf.
6. Was versteht man unter Customer-Relationship-Management?
7. Wodurch unterscheidet sich das Customer-Relationship-Management von der klassischen Werbung?
8. Was sind CRM-Systeme?
9. Über welche Funktionen verfügt ein CRM-System mindestens?
10. Was versteht man unter After-Sales-Services?
11. Was ist One-to-One-Marketing?
12. Führen Sie einige Maßnahmen des One-to-One-Marketings auf.
13. Was sind Kundenkarten?
14. Welche Arten von Kundenkarten gibt es?
15. Erläutern Sie die Funktion von Kundenklubs.
16. Welche Vorteile haben Kundenzeitschriften?

1 Events = Ereignisse

AKTIONEN

1. In dieser Aufgabe sollen die wichtigsten Inhalte zur Kundenbindung im Rahmen eines Gruppenpuzzles erarbeitet werden.
   a) Bilden Sie vier oder acht Gruppen.
   b) Der Text des vorliegenden Kapitels enthält u. a. Abschnitte über:
   - CRM
   - Couponing
   - Kundenkarten
   - direkte Kundenansprache

   Teilen Sie das Kapitel innerhalb Ihrer Gruppe (Stammgruppe) auf. Die für einen Abschnitt zuständigen Bearbeiter kommen dann in Expertengruppen zusammen.
   c) Lesen Sie sich den Ihnen zugeteilten Abschnitt des Kapitels sorgfältig durch. Besprechen Sie den Textabschnitt mit den anderen Experten so, dass Sie alles verstehen (Zeit: 15 Minuten).
   d) Erstellen Sie in Ihrer Expertengruppe eine gemeinsame Wandzeitung.
   e) Bereiten Sie sich darauf vor, Ihre Ergebnisse Ihrer Stammgruppe zu präsentieren.
   f) Gehen Sie in Ihre Stammgruppe und informieren Sie Ihre Mitschüler über Ihr Thema.
2. Beschaffen Sie sich in verschiedenen Unternehmen Antragsformulare für Kundenkarten. Vergleichen Sie diese und erstellen Sie in Gruppenarbeit eine Tabelle, die die folgenden Fragen beantwortet:
   a) Welche Angaben enthält die Kundenkarte?
   b) Welche Daten werden auf dem Antragsformular erfasst?
   c) Kann mit der Kundenkarte nur in dem entsprechenden Geschäft eingekauft werden?
   d) Was passiert, wenn eine solche Karte verloren geht?
   e) Hat die Kundenkarte eine Kreditfunktion?
   f) Ist die Kundenkarte übertragbar?
   g) Kann jeder eine solche Karte erhalten?
3. Die Fairtext GmbH hat viele Stammkunden. In letzter Zeit konnten jedoch auch ein paar Neukunden gewonnen werden. Die Auszubildenden Anne Schulte und Sebastian Holpert bekommen nun von Frau Molzahn den Auftrag, Vorschläge zur Verbesserung der Kundenbeziehung für die Fairtext GmbH zu entwickeln.
   a) Welche Probleme müssen Anne und Sebastian klären?
   b) Warum ist die Bindung der Kunden an die Fairtext GmbH so wichtig?
   c) Für die Fairtext GmbH ist der Erhalt der bestehenden Kunden von besonders hoher Bedeutung. Frau Molzahn betont, dass dies vor allem mithilfe eines Customer-Relationship-Managements zu erreichen ist.
   - Warum will die Fairtext GmbH unbedingt den Verlust von bestehenden Kunden vermeiden?
   - Erläutern Sie den Begriff "Customer-Relationship-Management", indem Sie diesen an einem Beispiel aus Ihrem Unternehmen darstellen,
4. Frau Molzahn möchte, dass Anne und Sebastian die Möglichkeiten eines After-Sales-Services bei der Fairtext GmbH beispielhaft verdeutlichen. Sie sagt: „Durch einen umfassenden After-Sales-Service kann sich ein Unternehmen einen entscheidenden Vorteil gegenüber der Konkurrenz verschaffen und durch diese Serviceleistungen seine Kunden dauerhaft an sich binden."
   a) Nennen Sie fünf Instrumente des After-Sales-Service.
   b) Die Fairtext GmbH hat einen Neukunden, die Kirsten Kalinke GmbH, gewonnen. Der Kunde hat gerade seine erste Lieferung erhalten. Anne und Sebastian wollen die Strategie des One-to-One-Marketings anwenden, um diesen Kunden langfristig an das Unternehmen zu binden. Was wird unter einem One-to-One-Marketing verstanden?
   c) Stellen Sie dar, wie man die Kirsten Kalinke GmbH im Rahmen des One-to-One-Marketings langfristig an die Fairtext GmbH binden kann.
   d) „Es geht beim One-to-One-Marketing nicht darum, möglichst viele Kunden für ein Produkt zu finden, sondern möglichst viele Produkte für einen Kunden." Erläutern Sie, wie diese Aussage zu verstehen ist.

e) Anne und Sebastian sind der Meinung, dass die Fairtext GmbH durch technische und kaufmännische Serviceleistungen eine höhere Kundenbindung erzielen kann. Geben Sie jeweils zwei Beispiele für solche Serviceleistungen.

5. Die Fairtext GmbH will in einigen Wochen an einem Sonntag einen „Tag der offenen Tür" durchführen, um die Kunden stärker an das Unternehmen zu binden.
   a) Welche Eckdaten sind bei der Planung dieser Veranstaltung grundsätzlich von Bedeutung?
   b) Welche Ziele verfolgt die Geschäftsleitung mit dieser Marketingaktion?
   c) Mit welchen Instrumenten kann die Wirkung des „Tages der offenen Tür" gemessen werden?
   d) Welche alternativen Marketingmaßnahmen zu einem „Tag der offenen Tür" bieten sich zur Kundenbindung sowie zur Darstellung des Betriebs an?

6. Ein unterhaltsames Video zum Thema KPIs im Verkauf (auf Englisch) gibt es unter der Internetadresse https://www.pipedrive.com/de/features/sales-reporting
   Geben Sie den Inhalt des Videos in maximal sechs Sätzen wieder.

ZUSAMMENFASSUNG

Optimierung des Verkaufsprozesses

- **Bewertung des Verkaufsprozesses mit Key Performance Indicators**
- **Customer-Relationship-Management (CRM)**
  - Ausbau der Beziehung zum Kunden
  - Bestehende Kunden zu halten ist billiger, als Neukunden zu gewinnen.
- **After-Sales-Services**
  - Nach dem Kauf eines Produkts (oder einer Dienstleistung) wird die gesamte Nutzungsdauer genutzt, um die Kundenzufriedenheit zu steigern.
  - Maßnahmen zur systematischen Kundenbindung, u. a.
    - Beschwerdemanagement
    - Kundenkarten
    - Kundenklubs
    - One-to-One-Marketing (direkte Kundenansprache)
    - Events, Kundenabende und Filialfeste
    - Reparatur und Wartung
    - Ersatzteillogistik
    - Kundenzeitschriften
    - zusätzliche Serviceleistungen

ERP- und Warenwirtschaftssysteme bei der Auftragsabwicklung

In einer benachbarten Großhandlung für Elektronikartikel lässt sich Herr Raub ein EDV-Programm zur Auftragsabwicklung vorführen.

```
INFOPLAN 1.20                  INVIS                          1. OKTOBER
INV_KSTD                  Kunden bearbeiten

Firmenname 1: Maschinenbau Rösrath GmbH        Firmen-Nr.:           4711
Anrede:       Herr                             Kunden-Nr.:           4711
Titel:                                         Telefon:
Nachname:     Maier                            Tel. ges.:     02205/805/700
Vorname:      Peter                            Tel. privat:   02205/1234567
Straße:       Hauptstraße 11                   Telefax:       02205/805-905
Lkz/PLZ/Ort:  D 50645 Rösrath - Hoffnungsthal  Geb.-Datum:    25.Oktober 59
WLV-Datum:    10. Dezember                     Abteilung:     Produktion
Funktion:     Geschäftsbereichsleiter          Verk.-Geb.:    Rhein-Sieg
                                               Verkäufer:
Kundenart:    Kunde                            Suchbegr.:     Mabau-Prod
Gewichtung:   Großkunde Hardware               Adressdruck:   0
Briefanrede:  Sehr geehrter Herr Maier,
Bemerkung:    Interesse an INDUS-Gesamtlösung und Anbindung von INDUS -
                 Produktion an CAD und Leitstand.
              Zusätzliches Interesse an PCs des Industriestandarts.

Ändern        Firmenstamm    Drucken      Hobbydaten    Texteditor
Kontaktdaten  Bedarfsdaten   Umsatzdaten  Suchen        Ende

<F1> Hilfe                   <F3> Vorher.
<F6> Nächster  <F7> Einfügen <F8>Löschen                <F10> Hpt-Menü
```

Führen Sie Vorteile auf, die der Einsatz der EDV bei der Kundenbetreuung hat.

INFORMATIONEN

Der Absatzbereich ist einer der wichtigsten betriebswirtschaftlichen Bereiche in einem Großhandelsunternehmen. Hier ist ein Höchstmaß an Flexibilität gefordert, weil gerade der Verkaufsbereich einem stetigen Wandel unterzogen ist und die Anforderungen sich permanent ändern. Ein Vorgehen im Sinne absatzorientierten Verhaltens erfordert daher Kenntnisse über den Markt. Umfangreiche Daten über Markt, Konkurrenten, Kunden, Umsatz und die eigenen Artikel wurden zwar auch schon ohne den Computereinsatz gesammelt. Doch erst mit dem Einsatz der EDV können die Mitarbeiter im Verkauf ihre Aufgaben schneller, genauer und zuverlässiger als mit der herkömmlichen manuellen Information erledigen.

Programme für den Absatzbereich stellen ein zuverlässiges Fundament für die:

- Steuerung aller Verkaufsaktivitäten
- Planung der Verkaufs- und Marketingaktivitäten
- Kontrolle der Verkaufs- und Marketingtätigkeiten
- Kundeninformationen.

Artikelgenaue Umsatzverfolgung

Grundlage der Computerunterstützung im Verkauf ist eine artikelgenaue Absatzzählung im Verkauf. Auswertungen, die auf der Zählung der Kundenverkäufe basieren, können von der EDV sehr kurzfristig zur Verfügung gestellt werden. Dabei kann in der Regel auch zwischen unterschiedlichen Farben bzw. Größen und Ausführungen der einzelnen Artikel unterschieden werden.

EDV-Systeme für den Absatzbereich ermöglichen es, in kürzester Zeit wichtige **Artikelinformationen** abzufragen. Das können unterschiedliche Daten sein, z. B.:

- Artikelbestand: Überblick über die im Sortiment geführten Artikel
- Lagermenge: aktueller Lagerbestand des abgefragten Artikels
- Preis: aktueller Angebotspreis laut Preisliste. Je nach Ausstattung des Programms lässt sich ein kundenspezifischer Preis abzüglich aller Rabatte ersehen. Erfolgte die Preisbildung unabhängig von der gültigen Preisliste, lässt sich dieser kalkulierte Preis abrufen.
- Substitutionsartikel: Ist ein von Kunden z. B. telefonisch nachgefragter Artikel nicht verfügbar, sehen einige Programme Vorschläge für Substitutionsartikel vor.

Kundeninformationssystem

Die Zeit, in der nur Kunden aktiv Kontakt zum Großhandelsunternehmen aufnahmen, ist für die Mehrzahl aller Branchen vorbei. Verkaufsprozesse werden heute sehr häufig durch aktive Anbahnung der Lieferanten eingeleitet.

Bis zum Verkaufsabschluss bedarf es einer Vielzahl unterschiedlicher Kontakte per Telefon, per Korrespondenz, per Besuch. Da zwischen den einzelnen Kontakten auch größere Zeiträume liegen können (Wiederaufnahme nach „Schonzeit"), verlieren Mitarbeiter sehr leicht die Übersicht über den Stand der Anbahnungen. Will man das zur Verfügung stehende Marktpotenzial wirklich bis in die Tiefe nutzen, muss jede einzelne Anbahnung genau verfolgt werden. Daher ist es besonders wichtig, zu jeder Zeit sämtliche Informationen über einen Kunden herauszufinden. Das beginnt schon in der Akquisitionsphase. Bereits über Interessenten werden alle Informationen gesammelt, die dann für Marketingmaßnahmen zur Verfügung stehen.

Nachdem der Kunde gewonnen wurde, merken sich die EDV-Systeme alles, was diesen Kunden berührt. Eine Vielzahl von Vereinbarungen wird täglich zwischen einem Großhandelsbetrieb und seinen Kunden getroffen. Spezielle Zahlungs- und Lieferungskonditionen oder Vereinbarungen bezüglich der Rechnungsstellung werden von entsprechenden Programmen unterstützt. Informationen über Verbands- und Konzernzugehörigkeiten der Kunden inklusive der gegebenenfalls darüber bestehenden Sondervereinbarungen vermeiden peinliche Fehler in der Preispolitik.

Preis-/Rabattsysteme im Rahmen der Programmpakete erlauben jede beliebige Art der Preis- bzw. Rabattgestaltung.

Gegen den Komplettausfall von Forderungen stellen Programme für den Absatzbereich abgestufte Warnsysteme zur Verfügung. Der Sachbearbeiter kann jederzeit sehen, wie sich der Kreditrahmen eines Kunden gestaltet. Bei Erreichen des Kreditlimits erhält der Sachbearbeiter automatisch einen Hinweis und kann entsprechende Maßnahmen (bis hin zur Liefersperre) ergreifen.

Einige Großhandelsunternehmen haben Kundendienstinformationssysteme aufgebaut. Sie dienen im Wesentlichen der schnelleren Informationsübermittlung von aktuellen Hinweisen zur Behebung von Produktmängeln bzw. zur Aufdeckung von neu auftretenden Produktfehlern.

Außendienststeuerung

Unterhalten Großhandelsunternehmen einen Außendienst, kann er durch entsprechende Programme effektiv in Bezug auf Aktivitäten und Erfolge untersucht werden.

Das wird zunehmend wichtig, weil der Außendienst kostspielig ist und die Reisenden schwer zu kontrollieren sind.

Für jeden Außendienstmitarbeiter setzen die entsprechenden Programme die Anzahl der Kundenbesuche in Relation zum jeweilig realisierten Umsatz. Auch die per EDV schnell ermittelte Kenngröße „Besuchshäufigkeit pro Kunde" lässt Aussagen über den Aufwand zu, den einzelne Kunden erfordern. Auf diese Weise können relativ schnell unrentable Abnehmer identifiziert werden.

Planung, Steuerung und Kontrolle des Außendienstes mithilfe der EDV

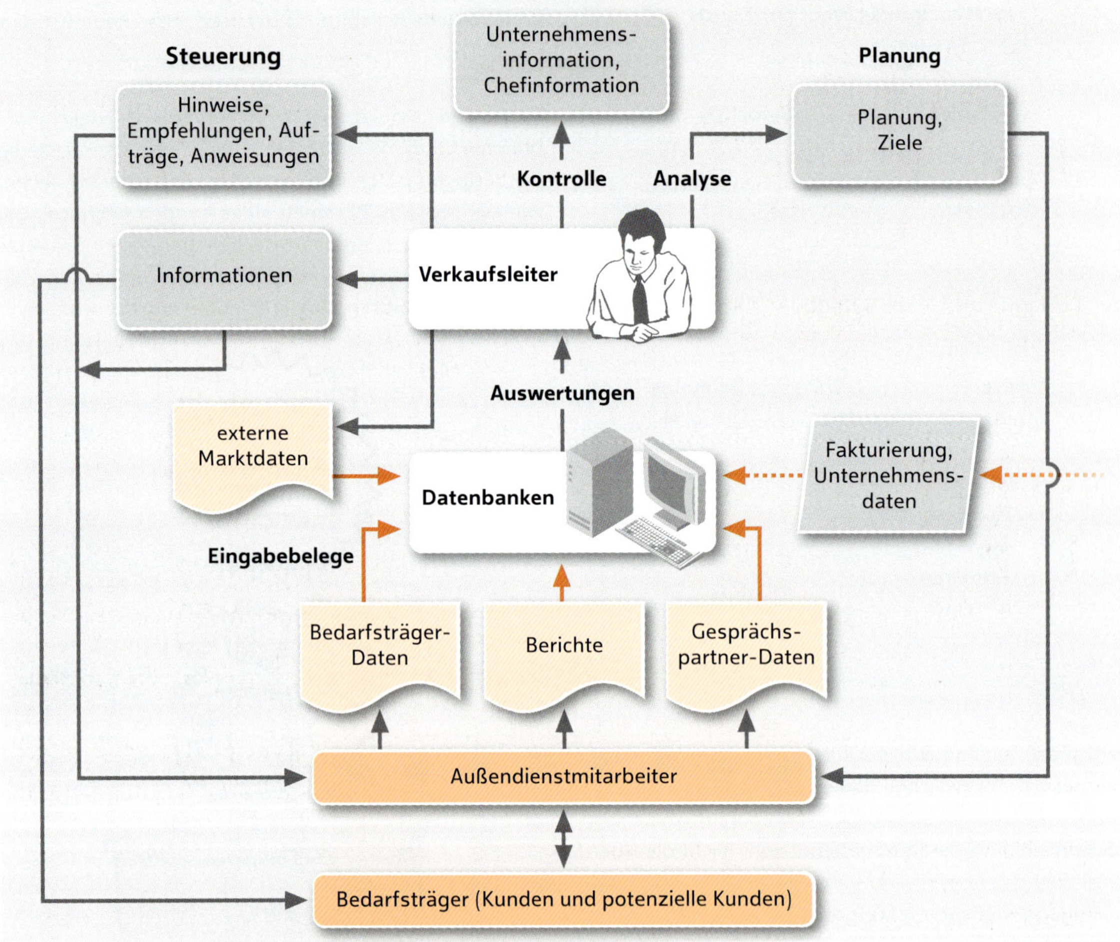

Durch Rückgriff auf Informationen über Artikel und Kunden, die von der EDV nach unterschiedlichsten Gesichtspunkten aufbereitet zur Verfügung gestellt werden können, hat der Reisende gute Ausgangsdaten, um die Gesprächsführung zu steuern. Wird ein großer Teil der Auftragseingänge über den Außendienst abgewickelt, bietet die bessere Information für diese Mitarbeiter gute Voraussetzungen für Verhandlungen mit dem Ziel, die Verkaufserfolge zu intensivieren.

Häufig werden Touren- bzw. Anfahrpläne[1] erstellt, die möglichst viele Kundenkontakte bei gleichzeitiger Berücksichtigung von individuellen Besuchsterminwünschen der Kunden erlauben.

Ihre Bestellungen und andere Informationen geben die Außendienstmitarbeiter meist z. B. über Modems oder mobile Datenerfassungsgeräte an die Datenverarbeitung der Großhandlung weiter. Aktuelle Informationen rufen sie per PC über Internet ab.

1 Siehe „Groß im Handel – 2. Ausbildungsjahr", Lernfeld 6

Auftragsabwicklung

Die Auftragsabwicklung ist ein weiterer wichtiger EDV-Bereich. Vor allem in der Auftragsannahme, die häufig den Anforderungen eines Telefonkaufs gerecht werden muss, werden dem Sachbearbeiter schnell und exakt Aussagen über Lieferfähigkeit und Preis zur Verfügung gestellt, damit er auf dieser Basis sofort und sachlich mit dem Kunden verhandeln kann.

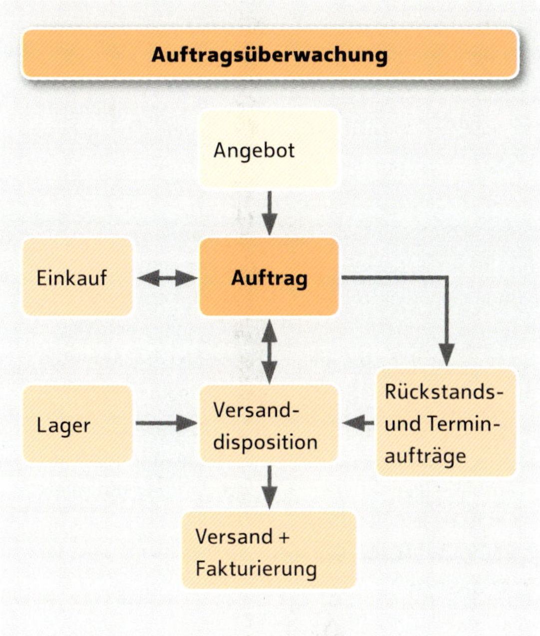

Erfolgt vom Kunden eine Bestellung, kann sich der Sachbearbeiter jederzeit über den aktuellen Stand eines Auftrags informieren. Für jeden möglichen Geschäftsvorfall im Rahmen der Auftragsabwicklung können Belege automatisch erstellt werden, z. B.:

- Angebote
- Aufträge
- Auftragsbestätigungen
- Lieferscheine
- Rechnungen
- Gutschriften

Manche Programme stellen auch Funktionen zur Abwicklung spezieller Auftragsarten wie Barverkäufe, Abrufaufträge, Streckengeschäfte und Exportabwicklung zur Verfügung.

Die digitale Erstellung von Angeboten als Beispiel für eine automatisierte Belegerstellung

Ein ganz wichtiger Faktor für den Erfolg eines Großhandelsunternehmens ist das effiziente Erstellen und Nachfassen von Angeboten.

In der Vergangenheit bedeutete im Vergleich zum manuellen Erstellen von Angeboten das Anfertigen mithilfe von Textverarbeitungsprogrammen (zum Beispiel Word) bzw. Tabellenkalkulationsprogrammen (zum Beispiel Excel) schon einen großen Fortschritt. Gegenüber einem vollständig digitalen Vorgehen bei der Erstellung von Angeboten – zum Beispiel mithilfe von Warenwirtschaftssystemen bzw. ERP-Software – bringt dies jedoch einige Nachteile mit sich:

- Erstellt man eine Vorlage für Angebote mithilfe von Excel oder Word, ist nicht sichergestellt, dass diese über ein professionelles Layout verfügt. Mithilfe von Warenwirtschaftssystem bzw. ERP-Software wird dem Unternehmen eine Vielzahl von Vorlagen in unterschiedlichem Layout und Design angeboten.
- Die ERP-Software bzw. das Warenwirtschaftssystem sorgt automatisch dafür, dass Auswirkungen rechtlicher Änderungen sofort in die zur Verfügung gestellten Angebotsformulare aufgenommen werden. Der Mitarbeiter in der Großhandlung muss entsprechende Änderungen nicht selber in den Word- oder Excel-Vorlagen vornehmen.

BEISPIEL

Es gibt eine Änderung in den Grundsätzen ordnungsgemäßer Buchführung, die auch Auswirkungen auf das Erstellen von Angeboten hat. Der Anbieter der ERP-Software spielt mithilfe eines Updates sofort die entsprechenden Änderungen in das System ein. Formulare wie zum Beispiel die Angebote werden ständig an die neusten Anforderungen angepasst.

- Beim Erstellen von Angeboten mit Word oder Excel stehen die entsprechenden Dokumente in einem isolierten Ordner im EDV-System der Großhandlung. Das Warenwirtschaftssystem bzw. die ERP-Software geben dem Nutzer sehr übersichtlich einen Überblick über alle Angebote.
- Der Hauptvorteil der Warenwirtschaftssysteme bzw. ERP-Softwarepakete liegt darin, dass die Angebotserstellung in einen systematischen Zusammenhang mit allen anderen Teilprozessen des Großhandelsunternehmens gebracht wird. Dadurch kommt es zu einer Optimierung und Vereinheitlichung der Geschäftsprozesse.

Die Arbeit mit einem Warenwirtschaftssystem bzw. einer ERP-Software führt also zu einer weitgehenden Digitalisierung der Angebotserstellung. Ermöglicht wird dadurch eine vollständige Unterstützung aller kaufmännischen Aktivitäten entlang der innerbetrieblichen Wertschöpfungskette des Großhandelsunternehmens. Weitere Vorteile sind:

- Geschäftsprozesse werden klar definiert.
- Es werden Standardisierungen eingeführt.
- Es kommt zu einer Optimierung der internen und externen Kommunikation.
- Die Wünsche der Kunden können stärker berücksichtigt werden.

Die digitale Angebotserstellung erfolgt in der Regel in mehreren Schritten:

1. Die eigentliche Angebotserstellung	2. Der Versand des Angebots	3. Das Nachfassen und Nachverhandeln	4. Die Bestellung
Das ERP-System bzw. das Warenwirtschaftssystem ermöglicht mithilfe eines Angebotseditors die Anfertigung entsprechend gestalteter Angebote. **BEISPIEL** Anne Schulte hat die Auswahl aus einer Vielzahl von Designs. Sie orientiert sich am Corporate Identity der Fairtext GmbH. Anschließend wählt sie aus vorformatierten Textbausteinen die Bestandteile des Angebots aus und führt diese zusammen zu einem Angebot. Diese kann sie für eine spätere Nutzung als neue zusätzliche Vorlage abspeichern. Sie signiert das Angebot elektronisch.	Das Angebot kann anschließend durch das ERP-System bzw. das Warenwirtschaftssystem auf unterschiedliche Arten dem Kunden zugänglich gemacht werden: • Das Angebot wird dem Kunden direkt im Rahmen des digitalen Datenaustausches (zum Beispiel über EDI) digital zugeschickt. • Der Versand kann über E-Mail mithilfe einer mitgeschickten PDF-Datei erfolgen. Eine andere Variante per E-Mail ist es, dem Kunden das Angebot mithilfe eines in der E-Mail enthaltenen Links zugänglich zu machen. • Wenn dies gewollt ist, können die Angebote jedoch auch ausgedruckt und per Post versendet werden. Das Angebot kann immer auf dem neuesten Stand gebracht werden. **BEISPIEL** Anne Schulte entdeckt einen Fehler nach dem Versand des Angebots. Sie behebt mithilfe der Software diesen Fehler sofort. Einige ERP-Systeme können dem Sachbearbeiter sogar mitteilen, ob und wie lange der Kunde sich das Angebot anschaut.	Die ERP-Systeme bzw. Warenwirtschaftssysteme ermöglichen eine sehr komfortable Durchführung von Verhandlungen mit dem Kunden. **BEISPIEL** Anne Schulte wird sofort informiert, wenn ein Kunde eine Rückfrage hat. Alle Kontakte zu diesem Kunden sind im System – in der Regel sehr übersichtlich visualisiert – protokolliert. Während dieser Phase kann Anne Schulte das Angebot bearbeiten oder verändern.	Die ERP-Systeme machen dem Kunden die Annahme des Angebotes so einfach wie möglich. Dieser kann dieses direkt online ablehnen oder annehmen. **BEISPIEL** Der Kunde von Anne Schulte signiert das Angebot ebenfalls auf elektronischem Weg. Damit ist das Angebot auf sehr komfortable Weise angenommen. Anne Schulte wird sofort darüber informiert.

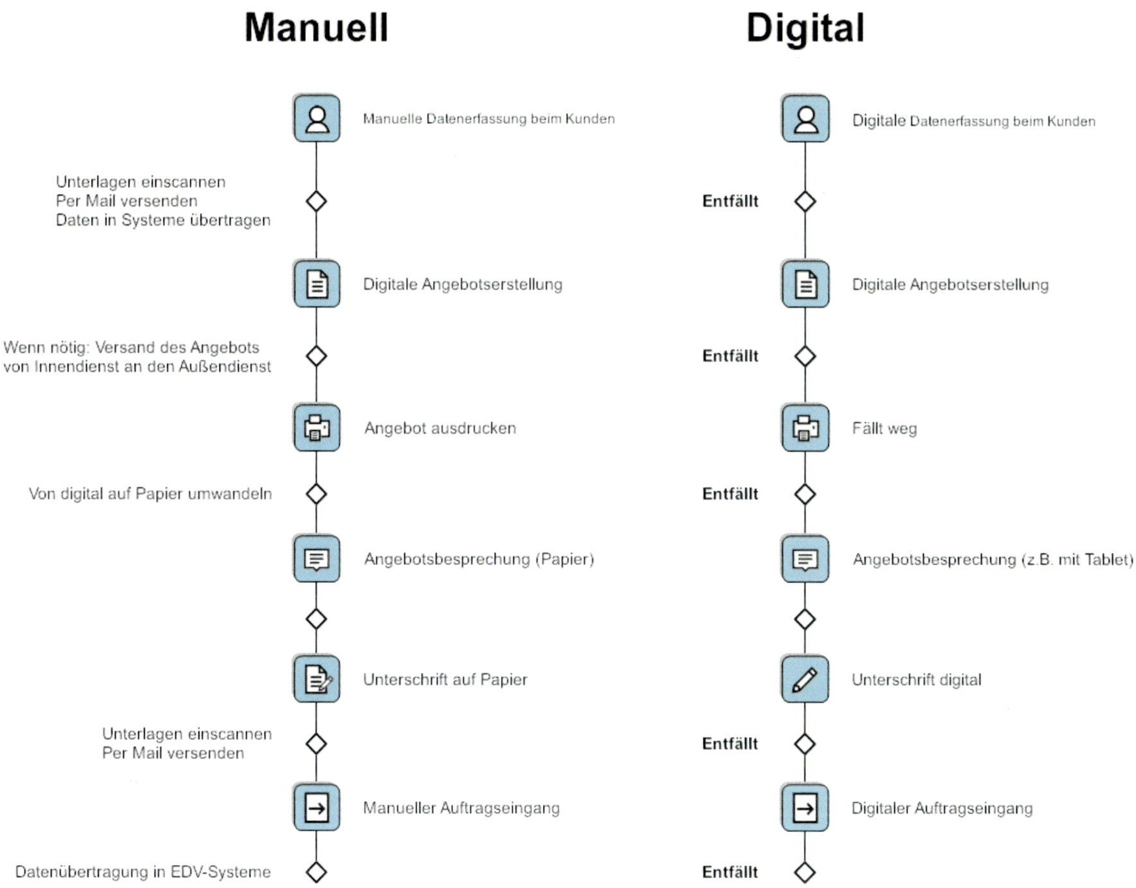

Je mehr digitale Instrumente bei der Angebotserstellung verwendet werden, desto mehr Arbeitsschritte entfallen. Zudem gibt es auch keine Medienbrüche.

Auswertungssysteme

Viele Programme für den Absatzbereich werten die Daten, die im Umsatzprozess anfallen, aus und stellen Informationen speziell für Marketing und Vertrieb bereit. Dazu gehören u. a. Informationssammlungen über:

- Werbeaktivitäten und Werbeerfolg
- Umsatzreaktionen und Sortimentsgestaltung
- Preis- bzw. Konditionenstruktur bzw. -entwicklung
- Marktanalysen und Prognosen
- Vertriebserfolg

Die EDV sorgt dafür, dass Geschäftsführung und Sachbearbeiter im Verkauf alle betriebsrelevanten Faktoren im Absatzbereich kontrollieren können. Anhand eines umfassenden Berichtswesens werden die in der Vertriebsabteilung Beschäftigten über wichtige Kennzahlen, wie z. B. Umsatz, Rohgewinn, Lagerumschlag, ins Bild gesetzt. Die Auswertungen können in Inhalt, Form und Reihenfolge von den Programmen nach vielfältigen Gesichtspunkten zusammengestellt werden. Sie können direkt am Bildschirm eingesehen und/oder als Listen ausgedruckt werden. Sehr häufig stehen in solchen Auswertungssystemen auch Daten zur Verfügung, die von

Marktforschungsinstituten am Markt gesammelt oder durch Umfrage (Panel) erhoben worden sind. Diese Rohdaten werden auf Datenträgern oder per Datenfernübertragung geliefert. Anschließend werden sie nach den eigenen Informationsbedürfnissen ausgewertet.

Solche Daten können zusammen mit den Kennziffern, die das hausinterne Warenwirtschaftssystem liefert, für Betriebsvergleiche genutzt werden. Solche Programme ermöglichen damit auch ein umfassendes **Absatzcontrolling**.[1]

AUFGABEN

1. Nennen Sie die Grundlage, die für die EDV-Unterstützung im Verkaufsbereich erforderlich ist.
2. Welche Informationen über Kunden werden in Programmsystemen für den Absatzbereich gespeichert?
3. Warum sollte der Außendienst eines Großhandelsunternehmens durch die EDV kontrolliert werden?
4. Nennen Sie Beispiele für Auswertungen im Marketingbereich, die von der EDV zur Verfügung gestellt werden.
5. Welche Belege können im Rahmen der Auftragsabwicklung automatisch erstellt werden?

AKTIONEN

1. Stellen Sie fest, welche Funktionen der EDV im Absatzbereich
   a) das Programmsystem in Ihrer Ausbildungsfirma,
   b) das Warenwirtschaftssystem Ihrer Schule unterstützt.
2. Erkunden Sie, welche Kundendaten in Ihrem Großhandelsunternehmen erfasst sind.
3. Erstellen Sie ein Angebot für 20 Ketten "Diamond Glory" zum Einzelpreis von je 119,00 € brutto für die Schmuckstore GmbH, Timotheusplatz 34, 81247 München, Kundennummer 14930,
   a) mithilfe eines Textverarbeitungsprogramms (zum Beispiel Word),
   b) mithilfe einer Tabellenkalkulation (zum Beispiel Excel).
4. Erkunden Sie sowohl im ERP-System Ihrer Schule als auch Ihres Ausbildungsunternehmens, mit welchen Menüpunkten Sie ein Angebot erstellen können.

1 Vgl. dazu „Groß im Handel, 2. Ausbildungsjahr", Kap. 6.12

ZUSAMMENFASSUNG

EDV im Bereich Auftragsabwicklung

erfüllt Aufgaben für

- **Artikelgenaue Umsatzverfolgung**
  = Absatzzählung
- **Kundeninformationssystem**
  = Sammlung von Daten über Interessenten und Käufer
- **Außendienststeuerung**
  = Planung und Kontrolle des Einsatzes von Reisenden
- **Auftragsabwicklung**
  = Unterstützung der Auftragsbearbeitung
- **Auswertungssystem**
  = Informationen für Marketing und Vertrieb

BESCHAFFUNGSPROZESSE DURCHFÜHREN 3

Beschaffungsprozesse durchführen

Lernsituation

Die Auszubildenden Anne Schulte, Caroline König, Sebastian Holpert und Mete Öczan sollen während ihrer Ausbildung bei der Fairtext GmbH in Hannover auch Kenntnisse und Fähigkeiten im Einkauf erwerben. Deshalb werden sie zwei Monate in der Einkaufsabteilung eingesetzt.

Nachdem ihnen der Leiter der Einkaufsabteilung, Herr Harriefeld, einen Überblick über die Tätigkeiten im Beschaffungsbereich gegeben hat, beauftragt er Anne Schulte, Caroline König, Sebastian Holpert und Mete Öczan, auf der Grundlage der folgenden Daten aus dem Warenwirtschaftssystem der Fairtext GmbH die notwendigen Nachbestellungen von Waren vorzunehmen.

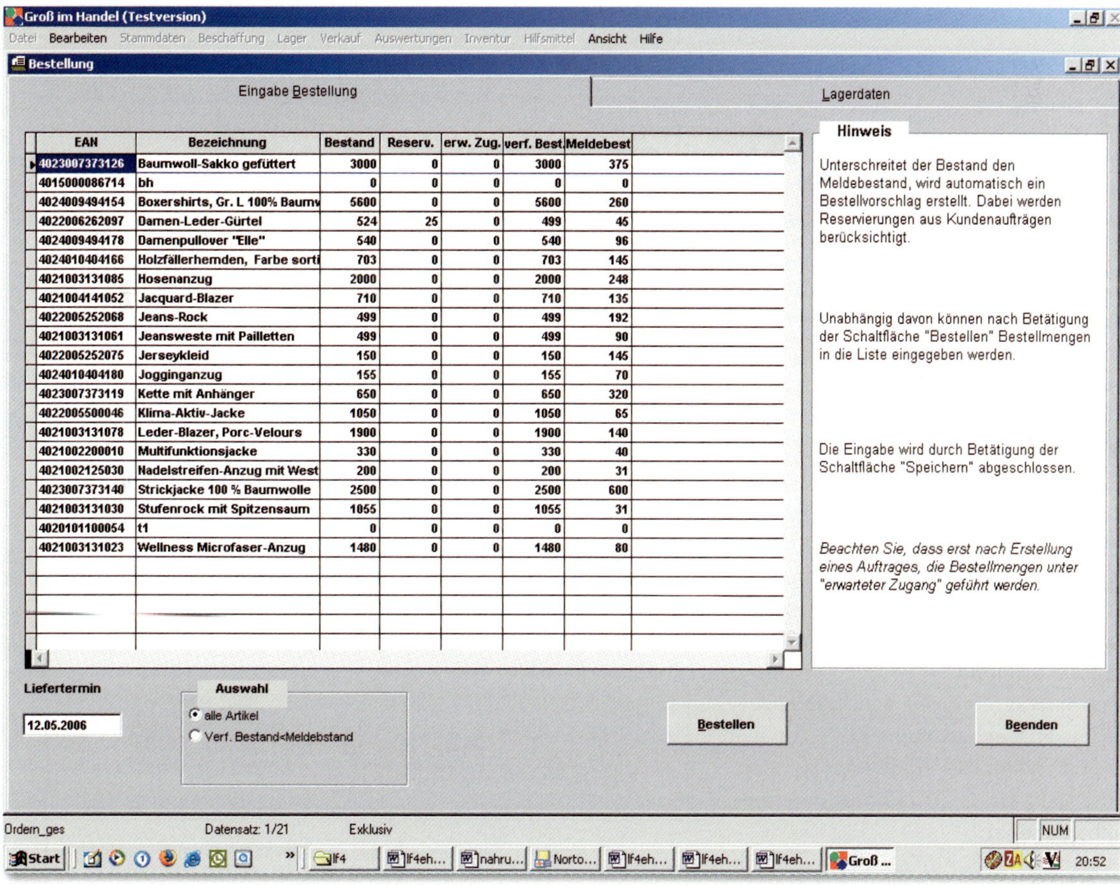

EAN	Bezeichnung	Bestand	Reserv.	erw. Zug.	verf. Best	Meldebest
4023007373126	Baumwoll-Sakko gefüttert	3000	0	0	3000	375
4015000086714	bh	0	0	0	0	0
4024009494154	Boxershirts, Gr. L 100% Baumw	5600	0	0	5600	260
4022006262097	Damen-Leder-Gürtel	524	25	0	499	45
4024009494178	Damenpullover "Elle"	540	0	0	540	96
4024010404166	Holzfällerhemden, Farbe sorti	703	0	0	703	145
4021003131085	Hosenanzug	2000	0	0	2000	248
4021004141052	Jacquard-Blazer	710	0	0	710	135
4022005252068	Jeans-Rock	499	0	0	499	192
4021003131061	Jeansweste mit Pailletten	499	0	0	499	90
4022005252075	Jerseykleid	150	0	0	150	145
4024010404180	Jogginganzug	155	0	0	155	70
4023007373119	Kette mit Anhänger	650	0	0	650	320
4022005500046	Klima-Aktiv-Jacke	1050	0	0	1050	65
4021003131078	Leder-Blazer, Porc-Velours	1900	0	0	1900	140
4021002200010	Multifunktionsjacke	330	0	0	330	40
4021002125030	Nadelstreifen-Anzug mit West	200	0	0	200	31
4023007373140	Strickjacke 100 % Baumwolle	2500	0	0	2500	600
4021003131030	Stufenrock mit Spitzensaum	1055	0	0	1055	31
4020101100054	t1	0	0	0	0	0
4021003131023	Wellness Microfaser-Anzug	1480	0	0	1480	80

Versetzen Sie sich in die Rolle von Anne Schulte, Caroline König, Sebastian Holpert und Mete Öczan.

1. Wählen Sie auf der Grundlage der oben abgebildeten Informationen aus dem Warenwirtschaftssystem der Fairtext GmbH die Artikel aus, die nachbestellt werden sollten.

2. Beschreiben Sie die notwendigen Schritte, die zur Nachbestellung dieser Artikel erforderlich sind. Stellen Sie den Beschaffungsprozess in einer Übersicht dar.

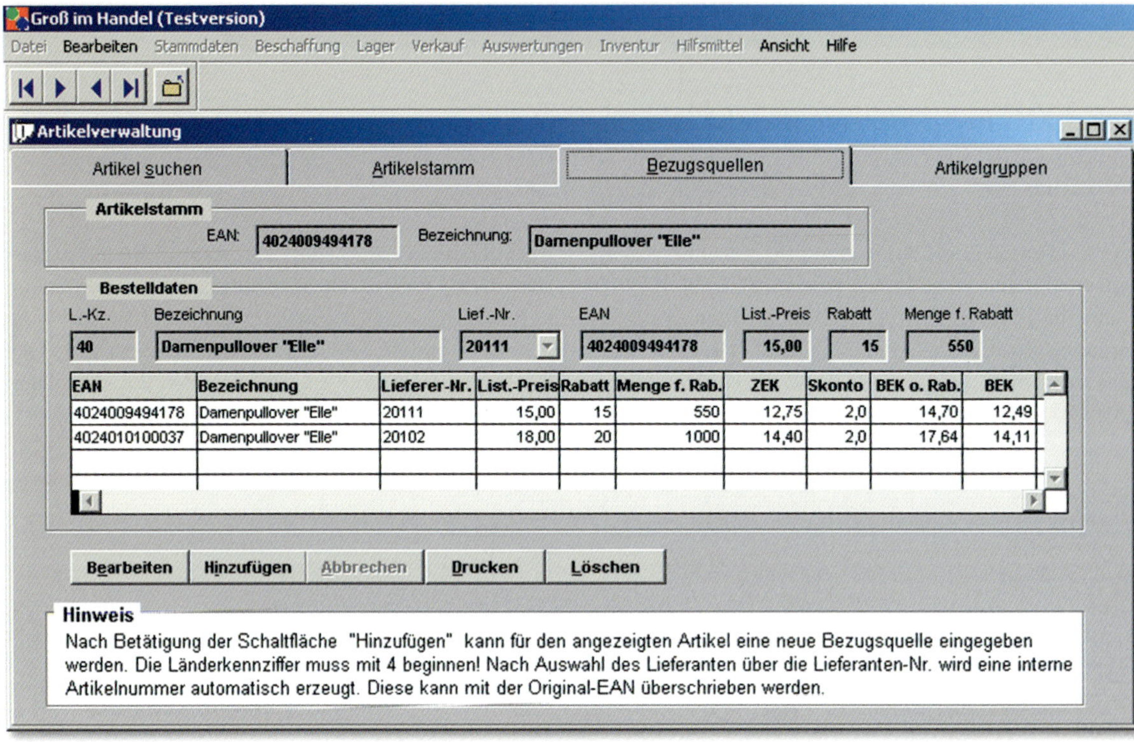

Groß im Handel (Testversion)

Datei Bearbeiten Stammdaten Beschaffung Lager Verkauf Auswertungen Inventur Hilfsmittel Ansicht Hilfe

Artikelverwaltung

Artikel suchen | Artikelstamm | Bezugsquellen | Artikelgruppen

Artikelstamm

EAN: 4024009494178 Bezeichnung: Damenpullover "Elle"

Bestelldaten

L.-Kz.: 40 Bezeichnung: Damenpullover "Elle" Lief.-Nr.: 20111 EAN: 4024009494178 List.-Preis: 15,00 Rabatt: 15 Menge f. Rabatt: 550

EAN	Bezeichnung	Lieferer-Nr.	List.-Preis	Rabatt	Menge f. Rab.	ZEK	Skonto	BEK o. Rab.	BEK
4024009494178	Damenpullover "Elle"	20111	15,00	15	550	12,75	2,0	14,70	12,49
4024010100037	Damenpullover "Elle"	20102	18,00	20	1000	14,40	2,0	17,64	14,11

Bearbeiten | Hinzufügen | Abbrechen | Drucken | Löschen

Hinweis

Nach Betätigung der Schaltfläche "Hinzufügen" kann für den angezeigten Artikel eine neue Bezugsquelle eingegeben werden. Die Länderkennziffer muss mit 4 beginnen! Nach Auswahl des Lieferanten über die Lieferanten-Nr. wird eine interne Artikelnummer automatisch erzeugt. Diese kann mit der Original-EAN überschrieben werden.

3. Wählen Sie die günstigste Bezugsquelle des Artikels „Damenpullover Elle" anhand des Artikelstamms des Warenwirtschaftssystems der Fairtext GmbH aus.
4. Fordern Sie ein zusätzliches Angebot zum Artikel „Damenpullover Elle" von einem neuen Lieferanten an. Dem Branchenadressbuch entnehmen Sie folgende Bezugsquelle:
   Gebhard & Co. KG, Am Waldhof 34, 33602 Bielefeld
   Formulieren Sie eine schriftliche Anfrage an Gebhard & Co. KG.
5. Aufgrund Ihrer Anfrage schickt Ihnen die Gebhard & Co. KG nebenstehendes Angebot:
   Vergleichen Sie dieses Angebot mit den Bezugsquellen aus dem Artikelstamm des Warenwirtschaftssystems der Fairtext GmbH und wählen Sie den günstigsten Lieferanten aus.
6. Bestellen Sie 200 Stück des „Damenpullovers Elle" bei dem günstigsten Lieferanten. Erstellen Sie einen Entwurf für das Bestellschreiben.

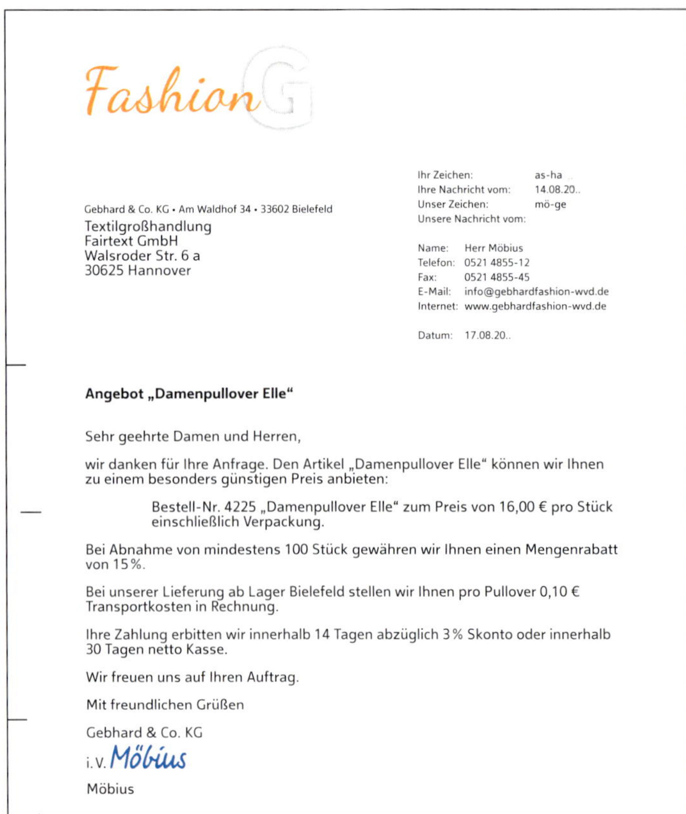

FashionG

Gebhard & Co. KG • Am Waldhof 34 • 33602 Bielefeld
Textilgroßhandlung
Fairtext GmbH
Walsroder Str. 6 a
30625 Hannover

Ihr Zeichen: as-ha
Ihre Nachricht vom: 14.08.20..
Unser Zeichen: mö-ge
Unsere Nachricht vom:

Name: Herr Möbius
Telefon: 0521 4855-12
Fax: 0521 4855-45
E-Mail: info@gebhardfashion-wvd.de
Internet: www.gebhardfashion-wvd.de

Datum: 17.08.20..

Angebot „Damenpullover Elle"

Sehr geehrte Damen und Herren,

wir danken für Ihre Anfrage. Den Artikel „Damenpullover Elle" können wir Ihnen zu einem besonders günstigen Preis anbieten:

Bestell-Nr. 4225 „Damenpullover Elle" zum Preis von 16,00 € pro Stück einschließlich Verpackung.

Bei Abnahme von mindestens 100 Stück gewähren wir Ihnen einen Mengenrabatt von 15 %.

Bei unserer Lieferung ab Lager Bielefeld stellen wir Ihnen pro Pullover 0,10 € Transportkosten in Rechnung.

Ihre Zahlung erbitten wir innerhalb 14 Tagen abzüglich 3 % Skonto oder innerhalb 30 Tagen netto Kasse.

Wir freuen uns auf Ihren Auftrag.

Mit freundlichen Grüßen

Gebhard & Co. KG

i.V. Möbius

Möbius

KAPITEL 1
Der Beschaffungsprozess

Die Auszubildenden der Fairtext GmbH wechseln im Rahmen ihrer Ausbildung regelmäßig die Abteilungen. Anne Schulte ist heute den ersten Tag in der Einkaufsabteilung. Dort trifft sie auf Herrn Harriefeld, den Leiter der Einkaufsabteilung.

Herr Harriefeld: „Guten Morgen Anne, habe schon gehört, dass Sie heute hier bei uns anfangen ..."

Anne Schulte: „Guten Morgen Herr Harriefeld! Ich bin schon ganz gespannt, was mich erwartet. Aber so ganz genau kenne ich die Abläufe nicht!"

Herr Harriefeld: „Ja, wir in der Einkaufsabteilung haben unterschiedliche Aufgaben zu erledigen ... Und diese Aufgaben werden zunehmend digitalisiert!"

Führen Sie auf, welche Aufgaben in einer Einkaufsabteilung anfallen.

INFORMATIONEN

Aufgaben des Beschaffungsprozesses

Hauptaufgabe der Einkaufsabteilung ist die Beschaffung von Waren und Dienstleistungen. Sie muss dafür sorgen, dass alle benötigten Artikel zur richtigen Zeit in der richtigen Menge und Qualität am richtigen Ort im Unternehmen vorhanden sind.

Der Beschaffungsprozess im Einkauf beginnt mit der **Bedarfsermittlung**. Die Mitarbeiter im Großhandelsunternehmen verschaffen sich hier ein Überblick darüber, was benötigt wird an Artikeln bzw. Dienstleistungen. Abgeglichen wird der Lagerbestand mit der Anzahl der Aufträge sowie mit den schon getätigten Bestellungen.

Eine weitere wichtige Aufgabe im Beschaffungsprozess ist die **Bestandskontrolle**. Mithilfe der Artikelstammdaten und von Preislisten werden der Soll-Wert und der Ist-Wert der Lagerbestände abgeglichen. Im Rahmen der Bestandskontrolle werden dann wichtige Key Performance Indicators gewonnen.

DEFINITION

Unter **Key Performance Indicators** (abgekürzt: KPIs) versteht man Kennzahlen, die die Leistung des Großhandelsunternehmens in einem bestimmten Bereich wiedergeben.

Mit solchen betrieblichen Kennziffern bekommt man Informationen, wie erfolgreich bzw. erfolglos man in einem bestimmten Bereich des Unternehmens gearbeitet hat.

BEISPIELE

KPIs sind beispielsweise Kennzahlen über
- aktuelle Lagerbestände
- Mindestbestände
- Absätze
- Umsätze
- Einkaufspreise

Mitarbeiter von Großhandelsunternehmen können mit Key Performance Indicators Geschäftsprozesse analysieren, bewerten, kontrollieren und gegebenenfalls optimieren.

Ist der Bedarf an bestehenden bzw. an neuen Artikeln ermittelt, müssen entsprechende Lieferanten gesucht werden: Die **Bezugsquellenermittlung** hat vor diesem Hintergrund eine große Bedeutung für jedes Großhandelsunternehmen.

Möchte man Warengruppen oder Artikel neuen Sortiment aufnehmen, muss man für das Unternehmen oft unbekannte Bezugsquellen finden. Bei Artikeln, die schon bisher zum Sortiment gehörten, kann man auch bei den bisherigen Lieferanten ermitteln, ob – und gegebenenfalls zu welchen Konditionen – diese geführt werden.

Im nächsten Schritt werden die geeigneten Lieferanten ausgewählt. Bei der **Lieferantenauswahl** sollte äußerst sorgfältig vorgegangen werden: Die Qualität der Absatzleistung eines Großhandelsunternehmens hängt im hohen Maß auch von der Qualität der eingekauften Artikel ab.

Der Entscheidungsprozess für einen Lieferanten wird mithilfe von Angebotsvergleichen durchgeführt: Im Rahmen **quantitativer Angebotsvergleiche** wird zunächst einmal der Lieferant ausgewählt, der im Einkauf am kostengünstigsten ist. Es spielen aber nicht nur der Preis der Ware, sondern auch weitere Leistungen und Qualitätsmerkmale des Lieferanten eine immer bedeutendere Rolle. Deshalb wird in der Regel zusätzlich auch noch ein **qualitativer Angebotsvergleich** durchgeführt.

Ist mit der Auswahl eines Lieferanten der Entscheidungsprozess abgeschlossen, erfolgt eine **Bestellung.** Mit dieser wird ein Lieferant formal aufgefordert, einen Artikel zu liefern.

Lag ein verbindliches Angebot eines Lieferanten vor, kann die Bestellung unmittelbar erfolgen: Es kommt direkt ein Vertrag zustande. Lag dagegen ein unverbindliches Angebot vor (zum Beispiel durch Verwendung einer sogenannten Freizeichnungsklausel), wird der Lieferant in der Regel mit einer Bestellbestätigung auf die Bestellung reagieren.

Eine ganz wichtige Aufgabe einer Einkaufsabteilung im Beschaffungsprozess ist die **Überwachung der Bestellungen**. Mithilfe integrierter Unternehmenssoftware bzw. von EDV-gestützten Warenwirtschaftssystemen wird der Ablauf der Bestellungen genau dokumentiert. Mit einer angemessenen Bestellüberwachung kann

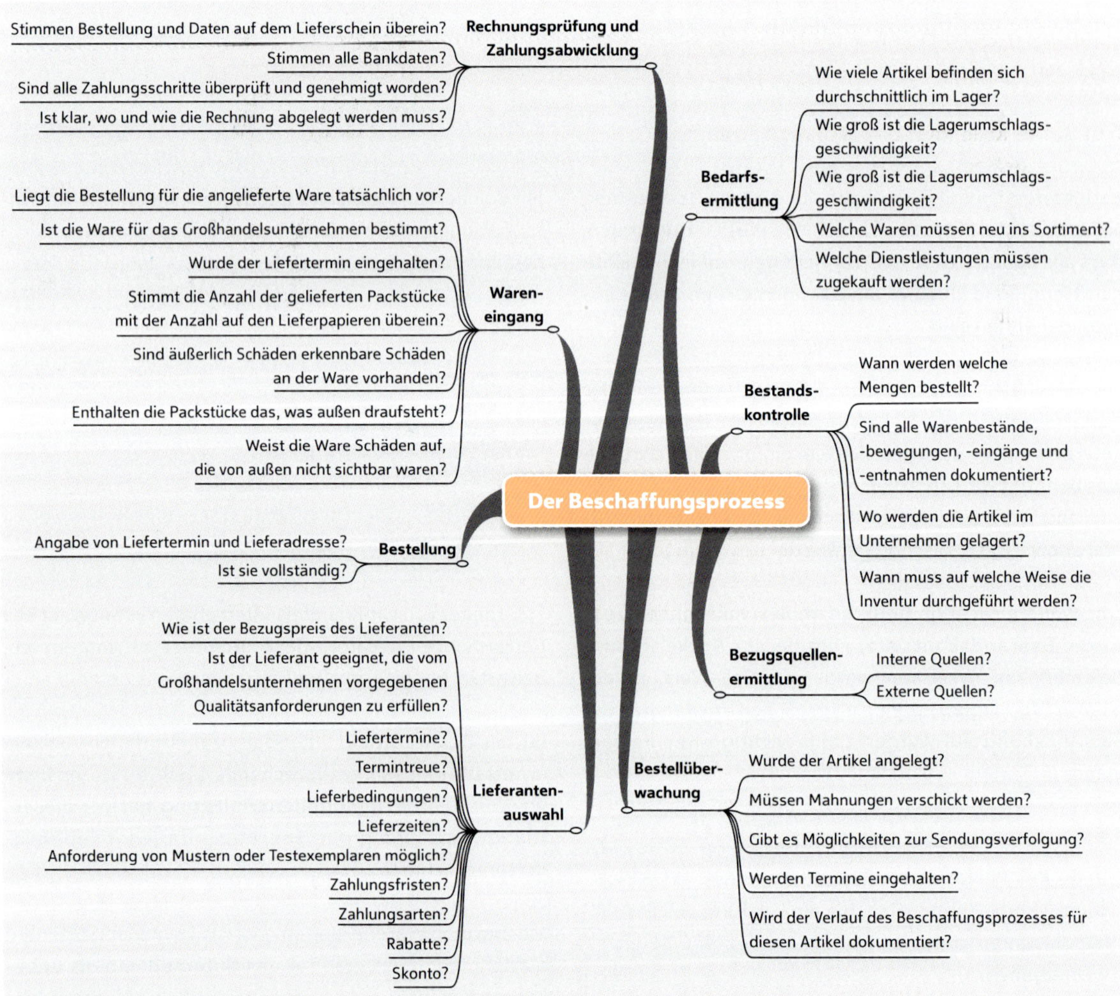

auf überraschende Vorkommnisse reagiert werden, die sich nachteilig für das eigene Unternehmen auswirken können.

BEISPIEL

Im Januar wurde von der Fairtext GmbH eine Bestellung an einen Lieferanten geschickt, der unverzüglich liefern wollte. Drei Monate später ist noch kein Wareneingang zu verzeichnen. Die Fairtext GmbH wird nun die verspätete Lieferung anmahnen.

Einige Zeit nach Abgabe der Bestellungen erfolgt die Lieferung. Im **Wareneingang** wird die Ware physisch angenommen. Der Erhalt der Sendung wird dokumentiert und dem Frachtführer quittiert. Die Artikel werden ins Unternehmen (zum Beispiel ins Lager) weitergeleitet. Die Eingangsdaten werden in das EDV-gestützte Warenwirtschaftssystem bzw. in die integrierte Unternehmenssoftware eingepflegt. Auch im Rechnungswesen wird der Wareneingang in Wert und Menge erfasst. Wichtige Dokumente im Wareneingang sind Eingangsrechnungen bzw. Lieferscheine.

Eine große Rolle im Wareneingang spielen **Kontrollen**, um keine Reklamationsrechte zu verlieren. Hier werden zwei Kontrollen durchgeführt:

- Zunächst wird die Leistung des Frachtführers überprüft: Untersucht wird, ob beim Transport Schäden entstanden sind. Diese Kontrolle muss sofort erfolgen.
- Eine zweite Kontrolle untersucht, ob die Leistung des Lieferanten einwandfrei ist. Falls hier Mängel festgestellt werden, muss eine Mängelrüge unverzüglich erfolgen.

Nach dem Wareneingang erfolgt die **Rechnungsprüfung**: Abgeglichen wird, ob die Rechnung sowohl mit der Bestellung als auch mit dem Lieferschein übereinstimmt. Ist die Rechnung einwandfrei, wird sie vom Rechnungswesen verbucht. Mit der sich dann anschließenden **Zahlungsabwicklung** ist der Beschaffungsprozess abgeschlossen.

Arbeitsweisen in der Beschaffung

Im Einkauf und in der Beschaffung gibt es unterschiedliche Arbeitsweisen.

Viele Großhandelsunternehmen arbeiten mit **klassischen Methoden**. Deren gemeinsames Merkmal ist die manuelle Bearbeitung der Beschaffungsvorgänge. Wichtige Dokumente werden in Papierform erstellt.

BEISPIEL

Frank Wiesemann arbeitet in der Großhandlung Schlote KG. Computerausdrucke und Gespräche mit Kunden zeigen ihm, wo im Sortiment Bedarf besteht. Er ermittelt potenzielle Lieferanten, stellt Anfragen, wertet dann hereinkommende Angebote im Rahmen eines Angebotsvergleichs aus. Per Brief (manchmal auch mit Fax, Telefon, E-Mail) bestellt er die Ware. Diese wird auf Papier ausgedruckt, per Post dem Lieferanten übermittelt und dort in dessen EDV-System eingegeben. Dies kostet Zeit. Die Ware trifft einige Zeit später mit einem Lkw ein. Frank Wiesemann kontrolliert die Lagerung, es scannt per Hand diese dann ein. Der Wareneingang wird auf Papier dokumentiert und später in EDV-Systeme übertragen.

Beim **digitalisierten Einkauf** wird der gesamte Beschaffungsprozess automatisiert. Der Einkauf von Waren wird dadurch leistungsfähiger. Die Beschaffung wird schneller, komfortabler und kostengünstiger.

BEISPIEL

Susanne Gnabrie wird in Echtzeit über die aktuellen Bestände an Artikeln informiert. Automatisch werden Bestellvorschläge erstellt. Über eine externe Vernetzung werden Bestellungen sofort an die Lieferanten übermittelt. Die Zugänge an Waren (Lieferung) werden automatisch verbucht. Belege für die Einkäufe werden elektronisch erzeugt.

Erfolgt der digitalisierte Einkauf systematisch, spricht man von **E-Procurement.** Beim E-Procurement werden moderne Kommunikationsmethoden mit klassischer Beschaffung kombiniert. Die damit einhergehenden Geschäftsprozesse werden digital verwaltet und abgewickelt. Entscheidendes Merkmal des E-Procurements ist, dass die Computersysteme sowohl des Lieferanten als auch des einkaufenden Großhandelsunternehmens über das Internet bzw. über andere Kommunikationssysteme miteinander verbunden sind.

Für E-Procurement ist jeweils eine Integration der unternehmensübergreifenden Schnittstellen des Lieferanten sowie des Großhandelsunternehmens notwendig. Diese erfolgt durch den Einsatz von integrierter Unternehmenssoftware (ERP-System bzw. EDV-gestützte Warenwirtschaftssysteme). Das Ziel des E-Procurements ist die Vereinfachung des Bestellprozesses ohne Medienbrüche. Dadurch kommt es zu einer Beschleunigung des Bestellvorgangs. Ermöglicht wird dadurch, die Kosten der Be-

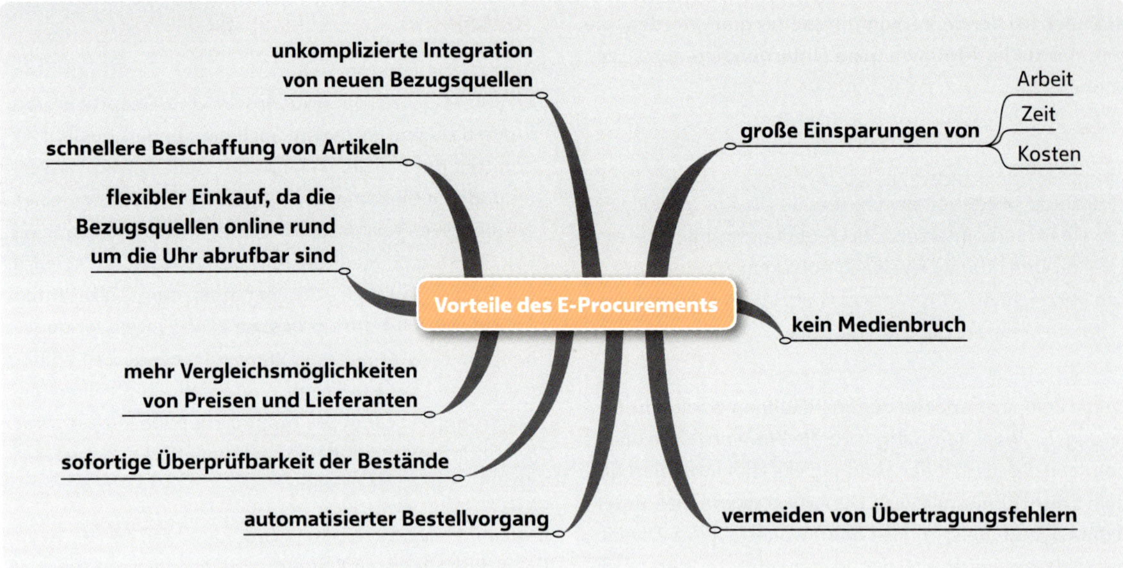

schaffung zu senken. Durch die steigende Integration des Lieferanten wird die Abhängigkeit des Großhandelsunternehmens allerdings erhöht.

E-Procurement besteht aus mehreren Schritten:

- Das Großhandelsunternehmen muss wissen, dass es ein neues Produkt benötigt, sei es aus internen oder externen Quellen. Es kann sich um ein Produkt handeln, das nachbestellt werden muss, oder es kann ein neues Produkt für das Großhandelsunternehmen sein.
- Das Großhandelsunternehmen muss bestimmen, wo es das gewünschte Produkt erhält. Das Großhandelsunternehmen hat möglicherweise eine Liste bisheriger zuverlässiger Lieferanten. Wenn nicht, muss das Großhandelsunternehmen anhand von Bestellungen nach einem Lieferanten mithilfe anderer Quellen wie Zeitschriften, Internet oder Handelsvertreter recherchieren.
- Das Großhandelsunternehmen wird alle relevanten Informationen untersuchen, um den besten Preis und die besten Bedingungen für das Produkt zu bestimmen. Es wird ein Angebotsvergleich durchgeführt.
- Die Bestellung dient dem Kauf von Waren.
- Die Bestellung wird überwacht im Hinblick auf die Pünktlichkeit der bestellten Ware.
- Die Bestellung wird geliefert, angenommen geprüft und eingelagert.
- Die Rechnung wird geprüft und genehmigt, es erfolgt die Zahlung.

Beschaffungspolitik

Fortschrittliche Großhandelsunternehmen setzen mit ihren Maßnahmen auch an der Einkaufsseite der Betriebe an, um **systematisch** Chancen für den Ausbau des Gewinns zu erschließen

BEISPIEL

Aus Sicht mancher Unternehmen im Großhandel handelt es sich bei dem Beschaffungsmärkten um sogenannte Käufermärkte. Dort gibt es ein Überangebot: Eine Großhandlung hat aufgrund der Konkurrenzsituation unter der Vielzahl der möglichen Lieferanten in Verhandlungen mit einem möglichen Anbieter eine sehr starke Position.

Um die Chancen, die der Beschaffungsmarkt bietet, systematisch zu erschließen, kann eine Großhandlung am oder im Beschaffungsmarkt eine aktive Marktgestaltung anstreben. Vor diesem Hintergrund zielt die **Beschaffungs-**

politik darauf ab, bei einer gegebenen Beschaffungsmarkt-Situation für das Großhandelsunternehmen das Bestmögliche herausholen oder sogar die Marktsituation zugunsten des eigenen Unternehmens zu verändern.

Beschaffungspolitik umfasst alle Maßnahmen und Entscheidungen, die das Verhalten zum Lieferanten am und im Beschaffungsmarkt bestimmen. Die Beschaffungspolitik dient abhängig von der Marktposition entweder der Anpassung an die Bedingungen des Beschaffungsmarktes oder sogar seiner Beeinflussung.

Mit dem gezielten Einsatz der folgenden beschaffungspolitischen Instrumente lassen sich Forderungen am Beschaffungsmarkt durchsetzen, aber auch Anreize für die Lieferanten schaffen:

- **Beschaffungsprogrammpolitik**
  Sie dient der optimalen Zusammensetzung des Beschaffungssortiments unter Kosten- und Qualitätsgesichtspunkten.

  BEISPIELE

  Die mit sehr großer Marktmacht ausgestattete Cash & Carry Großhandelskette METRI kann Lieferanten dazu veranlassen, Artikel zu produzieren, die METRI zur Befriedigung der Bedürfnisse der eigentlichen Kunden benötigt. METRI versucht auch aktiv auf die produktpolitischen Entscheidungen der Industrieunternehmen Einfluss zu gewinnen: Im Rahmen des Logistiksystems von METRI sollen die Produkte bzw. Gebinde gewisse Maße besitzen.
  Die Elektro Handelskette Konradys überprüft zielgerichtet Produktinnovationen der Industrie, ob bzw. inwieweit sie in das vorgegebene Sortiment des Handelsbetriebes eingepasst werden können. Wird festgestellt, dass neuartige Produkte im Sortiment befindliche Artikel sinnvoll ergänzen oder auch substituieren (ersetzen) können, so werden sie probeweise in das Sortiment aufgenommen.

- **Preis-, Mengen- und Konditionenpolitik**
  Sie dient der Erreichung optimaler Einstandspreise und Lieferbedingungen.

  BEISPIEL

  Die KUHN KG sieht ein Lieferantenangebot als sehr sinnvoll an, findet aber, dass der Abgabepreis zu hoch angesetzt ist. Sie informiert darüber den Industriebetrieb und versucht argumentativ darüber zu verhandeln.

- **Kontraktpolitik (rechtliche Gestaltung)**
  Sie dient der optimalen Gestaltung der Lieferantenverträge.

- **Bezugs- und Lieferantenpolitik**
  Sie dient der Festlegung optimaler Beschaffungswege und Lieferantenbeziehungen.

  BEISPIEL

  In Verhandlungen mit einem Industrieunternehmen konnte die METRI durchsetzen, dass der Hersteller – nach der Zusicherung einer längerfristigen Geschäftsbeziehung – für die METRI (und deren Kunden) schriftliches Informationsmaterial erstellt und für eine Produktdemonstration im Rahmen der Verkaufsförderungspolitik eigenes Personal einsetzt.

Beschaffungsmarketing und Sortimentsbildung

Die Einkaufsabteilung einer Großhandlung sollte ständig die Beschaffungsmärkte beobachten und diese analysieren. Sie unterhält gute Kontakte zu den Lieferanten, um die Marktnachfrage zu bedienen und Erfolgspotenziale für ihre Kunden zu erschließen. Aufbauend auf dem Beschaffungsmarketing kann die Einkaufsabteilung dann ein für den jeweiligen Kundenkreis zugeschnittenes Sortiment vorhalten und dieses laufend an die Nachfrage anpassen.

Sortimentsgliederung

DEFINITION

Das **Sortiment** ist die Gesamtheit aller Waren und Dienstleistungen, die ein Handelsbetrieb anbietet. Es besteht aus verschiedenen Sorten, die zu Artikeln, Warenarten und Warengruppen zusammengefasst werden können.

Die Sorte ist die kleinste Einheit des Sortiments. Gleichartige Sorten, die sich nur nach der Menge, Größe, Farbe und Musterung unterscheiden, bilden einen Artikel. Verschiedene, aber ähnliche Artikel werden zu Warenarten und Warengruppen zusammengefasst.

BEISPIELE

Sortiment	Warengruppen
Lederwaren	Koffer, Geldbörsen, Damentaschen, Herrentaschen
Schuhe	Damenschuhe, Herrenschuhe, Kinderschuhe
Bekleidung	Damenoberbekleidung, Herrenoberbekleidung, Damenwäsche, Herrenwäsche
Lebensmittel	Fleisch, Fisch, Molkereiprodukte usw.

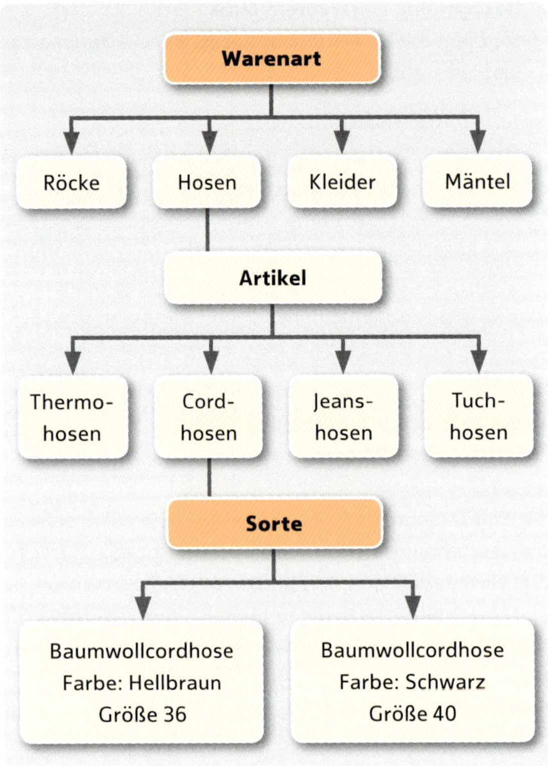

Sortimentsumfang

Der Sortimentsumfang eines Unternehmens wird mit den Begriffen *Sortimentsbreite* und *Sortimentstiefe* beschrieben.

Sortimentsbreite

Die Sortimentsbreite wird durch die Zahl der Warenarten und Warengruppen bestimmt. Je mehr Warenarten und Warengruppen in einem Unternehmen angeboten werden, umso breiter ist sein Sortiment. Ein breites Sortiment enthält viele Warenarten und Warengruppen. Ein schmales Sortiment besteht nur aus einer oder wenigen Warenarten.

Sortimentstiefe

Die Sortimentstiefe wird durch die Artikel- und Sortenzahl bestimmt. Je mehr Artikel und Sorten innerhalb einer Warenart angeboten werden, umso tiefer ist ein Sortiment. Ein Webshop führt ein tiefes Sortiment, wenn es innerhalb der einzelnen Warenarten viele Artikel und Sorten anbietet. Werden innerhalb der einzelnen Warenarten nur wenige Artikel und Sorten angeboten, spricht man von einem flachen Sortiment.

Kern- und Randsortiment

Nach der Bedeutung für den Gesamtumsatz kann man das Sortiment eines Unternehmens unterteilen in Kern- und Randsortiment.

Kernsortiment

Das Kernsortiment ist der Sortimentsteil, auf den sich die Haupttätigkeit des jeweiligen Unternehmens erstreckt. Es erbringt in der Regel den überwiegenden Umsatzanteil.

Randsortiment

Das Randsortiment wird zur Abrundung des Kernsortiments geführt. Es erbringt in der Regel den geringeren Umsatzanteil.

BEISPIEL

Zum Kernsortiment eines Lebensmittelgroßhandelsbetriebs gehören u. a. Molkereiprodukte, Nährmittel, Brot- und Backwaren, Obst und Gemüse, Fleisch- und Wurstwaren. Im Randsortiment führt dieses Geschäft Zeitschriften, Strümpfe und Kunststoffgeschirr.

Sortimentsarten			
Breites Sortiment	**Schmales Sortiment**	**Tiefes Sortiment**	**Flaches Sortiment**
Es werden *mehrere* unterschiedliche *Warengruppen* geführt.	Der Betrieb hat nur *wenige Warengruppen*.	Innerhalb einer Warengruppe gibt es *viele Artikel* mit unterschiedlichen Ausprägungen.	Es werden nur *wenige Artikel* innerhalb der Warengruppe angeboten.
Bei einem großen Onlinehändler kann man unterschiedlichste Artikel (Lebensmittel, Textilien, Schmuck, Elektrogeräte usw.) finden.	Ein Uhrenfachgeschäft verkauft über den angeschlossenen Webshop überwiegend nur Uhren.	Ein Getränkefachhandel bietet mit seinem Webshop Orangenlimonaden von 12 Herstellern sowohl als Normal- als auch als Lightversion an. Es gibt unterschiedliche Flaschengrößen.	Ein Onlinehändler hat in der Warengruppe Getränke nur einen Artikel, Orangenlimonade, im Sortiment.

NOS-Artikel
NOS-Artikel sind Standardartikel, die dauerhaft im Sortiment bleiben. Solche Artikel sollen langfristig gesehen immer auf Lager sein. NOS steht für "never out of stock".

BEISPIEL

In Webshops sind solche Artikel erkennbar an Formulierungen wie

- „nie ausverkauft"
- „ständig verfügbar"
- „Artikel immer auf Lager"

Kunden können sich bei solchen Artikeln darauf verlassen, dass ihnen diese immer zur Verfügung stehen.

Massen- und Nischenprodukte im Sortiment

Eine Entscheidung, die eine Großhandlung im Zusammenhang mit dem Sortimentsaufbau treffen muss, ist es, Massenprodukte oder Nischenprodukte anzubieten.

Massenprodukte werden in Massenproduktion hergestellt. Die Hersteller produzieren große Stückzahlen oder Mengen.

Nischenprodukte decken nur einen kleinen Teil des Bedarfs, der auf dem Gesamtmarkt besteht, ab. Ein nur darauf spezialisiertes Unternehmen wird im stationären Handel in der Regel vergleichsweise geringe Umsätze haben. Im Internet jedoch kann jeder mit geringem Kostenaufwand alle nur denkbaren Produkte anbieten – und diese durchaus speziellen Produkte finden dann in der Regel auch Kunden. Zahlreiche Onlineshops vertreiben Nischenprodukte. Nischenprodukte bereichern das Marktangebot damit auf vielfältige Weise.

BEISPIELE

- Artikel von nur individuellem oder regionalem Interesse
- für Sammler interessanter Artikel
- Artikel, die nicht mehr oder auch noch nicht dem gegenwärtigen Zeitgeist entsprechen
- technisch nicht mehr aktuelle Produkte

AUFGABEN

1. Erläutern Sie die Aufgaben der Bedarfsermittlung.
2. Was sind Key Performance Indicators?
3. Warum sollte bei der Lieferantenauswahl äußerst sorgfältig vorgegangen werden?
4. Was ist eine Bestellung?
5. Welche Tätigkeiten werden im Wareneingang durchgeführt?
6. Welche Aufgabe im Beschaffungsprozess wird in den folgenden Beispielen angesprochen?
   a) Der tatsächliche Zugang der Ware ins Lager
   b) Überprüfung der erteilten Lieferaufträge im Hinblick auf die betrieblichen Anforderungen sowie die Lieferterminüberwachung.
   c) Auftrag zur Lieferung einer Ware
   d) Kontrolle, ob Inhaltsfehler in einer Rechnung vorliegen
7. Wie erfolgt die Beschaffung mit klassischen Methoden?
8. Was versteht man unter E-Procurement?
9. Führen Sie Vorteile des E-Procurements auf.
10. Führen Sie auf, welche beschaffungspolitischen Instrumente zu einer aktiven Beschaffungspolitik eines Großhandelsunternehmens gehören. Bringen Sie jeweils ein Beispiel für eine Maßnahme.
11. Erläutern Sie, mit welchen Instrumenten und in welchem Umfang in Ihrer Großhandlung Beschaffungspolitik betrieben wird.
12. Was versteht man unter einem Sortiment?
13. Fassen Sie folgende Artikel in zwei Warengruppen zusammen: Frischmilch, Früchtejoghurt, Weintrauben, Goudakäse, Pfirsiche, Apfelsinen.
14. Wodurch können sich die Sorten folgender Artikel unterscheiden?
    a) Jeanshosen
    b) Kondensmilch
    c) Mineralwasser
15. Beschreiben Sie die Tiefe und Breite des folgenden Sortiments:
    - Damenschuhe in 30 verschiedenen Formen und Farben, Größe 36 bis 42
    - Herrenschuhe in 20 verschiedenen Formen und Farben, Größe 39 bis 48
16. Welche der folgenden Artikel gehören zum Kernsortiment einer Schuhgroßhandlung?
    Damenschuhe, Stiefel, Ledergürtel, Einlegesohlen, Hausschuhe, Schnürsenkel, Geldbörsen

AKTIONEN

1. Erkunden Sie Ihr Ausbildungsunternehmen.
   a) Ermitteln Sie, inwieweit Ihr Ausbildungsunternehmen die einzelnen Aufgaben des Beschaffungsprozesses noch mit herkömmlichen Methoden oder digital durchführt.
   b) Erstellen Sie eine PowerPoint-Präsentation, die den Beschaffungsprozess Ihres Ausbildungsunternehmens vorstellt.
   c) Bereiten Sie sich darauf vor, den Beschaffungsprozess Ihres Ausbildungsunternehmens der Klasse zu präsentieren.
2. Schauen Sie sich im Internet den folgenden Film zu E-Procurement an.
   https://youtu.be/evlZ4fvb7dU
   Erstellen Sie eine Mindmap, die kurz und schlagwortartig die wichtigsten Inhalte des Filmes wiedergibt.
3. Lesen Sie den folgenden Text. Fassen Sie den Inhalt in maximal vier Sätzen zusammen.

Definition – What does E-Procurement mean?
E-procurement typically describes business-to-business purchases that are done online or over some digital network or platform. This is a rather broad description of many transactions that happen based on modern technologies and business and vendor partnerships.

Techopedia explains E-Procurement
The term e-procurement is often associated with other terms like supplier exchange and supply-chain management. E-procurement systems may involve a component of competition and price analysis. One way to understand conventional e-procurement is that it is different from consumer e-commerce, where the dominant model involves shopping carts and user-friendly Web-delivered interfaces. With e-procurement, the interface is more often set up in a way that facilitates commercial transactions, with specialized invoicing, purchase orders, shipping and payment tools. E-procurement systems also differ depending on whether or not they're used in the public sector or in government.

Quelle: technopedia: E-Procurement. 19.1.2017. In: technopedia.com. https://www.techopedia.com/definition/15427/e-procurement [20.09.2021].

ZUSAMMENFASSUNG

Der Beschaffungsprozess

Aufgaben der Beschaffung

- Beschaffungsplanung
- Bestandskontrolle
- Bezugsquellenermittlung
- Lieferantenauswahl
- Bestellung
- Bestellüberwachung
- Wareneingang
- Rechnungsprüfung

Arbeitsweisen in der Beschaffung

Klassische Methode: Papierform → *Trend* → **E-Procurement:** Digitaler Einkauf

KAPITEL 2
Beschaffungsplanung

Die Geschäftsführung hat mit den Abteilungsleitern die Planzahlen für die Umsätze festgelegt.
Anschließend wird die Einkaufsabteilung beauftragt, die Beschaffungsplanung für das nächste Quartal vorzunehmen.

1. Stellen Sie fest,
   a) welche Bereiche die Beschaffungsplanung umfasst,
   b) was im Rahmen der Beschaffungsplanung bedacht werden muss.
2. Begründen Sie die Bedeutung des Einkaufs für die Gewinnsituation.
3. Stellen Sie die optimale Bestellmenge für einen bestimmten Artikel fest. Die Beschaffungskosten betragen 40,00 € je Bestellung, unabhängig davon, wie viel bestellt wird. An Lagerkosten fallen 0,20 € je Stück an: Es sollen innerhalb eines bestimmten Zeitraums 1 500 Stück eines Artikels bestellt werden.
4. Die Geschäftsführung strebt in einer Warengruppe einen Umsatz von 500.000,00 € an. Sie möchte einen Kalkulationsabschlag von 35 % durchsetzen. Als Limitreserve plant sie 20 % ein. Ermitteln Sie das Restlimit, wenn für 49.000,00 € schon Bestellungen vorliegen.

INFORMATIONEN

Im Rahmen der Beschaffungsplanung geht es für den Großhändler darum, die richtige Ware in der geforderten Menge und Qualität zum richtigen Zeitpunkt und zum günstigsten Preis beim richtigen Lieferanten einzukaufen. In diesem Zusammenhang sind zwei Arten von Informationen für Einkaufsentscheidungen von Bedeutung:

- Bedarfsinformationen, aus denen der Großhändler Menge, Art und Zeit des Einkaufs ermittelt,
- Informationen, die die Auswahl des günstigsten Lieferanten ermöglichen.

Bedarfsermittlung

Die Feststellung des Bedarfs ist im Großhandel die erste Voraussetzung für einen rationellen Einkauf. Der **Bedarf** ist die Warenmenge, die in angemessener Zeit durch den Großhandelsbetrieb voraussichtlich verkauft werden kann. Auch heute geschieht die Bedarfsfeststellung noch oft mit dem berühmten „Fingerspitzengefühl". Dieses kann richtig sein, erweist sich jedoch häufig als völlig irreführend. Daher werden in vielen Großhandelsbetrieben Ein- und Verkaufsstatistiken geführt, aus denen der Einkäufer beträchtliche Schlüsse hinsichtlich der Entwicklung des Bedarfs ziehen kann. In diesem Zusammenhang wird der Großhändler durch Computerprogramme – sogenannte EDV-gestützte Warenwirtschaftssysteme – unterstützt. Die EDV-gestützten Warenwirtschaftssysteme ermöglichen z. B. eine Verkaufsdatenanalyse, mit der der zukünftige Bedarf ermittelt werden kann.

Sortimentsplanung (WAS?)

Zunächst einmal muss der Großhändler festlegen, welche Waren überhaupt geführt werden sollen. Er wird versuchen solche Artikel im Rahmen seines Verkaufsprogramms zusammenzustellen, die der Kunde erwartet. Dadurch kommt es zur Sortimentsbildung.

DEFINITION

Das **Sortiment** ist die Summe der Waren und Dienstleistungen, die ein Handelsbetrieb seinen Kunden anbietet.

Bei der Überlegung, was eingekauft werden soll, werden also Artikel nach Art und Qualität ausgesucht. Dabei müssen die Erfahrungen der Vergangenheit beachtet werden. Kundenwünsche oder Verkaufserfolge eines Mitbewerbers mit einem bestimmten Artikel können dazu führen, dass der Großhändler ein neues Produkt in sein Sortiment aufnehmen möchte. Aber auch Zukunftserwartungen müssen berücksichtigt werden. Hilfen hierzu bieten z. B. Marktuntersuchungen und Berichte von Außendienstmitarbeitern und Vertretern.

Schon beim Einkauf der Waren sollte man an den Absatz denken. Obwohl er zeitlich der Beschaffung der Waren folgt, ist er als Endziel das bestimmende Element. Es dürfen nur solche Waren eingekauft werden, die sich auch absetzen lassen.

Mengenplanung (WIE VIEL?)

Bei der Mengenplanung wird entschieden, wie viel eingekauft werden soll. Die exakte Schätzung des Bedarfsumfangs ist schwierig. Ziel der Mengenplanung ist die Ermittlung der kostengünstigsten Bestellmenge (**optimale Bestellmenge**). Der Großhändler steht bei der Feststellung von Beschaffungsmengen vor zwei grundsätzlichen Möglichkeiten. Er beschafft:

- große Mengen in großen Zeitabständen,
- kleine Mengen in kleinen Zeitabständen.

Zwischen diesen beiden extremen Wahlmöglichkeiten hat der Einkäufer eine Fülle von weiteren Möglichkeiten. Zur Bestimmung der optimalen Bestellmenge muss er die Auswirkungen der verschiedenen möglichen Beschaffungsmengen auf die Höhe der Kosten untersuchen. Dabei sind zwei Kostenarten zu unterscheiden:

- **Beschaffungskosten:** Sie fallen z. B. für das Einholen des Angebots, das Schreiben der Bestellung oder die Wareneingangs- oder Rechnungsprüfung an. Mit zunehmender Bestellmenge werden die Beschaffungskosten je Wareneinheit geringer. Wird nur einmal innerhalb eines bestimmten Zeitraums bestellt, muss beispielsweise auch nur einmal eine Bestellung geschrieben werden. Bei größeren Bestellungen können außerdem mögliche Mengenrabatte in Anspruch genommen werden.
- **Lagerkosten:** Sie nehmen bei einer Erhöhung der Beschaffungsmenge zu. Je mehr Ware bestellt und auf Lager genommen wird, desto mehr fallen z. B. Personalkosten für im Lager beschäftigte Personen an.

Diese Kostenarten verlaufen also bei unterschiedlichen Beschaffungsmengen entgegengesetzt. Die Aufgabe der Mengenplanung besteht nun darin, die Beschaffungsmenge zu bestimmen, für die die Summe aus Beschaffungs- und Lagerhaltungskosten möglichst gering ist. Bei der optimalen Bestellmenge gleichen sich sinkende Bestellkosten und steigende Lagerhaltungskosten so aus, dass ein Minimum an Gesamtkosten entsteht.

Bestellkosten
- **Gebühren** (z. B. Porto, Telefon, Fax)
- **Material** (z. B. Umschläge, Briefpapier, Druckerpatronen)
- **Personal** (z. B. Buchhaltungspersonal, Schreibkräfte)

Lagerkosten
- **Energiekosten** (z. B. Strom, Heizung, Licht)
- **Gebäude**
- **Personal** (z. B. Mitarbeiter im Lager)
- **Warenpflege**

niedrige Bestellkosten ← **Wird selten, aber in großen Mengen bestellt** → **hohe Lagerkosten**

hohe Bestellkosten ← **Wird oft, aber in kleinen Mengen bestellt** → **niedrige Lagerkosten**

BEISPIEL

In einem Großhandelsbetrieb betragen die Beschaffungskosten 35,00 € je Bestellung, unabhängig davon, wie viel bestellt wird. An Lagerkosten fallen 0,25 €[1] je Stück an. Es sollen innerhalb eines bestimmten Zeitraumes 1 000 Stück eines Artikels bestellt werden.

Anzahl der Bestellungen	Bestellmenge	Lagerhaltungskosten in €	Bestellkosten in €	Gesamtkosten in €
1	1 000	250,00	35,00	285,00
2	500	125,00	70,00	195,00
3	333	83,25	105,00	188,25
4	250	62,50	140,00	202,50
5	200	50,00	175,00	225,00

Die optimale Bestellmenge liegt bei 333 Stück. Dort entstehen Gesamtkosten von nur 188,25 €.

1 Die Lagerkosten berücksichtigen bereits, dass jeweils im Durchschnitt die halbe Bestellmenge auf Lager liegt.

203153354

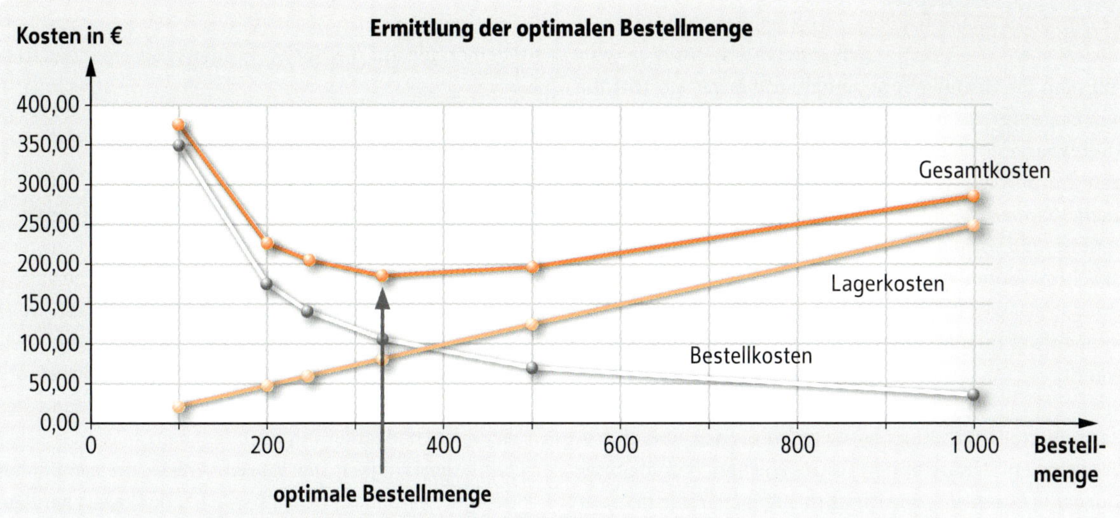

Die Höhe der Bestellmenge ist jedoch noch von weiteren Rahmenbedingungen abhängig:

- **Wirtschaftliche Lage:** Ist aufgrund konjunktureller Entwicklungen eine Verknappung von Artikeln zu erwarten, sollte der Großhändler sich mit größeren Mengen zu dem noch niedrigeren Preis eindecken.
- **Preis:** Auf Märkten, die großen Preisschwankungen unterliegen, sollten bei niedrigen Preisen größere Mengen eingekauft werden.
- **Umsatz:** Bei der Festlegung der Bestellmenge ist auch vom zu erwartenden Absatz auszugehen.

Bei der Planung der Einkaufsmenge kann auch die **Limitrechnung** angewandt werden. Sie ist ein Instrument, um die Finanzverhältnisse des Betriebs zu kontrollieren und in Ordnung zu halten. Der Einkauf wird dadurch planbar und überprüfbar.

Ein Limit gibt an, für wie viel Euro in einem bestimmten Zeitabschnitt Waren einer Warengruppe eingekauft werden dürfen. Diese Einkaufsgrenze sollte nicht überschritten werden.

BEISPIEL

Ein Textilgroßhändler führt mit einem EDV-gestützten Warenwirtschaftssystem eine Limitrechnung für eine bestimmte Warengruppe durch.

– **Limitrechnung** (Plan) –		
Haus 1 Abt. 1	**WGR**	**1 Plansaison Jahr 1**
Umsatz		100.000,00
– erzielte Kalk.	50,0 %	50.000,00
= Planumsatz EK		50.000,00
: Umschlag	5,0	
= Durchschn.-Lager		10.000,00
= Saisonlimit		50.000,00
– Limitreserve	10,0 %	5.000,00
= freies Limit		45.000,00
– Ist-Bestellungen		35.537,00
= Restlimit		9.463,00
– Freigabe 16. Nov.		2.000,00
= Restlimit neu		7.463,00
Plan/Ist-Vergleich? J J/N Speichern Planzahlen? J J/N Umsatzkontrolle? – J/N		

Der Großhändler strebt aufgrund früherer Umsatzzahlen für die Warengruppe innerhalb des Planungszeitraumes einen Umsatz von 100.000,00 € an. Er hofft, einen Kalkulationsabschlag[1] von 50 % durchsetzen zu können: Der Bruttogewinn soll also 50.000,00 € betragen. Für den Wareneinsatz (Planumsatz zu Einstandspreisen) müssen daher 50.000,00 € eingeplant werden. Als Saisonlimit ergibt sich der Betrag von 50.000,00 €. Das ist der Gesamtbetrag, der im Planungszeitraum ausgegeben werden darf. Das Saisonlimit wird aufgeteilt in die Limitreserve und das freie Limit. Die **Limitreserve** wird in der Regel als Prozentsatz ausgedrückt (10 % = 5.000,00 €) und ist für Sonderfälle – wie z. B. Sonderangebote oder kurzfristige Nachbestellungen – vorgesehen. Das **freie Limit** (45.000,00 €) ist der Betrag, für den im Rahmen vorhersehbarer Bestellungen eingekauft werden darf. Vom freien Limit wird der bisherige Auftragswert (Ist-Bestellung = 35.537,00 €) abgezogen. Der für Bestellungen noch offene Betrag von 9.463,00 € ist das sogenannte **Restlimit**. In diesem vereinfachten Beispiel bestellt der Großhändler Waren für 2.000,00 €, sodass sich ein neues Restlimit von 7.463,00 € ergibt.

1 Zur Kalkulation siehe Kap. 3.4

Zeitplanung (WANN?)

Hat man die Bestellmenge annähernd ermittelt, tritt für den Einkäufer das nächste Problem auf: Wann soll eingekauft werden? Bei der Zeitplanung geht es um den richtigen Zeitpunkt der Bestellung. Der Großhändler muss seine Waren so rechtzeitig einkaufen, dass sie zum Verkaufstermin vorhanden sind. Bei Nachbestellungen muss beachtet werden, dass die Ware im Verkauf nicht ausgeht. Um das zu erreichen, werden entweder das Bestellrhythmusverfahren oder das Bestellpunktverfahren angewandt.

Beim **Bestellrhythmusverfahren** wird nach Ablauf von bestimmten Zeitabständen (Tage, Wochen, Monate oder Quartale) überprüft, ob sich noch ausreichend Artikel auf Lager befinden. Die Kontrolle, ob nachbestellt werden muss, wird also nicht bei jeder Entnahme von Ware durchgeführt, sondern nur zu bestimmten, vorgegebenen Zeitpunkten. Dieses Verfahren wird also durch den Zeitfaktor gesteuert.

Das häufiger angewandte **Bestellpunktverfahren** dagegen wird durch Verbrauchsmengen gesteuert. Eine Bestellung wird jedes Mal ausgelöst, wenn der Lagerbestand des Artikels nicht mehr ausreicht, um den während der Beschaffungszeit zu erwartenden Bedarf zu decken. Dazu sind Bestandsprüfungen nach jedem Lagerabgang nötig. Das erfordert einen hohen Aufwand, der aber durch den Einsatz von EDV-Anlagen und entsprechenden Programmen automatisch bewältigt werden kann.

Beim **Bestellpunktverfahren** spielt der **Meldebestand** eine größere Rolle. Wird in einer Großhandlung die Bestandsgröße „Meldebestand" erreicht, muss neue Ware nachbestellt werden. Der Meldebestand wird deshalb so hoch angesetzt, dass bei Anlieferung der neuen Ware gerade der Mindestbestand erreicht ist.

Der **Mindestbestand** ist der Bestand, der immer vorhanden sein muss, um einen störungsfreien Betriebsablauf sicherzustellen. Dieser häufig auch sogenannte „eiserne Reserve" darf nur angegriffen werden, wenn ein Notfall eintritt.

Berechnet wird der Meldebestand mit der folgenden Formel:

(Tagesverbrauch · Liefertage) + Mindestbestand = Meldebestand

BEISPIEL

Der Tagesumsatz eines Artikels in einer Großhandlung beträgt durchschnittlich 40 Stück, die Lieferzeit zehn Tage. Als eiserne Reserve dient ein Mindestbestand von 120 Stück.

$(40 \cdot 10) + 120 = 520$

Der Meldebestand des Artikels beträgt 520 Stück.

Der Zeitpunkt für eine Bestellung hängt weiterhin ab von:

- der **Beschaffungsdauer**: Ist die Ware einen Tag später da, kann man jeden Tag nachbestellen.
- der **Lagerfähigkeit der Waren**: Artikel, die nicht lange gelagert werden können, müssen häufig bestellt werden.
- der **Preisentwicklung** auf dem Markt
- der **Umsatzgeschwindigkeit**

Bezugsquellenermittlung (WO?)

Der Auswahl der Lieferanten muss besondere Aufmerksamkeit geschenkt werden. Von ihr hängt nämlich ganz entscheidend die Kostensituation des Großhandelsbetriebs ab. Grundsätzlich sollte der Großhändler dort einkaufen, wo es am günstigsten ist.

ABC-Analyse

Großhandelsunternehmen müssen für ihre umfangreichen Sortimente oft bis zu 100000 verschiedene Artikel beschaffen. Sie alle mit dem gleichen Aufwand hinsichtlich

- Bestellmengen,
- Bestellpunkten,
- durchschnittlicher Lagerdauer,
- Sicherheitsbeständen usw.

zu planen und zu kontrollieren, verbieten die Kosten eines solchen Vorgehens. Daher wird häufig ein Verfahren angewandt, das die Kosten einer Planung und Kontrolle einzelner Artikel mit deren Bedeutung am Beschaffungsumfang in Beziehung setzt. Die ABC-Analyse ist ein Verfahren, das eine bestehende Grundgesamtheit (in der Regel sind das Artikel; es können aber beispielsweise auch Kunden oder Lieferanten sein) hinsichtlich bestimmter Kriterien wie Umsatz oder Rentabilität in drei Klassen einteilt: Angestrebt wird dabei das Auffinden derjenigen Artikel, Lieferanten oder Kunden, die am meisten (Klasse A), durchschnittlich (Klasse B) oder wenig (Klasse C) zum Unternehmenserfolg beitragen.

Im Rahmen der Beschaffung dient die ABC-Analyse als Instrument zur Minderung des Beschaffungsrisikos:

- Die wenigen umsatzstarken und damit sehr risikoreichen A-Artikel werden ihrer Bedeutung entsprechend mit besonderer Aufmerksamkeit behandelt. Ein Großhandelsunternehmen kann umso erfolgreicher disponieren, je mehr Anstrengungen es bei den A-Artikeln unternimmt: Die Kosten für eine intensive und genaue Kontrolle halten sich angesichts der relativ geringen Zahl dieser Artikel in vertretbaren Grenzen. Bei diesen wichtigen Artikeln kommt es dadurch zu sehr großen Einsparungen. So werden z. B. für A-Artikel häufig Bestellungen durchgeführt, um Kosten verursachende Lagerbestände zu verringern.
- Die zahlreichen C-Artikel dagegen werden nur mit einem einfachen System kontrolliert, das dem Disponenten wenig Mühe macht. Selbst wenn sich dadurch ein geringfügig erhöhter Lagerbestand ergeben sollte, lassen sich durch die Verminderung des Arbeitsaufwandes große Einsparungen erzielen. Ist ein Artikel also unwichtig, so ist der Verlust, der durch eine Verminderung der Überwachungsarbeit entstehen könnte, sehr niedrig zu bewerten. Kontrollen und Lagerhaltung werden daher stark vereinfacht.
- Für B-Artikel kommt ein Mittelweg zwischen der Behandlung der A-Artikel und der C-Artikel in Betracht.

Die ABC-Analyse ist ein wichtiges, nicht nur auf den Bereich der Beschaffung beschränktes, Rationalisierungsinstrument. Sie hilft

- sich auf bedeutende Artikel zu konzentrieren,
- hohen Arbeitsaufwand bei Artikeln untergeordneter Bedeutung zu vermeiden,
- die Transparenz der Lagerwirtschaft und Beschaffung zu erhöhen,
- die Effizienz des Einkaufs zu steigern.

BEISPIEL

Für eine Warengruppe von zehn Artikeln soll eine ABC-Analyse durchgeführt werden. Das geschieht in mehreren Schritten:

1. Ermittlung des Stückpreises in Euro und der Absatzmenge in Stück pro Jahr
2. Berechnung des Umsatzes in Euro pro Jahr
3. Sortierung der Artikel in absteigender Folge nach der Höhe ihres Umsatzes
4. Berechnung des prozentualen Anteils jedes Artikels am Gesamtumsatz
5. Kumulierung der jeweiligen prozentualen Anteile jedes Artikels am Umsatz: Der jeweilige prozentuale Anteil wird zu den vorhergehenden hinzugerechnet.
6. Einteilung in A-, B-, C-Teile
7. Auswertung des Ergebnisses: Mit 20 % der Artikel werden 60 % des Umsatzes erreicht: Nur zwei der insgesamt zehn Artikel bilden die A-Gruppe (Artikel 9 und 4). Die Hälfte der Artikel bildet die C-Gruppe (5, 8, 2, 10 und 1), die nur 10 % des gesamten Umsatzes erbringt.
8. Anwendung von Maßnahmen: Bei A-Artikeln könnten das z. B. sein:
   - genaue Dispositionsverfahren
   - genaue Bestandsrechnung
   - strenge Terminkontrollen
   - sorgfältige Festlegung der wirtschaftlichen Bestellmengen
   - genaue Überwachung der Verweildauer im Betrieb

1. Schritt			2. Schritt
Artikel	Stückpreis in €	Absatzmenge in Stück pro Jahr	Umsatz in € pro Jahr
1	32,00	125	4.000,00
2	0,02	500000	10.000,00
3	50,00	1000	50.000,00
4	2,50	50000	125.000,00
5	0,60	25000	15.000,00
6	1,00	60000	60.000,00
7	0,40	100000	40.000,00
8	20,00	625	12.500,00
9	1,75	100000	175.000,00
10	0,17	50000	8.500,00

3. Schritt			4. Schritt	5. Schritt
Artikel		Umsatz in € pro Jahr	% des Umsatzes	Kumulierter prozentualer Anteil am Gesamtumsatz
A	9	175.000,00	35	35
	4	125.000,00	25	60
B	6	60.000,00	12	72
	3	50.000,00	10	82
	7	40.000,00	8	90
C	5	15.000,00	3	93
	8	12.500,00	2,5	95,5
	2	10.000,00	2	97,5
	10	8.500,00	1,7	99,2
	1	4.000,00	0,8	100
Gesamtumsatz		500.000,00		

AUFGABEN

1. Welches Ziel haben die Beschaffungstätigkeiten in einem Großhandelsbetrieb?
2. Welche Maßnahmen müssen bei der Einkaufsvorbereitung getroffen werden?
3. Wie wirkt sich eine Erhöhung der Bestellmenge auf die Beschaffungs- oder Lagerkosten aus?
4. 400 Stück eines Artikels sollen bestellt werden. Die Lagerhaltungskosten betragen pro Stück 0,75 €, die Beschaffungskosten pro Bestellung 40,00 €.
   Ermitteln Sie die optimale Bestellmenge rechnerisch und grafisch.
5. In einem Großhandelsunternehmen betragen die Beschaffungskosten 135,00 € je Bestellung, unabhängig davon, wie viel bestellt wird. An Lagerkosten fallen 25 % des Wertes der eingelagerten Ware an. Es sollen innerhalb eines bestimmten Zeitraumes 12000 Stück eines Artikels zum Einstandspreis von 3,00 € bestellt werden.
   Wie hoch ist der optimale Lagerbestand?
6. Warum werden für den Einkauf von Artikeln häufig Limits festgesetzt?
7. Ein Großhändler strebt in einer Warengruppe einen Umsatz von 400.000,00 € an. Er möchte einen Kalkulationsabschlag von 40 % durchsetzen. Als Limitreserve plant er 20 % ein.
   Wie hoch ist das Restlimit, wenn für 45.000,00 € schon Bestellungen vorliegen?
8. Wodurch unterscheiden sich Bestellrhythmusverfahren und Bestellpunktverfahren?
9. Für eine Warengruppe mit zehn Artikeln wurden folgende Daten ermittelt:

Artikel-Nr.	Stückpreis in €	Absatzmenge
1	5,25	600
2	0,52	1250
3	121,00	10
4	5,00	200
5	0,30	4450
6	7,10	300
7	5,34	3750
8	0,10	5250
9	45,00	425
10	52,45	2860

   a) Führen Sie eine ABC-Analyse durch.
   b) Erläutern Sie vier Folgen, die sich daraus für die Beschaffungsplanung ergeben.
10. Die Gollmann GmbH führt zunächst eine ABC-Analyse durch, für die folgende Daten zur Verfügung stehen:

Artikel	Menge (Stück)	Mengenanteil	Wert je Stück (€)	Gesamtwert (€)	Wertanteil (%)*
Kühltruhen	1500	5	1.800,00	2.700.000,00	
Lampen	6000	20	200,00	1.200.000,00	
Schalter	22500	75	20,00	450.000,00	
Summe	30000	100			100

   a) Vervollständigen Sie die oben stehende Tabelle (* auf ganze Zahlen runden).
   b) Erläutern Sie das in a) ermittelte Ergebnis bezüglich der Wertanteile.

AKTIONEN

1. Erstellen Sie mit Excel[1] für drei typische Artikel Ihres Ausbildungssortiments eine „Warendatei".
2. a) Legen Sie eine Excel-Tabellenkalkulation an, mit der Sie die optimale Bestellmenge berechnen können.
   b) Lösen Sie zur Kontrolle mithilfe der Excel-Tabelle die folgende Aufgabe: Für eine bestimmte Warengruppe sollen 200 Stück bestellt werden. Die Lagerhaltungskosten betragen pro Stück 0,80 €, die Beschaffungskosten pro Bestellung 50,00 €. Wie hoch ist die optimale Bestellmenge?
   c) Stellen Sie die Berechnung der optimalen Bestellmenge grafisch mithilfe von Excel dar.
3. In dieser Aktion soll am Beispiel von Aufgaben aus dem Bereich „Bedarfsermittlung" das Lösen von Mehrfachwahlaufgaben in Hinblick auf die in Zukunft auf Sie zukommende Prüfung geübt werden. In einer Mehrfachwahlaufgabe werden Ihnen eine Anzahl falscher Lösungen zusammen mit einer richtigen angeboten. In der Prüfung müssen Sie die richtige Antwort in das entsprechende Lösungskästchen auf dem Prüfungsbogen eintragen.

1 Zur Arbeit mit dem Tabellenkalkulationsprogramm Excel siehe Kap. 3.5

203153358

Lösen Sie den folgenden kleinen Test:

I. Welcher Teil der Beschaffungsplanung sagt etwas darüber aus, wo eingekauft werden soll?
   a) Zeitplanung
   b) Sortimentsplanung
   c) Mengenplanung
   d) Bezugsquellenermittlung
   e) Finanzplanung

II. Worüber gibt die Mengenplanung Auskunft? Sie gibt Auskunft darüber, ...
   a) was eingekauft werden soll.
   b) wie viel eingekauft werden soll.
   c) wann eingekauft werden soll.
   d) warum eingekauft werden soll.

III. Was trifft auf die optimale Bestellmenge zu?
   a) Die Gesamtkosten der Bestellung sind am niedrigsten.
   b) Die größtmögliche Bestellmenge wird bestellt.
   c) Es braucht nur einmal im Jahr bestellt zu werden.
   d) Die Gesamtkosten der Bestellung sind am höchsten.
   e) Die niedrigste Bestellmenge wird bestellt.

IV. Nennen Sie die optimale Anzahl an Bestellungen, den unsere Großhandlung bei einem Jahresbedarf von 2000 Laserdruckern hat. Die Lagerkosten liegen pro Stück bei 0,50 € und die Bestellkosten betragen pro Bestellung 40,00 €.
   a) zwei
   b) drei
   c) vier
   d) fünf
   e) sechs

V. Wofür verwendet man die Limitrechnung in einem Unternehmen? Man verwendet in einer Großhandlung die Limitrechnung,
   a) um den maximalen Einkaufspreis einer Ware zu berechnen.
   b) um eine Grenze zu setzen, die angibt, für wie viel Euro in einem bestimmten Zeitraum eingekauft werden darf.
   c) um den maximalen Verkaufspreis für eine Ware zu berechnen, für den der Artikel verkauft werden kann.
   d) um die Kostenfaktoren des nächsten Jahres im Voraus zu berechnen.

VI. Was ist der Meldebestand im Bestellpunktverfahren?
   a) Der Sicherheitsbestand, der dauernd vorhanden sein muss, um unvorhersehbaren Störungen vorzubeugen
   b) Der aktuelle Warenvorrat
   c) Der Bestand, der die Zeitspanne zwischen Bestellung bis zur Lieferung der Ware überbrückt
   d) Der Bestand, der maximal eingekauft/gelagert werden kann
   e) Die Bestandsmenge, bis zu der verkauft werden kann.

ZUSAMMENFASSUNG

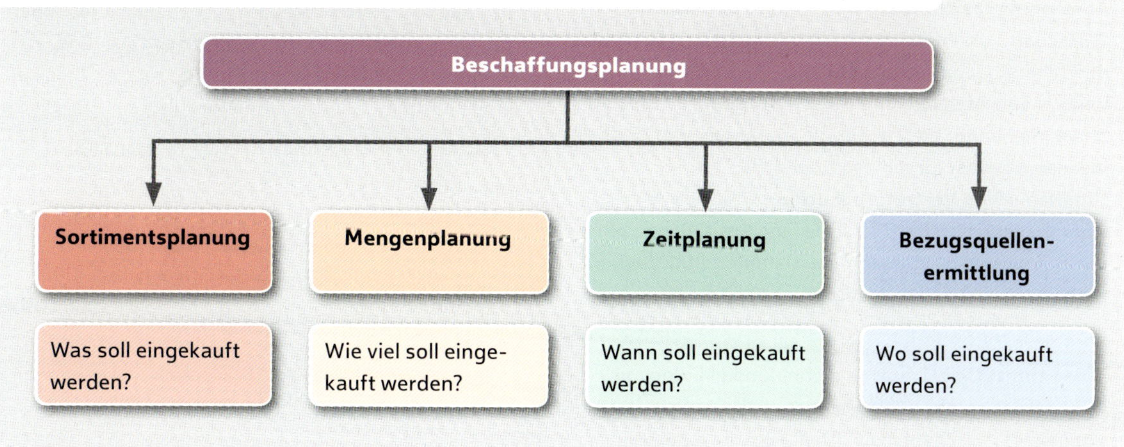

KAPITEL 3

Bezugsquellenermittlung und Einholen von Angeboten

In der Fairtext GmbH geht ein Schreiben ihres Hauptlieferanten für Herrenfreizeithemden – der Alber & Bayer GmbH & Co. KG, Nelkenweg 28, 52078 Aachen – ein. In dem Schreiben wird mitgeteilt, dass wegen eines Großbrandes bis auf Weiteres die Produktion eingestellt werden muss. Da der Bestand an Herrenfreizeithemden nur noch einem Monat ausreicht, muss ein neuer Lieferant gesucht werden.

1. Suchen Sie nach Möglichkeiten, wie die Fairtext GmbH einen neuen Lieferanten für Herrenfreizeithemden finden kann.
2. Die Fairtext GmbH möchte sowohl für den Verkauf als auch den Einkauf neue Fotokopierer anschaffen. Finden Sie vier Bezugsquellen für Fotokopierer.

INFORMATIONEN

Der Großhändler muss ständig den Beschaffungsmarkt beobachten und analysieren, wenn er wirtschaftlich arbeiten will. Dabei ist die Kernaufgabe die Ermittlung geeigneter Bezugsquellen. Bei der Bezugsquellenermittlung geht es darum, einen sicheren, schnellen, stets aktuellen Überblick über sämtliche infrage kommenden Lieferanten zu schaffen.

Auswahl von Erstlieferern

Können bei Lieferanten, mit denen bereits Geschäftsbeziehungen bestehen, bestimmte Artikel nicht bezogen werden, muss sich der Großhändler nach neuen Lieferanten umsehen.

Hilfen beim Aufsuchen günstiger Bezugsquellen sind:

- **Kataloge, Prospekte, Preislisten:** Sie gehören zum grundlegenden Handwerkszeug des Einkäufers.
- **Fachzeitschriften:** Hier finden sich oft Hinweise auf neue Entwicklungen und Produkte.
- **Adressenverzeichnisse** wie: „ABC der deutschen Wirtschaft", „Wer liefert was?", „Branchenverzeichnis des Telefonbuchs (Gelbe Seiten)".
- Besuch von **Messen** und **Ausstellungen:** In diesem Zusammenhang bieten gerade Kataloge von Fachmessen eine fast lückenlose Übersicht.
- Unterlagen von **Vertreterbesuchen**
- **Datenbankrecherchen:** Verschiedene Institutionen führen Datenbanken, in denen per Datenfernübertragung nach gewünschten Informationen gesucht werden kann.

BEISPIELE

- Die Fairtext GmbH möchte mehrere neue Fotokopierer und das entsprechende Zubehör anschaffen. Herr Hahnenkamp schaut in ein Branchenadressbuch:

Fotografische Laborapparate 6/9440
Fotogroßlabors 9/3409
Fotohüllen 6/2260
Fotokartons 6/2291
Fotokeramik 5/3805
Fotokissen 2/2387
Fotokoffer 6/2311
Fotokopier
-anstalten 9/4273
-bedarf 5/1763
-geräte 5/1753
-papiere 5/1783
Fotolabor
-einrichtungen 6/2285
-flaschen 6/2287
-taschen 6/2259
Fotolabors 9/3409
Fotolack-Beschriftungsmaschinen 5/6395
Fotolacke 4/2159

5

1783

Fotokopierpapiere
Photocopy paper
Papiers photocopiants
Carta per fotocopiatrics
Papeles para fotocopiadoras

HELLBUT & Co. GmbH
HELLBUT VERPACKUNGEN
Großer Kamp 8
22457 Barsbüttel/Hamburg
Tel. 040 6702950
Fax 040 6702957

RANK XEROX GMBH
RANK XEROX
Emanuel-Leutze-Str. 20
40547 Düsseldorf
Tel. 0211 59930
Fax 0211 8584647

Über den Index – eine Art Inhaltsverzeichnis – kann er die Seiten mit den Bezugsquellen für Fotokopierpapier ermitteln.

- Ein importorientiertes, mittelständisches Großhandelsunternehmen sucht Schuhhersteller in Italien.

In einer Datenbankrecherche werden die Suchworte „Italien", „Herrenschuhe", „Damenschuhe" oder „Kinderschuhe" verknüpft. Es wird ein Ergebnis von insgesamt 119 Dokumenten erzielt. Hier ein Beispiel eines nachgewiesenen Firmenprofils:

```
DB  EURD, FIZ-Technik, Frankfurt: ABC Europa,
    (C)1988/06, ABC-Verlag
AN  E40724280
IN  SCARPA Calsaturificio, S.n.c., di Parisotto F.& C.
PS  Viale Tisiano, 26.
RE  I-31011 Asolo (TV).
CN  IT Italien
TL  Telefon: 0423 52132, Telegramm: SCARPA ASOLO.
PF  Schuhe fuer: Sport, Gebirgs- und Felswanderungen,
    Jagd, Gelaendemarsch, Telemark, Freizeit.
PE  Schuhe fuer Sport und Turnen, Skischuhe.
IC  Schuhe und Schuhteile.
MM  Francesco Parisotto, Luigi Parisotto.
    Geschäftsführung: Francesco Parisotto.
    Importleitung: Francesco Parisotto.
    Exportleitung: Dr. Miro Cremasco.
YR  Gegruendet: 1938.
EM  Beschäftigte: 110.
BK  Bankverbindungen: Banca Nazionale Del Lavoro,
    Banca Catolica Del Veneto, Cassa Di Risparmio
    Marca Trivigiana.
```


203153360

Exakte Artikelinformationen sind im Bestell- und Lieferverkehr eine absolut notwendige Forderung. Für Handel und Industrie ist mit der nationalen Artikeldatenbank SINFOS die Möglichkeit entwickelt worden, auf rationelle und preisgünstige Weise Artikelstammdaten für alle Interessenten bereitzustellen: Die Hersteller senden ihre Artikelinformationen mittels Datenträgern (z. B. per USB-Stick) oder per Datenfernübertragung an die SINFOS-Artikelstammdatenbank. Die Handelsbetriebe rufen mit den gleichen Methoden die benötigten Artikelinformationen (z. B. für die Beschaffung) aus dem Datenpool ab. Es können u. a. gezielte Abfragen nach bestimmten Produktgruppen oder speziellen Artikeleigenschaften einzelner Produkte durchgeführt werden. Zunehmende Bedeutung gewinnt die SINFOS-Artikelstammdatenbank auch für die Logistik. Informationen über Versandeinheiten sorgen für eine effektive Auslastung der Lieferfahrzeuge bzw. eine optimale Steuerung von Hochregallagern.

BEISPIEL

Ausschnitt aus dem Datenbestand über einen Artikel mit der GTIN (EAN) 40 05500 209201 in der SINFOS-Artikelstammdatenbank:

GTIN der Verbrauchereinheit	40 05500 20920 1
Umsatzsteuer	7 (7 %)
CCG-Klassifikation	1245 (Instantgetr. auf Basis Kakao)
Artikel-Langtext	Nesquik 400 g
Artikel-Kurztext	Nesquik 400 g
Kassenbontext	Nestle Nesquik
Hersteller	Nestle Erzeugnisse
GTIN der Verbrauchereinheit	40 05500 20920 1
Strichcode?	1 (ja)
Länge (Tiefe)	70 mm
Breite (Facing)	120 mm
Höhe	180 mm
Bruttogewicht	500 g
Ladungsträger	02 (Euro-Palette)
Fakturiereinheit	1 Stück
Listenpreis der Fakturiereinheit	2,65 EUR

GTIN der nächsthöheren Einheit (Transporteinheit)	40 05500 20921 8
Strichcode?	1 (ja)
Länge (Tiefe)	710 mm
Breite (Facing)	240 mm
Höhe	180 mm
Bruttogewicht	12.000 g
GTIN der nächstniedrigeren Einheit	40 05500 20920 1
Anzahl der nächstniedrigeren Einheit	24
Ladungsträger	02 (Euro-Palette)
Anzahl Einheiten auf der Palette	20
Anzahl Lagen auf der Palette	4
Fakturiereinheit	1 Stück
Listenpreis der Fakturiereinheit	63,60 EUR
Anzahl der Verbrauchereinheiten	24
Paletten-Ladehöhe	720 mm ohne Holz

Lieferantenauswahl

Obwohl sich der Großhändler immer über neue Liefermöglichkeiten informieren sollte, wird er oft auf bestehende Geschäftsverbindungen zurückgreifen. Dazu wertet er die eigenen Einkaufsunterlagen der Vergangenheit aus. Häufig wird eine **Bezugsquellenkartei** geführt, die einen schnellen Überblick über die einmal ermittelten Bezugsquellen gibt. Sie kann als Waren- oder Lieferantenkartei geführt werden.

- Die **Lieferantenkartei** ist nach Lieferanten geordnet und enthält Informationen über deren lieferbare Waren.
- Die **Warenkartei** ist nach Waren geordnet und enthält Angaben über die betreffenden Lieferfirmen.

Den Lieferantenkarteien bzw. Warenkarteien in Papierform entsprechen in EDV-gestützten Warenwirtschaftssystemen bzw. ERP-Programmen Lieferantendateien bzw. Warendateien:

- Die Lieferantendatei gibt für den jeweiligen Lieferanten dessen Sortiment (die verschiedenen Warengruppen bzw. Artikel) an.
- Die Warendatei listet für eine eventuell benötigte Ware alle möglichen der Großhandlung bekannten Lieferanten auf.

Moderne Großhandelsbetriebe speichern die Einkaufsinformationen mithilfe computergestützter Warenwirtschaftssysteme in ihren EDV-Anlagen.

Kann der Großhändler einen gewünschten Artikel von mehreren Lieferanten beziehen, muss er sie beurteilen bzw. bewerten. Dazu werden mehrere **Beurteilungspunkte** herangezogen:

- **Einhaltung der Qualität:** Die Lieferung einwandfreier Qualität ist eine der wesentlichen Voraussetzungen für die Wahl eines Lieferanten. Würde der Großhandelsbetrieb mangelhafte Ware verkaufen, könnte der Ruf des Unternehmens beeinträchtigt werden.
- **Einhaltung der Liefertermine:** Hält der Lieferant die vereinbarten Liefertermine nicht ein, kann es zu Ab-

satzstockungen kommen. Diese verursachen beträchtliche Kosten.

- **Einhaltung der Menge:** Wenn ständig statt der vereinbarten Gesamtmenge Teilmengen angeliefert werden, verursacht das im einkaufenden Unternehmen hohe Kosten.
- **Preis:** Bei der Auswahl von Lieferanten spielt der Preis eine ausschlaggebende Rolle. Bevor jedoch ein Preisvergleich angestellt werden kann, müssen die vorgenannten Beurteilungsmerkmale überprüft werden. Wenn beispielsweise der gewünschte Liefertermin nicht eingehalten werden kann, ist ein Bezug selbst bei günstigem Preis unmöglich. Dasselbe gilt bei Abweichungen in der Qualität und der Menge.
- **Konditionen:** Beim Preisvergleich sind selbstverständlich die Liefer- und Zahlungsbedingungen zu berücksichtigen.
- **Geografische Lage:** Sie muss insbesondere bei Artikeln beachtet werden, bei denen der Frachtkostenanteil erheblich ist.
- **Umwelt- und Gesundheitsverträglichkeit** der angebotenen Waren

Elektronische Adressverzeichnisse

Viele Adressverzeichnisse (Online-Branchenbücher) können auch auf elektronischem Weg eingesehen werden. Die Anbieter solcher Adressbücher ermöglichen eine direkte Suche über das Internet.

BEISPIEL

Die Fairtext GmbH möchte ein Multifunktionsgerät (Drucker/Scanner/Kopierer kombiniert in einem Gerät) kaufen.
Herr Esser möchte sich vor dem Kauf über das aktuelle Produktangebot informieren und gibt in einer Suchmaschine im Internet den gesuchten Begriff ein. Da er herausfinden möchte, welche Geräte zurzeit empfohlen werden, fügt er noch das Stichwort „Vergleich“ hinzu.

Er wählt eine ihm bekannte und renommierte Internetseite aus, die ihm einen Vergleich von Multifunktionsgeräten anbietet. Es empfiehlt sich, mehrere Vergleichsportale anzusehen.

Hier kann er die vorgestellten Geräte anhand von Merkmalen vergleichen und diejenigen finden, die den Anforderungen der Fairtext GmbH am besten entsprechen.

Vergleichsergebnis	Vergleich.org	Vergleich.org	Vergleich.org	Vergleich.org	Vergleich.org	Vergleich.org	Vergleich.org
Das Qualitätsmanagement für unser Test- und Vergleichsverfahren ist nach ISO 9001 TÜV-geprüft	Bewertung 1,2 sehr gut 02/2018	Bewertung 1,3 sehr gut 01/2018	Bewertung 1,5 gut 01/2018	Bewertung 1,6 gut 01/2018	Bewertung 1,7 gut 01/2018	Bewertung 1,9 gut 01/2018	Bewertung 2,0 gut 02/2018
Kundenwertung bei Amazon	387 Bewertungen	51 Bewertungen	noch keine	348 Bewertungen	305 Bewertungen	16 Bewertungen	noch keine
Drucktechnologie	Laser	Laser	Tintenstrahl	Tintenstrahl	Laser	Tintenstrahl	Tintenstrahl
Drucktempo Schwarz/weiß	22 Seiten/Min	21 Seite/Min	12 Seiten/Min	20 Seiten/Min	18 Seiten/Min	15 Seite/Min	10 Seiten/Min
Drucktempo Farbe	22 Seiten/Min	21 Seite/Min	10 Seiten/Min	11 Seiten/Min	4 Seiten/Min	8 Seite/Min	7 Seiten/Min
Druckauflösung	2.400 x 600 dpi	600 x 600 dpi	6.000 x 1.200 dpi	1.200 x 600 dpi	2.400 x 600 dpi	4.800 x 1.200 dpi	4.800 x 1.200 dpi
Max. Papierzufuhr	250 Blatt	250 Blatt	100 Blatt	225 Blatt	150 Blatt	100 Blatt	100 Blatt
Datenübertragung	WLAN, USB	WLAN, USB, Ethernet	WLAN, USB, Ethernet, Kartenleser, NFC	WLAN, USB, Ethernet, NFC	USB	WLAN, Ethernet, Bluetooth, USB, Kartenleser	WLAN, USB
Display Darstellung	✓ in Farbe	✓ in Farbe	✓ in Farbe	✓ in Farbe	✓ in Schwarz/Weiß	✓ in Farbe	✓ in Schwarz/Weiß
Touchscreen	✓	✓	✓	✓	✗	✓	✓
Drucken	✓	✓	✓	✓	✓	✓	✓
Duplex Beidseitig drucken	✓	✓	✓	✓	✗	✓	✓
Kopieren	✓	✓	✓	✓	✓	✓	✓
Scannen	✓	✓	✓	✓	✓	✓	✓
Faxen	✓	✓	✓	✓	✗	✓	✗
Vorteile	⊕ sehr gute Druckqualität ⊕ sehr schneller Druck ⊕ großer Papierspeicher ⊕ "Blauer Engel" ausgezeichnet (ressourcenschonend) ⊕ "Energy Star" zertifiziert (energiesparend)	⊕ sehr schneller Farb-Druck ⊕ gute Druckqualität ⊕ leichte Installation ⊕ relativ kompakt	⊕ mit vielen Apps kompatibel ⊕ mit vielen Speicherkarten kompatibel ⊕ schneller S/W-Druck	⊕ gute Druckqualität ⊕ sehr schneller Druck ⊕ großer Papierspeicher	⊕ gute Druckqualität ⊕ sehr schneller Druck ⊕ Fax optional (ca. 40 €)	⊕ bedruckt unterschiedliche Papiersorten gleichzeitig ⊕ mit vielen Tinten-Patronen kompatibel	⊕ sehr gute Druckqualität ⊕ sehr schneller Druck ⊕ leichte Installation
Zum Angebot	Zum Angebot »	Zum Angebot »	Zum Angebot »	Zum Angebot »	Zum Angebot »	Zum Angebot »	Zum Angebot »

203153362

Herr Esser nimmt drei Geräte in die engere Auswahl und möchte mehr über sie erfahren. Er sucht zu jedem Gerät im Internet nach Testberichten.

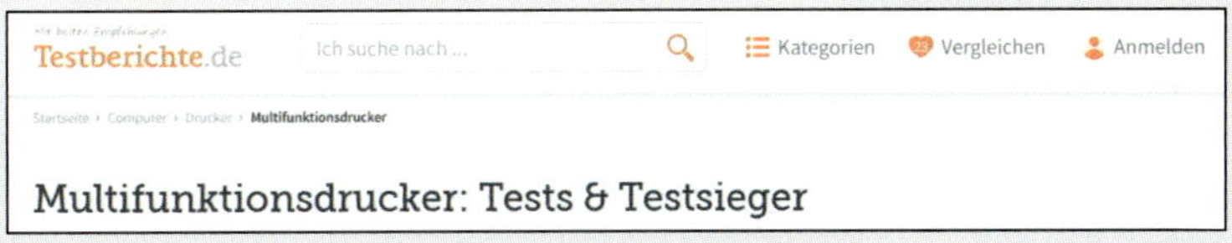

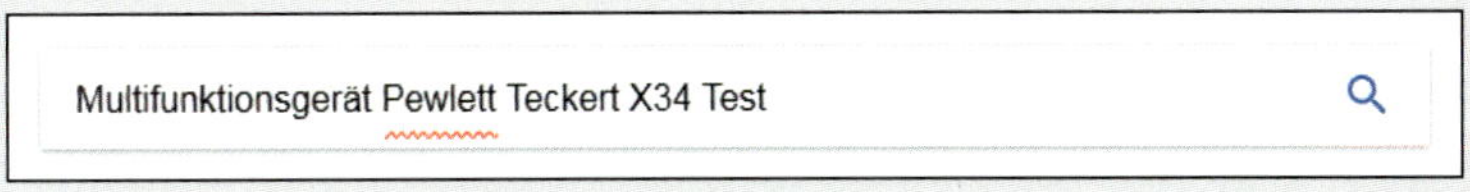

Herrn Esser sagt das Modell von Pewlett Teckert zu. Bevor er sich jedoch endgültig zum Kauf entscheidet, liest er im Internet Erfahrungsberichte und Bewertungen von Personen, die das Gerät bereits gekauft haben.

Herr Esser hat sich für den Kauf des PT X34 entschieden. Anschließend lässt er im Internet einen Preisvergleich vornehmen. Auch hier gibt es mehrere Portale, die einen solchen Service anbieten.

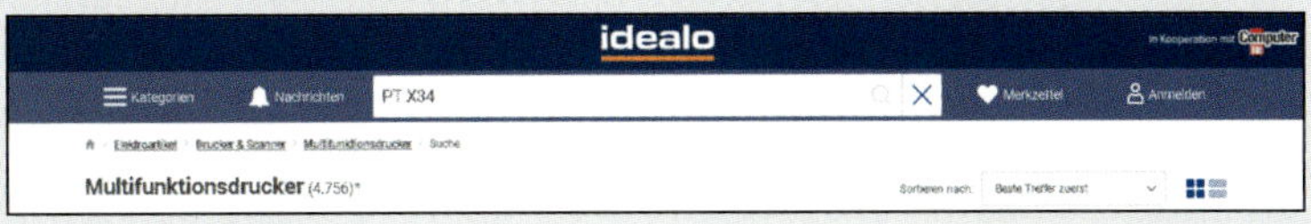

B2B-Marktplätze

Der Übergang von Online-Branchenverzeichnissen zu B2B-Marktplätzen ist fließend: Verkäufer können auf solchen Verkaufsplattformen ihr Angebot einer großen Anzahl an Kunden präsentieren. Einkaufende Großhandelsunternehmen können ihrerseits eine Vielzahl neuer Anbieter kennenlernen, deren Preise vergleichen und dann die passenden Produkte finden.

B2B-Marktplätze treten also als Vermittler zwischen Käufern und Verkäufern auf und ermöglichen diesen, Geschäfte ohne großen Aufwand abzuschließen.

Die B2B-Marktplätze bringen den Einkäufern einen sehr hohen Nutzen: Diesen werden schnell, zuverlässig und passend die richtigen Ergebnisse zu ihrer Suchanfrage nach bestimmten benötigten Produkten geliefert. Ein Marktplatz, der gut nachvollziehbar die korrekten Daten zu Produkt und Firma ausgibt, spart den Einkäufern vor allem Zeit. Die Marktplätze erleichtern oft auch durch Angebot entsprechender Leistungen die Anbahnung der Kaufverträge.

Sie unterstützen zudem die einkaufenden Unternehmen auch durch verschiedene weitere Serviceleistungen (Sendungsverfolgung, schnelle und sichere Zahlungsabwicklung usw.).

Primär- und Sekundärquellen

Die grundsätzlich möglichen Informationsquellen über Lieferanten, Waren und Dienstleistungen lassen sich einerseits durch eigene direkte und gezielte Erhebung von Beschaffungsmarktdaten **(Primärquellen)** und andererseits durch die Sammlung extern (außerhalb des Unternehmens) vorhandener Beschaffungsmarktdaten **(Sekundärquellen)** ermitteln.

Primärquellen

(eigene direkte und gezielte Erhebung von Beschaffungsmarktdaten)
- telefonische/schriftliche Lieferantenbefragung
- gezielte Anfragetätigkeit, Ausschreibung
- Lieferantenbesuch
- Betriebsbesichtigung
- Probelieferungen
- Erfahrungsaustausch mit Wettbewerbern, Kollegen in Einkäuferverbänden
- Messebesuch
- Besuch von Fachtagungen

Sekundärquellen

(Sammlung/gezielte Anfrage extern vorhandener Beschaffungsmarktdaten)
- Kataloge, Prospekte, Preislisten, Werbematerial
- Geschäftsberichte, Hauszeitschriften der Lieferanten
- Veröffentlichungen oder Anfragen
  - Banken, Auskunfteien
  - IHK, Wirtschaftsverbände
  - deutsche und ausländische Handelskammern, Handelsabteilungen der Botschaften, Konsulate
  - Markt-, Wirtschaftsforschungsinstitute
  - Makler, Vertreter
  - Informationsdienstleistungsunternehmen
  - statistische Ämter
  - nationale und internationale Einkäuferverbände
- Verzeichnisse
  - Bezugsquellennachweise
  - Firmenhandbücher
  - Branchenverzeichnisse
  - Adressbücher
- Fach-/Allgemeinpresse
  - Tageszeitungen
  - Fachzeitschriften
  - Börsen- und Marktberichte
- Messekataloge

Das Einholen von Angeboten nach der Bezugsquellenermittlung

Hat die Großhandlung eine oder mehrere mögliche Bezugsquellen identifiziert, gibt es verschiedene Vorgehensweisen, einen Kaufvertrag anzubahnen.

Formale Anfragen

Mit einer **formalen Anfrage** können potenzielle Lieferanten aufgefordert werden, ein Angebot abzugeben. Die Großhandlung kann die Anfragen schriftlich per Brief oder E-Mail oder mündlich in einem direkten Gespräch oder per Telefon stellen.

Verkaufsverhandlungen

Mitarbeiter der Großhandlung treffen als Einkäufer in einem Beratungsgespräch auf Fachpersonal von Lieferanten. Während dieser **Verkaufsverhandlungen** werden vom Einkäufer implizit Anfragen gestellt, vom Lieferanten Angebote gemacht.

Elektronisches Einholen von Angeboten

Eine weitere Möglichkeit, Kaufverträge anzubahnen, ist das **elektronische Einholen von Angeboten**: Um die Angebote möglicher Lieferanten systematisch am eigenen Bedarf auszurichten, schreiben einkaufende Großhandlungen Aufträge immer häufiger aus: Die Lieferanten sind dann gezwungen, in Ausschreibungen und Auktionen nach den Regeln der Großhandlung zu handeln. Viele Großhandlungen nutzen vor diesem Hintergrund B2B-Marktplätze als Beschaffungsplattformen. Dadurch ergeben sich große Einsparmöglichkeiten: Anfragen und Angebote ergeben sich quasi automatisiert.

Durch die Platzierung von elektronischen Anfragen und vor allem Ausschreibungen über Internetplattformen wird der Kreis möglicher Lieferanten erweitert und ein direkter Angebotsvergleich wird ermöglicht: Die Zeit zwischen Bezugsquellenermittlung und abgeschlossenem Kaufvertrag wird reduziert.

Ausschreibung

Bei einer **Ausschreibung** werden die Bedingungen, zu denen ein Angebot erwartet wird, öffentlich bekannt gegeben. Solche Ausschreibungen erfolgen oft in Fachzeitschriften oder Zeitungen. Die einkaufende Großhandlung erhofft sich dadurch eine Minimierung von Einkaufskosten. Im Gegensatz zum öffentlichen Bereich, für den besondere rechtliche Bestimmungen gelten, ist der private Bereich nicht an die formalen Vorschriften des Vergaberechts gebunden.

Im Hinblick auf die Zugangsmöglichkeiten für Lieferanten werden zwei Ausschreibungsmethoden unterschieden:

- **Offene Ausschreibungen** werden auf virtuellen Marktplätzen jedem bekannt gegeben jeder Lieferant kann sich uneingeschränkt im Ausschreibungsbereich anmelden, die dort in elektronischer Form abgelegten Abschreibungsunterlagen durchschauen und schließlich seine Angebote abgeben.
- Nur ausgewählte Lieferanten bekommen dagegen bei der **geschlossenen Ausschreibung** ein Zugang auf die Ausschreibungsplattform. Die infrage kommenden Lieferanten bekommen per E-Mail eine Benachrichtigung, die eine Internetadresse (sowie ein Passwort) enthält. Dort können Sie die Ausschreibungsdokumente einsehen und ihre Gebote abgeben.

Auktion

In einer Onlineauktion bieten die Lieferanten um den Zuschlag einer von der einkaufenden Großhandlung genau bestimmten Leistung. Verhandelt wird dabei in der Regel nur noch der Preis. Durch Auktionen können langwierige Verhandlungen vermieden werden.

Die einkaufende Großhandlung legt einen Startpreis fest, der den Bietern noch genügend Spielraum zur Preisgestaltung lässt. Je nach Art der Auktion muss der Bieter dann immer das jeweils niedrigste Gebot unterbieten oder zumindest sein letztes Gebot.

Die Laufzeit bei Auktionen ist begrenzt. Das jeweils letzte Gebot eines Lieferanten wird anonymisiert und in Echtzeit wiedergegeben. Der Betreiber des Marktplatzes, auf dem die Auktion stattfindet, hat die Möglichkeit, den bietenden Lieferanten per E-Mail zu informieren, wenn sein Angebot überboten wird. Dieser kann dann sein Gebot nachbessern.

Der günstigste Lieferant erhält später nach Auswertung der Gebote den Zuschlag. Damit kann ein rechtsgültiger Vertrag abgeschlossen werden. Arbeiten sowohl die einkaufende Großhandlung als auch der Lieferant mit elektronischen Signaturen, kann der Vertragsabschluss auch elektronisch und automatisch erfolgen.

Auktionen funktionieren ähnlich wie Ausschreibungen. Bei einer Auktion ist die einkaufende Großhandlung i. d. R. verpflichtet, dem preisgünstigsten Lieferanten nach Ablauf der Auktion den Zuschlag zu geben. Für alle Formen der Auktionen gilt, dass der Endpreis im Vorhinein noch nicht feststeht.

Unterschiede zwischen elektronischen Ausschreibungen und Auktionen

Ausschreibung	Auktion
Jeder mögliche Lieferant bestimmt die Höhe seines Gebots selbst.	Die Auktion beginnt mit einem Startpreis.
Es gibt i. d. R. keine vorgegebenen Startpreise.	In der Auktion wird mit Erhöhungsschritten gearbeitet.
Die Lieferanten, die sich an der Ausschreibung beteiligen, kennen weder die Anzahl noch die Höhe der Gebote ihrer Mitbewerber.	Angezeigt wird das jeweils geltende Gebot.
Das zuletzt abgegebene Gebot zählt: Jeder sich an der Ausschreibung beteiligende Lieferant kann sein Gebot erhöhen oder vermindern.	Den Startpreis überbietende Gebote werden nicht akzeptiert.
Der Kaufvertrag kommt zustande durch Zuschlag nach dem Gebotstermin: Die ausschreibende Großhandlung bleibt in ihrer Entscheidung frei.	Der Kaufvertrag kommt mit der Annahme des günstigsten Gebots zustande: Es erfolgt quasi ein automatischer Zuschlag.

AUFGABEN

1. Welche Informationsquellen dienen der Auswahl von Erstlieferern?
2. Welche Informationen enthält eine Bezugsquellenkartei?
3. Welche Kriterien müssen herangezogen werden, wenn ein Artikel von mehreren Lieferanten bezogen werden kann?
4. Welche Vorteile hat eine Suche nach Bezugsquellen mithilfe elektronischer Medien?
5. Nach welchen Kriterien würden Sie einen Lieferanten beurteilen?
6. Wie kann eine Großhandlung nach Identifikation möglicher Bezugsquellen dort Angebote einholen?
7. Wodurch unterscheiden sich elektronische Ausschreibungen von elektronischen Auktionen?

AKTIONEN

1. Bearbeiten Sie in Gruppen jeweils eine der folgenden Leitfragen:
   a) **Welche Informationen benötigt die Fairtext GmbH über Lieferanten?**
   Halten Sie Ihre Ergebnisse auf Metaplankarten fest und beachten Sie hierbei die eingeführten Regeln zur Beschriftung von Karten.
   b) **Welche Anforderungen stellt die Fairtext GmbH an Bezugsquellen?**
   Halten Sie Ihre Ergebnisse in Form einer Mindmap auf Folie fest und beachten Sie hierbei die eingeführten Regeln zur Aufstellung einer Mindmap.
   Sie haben 10 Minuten zur Bearbeitung.
2. Untersuchen Sie in Gruppenarbeit eine der folgenden Seiten hinsichtlich der Eignung als Hilfsmittel zur Ermittlung von Bezugsquellen:
   Gruppen 1 und 4: https://www.gelbeseiten.de/branchenbuch
   Gruppen 2 und 3: www.mercateo.com
   a) Zur Überprüfung der Leistungsfähigkeit sollen Recherchen durchgeführt werden:
   Gruppen 1 und 4:
   Begeben Sie sich auf die Suche nach Büromaterialzulieferern.
   Geben Sie in die Suchmaske den Suchbegriff „Bürobedarf“ ein und starten Sie die Suche.
   Wie viele Einträge erhalten Sie
   - bundesweit?
   - für Hannover?

   Gruppen 2 und 3:
   Begeben Sie sich auf die Suche nach Büromaterialzulieferern.
   Geben Sie in die Suchmaske den Suchbegriff „Bürobedarf“ ein und starten Sie die Suche.
   Wie viele Artikel sind erhältlich?
   b) Erstellen Sie eine Wandzeitung. Beachten Sie dabei den Gliederungsvorschlag sowie die folgenden Punkte:
   - Schreiben Sie groß und deutlich.
   - Nutzen Sie Farben zur Strukturierung.
   - Kopieren Sie Auszüge der jeweiligen Internetseiten (Schriftzüge, Symbole usw.) zur Illustration.
   - Zur Fertigstellung Ihrer Wandzeitung haben Sie 45 Minuten Zeit.

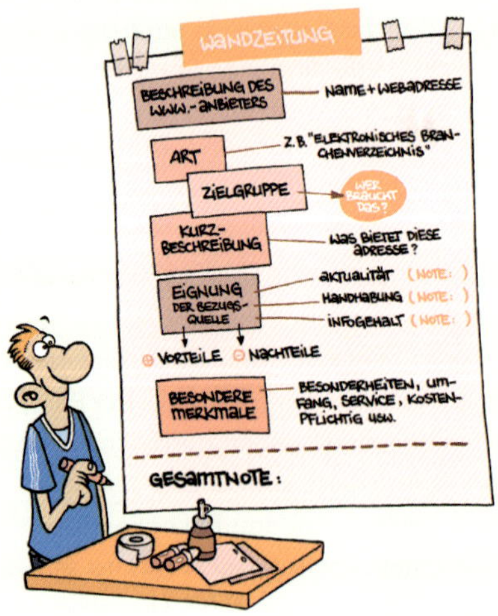

   c) Für die **mündliche Erläuterung** teilen Sie die verschiedenen Bereiche Ihres Anbieters auf die Personen Ihrer Arbeitsgruppe auf (jeder Teilnehmer übernimmt einen Anteil bei der Vorstellung).
3. Entwerfen Sie jeweils ein Muster einer Lieferanten- oder Warenkarteikarte für einen typischen Artikel bzw. Lieferanten Ihres Ausbildungsbetriebs.

203153366

ZUSAMMENFASSUNG

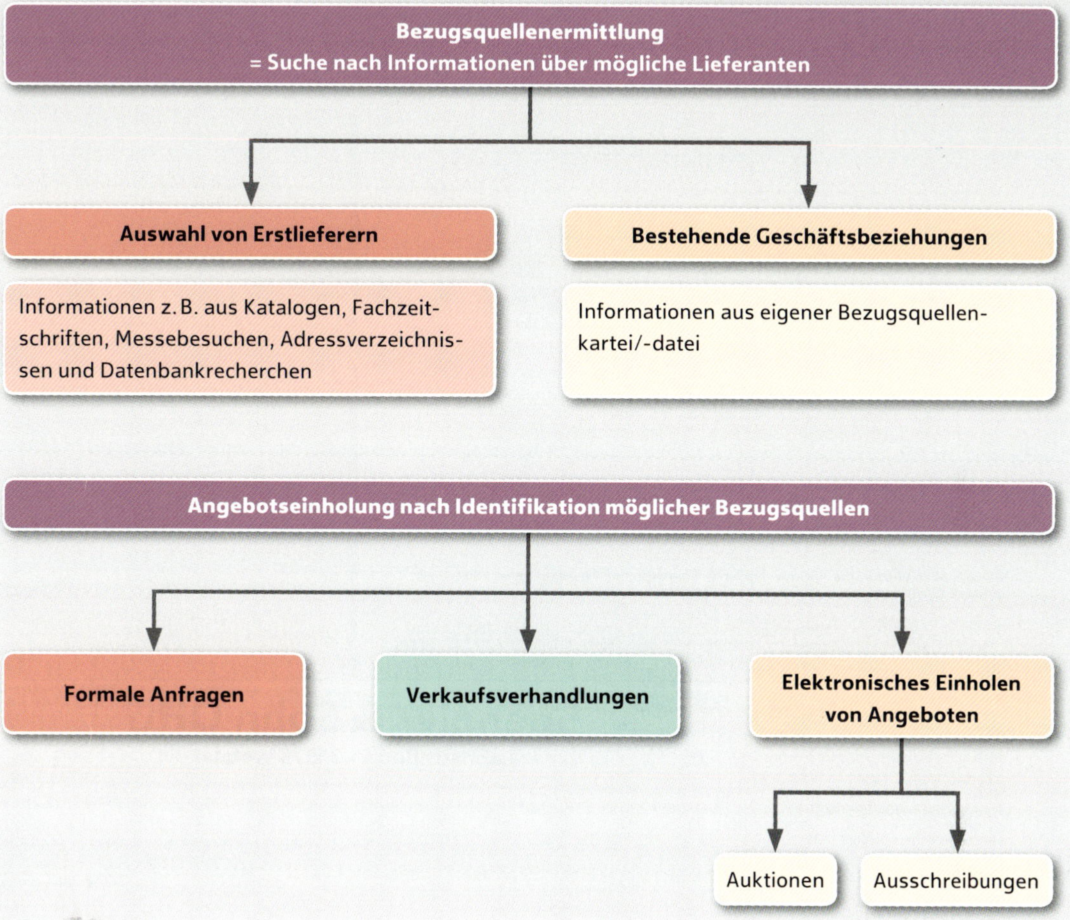

Die Textilgroßhandlung Fairtext GmbH benötigt 100 Herrenfreizeithemden mit ½ Arm. Ihr liegen dazu die folgenden Angebote vor:

Leinenmeister GmbH
Obernstraße 8
33602 Bielefeld

Leinenmeister GmbH • Obernstraße 8 • 33602 Bielefeld
Textilgroßhandlung
Fairtext GmbH
Walsroder Str. 6 a
30625 Hannover

Ihr Zeichen:	es-s
Ihre Nachricht vom:	04.02.20..
Unser Zeichen:	b-l
Unsere Nachricht vom:	
Name:	Frau Baumeister
Telefon:	0521 8384-20
Datum:	06.02.20..

Angebot in Freizeithemden

Sehr geehrte Damen und Herren,

wir bedanken uns für Ihre Anfrage. Folgende Sonderposten Freizeithemden können wir Ihnen zu einem besonders günstigen Preis anbieten:

Bestell-Nr. 245 — Herrenfreizeithemden mit 1/2 Arm, bunt, kariert, 100 % Baumwolle, schadstoffgeprüft nach Öko-Tex-Standard 100, Gr. 36 bis 45, zum Preis von 7,40 € pro Stück einschließlich Verpackung

Der Preis gilt frei Haus.

Ihre Zahlung erbitten wir innerhalb von 14 Tagen abzüglich 3 % Skonto oder innerhalb von 30 Tagen ohne Abzug.

Wir freuen uns auf Ihren Auftrag.

Mit freundlichen Grüßen

Leinenmeister

i. V. *Baumeister*

Baumeister

Spengler & Sohn OHG
Lahnstraße 14 • 35578 Wetzlar

Spengler & Sohn OHG • Lahnstraße 14 • 35578 Wetzlar
Fairtext GmbH
Walsroder Str. 6 a
30625 Hannover

Ihr Zeichen:	es-s
Ihre Nachricht vom:	04.02.20..
Unser Zeichen:	ge-s
Unsere Nachricht vom:	
Name:	Herr Gerhard
Telefon:	06441 4956-55
Datum:	06.02.20..

Angebot Freizeithemden

Sehr geehrte Damen und Herren,

wir danken für Ihre Anfrage. Folgende Freizeithemden können wir Ihnen zu einem äußerst günstigen Preis anbieten:

Bestell-Nr. 4537 — Herrenfreizeithemden mit 1/2 Arm, kariert, 55 % Baumwolle, 45 % Polyester, Gr. 36 bis 45, zum Preis von 8,10 € pro Stück einschließlich Verpackung.

Bei Abnahme von mindestens 50 Stück gewähren wir Ihnen einen Mengenrabatt von 15 %.

Bei unserer Lieferung ab Lager Wetzlar stellen wir Ihnen pro Hemd 0,10 € Transportkosten in Rechnung.

Ihre Zahlung erbitten wir innerhalb von vier Wochen ab Rechnungsdatum netto Kasse.

Wir freuen uns auf Ihren Auftrag.

Mit freundlichen Grüßen

Spengler & Sohn

i. V. *Gerhard*

Gerhard

Der Leiter der Einkaufsabteilung, Herr Harriefeld, bittet die Auszubildenden Caroline König und Mete Öczan, das günstigste Angebot auszusuchen.
Versetzen Sie sich in die Rolle von Caroline König oder Mete Öczan und führen Sie den Angebotsvergleich durch.

203153368

INFORMATIONEN

Bezugskalkulation

Einfache Bezugskalkulation

Wenn nur eine Ware bezogen wird, fallen die Bezugskosten allein für diese Ware an. Zur Ermittlung des Bezugspreises wird in diesem Fall eine einfache Bezugskalkulation durchgeführt.

Bei der einfachen Bezugskalkulation zieht der Käufer von dem im Angebot des Lieferanten genannten Listenpreis für die angebotene Ware erst den Lieferantenrabatt und den Lieferantenskonto ab. Dann werden die Bezugskosten hinzugerechnet.

Listeneinkaufspreis
– Lieferantenrabatt
= Zieleinkaufspreis
– Lieferantenskonto
= Bareinkaufspreis
+ Bezugskosten
= Bezugspreis

Bezugskosten sind:

- Versandkosten (Fracht, Hausfracht, Wiege- und Verladekosten, Entladekosten)
- Kosten der Versandverpackung
- Transportversicherungsprämien
- Zoll

BEISPIEL

Der Listeneinkaufspreis für eine Ware beträgt 240,00 € pro Stück. Der Lieferant gewährt einen Rabatt von 10 % und 2 % Skonto bei Zahlung innerhalb von 10 Tagen. Die Bezugskosten betragen 2,00 € pro Stück.

Listeneinkaufspreis	240,00 €
– 10 % Rabatt	24,00 €
= Zieleinkaufspreis	216,00 €
– 2 % Skonto	4,32 €
= Bareinkaufspreis	205,68 €
+ Bezugskosten	2,00 €
= Bezugspreis	**207,68 €**

Rechenweg:

Lieferantenrabatt =

$$\frac{\text{Listeneinkaufspreis} \cdot \text{Lieferantenrabatt (\%)}}{100}$$

Zieleinkaufspreis =
Listeneinkaufspreis – Lieferantenrabatt

Lieferantenskonto =

$$\frac{\text{Zieleinkaufspreis} \cdot \text{Lieferantenskonto (\%)}}{100}$$

Bareinkaufspreis =
Zieleinkaufspreis – Lieferantenskonto

Bezugspreis = Bareinkaufspreis + Bezugskosten

Erweiterte Bezugskalkulation

Wenn mehrere Waren gemeinsam bezogen werden, fallen gemeinsame Bezugskosten an. Sie müssen anteilig auf die einzelnen Waren verteilt werden. Verteilungsgrundlage für Bezugskosten kann dabei das Gewicht der Ware (= Gewichtsspesen) oder der Wert der Ware (= Wertspesen) sein.

Gewichtsspesen sind z. B.

- Fracht
- Lagerkosten,
- Verladekosten,
- Hausfracht

Gewichtsspesen werden nach dem Bruttogewicht anteilig auf die gemeinsam bezogenen Waren verteilt.

Das Bruttogewicht ist das Gewicht der Ware (= Nettogewicht) plus das Gewicht der Verpackung (= Tara).

Wertspesen sind z. B.

- Versicherung,
- Zoll,
- Provision,
- Bankspesen

Wertspesen werden nach dem Zieleinkaufspreis anteilig auf die gemeinsam bezogenen Waren verteilt.

BEISPIEL

Ein Großhändler bezieht in einer gemeinsamen Lieferung:
Ware I: 30 Sack 1 500 kg brutto, 20,00 € je kg netto
Ware II: 50 Sack 2500 kg brutto, 30,00 € je kg netto

Der Lieferant gewährt 10 % Rabatt und 3 % Skonto bei Zahlung innerhalb von 10 Tagen nach Lieferung. Die Tara beträgt je Sack 1 kg. Die Fracht für die Lieferung beträgt 2.050,00 €, die Versicherungskosten betragen 1.200,00 €.

Fragen:
a) Wie hoch ist das Nettogewicht der einzelnen Waren?
b) Wie hoch sind die Zieleinkaufspreise für Ware I und für Ware II?
c) Wie viel Euro betragen die Gewichtsspesen und die Wertspesen für die einzelnen Waren?
d) Wie hoch sind die Bezugspreise für Ware I und für Ware II?

Lösungsweg:
a) Ermittlung des Nettogewichts

	Ware I	Ware II
Bruttogewicht	1 500 kg	2500 kg
– Tara	1 kg · 30 = 30 kg	1 kg · 50 = 50 kg
= Nettogewicht	1 470 kg	2450 kg

b) Ermittlung des Zieleinkaufspreises

Listeneinkaufspreis = Nettopreis · Nettogewicht
Listeneinkaufspreis Ware I: 20,00 €/kg · 1 470 kg = 29.400,00 €
Listeneinkaufspreis Ware II: 30,00 €/kg · 2450 kg = 73.500,00 €

	Ware I	Ware II
Listeneinkaufspreis	29.400,00 €	73.500,00 €
– 10 % Rabatt	2.940,00 €	7.350,00 €
= Zieleinkaufspreis	26.460,00 €	66.150,00 €

c) Ermittlung der Gewichtsspesen (= Fracht) und Wertspesen (= Versicherung)

	Bruttogewicht	Gewichtsspesen	Zieleinkaufspreis	Wertspesen
Ware I	1 500 kg	768,75 €	26.460,00 €	342,86 €
Ware II	2500 kg	1.281,25 €	66.150,00 €	857,14 €
Gesamt	4000 kg	2.050,00 €	92.610,00 €	1.200,00 €

d) Ermittlung der Bezugspreise

	Ware I	Ware II
Listeneinkaufspreis	29.400,00 €	73.500,00 €
– 10 % Rabatt	2.940,00 €	7.350,00 €
= Zieleinkaufspreis	26.460,00 €	66.150,00 €
– 3 % Skonto	793,80 €	1.984,50 €
= Bareinkaufspreis	25.666,20 €	64.165,50 €
+ Fracht	768,75 €	1.281,25 €
+ Versicherung	342,86 €	857,14 €
= Bezugspreis	26.777,81 €	66.303,89 €

203153370

Um das günstigste Angebot für eine Ware zu ermitteln, vergleicht der Großhändler die Angebote mehrerer Lieferanten. Er kann dabei einen qualitativen oder einen quantitativen Angebotsvergleich durchführen.

Quantitativer Angebotsvergleich

Beim quantitativen Angebotsvergleich berechnet und vergleicht der Käufer die Bezugspreise der angebotenen Waren, um das preisgünstigste Angebot zu ermitteln.

BEISPIEL

Die Fairtext GmbH hat auf ihre Anfrage von zwei verschiedenen Anbietern Angebote über Freizeithemden mit ½ Arm erhalten. Da das Unternehmen 100 Stück benötigt, wird der Angebotsvergleich für diese Bestellmenge durchgeführt:

Artikel Herrenfreizeithemden Gr. 36–45
Menge 100 Stück

Lieferant	Spengler & Sohn, Wetzlar		Leinenmeister, Bielefeld	
Listeneinkaufspreis **– Lieferantenrabatt**	8,10 €/Stück 15 %	810,00 € 121,50 €	7,40 €/Stück	740,00 €
= Zieleinkaufspreis **– Lieferantenskonto**		688,50 €	3 % innerhalb 14 Tagen	740,00 € 22,20 €
= Bareinkaufspreis **+ Bezugskosten** **(Verpackungs- und Versandkosten)**		688,50 € 10,00 €		717,80 €
= Bezugspreis (Einstandspreis)		698,50 €		717,80 €

Rechenweg

$$\text{Lieferantenrabatt} = \frac{\text{Listeneinkaufspreis} \cdot \text{Lieferantenrabatt (\%)}}{100}$$

Zieleinkaufspreis = Listeneinkaufspreis – Lieferantenrabatt

$$\text{Lieferantenskonto} = \frac{\text{Zieleinkaufspreis} \cdot \text{Lieferantenskonto (\%)}}{100}$$

Bareinkaufspreis = Zieleinkaufspreis – Lieferantenskonto

Bezugspreis = Bareinkaufspreis + Bezugskosten

Qualitativer Angebotsvergleich

Beim qualitativen Angebotsvergleich achtet der Großhändler nicht nur auf quantitative Aspekte, also den Bezugspreis, sondern auch auf qualitative Aspekte.

Solche qualitativen Aspekte, die der Händler in seine Überlegungen bei der Kaufentscheidung einbezieht, können z. B. sein:

- Lieferzeit (z. B.: wie schnell wird geliefert; kann innerhalb einer geforderten Zeit geliefert werden?)
- Zahlungsbedingungen (z. B. Zahlungsziel)
- Zahlungsmöglichkeiten (z. B. Zahlungsarten und Möglichkeit der Ratenzahlung)
- Qualität der Ware
- Eigenschaften des Produkts
- ökologische Aspekte (z. B. Umweltverträglichkeit der Ware, ökologische Herstellung, Fair Trade)
- Image des Lieferanten (z. B. Bild in der Öffentlichkeit, mögliche Skandale, Kinderarbeit o. Ä.)
- Erfahrungen mit dem Lieferanten (bisherige Geschäftsbeziehungen)
- Serviceangebot des Lieferanten (möglicherweise Wartungsservice, Hotline o. Ä.)
- Lieferbedingungen (z. B. Umtausch, Reklamationen)
- Marktstellung des Lieferanten

Nutzwertanalyse

Qualitative Kriterien des Angebotsvergleichs können in der Regel nicht in Geldeswert beziffert werden.

Daher eignet sich die Nutzwertanalyse zur Beurteilung der bei einem Beschaffungsvorgang bedeutsamen qualitativen Kriterien, die in den Angebotsvergleich einzubeziehen sind. Mithilfe der Nutzwertanalyse werden die einzelnen Kriterien gewichtet und bewertet, um am Ende einen Überblick über den Nutzen der einzelnen Alternativen zu haben. Auf dieser Grundlage kann dann eine Entscheidung für ein Angebot erfolgen.

Vorgehen bei der Nutzwertanalyse

Bei der Nutzwertanalyse zur Beurteilung der qualitativen Kriterien, von denen die Entscheidung für ein Angebot abhängt, wird wie folgt vorgegangen:

1. **Identifizierung** und Auflistung **der** für die bevorstehende Kaufentscheidung bedeutsamen **Kriterien**.

2. **Gewichtung** der einzelnen Kriterien nach ihrer Bedeutung für die anstehende Kaufentscheidung. Es werden zum Beispiel insgesamt 100 Gewichtungspunkte vergeben und diese werden auf die im ersten Schritt festgelegten bedeutsamen Kriterien verteilt. Das wichtigste Kriterium erhält die höchste Anzahl an Gewichtungspunkten (z. B. 40), das zweitwichtigste Kriterium die zweithöchste Anzahl (z. B. 30) und so weiter. Die Art der Gewichtung kann individuell vorgenommen werden. Eine weitere Möglichkeit wäre, dass jedes Kriterium eine Gewichtung zwischen 1 (geringe Bedeutung) und 10 (sehr hohe Bedeutung) erhält. Kriterien, die von gleicher Bedeutung für die Entscheidung sind, können auch gleich gewichtet werden.

3. Feststellen und **Festlegen** möglicher **K.-o.-Kriterien:** K.-o.-Kriterien müssen unbedingt erfüllt sein, damit die Alternative (hier das Angebot) für die anstehende Entscheidung in Betracht gezogen wird.

BEISPIEL

Es ist bekannt, dass ein Textillieferant seine Produkte u. a. durch Kinderarbeit herstellt. Da die Fairtext GmbH Kinderarbeit strikt ablehnt, ist das Kriterium „keine Kinderarbeit" nicht erfüllt und somit kommt der Anbieter nicht mehr als Lieferant in Betracht. Alle anderen Kriterien müssen nicht weiter betrachtet und gewichtet werden.

	A	B	C
1	**Entscheidungskriterium**		
2	Lieferzeit		
3	Qualität der Ware		
4	Erfahrungen mit Lieferant		
5	...		

Schritt 1: Identifizierung der relevanten Kriterien

	A	B	C
1	**Entscheidungskriterium**	**Gewichtungspunkte**	
2	Lieferzeit	30	
3	Qualität der Ware	35	
4	Erfahrungen mit Lieferant	15	
5	...	...	

Schritt 2: Gewichtung der Kriterien

	A	B	C	D	E	F	G	H
1			**Alternative A**		**Alternative B**		**Alternative C**	
2	**Entscheidungskriterium**	**Gewichtungspunkte**	**Erfüllung des Kriteriums**		**Erfüllung des Kriteriums**		**Erfüllung des Kriteriums**	
3	Lieferzeit	30	3		2		1	
4	Qualität der Ware	35	1		0		3	
5	Erfahrungen mit Lieferant	15	2		1		1	
6	...	...	...		...		...	

Schritt 4: Beurteilung der Alternativen

	A	B	C	D	E	F	G	H
1			**Alternative A**		**Alternative B**		**Alternative C**	
2	**Entscheidungskriterium**	**Gewichtungspunkte**	**Erfüllung des Kriteriums**	**Gewichtete Beurteilung**	**Erfüllung des Kriteriums**	**Gewichtete Beurteilung**	**Erfüllung des Kriteriums**	**Gewichtete Beurteilung**
3	Lieferzeit	30	3	90	2	60	1	30
4	Qualität der Ware	35	1		0		3	
5	Erfahrungen mit Lieferant	15	2		1		1	
6	...	...	...		...		...	

Kommentar 1: =B3*C3

Kommentar 2: =B3*E3

	A	B	C	D	E	F	G	H
1			**Alternative A**		**Alternative B**		**Alternative C**	
2	**Entscheidungskriterium**	**Gewichtungspunkte**	**Erfüllung des Kriteriums**	**Gewichtete Beurteilung**	**Erfüllung des Kriteriums**	**Gewichtete Beurteilung**	**Erfüllung des Kriteriums**	**Gewichtete Beurteilung**
4	Lieferzeit	30	3	90	2	60	1	30
5	Qualität der Ware	35	1	35	0	0	3	105
6	Erfahrungen mit Lieferant	15	2	30	1	15	1	15
7	...	...	...		...		...	

Kommentar 1: Zeile wegen Formatierung einfügen

Kommentar 2: Formel bei jeder Alternative vervielfältigen

Schritt 5: gewichtete Beurteilung der Alternativen

Alternativen, die ein K.-o.-Kriterium nicht erfüllen, werden im weiteren Verlauf der Nutzwertanalyse nicht berücksichtigt, da sie nicht in Betracht kommen.

4. **Beurteilung der** einzelnen **Alternativen** (hier: Anbieter) hinsichtlich der Erfüllung der festgelegten Kriterien. Erfüllt eine Alternative ein Kriterium vollständig, so wird diese Alternative beispielsweise mit „3" Beurteilungspunkten bewertet, bei guter Erfüllung mit „2", bei weniger guter Erfüllung des Kriteriums mit „1" und bei schwacher oder gar keiner Erfüllung des Kriteriums mit „0". Die Beurteilungspunkte können auch nach einem beliebigen anderen System verteilt werden. Das System muss innerhalb einer Nutzwertanalyse aber bei allen Kriterien gleich sein.

5. **Gewichtete Beurteilung** der Alternativen Bei jeder Alternative (Angebot) werden nun die Gewichtungspunkte jedes Kriteriums (siehe 2.) mit den jeweiligen Beurteilungspunkten (siehe 4.) multipliziert und das Ergebnis wird festgehalten.

6. **Addition der** in 5. **ermittelten gewichteten Beurteilungspunkte** für jede Alternative (jedes Angebot).

7. Auswahl der besten Alternative (**Treffen der Entscheidung**) aufgrund der erzielten Gesamtpunkte. Die Alternative mit den meisten Punkten ist aus qualitativen Gesichtspunkten die beste Alternative. Alternativen, bei denen ein mögliches K.-o.-Kriterium nicht erfüllt wird, kommen nicht in Betracht (s. o.).

Die Ergebnisse des quantitativen Angebotsvergleichs können als ein gewichtetes Kriterium in den qualitativen Angebotsvergleich einfließen.

AUFGABEN

1. Ein Früchtegroßhändler erhält zwei Angebote. Entscheiden Sie, welches Angebot (bei gleicher Qualität/Lieferzeit) angenommen werden soll.
   Angebot 1: 400 Kisten Äpfel; Bruttogewicht: 8800 kg; Tara: 0,5 kg pro Kiste; Preis (ohne USt) pro 100 kg Nettogewicht: 13,50 €; Mengenrabatt: 10 %; Skonto: 3 %; frachtfrei; Hausfracht (ohne USt): 95,20 €.
   Angebot 2: 400 Kisten Äpfel; Bruttogewicht: 8800 kg; Tara: 0,5 kg pro Kiste; Preis (ohne USt) pro 100 kg Nettogewicht: 11,50 €; Skonto: 1 %; Fracht (ohne USt): 420,00 €; Hausfracht (ohne USt): 80,00 €.

2. Sie sind Angestellte(r) der Textilgroßhandlung Fairtext GmbH, Walsroder Str. 6 a, 30625 Hannover. Die Personalabteilung soll mit Bürostühlen der Modellreihe „Comfort XL“ ausgestattet werden. Es liegen zwei Angebote vor:
   Angebot der Kessler KG, Hannover: Listenpreis für einen Stuhl: 395,00 € (ohne USt); Rabatt: 12,5 %; Zahlungsziel: 60 Tage netto Kasse, bei Zahlung innerhalb von 20 Tagen 3 % Skonto; Bezugskosten: Lieferung frei Haus; Lieferzeit: sofort nach Auftragserteilung.
   Angebot der Bürosystem OHG, Göttingen: Listenpreis für einen Stuhl: 375,00 € (ohne USt); Rabatt: 4 %; Zahlungsziel: 60 Tage netto Kasse, bei Zahlung innerhalb von 20 Tagen 1,5 % Skonto; Bezugskosten: 238,00 € (einschl. 19 % USt) für Rollgeld, Fracht und Spezialverpackung; Lieferzeit: 4 Wochen nach Auftragserteilung.
   Entscheiden Sie, welchem Lieferanten Sie den Auftrag erteilen. Begründen Sie in dem Aktenvermerk Ihre Entscheidung.

3. Einem Großhändler liegen drei Angebote über Pfirsichkonserven (Dose zu 400 g) vor. Für welches Angebot sollte er sich entscheiden, wenn er 100 Dosen in spätestens zwei Wochen benötigt?
   Angebot 1: 0,60 € je Dose, netto einschließlich Verpackung, frei Haus, 10 % Rabatt bei Abnahme von 100 Dosen, Lieferung sofort, Zahlung innerhalb von 30 Tagen netto Kasse.
   Angebot 2: 0,55 € je Dose, netto ausschließlich Verpackung, Verpackungskosten für 100 Dosen: 2,70 €, Lieferung ab Werk (Transportkosten für 100 Dosen: 4,90 €) innerhalb von 14 Tagen, 15 % Rabatt bei Abnahme von 100 Dosen, Zahlung innerhalb von 30 Tagen netto Kasse.
   Angebot 3: 0,50 € je Dose, netto einschließlich Verpackung, Lieferung frei Haus innerhalb von 3 Wochen, 15 % Rabatt bei Abnahme von 100 Dosen, Zahlung innerhalb von 14 Tagen abzüglich 3 % Skonto oder innerhalb 30 Tagen netto Kasse.

4. Ein Großhändler bezieht von einem Lieferanten zwei Waren in einer gemeinsamen Lieferung:
   Ware I: Bruttomenge 210 kg zum Preis von 24,00 € je kg netto
   Ware II: Bruttomenge 315 kg zum Preis von 36,00 € je kg netto
   Der Lieferant gewährt 15 % Rabatt und 3 % Skonto bei Zahlung innerhalb von 10 Tagen nach Lieferung.
   Die Tara beträgt 2 %. Die Fracht für die Lieferung beträgt 495,00 €, die Versicherungskosten 284,00 €.
   Wie hoch sind die Bezugspreise für Ware I und für Ware II?

5. Die Fairtext GmbH benötigt für die Verwaltung 27 neue Flatscreenbildschirme. Aufgrund der gestellten Anfragen sind die folgenden drei Angebote von unterschiedlichen Herstellern eingegangen.
   Angebotsbedingungen Kaniconix
   Artikel: Flatscreenbildschirm „Syncomat 22“
   Artikelnr.: 201 556 500
   Menge: 27
   Preis: 158,82 €
   Der Preis versteht sich als Nettopreis ab Werk einschließlich üblicher Verpackung. Die Trans-

portkosten betragen 200,00 €. Ab einem Nettoauftragswert ab 1.000,00 € gewähren wir 2 %, ab 2.000,00 € 3 %, ab 3.000,00 € 4 %, ab 4.000,00 € 5 % Sofortrabatt.
Wir können Ihnen die gewünschten Monitore innerhalb von 8 Arbeitstagen nach Bestellungseingang liefern. Die Rechnung ist zahlbar innerhalb von 30 Tagen. Zahlen Sie innerhalb von 10 Tagen nach Erhalt der Rechnung, können Sie 1 % Skonto abziehen.

Angebotsbedingungen Startech
Artikel: Flatscreen „Stylo XLT25 LED"
Artikelnr.: 1585129
Menge: 27
Preis: 175,63 €
Ab einem Nettobestellwert von 3.000,00 € gewähren wir Ihnen 5 % Sofortrabatt. Der Preis versteht sich als Nettoeinzelpreis ab Werk inkl. üblicher Verpackung. Die Transportkosten betragen 100,00 €. Wir können Ihnen die gewünschte Anzahl Monitore jederzeit liefern. Erreicht uns Ihre Bestellung vor 12:00 Uhr, erfolgt die Auslieferung an Sie am kommenden Werktag. Da wir noch keinen geschäftlichen Kontakt hatten, bitten wir Sie um Vorauskasse.

Angebotsbedingungen Benkutech
Artikel: Monitor „M3224D"
Artikelnr.: 1506436
Menge: 27
Preis: 147,06 €
Die Auslieferung erfolgt frei Haus. Allerdings erlauben wir uns zusätzlich 2,50 € Verpackungskosten pro Monitor zu berechnen. Wir räumen Ihnen ein Zahlungsziel von 30 Tagen ein. Bei der Zahlung innerhalb von 14 Tagen ab Rechnungsdatum können Sie 2 % Skonto in Anspruch nehmen. Aufgrund unserer günstigen Liefer- und Zahlungsbedingungen können wir Ihnen leider keinen Rabatt gewähren. Die von Ihnen gewünschte Anzahl von 27 Monitoren können wir jederzeit innerhalb von drei Werktagen liefern.

Über die Hersteller liegen folgende Informationen vor:

Kaniconix: Die Produkte von Kaniconix sind traditionsbewusst gut. Kaniconix gilt bei Kunden seit vielen Jahren als traditioneller, solider Hersteller guter Produkte in einem angemessenen Preisniveau. Das Serviceangebot von Kaniconix ist sehr gut. In der Regel werden Fehler und Mängel zeitnah und während der zweijährigen Herstellergarantie kostenlos von einer der zahlreichen Niederlassungen vor Ort behoben. In der Vergangenheit hat die Fairtext GmbH bereits des Öfteren Produkte von Kaniconix bezogen und war stets sehr zufrieden.

Startech: Die Marke Startech steht für Qualität. Im Bereich der Flachbildschirmtechnologie ist Startech Marktführer, was sich natürlich auch in den etwas höheren Preisen niederschlägt. Startech-Produkte sind angesagte Lifestyle-Produkte, aber das Ansehen des Unternehmens hat in der Vergangenheit etwas gelitten, weil die Produkte laut unbestätigten Berichten in Indien unter sehr bedenklichen Umständen gefertigt werden. Startech gewährt seinen Kunden eine zweijährige Herstellergarantie. Der Kunde muss die Ware zu einem der wenigen Servicecenter bringen (per Einsendung oder Direktabgabe) und dort werden nicht fahrlässig verursachte Defekte kostenlos behoben.

Benkutech: Die Produkte von Benkutech haben laut Testergebnissen eine geringere durchschnittliche Lebensdauer, was auf teilweise schlechte Verarbeitung zurückzuführen ist. Das Image von Benkutech ist in der Vergangenheit besser geworden, aber Kunden sehen Benkutech immer noch als Lowbudget-Produkthersteller. Benkutech gewährt seinen Kunden eine einjährige Herstellergarantie. Bisher wurden seitens der Fairtext GmbH vereinzelt Geräte von Benkutech bezogen. Die Erfahrungen mit Benkutech aus diesen Geschäften sind unterschiedlich gewesen.

Informationen zur Bestellung:
Die Fairtext GmbH möchte die Ware natürlich schnell erhalten, aber dies soll nicht die oberste Priorität haben. Es ist wichtig, dass die Lieferanten ein gutes Image haben und die Produkte auf jeden Fall unter menschenwürdigen und fairen Bedingungen hergestellt werden. Bei der Lieferung kommt es der Fairtext GmbH nicht so sehr darauf an, dass sie schon Erfahrungen mit dem Lieferanten gemacht hat. Vielmehr ist es für sie wichtig, dass das Serviceangebot bezüglich der Herstellergarantie gut ist und dass die Qualität der Ware auf einem guten Niveau ist. Der Preis der Monitore ist natürlich ein Kriterium, das für jedes Unternehmen relevant ist, so auch für die Fairtext GmbH. Die Produkte sind mit Ausnahme der genannten Aspekte völlig miteinander vergleichbar.

Führen Sie einen qualitativen Angebotsvergleich im Rahmen einer Nutzwertanalyse aus.

AKTIONEN

1. Die Fairtext GmbH benötigt 1 000 Geschirrtücher. Es liegen folgende drei Angebote vor:
   Angebot 1: 1,20 € je Geschirrtuch, netto ausschließlich Verpackung, Verpackungskosten für 1 000 Stück: 2,80 €, frei Haus, 15 % Rabatt bei Abnahme von 1 000 Stück, Lieferung innerhalb einer Woche, Zahlung innerhalb von 30 Tagen netto Kasse.
   Angebot 2: 1,05 € je Geschirrtuch, netto einschließlich Verpackung, Lieferung ab Werk (Transportkosten für 1 000 Stück: 8,75 €), 10 % Rabatt bei Abnahme von 1 000 Stück, Zahlung innerhalb von 20 Tagen netto Kasse.
   Angebot 3: 1,35 € je Geschirrtuch, netto einschließlich Verpackung, Lieferung frei Haus innerhalb von 3 Wochen, 20 % Rabatt bei Abnahme von 1 000 Stück, Zahlung innerhalb von 14 Tagen abzüglich 3 % Skonto oder innerhalb 30 Tagen netto Kasse.
   Ermitteln Sie das preiswerteste Angebot.

2. Der Bezugspreis ist nur ein Kriterium für die Auswahl des günstigsten Angebots. Darüber hinaus sollten weitere qualitative Kriterien bei der Auswahl eines Angebots berücksichtigt werden.
   a) Bilden Sie eine Arbeitsgruppe mit drei weiteren Mitschülerinnen und Mitschülern.
   b) Sammeln Sie in Ihrer Gruppe qualitative Kriterien für einen Angebotsvergleich.
   c) Gewichten Sie diese Kriterien.
   d) Dokumentieren Sie die Übersicht der gewichteten Kriterien auf einem Plakat.
   e) Vergleichen Sie die Angebote auf Seite 368 unter Berücksichtigung dieser Kriterien.
   f) Präsentieren Sie Ihre Arbeitsergebnisse in Ihrer Klasse.

ZUSAMMENFASSUNG

Angebotsvergleich

Vergleich der Angebote mehrerer Lieferanten, um das günstigste Angebot für eine Ware zu ermitteln

Vergleich der
- Bezugspreise
- Lieferzeiten
- Zahlungsbedingungen
- Qualität
- Umwelt- und Gesundheitsverträglichkeit
- usw.

Ermittlung des Bezugspreises

	Listeneinkaufspreis (ohne USt)
–	Lieferantenrabatt
=	Zieleinkaufspreis
–	Lieferantenskonto
=	Bareinkaufspreis
+	Bezugskosten (ohne USt)
=	Bezugspreis/Einstandspreis

KAPITEL 5

Angebotsvergleich mit Tabellenkalkulationsprogrammen

Die Fairtext GmbH erhält von der Larstadt Warenhaus AG eine Anfrage über T-Shirts mit einem bestimmten Schnitt und einer speziellen Farbe für die Sommersaison. Da diese momentan nicht mehr auf Lager sind, holt die Fairtext GmbH bei zwei asiatischen Herstellern Angebote ein.

Angebot A:
Yakiza Moden, Hongkong
10 Kartons T-Shirts, je Karton 24 T-Shirts,
Listeneinkaufspreis netto je Karton 96,00 €,
Lieferantenrabatt 25 %,
Lieferantenskonto 3 %,
Fracht 6,50 € je Karton, Rollgeld 40,30 €

Angebot B:
Chop Ling Ltd., Taiwan
15 Kartons T-Shirts, je Karton 12 T-Shirts,
Listeneinkaufspreis netto je Karton 51,00 €,
Lieferantenrabatt 20 %,
Lieferantenskonto 2 %, Rollgeld 32,80 €

Mete Öczan bekommt den Auftrag, einen Angebotsvergleich durchzuführen. Er möchte eine Excel-Tabelle erstellen, die ihm die Berechnung in diesem, aber auch in anderen Fällen automatisch abnimmt. Für den Angebotsvergleich benötigt er das Schema der Bezugskalkulation für Handelsbetriebe:

Listeneinkaufspreis
– Lieferantenrabatt
= Zieleinkaufspreis
– Lieferantenskonto
= Bareinkaufspreis
+ Bezugskosten (z. B. Fracht, Rollgeld)
= Bezugspreis

Erstellen Sie eine Excel-Tabelle, mit der Angebotsvergleiche durchgeführt werden können. Verwenden Sie beim Aufbau der Tabelle:

a) einen Eingabebereich: Hier werden die bekannten Werte (Listeneinkaufspreis, Stückzahl, ggf. Rabatte, Skonti und Bezugskosten) eingetragen.
b) einen Verarbeitungsbereich: Hier wird die Berechnung mit dem Schema der Bezugskalkulation durchgeführt.
c) einen Ausgabebereich: Hier sollen die beiden Bezugspreise ausgegeben und verglichen werden. Der günstigere von beiden ist extra und deutlich herauszustellen.

INFORMATIONEN

Programme für Berechnungen in der Wirtschaft

In allen Unternehmen müssen die Mitarbeiter kaufmännische Entscheidungen vorbereiten, begründen und durchführen. Dazu sind heute in der Regel viele Berechnungen unterschiedlichster Art in großem Ausmaß notwendig. Ohne EDV-Unterstützung würde dafür sehr viel Zeit verbraucht werden, die eigentlich für die optimale Durchführung anderer wichtiger Tätigkeiten gebraucht wird. Um dies zu vermeiden, werden in der Wirtschaft Programme eingesetzt. Diese müssen entweder gekauft – was zu mehr oder weniger hohen Kosten führt – oder selbst erstellt werden. Dazu muss man eine Programmiersprache beherrschen. Die meisten Programmiersprachen sind jedoch sehr komplex und erfordern deshalb einen größeren Lernaufwand.

Eine Möglichkeit, Berechnungen mithilfe der EDV durchzuführen, ohne über größere EDV-Kenntnisse verfügen zu müssen, ist die Anwendung von leicht zu erlernenden Tabellenkalkulationsprogrammen. Wenn sie nicht schon beim Kauf der EDV-Hardware zum Lieferungsumfang gehören, sind sie günstig zu erwerben. Die Verwendung von Tabellenkalkulationsprogrammen ist sehr einfach, da der Anwender nicht programmieren muss, sondern im Dialog die notwendigen Berechnungsformeln, Daten und Texte in den Computer eingeben kann.

Tabellenkalkulationsprogramme

Mit Tabellenkalkulationsprogrammen können beliebige Zahlen berechnet werden.

203153376

BEISPIEL

Anwender von Tabellenkalkulationsprogrammen kann daher jeder Mitarbeiter sein, der z. B. mit folgenden Aufgaben beauftragt ist:

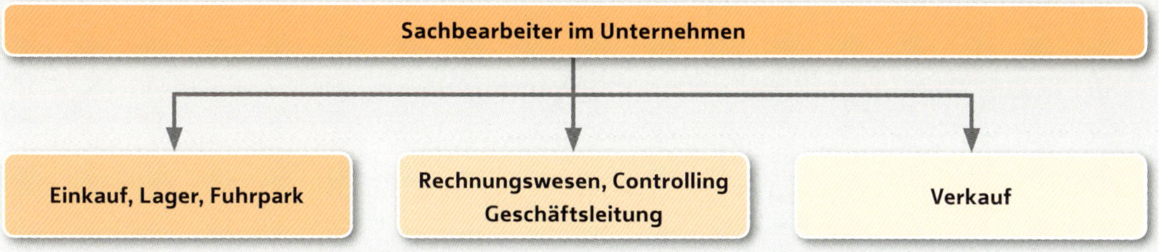

Einkauf, Lager, Fuhrpark

- Frachtberechnung
- Einkaufskalkulation
- Bestellwesen
- Lagerkennzahlen
- Renner-/Pennerlisten
- Fuhrparkabrechnung

usw.

Rechnungswesen, Controlling Geschäftsleitung

- Gewinn- und Verlustrechnung
- Kurzfristige Erfolgsrechnung
- Kennzahlenermittlung/Statistik
- Investitionsplanung
- Budget-/Etatplanung (Limitrechnung)
- Kosten- und Leistungsrechnung

usw.

Verkauf

- Kalkulation
- Soll-Ist-Vergleiche (Umsatzanalyse)
- Auftragsbearbeitung
- Angebotserstellung
- Marketinganalyse

usw.

Ihren Namen haben Tabellenkalkulationsprogramme bekommen, weil sie sich am Bildschirm in Form einer Tabelle präsentieren. Eine Tabelle stellt ein „elektronisches" Kalkulationsblatt dar, auf das man Texte, Zahlen und Formeln eingeben kann. Eine typische Tabelle ist z. B. der Stundenplan der Berufsschule.

Gegenüber der Tabelle in Papierform hat ein Tabellenkalkulationsprogramm im PC einen großen Vorteil: Es kann selbstständig rechnen. Daher der zweite Teil des Wortes Tabellenkalkulation – Kalkulation heißt Berechnung.

Eine Tabelle besteht aus Spalten und Zeilen, an deren Schnittpunkten Kästchen entstehen. Diese kleinsten Einheiten einer Tabelle heißen Zellen. In sie können Texte, Zahlen, Kommentare sowie Formeln eingetragen werden, die den Zusammenhang und die Berechnungsbeziehungen zwischen den Zahlen beschreiben.

Tabellenkalkulationsprogramm Excel

Die bekannteste Tabellenkalkulation, die unter dem Betriebssystem Windows läuft, ist Excel. Excel ist in der Lage, Rechenaufgaben jeglicher Art zu erledigen. Excel ist mittlerweile aber kein reines Tabellenkalkulationsprogramm mehr, sondern vereinigt neben der Tabellenkalkulation sogar eine Datenverwaltung und Möglichkeiten der Präsentationsgrafik unter sich.

Leistungsmerkmale von Excel:

- Berechnungen jeglicher Art
- Listen für alle Gelegenheiten
- Anlegen von Diagrammen
- Datenanalyse und -auswertung
- Verwendung als Datenbank
- Programmierung von Speziallösungen

Grundlegende Tätigkeiten mit Excel

Excel starten

Wenn eine entsprechende Verknüpfung auf der Arbeitsoberfläche angelegt ist, kann man Excel aufrufen, indem man mit der linken Maustaste auf das Excel-Symbol doppelklickt. Ist dies nicht der Fall, kann folgende Alternative gewählt werden:

- das Startmenü öffnen
- dort *Alle Programme* anwählen
- in dem sich dann verzweigenden Menü den Eintrag *Microsoft Excel* anklicken (Eventuell muss vorher noch *MS Office* ausgewählt werden.)

Excel beenden

Die Arbeit mit Excel kann über den Reiter *Datei* mit dem Befehl *Beenden* beendet werden. Eine Alternative liegt in der Betätigung des Schließfeldes, das sich rechts oben im Excel-Fenster befindet.

Überblick über den Excel-Bildschirm

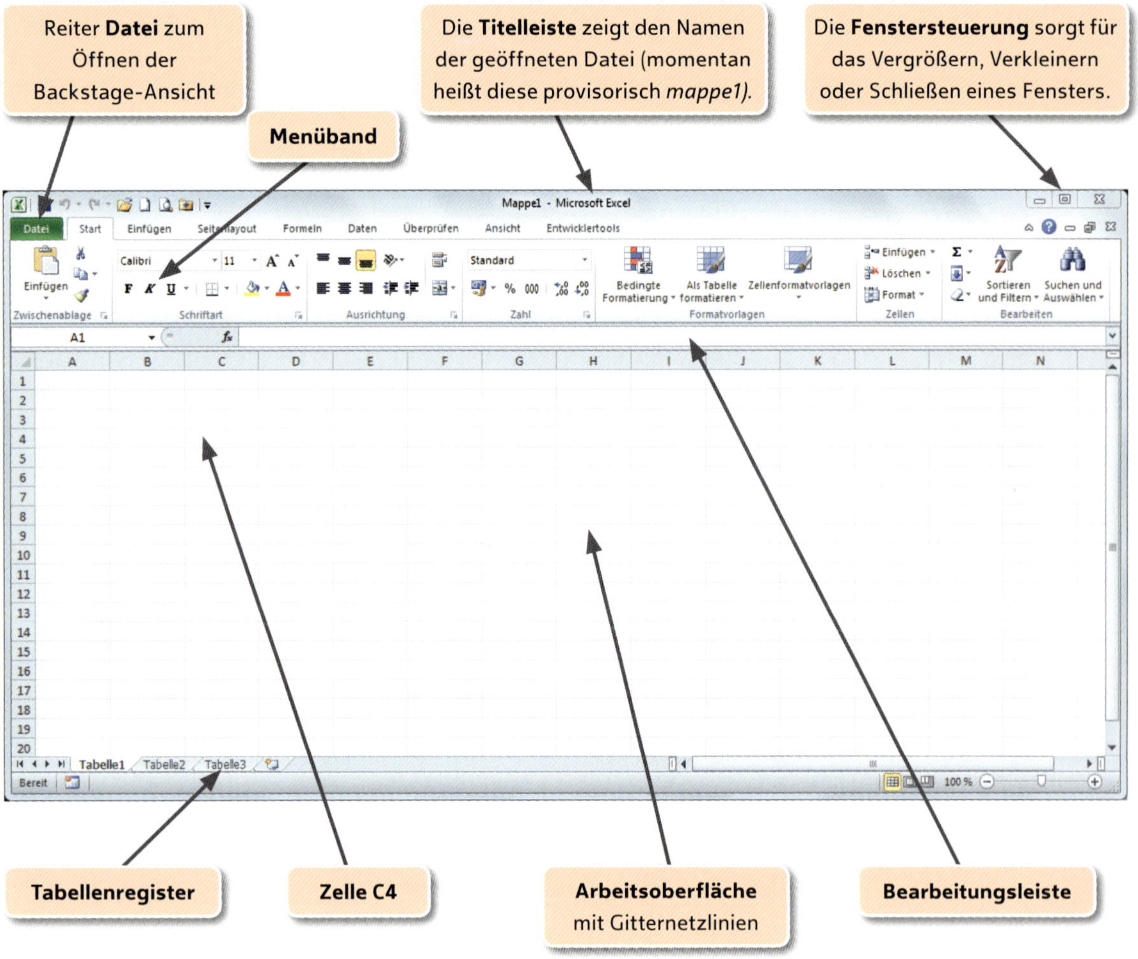

Menüband

Das Menüband ermöglicht den Zugriff auf Befehle und Optionen, die man für die Arbeit mit Excel benötigt. Es enthält verschiedene Registerkarten, von denen eine immer aktiv ist.

Registerkarte	Aufgabe
Start	Hier befinden sich alle Befehle, die für die ersten Arbeitsschritte erforderlich sind. Es sind in der Regel die im Rahmen der normalen Arbeit am häufigsten verwendeten Befehle.
Einfügen	Diese Registerkarte enthält alle Objekte, die sich in Tabellen einfügen lassen.
Seitenlayout	Hier wird das Aussehen der Seite – vor allem für die Druckausgabe – gestaltet.
Formeln	Alle Werkzeuge, um Formeln erstellen oder bearbeiten zu können, sind hier aufgelistet.
Daten	Verwendet man Excel als Datenbank, findet man hier alle notwendigen Befehle und Funktionen.
Überprüfen	Diese Registerkarte hilft Arbeitsmappen auf Fehler zu kontrollieren, Kommentare zu verwalten und Änderungen nachvollziehbar zu machen.
Ansicht	Hier wird bestimmt, wie das Arbeitsblatt am Monitor dargestellt werden soll.

Die Befehle in jeder Registerkarte werden in Gruppen zusammengefasst. Die Bezeichnung der Gruppen steht unter den Befehlen. Die Befehlsgruppen sind von links nach rechts nach abnehmender Häufigkeit der Benutzung angeordnet.

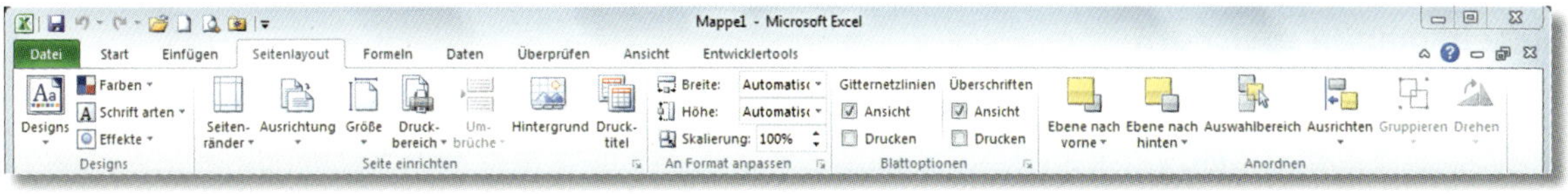

Das Menüband mit der geöffneten Registerkarte Seitenlayout. Links die am häufigsten benutzte Befehlsgruppe Designs.

Titelleiste
In der Titelleiste werden der Programmname und der Titel des aktiven Dokuments angezeigt.

Bearbeitungsleiste
In der Bearbeitungsleiste können Eingaben gemacht oder Zellinhalte verändert werden.

Arbeitsblatt
Das Arbeitsblatt ist die eigentliche Arbeitsfläche. Sie enthält Gitternetzlinien, die die wichtigsten Elemente einer Tabellenkalkulation begrenzen: die Zellen. Dort können Daten oder Formeln eingetragen werden. Um die Zellen eindeutig identifizieren zu können, werden die Zellen senkrecht in Spalten und waagrecht in Zeilen angeordnet: Zeilen werden mit Zahlen, Spalten mit Buchstaben benannt.

BEISPIEL

Die Zelladresse C4 kennzeichnet die Zelle, die sich in der 3. Spalte der 4. Zeile befindet.

Neue Arbeitsmappe anlegen

Ein Excel-Dokument wird als Arbeitsmappe bezeichnet. Sie besteht aus mehreren Tabellenblättern, die – wie in einem Karteikasten – hintereinander angeordnet sind. Beim Start von Excel wird automatisch immer eine neue, leere Arbeitsmappe geöffnet.

Möchte man während der Arbeit eine neue Excel-Arbeitsmappe erstellen, klickt man: Reiter *Datei – Neu – Leere Arbeitsmappe – erstellen.*

Arbeitsmappe öffnen

Soll eine Excel-Arbeitsmappe, die sich beispielsweise auf der Festplatte befindet, bearbeitet werden, muss die entsprechende Datei in Excel geöffnet werden.

- Registerkarte *Datei* und dort den Befehl *Öffnen* anklicken
- in der dann erscheinenden Dialogbox den Namen der Datei auswählen, die für die Bearbeitung geladen werden soll; anschließend auf die Schaltfläche *Öffnen* klicken
- Wenn sich die Datei nicht im angezeigten Verzeichnis befindet, muss das Verzeichnis gewechselt werden.

Zellen markieren

Immer wenn Zellinhalte bearbeitet werden sollen, müssen diese vorher markiert werden. Dies geschieht für eine einzelne Zelle dadurch, dass man sie mit der Maus anklickt (oder sich mit der Tastatur [Pfeiltasten] dorthin bewegt).

Daten eingeben

Um in einer Zelle Daten eingeben zu können, muss die entsprechende Zelle zunächst markiert sein. Es können fünf verschiedene Datenformate eingegeben werden: Text, Zahlen, Datum, Zeit und Formeln. Excel unterscheidet dabei automatisch zwischen Text- und Werteingaben.

- **Text**
  Text kann Buchstaben, Ziffern und Sonderzeichen enthalten. In einer Zelle können 255 Zeichen enthalten sein. Beinhaltet ein Eintrag in einer Zelle sowohl Buchstaben als auch Ziffern, wird dies als Text erkannt. Soll jedoch ein rein numerischer Eintrag als Text verstanden werden, so muss vor der Zahl ein Apostroph stehen.
- **Zahlen**
  Die Eingabe von Zahlen kann aus den numerischen Zeichen 0–9 sowie einigen Sonderzeichen bestehen. Das Komma ist das Dezimaltrennzeichen. Die Währungseingabe von € ist zulässig.
- **Datum**
  Das Datum kann in unterschiedlichen Formaten angegeben werden.
- **Formeln**
  Die Eingabe einer jeden Formel beginnt mit =. In jeglicher Formel werden Zelladressen durch Rechenoperatoren miteinander verknüpft. Die Formeleingabe wird immer durch das Drücken der Enter-Taste beendet.

Arbeitsmappe speichern

Viele Tabellen werden später noch einmal benötigt, weil man sie ergänzen oder abändern möchte. Dazu müssen die Arbeitsmappen gespeichert werden.

- Reiter *Datei* und dort den Befehl *Speichern unter* anklicken
- in der sich dann öffnenden Dialogbox den Datenträger und das Verzeichnis auswählen, in dem die Daten gespeichert werden sollen
- anschließend in das Feld *Dateiname* eine möglichst treffende Bezeichnung eingeben
  Die Dateiendung *.xlsx* wird von Excel automatisch angehängt. Man kann die Datei aber auch in älteren Dateiformaten abspeichern (z.B. als xls-Datei).

Arbeitsmappe drucken

- Reiter *Datei* und dort den Befehl *Drucken* anklicken
- im dem sich öffnenden Dialogfeld:
  - unter *Drucken* die Anzahl der Exemplare eingeben
  - unter *Drucker* den Drucker wählen und die Druckereigenschaften festlegen
  - unter *Einstellungen* die Optionen bei *Aktive Tabellen drucken* anklicken und auswählen, ob die aktive Tabelle, die gesamte Arbeitsmappe oder nur eine Auswahl gedruckt werden soll
- Druckvorgang mit der Schaltfläche *Drucken* (oben links) starten

Zellen formatieren

In Excel gibt es viele verschiedene Möglichkeiten, Zellen zu formatieren:

- Schriftarten, Schriftgrößen, Schriftattribute
- Ausrichtung von Zellen
- Rahmen, Hintergrundfarben und Muster
- Zahlenformate

Diese Formatierungsmerkmale werden immer hinter der Zelle gespeichert. Wird zum Beispiel der Inhalt der Zelle geändert, werden dem neuen Inhalt automatisch die alten Formatierungsmerkmale zugeordnet. Die Anzeige einer Zelle muss nicht mit dem eigentlichen Inhalt übereinstimmen. Mit der Formatierung ändert sich nur das Erscheinungsbild.

- die Zelle oder den Zellbereich markieren
- gewünschte Formatierung einstellen:
  Möglichkeit 1: über die Registerkarte *Start* – *Gruppe Schriftart* das Dialogfeld *Zellen formatieren* aufrufen

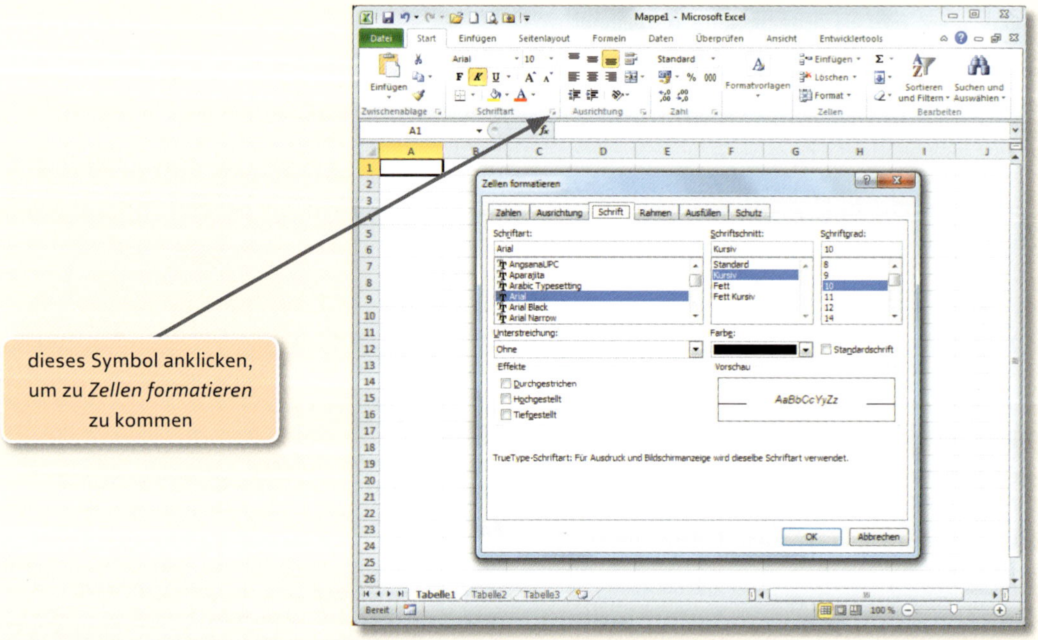

Möglichkeit 2:
mit der rechten Maustaste in den markierten Bereich klicken und den Kontextmenüpunkt *Zellen formatieren* aktivieren

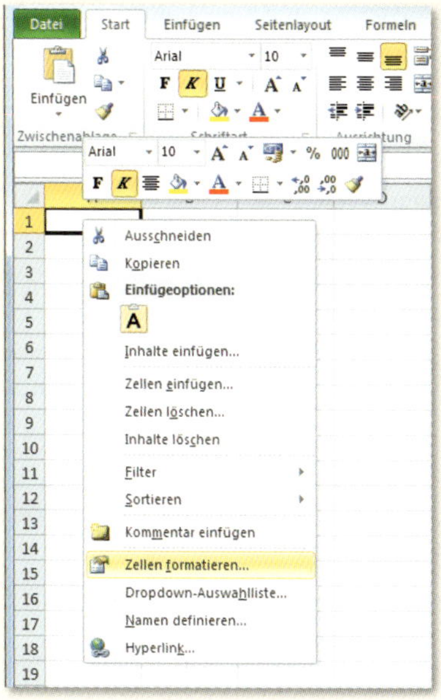

Zellen kopieren und verschieben

Verschieben und kopieren über die Zwischenablage

Müssen größere Zellbereiche verschoben oder kopiert werden, so bietet sich die Zwischenablage an. Die Zwischenablage ist ein temporärer Zwischenspeicher, in dem nur zusammenhängende Informationen gespeichert werden können. Sobald neue Daten in die Zwischenablage gelegt werden, werden die alten überschrieben. Der Inhalt der Zwischenablage kann beliebig oft an verschiedenen Stellen eingefügt werden.

Aktion	Menüpunkt	rechte Maustaste	Shortcuts
ausschneiden	*Start – Zwischenablage – Ausschneiden*	Kontextmenü *Ausschneiden*	Strg + X
kopieren	*Start – Zwischenablage – Kopieren*	Kontextmenü *Kopieren*	Strg + C
einfügen	*Start – Zwischenablage – Einfügen*	Kontextmenü *Einfügen*	Strg + V

Verschieben und kopieren mit der Maus (Drag & Drop)

Kleinere Zellbereiche können auch einfach mit der Maus kopiert und verschoben werden.

Zellen verschieben
- Zellbereich markieren
- mit der Maus auf die Zell- bzw. Bereichsumrandung zeigen
  Der Mauszeiger verändert sich in seiner Form (Pfeil).
- auf die Umrandung klicken und den Bereich mit dem veränderten Mauszeiger an die neue Position ziehen

Zellen kopieren
- analog zum Verschieben vorgehen, beim Ziehen aber die Strg-Taste gedrückt halten

Mit Excel kalkulieren

Bevor mit Excel gearbeitet wird, sollte überlegt werden, welche Ergebnisse die Kalkulation liefern soll und welche Daten dazu erfasst werden müssen.

Es muss ebenfalls geklärt werden, welche Informationen in Spalten und welche in Zeilen angeordnet werden sollen:
- in die Zelle A1 die Überschrift der Tabelle eingeben
- von Zelle A3 beginnend (anschließend B3 usw.) den Titel der jeweiligen Spalte eintragen
- Daten anschließend zeilenweise in die Tabelle eingeben

Die Zellen, in denen Berechnungen durchgeführt werden sollen, müssen aktiviert werden. Nach Eingabe eines Gleichheitszeichens folgt die Berechnungsanweisung, beispielsweise eine Formel. Dabei gilt immer das Prinzip Zelladresse – Operator – Zelladresse – Operator usw. Als Operatoren stehen zur Verfügung für
- Addition: +
- Multiplikation: *
- Subtraktion: –
- Division: /

Auch Klammern können unter Beachtung der mathematischen Klammersetzungsregeln verwendet werden.

Am Ende einer jeden Auftragsabwicklung möchte das Unternehmen sehen, welche Umsätze erzielt wurden. Für die fünf Artikel einer Warengruppe sollen monatlich die Umsätze berechnet werden. Dazu erstellt Katarzyna Lindemann eine Tabelle, die die Umsätze der einzelnen Artikel und den Gesamtumsatz der Warengruppe berechnet. Sie geht in den folgenden Schritten vor:
1. Sie trägt in die Zelle A1 die Überschrift der Tabelle – also „Umsätze der Warengruppe 1" – ein.
2. Sie gibt die Bezeichnungen der Tabellenspalten (Artikel, Preis in €, Menge, Umsatz in €) ein.
3. Zur besseren Lesbarkeit der Tabelle markiert sie die Zeile mit den Bezeichnungen und klickt den Schaltknopf für fette Schrift an.

4. In die Spalte A mit Namen „Artikel“ trägt sie die Artikel ein. Die Eingabe schließt sie jeweils mit der Return-Taste ab.
5. Für den Artikel A gibt sie Menge und Preis ein.
6. Sie markiert nun die Zelle D4, in der der Umsatz des Artikels „A“ angezeigt werden soll. Anschließend gibt sie das Gleichheitszeichensymbol (=) in die Bearbeitungszeile oder direkt in die Zelle ein. Jede Formel beginnt mit einem Gleichheitszeichen. Katarzyna Lindemann gibt hinter das Gleichheitszeichen die Anweisung zur Berechnung des Umsatzes von Artikel „A“ ein; nämlich: B4*C4. Nachdem sie die Formeleingabe durch Drücken der Tastenkombination *Strg* + *Return* beendet hat, erscheint das Ergebnis der Formel in der aktuellen Zelle, während die für die Berechnung zugrunde liegende Formel in der Bearbeitungszeile angezeigt wird.
7. Nachdem sie so für alle anderen Artikel gleichermaßen vorgegangen ist, gibt sie für die Zelle D10 noch die Bezeichnung und die Formel für den Gesamtumsatz (D4+D5+D6+D7+D8) ein.

Wenn Katarzyna Lindemann im nächsten Monat neue Werte (also veränderte Preise bzw. Mengen) eingibt, werden die Ergebnisse der Formeln automatisch neu berechnet. Es ist ein großer Vorteil der Tabellenkalkulation, dass Berechnungen durch Verwendung der Zellbezüge (z. B. C5, D4 usw.) variabel gehalten werden können.

D10 =D4+D5+D6+D7+D8

	A	B	C	D	E
1	**Umsätze der Warengruppe 1** ❶				
2					
3	**Artikel**	**Preis in €**	**Menge**	**Umsatz in €**	❷
4	A ❹	❺ 17	100	1700	❻
5	B	29	578	16762	
6	C	1025	7	7175	
7	D	9	1875	16875	
8	E	345	30	10350	
9					
10		Gesamtumsatz:		52862	❼
11					

Excel als Datenbank verwenden

Mit einer Datenbank versucht man, eine große Menge an Daten optimal zu verwalten. Zur Lösung von Datenbankaufgaben kann auch Excel verwendet werden.

Datenbank aufbauen

Jede Tabelle kann in Excel als Datenbank verwendet werden. Die Spalten der Tabelle bilden die Datenfelder der Datenbank, die Spaltenbeschriftungen entsprechen den Feldnamen. In jeder Zeile der Tabelle wird ein Datensatz untergebracht.

Voraussetzung für den Aufbau einer Datenbank ist eine sorgfältige Planung. Es sollte genau überlegt werden, welche Daten eine Liste – so werden in Excel Datenbanken genannt – enthalten soll.

Eine Datenbank wird folgendermaßen aufgebaut:
- einen Titel eintragen (normalerweise in der Zelle A1)
- Datenfeldnamen (= Spaltenüberschriften) festlegen, beginnend mit der Zelle A3
- Daten direkt in das Arbeitsblatt eingeben

BEISPIEL

Zu Übungszwecken wird in der Berufsschule mit Excel die Datenbank einer Lebensmittelgroßhandlung angelegt, die Grundlage jeder Angebotskalkulation ist. Anne Schulte geht dabei folgendermaßen vor:
- Sie gibt in der Tabellenzeile 3 die Feldnamen der Datenbank ein.
- In die folgenden Tabellenzeilen fügt sie dann die Daten ein.

F10

	A	B	C	D	E	F	G
1	**Neue Artikel**						
2							
3	**Artikelnummer**	**Artikelbezeichnung**	**Lieferant**	**Mindestbestand**	**Bestand**	**Preis in €**	
4	EG5	Mola-Cola	Mola Cola Hildesheim	2000	3500	1,99	
5	E9	Sangnase-Eis	Sangnase AG	1000	3100	6,99	
6	SR1	Venus-Schokoriegel	Schoko AG	5000	6700	0,9	
7	SR2	Tiger-Schokoriegel	Schoko AG	5000	10400	0,9	
8	SR3	Snacker-Schokoriegel	Schoko AG	5000	5200	1	
9	B4	Störy-Gerstenbrot	Störy Brotfabrik	500	700	3,49	

Datenbank manuell bearbeiten

Da die Datenbank in einem gewöhnlichen Tabellenblatt gespeichert wird, kann die Datenbank wie eine normale Excel-Tabelle bearbeitet werden:

- **Einfügen eines neuen Datensatzes**
  - Stelle markieren, an der eingefügt werden soll
  - rechte Maustaste
  - im Kontextmenü *Zellen einfügen* aufrufen
- **Löschen eines Datensatzes**
  - zu löschende Zeile markieren
  - rechte Maustaste
  - mit *Zellen löschen* den Datensatz aus der Datenbank entfernen
- **Datenfelder einfügen**
  - Stelle markieren, an der eingefügt werden soll
  - rechte Maustaste
  - im Kontextmenü *Zellen einfügen* aufrufen

Mit der Datenbank arbeiten

Zu den ständig anfallenden Tätigkeiten bei der Arbeit mit einer Datenbank gehören das Sortieren, das Suchen und das Filtern von Daten.

Daten sortieren

Fügt man ständig neue Datensätze zur Datenbank hinzu, wird die vielleicht zu Anfang bestehende Ordnung durcheinandergebracht. Mit Excel kann man jedoch jederzeit die Datensätze einer Datenbank sortieren.

- wenn feststeht, nach welcher Spalte der Liste die Datensätze sortiert werden sollen: eine Zelle dieser Spalte markieren
- im Menüband die Registerkarte *Start* aufrufen, dort in der Gruppe *Bearbeiten* den Befehl *Sortieren und Filtern* wählen
- festlegen, ob die Datensätze auf- oder absteigend sortiert werden sollen
  Aufsteigend bedeutet eine Sortierung von A bis Z bzw. von 0 bis 9, *absteigend* von Z bis A bzw. 9 bis 0.
- entsprechende Schaltfläche bestätigen
  Die Liste erscheint in der gewünschten Reihenfolge.

Daten suchen

Häufig möchte man aus einer Liste Datensätze heraussuchen, die bestimmten Kriterien entsprechen.

- eine beliebige Zelle markieren
- im Menüband die Registerkarte *Start* anklicken, dort zur Schaltfläche *Sortieren und filtern* gehen, im sich dann öffnenden Menü *Filtern* anklicken
  Neben den Überschriften erscheinen kleine Schaltflächen, erkennbar an den Pfeilsymbolen.
- eine Schaltfläche öffnen und auf *Alles auswählen* klicken, um alle Markierungen zu löschen
- gesuchtes Kriterium anklicken und mit *OK* bestätigen
  Excel zeigt daraufhin die Datensätze an, die das gesuchte Kriterium enthalten.

Mit Excel Arbeitsblätter gestalten

Excel bietet vielfältige Möglichkeiten, Arbeitsblätter für die Bildschirmansicht oder für die Druckausgabe zu gestalten. Sehr viele Werkzeuge dazu findet man im Menüband in der Registerkarte *Start*. Sie liegen in Gruppen, die auch in der Textverarbeitung Word vorkommen:

- In der Gruppe *Schriftart* werden die Schriftformate festgelegt. Dort können neben der Schriftart u. a. auch deren Größe und Farbe festgelegt werden.
- Die Gruppe *Ausrichtung* enthält die Ausrichtungssymbole. Hier beeinflusst man den Standort der Inhalte (z. B. Text) innerhalb der einzelnen Zellen.

BEISPIEL

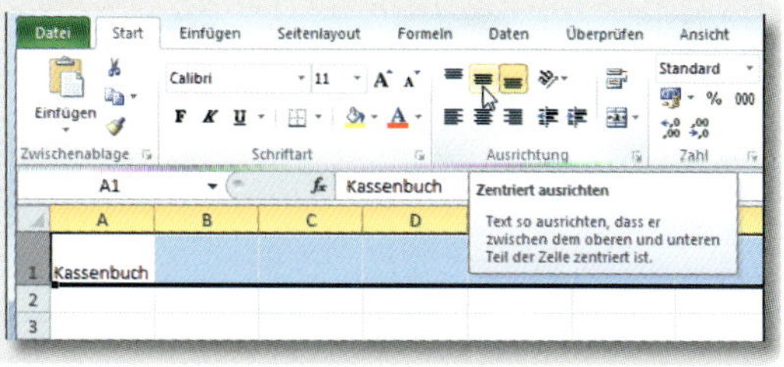

- In der Gruppe *Zahl* werden die Zahlenformate festgelegt. So kann die Ausgabe von Zahlen unterschiedlich gestaltet werden.

Mete Öczan möchte die Zeilenhöhe für eine Überschrift vergrößern.

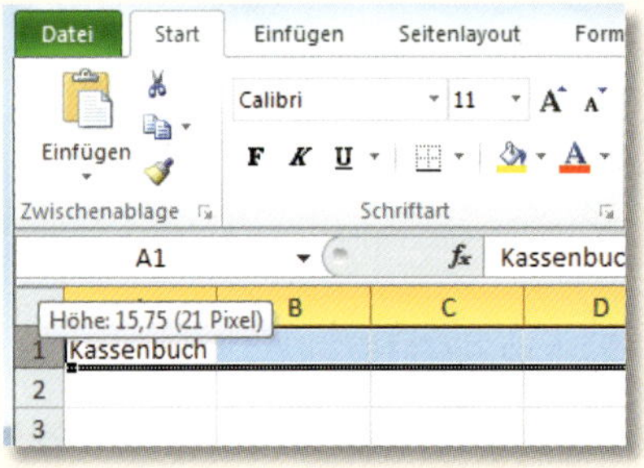

Dazu zeigt er in den Zeilenköpfen auf die Trennlinie zwischen Zeile 1 und 2. Die Trennlinie wird dann – wenn der Mauszeiger sich zu einem Doppelpfeil mit Strich entwickelt – nach unten bis zur gewünschten Höhe gezogen. Die Veränderung der Spaltenbreite funktioniert ähnlich.

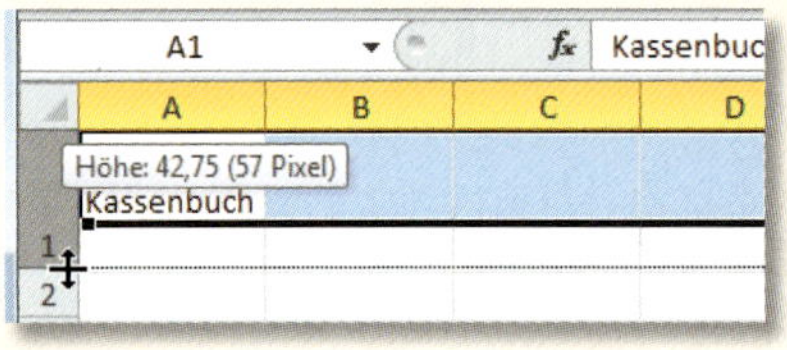

Er möchte nun die Zeile 1 farbig unterlegen. Dazu wählt er in der Gruppe *Schriftart* den entsprechenden Befehl.

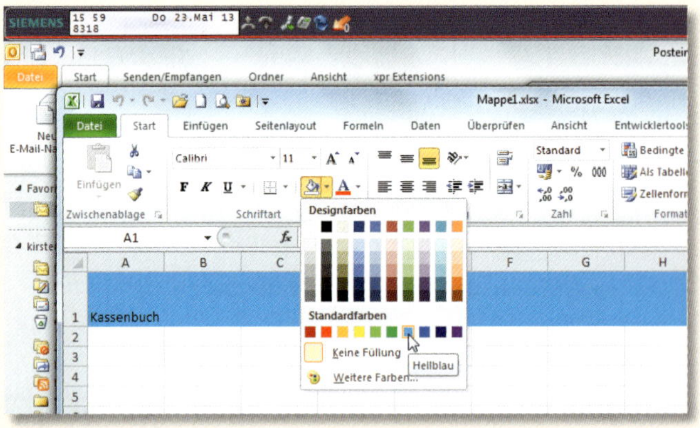

In der Spalte B sollen die Einnahmen nun nicht mehr als reine Beträge erscheinen, sondern als Euro-Beträge. Dazu geht er in die Gruppe *Zahl* und wählt das Buchhaltungszahlenformat € *Deutsch (Deutschland)* aus.

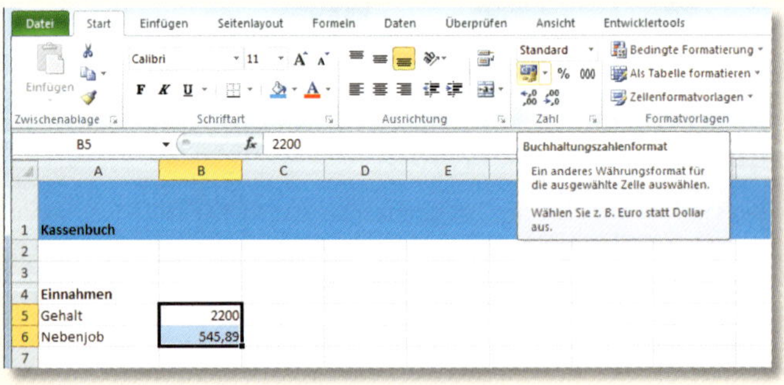

Die Zahlen in den markierten Zellen wurden nun um das €-Symbol ergänzt.

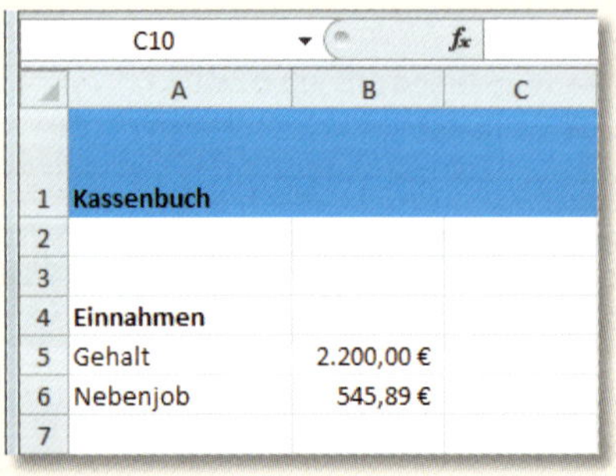

203153384

Auch die Registerkarte *Seitenlayout* kann für die Gestaltung der Arbeitsblätter verwendet werden. Sie enthält Werkzeuge vor allem für die Druckoptimierung.

Mete schaltet die Gitternetzlinien aus, indem er in der Gruppe *Blattoptionen* unter *Gitternetzlinien* das Häkchen bei *Ansicht* wegklickt:

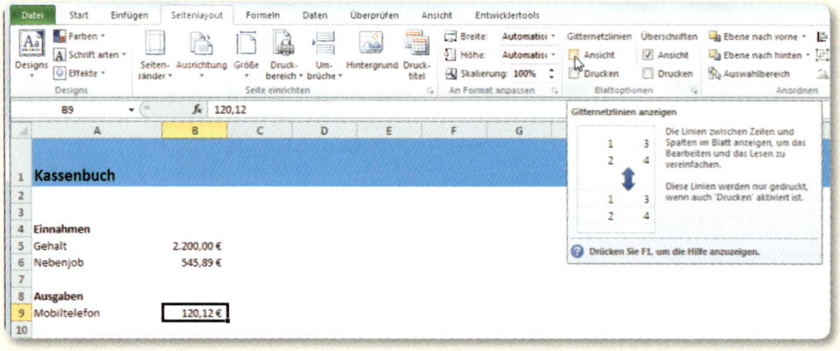

Durch Öffnen des Dialogfelds *Seite einrichten* ergeben sich vielfältige Gestaltungsmöglichkeiten. So hat sich Mete hier für die Ausgabe im Querformat entschieden.

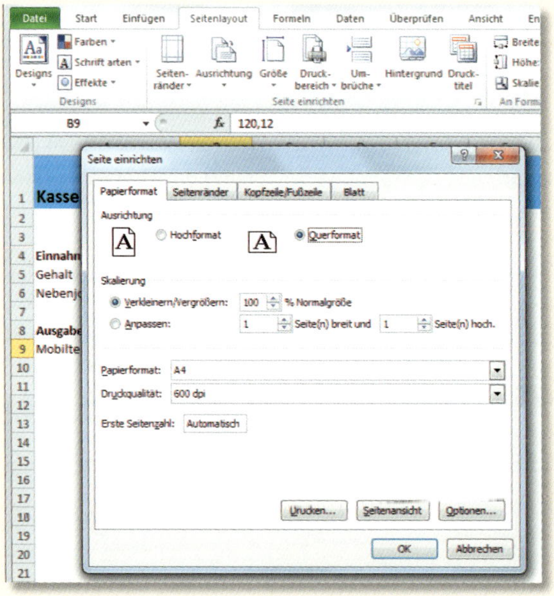

Kopieren von Zellinhalten

Häufig gleiche Eingaben kann man sich durch die Kopierfunktion ersparen.

Mete Öczan möchte in Spalte A die Werte 250 und 500 eintragen.

- Er gibt in den Zellen A1 und A2 die Werte 250 und 500 vor.

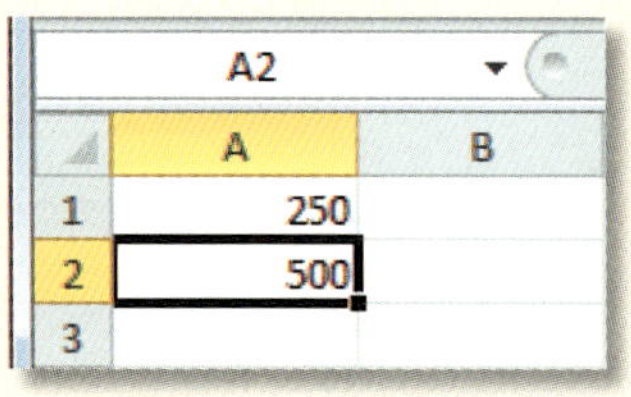

- Er markiert die beiden Zellen und zieht so an dem kleinen Kopierpunkt rechts unten, dass der Mauszeiger zum schwarzen Kreuz wird.
- Er öffnet die Autoausfülloption rechts unten am ausgefüllten Bereich.
- In dem Menü, das aufgeht, wählt er *Zellen kopieren*.
- Excel füllt die folgenden Zellen automatisch abwechselnd mit 250 und 500 auf.

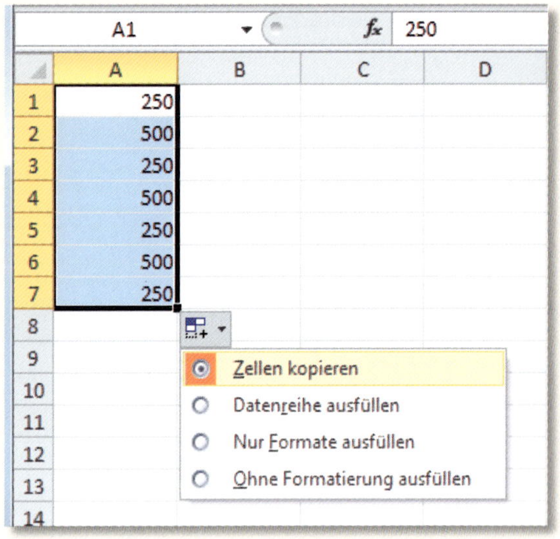

Mit Datenreihen arbeiten

Automatisches Ausfüllen

Ein Anwender kann sich unnötige Arbeit ersparen, wenn er die automatische Ausfüllfunktion von Excel kennt. Viele Eingaben sind Datenreihen in einer bestimmten Form, die im Laufe der Zeit immer wieder eingegeben werden müssen. Excel erstellt diese Datenreihen automatisch. Es muss dazu immer nur ein Wert eingegeben werden.

Um als Datenreihe die Monate möglichst komfortabel und schnell in die Spalte A einzugeben, geht Mete Öczan folgendermaßen vor:

- Er gibt in Zelle A1 als Text *Januar* ein.
- Er geht mit der Maus auf den Punkt in der rechten unteren Ecke der Zelle. Dort ändert sich der Mauszeiger in ein Fadenkreuz. Das Fadenkreuz wird auf die Zellen nach unten gezogen, die mit den Monatsnamen automatisch gefüllt werden sollen.
- Das Ergebnis ist eine Datenreihe mit nur einer getippten Eingabe:

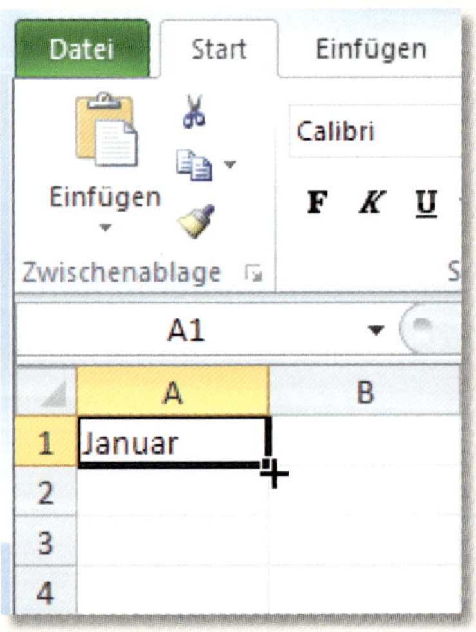

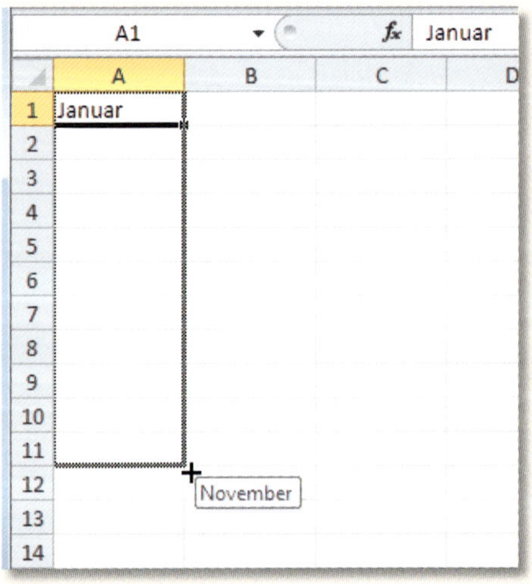

Excel kennt viele weitere automatische Ausfüllmöglichkeiten von Datenreihen, bei denen jeweils immer nur ein Wert in die erste Zelle eingegeben werden muss.

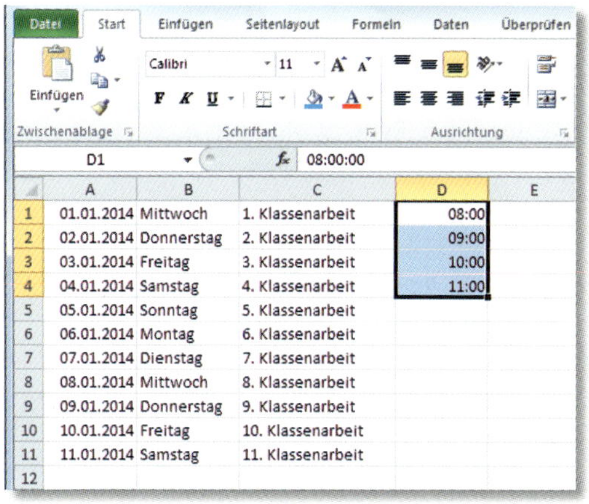

Auf- und absteigende Zahlenreihen

Sehr leicht kann man in Excel auch Datenreihen mit Zahlenreihen erzeugen, die um einen bestimmten Wert auf- oder absteigen. In diesen Fällen müssen jeweils nur die beiden Anfangszellen vorgegeben werden.

BEISPIEL

Mete Öczan möchte in Spalte A eine Datenreihe mit Zahlen erzeugen, die jeweils um den Wert 250 steigen:

- Er gibt in den Zellen A1 und A2 die Werte 250 und 500 vor.
- Er markiert die beiden Zellen und zieht so an dem kleinen Kopierpunkt rechts unten, dass der Mauszeiger zum schwarzen Kreuz wird.
- Er öffnet die Autoausfülloption rechts unten am ausgefüllten Bereich.
- In dem Menü, das aufgeht, wählt er Datenreihe ausfüllen.
- Excel bildet nun die entsprechende Zahlenreihe bis 1 250. Das Ergebnis wird mit nur zwei Eingaben erzeugt.

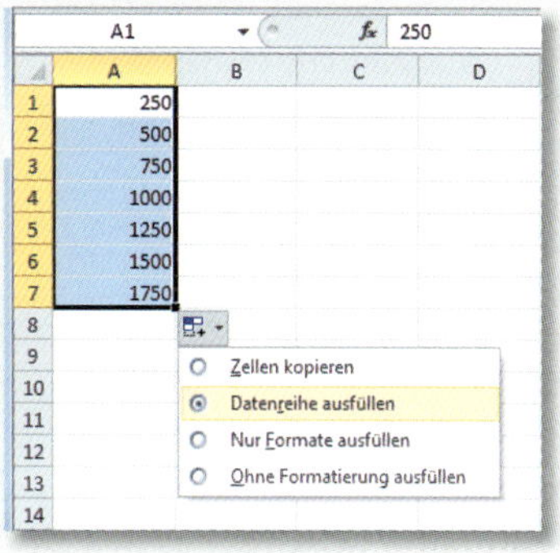

Auffüllen von Formeln

Formeln können ohne zusätzliche Eingaben an neue Spalten oder Zeilen angepasst werden.

BEISPIEL

Ausgangssituation:

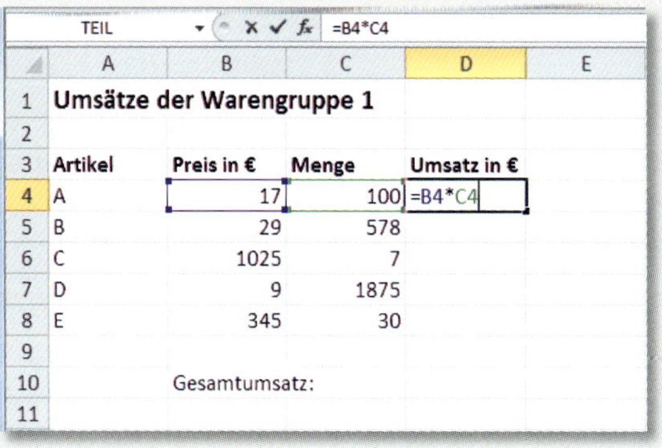

Statt in den Zellen D5 bis D8 jeweils arbeitsintensiv die entsprechenden Formeln einzugeben, wird an den Formeln quasi gezogen:

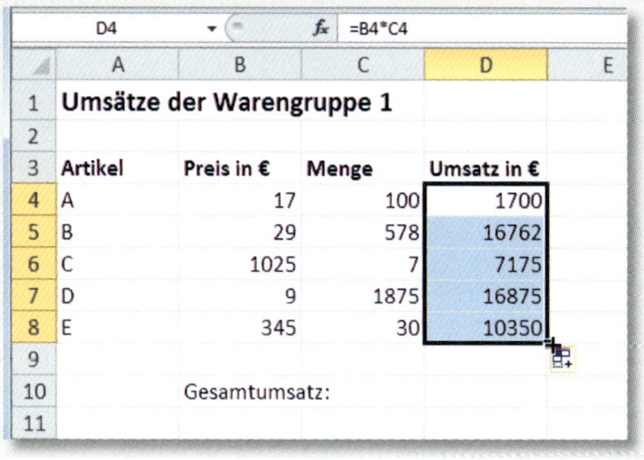

Datenreihen erzeugen, die Excel nicht kennt

Viele Datenreihen aus den Bereichen des Unternehmens bzw. des Privatlebens sind so speziell, dass Excel sie nicht von vornherein kennen kann. Excel bietet jedoch die Möglichkeit, diese selbst definierten Datenreihen in Excel aufzunehmen, sodass sie später auch automatisch erzeugt werden können.

Um eine Excel bisher unbekannte Datenreihe, z.B. mit den Filialen eines Unternehmens, zu erzeugen, geht man folgendermaßen vor:

- über den Reiter *Datei* den Befehl *Optionen* aufrufen
- links auf *Erweitert* klicken, dann rechts runterscrollen bis zum Balken *Allgemein*
- Schaltfläche *Benutzerdefinierte Listen bearbeiten* ... anklicken
- im Feld *Benutzerdefinierte Listen* auf *Neue Liste* klicken und anschließend die Einträge, beginnend mit dem ersten Eintrag, in das Feld *Listeneinträge* eingeben, dabei nach jedem Eintrag die Eingabetaste drücken
- mit *OK* bestätigen

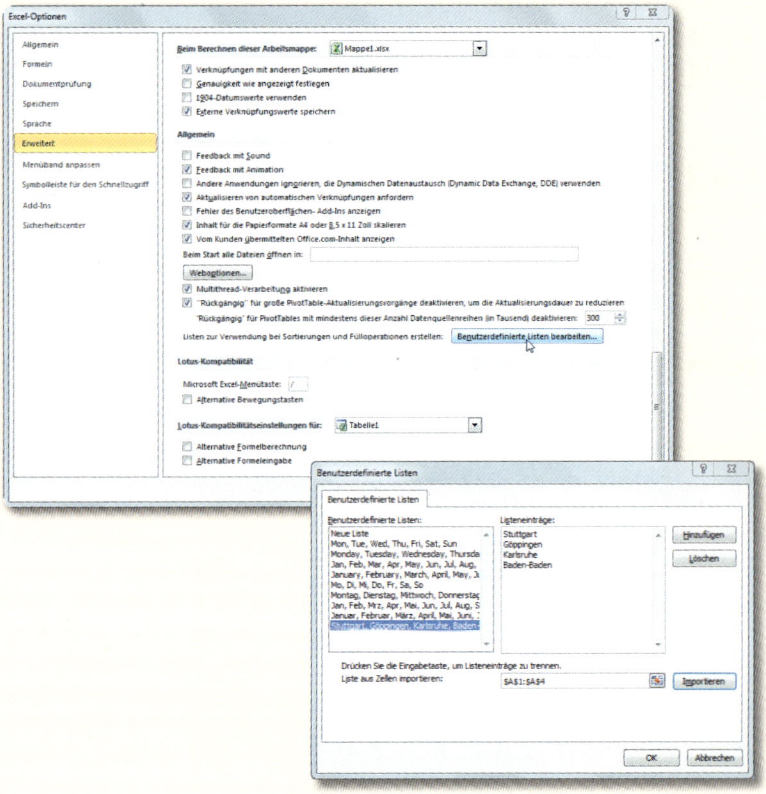

- Nach Anlegen der Datenreihe wird sie dann mit einer Eingabe eines Listeneintrags automatisch vorgegeben.

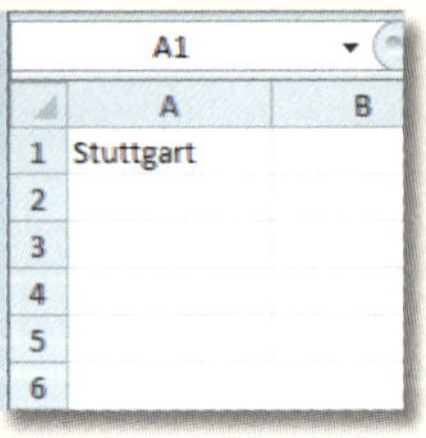

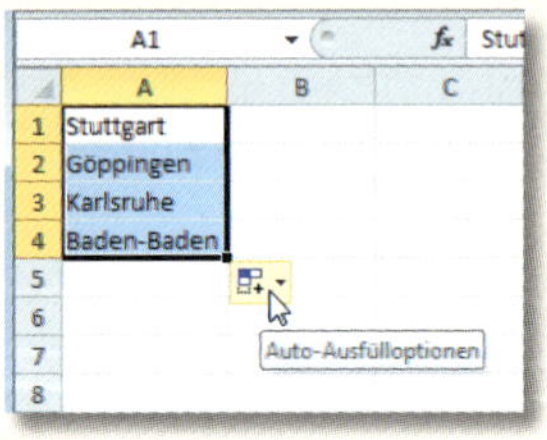

Mit relativen und absoluten Adressen arbeiten

In Excel hat jede Zelle ihre Adresse. Der Normalfall ist die sogenannte **relative Adressierung.**

Diese setzt sich zusammen aus der Bezeichnung der Spalte (z.B. C) und der jeweiligen Zeilennummer (z.B. 7).

BEISPIEL

Eingaben: C7; A9; D5 usw.

Werden Formeln kopiert, passt Excel Zelladressen, die sich in den zu kopierenden Zellen befinden, im Zielbereich automatisch an ihre neue Position an. Die Zelladressen wandern also beim Kopieren oder Verschieben mit.

Excel kennt jedoch zusätzlich noch die **absolute Adressierung.**

BEISPIEL

Eingaben: c7 ; $A$9 usw.

Hier findet ein Bezug auf eine feste, unveränderbare Zelle statt. Beim Kopieren ändert sich nichts. Absolute Zellbezüge bleiben mit den ursprünglichen Koordinaten erhalten.

Eine absolute Adressierung kann mit dem $-Zeichen oder mittels Zellbenennung vorgenommen werden.

Mete Öczan erstellt eine Verkaufsliste.
Bei der Berechnung des Nettogesamtpreises in Spalte D arbeitet er zunächst mit **relativen Adressen**:

- In Zelle D2 ergibt sich der „Gesamtpreis, netto“ als Ergebnis der Multiplikation der Zellen B2 und C2.

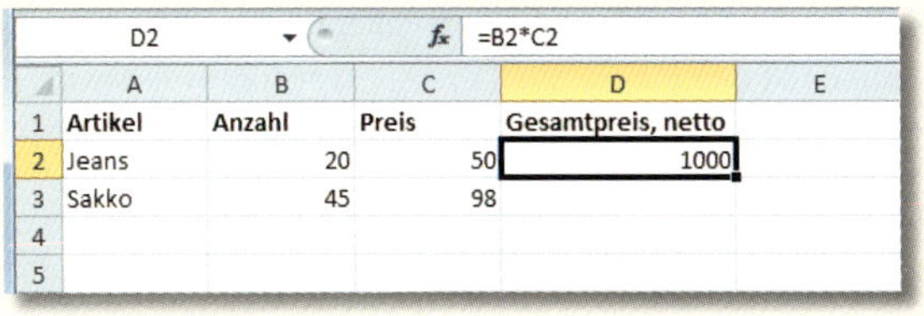

D2 | =B2*C2

	A	B	C	D	E
1	Artikel	Anzahl	Preis	Gesamtpreis, netto	
2	Jeans	20	50	1000	
3	Sakko	45	98		
4					
5					

- In der Zelle D2 wird der Punkt in der unteren rechten Ecke angesteuert. Das anschließend eingeblendete Fadenkreuz wird mit der gedrückten linken Maustaste bis zu der gewünschten Zelle (in diesem Fall D3) gezogen. In allen gewünschten Zellen steht die Ausgangsformel (Multiplikation von Anzahl und Preis), allerdings immer auf die neue Zelle angepasst. Für die Zelle D3 ergibt sich also automatisch als Formel B3*C3 und damit als Ergebnis 4410.

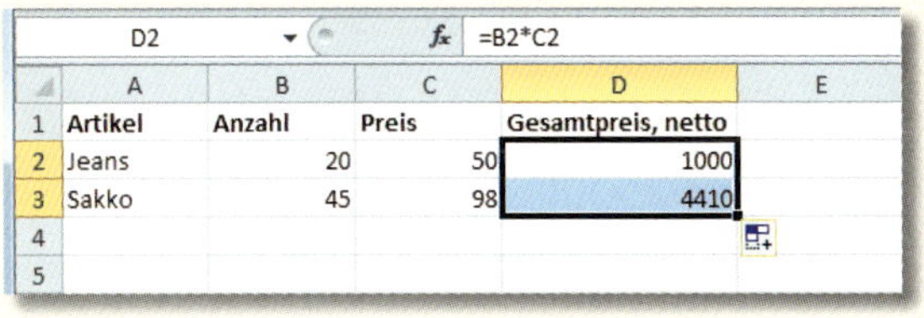

D2 | =B2*C2

	A	B	C	D	E
1	Artikel	Anzahl	Preis	Gesamtpreis, netto	
2	Jeans	20	50	1000	
3	Sakko	45	98	4410	
4					
5					

Zur Berechnung der gezahlten Umsatzsteuer arbeitet Mete mit einer **absoluten Adresse**:

- Der aktuelle Umsatzsteuersatz in der Zelle mit der relativen Adresse B12 wird bei der Berechnung der zu zahlenden Umsatzsteuer in der Zelle E2 mit der absoluten Adresse $B$12 herangezogen.
- Bau der Formel in E2 durch das Eintippen von = beginnen
- Zelle D2 anklicken
- über die Tastatur in E2 das Malzeichen * eingeben
- Zelle B12 anklicken
- um einen absoluten Zellbezug zu erhalten, auf der Tastatur die Taste F4 drücken: Aus B12 wird $B$12.
- über die Tastatur/100 eingeben
- Formeleingabe durch Drücken der Entertaste beenden

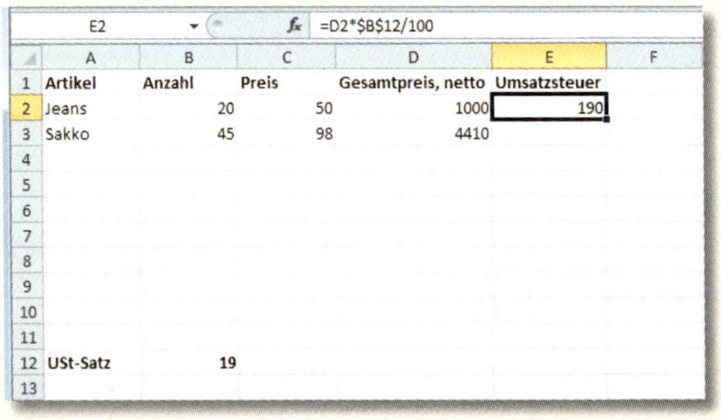

E2 | =D2*$B$12/100

	A	B	C	D	E	F
1	Artikel	Anzahl	Preis	Gesamtpreis, netto	Umsatzsteuer	
2	Jeans	20	50	1000	190	
3	Sakko	45	98	4410		
4						
5						
6						
7						
8						
9						
10						
11						
12	USt-Satz	19				
13						

- Soll die Formel nun korrekt auch in die Zeile 3 kopiert werden, verändert sich zwar die relative Adresse für den „Gesamtpreis, netto“ von D2 auf D3. Die absolute Adresse $B$12 für den aktuellen Umsatzsteuersatz verändert sich beim Kopieren dagegen nicht.

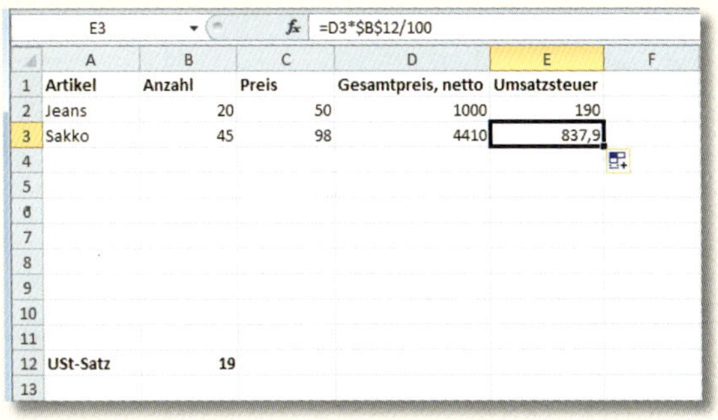

E3 | =D3*$B$12/100

	A	B	C	D	E	F
1	Artikel	Anzahl	Preis	Gesamtpreis, netto	Umsatzsteuer	
2	Jeans	20	50	1000	190	
3	Sakko	45	98	4410	837,9	
4						
5						
6						
7						
8						
9						
10						
11						
12	USt-Satz	19				
13						

Mit Funktionen arbeiten

Die meisten Berechnungen mit Excel erfordern die Anwendung von Formeln. In vielen Fällen müssen die Formeln jedoch nicht individuell erstellt werden, weil sie in Excel schon vordefiniert sind. Diese quasi vorgefertigten Formeln nennt man Funktionen. Mit ihnen können sehr schnell auch komplexe Berechnungen durchgeführt werden. Zugang zu allen Funktionen bekommt man über den Funktionsassistenten.

Mete Öczan erstellt eine Tabelle zur Berechnung des durchschnittlichen Lagerbestands bei Jahresinventuren:

$$\text{durchschnittlicher Lagerbestand} = \frac{\text{Jahresanfangsbestand} + \text{Jahresendbestand}}{2}$$

- Der durchschnittliche Lagerbestand, der sich in Spalte D ergibt, ist mathematisch gesehen ein einfacher Mittelwert.
- Der Funktionsassistent wird aufgerufen über den Button *Funktion einfügen*.

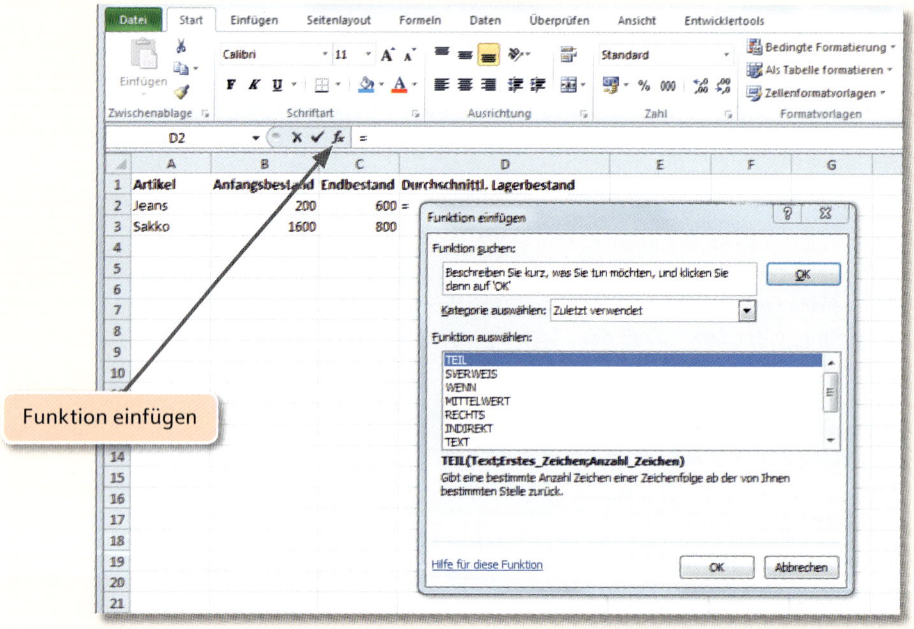

- Die Funktion wird ausgewählt:

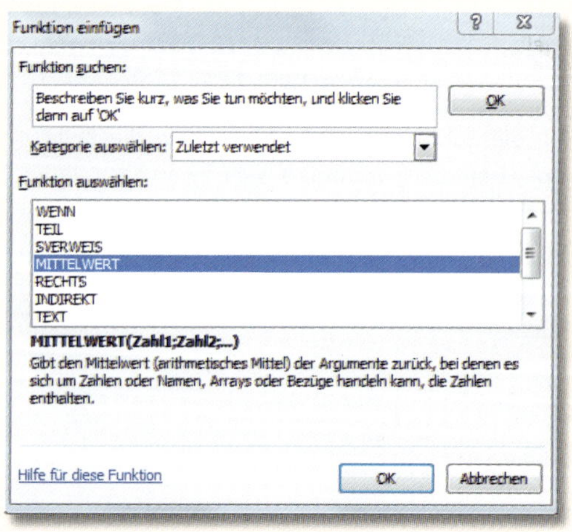

- Das Ergebnis:

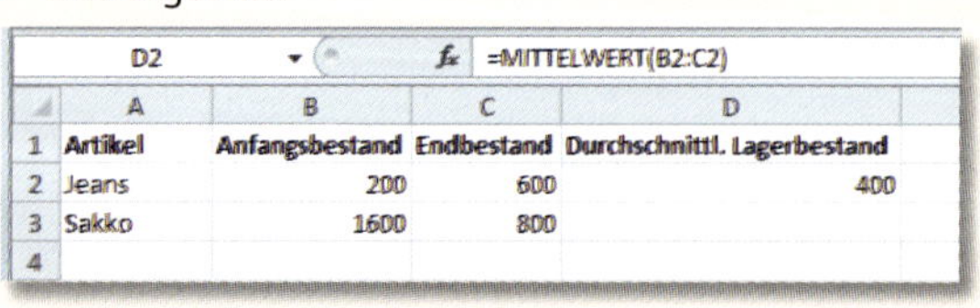

Einige ausgewählte Funktionen		
Funktion	**Bedeutung**	**BEISPIELE**
Summe (Bereich)	Summe	=Summe(A1:A10)
Mittelwert (Bereich)	Mittelwert/Durchschnitt	=Mittelwert(A1:A10)
Min (Bereich)	kleinster Wert	=Min(A1:A10)
Max (Bereich)	größter Wert	=Max(A1:A10)
Runden (Zahl,Stellen)	auf eine bestimmte Anzahl von Stellen runden	=Runden(summe(A1:A10);2)
Kürzen (Zahl,Stellen)	auf eine bestimmte Anzahl von Stellen abgeschnittener Wert	=Kürzen(Summe(A1:A10);1)
Anzahl (Bereich)	Anzahl der Zahlen in einem Bereich	=Anzahl(A1:A10)

Mit Bedingungen arbeiten

In der Praxis hängt das Ergebnis einer Berechnung oft von bestimmten Faktoren ab. So kann man die Ausführung einer Formel von einer Bedingung abhängig machen. Je nachdem ob die Bedingung wahr oder falsch ist, wird entweder in den Ja-Zweig oder in den Nein-Zweig gegangen.

Bei umfangreichen und komplexen Excel-Tabellen hat es sich bewährt, vorher ein Struktogramm anzulegen. Diese Visualisierungsmethode zerlegt das Gesamtproblem, das man mit der Excel-Tabelle lösen will, in immer kleinere Teilprobleme, bis schließlich nur noch elementare Grundstrukturen wie Sequenzen und Kontrollstrukturen zur Lösung des Problems übrig bleiben.

Die Regeln für eine Sequenz:
- Jede Anweisung wird in einen rechteckigen Strukturblock geschrieben.
- Die Strukturblöcke werden nacheinander von oben nach unten durchlaufen.
- Leere Strukturblöcke sind nur in Verzweigungen zulässig.

Daneben gibt es noch verschiedene Möglichkeiten, Verzweigungen oder Schleifen darzustellen.

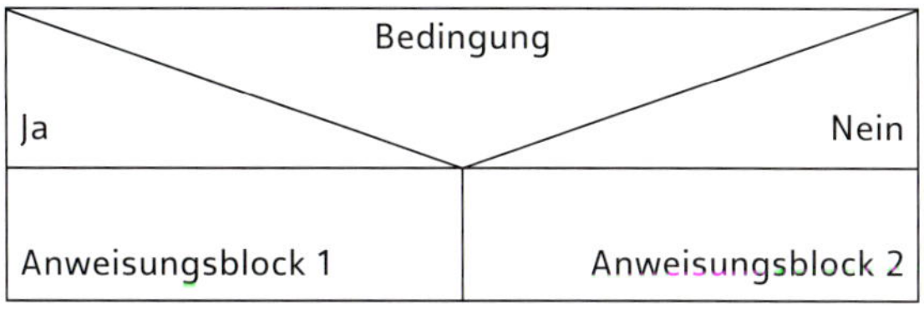

Wenn die Bedingung zutreffend (wahr) ist, wird der Anweisungsblock 1 durchlaufen. Trifft die Bedingung nicht zu (falsch), wird der Anweisungsblock 2 durchlaufen. Ein Anweisungsblock kann aus einer oder mehreren Anweisungen bestehen. Der Austritt erfolgt unten nach Abarbeitung des jeweiligen Anweisungsblocks.

BEISPIEL

In einer gerade anzulegenden Vertreterdatei sollen u. a. – abhängig von einem bestimmten Umsatz – die Umsätze kommentiert werden.

In dem Struktogramm sieht dies auszugsmäßig wie folgt aus:

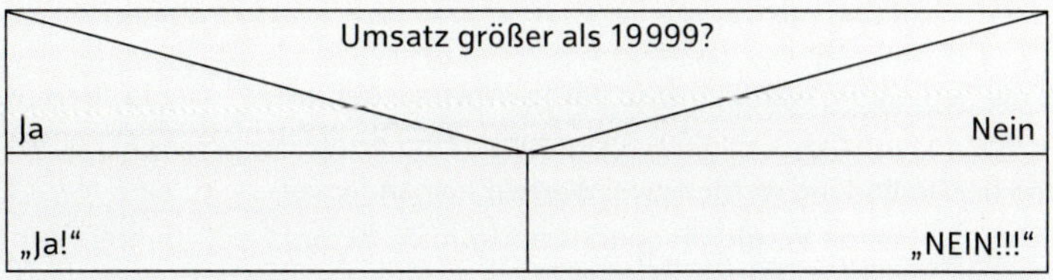

In der Umsetzung wird in die entsprechenden Excel-Zellen die Bedingung eingegeben.

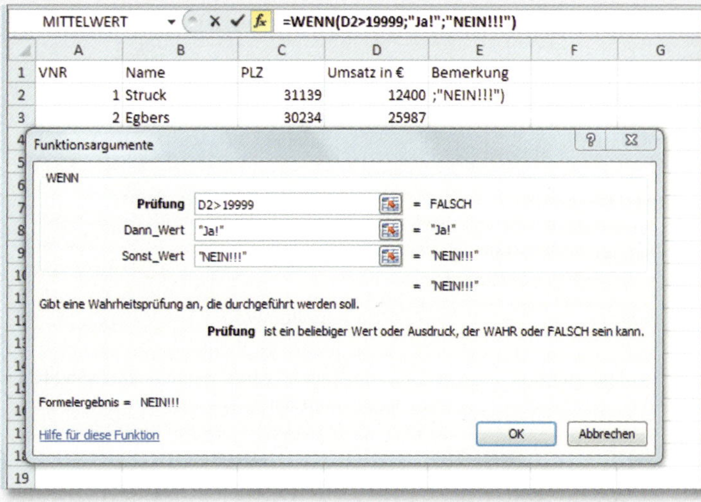

Es ergibt sich folgende Tabelle:

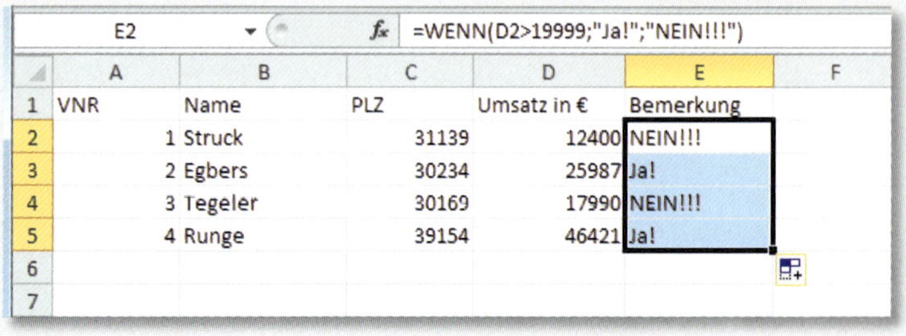
E2 =WENN(D2>19999;"Ja!";"NEIN!!!")

	A	B	C	D	E	F
1	VNR	Name	PLZ	Umsatz in €	Bemerkung	
2		1 Struck	31139	12400	NEIN!!!	
3		2 Egbers	30234	25987	Ja!	
4		3 Tegeler	30169	17990	NEIN!!!	
5		4 Runge	39154	46421	Ja!	
6						
7						

Allgemein sieht die Abfrage von Bedingungen in einer Excel-Zelle folgendermaßen aus:
=Wenn(Bedingung;Ja-Wert;Nein-Wert)

BEISPIEL

Die Reisenden der Fairtext GmbH erhalten neben ihrem Fixum eine Provision in Abhängigkeit vom Umsatz. Ist der Umsatz größer als 20.000,00 €, so werden 5 % Provision gezahlt, sonst 3 %. Mete soll eine Excel-Tabelle zur Berechnung der Umsätze erstellen.

Dazu erstellt er das nebenstehende Struktogramm:

Wenn Umsatz > 20.000,00 €

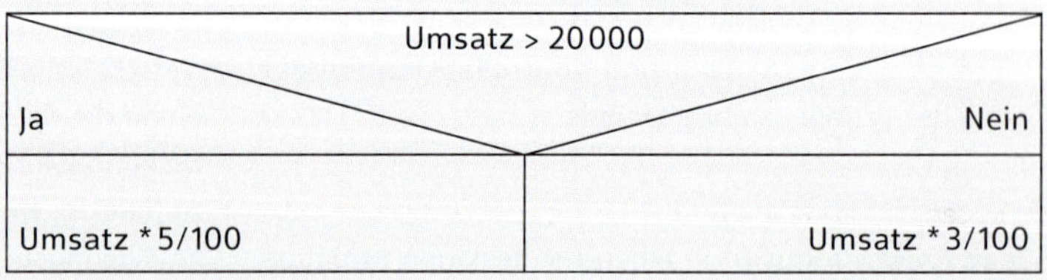

dann Umsatz * 5/100 **sonst Umsatz * 3/100**

Mete könnte dann in die entsprechende Zelle beispielsweise eingeben:
=Wenn(C3<20000;“keine Provision“; wenn(C3>20000;C3* 5/100;C3* 3/100))

Ist die Bedingung wahr, so wird der Ja-Wert ausgeführt, ansonsten wird der Nein-Wert ausgeführt. Zur Formulierung der Bedingung werden zwei Werte miteinander verglichen. Folgende Vergleichsoperatoren können benutzt werden: =, <>, <, >,<= und >=.

Der Ja-Wert (Nein-Wert) kann:
- eine Formel oder Funktion sein
- eine leere Zeile sein (zwei Anführungszeichen direkt hintereinander)
- aus Text bestehen (in Anführungszeichen)

BEISPIEL

In einer Excel-Tabelle zur Berechnung des durchschnittlichen Lagerbestands soll eine Spalte darauf hinweisen, ob der durchschnittliche Lagerbestand zu groß (ab 1 000 Stück) oder klein ist (gleich oder unter 1 000 Stück). Mete baut die Excel-Tabelle auf:

E2 | fx | =WENN(C2>1000;"DLB ist groß";"DLB ist klein")

	A	B	C	D	E
1	**Artikel**	**Anfangsbestand**	**Endbestand**	**Durchschnittl. Lagerbestand**	**Ergebnis**
2	Jeans	200	600	400	DLB ist klein
3	Sakko	1600	800		
4					

Fallunterscheidungen können auch verschachtelt werden:

BEISPIEL

=Wenn(C2<20000;"keine Provision"; wenn(C2>30000;C2* 6/100;C2* 3/100))

Mithilfe der logischen Funktionen und(), oder() und nicht() lassen sich mehrere Bedingungen miteinander verknüpfen.

Logische Funktion	**BEISPIELE**
und (Bedingung 1; Bedingung 2; ...)	=wenn(und(C2>=40000;C2<=60000);"durchschnittlich";"negativ")
oder (Bedingung 1; Bedingung 2; ...)	=wenn(oder(C2<0;C2>100000);"Achtung";"")
nicht (Bedingung)	=wenn(nicht(und(C2>=20000;C2<=30000));C2* 10/100;C2* 2/100) Wenn Zelle C2 nicht zwischen 20000 und 30000 liegt, sollen 10 %, ansonsten 2 % berechnet werden.

SVERWEIS

Möchte man in größeren Excel-Tabellen nur einen bestimmten Wert eines Datensatzes abfragen, findet man diesen mithilfe der Funktion *SVERWEIS*. In dieser Funktion müssen drei Angaben gemacht werden:

- Zuerst muss ein bestehender Wert des Datensatzes vorgegeben werden.
- Dann wird der Tabellenbereich angegeben, in dem sowohl der vorgegebene als auch der gesuchte Wert stehen.
- Zuletzt wird die Spalte angegeben, in der der gesuchte Wert zu finden ist.

Excel durchsucht nun zunächst die gesamte Matrix nach dem vorgegebenen Wert, springt dann innerhalb der Zeile, in der dieser Wert steht, bis zu der angegebenen Spalte, die den gesuchten Wert enthält, und gibt den dort stehenden Wert zurück.

Eine Excel-Tabelle enthält Artikelstammdaten. Anne Schulte möchte sich mithilfe der Funktion *SVERWEIS* die Artikelbezeichnung zu einer bestimmten GTIN (*Global Trade Item Number* = globale Artikelnummer, früher EAN) ausgeben lassen.

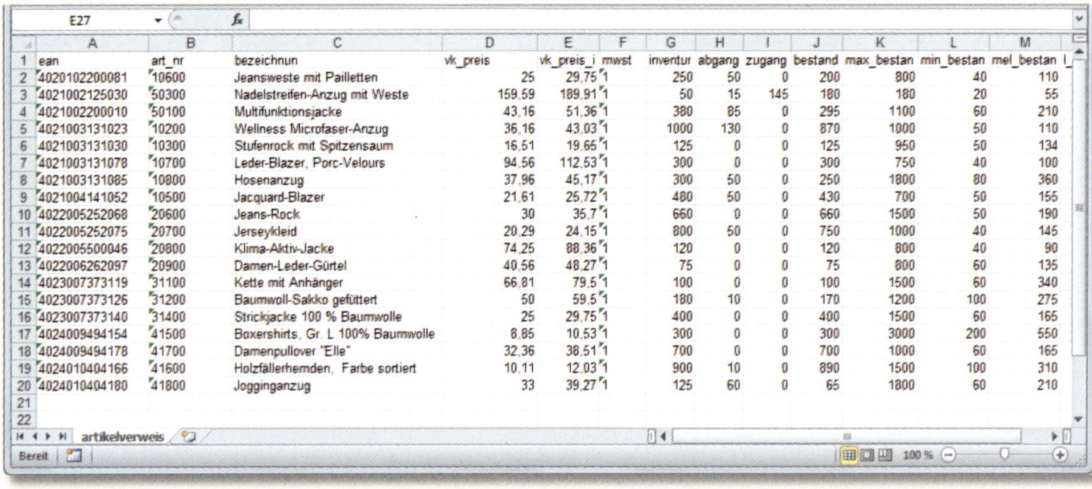

	A	B	C	D	E	F	G	H	I	J	K	L	M
1	ean	art_nr	bezeichnun	vk_preis	vk_preis_i	mwst	inventur	abgang	zugang	bestand	max_bestan	min_bestan	mel_bestan
2	4020102200081	10600	Jeansweste mit Pailletten	25	29,75	1	250	50	0	200	800	40	110
3	4021002125030	50300	Nadelstreifen-Anzug mit Weste	159,59	189,91	1	50	15	145	180	180	20	55
4	4021002200010	50100	Multifunktionsjacke	43,16	51,36	1	380	85	0	295	1100	60	210
5	4021003131023	10200	Wellness Microfaser-Anzug	36,16	43,03	1	1000	130	0	870	1000	50	110
6	4021003131030	10300	Stufenrock mit Spitzensaum	16,51	19,65	1	125	0	0	125	950	50	134
7	4021003131078	10700	Leder-Blazer, Porc-Velours	94,56	112,53	1	300	0	0	300	750	40	100
8	4021003131085	10800	Hosenanzug	37,96	45,17	1	300	50	0	250	1800	80	360
9	4021004141052	10500	Jacquard-Blazer	21,61	25,72	1	480	50	0	430	700	50	155
10	4022005252068	20600	Jeans-Rock	30	35,7	1	660	0	0	660	1500	50	190
11	4022005252075	20700	Jerseykleid	20,29	24,15	1	800	50	0	750	1000	40	145
12	4022005500046	20800	Klima-Aktiv-Jacke	74,25	88,36	1	120	0	0	120	800	40	90
13	4022006262097	20900	Damen-Leder-Gürtel	40,56	48,27	1	75	0	0	75	800	60	135
14	4023007373119	31100	Kette mit Anhänger	66,81	79,5	1	100	0	0	100	1500	60	340
15	4023007373126	31200	Baumwoll-Sakko gefüttert	50	59,5	1	180	10	0	170	1200	100	275
16	4023007373140	31400	Strickjacke 100 % Baumwolle	25	29,75	1	400	0	0	400	1500	60	165
17	4024009494154	41500	Boxershirts, Gr. L 100% Baumwolle	8,85	10,53	1	300	0	0	300	3000	200	550
18	4024009494178	41700	Damenpullover "Elle"	32,36	38,51	1	700	0	0	700	1000	60	165
19	4024010404166	41600	Holzfällerhemden, Farbe sortiert	10,11	12,03	1	900	10	0	890	1500	100	310
20	4024010404180	41800	Jogginganzug	33	39,27	1	125	60	0	65	1800	60	210
21													
22													

Zur Vorbereitung legt sie fest, in welcher Zelle der von ihr angelegten Spalte mit der Kurzbezeichnung EAN sie die vorhandene GTIN eintippt und in welcher Zelle die dazugehörige Artikelbezeichnung angezeigt werden soll. Sie entscheidet sich für die Zellen C24 für die Eingabe und C26 für die Ausgabe. Eine der GTINs trägt sie in Zelle C24 als Suchvorgabe ein.

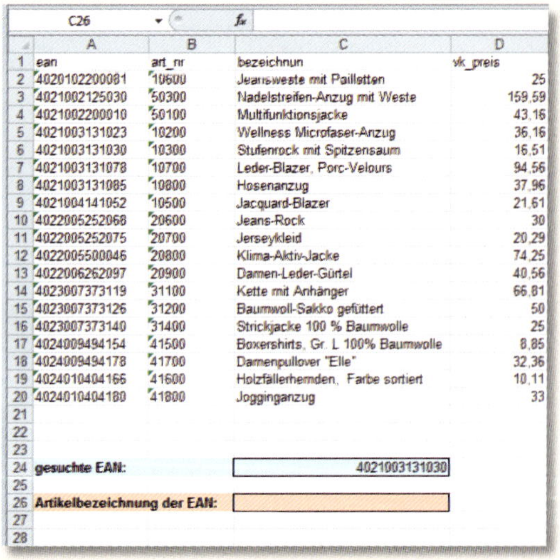

	A	B	C	D
1	ean	art_nr	bezeichnun	vk_preis
2	4020102200081	10600	Jeansweste mit Pailletten	25
3	4021002125030	50300	Nadelstreifen-Anzug mit Weste	159,59
4	4021002200010	50100	Multifunktionsjacke	43,16
5	4021003131023	10200	Wellness Microfaser-Anzug	36,16
6	4021003131030	10300	Stufenrock mit Spitzensaum	16,51
7	4021003131078	10700	Leder-Blazer, Porc-Velours	94,56
8	4021003131085	10800	Hosenanzug	37,96
9	4021004141052	10500	Jacquard-Blazer	21,61
10	4022005252068	20600	Jeans-Rock	30
11	4022005252075	20700	Jerseykleid	20,29
12	4022005500046	20800	Klima-Aktiv-Jacke	74,25
13	4022006262097	20900	Damen-Leder-Gürtel	40,56
14	4023007373119	31100	Kette mit Anhänger	66,81
15	4023007373126	31200	Baumwoll-Sakko gefüttert	50
16	4023007373140	31400	Strickjacke 100 % Baumwolle	25
17	4024009494154	41500	Boxershirts, Gr. L 100% Baumwolle	8,85
18	4024009494178	41700	Damenpullover "Elle"	32,36
19	4024010404166	41600	Holzfällerhemden, Farbe sortiert	10,11
20	4024010404180	41800	Jogginganzug	33
21				
22				
23				
24	**gesuchte EAN:**		4021003131030	
25				
26	**Artikelbezeichnung der EAN:**			
27				
28				

Nun klickt sie in die Zelle C26 und fügt die Funktion *SVERWEIS* ein.

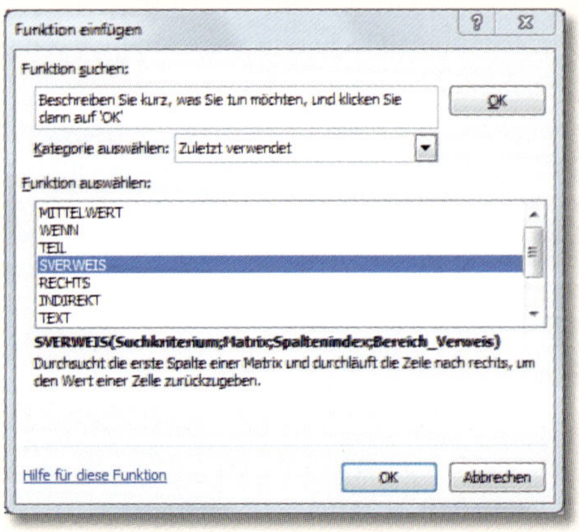

Diese Funktion braucht drei Funktionsargumente:

- das **Suchkriterium:** in diesem Fall die Zelle C24, in die Anne die GTIN eingegeben hat.
- die **Matrix:** das ist der Teil der Tabelle, der Werte enthält, also die gesamte Tabelle ohne Überschriften. Anne markiert die Zellen A2 bis O20.
- den **Spaltenindex:** dies ist die Spalte, die den gesuchten Ausgabewert, also die Artikelbezeichnung, enthält. Da alle Artikelbezeichnungen in der Spalte C stehen und dies die dritte Spalte der Tabelle ist, gibt Anne die Ziffer 3 ein.

Die vierte Angabe *Bereich_Verweis* lässt Anne leer. Ihre Eingabe beendet sie mit *OK*.

Die Funktion *SVERWEIS* durchsucht nun die Matrix nach der vorgegebenen GTIN (1), findet diese in Zelle A6 (2) und springt von dort zur Zelle C6 (3), um die dort enthaltene Artikelbezeichnung als Funktionsergebnis in C26 auszugeben (4).

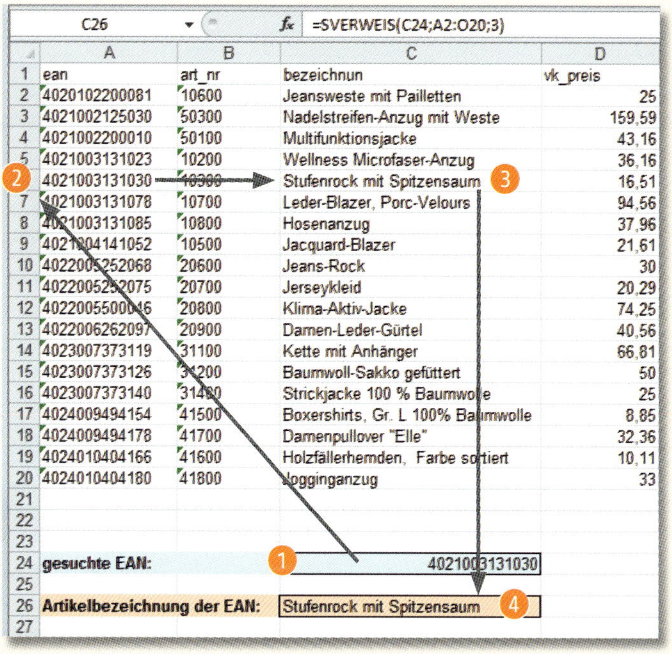

	A	B	C	D
1	ean	art_nr	bezeichnun	vk_preis
2	4020102200081	10600	Jeansweste mit Pailletten	25
3	4021002125030	50300	Nadelstreifen-Anzug mit Weste	159,59
4	4021002200010	50100	Multifunktionsjacke	43,16
5	4021003131023	10200	Wellness Microfaser-Anzug	36,16
6	4021003131030	10300	Stufenrock mit Spitzensaum	16,51
7	4021003131078	10700	Leder-Blazer, Porc-Velours	94,56
8	4021003131085	10800	Hosenanzug	37,96
9	4021004141052	10500	Jacquard-Blazer	21,61
10	4022005252068	20600	Jeans-Rock	30
11	4022005252075	20700	Jerseykleid	20,29
12	4022005500046	20800	Klima-Aktiv-Jacke	74,25
13	4022006262097	20900	Damen-Leder-Gürtel	40,56
14	4023007373119	31100	Kette mit Anhänger	66,81
15	4023007373126	31200	Baumwoll-Sakko gefüttert	50
16	4023007373140	31400	Strickjacke 100 % Baumwolle	25
17	4024009494154	41500	Boxershirts, Gr. L 100% Baumwolle	8,85
18	4024009494178	41700	Damenpullover "Elle"	32,36
19	4024010404166	41600	Holzfällerhemden, Farbe sortiert	10,11
20	4024010404180	41800	Jogginganzug	33
21				
22				
23				
24	gesuchte EAN:		4021003131030	
25				
26	Artikelbezeichnung der EAN:		Stufenrock mit Spitzensaum	
27				

Gibt Anne in ihr Suchfeld C24 nun eine andere GTIN ein, so gibt Excel mit der Funktion *SVERWEIS* in C26 wiederum die passende Artikelbezeichnung aus.

Mit Excel Daten visualisieren

Mit Excel können die Werte einer Tabelle auf vielfältige Weise übersichtlich als Grafik dargestellt werden. Excel bietet für die grafische Gestaltung verschiedene Diagrammtypen zur Auswahl an, die sich noch jeweils weiter variieren lassen. Solche Diagramme sind wichtig für Präsentationen, da sie Tabellendaten grafisch wirkungsvoller und übersichtlicher darstellen als reine Zahlenkolonnen.

- Tabelle laden, aus deren Werten ein Diagramm erstellt werden soll
- Bereich, der in der grafischen Darstellung erscheinen soll, markieren
- um ein Diagramm sehr schnell zu erstellen, die F11-Taste betätigen
  Es wird dann ein Diagramm mit Standardeinstellungen auf einem separaten Diagrammblatt erzeugt.

Eine Alternative ist die Verwendung von *Einfügen – Diagramm*.

Anne Schulte möchte die monatlichen Umsätze als Säulendiagramm anzeigen. Sie geht von der Tabelle aus, die sie gerade angelegt hat.

- Bei gedrückter Strg-Taste markiert sie die gewünschten Bereiche: die Spalten A und D sowie die Zeile 10.
- Sie ruft *Einfügen-Diagramme-Säule* auf.
- Sie wählt in der sich dann öffnenden Auswahlbox die gewünschte Art des Säulendiagramms aus.
- Anschließend kann das Diagramm noch auf vielfältige Weise gestaltet werden, indem man durch Rechtsklick auf das Diagramm das entsprechende Kontextmenü aufruft.

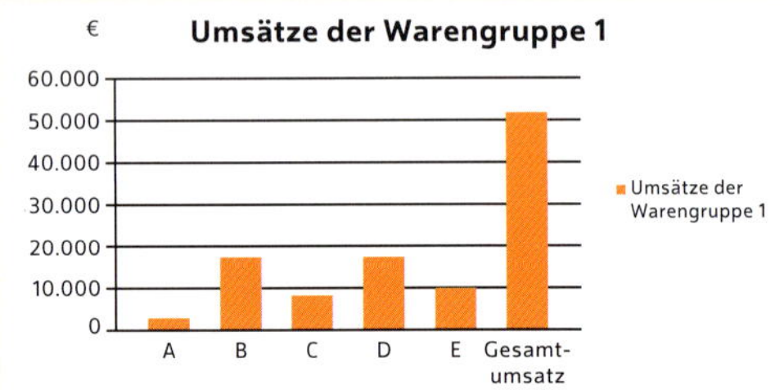

Diagrammarten

Ein Diagramm wird verwendet, um Werte wie

- Größenverhältnisse,
- Zahlenreihen
- oder Bestandsgrößen

leichter erfassen und vor allem optisch ansprechender präsentieren zu können. Der Vorteil von Diagrammen liegt darin, dass sie das Verständnis für die enthaltenen Informationen erhöhen: Leicht kann man daraus Vergleiche, Trends oder Muster ablesen.

Alle der im Folgenden aufgeführten Diagrammarten veranschaulichen die Zusammenhänge zwischen zwei Messgrößen.

Liniendiagramme

Möchte man Veränderungen über einen bestimmten Zeitraum zeigen, eignen sich besonders gut Liniendiagramme. Sie stellen also Trends oder Zeitreihen dar.

BEISPIEL

In einer Präsentation möchte Frau Schröter die Personalkostenentwicklung einer Filiale im Vergleich über einzelne Monate zeigen. Sie verwendet dazu ein Liniendiagramm.

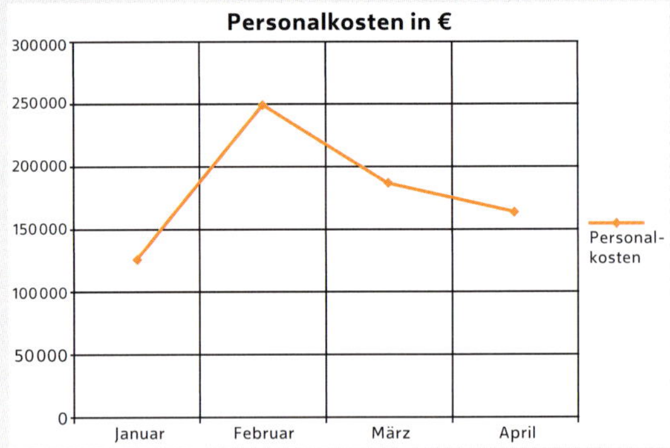

Die zwei abhängigen Werte (z. B. Monat, Kosten) ergeben Punkte. Diese werden miteinander durch Linien verbunden. Dies können Geraden – dann liegt das eigentliche Liniendiagramm vor – oder Kurven – dann spricht man auch von Kurvendiagrammen – sein.

Kreisdiagramme

Das Kreisdiagramm wird oft auch **Tortendiagramm** genannt. Mit einem solchen Diagramm kann man sehr gut den Anteil eines Einzelwerts an einem Gesamtwert zeigen. Die Werte werden dabei in Tortenstücken ähnelnden Kreissegmenten dargestellt, um die Größenverhältnisse der Anteile deutlich aufzuzeigen. Der ganze Kreis entspricht 100 %; die Tortenstücke visualisieren, wie die einzelnen Positionen im Verhältnis zueinander und zum Gesamtwert stehen. Mit einem Tortendiagramm kann man also die Struktur eines Gesamtwerts deutlich machen.

BEISPIEL

Frau Schröter möchte die Umsatzanteile der fünf Artikel einer Warengruppe veranschaulichen.

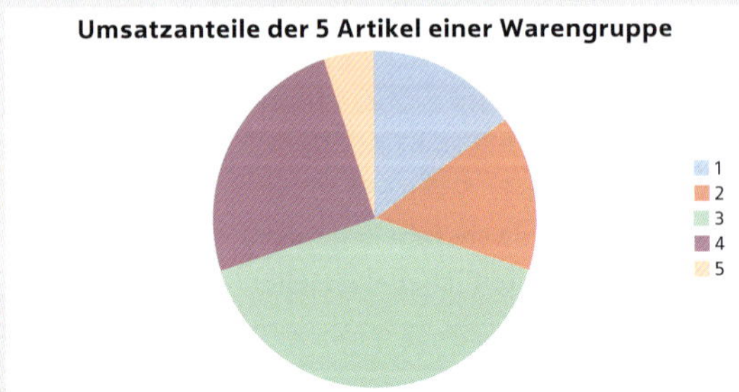

Säulendiagramme

Bei einem Säulendiagramm werden einzelne Werte durch Säulen dargestellt. Deren Höhe zeigt die Ausprägung der einzelnen Werte. Ein Säulendiagramm wird in der Regel verwendet, um Werte verschiedener Kategorien zu vergleichen.

Ein **Balkendiagramm** ist eine Sonderform des Säulendiagramms, bei der die x- und y-Achse vertauscht werden.

BEISPIEL

Mit einem Säulen- oder Balkendiagramm kann jemandem der Personalbestand einzelner Filialen erheblich besser vermittelt werden als durch Nennung der einzelnen Zahlen.

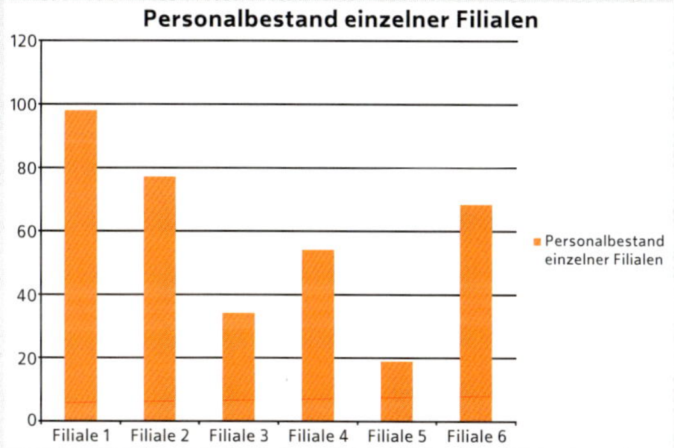

Säulendiagramm

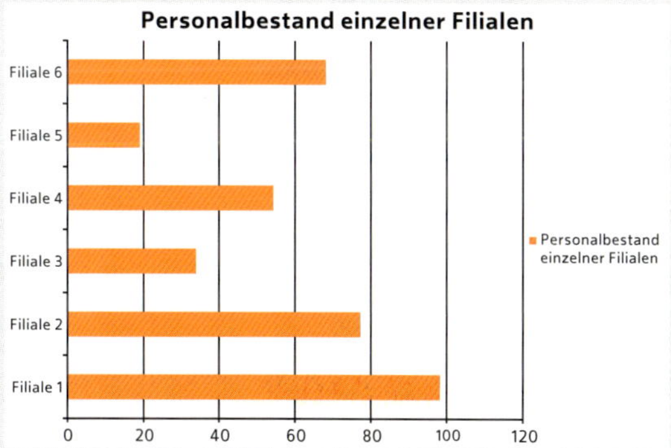

Balkendiagramm

Bei einem **gestapelten Säulendiagramm** werden Werte mehrerer Datenreihen jeweils aufeinandergestapelt dargestellt. Der Gesamtbalken ist jeweils der Gesamtwert.

BEISPIEL

In diesem gestapelten Säulendiagramm werden die monatlichen Abverkäufe eines Artikels in verschiedenen Filialen verdeutlicht.

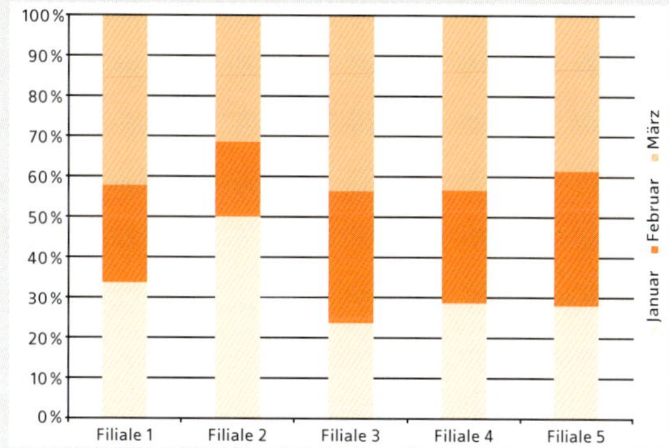

Der Ausdruck von Formeln in Excel

Zu Dokumentationszwecken kann es oft hilfreich sein, die Formeln selbst statt der Ergebnisse ausdrucken zu lassen.

Dazu wird die Arbeitsmappe geöffnet und das Tabellenblatt aktiviert, dessen Formeln man ausdrucken möchte. Anschließend klickt man innerhalb der Registerkarte *Formeln* in der Gruppe *Formelauswertung* auf die Schaltfläche *Formeln anzeigen*. Excel verändert dann das Aussehen des Tabellenblattes: Die Formeln werden sichtbar, die Spaltenbreiten werden angepasst und alle Zahlenformate werden ausgeblendet.

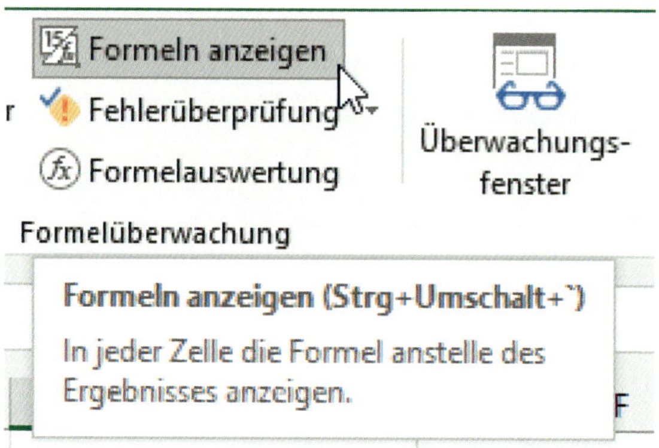

BEISPIEL

Mete Öczan erstellt eine Tabelle für Angebotsvergleiche. Er druckt sich sowohl die erstellte Tabelle als auch deren Formelansicht aus:

	A	B	C	D	E	F	G	H	I	J
1	Angebotsvergleich									
2										
3										
4	Artikel									
5	Menge									
6	Lieferer	Angebot 1			Angebot 2			Angebot 3		
7										
8		Prozent	Stückpreis	Gesamtpreis	Prozent	Stückpreis	Gesamtpreis	Prozent	Stückpreis	Gesamtpreis
9	Listenpreis			=B5*C9			=B5*F9			=B5*I9
10	Rabatt			=D9*B10			=G9*E10			=J9*H10
11	Zieleinkaufspreis			=D9-D10			=G9-G10			=J9-J10
12	Skonto			=D11*B12			=G11*E12			=J11*H12
13	Bareinkaufspreis			=D11-D12			=G11-G12			=J11-J12
14	Bezugskosten									
15	Bezugspreis			=D13+D14			=G13+G14			=J13+J14
16										

	A	B	C	D	E	F	G	H	I	J
2										
3										
4	Artikel	Geschirrtücher								
5	Menge	1000								
6	Lieferer	Angebot 1			Angebot 2			Angebot 3		
7										
8		Prozent	Stückpreis	Gesamtpreis	Prozent	Stückpreis	Gesamtpreis	Prozent	Stückpreis	Gesamtpreis
9	Listenpreis		1,20 €	1.200,00 €		1,05 €	1.050,00 €		1,35 €	1.350,00 €
10	Rabatt	15 %		180,00 €	10 %		105,00 €	20 %		270,00 €
11	Zieleinkaufspreis			1.020,00 €			945,00 €			1.080,00 €
12	Skonto	0 %		- €	0 %		- €	3 %		32,40 €
13	Bareinkaufspreis			1.020,00 €			945,00 €			1.047,60 €
14	Bezugskosten			2,80 €			8,75 €			- €
15	Bezugspreis			1.022,80 €			953,75 €			1.047,60 €

AUFGABEN

1. Führen Sie Beispiele auf, wo in einem Unternehmen Berechnungen durchgeführt werden.
2. Tabellenkalkulationen können auch definiert werden als Rechenblätter mit Zellen.
   a) Was sind Zellen?
   b) Zellen können unterschiedliche Inhalte aufnehmen. Führen Sie diese auf.
3. Wie kann Excel beendet werden?
4. Führen Sie die einzelnen Schritte beim Kalkulieren mit Excel auf.
5. Erläutern Sie, warum man Excel auch als Datenbank verwenden kann.
6. Welche Vorteile haben moderne Tabellenkalkulationsprogramme?
7. Welche Gruppen im Menüband von Excel kommen auch in Word vor?
8. Welche Arten, Daten in Excel zu kopieren, gibt es?
9. Welchen Vorteil hat das automatische Ausfüllen?
10. Führen Sie Beispiele für typische Datenreihen auf.
11. Mit welchen Arbeitsschritten erzeugt man eine absteigende Zahlenreihe?
12. Die Zelle in der Spalte F und der Zeile 23 soll als
    a) absolute Adresse, b) relative Adresse
    angegeben werden.
13. Welche Unterschiede gibt es beim Kopieren von Zellen mit absoluter und relativer Adresse?
14. Was versteht man in Excel unter Funktionen?
15. Wie kann man den Funktionsassistenten aufrufen?
16. Wie lautet allgemein formuliert die Zelleingabe bei der Arbeit mit einer Bedingung?
17. Welche Vergleichsoperatoren können bei der Arbeit mit Bedingungen verwendet werden?

203153398

AKTIONEN

1. Anne Schulte bekommt den Auftrag, eine erste Kalkulation von Verkaufspreisen durchzuführen. Sie soll dies mithilfe einer Excel-Tabelle tun, die sie noch erstellen muss. Sie bekommt die Anweisung, Kundenrabatte und Kundenskonto zunächst einmal bei der Verkaufskalkulation nicht zu berücksichtigen. Sie erstellt die nachfolgende Tabelle.

   a) Erstellen Sie mithilfe von Excel eine vergleichbare Tabelle für die Berechnung von Verkaufspreisen ohne Berücksichtigung von Kundenrabatt und Kundenskonto.

   b) Berechnen Sie mithilfe der Tabelle den Verkaufspreis einer Ware, wenn der Einstandspreis 650,00 €, der Handlungskostenzuschlag 50 % und der Gewinnzuschlag 30 % beträgt.

Positionen	Beträge	Prozentangaben	Hinweise
= Einstandspreis	200,00 €		
+ Handlungszuschlag	60,00 €	30	in % vom Einstandspreis
= Selbstkostenpreis	**260,00 €**		
+ Gewinnzuschlag	52,00 €	20	in % vom Selbstkostenpreis
= Nettoverkaufspreis	**312,00 €**		
+ Mehrwertsteuer	59,28 €	19	in % vom Zielverkaufspreis
= Bruttoverkaufspreis	**371,28 €**		

Fairtext GmbH
Textilgroßhandlung

Fairtext GmbH · Walsroder Str. 6 a · 30625 Hannover

Franz Stallmann Fashion OHG
Vogesenstraße 3
45468 Mülheim

Ihr Zeichen: o/s
Ihre Nachricht vom: 20.08.20..
Unser Zeichen: st-sa
Unsere Nachricht vom:

Name: Anne Schulte
Telefon: 0511 4155-15
Internet: www.fairtext-wvd.de
E-Mail: schulte@fairtext-wvd.de

Datum: 22.08.20..

Ihre Anfrage vom 20. August 20 ..

Sehr geehrte Frau Lenz,

vielen Dank für Ihre Anfrage. Hier unser Angebot über die gewünschte Sport- und Freizeitkleidung:

Position	Artikel	Menge	Einzelpreis in €	Gesamtpreis in €
1	Pullover „Enzo"		43,80	
2	T-Shirt „Mats"		16,50	
3	Minikleid „Beach"		22,90	
4	Herren-Langarm-Shirt „Felix"		19,90	
			Gesamt	
Im Rechnungspreis sind 19 % MwSt =			€ enthalten.	

Zahlungen erwarten wir spätestens 30 Tage nach Lieferung und Rechnungsdatum.
Wir freuen uns auf Ihre Bestellung.

Freundliche Grüße aus Hannover

Beleg zu Aufgabe 2 auf folgender Seite

Beleg zu Aufgabe 3 auf folgender Seite

FIEDLER GMBH
GEBÄUDEREINIGUNG

Fiedler GmbH · Botzfelder Str. 324 · 30851 Langenhagen

Fairtext GmbH
Walsroder Str. 6 a
30625 Hannover

Gebäudereinigung Fiedler GmbH
Botzfelder Str. 324
30851 Langenhagen

Telefon: 0511 4312
Telefax: 0511 4313
Internet: www.fiedler-gmbh-wvd.de
E-Mail: info@fiedler-gmbh-wvd.de

Rechnung

Ihre Bestellung vom   Bestellzeichen

Bitte bei Überweisung angeben

Rechnungs-Nr.	Rechnungsdatum
2345	20..-04-01

Beschreibung	Stunden	Satz (in €)	Betrag/€
Säuberung Auffahrt	4,0	29,00	
Säuberung der Geschäftsräume März 20..	40,0	18,00	
		Zwischensumme	
		Steuersatz	19 %
		Umsatzsteuer	
		Andere	–
		Gesamt	

Alle Rechnungen zahlbar an die **Gebäudereiniung Fiedler GmbH.**
Gesamtbetrag fällig in 30 Tagen. Für überfällige Rechnungen wird eine Mahngebühr von 1 % pro Monat berechnet.

Vielen Dank für Ihren Auftrag!

2. Die Franz Stallmann Fashion OHG, Vogesenstr. 3, 45468 Mülheim, hat eine Anfrage zu 50 Pullovern „Enzo“, 30 T-Shirts „Mats“, 20 Minikleidern „Beach“ und 40 Herren-Langarm-Shirts „Felix“ an die Fairtext GmbH geschickt. Anne Schulte soll das Angebot schreiben und erstellt hierzu eine Excel-Tabelle, die sie in die Briefvorlage der Fairtext GmbH einfügt. Fertigen Sie eine entsprechende Excel-Tabelle an, in der die kompletten Angebotspreise und die enthaltene Umsatzsteuer ausgewiesen werden.

3. Die Gebäudereinigung Fiedler GmbH. Diese hat für zwei Arten von Reinigungstätigkeiten eine Rechnung an die Fairtext GmbH geschickt (siehe vorherige Seite).
Fertigen Sie eine entsprechende Excel-Tabelle für die Berechnung des Gesamtpreises an.

4. Entwerfen Sie mit Excel eine Tabelle, die Ihren Berufsschulstundenplan enthält.

5. Erstellen Sie eine Tabelle mit Vornamen, Namen, Adressen, Telefonnummern sowie Geburtstagen Ihrer Mitschüler und -schülerinnen.

6. a) Erstellen Sie mit Excel eine Datenbank für Lieferanten. Sie soll die Datenfelder *Lieferanten, Postleitzahl, Ort, Straße, Telefon, Fax, Ansprechpartner* und *Umsatz* enthalten.
   b) Tragen Sie die Angaben von sieben Lieferanten in die Datenbank ein.
   c) Löschen Sie einen Lieferanten.

7. a) Erstellen Sie die abgebildete Tabelle, die Berechnungen vornehmen soll für:
   - die Gesamtsumme für jedes Quartal
   - die Gesamtsumme für jede Investitionsart
   - die gesamte Investitionssumme

   b) Tragen Sie die folgenden Werte in die Tabelle ein:

	1. Quartal	2. Quartal	3. Quartal	4. Quartal
Büromaterial	1.200	300	567	7.692
Schulung	5.000		9.006	873
EDV	15.789	21.342	497	1.298
Fuhrpark	789			30.099

   c) Erzeugen Sie dazu eine grafische Darstellung.

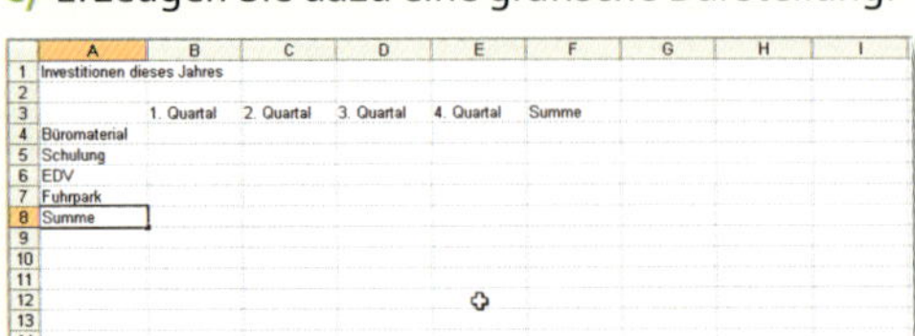

8. Erstellen Sie eine Tabelle zur Berechnung von Zinsen nach der Tageszinsformel.

$$\text{Zinsen} = \frac{\text{Kapital} \cdot \text{Zinssatz} \cdot \text{Tage}}{100 \cdot 360}$$

	A	B
1		
2		
3	Kapital	20000
4	Zinssatz	6
5	Tage	300

9. Legen Sie eine Artikelliste nach nebenstehendem Schema an:
Mithilfe der absoluten Adressierung soll eine Erhöhung der Verkaufspreise möglich sein.

Artikel	Bestand	bisheriger Verkaufspreis	neuer Verkaufspreis
A	95	225,00 €	
B	180	370,00 €	
C	23	85,20 €	
...	...	...	

10. Die Fairtext GmbH hat Angebote von drei Lieferanten für einen bestimmten Artikel vorliegen und muss diese vergleichen.

Lieferant I:	Lieferant II:
Listeneinkaufspreis: 140,00 €	Listeneinkaufspreis: 120,00 €
Rabatt: 25 %	Rabatt: 10 %
Skonto: 2 %	Skonto: 1,5 %
Bezugskosten: 7,00 €	Bezugskosten: 8,00 €

Lieferant III:
Listeneinkaufspreis: 143,00 €
Rabatt: 30 %
Skonto: 2 %
Bezugskosten: frei Haus

   a) Erstellen Sie eine Excel-Tabelle, mit der man Angebotsvergleiche solcher Art durchführen kann.
   b) Berechnen Sie, welcher Lieferant der günstigste ist

11. Die Geschäftsleitung möchte die Telefonkosten überprüfen. Sie werden gebeten, eine Tabelle anzufertigen. Diese soll die monatlichen Kosten erfassen. Berechnet werden sollen:
   a) die jährlichen Gesamtkosten
   b) die durchschnittlichen monatlichen Telefonkosten (Mittelwert)
   c) der minimale und der maximale Wert der Telefonkosten

12. Erstellen Sie eine Tabelle für die Bestandszahlen von vier Artikeln nach folgendem Schema:

Bestandszahlen				
	Artikel A	**Artikel B**	**Artikel C**	**Artikel D**
Januar	12	150	324	54
Februar	45	177	276	66
März	9	112	167	44
April	187	89	259	53
Mai	94	128	273	32
Juni	22	165	198	49
Juli	65	132	156	51
August	66	150	212	82
September	78	123	234	78
Oktober	14	136	309	60
November	79	98	302	50
Dezember	54	148	288	42
Gesamtbestand				
durchschnittlicher Bestand				
minimaler Bestand				
maximaler Bestand				

a) Verwenden Sie zur Berechnung den Funktionsassistenten.

b) Führen Sie eine Berechnung mit eigenen Bestandswerten durch.

13. Ein Karlsruher Großhandelsunternehmen hatte in den letzten Jahren die folgende Entwicklung bei den Beschäftigtenzahlen:

	2010	2011	2012	2013
Einkauf	39	42	37	51
Lager	48	55	58	64
Produktion	57	68	77	85
Verkauf	21	23	25	25
Gesamt				

a) Tragen Sie die Daten in eine Excel-Tabelle ein.

b) Berechnen Sie im Rahmen der Excel-Tabelle den jeweiligen prozentualen Anteil der Abteilungen am Gesamtpersonalbestand.

c) Erstellen Sie eine Grafik (gestapeltes Balkendiagramm), die für die vier Jahre jeweils den jeweiligen prozentualen Anteil der Abteilungen am Gesamtpersonalbestand darstellt.

d) Entwickeln Sie ein Kreisdiagramm, das für das Jahr 2013 den jeweiligen prozentualen Anteil der Abteilungen am Gesamtpersonalbestand zeigt.

14. Die Elektronikartikel Großhandel GmbH in Stuttgart bietet ihren Mitarbeitern ständig Teilnahme an Seminaren an. In den letzten drei Jahren fielen folgende Seminarkosten an:

	Mitarbeiter insgesamt	Teilnehmer an Seminaren	Kosten in €
2011	180	38	28.000,00
2012	162	36	32.000,00
2013	198	48	38.000,00

a) Erstellen Sie eine Excel-Tabelle, die die durchschnittlichen Kosten der Seminare pro Teilnehmer pro Jahr angibt.

b) Die durchschnittlichen Kosten für ein Seminar sollen als Liniendiagramm angezeigt werden.

c) Weiterhin soll die Tabelle den prozentualen Anteil der Seminarteilnehmer an der Anzahl der gesamten Beschäftigten berechnen.

15. Mit dieser Aktion können Sie Ihr Wissen über Funktionen vertiefen.

a) Überprüfen Sie mithilfe des folgenden Textes, ob Ihnen die Bedeutung der einzelnen Funktionen klar ist.

b) Legen Sie exemplarisch eine Excel-Tabelle an. Erproben Sie die Wirkung der einzelnen Funktionen in einer separat von Ihnen ausgewählten Zelle. Geben Sie die Funktionen entweder direkt ein oder verwenden Sie den Funktionsassistenten.

Funktion	Bedeutung	BEISPIEL
MAX	In der Zelle soll der größte Wert des angegebenen Bereichs aufgenommen werden.	= MAX(D1:D23) In die Zelle wird der größte Wert aus dem Bereich D1 bis D23 geschrieben.
MIN	In der Zelle soll der kleinste Wert des angegebenen Bereichs aufgenommen werden.	= MIN(D1:D23) In die Zelle wird der kleinste Wert aus dem Bereich D1 bis D23 geschrieben.
MITTELWERT	In die Zelle wird der Mittelwert des angegebenen Bereichs aufgenommen.	=MITTELWERT(D1:D23) In die Zelle wird der Mittelwert aus dem Bereich D1 bis D23 geschrieben.
SUMME	Einzelne Zahlen oder ganze Bereiche werden zusammengerechnet.	= SUMME(C2:C5) In die Zelle wird die Summe aus den Zahlen des Bereichs C2 bis C5 geschrieben.
RUNDEN	Eine Zahl wird auf die angegebene Anzahl an Nachkommastellen kaufmännisch gerundet.	=RUNDEN(E5;2) In die Zelle wird der Wert aus E5 kaufmännisch auf 2 Nachkommastellen gerundet geschrieben.
ABRUNDEN	Die Zahl in dieser Zelle wird immer abgerundet.	=ABRUNDEN(E5;2) Der in der Zelle E5 stehende Wert (z. B. 3467) wird hier auf 2 Stellen abgerundet (3400) dargestellt.
AUFRUNDEN	Die Zahl in dieser Zelle wird immer aufgerundet.	=AUFRUNDEN(E5;2) Der in der Zelle E5 stehende Wert (z. B. 3467) wird hier auf 2 Stellen aufgerundet (3500) dargestellt.
GANZZAHL	Die Zahl in dieser Zelle wird immer zur nächsten ganzen Zahl abgerundet.	=GANZZAHL(E5) Aus dem in der Zelle E5 stehenden Kommawert (z. B. 7,8) wird eine ganze Zahl (7).
KÜRZEN	Diese Funktion schneidet Nachkommastellen ab.	=KÜRZEN(B2;2) Die Zahl, die in B2 steht (z. B. 45,123456), wird bis auf 2 Stellen nach dem Komma abgeschnitten (45,12).
WENN	In der Zelle erfolgt die Abfrage einer Bedingung (WENN). Anschließend wird angegeben, was getan werden soll, wenn die Bedingung stimmt (DANN). Im dritten Schritt (SONST) wird die Alternative eingegeben, falls die Bedingung nicht stimmt.	=WENN(B7>50000;"Gut";"Schlecht") Ist der Inhalt der Zelle B7 größer als 50000, dann wird in diese Zelle „Gut“ geschrieben, ansonsten „Schlecht“.
WENN UND	In Kombination mit der WENN-Funktion tritt der DANN-Wert in Kraft, wenn alle Bedingungen erfüllt sind. Sind ein oder mehrere Bedingungen nicht erfüllt, tritt der SONST-Wert in Kraft.	=WENN(UND(B7>40;B8>50;B9>60);"Gut";"Überprüfen") Wenn in allen drei angegebenen Zellen B7, B8 und B9 die jeweilige Bedingung erfüllt ist, soll in die Zelle, die diese Funktion enthält, „Gut“ geschrieben werden. Ansonsten wird dort „Überprüfen“ hineingeschrieben.
WENN ODER	In Kombination mit der WENN-Funktion tritt der DANN-Wert in Kraft, wenn auch nur eine der Bedingungen zutrifft. Nur wenn keine der Bedingungen erfüllt ist, tritt der SONST-Wert in Kraft.	=WENN(ODER(B7>40;B8>50;B9>60);"Gut";"Überprüfen") Auch wenn nur in zwei oder einer der drei angegebenen Zellen B7, B8 und B9 die jeweilige Bedingung erfüllt ist, soll in die Zelle, die diese Funktion enthält, „Gut“ geschrieben werden. Ansonsten wird dort „Überprüfen“ hineingeschrieben.

Funktion	Bedeutung	BEISPIEL
SVERWEIS	Ein Wert wird über einen Suchbegriff aus einer großen Datentabelle ermittelt und ausgegeben. Dabei durchsucht die Funktion die angegebene Spalte.	=SVERWEIS(A3;Tabelle2!A3:B16;2;Falsch) Aus dieser Funktionsangabe lässt sich Folgendes ablesen: Das Suchwort befindet sich in Zelle A3 der Tabelle 1. Anschließend ist der Bereich angegeben (in der Tabelle 2 der Bereich A3 bis B16), in dem der Suchwert gesucht wird. Weiterhin ist noch angegeben, aus welcher Spalte der 2. Tabelle der Wert genommen werden soll (hier die 2 .Spalte). Die Angabe FALSCH – oder 0 – sagt aus, dass nach der genauen Entsprechung gesucht wird.
WVERWEIS	Wie SVERWEIS. Die Funktion durchsucht hier die die angegebene Zeile.	=WVERWEIS(B7;B2:E7;4;0) Das Suchkriterium steht in Zelle B7. Der Suchbereich ist in derselben Tabelle der Bereich B2 bis E7. Genommen wird der genaue Wert (0) aus der 4. Zeile.
ANZAHL	Es wird die Anzahl aller Zahlen in einem Bereich festgestellt.	=ANZAHL(C4:C9) In der Zelle wird die Anzahl der Werte, die im Bereich C4 bis C9 stehen, angegeben.
ANZAHL2	Es werden alle Zellen im festgelegten Bereich, die eine Information (Formel, Text usw.) enthalten, gezählt.	=ANZAHL2(C4:C9) In der Zelle mit dieser Funktion wird die Anzahl der Zellen des Bereichs C4 bis C9 geschrieben, die Informationen enthalten.
RANG	Diese Funktion gibt den Rang einer bestimmten Zahl innerhalb einer Reihe von Zahlen wieder.	=RANG(B5;B2:B10) In der Zelle mit dieser Funktion wird der Rang von der Zahl in B5 (im Bereich der Zahlen von B2 bis B10) ermittelt.
HEUTE	In der Zelle mit dieser Funktion wird das aktuelle Datum geschrieben.	=HEUTE() Es wird das aktuelle – also heutige – Datum in der Zelle ausgegeben. Möglich sind auch Angaben der folgenden Art: =HEUTE()+10 Angegeben wird das Datum in 10 Tagen.
JETZT	Wie die Funktion HEUTE, nur dass zusätzlich noch die aktuelle Zeit ausgegeben wird.	= JETZT () Das aktuelle Datum und die aktuelle Zeit werden in die Zelle geschrieben.
DATUM	Diese Funktion dient dazu, ein Datum zu definieren.	= DATUM (2013;10;5+D8) Steht in der Zelle D8 der Wert 10, dann wird in die Zelle mit dieser Funktion das Datum 5.10.2021 geschrieben.

ZUSAMMENFASSUNG

Moderne Tabellenkalkulationsprogramme

Eigenschaften
- präsentieren sich am Bildschirm in Form einer Tabelle, in die Eingaben vorgenommen werden können.
- Excel ist die bekannteste Tabellenkalkulation.

Aufgaben
- Berechnungen jeglicher Art
- Listen für alle Gelegenheiten
- Visualisierung von Daten
- Verwendung als Datenbank
- Datenanalyse und -auswertung

Vorteile
- Eingabe der Berechnungsformeln, Daten und Texte im Dialog
- keine Programmierung durch Anwender
- leicht erlernbar
- günstige Beschaffung

ZUSAMMENFASSUNG

Arbeit mit Excel

kann optimiert werden u. a. durch

- Kopieren von Zellinhalten
- Verwendung absoluter und relativer Adressen
- Arbeit mit dem Funktionsassistenten
- Ausführung von Formeln mit Bedingungen
- automatisches Ausfüllen von Datenreihen

Diagrammarten

Liniendiagramm
stellt Trends oder Zeitreihen dar.

Kreisdiagramm
macht die Struktur eines Gesamtwerts deutlich.

Säulendiagramm
vergleicht Werte verschiedener Kategorien.

KAPITEL 6
Bestellung

Aufgrund des Angebots der Spengler & Sohn OHG vom 7. Febr. 20.. (siehe Seite 368) schickt die Fairtext GmbH folgende Bestellung:

Fairtext GmbH
Textilgroßhandlung

Fairtext GmbH · Walsroder Str. 6 a · 30625 Hannover
Hemdenfabrik
Spengler & Sohn OHG
Lahnstraße 14
33578 Wetzlar

Ihr Zeichen:	o/s
Ihre Nachricht vom:	07.02.20..
Unser Zeichen:	es-s
Unsere Nachricht vom:	04.02.20..
Name:	Herr Esser
Telefon:	0511 4155-15
Internet:	www.fairtext-wvd.de
E-Mail:	esser@fairtext-wvd.de
Datum:	09.02.20..

Bestellung

Sehr geehrte Damen und Herren,

wir danken für Ihr Angebot. Wir bestellen Herrenfreizeithemden Bestell-Nr. 4537:

20 Stück Größe 38
20 Stück Größe 39
40 Stück Größe 40
20 Stück Größe 41

zum Stückpreis von 8,10 € einschließlich Verpackung, abzüglich 15 % Rabatt.

Die Lieferung soll innerhalb von 2 Wochen frachtfrei erfolgen. Die Zahlung erfolgt innerhalb von 4 Wochen ab Rechnungsdatum ohne Abzug.

Wir hoffen auf baldige Lieferung.

Mit freundlichen Grüßen

Fairtext GmbH
Textilgroßhandlung

i. A. Esser
Esser

Begründen Sie, warum durch diese Bestellung kein Kaufvertrag zustande gekommen ist.

203153404

INFORMATIONEN

DEFINITION

Eine **Bestellung** (Auftragserteilung) ist eine Willenserklärung, Ware zu den angegebenen Bedingungen zu kaufen.

Die Abgabe einer Bestellung ist an **keine Formvorschrift** gebunden. Sie kann also ebenso wie ein Angebot schriftlich, mündlich oder telefonisch erfolgen.

Eine Bestellung per Computer-Fax ist in der Zwischenzeit handelsüblich geworden. Daher ist bei deutschen Gerichten auch ihre Form als Beweis für eine Bestellung nicht mehr fraglich. Ein Computer-Fax kann den Beweiswert eines Originalschriftstücks mit Originalunterschrift ersetzen. Richterliche Begründung des technikfreundlichen Beschlusses: Lange anerkannte Kommunikationswege wie Telegramm oder Fernschreiben kommen auch ohne Unterschrift aus.

Eine Bestellung beinhaltet Angaben über
- Art, Beschaffenheit und Güte der Ware,
- Menge,
- Preis und Preisabzüge,
- Lieferbedingungen und
- Zahlungsbedingungen.

Wird in der Bestellung auf ein ausführliches Angebot Bezug genommen, erübrigt sich eine Wiederholung aller Angebotsbedingungen. Es genügt dann die Angabe von Warenart, Bestellmenge und Preis der Ware.

Bestellungen sind grundsätzlich **verbindlich**. Durch **rechtzeitigen Widerruf** erlischt die Bindung an die Bestellung. Ein Widerruf muss spätestens mit der Bestellung beim Lieferanten eingetroffen sein.
Abweichend davon beträgt bei Verträgen, die zwischen Unternehmen und Verbrauchern unter ausschließlicher Verwendung von Fernkommunikationsmitteln (z. B. Internet, E-Mails, Telefon, Brief) abgeschlossen wurden, die Widerrufsfrist 14 Tage nach Erhalt der Ware.

Bestellt ein Käufer aufgrund eines verbindlichen Angebots rechtzeitig zu den angegebenen Angebotsbedingungen, kommt ein Kaufvertrag zustande.

Bestellt ein Käufer, ohne dass ihm ein verbindliches Angebot vorliegt, gilt diese Bestellung als Antrag auf Abschluss eines Kaufvertrags.

Bestellungsannahme

Für das Zustandekommen eines Kaufvertrags ist eine Bestellungsannahme notwendig, wenn der Bestellung kein Angebot vorausging oder wenn sie aufgrund eines freibleibenden Angebots erfolgte. Auch wenn die Bestellung vom vorausgehenden Angebot abweicht, kommt der Kaufvertrag erst durch eine Bestellungsannahme zustande.

Die Bestellungsannahme ist an **keine Formvorschrift** gebunden.

Der Verkäufer kann in den Fällen, in denen eine Bestellungsannahme erforderlich ist, auch auf eine ausdrückliche Auftragsbestätigung verzichten und sofort liefern. In diesem Fall gilt die Lieferung als Annahme der Bestellung (= schlüssige Handlung).

Bestellt ein Käufer aufgrund eines Angebots rechtzeitig zu den angegebenen Angebotsbedingungen, ist eine Bestellungsannahme für das Zustandekommen des Kaufvertrags nicht erforderlich.

Onlinebestellungen

Güter und Dienstleistungen werden von Unternehmen zunehmend online mithilfe elektronischer Netze (EDI oder Internet) beschafft. Denn Onlinebestellungen haben eine Reihe von Vorteilen:
- Der Erfassungsaufwand wird verringert.
- Die Bestellabwicklung wird beschleunigt.
- Erfassungsfehler werden verringert.
- Der Postweg entfällt.
- Der Geschäftspartner muss nicht persönlich erreichbar sein.
- Papier- und Postkosten sind geringer.

54 % aller deutschen Unternehmen mit mehr als zehn Beschäftigten erledigen ihren Einkauf ganz oder teilweise online (vgl. BITKOM, Presseinformation vom 9. August 2012). Dabei werden insbesondere folgende Formen des elektronischen Handels zwischen Unternehmen (Business-to-Business-E-Commerce [B2B-E-Commerce]) genutzt:
- EDI
- B2B-Onlineshop
- elektronischer Marktplatz

Immer mehr Großhandels- und Außenhandelsunternehmen bestellen über das Internet.

EDI

EDI *(Electronic Data Interchange)* ist die rechnergestützte Zusammenarbeit von Geschäftspartnern. Sie verlagert sich immer mehr von anderen Formen der Datenübertragung ins Internet. Bei EDI findet ein elektronischer Dokumentenaustausch über Geschäfte zwischen Betrieben statt. Daten wie z. B.

- Bestellungen,
- Rechnungen,
- Überweisungen und
- Warenerklärungen

werden in Form von gegliederten, nach vereinbarten Regeln formatierten (z. B. Edifact- oder Branchen-Normen) Nachrichten übertragen. Der Empfänger kann die Daten dann direkt – ohne eigene Erfassungsarbeiten – in seinen Anwendungsprogrammen (z. B. EDV-gestützten Warenwirtschaftssystemen, ERP-Programmen) weiterverarbeiten.

Die elektronische Bestellung enthält dabei die gleichen Inhalte wie eine herkömmliche Bestellung auf Papier.

B2B-Onlineshop

Beim B2B-Onlineshop bietet ein Unternehmen anderen Unternehmen Güter und Dienstleistungen im Internet an. Bestellungen und Statusmeldungen beim Einkauf erfolgen über E-Mail oder über einen eigenen, nur dem Kunden zuständigen Bereich im Onlineshop.

Elektronischer Marktplatz

Elektronische Marktplätze sind Internetplattformen, auf denen mehrere Anbieter ihre Güter und Dienstleistungen anbieten. Die Anbieter sind auf dieser Plattform registriert und über eine Suchmaschine leicht zu finden.

AUFGABEN

1. In welchen der folgenden Fälle kommt durch die Bestellung ein Kaufvertrag zustande?
   a) Ein Großhändler bestellt am 17. Juli 20.. aufgrund eines Angebots vom 15. Juli 20.. zu den angegebenen Angebotsbedingungen.
   b) Ein Großhändler bestellt aufgrund eines Angebots vom 10. Aug. 20.. am 12. Aug. 20.. . Er ändert die Lieferungsbedingung „ab Werk“ in „unfrei“ ab.
   c) Ein Großhändler bestellt am 7. März 20.. aufgrund eines freibleibenden Angebots vom 4. März 20.. .
   d) Ein Großhändler bestellt am 4. April 20.. telefonisch aufgrund eines schriftlichen Angebots vom 2. April 20.. .
2. Welche Angaben sollte eine ausführliche schriftliche Bestellung enthalten?
3. In welchen der folgenden Fälle ist eine Bestellungsannahme für das Zustandekommen eines Kaufvertrags erforderlich?
   a) Der Verkäufer macht ein freibleibendes Angebot. Der Käufer bestellt.
   b) Der Verkäufer unterbreitet ein schriftliches Angebot. Der Käufer bestellt rechtzeitig.
   c) Der Verkäufer macht ein schriftliches Angebot. Der Käufer bestellt rechtzeitig mit abgeänderten Bedingungen.
   d) Der Verkäufer macht ein telefonisches Angebot. Der Käufer bestellt am folgenden Tag schriftlich zu den während des Telefongesprächs vereinbarten Bedingungen.

AKTIONEN

1. Die Fairtext GmbH bezieht regelmäßig Geschirr- und Frottiertücher von der Leistner Wäsche GmbH, Ritterstraße 37, 28865 Lilienthal.
   Da die Niederlassung Hannover der Fairtext GmbH nur noch wenige Geschirrtücher und Frottiertücher am Lager hat, beauftragt der Leiter der Einkaufsabteilung, Herr Harriefeld, die Auszubildende Caroline König, folgende Artikel bei der Leistner Wäsche GmbH zu bestellen:
   - 500 Geschirrtücher, Artikelnummer 112/2 zum Preis von 1,50 € je Stück und
   - 500 Walkfrottiertücher, Artikelnummer 156/3 zum Preis von 4,50 € je Stück.

   Die Liefer- und Zahlungsbedingungen der Leistner Wäsche GmbH findet Caroline König in der Lieferantendatei der Fairtext GmbH.

Lieferant: 46213	**Leistner Wäsche GmbH Datum: 17. Juni 20..**
1. Anschrift:	Ritterstr. 37, 28865 Lilienthal
2. Artikel:	Haushaltswäsche
3. Versandkosten:	frei Haus
4. Kosten der Versandverpackung:	netto einschl. Verpackung
5. Lieferzeit:	innerhalb 14 Tagen
6. Zahlungsbedingungen:	innerhalb 10 Tagen 3% Skonto; innerhalb 30 Tagen ohne Abzug

   Versetzen Sie sich in die Rolle von Caroline König und erstellen Sie einen Entwurf für das Bestellschreiben.

2. Erkunden Sie den Ablauf des Beschaffungsprozesses in Ihrem Ausbildungsbetrieb. Stellen Sie den Ablauf dieses Beschaffungsprozesses in Ihrer Klasse vor. Benutzen Sie dazu ein Präsentationsmittel Ihrer Wahl.

ZUSAMMENFASSUNG

Bestellung

= die Willenserklärung des Käufers, eine bestimmte Ware zu den angegebenen Bedingungen zu kaufen.

- **Form**
  - schriftlich
  - fernschriftlich
  - mündlich
  - telefonisch
- **Inhalt**
  Wiederholung möglichst aller Angaben des Angebots, mindestens jedoch:
  - Warenart
  - Menge
  - Preis je Einheit
- **rechtliche Wirkung**
  - Bestellung muss dem Empfänger zugegangen sein.
  - Besteller ist an seine Bestellung gebunden.
  - Durch rechtzeitigen Widerruf erlischt die Bindung an die Bestellung.

Bestellungsannahme

notwendig, wenn

- die Bestellung vom Angebot abweicht.
- die Bestellung aufgrund eines freibleibenden Angebots erfolgte.
- der Bestellung kein Angebot vorausging.

KAPITEL 7
Beauftragung von Dienstleistungen

Die Geschäftsführerin der Fairtext GmbH, Viktoria Schröter, benötigt eine neue Schrankwand für ihr Büro. Die Schreinerei Schöller bietet ihr an, die Schrankwand nach ihren Wünschen zum Preis von 7.000,00 € herzustellen und einzubauen. Frau Schröter findet das Angebot günstig. Sie beauftragt die Schreinerei Schöller mit dem Einbau der Schrankwand. Noch am selben Tag beauftragt sie den Steuerberater Krogmann mit der Erstellung ihrer Einkommensteuererklärung.

1. Stellen Sie fest, durch welche Erklärungen der Vertragspartner die Verträge über den Einbau der Schrankwand und die Erstellung der Einkommensteuererklärung zustande kommen.
2. Entscheiden Sie, um welche Vertragsart es sich
   a) bei dem Vertrag über den Einbau der Schrankwand,
   b) bei dem Vertrag über die Erstellung der Einkommensteuererklärung handelt.
3. Erläutern Sie, welche Pflichten die Schreinerei Schöller, der Steuerberater Krogmann und Viktoria Schröter nach Abschluss der Verträge zu erfüllen haben.

INFORMATIONEN

Ein Vertrag, der mit einem Dienstleister abgeschlossen wird, kann ein **Dienstvertrag** oder ein **Werkvertrag** sein.

Dienstvertrag und Werkvertrag sind sich sich sehr ähnlich. Der wesentliche Unterschied zwischen beiden Verträgen ist, dass der beauftragte Dienstleister beim Werkvertrag einen Erfolg der Leistung schuldet. Beim Dienstvertrag wird dagegen nur vereinbart, dass der Dienstleister eine vereinbarte Leistung erbringt. Ein Erfolg der Leistung ist aber nicht garantiert.

Dienstvertrag

DEFINITION

Der **Dienstvertrag** ist ein Vertrag über die Leistung von Diensten gegen Bezahlung. Er kommt durch zwei übereinstimmende Willenserklärungen eines Dienstberechtigten (Auftraggebers) und eines Dienstverpflichteten zustande.

Gegenstand des Dienstvertrags können Dienste jeder Art sein.

Es können zwei Grundformen des Dienstvertrags unterschieden werden:

- freier Dienstvertrag
- Arbeitsvertrag

Bei einem **freien Dienstvertrag** führt der Dienstverpflichtete die Tätigkeit selbstständig und eigenverantwortlich aus. Ein freier Dienstvertrag kann formlos abgeschlossen werden.

BEISPIELE für freie Dienstverträge

- Erteilen von Nachhilfeunterricht
- Trainingsstunden bei einem Tennislehrer
- Freie Dienste von z. B. Ärzten, Architekten, Rechtsanwälten, Steuerberatern
- Dienste von gelegentlichen Hilfskräften, z. B. Haushaltshilfen, Fensterputzern, Gebäudereinigern

Beim **Arbeitsvertrag**[1] führt der Dienstverpflichtete die Tätigkeit über einen gewissen Zeitraum in persönlicher und wirtschaftlicher Abhängigkeit vom Dienstberechtigten aus.

1 Die Besonderheiten des Arbeitsvertrags werden ausführlich in Lernfeld 1 behandelt.

Die folgenden Ausführungen beziehen sich nur auf die allgemeinen Regelungen über Dienstverträge.

Mit dem Abschluss eines Dienstvertrags übernehmen die Vertragspartner folgende Pflichten:

Der **Dienstverpflichtete hat die Pflicht,**
- die versprochenen Dienste gemäß der vertraglichen Vereinbarung zu leisten,
- die versprochenen Dienste im Zweifel persönlich zu erbringen,
- zur Aufklärung und zur Verschwiegenheit.

Der **Dienstberechtigte hat die Pflicht,** die vereinbarte Vergütung nach Leistung des Dienstes zu entrichten.

Beim Dienstvertrag schuldet der Dienstverpflichtete allein die Leistung der vereinbarten Tätigkeit. Der Erfolg der Dienstleistung spielt dabei keine Rolle. Der Dienstverpflichtete erbringt eine reine Tätigkeit und bekommt diese auch dann vergütet, wenn sie zu keinem Erfolg führt. Wenn die vereinbarte Tätigkeit jedoch von dem Dienstverpflichteten überhaupt nicht ausgeführt wird, muss ihm der Dienstberechtigte auch keine Vergütung bezahlen.

Da ein Arbeitserfolg beim Dienstvertrag nicht geschuldet ist, gibt es beim Dienstvertrag auch keine Abnahme der vereinbarten Leistung.

Bei Mängeln hat der Dienstberechtigte auch kein Recht auf Nachbesserung, Rücktritt vom Vertrag oder Minderung der Vergütung.

BEISPIEL

Die Fairtext GmbH verpflichtet für ihren Betriebsunterricht die Berufsschullehrerin Claudia Fröhlich. Sie wird von der Fairtext GmbH stundenweise bezahlt, unabhängig von den Ergebnissen der Auszubildenden in Klassenarbeiten und Prüfungen.

Bei schuldhaft schlecht erbrachten Leistungen hat der Dienstberechtigte jedoch einen Schadensersatzanspruch gegenüber dem Dienstverpflichteten.

BEISPIEL

Weil ein Rechtsanwalt schuldhaft eine Frist versäumt, wird die Klage seines Mandanten vom Gericht abgewiesen. Den dadurch entstandenen Schaden muss der Rechtsanwalt seinem Mandanten ersetzen.

Werkvertrag

DEFINITION

Der **Werkvertrag** ist ein formloser Vertrag über die Herstellung eines Werks gegen Bezahlung. Er kommt durch zwei übereinstimmende Willenserklärungen eines Bestellers (Auftraggebers) und eines Unternehmers (Werkunternehmers) zustande.

BEISPIELE für Werkverträge

- Streichen der Geschäftsräume der Fairtext GmbH durch einen Malermeister
- Erstellen eines Büroregals für den Anlageberater Kurz
- Erstellung einer neuen Werkstatt für die Bauschlosserei Lienhardt durch das Bauunternehmen Lanz
- Inspektion der Firmenwagen der Fairtext GmbH
- Haarschnitt durch eine Friseurin oder einen Friseur
- Reparatur der EDV-Anlage durch einen IT-Dienstleister
- Gütertransport durch eine Spedition
- Taxifahrt vom Büro des Architekten Grüneis bis zum Bahnhof
- Erstellung eines Rechtsgutachten durch den Rechtsanwalt König im Auftrag der Sparkasse Hannover

Mit dem Abschluss eines Werkvertrags übernehmen die Vertragspartner folgende Pflichten:

Der **Werkunternehmer hat die Pflicht,**
- das versprochene Werk herzustellen,
- dem Besteller das Werk frei von Sach- und Rechtsmängeln zu verschaffen.

Der **Besteller hat die Pflicht,**
- das vertragsgemäß hergestellte Werk abzunehmen,
- die vereinbarte Vergütung nach Abnahme des Werks zu bezahlen.

Der Werkvertrag unterscheidet sich vom Dienstvertrag dadurch, dass der Unternehmer dem Besteller (Auftraggeber) einen bestimmten Erfolg, ein bestimmtes Arbeitsergebnis (= Werk) schuldet. Durch seine Leistung muss der beauftragte Unternehmer eine Sache herstellen bzw. verändern oder einen durch Dienstleistung erbrachten Erfolg herbeiführen. Mit der Abnahme akzeptiert der Besteller das Werk als vertragsgemäß erbrachte Leistung. Erst mit der Abnahme des Werks wird die vereinbarte Vergütung fällig.

BEISPIELE

- Die Fairtext GmbH möchte einen Zweigbetrieb in Kroatien eröffnen. Sie gibt bei einer Unternehmensberatung ein Gutachten in Auftrag. Erst nach Abnahme des Gutachtens durch die Fairtext GmbH hat die Unternehmensberatung einen Anspruch auf Bezahlung.
- Die Fairtext GmbH vergibt an einen Bauträger den Auftrag, in Nürnberg ein neues Lagergebäude zu errichten. Erst nach Abnahme des neuen Lagergebäudes durch die Fairtext GmbH hat der Bauträger einen Anspruch auf die vollständige Bezahlung.

Stellt der Besteller des Werks bei der Abnahme einen Mangel fest, kann er von dem Werkunternehmer Nacherfüllung verlangen. Kommt der Werkunternehmer seiner Nacherfüllungspflicht nicht innerhalb einer ihm vom Besteller gesetzten angemessenen Frist nach, kann der Besteller den Mangel selbst beseitigen. Eventuelle Mehrkosten können auf den nicht leistenden Werkunternehmer, der schadensersatzpflichtig ist, abgewälzt werden. Wenn das Werk mangelhaft ist, kann der Besteller auch vom Vertrag zurücktreten oder die vereinbarte Vergütung mindern.

Für Werkverträge, deren Gegenstand die Lieferung herzustellender oder zu erzeugender beweglicher Sachen ist, gelten die Vorschriften über den Kauf (Kaufvertrag).

Geschäftsbesorgungsvertrag

Ein **Geschäftsbesorgungsvertrag** ist ein Dienstvertrag oder Werkvertrag, der eine Geschäftsbesorgung zum Gegenstand hat. Er wird zwischen einem Leistungsschuldner (= **Geschäftsbesorger**) und einem Leistungsgläubiger (= **Geschäftsherr**) abgeschlossen. Ein Geschäftsbesorgungsvertrag kann sowohl mündlich als auch schriftlich geschlossen werden.

DEFINITION

Eine **Geschäftsbesorgung** ist eine selbstständige wirtschaftliche Tätigkeit in fremdem Interesse.

Selbstständige Tätigkeit: Der Geschäftsbesorger kann frei darüber entscheiden, wie er die Geschäftsbesorgung durchführt.

Wirtschaftliche Tätigkeit: Die Tätigkeit bezieht sich auf das Vermögen des Geschäftsherrn.

In fremdem Interesse: Der Geschäftsbesorger übernimmt eine Aufgabe, für die der Geschäftsherr ursprünglich zuständig war.

BEISPIELE für Geschäftsbesorgungsverträge

- Vertrag zwischen einem Rechtsanwalt und seinem Mandanten
- Beauftragung eines gewerblichen Autohändlers durch den Fahrzeugeigentümer, sein gebrauchtes Fahrzeug im Namen und auf Rechnung des Fahrzeugeigentümers zu verkaufen
- Steuerberatungsvertrag
- Maklervertrag
- Vermögensverwaltungsvertrag
- Gutachtervertrag
- Bauträgervertrag
- Vertrag über die Bearbeitung oder Verarbeitung von Waren für andere, wenn das Gewerbe nicht handwerksmäßig betrieben wird
- Vertrag über die Übernahme der Beförderung von Gütern und Reisenden zur See
- Geschäfte der Spediteure, Lagerhalter und Kommissionäre
- Verlagsgeschäfte
- Druckereigeschäfte, wenn das Gewerbe nicht handwerksmäßig betrieben wird
- Bankgeschäfte (Überweisungsvertrag, Zahlungsvertrag, Girovertrag)

Durch den Abschluss eine Geschäftsbesorgungsvertrags verpflichtet sich der **Geschäftsbesorger**, ein ihm vom Geschäftsherrn übertragenes Geschäft zu besorgen.

Der **Geschäftsherr** muss dem Geschäftsbesorger als Gegenleistung ein Entgelt zahlen.

Ein Geschäftsbesorgungsvertrag ist ein **Dienstvertrag**, wenn die Geschäftsbesorgung nur das Tätigwerden des Geschäftsbesorgers für den Geschäftsherrn zum Inhalt hat.

BEISPIEL

Der Vertrag zwischen einem Rechtsanwalt und einem Mandanten ist ein Dienstvertrag in der Form des Geschäftsbesorgungsvertrags.

Ein Geschäftsbesorgungsvertrag ist ein Werkvertrag, wenn der Geschäftsbesorger dem Geschäftsherrn außer der Tätigkeit auch den Erfolg der Tätigkeit schuldet.

BEISPIEL

Übernahme der Bearbeitung oder Verarbeitung von Waren für den Geschäftsherrn durch den Besorger.

203153410

AUFGABEN

1. Entscheiden Sie, ob in den folgenden Fällen ein Dienstvertrag oder ein Werkvertrag vorliegt.
   a) Haareschneiden beim Fiseur
   b) Auswechseln einer Platine in einem Fernsehgerät (Hausbesuch des Mechanikers)
   c) Durchführung eines Ölwechsels am Auto
   d) Auslichten von Obstbäumen durch einen Gärtner
   e) Einsetzen einer neuen Schaufensterscheibe
   f) Kürzen einer Hose
   g) Behandlung einer Beinverletzung durch einen Chirurgen
   h) Erstellen der Einkommensteuererklärung von Frau Schröter durch einen Steuerberater
2. Wodurch unterscheiden sich Dienst- und Werkvertrag?
3. Welche Voraussetzung muss erfüllt sein, damit ein Werkunternehmer von dem Besteller (Auftraggeber) die Bezahlung des Werks verlangen kann?
4. Ein Maler hat den Auftrag, die Büroräume der Fairtext GmbH zu streichen, mangelhaft ausgeführt. Welche Rechte kann die Fairtext GmbH ihm gegenüber geltend machen?
5. Trotz aller Bemühungen ihres Rechtsanwalts wurde Claudia Jungmann von einem Gericht zu einer Geldstrafe verurteilt. Welche Rechte kann sie gegenüber ihrem Rechtsanwalt geltend machen?
6. Bei welchen der Beispiele für Geschäftsbesorgungsverträge auf der Seite 410 handelt es sich um Werkverträge?
7. Welche Geschäftsbesorgungsverträge sind für Ihren Ausbildungsbetrieb von Bedeutung?

AKTIONEN

1. Frau Schröter möchte den selbstständigen Gebäudereiniger Jürgen Fricke (Hildesheimer Str. 145, 30168 Hannover) beauftragen, ihre Wohnräume einmal in der Woche in drei Stunden für ein Entgelt von 15,00 € pro Stunde zu reinigen. Erstellen Sie den Entwurf für einen schriftlichen Vertrag zwischen Frau Schröter und Herrn Fricke.
2. Die Anlageberaterin Kirsten Schumann (Bleekstr. 12, 30165 Hannover) möchte ihr Büro renovieren lassen. Der Malerfachbetrieb Kunze (Herrenhäuser Str. 34, 30169 Hannover) ist bereit, die erforderlichen Arbeiten (Wände streichen, Teppichboden reinigen) für einen Pauschalbetrag von 1.200,00 € durchzuführen. Erstellen Sie den Entwurf für einen schriftlichen Vertrag zwischen Frau Schumann und dem Malerfachbetrieb Kunze.

ZUSAMMENFASSUNG

Dienstvertrag	Werkvertrag	Geschäftsbesorgungsvertrag
= Vertrag über die Leistung von Diensten gegen Bezahlung	= Vertrag über die Herstellung eines Werks gegen Bezahlung	= Dienst- oder Werkvertrag, der eine Geschäftsbesorgung zum Gegenstand hat
Pflichten des Dienstverpflichteten	**Pflichten des Unternehmers**	**Pflichten des Geschäftsbesorgers**
• Leistung der versprochenen Dienste • im Zweifel persönliche Erbringung der versprochenen Dienste • Pflicht zur Aufklärung und Verschwiegenheit	• Herstellung des versprochenen Werks • Verschaffung des Werks frei von Sach- und Rechtsmängeln	Besorgung der ihm vom Geschäftsherrn übertragenen Geschäfte
Pflicht des Dienstberechtigten	**Pflichten des Bestellers (Auftraggebers)**	**Pflichten des Geschäftsherrn**
Zahlung der vereinbarten Vergütung nach Leistung des Dienstes	• Abnahme des vertragsgemäß hergestellten Werks • Zahlung der vereinbarten Vergütung nach Abnahme des Werks	Zahlung eines Entgelts

203153412

KAPITEL 8

Beschaffung aus der EU und aus Drittländern

Aufgrund einer Anfrage erhält die Fairtext GmbH von der Textil-International Ltd., 25 Pat Tat St, Sanpokong, Kowloon, Hongkong, nebenstehendes Angebot.

Der Leiter der Einkaufsabteilung, Herr Harriefeld, findet kein vergleichbar günstiges Angebot. Er beauftragt daraufhin Anne Schulte,

- bei der Textil-International Ltd. in Hongkong die nebenstehenden Herrenhemden zu bestellen
- sowie die notwendigen Papiere für die Einfuhr dieser Warenlieferung zu beschaffen.

ANGEBOT NR. EX 124/97

Wir danken Ihnen für Ihre Anfrage und bieten Ihnen an:

Material: und Preis:	Herrenhemd aus 100% Baumwolle, Farben Natur und Blau, in den Größen 39/40, 41/42 und 43/44 zum Preis von 40,00 HK-$ je Stück
Preisstellung:	netto, FOB Hongkong, unversichert, unverzollt
Lieferzeit:	4 Wochen nach Eintreffen Ihres Auftrags
Zahlung:	Dokumente gegen Kasse (D/P)

in der Farbe Natur je 100 Stück in den Größen 39/40, 41/42 und 43/44;
in der Farbe Blau je 150 Stück in den Größen 39/40, 41/42 und 43/44

1. Schreiben Sie eine sach- und formgerechte Bestellung.
2. Stellen Sie fest, welche Einfuhrpapiere für diese Wareneinfuhr aus Hongkong (China) notwendig sind.

INFORMATIONEN

DEFINITION

Einfuhr ist das Überführen von Waren aus einem Land, das nicht der Europäischen Union (EU) angehört, in das Zollgebiet der EU.

DEFINITION

Erfolgt die Lieferung eines Gegenstands aus dem Gemeinschaftsgebiet der EU, liegt ein **innergemeinschaftlicher** Erwerb vor.

Innerhalb der EU können Waren mit der Schaffung des EU-Binnenmarktes seit 1993 ohne zollrechtliche Förmlichkeiten und Zollkontrollen gehandelt und befördert werden. Spätestens mit der vollendeten Integration wird der Außenhandel mit den EU-Mitgliedstaaten zum Binnenhandel. Aufgrund der nicht einheitlichen Anpassungsfähigkeit und -willigkeit einzelner EU-Mitgliedsländer ist es aus heutiger Sicht noch nicht genau absehbar, wann dieser Zustand vollständig erreicht sein wird.

Bezugsquellenermittlung

Informationen über Einkaufsmöglichkeiten im Ausland bieten:

- Anzeigen ausländischer Exporteure in Wirtschaftszeitungen, Zeitschriften der Fach- und Einfuhrverbände, Mitteilungsblätter der Industrie- und Handelskammern sowie der Außenhandelsbanken
- Wirtschaftsverbände, z.B. der Bundesverband des Deutschen Groß- und Außenhandels e.V., Bonn
- Außenhandelskammern
- Konsulate
- Messen und Ausstellungen
- ausländische Einkaufszentren in der Bundesrepublik Deutschland
- die Bundesstelle für Außenhandelsinformationen (BFA), Köln
- die Deutsche Gesellschaft für Technische Zusammenarbeit
- Datenbanken

Besonderheiten beim Abschluss von Einfuhrgeschäften

Einfuhrgeschäfte (Importgeschäfte) können
- durch einen gemeinsam ausgehandelten und unterzeichneten Kaufvertrag oder
- durch die Abgabe eines Angebots durch den Exporteur und eine Bestellung des Importeurs

abgeschlossen werden.

Da bei Kaufverträgen mit ausländischen Lieferanten nicht ohne Weiteres das deutsche Inlandsrecht angewandt werden kann, sollten beim Abschluss von Importgeschäften von größerem wirtschaftlichem Gewicht alle in Betracht kommenden Rechtsfragen genau geregelt werden.

Dabei sind besonders folgende Punkte zu beachten:
- vertragliche Vereinbarungen, die eine störungsfreie Vertragserfüllung fördern, z. B.:
  - Festlegung des Kaufrechts, das die Rechtsgrundlage des Kaufvertrags bilden soll
  - Schiedsgerichtsklausel (Vertragsvereinbarung, die festlegt, welches Schiedsgericht bei Vertragsstreitigkeiten eingeschaltet werden soll)
  - Konventionalstrafen
  - Erfüllungsgarantien
  - Gerichtsstandsvereinbarungen
- die im Außenhandel üblichen Zahlungs- und Lieferungsbedingungen
- die Währung, in der der Exporteur fakturiert (= die Rechnung ausstellt)

International Commercial Terms Incoterms® 2020[1]

Beim Kaufvertragsabschluss verwenden deutsche Importeure überwiegend eine der Klauseln der Incoterms® 2020. Die Incoterms® (International Commercial Terms) regeln u. a. die Verteilung der Frachtkosten und des Transportrisikos auf Käufer und Verkäufer.

Die Incoterms® sind von der Internationalen Handelskammer in Paris herausgegeben worden. Sie sind keine gesetzlichen Bestimmungen, sondern lediglich eine Empfehlung an die Kaufleute, sich nach ihnen zu richten. Sie werden erst dann rechtsverbindlich, wenn sie im Kaufvertrag zwischen Verkäufer und Käufer ausdrücklich vereinbart wurden.

Die Incoterms® sind nach Transportarten gegliedert. Zum einen gibt es Klauseln, die für alle Transportarten geeignet sind. Zum anderen gibt es Klauseln, die ausschließlich für den See- und Binnenschifftransport formuliert worden sind.

Klauseln für alle Transportarten:

EXW:	**Ex Works** = Ab Werk
FCA:	**Free Carrier** = Frei Frachtführer ... benannter Ort
CPT:	**Carriage Paid To** = Frachtfrei ... benannter Bestimmungsort
CIP:	**Carriage and Insurance Paid To** = Frachtfrei versichert ... benannter Bestimmungsort
DAP:	**Delivered At Place** = Geliefert benannter Bestimmungsort
DPU:	**Deliverd Named Place – Unloaded** = Geliefert Benannter Bestimmungsort – Entladen
DDP:	**Delivered Duty Paid** = Geliefert verzollt ... benannter Ort

Klauseln für den See- und Binnenschifftransport:

FAS:	**Free Alongside Ship** = Frei Längsseite Seeschiff ... benannter Verschiffungshafen
FOB:	**Free On Board** = Frei an Bord ... benannter Verschiffungshafen
CFR:	**Cost and Freight** = Kosten und Fracht ... benannter Bestimmungshafen
CIF:	**Cost, Insurance, Freight** = Kosten, Versicherung und Fracht ... benannter Bestimmungshafen

1 Für die Nutzung der Incoterms® in einem Vertrag empfiehlt sich die Bezugnahme auf den Originaltext des Regelwerks. „Incoterms®" ist eine eingetragene Marke der Internationalen Handelskammer (ICC). Incoterms® 2020 ist einschließlich aller seiner Teile urheberrechtlich geschützt. Die ICC ist Inhaberin der Urheberrechte an den Incoterms® 2020. Bei den vorliegenden Ausführungen handelt es sich um inhaltliche Interpretationen zu den von der ICC herausgegebenen Lieferbedingungen durch die Autoren. Diese sind für den Inhalt, Formulierungen und Grafiken in dieser Veröffentlichung verantwortlich. Der Originaltext kann über ICC Germany unter www.iccgermany.de und www.incoterms2020.de bezogen werden.

Kostentragung/Gefahrtragung

Grundsätzlich gilt der Wortlaut der Incoterms® 2020

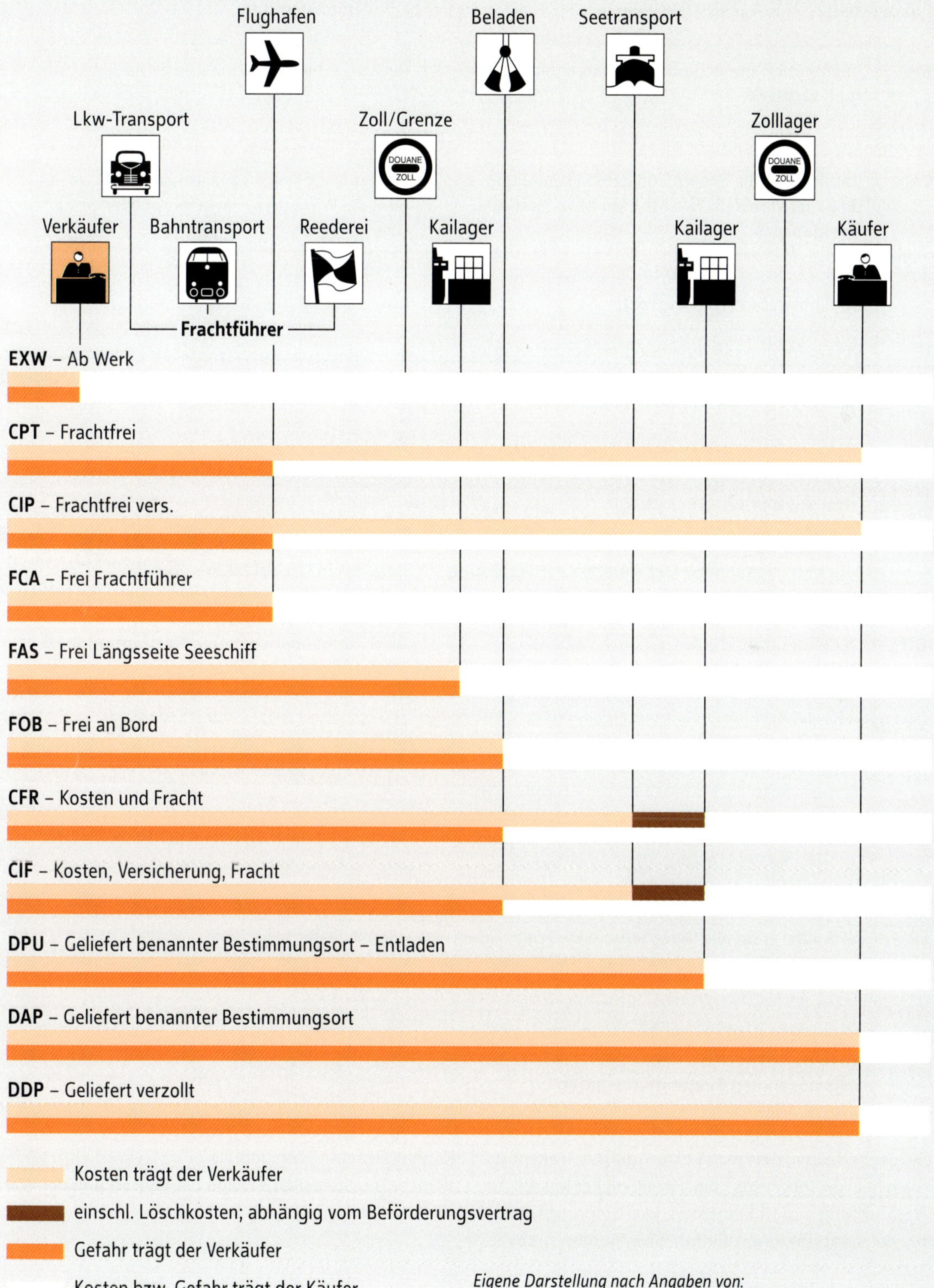

Eigene Darstellung nach Angaben von:
Allianz-Versicherungs AG (Hrsg.), Die Transportversicherung

Kosten- und Gefahrenübergangsregelungen der einzelnen Incoterms®-Klauseln

Klausel	Kostenverteilung	Gefahrenübergang auf den Käufer
EXW	Käufer übernimmt sämtliche Kosten der Beförderung **ab Werk**.	Risiko geht **ab Werk** auf Käufer über.
FCA	Käufer trägt die Kosten von dem Zeitpunkt an, an dem die Ware dem Frachtführer bzw. Spediteur übergeben ist.	Käufer trägt Risiko von dem Zeitpunkt an, an dem die Ware dem Frachtführer bzw. Spediteur übergeben ist.
CPT	Verkäufer trägt alle Beförderungskosten bis zum benannten **Bestimmungsort**.	Risiko geht bei Übergabe an den ersten Frachtführer auf Käufer über.
CIP	Verkäufer übernimmt außer den Beförderungskosten bis zum benannten **Bestimmungsort** auch noch die Transportversicherungskosten.	wie bei CPT
DPU	Verkäufer trägt alle Kosten, bis die Ware dem Käufer am genannten **Ort** unentladen zur Verfügung steht.	Risiko geht mit Zurverfügungstellung am genannten **Ort** auf Käufer über.
DAP	Verkäufer trägt alle Kosten, bis die Ware dem Käufer an benanntem **Ort** entladen zur Verfügung steht.	Risiko geht mit Zurverfügungstellung am benannten Ort auf Käufer über.
DDP	Verkäufer trägt die Kosten bis zum benannten **Bestimmungsort im Einfuhrland** einschließlich Zölle, Steuern und Kosten der Zollformalitäten.	Risiko geht am benannten **Bestimmungsort im Einfuhrland** auf den Käufer über.
FAS	Verkäufer trägt die Kosten bis sich die Ware im **Verschiffungshafen** „Längsseite Schiff" befindet. Er muss auch die Ware zur Ausfuhr freimachen.	Risiko geht ab Längsseite Seeschiff im **Verschiffungshafen** auf Käufer über.
FOB	Verkäufer trägt die Kosten bis zu dem Zeitpunkt, an dem die Ware die Reling des Schiffes im **Verschiffungshafen** überschritten hat.	Risiko geht nach Absetzen der Ware an Bord auf Käufer über.
CFR	Verkäufer trägt alle Beförderungskosten bis zum benannten **Bestimmungshafen** (FOB-Kosten + Seefracht).	wie bei FOB
CIF	Verkäufer übernimmt außer den Beförderungskosten auch noch die Versicherungskosten bis zum benannten **Bestimmungshafen**.	wie bei FOB

Neben der Verteilung der Frachtkosten und des Transportrisikos regeln die Incoterms® die Verteilung der Kosten für die Beschaffung von Dokumenten, wie Ursprungszeugnisse, Konsulatsfakturen, Einfuhrbewilligungen sowie Konnossemente (Versandpapier im Seeverkehr). Weitere Vorschriften befassen sich mit der Verpackung der Waren und der Besorgung eines Transportmittels.

Kalkulation des Einstandspreises

In der Bezugskalkulation werden ausgehend vom Verkaufspreis des Exporteurs an einem bestimmten Ort alle Kosten des Importeurs aufgeführt, bis sich die Ware am Bestimmungsort befindet. Das Ergebnis der Bezugskalkulation ist der Einstandspreis im Einfuhrland.

Importkalkulation (Landweg)

	Verkaufspreis des Exporteurs	
–	erhaltener Mengen-/Importeurrabatt	
–	Skonto	
=	Bareinstandspreis ab Werk	**(EXW)**
+	Transportkosten bis Ladeplatz	
+	Verladekosten	
+	Kosten der Ausfuhrabfertigung	
=	Bareinstandspreis frei Frachtführer	**(FCA)**
+	Transportkosten bis zum benannten Bestimmungsort im Einfuhrland	
+	Versicherung bis zum Käufer	
=	Bareinstandspreis frachtfrei versichert	**(CIP)**
+	Entladekosten	
=	Bareinstandspreis geliefert unverzollt benannter Ort im Einfuhrland	**(DAP)**
+	Kosten des Einfuhr- und Zollverfahrens im Einfuhrland	
=	Bareinstandspreis geliefert verzollt benannter Bestimmungsort	**(DDP)**

Transithandel per Lkw

Importkalkulation (Seeweg)

	Verkaufspreis des Exporteurs	
–	erhaltener Mengen-/Importeurrabatt	
–	Skonto	
=	Bareinstandspreis ab Werk	**(EXW)**
+	Transportkosten bis zum Verschiffungshafen	
+	Kosten der Ausfuhrabfertigung	
=	Bareinstandspreis frei Längsseite Schiff	**(FAS)**
+	Lagerkosten, Hafengebühr, Umschlag-kosten auf das Schiff	
=	Bareinstandspreis frei an Bord	**(FOB)**
+	Seefracht bis zum Bestimmungshafen	
=	Bareinstandspreis Kosten und Fracht	**(CFR)**
+	Seetransportversicherung	
=	Bareinstandspreis Kosten, Versicherung, Fracht	**(CIF)**
+	Entladekosten	
+	Transportkosten bis Bestimmungsort	
=	Bareinstandspreis geliefert unverzollt benannter Ort	**(DAP)**
+	Kosten des Einfuhr- und Zollverfahrens im Einfuhrland	
=	Bareinstandspreis geliefert verzollt benannter Bestimmungsort	**(DDP)**

Containerschiff im Hamburger Hafen

Vereinbarung der Währung

Die Bestimmungen der Bundesrepublik Deutschland lassen es zu, Außenhandelsgeschäfte in jeder beliebigen Währung abzuschließen und zahlungsmäßig abzuwickeln. Grundsätzlich sollte ein deutscher Importeur jedoch versuchen, Kaufverträge in Euro abzuschließen. Er ist dann unabhängig von Kursschwankungen und weiß genau, welchen Eurobetrag er als Gegenwert für die gelieferte Ware bezahlen muss.

Wenn ein Importeur eine Zahlungsverpflichtung gegenüber einem ausländischen Verkäufer eingegangen ist, die nicht auf Euro lautet, muss er die entsprechende ausländische Währung erwerben.

Guthaben und Forderungen (Wechsel, Schecks, Wertpapiere) in ausländischer Währung werden als **Devisen** bezeichnet. Ausländische gesetzliche Zahlungsmittel (Banknoten und Münzen) nennt man **Sorten.**

Wechselkurse

Das Wertverhältnis der ausländischen Währung zur Inlandswährung wird als Wechselkurs bezeichnet.

DEFINITION

Der **Wechselkurs** ist der Preis einer Währung, der in Einheiten einer anderen Währung ausgedrückt wird.

Von der Europäischen Zentralbank (EZB) ist die Mengennotierung als Standard eingeführt. Der Wechselkurs gibt dabei die Menge ausländischer Währungseinheiten an, die für eine inländische Währungseinheit erhältlich ist.

BEISPIEL

Bei der Mengennotierung bedeutet der Kurs 1,1010 für US-Dollar, dass man in Deutschland für 1,00 Euro 1,1010 US-Dollar erhält.

Bei der Angabe unterschiedlicher Wechselkurse muss unterschieden werden zwischen

- Briefkurs und Geldkurs einerseits und
- Devisenkurs und Sortenkurs andererseits.

DEFINITION

Der **Briefkurs** (= Verkaufskurs) ist der Kurs, zu dem ein Kreditinstitut eine Währung an seine Kunden verkauft.

Bei der Mengennotierung gibt der Briefkurs die Menge der ausländischen Währungseinheiten an, zu der ein deutsches Kreditinstitut 1,00 Euro verkauft.

BEISPIEL

„Briefkurs 11,655 Norwegische Kronen" bedeutet: Wer z. B. in Düsseldorf Norwegische Kronen in Euro eintauscht, erhält für 11,655 Norwegische Kronen 1,00 Euro.

DEFINITION

Der **Geldkurs** (Ankaufkurs) ist der Kurs, zu dem ein Kreditinstitut eine Währung von seinem Kunden kauft.

Bei der Mengennotierung gibt der Geldkurs die Menge der ausländischen Währungseinheiten an, die ein deutsches Kreditinstitut für 1,00 Euro zahlt.

BEISPIEL

„Geldkurs 11,606 Norwegische Kronen" bedeutet: Wer z. B. in Düsseldorf in einer Bank Euro in Norwegische Kronen eintauscht, erhält für 1,00 Euro 11,606 Norwegische Kronen.

Der Geldkurs liegt immer etwas niedriger als der Briefkurs, denn jedes Kreditinstitut möchte beim Geldwechsel auch etwas verdienen.

Für Devisen und Sorten gelten unterschiedliche Kurse. Fast immer ist der Sortenkurs ungünstiger als der Devisenkurs. Bei An- und Verkauf von Sorten sind zu berücksichtigen: Kassenhaltung, Zinsverlust und Arbeitsaufwand.

Devisen- und Sortenkurse für 1,00 Euro

18.03.20..	Devisen		Sorten	
	Geld	Brief	Ankauf	Verkauf
Australische Dollar	1,8488	1,8688	1,75	1,96
Dänische Kronen	7,4539	7,4939	7,13	7,89
Britisches Pfund	0,9217	0,9257	0,87	0,95
Hongkong-Dollar	8,4908	8,4977	7,7900	8,9645
Japanische Yen	117,68	118,16	112,38	126,52
Kanadische Dollar	1,5713	1,5833	1,50	1,66
Neuseeland-Dollar	1,8639	1,8879	1,60	2,17
Norwegische Kronen	11,607	11,655	11,21	12,22
Polnische Zloty	4,4826	4,5306	4,01	5,13
Schwedische Kronen	10,965	11,013	10,49	11,64
Schweizer Franken	1,0530	1,0570	1,02	1,10
Südafrikanischer Rand	18,633	18,873	16,72	20,71
Tschechische Kronen	26,975	27,375	23,43	29,85
Türkische Lira	7,0547	7,1547	6,76	7,51
Ungarische Forint	348,24	353,44	297,44	427,54
US-Dollar	1,0950	1,1010	1,04	1,17

Umrechnung von ausländischer Währung in Euro

Bei Fakturierung in ausländischer Währung werden die Rechnungen vom Importeur auf Grundlage der aktuellen Devisenkurse in Euro umgerechnet.

BEISPIEL

Die Fairtext GmbH erhält von einem japanischen Lieferanten eine Rechnung über 250.000,00 Yen. Der aktuelle Devisenkurs für Yen ist 117,6800 (Mengennotierung).

Wie viel Euro muss die Fairtext GmbH für den Kauf von 250.000,00 Yen aufwenden?

Lösung mit dem Dreisatz
117,6800 Yen = 1,00 Euro
250.000,00 Yen = x Euro

$$X = \frac{1{,}00 \text{ Euro} \cdot 250.000{,}00 \text{ Yen}}{117{,}6800 \text{ Yen}} = \underline{2.124{,}41 \text{ Euro}}$$

Für 250.000,00 Yen muss die Fairtext GmbH 2.124,41 Euro bezahlen.

Arten des Einfuhrverfahrens

Für die Wareneinfuhr ist es erforderlich, sich davon zu überzeugen, ob die aus dem jeweiligen Land vorgesehene Einfuhr liberalisiert ist, d.h., ob die Einfuhr genehmigungsfrei ist oder ob sie genehmigt werden muss.

Genehmigungsfreie Einfuhr

Ist die Einfuhr genehmigungsfrei, muss der Importeur oder sein Bevollmächtigter die Ware unter Vorlage der erforderlichen **Einfuhrpapiere** dem Zoll zur Einfuhrabfertigung gestellen (bereitstellen).

Einfuhrpapiere sind:
- die **Rechnung** (Faktura) oder sonstige Unterlagen, aus denen das Einkaufs- oder Versendungsland und das Ursprungsland der Ware ersichtlich sind
- ein **Ursprungszeugnis**, sofern für die Ware vorgeschrieben ist
- eine **Einfuhrerklärung** des Importeurs zum Zweck der Einfuhrüberwachung. Sie entfällt in der letzten Zeit in den meisten Fällen. Sie ist für die genehmigungsfreie Einfuhr von Waren erforderlich, die von den Organen

der EU unter eine gemeinschaftliche Überwachung gestellt sind oder die noch einer nationalen Überwachung unterliegen.

Außerdem muss der Importeur oder sein Bevollmächtigter für die Einfuhrabfertigung die Exemplare 6, 7 und 8 des Einheitspapiers vorlegen. Mit den Exemplaren 6, 7 und 8 gibt er den Zollantrag, die Zollanmeldung und die Einfuhranmeldung ab. Die Zollanmeldung erfolgt in der Regel unter Einsatz des Zollverfahrens ATLAS.

Genehmigungspflichtige Einfuhr

Unterliegt die Einfuhr einer Beschränkung nach dem Außenwirtschaftsgesetz (AWG), ist vom Einführer eine **Einfuhrgenehmigung** auf einem besonderen Vordruck bei dem für die Genehmigung zuständigen Bundesamt zu beantragen. Für Einfuhren, die einer Beschränkung nach EU-Recht unterliegen, muss bei dem zuständigen Bundesamt eine **Einfuhrlizenz** beantragt werden.

Die Einfuhrgenehmigung oder die Einfuhrlizenz ist der Zollstelle zur Einfuhrabfertigung zusammen mit den anderen erforderlichen Einfuhrpapieren vom Importeur oder seinem Bevollmächtigten vorzulegen.

Einfuhrabgaben

Außer Einfuhrzoll werden von der Zollverwaltung bei der Einfuhr die Einfuhrumsatzsteuer und gegebenenfalls Verbrauchssteuern erhoben.

Einfuhrzoll

Der **Einfuhrzoll** berechnet sich für fast alle Einfuhrgüter nach dem Transaktionswert (**Wertzoll**). Als Transaktionswert wird der Preis bezeichnet, der die Kosten bis zum Zielort der Waren innerhalb der Europäischen Union enthält (CIF-Preis). Dazu gehören u. a. Lade-, Behandlungs-, Beförderungs- und Versicherungskosten. Nur für Agrarwaren und einige wenige andere Waren gibt es spezifische Zölle oder Mischzölle.
Spezifische Zölle werden nach festen Zollsätzen in Euro für eine Gewichts-, Maß- oder Stückeinheit berechnet.
Mischzölle setzen sich aus Wertzollsatz und spezifischem Zollsatz zusammen.

Einfuhrumsatzsteuer

Die **Einfuhrumsatzsteuer (EUSt)** wird nach dem Umsatzsteuergesetz für die Einfuhr von Gegenständen aus Nicht-EU-Ländern in das deutsche Zollgebiet erhoben.

Bemessungsgrundlage der EUSt ist
- der Zollwert (für Waren aus nicht EU-Ländern) oder
- das Entgelt (für Waren aus dem freien Verkehr von EU-Ländern)

zuzüglich der Verbrauchsteuern und der Beförderungskosten, die der inländische Käufer bzw. Empfänger vom Absendungsort bis zum ersten inländischen Bestimmungsort aufzuwenden hat.
Die Höhe des Einfuhrumsatzsteuersatzes entspricht der Höhe des Umsatzsteuersatzes im Inland.
Zweck der EUSt ist es, die eingeführte Ware der Umsatzsteuerbelastung der inländischen Waren anzupassen.

Verbrauchsteuer

Eine **Verbrauchsteuer** wird nach den Vorschriften der entsprechenden Verbrauchsteuergesetze auf bestimmte eingeführte Waren, z. B. Branntwein, Kaffee, Tabak, Tee, Mineralöl, erhoben.

AUFGABEN

1. Unterscheiden Sie Einfuhr und innergemeinschaftlichen Erwerb.
2. Welche Punkte müssen beim beim Abschluss von Importgeschäften besonders beachtet werden?
3. Ermitteln Sie den Angebotspreis (netto, FOB Hongkong, unversichert, unverzollt) der Textil-International Ltd. (siehe Angebot auf Seite 413) in Euro
   a) für ein Hemd,
   b) für die gesamte Bestellung der Fairtext GmbH.
4. Die Impex Basel bietet der Fairtext GmbH 500 Blusen zum Angebotspreis von 15.000,00 Schweizer Franken an.
   Die Verladekosten betragen 40,00 Schweizer Franken, die Transportkosten von Basel bis zum Grenzübergang Lörrach 50,00 Schweizer Franken. Die Transportkosten vom Grenzübergang Lörrach bis nach Hannover betragen 1.000,00 EUR, die Transportversicherung 400,00 EUR und die Entladekosten 50,00 EUR.
   Der Kurs des Schweizer Franken beträgt in Frankfurt/Main 1,00 EUR = 1,4356 Schweizer Franken.
   Ermitteln Sie:
   a) den Bareinstandspreis frei Frachtführer Basel (FCA)
   b) den Bareinstandspreis frachtfrei versichert Hannover (CIP)
   c) den Bareinstandspreis geliefert unverzollt Hannover (DAP)
5. Eine Großhandlung in Göttingen kann von einem Lieferanten in Phillipsburg (USA) eine Ware zum Angebotspreis ab Werk von 25.000,00 US-Dollar beziehen.
   Die Transportkosten von Phillipsburg bis New York betragen 900,00 US-Dollar, die Kai-Umschlagskosten in New York 500,00 US-Dollar, die Seefracht bis zum Bestimmungshafen Hamburg 9.000,00 US-Dollar, die Seetransportversicherung 900,00 US-Dollar, die Kosten der Entladung in Hamburg 800,00 EUR, die Frachtkosten von Hamburg nach Göttingen 2.100,00 EUR.
   Der Kurs des US-Dollars beträgt in Frankfurt/Main 1,00 EUR = 1,1010 US-Dollar.
   Ermitteln Sie:
   a) den Bareinstandspreis frei Längsseite Schiff New York (FAS)
   b) den Bareinstandspreis frei an Bord New York (FOB)
   c) den Bareinstandspreis Kosten und Fracht Hamburg (CFR)
   d) den Bareinstandspreis Kosten, Versicherung, Fracht Hamburg (CIF)
   e) den Bareinstandspreis geliefert Göttingen (DAP)
6. Welche Einfuhrpapiere sind für die genehmigungsfreie Einfuhr erforderlich?
7. Aus welchem Grund erhebt der deutsche Zoll auf Wareneinfuhren eine Einfuhrumsatzsteuer?

AKTION

Die Fairtext GmbH möchte 500 Baumwollhemden von einem Exporteur in China beziehen.

a) Stellen Sie fest, ob die Einfuhr der Baumwollhemden genehmigungsfrei oder genehmigungspflichtig ist.
b) Stellen Sie die Dokumente zusammen, die die Fairtext GmbH für die Einfuhr der Baumwollhemden nach Deutschland benötigt, und erläutern Sie die Aufgaben dieser Dokumente.
   Beschaffen Sie die notwendigen Informationen bei der Industrie- und Handelskammer Ihrer Region.

ZUSAMMENFASSUNG

Wichtige Kaufvertragsinhalte im Außenhandel

- **Kaufrecht:** Es bildet die Rechtsgrundlage des Kaufvertrags.
- **Incoterms® 2020**
  - EX WORKS (**EXW**)
  - FREE CARRIER (**FCA**)
  - CARRIAGE PAID TO (**CPT**)
  - CARRIAGE AND INSURANCE PAID TO (**CIP**)
  - DELIVERED NAMED PLACE UNLOADED (**DPU**)
  - DELIVERED AT PLACE (**DAP**)
  - DELIVERED DUTY PAID (**DDP**)
  - FREE ALONGSIDE SHIP (**FAS**)
  - FREE ON BOARD (**FOB**)
  - COST AND FREIGHT (**CFR**)
  - COST, INSURANCE, FREIGHT (**CIF**)
- **Währung,** in der fakturiert werden soll
- **Schiedsgerichtsklausel**
- **Gerichtsstandsvereinbarungen**

Arten des Einfuhrverfahrens

- **genehmigungsfreie Einfuhr**
  Einfuhr unterliegt keiner Beschränkung (= liberalisierte Einfuhr)
- **genehmigungsbedürftige Einfuhr**
  Einfuhr unterliegt einer Beschränkung
  - nach dem Außenwirtschaftsgesetz → Einfuhrgenehmigung erforderlich
  - nach EU-Recht → Einfuhrlizenz erforderlich

Einfuhrabgaben

- **Einfuhrzoll**
- **Einfuhrumsatzsteuer**
- **Verbrauchsteuer**

KAPITEL 9

ERP- und Warenwirtschaftssysteme im Einkauf

Herr Sternecker ist zuständig für die Organisation und die Datenverarbeitung bei der Fairtext GmbH. Um auf dem Laufenden zu bleiben, informiert er sich in einem aktuellen Nachschlagewerk über Programme für den Einkaufsbereich.

ORAG-2-System

Einkaufsabwicklung

Das Programm dient zur Abwicklung des gesamten Einkaufsgeschäfts (Angebotseinholung, Rahmenbestellung, Abruf, Einzelbestellung, Bestellverfolgung, Bestelländerung, Wareneingang, Rechnungskontrolle) für Lagermaterial, Direktmaterial, Dienstleistungen, Anlagen usw. sowie Pflege der benötigten Stammdateien für Lieferanten, Artikel, Texte usw.

Eingabe über Dialog am Bildschirm mit sofortiger Verarbeitung, im Dialog Sofortauskunft über Abwicklungsstand einer Bestellung, offene Bestellungen beim Material, Bezugsquellen für ein Material, Liefermöglichkeiten eines Lieferanten. Eingabe der Wareneingänge am Bildschirm. Das ORAG-2-System bewertet Waren-/Dienstleistungseingänge sofort nach den Bestelldaten und erlaubt damit kürzere Abschlusstermine. Rechnungsprüfung am Bildschirm. Wird das ORAG-2-System mit dem ORAG-5-System kombiniert, erfolgt (mit Bildschirmeingabe) auch sofort eine Bestands-Dispositionskorrektur beim Material (mengen- und wertmäßig).

Verarbeitungsmodus: Dialogverarbeitung

Programm wird angeboten in:

D, A, CH

WINDOWS XP, WINDOWS 2000, WINDOWS NT, WINDOWS VISTA, WINDOWS 7

IBM; DOS, OS und CICS, OS; IMS DB/DC, Siemens; BS1000, BS2000, und KDCS, Nixdorf 8890, Assembler, COBOL, Source

Preise und Konditionen

Zeitlich unbegrenztes Nutzungsrecht:
110.000,00 € bis 140.000,00 € (CICS)
150.000,00 € bis 220.000,00 € (IMS DB/DC)

Serviceleistungen

Im Preis enthalten: Einsatzunterstützung, Schulung, Programmpflege/Wartung, Anpassung an Anlagenkonfiguration.

Programmdokumentation

Im Preis enthalten: System-Flussdiagramm, Programmablaufplan, Datei-Erklärungen, I/O-Formulare, Operatoranweisung, Fehlerliste, Testdaten, Benutzerhandbuch.

Stellen Sie anhand des Artikels fest, welche Aufgaben Programme im Bereich des Einkaufs übernehmen können.

INFORMATIONEN

Anforderungen an ein EDV-gestütztes Warenwirtschaftssystem

Am Anfang aller EDV-gestützten Warenwirtschaftssysteme bzw. ERP-Programme im Großhandel stehen logischerweise das Bestellwesen und der Wareneingang. Solche Programmpakete erweisen sich als besonders wirkungsvoll, wenn sie als Instrument der Disponenten und der Sachbearbeiter im Wareneingang ein schnelles und aufgabengerechtes Handeln ermöglichen. Die konsequente Nutzung einmal verfügbar gemachter Informationen über Lieferanten, Preise, Lieferzeiten usw. können die Wirtschaftlichkeit eines Großhandelsunternehmens erheblich steigern.

Aus dieser Sicht lässt sich der Anforderungskatalog an EDV-gestützte Warenwirtschaftssysteme wie folgt zusammenstellen:

- Warenwirtschaftssysteme sollen eine dialogorientierte Abwicklung und Verfolgung der Einkaufsvorgänge von der Bestellanforderung über Anfrage, Angebot, Bestellungsschreibung bis zum Wareneingang ermöglichen.
- Eine hohe Auskunftsbereitschaft zum jeweiligen aktuellen Stand der Einkaufsabwicklung und eine flexible Informationsbereitstellung für Großentscheidungen sowie für strategische Gesamtaussagen sind zu gewährleisten.
- Das Programmpaket muss so gestaltet sein, dass es am einzelnen Arbeitsplatz
  - überschaubar,
  - beherrschbar,
  - für spezifische Vorgänge nutzbar ist,
  - traditionelle manuelle Unterlagen ersetzt,
  - Daten vor unberechtigten Zugriff schützt.

Für das Großhandelsunternehmen ist es sehr wichtig, jederzeit den Überblick über das gesamte Beschaffungs-

Checkliste: Inhalt eines Einkaufsartikelsatzes

		übliche Feldlänge in Zeichen
1.	**Typische Einkaufsstammdaten**	
1.1	**Ordnungsbegriffe**	
	Artikelnummer	3–8
	Materialklassifikation	2–5
	Interne Bezeichnung (evtl. Kurzbezeichnung und ausführliche Bezeichnung)	18–30
	Zusatzbezeichnung (DIN-Angaben, Maße, Gewichte)	15–50
	Einkaufsgruppe	1–3
	Produktgruppe	1–4
	ABC-Klassifizierung	1
	Wareneingangsstelle	3–6
	Bestellbezeichnung des Lieferanten (eventuell mehrfach)	10–20
	Bezugsartenschlüssel	1–3
	Beistellschlüssel	1–3
	Lagerort	3–8
1.2	**Daten zur Mengen- und Preisfestlegung**	
	Durchschnittspreis (fortgeschriebener Einstandspreis)	6–8
	Verrechnungspreis	6–8
	Zielpreis	6–8
	Preiseinheit	1
	Mengeneinheit	1–2
	Alternative Mengeneinheit	1–2
	Umrechnungsfaktor	8–10
	Rundungsschlüssel	1
	Beschaffungszeit in Tagen (evtl. im Angebotssegment)	3
	Verpackungseinheit	1–2
	Verpackungsart	1–3
	Größeneinheitsschlüssel	1–3
	Gewicht	7–10
	Gewichtseinheit	1–2
	Quoteneinteilung, wenn bei mehreren Lieferanten bezogen wird	5–8
	Lieferbedingungen (Preisstellung)	2–3
	Abrufschlüssel	1–3
	Versandart	1
	Inventurpreis	8–9
	Inventurdatum letzte Inventur	6
	Inventurhäufigkeit	1–2
1.3	**Sonstige Daten**	
	Textschlüssel (mehrfach möglich)	3–5
	Bewirtschaftungsart	1–2
	Technische Bestellvorschriften (mehrfach möglich)	60
	Artikelkommentare (mehrfach möglich)	60
	Mehrwertsteuerschlüssel	1–4
	EAN-Nr.	13
	Einkaufsgruppe	1
	Zeichnungsnummer	8–20
	Zeichnungsdatum	6
2.	**Typische Angebotsdaten**	
	Laufende Anfragen (Datumsangabe neueste Anfrage)	6
	Lieferantennummer je Angebot	5–8
	Adresse des Anbieters, soweit es kein Lieferant ist	30–50
	Angebotsdatum (neuestes Angebot)	6
	Angebotspreis	6–8
	Mengenbasis	6–8
	Mengeneinheit	1–2
	Preiseinheit	1
	Beschaffungszeit in Tagen	3
	Lieferbedingungen	2–3
3.	**Artikelstatistikdaten**	
	Anzahl der Angebote verg. Jahr	2
	Anzahl der Angebote lfd. Jahr	2
	Letztes Angebot vom	6
	Anzahl der Bestellungen im Vorjahr	2
	Anzahl der Bestellungen im laufenden Jahr	2
	Datum letzte Bestellung	6
	Menge der letzten Lieferung	6–8
	Datum letzte Lieferung	6
	Zahl der Lieferanten, bei denen der Artikel in diesem Jahr und dem Vorjahr bezogen wurde	2
	Datum letzte Preisänderung	6

wesen zu behalten. EDV-gestützte Warenwirtschaftssysteme informieren in Sekundenschnelle über Artikel und Lieferanten.

Artikelauskunftssystem

Großhandelssortimente zeichnen sich überwiegend durch eine sehr hohe Zahl verschiedener Produkte aus. Ein effizientes Auskunftssystem über

- vorhandene,
- bestellte,
- evtl. ins Sortiment neu aufzunehmende

Artikel beeinflusst die Bearbeitungszeit des Einkaufs in spürbarem Umfang. Die Vielzahl der gespeicherten Informationen, die von der EDV nach unterschiedlichen Auswertungskriterien schnell und leicht zugänglich gemacht werden können, trägt zu besseren Entscheidungen im Einkauf bei.

Eine wesentliche Voraussetzung ist in diesem Zusammenhang die Vergabe von Artikelnummern für jeden im Sortiment enthaltenen Artikel. Grundsätzlich spielt es keine Rolle, ob die Artikelnummer vom

Hersteller der Ware (Europäische Artikelnummerierung) oder aber von dem betroffenen Großhandelsunternehmen selbst vergeben wird.

Hauseigene Artikelnummern

Mit hauseigenen Artikelnummern kann jeder Betrieb versuchen, sein Artikelnummernsystem nach den besonderen betrieblichen Belangen auszurichten. Sehr viele Handels- und Industrieunternehmen kamen allerdings zu der Erkenntnis, dass im Warenverkehr zwischen Handel und Industrie hauseigene Artikelnummern nutzlos und z. T. sogar störend sind.

Die EDV-Anlagen der Unternehmen, die miteinander in Geschäftsbeziehung stehen, können so lange nicht miteinander verkehren, wie jede Anlage unter ihren Artikelnummern etwas anderes versteht. Da auch die internationale Verflechtung des Warenverkehrs berücksichtigt werden musste, entstand die Idee, ein europäisches Artikelnummerierungssystem zu entwickeln.

Europäische Artikelnummerierung (GTIN)

Es handelt sich hierbei um ein einheitliches Kennzeichnungssystem, in dem jede handelsübliche Mengen- oder Verpackungseinheit beim Hersteller eine eigene Nummer zugeordnet erhält, die den Artikel bis zum Endverbraucher begleitet. Sie ermöglicht auf allen Handelsstufen eine artikelbezogene Datenverarbeitung. Früher wurde die GTIN (Global Trade Item Number) auch als EAN (Europäische Artikelnummer) bezeichnet.

Die ersten beiden Stellen dieser GTIN (– 40 –) nehmen das **Länderkennzeichen** auf. In jedem Land, das sich dem GS1-Netzwerk angeschlossen hat, gibt es eine Gesellschaft, der eines oder mehrere solcher Kennzeichen zugeteilt wurden. In Deutschland ist das die GS1 Germany in Köln, eine vom Handel und der Konsumgüterindustrie gleichermaßen getragene Einrichtung. Sie verfügt über die Länderkennzeichen 40, 41, 42, 43.

Die nächsten fünf Ziffern (– 12345 –) stellen die „bundeseinheitliche **Betriebsnummer“** dar. Jeder Hersteller bzw. Lieferant erhält diese Betriebsnummer von der GS1 Germany zugewiesen. Sie identifiziert das Unternehmen eindeutig.

Die folgenden fünf Ziffern (– 00315 –) kennzeichnen die **interne Artikelnummer** des Herstellers. Für diese Artikelnummer kann der Hersteller seine eigene Artikelnummer benutzen, wenn sie nicht mehr als fünf Stellen lang ist. Normalerweise kann man davon ausgehen, dass die Kapazität (das Aufnahmevermögen) der fünfstelligen Nummer (von 00000 – 99999 = 100000 Artikel) ausreicht, um alle Artikel eines Herstellers zu nummerieren. Führt ein Hersteller mehr als 100000 Artikel in seinem Sortiment, kann er eine weitere Betriebsnummer ausschließlich für die Zwecke der Artikelnummerierung bei der GS1 Germany beantragen.

Die letzte Ziffer der GTIN (– 4 –) stellt eine Prüfziffer dar. Bei der Erfassung eines Artikels mit GTIN an der Kasse kann es zu Fehlern kommen, gleichgültig ob die Eingabe über die Tastatur oder maschinell über einen Lesestift vorgenommen wird. Die Kasse bzw. der mit der Kasse verbundene Computer meldet sich, wenn sich die eingegebene GTIN und ihre Prüfziffer – z. B. wegen einer falsch eingelesenen Stelle – nicht über eine einprogrammierte Proberechnung miteinander verbinden lassen.

Lieferantenauskunftssystem

Ein erfolgreiches Bestellwesen ist eng mit einer gut funktionierenden Lieferantenbewertung und -auswahl verbunden.

Der Einkäufer muss demnach seine Bezugsquellen mit ihren Vor- und Nachteilen kennen.

BEISPIEL

Der Einkäufer muss auf einen Blick sehen, dass er bei Lieferant A einen besseren Preis bekommt als bei Lieferant B, dadurch aber evtl. längere Lieferzeiten oder mindere Qualität in Kauf nehmen muss.

Länderkennzeichen	bundeseinheitliche Betriebsnummer „bbn“	individuelle Artikelnummer des Herstellers	Prüfziffer
4 0	1 2 3 4 5	0 0 3 1 5	4
GS 1 Germany	Franz Schuster KG Travestraße 20 23570 Lübeck	Lübecker Edelmarzipan Geschenkpackung 100 g	99 % Sicherheit

Das EDV-gestützte Warenwirtschaftssystem, in dem die relevanten Informationen gespeichert werden können und der ständige Warenverkehr zwischen Zulieferer und Großhandelsunternehmen aufgezeichnet ist, kann dem Anwender bei der Auswahl eines geeigneten Lieferanten wertvolle Hilfeleistung bringen. Die EDV gibt z. B. Auskunft über Konditionen, Bonus, gegenwärtigen Einkaufs-

LIEFERANTENAUSWAHL Seite 1

Komponente RELAIS Datum 8. August

LIEFERANT Nr.	Kurzname	EK-PREIS 1. BEZUG	N-KALK. 1. ANFR.	DATUM BEZUG	LETZTE(R) ANFRAGE	LIEF.-ZEIT	MINDEST-MENGE
13567	Rieck	68,00	74,80	2. März	5. Juli	3	10,00
43729	Schalt	65,20	67,30	6. Juli	6. Aug.	3	10,00
63752	Pflüger	75,00	80,50	14. Dez.	7. Juli	1	1,00
76488	Elecmot	60,20	71,10	4. Juni	7. Juli	2	5,00
86356	Oscar	66,70	68,00	23. Juni	7. Juli	1	10,00

stand, Mindestbestellwert, Teillieferungen u.v.m. Es können Ersatzlieferanten aufgezählt werden.

Viele EDV-gestützte Warenwirtschaftssysteme ermöglichen im Rahmen eines Angebotsvergleichs damit sowohl einen Lieferantenvergleich als auch einen Preisvergleich. Da der Einstandspreis genau kalkulierbar ist, kann das System den günstigsten Lieferanten aussuchen und dem Großhändler einen Vorschlag erstellen.

System für Angebotsaufforderungen

Eine Vielzahl von Programmen für den Einkaufsbereich bieten Systeme für Angebotsaufforderungen an. Sie unterstützen das Einholen von Angeboten. Die EDV baut bürokratische Hemmnisse ab und beschleunigt den Datenfluss. Anfragen werden automatisch erstellt und können nicht nur mit Papier, sondern durch den Computer auch per Fax versandt werden. Der Einsatz der Datenfernübertragung zum elektronischen Austausch strukturierter Geschäftsdaten ist ebenfalls möglich.

KONDITIONSKONTROLLE

Lieferant: 76923	Kupfer	Datum: 31. Juli
Einkaufskonditionen:	Rechnungsrabatt	3,00%
	Bonus	5,00%
	Verpackung	NEIN
	Fracht	NEIN
	Rollgeld	JA
	Versicherung	NEIN
	Zoll	NEIN
Bemerkung: gute langjährige Geschäftsverbindung		
ZAHLUNGSKONDITIONEN:	Valuta	20 Tage
Zahlungsziel 1	Frist	14 Tage
	Skonto	3,0%
Zahlungsziel 2	Frist	30 Tage
	Skonto	2,5%
	Nettofrist	50 Tage
Bemerkung: legt Wert auf pünktliche Zahlung		
LIEFERUNG:	Bedingung	2
	Lieferzeit	1 Woche
	Bestellrhythmus	10 Tage

Hat der Einkäufer sich für einen bestimmten Lieferanten entschieden, wandelt er die im System geführte Anfrage in eine Bestellung um und kann dabei gleich auch automatisch den anderen Anbietern höflich absagen.

Unterstützung des Bestellwesens

Die meisten Programme für den Einkaufsbereich unterstützen das Bestellwesen.

Aus der Überwachung der mengenmäßigen Umsatz- und Lagerentwicklung kann der Großhändler ermitteln, welche Artikel benötigt werden. Diese Informationen werden für eine **Bedarfsanalyse** benutzt.

Ein weiterer Aufgabenkomplex ist die Ermittlung der Bestellzeitpunkte und -mengen. Der Einfluss EDV-gestützter Warenwirtschaftssysteme wird am deutlichsten in Bestellvorschlags-Systemen und automatischen Bestellsystemen, die sich beide am Meldebestand[1] orientieren. Beim Meldebestand können Absatz, Trends, Saisonschwankungen, Wiederbeschaffungszeiten, Mindest- und Maximalbestand usw. berücksichtigt werden.

Fast alle Programme bieten **Bestellvorschlagssysteme** an: Das EDV-gestützte Warenwirtschaftssystem gibt nur einen Bestellvorschlag zu Dispositionszwecken ab. Dadurch wird das Wissen des Einkäufers vertieft, ohne ihm seine eigentliche Aufgabe, das Treffen von Verbrauchsvorhersagen und Dispositionsentscheidungen, abzunehmen.

Automatischen Bestellsystemen liegen folgende Überlegungen zugrunde: Sobald der Bestand einer Ware unter eine festgelegte Mindestmenge sinkt, wird vom Programm aufgrund vorgegebener Dispositionsentscheidungen eine neue Bestellung beim entsprechenden Lieferanten veranlasst. Die Bestellschreiben werden durch integrierte Textsysteme automatisch erzeugt und müssen nur noch abgeschickt werden. Komfortable, mit dem Lieferanten vernetzte Programme sind sogar in der Lage, bei Erreichen des Meldepunkts papierlos über Datenfernübertragung die Bestellung in das EDV-System des Lieferanten abzugeben.

Rückstandsüberwachung und Mahnwesen

Einen Großteil des Zeitaufwands eines Sachbearbeiters im Einkauf nimmt das Verfolgen mannigfaltiger Vorgänge in Anspruch. Dazu gehören die Überwachung des Eingangs von Angeboten, von Lieferanten- und Auftragsbe-

1 Siehe Kap. 3.2

203153426

stätigungen und der Abgleich der darin enthaltenen Konditionen. Später müssen die Bestellungen auf Liefertreue hin überwacht werden, eventuell muss der Wareneingang rechtzeitig angemahnt werden. All diese Aktivitäten unterstützen EDV-gestützte Warenwirtschaftssysteme. Sie beinhalten häufig Programmteile zur Abmahnung der Angebotsabgabe, Auftragsbestätigung und Warenlieferung.

Es wird viel Zeit und Mühe bei der Einkaufsabwicklung eingespart. So sind z. B. alle Bestellungen mit ihren bestätigten Lieferterminen in der EDV gespeichert. Kommt es zu Terminüberschreitungen und somit zu Lieferrückständen, können sie abgerufen und beim Lieferanten automatisch angemahnt werden. Wird vom Lieferanten ein neuer Liefertermin genannt, wird auch dieser wieder gespeichert und überwacht.

Die Zahl der Lieferterminüberschreitungen wird im Zusammenhang mit dem Lieferanten gespeichert und kann jederzeit als Kennzahl für diesen abgerufen werden.

OFFENE BESTELLUNGEN Seite 1

Datum 1. August

LF. DATUM GEWÜNSCHT	LIEFERANT NR. KURZNAME	BESTELLUNG NR. DATUM	LETZTE BST.-MAHN.
13. August	13567 RIECK	1 12. Juli	0. 0. 0
25. August	93267 SCHWALM	10 17. Juli	0. 0. 0

Wareneingang

Eine EDV-gestützte Überwachung und Bearbeitung des Wareneingangs bringt erhebliche Vorteile. Die Einkaufsprogramme informieren den Sachbearbeiter rechtzeitig über die erwarteten Wareneingänge. So können die notwendigen Vorbereitungen getroffen werden, um eine reibungslose und schnelle Einlagerung durchzuführen. Beispielsweise kann rechtzeitig Platz für die Ware reserviert werden. Dringende Kundenaufträge, die auf Nachschub aus diesem Wareneingang warten, können bereits vorbereitet werden. Es werden somit nicht nur Lagerkosten gesenkt, sondern es wird der gesamte Servicegrad des Großhandelsunternehmens verbessert.

Geht eine Warenlieferung ein, wird nur noch die Bestellung aus dem System aufgerufen und mit dem Lieferschein des Lieferanten abgeglichen. Lediglich Abweichungen müssen dann noch eingegeben werden.

Rechnungsprüfung

Die Überprüfung der Eingangsrechnung geschieht durch den Aufruf des Wareneingangs. Bei Übereinstimmung oder nach einer Korrektur wird die Rechnung direkt an die Buchhaltung weitergeleitet. Damit wird die aufwendige Erfassung der Rechnung in der Buchhaltung erspart.

Integrierte Warenwirtschaftssysteme

Gerade im Dispositions- und Wareneingangsbereich der Handelsbetriebe wird eine unternehmensübergreifende Informationsübertragung warenwirtschaftlicher Daten in Zukunft stark zunehmen. Es kommt immer häufiger zu Verbindungen mit fremden Geschäftspartnern über Datenfernübertragungstechnologien. Aus den geschlossenen Warenwirtschaftssystemen der Handelsbetriebe werden durch direkte Einbeziehung von Lieferanten, Banken, Marktforschungsinstituten und Kunden **integrierte Warenwirtschaftssysteme**.

Die EDV-Systeme in den Industrie- und Handelsunternehmen sind somit keine organisatorischen Inseln mehr mit manueller Eingabe der Basisdaten an dem einen Ende und dem Ausdruck von Listen und Formularen für den Partnerbetrieb an dem anderen.

70 % der manuellen Datenerfassung für EDV-Systeme stammen aus Dokumenten, die bereits von anderen Computern ausgedruckt worden sind.

Im Rahmen integrierter Warenwirtschaftssysteme bilden die EDV-Systeme vielmehr eine Kette automatisierter Informationsabsender und -empfänger, bei denen die teure und zeitaufwendige manuelle Erfassung der Basisdaten auf ein Minimum reduziert wird.

Wer als Großhandelsunternehmen mit großen Industrieunternehmen Geschäftsbeziehungen aufrechterhalten möchte, muss daher seine Kommunikationssysteme deren Kommunikationsstrukturen anpassen: Großunternehmen erwarten heute, dass Ware papierlos geordert wird. Sie schicken als elektronische Standardbriefe und Formulare Frachtbriefe und Rechnungen elektronisch ins Haus. Sie überweisen über DFÜ (Datenfernübertragung) Geld und erledigen Zollformalitäten. Sie sparen damit Zeit und Personal.

Verwendung finden für diesen Informationstransfer strukturierter Daten verschiedene Standards. Neben dem teilweise im Handel gebräuchlichen SEDAS Standard wurde als einheitliche Norm für alle Wirtschaftszweige dazu mittlerweile von der Wirtschaftskommission der UN der **EDIFACT-Standard** (Electronic Data Interchange for Administration, Commerce and Transport) beschlossen. Als Teil dieses Standards wird besonders **EAN COM** (EAN + Communication) im Handel verwendet.

AUFGABEN

1. Welche Anforderungen müssen EDV-gestützte Warenwirtschaftssysteme im Bereich des Einkaufs erfüllen?
2. Aus welchen Teilbereichen können EDV-gestützte Warenwirtschaftssysteme im Einkauf bestehen?
3. Welche Leistungen bieten Lieferantenauskunftssysteme im Rahmen EDV-gestützter Warenwirtschaftssysteme?
4. Welche Vorteile hat die automatische Rückstandsüberwachung?
5. Welcher Unterschied besteht zwischen automatischen Bestellsystemen und Bestellvorschlagssystemen?
6. Wie unterstützen integrierte Warenwirtschaftssysteme den Großhändler im Einkauf?

AKTIONEN

1. Untersuchen Sie das Ihnen vorliegende EDV-gestützte Warenwirtschaftssystem.
   Stellen Sie fest, welche Teilbereiche vorhanden sind, mit denen ein EDV-gestütztes Warenwirtschaftssystem im Idealfall Einkauf und Beschaffung unterstützen kann.
2. Wie auch bei der Fairtext GmbH wird in der Lebensmittelgroßhandlung LEBMIT GmbH mit EDV-gestützten Warenwirtschaftssystemen im Einkauf gearbeitet.

   I. Warenwirtschaftssysteme nehmen der dortigen Einkaufsabteilung einen Teil der Dispositionsarbeiten ab, indem sie Bestellvorschlagslisten erstellen.
   Untersuchen Sie die Bestellvorschlagsliste unten und beantworten Sie die Fragen:
   a) Was sagt diese Bestellvorschlagsliste aus?
   b) Welche Vorteile bieten Bestellvorschläge durch ein Warenwirtschaftssystem?
   c) Worin liegt der Unterschied zu automatischen Bestellsystemen?
   d) Warum sind automatische Bestellsysteme – im Gegensatz zu Bestellvorschlagssystemen – nur für wenige Branchen bzw. ausgesuchte Sortimentsteile geeignet?

WARENWIRTSCHAFTS-SERVICE FIRMA: 01 FILIALE: 111 SZ-FILIALE DATUM: 10.10.20.. FREITAG SEITE:

***** DISPOSITIONS-VORSCHLAEGE
* LISTE NR: 12

* SORTIERT NACH: LIEFERANT, ARTIKELNUMMER
* AUSGEWAEHLT: ALLE

KENNZEICHEN: (ANDRUCK NUR AUF SEITE 1)
INV = FALSCHER BESTAND
SAI = SAISON
AKT = AKTIONSARTIKEL
ANL = ANLAUFEND
REG = REGALPLATZ
SAM = SAMMELBESTELLUNG

BEZEICHNUNG	V K EUR	ERFASSUNGS-NR	WG	WOZ TAG	BEST-PUNKT	---------ABSATZ--------- ERW. WO-2 WO-1 LF-WO	EZ 0 0	BESTAND	AUFTR BSTD	ARTIKELNUMMER	VORSCHL MENGE
AUFTRAGS-NUMMER 2650/0000/1110 TONKA											
KAFFEE MILD	4,94	5250	109	3	30	35 20 21 31		15	0	115256	70
KAFFEE MOCCA	5,46	5359	109	3	30	37 40 26 32		18	0	115359	80
KAFFEE COFF.FREI	5,97	5757	109	3	40	40 42 44 30		24	0	115757	186
AUFTRAGS-NUMMER 2830/0000/1210 MEYER											
VOGELFUTTER	1,48	1170	117	5	10	4 4 4 8		4	0	124795	20

   II. Damit der Großhändler gegenüber seinen Kunden immer lieferbereit ist, muss er dafür sorgen, dass von ihm bestellte Waren auch tatsächlich zum vereinbarten Termin eintreffen und auf Lager genommen werden. EDV-gestützte Warenwirtschaftssysteme helfen dabei, Bestellungen zu überwachen. Sie verfügen über eine Orderkontrolle.
   Paul Winkelmann, Abteilungsleiter der Textilabteilung der Italia-Import GmbH, lässt sich eine Orderliste ausdrucken, um einen Überblick über seine Bestellungen zu bekommen. Ein Ausschnitt daraus:

203153428

```
ORDERNR. 0000361     LIEFERANT 1250 GREIF-WERKE
VALUTA 3007

TERMIN          WARENGRUPPE            SAIS.   POS    LIEF-ART-NR.   EK-PREIS  VK-PREIS    FAR      FIL       RUE.GES    NACH GROESSEN
-----------------------------------------------------------------------------------------------------------------------------------------
0106-090785     1020 SOMMERANZUEGE        1      2    7803             139,00    298,00               00            3    24/ 1 25/ 2
                                                 3    7844             145,00    248,00               01           12    46/ 3 48/ 4 50/ 5
                                                 5    7871             138,00    248,00               01            5    27/ 5
                                                 7    7812             272,00    548,00               00           12    50/ 2 52/ 5 54/ 5

                                    SUMME ORDER:      GES-MENGE      72        GES-WERT EK   14250,00     GES-WERT VK   28312,00      D-PRS    39
                                                      RUE-MENGE      32        RUE-WERT EK    6111,00     RUE-WERT VK   11686,00      D-PRS    39
                                                      SPANNE V.O.  47,7%       SPANNE V.U.     91,22%
-----------------------------------------------------------------------------------------------------------------------------------------
```

a) Wie hoch ist der Rückstand des Artikels 77812?

b) Wie viele Sommeranzüge wurden insgesamt bestellt?

c) Wie viel Stück sind rückständig?

d) Welcher Zahlungstermin wurde vereinbart?

e) Welche Maßnahmen kann Herr Winkelmann ergreifen?

ZUSAMMENFASSUNG

EDV im Einkauf

umfasst

- **Artikelauskunftssystem** – Bereitstellung aller wichtigen Artikelinformationen
- **Lieferantenauskunftssystem** – Bereitstellung aller entscheidungsrelevanten Informationen über Lieferanten
- **System für Angebotsaufforderungen** – Einholung von Angeboten
- **Bestellwesen** – Ermittlung der Bestellzeitpunkte und -mengen
- **Mahnwesen** – Überwachung, z. B. der Liefertermineinhaltung
- **Wareneingang** – Unterstützung der Warenannahme und -kontrolle
- **Rechnungsprüfung** – Kontrolle der Eingangsrechnungen

KAPITEL 10
Nachhaltigkeit

Abteilungskonferenz im Einkauf: Herr Harriefeld berichtet von einem Workshop zur nachhaltigen Beschaffung, den er vor Kurzem besucht hat. Mete Öczan hat dazu Fragen:

Mete Öczan:
„Ich bin ja neu in der Einkaufsabteilung. Bisher war ich im Verkauf eingesetzt. Dort spielt Nachhaltigkeit eine große Rolle. Das ist mir total klar: Nachhaltigkeit ist ein ganz entscheidendes Verkaufsargument und für sehr viele Kunden ein sehr wichtiges Thema. Warum soll Nachhaltigkeit jetzt aber für uns in der Beschaffung eine große Rolle spielen?"
Herr Harriefeld:
„Im Prinzip hast du die Frage ja schon selbst beantwortet: Wenn Kunden Nachhaltigkeit wollen, dann wird Nachhaltigkeit zwangsläufig Leitprinzip für die gesamte Lieferkette. Und gerade wir als Unternehmen, das mit ‚fairen Waren' handelt, wollen und müssen eine Vorbildfunktion wahrnehmen. Damit wollen wir unsere Glaubwürdigkeit unterstreichen. Deshalb ist es auch Ziel unseres Leitbildes, alle Artikel des Sortiments nach höchsten Nachhaltigkeitsstandards zu beschaffen."
Mete Öczan:
„So gesehen leuchtet mir das total ein. Wir versuchen die Einhaltung von sozialen und ökologischen Anforderungen über die gesamte Lieferkette sicherzustellen. Aber: Wie erreichen wir eine nachhaltige Beschaffung?"
Herr Harriefeld: „Wir bemühen uns, eine nachhaltige Beschaffung auf der Basis ökonomischer Nachhaltigkeit sicherzustellen. So versuchen wir, Nachhaltigkeitsstandards bei unseren Lieferanten durchsetzen – genau wie unsere Kunden bei uns darauf achten."
Mete Öczan:
„Gut, wir kommen also mit der Beachtung der Nachhaltigkeit eigentlich einem gesamtgesellschaftlichen Auftrag nach. Haben wir aber auch als Fairtext GmbH ökonomische Vorteile dadurch?"
Herr Harriefeld:
„Ja natürlich: Wenn grundlegende soziale oder ökologische Standards in der Lieferantenkette verletzt werden, kann dies zu nicht überschaubaren Problemen führen. Diese Risiken können wir minimieren. Zudem führt dies zu unserer Imageverbesserung bei unseren Kunden, aber auch in der Öffentlichkeit und gegenüber unseren Mitarbeitern."

Erörtern Sie, durch welches Handeln die Mitarbeiterinnen und Mitarbeiter der Einkaufsabteilung zu einer nachhaltigen Beschaffung beitragen können.

INFORMATIONEN

Nachhaltigkeit

Nachhaltigkeit spielt allen Bereichen einer Großhandlung eine immer größere Rolle. Unternehmen können Marktanteile verlieren, wenn sie nicht nachhaltig arbeiten. Dies hat Auswirkungen auf alle Wirtschaftsstufen, von der Industrie über den Groß- bis zum Einzelhandel. In diesem Zusammenhang wird für immer mehr Unternehmen die Aufnahme nachhaltiger Produkte bzw. Dienstleistungen in die Angebotspalette immer interessanter. Deshalb muss auch auf der Beschaffungsseite einer Großhandlung im Einkauf auf Nachhaltigkeit geachtet werden.

Der warenethische Mehrwert von Waren als Verkaufsargument	
Umwelt- und Gesundheitsaspekte	**Aspekte der Sozialverträglichkeit**
• bessere Gesundheitsverträglichkeit • keine allergieauslösenden oder krebserregenden Schadstoffrückstände • geringere Umweltbelastungen bei der Herstellung • geringere Umweltbelastungen bei der Entsorgung	• Einhaltung von sozialen Standards bei der Herstellung • keine Kinder- oder Zwangsarbeit • gerechte Entlohnung • Arbeitsschutz • menschenwürdige Arbeitsplätze

203153430

Umwelt- und Gesundheitsaspekte bei der Auswahl zu beschaffender Güter

Beim Einkauf wird den Kunden (sowohl Endverbrauchern als auch Wiederverwendern) zunehmend bewusst, dass die Umwelt immer stärker gefährdet ist. Deshalb beobachten viele von ihnen die Umweltaktivitäten ihrer möglichen Lieferanten und hinterfragen sie kritisch. Das Bekanntwerden der Umweltschädlichkeit von Gütern hat deshalb häufig zu einem veränderten Einkaufsverhalten geführt.

Auf diese Entwicklung können Unternehmen reagieren mit:
- Teilnahme am Ökoaudit
- Vergabe bzw. Nutzung von Ökolabeln
- Beachten der Recyclingfähigkeit von Produkten

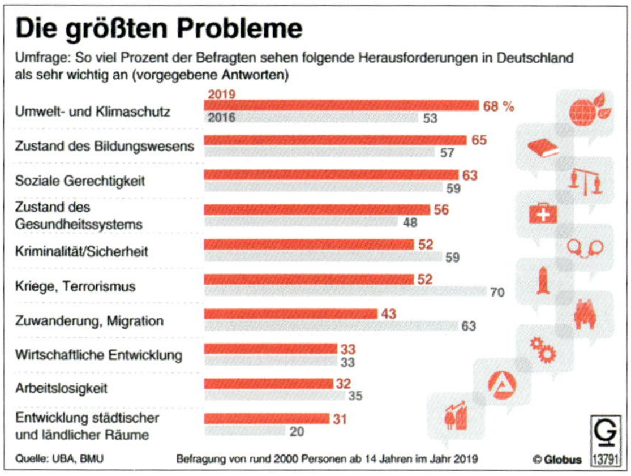

Ökoaudit

DEFINITION

Das **Ökoaudit** ist eine freiwillige Betriebsprüfung im Hinblick auf die Umweltleistung des Unternehmens und die Einhaltung gesetzlicher Vorgaben. Grundlage ist die europäische Ökoaudit-Verordnung EMAS (Eco-Management and Audit Scheme).

Die Teilnahme am Ökoaudit beinhaltet folgende Punkte:
- Das jeweilige Unternehmen muss eine Umweltpolitik formulieren und das Umweltrecht einhalten.
- Das Unternehmen muss eine Ist-Analyse der Umweltauswirkungen durchführen und bewerten. Auf deren Grundlage wird ein Umweltprogramm erstellt, das konkrete Ziele der zukünftigen betrieblichen Umweltpolitik festlegt.
- Verschiedene Maßnahmen sollen für den Einsatz fortschrittlicher Umwelttechnologien sorgen.
- Eine von einem unabhängigen, staatlich zugelassenen und überwachten Umweltgutachter kontrollierte und bestätigte Umwelterklärung dient der Information der Öffentlichkeit. Sie dient als Grundlage für die Registrierung bei der zuständigen Industrie- und Handelskammer bzw. Handwerkskammer.
- Die Umweltbetriebsprüfung als Kontrollinstrument muss regelmäßig erneut durchgeführt werden.

Mit der Teilnahme am Ökoaudit kann ein Unternehmen seinen betrieblichen Umweltschutz verbessern und einen positiven, innovationsfreundlichen Imagegewinn erzielen. Das EMAS-Logo darf jedoch nicht für eine direkte produktbezogene Werbung herangezogen werden: Bei der Begutachtung des Unternehmens wird das Produkt nur indirekt berücksichtigt.

EMAS
GEPRÜFTES UMWELTMANAGEMENT

Ökolabel

Mit Ökolabeln werden umweltschonende **Produkte** gekennzeichnet.

DEFINITION

Ökolabel sind Wort- und/oder Bildzeichen, die von Unternehmen, Verbänden, Vereinen oder anderen Zeichengebern für Produkteigenschaften wie Schadstofffreiheit, Energieersparnis, Recyclingfähigkeit, sparsamer Verpackung und Gesundheitsverträglichkeit vergeben werden.

Ökolabel stellen also eine vereinfachende umweltschutzbezogene Information dar. Sie werden auf umweltschonende Produkte aufgedruckt oder in der Werbung für diese Produkte verwendet.

Leichtfertig vergebene Ökolabel können zu erheblichen Vertrauensverlusten aufseiten der Konsumenten führen. Hinsichtlich der Glaubwürdigkeit der Ökolabel sollte zunächst unterschieden werden, ob es sich um unternehmensbezogene oder unabhängige institutionelle Ökolabel handelt.

Das **unternehmensbezogene** Ökolabel dient in erster Linie als Marketinginstrument zur Verkaufsförderung und wird grundsätzlich nur für die eigenen Produkte vergeben. Die Einhaltung umwelt- und gesundheitsrelevanter Kriterien prüfen interne Prüflabors.

BEISPIELE

für unternehmensbezogene und -unabhängige Ökolabel nach Branchen

Branche	Label
Lebensmittel	Bioland, demeter
stromerzeugende Industrie	GRÜNER STROM – Das Ökostromlabel der Umweltverbände
ökologische Waldnutzung	FSC®
Bauindustrie	IBR – Geprüft und empfohlen

Das durch **unternehmensunabhängige** Institutionen vergebene Ökolabel kann prinzipiell von nationalen und internationalen Herstellern und Händlern genutzt werden, sofern ihre Ware den geforderten Kriterien gerecht wird. Entscheidend für die Vergabe ist ein für den Kunden transparent gehaltener Kriterienkatalog aus umfangreichen gesundheits-, umwelt- und sozialrelevanten Aspekten, dessen Einhaltung regelmäßig durch unabhängige Institute kontrolliert wird.

BEISPIEL

Der „Blaue Engel" ist nicht nur das weltweit erste, sondern auch Deutschlands bekanntestes Umweltzeichen. Er ist seit über 40 Jahren das Umweltzeichen der Bundesregierung.

Dieses Ökolabel ist für Produkte (Ausnahme: Lebensmittel) vorgesehen, die sich bei einer ganzheitlichen Betrachtung bezogen auf die gesamte Lebensphase des Produkts (Herstellung, Gebrauch, Entsorgung) und unter Beachtung aller Gesichtspunkte des Umweltschutzes einschließlich des sparsamen Rohstoffeinsatzes durch besondere Umweltfreundlichkeit auszeichnen.

Ebenso kann es für Dienstleistungen vergeben werden. So hat z. B. eine ganze Reihe von Carsharing-Anbietern den „Blauen Engel" erhalten, da Carsharing den Verkehr entlastet. Ausschlaggebend für die Vergabe ist auch der Einsatz von umweltschonenden und schadstoffarmen Fahrzeugen.

Die Bedeutung von Ökolabeln

Problem	Ziel	Lösungswege
mangelnde Information über Ökolabel ↓ falsche Kundenberatung ↓ Kunden wandern ab ↓ Umsatzverlust	• Informationsdefizit beseitigen • Überblick über Label der Branche verschaffen	Information über Ökolabel in/bei: • Fachzeitschriften • Fachbüchern • Verbraucherschutzorganisationen • Kollegen/Ausbildern • Internet

203153432

Recycling

Jede Ware verbraucht von der Herstellung bis zum Gebrauch Energie und Rohstoffe. Dadurch kommt es mehr oder weniger zu einer Belastung der Umwelt. Vor diesem Hintergrund wird Recycling immer wichtiger.

DEFINITION

Unter **Recycling** versteht man die Rückführung von Produktions- und Konsumabfällen zurück in den Wirtschaftskreislauf zur Schonung der Umwelt.

Formen des Recyclings

Wiederverwendung	Weiterverwendung	Wiederverwertung	Weiterverwertung
wiederholte Verwendung eines Produkts für den für die Erstverwendung vorgesehenen Verwendungszweck	Nutzung eines Produkts für eine vom Erstzweck verschiedene Verwendung, für die es nicht hergestellt ist	Wiedereinsatz von Stoffen und Produkten in bereits früher durchlaufenen Produktionsprozessen unter teilweiser oder völliger Formauflösung und -veränderung	Einsatz von Stoffen und Produkten in noch nicht durchlaufenen Produktionsprozessen unter Umwandlung zu neuen Werkstoffen oder Produkten (Verlust der Materialidentität oder/ und Gestaltänderung gegenüber den eingesetzten Produkten)
BEISPIELE • Pfandflasche • Austauschmotor	**BEISPIELE** • Senfglas als Trinkglas • Eisenbahnschwellen als Gartenzaun	**BEISPIELE** • Altglaseinsatz bei der Glasherstellung • Stahlschrotteinsatz bei der Stahlherstellung	**BEISPIELE** • Gewinnung von Flüssigbrennstoffen aus Kunststoffabfällen durch Pyrolyse • Herstellung von Kartonagen aus Papierabfällen

Produktkreislauf

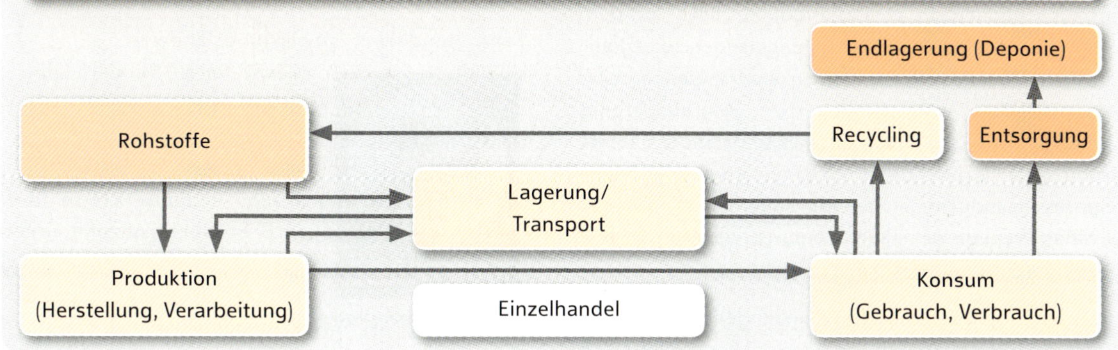

Sehr häufig führen Umweltbelastungen durch Produkte auch zu Gesundheitsgefährdungen. Vor dem Hintergrund des gestiegenen Gesundheitsbewusstseins in der Gesellschaft haben Sachbearbeiter in der Verkaufsabteilung eine wichtige Beratungsaufgabe. Sie müssen mit Wissen über die Gesundheitsproblematik auf entsprechende Forderungen der Kunden eingehen können. Gesundheitsverträgliche Produkte müssen in der Verkaufsargumentation auf jeder Wirtschaftsstufe herausgestellt werden.

BEISPIELE

- „Alle Kosmetika dieses Produzenten sind frei von Formaldehyd."
- „Diese Produkte aus ökologisch kontrolliertem Anbau enthalten erheblich weniger Schadstoffe als vergleichbare Artikel anderer Hersteller."

Aspekte der Sozialverträglichkeit bei der Auswahl zu beschaffender Güter

Die sozialen Zusammenhänge sind eng mit den ökonomischen und ökologischen Bedingungen verknüpft. Die meisten Staaten der Erde sind verschuldet, sowohl die Industrie- als auch die Entwicklungsländer. Jedoch hat dies vor allem bei den hoch verschuldeten Ländern des Südens massive soziale Auswirkungen. Um den Schuldendienst noch leisten zu können – zum Teil auch, um der Oberschicht ihre privilegierte Position zu erhalten –, forcieren diese Länder den Anbau von Exportprodukten.

Bei der Ausweitung der Exportproduktion nehmen die Entwicklungsländer auch die Zerstörung von Lebensräumen in Kauf, z. B. die Abholzung der Regenwälder zur Vergrößerung der Ackerflächen, einschließlich der Vertreibung der dort ansässigen Menschen. Zusätzlich verlieren viele Bauern durch den Verlust an landwirtschaftlicher Nutzfläche durch Erosion, Versalzung und Wüstenbildung, gepaart mit einer Klimaveränderung, ihre Ernährungsgrundlage.

Auf der anderen Seite setzen die Industrieländer, beispielsweise die Staaten der EU, oft umfangreiche Exportsubventionen ein, um ihre Produkte „billig" auf dem Weltmarkt, d. h. auch an Entwicklungsländer, zu verkaufen. Die Länder des Südens können dadurch zwar günstig Waren auf dem Weltmarkt erwerben, aber gleichzeitig verlieren häufig die in den Entwicklungsländern selbst produzierten Artikel den Preiskampf gegen die Billigimporte aus Industrieländern (die außerdem ein höheres soziales Prestige genießen). Dadurch werden die dortigen Beschäftigten weiter in ihrer Existenz gefährdet.

In diesen geschilderten Zusammenhängen sind auch die stetige Landflucht und die Zunahme der Verstädterung in den Entwicklungsländern zu sehen. Die Städte wachsen rasant, was eine Ausweitung der Elendsviertel sowie eine Verschlechterung der Hygiene- und Ernährungssituation zur Folge hat.

Weltweit gesehen lebt heute die Hälfte der Menschheit in relativer Armut. 800 Millionen Menschen leben in ständiger Unterernährung, jährlich verhungern 30 Millionen Menschen. Gleichzeitig wurden jedoch noch nie in solchem Überfluss Lebensmittel produziert wie heute.

Viele Kunden stehen hinter dem Ziel, „Chancengleichheit für alle Menschen" zu erreichen. Sie möchten, dass Produktion und Vertrieb der von ihnen nachgefragten Artikel sozialverträglich sind. Angestrebt werden folgende Ziele:

- internationale Gerechtigkeit
- Kampf gegen Unterernährung
- faire Handelsbedingungen
- Einhaltung der Menschenrechte
- angemessene Arbeitsbedingungen
- keine Kinderarbeit
- Regionalität
- Informationsoffenheit
- Wahrung der Arbeitnehmerinteressen
- Frauenförderung
- Behinderteninteressen

Viele Hersteller haben als Reaktion darauf sogenannte Verhaltenskodexe formuliert.

DEFINITION

Ein **Verhaltenskodex** ist eine freiwillige Selbstverpflichtung des Unternehmens, menschenrechtliche, soziale und arbeitsmedizinische Mindeststandards in der eigenen Produktion und in der der Lieferanten einzuhalten.

Diese Verhaltenskodexe werden von den Unternehmen entsprechend kommuniziert und einer breiten Öffentlichkeit zugänglich gemacht.

Fairer Handel mit Entwicklungsländern

Das Siegel für fairen Handel

Beim „fairen Handel" („fair trade") werden den Erzeugern in Entwicklungsländern deutlich über dem Weltmarktniveau liegende Preise für ihre Produkte gezahlt und feste Abnahmemengen garantiert, was eine gewisse Planungssicherheit bietet.

Die Produzenten sind in der Regel Bauern oder Handwerker, die im nationalen Wirtschaftssystem benachteiligt sind und sich deshalb zu Genossenschaften zusammenschließen. Sie verpflichten sich, bei der Produktion bestimmte Standards einzuhalten, z. B. bezüglich Arbeitsbedingungen und negativen Umwelteinflüssen. Die Einhaltung der Standards wird regelmäßig überprüft. Ein Teil der Einnahmen muss für soziale und Bildungszwecke verwendet werden, z. B. für den Bau von Schulen oder die Altersvorsorge der Arbeiter.

Ein weiteres wichtiges Ziel des „fairen Handels" ist die Aufklärungs- und Bildungsarbeit in den Industrieländern. Hierdurch soll eine Transparenz über die Entstehung der Verkaufspreise mit all ihren Anteilen für die Produzenten, Händler usw. geschaffen werden. Verständlicherweise können diese Preise nicht genauso niedrig liegen wie bei sozial unverträglichen, konventionell gehandelten Produkten.

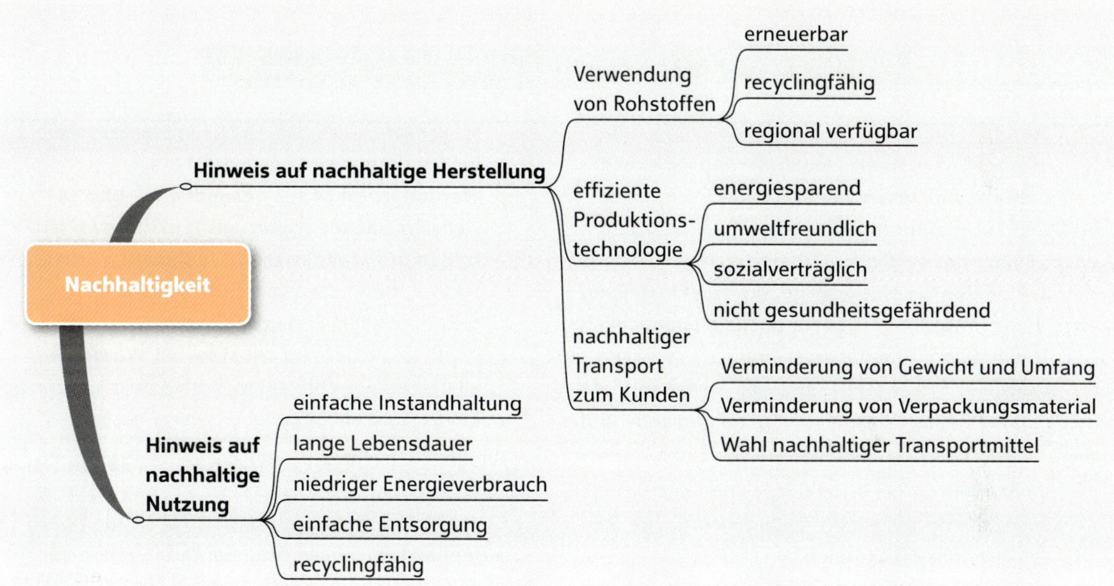

AUFGABEN

1. Was versteht man unter Nachhaltigkeit?
2. Warum müssen sich Unternehmer und Beschäftigte mit Fragen der Nachhaltigkeit beschäftigen?
3. In einem Unternehmen wird auf den Verkauf von Waren verzichtet, bei denen die Verpackung bei der Entsorgung und Vernichtung Schadstoffe abgibt. Welche Zielsetzung steht bei diesem Unternehmen im Vordergrund?
   a) Wirtschaftlichkeit
   b) Sozialverträglichkeit
   c) Arbeitsplatzsicherung
   d) Umweltverträglichkeit
   e) Rentabilität
   f) Kostenminimierung
4. Führen Sie Beispiele auf, in denen sich
   a) Produzenten,
   b) Verbraucher

   umweltbelastend verhalten.
5. Erläutern Sie die Teilnahme eines produzierenden Unternehmens am Ökoaudit.
6. Was sind Ökolabel?
7. Welche Vor- und Nachteile haben Ökolabel?
8. Erläutern Sie den Begriff Verhaltenskodex.
9. Was ist fairer Handel?
10. Formulieren Sie für Artikel bzw. Dienstleistungen Ihres Ausbildungsunternehmens Verkaufsargumente, die auf

a) die Sozialverträglichkeit,
b) die Umweltverträglichkeit,
c) die Gesundheitsverträglichkeit

der Ware bzw. des Angebots hinweisen.

11. Geben Sie einen Überblick über Produkte bzw. Dienstleistungen im Sortiment Ihres Ausbildungsbetriebs,
a) die fair gehandelt werden,
b) die von Unternehmen stammen, die Verhaltenskodexe haben.

12. Führen Sie Beispiele für herkömmliche Artikel Ihres Sortiments auf, die durch
a) umweltverträgliche,
b) gesundheitsverträgliche,
c) sozialverträgliche Produkte ersetzt werden können.

AKTIONEN

1. Sowohl für die Konsumenten als auch für Unternehmen immer bedeutsamer werden Aspekte der Umwelt- und Gesundheitsverträglichkeit von Waren. Zur Einführung in die Thematik bearbeiten Sie bitte den folgenden Arbeitsauftrag:
   a) Erstellen Sie eine Collage, die Ihre Einstellung zur Umwelt- und Gesundheitsverträglichkeit von Waren zum Ausdruck bringt.
   b) Stellen Sie anschließend der Klasse mithilfe Ihrer Collage Ihre Meinung zur Umwelt- und Gesundheitsproblematik vor.
2. Vor Kurzem wurde in der Clique von Anne Schulte auch über Umweltschutz gesprochen. Einige Thesen aus dieser Diskussion:
   a) Für die Umwelt bin nicht ich zuständig, sondern der Förster und das Duale System Deutschland!
   b) Autofahren ist zu billig – der Liter Benzin muss mindestens 10,00 € kosten!
   c) Der Einzelhandel ist der Hauptumweltverschmutzer – wenn er keine umweltschädlichen Produkte ins Sortiment nehmen würde, hätten wir den Ärger nicht!
   d) „Vater Staat" ist gefordert – soll er doch jegliche Industrie verbieten!
   e) Alle Textilien müssen mindestens fünf Jahre getragen werden!
   f) Die momentane Arbeitslosigkeit ist durch den Umweltschutz hervorgerufen!
   g) Für meine Gesundheit bin nicht ich zuständig, sondern mein Arzt!
   h) Waren müssten grundsätzlich unverpackt verkauft werden!
   i) Wer mit dem Fahrrad zur Arbeit fährt, bekommt vom Finanzamt eine Kilometerpauschale von 3,00 €/km. Die Kilometerpauschale für Autofahrer wird gestrichen!
   j) Werbungsverbot für gesundheits- und umweltschädigende Waren und Verhaltensweisen (z. B. Auto, Tabakwaren, Süßigkeiten, Fast-Food-Ketten, Waschmittel, wasser- und winddichte Textilien, Fertiggerichte)!
   k) Wir Verbraucher sind selbst schuld. Würden wir all die Dinge nicht kaufen, hätten auch unsere Kinder noch ein Stück lebenswerte Welt!

   Bilden Sie in Ihrer Klasse drei Arbeitsgruppen PRO Nachhaltigkeit und drei Arbeitsgruppen CONTRA Nachhaltigkeit. Diese sollen die oben aufgeführten Thesen argumentativ verteidigen oder angreifen. Dazu erhalten Sie zur Vorbereitung einer Diskussion die folgenden Arbeitsaufträge:

Gruppe PRO:

- Beurteilen Sie die einzelnen Thesen.
- Nehmen Sie mit Argumenten Stellung für die Nachhaltigkeit.
- Protokollieren Sie Ihre Argumente.
- Wählen Sie einen Sprecher/eine Sprecherin, der/die Ihre Argumente in einer Diskussion vertritt.

Gruppe KONTRA:

- Beurteilen Sie die einzelnen Thesen.
- Nehmen Sie mit Argumenten Stellung gegen die Nachhaltigkeit.
- Protokollieren Sie Ihre Argumente.
- Wählen Sie einen Sprecher/eine Sprecherin, der/die Ihre Argumente in einer Diskussion vertritt.

203153436

3. Viele Unternehmen werben damit, bei ihren Lieferanten auf die Einhaltung sozialer Aspekte wie z. B.
   - angemessener Lohn der Arbeiter,
   - Verbot von Zwangs- u. Kinderarbeit,
   - Sicherheit und Gesundheit am Arbeitsplatz,
   - Organisationsfreiheit und Recht auf Tarifverhandlungen

   zu achten.

   Gehen Sie auf die Internetseiten folgender Anbieter und suchen Sie dort Informationen über deren ethische Verhaltenskodexe:
   - HOCHTIEF
   - C & A
   - Adidas
   - Calida
   - Nike
   - H & M
   - Edeka

   Bewerten Sie die Verhaltensrichtlinien.

4. Entscheiden Sie sich für eine Warengruppe Ihres Sortiments bzw. eine Dienstleistung Ihres Unternehmens.
   Stellen Sie diese Warengruppe bzw. Dienstleistung in einem schriftlichen Referat unter besonderer Beachtung von Aspekten der Gesundheits-, Sozial- und Umweltverträglichkeit vor.
   Bereiten Sie sich auch darauf vor, dass Sie dieses Referat Ihrer Klasse präsentieren.

ZUSAMMENFASSUNG

Gestiegenes Bewusstsein für Nachhaltigkeit

= Übernahme der Verantwortung für zukünftige Generationen

↓

Folge: Beachten von Aspekten der

Umwelt und Gesundheit
- Ökoaudit beachten: Das Unternehmen ist als umweltfreundlich anerkannt.
- Ökolabel kennzeichnen umweltverträgliche Produkte und Dienstleistungen.
- auf recyclingfähige Produkte achten

Sozialverträglichkeit
- auf Produkte aus „fairem Handel" achten
- auf Produkte und Dienstleistungen von Unternehmen achten, die sich mit Verhaltenskodexen selbst verpflichtet haben, soziale Standards einzuhalten

WERTESTRÖME
ERFASSEN UND DOKUMENTIEREN 4

Werteströme erfassen und dokumentieren

Lernsituation

Frau Tegtmeyer aus der Abteilung Rechnungswesen der Fairtext GmbH und Anne Schulte bekommen zwei Belege auf ihren Schreibtisch. Der erste Beleg zeigt eine Rechnung des Lieferanten Hessing GmbH und der andere eine Rechnung, die dem Kunden Holzhäuser GmbH & Co. KG ausgestellt wurde. Zu beiden Belegen sind noch weitere Angaben vorhanden.

Einkauf

Hessing GmbH
Sickingerstr. 9 • 01309 Leipzig
Steuernr.: 4714 511 322 • USt-IdNr.: DE337926621

Hessing GmbH · Sickingerstr. 9 · 01309 Leipzig
Fairtext GmbH
Walsroder Str. 6 a
30625 Hannover

Bei Rückfragen und Zahlung bitte angeben

Kunden-Nr.:	2588 SDE
Rechnungs-Nr.:	156 RT
Datum:	12.06.20..

Ihr Zeichen/Bestellung Nr. vom
00-17438 AW/156 RT 2107/05.06.20..

Rechnung

Pos.	Artikel-Nr.	Artikelbezeichnung	Menge u. Einheit	Preis je Einheit/€	Betrag/€
1	3350	Multifunktionsjacken	800 St.	25,00 €	20.000,00 €
2	1860	Damengürtel	500 St.	12,00 €	6.000,00 €
3	2820	Nadelstreifen-Anzüge	250 St.	80,00 €	20.000,00 €

Summe	46.000,00 €
– 15 % Mengenrabatt	6.900,00 €
	39.100,00 €
+ 21 Transportschachteln à 15,00 €	315,00 €
+ Transportkosten	200,00 €
Gesamtbetrag	39.615,00 €
+ 19 % USt	7.526,85 €
Rechnungsbetrag	**47.141,85 €**

Eingang der Rechnung: 14.06.20..
sachlich richtig: Bod, 14.06.20..
rechnerisch richtig: Krö, 14.06.20..

Zahlungsbedingungen: 30 Tage netto oder 14 Tage mit 2 % Skonto
Zahlbar innerhalb von 30 Tagen ohne Abzug

Weitere Angaben:
Die Transportschachteln werden vom Lieferanten bei Rückgabe komplett erstattet.

Verkauf

Fairtext GmbH
Textilgroßhandlung

Telefon: 0511 4155-0
Telefax: 0511 4155-10
Internet: www.fairtext-wvd.de
E-Mail: wollny@fairtext-wvd.de

Holzhäuser GmbH & Co. KG
Turmstr. 18
45470 Mülheim

Kunden-Nr.:	10001
Lieferdatum:	04.06.20..
Bestelldatum:	01.06.20..
Sachbearbeiter/-in:	
Rechnungs-Nr.:	35123
Rechnungsdatum:	04.06.20..

Rechnung

Pos.	Artikel-Nr.	Artikelbezeichnung	Menge und Einheit	Einzelpreis	Gesamtpreis
1	1700	Nadelstreifen-Anzug mit Weste	100 Stück	159,59 €	15.959,00 €
2	0010	Multifunktionsjacke	50 Stück	43,16 €	2.158,00 €

Gesamtpreis		18.117,00 €
Rabatt	20 %	3.623,40 €
Warenwert		14.493,60 €
3 Transportschachteln à 15,00 €		45,00 €
		14.538,60 €
Umsatzsteuer	19 %	2.762,33 €
Rechnungsbetrag		**17.300,93 €**

Zahlbar innerhalb von 14 Tagen ohne Abzug.

Weitere Angaben:
Unser Kunde bekommt bei Rückgabe der Transportschachteln die Erstattung der Verpackungskosten.

Frau Tegtmeyer erklärt Anne, dass beim Buchen dieser Belege die Bezugs- und Vertriebskosten, Rabatte, Rücksendungen und Preisnachlässe sowie Zahlungen unter Abzug von Skonto berücksichtigt werden müssen. Anne bekommt den Auftrag, diese beiden Belege zu buchen.

1. Anne und Frau Tegtmeyer betrachten zunächst die Eingangsrechnung der Firma Hessing GmbH. Frau Tegtmeyer nennt dabei die Begriffe „Anschaffungskosten" und „Anschaffungsnebenkosten". Erläutern Sie diese beiden Begriffe kurz.
2. Anne soll nun den Buchungssatz für die Eingangsrechnung der Firma Hessing GmbH vom 12.06. aufstellen. Wie lautet der Buchungssatz bei Rechnungseingang am 14.06.?
3. Wie berücksichtigen Sie den Mengenrabatt auf der Eingangsrechnung buchhalterisch?
4. Leider hat sich herausgestellt, dass 50 Multifunktionsjacken beschädigt sind. Drei Tage später, am 17.06., holt der Lieferant Hessing GmbH daher die beschädigten Jacken und 18 gelieferte Transportschachteln ab. Die Fairtext GmbH bekommt diese entsprechend erstattet. Wie lautet der Buchungssatz für diesen Vorgang?
5. Am 27.06. soll der Restbetrag an den Lieferanten Hessing GmbH von Anne durch Banküberweisung beglichen werden. Hierbei soll der Skontoabzug berücksichtigt werden. Wie lautet der Buchungssatz?
6. Als Nächstes muss die Ausgangsrechnung vom 04.06. an die Holzhäuser GmbH & Co. KG buchhalterisch erfasst werden. Frau Tegtmeyer erklärt Anne, dass die Vertriebskosten manchmal auf Aufwandskonten gebucht werden und manchmal auf dem Warenverkaufskonto. Erläutern Sie, wann wie zu verfahren ist.
7. Wie lauten die Buchungssätze zu den folgenden Fällen:
   a) Die Fracht zum Kunden wurde von der Spedition Schnell & Gut KG übernommen. Die Spedition sendet eine Rechnung über den Nettobetrag von 130,00 €.
   b) Wie lautet der entsprechende Buchungssatz für die Buchung der Ausgangsrechnung?
   c) Die Holzhäuser GmbH & Co. KG gibt bei Anlieferung die drei Transportschachteln zurück. Hier erhält der Kunde eine entsprechende Gutschrift. Buchen Sie diese Gutschrift über einen Stückwert von 15,00 € (netto).
   d) Am 11.06. überweist die Holzhäuser GmbH & Co. KG die Rechnung vom 04.06. auf das Bankkonto der Fairtext GmbH unter Berücksichtigung der Gutschrift und einem Abzug von 2 % Skonto.

203153440

KAPITEL 1

Belege und Wertströme

Anne Schulte und Sebastian Holpert werden in der Abteilung Rechnungswesen der Fairtext GmbH eingesetzt. Sebastian bekommt von der Sachbearbeiterin Frau Tegtmeyer vier Belege vorgelegt.

Sebastian soll sich zunächst einmal überlegen, was das überhaupt für Belege sind, warum diese Belege geschrieben wurden und welche Werteströme in Verbindung mit diesen Belegen entstanden sind.

Stockmann OHG

Telefon: 07231 454545-45
Telefax: 07231 454545-11
E-Mail: marx@Stockmann-wvd.de

Stockmann OHG · Bachstr. 38 · 75180 Pforzheim
Fairtext GmbH
Walsroder Str. 6 a
30625 Hannover

Kunden-Nr.: 10366
Lieferdatum: 29.07.20..
Bestelldatum: 25.07.20..
Sachbearbeiter/-in: Herr Marx

Rechnungs-Nr.: 90512
Rechnungsdatum: 31.07.20..

Rechnung

Pos.	Artikel-Nr.	Artikelbezeichnung	Menge und Einheit	Einzelpreis	Gesamtpreis
1	27282	Damenpullover	30 Stück	56,00 €	1.680,00 €
2	19501	Damenbluse	40 Stück	25,50 €	1.020,00 €
3	34205	Herrenanzug	50 Stück	110,00 €	5.500,00 €
Gesamtpreis					8.200,00 €
Rabatt				5 %	410,00 €
Warenwert					7.790,00 €
Umsatzsteuer				19 %	1.480,10 €
Rechnungsbetrag					**9.270,10 €**

Rechnungsbetrag zahlbar innerhalb von 30 Tagen netto.

Fairtext GmbH
Textilgroßhandlung

Telefon: 0511 4155-0
Telefax: 0511 4155-10
Internet: www.fairtext-wvd.de
E-Mail: wollny@fairtext-wvd.de

Fairtext GmbH · Walsroder Str. 6 a · 30625 Hannover
Franz Stallmann Fashion OHG
Vogesenstr. 3
45468 Mülheim

Kunden-Nr.: 10002
Lieferdatum: 28.07.20..
Bestelldatum: 24.07.20..
Sachbearbeiter/-in: Nadine Wollny

Rechnungs-Nr.: 14554
Rechnungsdatum: 31.07.20..

Rechnung

Pos.	Artikel-Nr.	Artikelbezeichnung	Menge und Einheit	Einzelpreis	Gesamtpreis
1	18201	Herrenanzug Modell „Elegance"	20 Stück	190,00 €	3.800,00 €
2	18202	Damenblazer Modell „Julia"	44 Stück	160,00 €	7.200,00 €
Gesamtpreis					11.000,00 €
Rabatt				6 %	660,00 €
Warenwert					10.340,00 €
Umsatzsteuer				19 %	1.964,60 €
Rechnungsbetrag					**12.304,60 €**

Rechnungsbetrag zahlbar innerhalb von 14 Tagen netto.

Autohaus Bach

Autohaus Bach · Birkenwald 44 · 30449 Hannover
Fairtext GmbH
Frau Zeitz
Walsroder Str. 6 a
30625 Hannover

Telefon: 0511 1234-56
Telefax: 0511 1234-57
E-Mail: auto@bach-wvd.de

Kunden-Nr.: 19875
Lieferdatum: 28.07.20..
Bestelldatum: 28.07.20..
Sachbearbeiter/-in: Herr Marx

Rechnungs-Nr.: 86970
Rechnungsdatum: 30.07.20..

Rechnung

Pos.	Artikel-Nr.	Artikelbezeichnung	Menge und Einheit	Einzelpreis	Gesamtpreis
1	125125	PKW Kolf Sport Neuwagen	1	28.000,00 €	28.000,00 €

Gesamtpreis		28.000,00 €
Umsatzsteuer	19 %	5.320,00 €
Rechnungsbetrag		**33.320,00 €**

Rechnungsbetrag zahlbar innerhalb von 14 Tagen netto.

Fairtext GmbH
Textilgroßhandlung

Fairtext GmbH · Walsroder Str. 6 a · 30625 Hannover
Fred Meiners
Holzstr. 45
31135 Hildesheim

Telefon: 0511 4155-0
Telefax: 0511 4155-10
Internet: www.fairtext-wvd.de
E-Mail: wilhelm@fairtext-wvd.de

Kunden-Nr.: 10002
Lieferdatum: 28.07.20..
Bestelldatum: 24.07.20..
Sachbearbeiter/-in: Kirsten Wilhelm

Rechnungs-Nr.: 17654
Rechnungsdatum: 31.07.20..

Rechnung

Pos.	Artikel-Nr.	Artikelbezeichnung	Menge und Einheit	Einzelpreis	Gesamtpreis
1	900009	PKW Modell Kolf, gebraucht, 196000 km	1	4.000,00 €	4.000,00 €

Warenwert		4.000,00 €
Umsatzsteuer	19 %	760,00 €
Rechnungsbetrag		**4.760,00 €**

Rechnungsbetrag zahlbar innerhalb von 14 Tagen netto.

1. Stellen Sie fest, worin sich diese Rechnungen unterscheiden.
2. Prüfen Sie, welche Vorgänge diesen Belegen zugrunde liegen.
3. Identifizieren Sie die Werteströme aus diesen vier Belegen.

203153442

INFORMATIONEN

Notwendigkeit von Belegen

In einem Unternehmen gibt es eine Vielzahl von Belegen. Belege sind die Grundlage, um ein Unternehmen letztlich gut zu leiten und die Buchführung nach den gesetzlichen Bestimmungen ordnungsgemäß führen zu können. Das ist auch im § 238 HGB (Handelsgesetzbuch) festgehalten:

GESETZ

Auszug aus HGB § 238 Buchführungspflicht
(1) Jeder Kaufmann ist verpflichtet, Bücher zu führen und in diesen seine Handelsgeschäfte und die Lage seines Vermögens nach den Grundsätzen ordnungsmäßiger Buchführung ersichtlich zu machen. Die Buchführung muss so beschaffen sein, dass sie einem sachverständigen Dritten innerhalb angemessener Zeit einen Überblick über die Geschäftsvorfälle und über die Lage des Unternehmens vermitteln kann. Die Geschäftsvorfälle müssen sich in ihrer Entstehung und Abwicklung verfolgen lassen.

Daraus lässt sich unter anderem folgender **Grundsatz ordnungsgemäßer Buchführung (GoB)** schlussfolgern:

Keine Buchung ohne Beleg.

Die gesetzlich vorgeschriebene Buchführungspflicht wird mithilfe von Belegen durchgeführt. Belege werden immer dort eingesetzt, wo sich die Vermögenssituation eines Unternehmens verändert.

DEFINITION

Ein **Geschäftsfall** (auch: Geschäftsvorfall) ist ein Vorgang, bei dem in irgendeiner Weise die Werte oder das Vermögen des Unternehmens verändert werden.

Belege erfüllen drei Funktionen:

- **Dokumentationsfunktion**
  Durch Belege werden alle vermögenswirksamen Geschäftsfälle schriftlich festgehalten und somit dokumentiert.
- **Ordnungsfunktion**
  Belege helfen, ein Unternehmen gut zu organisieren und zu strukturieren.
- **Beweisfunktion**
  Bei Unstimmigkeiten zwischen verschiedenen Geschäftsparteien dienen Belege häufig als Beweise bei den strittigen Geschäftsfällen.

Belegarten

Bei den Belegen werden verschiedene Belegarten unterschieden. So gibt es zum einen **Eigenbelege**, die vom eigenen Unternehmen selbst erstellt wurden.

BEISPIEL

Die Ausgangsrechnung an die Firma Franz Stallmann Fashion OHG ist ein Eigenbeleg. Er wurde von der Fairtext GmbH erstellt und der Franz Stallmann Fashion OHG zugestellt.

Eigenbelege werden aber nicht nur für den Schriftverkehr mit externen Geschäftspartnern erstellt, sondern auch für innerbetriebliche Vorgänge. Belege bei Privatentnahmen des Unternehmers selbst oder auch sogenannte Materialentnahmescheine sind hier Beispiele. Innerbetriebliche Eigenbelege werden immer erstellt, wenn es zu Wertveränderungen kommt, aber kein Beleg existiert.

Zum anderen gibt es auch **Fremdbelege** in einem Unternehmen. Diese werden von fremden Unternehmen oder externen Personen erstellt.

BEISPIEL

Die Eingangsrechnung ist von einem Lieferanten der Fairtext GmbH, der Firma Stockmann OHG, erstellt worden.

Wenn ein Fremdbeleg nicht zu erhalten ist, muss nach dem Steuerrecht ein **Ersatzbeleg** ausgestellt werden. Streng genommen handelt es sich dann wieder um einen Eigenbeleg.

BEISPIEL

Gründe für einen fehlenden Fremdbeleg sind beispielsweise der Verlust eines Beleges oder nicht festgehaltenes Trinkgeld oder der Nichterhalt einer Quittung nach einer Taxifahrt.

Identifizieren von Werteströmen auf Basis von Belegen

Ein sehr wichtiger Aspekt bei der Bearbeitung bzw. der Buchung von Belegen ist es, den Wertestrom zu erkennen, der hinter dem vorliegenden Beleg steht.

BEISPIELE

Eingangsrechnung von der Stockmann OHG
Es liegt die Eingangsrechnung der Firma Stockmann OHG über einen Rechnungsbetrag von 9.270,10 € vor. Die Fairtext GmbH hat hier am 25.07.20.. Damen- und Herrenbekleidung bestellt, diese Textilien wurden am 29.07.20.. geliefert, die Stockmann OHG hat die Rechnung am 31.07.20.. geschrieben und am 01.08.20.. ist die Rechnung bei der Fairtext GmbH eingegangen.

Ausgangsrechnung an die Franz Stallmann Fashion OHG
Die Fairtext GmbH hat dem Kunden Franz Stallmann Fashion OHG am 31.07.20.. eine Rechnung über den Rechnungsbetrag von 12.304,60 € geschrieben. Die Firma Franz Stallmann Fashion OHG hat am 24.07.20.. insgesamt 20 Herrenanzüge und 45 Damenblazer bei der Fairtext GmbH bestellt, diese sind am 28.07.20.. geliefert worden.

Wenn erkannt wird, welcher Vorgang hinter einem Beleg steht, erleichtert dies das spätere Kontieren und Buchen in der Abteilung Rechnungswesen.

Es werden aber vor allem auch die Werteströme deutlich, die mit diesen Vorgängen verbunden sind. Die Werteströme werden dann als Geschäftsfälle in der Abteilung Rechnungswesen buchhalterisch festgehalten.

DEFINITION

Werteströme sind Geschäftsprozesse in Unternehmen, die unterschiedliche Wertpositionen im Unternehmen beeinflussen. Dabei wird zwischen Güterströmen und Geldströmen unterschieden.

Geschäftsprozesse können zum einen Aktivitäten beinhalten, die mit dem eigentlichen (direkten) Leistungsprozess (hier der Handel mit Textilien) zu tun haben. Zum anderen können Geschäftsprozesse aber auch nur indirekt am Leistungsprozess beteiligt sein. Dies wird beispielsweise beim Kauf und Verkauf eines Firmen-Pkw deutlich. Der Pkw wird benötigt, um den eigentlichen Leistungsprozess durchführen zu können, wirkt aber nur indirekt auf diesen.

In der unten stehenden Grafik sind die Werteströme des Leistungsprozesses dargestellt. Der Wertestrom, bei dem Güter und Dienstleistungen ausgetauscht werden, nennt sich **Güterstrom**. Klassisch sind das die Waren, die zunächst vom Lieferanten zum Großhandel gehen und anschließend vom Großhandel an den Kunden (z. B. Einzelhandel) weitergeliefert werden. Diese Güter oder Dienstleistungen müssen gezahlt werden. Dieser Fluss von Geldern, der in der Regel über die Kreditinstitute (Banken) abgewickelt wird, nennt sich **Geldstrom**.

Auch innerhalb des Großhandels kann es sowohl zu Güter- als auch Geldströmen kommen. Zwischen den Abteilungen können beispielsweise Waren ausgetauscht werden, die dann unternehmensintern wertmäßig berechnet werden.

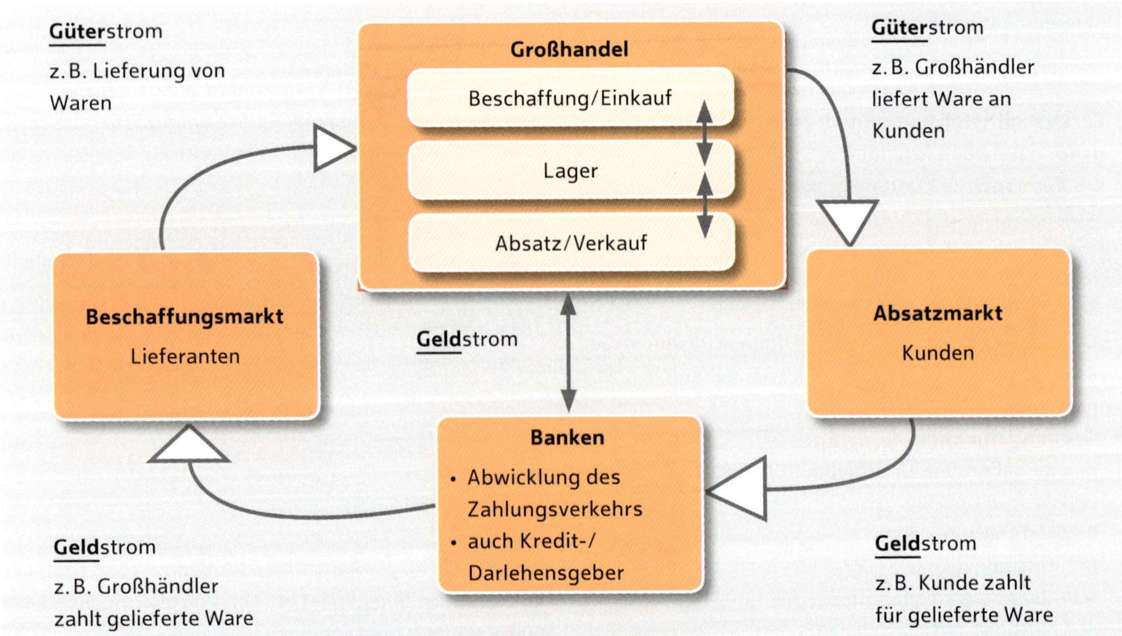

AUFGABEN

1. Der Grundsatz ordnungsgemäßer Buchführung lautet: „Keine Buchung ohne Beleg". Erläutern Sie diesen Grundsatz kurz mit eigenen Worten.
2. Belege erfüllen drei Funktionen. Nennen und erläutern Sie diese Funktionen kurz mit eigenen Worten.
3. Nachfolgend sind vier Belege dargestellt.
   a) Um welche Belegart handelt es sich dabei jeweils?
   b) Beschreiben Sie kurz den Wertestrom, der hinter diesem Beleg steht.

Beleg 1

Hessing GmbH
Sickingerstr. 9 • 01309 Leipzig
Steuernr.: 4714511 322 • USt-IdNr.: DE337926621

Hessing GmbH · Sickingerstr. 9 · 01309 Leipzig
Fairtext GmbH
Walsroder Str. 6a
30625 Hannover

Kunden-Nr.:	10109
Lieferdatum:	10.06.20..
Bestelldatum:	03.06.20..
Sachbearbeiter/-in:	Frau Mohns
Rechnungs-Nr.:	1020/06
Rechnungsdatum:	10.06.20..

Rechnung

Pos.	Einheit	Artikel	Menge	Preis je Einheit/€	Betrag/€
1	St.	Herrenfreizeithemd, Art.-Nr. 4537	100	8,10 €	810,00 €
			– 15 % Rabatt		121,50 €
					688,50 €
			+ Versandkosten		10,00 €
					698,50 €
			19 % USt		132,72 €
			Rechnungsbetrag		**831,22 €**

Zahlung: Innerhalb von vier Wochen ab Rechnungsdatum, bei Zahlung innerhalb von 7 Werktagen gewähren wir Ihnen 1,5 % Skonto.

Beleg 2

Aussteller
Gartenbau
Jürgen Schöring,
Hannover

Empfänger
Fairtext GmbH
Walsroder Str. 6 a
30625 Hannover

Ihre Bestellung vom

Unsere Lieferung vom
12. Juni 20..

Zahlungsbedingungen
Überweisung binnen
7 Tagen

☒ Steuer-Nr. ☐ USt-IdNr.
30 141 05750

Datum
12. Juni 20..

Rechnung Nr.

Gartenarbeiten	450	00 €
Entsorgung	100	00 €

Bankverbindung Deutsche Bank	Rechnungsbetrag (netto)	550	00 €
Konto-Nr. 5 223 128	+ 19 % MwSt.	104	50 €
BLZ 250 700 24	= Gesamtbetrag	654	50 €

Betrag dankend erhalten.

Ort, Datum ____________ Unterschrift ____________

Die gelieferte Ware bleibt bis zur vollständigen Bezahlung Eigentum des Lieferanten.

Beleg 3

Fairtext GmbH · Walsroder Str. 6 a · 30625 Hannover
Stolco eG
Birkenwald 12
47447 Moers

Telefon: 0511 4155-0
Telefax: 0511 4155-10
Internet: www.fairtext-wvd.de
E-Mail: tegtmeyer@fairtext-wvd.de

Kunden-Nr.:	10004
Lieferdatum:	10.06.20..
Bestelldatum:	03.06.20..
Sachbearbeiter/-in:	Frau Tegtmeyer
Rechnungs-Nr.:	1020/06
Rechnungsdatum:	10.06.20..

Rechnung

Pos.	Einheit	Artikel	Menge	Preis je Einheit/€	Betrag/€
1	St.	Nadelstreifen-Anzug mit Weste Artikelnummer 125030	50	298,00 €	14.900,00 €
				19 % USt	2.831,00 €
				Rechnungsbetrag	**17.731,00 €**

Zahlungsbedingungen:
Innerhalb von 10 Tagen abzüglich 3 % Skonto,
innerhalb von 30 Tagen netto Kasse

Beleg 4

Quittung

Nr. 448

Netto € ct
€ ct
\+ % Ust
Gesamt € 98 ct 00

Gesamtbetrag € in Worten
– achtundneunzig – Cent wie oben

(Im Gesamtbetrag sind ___________% Umsatzsteuer enthalten)

Von I. Zimmerer, Fairtext GmbH

Für Grünpflanzen inkl. Kübel
richtig erhalten zu haben, bestätigt

Ort Hannover Datum 19.11.20..

Buchungsvermerke | Stempel/Unterschrift des Empfängers
Gerwinn Knorr

AKTIONEN

1. Informieren Sie sich über verschiedene Belege, die in Ihrem Unternehmen buchhalterisch erfasst und bearbeitet werden. Vergleichen Sie Ihre Belege mit den Belegen Ihres Banknachbarn. Halten Sie die Gemeinsamkeiten und die Unterschiede schriftlich fest.

2. Erklären Sie Ihrem Banknachbarn mit eigenen Worten, welche Werteströme es in Ihrem Unternehmen gibt. Nehmen Sie dazu auch Unterscheidungen zwischen Geld- und Güterströmen vor.

203153446

ZUSAMMENFASSUNG

Belege

Notwendigkeit von Belegen

nach § 238 HGB Pflicht zur Buchführung

Belege erfüllen drei Funktionen:

- Dokumentationsfunktion
- Ordnungsfunktion
- Beweisfunktion

Belegarten

- **Eigenbelege**
  z. B. Ausgangsrechnungen, Gutschriften oder Materialentnahmescheine
- **Fremdbelege**
  z. B. Eingangsrechnungen, Quittungen, Kassenbon, Lieferschein
- **Ersatzbelege**
  Sonderform des Eigenbelegs bei fehlendem Beleg (z. B. Privatentnahmen, fehlende Quittung)

Werteströme

Wichtiger Aspekt bei der Bearbeitung bzw. der Buchung von Belegen ist es, den Vorgang zu erkennen, der hinter dem vorliegenden Beleg steht.

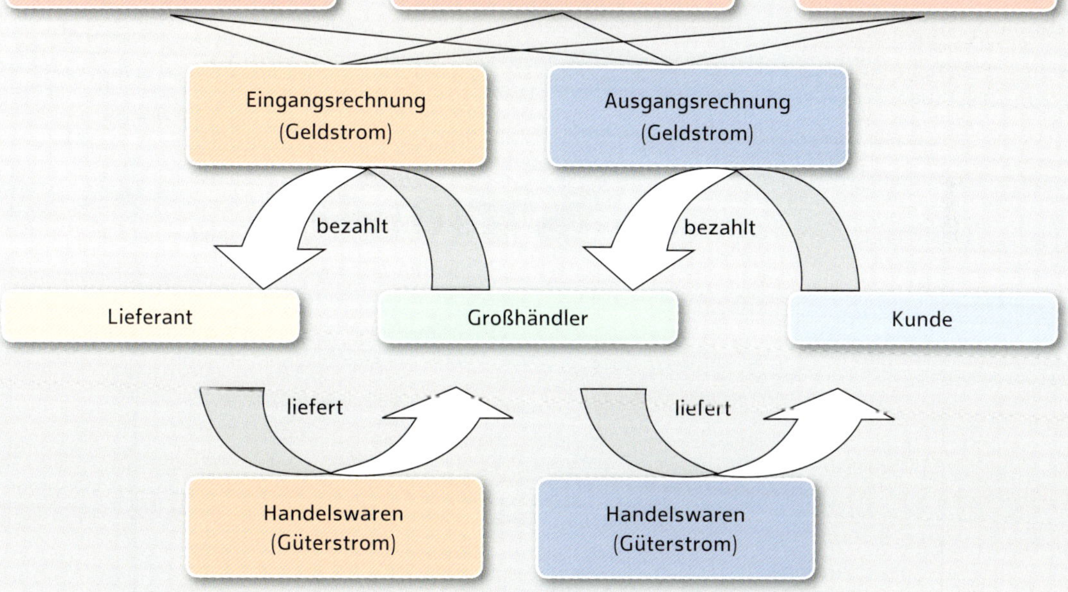

Anne Schulte und Sebastian Holpert haben die Eingangsrechnung der Stockmann OHG über einen Rechnungsbetrag von 9.270,10 € sowie die Ausgangsrechnung an die Firma Franz Stallmann Fashion OHG über einen Rechnungsbetrag von 12.304,60 € vor sich liegen.

Die beiden bekommen von Frau Tegtmeyer, Sachbearbeiterin der Abteilung Rechnungswesen, den Auftrag, die Belege zu prüfen und entsprechend zu bearbeiten.

Frau Tegtmeyer:
„Aber bevor Sie diese beiden Belege bearbeiten, sollten Sie sich erst einmal Gedanken über die Aufgabenbereiche im Rechnungswesen und die Grundsätze der ordnungsgemäßen Buchführung machen."

Stockmann OHG

Stockmann OHG · Bachstr. 38 · 75180 Pforzheim
Fairtext GmbH
Walsroder Str. 6 a
30625 Hannover

Telefon: 07231 454545-45
Telefax: 07231 454545-11
E-Mail: marx@Stockmann-wvd.de

Kunden-Nr.: 10366
Lieferdatum: 29.07.20..
Bestelldatum: 25.07.20..
Sachbearbeiter/-in: Herr Marx

Rechnungs-Nr.: 90512
Rechnungsdatum: 31.07.20..

Rechnung

Pos.	Artikel-Nr.	Artikelbezeichnung	Menge und Einheit	Einzelpreis	Gesamtpreis
1	27282	Damenpullover	30 Stück	56,00 €	1.680,00 €
2	19501	Damenbluse	40 Stück	25,50 €	1.020,00 €
3	34205	Herrenanzug	50 Stück	110,00 €	5.500,00 €
Gesamtpreis					8.200,00 €
Rabatt				5 %	410,00 €
Warenwert					7.790,00 €
Umsatzsteuer				19 %	1.480,10 €
Rechnungsbetrag					**9.270,10 €**

Rechnungsbetrag zahlbar innerhalb von 30 Tagen netto.

Fairtext GmbH
Textilgroßhandlung

Telefon: 0511 4155-0
Telefax: 0511 4155-10
Internet: www.fairtext-wvd.de
E-Mail: wollny@fairtext-wvd.de

Fairtext GmbH · Walsroder Str. 6 a · 30625 Hannover
Franz Stallmann Fashion OHG
Vogesenstr. 3
45468 Mülheim

Kunden-Nr.: 10002
Lieferdatum: 28.07.20..
Bestelldatum: 24.07.20..
Sachbearbeiter/-in: Nadine Wollny

Rechnungs-Nr.: 14554
Rechnungsdatum: 31.07.20..

Rechnung

Pos.	Artikel-Nr.	Artikelbezeichnung	Menge und Einheit	Einzelpreis	Gesamtpreis
1	18201	Herrenanzug Modell „Elegance"	20 Stück	190,00 €	3.800,00 €
2	18202	Damenblazer Modell „Julia"	45 Stück	160,00 €	7.200,00 €
Gesamtpreis					11.000,00 €
Rabatt				6 %	660,00 €
Warenwert					10.340,00 €
Umsatzsteuer				19 %	1.964,60 €
Rechnungsbetrag					**12.304,60 €**

Rechnungsbetrag zahlbar innerhalb von 14 Tagen netto.

1. Stellen Sie fest, welche Aufgaben zur Bearbeitung der Eingangs- und der Ausgangsrechnung notwendig sind.

2. Nennen Sie die Grundsätze ordnungsgemäßer Buchführung, die bei der Bearbeitung der Ein- und der Ausgangsrechnung zu beachten sind.

INFORMATIONEN

Aufgabenbereiche des Rechnungswesens

Das Rechnungswesen ist in einem Unternehmen von besonderer Bedeutung, weil hier die Werteströme des Unternehmens erfasst werden. Daher sind größere Unternehmen in der Regel so organisiert, dass sie eine separate Abteilung *Rechnungswesen* führen. Grundsätzlich kann man sagen, dass das betriebliche Rechnungswesen für die sachgemäße Aufbereitung der relevanten Unternehmenszahlen zuständig ist.

BEISPIEL

Relevante Unternehmenszahlen sind z. B. Umsatzstatistiken, Geldbestände in der Kasse, Höhe des Vermögens und der Schulden, Bilanzen, Gewinne/Verluste, Deckungsbeiträge, Kosten und Leistungen, Preise und Preiskalkulationen, Zahlungstermine, Kreditverträge usw.

Es gibt sowohl innerhalb als auch außerhalb eines Unternehmens Anspruchsgruppen (= Stakeholder), z. B. Personen, Institutionen und Gruppen, die an diesen Zahlen interessiert sind:

Interessierte innerhalb des Unternehmens:

- Eigentümer, Geschäftsführung, Management
- Abteilungen
- einzelne Mitarbeiter
- Sonstige

Interessierte außerhalb des Unternehmens

- Banken, Versicherungen
- Kunden, Lieferanten
- Staat, Finanzamt
- Aktionäre
- Gläubiger
- Sonstige

BEISPIEL

Zur Bezahlung der Eingangsrechnung muss ein neuer Kredit aufgenommen werden, den die Sparkasse Hannover der Fairtext GmbH geben soll. Somit hat die Sparkasse Hannover ein Interesse an dem Geschäftsfall des Einkaufs.

Aus den aufzubereitenden Unternehmenszahlen und den Anspruchsgruppen lassen sich drei verschiedene Aufgaben des Rechnungswesens ableiten:[1]

- **Dokumentationsaufgabe**
  Alle Verfahren, die im Unternehmen Geld- und Leistungsströme beeinflussen, werden in Form von Belegen nach den Grundsätzen ordnungsgemäßer Buchführung („GoB") zeitlich geordnet und erfasst.
- **Kontroll- und Planungsaufgabe**
  In der Regel werden Kontrollsysteme aufgebaut, damit die Unternehmensleitung jederzeit das Erreichen von gesetzten Zielen kontrollieren kann. Die aufbereiteten Zahlen sind die Grundlage für unternehmerische Entscheidungen und Planungen (Dispositionsaufgabe).
- **Rechenschaftslegungs- und Informationsaufgabe**
  Diese Aufgabe bezieht sich auf Anspruchsgruppen außerhalb des Unternehmens. So können gesetzliche Vorschriften beispielsweise dem Staat (durch das Finanzamt) einen Einblick in die Gewinnsituation gewährleisten. Diese Daten sind vom Rechnungswesen entsprechend aufzubereiten.

Häufig wird das Rechnungswesen in Unternehmen in vier Teilbereiche eingeteilt:
Mithilfe dieser Teilbereiche werden die oben genannten Aufgaben des Rechnungswesens bewältigt. Die Teilbereiche sind nicht als völlig unabhängig voneinander zu betrachten, sondern es ergeben sich immer wieder Schnittmengen zwischen den Bereichen.

Das Erstellen von Statistiken ist ein Teilbereich des Rechnungswesens.

1 vgl. Wöhe, Günter/Döring, Ulrich: Einführung in die Allgemeine Betriebswirtschaftslehre. München: Vahlen 2013, S. 693f.

Teilbereiche des Rechnungswesens			
Buchführung und Bilanz	**Kosten- und Leistungsrechnung**	**Statistik und Vergleichsrechnung**	**Planungsrechnung**
BEISPIELE • Kontieren • Buchen • Inventar • Bilanz • Erfolgsrechnungen	BEISPIELE • kurzfristige Erfolgsrechnung • Kostenstellenrechnung	BEISPIELE • Soll-Ist-Vergleich • Betriebs- und Zeitvergleich	BEISPIELE • Berechnung des zu erwartenden Betriebsergebnisses • Einschätzung der betrieblichen Entwicklung

BEISPIEL

Die Abteilung Rechnungswesen bereitet eine Umsatzstatistik des Kunden Franz Stallmann Fashion OHG auf. Dazu werden alle Rechnungen (auch die aus dem Einstieg) eines Jahres zusammengefasst. Die Verkaufsabteilung benötigt diese Statistik, um für das jährliche Verkaufsgespräch mit den Kunden strategische Entscheidungen treffen zu können. Der Teilbereich Rechnungswesen liefert also grundlegende Daten als Voraussetzung für Kontroll- und Planungsaufgaben.

In diesem Lernfeld 4 wird nur der Teilbereich der Buchführung und Bilanz betrachtet.

Ordnungsgemäße Buchführung

Gesetzliche Bestimmungen

Wie bereits in Kapitel 4.1 beschrieben, ist jeder Kaufmann verpflichtet, Bücher zu führen (§ 238 HGB). Die Buchführungspflicht ist vor allem in folgenden Gesetzen erläutert bzw. bestimmt:

- **HGB (Handelsgesetzbuch)**
  Hier ist das Handelsrecht festgehalten, das für Kaufleute gilt.
- **AO (Abgabenordnung)**
  Hier finden sich alle wesentlichen Regelungen über die Besteuerung in Deutschland. Daher wird die AO auch Steuergrundgesetz genannt.
- **StGB (Strafgesetzbuch)**
  Nach § 283b StGB kann eine Verletzung der Buchführungspflicht mit Freiheitsstrafen bis zu zwei Jahren oder Geldstrafe geahndet werden.
- **EStG (Einkommensteuergesetz)**
  Dort sind z. B. die Besonderheiten der Gewinnermittlung festgehalten.
- **UStG (Umsatzsteuergesetz)**
  Hier stehen die Regelungen und Besonderheiten zur Umsatzsteuer.

Nachfolgend sind Auszüge aus dem HGB und der AO aufgeführt:

GESETZ

Handelsgesetzbuch (HGB) – Auszüge

§ 238 Buchführungspflicht

(1) Jeder Kaufmann ist verpflichtet, Bücher zu führen und in diesen seine Handelsgeschäfte und die Lage seines Vermögens nach den Grundsätzen ordnungsmäßiger Buchführung ersichtlich zu machen. Die Buchführung muss so beschaffen sein, dass sie einem sachverständigen Dritten innerhalb angemessener Zeit einen Überblick über die Geschäftsvorfälle und über die Lage des Unternehmens vermitteln kann. Die Geschäftsvorfälle müssen sich in ihrer Entstehung und Abwicklung verfolgen lassen.

(2) Der Kaufmann ist verpflichtet, eine mit der Urschrift übereinstimmende Wiedergabe der abgesandten Handelsbriefe (Kopie, Abdruck, Abschrift oder sonstige Wiedergabe des Wortlauts auf einem Schrift-, Bild- oder anderen Datenträger) zurückzubehalten.

§ 239 Führung der Handelsbücher

[...]

(3) Eine Eintragung oder eine Aufzeichnung darf nicht in einer Weise verändert werden, dass der ursprüngliche Inhalt nicht mehr feststellbar ist. Auch solche Veränderungen dürfen nicht vorgenommen werden, deren Beschaffenheit es ungewiss lässt, ob sie ursprünglich oder erst später gemacht worden sind.

203153450

§ 257 Aufbewahrung von Unterlagen Aufbewahrungsfristen

(1) Jeder Kaufmann ist verpflichtet, die folgenden Unterlagen geordnet aufzubewahren:

1. Handelsbücher, Inventare, Eröffnungsbilanzen, Jahresabschlüsse, Einzelabschlüsse nach § 325 Abs. 2a, Lageberichte, Konzernabschlüsse, Konzernlageberichte sowie die zu ihrem Verständnis erforderlichen Arbeitsanweisungen und sonstigen Organisationsunterlagen [...].

Abgabenordnung (AO) – Auszüge

§ 141 Buchführungspflicht bestimmter Steuerpflichtiger

(1) Gewerbliche Unternehmer sowie Land- und Forstwirte, die nach den Feststellungen der Finanzbehörde für den einzelnen Betrieb

1. Umsätze einschließlich der steuerfreien Umsätze, ausgenommen die Umsätze nach § 4 Nr. 8 bis 10 des Umsatzsteuergesetzes, von mehr als 600.000 Euro im Kalenderjahr oder
2. *(weggefallen)*
3. selbstbewirtschaftete land- und forstwirtschaftliche Flächen mit einem Wirtschaftswert (§ 46 des Bewertungsgesetzes) von mehr als 25.000 Euro oder
4. einen Gewinn aus Gewerbebetrieb von mehr als 60.000 Euro im Wirtschaftsjahr oder
5. einen Gewinn aus Land- und Forstwirtschaft von mehr als 60.000 Euro im Kalenderjahr

gehabt haben, sind auch dann verpflichtet, für diesen Betrieb Bücher zu führen und auf Grund jährlicher Bestandsaufnahmen Abschlüsse zu machen, wenn sich eine Buchführungspflicht nicht aus § 140 ergibt. [...]

§ 145 Allgemeine Anforderungen an Buchführung und Aufzeichnungen

(1) Die Buchführung muss so beschaffen sein, dass sie einem sachverständigen Dritten innerhalb angemessener Zeit einen Überblick über die Geschäftsvorfälle und über die Lage des Unternehmens vermitteln kann. Die Geschäftsvorfälle müssen sich in ihrer Entstehung und Abwicklung verfolgen lassen. [...]

§ 146 Ordnungsvorschriften für die Buchführung und für Aufzeichnungen

(1) Die Buchungen und die sonstigen Aufzeichnungen sind **vollständig**, **richtig**, **zeitgerecht und geordnet** vorzunehmen. **Kasseneinnahmen und Kassenausgaben** sollen **täglich** festgehalten werden.

[...]

(3) Die Buchungen und die sonst erforderlichen Aufzeichnungen sind in einer lebenden Sprache vorzunehmen. Wird eine andere als die deutsche Sprache verwendet, so kann die Finanzbehörde Übersetzungen verlangen. Werden Abkürzungen, Ziffern, Buchstaben oder Symbole verwendet, muss im Einzelfall deren Bedeutung eindeutig festliegen. [...]

(5) Bücher oder die sonst erforderlichen Aufzeichnungen können auch in der geordneten Ablage von Belegen bestehen oder auf Datenträgern geführt werden, soweit diese Formen der Buchführung einschließlich des dabei angewandten Verfahrens den **Grundsätzen ordnungsmäßiger Buchführung** entsprechen [...].

§ 147 Ordnungsvorschriften für die Aufbewahrung von Unterlagen

(1) Die folgenden Unterlagen sind **geordnet aufzubewahren**:

1. Bücher und Aufzeichnungen, Inventare, Jahresabschlüsse, Lageberichte, die Eröffnungsbilanz sowie die zu ihrem Verständnis erforderlichen Arbeitsanweisungen und sonstigen Organisationsunterlagen,
2. die empfangenen Handels- oder Geschäftsbriefe,
3. Wiedergaben der abgesandten Handels- oder Geschäftsbriefe,
4. Buchungsbelege,

4a. Unterlagen nach Artikel 15 Absatz 1 und Artikel 163 des Zollkodex der Union,

5. sonstige Unterlagen, soweit sie für die Besteuerung von Bedeutung sind.

(2) Mit Ausnahme der Jahresabschlüsse und der Eröffnungsbilanz können die in Absatz 1 aufgeführten Unterlagen auch als Wiedergabe auf einem Bildträger oder auf anderen Datenträgern aufbewahrt werden, wenn dies den Grundsätzen ordnungsmäßiger Buchführung entspricht.

[...]

(3) Die in **Absatz 1 Nr. 1, 4 und 4a aufgeführten Unterlagen** sind **zehn Jahre**, die **sonstigen in Absatz 1 aufgeführten Unterlagen sechs Jahre** aufzubewahren, sofern nicht in anderen Steuergesetzen kürzere Aufbewahrungsfristen zugelassen sind. [...]

Grundsätze ordnungsgemäßer Buchführung (GoB)

Aus den oben stehenden gesetzlichen Bestimmungen lassen sich folgende GoB zusammenfassen:

- Jeder Kaufmann ist verpflichtet, Bücher zu führen (§ 238 HGB).
- Eine Eintragung oder eine Aufzeichnung darf nicht in einer Weise verändert werden, dass der ursprüngliche Inhalt nicht mehr feststellbar ist.
- Ein sachverständiger Dritter muss die Buchführung innerhalb einer angemessenen Zeit nachvollziehen können (§ 238 HGB, § 145 AO).
- Die Buchungen und die sonstigen Aufzeichnungen sind vollständig, richtig, zeitgerecht und geordnet vorzunehmen. Kasseneinnahmen und Kassenausgaben sollen täglich festgehalten werden (§ 146 AO).
- 10 Jahre aufzubewahren sind: Bücher und Aufzeichnungen, Inventare, Jahresabschlüsse, Lageberichte, die Eröffnungsbilanz sowie die zu ihrem Verständnis erforderlichen Arbeitsanweisungen und sonstigen Organisationsunterlagen, Buchungsbelege (§ 147 AO)
- 6 Jahre aufzubewahren sind: die empfangenen Handels- oder Geschäftsbriefe, Wiedergaben der abgesandten Handels- oder Geschäftsbriefe, sonstige Unterlagen, soweit sie für die Besteuerung von Bedeutung sind
- Die Aufbewahrungsfristen gelten, sofern nicht in anderen Steuergesetzen kürzere Aufbewahrungsfristen zugelassen sind.

Wenn gegen die GoB verstoßen wird, kann es mehrere Folgen haben, z. B.:

- Soweit die Finanzbehörde die Besteuerungsgrundlagen nicht ermitteln oder berechnen kann, hat sie diese zu schätzen. Dabei sind alle Umstände zu berücksichtigen, die für die Schätzung von Bedeutung sind (§ 162 AO).
- Freiheitsstrafe oder Geldstrafe (§ 370 AO, § 331 HGB, § 283b StGB)

AUFGABEN

1. Was verstehen Sie unter dem betrieblichen Rechnungswesen?
2. Es gibt verschiedene externe Anspruchsgruppen, die ein Interesse an den Unternehmenszahlen einer Firma haben. Nennen Sie drei externe Interessengruppen und erläutern Sie, warum diese Gruppen ein Interesse haben.
3. Unter den Anspruchsgruppen ist auch die Gruppe der Gläubiger. Welche Person, Gruppe oder Institution kann Gläubiger sein?
4. Aus den aufzubereitenden Unternehmenszahlen und den Anspruchsgruppen lassen sich drei verschiedene Aufgaben des Rechnungswesens ableiten. Erläutern Sie mit eigenen Worten, was Sie unter der Dokumentationsaufgabe, der Kontroll- und Planungsaufgabe sowie der Rechenschaftslegungs- und Informationsaufgabe verstehen.
5. Nennen Sie fünf Geschäftsfälle.
6. Nennen Sie zwei Hauptgründe, warum die Fairtext GmbH nicht auf eine ordnungsgemäße Buchführung verzichten kann.
7. Ist die Fairtext GmbH laut Handelsgesetzbuch (HGB) zur Buchführung verpflichtet?
8. Wann gilt die Buchführung der Fairtext GmbH als ordnungsgemäß im Sinne der § 238 HGB und § 145 AO?
9. Ist es der Fairtext GmbH ohne Weiteres möglich, Eintragungen in den Büchern zu verändern oder zu löschen? Begründen Sie Ihre Entscheidung.
10. Was muss die Fairtext GmbH gemäß § 146 AO bei Kasseneinnahmen und Kassenausgaben beachten?
11. Welche Unterlagen sind von der Fairtext GmbH gemäß § 147 AO wie lange aufzubewahren?
12. Unter welchen Umständen kann die Fairtext GmbH Unterlagen auf Datenträgern aufbewahren?
13. Kreuzen Sie an: Bis zu welchem Zeitpunkt müssen Sie die Bilanz und das Inventar aus dem Jahr 2021 gemäß den Bestimmungen des HGB mindestens aufbewahren?
    a) bis 31. Dezember 2051
    b) bis 31. Dezember 2031
    c) bis 31. Dezember 2027
    d) bis 31. Dezember 2024

203153452

14. Die Fairtext GmbH will sich ein neues EDV-System kaufen. Prüfen Sie, in welchen Fällen gegen die Grundsätze ordnungsgemäßer Buchführung verstoßen würde.

a) Sie haben die Rechnung versehentlich falsch gebucht. Sie geben die Stornobuchung ins System ein und buchen dann den Vorgang neu.

b) Sie zahlen das neue EDV-System aus der Kasse bar. Die Belege werden direkt in die Kasse gelegt.

c) Sie zahlen die Rechnung für die Installation ebenfalls bar aus der Kasse. Der Beleg soll erst in der kommenden Woche in die Kasse gelegt werden, weil dann ein neuer Monat beginnt.

d) Sie rechnen damit, dass Sie dieses System fünf Jahre nutzen können. Entsprechend legen Sie nur ein Fünftel des Betrages in die Kasse.

e) Sie scannen die Rechnung ein, speichern diese als Datei und vernichten dann die Original-Rechnung.

15. Welche der folgenden Aussagen entsprechen dem Grundsatz ordnungsgemäßer Buchführung?

a) Wir kalkulieren unsere Einkaufspreise monatlich.

b) Keine Buchung ohne Beleg.

c) Buchungsbelege werden nummeriert und geordnet aufbewahrt.

d) Dem Kunden werden Zahlungsziele eingeräumt.

e) Tägliche Aufzeichnung der Kasseneinnahmen und -ausgaben.

AKTION

Bringen Sie aus dem Betrieb eine Eingangs- und eine Ausgangsrechnung mit (fragen Sie bitte vorher um Erlaubnis). Erklären Sie abwechselnd Ihrem Banknachbarn, was bei der Bearbeitung dieser beiden Belege in Ihrem Unternehmen zu beachten ist und welche Abteilungen der Beleg durchläuft. Halten Sie die Bearbeitungsschritte jeweils schriftlich fest.

ZUSAMMENFASSUNG

Rechnungswesen
= zuständig für die sachgemäße Aufbereitung der relevanten Unternehmenszahlen

Aufgaben
- Dokumentation
- Kontrolle und Planung
- Rechenschaftslegung und Information

Teilbereiche
- Buchführung und Bilanz
- Kosten- und Leistungsrechnung
- Statistik und Vergleichsrechnung
- Planungsrechnung

Ordnungsgemäße Buchführung

Gesetzliche Bestimmungen in
- HGB (Handelsgesetzbuch)
- AO (Abgabenordnung)
- StGB (Strafgesetzbuch)
- EStG (Einkommensteuergesetz)
- UStG (Umsatzsteuergesetz)

Grundsätze ordnungsgemäßer Buchführung
- Buchführungspflicht
- Bei Veränderungen muss der ursprüngliche Inhalt erkennbar bleiben.
- Ein sachverständiger Dritter muss die Buchführung nachvollziehen können.
- Buchungen und sonstige Aufzeichnungen müssen vollständig, richtig, zeitgerecht und geordnet sein.
- Aufbewahrungsfristen belegabhängig 10 oder 6 Jahre

KAPITEL 3

Inventur und Inventar

Das Geschäftsjahr bei der Fairtext GmbH neigt sich dem Ende zu. In der Abteilung Rechnungswesen müssen die Vorbereitungen für den Abschluss des Geschäftsjahres getroffen werden. Anne Schulte und Sebastian Holpert sollen daher die Kolleginnen und Kollegen aus der Abteilung aktiv unterstützen.

Bevor die endgültigen Aufstellungen vorgenommen werden können, müssen die Soll- und die Ist-Werte miteinander abgeglichen werden. Dazu ist unter anderem eine körperliche Bestandsaufnahme notwendig.

Die Sachbearbeiterin Frau Tegtmeyer gibt den beiden Auszubildenden folgenden Auftrag:
„Anne und Sebastian, gehen Sie bitte ins Lager, um zunächst alle Artikel, die dort vorliegen, zu zählen. Bringen Sie dann die Inventurlisten mit, damit wir die entsprechenden Artikel bewerten und ein Inventar daraus erstellen können."

1. Was sind die Unterschiede zwischen Soll- und Ist-Werten bei einer Inventur?
2. Warum müssen die Artikel im Lager gezählt werden?
3. Was bedeutet, die entsprechenden Artikel aus der Inventurliste zu bewerten?
4. Was verstehen Sie unter einem Inventar?

INFORMATIONEN

Inventur

DEFINITION

Eine **Inventur** ist die Bestandsaufnahme aller Vermögensteile und Schulden in einem Unternehmen. Dabei wird zwischen einer körperlichen und einer buchmäßigen Bestandsaufnahme unterschieden.

Aus den Werten der Inventur wird ein Inventar abgeleitet und aufgestellt. Die Notwendigkeit zur Erstellung eines Inventars ergibt sich aus § 240 HGB.

Nach § 141 AO muss eine Bestandsaufnahme (Inventur) mindestens einmal jährlich erfolgen.

Die körperliche Bestandsaufnahme erfolgt in der Regel durch Zählen, Wiegen, Messen oder Schätzen der materiellen Vermögensteile. Jeder Gegenstand, der sich im Betriebsvermögen befindet, muss in der Inventur aufgenommen werden. Dies ist in der Praxis manchmal nur schwer zu erreichen. Daher hat der Gesetzgeber verschiedene Möglichkeiten der Vereinfachung der Inventur zugelassen. Zur Durchführung werden meist Inventurlisten ausgestellt, in denen die gezählten Werte festgehalten werden.

BEISPIELE

Anne Schulte und Sebastian Holpert haben von Frau Tegtmeyer eine Inventurliste bekommen, in die sie die Mengen der Artikel aus dem Verkaufslager eintragen sollen.

Artikelnummer	Bezeichnung	Bewertung	Soll-Bestand	Ist-Bestand	Wert
4023007373126	Baumwoll-Sakko gefüttert	22,00 €	1042		
4024010404159	Boxershorts, Gr. L 100 % Baumwolle	4,55 €	470		
4022006262097	Damen-Leder-Gürtel	24,00 €	5635		
4024010100037	Damenpullover „Elle"	18,00 €	540		

Immaterielle Vermögensteile (z. B. Kontostand laut Kontoauszug) werden buchmäßig erfasst (= **Buchinventur**), d. h., durch Belege, andere Aufzeichnungen oder auch durch Einholen von Informationen (z. B. bei Banken, Lieferanten oder Kunden) ermittelt.

Die Bewertung der Vermögensgegenstände ist sehr komplex. Es gibt einige gesetzliche Regelungen.

Grundsätzlich gilt, dass die Waren zu den Anschaffungs- oder Herstellungskosten bewertet werden sollten und bei veralteten oder beschädigten Waren ein niedrigerer Wert angesetzt werden muss. Es gilt das **Vorsichtsprinzip** (§ 252 Abs. 1 Nr. 4 HGB).

BEISPIELE

Im Verkaufslager bei der Fairtext GmbH werden alle Artikel zu durchschnittlichen Einkaufspreisen bewertet.

Artikelnummer	Bezeichnung	Bewertung	Soll-Bestand	Ist-Bestand	Wert
4023007373126	Baumwoll-Sakko gefüttert	22,00 €	1042	1045	22.990,00 €
4024010404159	Boxershorts, Gr. L 100 % Baumwolle	4,55 €	470	470	2.138,50 €
4022006262097	Damen-Leder-Gürtel	24,00 €	5635	5640	135.360,00 €
4024010100037	Damenpullover „Elle"	18,00 €	540	540	9.720,00 €

Inventar

Aus den gewonnenen Inventurwerten wird ein Inventar aufgestellt.

DEFINITION

Das **Inventar** ist die ausführliche Aufstellung des Vermögens, der Schulden sowie des Eigenkapitals (Reinvermögen) in Tabellenform.

Das Inventar ist in drei Teile gegliedert:
A. Vermögen
B. Schulden
C. Eigenkapital (Reinvermögen)

A. Vermögen

Das Vermögen ist wiederum in Anlage- und Umlaufvermögen unterteilt.

I. Anlagevermögen

Anlagevermögen ist langfristig im Unternehmen eingesetztes Vermögen, welches notwendig für den gesamten Geschäftsbetrieb ist. Langfristig heißt, dass dieses Vermögen eine betriebsgewöhnliche Nutzungsdauer von über einem Jahr hat. Dazu gehören z. B.:

- Grundstücke und Bauten
- Anlagen und Maschinen
- Fuhrpark
- Betriebs- und Geschäftsausstattung

II. Umlaufvermögen

Das Umlaufvermögen befindet sich nur kurz- bis mittelfristig im Unternehmen und verändert häufig (z. T. täglich) seinen Bestand. Dazu gehören z. B.:

- Waren
- Forderungen
- Bankguthaben
- Kassenbestände

Die Positionen des Vermögens sind entsprechend der Sortierung bei der Bilanz nach steigender Liquidität geordnet, d. h., wie schnell sie „zu Geld" gemacht werden können. Daher steht das Anlagevermögen vor dem Umlaufvermögen und stehen innerhalb des Umlaufvermögens die Waren vor den Kassenbeständen.

B. Schulden

Zu den Schulden gehören langfristige und kurzfristige Schulden.

I. Langfristige Schulden

Hierzu gehören z. B.:

- Hypotheken
- Darlehen

II. Kurzfristige Schulden

Hierzu gehören z. B.:

- Verbindlichkeiten aus Lieferungen und Leistungen
- Verbindlichkeiten aus Steuern
- Sonstige Verbindlichkeiten

203153456

Die Positionen der Schulden sind entsprechend der Sortierung bei der Bilanz nach Fälligkeit geordnet. Deshalb stehen die langfristigen Verbindlichkeiten vor den kurzfristigen Verbindlichkeiten.

C. Eigenkapital (Reinvermögen)

Es berechnet sich als Differenz aus:

C. Eigenkapital (Reinvermögen) =
A. Vermögen – B. Schulden

Man kann das Reinvermögen als das Kapital bezeichnen, das das Unternehmen selbst am Ende eines Geschäftsjahres einsetzt.

Inventare müssen gem. § 257 HGB mindestens zehn Jahre geordnet aufbewahrt werden.

BEISPIEL

Inventar der Fairtext GmbH, Hannover, zum 31. Dez. 20..		
	€	€
A. Vermögen		
I. Anlagevermögen		
1. Grundstücke		
2. Gebäude (Anlage 1)		60.000,00
– Ladengeschäft Hannover	180.000,00	
– Verwaltungsgebäude	260.000,00	
– Lagerhalle	80.000,00	520.000,00
3. Fuhrpark		40.000,00
4. Betriebs- und Gesch.-Ausstattung		68.000,00
II. Umlaufvermögen		
1. Waren		
– Geschenkartikel (Anlage 2)	150.000,00	
– Sportartikel (Anlage 3)	120.000,00	
– Schmuck und Accessoires (Anlage 4)	45.000,00	
– Kleidung (Anlage 5)	285.000,00	600.000,00
2. Forderungen a. LL		
– Fa. Tina Bachmann e. Kffr.	27.000,00	
– Fa. ELKO AG	12.000,00	
– Fa. Ambiente Warenhaus AG	7.000,00	46.000,00
3. Kassenbestand		7.600,00
4. Bankguthaben		
– Commerzbank Hannover	62.000,00	
– Sparkasse Hannover	80.000,00	142.000,00
Summe des Vermögens		**1.483.600,00**
B. Schulden		
I. Langfristige Schulden		
1. Hypothek der Sparkasse Hannover	377.000,00	
2. Darlehen der Sparkasse Hannover	120.000,00	**50.7000,00**
II. Kurzfristige Schulden		
1. Verbindlichkeiten aus Lieferungen und Leistungen		
– BaBa GmbH	43.000,00	
– Kierer KG	33.000,00	76.000,00
2. Sonstige Verbindlichkeiten		25.000,00
Summe der Schulden		**598.000,00**
C. Ermittlung des Eigenkapitals		
Summe des Vermögens		1.483.600,00
– Summe der Schulden		-598.000,00
= Reinvermögen (Eigenkapital)		**885.600,00**

AUFGABEN

1. Erläutern Sie, was man unter einer Inventur versteht.
2. Verdeutlichen Sie jeweils an einem Beispiel, was bei der Aufstellung eines Inventars unter der Ordnung des Vermögens „nach steigender Liquidität" und der Ordnung der Schulden „nach Fälligkeit" zu verstehen ist.
3. Erläutern Sie den Unterschied zwischen dem Anlage- und dem Umlaufvermögen.
4. Gegeben sind die Inventurdaten zum Geschäftsjahresende der Fairtext GmbH für die rechtlich selbstständigen Filialen Hamburg und München (siehe folgende Seite).
   a) Ordnen Sie die Vermögenswerte nach steigender Liquidität und die Schulden nach Fälligkeit.
   b) Erstellen Sie jeweils ein Inventar für die Werte aus Hamburg und München.
   c) Erstellen Sie auf Basis des aufgestellten Inventars jeweils eine Bilanz.

	I.	II.
Hypothek der Sparkasse	2.650.000,00 €	1.855.000,00 €
Darlehen der Commerzbank	950.000,00 €	665.000,00 €
Bankguthaben		
– Commerzbank	46.700,00 €	32.690,00 €
– Sparkasse	76.300,00 €	53.410,00 €
Betriebs- und Geschäftsausst.	454.000,00 €	340.500,00 €
Betriebsstoffe (Anlage 3)	45.000,00 €	33.750,00 €
Forderungen a. LL		
– Fa. Schneider KG	244.000,00 €	183.000,00 €
– Fa. Stolco eG	377.000,00 €	282.750,00 €
– Fa. Adlatus GmbH	512.000,00 €	384.000,00 €
Fuhrpark	840.000,00 €	630.000,00 €
Gebäude (Anlage 1)		
– Verwaltungsgebäude	756.000,00 €	567.000,00 €
– Verkaufshalle	912.000,00 €	684.000,00 €
Grundstücke	4.595.000,00 €	3.446.250,00 €
Kassenbestand	6.500,00 €	4.550,00 €
Ladenausstattung (Anlage 2)	945.600,00 €	709.200,00 €
Verbindlichkeiten a. LL		
– Dynamo GmbH	532.000,00 €	372.400,00 €
– Pagro AG	398.800,00 €	358.920,00 €
– Tankert AG	144.000,00 €	100.800,00 €
Waren		
– Sportartikel (Anlage 4)	650.000,00 €	487.500,00 €
– Gartenartikel (Anlage 5)	445.600,00 €	334.200,00 €
– Sonstige Waren (Anlage 6)	350.000,00 €	262.500,00 €

203153458

AKTIONEN

1. Informieren Sie sich in Ihrem Unternehmen über die Arbeitsschritte bei der Durchführung einer Inventur. Bereiten Sie eine Präsentation vor, in der Sie die wesentlichen Schritte darstellen.

2. Anne Schulte und Sebastian Holpert haben eine Inventur im Textillager durchgeführt und sollen nun die ausgefüllte Inventurliste auswerten. Erfassen Sie die Daten in Excel und ergänzen Sie die Inventurliste um die drei Spalten: Ist-Wert, Soll-Wert und Inventurdifferenz.

   a) Berechnen Sie die Ist-Werte, indem Sie die einzelnen Ist-Mengen mit den Bewertungspreisen (Bewertung in Euro) multiplizieren.

   b) Berechnen Sie die Soll-Werte, indem Sie die einzelnen Soll-Mengen mit den Bewertungspreisen (Bewertung in Euro) multiplizieren.

   c) Bestimmen Sie die Inventurdifferenzen der einzelnen Artikel.

   d) Welcher Artikel hat die höchste Inventurdifferenz?

   e) Bestimmen Sie den Gesamtwert der im Textillager vorliegenden Artikel.

GTIN	Bezeichnung	Bewertung	Soll-Bestand	Ist-Bestand
4023007373126	Baumwoll-Sakko gefüttert	48,00 €	1042	1045
4024010404159	Boxershorts, Gr. L 100 % Baumwolle	12,40 €	470	470
4022006262097	Damen-Ledergürtel	3,35 €	5635	5640
4024010100037	Damenpullover „Elle“	15,00 €	540	540
4024010404166	Holzfällerhemden, Farbe sortiert	23,00 €	288	290
4021003131085	Hosenanzug	21,00 €	685	687
4021004141052	Jacquard-Blazer	17,80 €	300	295
4022005252068	Jeansrock	12,00 €	700	700
4020102200081	Jeansweste mit Pailletten	18,20 €	479	479
4022005252075	Jerseykleid	24,40 €	100	100
4024010404180	Jogginganzug	17,50 €	1885	1884
4023007373119	Kette mit Anhänger	8,50 €	1890	1890
4022005500046	Klima-Aktiv-Jacke	65,00 €	1240	1240
4021003131078	Lederblazer, Porc-Velours	48,50 €	459	459
4021002200010	Multifunktionsjacke	38,00 €	938	940
4021002125030	Nadelstreifenanzug mit Weste	78,00 €	100	100
4023007373140	Strickjacke 100 % Baumwolle	16,20 €	1465	1465
4021003131030	Stufenrock mit Spitzensaum	17,00 €	3985	3984
4021003131023	Wellness Mikrofaseranzug	67,20 €	185	200
SUMME				

ZUSAMMENFASSUNG

Inventur

= Bestandsaufnahme aller Vermögensteile und Schulden in einem Unternehmen

Inventar

= ausführliche Aufstellung des Vermögens, der Schulden sowie des Eigenkapitals (Reinvermögen) in

Vermögen	Schulden	Eigenkapital (Reinvermögen)
→ Ordnung „nach steigender Liquidität"	→ Ordnung „nach Fälligkeit"	= Vermögen – Schulden

Berechnung von Vermögen und Kapital

Reinvermögen (Eigenkapital)	Vermögen	Fremdkapital (Schulden)
Vermögen – Fremdkapital (Schulden) = Reinvermögen (Eigenkapital)	Reinvermögen (Eigenkapital) – Fremdkapital (Schulden) = Vermögen	Reinvermögen (Eigenkapital) – Vermögen = Fremdkapital (Schulden)

KAPITEL 4

Inventurvereinfachungsverfahren

26. Februar:
Anne Schulte sitzt nach dem Feierabend mit ihrem Freund Lukas Schmeling in einem Café.

Anne Schulte: „... und morgen führe ich das erste Mal in meiner Ausbildung eine Inventur durch, hat mir mein Abteilungsleiter gesagt."
Lukas Schmeling: „Hä? Da hast du bestimmt was falsch verstanden .... Die Inventur wird doch immer am Jahresende durchgeführt!"
Anne Schulte: „Nein, morgen ist Inventur! Das wurde ganz deutlich gesagt."

Beurteilen Sie die Situation.

203153460

INFORMATIONEN

Inventurverfahren

Grundsätzlich erfolgt die Inventur auf zwei verschiedene Arten:

- Eine **körperliche Inventur** wird durchgeführt bei körperlichen Gegenständen des Vermögens. Dies können zum Beispiel Waren, Gegenstände der Betriebs- und Geschäftsausstattung oder der Fuhrpark sein. Eine körperliche Inventur erfolgt zu einem bestimmten Zeitpunkt durch Messen, Wiegen, Zählen.
- Eine **Buchinventur** erstreckt sich auf nicht körperliche Gegenstände sowohl des Vermögens als auch der Schulden. Dies können unter anderem das Bankguthaben, Forderungen, aber auch Darlehen und Verbindlichkeiten sein. Die Buchinventur wird im Rahmen der Inventurausfälle angewendet, die nicht mit den Methoden der körperlichen Inventur (messen, wiegen, zählen) dargestellt werden können. Solche immateriellen Vermögens- und Schuldwerte werden aufgrund buchhalterischer Aufzeichnungen (Saldenlisten der Lieferanten- und Kundenkonten) oder anderer Belege (Kontoauszüge) erfasst.

Inventurvereinfachungsverfahren

In vielen Unternehmen ist die körperliche Bestandsaufnahme sehr aufwendig. So ist es für viele Unternehmen oft problematisch, direkt am letzten Tag des Geschäftsjahres (z. B. am 31.12.) die Inventur durchzuführen. Auch lassen sich bestimmte Stoffe und Waren nicht einfach zählen, wiegen oder messen (z. B. die Sandmenge in einer Sandgrube).

Daher hat der Gesetzgeber nach § 241 HGB verschiedene Möglichkeiten der Inventurvereinfachung zugelassen, die mehr Flexibilität (= Beweglichkeit) bei der Zeitplanung bringen, und zwar

- die Stichtagsinventur
- die zeitlich verlegte Inventur
- die permanente Inventur

In der nachfolgenden Übersicht sind die wesentlichen Merkmale dieser Inventurvereinfachungsverfahren dargestellt.

Inventurvereinfachungsverfahren

Stichtagsinventur

- Inventur am Bilanzstichtag (z. B. am 31.12.)

Vorteil

- keine Wertfortschreibung oder Wertrückrechnung notwendig

Nachteile

- großer Arbeitsaufwand in kurzer Zeit
- ggf. Schließung des Unternehmens notwendig

Zeitlich verlegte Inventur

- Inventur 10 Tage vor oder nach dem Bilanzstichtag (= **zeitnahe Inventur**) oder
- 3 Monate vor bis 2 Monate nach dem Bilanzstichtag

Vorteil

- bessere Zeiteinteilung möglich (hohe Flexibilität)

Nachteil

- Wertfortschreibung oder Wertrückrechnung notwendig

Permanente Inventur

- Inventur ganzjährig, meist durch Fortschreibung mithilfe der EDV
- Belege müssen nachprüfbar sein.
- Jeder Artikel muss einmal pro Jahr „gezählt" werden.

Vorteil

- sehr hohe Flexibilität

Nachteile

- permanentes Buchführen
- ggf. Anschaffung eines Warenwirtschaftssystems notwendig

Eine weitere Möglichkeit, die Inventur zu vereinfachen, bietet in einigen Fällen die **Stichprobeninventur**:

GESETZ

Auszug aus § 241 HGB (1): „Bei der Aufstellung des Inventars darf der Bestand der Vermögensgegenstände nach Art, Menge und Wert auch mit Hilfe anerkannter mathematisch-statistischer Methoden auf Grund von Stichproben ermittelt werden. Das Verfahren muss den Grundsätzen ordnungsmäßiger Buchführung entsprechen. Der Aussagewert des auf diese Weise aufgestellten Inventars muss dem Aussagewert eines auf Grund einer körperlichen Bestandsaufnahme aufgestellten Inventars gleichkommen."

Unter einer **Wertfortschreibung** oder **Wertrückrechnung** ist die Ermittlung des tatsächlichen Bestands am Bilanzstichtag zu verstehen. Wenn bei einer zeitlich verlegten Inventur nicht am Bilanzstichtag selbst gezählt wird, müssen alle Zu- und Abgänge zwischen Inventur- und Bilanzstichtag einbezogen werden. Dabei ist zwischen einer Inventur vor und einer Inventur nach dem Bilanzstichtag zu unterscheiden.

Wenn **vor** dem Bilanzstichtag eine Inventur durchgeführt wird, müssen Einkäufe (Zugänge) dazugerechnet und Verkäufe (Abgänge) abgezogen werden von der Inventurmenge.

BEISPIEL

Inventur vor dem Bilanzstichtag

Mete hat bei der Inventur am 25. November (Bilanzstichtag 31. Dezember) 5640 Ledergürtel gezählt. Bis zum 31. Dezember sind aber noch 2320 Ledergürtel verkauft worden und 1500 Ledergürtel neu geliefert worden.

Rechnung:

Inventur 5640 Ledergürtel
+ Einkäufe 1500 Ledergürtel
– Verkäufe 2320 Ledergürtel
= Bestand 4820 Ledergürtel

Wenn **nach** dem Bilanzstichtag eine Inventur durchgeführt wird, müssen Einkäufe (Zugänge) abgezogen und Verkäufe (Abgänge) dazugerechnet werden von der Inventurmenge.

BEISPIEL

Inventur nach dem Bilanzstichtag

Ein Mitarbeiter hat bei der Inventur am 20.01. des neuen Jahres (Bilanzstichtag 31.12. des Vorjahres) 5640 Ledergürtel gezählt. Zwischen Inventurtag und dem **31.12.** sind aber noch 2320 Ledergürtel verkauft worden und 1500 Ledergürtel neu geliefert worden

Rechnung:

Inventur 5640 Ledergürtel
+ Einkäufe 1500 Ledergürtel
– Verkäufe 2320 Ledergürtel
= Bestand 4820 Ledergürtel

AUFGABEN

1. Welche Unterschiede gibt es zwischen der zeitnahen und der zeitlich verlegten Inventur?
2. Wodurch unterscheidet sich die körperliche Inventur von der Buchinventur?
3. Erläutern Sie die permanente Inventur.
4. Welche Inventurart liegt jeweils vor?
   a) Inventur 3 Monate vor oder 2 Monate nach dem Bilanzstichtag
   b) verteilte Inventur auf das komplette Geschäftsjahr
   c) Inventur 10 Tage vor oder nach dem Bilanzstichtag
   d) Erfassen der Werte durch Aufzeichnungen, Dokumente und Belege
   e) Inventur am Bilanzstichtag
   f) messen, zählen und wiegen der Waren und Gegenstände
5. Erläutern Sie die Stichprobeninventur.

AKTION

Sehen Sie sich das Video zu den Inventurarten an unter https://www.youtube.com/watch?v=sQ9TQ-dpMfs.

Halten Sie die wichtigsten Aufgaben in einer Mindmap fest.

203153462

ZUSAMMENFASSUNG

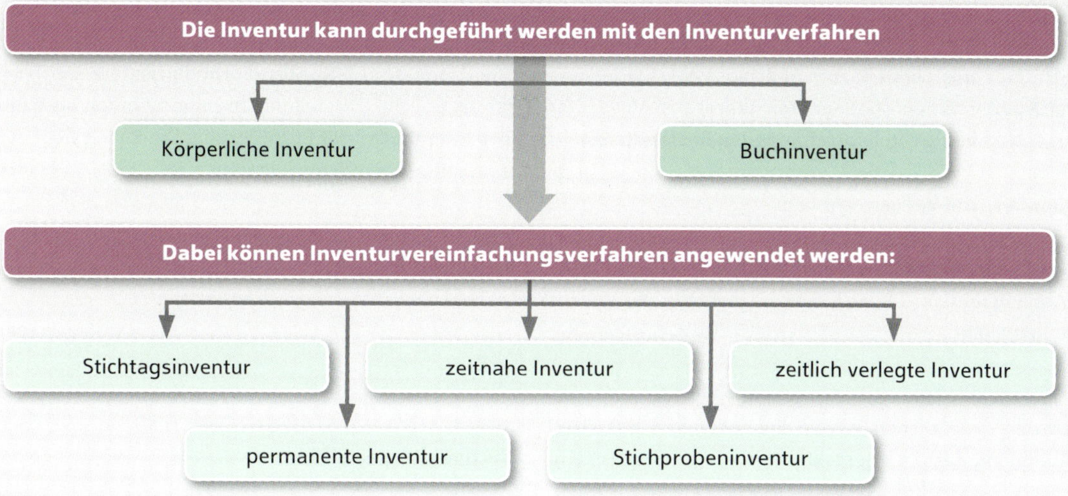

KAPITEL 5
Die Bilanz als Grundlage der Buchführung

AKTIVA	Bilanz der Fairtext GmbH zum 31.12.20..		PASSIVA
A. Anlagevermögen		A. Eigenkapital	885.600,00
1. Grundstücke	400.000,00	B. Fremdkapital	
2. Gebäude	180.000,00	I. Langfristige Verbindlichkeiten	
3. Fuhrpark	40.000,00	1. Hypotheken	377.000,00
4. Betriebs- und Geschäftsausstattung	68.000,00	2. Darlehen	120.000,00
B. Umlaufvermögen		II. Kurzfristige Verbindlichkeiten	
1. Waren	600.000,00	1. Verbindlichkeiten a. LL	76.000,00
2. Forderungen a. LL	46.000,00	2. Sonstige Verbindlichkeiten	25.000,00
3. Bank	142.000,00		
4. Kasse	7.600,00		
	1.483.600,00		1.483.600,00

P. Hahnenkamp Hannover, 17. Mai 20..

1. Nennen Sie die Personen, Personengruppen oder Einrichtungen, die Interesse an einer solchen Aufstellung haben.

2. Notieren Sie die Dinge, die Ihnen an der Gliederung, dem Aufbau und den Inhalten der Bilanz auffallen.

INFORMATIONEN

Bilanz

Ein Unternehmen erstellt zum Abschluss eines jeden Geschäftsjahres einen sogenannten Jahresabschluss. Der Jahresabschluss besteht aus folgenden Bestandteilen:

- Bilanz
- Gewinn- und Verlustrechnung

Er wird gegebenenfalls ergänzt durch

- Anhang und
- Lagebericht.

Im Jahresabschluss wird die gesamte Buchführung gemäß den gesetzlichen Regeln (insbesondere des HGB) zusammengefasst dargestellt.

Der zentrale Bestandteil ist die Bilanz. Somit kann man die Bilanz als ein Ergebnis der Buchführung bezeichnen. Die Bilanz ist ein zusammengefasster und geordneter Überblick über alle Vermögensgegenstände und Schulden eines Unternehmens.

DEFINITION

Die **Bilanz** ist die Gegenüberstellung von Vermögen und Kapital eines Unternehmens zu einem bestimmten Zeitpunkt.

Eine Bilanz wird am Ende eines jeden Wirtschaftsjahres aufgestellt. Ein Wirtschaftsjahr ist der Zeitraum, für den ein Unternehmen regelmäßig Abschlüsse erstellt. Die meisten Unternehmen erstellen Abschlüsse für die Zeit vom 01.01. eines Jahres bis zum 31.12. desselben Jahres. In diesen Fällen entspricht das Wirtschaftsjahr dem Kalenderjahr. Abweichungen sind möglich.

BEISPIEL

Die Meier GmbH erstellt den Abschluss auf den 31.10.20... Das Wirtschaftsjahr geht also vom 01.11. eines jeden Jahres bis zum 31.10. des Folgejahres. Es handelt sich um ein abweichendes Wirtschaftsjahr.

Der Begriff Bilanz ist von dem italienischen Begriff *bilancia*, Waage, hergeleitet. Der Name sagt schon aus, dass in der Buchführung ein ständiges Gleichgewicht herrschen muss wie auf einer Waage. Eine Bilanz hat, wie eine Waage, zwei Seiten und beide Seiten sind wertmäßig gleich groß.

Die Bilanz ist in **T-Konten-Form** dargestellt. Ein T-Konto ist die übliche Darstellungsform von Konten im Rahmen des Hauptbuchs der Buchführung. Die Bilanz sieht in vereinfachter Darstellung wie folgt aus:

AKTIVA	Bilanz	PASSIVA

Aktivseite der Bilanz

Auf der linken Seite der Bilanz sind alle Vermögensgegenstände eines Unternehmens dargestellt. Diese Seite heißt Aktivseite und die Vermögensgegenstände bzw. Bilanzpositionen heißen Aktiva.

Die Aktivseite gibt Auskunft darüber, wie ein Unternehmen die zur Verfügung stehenden finanziellen Mittel verwendet (Mittelverwendung).

BEISPIEL

Wird ein Lkw angeschafft, so steht dieser als Vermögensgegenstand in der Bilanzposition „Fuhrpark" auf der Aktivseite.

Die Aktiva sind in zwei Gruppen unterteilt, das **Anlagevermögen** und das **Umlaufvermögen**. Zum Anlagevermögen gehören Vermögensgegenstände, die dazu bestimmt sind, dem Betrieb dauerhaft zu dienen. Die Vermögensgegenstände haben eine betriebliche Nutzungsdauer von über einem Jahr. Dies trifft zum Beispiel auf das Betriebsgrundstück, die Produktionsmaschinen, aber auch auf die Büroeinrichtungen zu. Dem Umlaufvermögen werden Vermögensgegenstände zugeordnet, die nicht dauerhaft dem Betrieb dienen sollen. Das bedeutet, dass zum Beispiel Waren, aber auch vorhandenes Bargeld und Forderungen zum Umlaufvermögen zählen. Diese Gruppen sind wiederum ebenfalls unterteilt.

Die gesamte Aktivseite ist von oben nach unten nach zunehmender Flüssigkeit der Vermögensgegenstände gegliedert. Kann man einen Gegenstand leicht verkaufen, so liegt eine hohe Flüssigkeit vor. Der Gegenstand steht also in einer der unteren Bilanzpositionen.

BEISPIEL

Waren sollen in Unternehmen bei Nachfrage durch den Kunden sofort verkauft werden. Der Verkauf ist leicht durchzuführen. Somit verfügen Waren über eine hohe Flüssigkeit und werden in einer unteren Bilanzposition geführt.

Umgekehrt steht ein Gegenstand, den man nur mit viel Aufwand verkaufen kann, in einer der oberen Bilanzpositionen der Aktivseite.

BEISPIEL

Ein Grundstück lässt sich nur schwer verkaufen. Es kann lange dauern, bis man einen Käufer gefunden hat. Zudem sind beim Verkauf formelle Vorschriften einzuhalten. Ein Grundstück hat also eine geringe Flüssigkeit. Es ist nicht leicht zu Geld zu machen, somit steht es in einer oberen Bilanzposition.

In der letzten Zeile der Bilanz wird auf der Aktivseite die Summe des Vermögens dargestellt. Diese Zahl nennt man auch Bilanzsumme.

Die Gliederung sieht z. B. wie folgt aus:

zunehmende Flüssigkeit der Vermögensgegenstände ↓

AKTIVA	Bilanz der Fairtext GmbH zum 31.12.20..		PASSIVA
A. Anlagevermögen			
1. Grundstücke	400.000,00		
2. Gebäude	180.000,00		
3. Fuhrpark	40.000,00		
4. Betriebs- und Geschäftsausstattung	68.000,00		
B. Umlaufvermögen			
1. Waren	600.000,00		
2. Forderungen a. LL	46.000,00		
3. Bank	142.000,00		
4. Kasse	7.600,00		
	1.483.600,00		

Passivseite der Bilanz

Auf der rechten Seite der Bilanz sind alle **Schulden (Fremdkapital)** und das **Eigenkapital** eines Unternehmens dargestellt. Diese Seite heißt Passivseite und die einzelnen Positionen heißen Passiva. Die Passivseite zeigt, woher das Kapital im Unternehmen stammt, nennt also die Mittelherkunft.

Die Passivseite gibt Auskunft über die Herkunft der finanziellen Mittel, die im Unternehmen vorhanden sind. Die Summe der Passiva bezeichnet man als Kapital. Sie ist genauso groß wie die Summe der Aktiva. Also ist in einem Unternehmen so viel Vermögen vorhanden, wie Eigenkapital und Schulden gegenüberstehen.

BEISPIEL

Ein Pkw wird angeschafft und mit einem Kredit finanziert. Der Pkw wurde mit fremdem Kapital bezahlt. Der Pkw wird auf der Aktivseite erfasst (= Mittelverwendung) und der Kredit wird auf der Passivseite in der Position „Verbindlichkeiten gegenüber Kreditinstituten" erfasst (= Mittelherkunft).

Es gibt grundsätzlich zwei Quellen, aus denen die finanziellen Mittel eines Unternehmens stammen können:

- Das Kapital wird aus den erwirtschafteten Gewinnen oder dem Vermögen des Unternehmers beschafft. Es handelt sich dann um Eigenkapital.
- Das Kapital wird von Fremden zur Verfügung gestellt (z. B. Banken oder Lieferanten). Es handelt sich dann um Fremdkapital.

Die Passivseite ist daher in diese zwei Gruppen unterteilt. Die Verbindlichkeiten, also das Fremdkapital, sind nach zunehmender Fälligkeit geordnet. Das heißt, es werden im Fremdkapital zunächst die Verbindlichkeiten mit langer Laufzeit ausgewiesen. Hierbei handelt es sich zum Beispiel um Hypotheken oder Darlehen zur Finanzierung von Grundstücken oder großen Maschinen, die eine lange Laufzeit haben. Es folgen die Verbindlichkeiten mit kurzer Laufzeit. Hier handelt es sich zum Beispiel um die Verbindlichkeiten gegenüber den Lieferanten, die in der Regel innerhalb weniger Wochen bezahlt werden müssen.

Freiräume, die auf einer Seite der Bilanz dadurch entstehen, dass eine Seite mehr Positionen hat als die andere Seite, werden durch eine sogenannte *Buchhalternase* gefüllt.

In der letzten Zeile der Bilanz wird auf der Passivseite der Bilanz die Summe des vorhandenen Kapitals ausgewiesen. Der Wert heißt auch hier Bilanzsumme. Die Bilanzsumme auf der Passivseite ist ebenso groß wie die Bilanzsumme auf der Aktivseite.

Eigenkapital

Das Eigenkapital lässt sich aufgrund des Aufbaus der Bilanz errechnen. Es ist die Differenz (= Unterschied) zwischen dem vorhandenen Vermögen und den Schulden, also dem Fremdkapital, eines Unternehmens.

FORMEL

Vermögen – Schulden = Eigenkapital

Der Wert des Vermögens ist die Bilanzsumme, also der Wert, der als Summe unter der Aktivseite angeführt wird. Den Wert der Schulden errechnet man durch Addition der Fremdkapitalpositionen der Passivseite der Bilanz, also z. B. Hypotheken, Darlehen, Verbindlichkeiten aus Lieferungen und Leistungen usw.

Bilanz der Fairtext GmbH zum 31.12.20..

AKTIVA		PASSIVA		
A. Anlagevermögen		**A. Eigenkapital**	885.600,00	Eigenkapital
1. Grundstücke	400.000,00			
2. Gebäude	180.000,00	**B. Fremdkapital**		
3. Fuhrpark	40.000,00	I. Langfristige Verbindlichkeiten		
4. Betriebs- und Geschäftsausstattung	68.000,00	1. Hypotheken	377.000,00	Gliederung nach Fälligkeit der Schulden
		2. Darlehen	120.000,00	
B. Umlaufvermögen		II. Kurzfristige Verbindlichkeiten		
1. Waren	600.000,00	1. Verbindlichkeiten a. LL	76.000,00	
2. Forderungen a. LL	46.000,00	2. Sonstige Verbindlichkeiten	25.000,00	
3. Bank	142.000,00			
4. Kasse	7.600,00			
	1.483.600,00		**1.483.600,00**	

Adressatenkreis

Der Jahresabschluss und insbesondere die Bilanz sind für verschiedene Adressatengruppen von Bedeutung. Ein Adressat ist jemand, an den etwas gerichtet ist.

ADRESSAT	BEDEUTUNG
Finanzamt	setzt die Steuern auf der Grundlage der Angaben im Jahresabschluss fest
Banken	nutzen unter anderem den Jahresabschluss zur Prüfung der Bonität (= Kreditwürdigkeit) der Kunden und gewähren entsprechend Kredite
Lieferanten	gewähren bestimmte Konditionen nur zahlungsfähigen Kunden
Gesellschafter	erhalten ihre Gewinnanteile unter anderem bemessen an den Gewinnen, die im Jahresabschluss ausgewiesen werden
Arbeitnehmer	können aus Jahresabschlüssen zum Beispiel Rückschlüsse für Gehaltsverhandlungen und über die Sicherheit des Arbeitsplatzes ziehen
Staat	ist u. a. daran interessiert, dass es insbesondere großen Unternehmen wirtschaftlich gutgeht

Rechtliche Vorschriften

§ 242 HGB verpflichtet jeden buchführungspflichtigen Kaufmann zur Aufstellung einer Bilanz. Die Bilanz muss gemäß § 247 HGB Anlage- und Umlaufvermögen, Eigenkapital, Schulden sowie Rechnungsabgrenzungsposten gesondert ausweisen. Sie muss außerdem hinreichend aufgegliedert sein. Aus § 266 HGB ergibt sich die genaue Gliederung der Bilanz. Um die Beweiskraft der Buchführung zu gewährleisten, müssen Bilanzen gemäß § 257 HGB zehn Jahre aufbewahrt werden. Eine Bilanz muss mit Ort, Datum und Unterschrift des Unternehmers versehen werden.

Bilanzarten

Es gibt verschiedene Arten von Bilanzen. Die herkömmliche Bilanz ist die Handelsbilanz. Sie wird im Rahmen der Ausbildung näher betrachtet.

- **Handelsbilanz**
  Eine Bilanz, die ein Unternehmen aufgrund der handelsrechtlichen Vorschriften (insb. HGB) erstellen muss.

- **Steuerbilanz**
  Eine Bilanz, die ein Unternehmen aufgrund von steuerrechtlichen Vorschriften erstellen muss. Bei vielen Unternehmen gleicht sie der Handelsbilanz.

- **Einheitsbilanz**
  Wenn die Steuerbilanz und die Handelsbilanz nicht voneinander abweichen, dann bezeichnet man die erstellte Bilanz als Einheitsbilanz. Sie erfüllt die Zwecke sowohl der handelsrechtlichen als auch der steuerrechtlichen Vorschriften.

- **Eröffnungsbilanz**
  Wenn ein Unternehmen gegründet wird, müssen alle Vermögenswerte und Schulden sowie das Eigenkapital in Form einer Eröffnungsbilanz zusammengestellt werden.

- **Schlussbilanz**
  Als Schlussbilanz wird die Bilanz bezeichnet, die ein Unternehmer bei Beendigung seiner geschäftlichen Tätigkeiten aufstellen muss. In der Umgangssprache werden häufig alle Bilanzen auf das Ende eines Wirtschaftsjahres als Schlussbilanz bezeichnet.

- **Sonderbilanz**
  In Personengesellschaften kommt es vor, dass für die einzelnen Gesellschafter (Mitunternehmer) Sonderbilanzen erstellt werden müssen.

- **Ergänzungsbilanz**
  Im Falle von Gesellschafterwechseln bei Personengesellschaften müssen häufig Ergänzungsbilanzen aufgestellt werden, um die Vermögenswerte korrekt zu erfassen.

- **Konzernbilanz**
  Wenn mehrere Unternehmen oder Gesellschaften wirtschaftlich eine Einheit bilden, dann muss grundsätzlich jede einzelne Gesellschaft einen Jahresabschluss mit eigener Bilanz erstellen. Diese Jahresabschlüsse werden vereinheitlicht und im Konzernabschluss zu einer Konzernbilanz zusammengetragen.

AUFGABEN

1. Erklären Sie, warum die Bilanz die Grundlage der Buchführung darstellt.
2. a) Nennen Sie die verschiedenen Bilanzarten.
   b) Geben Sie an, welche der Bilanzen Sie nach Ihrer Einschätzung im Unterricht betrachten werden.
   c) Begründen Sie kurz Ihre Antwort zu b).
3. a) Nennen Sie Personen/Einrichtungen, die Interesse an der Bilanz eines Unternehmens haben.
   b) Begründen Sie mit eigenen Worten, warum
      - Arbeitnehmer
      - Kunden
      - Banken
      - der Staat

      Interesse an der Bilanz eines Unternehmens haben.
4. a) Ordnen Sie folgende Vermögensgegenstände nach ihrer Flüssigkeit und erstellen Sie die Aktivseite der Bilanz.
      - Maschinen 7.500,00 €
      - BGA 32.000,00 €
      - Kasse 850,00 €
      - Grundstücke 320.000,00 €
      - Bank 9.600,00 €
      - Waren 71.500,00 €
      - Fuhrpark 86.000,00 €
      - Ford. a. LL 18.700,00 €
      - Gebäude 215.000,00 €

   b) Ordnen Sie folgende Positionen nach ihrer Fälligkeit und erstellen Sie die Passivseite der Bilanz.
      - kurzfr. Darlehen 7.400,00 €
      - Hypotheken 375.000,00 €
      - Verb. a. LL 19.700,00 €
      - Eigenkapital

   c) Berechnen Sie die Höhe des Eigenkapitals und vervollständigen Sie die Bilanz.
5. Ordnen Sie die folgenden Begriffe dem Anlage- oder Umlaufvermögen sowie dem Fremd- oder Eigenkapital zu.
   - Waren
   - Grundschuld bei der Sparkasse Hannover
   - Betriebs- und Geschäftsausstattung
   - Betriebsgrundstück
   - Verbindlichkeit gegenüber der Kinke AG
   - Gabelstapler
   - Gewinn, den der Unternehmer erwirtschaftet

6. Erstellen Sie mit den folgenden Werten die Bilanz des Unternehmens. Berechnen Sie das Eigenkapital selbst. Beachten Sie die Formvorschriften.

Gebäude	177.500,00 €
Waren	63.300,00 €
Grundstücke	67.000,00 €
Kasse	240,00 €
Verb. ggü. Kreditinstituten (kurzfr.)	124.500,00 €
Maschinen	57.000,00 €
Bank	12.700,00 €
Verb. a. LL	17.860,00 €
Ford. a. LL	3.600,00 €
BGA	16.250,00 €
Fuhrpark	31.200,00 €

7. Erstellen Sie das Schema einer Bilanz und tragen Sie die folgenden Begriffe sinnvoll ein:
- Fremdkapital
- Anlagevermögen
- Eigenkapital
- Umlaufvermögen
- Bilanzsumme

Beachten Sie dabei die Formvorschriften.

AKTION

Machen Sie sich im Internet auf die Suche nach der Bilanz eines DAX-Konzerns Ihrer Wahl. Finden Sie auf der Homepage den letzten veröffentlichten Jahresabschluss und notieren Sie folgende Dinge:

a) Bilanzsumme
b) Anlagevermögen
c) Umlaufvermögen
d) Eigenkapital
e) Fremdkapital
f) Jahresüberschuss

ZUSAMMENFASSUNG

Bilanz

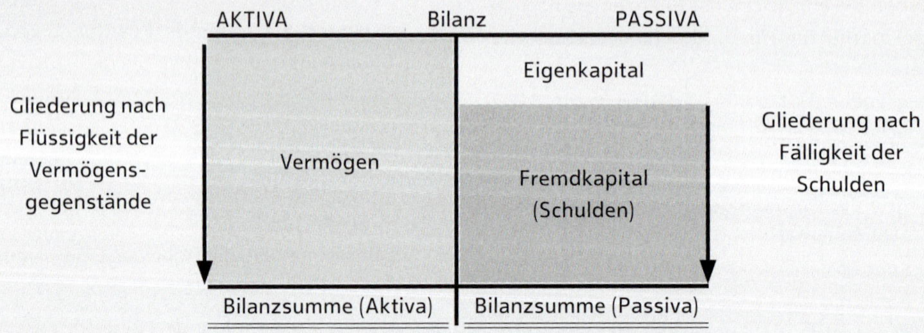

Berechnung von Vermögen und Kapital

Eigenkapital

Vermögen
– Fremdkapital (Schulden)
= Eigenkapital

Vermögen

Eigenkapital
– Fremdkapital (Schulden)
= Vermögen

Fremdkapital (Schulden)

Eigenkapital
– Vermögen
= Fremdkapital (Schulden)

203153468

KAPITEL 6
Bilanzveränderungen

Anne Schulte und Sebastian Holpert haben erneut die Eingangsrechnung vom Autohaus Bach über einen Pkw von 33.320,00 € vor sich liegen. Die Rechnung soll nun vom Bankkonto bezahlt werden.

Autohaus Bach

Autohaus Bach · Birkenwald 44 · 30449 Hannover
Fairtext GmbH
Frau Neumann
Walsroder Str. 6 a
30625 Hannover

Telefon: 0511 1234-56
Telefax: 0511 1234-57
E-Mail: auto@bach-wvd.de

Kunden-Nr.: 19875
Lieferdatum: 28.07.20..
Bestelldatum: 28.07.20..
Sachbearbeiter/-in: Herr Marx

Rechnungs-Nr.: 86970
Rechnungsdatum: 30.07.20..

Rechnung

Pos.	Artikel-Nr.	Artikelbezeichnung	Menge und Einheit	Einzelpreis	Gesamtpreis
1	125125	PKW Kolf Sport Neuwagen	1	33.320,00 €	33.320,00 €
Gesamtpreis					**33.320,00 €**

Rechnungsbetrag zahlbar innerhalb von 14 Tagen netto.

1. Beschreiben Sie kurz den Sachverhalt, der dem Beleg ursprünglich zugrunde liegt.
2. Geben Sie an, welche Bilanzpositionen sich aufgrund des Geschäftsfalls verändern.
3. Geben Sie an, wie sich die einzelnen Bilanzpositionen verändern.
4. Nennen Sie die vorliegende Form der Bilanzveränderung.
5. Geben Sie an, wie sich diese Bilanzveränderung auf die Bilanzsumme auswirkt.
6. Erläutern Sie, ob die Fairtext GmbH durch diesen Geschäftsfall ihr Vermögen erhöht hat.
7. Geben Sie an, wie sich der Sachverhalt auf das Fremdkapital der Fairtext GmbH ausgewirkt hat.

INFORMATIONEN

Auswirkungen von Geschäftsfällen auf die Bilanz

Jeder Geschäftsfall wirkt sich auf die Bilanz aus. Man nennt diese Auswirkungen Bilanzveränderungen. Es gibt vier Arten von Bilanzveränderungen. Sie werden in diesem Kapitel vorgestellt.

AKTIVA — Bilanz der Fairtext GmbH zum 31.12.20.. — PASSIVA

AKTIVA		PASSIVA	
A. Anlagevermögen		A. Eigenkapital	885.600,00
1. Grundstücke	400.000,00	B. Fremdkapital	
2. Gebäude	180.000,00	I. Langfristige Verbindlichkeiten	
3. Fuhrpark	40.000,00	1. Hypotheken	377.000,00
4. Betriebs- und Geschäftsausstattung	68.000,00	2. Darlehen	120.000,00
B. Umlaufvermögen		II. Kurzfristige Verbindlichkeiten	
1. Waren	600.000,00	1. Verbindlichkeiten a. LL	76.000,00
2. Forderungen a. LL	46.000,00	2. Sonstige Verbindlichkeiten	25.000,00
3. Bank	142.000,00		
4. Kasse	7.600,00		
	1.483.600,00		1.483.600,00

Der im Einstieg dargestellte Geschäftsfall kann verkürzt ausgedrückt werden als: „Zahlung einer Verbindlichkeit in Höhe von 33.320,00 € vom Bankkonto“.

Die Auswirkungen dieses Geschäftsfalls auf die Bilanz können wie folgt dargestellt werden.

AKTIVA		Bilanz der Fairtext GmbH zum 31.12.20..			PASSIVA
A. Anlagevermögen			A. Eigenkapital		885.600,00
1. Grundstücke		400.000,00	B. Fremdkapital		
2. Gebäude		180.000,00	I. Langfristige Verbindlichkeiten		
3. Fuhrpark		40.000,00	1. Hypotheken		377.000,00
4. Betriebs- und Geschäftsausstattung		68.000,00	2. Darlehen		120.000,00
B. Umlaufvermögen			II. Kurzfristige Verbindlichkeiten		
1. Waren		600.000,00	1. Verbindlichkeiten a. LL	76.000,00	
2. Forderungen a. LL		46.000,00	– Abgang	–33.320,00	
3. Bank			= neuer Bestand		42.680,00
– Abgang	142.000,00		2. Sonstige Verbindlichkeiten		25.000,00
= neuer Bestand	–33.320,00	108.680,00			
4. Kasse		7.600,00			
		1.450.280,00			1.450.280,00

Aus der Bilanz erkennt man, dass bei der Fairtext GmbH die Bilanzposition Bank im Wert um 33.320,00 € (im Vergleich zur Bilanz zu Beginn des Kapitels) gesunken ist.

Die Verbindlichkeiten a. LL sind auch weniger geworden, da die Fairtext GmbH nun Verbindlichkeiten (Schulden) in Höhe von 33.320,00 € gegenüber dem Autohaus Bach bezahlt hat. Durch den Geschäftsfall hat sich die Bilanzsumme von 1.483.600,00 € auf 1.450.280,00 € verringert.

Bilanzveränderungen

Durch die Bezahlung des Pkw haben sich sowohl die Aktivseite als auch die Passivseite der Bilanz verringert. Diese Bilanzveränderung heißt **Aktiv-Passiv-Minderung**. Insgesamt gibt es vier Formen von Bilanzveränderungen, die im Folgenden kurz dargestellt werden.

Die Umsatz- und Vorsteuer werden dabei aus Vereinfachungsgründen nicht betrachtet.

- **Aktiv-Passiv-Mehrung**
  Durch einen Geschäftsfall nehmen Aktivpositionen und Passivpositionen in gleicher Höhe zu. Die Bilanzsumme erhöht sich. Man nennt dies eine Bilanzverlängerung.

BEISPIEL

Kauf eines Autos von einer Privatperson für 12.000,00 € auf Ziel.

Auswirkung auf folgende Bilanzpositionen:

Fuhrpark (Aktivseite)	+ 12.000,00 €
Verbindlichkeiten a. LL (Passivseite)	+ 12.000,00 €

- **Aktiv-Passiv-Minderung**
  Durch einen Geschäftsfall nehmen eine Aktivposition und eine Passivposition in gleicher Höhe ab. Die Bilanzsumme verringert sich. Man nennt dies eine Bilanzverkürzung.

BEISPIEL

Bezahlung einer Lieferantenrechnung in Höhe von 10.000,00 € durch Banküberweisung.

Auswirkung auf folgende Bilanzpositionen:

Verbindlichkeiten a. LL (Passivseite)	– 10.000,00 €
Bank (Aktivseite)	– 10.000,00 €

- **Aktivtausch**
  Durch einen Geschäftsfall erhöht sich ein Aktivkonto, während sich ein anderes Aktivkonto vermindert. Die Bilanzsumme bleibt gleich.

BEISPIEL

Verkauf eines gebrauchten Bürostuhls für 500,00 € bar.

Auswirkung auf folgende Bilanzpositionen:

BGA (Aktivseite)	– 500,00 €
Kasse (Aktivseite)	+ 500,00 €

- **Passivtausch**
  Durch einen Geschäftsfall erhöht sich ein Passivkonto, während sich ein anderes Passivkonto vermindert. Die Bilanzsumme bleibt gleich.

BEISPIEL

Bezahlung einer Lieferantenrechnung in Höhe von 15.000,00 € durch Aufnahme eines Bankdarlehens.

Auswirkung auf folgende Bilanzpositionen:

Verbindlichkeiten a. LL (Passivseite)	– 15.000,00 €
Verbindlichkeiten ggü. KI (Passivseite)	+ 15.000,00 €

203153470

Die erläuterten Bilanzveränderungen sind nur Umschichtungen auf der Vermögensebene des Unternehmens. Es ergeben sich keine Änderungen des Eigenkapitals des Unternehmens.

AUFGABEN

1. Geben Sie an, um welche Art von Bilanzveränderung es sich bei den folgenden Geschäftsfällen handelt. Geben Sie auch die Höhe der Veränderung der jeweiligen Bilanzposition an.
   a) Kauf einer Registrierkasse für 2.000,00 € auf Ziel.
   b) Verkauf eines Herrenanzugs für 500,00 € gegen Barzahlung.
   c) Begleichung der Rechnung für die Registrierkasse aus a) durch Banküberweisung.
   d) Kauf eines unbebauten Grundstücks für 40.000,00 € durch Aufnahme eines langfristigen Darlehens bei der Sparkasse.
   e) Verkauf eines alten Lieferwagens für 10.000,00 € auf Rechnung.
   f) Die bereits in der Buchführung erfasste Rechnung für die Lieferung einer kompletten Ladeneinrichtung über 200.000,00 € kann nur durch Aufnahme eines Darlehens bei der Sparkasse getilgt werden.
2. Nennen Sie jeweils zwei Geschäftsfälle, die
   a) eine Aktiv-Passiv-Mehrung,
   b) eine Aktiv-Passiv-Minderung,
   c) einen Aktivtausch,
   d) einen Passivtausch in der Bilanz verursachen.

AKTION

Erstellen Sie für Ihre Klassenkameraden in einer Gruppe drei Übungsaufgaben zu diesem Kapitel in Form einer PowerPoint-Präsentation. Fügen Sie lizenzfreie Bilder aus dem Internet ein, um die Aufgaben zu veranschaulichen.

ZUSAMMENFASSUNG

Arten der Bilanzveränderung

1. Aktiv-Passiv-Mehrung
Zugang auf Aktivkonto und Zugang auf Passivkonto → Bilanzverlängerung

2. Aktiv-Passiv-Minderung
Abgang auf Aktivkonto und Abgang → Bilanzverkürzung

3. Aktivtausch
Ein Aktivkonto nimmt zu, ein anderes Aktivkonto nimmt ab → Bilanzsumme unverändert

4. Passivtausch
Ein Passivkonto nimmt zu, ein anderes Passivkonto nimmt ab → Bilanzsumme unverändert

KAPITEL 7
Arbeitsabläufe in der Buchführung

Frau Tegtmeyer gibt Anne Schulte und Sebastian Holpert den Auftrag, sich über die grundlegenden Abläufe in der Buchführung zu informieren, damit sie für weitere Aufgaben eingesetzt werden können.

Geben Sie an, welche Tätigkeiten in der Buchführung über das Geschäftsjahr gesehen notwendig sind.

INFORMATIONEN

Grundlagen

Die Bilanz am Schluss eines Wirtschaftsjahres bildet die Grundlage für die Buchführung des neuen Jahres. Die Werte in der Eröffnungsbilanz auf den 01.01. eines Wirtschaftsjahres entsprechen den Werten auf den 31.12. des vorangegangenen Wirtschaftsjahres. Diese Werte werden zur Eröffnung der Buchführung verwendet.

Die Buchführung besteht aus zwei Büchern. Im **Hauptbuch** werden die Werteströme in Kontenform sachlich geordnet.

Grundbuch

Das **Grundbuch** ordnet die Werteströme in zeitlicher Reihenfolge in Form von Buchungssätzen. Der Unternehmer kann anhand einer Buchungsnummer stets den Beleg zu einer Buchung finden. Umgekehrt kann er mithilfe eines Beleges überprüfen, ob dieser im Grundbuch erfasst wurde.

Hauptbuch

Im Hauptbuch werden die Werteströme nach sachlichen Aspekten auf Konten erfasst. Die Konten werden als T-Konten oder Sachkonten bezeichnet. Alle Geschäftsfälle eines Unternehmens werden im Hauptbuch sachlich sortiert. Das bedeutet, dass der Unternehmer schnell einen Überblick über alle Geschäftsfälle eines bestimmten Kontos hat. Ein Konto im Hauptbuch ist immer überschrieben mit der Kontonummer und der Bezeichnung des Kontos. Es hat zwei Seiten, die als Soll und Haben bezeichnet werden.

BEISPIEL

Um einen Überblick über die Entwicklung des Fuhrparks eines Geschäftsjahres zu erhalten, muss der Unternehmer nur auf das Sachkonto „Fuhrpark" blicken. Dort findet er alle Bewegungen auf dem Konto Fuhrpark inklusive der Gesamtsumme. Außerdem kann in den meisten Buchführungsprogrammen auch der Vorjahreswert als Vergleich angezeigt werden.

DEFINITION

Das **Hauptbuch** ist die sachliche Organisation aller Sachkonten (Bestandskonten und Erfolgskonten) der Geschäftsbuchführung. Durch Abschluss der einzelnen Konten lassen sich der Gewinn oder Verlust sowie die (Schluss-)Bilanz ermitteln.

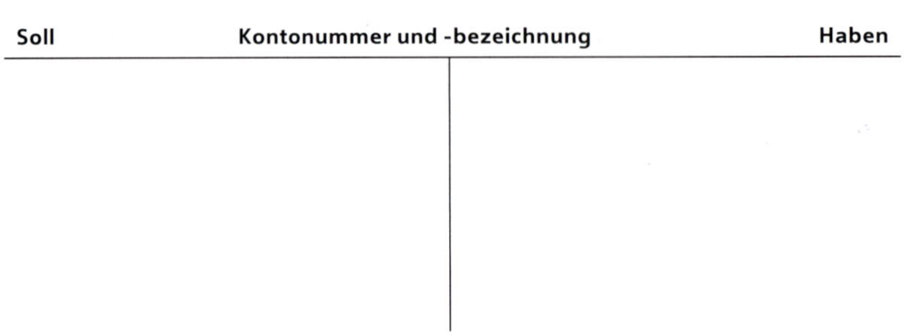

Arbeitsabläufe in der Buchführung

Die Buchführung selbst erfolgt immer in einer festgelegten Reihenfolge. In diesem Kapitel werden die einzelnen Schritte kurz vorgestellt. In den folgenden Kapiteln werden sie genau betrachtet und durchgeführt.

1. Eröffnung der Konten
Zunächst muss die Buchführung zu Beginn eines jeden Wirtschaftsjahres eröffnet werden. Hierfür werden die Bestände der Schlussbilanz des vorangegangenen Wirtschaftsjahres in die Buchführung übernommen. Dies erfolgt, indem die Bestände über ein Eröffnungsbilanzkonto (EBK) in der Buchführung erfasst werden.

2. Laufende Buchungen
Anschließend werden die Geschäftsfälle des laufenden Wirtschaftsjahres zeitnah in Grund- und Hauptbuch erfasst (laufende Buchungen). Im Grundbuch erfolgt die Erfassung in Form von Buchungssätzen in zeitlicher Reihenfolge. Im Hauptbuch erfolgt die Erfassung auf sogenannten T-Konten nach einer sachlichen Logik.

3. Abschluss der Konten
Zum Schluss des Wirtschaftsjahres werden die Konten abgeschlossen. Es wird ein Schlussbilanzkonto (SBK) erstellt.

4. Aufstellen der Schlussbilanz
Die Werte aus dem SBK werden in die Schlussbilanz übertragen. Hierbei ist die Gliederung gemäß § 266 HGB einzuhalten.

AUFGABEN

1. Erläutern Sie kurz mit eigenen Worten die Unterscheidung von Grund- und Hauptbuch der Buchführung.
2. Nennen Sie die Arbeitsabläufe in der Buchführung.
3. Beschreiben Sie mit eigenen Worten die Arbeitsabläufe in der Buchführung.

AKTION

Beschreiben Sie die Arbeitsabläufe in der Buchhaltung mithilfe einer Tonaufzeichnung mit Ihrem Handy oder einem entsprechenden Programm einer App zur Erstellung von Podcasts.

ZUSAMMENFASSUNG

Grundbuch	Hauptbuch
• zeitlich sortiert • Buchungssätze	• sachlich sortiert • Kontenform (T-Konten)

Arbeitsabläufe in der Buchführung

Eröffnung der Konten (EBK) → Laufende Buchungen → Abschluss der Konten (SBK) → Aufstellen der Schlussbilanz

KAPITEL 8
Eröffnung der Konten (EBK)

Frau Tegtmeyer gibt Anne und Sebastian die folgende Bilanz mit dem Auftrag, sich diese anzusehen und daraus die Buchführung des neuen Wirtschaftsjahres zu eröffnen.

Bilanz der Fairtext GmbH zum 31.12.20..

AKTIVA		**PASSIVA**	
A. Anlagevermögen		A. Eigenkapital	885.600,00
1. Grundstücke	400.000,00	B. Fremdkapital	
2. Gebäude	180.000,00	I. Langfristige Verbindlichkeiten	
3. Fuhrpark	40.000,00	1. Hypotheken	377.000,00
4. Betriebs- und Geschäftsausstattung	68.000,00	2. Darlehen	120.000,00
B. Umlaufvermögen		II. Kurzfristige Verbindlichkeiten	
1. Waren	600.000,00	1. Verbindlichkeiten a. LL	76.000,00
2. Forderungen a. LL	46.000,00	2. Sonstige Verbindlichkeiten	25.000,00
3. Bank	142.000,00		
4. Kasse	7.600,00		
	1.483.600,00		1.483.600,00

P. Hahnenkamp — Hannover, 17. Mai 20..

1. Erklären Sie, wie die Bilanz auf den 31.12. des vorangegangenen Wirtschaftsjahres mit der Buchführung des neuen Wirtschaftsjahres zusammenhängt.

2. Geben Sie an, wie Sie vorgehen müssen, um die Buchführung des neuen Wirtschaftsjahres zu eröffnen.

INFORMATIONEN

Eröffnung der Konten

Zu Beginn des Wirtschaftsjahres wird die Buchführung eröffnet. Es wird zu jeder Bilanzposition aus der Schlussbilanz des vorangegangenen Wirtschaftsjahres ein Bestandskonto eröffnet.

Konten, die sich aus den Aktivpositionen ergeben, heißen **aktive Bestandskonten** (Aktivkonten).

Konten, die sich aus Passivpositionen ergeben, heißen **passive Bestandskonten** (Passivkonten).

Die Schlussbilanz aus dem vorangegangenen Wirtschaftsjahr wird bei der Einrichtung der neuen Buchführung als **Eröffnungsbilanz** bezeichnet.

Die folgende Grafik zeigt, welche Arbeitsschritte im Rechnungswesen gerade behandelt werden. Die Arbeitsschritte, die aktuell behandelt werden, sind orange eingefärbt. Die bereits bekannten Arbeitsschritte sind grün eingefärbt und die Arbeitsschritte, die noch unbekannt sind, sind rot eingefärbt.

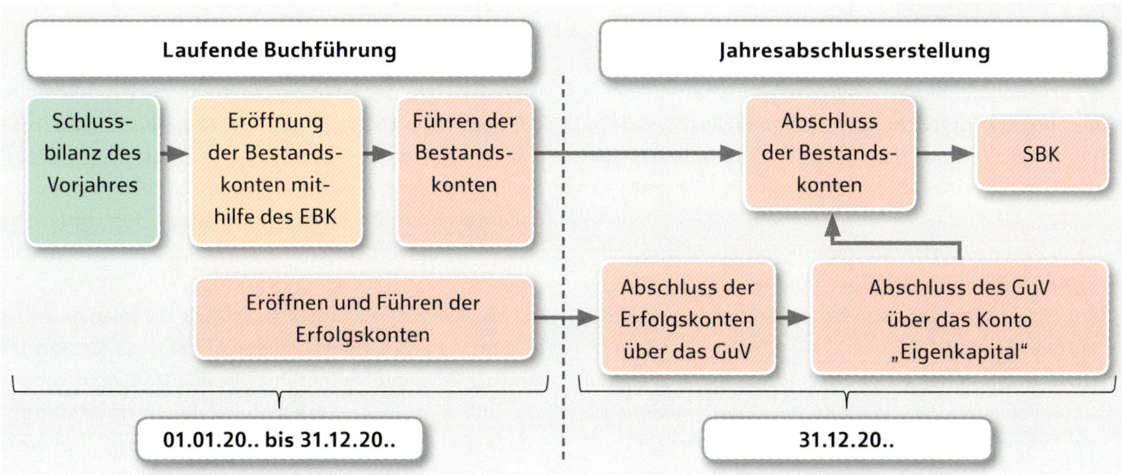

DEFINITION

Ein **Bestandskonto** ist ein aus einer Einzelposition der Bilanz hergeleitetes Konto. Es wird in T-Konto-Form geführt. Für jede einzelne Bilanzposition wird ein Bestandskonto eröffnet.

Die Eröffnung der einzelnen Bestandskonten erfolgt durch Eröffnungsbuchungen.

- Anfangsbestände eines aktiven Bestandskontos stehen im Soll.
- Anfangsbestände eines passiven Bestandskontos stehen im Haben.

Bei der Eröffnung der Konten ist es notwendig, dass auch hier die Grundprinzipien der doppelten Buchführung eingehalten werden. Dazu gehört es, dass jeder Buchung eine Gegenbuchung gegenübersteht.

Daher muss parallel zu den Eintragungen in den Aktiv- und Passivkonten eine Gegenbuchung erfasst werden. Die Gegenbuchung erfolgt auf dem Eröffnungsbilanzkonto. Das Konto wird vereinfacht als „EBK“ bezeichnet. Es hat nur den Zweck, die ordnungsgemäße Eröffnung der Buchführung, also der Bestandskonten, zu gewährleisten. Das Eröffnungsbilanzkonto entspricht dem gespiegelten Schlussbilanzkonto.

BEISPIEL

Das Konto „Grundstücke“ wird mit 400.000,00 € im Soll eröffnet. Die Gegenbuchung in Höhe von 400.000,00 € wird auf dem Eröffnungsbilanzkonto im Haben vorgenommen. Vor den Betrag wird die Kontenbezeichnung des eröffneten Kontos „Grundstücke“ geschrieben.

Unterschiede zwischen Eröffnungsbilanz und Eröffnungsbilanzkonto (EBK)

- Das Eröffnungsbilanzkonto, als EBK abgekürzt, ist das Spiegelbild der Eröffnungsbilanz.
- Das EBK ist „gespiegelt“, damit man die Konten richtig eröffnen kann. Das Konto Bank steht im EBK auf der Haben-Seite, um den Anfangsbestand auf dem Bankkonto auf die Soll-Seite verbuchen zu können.
- Die Eröffnungsbilanz unterliegt strengen Gliederungsvorschriften, das EBK nicht.
- Die Eröffnungsbilanz dient aufgrund gesetzlicher Vorschriften der Information Außenstehender. Das EBK ist eine interne Informationsquelle.

Eröffnungsbilanz zum

Aktiva	Passiva
I. ANLAGEVERMÖGEN	II. EIGENKAPITAL
1. Grundstücke	III. FREMDKAPITAL
2. Gebäude	1. Hypotheken
3. Fuhrpark	2. Darlehen
4. BGA	3. Verbindl. a. LL
II. UMLAUFVERMÖGEN	4. Sonstige Verbindlichkeiten
1. Forderungen a. LL	
2. Sonstige Forderungen	
3. Bank	
4. Kasse	

Ort und Datum

Unterschrift

Eröffnungsbilanzkonto

Aktiva	Passiva
Eigenkapital	Grundstücke
Verbindl. a. LL	Gebäude
Darlehen	Forderungen a. LL
Hypotheken	Kasse
Sonstige Verbindlichkeiten	BGA
	Fuhrpark
	Sonstige Forderungen
	Bank

Auflösung der Bilanz in Konten

Das Vorgehen bei der Erfassung von Geschäftsfällen im Hauptbuch erfolgt in folgender Reihenfolge:

1. Für jeden Wert aus dem Schlussbilanzkonto des Vorjahres wird ein Konto im Hauptbuch (T-Konto) erstellt.[1]
2. Aktivkonten werden auf dem T-Konten-Blatt auf der linken Seite untereinander aufgelistet. Die Passivkonten werden auf der rechten Seite untereinander aufgeführt.
3. Die Eröffnung der Konten erfolgt dadurch, dass der Anfangsbestand (AB) in die Konten übernommen wird. Bei Aktivkonten wird der Anfangsbestand im Soll aufgeführt. Bei Passivkonten wird der Anfangsbestand im Haben aufgeführt.
4. Die Gegenbuchung erfolgt auf dem Eröffnungsbilanzkonto (EBK).

Die Auflösung der Bilanz in die Konten erfolgt dadurch, dass aus jeder Bilanzposition der Wert auf das entsprechende Sachkonto eingetragen wird. In der Praxis erfolgt die Übertragung der Werte in das Hauptbuch automatisch durch die Buchführungssoftware des Unternehmens (des Steuerberaters).

Auf der Aktivseite wird beispielsweise die Bilanzposition „Grundstücke" als entsprechendes **aktives Bestandskonto** (Aktivkonto) aufgeführt. Die Bilanzposition „Eigenkapital" wird als entsprechendes **passives Bestandskonto** (Passivkonto) aufgeführt. Genauso wird dies auch mit allen anderen Bilanzpositionen durchgeführt. Das Eigenkapital ist der Differenzbetrag zwischen den Beständen der Aktivkonten und den Beständen der (übrigen) Passivkonten. Die übrigen Passivkonten werden auch als Fremdkapitalkonten bezeichnet.

S	Aktivkonto	H
Anfangsbestand		

S	Passivkonto	H
	Anfangsbestand	

Auflösung der Bilanz in Konten

AKTIVA	Bilanz der Fairtext GmbH zum 31.12.20..		PASSIVA
A. Anlagevermögen		A. Eigenkapital	885.600,00
1. Grundstücke	400.000,00	B. Fremdkapital	
2. Gebäude	180.000,00	I. Langfristige Verbindlichkeiten	
3. Fuhrpark	40.000,00	1. Hypotheken	377.000,00
4. Betriebs- und Geschäftsausstattung	68.000,00	2. Darlehen	120.000,00
B. Umlaufvermögen		II. Kurzfristige Verbindlichkeiten	
1. Waren	600.000,00	1. Verbindlichkeiten a. LL	76.000,00
2. Forderungen a. LL	46.000,00	2. Sonstige Verbindlichkeiten	25.000,00
3. Bank	142.000,00		
4. Kasse	7.600,00		
	1.483.600,00		1.483.600,00

P. Hahnenkamp — Hannover, 17. Mai 20..

Aktivkonten

S	Grundstücke		H
EBK	400.000,00		

S	Gebäude		H
EBK	180.000,00		

S	Fuhrpark		H
EBK	40.000,00		

S	BGA		H
EBK	68.000,00		

Passivkonten

S		Eigenkapital	H
		EBK	885.600,00

S		Hypotheken	H
		EBK	377.000,00

S		Darlehen	H
		EBK	120.000,00

S		Verb. a. LL	H
		EBK	76.000,00

1 Aus Vereinfachungsgründen werden die Unterschiede zwischen Schlussbilanzkonto und Schlussbilanz an dieser Stelle noch nicht behandelt.

S	Waren		H
EBK	600.000,00		

S	Sonstige Verbindlichkeiten		H
		EBK	25.000,00

S	Forderungen a. LL		H
EBK	46.000,00		

S	Bank		H
EBK	142.000,00		

S	Kasse		H
EBK	7.600,00		

Soll	**EBK**		**Haben**
Eigenkapital	885.600,00	Grundstücke	400.000,00
Hypotheken	377.000,00	Gebäude	180.000,00
Darlehen	120.000,00	Fuhrpark	40.000,00
Verbindlichkeiten a. LL	76.000,00	Betriebs- und Geschäftsausstattung	68.000,00
Sonstige Verbindlichkeiten	25.000,00	Waren	600.000,00
		Forderungen a. LL	46.000,00
		Bank	142.000,00
		Kasse	7.600,00
	1.483.600,00		1.483.600,00

AUFGABEN

1. Erläutern Sie mit eigenen Worten die Vorgehensweise bei der Eröffnung der Buchführung.

2. Eröffnen Sie aus der folgenden Schlussbilanz die Buchführung und erstellen Sie das Eröffnungsbilanzkonto (EBK).

Anfangsbestände	
Grundstücke	100.000,00
Gebäude	210.000,00
Fuhrpark	60.000,00
BGA	12.000,00
Waren	95.000,00
Forderungen a. LL	9.000,00
Bank	3.500,00
Kasse	1.200,00
Eigenkapital	?
Darlehen	80.000,00
Verbindlichkeiten a. LL	34.000,00
Sonstige Verbindlichkeiten	7.000,00

3. Eröffnen Sie aus der folgenden Schlussbilanz die Buchführung und erstellen Sie das Eröffnungsbilanzkonto (EBK).

Anfangsbestände	
Eigenkapital	?
Waren	134.000,00
Forderungen a. LL	19.000,00
Fuhrpark	53.000,00
BGA	17.000,00
Kasse	3.200,00
Sonstige Verbindlichkeiten	2.800,00
Bank	7.000,00
Darlehen	128.000,00
Verbindlichkeiten a. LL	43.000,00

4. Eröffnen Sie aus der folgenden Schlussbilanz die Buchführung und erstellen Sie das Eröffnungsbilanzkonto (EBK).

Anfangsbestände	
BGA	3.000,00
Darlehen	158.000,00
Bank	5.300,00
Kasse	800,00
Eigenkapital	?
Gebäude	75.000,00
Fuhrpark	12.000,00
Verbindlichkeiten a. LL	45.000,00
Waren	78.000,00
Forderungen a. LL	12.000,00
Sonstige Verbindlichkeiten	17.000,00
Grundstücke	20.000,00

AKTION

Wir erstellen eine digitale Wiederholung zu den Lerninhalten dieses Kapitels! Gehen Sie dabei wie folgt vor:

1. Finden Sie sich in kleinen Gruppen von maximal drei Leuten zusammen.
2. Gehen Sie gemeinsam noch einmal kurz die wichtigsten Inhalte dieses Kapitels durch:
   a) Eröffnungsbilanz
   b) Eröffnungsbilanzkonto
   c) Eröffnung und Auflösung der Konten
3. Wählen Sie eine der folgenden Anwendungen aus, um eine kleine Wiederholung für Ihre Mitschüler zu erstellen:
   - https://learningapps.org/
   - https://www.learningsnacks.de/
4. Überlegen Sie in der Gruppe, welche Teile des Kapitels (siehe Aufgabenteil 2.) Sie in Ihrer Wiederholung behandeln wollen.
5. Erstellen Sie eine Anwendung/App/Quiz/Lernsnack zu den von Ihnen ausgewählten Inhalten.
6. Führen Sie einen Probelauf durch.
7. Spielen und moderieren Sie Ihre Wiederholung in der Klasse.

ZUSAMMENFASSUNG

S — Schlussbilanzkonto (SBK) des Vorjahres — H

S		H	
Grundstücke	100.000,00	Eigenkapital	140.000,00
Gebäude	200.000,00	Darlehen	200.000,00
Fuhrpark	20.000,00	Verbindlichkeiten a. LL	50.000,00
BGA	10.000,00	Sonstige Verbindlichkeiten	10.000,00
Waren	50.000,00		
Forderungen a. LL	10.000,00		
Bank	9.000,00		
Kasse	1.000,00		
	400.000,00		400.000,00

Eröffnung der Bestandskonten

Aktivkonten

S — Grundstücke — H

S		H	
EBK	100.000,00		
...			

Passivkonten

S — Eigenkapital — H

S		H	
		EBK	140.000,00
...			

Parallele Erstellung des Eröffnungsbilanzkontos

S — Eröffnungsbilanzkonto (EBK) — H

S		H	
Eigenkapital	140.000,00	Grundstücke	100.000,00
Darlehen	200.000,00	Gebäude	200.000,00
Verbindlichkeiten a. LL	50.000,00	Fuhrpark	20.000,00
Sonstige Verbindlichkeiten	10.000,00	BGA	10.000,00
		Waren	50.000,00
		Forderungen a. LL	10.000,00
		Bank	9.000,00
		Kasse	1.000,00
	400.000,00		400.000,00

KAPITEL 9

Laufende Buchungen im Hauptbuch

Frau Tegtmeyer gibt Anne Schulte einen Auszug aus der Buchführung mit den aktuellen Beständen der Konten zum 02.09.20.. und einen Beleg. Anne soll nun die Geschäftsfälle im Hauptbuch erfassen.

S	Bestände auf den Konten zum 02.09.20..		H
Fuhrpark	17.000,00	Eigenkapital	8.300,00
BGA	8.500,00	Darlehen	40.000,00
Waren	23.000,00	Verbindlichkeiten a. LL	23.000,00
Forderungen a. LL	17.500,00	Sonst. Verbindlichkeiten	7.000,00
Bank	10.350,00		
Kasse	1.950,00		
	78.300,00		78.300,00

Kontoauszug vom 02.09.20.. – 05.09.20.. **Deutsche Bank** – BLZ 250 700 70

Konto-Nr.	Auszug	Blatt	Geschäftsstelle	Währung	Soll **Alter Kontostand** Haben
063620900	15	1	DB Berling 0845/3981	EUR	10.350,00

Buchungstag	Wir haben für Sie gebucht	Belastung	Gutschrift
02.09.	Darlehen 34092, Tilgung 09/20..	2.000,00	
02.09.	Textila AG, Rg. 34092	3.570,00	
03.09.	Exclusiva GmbH, Rg. 23913		238,00
05.09.	Silke Bachmann e. K., Rg. 23783 vom 08.08.20..		400,00
Fairtext GmbH *Walsroder Str. 6a* *30625 Hannover*	**Neuer Kontostand:**		5.418,00

Autohaus Bach

Autohaus Bach · Birkenwald 44 · 30449 Hannover
Fairtext GmbH
Frau Neumann
Walsroder Str. 6 a
30625 Hannover

Telefon: 0511 1234-56
Telefax: 0511 1234-57
E-Mail: auto@bach-wvd.de

Kunden-Nr.: 19875
Lieferdatum: 28.07.20..
Bestelldatum: 28.07.20..
Sachbearbeiter/-in: Herr Marx

Rechnungs-Nr.: 86970
Rechnungsdatum: 30.07.20..

Rechnung

Pos.	Artikel-Nr.	Artikelbezeichnung	Menge und Einheit	Einzelpreis	Gesamtpreis
1	125125	PKW Kolf Sport Neuwagen	1	28.000,00 €	28.000,00 €
Gesamtpreis					28.000,00 €

1. Erläutern Sie, was man unter „Hauptbuch" versteht.
2. Geben Sie die Geschäftsfälle an, die in den Belegen abgebildet werden.
3. Erfassen Sie die Geschäftsfälle im Hauptbuch.

Die Umsatzsteuer wird aus Vereinfachungsgründen vorerst in den Belegen und Buchungen noch nicht dargestellt.

INFORMATIONEN

Laufende Buchungen

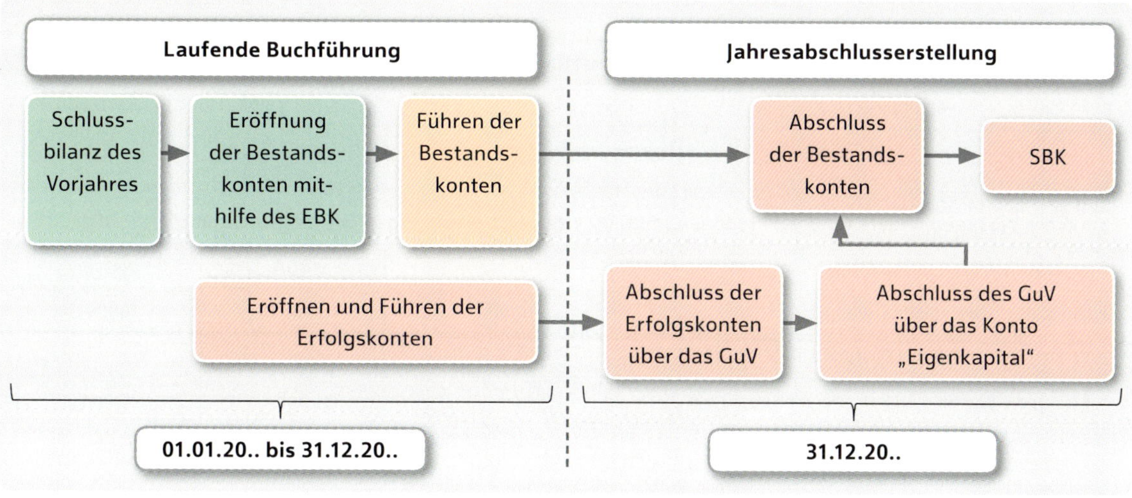

Nachdem die Konten eröffnet wurden, können die laufenden Werteströme, die sich in einem Unternehmen ergeben (Geschäftsfälle), erfasst werden. Die Buchführung ist nun „einsatzbereit". Die Erfassung der laufenden Buchungen erfolgt hier zunächst im Hauptbuch.

Erfassen von Geschäftsfällen im Hauptbuch (T-Konto)

Das Erfassen von Geschäftsfällen im Hauptbuch erfolgt rein schematisch. Die Konten sind sachlich sortiert. Jede Position aus der Bilanz wird auf einem gesonderten Konto im Hauptbuch geführt. Um Aufwendungen und Erträge nachvollziehbar zu gliedern, werden auch sie auf gesonderten Konten im Hauptbuch erfasst (Details werden später behandelt). Das Schema wird im Folgenden vorgestellt.

Auf aktiven Bestandskonten wird das Vermögen des Unternehmens dargestellt. Das bestehende Vermögen und die Vermögenszugänge werden im Soll gebucht, während die Vermögensabgänge im Haben gebucht werden.

Soll — Aktives Bestandskonto	Haben
EBK/Anfangsbestand	Abgänge
Zugänge	

Auf passiven Bestandskonten wird das Kapital des Unternehmens dargestellt, also das Eigen- und Fremdkapital (Schulden). Das bestehende Kapital und die Kapitalzugänge (z. B. Kreditaufnahme) werden im Haben gebucht, während die Minderung der passiven Bestandskonten im Soll gebucht wird.

Soll	Passives Bestandskonto — Haben
Abgänge	EBK/Anfangsbestand
	Zugänge

Jeder Buchungssatz wird im Hauptbuch mit einer Buchungsnummer versehen. Diese Buchungsnummer ergibt sich in der Praxis aus dem System und der Erfassung der Geschäftsfälle im Grundbuch. Die Erfassung im Grundbuch wird in den folgenden Kapiteln dargestellt.[1]

Mithilfe von vier Fragen kann beantwortet werden, welche Konten bei der Erfassung eines Geschäftsfalles angesprochen werden.

Die Zugänge auf den Bestandskonten werden im weiteren Verlauf des Kapitels zur Verdeutlichung in grüner Farbe dargestellt. Die Abgänge werden in roter Farbe dargestellt.

BEISPIEL

Beispiel 1

Kauf eines neuen Pkw für 28.000,00 € auf Ziel. (= Eingangsrechnung)

1. Welche Konten werden berührt?	Fuhrpark	Verb. a. LL
2. Um was für Konten handelt es sich?	Aktiv	Passiv
3. Wie verändert sich der Bestand auf den Konten?	+	+
4. Erfolgt die Buchung im Soll oder im Haben?	Soll	Haben

Die Übertragung in das Hauptbuch sieht wie folgt aus:

S	Fuhrpark		H
EBK	40.000,00		
1. Verb. a. LL	28.000,00		

S		Verbindlichkeiten a. LL	H
		EBK	76.000,00
		1. Fuhrpark	28.000,00

Beispiel 2

Kauf eines Wasserspenders für das Personal für 500,00 € gegen Barzahlung (= Eingangsrechnung).

1. Welche Konten werden berührt?	BGA	Kasse
2. Um was für Konten handelt es sich?	Aktiv	Aktiv
3. Wie verändert sich der Bestand auf den Konten?	+	–
4. Erfolgt die Buchung im Soll oder im Haben?	Soll	Haben

1 Sofern keine anderen Informationen vorliegen, werden die Geschäftsfälle mit Nr. 1 beginnend durchnummeriert.

203153480

Die Übertragung in das Hauptbuch sieht wie folgt aus:

S	BGA		H
EBK	68.000,00		
2. Verb. a. LL	500,00		

S	Kasse		H
EBK	7.600,00	2. BGA	500,00

Beispiel 3

Bezahlung einer Verbindlichkeit gegenüber einem Lieferanten in Höhe von 2.380,00 € vom Bankkonto.

1. Welche Konten werden berührt?	Bank	Verb. a. LL
2. Um was für Konten handelt es sich?	Aktiv	Passiv
3. Wie verändert sich der Bestand auf den Konten?	–	–
4. Erfolgt die Buchung im Soll oder im Haben?	Haben	Soll

Die Übertragung in das Hauptbuch sieht wie folgt aus:

S	Bank		H
EBK	142.000,00	3. Verb. a. LL	2.380,00

S	Verbindlichkeiten a. LL		H
3. Bank	2.380,00	EBK	76.000,00
		1. Fuhrpark	28.000,00

Beispiel 4

Eine Verbindlichkeit gegenüber einem Lieferanten in Höhe von 5.000,00 € muss aufgrund von Zahlungsschwierigkeiten in ein kurzfristiges Darlehen umgewandelt werden.

1. Welche Konten werden berührt?	Verb. a. LL	Kurzfr. Bankverb.
2. Um was für Konten handelt es sich?	Passiv	Passiv
3. Wie verändert sich der Bestand auf den Konten?	–	+
4. Erfolgt die Buchung im Soll oder im Haben?	Soll	Haben

Die Übertragung in das Hauptbuch sieht wie folgt aus:

S	Verbindlichkeiten a. LL		H
3. Bank	2.380,00	EBK	76.000,00
4. Darlehen	5.000,00	1. Fuhrpark	28.000,00

S	Darlehen		H
		EBK	120.000,00
		4. Verb. a. LL	5.000,00

AUFGABEN

1. Erklären Sie die Unterschiede zwischen aktiven und passiven Bestandskonten.
2. Nennen Sie fünf Beispiele für aktive und drei für passive Bestandskonten.
3. a) Eröffnen Sie die Buchführung im Hauptbuch mithilfe des EBK.
   b) Erfassen Sie die Geschäftsfälle im Hauptbuch.

Anfangsbestände	
BGA	13.000,00
Darlehen	87.500,00
Bank	7.600,00
Kasse	1.950,00
Eigenkapital	?
Gebäude	57.000,00
Fuhrpark	12.000,00
Verbindlichkeiten a. LL	32.800,00
Waren	56.000,00
Forderungen a. LL	35.000,00
Sonstige Verbindlichkeiten	4.000,00
Grundstücke	30.000,00

Geschäftsfälle

1 Eine Forderung in Höhe von 400,00 € wird per Banküberweisung gezahlt.

2 Die Fairtext GmbH kauft einen neuen Pkw für 20.000,00 € auf Ziel.

3 Die Tilgung für ein Darlehen in Höhe von 900,00 € wird vom Bankkonto abgebucht.

4 Ein neuer Schreibtisch wird angeschafft. Der Kaufpreis in Höhe von 1.000,00 € wird direkt bar bezahlt.

5 Ein alter PC wird verkauft. Der Kaufpreis in Höhe von 300,00 € wird sofort bar bezahlt.

6 Ein Kunde zahlt eine Rechnung in Höhe von 1.400,00 € per Banküberweisung.

7 Die Fairtext GmbH bezahlt eine Verbindlichkeiten gegenüber der Green Mary GmbH in Höhe von 4.300,00 € per Banküberweisung.

8 Aus der Kasse werden 1.000,00 € auf das Bankkonto eingezahlt.

9 Ein Kunde zahlt den Kaufpreis für einen Hosenanzug in Höhe von 700,00 € bar an der Kasse.

10 Die Fairtext GmbH kauft bei der Wervollst AG Herrenhemden für 3.000,00 € auf Ziel ein.

11 Ein alter Lieferwagen wird für 5.000,00 € auf Ziel verkauft.

12 Die Herrenhemden aus Sachverhalt 10. werden vom Bankkonto bezahlt.

AKTION

Erstellen Sie (in einer kleinen Gruppe mit maximal drei Personen) ein Quiz mit Aufgaben zu diesem Kapitel für Ihre Klassenkameraden. Nutzen Sie dafür zum Beispiel eine PowerPoint-Präsentation. Auf einer Folie erstellen Sie jeweils anschaulich die Aufgabe und auf der folgenden Folie stellen Sie die Lösung dar. Ihr Quiz soll mindestens fünf Aufgaben für Ihre Klassenkameraden enthalten.

203153482

ZUSAMMENFASSUNG

Vorgehen beim Geschäftsfall:

Hauptbuch

↓

AKTIVA	Eröffnungsbilanz zum 01.01.20..		PASSIVA
Grundstücke	820.000,00	Eigenkapital	854.000,00
Betriebs- und Geschäftssaustattung	183.750,00	Darlehen	220.000,00
Waren	99.000,00	Verbindlichkeiten a. LL	91.600,00
Forderungen a. LL	43.000,00		
Bank	16.000,00		
Kasse	3.850,00		
	1.165.600,00		1.165.600,00

Bilanz

Bilanzpositionen auflösen in ...

Soll	Aktives Bestandskonto Haben
EBK/Anfangsbestand	Abgänge
Zugänge	

Soll	Passives Bestandskonto Haben
Abgänge	EBK/Anfangsbestand
	Zugänge

KAPITEL 10

Buchen von Geschäftsfällen im Grundbuch (Buchungssatz)

Nachdem Anne Schulte die Belege in das Hauptbuch der Buchführung überführt hat, hat Frau Tegtmeyer nun einen neuen Auftrag für sie. Anne soll die Daten aus dem Hauptbuch in das Grundbuch der Buchführung überführen und die dazugehörigen Buchungssätze bilden.

Aktivkonten

S	Fuhrpark		H
EBK	17.000,00		
1.) Verb. a. LL	20.000,00		

S	BGA		H
EBK	8.500,00		

S	Waren		H
EBK	23.000,00		

S	Forderungen a. LL		H
EBK	17.500,00	4.) Bank	238,00
		5.) Bank	400,00

S	Bank		H
EBK	10.350,00	2.) Darlehen	2.000,00
4.) Fordg. a. LL	238,00	3.) Verb. a. LL	3.570,00
5.) Fordg. a. LL	400,00		

S	Kasse		H
EBK	1.950,00		

Passivkonten

S	Eigenkapital		H
		EBK	8.300,00

S	Darlehen		H
2.) Bank	2.000,00	EBK	40.000,00

S	Verbindlichkeiten a. LL		H
3.) Bank	3.570,00	EBK	23.000,00
		1.) Fuhrpark	20.000,00

S	Sonstige Verbindlichkeiten		H
		EBK	7.000,00

1. Erläutern Sie, was man unter dem Grundbuch der Buchführung versteht.
2. Bilden Sie die Eröffnungsbuchungen im Grundbuch für die dargestellten Konten.
3. Bilden Sie die laufenden Buchungssätze im Grundbuch für die auf den Konten abgebildeten Geschäftsfälle.

INFORMATIONEN

Grundbuch

Die Vermögenslage des Unternehmens ändert sich durch jeden Wertestrom. Selbst bei kleinen Unternehmen kommen pro Jahr tausende Werteströme zusammen. Die dazugehörigen Belege müssen in der Belegbearbeitung erfasst und schließlich gebucht werden.

Die Buchung auf T-Konten im Hauptbuch wurde im letzten Kapitel behandelt. Zusätzlich erfolgt die Buchung jedes Geschäftsfalls in Form eines Buchungssatzes im Grundbuch.

Die Buchungen im Grundbuch sind zeitlich (chronologisch) geordnet. Das Grundbuch wird auch als Primanota, Buchungsjournal oder Journal bezeichnet.

Grundbuch:

Nr.	Datum	Beleg Nr.	Buchungssatz (Kontonummer/Kontenbezeichnung)	SOLL	HABEN

Buchungen

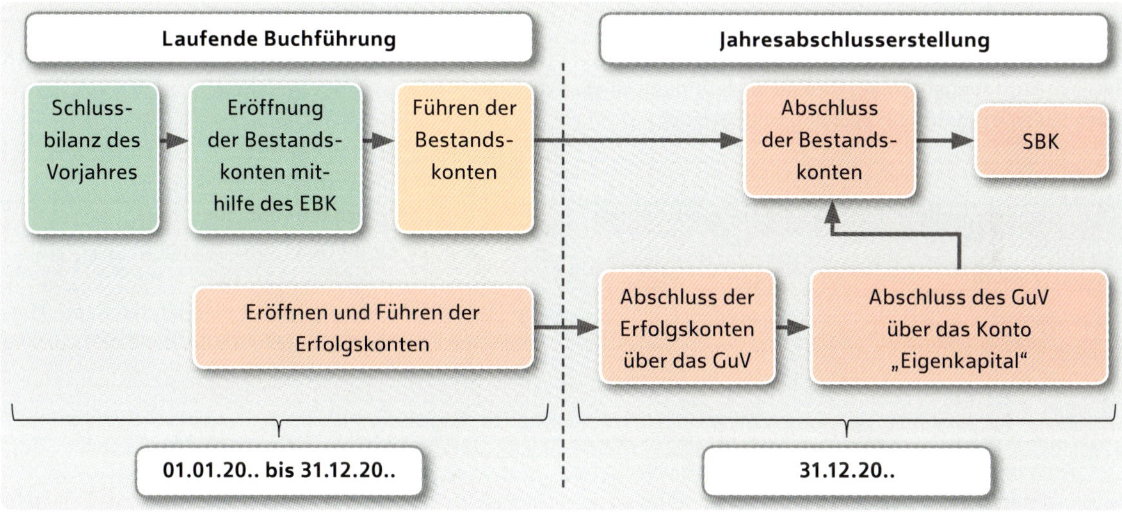

Die Eröffnung der Konten zu Beginn des Wirtschaftsjahres erfolgt nicht nur im Hauptbuch, sondern auch im Grundbuch. Sobald die Eröffnungsbuchungen gemacht sind, können die laufenden Werteströme, die sich in einem Unternehmen ergeben (Geschäftsfälle), erfasst werden. Die Buchführung ist nun „einsatzbereit". Die Eröffnung eines aktiven Bestandskontos erfolgt durch den Buchungssatz:

Buchungssatz	Soll	Haben
Aktivkonto an EBK		

Die Eröffnung eines passiven Bestandskontos erfolgt durch den Buchungssatz:

Buchungssatz	Soll	Haben
EBK an Passivkonto		

Es handelt sich hierbei um sogenannte einfache Buchungssätze, da im Soll und im Haben jeweils nur ein Konto angesprochen wird.

Einfacher Buchungssatz

Neben den Eröffnungsbuchungen werden alle Geschäftsfälle im Grundbuch der Buchführung festgehalten. Der Buchungssatz ist eine Kurzform der Darstellung der Geschäftsfälle. Für jeden Geschäftsfall wird ein Buchungssatz gebildet. Die Buchungssätze werden in zeitlicher Reihenfolge im Journal (Primanota) abgebildet.

DEFINITION

Ein **einfacher Buchungssatz** besteht nur aus einer Soll- und einer Haben-Position.

Ein einfacher Buchungssatz ist wie folgt aufgebaut:

Buchungssatz	**Soll**	**Haben**
Soll an Haben *Buchungstext*	Betrag (€)	Betrag (€)

Folgende Grundsätze müssen beim Buchungssatz beachtet werden:

- Zuerst wird die Soll-Buchung aufgeschrieben.
- In die nächste Zeile wird das Wort *an* geschrieben.
- In dieselbe Zeile wird dann die Haben-Buchung eingetragen.

- Die Beträge werden entsprechend rechts in die Spalte *Soll* oder die Spalte *Haben* eingetragen.
- Beträge werden immer rechtsbündig geschrieben.
- €-Zeichen werden nicht verwendet.
- Zwei Nachkommastellen werden angeführt.

Die Beträge in Soll und Haben sind immer gleich groß.

Die Übertragung im Hauptbuch erfolgt in der Buchführung ebenfalls. In der Praxis wird diese Übertragung direkt durch die Buchführungssoftware gemacht.

Bei einer Eröffnungsbuchung wird für die Eröffnung eines jeden Bestandskontos ein Buchungssatz gebildet.

BEISPIEL ERÖFFNUNG AKTIVKONTO

Der Anfangsbestand auf dem Konto Fuhrpark beträgt 17.000,00 €.

Buchungssatz	Soll	Haben
Fuhrpark	17.000,00	
an EBK		17.000,00

BEISPIEL ERÖFFNUNG PASSIVKONTO

Der Anfangsbestand auf dem Konto Verbindlichkeiten aus Lieferungen und Leistungen beträgt 43.600,00 €.

Buchungssatz	Soll	Haben
EBK	43.600,00	
an Verbindl. a. LL		43.600,00

Da bei der Eröffnung der Konten neben dem EBK jeweils nur ein Konto angesprochen wird, sind die Buchungen im Grundbuch relativ einfach zu bilden. Wenn man jedoch laufende Geschäftsfälle eines Unternehmens buchen will, müssen

- alle benötigten Konten,
- die Art und Weise der Bestandsänderung und
- die Höhe der Bestandsänderung

erkannt werden. Daher ist es hilfreich, wenn man sich zum Einstieg mit folgenden vier Fragen den Sachverhalt bewusst macht:

1. Welche Konten sind betroffen?
2. Um welche Kontenarten handelt es sich?
3. Wie verändern sich die Kontenbestände?
4. Auf welcher Kontenseite ist zu buchen?

Die folgende Abbildung ist aus dem letzten Kapitel bekannt und kann auch hier hilfreich bei der Beantwortung der Fragen sein:

Soll	Aktives Bestandskonto Haben
EBK/Anfangsbestand	Abgänge
Zugänge	

Soll	Passives Bestandskonto Haben
Abgänge	EBK/Anfangsbestand
	Zugänge

BEISPIEL

Beispiel 1
Anne Schulte bringt 2.000,00 € Bargeld aus der Kasse zur Bank.
Um einen Buchungssatz zu diesem Geschäftsfall zu bilden, gehen Sie wie bereits bekannt vor:

1. Welche Konten sind betroffen?	Bank	Kasse
2. Um welche Kontenarten handelt es sich?	Aktivkonto	Aktivkonto
3. Wie verändern sich die Kontenbestände?	Zugang	Abgang
4. Auf welcher Kontenseite ist zu buchen?	Soll	Haben

Buchungssatz	**Soll**	**Haben**
Bank	2.000,00	
an Kasse		2.000,00
Einzahlung bar auf das Bankkonto		

203153486

Erläuterungen:

- Sowohl beim Konto „Bank“ als auch beim Konto „Kasse“ handelt es sich um aktive Bestandskonten. Zugänge werden somit im Soll eingetragen. Daher steht das Konto „Bank“ im Soll, da 2.000,00 eingezahlt werden.
- Abgänge eines aktiven Bestandskontos werden im Haben gebucht, daher steht das Konto „Kasse“ im Haben.
- Aus der Festlegung, dass „Soll an Haben“ gebucht wird, kann man dann den Buchungssatz
  Bank an Kasse
  ableiten.

S	Bank		H
AB	142.000,00		
1. Kasse	2.000,00		

S	Kasse		H
AB	7.600,00	1. Bank	2.000,00

Beispiel 2

Die Fairtext GmbH überweist vom Bankkonto den Rechnungsbetrag in Höhe von 1.190,00 € an die Diamond GmbH.

1. Welche Konten sind betroffen?	Bank	Verbindlichkeiten aus LuL
2. Um welche Kontenarten handelt es sich?	Aktivkonto	Passivkonto
3. Wie verändern sich die Kontenbestände?	Abgang	Abgang
4. Auf welcher Kontenseite ist zu buchen?	Haben	Soll

Darstellung im Grundbuch:

Buchungssatz	Soll	Haben
Verb. a. LL an Bank *Zahlung einer Lieferantenrechnung*	1.190,00	 1.190,00

Darstellung im Hauptbuch:

S	Bank		H
AB	142.000,00	2. Verb. a. LL	1.190,00
1. Kasse	2.000,00		

S	Verbindlichkeiten a. LL		H
2. Bank	1.190,00	AB	76.000,00

Zusammengesetzter Buchungssatz

Im Geschäftsleben gibt es häufig Geschäftsfälle, die mehr als nur eine Soll- und eine Haben-Buchung erforderlich machen.

DEFINITION

Ein Buchungssatz, der aus mehr als zwei Buchungspositionen besteht, wird **zusammengesetzter Buchungssatz** genannt.

Zu einem Buchungssatz für die Buchung einer Eingangsrechnung oder einer Ausgangsrechnung sind in der Regel mindestens drei Buchungspositionen erforderlich. Dies liegt daran, dass die Umsatz- und Vorsteuer zusätzlich erfasst werden muss. Allerdings wird diese Thematik erst zu einem späteren Zeitpunkt behandelt. Daher werden zunächst andere Geschäftsfälle betrachtet, die auch einen zusammengesetzten Buchungssatz erfordern.

BEISPIEL: Zusammengesetzter Buchungssatz

Der Kaufpreis für einen neuen Pkw in Höhe von 33.320,00 € wird in Höhe von 8.320,00 € bar bezahlt. Der Restkaufpreis wird auf Rechnung gezahlt.

Um diesen Buchungssatz aufzustellen, sind wieder die vier Fragen wichtig. Diese werden für das oben stehende Beispiel wie folgt beantwortet:

Nr.	Konto	Konto	Konto
1	Fuhrpark	Kasse	Verb. a. LL
2	A	A	P
3	+	–	+
4	S	H	H

A = aktives Bestandskonto – = Abgang
P = passives Bestandskonto S = Soll
+ = Zugang H = Haben

Somit lautet der Buchungssatz:

Buchungssatz	Soll	Haben
Fuhrpark an Verb. a. LL an Kasse	33.320,00	 25.000,00 8.320,00

Bei der Aufstellung des zusammengesetzten Buchungssatzes ist darauf zu achten, dass die Summe der gebuchten Beträge in Soll und Haben übereinstimmt.

Aus Vereinfachungsgründen wird beim Erstellen des Buchungssatzes auf den Buchungstext verzichtet. In der Praxis wird der Buchungssatz im Kontierungsstempel auf dem Beleg vermerkt.

Im nachfolgenden Beispiel der Bezahlung der oben genannten Rechnung soll die Herangehensweise beim Aufstellen des Buchungssatzes noch einmal dargestellt werden.

	Gebucht	
Konto	**SOLL**	**HABEN**
Fuhrpark	33.320,00	
an Verb. a. LL an Kasse		25.000,00 8.320,00
Datum: 03.08.20..	Kürzel: Zu	

BEISPIEL

Die Fairtext GmbH bezahlt nach 30 Tagen den offenen Rechnungsbetrag über 25.000,00 € durch Banküberweisung. Es werden die oben stehenden Fragen wie folgt beantwortet:

1.	Verb. a. LL	Bank
2.	P	A
3.	-	-
4.	S	H

Somit lautet der Buchungssatz:

Buchungssatz	Soll	Haben
Verb. a. LL an Bank	25.000,00	 25.000,00

Alle Buchungen einer Abrechnungsperiode müssen in chronologischer Reihenfolge ins Grundbuch eingetragen werden.

BEISPIEL

Datum	Nr.	Buchungssatz	SOLL	HABEN
01.08.	1	Fuhrpark an Verb. a. LL an Kasse	33.320,00	 25.000,00 8.320,00
...	...	... ...	...	...
31.08.	...	Verb. a. LL an Bank	25.000,00	 25.000,00

AUFGABEN

1. Geben Sie die Buchungssätze zu den folgenden Geschäftsfällen an.

1 Auf dem Bankkonto gehen 238,00 € für einen auf Rechnung verkauften Anzug ein.

2 Ein Darlehen wird in Höhe von 500,00 € vom Bankkonto getilgt.

3 Eine Lieferantenrechnung wird vom Bankkonto gezahlt, Rechnungsbetrag: 3.570,00 €.

4 Für die Kasse werden 1.000,00 € vom Bankkonto abgehoben.

5 Zur Verstärkung des betrieblichen Kapitals wird ein Kredit in Höhe von 20.000,00 € aufgenommen. Der Betrag wird auf dem Bankkonto gutgeschrieben.

6 Kauf eines Transporters von einer Privatperson für 7.000,00 € auf Ziel.

7 Verkauf eines unbebauten Grundstücks für 60.000,00 € auf Ziel.

203153488

2. Geben Sie an, welche Geschäftsfälle den folgenden Buchungssätzen zugrunde liegen.

a) Bank	an	Kasse	200,00
b) Hypotheken	an	Bank	500,00
c) Kasse	an	Forderungen a. LL	595,00
d) Verbindlichkeiten a. LL	an	Bank	4.760,00
e) Bank	an	Grundstücke	120.000,00
f) Bank	an	Darlehen	30.000,00

3. Geben Sie die Buchungssätze für die folgenden Geschäftsfälle an.
   1 Kauf eines neuen Büroschranks für 2.000,00 € auf Ziel.
   2 Verkauf eines alten Regals für 100,00 € gegen Banküberweisung.
   3 Vom Bankkonto werden 200,00 € zum Auffüllen des Kassenbestandes abgehoben.
   4 Eine bereits erfasste Lieferantenrechnung in Höhe von 2.023,00 € wird per Banküberweisung beglichen.
   5 Eine neue Registrierkasse wird für 860,00 € auf Ziel gekauft.
   6 Einkauf von Hosenanzügen für 7.000,00 €.
   7 Tilgung einer Darlehensschuld in Höhe von 3.000,00 € durch Banküberweisung.
   8 Einkauf von Büromöbeln im Wert von 2.000,00 €. Es werden 200,00 € sofort als Anzahlung bar geleistet. Der Rest wird per Banküberweisung gezahlt.
   9 Ein alter Transporter wird für 6.000,00 € auf Ziel verkauft.
   10 Barkauf von neuen Schaufensterpuppen für 952,00 €.

4. Geben Sie an, welche Geschäftsfälle den folgenden Buchungssätzen zugrunde liegen.

1.	Waren	an Verb. a. LL	3.000,00	3.000,00
2.	Fordg. a. LL	an BGA	1.000,00	1.000,00
3.	Grundstücke	an Bank	20.000,00	20.000,00
4.	BGA	an Kasse	500,00	500,00
5.	Fordg. a. LL	an Fuhrpark	8.330,00	8.330,00
6.	Kasse	an Bank	500,00	500,00
7.	Darlehen	an Bank	1.000,00	1.000,00

5. Erstellen Sie die Buchungssätze zu den folgenden Geschäftsfällen im Grundbuch.
   1 Kauf eines Bürostuhls bar, für 535,50 €.
   2 Barkauf von Lagerregalen, für 900,00 €.
   3 Kunde zahlt Rechnung durch Banküberweisung, 4.800,00 €.
   4 Aufnahme eines Darlehens bei der Bank, 12.500,00 €.
   5 Postbanküberweisung auf das Bankkonto, 8.200,00 €.
   6 Barabhebung vom Bankkonto, 1.200,00 €.
   7 Bezahlung einer Lieferantenrechnung durch Postbanküberweisung, 4.500,00 €.
   8 Umwandlung einer Lieferantenschuld in eine Darlehensschuld, 14.000,00 €.
   9 Kauf eines gebrauchten Pkw gegen Rechnung, 5.200,00 €.
   10 Tilgung einer Darlehensschuld durch Banküberweisung, 1.500,00 €, und Postbanküberweisung, 3.500,00 €.
   11 Aufnahme einer Hypothek bei der Bank, 40.000,00 €.
   12 Kauf eines Grundstücks durch Banküberweisung, 90.000,00 €.
   13 Kauf von einer Verpackungsmaschine (2.800,00 €) und einem Kassensystem (4.200,00 €) auf Ziel.
   14 Zahlung einer Lieferantenrechnung durch Postbanküberweisung (4.000,00 €), bar (2.000,00 €) und Banküberweisung 10.800,00 €.
   15 Kunde zahlt Rechnung durch Postbanküberweisung, 19.800,00 €.
   16 Kauf einer neuen Ladentheke auf Ziel, 34.034,00 €.

17 Bareinkauf eines gebrauchten Schreibtisches, 300,00 €.
18 Bezahlung der Rechnung aus Fall 13 durch Banküberweisung.
19 Einkauf von Waren auf Ziel, 6.500,00 €.
20 Bareinzahlung auf das Bankkonto, 2.000,00 €.

6. Bilden Sie die Buchungssätze im Grundbuch für die Geschäftsfälle aus der Aufgabe 3 aus Kapitel 4.9.

7. Zu Beginn eines Geschäftsjahres gibt es in einem Unternehmen folgende Anfangsbestände:

Anfangsbestände	
Gebäude	200.000,00 €
BGA	25.000,00 €
Kasse	4.000,00 €
Bank	5.100,00 €
Forderungen a. LL	1.000,00 €
Waren	19.600,00 €
Verbindlichkeit a. LL	8.720,00 €
Darlehen	3.000,00 €
Hypotheken	25.000,00 €
Eigenkapital	?

a) Bilden Sie für die folgenden Geschäftsfälle die Buchungssätze im Grundbuch.
b) Eröffnen Sie die Konten im Hauptbuch.
c) Nehmen Sie die Buchungen für die Geschäftsfälle im Hauptbuch vor.
d) Schließen Sie die Konten im Hauptbuch ordnungsgemäß ab.
e) Erstellen Sie die Schlussbilanz.

Geschäftsfälle

1 Es werden 400,00 € Bargeld auf das Bankkonto eingezahlt.
2 Es wird ein Computer für 1.000,00 € angeschafft.
3 Wareneinkauf auf Ziel 3.300,00 €.
4 Ein Kunde bezahlt bar mit 400,00 €.
5 Ein Teil der Hypothekenschuld in Höhe von 660,00 € wird durch Banküberweisung getilgt.
6 Ware wird bar eingekauft für 1.940,00 €.
7 Verbindlichkeiten in Höhe von 3.720,00 € werden in ein Darlehen umgewandelt.

8.

Anfangsbestände	
Gebäude	200.000,00 €
Betriebs- und Geschäftsausstattung	58.000,00 €
Kasse	5.200,00 €
Waren	33.000,00 €
Bank	15.000,00 €
Forderungen a. LL	21.850,00 €
Verbindlichkeiten a. LL	11.500,00 €
Darlehen	16.000,00 €
Hypotheken	18.300,00 €
Eigenkapital	287.250,00 €

a) Bilden Sie für die folgenden Geschäftsfälle die Buchungssätze im Grundbuch.
b) Erstellen Sie die Eröffnungsbilanz.
c) Eröffnen Sie die Konten im Hauptbuch.
d) Nehmen Sie die Buchungen für die Geschäftsfälle im Hauptbuch vor.
e) Schließen Sie die Konten im Hauptbuch ordnungsgemäß ab.
f) Erstellen Sie die Schlussbilanz.

Geschäftsfälle

1	Kauf eines Ladenregals gegen Rechnung	3.500,00 €
2	Ein Teil des Darlehens wird durch Banküberweisung getilgt	1.000,00 €
3	Ein Kunde zahlt einen Rechnungsbetrag über	3.000,00 €
	in bar	1.200,00 €
	durch Banküberweisung	1.800,00 €
4	Wareneinkauf auf Ziel	2.500,00 €
5	Eine Lieferantenrechnung wird durch Banküberweisung beglichen	1.850,00 €
6	Wareneinkauf bar	2.500,00 €
7	Bareinzahlung auf das Bankkonto	800,00 €
8	Kauf eines Lagergebäudes im Wert von	26.000,00 €
	durch Banküberweisung	5.000,00 €
	in bar	2.000,00 €
	Eintragung einer Hypothek	19.000,00 €
9	Ein Kunde durch Bankscheck eine Rechnung über	10.000,00 €
10	Barabhebung vom Bankkonto	1.500,00 €

AKTION

Sie sollen als Klasse gemeinsam dieses Kapitel digital aufbereiten. Im Ergebnis soll eine Homepage entstehen, mit welcher Sie die Inhalte (zum Beispiel für eine Klassenarbeit) wiederholen/lernen können.

a) Überlegen Sie sich die Inhalte, die aufbereitet werden müssen, in einem Brainstorming.
b) Ein Klassenmitglied (oder die Lehrkraft) erstellt mithilfe der Homepage www.padlet.com ein Padlet (Anmeldung erforderlich, kostenfreie Basic-Version genügt).
c) Laden Sie mithilfe des QR-Codes die übrigen Klassenmitglieder ein.
d) Informieren Sie sich zunächst in Einzelarbeit über die Konfigurationsmöglichkeiten des Padlets.
e) Erläutern Sie sich gegenseitig in Partnerteams Ihre Erkenntnisse zu den Konfigurationsmöglichkeiten und entscheiden Sie sich für eine Konfiguration.
f) Diskutieren Sie im Klassenverband über die optimale Konfiguration des Padlets.
g) Konfigurieren Sie das entsprechende Padlet.
h) Bereiten Sie in Teams die einzelnen Themenblöcke dieses Kapitels im Padlet auf.
i) Stellen Sie im Klassenverband Ihren Arbeitsabschnitt vor. Nehmen Sie Ergänzungen vor.

ZUSAMMENFASSUNG

Grundbuch

↓

Erfassung von Geschäftsfällen

- in zeitlicher Reihenfolge (chronologisch)
- als Buchungssätze
  - einfache Buchungssätze
  - zusammengesetzte Buchungssätze

Buchungssatz „Soll an Haben“

Aufbau

Buchungssatz	Soll	Haben
Soll	Betrag (€)	
an Haben *Buchungstext*		Betrag (€)

- Beträge/Summen der Soll- und Haben-Seite müssen gleich groß sein
- Auch mehr als zwei Buchungspositionen möglich (= zusammengesetzter Buchungssatz)

Die vier Fragen zur Erstellung eines Buchungssatzes:

1. Welche Konten sind betroffen?
2. Um welche Kontenart handelt es sich (aktives oder passives Bestandskonto)?
3. Wie verändern sich die Kontenbestände (Zugang oder Abgang)?
4. Auf welcher Kontenseite ist zu buchen?

KAPITEL 11
Abschluss der Konten

Die folgenden Bestandskonten der Buchführung der Fairtext GmbH sollen nun abgeschlossen werden, um eine Schlussbilanz auf das Ende Wirtschaftsjahres zu erstellen:

S	Grundstücke		H
EBK	80.000,00		
12.)	150.000,00		

S	Gebäude		H
EBK	57.000,00		
12.)	250.000,00		

S	Fuhrpark		H
EBK	12.000,00	11.) Fordg. a. LL.	5.000,00
2.) Verb. a. LL	20.000,00		

S	BGA		H
EBK	13.000,00	5.) Kasse	300,00
4.) Kasse	1.000,00		

S	Waren		H
EBK	56.000,00	9.) Kasse	3.200,00
10.) Verb. a. LL	3.000,00		

S	Forderungen a. LL		H
EBK	35.000,00	1.) Bank	14.000,00
11.) Fuhrpark	5.000,00	6.) Bank	18.000,00

S	Bank		H
EBK	57.600,00	3.) Bank	900,00
1.) Fordg. a. LL.	14.000,00	7.) Verb. a. LL	4.300,00
6.) Fordg. a. LL.	18.000,00	12.) Gebäude	50.000,00
8.) Kasse	3.100,00		

S	Kasse		H
EBK	4.950,00	4.) BGA	1.000,00
5.) BGA	300,00	8.) Bank	3.100,00
9.) Waren	3.200,00		

S	Eigenkapital		H
		EBK	191.250,00

S	Darlehen		H
3.) Bank	900,00	EBK	87.500,00
		12.) Grdstk./Geb.	350.000,00

S	Verbindlichkeiten a. LL		H
7.) Bank	4.300,00	EBK	32.800,00
		2.) Fuhrpark	20.000,00
		10.) Waren	3.000,00

S	Sonstige Verbindlichkeiten		H
		EBK	4.000,00

1. Erläutern Sie, warum die Konten am Ende des Wirtschaftsjahres abgeschlossen werden müssen.
2. Schließen Sie die Konten im Grund- und Hauptbuch ab und erstellen Sie die Schlussbilanz der Fairtext GmbH.

203153492

INFORMATIONEN

Vorgehen beim Jahresabschluss

So wie die Buchführung zu Beginn eines Wirtschaftsjahres aus der Schlussbilanz des Vorjahres eröffnet wird, muss sie zum Ende eines Wirtschaftsjahres auch wieder abgeschlossen und zu einer Schlussbilanz zusammengefasst werden.

Hierzu werden die Bestandskonten über das Schlussbilanzkonto abgeschlossen. Das Schlussbilanzkonto (SBK) ist die Basis für den Jahresabschluss und die folgende Zusammenfassung der Bestände. Das Ergebnis ist die Schlussbilanz für das abgelaufene Wirtschaftsjahr.

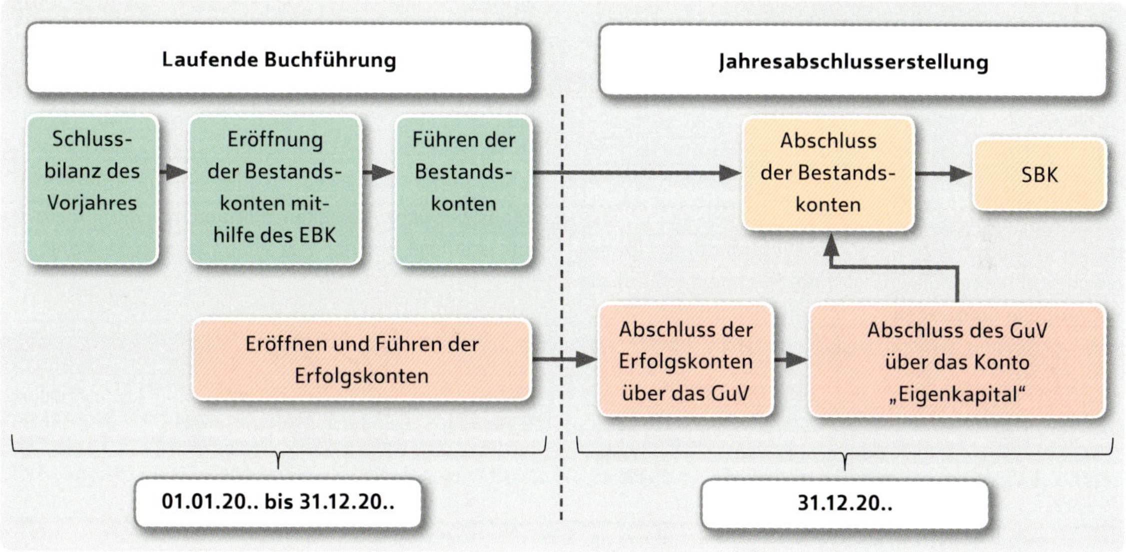

Abschluss der Bestandskonten

Am Ende des Wirtschaftsjahres werden die Bestandskonten über das Konto „Schlussbilanzkonto“ (SBK) abgeschlossen. Der Abschluss erfolgt einerseits im Hauptbuch (auf dem T-Konto) und zusätzlich als Buchungssatz im Grundbuch.

Schlussbilanzkonto

Das Schlussbilanzkonto ist nicht mit der Schlussbilanz gleichzusetzen, da das SBK das Ergebnis der internen Buchführung ist, während die Schlussbilanz vorrangig für externe Anspruchsgruppen des Unternehmens bestimmt ist Im Folgenden werden die Inhalte des Schlussbilanzkontos (SBK) und die Unterschiede und Gemeinsamkeiten mit der Schlussbilanz dargestellt.

	SBK	Schlussbilanz
Umfang	ausführlich (eine Position je Bestandskonto)	zusammengefasst zu Bilanzpositionen
Gliederung	keine Vorschriften (einfaches T-Konto)	gem. §§ 247, 266 HGB (Kontenform mit klar geregelter Gliederung)
Bezeichnung der Kontenseiten	Soll und Haben	Aktiva und Passiva
Konten-/Bilanzsumme	übereinstimmend	
Eigenkapital	übereinstimmend	
Einzelpositionen	meistens mehrere Einzelpositionen	zumeist weniger Einzelpositionen

Abschluss der aktiven Bestandskonten

Die Soll-Seite der aktiven Bestandskonten ist (in der Regel) größer als die Haben-Seite.

Um ein aktives Bestandskonto abzuschließen, ermittelt man die Summe des Kontos auf der Soll-Seite und trägt sie in das Konto ein.

BEISPIEL

S	Bank		H
EBK	9.500,00	2. Verb. a. LL	2.500,00
1. BGA	3.570,00	4. Darlehen	7.000,00
3. Ford. a. LL	12.495,00		
①	**23.570,00**		

Da beide Seiten eines Kontos systembedingt immer gleich groß sein müssen, wird die Summe auch auf die Haben-Seite übertragen.

BEISPIEL

S	Bank		H
EBK	9.500,00	2. Verb. a. LL	2.500,00
1. BGA	3.570,00	4. Darlehen	7.000,00
3. Ford. a. LL	12.495,00		
	23.570,00	→ ② →	**23.570,00**

Der auf der Haben-Seite fehlende Betrag, der sich ergibt, wenn man alle Positionen auf der Haben-Seite (Vermögensabgänge) von der Summe des Kontos abzieht, wird als Saldo bezeichnet.

Der ermittelte Saldo wird auf der Haben-Seite des aktiven Bestandskontos eingetragen. Die Beträge auf der Haben-Seite ergeben nun die zuvor ermittelte Summe. Soll und Haben sind gleich groß. Der ermittelte Saldo des Kontos wird auf die Soll-Seite des Schlussbilanzkontos übertragen. Das aktive Bestandskonto ist im Hauptbuch abgeschlossen.

BEISPIEL

S	Bank		H
EBK	9.500,00	2. Verb. a. LL	2.500,00
1. BGA	3.570,00	4. Darlehen	7.000,00
3. Ford. a. LL	12.495,00	**5. SBK** ③	**14.070,00**
	23.570,00		**23.570,00**

Der dazugehörige Buchungssatz lautet:

Buchungssatz	Soll	Haben
SBK		
an Aktivkonto		

Bezogen auf das vorliegende Beispiel lautet der Buchungssatz also:

Buchungssatz	Soll	Haben
SBK	23.570,00	
an Bank		23.570,00

Abschluss der passiven Bestandskonten

Die Haben-Seite der passiven Bestandskonten ist (in der Regel) größer als die Soll-Seite. Um ein passives Bestandskonto abzuschließen, ermittelt man die Summe des Kontos auf der Haben-Seite und trägt sie in das Konto ein.

BEISPIEL

S	Darlehen		H
1. Bank	2.500,00	EBK	12.000,00
3. Bank	3.500,00	2. Fuhrpark	53.550,00
		4. BGA	17.850,00
		5. BGA	8.330,00
		①	**91.730,00**

Da beide Seiten eines Kontos systembedingt immer gleich groß sein müssen, wird die Summe auch auf die Soll-Seite übertragen.

BEISPIEL

S	Darlehen		H
1. Bank	2.500,00	EBK	12.000,00
3. Bank	3.500,00	2. Fuhrpark	53.550,00
		4. BGA	17.850,00
		5. BGA	8.330,00
	91.730,00	← ② ←	**91.730,00**

Der auf der Soll-Seite fehlende Betrag, der sich ergibt, wenn man alle Positionen auf der Soll-Seite von der Summe des Kontos abzieht, wird als Saldo bezeichnet.

Der ermittelte Saldo wird auf der Soll-Seite des passiven Bestandskontos eingetragen. Die Beträge auf der Soll-Seite ergeben nun die zuvor ermittelte Summe. Soll und Haben sind gleich groß. Der ermittelte Saldo des Kontos wird auf die Haben-Seite des Schlussbilanzkontos übertragen. Das passive Bestandskonto ist im Hauptbuch abgeschlossen.

203153494

BEISPIEL

S	Darlehen		H
1. Bank	2.500,00	EBK	12.000,00
3. Bank	3.500,00	2. Fuhrpark	53.550,00
6. SBK	**85.730,00**	4. BGA	17.850,00
③		5. BGA	8.330,00
	91.730,00		**91.730,00**

Der dazugehörige Buchungssatz lautet:

Buchungssatz	Soll	Haben
Passivkonto		
an SBK		

Bezogen auf das vorliegende Beispiel lautet der Buchungssatz also:

Buchungssatz	Soll	Haben
Darlehen	91.730,00	
an SBK		91.730,00

Schlussbilanzkonto (SBK)

Auf dem Schlussbilanzkonto (SBK) erfolgt am Jahresende eine zusammenfassende Gegenüberstellung des Vermögens auf der Soll-Seite und des Kapitals auf der Haben-Seite. Da jedes vorhandene Vermögen entweder durch Eigen- oder Fremdkapital finanziert sein muss, müssen beide Seiten systemlogisch gleich groß sein.

Nach dem Abschluss der aktiven Bestandskonten ist die Soll-Seite zusammenzurechnen und die Summe des SBK einzutragen. Gleiches ist nach dem Abschluss aller passiven Bestandskonten auf der Haben-Seite vorzunehmen. Die Summe des Schlussbilanzkontos muss auf beiden Seiten gleich groß sein.

S	Schlussbilanzkonto H
Vermögen	Fremdkapital (Schulden)
	Eigenkapital
Summe	Summe

Schlussbilanz

Die Werte der einzelnen Konten werden vollständig und nicht zwingend gegliedert im SBK dargestellt. Es erfolgt dann eine Überführung der einzelnen Werte aus dem Schlussbilanzkonto in die gesetzlich geforderte Form der Schlussbilanz.

In der Schlussbilanz werden nicht nur Positionen aus dem Schlussbilanzkonto zusammengefasst, sondern auch die Gliederungsvorschriften des § 266 HGB beachtet. Die Grundzüge hierzu wurden bereits im Kapitel 8.5 behandelt.

Aktiva	Schlussbilanz zum Passiva
I. ANLAGEVERMÖGEN	I. EIGENKAPITAL
1. Grundstücke	II. FREMDKAPITAL
2. Gebäude	1. Hypotheken
3. Fuhrpark	2. Darlehen
4. BGA	3. Verbindl. a. LL
II. UMLAUFVERMÖGEN	4. Sonstige Verbindlichkeiten
1. Forderungen a. LL	
2. Sonstige Forderungen	
3. Kasse	
4. Bank	

Ort und Datum

Unterschrift

Aktiva	Schlussbilanzkonto Passiva
Grundstücke	Eigenkapital
Gebäude	Verbindl. a. LL
Forderungen a. LL	Darlehen
Kasse	Hypotheken
BGA	Sonstige Verbindlichkeiten
Fuhrpark	
Sonstige Forderungen	
Bank	

AUFGABEN

1. Nehmen Sie zu der folgenden Aussage eines Schülers begründet Stellung: „Ob ich das nun SBK oder Schlussbilanz nenne, ist doch egal. Das ist doch sowieso dasselbe."

2. a) Schließen Sie die folgenden Konten ab und erstellen Sie die Schlussbilanz zum 31.12.20..

b) Erläutern Sie, welche Geschäftsfälle hinter den Buchungen 2., 5., 6. und 9. stehen.

c) Erläutern Sie die Entwicklung des Eigenkapitalkontos in Aufgabenteil a) mit eigenen Worten.

Grundstücke

Soll			Haben
EBK	75.000,00	5. Ford. a. LL	10.000,00
4. Bank	7.500,00	9. Ford. a. LL	8.000,00

Gebäude

Soll			Haben
EBK	138.000,00	5. Ford. a. LL	58.600,00

Fuhrpark

Soll			Haben
EBK	87.000,00		
2. Verb. a. LL	18.800,00		

BGA

Soll			Haben
EBK	23.500,00		
1. Darlehen	41.200,00		
7. Kasse	1.200,00		

Forderungen a. LL

Soll			Haben
EBK	17.800,00	6. Bank	81.634,00
5. Grdstk.	10.000,00		
5. Gebäude	58.600,00		
9. Grdstk.	8.000,00		

Bank

Soll			Haben
EBK	13.600,00	3. Darlehen	2.000,00
6. Ford. a. LL	81.634,00	4. Grdstk.	7.500,00
		8. Verb. a. LL	12.800,00

Kasse

Soll			Haben
EBK	2.700,00	7. BGA	1.200,00

Eigenkapital

Soll			Haben
		EBK	90.800,00

Darlehen

Soll			Haben
3. Bank	2.000,00	EBK	222.700,00
		1. BGA	41.200,00

Verbindlichkeiten a. LL

Soll			Haben
8. Bank	12.800,00	EBK	44.100,00
		2. Fuhrpark	18.800,00

3. Die Fairtext GmbH weist zu Beginn eines Geschäftsjahres folgende Anfangsbestände aus:

Anfangsbestände			
Grundstücke	795.000,00	Bank	16.800,00
Gebäude	615.000,00	Kasse	3.700,00
BGA	167.000,00	Eigenkapital	?
Waren	185.000,00	Darlehen	180.000,00
Maschinen	47.000,00	Hypotheken	340.000,00
Forderungen a. LL	64.500,00	Verbindlichkeiten a. LL	85.000,00
Sonstige Forderungen	12.000,00	Sonstige Verbindlichkeiten	7.000,00

a) Erstellen Sie eine ordnungsgemäße Eröffnungsbilanz zum 01.01.20..

b) Nehmen Sie die Eröffnungsbuchungen im Grund- und Hauptbuch vor.

c) Buchen Sie die folgenden Geschäftsfälle im Hauptbuch.

1. Kauf einer EDV-Anlage durch Banküberweisung, 15.946,00 €.
2. Kauf von Waren auf Ziel, 12.000,00 €.
3. Aufnahme eines kurzfristigen Kredits bei der Bank, 40.000,00 €.
4. Kunde zahlt seine Rechnung:
   bar 4.000,00 €
   Banküberweisung 17.500,00 €
5. Kauf eines Grundstücks durch Banküberweisung, 25.000,00 €.
6. Kauf von Waren auf Ziel, 15.000,00 €.
7. Bezahlung der Rechnung zu Fall 2 durch Banküberweisung.
8. Bareinzahlung auf das Bankkonto, 3.000,00 €.
9. Bareinkauf eines Bürostuhls, 595,00 €.
10. Zahlung einer Lieferantenrechnung durch Banküberweisung, 8.400,00 €.

d) Schließen Sie die Konten im Grund- und Hauptbuch ab.

203153496

AKTION

Die Fairtext GmbH weist zu Beginn eines Geschäftsjahres folgende Anfangsbestände aus:

Anfangsbestände			
Grundstücke	125.000,00	Bank	16.000,00
Gebäude	395.000,00	Kasse	3.850,00
Betriebs- und Geschäftsausstattung	83.750,00	Eigenkapital	?
Waren	144.000,00	Hypotheken	340.000,00
Maschinen	6.000,00	Darlehen	220.000,00
Forderungen a. LL	43.000,00	Verbindlichkeiten a. LL	91.600,00
Fuhrpark	85.000,00	Sonstige Verbindlichkeiten	7.000,00

a) Erstellen Sie eine ordnungsgemäße Eröffnungsbilanz zum 01.01.20..

b) Eröffnen Sie die Konten im Hauptbuch. Erstellen Sie dabei auch das Eröffnungsbilanzkonto und geben Sie die dazugehörigen Buchungssätze an.

c) Nehmen Sie die Buchungen für die nachfolgenden Belege im Grundbuch vor.

d) Nehmen Sie die Buchungen für die Belege im Hauptbuch vor.

e) Schließen Sie die Konten im Hauptbuch ab und erstellen Sie die Schlussbilanz.

Beleg 1

Commerzbank Hannover 250 400 66 **Konto-Auszug**

		Konto-Nr.	Auszug-Nr.	Datum	Alter Kontostand
Buch.-Tag	Tag der Wertstellung	**141 919 100**	1	05.01.20..	16.000,00 €
03.01.20..	03.01.20..	Darlehen Nr. 2345			50.000,00 € +
					Neuer Kontostand 66.000,00 € +

Herrn, Frau, Fa.

Fairtext GmbH
Walsroder Str. 6a
30625 Hannover

BIC COBADEFF
IBAN DE09 2504 0066 0141 9191 00

Beleg 2

BaBa

Telefon: 04361 21077-33
Telefax: 04361 21077-30
E-Mail: lafrenz@baba-wvd.de

BaBa GmbH I Neuer Weg 27 I 26135 Oldenburg
Fairtext GmbH
Walsroder Str. 6 a
30625 Hannover

Kunden-Nr.:	14059
Lieferdatum:	05.01.20..
Bestelldatum:	03.01.20..
Sachbearbeiter/-in:	Frau Lafrenz
Rechnungs-Nr.:	4567
Rechnungsdatum:	06.02.10..

Rechnung

Pos.	Artikel-Nr.	Artikelbezeichnung	Menge und Einheit	Einzelpreis	Gesamtpreis
1	094356	Stoffwaren, blau	10	952,00 €	9.520,00 €
2	094357	Stoffwaren, grau	17	595,00 €	10.115,00 €
Gesamtpreis					19.635,00 €

Beleg 3

Commerzbank Hannover		250 400 66		**Konto-Auszug**
	Konto-Nr.	Auszug-Nr.	Datum	Alter Kontostand
Buch.-Tag / Tag der Wertstellung	**141 919 100**	2	07.01.20..	66.000,00 €
06.01.20.. / 06.01.20..	Silke Bachmann e. Kffr. (Kd-Nr. 10003, Rg.-Nr. 3456)			11.000,00 € +
				Neuer Kontostand 77.000,00 € +

Herrn, Frau, Fa.

Fairtext GmbH
Walsroder Str. 6 a
30625 Hannover

BIC COBADEFF
IBAN DE09 2504 0066 0141 9191 00

203153498

Beleg 4

Commerzbank Hannover		250 400 66			**Konto-Auszug**
		Konto-Nr.	Auszug-Nr.	Datum	Alter Kontostand
Buch.-Tag	Tag der Wertstellung	**141 919 100**	3	07.01.20..	77.000,00 €
09.01.20..	09.01.20..	Kauf Grundstück, Vertrag 568, G. Marner			40.000,00 € –
					Neuer Kontostand 37.000,00 € +
Herrn, Frau, Fa. Fairtext GmbH Walsroder Str. 6 a 30625 Hannover				BIC COBADEFF IBAN DE09 2504 0066 0141 9191 00	

Beleg 5

Commerzbank Hannover		250 400 66			**Konto-Auszug**
		Konto-Nr.	Auszug-Nr.	Datum	Alter Kontostand
Buch.-Tag	Tag der Wertstellung	**141 919 100**	4	12.01.20..	37.000,00 €
10.01.20..	10.01.20..	BaBa GmbH, RG-NR. 4567, Kd-Nr. 14059			19.635,00 € –
					Neuer Kontostand 17.365,00 € +
Herrn, Frau, Fa. Fairtext GmbH Walsroder Str. 6 a 30625 Hannover				BIC COBADEFF IBAN DE09 2504 0066 0141 9191 00	

Beleg 6

Quittung 1

Nr.

Netto € ct

€ ct

\+ % Ust

Gesamt € 2.500 ct 00

Gesamtbetrag € in Worten

– zweitausendfünfhundert – Cent wie oben

(Im Gesamtbetrag sind ______ % Umsatzsteuer enthalten)

Von Fairtext GmbH

Für Bareinzahlung

richtig erhalten zu haben, bestätigt

Ort Hannover Datum 16.01.20..

Buchungsvermerke

Stempel/Unterschrift des Empfängers

Anne Schulte

Beleg 7

Autohaus Bach

Autohaus Bach · Birkenwald 44 · 30449 Hannover
Fairtext GmbH
Walsroder Str. 6 a
30625 Hannover

Telefon: 03338 8833-13
Telefax: 03338 8833-10
E-Mail: e.ginger@bach-wvd.de

Kunden-Nr.:	18545
Lieferdatum:	05.01.20..
Bestelldatum:	20.11.20..
Sachbearbeiter/-in:	Herr Ginger
Rechnungs-Nr.:	490443
Rechnungsdatum:	16.01.20..

Rechnung

Pos.	Artikel-Nr.	Artikelbezeichnung	Menge und Einheit	Einzelpreis	Gesamtpreis
1	943000	Mini Car	1	15.232,00 €	15.232,00 €

Gesamtpreis 15.232,00 €

Beleg 8

MC Computer GmbH

MC Computer GmbH · Große Str. 34 · 27239 Twistringen
Fairtext GmbH
Walsroder Str. 6 a
30625 Hannover

Telefon: 04243 76512-55
Telefax: 04243 76512-50
E-Mail: daniel.seim@mc-computer-wvd.de

Kunden-Nr.:	90345
Lieferdatum:	18.01.20..
Bestelldatum:	04.01.20..
Sachbearbeiter/-in:	Herr Seim
Rechnungs-Nr.:	00905
Rechnungsdatum:	20.01.20..

Rechnung

Pos.	Artikel-Nr.	Artikelbezeichnung	Menge und Einheit	Einzelpreis	Gesamtpreis
1	353094	EDV-Anlage Speedport 9000	1 Stück	10.234,00 €	10.234,00 €

Gesamtpreis 10.234,00 €

ZUSAMMENFASSUNG

Abschluss Aktivkonto

Hauptbuch

S	Aktivkonto H
EBK	Abgänge
Zugänge	SBK
Summe	Summe

Abschluss Passivkonto

Hauptbuch

S	Passivkonto H
Abgänge	EBK
SBK	Zugänge
Summe	Summe

Schlussbilanzkonto

Hauptbuch

S	Schlussbilanzkonto H
Vermögen	Fremdkapital (Schulden)
	Eigenkapital
Summe	Summe

KAPITEL 12
Erfolgskonten im Grund- und Hauptbuch

Anne Schulte und Sebastian Holpert haben die Ausgangsrechnung an die Firma Franz Stallmann Fashion OHG über einen Rechnungsbetrag von 13.090,00 € vor sich liegen. Sie haben den Beleg mit einem Kontierungsstempel versehen und bekommen nun den Auftrag, die Rechnung zu buchen.

Frau Tegtmeyer, Sachbearbeiterin in der Abteilung Rechnungswesen bei der Fairtext GmbH, macht die beiden Auszubildenden darauf aufmerksam, dass verkaufte Textilien nicht auf Bestandskonten gebucht werden, sondern dass es sich dabei um Erfolgskonten handelt.

Fairtext GmbH
Textilgroßhandlung

Telefon: 0511 4155-0
Telefax: 0511 4155-10
Internet: www.fairtext-wvd.de
E-Mail: wollny@fairtext-wvd.de

Fairtext GmbH · Walsroder Str. 6a · 30625 Hannover
Franz Stallmann Fashion OHG
Vogesenstr. 3
45468 Mülheim

Kunden-Nr.:	10607
Lieferdatum:	28.07.20..
Bestelldatum:	24.07.20..
Sachbearbeiter/-in:	Nadine Wollny
Rechnungs-Nr.:	14554
Rechnungsdatum:	31.07.20..

Rechnung

Pos.	Bezeichnung der Leistung	Gesamtpreis
1	Vermittlungsprovision	13.090,00 €
Gesamtpreis		13.090,00 €

1. Begründen Sie, warum sich auf der Ausgangsrechnung an die Franz Stallmann Fashion OHG kein Eingangsstempel befindet.
2. Nennen Sie die Konten, auf denen die Rechnung bei der Fairtext GmbH gebucht werden muss.
3. Erläutern Sie, was in den Kontierungsstempel eingetragen werden muss.
4. Geben Sie die Buchung an, die bei der Franz Stallmann OHG erforderlich wird.

INFORMATIONEN

Erfolgskonten

Bei der Erfassung einer Ausgangsrechnung ist neben der Beachtung der Bestandskonten eine weitere Kontenart von Bedeutung: die **Erfolgskonten**.

Eine Buchung auf einem Erfolgskonto wirkt sich im Gegensatz zu Bestandskonten auf das Eigenkapital eines Unternehmens aus. Die Buchung hat somit Einfluss auf den Gewinn im Unternehmen.

Es gibt zwei Arten von Erfolgskonten:

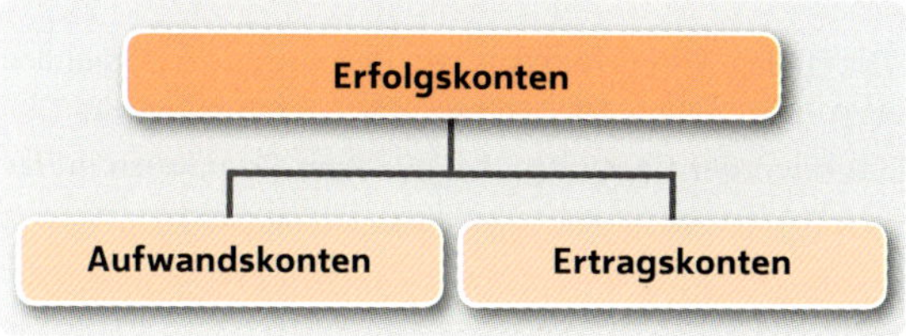

MERKE

Buchungen auf den Ertragskonten (Erträge) wirken positiv auf das Eigenkapital und erhöhen den Gewinn. Buchungen auf Aufwandskonten (Aufwendungen) wirken negativ auf das Eigenkapital und reduzieren den Gewinn.

BEISPIELE für Erträge

- Warenverkauf
- Mieterträge
- Zinserträge
- Provisionserträge

BEISPIELE FÜR AUFWENDUNGEN

- Ausgangsfrachten
- Löhne und Gehälter
- Abschreibungen
- Mieten und Pachten
- Bürobedarf
- betriebliche Steuern

Erfolgskonten werden auch als **Unterkonten des Eigenkapitals** bezeichnet. Daher werden die Eintragungen auf den Erfolgskonten im Hauptbuch in gleicher Weise vorgenommen wie beim Eigenkapitalkonto. Da das Eigenkapitalkonto ein passives Bestandskonto ist, gilt:

- Mehrungen im Haben
- Minderungen im Soll

BEISPIELE

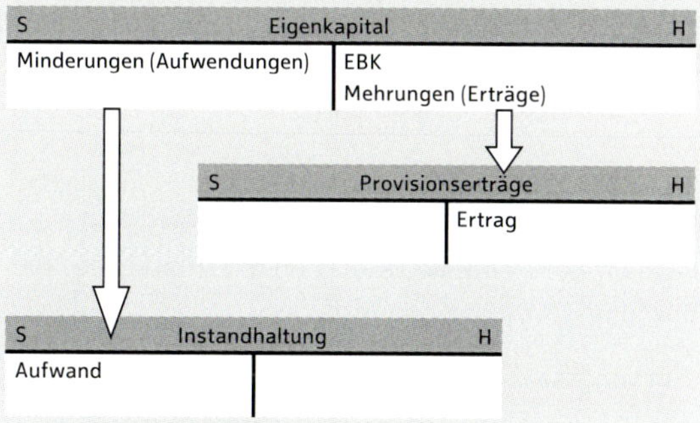

Daraus lassen sich folgende **Buchungsregeln** ableiten:
→ Erträge werden im Haben und
→ Aufwendungen im Soll
gebucht!

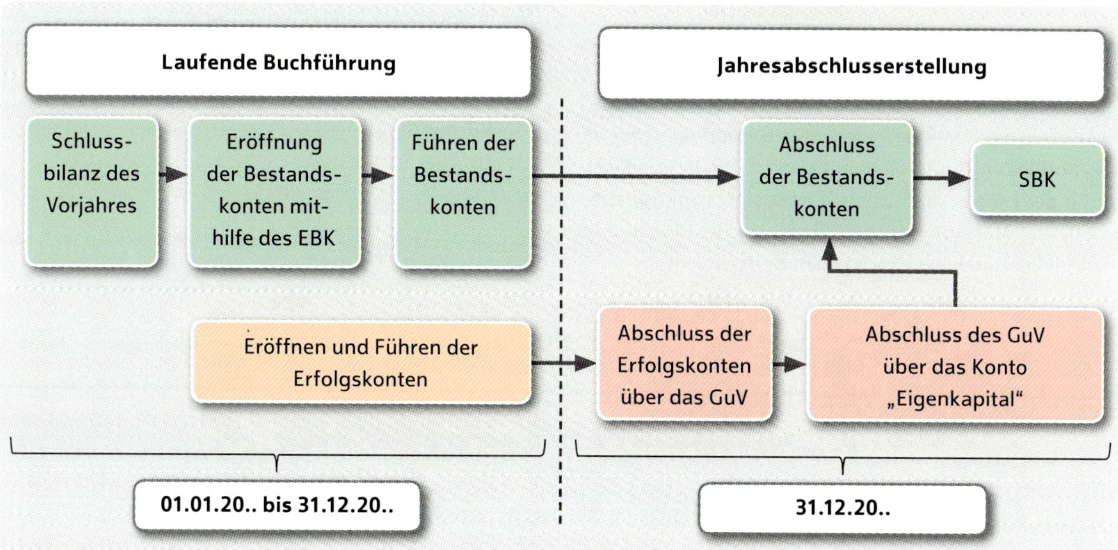

Buchen auf Erfolgskonten im Grundbuch

Beim Buchen im Grundbuch sind grundsätzlich die vier Fragen[1] zur Erstellung eines Buchungssatzes zu beachten.

Des Weiteren ist der oben genannte Grundsatz, dass Erträge im Haben und Aufwendungen im Soll gebucht werden, anzuwenden.

BEISPIEL: Ertragskonto/Grundbuch

Die Fairtext GmbH sendet der Firma Franz Stallmann Fashion OHG eine Rechnung über 13.090,00 €. Der Buchungssatz lautet somit:

Buchungssatz	Soll	Haben
Ford. a. LL	13.090,00	
an Provisionserträge		13.090,00

Aus dem Beispiel ist ersichtlich, dass das Ertragskonto „Provisionserträge" im Haben gebucht wird.[2]

Die Forderungen gegenüber dem Kunden Franz Stallmann Fashion OHG sind gestiegen. Diese Mehrung auf dem aktiven Bestandskonto „Forderungen a. LL" wird im Soll gebucht.

BEISPIEL: Aufwandskonto/Grundbuch

Eine Maschine wird repariert. Der Dienstleister stellt der Fairtext GmbH daraufhin 357,00€ in Rechnung.

Buchungssatz	Soll	Haben
Instandhaltung	357,00	
an Verb. a. LL		357,00

Aus dem Beispiel ist ersichtlich, dass das Aufwandskonto „Instandhaltung" im Soll gebucht wird. Die Verbindlichkeiten gegenüber dem Dienstleister sind somit gestiegen. Diese Mehrung auf dem passiven Bestandskonto „Verbindlichkeiten a. LL" wird im Haben gebucht.

Buchen auf Erfolgskonten im Hauptbuch

Das Führen von Erfolgskonten im Hauptbuch ist ähnlich vorzunehmen wie das Führen der Bestandskonten. Das Eintragen der Geschäftsfälle aus dem Grundbuch in das Hauptbuch wird in gleicher Weise vorgenommen.

BEISPIEL: Ertragskonto/Hauptbuch

Aus der Vermittlung an die Franz Stallmann Fashion OHG ist folgender Buchungssatz gegeben.

Buchungssatz	Soll	Haben
Ford. a. LL	13.090,00	
an Provisionserträge		13.090,00

S	Provisionserträge		H
		Ford. a. LL	13.090,00

Aus dem Beispiel ist zu erkennen, dass das Ertragskonto „Provisionserträge" keinen Anfangsbestand hat und dass Buchungen aus dem Grundbuch direkt auf das Konto übertragen werden.

MERKE

Es gilt der weiterhin der Grundsatz:
→ Erträge im Haben

Die Gegenbuchung erfolgt – wie bereits bekannt – auf dem Konto „Forderungen aus Lieferungen und Leistungen".

BEISPIEL: Aufwandskonto/Hauptbuch

Die in Rechnung gestellten Reparaturen in Höhe von 357,00 € werden im Hauptbuch auf dem Konto wie folgt gebucht:

Buchungssatz	Soll	Haben
Instandhaltung	357,00	
an Verb. a. LL		357,00

S	Instandhaltung		H
Verb. a. LL	357,00		

Aus dem Beispiel ist zu erkennen, dass das Aufwandskonto „Instandhaltung" keinen Anfangsbestand hat und dass Bu-

1 Siehe Kap. 4.6, S. 486

2 Vorsteuer und Umsatzsteuer werden aus Vereinfachungsgründen noch nicht gesondert erfasst. Die Thematik wird an späterer Stelle behandelt.

203153504

chungen aus dem Grundbuch direkt auf das Konto übertragen werden.

MERKE

Es gilt der weiterhin der Grundsatz:
→ Aufwendungen im Soll

Im Laufe eines Geschäftsjahres werden für alle erfolgswirksamen Geschäftsfälle die notwendigen Erfolgskonten angelegt. So kann es in der Praxis zu vielen unterschiedlichen Aufwendungen und Erträgen kommen. Für jede Aufwands- und Ertragsart wird ein eigenes Konto (vgl. Kontenrahmen) angelegt.

Vorgehen beim Jahresabschluss

Zu Beginn des Jahres werden mit den Werten aus der Schlussbilanz des Vorjahres die Konten (Bestandskonten) eröffnet. Im Verlauf des Geschäftsjahres werden die Bestands- und Erfolgskonten geführt. Um am Jahresende den Jahresabschluss mit der Schlussbilanz und der Gewinn- und Verlustrechnung zu erstellen, müssen alle Konten wieder abgeschlossen werden.

Beim Abschluss der Konten sollte in einer bestimmten Reihenfolge vorgegangen werden:

1. Abschluss der Erfolgskonten (Aufwands- und Ertragskonten) über das Gewinn- und Verlustkonto
2. Abschluss des Gewinn- und Verlustkontos über das Eigenkapitalkonto)
3. Abschluss der Bestandskonten inklusive des Eigenkapitalkontos über das SBK

Die nachfolgende Grafik verdeutlicht den Prozess der laufenden Buchführung und die Vorgehensweise am Ende des Wirtschaftsjahres noch einmal bildlich:

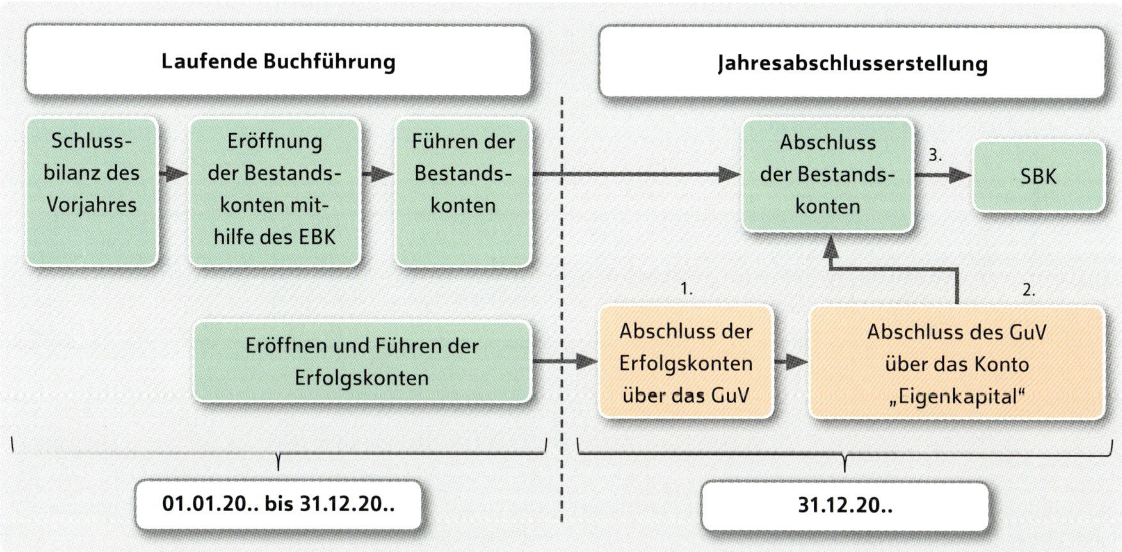

Die Erfolgskonten sind Unterkonten des Eigenkapitalkontos. Sie werden über das Gewinn- und Verlustkonto (GuV) abgeschlossen. Dieses Konto stellt eine Zusammenfassung aller Aufwendungen und Erträge eines Unternehmens dar.

Ertragskonten

Erträge werden im Haben gebucht. Somit ist auf den Ertragskonten die Haben-Seite größer als die Soll-Seite. Um ein Ertragskonto abzuschließen, ermittelt man die Summe der Haben-Seite und trägt diese auf dem Konto ein.

BEISPIEL

S	Provisionserträge	H
	1.) Ford. a. LL	10.340,00
	2.) Bank	19.000,00
	3.) Ford. a. LL	21.500,00
	4.) Bank	9.500,00
	(1)	**60.340,00**

Da beide Seiten eines Kontos systembedingt immer gleich groß sein müssen, wird die Summe auch auf die Soll-Seite übertragen.

BEISPIEL

S	Provisionserträge		H
		1.) Ford. a. LL	10.340,00
		2.) Bank	19.000,00
		3.) Ford. a. LL	21.500,00
		4.) Bank	9.500,00
	60.340,00	← (2)	**60.340,00**

Der auf der Soll-Seite fehlende Betrag, der sich ergibt, wenn man alle Positionen auf der Soll-Seite (falls welche vorhanden sind) von der Summe des Kontos abzieht, wird als Saldo bezeichnet.

Der ermittelte Saldo wird auf der Soll-Seite des Ertragskontos eingetragen. Die Beträge auf der Soll-Seite ergeben die zuvor ermittelte Summe. Soll und Haben sind nun gleich groß. Der ermittelte Saldo des Kontos wird auf die Haben-Seite des Gewinn- und Verlustkontos übertragen. Das Ertragskonto ist im Hauptbuch abgeschlossen.

BEISPIEL: Abschluss im Hauptbuch

S	Provisionserträge		H
5.) GuV	**60.340,00**	1.) Ford. a. LL	10.340,00
	(3)	2.) Bank	19.000,00
		3.) Ford. a. LL	21.500,00
		4.) Bank	9.500,00
	60.340,00		**60.340,00**

Im Grundbuch wird der Abschluss der Ertragskonten durch folgende Buchung nachvollzogen:

Nr.	Buchungssatz	SOLL	HABEN
	Ertragskonto an GuV		

Auf das obige Beispiel angewendet, lautet die Abschlussbuchung:

BEISPIEL: Abschluss im Grundbuch

Nr.	Buchungssatz	SOLL	HABEN
5	Provisionserträge an GuV	60.340,00	 60.340,00

Aufwandskonten

Aufwandskonten werden im Hauptbuch spiegelbildlich zu den Ertragskonten abgebildet. Der Abschluss der Aufwandskonten erfolgt somit umgekehrt zum Abschluss der Ertragskonten.

Aufwendungen werden im Soll gebucht. Somit ist auf den Aufwandskonten die Soll-Seite größer als die Haben-Seite. Um ein Aufwandskonto abzuschließen, ermittelt man die Summe der Soll-Seite und trägt diese auf dem Konto ein.

BEISPIEL

S	Instandhaltung		H
1.) Verb. a. LL	7.790,00		
2.) Bank	12.500,00		
3.) Verb. a. LL	3.500,00		
(1)	**23.790,00**		

Da beide Seiten eines Kontos systembedingt immer gleich groß sein müssen, wird die Summe auch auf die Haben-Seite übertragen.

BEISPIEL

S	Instandhaltung		H
1.) Verb. a. LL	7.790,00		
2.) Bank	12.500,00		
3.) Verb. a. LL	3.500,00		
	23.790,00	(2) →	**23.790,00**

Der auf der Haben-Seite fehlende Betrag, der sich ergibt, wenn man alle Positionen auf der Haben-Seite (falls welche vorhanden sind) von der Summe des Kontos abzieht, wird als Saldo bezeichnet.

Der ermittelte Saldo wird auf der Haben-Seite des Aufwandskontos eingetragen. Die Beträge auf der Haben-Seite ergeben die zuvor ermittelte Summe. Soll und Haben sind nun gleich groß. Der ermittelte Saldo des Kontos wird auf die Soll-Seite des Gewinn- und Verlustkontos übertragen. Das Aufwandskonto ist im Hauptbuch abgeschlossen.

BEISPIEL: Abschluss im Hauptbuch

S	Instandhaltung		H
1.) Verb. a. LL	7.790,00	4.) GuV	**23.790,00** ③
2.) Bank	12.500,00		
3.) Verb. a. LL	3.500,00		
	23.790,00		**23.790,00**

Im Grundbuch wird der Abschluss der Aufwandskonten durch folgende Buchung nachvollzogen:

Nr.	Buchungssatz	SOLL	HABEN
	GuV an Aufwandskonto		

Da es sich lediglich um eine Abschlussbuchung handelt und die Gewinnauswirkung bei der laufenden Erfassung der Aufwendungen erfolgt ist, ergibt sich nicht erneut eine Gewinnauswirkung. Auf das obige Beispiel angewendet, lautet die Abschlussbuchung:

BEISPIEL: Abschluss im Grundbuch

Nr.	Buchungssatz	SOLL	HABEN
4	GuV an Instandhaltung	23.790,00	 23.790,00

Gewinn- und Verlustkonto

Auf dem Gewinn- und Verlustkonto werden am Jahresende die Abschlusssalden sämtlicher Erträge und Aufwendungen des Unternehmens zusammengetragen. Der Saldo des Kontos bildet dann den Gewinn oder den Verlust des Unternehmens ab. Das Gewinn- und Verlustkonto selbst ist ein Unterkonto des Eigenkapitalkontos. Es wird daher über das Konto „Eigenkapital" abgeschlossen. Dies ist damit zu erklären, dass ein erwirtschafteter Gewinn das Eigenkapital des Unternehmens erhöht und ein eventueller Verlust das Eigenkapital mindert. Das Fremdkapital wird durch das Betriebsergebnis nicht berührt.

Auf der Soll-Seite des Gewinn- und Verlustkontos werden alle Aufwendungen angeführt. Auf der Haben-Seite werden alle Erträge angeführt.

(Positiver) Gewinn

Bei einem erwirtschafteten Gewinn (Normalfall) sind die Erträge (Haben-Seite) größer als die Aufwendungen (Soll-Seite). Aus der Differenz von Haben (Erträge) – Soll (Aufwendungen) ergibt sich somit eine positive Zahl, der Gewinn des Unternehmens. Der Gewinn ist also der Saldo des GuV-Kontos auf der Soll-Seite. Dort wird er eingetragen und über das Eigenkapital abgeschlossen.

Hauptbuch:

S	Gewinn- und Verlustkonto (GuV) H
Aufwendungen	Erträge
Gewinn	
Summe	Summe

Grundbuch:

Nr.	Buchungssatz	SOLL	HABEN
	GuV an Eigenkapital		

Durch die Buchung verändert sich das Eigenkapital. Es nimmt um den gebuchten Betrag zu.

BEISPIEL

S	GuV		H
Zinsaufw.	380,00	Provisions-	
Löhne	14.800,00	erträge	60.340,00
Instandhaltung	23.790,00	Mieterträge	450,00
Reisekosten	150,00		
Bürobedarf	300,00		
Eigenkapital	21.370,00		
	60.790,00		**60.790,00**

Verlust (negativer Gewinn)

Bei einem Verlust sind die Aufwendungen (Soll-Seite) größer als die Erträge (Haben-Seite). Aus der Differenz von Soll minus Haben ergibt sich somit eine negative Zahl, der Verlust (oder negative Gewinn) des Unternehmens. Der Verlust ist also der Saldo des GuV-Kontos auf der Haben-Seite. Dort wird er eingetragen und über das Eigenkapital abgeschlossen.

Hauptbuch:

S	Gewinn- und Verlustkonto (GuV) H
Aufwendungen	Erträge
	Verlust
Summe	Summe

Grundbuch:

Nr.	Buchungssatz	SOLL	HABEN
	Eigenkapital an GuV		

Durch die Buchung verändert sich das Eigenkapital. Es nimmt um den gebuchten Betrag ab.

Vorgehensweise beim Abschluss des GuV-Kontos

1. Ermittlung der Summen von Aufwendungen sowie Erträgen
2. Ermittlung des Saldos
   - Erträge > Aufwendungen = positiver Gewinn
   - Erträge < Aufwendungen = negativer Gewinn (Verlust)
   - Buchung des Gewinns/des Verlustes auf das Konto „Eigenkapital"

AUFGABEN

1. Erläutern Sie die Unterschiede zwischen einem Bestandskonto und einem Erfolgskonto.

2. Warum werden Aufwendungen im Soll und Erträge im Haben gebucht?

3. Der Fairtext GmbH liegen folgende drei Belege vor:

Beleg 1

Quittung

Nr.

Netto € 38 ct 00

Gesamt € 38 ct 00

Gesamtbetrag € in Worten – achtunddreißig – Cent wie oben

Von Fairtext GmbH

Für Kopierpapier

richtig erhalten zu haben, bestätigt

Ort Hannover Datum 29.09.20..

Buchungsvermerke

Stempel/Unterschrift des Empfängers

Borgmann

Beleg 2

Fairtext GmbH

Textilgroßhandlung

Telefon: 0511 4155-0
Telefax: 0511 4155-10
Internet: www.fairtext-wvd.de
E-Mail: vosges@fairtext-wvd.de

Fairtext GmbH · Walsroder Str. 6a · 30625 Hannover
Franz Stallmann Fashion OHG
Vogesenstr. 3
45468 Mühlheim

Kunden-Nr.:	10002
Lieferdatum:	27.09.20..
Bestelldatum:	26.09.20..
Sachbearbeiter/-in:	Nadine Vosges
Rechnungs-Nr.:	13454
Rechnungsdatum:	28.09.20..

Rechnung

Pos.	Bezeichnung der Leistung	Gesamtpreis
1	Vermittlungsprovision	1.949,16
Gesamtpreis		1.949,16 €

203153508

Beleg 3

Sparkasse Hannover		250 501 80			**Konto-Auszug**
		Konto-Nr.	Auszug-Nr.	Datum	Alter Kontostand
Buch.-Tag	Tag der Wertstellung	**517 321**		28.09.20..	4.235,70 €
26.09.20..	226.09.20..	Miete für Lagerhalle			1.200,00 € –
27.09.20..	27.09.20..	Fracht (Spedition Mechsner)			280,00 € –
27.09.20..	27.09.20..	Zinsgutschrift			14,30 € +
					Neuer Kontostand 2.770,00 € +

Herrn, Frau, Fa.
Fairtext GmbH
Walsroder Str. 6 a
30625 Hannover

BIC SPKHDE2H
IBAN DE53 2505 0180 0000 5173 21

a) Erstellen Sie ein Grundbuch und buchen Sie die Belege auf den entsprechenden Bestands- und Erfolgskonten.

b) Erstellen Sie im Hauptbuch die relevanten Erfolgskonten und buchen Sie die in a) erstellten Buchungssätze.
Hinweis: Bitte nur die Erfolgskonten beachten!

4. Schließen Sie die folgenden Konten ab und ermitteln Sie den Erfolg des Unternehmens auf dem Gewinn-und Verlustkonto. Geben Sie auch die dazugehörigen Abschlussbuchungen an.

a)

S	Zinsaufwendungen		H
8.) Bank	4.630,00		

S	Instandhaltung		H
2.) Verb. a. LL	3.120,00		
9.) Bank	2.680,00		
12.) Verb. a. LL	11.333,00		

S	Löhne		H
4.) Bank	12.400,00		

S	Mieterträge		H
		1.) Bank	17.500,00
		5.) Kasse	7.430,00

S	Provisionsaufwand		H
6.) Verb. a. LL	8.790,00		
10.) Bank	7.430,00		
11.) Bank	2.222,00		

S	sonstige betriebliche Erträge		H
		3.) Kasse	6.800,00
		7.) Bank	38.560,00

b)

S	Zinsaufwendungen	H
2.) Bank	780,00	
9.) Bank	751,00	

S	diverse Aufwendungen	H
8.) Verb. a. LL	3.120,00	
14.) Verb. a. LL	11.333,00	

S	Löhne	H
5.) Bank	7.800,00	
9.) Bank	3.600,00	
15.) Kasse	300,00	

S	Mieterträge	H
	1.) Bank	38.600,00
	6.) Bank	4.230,00
	11.) Bank	28.996,00
	18.) Bank	57.000,00

S	Instandhaltung	H
3.) Verb. a. LL	98.790,00	
10.) Bank	14.963,00	
13.) Bank	5.333,00	

S	sonstige betriebliche Erträge	H
	1.) Kasse	4.100,00
	5.) Bank	9.760,00
	12.) Bank	18.678,00
	16.) Bank	3.800,00

5.

Anfangsbestände				
Gebäude	100.000,00		Kasse	600,00
Geschäftsausstattung	8.000,00		Bank	10.000,00
Waren	23.000,00		Eigenkapital	?
Forderungen a. LL	15.000,00		Verbindlichkeiten a. LL	8.000,00

Kontenplan: Außer den oben aufgeführten Bestandskonten sowie dem Eröffnungs- und Schlussbilanzkonto sind zu führen die

Erfolgskonten: Aufwendungen für Reinigungsmaterial, Löhne, Grundsteuer, Mieterträge, Zinserträge, Provisionserträge, Gewinn und Verlust.

a) Bilden Sie für die folgenden Geschäftsfälle die Buchungssätze im Grundbuch.
b) Erstellen Sie die Eröffnungsbilanz.
c) Eröffnen Sie die Konten im Hauptbuch.
d) Nehmen Sie die Buchungen für die Geschäftsfälle im Hauptbuch vor.
e) Schließen Sie die Konten im Hauptbuch ordnungsgemäß ab.
f) Erstellen Sie die Schlussbilanz.

Zu verwendende Erfolgskonten:
Provisionen, Porto- und Telekommunikationskosten, Grundsteuer, Lohnkosten, Zinserträge, Provisionserträge, Mieterträge

Geschäftsfälle:

1	Die Bank schreibt uns Zinsen gut	50,00 €
2	Einkauf von Waren auf Ziel	1.200,00 €
3	Wir bezahlen Provision durch Banküberweisung	1.000,00 €
4	Ein Kunde zahlt bar	800,00 €
5	Überweisung für Briefporto durch die Bank	200,00 €
6	Rechnungstellung einer Provisionsleistung an Kunden	1.500,00 €
7	Barzahlung Grundsteuer	180,00 €
8	Eingang Überweisung für Miete	750,00 €
9	Zahlung Lohn an Kraftwagenfahrer durch die Bank	2.680,00 €
10	Bareinzahlung Bank	1.000,00 €

AKTION

Erstellen Sie eine PowerPoint-Präsentation, in der Sie die Unterschiede zwischen Grund- und Hauptbuch sowie zwischen Erfolgskonten und Bestandskonten darstellen.

Berücksichtigen Sie dabei unter anderem folgende Begriffe:

- Kunden
- Aktiva, Passiva
- Soll, Haben
- Zugänge und Abgänge
- EBK und SBK (Schlussbilanzkonto)
- Aufwendungen und Erträge

Ergänzen Sie die PowerPoint-Präsentation um Ihre Anmerkungen zum Thema, die Ihnen wichtig erscheinen.

ZUSAMMENFASSUNG

Grundbuch

Aufwendungen im Soll

Buchungssatz	Soll	Haben
Aufwandskonto	xxx	
an Bestandskonto		xxx

Erträge im Haben

Buchungssatz	Soll	Haben
Bestandskonoto	xxx	
an Ertragskonto		xxx

Hauptbuch

Soll	EBK		Haben
Eigenkapital	854.000,00	Grundstücke	820.000,00
Darlehen	220.000,00	BGA	183.750,00
Verb. a. LL	91.600,00	Warenbestände	99.000,00
		Ford. a. LL	43.000,00
		Bank	16.000,00
		Kasse	3.850,00
	1.165.600,00		1.165.600,00

S	Eigenkapital		H
Aufwendungen (Minderungen)		EBK	854.000,00
		Erträge (Mehrungen)	

Unterkonten des Eigenkapitals

Erfolgskonten

Aufwandskonten

Beispiele

S	Instandhaltung		H
Aufwand	2.000,00	GuV	2.000,00

S	Gehälter		H
Aufwand	3.000,00	GuV	3.000,00

S	Mieten, Pachten, Leasing		H
Aufwand	4.000,00	GuV	4.000,00

S	Werbe- und Reisekosten		H
Aufwand	5.000,00	GuV	5.000,00

Ertragskonten

Beispiele

S	Provisionserträge		H
GuV	10.000,00	Ertrag	10.000,00

S	Mieterträge		H
GuV	1.500,00	Ertrag	1.500,00

S	Sonst. betriebliche Erträge		H
GuV	2.500,00	Ertrag	2.500,00

S	Zinserträge		H
GuV	3.500,00	Ertrag	3.500,00

Soll	GuV		Haben
Instandhaltung	2.000,00	Provisionserträge	10.000,00
Gehälter	3.000,00	Mieterträge	1.500,00
Mieten, Pachten, Leasing	4.000,00	Sonst. betriebliche Erträge	2.500,00
Werbe- und Reisekosten	5.000,00	Zinserträge	3.500,00
Eigenkapital (Gewinn)	3.500,00		
	17.500,00		17.500,00

S	Eigenkapital		H
SBK	857.500,00	EBK	854.000,00
		GuV	3.500,00
	857.500,00		857.500,00

Soll	SBK		Haben
Grundstücke	xxx	Eigenkapital	857.500,00
BGA	xxx	Darlehen	xxx
Warenbestände	xxx	Verb. a. LL	xxx
Ford. a. LL	xxx		
Bank	xxx		
Kasse	xxx		
	xxx		xxx

203153512

KAPITEL 13
Warenbuchungen

Anne Schulte und Sebastian Holpert bekommen von Frau Tegtmeyer zwei Rechnungen: eine Eingangsrechnung der Pagro AG Sportartikel und eine Ausgangsrechnung an die Firma Holzhäuser. Die beiden Auszubildenden sollen diese Rechnungen buchen und abschließen. Außerdem sollen sie verstehen, welche Warenkonten es bei der Fairtext GmbH gibt und wie diese abgeschlossen werden.

Frau Tegtmeyer:
„Sie haben bislang beim Einkauf von Waren immer über das Bestandskonto ‚Warenbestände' (Waren) gebucht. Der Einkauf von Waren ist aber ein Aufwand und muss dann über das GuV-Konto abgeschlossen werden."

Pagro Sportartikel

Pagro AG | Blumenweg 118 | 55595 Gutenberg
Fairtext GmbH
Walsroder Str. 6 a
30625 Hannover

Telefon: 06706 454545-45
Telefax: 06706 454545-11
E-Mail: marx@pagro-wvd.de

Kunden-Nr.:	10366
Lieferdatum:	14.07.20..
Bestelldatum:	10.07.20..
Sachbearbeiter/-in:	Herr Marx
Rechnungs-Nr.:	88542
Rechnungsdatum:	16.07.20..

Rechnung

Pos.	Artikel-Nr.	Artikelbezeichnung	Menge und Einheit	Einzelpreis	Gesamtpreis
1	45000	Boxershorts, Gr. L, 100 % Baumwolle	200 Stück	17,00 €	3.400,00 €
Gesamtpreis					3.400,00 €

Fairtext GmbH
Textilgroßhandlung

Fairtext GmbH · Walsroder Str. 6 a · 30625 Hannover
Holzhäuser GmbH & Co. KG
Turmstr. 18
45470 Mülheim

Telefon: 0511 4155-0
Telefax: 0511 4155-10
Internet: www.fairtext-wvd.de
E-Mail: h.Eisenberg@fairtext-wvd.de

Kunden-Nr.:	10607
Lieferdatum:	28.07.20..
Bestelldatum:	24.07.20..
Sachbearbeiter/-in:	Frau Eisenberg
Rechnungs-Nr.:	3008
Rechnungsdatum:	24.07.20..

Rechnung

Pos.	Artikel-Nr.	Artikelbezeichnung	Menge und Einheit	Einzelpreis	Gesamtpreis
1	18201	Boxershorts, Gr. L, 100 % Baumwolle	80 Stück	35,00 €	2.800,00 €
Gesamtpreis					2.800,00 €

1. Stellen Sie fest, wie bei den Rechnungen der Fairtext GmbH bislang gebucht wurde.
2. Überlegen Sie, was Frau Tegtmeyer damit meinen könnte, dass die Wareneinkäufe als Aufwand gebucht werden müssen.

INFORMATIONEN

Wareneinkäufe

Bei Einkäufen und Verkäufen von Waren ist - im Gegensatz zur Realität - bisher davon ausgegangen worden, dass die Warengeschäfte nicht erfolgswirksam sind. Es ist jedoch das Bestreben jedes Großhandelsunternehmens Gewinn zu erzielen. Um dies abbilden zu können, wird in der Praxis mit 3 Warenkonten gearbeitet:

- dem Warenbestandskonto
- dem Konto Wareneingang
- dem Konto Warenverkauf.

Das Geschäft mit Handelswaren ist in Handelsbetrieben das wesentliche Tätigkeitsfeld. Dazu gehören neben den Warenverkäufen und der Warenlagerung auch die Wareneinkäufe.

Bislang wurde bei Wareneingängen auf dem Konto „Warenbestände" (vereinfacht „Waren" genannt) gebucht. In der Praxis hat sich aber das aufwandsrechnerische Verfahren (Just-in-time-Verfahren) in vielen Unternehmen bewährt. Dabei werden Wareneinkäufe direkt als Aufwand gebucht. Man geht davon aus, dass die eingekauften Waren sofort „verbraucht", d.h., verkauft werden. Hierfür verwendet man das Konto „Wareneingang". Das Konto „Wareneingang" wird am Ende des Wirtschaftsjahres über das GuV-Konto abgeschlossen.

BEISPIEL

Die Eingangsrechnung Pagro AG wird als Aufwand verbucht.

Buchungssatz	Soll	Haben
Wareneingang an Verb. a. LL	3.400,00	 3.400,00

MERKE

Wareneinkäufe werden sofort als Aufwand gebucht auf dem Aufwandskonto → Wareneingang.

Warenverkäufe

Beim Verkauf von Handelswaren wird das Konto „Warenverkauf" verwendet. Dieses Konto ist ein Ertragskonto, wird über das GuV-Konto abgeschlossen und wirkt positiv auf das Eigenkapital. Verkäufe erhöhen den Gewinn.

BEISPIEL

Die Ausgangsrechnung an die Holzhäuser GmbH & Co. KG wird als Ertrag gebucht.

Buchungssatz	Soll	Haben
Ford. a. LL an Warenverkauf	2.800,00	 2.800,00

Handelsunternehmen verkaufen oft verschiedene Warengruppen an ihre Kunden. Um die Vielzahl an Transaktionen übersichtlicher zu gestalten und eine Auswertung der Wirtschaftlichkeit einzelner Warengruppen zu ermöglichen, werden in der Praxis oft gesonderte Warenkonten verwendet.

Exkurs: Unterkonten der Warenkonten

Der Kontenrahmen sieht folgende Möglichkeiten vor:

Konten für den Wareneinkauf:		Konten für den Warenverkauf:
3000 Warengruppe I Unterkonten: 3010 Wareneingang 3020 Warenbezugskosten ...	→	**8000 Warengruppe I** Unterkonten: 8010 Warenverkauf 8050 Rücksendungen v. Kd. ...
3100 Warengruppe II Unterkonten: 3110 Wareneingang 3120 Warenbezugskosten ...	→	**8100 Warengruppe II** Unterkonten: 8110 Warenverkauf 8150 Rücksendungen v. Kd. ...
3200 Warengruppe III ...	→	**8200 Warengruppe III** ...
3300 Warengruppe IV ...	→	**8300 Warengruppe IV** ...

Konsequenterweise ist auch das Warenbestandskonto in die Warengruppen unterteilt:

3900 Warenbestände
- 3910 Warengruppe I
- 3920 Warengruppe II
- 3930 ...

BEISPIEL

In der Fairtext GmbH gibt es unter anderem zwei Warengruppen: Textil und Geschenkartikel. Die Wareneinkäufe und die Warenverkäufe im Textilbereich stellen die Warengruppe I dar. Sie werden auf den Konten der Warengruppe I gebucht. Die Geschenkartikel stellen die Warengruppe II dar. Sie werden auf den Konten der Warengruppe II erfasst.

203153514

Durch die konsequente Erfassung von Umsätzen in den unterschiedlichen Warengruppen kann der Unternehmer die Rentabilität der einzelnen Warengruppen erkennen. Er kann auch die Bestände jederzeit exakt überprüfen.

Wareneinsatz und Warenbestände

In den Unternehmen ist es in der Regel nicht so, dass alle eingekauften Waren direkt wieder verkauft werden. Es gibt ein Warenlager mit entsprechenden Warenbeständen. Dabei kommt es im Laufe eines Jahres zu täglichen Veränderungen. **Bestandsmehrungen** oder **Bestandsminderungen** müssen im Rahmen der Bestandsaufnahme buchhalterisch berücksichtigt werden.

Wareneinsatz

Um den tatsächlichen „Verbrauch" der Waren festzustellen, wird der Wareneinsatz ermittelt.

DEFINITION

Der **Wareneinsatz** sind die abgesetzten Waren, bewertet zu Einkaufspreisen.

BEISPIEL

Der Wareneinsatz ist im Einstiegsbeispiel aus der Verkaufsmenge der Ausgangsrechnung und aus dem Einkaufspreis der Eingangsrechnung zu ermitteln:
80 Boxershorts · 17,00 € = 1.360,00 €

Der Wareneinsatz wird wie folgt ermittelt:

Warenanfangsbestand
+ Einkäufe
– Warenschlussbestand (lt. Inventur)
= Wareneinsatz

Aus dieser Formel lässt sich erkennen, dass der Wareneinsatz von den Einkäufen sowie den Bestandsveränderungen (Warenschlussbestand – Warenanfangsbestand) abhängig ist. Die Bestandsveränderungen werden, neben den Einkäufen, auch auf das Aufwandskonto „Wareneingang" gebucht.

Bei der buchhalterischen Anwendung des aufwandsrechnerischen Verfahrens ist somit zwischen Bestandsmehrungen und Bestandsminderungen zu unterscheiden.

Bestandsmehrung

DEFINITION

Sind die Warenbestände zum Ende eines Geschäftsjahres höher als zu Beginn des Geschäftsjahres, so spricht man von einer **Bestandsmehrung**.

Eine Bestandsmehrung tritt immer dann ein, wenn die Mengen der Warenzugänge (Einkäufe) im Laufe eines Zeitraums (in der Regel eines Geschäftsjahres) größer sind als die Mengen der Warenabgänge (Verkäufe). Eine Bestandsmehrung wirkt wie ein Ertrag, weil weniger Waren eingesetzt als eingekauft wurden. Es wurden somit weniger Waren verbraucht, als bereits im Laufe des Jahres als Aufwand gebucht wurden.

Warenzugänge > Warenabgänge → Bestandsmehrung
Bestandsmehrungen wirken wie ein Ertrag.

BEISPIEL

Bei der Fairtext GmbH sind zu Anfang des Wirtschaftsjahres 550 Boxershorts, Gr. L im Bestand. Nach Einkäufen von 200 Boxershorts und Verkäufen von 80 Boxershorts während des Wirtschaftsjahres sind am Ende des Wirtschaftsjahres 670 Boxershorts im Bestand.

Bestand alt (Anfangsbestand):
550 · 17,00 € = 9.350,00 €
Bestand neu (Endbestand):
670 · 17,00 € = 11.390,00 €
Bestandsmehrung = 2.040,00 €

Der Schlussbestand der Waren wird aufgrund einer Vielzahl von Warenbewegungen am Geschäftsjahresende durch eine Inventur ermittelt und dem Inventar entnommen. Die exakte Buchung dieses Falls finden Sie in dem nachfolgenden Schaubild.

Beispielhafte Schrittfolge der Buchungen bei Bestandsmehrung

Soll	Wareneingang		Haben
Einkauf (1)	3.400,00	Warenbestände	2.040,00
		GuV (4)	1.360,00
	3.400,00		3.400,00

Soll	Warenbestände		Haben
EBK	9.350,00	SBK lt. Inventur (2)	11.390,00
Wareneingang (3)	2.040,00		
	11.390,00		11.390,00

Soll	Warenverkauf		Haben
GuV (5)	2.800,00	Verkauf	2.800,00

Soll	GuV		Haben
Wareneingang	1.360,00	Warenverkauf	2.800,00
...	...	...	...
...	...	...	...

Soll	SBK		Haben
...	...	...	...
...	...	...	...
(6) Warenbestände	11.390,00	...	...
...	...		
...	...		

1. Buchen des Einkaufs auf das Konto „Wareneingang“

2. Ermittlung des Warenschlussbestands durch Inventur

3. Der sich ergebende Saldo auf dem Konto „Warenbestände“ muss auf das Konto „Wareneingang“ gebucht werden.

Buchungssatz	Soll	Haben
Warenbestände	2.040,00	
an Wareneingang		2.040,00

4. Der Saldo auf dem Konto „Wareneingang“ muss auf das Konto „GuV“ gebucht werden.

Buchungssatz	Soll	Haben
GuV	1.360,00	
an Wareneingang		1.360,00

5. Der Saldo des Kontos „Warenverkauf“ wird auf das Konto „GuV“ gebucht.

6. Der Schlussbestand des Kontos „Warenbestände“ wird auf das Konto „SBK“ gebucht.

Bestandsminderung

DEFINITION

Sind die Warenbestände zum Ende eines Geschäftsjahres niedriger als zu Beginn des Geschäftsjahres, so spricht man von **Bestandsminderungen**.

Eine Bestandsminderung tritt immer dann ein, wenn die Mengen der Warenzugänge (Einkäufe) im Laufe eines Geschäftsjahres kleiner sind als die Mengen der Warenabgänge (Verkäufe). Eine Bestandsminderung wirkt wie ein Aufwand.

Warenzugänge < Warenabgänge → Bestandsminderung
Bestandsminderungen wirken wie ein Aufwand.

BEISPIEL

Bei der Fairtext GmbH sind zu Beginn des Wirtschaftsjahres 300 Damen-Laufschuhe Modell „Julia“ im Bestand. Nach Einkäufen von 100 Damen-Laufschuhen und Verkäufen von 150 Damen-Laufschuhen im Wirtschaftsjahr sind am Ende des Wirtschaftsjahres 250 Damen-Laufschuhe im Bestand.

Bestand alt (Anfangsbestand):
300 · 28,00 € = 8.400,00 €
Bestand neu (Endbestand):
250 · 28,00 € = 7.000,00 €
Bestandsminderung = 1.400,00 €
Der Wareneinsatz ergibt sich hier wie folgt:
150 Damen-Laufschuhe · 28,00 € = 4.200,00 €

In dem nachfolgenden Schaubild soll dargestellt werden, wie sich die Buchungen bei Bestandsminderungen verhalten.

Beispielhafte Schrittfolge der Buchungen bei Bestandsminderung

Pagro Sportartikel

Telefon: 06706 454545-45
Telefax: 06706 454545-11
E-Mail: marx@pagro-wvd.de

Pagro AG | Blumenweg 118 | 55595 Gutenberg
Fairtext GmbH
Walsroder Str. 6 a
30625 Hannover

Kunden-Nr.:	10366
Lieferdatum:	21.07.20..
Bestelldatum:	17.07.20..
Sachbearbeiter/-in:	Herr Marx
Rechnungs-Nr.:	88432
Rechnungsdatum:	23.07.20..

Rechnung

Pos.	Artikel-Nr.	Artikelbezeichnung	Menge und Einheit	Einzelpreis	Gesamtpreis
1	48000	Damen-Laufschuh, Modell „Julia"	100 Stück	28,00 €	2.800,00 €
Gesamtpreis					2.800,00 €

Fairtext GmbH
Textilgroßhandlung

Telefon: 0511 4155-0
Telefax: 0511 4155-10
Internet: www.fairtext-wvd.de
E-Mail: h.Eisenberg@fairtext-wvd.de

Fairtext GmbH · Walsroder Str. 6 a · 30625 Hannover
Holzhäuser GmbH & Co. KG
Turmstr. 18
45470 Mülheim

Kunden-Nr.:	10607
Lieferdatum:	05.08.20..
Bestelldatum:	01.08.20..
Sachbearbeiter/-in:	Frau Eisenberg
Rechnungs-Nr.:	3078
Rechnungsdatum:	06.08.20..

Rechnung

Pos.	Artikel-Nr.	Artikelbezeichnung	Menge und Einheit	Einzelpreis	Gesamtpreis
1	28202	Damen-Laufschuh, Modell „Julia"	150 Stück	48,00 €	7.200,00 €
Gesamtpreis					7.200,00 €

Buchungssatz

Buchungssatz	Soll	Haben
Wareneingang	2.800,00	
an Verb. a. LL		2.800,00

Buchungssatz

Buchungssatz	Soll	Haben
Ford. a. LL	7.200,00	
an Warenverkauf		7.200,00

Soll	Warenbestände (2)		Haben
EBK	8.400,00	SBK lt. Inventur (6)	7.000,00
		Wareneingang (3)	1.400,00
	8.400,00		8.400,00

Soll	Wareneingang		Haben
Einkauf (1)	2.800,00	GuV (4)	4.200,00
Warenbestände	1.400,00		
	4.200,00		4.200,00

Soll	Warenverkauf		Haben
GuV (5)	7.200,00	Verkauf	7.200,00

Soll	GuV		Haben
Wareneingang	4.200,00	Warenverkauf	7.200,00
...	...	....	...
...	...	...	...

Soll	SBK		Haben
...	...	...	...
...	...	...	...
Warenbestände	7.000,00	...	...
...	...		
...	...		

1. Buchen des Einkaufs auf das Konto „Wareneingang".

2. Ermittlung des Warenschlussbestands durch Inventur.

3. Der sich ergebende Saldo auf dem Konto „Warenbestände" muss auf das Konto „Wareneingang gebucht werden.

Buchungssatz	Soll	Haben
Wareneingang	1.400,00	
an Warenbestände		1.400,00

4. Der Saldo auf dem Konto „Wareneingang" muss auf das Konto „GuV" gebucht werden.

Buchungssatz	Soll	Haben
GuV	4.200,00	
an Wareneingang		4.200,00

5. Der Saldo des Kontos „Warenverkauf" wird auf das Konto „GuV" gebucht.

6. Der Schlussbestand des Kontos „Warenbestände" wird auf das Konto „SBK" gebucht.

AUFGABEN

1. Nennen Sie die Kontenart der folgenden Konten:
   a) Warenbestände
   b) Wareneingang
   c) Warenverkauf
2. Erläutern Sie den Begriff **Wareneinsatz**.
3. Erklären Sie, wie der Wareneinsatz beim aufwandsrechnerischen Verfahren ermittelt wird.
4. Die Fairtext GmbH hat zum Ende des Geschäftsjahres 01 folgende Zahlen ausgewiesen:

Wareneinkäufe vom 01.01.–31.12.:	1.400.000,00 €
Warenverkäufe vom 01.01.–31.12.:	2.200.000,00 €
Anfangsbestand Waren 01.01.:	350.000,00 €
Schlussbestand Waren 31.12.:	420.000,00 €

   a) Buchen Sie diesen Sachverhalt entsprechend dem Schaubild im Informationstext auf folgende Konten: Warenbestände, Wareneingang, Warenverkauf, GuV, SBK
   b) Ermitteln Sie den Wareneinsatz.
   c) Geben Sie die Buchungssätze zur Buchung des Saldos des Kontos „Warenbestand" auf das Konto „Wareneingang" und zur Buchung des Saldos des Kontos „Wareneingang" auf das Konto „GuV" an.
5. Die Fairtext GmbH hat zum Ende des Geschäftsjahres 02 folgende Zahlen ausgewiesen:

Wareneinkäufe vom 01.01.–31.12.:	1.600.000,00 €
Warenverkäufe vom 01.01.–31.12.:	2.340.000,00 €
Anfangsbestand Waren 01.01.:	420.000,00 €
Schlussbestand Waren 31.12.:	130.000,00 €

   a) Buchen Sie diesen Sachverhalt entsprechend dem Schaubild im Informationstext auf folgende Konten: Warenbestände, Wareneingang, Warenverkauf, GuV, SBK.
   b) Ermitteln Sie den Wareneinsatz.
   c) Geben Sie die Buchungssätze zur Buchung des Saldos des Kontos Warenbestände auf das Konto Wareneingang und zur Buchung Saldos des Warenaufwands auf das Konto GuV an.
6. Die Fairtext GmbH weist zu Beginn eines Geschäftsjahres folgende Anfangsbestände aus:

Anfangsbestände	
Gebäude	1.425.000,00
Fuhrpark	840.000,00
BGA	630.000,00
Waren	320.000,00
Forderungen a. LL	849.750,00
Bank	72.000,00
Postbank	34.000,00
Kasse	4.550,00
Eigenkapital	?
Hypotheken	855.000,00
Darlehen	665.000,00
Verbindlichkeiten a. LL	432.120,00

Abschlussangaben

- Warenendbestand lt. Inventur 345.000,00 €
- Alle weiteren Buchwerte entsprechen den Inventurwerten.

Geschäftsfälle

1 Bareinkauf von Büromaterial, 238,00 €
2 Kauf von Waren auf Ziel, Warenwert 38.080,00 €
3 Barverkauf von Waren, 5.950,00 €
4 Überweisung der Gehälter, 22.500,00 €
5 Rückzahlung eines Darlehens durch Banküberweisung, 10.000,00 € (8.000,00 € Tilgung, 2.000,00 € Zinsen)
6 Barzahlung einer Handwerkerrechnung, 1.785,00 €
7 Verkauf von Waren auf Ziel, 47.600,00 €
8 Barkauf von Waren, 2.380,00 €
9 Zinsgutschrift der Bank, 800,00 €
10 Zahlung der monatlichen Miete für eine Lagerhalle durch Postbanküberweisung, 2.600,00 €
11 Kauf von zwei Schreibtischen für die Geschäftsführung auf Ziel, 3.332,00 €
12 Bezahlung der Lieferantenrechnung aus Fall 2 durch Banküberweisung

13 Kunde zahlt Rechnung durch Postbanküberweisung, 4.760,00 €

14 Kauf von Waren auf Ziel, 7.735,00 €

15 Verkauf von Waren gegen Bankscheck, 4.165,00 €

Zu verwendende Erfolgskonten:
Zinsaufw.; Zinserträge; Wareneingang; Mieten; Gehälter; Instandhaltung; Bürobedarf; Warenverkauf

Abschlussangaben

- Warenendbestand lt. Inventur 345.000,00 €
- Alle weiteren Buchwerte entsprechen den Inventurwerten

Aufgaben

a) Erstellen Sie eine ordnungsgemäße Eröffnungsbilanz zum 01.01.20..

b) Erstellen Sie ein Eröffnungsbilanzkonto.

c) Eröffnen Sie die entsprechenden Bestandskonten.

d) Erstellen Sie ein Grundbuch und buchen Sie die nachfolgenden Geschäftsfälle auf den entsprechenden Bestands- und Erfolgskonten in Grund- und Hauptbuch.

e) Schließen Sie die Konten ab und erstellen Sie eine ordnungsgemäße Schlussbilanz.

f) Ermitteln Sie den Wareneinsatz für das laufende Geschäftsjahr.

g) Geben Sie die Buchungssätze zur Buchung des Saldos des Kontos Warenbestände auf das Konto Wareneingang und zur Buchung Saldos des Wareneingangs auf das Konto GuV an.

7. Die Fairtext GmbH hat zum Jahresbeginn die unten stehende Eröffnungsbilanz ausgewiesen.

a) Bilden Sie zu den folgenden Sachverhalten die Buchungssätze.

b) Übertragen Sie die Buchungssätze in das Hauptbuch.

c) Schließen Sie die Erfolgskonten im Hauptbuch ab und ermitteln Sie den Erfolg des Unternehmens.

AKTIVA	Eröffnungsbilanz zum 01.01.20..		PASSIVA
I. Anlagevermögen		I. Eigenkapital	356.642,00
1. Grundstücke	216.690,00	II. Fremdkapital	
2. Techn. Anlagen u. Maschinen	83.250,00	1. Hypotheken	87.500,00
3. Fuhrpark	45.000,00	2. Verbindlichkeiten a. LL	7.850,00
II. Umlaufvermögen			
1. Waren	66.352,00		
2. Forderungen a. LL	10.500,00		
3. Bank	27.400,00		
4. Kasse	2.800,00		
	451.992,00		451.992,00

1 Es werden Waren für 11.900,00 € auf Ziel verkauft.

2 Verkauf eines Betriebs-Pkw für 11.305,00 €. Der Betrag geht auf dem Bankkonto ein.

3 Für den Empfangsbereich werden Zeitungen für 26,75 € bar gekauft.

4 Wir kaufen diverse Fachliteratur für 476,00 € auf Ziel.

5 Geldeingang für die Waren aus Sachverhalt 1 auf dem Bankkonto.

6 Die Zinsen in Höhe 230,00 € und die Tilgung eine Kredits in Höhe von 1.000,00 € werden vom Bankkonto abgebucht.

7 Die Fachliteratur aus Sachverhalt 4 wird vom Bankkonto bezahlt.

8 Die Löhne der Mitarbeiter werden in Höhe von 13.300,00 € vom Bankkonto überwiesen.

9 Verkauf von Waren für 13.209,00 €. Die Zahlung erfolgt bar.

10 Die Grundsteuer für das Betriebsgrundstück in Höhe von 450,00 € wird vom Bankkonto abgebucht.

11 Es werden Materialien für die Büros gekauft. Der Kaufpreis in Höhe von 78,00 € wird bar bezahlt.

12 Der Kaufpreis in Höhe von 790,00 € für einen Warenverkauf wird bar vereinnahmt.

13 Die Kosten für diverse Schreibtischmaterialien werden in Höhe von 952,00 € vom Bankkonto abgebucht.

14 Ein Lohnvorschuss in Höhe von wird 780,00 € vom Bankkonto abgebucht.

15 Einkauf von Waren auf Ziel, 12.400,00 €.

Zu verwendende Erfolgskonten:
Warenverkauf, Sonstige Erlöse, Löhne, Bürobedarf, Diverse Aufwendungen (Fachliteratur), Grundsteuer, Zinsaufwendungen

Abschlussangaben
- Warenendbestand lt. Inventur 75.352,00 €
- Alle weiteren Buchwerte entsprechen den Inventurwerten

8. Die Fairtext GmbH weist zu Beginn eines Geschäftsjahres folgende Anfangsbestände aus:

Anfangsbestände				
Grundstücke	935.000,00		Bank	19.600,00
Technische Anlagen und Maschinen	279.000,00		Kasse	4.235,00
Fuhrpark	135.000,00		Eigenkapital	?
Betriebs- und Geschäftsausstattung	74.000,00		Hypotheken	420.000,00
Waren	98.000,00		Darlehen	335.000,00
Forderungen a. LL	100.000,00		Verbindlichkeiten a. LL	64.200,00

a) Erstellen Sie eine ordnungsgemäße Eröffnungsbilanz zum 02.01.20..

b) Erstellen Sie ein Eröffnungsbilanzkonto, indem Sie die entsprechenden Eröffnungsbuchungen durchführen und die Anfangsbestände auch auf den Bestandskonten aufführen.

c) Eröffnen Sie die entsprechenden Bestandskonten, indem Sie die Eröffnungsbuchungen auf die Bestandskonten übertragen.

d) Erstellen Sie ein Grundbuch und buchen Sie die nachfolgenden Geschäftsfälle auf den entsprechenden Bestands- und Erfolgskonten in Grund- und Hauptbuch.

1 Bareinkauf von Kopierpapier, 357,00 €

2 Kauf von Waren auf Ziel, Warenwert 15.470,00 €

3 Aufnahme eines Darlehens bei der Bank, Bankgutschrift 15.000,00 €

4 Kunde zahlt seine Rechnung durch Banküberweisung, 9.500,00 €

5 Verkauf von Waren auf Ziel, 29.750,00 €

6 Zahlung der Löhne durch Banküberweisung, 14.800,00 €

7 Der Pächter einer von der Fairtext GmbH verpachteten Parkfläche überweist die fällige Pacht, 450,00 €

8 Bankabbuchung der Zinsen für ein aufgenommenes Darlehen, 380,00 €

9 Barzahlung (Taxiquittung) für eine Geschäftsfahrt von Herrn Hertien von Hannover nach Hamburg, 150,00 €

10 Banküberweisung der Kfz-Steuer, 1.150,00 €

Zu verwendende Erfolgskonten:
Warenverkauf, Mieterträge, Löhne, Bürobedarf, Werbe- und Reisekosten, KFZ-Steuer, Zinsaufwendungen.

Abschlussangaben
- Warenendbestand lt. Inventur 107.000,00 €
- Alle weiteren Buchwerte entsprechen den Inventurwerten

9. Die Fairtext GmbH weist zu Beginn eines Geschäftsjahres folgende Anfangsbestände aus:

Anfangsbestände	
Fuhrpark	180.000,00
BGA	240.000,00
Waren	64.000,00
Forderungen a. LL	47.000,00
Bank	36.000,00
Postbank	24.000,00
Kasse	6.200,00
Eigenkapital	?
Darlehen	160.000,00
Verbindlichkeiten a. LL	84.000,00

Aufgaben

a) Erstellen Sie eine ordnungsgemäße Eröffnungsbilanz zum 01.01.20..

b) Erstellen Sie ein Eröffnungsbilanzkonto.

c) Eröffnen Sie die entsprechenden Bestandskonten.

d) Erstellen Sie ein Grundbuch auf Basis der nachfolgend dargestellten Belege. Buchen Sie diese auf den entsprechenden Bestands- und Erfolgskonten in Grund- und Hauptbuch.

e) Schließen Sie die Konten ab und erstellen Sie eine ordnungsgemäße Schlussbilanz.

f) Ermitteln Sie den Wareneinsatz für das laufende Geschäftsjahr.

g) Geben Sie die Buchungssätze zur Buchung des Saldos des Kontos Warenbestände auf das Konto Wareneingang und zur Buchung Saldos des Wareneingangs auf das Konto GuV an.

Zu verwendende Erfolgskonten:
Zinsaufw.; Zinserträge; Wareneingang; Mieten; Warenverkauf

Abschlussangaben

- Warenendbestand lt. Inventur 62.300,00 €
- Alle weiteren Buchwerte entsprechen den Inventurwerten.

Beleg 1

Elser GmbH & Co. KG

Telefon: 07542 9090-0
Telefax: 07542 9090-10
E-Mail: lange@elser-wvd.de

Elser GmbH & Co. KG | Wangener Str. 22 | 88069 Tettnanng
Fairtext GmbH
Walsroder Str. 6 a
30625 Hannover

Kunden-Nr.:	10500
Lieferdatum:	20.02.20..
Bestelldatum:	15.02.20..
Sachbearbeiter/-in:	Frau Lange
Rechnungs-Nr.:	09675
Rechnungsdatum:	22.02.20..

Rechnung

Pos.	Artikel-Nr.	Artikelbezeichnung	Menge und Einheit	Einzelpreis	Gesamtpreis
1	40300	Herrenfreizeithemden	90 Stück	50,00 €	4.500,00 €
2	40615	Herren-Sakkos	60 Stück	105,00 €	6.300,00 €
Gesamtpreis					10.800,00 €

Beleg 2

Postbank Hannover 250 100 30 **Konto-Auszug**

Buch.-Tag	Tag der Wertstellung	Konto-Nr.	Auszug-Nr.	Datum	Alter Kontostand
		15 305		23.02.20..	24.000,00 €

Buch.-Tag	Tag der Wertstellung		
21.02.20..	21.02.20..	Zinsen, Darlehen Nr. 54867	1.600,00 € –
22.02.20..	22.02.20..	Fa. Hornung, Miete für Lagerhalle Monat Februar	980,00 € –
			Neuer Kontostand 21.420,00 € +

Herrn, Frau, Fa.
Fairtext GmbH
Walsroder Str. 6 a
30625 Hannover

BIC PBNKDEFF
IBAN DE82 2501 0030 000 0153 05

Beleg 3

Fairtext GmbH
Textilgroßhandlung

Telefon: 0511 4155-0
Telefax: 0511 4155-10
Internet: www.fairtext-wvd.de
E-Mail: weidner@fairtext-wvd.de

Fairtext GmbH · Walsroder Str. 6a · 30625 Hannover
Textilgroßhandel
Schneider KG
Schiffgraben 12
30625 Hannover

Kunden-Nr.:	10010
Lieferdatum:	24.02.20..
Bestelldatum:	18.02.20..
Sachbearbeiter/-in:	Thorsten Weidner
Rechnungs-Nr.:	98705
Rechnungsdatum:	26.02.20..

Rechnung

Pos.	Artikel-Nr.	Artikelbezeichnung	Menge und Einheit	Einzelpreis	Gesamtpreis
1	404166	Holzfällerhemden, Farbe sortiert	150 Stück	60,00 €	9.000,00 €
2	131085	Hosenanzug	80 Stück	35,00 €	2.800,00 €
3	404180	Jogginganzug	100 Stück	32,00 €	3.200,00 €
Gesamtpreis					15.000,00 €

Beleg 4

Fairtext GmbH
Textilgroßhandlung

Telefon: 0511 4155-0
Telefax: 0511 4155-10
Internet: www.fairtext-wvd.de
E-Mail: weidner@fairtext-wvd.de

Fairtext GmbH · Walsroder Str. 6a · 30625 Hannover
Textilgroßhandel
Schneider KG
Schiffgraben 12
30625 Hannover

Kunden-Nr.:	10010
Lieferdatum:	26.02.20..
Bestelldatum:	20.02.20..
Sachbearbeiter/-in:	Thorsten Weidner
Rechnungs-Nr.:	99318
Rechnungsdatum:	28.02.20..

Rechnung

Pos.	Artikel-Nr.	Artikelbezeichnung	Menge und Einheit	Einzelpreis	Gesamtpreis
1	262097	Damen-Ledergürtel	300 Stück	15,00 €	4.500,00 €
Gesamtpreis					4.500,00 €

Betrag dankend erhalten
Weidner

Beleg 5

Nachhaltige Produkte GmbH

Telefon: 0511 5050-0
Telefax: 0511 5050-10
E-Mail: beckmann@nhp-wvd.de

Nachhaltige Produkte GmbH · Brühlstr. 7 · 30165 Hannover
Fairtext GmbH
Walsroder Str. 6 a
30625 Hannover

Kunden-Nr.:	10500
Lieferdatum:	28.02.20..
Bestelldatum:	22.02.20..
Sachbearbeiter/-in:	Frau Beckmann
Rechnungs-Nr.:	02656
Rechnungsdatum:	28.02.20..

Rechnung

Pos.	Artikel-Nr.	Artikelbezeichnung	Menge und Einheit	Einzelpreis	Gesamtpreis
1	56905	Stoffballen, naturbelassen	100 Stück	20,00 €	2.000,00 €
Gesamtpreis					2.000,00 €

Betrag dankend erhalten
A. Beckmann

Beleg 6

Postbank Hannover 250 100 30 **Konto-Auszug**

Buch.-Tag	Tag der Wertstellung	Konto-Nr.	Auszug-Nr.	Datum	Alter Kontostand
		15 305		28.02.20..	36.000,00 €
26.02.20..	26.02.20..	Zinsen			420,00 € +
27.02.20..	27.02.20..	Pagro AG, RG-Nr. 49568			6.840,00 € −
28.02.20..	28.02.20..	Guttex GmbH, RG-Nr. 940358			5.320,00 € +
					Neuer Kontostand 34.900,00 € +

Herrn, Frau, Fa.
Fairtext GmbH
Walsroder Str. 6 a
30625 Hannover

BIC PBNKDEFF
IBAN DE82 2501 0030 000 0153 05

AKTIONEN

1. Informieren Sie sich im Internet über den Begriff *Rohgewinn*. Erstellen Sie dazu eine Kurzpräsentation. Berücksichtigen Sie dabei folgende Fragen:
   a) Was ist der Unterschied zwischen Absatz und Umsatz?
   b) Was wird unter dem Begriff *Rohgewinn* verstanden?
   c) Warum ist diese Kennzahl für ein Unternehmen so bedeutsam?
   d) Wie lauten die allgemeinen Formeln für den Rohgewinn?
   e) Stellen Sie den Warenrohgewinn am Beispiel der Aufgabe 7 ausführlich dar.
2. Erstellen Sie in Partnerarbeit zehn Fragen zum Thema *Warenbuchungen* und die entsprechenden Antworten. Tauschen Sie den Fragenkatalog mit einer anderen Partnergruppe und beantworten Sie deren Fragen. Kontrollieren Sie abschließend die Lösungen der anderen Partnergruppe.

ZUSAMMENFASSUNG

Warenbuchungen

nach dem aufwandsrechnerischen Verfahren
→ Wareneinkäufe werden direkt als Aufwand gebucht

bei Bestandsmehrungen

Soll	Warenbestände	Haben
Anfangsbestand		Schlussbestand
Bestandsmehrung		

Soll	Wareneingang	Haben
Einkäufe		Bestandsmehrung
		Wareneinsatz

Soll	Warenverkauf	Haben
GuV		Verkäufe

Soll	GuV	Haben
Wareneinsatz		Verkäufe (Umsatzerlöse)
…	…	… …

Soll	SBK	Haben
…	…	… …
…	…	… …
Waren (Schlussbestand)		… …
…	…	

Buchungssatz	Soll	Haben
Warenbestände an Wareneingang		

Buchungssatz	Soll	Haben
GuV an Wareneingang		

bei Bestandsminderungen

Soll	Warenbestände	Haben
Anfangsbestand		Schlussbestand
		Bestandsmehrung

Soll	Wareneingang	Haben
Einkäufe		Wareneinsatz
Bestandsmehrung		

Soll	Warenverkauf	Haben
GuV		Verkäufe

Soll	GuV	Haben
Wareneinsatz		Verkäufe (Umsatzerlöse)
…	…	… …

Soll	SBK	Haben
…	…	… …
…	…	… …
Waren (Schlussbestand)		… …
…	…	

Buchungssatz	Soll	Haben
Wareneingang an Warenbestände		

Buchungssatz	Soll	Haben
GuV an Wareneingang		

KAPITEL 14
Planung der Belegbearbeitung

Die untenstehende Rechnung ist bei der Fairtext GmbH eingegangen. Sebastian Holpert wird damit beauftragt, die notwendigen Bearbeitungsschritte vorzunehmen.

Stockmann OHG

Telefon: 07231 454545-45
Telefax: 07231 454545-11
E-Mail: marx@Stockmann-wvd.de

Stockmann OHG · Bachstr. 38 · 75180 Pforzheim
Fairtext GmbH
Walsroder Str. 6a
30625 Hannover

Eingegangen am: 01.08.20..

Kunden-Nr.:	10366
Lieferdatum:	29.07.20..
Bestelldatum:	25.07.20..
Sachbearbeiter/-in:	Herr Marx
Rechnungs-Nr.:	90512
Rechnungsdatum:	31.07.20..

Rechnung

Pos.	Artikel-Nr.	Artikelbezeichnung	Menge und Einheit	Einzelpreis	Gesamtpreis
1	27282	Damenpullover	300 Stück	56,00 €	16.800,00 €
2	19501	Damenbluse	400 Stück	25,50 €	10.200,00 €
3	34205	Herrenanzug	500 Stück	110,00 €	55.000,00 €

Gesamtpreis		82.000,00 €
Rabatt	5 %	4.100,00 €
Warenwert		77.900,00 €
Umsatzsteuer	19 %	14.801,00 €
Rechnungsbetrag		**92.701,00 €**

Rechnungsbetrag zahlbar innerhalb von 30 Tagen netto.
Bei Zahlung innerhalb von 7 Werktagen gewähren wir 1,5 % Skonto.

1. Erläutern Sie, warum es sinnvoll ist, Bearbeitungsvorgänge beim Eingang einer Rechnung zu organisieren und zu vereinheitlichen.

2. Geben Sie an, welche Bearbeitungsschritte mit einer eingehenden Rechnung vorzunehmen sind.

INFORMATIONEN

Ablauf der Belegbearbeitung

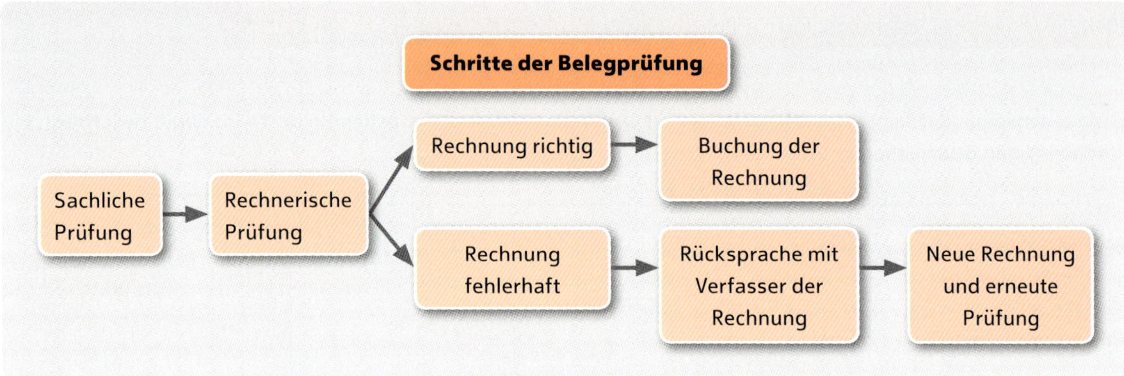

Prüfen

Jede Eingangsrechnung eines Unternehmens wird vor der Bezahlung überprüft. Der Geldstrom zum Kunden wird somit, bevor er angewiesen wird, überwacht. Die Belegprüfung stellt sicher, dass die bestellten Waren gemäß den Konditionen des Angebots geliefert worden sind. Die Prüfung erfolgt in vielen Unternehmen im Rahmen eines festgelegten Prozesses, welcher allerdings unternehmensspezifisch ist.

Die Überprüfung beinhaltet häufig zwei Schritte. Zunächst wird die sachliche Richtigkeit der Rechnung geprüft. Als nächstes erfolgt die rechnerische Überprüfung und schließlich die Bezahlung der Rechnung. Für eine sorgfältige Belegprüfung müssen alle der Rechnung zugrundeliegenden Dokumente vorliegen. Dies sind insbesondere die Bestellung und der Lieferschein. Bezieht sich eine Bestellung ausdrücklich auf ein konkretes Angebot, muss auch dieses zur Belegprüfung herangezogen werden.

Sachliche Prüfung

Die sachliche Prüfung der Rechnung wird in den meisten Unternehmen von der Person vorgenommen, die die Bestellung vorgenommen hat. Bei der Prüfung der sachlichen Richtigkeit einer Rechnung wird der Beleg hinsichtlich der folgenden Aspekte geprüft:

Prüfungsinhalt	Prüfungshandlung
• Wurde die gelieferte Ware/Dienstleistung überhaupt bestellt?	• Abgleich mit Bestellung (z. B. Auftrags-/Bestellnummer)
• Stimmen Art und Umfang der gelieferten Ware/erbrachten Dienstleistung?	• Abgleich mit Bestellung und Lieferschein (z. B. Artikelnummer, Anzahl, Gewicht, Größe)
• Werden die korrekten Einzelpreise ausgewiesen?	• Abgleich mit Bestellung
• Wurden die Liefer-/Leistungsvereinbarungen eingehalten?	• Abgleich mit Bestellung (ggf. Angebot)
• Erfüllt die Rechnung die umsatzsteuerlichen Anforderungen an eine ordnungsgemäße Rechnung?	• Abgleich mit § 14 (4) UStG (und ggf. Sondervorschriften) siehe Exkurs Umsatzsteuer in der Belegprüfung

Stellt der Bearbeiter die sachliche Richtigkeit des überprüften Belegs fest, so notiert er dies direkt auf dem Beleg (z. B. Stempel: „sachlich richtig“) und versieht den Prüfungsvermerk mit seiner Unterschrift/seinem Kürzel.

Rechnerische Prüfung

Bei der rechnerischen Prüfung einer Eingangsrechnung wird die Berechnung der Positionen nachvollzogen. Hierzu werden beispielsweise die in Rechnung gestellten Verkaufspreise, die Umsatzsteuer, mögliche Rabatte und die Berücksichtigung eventueller Anzahlungen geprüft.

BEISPIEL

Sebastian muss bei der Prüfung der Rechnung der Stockmann OHG folgende Beträge prüfen:

- 300 Stk. · 56,00 € = 16.800,00 €
  400 Stk. · 25,50 € = 10.200,00 €
  500 Stk. · 110,00 € = 55.000,00 €
  16.800,00 € + 10.200,00 € + 55.000,00 € = 82.000,00 €
- 82.000,00 € · $\frac{5}{100}$ = 4.100,00 € → Rabatt
- 82.000,00 € – 4.100,00 € = 77.900,00 € Warenwert
- 77.900,00 € · $\frac{19}{100}$ = 14.801,00 € USt
- 77.900,00 € + 14.801,00 € = 92.701,00 € = Überweisungsbetrag

Bei Skontonutzung kommen folgende Berechnungen hinzu:

- $92.701{,}00\ € \cdot \frac{1{,}5}{100} = 1.390{,}52\ €$
- 92.701,00 € – 1.390,52 € = 91.310,48 € = Überweisungsbetrag

Nach der abschließenden Prüfung erhält die Eingangsrechnung den Vermerk „rechnerisch richtig" und die verantwortliche Person zeichnet diesen Vermerk ab. Der Vermerk erfolgt direkt auf der Rechnung. Häufig wird die erforderliche Buchung in der Buchhaltung des Unternehmens auch sofort vorgenommen.

Exkurs: Grundlagen der Umsatzsteuer in der Belegprüfung

Unternehmen können sich die gezahlten Umsatzsteuerbeträge als Vorsteuer vom Finanzamt erstatten lassen (sog. Vorsteuerabzug). Um diese Erstattung in Anspruch zu nehmen, muss dem Unternehmen jedoch eine ordnungsgemäße Rechnung im Sinne von § 14 Abs. 4 UStG vorliegen. Hiernach muss eine Rechnung grundsätzlich folgende Angaben enthalten:

- Vollständiger Name und Anschrift des leistenden Unternehmers sowie des Leistungsempfängers
- Steuernummer oder Umsatzsteuer-Identifikationsnummer des leistenden Unternehmers
- Ausstellungsdatum
- Rechnungsnummer (fortlaufend und einmalig)
- Menge und Art der gelieferten Gegenstände oder Umfang und Art der erbrachten sonstigen Leistung
- Zeitpunkt der Lieferung oder sonstigen Leistung
- Entgelt, das heißt der Nettopreis
- anzuwendender Steuersatz (7 %, 19 % oder Hinweis auf Steuerbefreiung)

Zu dieser Thematik existieren zahlreiche Sondervorschriften, die hier im Einzelnen nicht erläutert werden können. Insbesondere gibt es Besonderheiten und Erleichterungen bei:

- Rechnungen über Kleinbeträge bis 250,00 € brutto (§ 33 UStDV)
- Fahrausweisen, die als Rechnungen gelten (§ 34 UStDV)
- Rechnungen in besonderen Fällen § 14a UStG

In bestimmten Fallgruppen schuldet der Leistungsempfänger die Umsatzsteuer (§§ 13b, 14a UStG). Somit enthalten die Rechnungen keine ausgewiesene Umsatzsteuer.

Berechnung der Umsatzsteuer

Bei der Berechnung der Umsatzsteuer ist besondere Sorgfalt nötig, denn zunächst muss der Sachverhalt richtig erkannt werden. Darüber hinaus muss das folgende Berechnungsschema stets beachtet werden.

	Prozent	BEISPIELE
		Stufe 3
Nettowert	100 %	300,00 €
+ 19 % USt	+ 19 %	+ 57,00 €
= Bruttowert	= 119 %	= 357,00 €

Die Prozentwerte bleiben bei diesem Berechnungsschema immer gleich. Der Nettowert beträgt stets 100 %. Der Bruttowert beträgt stets 119 %. Eine Ausnahme bilden Umsätze, die nur mit dem ermäßigten Steuersatz belegt sind. Hier beträgt die Umsatzsteuer nur 7 % und somit entspricht der Bruttowert 107 %.

BEISPIEL 1

Die Fairtext GmbH verkauft einen Grill für 500,00 € netto.

Die Umsatzsteuer darauf wird wie folgt berechnet:

$$500{,}00\ € \cdot \frac{19}{100} = 95{,}00\ €$$

Der Bruttowert lässt sich ähnlich berechnen:

$$500{,}00\ € \cdot \frac{119}{100} = 595{,}00\ €$$

Bei der Berechnung handelt es sich lediglich um eine Anwendung der Prozentrechnung. Eine andere Variante zur Berechnung sieht wie folgt aus:

Berechnung der Umsatzsteuer: 500,00 € · 0,19 = 95,00 €
Berechnung des Bruttowertes: 500,00 € · 1,19 = 595,00 €

Ist nun aber in einer Rechnung, aus welchen Gründen auch immer, nur der Bruttobetrag angegeben, so ist die Umsatzsteuer aus diesem Betrag herauszurechnen.

BEISPIEL 2

Die Fairtext GmbH verkauft einen alten Bürostuhl aus der Verwaltung für einen Rechnungsbetrag von 47,60 € inklusive 19 % USt.

Es handelt sich um eine Kleinbetragsrechnung. Daher ist die Umsatzsteuer nicht gesondert ausgewiesen.

Dem Beleg ist zu entnehmen, dass 19 % Umsatzsteuer enthalten sind. Es ist wie folgt zu rechnen:

Berechnung des Nettowerts:

$$47{,}60\,€ \cdot \frac{100}{119} = 40{,}00\,€$$

Berechnung der Umsatzsteuer:

$$47{,}60\,€ \cdot \frac{19}{119} = 7{,}60\,€$$

Eine andere Möglichkeit, den Nettowert zu berechnen, sieht wie folgt aus:

Berechnung des Nettowerts:

$$47{,}60\,€ : 1{,}19 = 40{,}00\,€$$

Konsequenzen der Belegprüfung

Werden im Rahmen der Belegprüfung sachliche und/oder rechnerische Fehler in der Rechnung festgestellt, ist der Verfasser der Rechnung unverzüglich zu kontaktieren. Die Fehler müssen angezeigt und besprochen werden. Dies erfolgt in der Regel telefonisch. Der Rechnungsaussteller wird dann zur Ausstellung einer neuen, fehlerfreien Rechnung aufgefordert. Es sollte geklärt werden, wie mit dem offenen Betrag und den Skontofristen verfahren wird.

Ausgangsrechnungen

Die Überprüfung von Ausgangsrechnungen ist nicht so weit verbreitet und reglementiert wie die Prüfung von Eingangsrechnungen. Sie erfolgt in der Regel durch den Bearbeiter, der im Unternehmen die Ausgangsrechnung erstellt. Es werden keine Vermerke auf der Rechnung vorgenommen, die die Prüfungshandlungen dokumentieren. Die korrekte Ausstellung von Rechnungen ist jedoch wichtig, damit die Kunden das Unternehmen als zuverlässigen Handelspartner wahrnehmen und die Rechnungen in ihrem Unternehmen problemlos bearbeiten können. Hierzu gehört auch, dass der Unternehmer die Umsatzsteuer, die er in Rechnung stellt, korrekt ausweist. Er muss also seinerseits ebenfalls Rechnungen ausstellen, die den Anforderungen des § 14 Abs. 4 UStG entsprechen.

Sortieren

Im Anschluss an die Belegprüfung erfolgt die Sortierung der Belege. Eine Möglichkeit der Sortierung ist die Sortierung nach der Belegart. Hierbei werden zumeist die Eingangsrechnungen (Kreditorenbelege) von den Ausgangsrechnungen (Debitorenbelege) strikt getrennt. Dies ist darin begründet, dass ihre weitere buchhalterische Erfassung unterschiedlich ist. Eine Sortierung nach Eigen- und Fremdbelegen wäre auch denkbar.

(Vor-)Kontieren

Unter Vorkontierung oder Kontierung versteht man eine erste vorläufige Bearbeitung des Belegs durch die Stelle, an der der Beleg eingeht. Der Bearbeiter bringt einen Kontierungsstempel auf dem Beleg an und vermerkt, auf welchen Konten der Geschäftsfall gebucht werden soll (= Vorkontierung). Dieser Schritt erleichtert der Buchhaltungsabteilung die weitere Bearbeitung des Belegs. Die vorgenommene Kontierung wird lediglich überprüft und in der Regel dann gebucht.

BEISPIEL

Gebucht		
Konto	Soll	Haben
Waren	77.900,00	
Vorsteuer	14.801,00	
an Verb. a. LL		92.701,00
Datum:	Kürzel:	

Buchen

Unter Buchen versteht man die Erfassung des Belegs in der Buchhaltung, d. h. die Eingabe des Buchungssatzes in die Buchhaltung. Der Buchungssatz wird durch die Erfassung im Grund- und Hauptbuch abgebildet. Die Buchung wird mit einem Buchungsvermerk auf dem Beleg bestätigt.

BEISPIEL

Gebucht		
Konto	Soll	Haben
Waren	77.900,00	
Vorsteuer	14.801,00	
an Verb. a. LL		92.701,00
Datum: 01.08.20..	Kürzel: Strahler	

203153528

Ablage

Im Anschluss an die Erfassung in der Buchführung wird jeder Beleg gemäß dem Ablagesystems des Unternehmens abgelegt. Das Ablagesystem ist von Unternehmen zu Unternehmen unterschiedlich. Die Ablage kann zum Beispiel nach Kreditoren, Debitoren, Konten oder auch chronologisch erfolgen. Belege, Kontoauszüge und Rechnungen sowie die Buchhaltung sind gem. § 147 Abs. 3 S. 1 Abgabenordnung (AO) in der Regel zehn Jahre aufzubewahren.

Mit der ordnungsgemäßen Ablage ist die Belegbearbeitung abgeschlossen.

AUFGABEN

1. Geben Sie an, welche Prüfungen im Rahmen der sachlichen Belegprüfung vorgenommen werden.
2. Erläutern Sie, welche Prüfungen im Rahmen der rechnerischen Belegprüfung erfolgen.
3. Erläutern Sie, wie verfahren werden sollte, wenn sich im Rahmen der Belegprüfung Probleme ergeben.
4. Nennen Sie die Schritte der Belegbearbeitung in der korrekten Reihenfolge.
5. Erläutern Sie, warum die zeitnahe Prüfung von Eingangsrechnungen wichtig ist und warum diese unbedingt vor der Zahlung erfolgen sollte.
6. Geben Sie an, welche Informationen einem Kontierungsstempel zu entnehmen sind.
7. Geben Sie die Anforderungen an eine ordnungsgemäße Rechnung an.
8. Berechnen Sie die Umsatzsteuer nach dem allgemeinen Steuersatz auf die folgenden Nettobeträge:
   a) 200,00 € b) 750,00 €
   c) 12.000,00 € d) 140.000,00 €
   e) 15,00 € f) 7.500,00 €
9. Berechnen Sie die Umsatzsteuer nach dem ermäßigten Steuersatz auf die folgenden Nettobeträge:
   a) 200,00 € b) 1.500,00
   c) 5.600,00 € d) 32.000,00 €
   e) 7,00 € f) 143.000,00 €
10. Berechnen Sie die Umsatzsteuer nach dem allgemeinen Steuersatz aus den folgenden Bruttobeträgen:
    a) 238,00 € b) 1.011,50 €
    c) 3.570,00 € d) 32.725,00 €
    e) 14,28 € f) 89.250,00 €
11. Berechnen Sie die Umsatzsteuer nach dem ermäßigten Steuersatz aus den folgenden Bruttobeträgen:
    a) 321,00 € b) 10.165,00 €
    c) 727,60 € d) 369.150,00 €
    e) 24,61 € f) 38.787,50 €

AKTION

Informieren Sie sich über das System der Belegbearbeitung in Ihrem Ausbildungsbetrieb.

a) Beschreiben Sie den Ablauf der Belegbearbeitung in Ihrem Ausbildungsbetrieb.
b) Kopieren Sie den Kontierungsstempel, der in Ihrem Ausbildungsbetrieb verwendet wird (oder zeichnen Sie ihn ab). Erläutern Sie den Kontierungsstempel.
c) Erläutern Sie das Ablagesystem in Ihrem Ausbildungsbetrieb. Beziehen Sie sich dabei sowohl auf das Ablagesystem in den Aktenordnern (Papierablage) als auch auf das EDV-Ablagesystem (digitale Ablage).

ZUSAMMENFASSUNG

Schritte der Belegprüfung

Sachliche Prüfung → Rechnerische Prüfung

- → Rechnung richtig → Buchung der Rechnung
- → Rechnung fehlerhaft → Rücksprache mit Verfasser der Rechnung → Neue Rechnung und erneute Prüfung

Ablauf der Belegbearbeitung

Belegeingang aus Einkauf und Verkauf → Prüfen → Sortieren → (Vor-) Kontieren → Buchen → Ablage

Berechnung der Umsatzsteuer

Grundlage:

Nettobetrag	=	100 %
Umsatzsteuer	=	19 %
Bruttobetrag	=	119 %

auf den Nettobetrag

Nettobetrag · 19 : 100 = Umsatzsteuer
Nettobetrag · 119 : 100 = Bruttobetrag

aus dem Bruttobetrag

Bruttobetrag · 19 : 119 = Umsatzsteuer
Bruttobetrag · 100 : 119 = Nettobetrag

KAPITEL 15
Bedeutung der Umsatzsteuer

Anne Schulte soll Frau Tegtmeyer dabei helfen, die Umsatzsteuer-Voranmeldung für den Monat Februar 20.. zu erstellen. Anne hat allerdings noch keine Kenntnisse über die Umsatzsteuer. Daher soll sie sich erst einmal grundlegend über das Wesen und die Systematik der Umsatzsteuer informieren.

Erläutern Sie, wie man die Umsatzsteuerzahllast rechnerisch ermittelt.

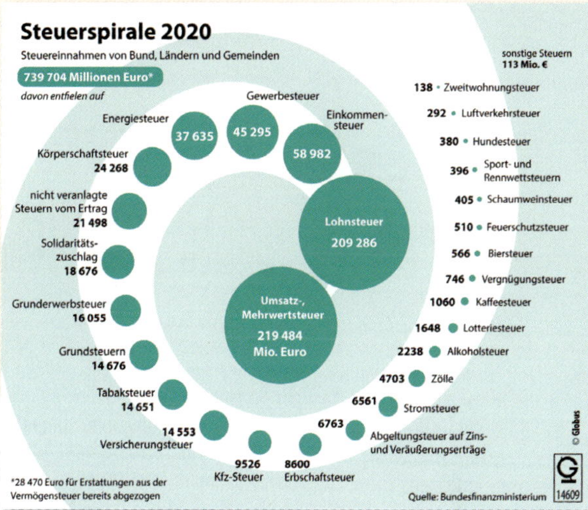

INFORMATIONEN

Wesen der Umsatzsteuer

Die Umsatzsteuer ist eine der Steuern, mit denen der deutsche Staat am meisten Geld einnimmt. Sie ist eine Gemeinschaftssteuer. Das bedeutet, die Steuereinnahmen stehen Bund, Ländern und Gemeinden zu. Für Unternehmen ist sie neben den Ertragssteuern (Einkommensteuer, Lohnsteuer, Kapitalertragsteuer) die wichtigste Steuer. Die Umsatzsteuer ist eine indirekte Steuer. Das bedeutet, dass Steuerträger und Steuerschuldner nicht dieselbe Person sind. Sie ist eine Jahressteuer, wird also für das Kalenderjahr festgesetzt. Die Berechnung nimmt der Unternehmer im ersten Schritt selbst vor und meldet die Umsatzsteuer an (=Anmeldesteuer).

Steuersätze und Befreiungen

Der allgemeine Umsatzsteuersatz beträgt aktuell (Stand: Januar 2022) 19 %. Einige Umsätze werden nur mit einem ermäßigten Steuersatz von 7 % belegt und andere sind ganz von der Umsatzsteuer befreit. Der folgende Überblick zeigt einige ermäßigt besteuerte und steuerbefreite Umsätze.

ermäßigter Steuersatz 7 %	steuerbefreite Umsätze keine USt
BEISPIELE • Hotelumsätze • Bücher, Zeitungen • Kaffee • Blumen • Milch • Lebensmittel • öffentliche Verkehrsmittel	BEISPIELE • Ausfuhrlieferungen • Zinsen • Versicherungsumsätze • Grundstücksverkäufe • medizinische Heilbehandlungen • langfristige Vermietung

Systematik der Umsatzsteuer

Die Umsatzsteuer ist in Deutschland als eine Allphasen-Netto-Umsatzsteuer ausgestaltet. Dieser Begriff ist leicht erklärt. Es wird in jeder Phase des Leistungsprozesses (Allphasen) der Nettowert (Netto) mit der Umsatzsteuer besteuert. Der Unternehmer erhält die Umsatzsteuer also zusätzlich zu dem von ihm kalkulierten Nettoverkaufspreis. In Rechnungen wird daher in der Regel der Nettopreis ausgewiesen und anschließend die Umsatzsteuer unter Angabe des jeweiligen Steuersatzes hinzugerechnet. Im Ergebnis ergibt sich dann der vom Kunden tatsächlich zu zahlende Bruttopreis.

BEISPIEL

Phase 1: Ein Landwirt verkauft die von ihm hergestellte Baumwolle an einen Stoffhersteller für 100,00 € zuzüglich 19,00 € Umsatzsteuer.

Phase 2: Der Stoffhersteller verarbeitet die Baumwolle zu einem Stoff für Herrenhemden. Anschließend verkauft er den Stoff für 150,00 € zuzüglich 28,50 € Umsatzsteuer an die Textila AG.

Phase 3: Die Textila AG erstellt aus dem Stoff Herrenhemden und verkauft sie für 300,00 € zuzüglich 57,00 € Umsatzsteuer an die Tom Hoss KG.

Phase 4: Die Tom Hoss KG verkauft die Hemden an verschiedene private Endkunden für insgesamt 595,00 € brutto (inklusive 95,00 € Umsatzsteuer).

BEISPIEL

	Phase des Leistungsprozesses	Eingangsrechnung	Ausgangsrechnung	Vorsteuer	Umsatzsteuer	Finanzamt (Zahllast)
1	Urproduktion	nicht vorhanden	100,00 € + USt 19,00 € 119,00 €	keine	19,00 €	19,00 € –0,00 € 19,00 €
2	Verarbeitung	100,00 € + USt 19,00 € 119,00 €	150,00 € + USt 28,50 € 178,50 €	19,00 €	28,50 €	28,50 € –19,00 € 9,50 €
3	Weiterverarbeitung	150,00 € + USt 28,50 € 178,50 €	300,00 € + USt 57,00 € 357,00 €	28,50 €	57,00 €	57,00 € –28,50 € 28,50 €
4	Einzelhandel	300,00 € + USt 57,00 € 357,00 €	500,00 € + USt 95,00 € 595,00 €	57,00 €	95,00 €	95,00 € –57,00 € 38,00 €
5	Privatkunde (Endverbraucher)	500,00 € + USt 95,00 € 595,00 €	nicht vorhanden			

Auf jeder Stufe (Allphasen) des Leistungsprozesses wird der Nettowert der Ware mit Umsatzsteuer belegt. Auch der Begriff „Mehrwertsteuer" ergibt sich aus dem Beispiel. In der Spalte „Finanzamt (Zahllast)" ist der Betrag angeführt, der von dem Unternehmer der jeweiligen Phase an das Finanzamt abgeführt werden muss. Bei genauerer Betrachtung stellt man fest, dass in jeder Phase die Umsatzsteuer auf den entstandenen Mehrwert an das Finanzamt abgeführt werden muss.

BEISPIEL

Die Tom Hoss KG kauft Hemden für 300,00 € netto und verkauft sie an Endkunden für 500,00 €. Durch den teureren Verkauf wird von der Tom Hoss KG ein Mehrwert von 200,00 € erwirtschaftet. Auf den Einkauf fällt eine Umsatzsteuer in Höhe von 57,00 € an, die die Tom Hoss KG als Vorsteuer vom Finanzamt erstattet bekommt. Auf der anderen Seite fällt für den Verkauf eine Umsatzsteuer in Höhe von 95,00 € an, die an das Finanzamt weiterzuleiten ist. Wenn man die beiden Beträge voneinander abzieht, erhält man die Zahllast, also den Betrag, der tatsächlich an das Finanzamt gezahlt wird:

95,00 € – 57,00 € = 38,00 €

Dies ist gleichzeitig exakt die Umsatzsteuer, die auf den Mehrwert, der von Tom Hoss KG geschaffen wurde, anfällt. Im Ergebnis wird also der Mehrwert von 200,00 € besteuert.

Der Grund für dieses komplizierte System wird nicht sofort deutlich. Die Verteilung der Umsatzsteuer auf die verschiedenen Stufen des Leistungsprozesses hat viele Vorteile für den Staat. Der Staat bekommt bereits auf jeder Stufe die Umsatzsteuer, die auf den geschaffenen Mehrwert entfällt. Das Geld ist somit früher in der Staatskasse. Außerdem wird das Risiko des Ausfalls der Umsatzsteuer (z. B. durch Insolvenzen oder Steuerhinterziehung) dadurch verringert, dass die Zahlung auf mehrere Unternehmer verteilt wird.

Da die Umsatzsteuer für den Unternehmer erfolgsneutral ist, wird der Unternehmer als **Steuerschuldner** bezeichnet. Das heißt, dass er die vereinnahmte Umsatzsteuer an das Finanzamt abführen muss. Der Endverbraucher (Privatkunde) ist wirtschaftlich mit der Umsatzsteuer belastet, da dieser die Umsatzsteuer nicht als Vorsteuer vom Finanzamt erstattet bekommt. Man bezeichnet diese Gruppe als **Steuerträger**.

Steuerschuldner:
leitet die Steuer an das Finanzamt weiter.
Steuerträger:
ist wirtschaftlich mit der Steuer belastet (Endverbraucher).

Rechnungen

Unternehmer müssen ordnungsgemäße Rechnungen über die von ihnen erbrachten Leistungen ausstellen. Gleichzeitig können sie sich die von ihnen gezahlten Umsatzsteuerbeträge für bezogene Eingangsleistungen als Vorsteuer vom Finanzamt erstatten lassen (sogenannter **Vorsteuerabzug**).

Um diese Erstattung in Anspruch zu nehmen, muss wiederum eine ordnungsgemäße Rechnung im Sinne von § 14 Abs. 4 UStG vorliegen. Nach dieser Vorschrift muss eine ordnungsgemäße Rechnung grundsätzlich folgende Angaben enthalten:

- vollständiger Name und Anschrift des leistenden Unternehmers und des Leistungsempfängers
- Steuernummer oder Umsatzsteuer-Identifikationsnummer des leistenden Unternehmers
- Ausstellungsdatum
- Rechnungsnummer (fortlaufend und einmalig)
- Menge und Art der gelieferten Gegenstände oder Umfang und Art der erbrachten sonstigen Leistung
- Zeitpunkt der Lieferung oder sonstigen Leistung
- Entgelt, das heißt der Nettopreis
- anzuwendender Steuersatz (7 %, 19 % oder Hinweis auf Steuerbefreiung)

Zu dieser Thematik existieren zahlreiche Sondervorschriften, die hier im Einzelnen nicht erläutert werden können. Insbesondere gibt es Besonderheiten und Erleichterungen bei:

- Rechnungen über Kleinbeträge bis 250,00 brutto (§ 33 UStDV),
- Fahrausweisen, die als Rechnungen gelten (§34 UStDV),
- Sachverhalten, in denen der Leistungsempfänger die Umsatzsteuer schuldet (§§ 13b, 14a UStG).

Ermittlung der Zahllast/ des Erstattungsanspruchs

Bei der Erstellung der Schlussbilanz wird die Umsatzsteuer bisher als eine Verbindlichkeit gegenüber dem Finanzamt auf der Passivseite dargestellt. Die Vorsteuer wird auf der Aktivseite als eine Forderung gegenüber der Finanzbehörde ausgewiesen. Es ist sinnvoll, dass bei der Abrechnung mit der Finanzverwaltung die bestehende Umsatzsteuerverbindlichkeit mit der Vorsteuerforderung verrechnet wird.

Dies geschieht in der Umsatzsteuer-Voranmeldungen, die der Unternehmer in der Regel monatlich elektronisch an das Finanzamt übermittelt, und auch bei der Ermittlung der Umsatzsteuer am Jahresende. Je nach Höhe der Umsatz- und Vorsteuer kann sich eine Zahllast oder ein Erstattungsanspruch ergeben.

Meistens ist die Umsatzsteuer größer als die erstattungsfähige Vorsteuer. In diesem Fall ergibt sich eine Umsatzsteuerzahllast. Die Umsatzsteuerzahllast ist eine Verbindlichkeit für den Unternehmer.

Ist die Vorsteuer größer als die Umsatzsteuer, so entsteht ein Vorsteuerüberhang oder Erstattungsanspruch. Der Erstattungsanspruch ist somit eine Forderung des Unternehmers gegenüber dem Finanzamt.

DEFINITION

Umsatzsteuer – Vorsteuer > 0,00 **€**
= **Umsatzsteuerzahllast** (= Verbindlichkeit)
Umsatzsteuer – Vorsteuer < 0,00 **€**
= **Vorsteuerüberhang/Erstattungsanspruch** (Forderung)

Umsatzsteuervoranmeldungen

Der Unternehmer ist dazu verpflichtet, die Umsatzsteuer selbst zu berechnen und im Rahmen von Umsatzsteuervoranmeldungen beim Finanzamt zu erklären. Die Umsatzsteuer ist somit eine Anmeldesteuer.

Die Umsatzsteuervoranmeldungen müssen in der Regel monatlich erfolgen. Sie müssen jeweils bis zum 10. Tag des Folgemonats beim Finanzamt elektronisch eingereicht werden. Die Abgabe der Voranmeldung erfolgt mithilfe des kostenlos von der Finanzverwaltung zur Verfügung gestellten Onlinesystems ELSTER (Elektronische Steuererklärung). In Ausnahmefällen kann die Abgabe auch vierteljährlich und in Papierform erfolgen.

Der Unternehmer berechnet jeden Monat seine Zahllast, indem er die Vorsteuerbeträge von der geschuldeten Umsatzsteuer abzieht.

Die vom Unternehmer berechnete Umsatzsteuerzahllast ist ebenfalls bis zum 10. Tag des Folgemonats bei der Finanzkasse einzuzahlen. Bei Zahlung per Banküberweisung räumt die Finanzverwaltung eine dreitägige Schonfrist ein.

BEISPIEL

Die Umsatzsteuerzahllast für den Monat September 20.. beträgt 1.320,00 €. Der Betrag muss bis zum 10. Oktober 20.. entrichtet werden. Wird per Überweisung gezahlt, muss das Geld am 13. Oktober 20.. auf dem Konto der Finanzkasse eingehen.

Es gibt keine Zahlungsaufforderung. Fällt das Ende der Schonfrist auf einen Samstag, Sonntag oder Feiertag, verschiebt sich das Fristende auf den nächstfolgenden Werktag.

BEISPIEL

Der 13. Oktober 20.. ist ein Samstag. Folglich muss das Geld bei Banküberweisung am nächstfolgenden Werktag, also am Montag, dem 15. Oktober 20.., auf dem Konto der Finanzkasse eingehen.

Ein Vorsteuerüberhang wird von der Finanzkasse zeitnah an den Unternehmer überwiesen.

Unternehmer können gegen Leistung einer Sondervorauszahlung eine Dauerfristverlängerung für die Abgabe der Umsatzsteuervoranmeldungen beim Finanzamt beantragen. Die Dauerfristverlängerung beträgt jeweils einen Monat.

BEISPIEL

Die Umsatzsteuervoranmeldung für den Monat Juni 20.. muss bis zum 10. Juli 20.. beim Finanzamt eingereicht werden. Durch eine Dauerfristverlängerung muss die Voranmeldung für Juni 20.. erst bis zum 10. August 20.. übermittelt werden. Auch die Zahllast muss erst zum 10. August 20.. beglichen werden.

Umsatzsteuerjahreserklärung

Der Unternehmer muss für jedes Kalenderjahr bis zum 31. Juli des Folgejahres eine Umsatzsteuerjahreserklärung beim Finanzamt abgeben. Bei Erstellung durch einen Steuerberater verlängert sich die Abgabefrist bis zum 28. Februar des übernächsten Jahres.

BEISPIEL

Die Umsatzsteuererklärung für das Jahr 2021 muss von der Fairtext GmbH bis zum 28. Februar 2023 abgegeben werden, da sie einen Steuerberater mit der Erstellung beauftragt hat.
Würde die Fairtext GmbH die Umsatzsteuererklärung selbst erstellen, müsste die Erklärung bis zum 31. Juli 2022 abgegeben werden.

In der Jahreserklärung werden alle Umsatz- und Vorsteuerbeträge des abgelaufenen Kalenderjahres erklärt. Sollte sich trotz der Umsatzsteuervoranmeldungen eine Zahllast ergeben, so muss diese spätestens einen Monat nach Einreichung der Erklärung beim Finanzamt beglichen werden. Ein Erstattungsanspruch wird vom Finanzamt zeitnah überwiesen.

Umsatzsteuervoranmeldung:
- in der Regel monatlich abzugeben
- Termin: 10. Tag des Folgemonats
- wird elektronisch an das Finanzamt übermittelt
- Dauerfristverlängerung von einem Monat möglich
- Steuer wird selbst berechnet
- Vorauszahlung ist am 10. Tag des Folgemonats fällig

Umsatzsteuerjahreserklärung:
- bis zum 31.07. des Folgejahres abgeben
- mit Steuerberater Frist bis zum 28.02. des übernächsten Jahres

AUFGABEN

1. Geben Sie jeweils drei Beispiele für Lieferungen und sonstige Leistungen an, die im Inland steuerbar im Sinne des Umsatzsteuergesetzes sind.
2. Bilden Sie jeweils zwei konkrete Sachverhalte (ohne Berechnungen und Zahlen), die
   a) mit dem allgemeinen Steuersatz besteuert werden,
   b) mit dem ermäßigten Steuersatz besteuert werden,
   c) von der Umsatzsteuer befreit sind.
3. Erstellen Sie einen Text, in dem Sie die Begriffe *Umsatzsteuer, Mehrwertsteuer* und *Vorsteuer* erläutern.
4. Erläutern Sie mit eigenen Worten, was man unter dem Begriff *Allphasen-Netto-Umsatzsteuer* versteht.

AKTIONEN

1. a) Prüfen Sie die Ordnungsmäßigkeit der folgenden Eingangsrechnung der Fairtext GmbH.

   b) Erläutern Sie an dem Beispiel, warum es so wichtig ist, dass die Ordnungsmäßigkeit der Rechnung geprüft wird.

Sportiva GmbH

Sportiva GmbH, Sportivaweg 1, 91074 Herzogenaurach

Fairtext GmbH
Walsroder Str. 6 a
30625 Hannover

Ihre Nachricht vom: 07.12.20..
Ihr Zeichen: ph/sh
Unsere Nachricht vom: 17.12.20..
Unser Zeichen: kr

Name: Sven Krauß
Telefon: 09132 12845-9
E-Mail: krauß@sportiva-wvd.de
Internet: www.sportiva-wvd.de

Rechnungsnummer: 2-357-20..
Datum: 17.12.20..

Rechnung

Wir lieferten Ihnen am 17.12.20..:

Artikelnr.	Bezeichnung	Menge	Einzelpreis in EUR	Gesamtpreis in EUR
6462 049	Joggingshorts „FastLane", Damen schwarz, Größe S	30	27,99	839,70
6462 050	Joggingshorts „FastLane", Damen schwarz, Größe M	20	27,99	559,80
			Summe	1.399,50 €
			19% USt	265,90 €
			Rechnungsbetrag	**1.665,40 €**

Der Rechnungsbetrag ist zahlbar bis zum 31.12.20.. Ein Skontoabzug ist gemäß den vereinbarten Bedingungen nicht zulässig.

Sportiva GmbH
Sportivaweg 1
91074 Herzogenaurach

Steuernummer: 27/200/23735
USt-IdNr.: DE34872837

Commerzbank Herzogenaurach
Kontonummer: 300 100 257
BLZ: 250 400 66

2. a) Prüfen Sie die Ordnungsmäßigkeit der folgenden Eingangsrechnung der Fairtext GmbH.

   b) Erläutern Sie an dem Beispiel, wie mit der Rechnung umzugehen ist.

Saskia Meinert, Mühlweg 15, 12587 Berlin

Fairtext GmbH
Walsroder Str. 6 a
30625 Hannover

Ihre Nachricht vom: 28.12.20..
Ihr Zeichen: ph/sh
Unsere Nachricht vom: 07.01.20..
Unser Zeichen: bm

Name: Bettina Morales
Telefon: 030 47265-332
E-Mail: morales@meinert-wvd.de
Internet: www.meinert-wvd.de

Rechnungsnummer: 12-1-20..
Datum: 07.01.20..

Rechnung

Artikelnr.	Bezeichnung	Menge	Einzelpreis in EUR	Gesamtpreis in EUR
1-200-12	Hemd „Easy", blau, Größe L	30	23,80	714,00
1-201-12	Hemd „Easy", blau, Größe M	30	23,80	714,00
			Rechnungsbetrag (inkl. 19% USt.)	**1.428,00 €**

Zahlbar zum 21.01.20.. Bei Zahlung bis zum 12.01.20.. kann Skonto in Höhe von 2% des Nettowarenwerts gezogen werden.

Saskia Meinert
Mühlweg 15
12587 Berlin

Deutsche Bank Berlin
Kontonummer: 700 120 12
BLZ: 250 700 24

ZUSAMMENFASSUNG

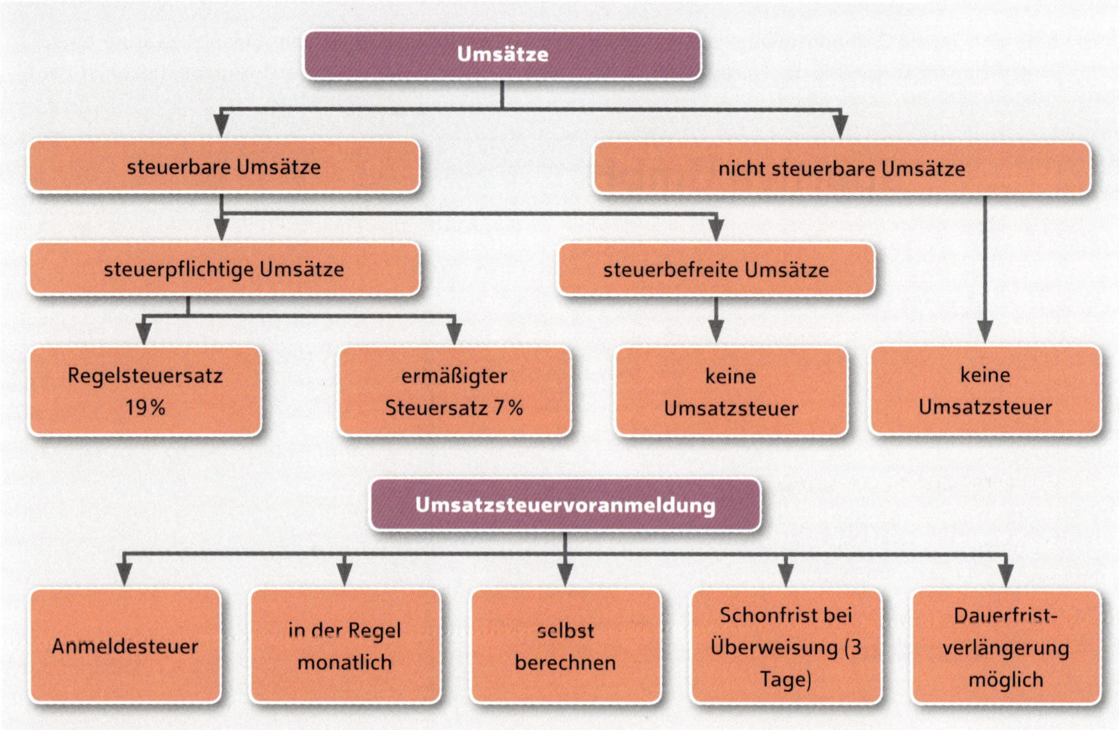

KAPITEL 16
Buchen von Geschäftsfällen mit Umsatzsteuer

Anne Schulte hat die Eingangsrechnung vom Autohaus Bach über einen Pkw von 33.320,00 € erneut vor sich liegen. Sie erhält nun von Frau Tegtmeyer den Auftrag, den Beleg zu buchen.

Autohaus Bach

Autohaus Bach · Birkenwald 44 · 30449 Hannover
Fairtext GmbH
Frau Neumann
Walsroder Str. 6 a
30625 Hannover

Telefon: 0511 1234-56
Telefax: 0511 1234-57
E-Mail: auto@bach-wvd.de

Kunden-Nr.: 19875
Lieferdatum: 28.07.20..
Bestelldatum: 28.07.20..
Sachbearbeiter/-in: Herr Marx

Rechnungs-Nr.: 86970
Rechnungsdatum: 30.07.20..

Rechnung

Pos.	Artikel-Nr.	Artikelbezeichnung	Menge und Einheit	Einzelpreis	Gesamtpreis
1	125125	PKW Kolf Sport Neuwagen	1	28.000,00 €	28.000,00 €

Gesamtpreis		28.000,00 €
Umsatzsteuer	19 %	5.320,00 €
Rechnungsbetrag		**33.320,00 €**

Rechnungsbetrag zahlbar innerhalb von 14 Tagen netto.

1. Nennen Sie die Konten, die durch den Geschäftsfall berührt werden.
2. Formulieren Sie den Buchungssatz für den vorliegenden Beleg.

INFORMATIONEN

Berechnung der Umsatz- und Vorsteuer

Bisher wurde die in den Rechnungen ausgewiesene Umsatzsteuer bei den Buchungssätzen noch nicht erfasst. Allerdings fallen die Umsatz- oder die Vorsteuer bei einem Großteil der täglich zu buchenden Geschäftsfälle an. Da die Umsatzsteuer zusätzlich zu dem Nettopreis berechnet wird und anfällt, ist sie für eine korrekte Erfassung der betroffenen Geschäftsfälle auch im Buchungssatz zusätzlich zu erfassen. Die Umsatzsteuer muss vom Unternehmer, als Steuerschuldner, an das Finanzamt abgeführt werden. Daher wird sie auf dem Passivkonto „Umsatzsteuer" erfasst.

Im ersten Schritt ist die ausgewiesene Umsatzsteuer auf ihre rechnerische Richtigkeit zu prüfen (siehe vorherige Kapitel). In vielen Belegen ist sie aufgrund von Sonderregelungen bei der Rechnungsausstellung sogar selbst durch den Unternehmer zu ermitteln, da sie nicht direkt auf dem Beleg ausgewiesen ist.

BEISPIEL

Die Fairtext GmbH kauft Büromaterial ein. Auf dem Beleg steht: „10 x Kopierpapier je 4,99 € = 49,90 € inkl. 19% USt".

Für die Buchung muss nun die Umsatzsteuer aus dem Bruttobetrag dieser Kleinbetragsrechnung herausgerechnet werden.

Der Bruttopreis beträgt 49,90 €. Darin sind 19% Umsatzsteuer enthalten. Es müssen nun also die 19% aus dem Bruttopreis herausgerechnet werden. Der Bruttopreis setzt sich aus dem Nettopreis (100%) und der Umsatzsteuer (19%) zusammen. Insgesamt handelt es sich also um 119%. Es ist eine Berechnung mit einem vermehrten Grundwert erforderlich.

	Prozent	Euro
Bruttopreis	119%	49,90
Umsatzsteuer	19%	?
Nettopreis	100%	?

Die gängigste Methode ist, dass man zunächst den Nettopreis wie folgt berechnet:

49,90 € : 1,19 = 41,93 € netto

Die Umsatzsteuer ergibt sich dann als Differenz aus Bruttopreis und Nettopreis:

49,90 € – 41,93 € = 7,97 € USt

Die USt lässt sich auch direkt berechnen:

49,90 € : 119 x 19 = 7,97 €

Wenn Artikel mit dem ermäßigten Steuersatz von 7% besteuert werden, tritt an die Stelle der entsprechende Wert.

BEISPIEL

Die Fairtext GmbH kauft Äpfel für die Mitarbeiterküche ein. Auf dem Beleg steht: „30 Äpfel, 4,99 € je kg = 12,84 € inkl. 7% USt".

	Prozent	Euro
Bruttopreis	107%	12,84
Umsatzsteuer	7%	?
Nettopreis	100%	?

Der Nettopreis wird wie folgt berechnet:

12,84 € : 1,07 = 12,00 € netto

Die Umsatzsteuer ergibt sich dann als Differenz aus Bruttopreis und Nettopreis:

12,84 € – 12,00 € = 0,84 € USt

Die USt lässt sich auch hier direkt berechnen:

12,84 € : 107 x 7 = 0,84 €

Insbesondere bei Geschäftsfällen, in denen Umsatzerlöse erzielt werden, muss der Unternehmer die Umsatzsteuer selbst berechnen, die er auf der Ausgangsrechnung gegenüber seinem Kunden ausweist. In diesen Fällen ist der Nettopreis bekannt und die Umsatzsteuer und der Bruttopreis werden berechnet.

BEISPIEL 1

Die Fairtext GmbH verkauft einen Herrenanzug für 500,00 € netto.

Die Umsatzsteuer darauf wird wie folgt berechnet:

$$500{,}00\,€ \cdot \frac{19}{100} = 95{,}00\,€$$

Der Bruttowert lässt sich ähnlich berechnen:

$$500{,}00\,€ \cdot \frac{119}{100} = 595{,}00\,€$$

Bei der Berechnung handelt es sich lediglich um eine Anwendung der Prozentrechnung. Eine andere Variante zur Berechnung sieht wie folgt aus:

Berechnung der Umsatzsteuer: 500,00 € · 0,19 = 95,00 €

Berechnung des Bruttowertes: 500,00 € · 1,19 = 595,00 €

Buchung der Umsatzsteuer

Die Umsatzsteuer ist in der Buchhaltung in der Regel für alle Ausgangsumsätze des Unternehmens zu erfassen. Sie wird zusätzlich zum Umsatzerlös gebucht. Es ergibt sich dadurch ein zusammengesetzter Buchungssatz. Die Umsatzsteuer wird als Verbindlichkeit gegenüber dem Finanzamt erfasst. Sie stellt für den Unternehmer einen durchlaufenden Posten dar. Moderne Buchführungsprogramme verfügen über eine Umsatzsteuerautomatik. Die Umsatzsteuer wird dann bei jedem Umsatz, der auf einem Konto mit dieser Automatik erfasst wird, selbstständig durch das Programm erfasst. Dies erleichtert die Erfassung von Belegen in der Buchführung.

Die Umsatzsteuer stellt für den Unternehmer in der Buchführung einen durchlaufenden Posten dar. Der Unternehmer vereinnahmt die Umsatzsteuer nur, um sie an das Finanzamt weiterzuleiten. Aus diesem Grund wirkt sich die Erfassung der Umsatzsteuer nicht auf den Gewinn des Unternehmens aus.

BEISPIEL

Die Fairtext GmbH verkauft 80 Jogginganzüge für je 80,00 € netto an die Füchse Berlin Handball GmbH.
Die Umsatzsteuer beträgt:

6.400,00 € netto · 19 % = 1.216,00 €

Die Buchung im Grundbuch lautet:

Buchungssatz	Soll	Haben
Ford. a. LL	7.616,00	
an Warenverkauf		6.400,00
an Umsatzsteuer		1.216,00

Überblick über die Buchung im Hauptbuch:

S	Forderungen a. LL		H
Warenverkauf	6.400,00		
Ust	1.216,00		

S	Warenverkauf		H
		Ford. a. LL	6.400,00

S	Umsatzsteuer		H
		Ford. a. LL	1.216,00

Buchung der Vorsteuer

Die buchhalterische Erfassung ist bei den meisten Eingangsrechnungen eines Unternehmens erforderlich. Die von den Lieferanten ausgewiesene Umsatzsteuer wird in der Buchhaltung des Unternehmens als Vorsteuer ausgewiesen. Die Erfassung erfolgt auf dem Aktivkonto „Vorsteuer“. Es handelt sich bei der gezahlten Vorsteuer um eine Forderung gegenüber dem Finanzamt.

BEISPIEL

Die Eingangsrechnung vom Autohaus Bach weist einen Nettopreis für den Pkw von 28.000,00 € und eine Umsatzsteuer über 5.320,00 € aus. Somit ergibt sich ein Rechnungsbetrag von 33.320,00 €.

Somit lautet der Buchungssatz:

Buchungssatz	Soll	Haben
Fuhrpark	28.000,00	
Vorsteuer	5.320,00	
an Verb. a. LL		33.320,00

203153538

S	Fuhrpark		H
Verb. a. LL	28.000,00		

S	Verbindlichkeiten a. LL		H
		Fuhrpark	28.000,00
		VSt	5.320,00

S	Vorsteuer		H
Verb. a. LL	5.320,00		

AUFGABEN

1. Bilden Sie die Buchungssätze für die folgenden Geschäftsfälle.

1 Die Fairtext GmbH verkauft Waren für 1.000,00 € zzgl. 19 % USt auf Ziel.

2 Die Fairtext GmbH verkauft Waren für 416,50 € brutto, 19 % USt, gegen Banküberweisung.

3 Waren im Wert von 963,00 € inklusive 7 % Umsatzsteuer werden gegen Barzahlung verkauft.

4 Ein altes Auto wird für 2.000,00 € zzgl. 19 % USt auf Ziel verkauft.

2. Bilden Sie die Buchungssätze für die folgenden Geschäftsfälle.

1 Die Fairtext GmbH kauft Waren für 4.000,00 € zzgl. 19 % USt auf Ziel.

2 Die Fairtext GmbH kauft Waren für 2.737,00 € brutto, 19 % USt, gegen Banküberweisung.

3 Waren im Wert von 85,60 € inklusive 7 % Umsatzsteuer werden gegen Barzahlung eingekauft.

4 Ein Kopierer wird für 600,00 € zzgl. 19 % USt auf Ziel gekauft.

3. Bilden Sie die Buchungssätze für die folgenden Geschäftsfälle.

1 Wareneinkauf auf Ziel 24.000,00 € + 19 % USt

2 Warenverkauf auf Ziel 18.000,00 € + 19 % USt

3 Warenverkauf gegen Banküberweisung 110.000,00 € + 19 % USt

4 Tilgung des Bankdarlehns über 30.000,00 €, der Betrag wird dem laufenden Bankkonto belastet.

5 Banküberweisung an den Lieferanten über 32.500 € für eine erfasste Rechnung

6 Banküberweisung von Kunden über 23.000,00 € für eine erfasste Rechnung

7 Banküberweisung der Grundsteuer: 2.000,00 €

8 Barzahlung einer Reinigungskraft 1.500,00 €

9 Kauf eines Beamers auf Ziel, 2.500,00 € netto + 19 % USt.

10 Banküberweisung der Zinsen für ein Darlehen 700,00 € und der Tilgung 1.000,00 €

11 Eine Provision an einen Vermittler in Höhe von 300,00 € zzgl. 19 % USt wird bar bezahlt.

12 Die Kfz-Steuer für betriebliche Pkw wird in Höhe von 1.200,00 € per Lastschrift gezahlt.

13 Die Reparatur des Hochregals wird sofort durch Bankscheck bezahlt: 2.200,00 € + 19 % USt.

14 Die Rechnung des Steuerberaters über 1.000,00 € + 19 % USt für die Buchführung geht ein.

15 Verkauf von Waren bar für 1.000,00 € + 19 % USt.

16 Fachzeitschriften für das Personal werden in Höhe von 80,25 € inkl. 7 % USt bar eingekauft.

4. Bilden Sie die Buchungssätze für die folgenden Geschäftsfälle.

1 Der Beitrag für die betriebliche Haftpflichtversicherung wird per Banküberweisung bezahlt, 3.600,00 €.

2 Wareneingang auf Ziel in Höhe von 14.280,00 € brutto inklusive 19 % USt.

3 Papier für den Drucker in der Einkaufsabteilung wird gekauft und bar bezahlt, 110,00 € laut Rechnung.

4 Ein unbebautes Grundstück wird für 20.000,00 € auf Ziel verkauft.

5 Eingangsrechnung über 100 Anzüge, Stückpreis 110,00 €. Vereinbarungsgemäß sind 40 Anzüge sofort per Banküberweisung zu bezahlen, die restlichen Anzüge sind erst in zwei Wochen. Preise sind netto ausgewiesen.

6 Die monatliche Leasingrate für den Fotokopierer wird vom Bankkonto abgebucht, 511,70 € inkl. 19 % USt.

7 Eine bereits gebuchte Eingangsrechnung wird wie folgt beglichen: 500,00 € Barzahlung, 1.500,00 € Postbanküberweisung und Umwandlung der Restschuld (10.000,00 €) in ein Darlehen.
8 Eingangsrechnung für die Reparatur der Außentür der Lagerhalle, 1.460,00 € zzgl. 19 % USt.
9 Ein Teil der Ladenfläche wird an einen Einzelhändler vermietet, Bankgutschrift Miete 800,00 €.
10 Ein Kunde bezahlt eine bereits gebuchte Forderung per Banküberweisung, 900,00 € zzgl. 19 % USt.
11 Der Spediteur schickt eine Eingangsrechnung über 300,00 € + 19 % USt für den Transport von Waren an einen Kunden der Fairtext GmbH.

5. Bilden Sie die Buchungssätze für die folgenden Geschäftsfälle. Die Umsatz- und Vorsteuer sind hier selbst zu berechnen.
1 Postbanklastschrift für Löhne über 35.000,00 €
2 Zieleinkauf von Reinigungsmaterial: 500,00 € netto
3 Zielverkauf von Sportbekleidung an einen Sportverein: 1.000,00 € netto
4 Verkauf einer Maschine für 1.785,00 € brutto bar
5 Einkauf von Büromöbeln für 11.900,00 € brutto. Zahlung erfolgt direkt vom Bankkonto.
6 Zinsen werden auf dem Bankkonto gutgeschrieben: 500,00 €.
7 Die Miete für die Lagerräume in Höhe von 3.000,00 € (ohne USt) wird vom Postbankkonto gezahlt.
8 Barzahlung des Einkaufs von Büromaterial: 23,80 € brutto
9 Aufnahme eines Darlehens i. H. v. 10.000,00 €. Der Betrag wird dem Bankkonto gutgeschrieben.
10 Eingang der Miete für eine betriebliche Wohnung auf dem Bankkonto: 500,00 €
11 Ein Kunde begleicht eine Rechnung in Höhe von 11.900,00 € (brutto) über das Postbankkonto.
12 Kauf eines Pkw für 25.000,00 € zzgl. Umsatzsteuer gegen ein Darlehen

AKTION

Das Ziel dieser Aktion ist es, dass Sie verschiedene kleine Lerningapps für Ihre Klasse erstellen. Mit den Apps können Sie zum Beispiel die Inhalte wiederholen.

a) Erstellen Sie eine interaktive Lernaufgabe für Ihre Klassenkameraden. Gehen Sie dabei wie folgt vor:
- Besuchen Sie die Homepage www.learningapps.org.
- Informieren Sie sich mithilfe der Suchfunktion auf der Homepage über Quiz zur Umsatz- und Vorsteuer.
- Spielen Sie ausgewählte Quiz durch.
- Gehen Sie nun auf „App erstellen“.
- Wählen Sie in der Gruppe ein geeignetes Quizformat für Ihre Aufgabe aus. Nutzen Sie dabei die Erfahrungen aus den vorherigen Spielen (was hat Ihnen gefallen und was nicht?).
- Erstellen Sie eine Learningapp für Ihre Klassenkameraden.

b) Spielen Sie die erstellten Learningapps Ihrer Klassenkameraden.
c) Geben Sie den anderen Gruppen Rückmeldungen zu ihren Apps.
d) Arbeiten Sie die Rückmeldungen der anderen Gruppen in die von Ihnen erstellte App ein.

203153540

ZUSAMMENFASSUNG

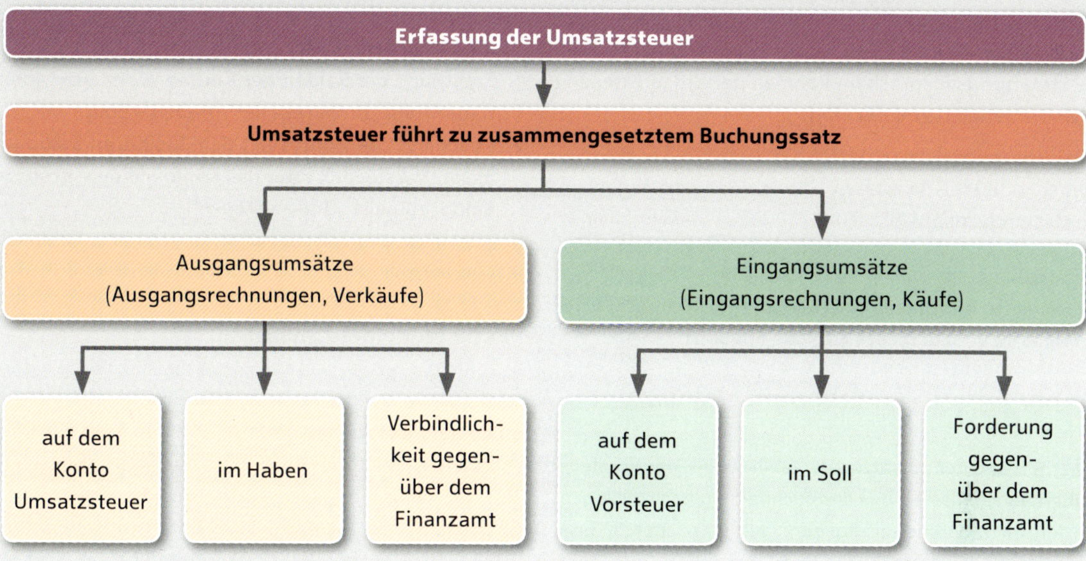

KAPITEL 17
Berechnung der Umsatzsteuerzahllast

Sebastian Holpert soll Frau Tegtmeyer dabei helfen, die Umsatzsteuer-Voranmeldung für den Monat Februar 20.. zu erstellen. Hierfür gibt Frau Tegtmeyer ihm die Daten der Konten „Umsatzsteuer“ und „Vorsteuer“ und bittet Sebastian, die Umsatzsteuerzahllast zu ermitteln.

Soll		Vorsteuer	Haben
1) Verb. a. LL	290,00	7) Kasse	390,00
3) Bank	384,00		
4) Kasse	745,05		
12) Verb. a. LL	369,00		
14) Verb. a. LL	2.380,00		
17) Kasse	580,00		
19) Verb. a. LL	1.900,00		
23) Bank	840,00		

Soll		Umsatzsteuer	Haben
		2) Ford. a. LL	1.900,00
		5) Bank	750,00
		6) Ford. a. LL	2.690,00
		9) Ford. a. LL	8.500,05
		18) Bank	5.800,00

1. Erläutern Sie, wie man die Umsatzsteuerzahllast buchhalterisch ermittelt.

2. Ermitteln Sie die Umsatzsteuerzahllast.

INFORMATIONEN

In den vorangegangenen Kapiteln wurde bereits in Grundzügen erläutert, wie die Umsatzsteuerzahllast bzw. der Erstattungsanspruch im Rahmen der Umsatzsteuervoranmeldungen ermittelt wird.

Umsatzsteuer – Vorsteuer = Umsatzsteuerzahllast/ Erstattungsanspruch

Die konkrete Ermittlung innerhalb der Buchführung wird im weiteren Verlauf dieses Kapitels erläutert.

Buchhalterische Ermittlung der Zahllast

Die Ermittlung der Umsatzsteuerzahllast bzw. des Vorsteuerüberhangs muss auch in der Buchhaltung nachvollzogen werden. Im Hauptbuch erfolgt die Ermittlung dadurch, dass die Konten „Umsatzsteuer" und „Vorsteuer" zunächst übereinander abgeschlossen werden, um die Verrechnung von Umsatz- und Vorsteuer vorzunehmen. Durch diesen Schritt wird die Umsatzsteuer, die an das Finanzamt abzuführen ist, mit der Vorsteuer, die vom Finanzamt erstattet wird, verrechnet. Das verbliebene Konto wird dann über das Schlussbilanzkonto abgeschlossen. Dadurch wird in der Schlussbilanz nur entweder eine Umsatzsteuerzahllast als Verbindlichkeit passiviert oder ein Vorsteuerüberhang als Forderung aktiviert.

Hierzu sind drei Arbeitsschritte erforderlich:

1. Ermittlung der **Salden der Konten** „Vorsteuer" (Soll – Haben) und „Umsatzsteuer" (Haben – Soll)
2. Abschluss des Kontos mit dem **kleineren Saldo** (zumeist „Vorsteuer") **über** das Konto mit dem **größeren Saldo** (zumeist „Umsatzsteuer")
3. Abschluss des verbleibenden Kontos über **„Schlussbilanzkonto"**

Passivierung der Zahllast

Ist der Saldo auf dem Umsatzsteuerkonto größer als der Saldo auf dem Vorsteuerkonto, wird zunächst das Konto „Vorsteuer" über das Konto „Umsatzsteuer" abgeschlossen. Im nächsten Schritt wird „Umsatzsteuer" im Soll über das Konto „Schlussbilanzkonto" im Haben abgeschlossen. Die Umsatzsteuerverbindlichkeit wird also auf der Haben-Seite des Schlussbilanzkontos ausgewiesen. Die Bezeichnung der Verbindlichkeit lautet „Umsatzsteuer", da sie aus dem Abschluss dieses Kontos entstanden ist. In der Schlussbilanz wird die Verbindlichkeit auf der Passivseite unter „Sonstige Verbindlichkeiten" ausgewiesen. Daher wird in einem solchen Fall auch von der „Passivierung der Zahllast" am Jahresende gesprochen.

BEISPIEL

1. Ermittlung der **Salden der Konten** „Vorsteuer" (Soll – Haben) und „Umsatzsteuer" (Haben – Soll)

Soll	Vorsteuer		Haben
1) Verb. a. LL	560,00	7) Bank	39,00
3) Kasse	120,50		
4) Bank	780,00		

Soll	Umsatzsteuer		Haben
8) Ford. a. LL	115,00	2) Ford. a. LL	570,00
		5) Bank	1.900,00
		6) Ford. a. LL	2.300,00

Saldo „Vorsteuer":
560,00 € + 120,50 € + 780,00 € – 39,00 € = 1.421,50 €

Saldo „Umsatzsteuer":
570,00 € + 1.900,00 € + 2.300,00 € – 115,00 € = 4.655,00 €

2. Abschluss des Kontos mit dem **kleineren Saldo** (hier „Vorsteuer") **über** das Konto mit dem **größeren Saldo** (hier „Umsatzsteuer")

Soll	Vorsteuer		Haben
1) Verb. a. LL	560,00	7) Bank	39,00
3) Kasse	120,50	**9) USt**	**1.421,50**
4) Bank	780,00		
	1.460,50		**1.460,50**

Soll	Umsatzsteuer		Haben
8) Ford. a. LL	115,00	2) Ford. a. LL	570,00
9) VSt	**1.421,50**	5) Bank	1.900,00
		6) Ford. a. LL	2.300,00

203153542

Im Grundbuch wird dieser Arbeitsschritt durch folgende Buchung nachvollzogen:

Nr.	Konto	SOLL	HABEN
9.	Umsatzsteuer an Vorsteuer	1.421,50	 1.421,50

3. Abschluss des verbleibenden Kontos über **„Schlussbilanzkonto"**

Soll	Vorsteuer		Haben
1) Verb. a. LL	560,00	7) Bank	39,00
3) Kasse	120,50	9) USt	1.421,50
4) Bank	780,00		
	1.460,50		**1.460,50**

Soll	Umsatzsteuer		Haben
8) Ford. a. LL	115,00	2) Ford. a. LL	570,00
9) VSt	1.421,50	5) Bank	1.900,00
10) SBK	3.233,50	6) Ford. a. LL	2.300,00
	4.770,00		**4.770,00**

Diese Buchung wird im Grundbuch wie folgt nachvollzogen:

Nr.	Konto	SOLL	HABEN
10.	Umsatzsteuer an Schlussbilanzkonto	3.233,50	 3.233,50

Die Umsatzsteuerzahllast, also die Verbindlichkeit gegenüber dem Finanzamt, wird auf der Haben-Seite des Schlussbilanzkontos ausgewiesen:

Soll	Schlussbilanzkonto		Haben
Grundstücke	45.000,00	Eigenkapital	211.466,50
Gebäude	365.000,00	Darlehen	330.000,00
Fuhrpark	78.000,00	Verbindlichkeiten a. LL	37.500,00
BGA	32.000,00	**Umsatzsteuer**	**3.233,50**
Forderungen a. LL	41.000,00		
Bank	18.000,00		
Kasse	3.200,00		
	582.200,00		**582.200,00**

Aktivierung des Vorsteuerüberhangs

Die Ermittlung des Vorsteuerüberhangs und die buchhalterische Abbildung folgen demselben Schema wie bei der Umsatzsteuerzahllast. Allerdings ist der Saldo auf dem Umsatzsteuerkonto kleiner als der Saldo auf dem Vorsteuerkonto, und somit wird zunächst das Konto „Umsatzsteuer" über das Konto „Vorsteuer" abgeschlossen. Im nächsten Schritt wird „Vorsteuer" im Haben über das Konto „Schlussbilanzkonto" im Soll abgeschlossen. Der Erstattungsanspruch, also die Forderung gegenüber dem Finanzamt, wird somit auf der Soll-Seite des Schlussbilanzkontos abgebildet. Die Bezeichnung der Forderung lautet „Vorsteuer", da sie aus dem Abschluss dieses Kontos entstanden ist. In der Schlussbilanz wird die Forderung auf der Aktivseite unter „Sonstige Vermögensgegenstände" ausgewiesen. Daher wird in einem solchen Fall auch von der „Aktivierung des Vorsteuerüberhangs" am Jahresende gesprochen.

BEISPIEL

1. **Ermittlung der Salden** der Konten „Vorsteuer" (Soll – Haben) und „Umsatzsteuer" (Haben – Soll):

Soll	Vorsteuer		Haben
1) Verb. a. LL	1.878,00	7) Bank	50,00
3) Kasse	19.000,00		
4) Bank	2.500,00		

Soll	Umsatzsteuer		Haben
8) Ford. a. LL	48,00	2) Ford. a. LL	320,00
		5) Bank	4.900,00
		6) Ford. a. LL	2.300,00

Saldo „Vorsteuer":
1.878,00 + 19.000,00 + 2.500,00 – 50,00 = 23.328,00

Saldo „Umsatzsteuer":
320,00 + 4.900,00 + 2.300,00 – 48,00 = 7.472,00

2. Abschluss des Kontos mit dem **kleineren Saldo** (hier „Umsatzsteuer") **über** das Konto mit dem **größeren Saldo** (hier „Vorsteuer")

Soll	Vorsteuer		Haben
1) Verb. a. LL	1.878,00	7) Bank	50,00
3) Verb. a. LL	19.000,00	**9) USt**	**7.472,00**
4) Bank	2.500,00		

Soll	Umsatzsteuer		Haben
8) Ford. a. LL	48,00	2) Ford. a. LL	320,00
9) VSt	**7.472,00**	5) Bank	4.900,00
		6) Ford. a. LL	2.300,00
	7.520,00		7.520,00

Im Grundbuch wird dieser Arbeitsschritt durch folgende Buchung nachvollzogen:

Nr.	Konto	SOLL	HABEN
9.	Umsatzsteuer an Vorsteuer	7.472,00	 7.472,00

Der Buchungssatz im Grundbuch ist also identisch mit dem Buchungssatz bei der Ermittlung der Zahllast.

3. Abschluss des verbleibenden Kontos über **„Schlussbilanzkonto"**

Soll	Vorsteuer		Haben
1) Verb. a. LL	1.878,00	7) Bank	50,00
3) Verb. a. LL	19.000,00	9) USt	7.472,00
4) Bank	2.500,00	**10) SBK**	**15.856,00**
	23.378,00		**23.378,00**

Soll	Umsatzsteuer		Haben
8) Ford. a. LL	48,00	2) Ford. a. LL	320,00
9) VSt	7.472,00	5) Bank	4.900,00
		6) Ford. a. LL	2.300,00
	7.520,00		7.520,00

Diese Buchung wird im Grundbuch wie folgt nachvollzogen:

Nr.	Konto	SOLL	HABEN
10.	Schlussbilanzkonto an Vorsteuer	15.856,00	 15.856,00

Der Vorsteuerüberhang, also die Forderung gegenüber dem Finanzamt, wird auf der Soll-Seite des Schlussbilanzkontos ausgewiesen:

Soll	Schlussbilanzkonto		Haben
Grundstücke	45.000,00	Eigenkapital	230.556,00
Gebäude	365.000,00	Darlehen	330.000,00
Fuhrpark	78.000,00	Verbindlichkeiten a. LL	37.500,00
BGA	32.000,00		
Forderungen a. LL	41.000,00		
Vorsteuer	**15.856,00**		
Bank	18.000,00		
Kasse	3.200,00		
	598.056,00		**598.056,00**

AUFGABEN

1. Ermitteln Sie in den folgenden Fällen die Zahllast im Hauptbuch. Geben Sie auch die Buchungen im Grundbuch an.

a)

Soll	Vorsteuer		Haben
1) Verb. a. LL	1.280,00	7) Bank	23,50
3) Verb. a. LL	560,00		
4) Bank	2.350,00		

Soll	Umsatzsteuer		Haben
8) Ford. a. LL	93,00	2) Bank	3.580,00
		5) Bank	219,00
		6) Ford. a. LL	1.860,00

203153544

b)

Soll	Vorsteuer		Haben
4) Verb. a. LL	480,00	7) Bank	78,90
6) Bank	2.890,00		
8) Kasse	3.695,00		
11) Verb. a. LL	580,00		

Soll	Umsatzsteuer		Haben
2) Bank	650,00	1) Bank	6.500,00
9) Ford. a. LL	184,00	3) Bank	420,00
		5) Ford. a. LL	3.680,00
		10) Ford. a. LL	200,00

c)

Soll	Vorsteuer		Haben
2) Verb. a. LL	195,00	7) Bank	380,00
3) Bank	3.200,00		
5) Bank	7.600,00		
8) Verb. a. LL	1.900,00		
10) Bank	11.900,00		

Soll	Umsatzsteuer		Haben
		1) Ford. a. LL	2.800,00
		4) Ford. a. LL	680,00
		6) Ford. a. LL	1.900,00
		9) Bank	5.700,00

2. Buchen Sie die folgenden Sachverhalte im Grundbuch.

1 Die Fairtext GmbH kauft Waren für 10.000,00 € zzgl. 1.900,00 € Umsatzsteuer auf Ziel ein.

2 Ein betrieblicher Pkw wird für 7.000,00 € zzgl. 19 % Umsatzsteuer verkauft. Der Kaufpreis geht auf dem Bankkonto ein.

3 Die Rückzahlung eines Bankdarlehens von 2.000,00 € erfolgt vom Bankkonto. Von dem Betrag entfallen 200,00 € auf die Zinsen. Der Rest entfällt auf die Tilgung.

4 Waren werden für 13.000,00 € zzgl. 19 % Umsatzsteuer auf Ziel verkauft.

5 Eine Maschine wird für 30.000,00 € zzgl. 5.700,00 € USt auf Ziel gekauft.

6 Die Fairtext GmbH kauft Verpackungskartons auf Ziel. Der Kaufpreis beträgt brutto 5.950,00 € (inkl. 19 % USt).

7 An einen Großkunden werden Geschenkartikel für 23.800,00 € brutto auf Ziel verkauft.

8 Die Zahlung für die Waren aus Sachverhalt 4 geht auf dem Bankkonto ein.

9 Für die anstehenden Wartungen der Lagersysteme werden Schmierstoffe (Öl, Fett usw.) eingekauft. Der Kaufpreis beträgt 1.000,00 € netto zzgl. 19 % USt. Die Zahlung erfolgt bar.

10 Ein Schreibtisch wird für 595,00 € brutto (19 % USt.) gekauft. Die Zahlung erfolgt sofort per Bankscheck.

11 Für die Büros werden diverse Verbrauchsmaterialien gekauft (Papier, Stifte und andere Materialien). Die Zahlung von 200,00 € zzgl. 38,00 € USt erfolgt bar.

12 Die Löhne für die Mitarbeiter in Höhe von 16.000,00 € werden vom Bankkonto überwiesen.

13 Die Telefonrechnung von 250,00 € zzgl. 19 % USt wird vom Bankkonto abgebucht.

14 Die Kfz-Steuer für die betrieblichen Fahrzeuge von 480,00 € wird vom Bankkonto abgebucht.

15 Auf eine Spareinlage bei der Bank erhält die Fairtext GmbH 230,00 € Zinsen auf dem Bankkonto gutgeschrieben.

16 Die Zahlung für die Geschenkartikel aus Sachverhalt 7 geht auf dem Bankkonto ein.

17 Für die Reparatur und Wartung von Maschinen werden 2.380,00 € bar an einen Wartungsservice gezahlt.

18 Ermitteln Sie die Umsatzsteuerzahllast.

AKTION

Erstellen Sie ein Erklärvideo in Form einer Bildschirmaufnahme, das die Ermittlung der Umsatzsteuerzahllast behandelt. Sie können das Video zum Beispiel mit einer Bildschirmaufnahme, der Bildschirmaufzeichnung in PowerPoint oder anderen Anwendungen vornehmen. Sie sollen selbst nicht auf dem Video zu sehen sein: Es ist lediglich der Bildschirm (bzw. die Anwendung) zu sehen und die Stimme, die das Vorgehen erläutert. Klären Sie in dem Video folgende Fragen:

- Wie wird die Umsatzsteuerzahllast ermittelt?
- Was ist ein Vorsteuerüberhang und wie wird er ermittelt?

Erläutern Sie die Ertragslage eines Unternehmens, wenn es in einer Umsatzsteuervoranmeldung in einem Monat einen Vorsteuerüberhang ermittelt.

ZUSAMMENFASSUNG

Ermittlung und Buchung der Umsatzsteuerzahllast

Grundbuch

1.) Umsatzsteuer an Vorsteuer
2.) Umsatzsteuer an SBK

Hauptbuch

Soll	**Vorsteuer**	Haben
...	...	
...	Umsatzsteuer	...
...		

Soll	**Umsatzsteuer**	Haben
...		...
Vorsteuer	...	...
SBK	...	...

Soll	**Schlussbilanz**	Haben
...	...	
...	...	
...	Umsatzsteuer	...

Ermittlung und Buchung des Vorsteuerüberhangs

Grundbuch

1.) Umsatzsteuer an Vorsteuer
2.) SBK an Vorsteuer

Hauptbuch

Soll	**Vorsteuer**	Haben
...	...	
...	Umsatzsteuer	...
...	SBK	...

Soll	**Umsatzsteuer**	Haben
...		...
Vorsteuer	...	...
		...

Soll	**Schlussbilanz**	Haben
...		...
...		...
Vorsteuer	...	...

KAPITEL 18

Aufbau und Organisation der Buchführung

Anne Schulte soll sich auf die weiteren Arbeiten in der Abteilung Rechnungswesen der Fairtext GmbH vorbereiten. Hierzu hat ihr Frau Staudt die Aufgabe gegeben, sich mit dem Aufbau und der Organisation der Buchführung vertraut zu machen, schließlich müsse sie bald auch im EDV-System buchen. Hierfür ist es wichtig, dass sie sich mit den Kontenrahmen vertraut macht.

1. Geben Sie an, wie die Buchführung grundsätzlich organisiert ist.
2. Erläutern Sie, was man unter Kontenrahmen und Kontenplan versteht.
3. Verschaffen Sie sich einen ersten Überblick über den verkürzten Kontenrahmen, welcher im Unterricht verwendet wird. (Der vollständige Kontenrahmen befindet sich als Faltblatt am Ende des Buches.)

INFORMATIONEN

Aufbau und Organisation der Buchführung

Zu jedem Wertstrom im Unternehmen gibt es einen Beleg. Dieser Beleg verursacht in der Buchführung eine Buchung. Auch bei kleinen Unternehmen fallen pro Kalenderjahr schnell eine Vielzahl von mehreren tausend Buchungen an. Um bei diesen umfangreichen Informationen und Daten einen Überblick zu behalten, ist es wichtig, dass die Buchführung gut organisiert ist.
Die Organisation der Buchführung erfolgt daher gemäß den Grundsätzen ordnungsgemäßer Buchführung auf zwei Arten.

Zeitliche Organisation (Grundbuch)

Die Buchungen werden in zeitlicher (chronologischer) Reihenfolge geordnet. Dies geschieht dadurch, dass alle Belege nach dem Datum sortiert und fortlaufend nummeriert im sogenannten Grundbuch festgehalten werden.

DEFINITION

Im **Grundbuch (Journal)** werden alle Geschäftsfälle in Form von Buchungen (Buchungssätzen) in zeitlicher (chronologischer) Reihenfolge geordnet und festgehalten.

Das Grundbuch wird auch als Journal bezeichnet. Im Grundbuch findet man folgende Informationen:

- fortlaufende Buchungsnummer
- Verweis zu dem Beleg (Belegnummer)
- Datum der Buchung
- Buchungstext (kurze Beschreibung des Geschäftsfalls)
- Kontierung mit entsprechenden Beträgen (Angabe der Konten mit den dazugehörigen Beträgen)

Bisher wurde anstelle der Kontierung (Kontennummern) die Kontenbezeichnung (Kontenname) erfasst. Durch die zeitliche Organisation kann der Unternehmer z. B. mühelos überprüfen, ob und wie ein Beleg in der Buchführung erfasst wurde. Mithilfe des Belegdatums und der Belegnummer findet er die dazugehörige Buchung sehr schnell im Grundbuch. Er kann bereits aus der Darstellung im Grundbuch identifizieren, zu welcher Art von Wertestrom die Buchung gehört.

BEISPIEL

Beispiel für die Aufzeichnung eines Wertestroms im Grundbuch; hier Kauf eines Schreibtisches, Zahlung per Banküberweisung. Auf die Ermittlung der richtigen Kontennummern wird im weiteren Verlauf des Kapitels eingegangen.

Nr.	Datum	Belegnummer	Buchungstext	Buchungssatz		Betrag	
				Soll	Haben	Soll	Haben
...							
123	21.01.20..	ER89	Kauf Schreibtisch	0330	1310	1.000,00	1.190,00
...				1410		190,00	

Sachliche Organisation (Hauptbuch)

Der Unternehmer möchte jederzeit problemlos sehen können, wofür er seine Mittel aufgewendet hat, wie hoch seine Umsätze sind und wie hoch der Stand seiner aktuellen Vermögenswerte und Schulden ist. Insbesondere möchte er die Geldströme, die im Unternehmen eingehen und die das Unternehmen verlassen, exakt verfolgen können. Aus dem Grundbuch kann der Unternehmer diese Informationen nur mit viel Aufwand gewinnen. Daher unterliegt die Buchführung einer sachlichen Organisation. Die sachliche Organisation erfolgt auf Konten im Hauptbuch.

DEFINITION

Das **Hauptbuch** ist die sachliche Organisation aller Sachkonten (Bestandskonten und Erfolgskonten) der Geschäftsbuchführung. Durch Abschluss der einzelnen Konten lassen sich der Gewinn oder Verlust sowie die (Schluss-)Bilanz ermitteln.

Kontenrahmen

Als Grundlage zur Führung des Hauptbuchs dient der Kontenrahmen. Er ist ein Verzeichnis aller Konten, die in einem Unternehmen benötigt werden können.

Jedes Konto besitzt eine eindeutig zugeordnete Nummer. Die dort erfassten Geschäftsfälle sind somit von anderen Geschäftsfällen sachlich getrennt erfasst.

Durch die oftmals brancheneinheitliche Verwendung eines Kontenrahmens ist es möglich, unterschiedliche Unternehmen einer Branche anhand ihrer Buchführung miteinander zu vergleichen.

Außerdem erleichtert die sachliche Ordnung auf den Konten einen Vergleich innerhalb des Unternehmens über mehrere Jahre. Es werden in betriebswirtschaftlichen Auswertungen häufig die Vorjahreswerte der einzelnen Konten angegeben und die Abweichung dargestellt. Es gibt verschiedene Kontenrahmen, die von unterschiedlichen Unternehmenszweigen verwendet werden. Der hier verwendete Kontenrahmen ist der Großhandelskontenrahmen[1]. Der Kontenrahmen ist unterteilt in zehn Kontenklassen.

Die Gliederung des Kontenrahmens ist an den Geschäftsablauf angelehnt (Prozessgliederung). Die Reihenfolge der einzelnen Konten entspricht also weitestgehend der Reihenfolge im Geschäftsablauf.

Vereinfacht sieht der Geschäftsablauf wie folgt aus:

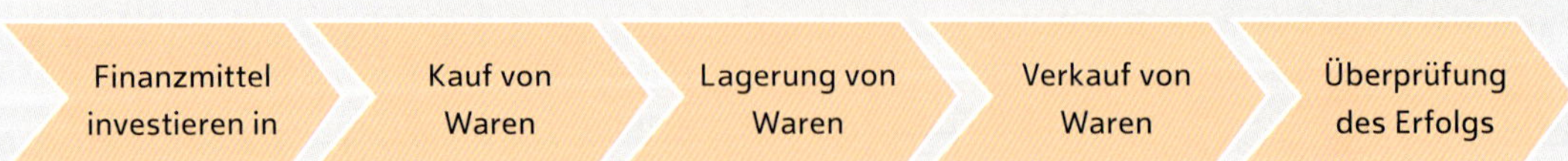

1 Der gesamte Kontenrahmen befindet sich am Ende dieses Buches als Faltblatt. Die Grundlage bildet der Kontenrahmen für den Groß- und Außenhandel, Bundesverband Groß- und Außenhandel, Bonn.

Im Kontenrahmen finden sich diese Bestandteile des Geschäftsprozesses in genau dieser Reihenfolge wieder:

Konten-klasse	Bezeichnung	Erläuterung
0	Anlage- und Kapitalkonten	Das Anlagevermögen, das vorhandene **Kapital** und die finanziellen Verbindungen zu anderen Unternehmen bilden die Grundlage für das wirtschaftliche Handeln eines Unternehmens.
1	Finanzkonten	
2	Abgrenzungskonten	Abgrenzung der eigentlichen Geschäftstätigkeit von anderen Sachverhalten, die den Erfolg beeinflussen
3	Warenkonten	Auf der Basis der finanziellen Mittel (Kontenklassen 0 und 1) werden **Waren beschafft**. Die Waren bilden die Grundlage des wirtschaftlichen Erfolgs.
4	Kostenarten	Neben den Aufwendungen für Waren müssen auch **andere Kosten** aus den finanziellen Mitteln gezahlt werden (z. B. Löhne, Mieten)
5	Kostenstellen	wird nicht näher erläutert
6	Umsatzkostenverfahren	wird nicht näher erläutert
7	frei	
8	Warenverkaufskonten	Die **Waren** werden im Geschäftsprozess schlussendlich **verkauft**. Dadurch generiert das Unternehmen die Umsatzerlöse. Der Geschäftsprozess ist abgeschlossen
9	Abschlusskonten	Auf den Abschlusskonten wird ermittelt, ob die geschäftliche Tätigkeit erfolgreich war. Die Konten werden hier am Ende des Wirtschaftsjahres zusammengefasst und es wird der **Gewinn/Verlust** ermittelt.

Anlage- und Kapitalkonten	Finanzkonten	Abgrenzungskonten	Wareneinkaufs- und Warenbestandskonten	Kostenarten	Kostenstellen	Warenverkaufskonten	Eröffnungs- und Abschlusskonten
Kontenklasse 0	**Kontenklasse 1**	**Kontenklasse 2**	**Kontenklasse 3**	**Kontenklasse 4**	**Kontenklasse 5**	**Kontenklasse 8**	**Kontenklasse 9**

Der Kontenrahmen weist jedem Konto eine vierstellige eindeutige Nummer zu. Die Nummerierung der Konten erfolgt nach Zugehörigkeit zu einer Kontenklasse. Die Konten der Kontenklasse 1 beginnen immer mit einer 1, z. B. das Konto „Verbindlichkeiten aus Lieferungen und Leistungen" mit der Kontennummer 1710, auf welchem alle offenen Verbindlichkeiten eines Unternehmers gegenüber seinen Lieferanten erfasst werden.

Kontenplan

Der Kontenrahmen stellt eine Rahmenvorgabe für die Unternehmen dar. Für verschiedene Branchen gibt es unterschiedliche, spezielle Kontenrahmen. Aus dieser Rahmenvorgabe erstellt dann jedes Unternehmen seinen speziellen auf das Unternehmen abgestimmten Kontenplan. Der Kontenplan ist das Verzeichnis der in der Buchführung eines Unternehmens tatsächlich verwendeten Konten. Er enthält zumeist weniger Konten als der Kontenrahmen, da nicht in jedem Unternehmen sämtliche Konten des Kontenrahmens benötigt werden. Durch das Hinzufügen von Unterkonten kann der Kontenrahmen auch erweitert werden.

In der Praxis werden in jedem Buchungssatz die Kontennummern zu den angesprochenen Konten in der Buchführung erfasst. Dies ist eine enorme Arbeitserleichterung, da die Kontenbezeichnungen selbst nicht erfasst werden müssen.

BEISPIEL

Für das obige Beispiel aus diesem Kapitel

Nr.	Datum	Belegnummer	Buchungstext	Buchungssatz		Betrag	
				Soll	Haben	Soll	Haben
...							
123	21.01.20..	ER89	Kauf Schreibtisch	0330	1310	1.000,00	1.190,00
...				1410		190,00	

bedeutet das für eine Buchung im Grundbuch:

Buchungssatz	Soll	Haben
0330 BGA	1.000,00	
1410 Vorsteuer	190,00	
an 1310 Bank		1.190,00

Die Eingabe in der elektronischen Buchführungssoftware beschränkt sich sogar auf:

Buchungssatz	Soll	Haben
0330	1.000,00	
1410	190,00	
an 1310		1.190,00

Hierbei gibt es sogenannte Automatikkonten, die sogar die Vorsteuer selbst ermitteln und automatisch auf dem Konto 1410 erfassen.

Im Hauptbuch stellt sich die Buchung wie folgt dar:

S	0330 BGA		H
123.) 1310	1.000,00		

S	1310 Bank		H
		123.) 0330	1.000,00
		123.) 1410	190,00

S	1410 Vorsteuer		H
123.) 1310	190,00		

Die Kontenbezeichnung muss im Hauptbuch nicht mehr erfasst werden. Es werden lediglich die Buchungssatznummer und die Kontennummern der Gegenkonten erfasst.

Kontenplan der Fairtext GmbH[1]

Kontenklassen

0 Anlage- und Kapitalkonten

01 Immaterielle Vermögensgegenstände (z. B. Firmenwert)

02 Grundstücke und Gebäude
- 0210 Grundstücke
- 0230 Gebäude

03 Anlagen, Maschinen, Betriebs- und Geschäftsausstattung
- 0310 Technische Anlagen und Maschinen
- 0330 Betriebs- und Geschäftsausstattung (BGA)
- 0340 Fuhrpark
- 0350 Geleistete Anzahlungen
- 0360 Anlagen im Bau
- 0370 Geringwertige Wirtschaftsgüter (GWG)
- 0371 GWG-Sammelposten

04 Finanzanlagen
- 0430 Beteiligungen
- 0450 Wertpapiere des Anlagevermögens
- 0460 Sonstige Ausleihungen (Darlehen)

05 Abschreibungen und Wertberichtigungen
- 0510 Abschreibungen auf Sachanlagen
- 0520 Wertberichtigungen bei Forderungen
  - 0521 Einzelwertberichtigungen (EWB)
  - 0522 Pauschalwertberichtigungen (PWB)

06 Eigenkapital
- 0610 Gezeichnetes Kapital oder Eigenkapital

07 Sonderposten mit Rücklageanteil und Rückstellungen
- 0720 Rückstellungen

08 Verbindlichkeiten
- 0820 Verbindlichkeiten gegenüber Kreditinstituten (z. B. Darlehen)
- 0830 Hypotheken

09 Rechnungsabgrenzungsposten
- 0910 Aktive Rechnungsabgrenzungsposten
- 0920 Disagio
- 0930 Passive Rechnungsabgrenzungsposten

1 Finanzkonten

10 Forderungen
- 1010 Forderungen a. LL
- 1020 Zweifelhafte Forderungen

11 Sonstige Vermögensgegenstände
- 1130 Sonstige Forderungen
- 1140 Geleistete Anzahlungen auf Vorräte
- 1160 Forderungen an Mitarbeiter

12 Wertpapiere des Umlaufvermögens

13 Banken
- 1310 -1319 Kreditinstitute (= Bank)
- 1320 Postbank

14 Vorsteuer
- 1410 Vorsteuer (19 %)
  - 1411 Vorsteuer für i. E.[2]
- 1420 Vorsteuer (7 %)
- 1430 Einfuhrumsatzsteuer

15 Zahlungsmittel
- 1510 Kasse
- 1520 Schecks

16 Privatkonten
- 1610 Privatentnahmen
- 1620 Privateinlagen

17 Verbindlichkeiten
- 1710 Verbindlichkeiten a. LL
- 1750 Erhaltene Anzahlungen auf Bestellungen

18 Umsatzsteuer
- 1810 Umsatzsteuer (19 %)
  - 1811 Umsatzsteuer für i. E.[2]
- 1820 Umsatzsteuer (7 %)

19 Sonstige Verbindlichkeiten
- 1910 Verbindlichkeiten aus Steuern
- 1940 Sonstige Verbindlichkeiten
- 1980 Zollverbindlichkeiten

2 i. E. = innergemeinschaftliche Erwerbe

2 Abgrenzungskonten

20 Sonstige Aufwendungen
- 2020 Betriebsfremde Aufwendungen
- 2030 Periodenfremde Aufwendungen
- 2040 Verluste aus dem Abgang von AV
- 2050 Verluste aus dem Abgang von UV (außer Vorräte)
- 2060 Sonstige Aufwendungen (z. B. Kursverluste, Kassenfehlbeträge, außergewöhnliche Aufwendungen)
- 2080 Anlagenabgänge

21 Zinsen und ähnliche Aufwendungen
- 2110 Zinsaufwendungen
- 2130 Diskontaufwendungen
- 2140 Zinsähnliche Aufwendungen
- 2150 Aufwendungen aus Kursdifferenzen

22 Steuern vom Einkommen
- 2210 Körperschaftsteuer sowie SolZ[3]
- 2230 Kapitalertragsteuer

23 Forderungsverluste
- 2310 Übliche Abschreibungen auf Forderungen
- 2320 Außergewöhnliche Abschreibungen auf Forderungen
- 2330 Zuführungen zu Einzelwertberichtigungen
- 2340 Zuführungen zu Pauschalwertberichtigungen

24 Sonstige Erträge
- 2420 Betriebsfremde Erträge
- 2430 Periodenfremde Erträge
- 2460 Sonstige Erträge (z. B. Sachbezüge, Kassenüberschüsse, außergewöhnl. Erträge)

25 Erträge aus Beteiligungen, Wertpapieren und Ausleihungen des Finanzanlagevermögens
- 2510 Erträge aus Beteiligungen
- 2520 Erträge aus Wertpapieren des AV

26 Sonstige Zinsen und ähnliche Erträge
- 2610 Zinserträge
- 2630 Diskonterträge
- 2640 Zinsähnliche Erträge
- 2650 Erträge aus Kursdifferenzen

27 Sonstige betriebliche Erträge
- 2700 Erlöse aus Anlagenabgängen
- 2710 Erträge a. d. Abgang von AV

1 Auf der Grundlage des vom **Bundesverband des Groß- und Außenhandels (BGA)**, Bonn 1988, und unter voller Berücksichtigung des von der **Aufgabenstelle für kaufmännische Abschlussprüfungen (AKA)**, IHK Nürnberg, herausgegebenen Großhandelskontenrahmens (1988).
Die Konten **8818** und **8828 Kundenskonto** sind im Kontenrahmen nicht aufgeführt, ebenso wie die **Unterkonten** der **Kontengruppen 37 und 38**. Sie entsprechen **den Unterkonten** der **Kontengruppen 30 und 80**.

Kontenklassen

3 Wareneinkaufskonten Warenbestandskonten

30 Warengruppe I
- 3010 Wareneingang
- 3020 Warenbezugskosten
- 3030 Leihemballagen
- 3050 Rücksendungen an Lieferanten
- 3060 Nachlässe von Lieferanten
- 3070 Lieferantenboni
- 3080 Lieferantenskonti

31 Warengruppe II
- 3110 Wareneingang
- 3120 Warenbezugskosten
- 3150 Rücksendungen an Lieferanten
- 3160 Nachlässe von Lieferanten
- 3170 Lieferantenboni
- 3180 Lieferantenskonti

32 Warengruppe III

33 Warengruppe IV

37 Wareneingang aus i. E.[2]

38 Wareneinfuhr (aus Drittländern)

39 Warenbestände
- 3910 Warengruppe I
- 3920 Warengruppe II

Fortsetzung Kontenklasse 2

- 2720 Erträge aus dem Abgang von UV (außer Vorräte)
- 2730 Erträge aus Zuschreibungen
- 2731 Zuschreibungen im AV
- 2732 Zuschreibungen im UV
- 2740 Erträge aus abgeschriebenen Forderungen
- 2750 Erträge aus der Auflösung von Wertberichtigungen zu Forderungen
- 2751 Auflösung von Einzelwertberichtigungen (EWB)
- 2752 Auflösung von Pauschalwertberichtigungen (PWB)
- 2760 Erträge aus der Auflösung von Rückstellungen
- 2770 Sonstige betriebliche Erträge (z. B. Kursgewinne)
- 2771 Erträge aus Versicherungsentschädigungen
- 2780 Entnahme von sonstigen Gegenständen und Leistungen

4 Konten der Kostenarten

40 Personalkosten
- 4010 Löhne
- 4020 Gehälter
- 4030 Aushilfslöhne
- 4040 Gesetzliche soziale Aufwendungen
- 4050 Freiwillige soziale Aufwendungen
- 4060 Aufwendungen für Altersversorgung
- 4070 Vermögenswirksame Leistungen

41 Mieten, Pachten, Leasing

42 Steuern, Beiträge, Versicherungen
- 4210 Gewerbesteuer
- 4211 Gewerbesteuernachzahlungen – Vorjahre
- 4212 Gewerbesteuererstattungen – Vorjahre
- 4220 Kfz-Steuer
- 4230 Grundsteuer
- 4240 Sonstige Betriebsteuern
- 4250 Betriebsteuernachzahlungen – Vorjahre
- 4251 Betriebsteuererstattungen – Vorjahre
- 4260 Versicherungen
- 4270 Beiträge
- 4280 Gebühren und sonstige Abgaben

43 Energie, Betriebsstoffe

44 Werbe- und Reisekosten

45 Provisionen

46 Kosten der Warenabgabe
- 4610 Verpackungsmaterial
- 4620 Ausgangsfrachten
- 4630 Gewährleistungen

47 Betriebskosten, Instandhaltung
- 4710 Instandhaltung
- 4730 Sonstige Betriebskosten

48 Allgemeine Verwaltung
- 4810 Bürobedarf
- 4820 Porto- und Telekommunikationskosten
- 4830 Kosten der Datenverarbeitung
- 4840 Rechts- und Beratungskosten
- 4850 Personalbeschaffungskosten
- 4860 Kosten des Geldverkehrs
- 4890 Diverse Aufwendungen

49 Abschreibungen
- 4910 Abschreibungen auf Sachanlagen
- 4920 Abschreibungen auf GWG
- 4930 Abschreibungen auf Sammelposten
  - 4931 Abschreibungen auf SP Jahr 1
  - 4932 Abschreibungen auf SP Jahr 2
  - 4933 ... usw.
- 4940 Außerplanmäßige Abschreibungen auf Sachanlagen
- 4950 Abschreibungen auf Finanzanlagen des AV
- 4960 Abschreibungen auf Wertpapiere des UV

5 Konten der Kostenstellen[3]

Für die Konten der Kostenstellen sind betriebs- und branchenbedingt unterschiedliche Aufteilungen möglich. Die nachfolgende Untergliederung nach Funktionen ist beispielhaft aufgeführt:
- Einkauf
- Lager
- Vertrieb
- Verwaltung
- Fuhrpark
- Be-/Verarbeitung

3 **Anmerkung**: Die **Kostenstellenrechnung** wird in der Praxis stets **tabellarisch** und nicht kontenmäßig durchgeführt. Die Kontenklasse 5 bleibt deshalb in der Regel frei.

6 Konten für Umsatzkostenverfahren[4]

4 **Anmerkung**: Diese Kontenklasse bleibt in der Regel frei, da Großhandelsunternehmen ihre GuV-Rechnung meist nach dem **Gesamtkostenverfahren** erstellen.

7 Freie Kontenklasse

8 Warenverkaufskonten/Umsatzerlöse

80 Warengruppe I
- 8010 Warenverkauf
- 8050 Rücksendungen von Kunden
- 8060 Nachlässe an Kunden
- 8070 Kundenboni
- 8080 Kundenskonti

81 Warengruppe II
- 8110 Warenverkauf
- 8150 Rücksendungen von Kunden
- 8160 Nachlässe
- 8170 Kundenboni
- 8180 Kundenskonti

87 Sonstige Erlöse
- 8710 Entnahme von Waren
- 8720 Provisionserträge
- 8730 Mieterträge

88 Außenhandelserlöse
- 8810 Erlöse aus innergemeinschaftlicher Lieferung
- 8820 Erlöse aus Warenausfuhr (in Drittländer)

9 Abschlusskonten

- **9100 Eröffnungsbilanzkonto**
- **9150 Saldenvorträge** (Sammelkonto)
- **9200 Warenabschlusskonto**
- **9300 Gewinn- und Verlustkonto**
- **9400 Schlussbilanzkonto**

203153552

AUFGABEN

1. Erläutern Sie, was man unter *Journal* versteht und welche Angaben das Journal enthält.
2. Erklären Sie den Zusammenhang von Kontenrahmen und Kontenplan.
3. Geben Sie mit eigenen Worten an, warum sowohl eine zeitliche als auch eine sachliche Ordnung der Buchführung sinnvoll sind.
4. In welcher Kontenklasse (Angabe der Kontonummer und kurze Begründung) suchen Sie das Konto:
   a) Fuhrpark
   b) Gehälter
   c) Bürobedarf
   d) Forderungen a. LL
   e) Grundstücke
   f) Darlehen
   g) Warenverkauf
   h) Zinserträge?
5. Formulieren Sie einen Geschäftsfall, der sich hinter den folgenden Buchungen verbirgt:

	Konto Soll	Konto Haben	SOLL	HABEN
1	3010		10.000,00	
	1410		1.900,00	
		1710		11.900,00
2	0340		30.000,00	
	1410		5.700,00	
		1710		35.700,00
3	1010		23.800,00	
		8010		20.000,00
		1810		3.800,00
4	1310		73,00	
		2610		73,00
5	1510		1.000,00	
		1310		1.000,00
6	0820		800,00	
	2110		80,00	
		1310		880,00
7	4810		200,00	
	1410		38,00	
		1510		238,00
8	4010		4.500,00	
		1310		4.500,00
9	4840		1.500,00	
	1410		285,00	
		1710		1.785,00
10	4220		380,00	
		1310		380,00
11	4210		2.300,00	
		1910		2.300,00
12	3110		9.800,00	
	1410		1.862,00	
		1710		11.662,00
13	1010		30.000,00	
		0210		30.000,00
14	4260		780,00	
		1710		780,00
15	1910		2.300,00	
		1310		2.300,00
16	1320		20.000,00	
		0820		20.000,00
17	1010		23.800,00	
		8210		20.000,00
		1810		3.800,00

AKTIONEN

1. Informieren Sie sich darüber, welcher Kontenrahmen in Ihrem Ausbildungsbetrieb verwendet wird.
2. Drucken Sie – wenn möglich – den Kontenplan Ihres Ausbildungsbetriebs aus.
3. Vergleichen Sie den Kontenrahmen Ihres Ausbildungsbetriebs mit dem verkürzten Kontenrahmen, der im Unterricht verwendet wird, und führen Sie Unterschiede auf.
4. Geben Sie Gründe für die Unterschiede in den Kontenrahmen an.

ZUSAMMENFASSUNG

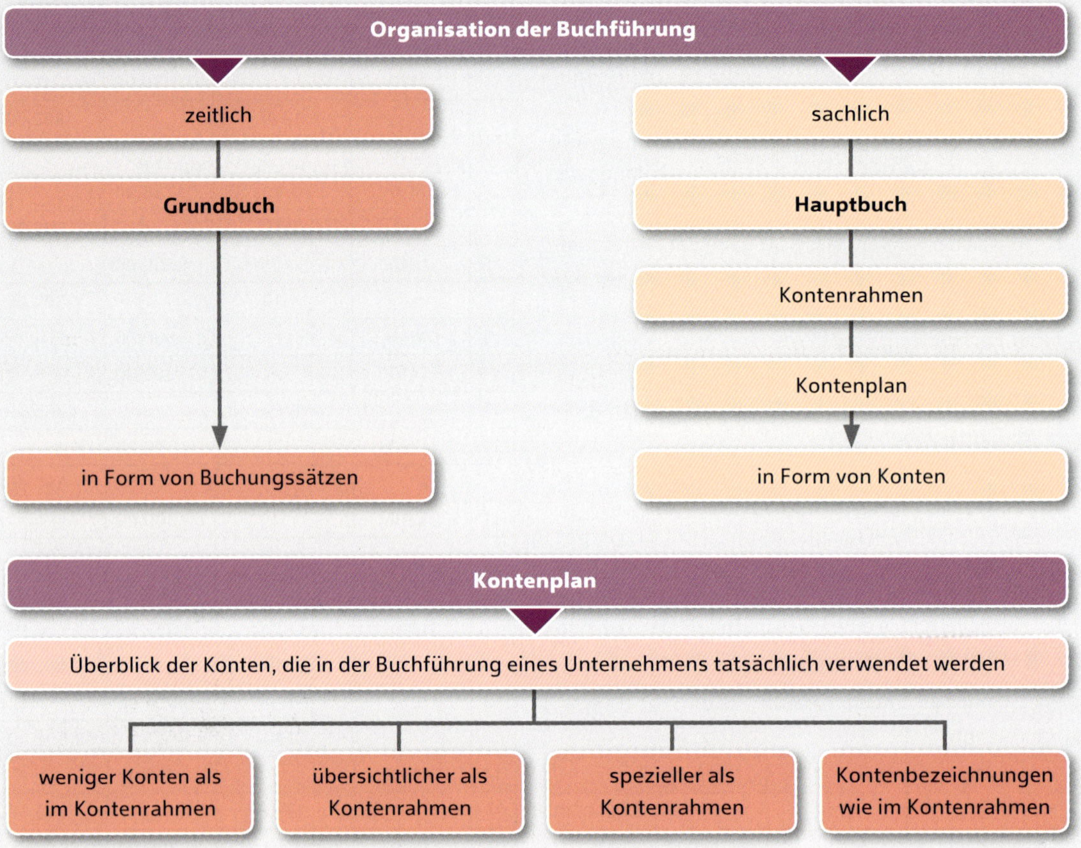

KAPITEL 19
Verschiedene Bücher der Buchführung

Der Geschäftsführer der Fairtext GmbH, Pascal Hahnenkamp, kommt ins Büro der Abteilung Rechnungswesen. Herr Hahnenkamp möchte schnellstmöglich die Offene-Posten-Liste (O-P-Liste) des Kunden Holzhäuser GmbH & Co. KG aus Mülheim sowie die aktuellen O-P-Listen aller Lieferanten erhalten.

Die Auszubildende Anne Schulte wird beauftragt, diese Informationen zusammenzustellen.

1. Erläutern Sie den Begriff „O-P-Liste".
2. Nennen Sie weitere Arten von Büchern und/oder Listen, die ein Großhandelsunternehmen führen sollte.

203153554

INFORMATIONEN

Grund-, Haupt- sowie Inventar- und Bilanzbücher

In Kapitel 4.2 wurden Anforderungen an eine ordnungsgemäße Buchführung dargestellt. Nach § 238 HGB ist jeder Kaufmann verpflichtet, Bücher zu führen. Um den Grundsätzen ordnungsgemäßer Buchführung zu entsprechen, muss ein Unternehmen verschiedene Bücher führen.

Bereits bekannte Bücher der Buchführung (vgl. Kapitel 4.7) sind:

- **Grundbuch:** Im Grundbuch (Journal) werden alle Geschäftsfälle in Form von Buchungen (Buchungssätzen) in zeitlicher (chronologischer) Reihenfolge geordnet und festgehalten.
- **Hauptbuch:** Das Hauptbuch ist die sachliche Organisation aller Sachkonten (Bestandskonten und Erfolgskonten) der Geschäftsbuchführung. Durch Abschluss der einzelnen Konten lassen sich der Gewinn oder Verlust sowie die (Schluss-)Bilanz ermitteln.
- **Inventar- und Bilanzbuch:** Im Inventar- und Bilanzbuch werden Inventare, Bilanzen und GuV-Rechnungen vergangener Jahre aufbewahrt.

Nebenbücher der Buchführung

Bei verschiedenen Konten des Hauptbuchs ist es aus Unternehmenssicht zum Teil notwendig, weitere Informationen dazuzugewinnen. Diese Details zu den Konten werden Nebenbücher genannt.

Nebenbücher sind beispielsweise:

- Kontokorrentbücher mit Debitoren- und Kreditorenbuch
- Anlagenverzeichnis
- Kassenbücher
- Lohn- und Gehaltsbuchhaltung
- ...

Debitoren- und Kreditorenbücher

In nahezu jedem Unternehmen gibt es eine Kontokorrentbuchhaltung. Dabei wird zwischen **Debitoren** (Kunden) und **Kreditoren** (Lieferanten) unterschieden.

In den Unternehmen spricht man von sogenannten **offenen Posten**, wenn es noch unbezahlte Rechnungen gibt. Das **Debitorenkonto** ist eine detaillierte, tabellarische Aufstellung des Kontos „Forderungen aus Lieferungen und Leistungen" für jeden einzelnen Kunden.

DEFINITION

Ein **Debitorenkonto** (lat. „debere" = schulden, müssen, verdanken) ist die Aufstellung der Forderungen aus Lieferungen und Leistungen jedes Kunden eines Unternehmens.

BEISPIEL

Die Auszubildende Anne Schulte bekommt das Debitorenkonto des Kunden Holzhäuser GmbH & Co KG aus dem ERP-System.

Kunde: Holzhäuser GmbH & Co KG				Konto: 10001	
Datum	Beleg	Buchungstext	Soll	Haben	Saldo
		Saldovortrag	8.900		8.900,00
02.01.	AR 003	VK v. Waren	1.900		10.800,00
12.01.	BK 034	Banküberweisung		4.000	6.800,00
17.01.	AR	VK v. Waren	5.500		12.300,00

Mithilfe des Debitorenkontos lässt sich schnell ermitteln, wie hoch die Schulden (= „Außenstände") der einzelnen Kunden sind. Zur besseren Übersicht werden regelmäßig aktuelle Saldenlisten, sogenannte **Offene-Posten-Listen** (O-P-Listen, auch OPOS-Listen) von den Debitoren erstellt.

BEISPIEL

Die Auszubildende Anne Schulte hat am 17.01. nachfolgende Saldenliste der Debitorenkonten für Herrn Hahnenkamp ausgedruckt:

Bestände der Kunden (O-P-Liste der Debitoren)		
Kd.-Nr.	Debitor (Kunde)	Saldo
10001	Holzhäuser GmbH & Co KG	12.300,00
10002	Franz Stallmann Fashion OHG.	24.800,00
10003	Silke Bachmann e. Kffr.	3.400,00
10004	STOLCO eG	28.400,00
10005	Adlatus GmbH	27.600,00
	Gesamtbetrag:	96.500,00

Ein Großhandelsunternehmen muss auch immer seine Liquidität im Blick behalten. Kunden, die eine schlechte Zahlungsmoral aufweisen, müssen identifiziert werden, damit schnell gemahnt werden kann. Dabei ist eine

Offene-Posten-Liste sehr hilfreich. Durch ein gut organisiertes Mahnwesen kann die Zahlungsmoral dieser Kunden erhöht und somit die Liquidität des Unternehmens verbessert werden. Unter Umständen müssen in der Folge auch die Zahlungsbedingungen bei einigen Kunden angepasst werden (z. B. nur noch gegen Vorkasse).

Das **Kreditorenkonto** ist, ähnlich dem Debitorenkonto, eine detaillierte Aufstellung des Hauptbuch-Kontos „Verbindlichkeiten aus Lieferungen und Leistungen" für jeden einzelnen Lieferanten. Auch diese wir in der Regel in Tabellenform erstellt, die der Form des Debitorenkontos ähnelt.

DEFINITION

Ein **Kreditorenkonto** (lat. „credere" = glauben, anvertrauen, vertrauen) ist die Aufstellung der Verbindlichkeiten aus Lieferungen und Leistungen jedes Kunden eines Unternehmens.

Mithilfe des Kreditorenkontos lassen sich die Schulden (Verbindlichkeiten) eines Großhandelsunternehmens, die es gegenüber seinen Lieferanten hat, schnell feststellen. Auch hier werden zur besseren Übersicht aktuelle Saldenlisten (O-P-Listen) erstellt.

BEISPIEL

Die Auszubildende Anne Schulte hat nachfolgende Saldenliste der Kreditorenkonten für Herrn Hahnenkamp ausgedruckt:

Bestände der Lieferanten (O-P-Liste der Kreditoren)		
Lf.-Nr.	Kreditor (Lieferant)	Saldo
21001	Tankert AG	7.900,00
21002	Robert König GmbH	12.800,00
21003	Paulmann KG	1.400,00
21004	StaWa AG	18.800,00
21012	Bätje OHG	17.900,00
	Gesamtbetrag:	58.800,00

Ziele bei der Erstellung von O-P-Listen sind neben der übersichtlichen und informativen Aufarbeitung der umfangreichen Verbindlichkeiten die Einhaltung von Zahlungsfristen und das optimale Ausschöpfen der Zahlungsziele. Ein wirtschaftlich arbeitendes Unternehmen wird seine Rechnungen erst dann bezahlen, wenn sie auch tatsächlich fällig werden. Dadurch wird auch die Liquidität des Unternehmens erhöht.

In der Praxis haben viele Großhandelsunternehmen EDV-Systeme, die das Erstellen von Kreditoren- und Debitorenlisten sowie von Saldenlisten deutlich vereinfachen.

Weitere Nebenbücher

Ein weiteres Nebenbuch ist das **Anlagenverzeichnis**. Hier werden weitere Informationen zum Anlagevermögen detaillierter aufgeführt. Dabei gibt es meist eine Anlagenkartei für eine einzelne Anlage. Hier werden etwa Anschaffung, Abschreibungssätze der einzelnen Jahre u. Ä. aufgeführt. Jede einzelne Anlagenkartei wird dann in einem Anlagenverzeichnis geführt.

Das in fast jedem Großhandelsunternehmen geführte **Kassenbuch** ist ein Nebenbuch des Hauptbuch-Kontos „Kasse". Nach § 146 AO sind Kasseneinnahmen und Kassenausgaben täglich zu erfassen. Das bedeutet in der Praxis, dass jede einzelne Ein- und Auszahlung, die im Laufe eines Tages bar getätigt wird, im Kassenbuch festgehalten wird.

Das **Lohn- und Gehaltsbuch** ist ein Nebenkonto des Kontos „Löhne und Gehälter". In diesem Buch werden die geleisteten Zahlungen an jeden einzelnen Mitarbeiter gesondert festgehalten. Dadurch kann beispielsweise eine Mitarbeiterin in die Lohnbuchhaltung gehen und detaillierte Informationen zu bestimmten Gehaltszahlungen oder -terminen erhalten.

Es gibt noch viele weitere Nebenbücher wie Warenbücher, Lagerbücher usw. Alle Nebenbücher haben das Ziel, detailliertere Informationen zu erfassen, die aus den Sammelkonten des Hauptbuches nicht zu entnehmen sind.

203153556

AUFGABEN

1. Erläutern Sie, welche Inhalte in den nachfolgenden Büchern geführt werden:
   a) Grundbuch
   b) Hauptbuch
   c) Inventar- und Bilanzbuch.
2. Stellen Sie dar, warum Nebenbücher in der Buchführung geführt werden.
3. In der Buchhaltung werden heute, am 28. Februar 20.., noch nicht überwiesene Debitoren-Rechnungen aufgelistet:

RG-Nr.	RG-Datum	Betrag	Zahlungsbed.
1812	23.01.20..	4.560,00 €	Ziel 30 Tage
1819	26.01.20..	290,00 €	Ziel 45 Tage
1825	28.01.20..	980,00 €	sofort fällig
1832	23.01.20..	1.465,00 €	Ziel 30 Tage

Überprüfen Sie die Rechnungen darauf hin, ob das Zahlungsziel bereits überschritten ist, und ermitteln Sie den gesamten fälligen Euro-Betrag.

4. Herr Hahnenkamp möchte am 17.01.20.. eine Übersicht zu den offenen Posten von vier Kunden. Diese sind nachfolgend aufgeführt.

Debitor: Holzhäuser GmbH			
Datum	Beleg	Vorgang	Betrag
		Saldenvortrag	2.495,00 €
03.01.20..	AR012	VK v. Waren	1.325,00 €
11.01.20..	BK031	Banküberw.	3.820,00 €
14.01.20..	AR043	VK v. Waren	6.475,00 €

Debitor: Franz Stallmann Fashion OHG			
Datum	Beleg	Vorgang	Betrag
		Saldenvortrag	8.475,00 €
02.01.20..	BK004	Banküberw.	5.215,00 €
10.01.20..	AR029	VK v. Waren	4.450,00 €
15.01.20..	AR048	VK v. Waren	975,00 €

Debitor: Silke Bachmann e. Kffr.			
Datum	Beleg	Vorgang	Betrag
		Saldenvortrag	2.415,00 €
05.01.20..	AR021	VK v. Waren	1.200,00 €
11.01.20..	AR032	VK v. Waren	520,00 €
13.01.20..	BK044	Banküberw.	1.820,00 €

Debitor: STOLCO eG			
Datum	Beleg	Vorgang	Betrag
		Saldenvortrag	10.200,00 €
03.01.20..	AR016	VK v. Waren	4.200,00 €
13.01.20..	BK045	Banküberw.	8.100,00 €
16.01.20..	AR051	VK v. Waren	7.400,00 €

   a) Erstellen Sie für diese vier Kunden jeweils ein Debitorenkonto.
   b) Erstellen Sie eine O-P-Liste (Saldenliste), die die Außenstände der vier Kunden enthält. Führen Sie auch die Gesamt-Außenstände auf.
5. Prüfen Sie, welcher Vorgang nicht Aufgabe der Debitorenkontrolle ist.
   a) Überwachung der Zahlungseingänge
   b) Vereinbarung des Zahlungszieles
   c) Überprüfung der Skontoabzugsberechtigung
   d) Einleitung des Mahnverfahrens bei Überschreiten des Zahlungsziels
   e) Verhinderung der Verjährung von Forderungen
6. Nennen Sie mindestens drei Gründe, weshalb ein Großhandelsunternehmen ein Kassenbuch führen sollte.
7. Erläutern Sie zwei Gründe, weshalb ein Unternehmen ein Lohn- und Gehaltsbuch führen sollte.

AKTIONEN

1. Informieren Sie sich in Ihrem Ausbildungsbetrieb. Erstellen Sie eine Übersicht über Nebenbücher, die es in Ihrem Ausbildungsbetrieb gibt.
2. Erkundigen Sie sich in Ihrem Unternehmen über das Führen des Kassenbuchs. Erstellen Sie eine Liste mit Positionen (Vorgängen), die im Laufe eines Tages in das Kassenbuch eingetragen werden.

Hinweis: Sie benötigen vorab die Erlaubnis Ihres Betriebes.

ZUSAMMENFASSUNG

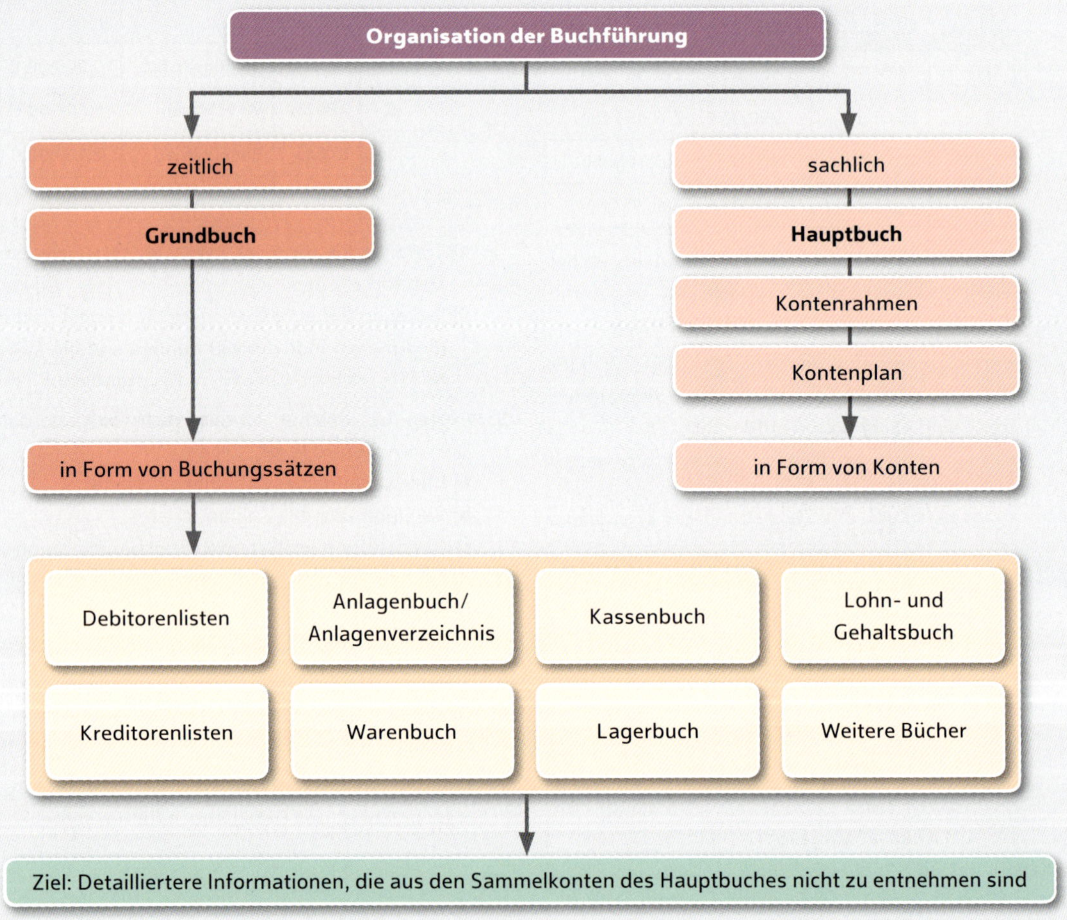

KAPITEL 20
Buchhalterische Besonderheiten beim Einkauf von Waren

Anne Schulte und Sebastian Holpert haben die nebenstehende Eingangsrechnung der Firma Kinke AG bekommen. Zunächst einmal soll die Rechnung unter Berücksichtigung der Fracht und der Verpackung im Grundbuch erfasst werden. Nach zehn Tagen soll die Bezahlung erfolgen. Dabei sollen Anne und Sebastian beim Buchen den Skontoabzug berücksichtigen.

KINKE

Telefon: 040 78787-0
Telefax: 040 78787-8
E-Mail: lehmkuhl@kinke-ag-wvd.de

Kinke AG · An der Bojewiese 80 A · 21033 Hamburg
Fairtext GmbH
Walsroder Str. 6a
30625 Hannover

Kunden-Nr.:	98546708
Lieferdatum:	20..-05-27
Bestelldatum:	20..-05-21
Sachbearbeiter/-in:	Frau Lehmkuhl
Rechnungs-Nr.:	567897
Rechnungsdatum:	20..-05-28

Rechnung

Pos.	Artikel-Nr.	Artikelbezeichnung	Menge und Einheit	Einzelpreis	Gesamtpreis
1	1243930	Winterjacke DAVOR	200 Stück	80,00 €	16.000,00 €
2	1242940	Winterjacke ELEGANCE	150 Stück	98,00 €	14.700,00 €

Gesamtpreis		30.700,00 €
Rabatt	10 %	3.070,00 €
		27.630,00 €
+ Fracht		600,00 €
+ Verpackung		280,00 €
= Zwischensumme		28.510,00 €
Umsatzsteuer	19 %	5.416,90 €
Rechnungsbetrag		**33.926,90 €**

Rechnungsbetrag zahlbar innerhalb von 10 Tagen nach Rechnungseingang mit 2 % Skonto oder nach 30 Tagen netto.

1. Erläutern Sie, warum die Kinke AG Fracht und Verpackung berechnet.
2. Ermitteln Sie, wie hoch die Fracht- und Verpackungskosten inklusive Umsatzsteuer sind.

INFORMATIONEN

Anschaffungsnebenkosten (Bezugskosten)

GESETZ

§ 255 (1) HGB Anschaffungskosten sind die Aufwendungen, die geleistet werden, um einen Vermögensgegenstand zu erwerben und ihn in einen betriebsbereiten Zustand zu versetzen, soweit sie dem Vermögensgegenstand einzeln zugeordnet werden können. Zu den Anschaffungskosten gehören auch die Nebenkosten sowie die nachträglichen Anschaffungskosten. Anschaffungspreisminderungen sind abzusetzen.

Das bedeutet, dass die Anschaffungskosten zum einen aus dem Warenwert der gekauften Waren bestehen, zum anderen aus den Anschaffungsnebenkosten. Für die Bewertung der Waren für die Aufstellung des Inventars und der Bilanz ist dies von Bedeutung.

Zu diesen Anschaffungsnebenkosten (Bezugskosten) gehören z. B.:

- Frachtkosten (z. B. Transport, Rollgeld)
- Verpackungskosten
- Portokosten
- Zölle
- Transportversicherungen
- Provisionen

Die Anschaffungsnebenkosten werden buchhalterisch gesondert erfasst, damit das Unternehmen eine Übersicht über die Anschaffungsnebenkosten behält. Dies erfolgt in der Regel über das Konto „3020 Warenbezugskosten".

Das Konto Warenbezugskosten ist ein **Aufwandskonto** und ein **Unterkonto** des Kontos „3010 Wareneingang". Die Bezugskosten werden somit über dieses Konto abgeschlossen.

Beispielhafte Schrittfolge der Buchungen bei Bestandsmehrung

Für die von der Fairtext GmbH bei der Firma Kinke AG bestellten Winterjacken sind neben dem Warenwert von 27.630,00 € auch noch Frachtkosten von 600,00 € sowie Verpackungskosten von 280,00 € zu zahlen (vgl. Einstieg).

Daraus ergibt sich folgender Buchungssatz:

Buchungssatz	Soll	Haben
3010 Wareneingang	27.630,00	
3020 Warenbezugskosten	880,00	
1410 Vorsteuer	5.416,90	
an 1710 Verb. a. LL		33.926,90

Die Fracht- und Verpackungskosten werden zu einer Position „3020 Warenbezugskosten" zusammengefasst. Am Ende des Geschäftsjahres wird das Konto „3020 Warenbezugskosten" wie folgt abgeschlossen:

S	3010 Wareneingang		H
...	...	...	...
1710 Verb. a. LL	27.630,00	9300 GUV	
→ 3020 Warenbezugskosten	880,00		

S	3020 Warenbezugskosten		H
1710 Verb. a. LL.	880,00	3010 Wareneingang	880,00

Der Buchungssatz dazu lautet:

Buchungssatz	Soll	Haben
3010 Wareneingang	880,00	
an 3020 Warenbezugskosten		880,00

Rücksendungen von eingekauften Waren

Es kann bei der Lieferung von Handelswaren oder von Rohstoffen zu Mängeln kommen. Diese müssen beim Lieferanten entsprechend reklamiert werden, wobei Reklamationsfristen zu beachten sind.[1]

Wird ein Mangel direkt bei der Lieferung entdeckt, wird die Ware in der Regel gar nicht angenommen. Bei der Erstellung der Rechnung werden die reklamierten Mengen meist direkt berücksichtigt. Dies ist aus Buchhaltungssicht unproblematisch.

Wird der Mangel erst nach Rechnungsstellung entdeckt, muss eine Korrekturbuchung erfolgen.

Bei Rücksendungen an den Lieferanten werden die Korrekturbuchungen zur ursprünglichen Buchung nun umgekehrt erfasst. Dabei wird das Konto „3050 Rücksendungen an Lieferanten" verwendet.

ursprüngliche Buchung →	Korrekturbuchung
3010 Wareneingang 1410 Vorsteuer an 1710 Verb. a. LL	1710 Verb. a. LL an 3050 Rücks. an Liefer. an 1410 Vorsteuer

[1] Siehe Kap. 3.6

Beispielhafte Schrittfolge der Buchungen bei Bestandsmehrung

Von den an die Firma Fairtext GmbH gelieferten Winterjacken DAVOR der Firma Kinke AG hatten 50 Stück nicht die von der Fairtext GmbH bestellte Größe und wurden daher wieder abgeholt. Seitens der Kinke AG geht nachfolgende Gutschrift bei der Fairtext GmbH ein:

KINKE

Telefon: 040 78787-0
Telefax: 040 78787-8
E-Mail: lehmkuhl@kinke-ag-wvd.de

Kinke AG · An der Bojewiese 80 A · 21033 Hamburg
Fairtext GmbH
Walsroder Str. 6a
30625 Hannover

Kunden-Nr.:	98546708
Lieferdatum:	20..-05-27
Bestelldatum:	20..-05-21
Sachbearbeiter/-in:	Frau Lehmkuhl
Gutschrift-Nr.:	867
Datum:	20..-06-06

Gutschrift

Wir haben Ihnen aufgrund Ihrer Mängelrüge (falsch gelieferte Größe) vom 01.06.20.. folgenden Warenwert gutgeschrieben:

Pos.	Artikel-Nr.	Artikelbezeichnung	Menge und Einheit	Einzelpreis	Gesamtpreis
1	1243930	Winterjacke DAVOR	50 Stück	80,00 €	4.000,00 €
Gesamtpreis					4.000,00 €
Rabatt				10 %	400,00 €
Warenwert					3.600,00 €
Umwsatzsteuer				19 %	684,00 €
Rechnungsbetrag					**4.284,00 €**

Kinke AG
Lehmkuhl

Daraus ergibt sich folgender Buchungssatz:

Buchungssatz	Soll	Haben
1710 Verb. a. LL	4.284,00	
an 3050 Rücksendungen an Lieferanten		3.600,00
an 1410 Vorsteuer		684,00

Die Korrekturbuchungen werden zur ursprünglichen Buchung umgekehrt erfasst.

Preisnachlässe

Rabatte und Boni

Es gibt in der Geschäftswelt unterschiedliche Möglichkeiten des Preisnachlasses.

Rabatte sind Preisnachlässe auf den Listenpreis. Rabatte werden bei der Preiskalkulation berücksichtigt und direkt vom Gesamtpreis abgezogen. In der Buchhaltung werden Rabatte nicht erfasst.

BEISPIEL

Die Fairtext GmbH hat bei der Kinke AG Waren zum Gesamtpreis von 30.700,00 € gekauft. Die Kinke AG gewährt darauf einen Preisnachlass von 10 % (3.070,00 €). Der (Netto-)Warenwert beträgt somit 27.630,00 €.

Es gibt auch noch nachträglich gewährte Nachlässe. Dazu gehören etwa **Boni** und **Nachlässe** aus nachträglich reklamierten Lieferungen.

Die Buchungen erfolgen hier wie bei Rücksendungen als Korrekturbuchungen, hier über das Konto „3060 Nachlässe von Lieferanten" oder das Konto „3070 Lieferantenboni".

DEFINITION

Ein **Bonus** (Mehrzahl Boni) ist ein nachträglich gewährter Preisnachlass, der in der Regel am Jahresende gewährt wird, wenn der Kunde einen Mindestumsatz erreicht oder überschritten hat.

BEISPIEL: NACHTRÄGLICHE MÄNGELRÜGE

Nach Bezahlung einer Lieferantenrechnung hat die Fairtext GmbH festgestellt, dass mehrere gelieferte Produkte einen leichten Fehler hatten. Die Produkte wurden nicht zurückgeschickt, sondern es wurde eine Gutschrift von netto 800,00 € mit dem Lieferanten vereinbart.
Aus der ursprünglichen Buchung:
3010 Aufw. f. Waren
1410 Vorsteuer
an 1710 Verb. a. LL

wird die Korrekturbuchung:

Buchungssatz	Soll	Haben
1710 Verb. a. LL	952,00	
an 3060 Nachl. v. Lief.		800,00
an 1410 Vorsteuer		152,00

Skonto

Viele Unternehmen gewähren ihren Kunden Skonto. Skonto ist ein besonderer Preisnachlass für vorzeitige Zahlung. Wenn beispielsweise ein Kunde regulär nach 30 Tagen seine Rechnung bezahlen muss, kann er sich bei Zahlung innerhalb einer bestimmten Frist einen bestimmten Prozentsatz vom Rechnungsbetrag abziehen (üblich ist, abhängig von der Branche, eine Frist von 7 – 60 Tagen mit Prozentsätzen von 1 % bis 3 %). Beim Buchen wird das Konto „3080 Lieferantenskonti" verwendet.

BEISPIEL

Die Fairtext GmbH bezahlt die Eingangsrechnung der Firma Kinke AG mit einem Rechnungsbetrag von 33.926,90 € nach zehn Tagen am 07.06.20.. unter Abzug von 2 % Skonto durch Banküberweisung (vgl. Einstieg).

Es wird wie folgt gebucht:

Buchungssatz	Soll	Haben
1710 Verb. a. LL	33.926,90	
an 3080 Lief.-Skonti		570,20
an 1410 Vorsteuer		108,34
an 1310 Bank		33.248,36

Rechenweg:

gesamter Skontoabzug: $33.926,90\ € \cdot \frac{2}{100} = 678,54\ €$

→ Überweisungsbetrag: 33.926,90 € – 678,54 € = 33.248,36 €

Vorsteuerkorrektur: $678,54\ € \cdot \frac{19}{119} = 108,34\ €$ →

Korr. Aufw. f. Waren: 678,54 € – 108,34 € = 570,20 €

Im Rahmen der Berücksichtigung des Skontoabzugs bei der Bezahlung der oben stehenden Lieferantenrechnung sind mehrere Korrekturbuchungen erforderlich. Folgendes ist zu beachten:

- Nach Bezahlung der Rechnung wird die Verbindlichkeit mit dem Gesamtbetrag im Soll gebucht, da sie durch die Zahlung vollständig erloschen ist.
- Der Überweisungsbetrag des Bankkontos ist um den Skontobetrag (2 %) reduziert zu berechnen.
- Der gesamte Skontoabzug ist ein Bruttobetrag. Er setzt sich zusammen aus dem
  - Nettoskontobetrag (hier 570,20 €) und
  - der Vorsteuerkorrektur (hier 108,34 €).

AUFGABEN

1. Die Firma BaBa GmbH hat der Fairtext GmbH zwei Tage nach der Bestellung vom 05.06.20.. 1 000 Herrenfreizeithemden zum Einzelpreis von 34,00 € geliefert. Auf den Gesamtpreis gewährt die Firma BaBa GmbH 15 % Rabatt. Es werden 110,00 € Fracht berechnet. Die Zahlungsbedingungen lauten: „Rechnungsbetrag zahlbar innerhalb von 20 Tagen netto. Bei Zahlung innerhalb von acht Tagen gewähren wir 2 % Skonto."

a) Erstellen Sie die Rechnung vom 08.06.20.. der BaBa GmbH an die Fairtext GmbH auf Basis der angegebenen Daten. Fehlende Daten können frei ergänzt werden.

b) Buchen Sie die Rechnung aus Sicht der Fairtext GmbH.

c) Die Rechnung wird acht Tage später von der Fairtext GmbH mit Skontoabzug durch Banküberweisung bezahlt. Buchen Sie diesen Vorgang.

d) Zwei Wochen nach Bezahlung der Rechnung stellt sich heraus, dass 20 Herrenfreizeithemden mangelhaft sind. Diese werden ohne Neulieferung zurückgeschickt. Die Firma BaBa GmbH erstellt eine entsprechende Gutschrift. Buchen Sie diesen Vorgang aus Sicht der Fairtext GmbH.

2. Es liegt folgender Buchungssatz mit einigen fehlenden Zahlen aus dem Grundbuch der Fairtext GmbH vor:

Buchungssatz	Soll	Haben
1710 Verb. a. LL	20.825,00	
an 3080 Lieferantenskonti		
an 1410 Vorsteuer		
an 1310 Bank		20.200,25

a) Welcher Geschäftsfall liegt diesem Buchungssatz zugrunde?

b) Wie hoch ist der Skontosatz in Prozent?

c) Wie hoch sind die Beträge, die im Haben auf den Konten 3080 und 1410 gebucht werden müssen?

3. Der Lieferant Pagro AG hat der Fairtext GmbH Damenlaufschuhe geliefert und Folgendes am 15.06.20.. in Rechnung gestellt:

Warenwert: 6.000,00 €
Umsatzsteuer: 1.140,00 €
Rechnungsbetrag: 7.140,00 €

Die Zahlungsbedingungen lauten: „Rechnungsbetrag zahlbar innerhalb von 21 Tagen netto. Bei Zahlung innerhalb von zehn Tagen gewähren wir 1,5 % Skonto.“

Nachdem die Fairtext GmbH am 17.06.20.. 40 Damenlaufschuhe reklamiert hat, geht folgende Gutschrift am 18.06.20.. ein:

Pagro Sportartikel

Telefon: 06706 454545-45
Telefax: 06706 454545-11
E-Mail: schmidt@pagro-wvd.de

Pagro AG | Blumenweg 118 | 55595 Gutenberg
Fairtext GmbH
Walsroder Str. 6 a
30625 Hannover

Kunden-Nr.:	10478
Lieferdatum:	15.06.20..
Bestelldatum:	11.06.20..
Sachbearbeiter/-in:	Frau Schmidt
Rechnungs-Nr.:	965
Rechnungsdatum:	18.06.20..

Gutschrift

Wir haben Ihnen aufgrund Ihrer Mängelrüge (falsche Größe) vom 17.06.20.. Folgendes gutgeschrieben:

Pos.	Artikel-Nr.	Artikelbezeichnung	Menge und Einheit	Einzelpreis	Gesamtpreis
1	55666	Damenlaufschuh „Running“	40 Stück	17,50 €	700,00 €

Gesamtpreis		700,00 €
Rabatt	5 %	35,00 €
Warenwert		665,00 €
Umsatzsteuer	19 %	126,35 €
Rechnungsbetrag		**791,35 €**

a) Wie lautet der Buchungssatz der Eingangsrechnung aus Sicht der Fairtext GmbH?

b) Wie lautet der Buchungssatz zur Buchung der Gutschrift aus Sicht der Fairtext GmbH?

c) Die Fairtext GmbH will die Rechnung am 25.06.20.. unter Berücksichtigung der Gutschrift und Skonto per Banküberweisung bezahlen. Wie lautet der Buchungssatz?

4. Die Fairtext GmbH hat von der Tischlerei Schild eine Rechnung über die Reparatur der Eingangstür im Gesamtwert inkl. Umsatzsteuer von 1.190,00 € bekommen. Bei vorzeitiger Zahlung werden 2 % Skonto gewährt.

a) Buchen Sie die Eingangsrechnung.

b) Buchen Sie die vorzeitige Zahlung unter Berücksichtigung des Skontos.

5. Die Fairtext GmbH weist zu Beginn eines Geschäftsjahres folgende Anfangsbestände aus:

Anfangsbestände	
Fuhrpark	152.000,00
BGA	188.000,00
Waren	78.500,00
Forderungen a. LL	84.500,00
Bank	46.000,00
Postbank	29.000,00
Kasse	4.320,00
Eigenkapital	?
Darlehen	132.800,00
Verbindlichkeiten a. LL	74.800,00
Umsatzsteuer	5.400,00

Abschlussangaben

- Warenendbestand lt. Inventur 73.600,00 €
- Alle weiteren Buchwerte entsprechen den Inventurwerten.

Weitere zu verwendende Konten:
1410 Vorsteuer, 2110 Zinsaufw., 3010 Wareneingang; 3020 Warenbezugskosten, 3050 Rücksendungen an Lieferanten, 3060 Nachlässe von Lieferanten, 3080 Lieferantenkonto, 4100 Mieten, 8010 Warenverkauf, 9100 EBK, 9300 GuV, 9400 SBK

Geschäftsfälle

1 Einkauf von Waren auf Ziel, Listenpreis 16.000,00 €, gewährter Rabatt 10 %, berechnete Transportkosten durch den Lieferanten 600,00 €

2 Postbanküberweisung für die Zinsen eines Darlehens, 1.400,00 €, und die monatliche Miete für eine Lagerhalle, 550,00 €

3 Rechnungsverkauf von Waren, Bruttowert (inkl. 19 % USt) 21.896,00 €

4 Gutschrift nach Rücksendung von Waren, netto 5.200,00 €

5 Barverkauf von Waren, netto 2.800,00 €

6 Bezahlung einer Lieferantenrechnung unter Abzug von 3 % Skonto, Rechnungsbetrag 12.495,00 €

7 Banküberweisung der Zahllast, 5.400,00 €

8 Barkauf von Waren, brutto 3.570,00 €

9 Bezahlung einer Lieferantenrechnung unter Beachtung von 2 % Skonto durch Postbanküberweisung, Rechnungsbetrag 5.700,00 €

10 Zahlung einer Lieferantenrechnung durch Postbanküberweisung, Rechnungsbetrag 11.900,00 €, Skontoabzug 2 %

11 nachträgliche Mängelrüge, Lieferant erstellt Gutschrift, netto 2.000,00 €

Aufgaben

a) Erstellen Sie eine ordnungsgemäße Eröffnungsbilanz zum 01.01.20..
b) Erstellen Sie ein Eröffnungsbilanzkonto.
c) Eröffnen Sie die entsprechenden Bestandskonten.
d) Erstellen Sie ein Grundbuch und buchen Sie die oben stehenden Geschäftsfälle auf den entsprechenden Bestands- und Erfolgskonten in Grund- und Hauptbuch.
e) Schließen Sie die Konten ab und erstellen Sie eine ordnungsgemäße Schlussbilanz.

AKTIONEN

1. Entwickeln Sie insgesamt sechs mögliche Geschäftsfälle aus dem Geschäftsbereich der Fairtext GmbH zum Thema Bezugskosten, Rücksendungen und Preisnachlässe. Tauschen Sie diese Geschäftsfälle mit dem Banknachbarn und stellen Sie dann die entsprechenden Buchungssätze auf.
2. Bei der Fairtext GmbH wurde eine Textilmaschine von der Firma Steiger KG repariert. Der Rechnungsbetrag beträgt insgesamt 1.368,50 €. Die Steiger KG gewährt 2 % Skonto bei Zahlung innerhalb von zehn Tagen (Zahlungsziel 30 Tage).
   a) Bestimmen Sie den Skontobetrag.
   b) Lohnt sich für die Fairtext GmbH der Skontoabzug bei vorzeitiger Zahlung? Begründen Sie dies, indem Sie den effektiven Zinssatz des Skontoabzugs bestimmen.
   c) Erstellen Sie die beiden Buchungssätze bei Rechnungseingang und bei Zahlung der Rechnung nach zehn Tagen durch Banküberweisung.

ZUSAMMENFASSUNG

Buchhalterische Besonderheiten beim Einkauf

Bezugskosten

→ Anschaffungsnebenkosten müssen gesondert erfasst werden.

Konto Bezugskosten

3020 Warenbezugskosten

Beispiel Buchungssatz

3020 Warenbezugskosten
1410 Vorsteuer
an 4400 Verbindl. a. LL

Rücksendungen

→ Warenrücksendungen i. d. R. bei Entdeckung eines Mangels durch den Kunden

- bei Lieferung oder
- später (nach Rechnungseingang oder Bezahlung)

Konto Rücksendungen

3050 Rücksendungen an Lieferanten

Beispiel Buchungssatz

4400 Verbindl. a. LL
an 3050 Rücks. an Lieferanten
an 1410 Vorsteuer

Preisnachlässe

Rabatte

→ werden buchhalterisch nicht erfasst

Nachlass von Lieferanten

→ häufig nach Mängelrüge durch Lieferanten gewährt

Konto Nachlass

3060 Nachlass von Lieferanten

Boni

→ nachträglicher Preisnachlass i. d. R. am Jahresende

Konto Boni

3070 Lieferantenboni

Skonto

→ Preisnachlass für vorzeitige Zahlung

→ Skontoabzug besteht aus
– Nettoskontobetrag und
– Vorsteuerkorrektur

Konto Skonti

3080 Lieferantenskonti

Beispiel Buchungssatz

4400 Verbindl. a. LL
an 3080 Lieferantenskonti
an 1410 Vorsteuer
an 2800 Bank

KAPITEL 21

Buchhalterische Besonderheiten beim Verkauf von Waren

Anne Schulte und Sebastian Holpert haben die nachfolgende Verkaufsrechnung vom 24. Juni an die Firma Beckermann Moden aus Duisburg vor sich liegen.
Der Kunde reklamiert die Damenbluse Modell „Julia" nach Erstellung der Rechnung, da diese aufgrund des Transports mehrere Beschädigungen haben. Die Fairtext GmbH holt diese Blusen daraufhin am 26. Juni wieder ab. Es erfolgt eine entsprechende Gutschrift am selben Tag.
Im weiteren Verlauf zahlt die Firma Beckermann Moden die Rechnung am 2. Juli unter Berücksichtigung der Rücksendung und des Skontoabzugs.
Anne und Sebastian bekommen den Auftrag, alle Vorgänge an den verschiedenen Tagen zu buchen.

Fairtext GmbH
Textilgroßhandlung

Telefon: 0511 4155-0
Telefax: 0511 4155-10
Internet: www.fairtext-wvd.de
E-Mail: vosges@fairtext-wvd.de

Fairtext GmbH · Walsroder Str. 6a · 30625 Hannover
Beckermann Moden
Im Feld 48
47228 Duisburg

Kunden-Nr.: 10607
Lieferdatum: 22.06.20..
Bestelldatum: 14.06.20..
Sachbearbeiter/-in: Nadine Vosges

Rechnungs-Nr.: 3268
Rechnungsdatum: 24.06.20..

Rechnung

Pos.	Artikel-Nr.	Artikelbezeichnung	Menge und Einheit	Einzelpreis	Gesamtpreis
1	18201	Herrenfreizeithemd, Modell „City"	60 Stück	35,00 €	2.100,00 €
2	18202	Herrenblazer, Modell „Star"	100 Stück	44,00 €	4.400,00 €
3	19202	Damenbluse, Modell „Julia"	50 Stück	30,00 €	1.500,00 €
Gesamtpreis					8.000,00 €
Rabatt				15 %	1.200,00 €
Warenwert					6.800,00 €
+ Fracht					300,00 €
= Zwischensumme					7.100,00 €
Umsatzsteuer				19 %	1.349,00 €
Rechnungsbetrag					**8.449,00 €**

Rechnungsbetrag zahlbar innerhalb von 8 Tagen nach Rechnungseingang mit 2 % Skonto oder nach 30 Tagen netto.

1. Erläutern Sie, wie in Ihrem Unternehmen auf Reklamationen reagiert wird.
2. Nennen Sie die Buchungen, die bei der Zahlung des Kunden allgemein zu berücksichtigen sind.

INFORMATIONEN

Vertriebskosten

Beim Verkauf von Waren fallen häufig Vertriebskosten an. Zu den Vertriebskosten gehören unter anderem:

- Transportkosten
- Verpackungsmaterial
- Provisionen

Häufig werden Waren „ab Werk" verkauft. Somit trägt der Käufer die Transportkosten. Wenn der Verkäufer den Transport übernimmt (entweder mit eigenen Fahrzeugen oder mittels Frachtführer), kann er dem Kunden dies in Rechnung stellen. Nicht selten kommen noch Verpackungskosten hinzu. Auch Provisionen werden manchmal an den Kunden weiterbelastet.

Diese Vertriebskosten sind buchhalterisch im Verkauf dem Kunden direkt als Warenverkauf zu berechnen, weil es ein Verrechnungsverbot für Erträge und Aufwendungen gibt (vgl. § 246 Abs. 2 HGB).

BEISPIEL

Die Fairtext GmbH berechnet der Firma Beckermann Moden neben dem Warenwert (abzüglich 15 % Rabatt) von 6.800,00 € auch Frachtkosten von 300,00 €. (siehe Einstieg).
Daraus ergibt sich folgender Buchungssatz:

Buchungssatz	Soll	Haben
1010 Ford. a. LL	8.449,00	
an 8010 Warenverkauf		7.100,00
an 1810 USt		1.349,00

Die Frachtkosten werden zum ursprünglichen Warenwert addiert.

Die Vertriebskosten entstehen meist vor oder während der Rechnungserstellung an den Kunden. Diese Kosten müssen vom Unternehmen als Aufwand gebucht werden.

BEISPIEL

Die Fairtext GmbH hat eine Eingangsrechnung von der Spedition Müller für die nach Duisburg gelieferten Waren erhalten.

Buchungssatz	Soll	Haben
4620 Ausgangsfrachten	300,00	
1410 Vorsteuer	57,00	
an 1710 Verb. a. LL		357,00

Rücksendungen

Während des Verkaufsprozesses kann es zu Rücksendungen durch den Kunden kommen.

Zum einen können dies Rücksendungen von Verpackungsmaterialien sein. Dadurch wird nachträglich das Konto „8010 Warenverkauf" vermindert. Zum anderen kann bei der Lieferung von Waren zu Mängeln kommen. Diese werden vom Kunden entsprechend reklamiert, wobei Reklamationsfristen zu beachten sind.[1]

Analog zum Einkauf gilt:

- Kunde reklamiert bei Lieferung
  Wird die Ware erst gar nicht angenommen, wird dies bei Rechnungsstellung direkt berücksichtigt (keine Korrekturbuchung notwendig).
- Kunde reklamiert nach der Lieferung
  Korrekturbuchungen sind nach Rechnungsstellung erforderlich.

Erhält ein Unternehmen Rücksendungen von Kunden, muss die ursprüngliche Buchung umgekehrt werden.

Ursprüngliche Buchung
1010 Forderungen a. LL an 8010 Warenverkauf an 1810 Umsatzsteuer
Korrekturbuchung
8050 Rücksendungen von Kunden 1810 Umsatzsteuer an 1010 Forderungen a. LL

BEISPIEL

Die von der Fairtext GmbH gelieferten 50 Damenblusen Modell „Julia" wurden bei der Firma Beckermann Moden abgeholt. Die Fairtext GmbH hat nachfolgende Gutschrift an die Firma Beckermann Moden geschickt:

Fairtext GmbH
Textilgroßhandlung

Telefon: 0511 4155-0
Telefax: 0511 4155-10
Internet: www.fairtext-wvd.de
E-Mail: vosges@fairtext-wvd.de

Fairtext GmbH · Walsroder Str. 6a · 30625 Hannover
Beckermann Moden
Im Feld 48
47228 Duisburg

Kunden-Nr.:	10008
Lieferdatum:	22.06.20..
Bestelldatum:	14.06.20..
Sachbearbeiter/-in:	Nadine Vosges
Gutschrift-Nr.:	0264
Datum:	26.06.20..

Gutschrift

Wir haben Ihnen aufgrund Ihrer Mängelrüge (Beschädigung) vom 01.06.20.. folgenden Warenwert gutgeschrieben:

Pos.	Artikel-Nr.	Artikelbezeichnung	Menge und Einheit	Einzelpreis	Gesamtpreis
3	19202	Damenbluse Modell „Julia"	50 Stück	30,00 €	1.500,00 €

Gesamtpreis		1.500,00 €
Rabatt	15 %	225,00 €
Warenwert		1.275,00 €
Umsatzsteuer	19 %	242,25 €
Rechnungsbetrag		**1.517,25 €**

Mit freundlichen Grüßen

Textilgroßhandlung Fairtext GmbH

Nadine Vosges

i. A. Nadine Vosges

[1] Siehe Kap. 3.6

Daraus ergibt sich folgender Buchungssatz:

Buchungssatz	Soll	Haben
8050 Rücksendungen von Kunden 1810 Umsatzsteuer an 1010 Forderungen a. LL	1.275,00 242,25	 1.517,25

Das Konto „8050 Rücksendungen“ wird am Geschäftsjahresende über das Konto „8010 Warenverkauf“ abgeschlossen.

Preisnachlässe

Rabatte und Kundenboni

Preisnachlässe werden nicht nur seitens der Lieferanten gewährt. Auch im Verkauf gibt es Preisnachlässe, die vorab bereits vom Verkäufer in der Preiskalkulation berücksichtigt werden.

Rabatte sind Preisnachlässe auf den Listenpreis. Berücksichtigt werden Rabatte bei der Preiskalkulation und direkt vom Gesamtpreis abgezogen. In der Buchhaltung werden Rabatte nicht erfasst.

BEISPIEL

Die Fairtext GmbH hat dem Kunden Beckermann Moden auf den Warenwert von 8.000,00 € einen Rabatt von 15 % gewährt (1.200,00 €). Der (Netto-)Warenwert beträgt somit 6.800,00 €.

Es gibt auch noch nachträglich gewährte Nachlässe an den Kunden. Dazu gehören etwa Kundenboni oder **Nachlässe** aus nachträglich reklamierten Lieferungen. Die Buchungen erfolgen hier wie bei eingegangenen Rücksendungen als Korrekturbuchungen.

Kundenboni werden auf dem Konto „8070 Kundenboni“ und Nachlässe auf dem Konto „8060 Nachlässe“ erfasst. Beide Konten sind Unterkonten des Kontos „8010 Warenverkauf“ und werden über dieses Konto am Geschäftsjahresende abgeschlossen.

BEISPIEL: NACHTRÄGLICHE MÄNGELRÜGE DES KUNDEN

Nachdem ein Kunde bei der Fairtext GmbH bezahlt hat, stellt dieser festgestellt, dass mehrere Produkte mit einem leichten Produktionsfehler geliefert wurden. Die Produkte wurden nicht zurückgeschickt, sondern es wurde eine Gutschrift von netto 400,00 € mit der Fairtext GmbH vereinbart.

Aus der ursprünglichen Buchung
1010 Forderungen a. LL
an 8010 Warenverkauf
an 1810 Umsatzsteuer
wird die Korrekturbuchung:

Buchungssatz	Soll	Haben
8060 Nachlässe an Kunden 1810 Umsatzst. an 1010 Ford. a. LL	400,00 76,00	 476,00

Am Jahresende wird das Konto „8060 Nachlässe an Kunden“ durch den Buchungssatz
8010 Warenverkauf
an 8060 Nachlässe an Kunden
abgeschlossen.

Skonto

Häufig gewährt der Verkäufer seinen Kunden Skonto bei vorzeitiger Zahlung vor dem eigentlichen Zahlungsziel. Üblich sind Prozentsätze zwischen 1 % bis 3 %. Bei Bezahlung der Rechnung durch den Kunden werden neben den Skontoabzügen meist auch Gutschriften berücksichtigt. Auch Kundenskonti werden auf einem eigenen Konto, dem Konto „8080 Kundenskonti“ erfasst.

BEISPIEL

Die Fairtext GmbH hat dem Kunden Beckermann Moden eine Rechnung vom 24. Juni mit dem Rechnungsbetrag über 8.449,00 € sowie eine Gutschrift zwei Tage später mit dem Betrag von 1.517,25 € erstellt und gesendet.

Es wurde ein Zahlungsziel von 30 Tagen gewährt. Die Firma Beckermann Moden bezahlt die Rechnung

203153568

bereits nach acht Tagen am 2. Juli unter Abzug von 2 % Skonto durch Banküberweisung.

Es wird wie folgt gebucht:

Buchungssatz	Soll	Haben
1310 Bank 8080 Kundenskonti 1810 Umsatzst. an 1010 Ford. a. LL	6.793,11 116,50 22,14	 6.931,75

Rechenweg:
Ermittlung des Forderungsbetrags:
8.449,00 € – 1.517,25 € = 6.931,75 €
gesamter Skontoabzug: 6.931,75 € · $\frac{2}{100}$ = 138,64 €
→ Überweisungsbetrag: 6.842,50 € – 138,64 € = 6.793,11 €
Vorsteuerkorrektur:
138,64 € · $\frac{19}{119}$ = 22,14 € → Korr. Aufw. f. Waren:
138,64 € – 22,14 € = 116,50 €
Am Ende des Geschäftsjahres wird das Konto „8080 Kundenskonti" wie folgt abgeschlossen:

S	8010 Warenverkauf		H
...	...	...	...
1010 Ford. a. LL	1.275,00	1010 Ford. a. LL	7.100,00
8080 Kundenskonti	116,50		

S	8080 Kundenskonti		H
1010 Ford. a. LL	116,50	8010 Warenverkauf	116,50

Der Buchungssatz dazu lautet:
8010 Warenverkauf
an 8080 Kundenskonti

Bei der Berücksichtigung des Skontoabzugs bei der Bezahlung der oben stehenden Kundenrechnung sind mehrere Korrekturbuchungen erforderlich. Folgendes ist zu beachten:

- Nach Bezahlung der Rechnung wird die Forderung mit dem Gesamtbetrag im Soll gebucht.
- Der Überweisungsbetrag des Bankkontos ist um den Skontosatz (2 %) reduziert zu berechnen.
- Der gesamte Skontoabzug setzt sich zusammen aus dem
  - Nettoskontobetrag (hier 116,50 €) und
  - der Umsatzsteuerkorrektur (hier 22,14 €).

AUFGABEN

1. Die Fairtext GmbH hat der Firma STOLCO eG (Kunden-Nr. 10004) zwei Tage nach der Bestellung vom 25.06.20.. 40 Multifunktionsjacken (Art.-Nr. 2200010) zum Einzelpreis von 60,00 € und 30 Klima-Aktiv-Jacken (Art.-Nr. 5500040) zum Einzelpreis von 90,00 € geliefert. Auf den Gesamtpreis gewährt die Fairtext GmbH dem Kunden 20 % Rabatt. Es werden 220,00 € Fracht (Nettopreis) berechnet. Die Zahlungsbedingungen lauten: „Rechnungsbetrag zahlbar innerhalb von 30 Tagen netto. Bei Zahlung innerhalb von zehn Tagen gewähren wir 2 % Skonto."

a) Erstellen Sie die Rechnung vom 27.06.20.. der Fairtext GmbH an die Firma STOLCO eG auf Basis der angegebenen Daten. Fehlende Daten können frei ergänzt werden.

b) Buchen Sie die Rechnung aus Sicht der Fairtext GmbH.

c) Die Fairtext GmbH erhält die Rechnung vom Spediteur über 220,00 €. Buchen Sie diese Eingangsrechnung.

d) Die Rechnung wird zehn Tage später von der STOLCO eG mit Skontoabzug durch Banküberweisung bezahlt. Buchen Sie diesen Vorgang.

e) Zwei Wochen nach Bezahlung der Rechnung stellt sich heraus, dass zehn Multifunktionsjacken einen Produktionsfehler aufweisen. Diese werden ohne Neulieferung zurückgeschickt. Die Fairtext GmbH erstellt eine entsprechende Gutschrift. Buchen Sie diesen Vorgang aus Sicht der Fairtext GmbH.

2. Es liegt folgender Buchungssatz mit einigen fehlenden Zahlen aus dem Grundbuch der Fairtext GmbH vor:

lfd.	Buchungssatz	Soll	Haben
	1310 Bank 8080 Kundenskonti 1810 Umsatzsteuer an 1010 Ford. a. LL	16.939,65	 17.374,00

a) Welcher Geschäftsfall liegt diesem Buchungssatz zugrunde?
b) Wie hoch ist der Skontosatz in Prozent?
c) Wie hoch sind die Beträge, die im Soll auf den Konten „8080 Kundenskonti“ und „1810 Umsatzsteuer“ gebucht werden müssen?

3. Die Fairtext GmbH hat der Franz Stallmann Fashion OHG 100 Damenpullover „Elle“ geliefert und Folgendes am 28.06.20.. in Rechnung gestellt:

Warenwert:	2.250,00 €
Umsatzsteuer:	427,50 €
Rechnungsbetrag:	2.677,50 €

Die Zahlungsbedingungen lauten: „Rechnungsbetrag zahlbar innerhalb von 30 Tagen netto. Bei Zahlung innerhalb von 10 Tagen gewähren wir 2 % Skonto“.

Nachdem die Stallmann OHG am 01.07.20.. 20 Damenpullover reklamiert hat und die Damenpullover zurückgegangen sind, erstellt die Fairtext GmbH die folgende Gutschrift.

a) Wie lautet der Buchungssatz der Ausgangsrechnung aus Sicht der Fairtext GmbH?
b) Wie lautet der Buchungssatz zur Buchung der Gutschrift aus Sicht der Fairtext GmbH?
c) Die Stallmann OHG bezahlt die Rechnung am 08.07.20.. unter Berücksichtigung der Gutschrift und des Skontos per Banküberweisung. Wie lautet der Buchungssatz?

Fairtext GmbH

Textilgroßhandlung

Telefon: 0511 4155-0
Telefax: 0511 4155-10
Internet: www.fairtext-wvd.de
E-Mail: vosges@fairtext-wvd.de

Fairtext GmbH · Walsroder Str. 6a · 30625 Hannover
Franz Stallmann Fashion OHG
Vogesenstr. 3
45468 Mülheim

Kunden-Nr.:	10002
Lieferdatum:	27.06.20..
Bestelldatum:	25.06.20..
Sachbearbeiter/-in:	Nadine Vosges

Gutschrift-Nr.:	1567
Datum:	02.07.20..

Gutschrift

Wir haben Ihnen aufgrund Ihrer Mängelrüge vom 01.07.20.. folgenden Warenwert gutgeschrieben:

Pos.	Artikel-Nr.	Artikelbezeichnung	Menge und Einheit	Einzelpreis	Gesamtpreis
3	100037	Damenpullover „Elle“	20 Stück	25,00 €	500,00 €

Gesamtpreis		500,00 €
Rabatt	10 %	50,00 €
Warenwert		450,00 €
Umsatzsteuer	19 %	85,50 €
Rechnungsbetrag		**535,50 €**

Mit freundlichen Grüßen

Textilgroßhandlung Fairtext GmbH

Nadine Vosges

i. A. Nadine Vosges

4. Die Fairtext GmbH hat mit dem Kunden Guttex GmbH vereinbart, dass dieser sich bei Abholung und Barzahlung von bestellten Textilien 3 % Skonto abziehen darf. Am 15.07.20.. holt die Guttex GmbH Textilien im Warenwert (netto) von 4.200,00 €. Buchen Sie den Vorgang.

5. Die Fairtext GmbH weist zu Beginn eines Geschäftsjahres folgende Anfangsbestände aus:

Anfangsbestände	
Fuhrpark	233.000,00
BGA	145.000,00
Waren	112.000,00
Forderungen a. LL	97.800,00
Bank	34.700,00
Postbank	33.200,00
Kasse	7.600,00
Eigenkapital	?
Darlehen	157.600,00
Verbindlichkeiten a. LL	66.400,00
Umsatzsteuer	6.800,00

Abschlussangaben

- Warenendbestand lt. Inventur 99.700,00 €
- Alle weiteren Buchwerte entsprechen den Inventurwerten.

Weitere zu verwendende Konten:
1410 Vorsteuer, 2110 Zinsaufwendungen, 3010 Wareneingang, 3020 Warenbezugskosten, 3050 Rücksendungen an Lieferanten, 3060 Nachlässe von Lieferanten, 3080 Lieferantenskonti, 4100 Mieten, 8010 Warenverkauf, 8060 Nachlässe an Kunden, 8080 Kundenskonti, 9100 EBK, 9300 GuV, 9400 SBK

Geschäftsfälle

1 Kunde zahlt Rechnung durch Banküberweisung
Rechnungsbetrag 6.188,00 €
Skontoabzug 2 %

2 Einkauf von Waren auf Ziel, Listenpreis 7.400,00 €, gewährter Rabatt 15 %, berechnete Transportkosten durch den Lieferanten 310,00 € netto

3 Kontoauszug der Postbank: Überweisung der Zinsen eines Darlehens, 800,00 €, und die monatliche Miete für ein Büro, 950,00 €

4 Rechnungsverkauf von Waren, Bruttowert (inkl. 19 % USt) 17.493,00 €

5 Gutschrift vom Lieferanten nach Rücksendung von Waren, netto 5.200,00 €

6 Barverkauf von Waren, netto 6.200,00 €. Es wird ein Skontosatz von 2,5 % gewährt.

7 Bezahlung einer Lieferantenrechnung unter Abzug von 3 % Skonto, Rechnungsbetrag 5.900,00 €

8 Banküberweisung der Zahllast, 6.800,00 €

9 Kunde überweist die Rechnung aus Fall 4 unter Abzug von 2 % Skonto.

10 Barkauf von Waren, brutto 1.785,00 €. Der Lieferant gewährt bei Barzahlung 2 % Skonto.

11 Die Fairtext GmbH bezahlt eine Lieferantenrechnung unter Beachtung von 1,5 % Skonto durch Postbanküberweisung, Rechnungsbetrag 9.282,00 €.

12 Zahlung einer Lieferantenrechnung durch Banküberweisung, Rechnungsbetrag 3.094,00 €, Skontoabzug 2 %

13 Nachträgliche Mängelrüge, Lieferant erstellt Gutschrift, netto 2.000,00 €

14 Nachträgliche Mängelrüge durch den Kunden. Die Fairtext GmbH erstellt eine Gutschrift, netto 850,00 €.

Aufgaben

a) Erstellen Sie eine ordnungsgemäße Eröffnungsbilanz zum 01.01.20..

b) Erstellen Sie ein Eröffnungsbilanzkonto.

c) Eröffnen Sie die entsprechenden Bestandskonten.

d) Erstellen Sie ein Grundbuch und buchen Sie die oben stehenden Geschäftsfälle auf den entsprechenden Bestands- und Erfolgskonten in Grund- und Hauptbuch.

e) Schließen Sie die Konten ab und erstellen Sie eine ordnungsgemäße Schlussbilanz.

AKTION

Entwickeln Sie insgesamt sechs mögliche Geschäftsfälle aus dem Verkauf von Waren der Fairtext GmbH zum Thema Transport- und Verpackungskosten, Rücksendungen und Kundenskonto. Tauschen Sie diese Geschäftsfälle mit dem Banknachbarn und stellen Sie dann die entsprechenden Buchungssätze auf.

ZUSAMMENFASSUNG

Buchhalterische Besonderheiten beim Verkauf

Vertriebskosten

- Transportkosten
- Verpackungsmaterial
- Provisionen

werden direkt als Warenverkauf für Waren gebucht.

Beispiel Buchungssatz

1010 Forderungen a. LL
an 8010 Warenverkauf
an 1810 Umsatzsteuer

Rücksendungen

→ Warenrücksendungen i. d. R. bei Entdeckung eines Mangels durch den Kunden

- bei Lieferung an Kunden oder
- später (nach Rechnungsausgang oder Bezahlung)

Korrekturbuchung notwendig

Beispiel Buchungssatz

8050 Rücks. v. Kunden
1810 Umsatzsteuer
an 1010 Forderungen a. LL

Preisnachlässe

Rabatte

→ werden buchhalterisch nicht erfasst

Boni

→ nachträglicher Preisnachlass i. d. R. am Jahresende

Skonto

Kundenskonto über das Konto 8080 Kundenskonti

Beispiel Buchungssatz

1310 Bank
8080 Kundenskonti
1810 Umsatzsteuer
an 1010 Forderungen a. LL

„8080 Kundenskonti“ wird über das Konto „8010 Warenverkauf“ abgeschlossen.

KAPITEL 22

Korrektur von Abweichungen zwischen Ist-Beständen aus der Inventur und Soll-Beständen aus der Buchführung

Sebastian Holpert unterstützt Herrn Franke in der Abteilung Rechnungswesen der Fairtext GmbH. Herr Franke legt Sebastian eine vorläufige Bilanz und die zusammengefassten Werte des Inventars für die einzelnen Bilanzpositionen vor und bittet ihn, mögliche Differenzen zu klären und wenn nötig zu korrigieren.

AKTIVA	vorläufige Bilanz zum 31.12.20..		PASSIVA
I. Anlagevermögen		I. Eigenkapital	239.610,00
1. Grundstücke	127.800,00		
2. Gebäude	269.500,00	II. Fremdkapital	
3. Maschinen	194.000,00	1. Darlehen	357.600,00
4. Fuhrpark	89.600,00	2. Verbindlichkeiten a. LL	286.300,00
5. Betriebs- und Geschäftsausstattung	17.800,00	3. Sonstige Verbindlichkeiten (USt)	46.310,00
II. Umlaufvermögen			
1. Waren	169.300,00		
2. Forderungen a. LL	42.600,00		
3. Bank	14.900,00		
4. Kasse	4.320,00		
	929.820,00		929.820,00

Zusammengefasste Inventarwerte

A. Vermögen	Quelle	in €	in €	in €
I. Anlagevermögen				
1. Grundstücke	Inventur	127.800,00		
2. Gebäude	Inventur	269.500,00		
3. Maschinen	Inventur	164.000,00		
4. Fuhrpark	Inventur	119.600,00		
5. Betriebs- und Geschäftsausstattung	Inventur	17.300,00		
			698.200,00	
II. Umlaufvermögen				
1. Waren	Inventur	169.300,00		
2. Forderungen a. LL	Buchführung	42.600,00		
3. Bank	Inventur	14.900,00		
4. Kasse	Inventur	4.358,00		
			231.158,00	
Vermögen gesamt				**929.358,00**
B. Schulden				
1. Darlehen	Buchführung	357.600,00		
2. Verbindlichkeiten a. LL	Buchführung	286.300,00		
3. Sonstige Verbindlichkeiten (USt)	Buchführung	46.348,00		
Schulden gesamt			690.248,00	**690.248,00**
C. Reinvermögen (Eigenkapital)				
A. Vermögen		929.358,00		
– B. Schulden		–690.248,00		
= C. Reinvermögen		**239.110,00**		**239.110,00**

1. Geben Sie die Differenzen an, die sich aus der Inventurliste und der Bilanz ergeben.
2. Geben Sie mögliche Erklärungen, wie es zu solchen Differenzen zwischen Buchführung und tatsächlichen Beständen kommen kann.
3. Überlegen Sie sich, wie derartige Differenzen berichtigt werden können.
4. Geben Sie mögliche Erklärungen für die konkret vorliegenden Differenzen an.

INFORMATIONEN

Abweichung von Soll- und Ist-Beständen

In den vorangegangenen Kapiteln wurden mithilfe der Inventur die tatsächlichen Bestände am Jahresende (Ist-Bestände) sowie die Schlussbestände laut Buchführung auf den Bestandskonten (Soll-Bestand) ermittelt und die Schlussbilanz aufgestellt.

Bisher wurde davon ausgegangen, dass die Soll- und Ist-Bestände gleich groß sind. In der Praxis kommt es allerdings sehr häufig vor, dass die tatsächlichen Bestände von den Soll-Beständen laut Buchführung abweichen. Mögliche Ursachen für die Abweichungen sind z. B. Fehler in der Buchhaltung oder Diebstahl.

Abweichungen zwischen Soll- und Ist-Beständen werden durch den Abgleich der Inventurergebnisse mit den Beständen laut Buchführung identifiziert.

Eine Abweichung zwischen Soll- und Ist-Bestand wird immer in der Form korrigiert, dass die Soll-Bestände an die tatsächlichen Ist-Bestände laut Inventur angepasst werden.

Die Korrektur des Fehlers kann auf verschiedene Arten geschehen, z. B.:

- **Korrekturbuchung**
  Der Fehler wird durch eine korrigierende Buchung beseitigt.
- **Stornierung und Neuerfassung**
  Eine falsche Buchung wird rückgängig gemacht und die korrekte Buchung wird erfasst.
- **Neuerfassung**
  Eine unterbliebene Buchung wird nachgeholt.
- **Nacherfassung**
  Eine teilweise unterbliebene Buchung wird nachgeholt.

Eine solche Anpassung der Buchführung wird in der Regel im Rahmen der Erstellung des Jahresabschlusses vorgenommen.

Fehler in der Buchhaltung

Verschiedene Fehler in der Buchhaltung können zu einer Abweichung von Soll- und Ist-Beständen führen, z. B.:

- Nichterfassung von Belegen
- Doppelerfassung von Belegen
- fehlerhafte Belegerfassung (z. B. Buchungsfehler oder Tippfehler)

Die Korrektur ist immer abhängig von dem vorliegenden Fehler. Hierbei kann sich auch eine Gewinnauswirkung ergeben.

Nichterfassung von Belegen

Bei einer Nichterfassung von Belegen erfolgt die Korrektur in der Regel durch eine Nacherfassung der Buchung.

BEISPIEL

Laut Buchführung beträgt der Kassenbestand der Fairtext GmbH am 31.12.20.. noch 4.320,00 €. Die Inventur ergibt jedoch einen Kassenbestand von 4.558,00 €.

Nach intensiver Nachforschung findet Sebastian Holpert heraus, dass eine Barzahlung für eine Lieferung von Handelswaren über 238,00 € nicht gebucht wurde.

Es liegt also eine Nichterfassung vor, die korrigiert werden muss.

Die Korrektur erfolgt dadurch, dass die Buchung nachgeholt wird:

Nr.	Buchungssatz		Soll	Haben
...	1510	Kasse	238,00	
	an 8010	Warenverkauf		200,00
	an 1810	Umsatzsteuer		38,00

203153574

Fehlerhalte Belegerfassung

Ist der Fehler in einer fehlerhaften Belegerfassung begründet, erfolgt die Korrektur häufig durch Stornierung und Neuerfassung oder durch eine Korrekturbuchung.

BEISPIEL

Der Ist-Bestand an Fahrzeugen ist 30.000,00 € zu hoch. Gleichzeitig ist der Ist-Bestand an Maschinen 30.000,00 € zu niedrig.

Sebastian Holpert findet heraus, dass der Einkauf eines betrieblichen Pkw versehentlich auf dem Konto „0310 Maschinen" erfolgt ist. Es handelte sich um einen Kauf auf Ziel von einem Privatmann, sodass keine Umsatzsteuer zu berücksichtigen ist, da Privatleute keine Umsatzsteuer ausweisen dürfen.

Es liegt ein Buchungsfehler vor.

Die Korrektur erfolgt entweder indirekt durch **Stornierung und Neuerfassung** der korrekten Buchung:

Nr.	Buchungssatz	Soll	Haben
1. Stornierung			
...	1710 Verb. a. LL an 0310 Maschinen	30.000,00	 30.000,00
2. Neuerfassung			
....	0340 Fuhrpark an 1710 Verb. a. LL	30.000,00	 30.000,00

Eine weitere Möglichkeit ist die direkte Berichtigung in einer **Korrekturbuchung:**

Nr.	Buchungssatz	Soll	Haben
...	0340 Fuhrpark an 0310 Maschinen	30.000,00	 30.000,00

Hierbei wird der Pkw aus dem Konto „0310 Maschinen" auf der Haben-Seite herausgebucht und gleichzeitig auf dem richtigen Konto „0340 Fuhrpark" auf der Soll-Seite erfasst.

Doppelerfassung von Belegen

Ist ein Beleg versehentlich doppelt erfasst worden, so wird der Fehler dadurch korrigiert, dass die Buchung einmal wieder ausgebucht wird.

Diebstahl, Verderb, Schwund

Werden Waren oder auch Anlagevermögen gestohlen, existiert kein Beleg über den Diebstahl. Es erfolgt somit auch keine Buchung. Gleiches gilt bei Verderb oder Schwund von Waren. Dennoch stehen die Gegenstände dem Unternehmer nicht mehr zur Erzielung von Einnahmen zur Verfügung. Konsequenterweise dürfen sie auch nicht weiterhin im Betriebsvermögen bilanziert werden.

Diebstahl

Bei Diebstahl ist zu unterscheiden, ob Anlage- oder Umlaufvermögen gestohlen wurde.

Wurde Anlagevermögen gestohlen, so ist dieses Anlagevermögen erfolgswirksam auszubuchen, da die Anschaffungskosten bisher noch kein Aufwand waren.

BEISPIEL

- Bei der Inventur wird festgestellt, dass der Istbestand an Blusen des Modells „DiscoQueen" um 100,00 € geringer ist als der Soll-Bestand laut Buchführung. Die Blusen wurden offensichtlich gestohlen.
  Bei diesem Diebstahl ist keine weitere Buchung erforderlich. Die Handelswaren wurden bei ihrem Einkauf bereits erfolgswirksam gebucht. Der korrekte Wareneinsatz entsteht dadurch, dass die Bestandsveränderung erfasst wird.
- Bei der Inventur wird festgestellt, dass ein Drucker der Fairtext GmbH nicht mehr auffindbar ist. Der Ist-Bestand weicht um den Wert des Druckers vom Sollbestand ab. Der Drucker muss im Rahmen der vielen Renovierungsarbeiten im Verwaltungsgebäude gestohlen worden sein. Der Buchwert des Druckers beträgt 500,00 €.

Dieser Diebstahl muss aufwandswirksam erfasst werden:

Nr.	Buchungssatz	Soll	Haben
...	2040 Verluste aus dem Abgang von AV an 0330 BGA	500,00	 500,00

Eine Besonderheit stellt der Diebstahl von Geld aus der Kasse dar. Wird einem Unternehmer Bargeld gestohlen und kennt er den Dieb nicht, so muss dieser Vorgang erfolgswirksam erfasst werden. Derartige Sachverhalte werden auf dem Konto „2060 Sonstige Aufwendungen" erfasst, welches als Aufwandskonto über das GuV-Konto abgeschlossen wird.

BEISPIEL

Bei der Inventur wird festgestellt, dass der Kassenbestand der Fairtext GmbH um 200,00 € zu niedrig ist. Es ist davon auszugehen, dass die Differenz aus einem Diebstahl resultiert.

Nr.	Buchungssatz	Soll	Haben
...	2060 Sonstige Aufwendungen	200,00	
	an 1510 Kasse		200,00

Verderb und Schwund

Bei Verderb und Schwund von Waren wird ebenso verfahren wie beim Diebstahl von Waren.

Unter Verderb versteht man die Entsorgung von Waren, weil diese nicht mehr zum Verkauf geeignet sind.

BEISPIEL

Lebensmittelhändler Boelke muss Joghurt entsorgen, weil das Mindesthaltbarkeitsdatum abgelaufen ist.

Schwund tritt auf, wenn Waren gelagert werden und dadurch Gewicht verlieren oder wenn Waren transportiert werden und dabei ein Teil der Ware untergeht.

BEISPIEL

Getreidehändler Korn kauft 1000 kg Weizen und besorgt den Transport selbst. Bei der Einlagerung wird festgestellt, dass während des Transports, der Verladung und der Einlagerung zwei Kilogramm Weizen verloren gegangen sind.

Beide Sachverhalte sind nicht zu erfassen, da die Anschaffung bereits erfolgswirksam als Aufwand gebucht wurde.

AUFGABEN

1. In der Fairtext GmbH ergeben sich zum 31.12.20.. folgende Differenzen zwischen Istbestand und Sollbestand. Geben Sie, falls erforderlich, den Buchungssatz für die Korrektur an.

	Sachverhalt	Istbestand lt. Inventur	Sollbestand lt. Buchführung
a)	Kassenbestand ist lt. Inventur 595,00 € zu hoch, weil eine Barzahlung für Handelswaren zum Regelsteuersatz nicht erfasst wurde.	Kasse: 2.595,00	Kasse: 2.000,00
b)	Es wurden Hemden im Wert von 300,00 € gestohlen.	Waren: 45.600,00	Waren: 45.900,00
c)	Eine Nähmaschine mit einem Restbuchwert von 345,00 € wurde gestohlen.	Techn. Anlagen und Maschinen: 1.955,00	Techn. Anlagen und Maschinen: 2.300,00
d)	Beim Wareneingang auf Ziel wurden versehentlich nur 100,00 € gebucht anstelle von 1.000,00 €. Die Umsatzsteuer wurde korrekt erfasst.	Wareneingang: 76.000,00 Verb. a. LL 13.190,00	Wareneingang: 75.100,00 Verb. a. LL 12.290,00

2. Nennen Sie vier Beispiele dafür, wie es zu Inventurdifferenzen kommen kann.

AKTION

a) Erfragen Sie, ob es in Ihrem Betrieb schon einmal zu Inventurdifferenzen gekommen ist.
b) Lassen Sie sich erläutern, woraus die Inventurdifferenzen in Ihrem Ausbildungsbetrieb entstanden sind.
c) Schreiben Sie sich genau auf, woraus die Differenzen resultierten, und bereiten Sie sich darauf vor, den Sachverhalt und die Lösung vor der Klasse zu präsentieren.

203153576

ZUSAMMENFASSUNG

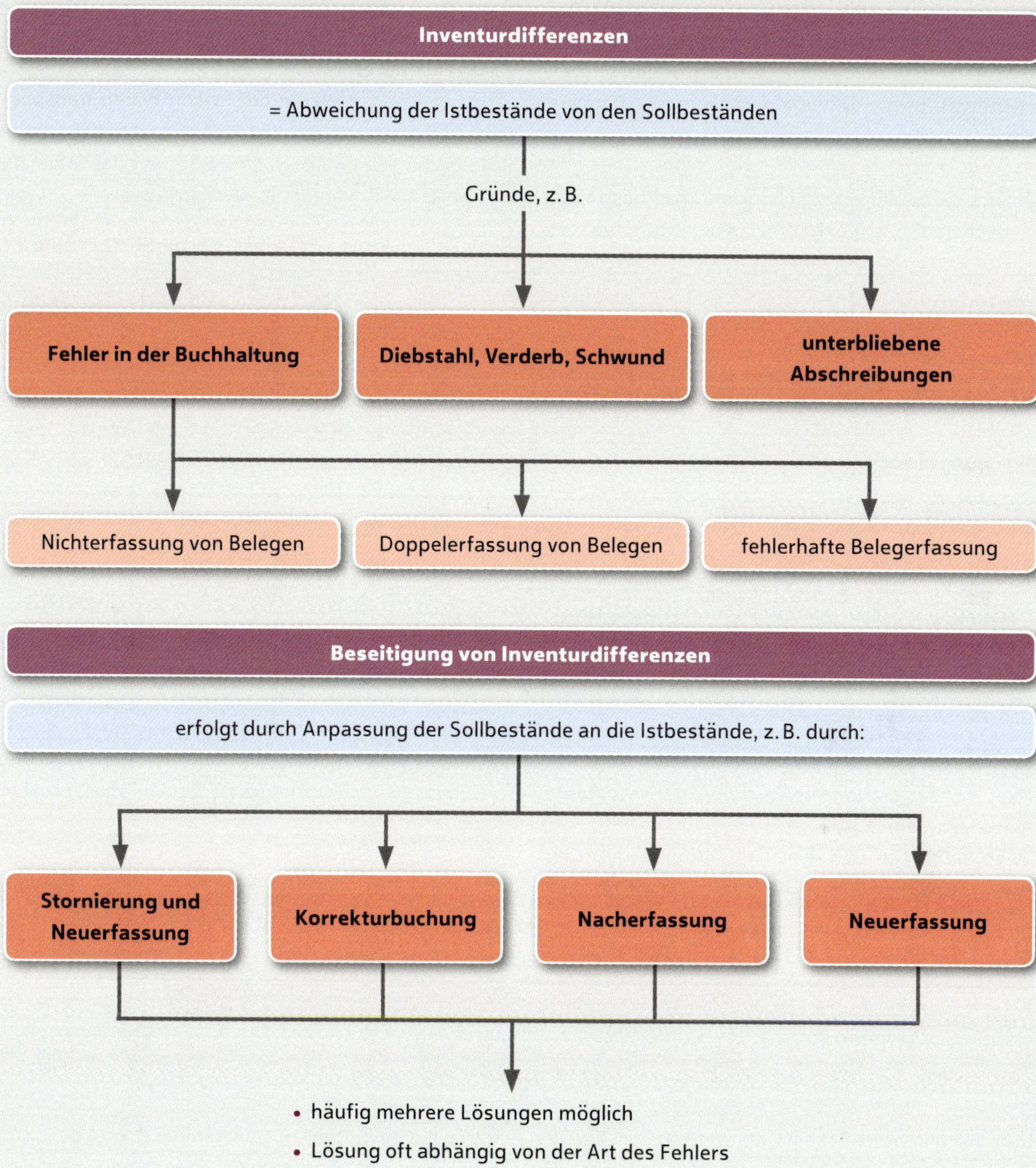

KAPITEL 23
Privatbuchungen

Silke Bachmann ist Kundin der Fairtext GmbH. Sie betreibt ihr Unternehmen in der Rechtsform des Einzelunternehmens. Es handelt sich hierbei um eine Damenboutique.

Damit Frau Bachmann ihren Lebensunterhalt bestreiten kann, entnimmt sie wöchentlich vom betrieblichen Bankkonto 500,00 €, indem sie das Geld auf ihr privates Bankkonto überweist.

Simone Seifert ist Auszubildende im ersten Lehrjahr bei Silke Bachmann und ist mit der Buchung des folgenden Belegs für die Privatentnahme beauftragt.

Eigenbeleg	**Nr. 1**
Empfänger: Silke Bachmann	**Betrag in €:** 500,00 €
Verwendungszweck: monatliche Privatentnahme	
Ort, Datum: Essen, 6. Juni 20..	**Unterschrift:** S. Bachmann

1. Erläutern Sie, warum die Buchung der Privatentnahme erforderlich ist.
2. Geben Sie an, ob sich die Privatentnahme auf den Gewinn auswirken darf.
3. Geben Sie den Buchungssatz für die Privatentnahme an.

INFORMATIONEN

Allgemeines

Ein Unternehmer betreibt sein Unternehmen, um Geld zu verdienen. Von dem erwirtschafteten Geld bestreitet der Unternehmer seinen privaten Lebensunterhalt. Somit ist es üblich, dass privat veranlasste Sachverhalte stattfinden. Da sich die privat veranlassten Geschäftsfälle auf die Vermögenssphäre (das Eigenkapital) des Unternehmens auswirken, ist es notwendig die Sachverhalte in der Buchführung zu erfassen.

Eine Erfassung von privat veranlassten Sachverhalten erfolgt in Personengesellschaften (KG, OHG, GmbH & Co. KG, GbR) und bei Einzelunternehmen. Bei Kapitalgesellschaften (insb. GmbH, UG, AG) existiert kein privater Bereich, da Kapitalgesellschaften eigenständige juristische Personen sind. Die Angestellten der Kapitalgesellschaft erhalten von der Gesellschaft Arbeitslohn.

MERKE

Bei Einzelunternehmen und Personengesellschaften sind private Vorgänge buchhalterisch zu erfassen.

Kapitalgesellschaften sind eigenständige juristische Personen. Sie haben keinen Privatbereich. Eine Erfassung privater Vorgänge unterbleibt daher.

Bei privat veranlassten Sachverhalten wird in zwei Arten unterschieden:

203153578

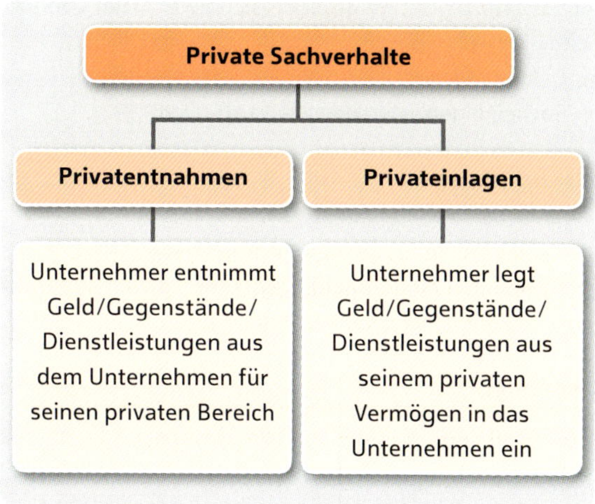

Privatentnahmen

Im Einkommensteuergesetz § 4 Abs. 1 S. 2 ist der Begriff „Entnahmen" wie folgt definiert:

DEFINITION

Entnahmen sind alle Wirtschaftsgüter (Barentnahmen, Waren, Erzeugnisse, Nutzungen und Leistungen), die der Steuerpflichtige dem Betrieb für sich, für seinen Haushalt oder für andere betriebsfremde Zwecke im Laufe des Wirtschaftsjahres entnommen hat.

Aus dieser Definition ergeben sich vier verschiedene Arten von Entnahmen:

- Geldentnahmen
- Sachentnahmen
- Nutzungsentnahmen
- Leistungsentnahmen

Geldentnahmen

Geldentnahmen stellen den häufigsten Fall der Entnahme dar. Es ist üblich, dass der Unternehmer seinem Unternehmen Geld entnimmt, um damit seinen Lebensunterhalt zu bestreiten.

Geldentnahmen können als Barentnahme aus der Kasse des Unternehmens erfolgen.

BEISPIEL

Frau Bachmann entnimmt der Kasse 500,00 €, um ihre privaten Einkäufe zu bezahlen.

Eine weitere Form der Geldentnahme ist die Überweisung vom betrieblichen Bankkonto.

BEISPIEL

Frau Bachmann überweist vom betrieblichen Bankkonto 500,00 € auf ihr privates Bankkonto, um ihre privaten Einkäufe zu bezahlen.

Geldentnahmen können auch direkt durch Abbuchung vom betrieblichen Bankkonto erfolgen.

BEISPIEL

Die private Krankenversicherung in Höhe von 400,00 € wird vom betrieblichen Bankkonto abgebucht.

Sachentnahmen

Bei Sachentnahmen werden durch den Unternehmer Gegenstände oder Waren aus dem Unternehmen entnommen und für den privaten Gebrauch verwendet.

Eine Form der Sachentnahmen ist die **Gegenstandsentnahme.** Hierbei werden Gegenstände des Anlagevermögens aus dem Unternehmen entnommen.

BEISPIEL

Frau Bachmann entnimmt dem Unternehmen einen Pkw, um ihn ihrer Tochter zum Geburtstag zu schenken.

Eine weitere Form der Sachentnahme ist die **Warenentnahme**. Hierbei werden dem Unternehmen Waren, die eigentlich für den Weiterverkauf an Kunden bestimmt sind, entnommen.

BEISPIEL

Frau Bachmann entnimmt dem Unternehmen eine Bluse, um sie einer Freundin zu Weihnachten zu schenken.

Eine weitere Form der Gegenstandsentnahme ist die **Erzeugnisentnahme**. Hier wird ein Gegenstand entnommen, der im eigenen Unternehmen selbst hergestellt wurde.

BEISPIEL

Peter Pührt e. K. entnimmt seinem Unternehmen einen Herrenanzug, der im eigenen Unternehmen gefertigt wurde, um ihn zur Hochzeit seiner Tochter zu tragen.

Nutzungsentnahmen

Eine Nutzungsentnahme liegt vor, wenn ein Unternehmer einen Gegenstand des Unternehmens auch für private Zwecke nutzt. Dies ist häufig bei Gegenständen des Anlagevermögens der Fall, die nicht zu 100 % betrieblich genutzt werden.

BEISPIEL

Der dem Betriebsvermögen zugeordnete Pkw wird von Frau Bachmann zu 30 % für private Fahrten genutzt.

Eine solche Nutzungsentnahme muss erfasst werden, da die Ausgaben für den Gegenstand den Gewinn in voller Höhe als Betriebsausgabe mindern.

BEISPIEL

Tankrechnungen für den betrieblichen Pkw, der zu 30 % privat genutzt wird, werden in voller Höhe als Betriebsausgabe erfasst. Die Vorsteuer wird ebenfalls in voller Höhe geltend gemacht.

Leistungsentnahmen

Eine Leistungsentnahme liegt vor, wenn ein Unternehmer seinem Unternehmen eine Leistung entnimmt. Dies geschieht häufig in Form von Arbeitskraft des Personals.

BEISPIEL

Da vormittags weniger Kundenverkehr im Laden von Frau Bachmann herrscht, erledigt eine ihrer Angestellten die Einkäufe für Frau Bachmann und geht mit deren Hund zum Tierarzt.

In diesen Fällen wird der Arbeitslohn als Betriebsausgabe erfasst, während die Arbeitskraft tatsächlich aber für private Zwecke des Unternehmers verwendet wird.

Privateinlagen

In § 4 Abs. 1 S. 8 Einkommensteuergesetz ist der Begriff „Privateinlagen" wie folgt definiert:

DEFINITION

Einlagen sind alle Wirtschaftsgüter (Bareinzahlungen und sonstige Wirtschaftsgüter), die der Steuerpflichtige dem Betrieb im Laufe des Wirtschaftsjahres zugeführt hat.

Aus dieser Definition ergeben sich zwei Arten von Privateinlagen:
- Geldeinlagen
- Sacheinlagen

Geldeinlagen

Bei einer Geldeinlage werden finanzielle Mittel in das Unternehmen eingebracht. Dies kann sowohl in bar als auch in Form einer Überweisung erfolgen.

BEISPIEL

Zur Stärkung des Eigenkapitals überweist Frau Bachmann von ihrem privaten Tagesgeldkonto 10.000,00 € auf das betriebliche Bankkonto ihres Unternehmens.

Sacheinlagen

Bei einer Sacheinlage werden – ähnlich wie bei Sachentnahmen – Gegenstände zum dauerhaften Verbleib in das Unternehmen eingebracht.

BEISPIEL

Da die Kaffeemaschine in der Personalküche irreparabel kaputt ist, stellt Frau Bachmann ihren privaten Kaffeevollautomaten in die Personalküche. Der Automat soll dort verbleiben, da Frau Bachmann sich für ihre Küche ein neues Gerät kauft.

Buchhalterische Erfassung von Geldentnahmen und Geldeinlagen

Durch die Privatentnahme von finanziellen Mitteln wird das Eigenkapital des Unternehmens vermindert. Eine Gewinnauswirkung ergibt sich jedoch nicht, da es sich um eine Aktiv-Passiv-Minderung handelt und somit kein Erfolgskonto angesprochen wird.

Privatentnahmen werden auf dem Konto „1610 Privatentnahmen" erfasst.

Privateinlagen werden auf dem Konto „1620 Privateinlagen" erfasst.

Die beiden Konten werden am Ende des Wirtschaftsjahres über das Eigenkapitalkonto abgeschlossen.

203153580

BEISPIEL

1. Frau Bachmann entnimmt der Kasse 500,00 €, um ihre privaten Einkäufe zu bezahlen.
2. Frau Bachmann überweist vom betrieblichen Bankkonto 1.000,00 € auf ihr privates Bankkonto, um ihre privaten Einkäufe zu bezahlen.
3. Die private Krankenversicherung in Höhe von 400,00 € wird vom betrieblichen Bankkonto abgebucht.
4. Zur Stärkung des Eigenkapitals überweist Frau Bachmann von ihrem privaten Tagesgeldkonto 10.000,00 € auf das betriebliche Bankkonto ihres Unternehmens.

Nr.	Konto		Konto	SOLL	HABEN
1	1610 Privatentnahme			500,00	
		an	1510 Kasse		500,00
2	1610 Privatentnahme			1.000,00	
		an	1310 Bank		1.000,00
3	1610 Privatentname			400,00	
		an	1310 Bank		400,00
4	1310 Bank			10.000,00	
		an	1620 Privateinlage		10.000,00

Soll	1610 Privatentnahmen		Haben
1) 1510 Kasse	500,00		
2) 1310 Bank	1.000,00		
3) 1310 Bank	400,00		

Soll	1620 Privateinlagen		Haben
		4) 1310 Bank	10.000,00

Der Abschluss der beiden Privatkonten erfolgt am Ende des Wirtschaftsjahres direkt über das Eigenkapitalkonto. Durch die privaten Sachverhalte verändert sich somit das Eigenkapital des Unternehmens. Da keine Erfolgskonten angesprochen werden, bleibt der Gewinn unverändert.

Soll	1610 Privatentnahmen		Haben
1) 1510 Kasse	500,00	0610 EK	1.900,00
2) 1310 Bank	1.000,00		
3) 1310 Bank	400,00		
	1.900,00		1.900,00

Soll	1620 Privateinlagen		Haben
0610 EK	10.000,00	4) 1310 Bank	10.000,00
	10.000,00		10.000,00

Soll	0610 Eigenkapital		Haben
1610 Privatentn.	1.900,00	AB	80.000,00
SB	88.100,00	1620 Privateinl.	10.000,00
	90.000,00		90.000,00

AUFGABEN

1. Finden Sie zu jeder Form der Privatentnahme ein Beispiel aus Ihrem Ausbildungsbetrieb.
2. a) Bilden Sie die Buchungssätze im Grundbuch zu den folgenden Sachverhalten:
   1. Der Unternehmer legt 200,00 € in die Kasse ein.
   2. Es werden zur Finanzierung des Kaufes einer neuen Schlafzimmergarnitur 5.000,00 € vom betrieblichen Bankkonto abgebucht.
   3. Die Einkommensteuererstattung für das Vorjahr in Höhe von 2.000,00 € wird auf dem betrieblichen Bankkonto gutgeschrieben.
   4. Für den Geburtstag einer Schulfreundin des Unternehmers werden Blumen gekauft. Der Kaufpreis in Höhe von 50,00 € zzgl. 3,50 € USt wird aus der Kasse entnommen.

5. Die Beiträge für die private Krankenversicherung des Unternehmers werden in Höhe von 350,00 € vom Bankkonto abgebucht.
6. Für den Lebensunterhalt werden zu Beginn des Monats 3.000,00 € vom Bankkonto abgebucht.
7. Für den Sommerurlaub des Unternehmers werden 4.000,00 € vom Bankkonto abgebucht.
8. Die Einkommensteuervorauszahlung für das zweite Quartal in Höhe von 6.000,00 € wird vom Bankkonto abgebucht.
9. Die UR-Versicherung bucht folgende Beiträge ab:
   - Kfz-Versicherung Betriebs-Pkw 800,00 €
   - Kfz-Versicherung Lkw 1.200,00 €
   - Kfz-Versicherung Pkw der Tochter 900,00 €
   - Haftpflichtversicherung Unternehmer 300,00 €
   - Lebensversicherung Unternehmer 100,00 €
10. Das Finanzamt bucht die Kfz-Steuer ab:
    - Kfz-Steuer Betriebs-Pkw 300,00 €
    - Kfz-Steuer Lkw 400,00 €
    - Kfz-Steuer Pkw der Tochter 200,00 €

b) Führen Sie die Privatkonten im Hauptbuch und schließen Sie diese ab.

c) Geben Sie die Veränderung des Eigenkapitals durch die privaten Sachverhalte an.

AKTION

Teilen Sie sich in zwei Hälften und bilden Sie jeweils Partnerteams.

a) Ein Mitglied jeder Klassenhälfte erstellt eine Mindmap mithilfe der Homepage www.mindmeister.com (Registrierung nötig, Nutzung der kostenlosen Basic-Version).

b) Eine Mindmap bekommt den Titel „Privateinlagen“ und eine Mindmap den Titel „Privatentnahmen“.

c) Laden Sie die anderen Partnerteams Ihrer Klassenhälfte in die Mindmap ein (Funktion „Share“).

d) Jede Klassenhälfte erarbeitet nun eine Mindmap mit den wichtigen Inhalten zu ihrem Begriff (Definition, Erläuterung, Buchung, Beispiele ...).

e) Stimmen Sie sich innerhalb Ihrer Klassenhälfte bezüglich der Arbeitsschritte (Arbeitsteilung, gegenseitige Kontrolle etc.) ab.

f) Stellen Sie die Mindmap der anderen Klassenhälfte vor. Ergänzen Sie auf der Grundlage der Vorstellung Ihre Mindmap.

g) Laden Sie alle Mitglieder der Klasse zu der Mindmap ein.

ZUSAMMENFASSUNG

Buchung von Privatentnahmen und Privateinlagen

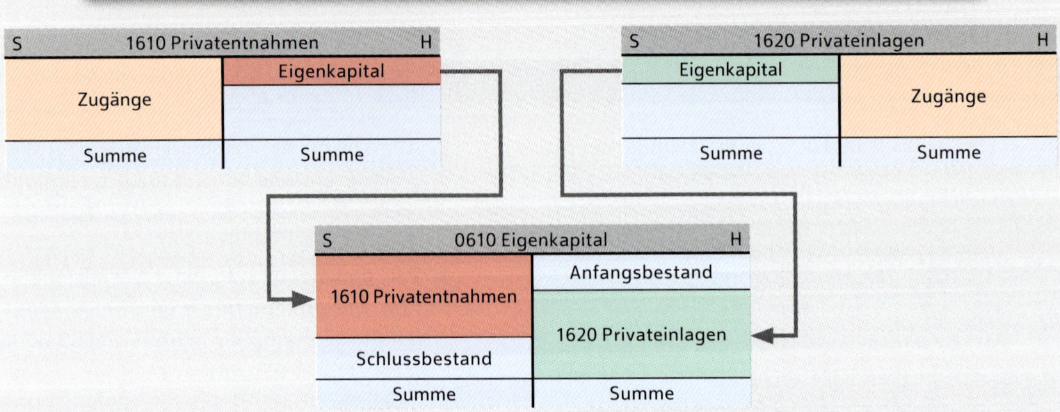

203153582

KAPITEL 24

Bewertung der Auswirkungen von Geschäftsprozessen auf die Vermögens- und Erfolgslage des Unternehmens

Anne Schulte und Sebastian Holpert bekommen von Frau Jonas, Leiterin der Abteilung Rechnungswesen, die GuV sowie die beiden Bilanzen zu Jahresbeginn und zu Jahresende des gerade abgeschlossenen Geschäftsjahres vorgelegt.

Frau Jonas möchte, dass die beiden Auszubildenden den Erfolg des Unternehmens im abgelaufenen Geschäftsjahr analysieren und die wesentlichen Ergebnisse zusammenfassen.

S	9300 GuV		H
3010 Wareneingang	961.000,00	8010 Warenverkauf	1.694.000,00
4620 Ausgangsfrachten	36.400,00		
4710 Instandhaltung	8.560,00		
4010 Löhne	487.900,00		
4910 Abschreibungen	68.200,00		
4100 Mieten	38.200,00		
4810 Bürobedarf	6.450,00		
2110 Zinsaufw.	28.690,00		
0610 EK	58.600,00		
	1.694.000,00		1.694.000,00

AKTIVA	Bilanz der Fairtext GmbH zum 01.01.20..		PASSIVA
I. Anlagevermögen		I. Eigenkapital	481.000,00
1. Grundstücke und Bauten	570.000,00	II. Fremdkapital	
2. Technische Anlagen und Maschinen	380.000,00	1. Hypotheken	
3. Betriebs- und Geschäftsausstattung	68.000,00	(Langfr. Verb. ggü. Kreditinstituten)	670.000,00
II. Umlaufvermögen		2. Darlehen	227.000,00
1. Waren	185.000,00	3. Verbindlichkeiten a. LL	22.300,00
2. Forderungen a. LL	32.000,00		
3. Bank	161.000,00		
4. Kasse	4.300,00		
	1.400.300,00		1.400.300,00

AKTIVA	Bilanz der Fairtext GmbH zum 31.12.20..		PASSIVA
I. Anlagevermögen		I. Eigenkapital	539.600,00
1. Grundstücke und Bauten	627.000,00	II. Fremdkapital	
2. Technische Anlagen und Maschinen	418.000,00	1. Hypotheken	
3. Betriebs- und Geschäftsausstattung	74.800,00	(Langfr. Verb. ggü. Kreditinstituten)	737.000,00
II. Umlaufvermögen		2. Darlehen	239.700,00
1. Waren	214.000,00	3. Verbindlichkeiten a. LL	34.530,00
2. Forderungen a. LL	35.200,00		
3. Bank	177.100,00		
4. Kasse	4.730,00		
	1.550.830,00		1.550.830,00

1. Überlegen Sie, welche Informationen und/oder Zahlen besonders wichtig/relevant sind.

2. Geben Sie an, wie die besonders relevanten Daten dargestellt werden könnten.

INFORMATIONEN

Kennzahlen

Unternehmenskennzahlen werden ermittelt, um bestimmte Sachverhalte in Kurzform darzustellen oder um eine Vergleichbarkeit zu z. B. anderen Filialen oder Wettbewerbern zu haben. Die Kennzahlen ermöglichen die **Beurteilung der eigenen Unternehmenssituation**.

Zur Analyse werden in der Regel die GuV-Rechnung sowie die Bilanz herangezogen. Die wichtigsten Kennzahlen sind dabei:

- Rohertrag und Reingewinn
- Wirtschaftlichkeit
- Eigenkapitalrentabilität
- Gesamtkapitalrentabilität
- Umsatzrentabilität
- Liquidität

Rentabilitäten werden als Prozentzahl angegeben und können allgemein als Verzinsung zur Bezugsgröße verstanden werden.

So gibt beispielsweise die Eigenkapitalrentabilität die Verzinsung des in einem Unternehmen eingesetzten Kapitals an.

Spezielle Kennzahlen zur Bilanzanalyse (z. B. Liquiditätsermittlung für Finanzierungsentscheidungen) werden in Lernfeld 8 behandelt.

Auf der Grundlage der ermittelten Kennzahlen werden häufig Entscheidungen im Rahmen der Unternehmensführung und des Controllings getroffen.

Rohertrag und Reingewinn

Für ein Großhandelsunternehmen ist der Handel mit Waren (und Dienstleistungen) von besonderer Bedeutung.

Die verkauften Mengen werden dabei **Absatz** eines Unternehmens genannt. Nicht zu verwechseln sind Absatz und Umsatz. Der **Umsatz** ist der Gegenwert in Euro, den das Unternehmen für seine verkauften Waren erhält.

Absatzmenge · Verkaufspreis = Umsatz

BEISPIEL

Die Fairtext GmbH hat im Monat August 280 Stück Freizeithemden zu einem Einzelpreis von 89,00 € abgesetzt. Daraus ergibt sich ein Umsatz für August bei Freizeithemden von 280 · 89 = 24.920,00 €.

Um den tatsächlichen „Verbrauch" der Waren festzustellen, muss man den Wareneinsatz ermitteln. Der **Wareneinsatz** umfasst die abgesetzten Waren bewertet zu Einkaufspreisen.

Der Wareneinsatz wird wie folgt ermittelt:

Warenanfangsbestand
\+ Einkäufe
– Warenschlussbestand (lt. Inventur)
= Wareneinsatz

BEISPIEL

Im Einstiegsbeispiel sind folgende Beträge aus den Bilanzen bzw. der GuV der Fairtext GmbH abzulesen:

Warenanfangsbestand	185.000,00 €
+ Einkäufe	961.000,00 €
– Warenschlussbestand	214.000,00 €
= Wareneinsatz	**932.000,00 €**

Der Rohertrag setzt sich grundsätzlich zusammen aus der Summe der Umsatzerlöse abzüglich der Summe des Wareneinsatzes (Einkaufswert der verkauften Waren). Nicht berücksichtigt sind weitere Aufwendungen wie Gehälter, Post und Telekommunikation oder Werbung, die noch gedeckt werden müssen.

Umsatzerlöse – Wareneinsatz = Rohertrag

BEISPIEL

Im Einstiegsbeispiel sind folgende Beträge aus den Bilanzen bzw. der GuV der Fairtext GmbH abzulesen:

Umsatzerlöse für Waren	1.694.000,00 €
– Wareneinsatz	932.000,00 €
= Rohertrag	**762.000,00 €**

203153584

Für Unternehmen hat der Rohertrag besondere Bedeutung. Der Rohertrag lässt sich nicht nur für alle Waren eines Sortiments, sondern auch für Warengruppen oder einzelne Waren berechnen. Dadurch lassen sich beispielsweise auch Preise einzelner Artikel besser kalkulieren und analysieren. Der Rohertrag gibt Anhaltspunkte dazu, ob noch Spielräume bei Preisen, in der Kostenstruktur des Unternehmens oder bei einer Warengruppe vorhanden sind. Da im Rohertrag noch nicht alle Aufwendungen berücksichtigt sind, kann ein positiver Rohertrag insgesamt trotzdem zu einem Verlust führen.

Im Gegensatz zum Rohertrag berücksichtigt der **Reingewinn** alle Kosten und alle Erlöse. Der Rohertrag wird daher auch als Jahresüberschuss bezeichnet.

Erlöse – Kosten = Reingewinn

Erlöse = Umsatzerlöse + sonst. Erlöse
Kosten = Wareneinsatz + sonst. Kosten

BEISPIEL

Im Einstiegsbeispiel sind folgende Beträge aus der GuV der Fairtext GmbH abzulesen:

Umsatzerlöse für Waren	1.694.000,00 €
– Kosten	1.635.400,00 €
= Reingewinn	**58.600,00 €**

Aus den Beispielen ist zu erkennen, dass trotz des hohen Rohertrages der Reingewinn relativ niedrig ist. Die Handlungskosten spielen dabei eine große Rolle. Handlungskosten sind die Kosten der gewöhnlichen Tätigkeit im Handel (z. B. Löhne, Mieten, Bürobedarf). Diese müssen neben dem Wareneinsatz mindestens auch noch gedeckt sein, damit ein Unternehmen keinen Verlust macht. Bei der Preiskalkulation wird daher meist ein sogenannter Handlungskostenzuschlagssatz berechnet.

Wirtschaftlichkeit

Ein Unternehmen handelt nach den Grundsätzen des ökonomischen Prinzips, um entweder

- eine bestimmte Leistung mit möglichst geringem Aufwand oder
- eine möglichst große Leistung mit einem gegebenen Aufwand zu erzielen.

Die Wirtschaftlichkeit eines Unternehmens lässt sich in der Wirtschaftstheorie unterschiedlich bestimmen. Es finden sich in der Literatur verschiedene Formeln, beispielsweise die der Wirtschaftlichkeit als Verhältnis zwischen Ertrag und Aufwand.

Hier wird von der Wirtschaftlichkeit als Verhältnis seiner betrieblichen Leistung zu seinen betrieblichen Kosten ausgegangen.

$$\textbf{Wirtschaftlichkeit} = \frac{\text{betriebliche Leistung}}{\text{betriebliche Kosten}}$$

Die Zahlen zur Berechnung der Wirtschaftlichkeit werden der GuV entnommen.

BEISPIEL

Aus der in der Einstiegssituation dargestellten GuV-Rechnung sind alle Aufwendungen (= betriebliche Kosten) und Erträge (= betriebliche Leistungen) betrieblich. Daraus lässt sich folgende Wirtschaftlichkeit ermitteln:

$$\text{Wirtschaftlichkeit} = \frac{1.694,000\ €}{1.635,400\ €} = 1,04$$

Wenn die Kennziffer der Wirtschaftlichkeit größer ist als 1, dann ist die Wirtschaftlichkeit positiv, d. h., es wird ein Gewinn erzielt. Ist die Wirtschaftlichkeit kleiner 1, dann wird ein Verlust erzielt.

Betriebliche Leistungen und betriebliche Kosten[1]
Während in der Buchführung von *Erträgen* und *Aufwendungen* gesprochen wird, werden in der Kosten- und Leistungsrechnung die Begriffe *Kosten* und *Leistungen* benutzt.

DEFINITION

Die **betrieblichen Leistungen** sind alle direkt dem Betriebsprozess zuzuordnenden Leistungen.

Betriebliche Leistungen sind z. B. Umsatzerlöse aus Textilien. Sie sind direkt dem Betriebsprozess zuordenbar, da das zum täglichen Geschäft der Fairtext GmbH gehört.
Erzielt die Fairtext GmbH aber Spekulationsgewinne durch Aktienverkäufe, ist dies für das Unternehmen keine betriebliche Leistung, sondern eine **betriebsneutrale Leistung**, da die Aktienspekulation nicht zum „normalen" Betriebsprozess gehört.

1 Ausführliches hierzu ist Thema von Lernfeld 10 „Kosten- und Leistungsrechnung durchführen".

DEFINITION

Die **betrieblichen Kosten** sind alle dem Betriebsprozess zuzuordnenden Aufwendungen.

Durch die normale Betriebstätigkeit entstehen der Fairtext GmbH **betriebliche Kosten**. Dazu gehören unter anderem Personalkosten, Raumkosten und Lagerkosten.
Im Gegensatz dazu stehen **betriebsneutrale Kosten**, z. B. Verluste bei Aktienverkäufen oder außerordentliche Aufwendungen, die in keinem direkten Zusammenhang zur gewöhnlichen Tätigkeit der Fairtext GmbH stehen.

Beurteilung des Eigenkapitals

Um die Entwicklung des Eigenkapitals zu beurteilen, ist die Kennziffer **Eigenkapitalrentabilität** eine geeignete Messgröße.

Bei der Eigenkapitalrentabilität wird der erzielte Unternehmergewinn ins Verhältnis zum durchschnittlichen Eigenkapital des Geschäftsjahres gesetzt. Der Unternehmergewinn ist der Reingewinn vermindert um den kalkulatorischen Unternehmerlohn.

$$\textbf{Eigenkapitalrentabilität} = \frac{\text{Unternehmergewinn} \cdot 100}{\text{durchschnittl. Eigenkapital}}$$

Das durchschnittliche Eigenkapital wird wie folgt berechnet:

$$\text{durchschn. } \textbf{EK} = \frac{\text{EK Jahresbeginn} + \text{EK Jahresende}}{2}$$

Die Eigenkapitalrentabilität gibt an, mit wie viel Prozent sich das eingesetzte Eigenkapital verzinst hat.

BEISPIEL

Aus dem Einstiegsbeispiel lässt sich mithilfe der Eröffnungs- und Schlussbilanz folgendes durchschnittliches Eigenkapital ermitteln.

$$\text{durchschn. EK} = \frac{481.000{,}00\text{ €} + 539.600{,}00\text{ €}}{2}$$

$$= 510.300{,}00\text{ €}$$

Somit lässt sich folgende Eigenkapitalrentabilität feststellen:

$$\text{EK-Rentabilität} = \frac{58.600{,}00\text{ €} \cdot 100}{510.300{,}00\text{ €}} = 11{,}48\,\%$$

Der Aussagewert der Eigenkapitalrentabilität kann problematisch sein, da der Gewinn in der Regel nicht ausschließlich aus dem Eigenkapitaleinsatz resultiert, es sei denn, das Unternehmen arbeitet ausschließlich mit Eigenkapital. Gewinn und Eigenkapital sollten daher nicht direkt aufeinander bezogen werden. Zudem kann die ermittelte Eigenkapitalrentabilität leicht zu Fehlschlüssen verleiten. Sie ist nämlich bei gleichem Gewinn umso höher, je geringer das Eigenkapital ist.

BEISPIEL

Beim halben durchschnittlichen Eigenkapital (510.300,00 € : 2 = 255.150,00 €) und gleichem Unternehmergewinn wäre die Eigenkapitalrentabilität mit 22,96 % doppelt so groß.

So könnte leicht der Schluss gezogen werden, es sei für einen Unternehmer empfehlenswert, nur in geringem Umfang Eigenkapital einzusetzen, weil dann eine große Eigenkapitalrentabilität erzielt würde.

Beurteilung der Kapitalstruktur

Eine häufig aussagekräftigere Kennzahl als die Eigenkapitalrentabilität ist die der **Gesamtkapitalrentabilität**. Die Gesamtkapitalrentabilität gibt an, mit wie viel Prozent sich das gesamte eingesetzte Kapital verzinst hat.

Bei ihrer Ermittlung wird der erzielte Kapitalgewinn zum Gesamtkapital ins Verhältnis gesetzt. Der erzielte Kapitalgewinn ist der Unternehmergewinn zuzüglich der Fremdkapitalzinsen. Das Gesamtkapital ist die Summe von Eigen- und Fremdkapital. Zur Berechnung wird das durchschnittliche Gesamtkapital des Geschäftsjahres herangezogen, das wie folgt berechnet wird:

$$\text{durchschn. } \textbf{GK} = \frac{\text{GK Jahresbeginn} + \text{GK Jahresende}}{2}$$

$$\textbf{GK}\text{-Rentabilität} = \frac{\text{Unternehmergewinn} + \text{FK-Zinsen}}{\text{durchschn. GK}} \cdot 100$$

Damit eine Vergleichbarkeit zwischen verschiedenen Gesamtrentabilitäten möglich ist, soll das Fremdkapital so behandelt werden, als wäre es Eigenkapital. Für Eigenkapital sind keine Zinszahlungen notwendig. Daher muss der Effekt der Fremdkapitalzinsen herausgerechnet werden. Dies geschieht durch Zurechnung der Fremdkapitalzinsen zum Gewinn.

BEISPIEL

Im Einstiegsbeispiel lässt sich mithilfe der Eröffnungs- und Schlussbilanz das folgende durchschnittliche Gesamtkapital ermitteln:

$$\text{durchschn. EK} = \frac{1.430.000{,}00\,€ + 1.550.830{,}00\,€}{2} = 1.475.565{,}00\,€$$

Somit lässt sich folgende Gesamtkapitalrentabilität ermitteln:

$$\text{Gesamtkapitalrentabilität} = \frac{58.600{,}00\,€ + 28.690{,}00\,€}{1.475.565{,}00\,€} \cdot 100 = 5{,}92\,\%$$

Durch einen Vergleich der Eigenkapitalrentabilität mit der Gesamtkapitalrentabilität kann der Unternehmer feststellen, ob sich der Einsatz von Fremdkapital in seinem Unternehmen gelohnt hat. Er hat sich immer dann gelohnt, wenn die Eigenkapitalrentabilität höher ist als die Gesamtkapitalrentabilität. Der Unternehmer hat in diesem Fall durch den Einsatz von Fremdkapital einen zusätzlichen Gewinn erwirtschaftet, der die Zinsen übersteigt, die er für das Fremdkapital zahlen muss.

Des Weiteren ist zu beobachten, ob der Prozentsatz der Gesamtkapitalrentabilität dem aktuellen Zinssatz für Fremdkapitalzinsen übersteigt. Ist dies der Fall, führt eine Aufstockung des Fremdkapitals zu einem höheren Gewinn und damit zu einer höheren Eigenkapitalrentabilität.

Beurteilung der Umsatzstruktur

Viele Unternehmen versuchen über einen möglichst hohen Umsatz auch einen möglichst hohen Gewinn zu erzielen. Eine wichtige Kennziffer ist dabei die **Umsatzrentabilität**.

Bei der Umsatzrentabilität wird der Unternehmergewinn ins Verhältnis zum Nettoumsatz gesetzt.

$$\textbf{Umsatzrentabilität} = \frac{\text{Unternehmergewinn} \cdot 100}{\text{Nettoumsatz}}$$

Die Umsatzrentabilität gibt den im Nettoumsatz enthaltenen Gewinn in Prozent an.

BEISPIEL

Aus dem Einstiegsbeispiel lässt sich folgende Umsatzrentabilität ermitteln:

$$\text{Umsatzrentabilität} = \frac{58.600{,}00\,€ \cdot 100}{1.694.000{,}00\,€} = 3{,}46\,\%$$

Eine geringe Umsatzrentabilität führt bei gleichem Umsatz zu einem geringeren Gewinn als eine hohe Umsatzrentabilität.

Der Mittelstand in Deutschland hat zwischen 2013 und 2019 insgesamt steigende Umsatzrentabilitäten (Umsatzrenditen) erzielt. Es lässt sich aus der unten stehenden Tabelle erkennen, dass kleinere Unternehmen mit weniger Beschäftigten eine höhere Umsatzrentabilität erzielen als größere. Die Fairtext GmbH als mittelständisches Unternehmen mit ihren etwa 300 Beschäftigten liegt mit den erzielten 3,46 % Umsatzrentabilität zurzeit etwas unter dem Durchschnitt.

Jahr	Anzahl Beschäftigte		
	weniger als 10	10 bis 49	50 und mehr
2013	13,3	4,9	4,2
2014	12,6	4,9	4,6
2015	13,8	5,4	4,5
2016	14,0	6,4	4,4
2017	14,6	6,1	4,2
2018	15,0	6,2	4,2
2019	14,6	5,7	4,2

Tabelle: Durchschnittliche Umsatzrenditen im Mittelstand

Eigene Darstellung, Daten entnommen aus: KfW-Mittelstandspanel 2020 - Tabellenband, S. 14.

Beurteilung der Zahlungsfähigkeit

Bei der Beurteilung der Zahlungsfähigkeit eines Unternehmens ist die Analyse der Liquidität von besonderer Bedeutung. Mit Liquidität sind die „flüssigen Mittel" eines Unternehmens gemeint. Ein liquides Unternehmen ist in der Lage, kurzfristig Geldmittel bereitzustellen, die verwendet werden können, um alle kurzfristigen Verbindlichkeiten zu bezahlen. Zu den flüssigen Mitteln zählen

Bargeld (Kasse), Bankguthaben oder auch handelbare Wertpapiere.

Der Grad der Liquidität kann als Prozentzahl berechnet werden. Grundsätzlich werden bei den Liquiditätskennzahlen die „flüssigen Mittel" und die kurzfristigen Verbindlichkeiten gegenübergestellt.

$$\text{Liquidität 1. Grades} = \frac{\text{flüssige Mittel} \cdot 100}{\text{kurzfristige Verbindlichkeiten}}$$

$$\text{Liquidität 2. Grades} = \frac{(\text{flüssige Mittel} + \text{Forderungen}) \cdot 100}{\text{kurzfristige Verbindlichkeiten}}$$

Bei der Liquidität 2. Grades werden auch die Forderungen berücksichtigt, weil auch diese in der Regel relativ kurzfristig als liquide Mittel zur Verfügung stehen können.

BEISPIEL

Im Einstiegsbeispiel sind folgende Beträge aus den Bilanzen der Fairtext GmbH abzulesen:

Bilanz zum 01.01.20..

Liquidität 1. Grades = (165.300,00 · 100) : 22.300,00 = 741 %

Liquidität 2. Grades = ((165.300,00 + 32.000,00) · 100) : 22.300,00 = 885 %

Bilanz zum 31.12.20..
Liquidität 1. Grades
= (181.830,00 · 100) : 34.530,00 = 527 %
Liquidität 2. Grades
= ((181.830,00 + 35.200,00) · 100) : 34.530,00 = 628 %

Sowohl die Liquidität 1. Grades als auch die Liquidität 2. Grades hat sich in dem Geschäftsjahr verschlechtert. Allerdings muss man in diesem Beispiel sagen, dass die Liquidität insgesamt sehr gut ist, weil in allen Fällen die flüssigen Mittel schon die kurzfristigen Verbindlichkeiten decken. Das ist immer der Fall, wenn die Liquidität 1. Grades über 100 % liegt.

AUFGABEN

1. Erklären Sie die Unterschiede der nachfolgenden Paare von Rentabilitätskennziffern mit eigenen Worten. Erläutern Sie auch den Sinn eines Vergleichs der jeweiligen Kennziffern.
   a) Eigenkapitalrentabilität und Gesamtkapitalrentabilität
   b) Eigenkapitalrentabilität und Umsatzrentabilität
2. Frau Schröter bekommt die aktuelle Bilanz seines Unternehmens vorgelegt. Dort wurde für das abgelaufene Geschäftsjahr ein Unternehmensgewinn von 225.000,00 € festgestellt, im Vorjahr waren es nur 180.000,00 €. Auch das Eigenkapital ist von 800.000,00 € im Vorjahr auf 900.000,00 € im abgelaufenen Jahr angestiegen (das EK vor 2 Jahren betrug 780.000,00 €). Das Fremdkapital betrug sowohl im abgelaufenen Jahr als auch im Vorjahr 450.000,00 €. Der zu zahlende Zinssatz ist dabei für das Fremdkapital von 8 % (Vorjahr) auf 9 % (abgelaufenes Jahr) gestiegen.
   a) Bestimmen Sie die Eigenkapitalrentabilität für das abgelaufene Jahr und das Vorjahr.
   b) Warum ist der Aussagewert der Eigenkapitalrentabilität problematisch und die Gesamtkapitalrentabilität daher die aussagekräftigere Kennzahl?
   c) Im abgelaufenen Jahr hat die Fairtext GmbH neben den bereits dargestellten Kennzahlen einen Nettoumsatz von 2.500.000,00 € erwirtschaftet. Die entstandenen betriebsbedingten Kosten betrugen im gleichen Zeitraum 625.000,00 €. Bestimmen Sie die Umsatzrentabilität und die Wirtschaftlichkeit der Fairtext GmbH.
3. Die Fairtext GmbH erwirtschaftete in einem Jahr einen Unternehmensgewinn von 100.000,00 €. Ihr durchschnittliches Eigenkapital betrug in diesem Jahr 50.000,00 €. Das Fremdkapital betrug durchschnittlich 100.000,00 €, der Fremdkapitalzinssatz 12 %.
4. Die Fairtext GmbH besitzt eine Filiale in Bielefeld und eine Filiale in Münster. In beiden Filialen wird das gleiche Sortiment verkauft. In der Bielefelder Filiale wurden in einem Jahr 2.000.000,00 € Nettoumsatz erzielt. Im gleichen Zeitraum entstanden in dieser Filiale Kosten von insgesamt 1.200.000,00 €. Die Filiale in Münster erzielte im gleichen Jahr einen Nettoumsatz von 1.400.000,00 €. In dieser

203153588

Filiale entstanden im gleichen Zeitraum insgesamt 800.000,00 € Kosten.
Beurteilen Sie die Wirtschaftlichkeit der beiden Filialen.

5. Die Fairtext GmbH weist in ihrer Filiale in Frankfurt folgende GuV und Bilanz aus:

Berechnen Sie die nachfolgenden Kennzahlen.

a) Wirtschaftlichkeit
b) Eigenkapitalrentabilität
c) Gesamtkapitalrentabilität
d) Umsatzrentabilität
e) Wareneinsatz
f) Rohertrag
g) Reingewinn

S	9300 GuV		H
3010 Wareneingang	491.400,00	8010 Warenverkauf	1.050.000,00
4620 Ausgangsfrachten	18.650,00		
4710 Instandhaltung	4.590,00		
4010 Löhne	355.600,00		
4910 Abschreibungen	18.500,00		
4100 Mieten	8.000,00		
4810 Bürobedarf	3.450,00		
2110 Zinsaufw.	14.510,00		
0610 EK	135.300,00		
	1.050.000,00		1.050.000,00

AKTIVA	Bilanz der Fairtext GmbH zum 01.01.20..		PASSIVA
I. Anlagevermögen		I. Eigenkapital	427.400,00
1. Grundstücke und Bauten	385.000,00	II. Fremdkapital	
2. Technische Anlagen und Maschinen	224.000,00	1. Hypotheken	255.400,00
3. Betriebs- und Geschäftsausstattung	45.600,00	2. Darlehen	234.500,00
II. Umlaufvermögen		3. Verbindlichkeiten a. LL	19.700,00
1. Waren	173.400,00		
2. Forderungen a. LL	36.000,00		
3. Bank	70.400,00		
4. Kasse	2.600,00		
	937.000,00		937.000,00

AKTIVA	Bilanz der Fairtext GmbH zum 31.12.20..		PASSIVA
I. Anlagevermögen		I. Eigenkapital	562.700,00
1. Grundstücke und Bauten	462.000,00	II. Fremdkapital	
2. Technische Anlagen und Maschinen	268.800,00	1. Hypotheken	280.940,00
3. Betriebs- und Geschäftsausstattung	54.720,00	2. Darlehen	257.950,00
II. Umlaufvermögen		3. Verbindlichkeiten a. LL	22.810,00
1. Waren	208.080,00		
2. Forderungen a. LL	43.200,00		
3. Bank	84.480,00		
4. Kasse	3.120,00		
	1.124.400,00		1.124.400,00

6. Der Begriff „Rohertrag“ hat für ein Großhandelsunternehmen eine hohe Bedeutung. Beantworten Sie folgende Fragen:

a) Was ist der Unterschied zwischen Absatz und Umsatz?

b) Was wird unter dem Begriff „Rohertrag“ verstanden?

c) Warum ist diese Kennzahl für ein Unternehmen so bedeutsam?

7. Bestimmen Sie den Wareneinsatz, den Rohertrag sowie den Reingewinn für die nachfolgenden Unternehmenszahlen (Eröffnungsbilanz, GuV und Schlussbilanz).

S	Eröffnungsbilanz zum 01.01.20..		H
I. Anlagevermögen		I. Eigenkapital	2.204.180,00
1. Gebäude	1.425.000,00	II. Fremdkapital	
2. Fuhrpark	840.000,00	1. Hypotheken	855.000,00
3. BGA	630.000,00	2. Darlehen	665.000,00
II. Umlaufvermögen		3. Verb. a. LL	432.120,00
1. Waren	320.000,00	4. Umsatzsteuer	19.000,00
2. Ford. a. LL	849.750,00		
3. Bank	72.000,00		
4. Postbank	34.000,00		
5. Kasse	4.550,00		
	4.175.300,00		4.175.300,00

S	9300 GuV		H
3010 Wareneingang	65.500,00	8010 Warenverkauf	98.500,00
4710 Instandhaltung	1.500,00	2610 Zinserträge	800,00
4020 Gehälter	22.500,00		
4100 Mieten	2.600,00		
4810 Bürobedarf	200,00		
2110 Zinsaufwendungen	2.000,00		
0610 Eigenkapital	5.000,00		
	99.300,00		99.300,00

AKTIVA	Schlussbilanz zum ...		PASSIVA
I. Anlagevermögen Grundstücke und Bauten	1.425.000,00	I. Eigenkapital	2.209.180,00
1. Fuhrpark	840.000,00	II. Fremdkapital	
2. BGA	632.800,00	1. Hypotheken	855.000,00
3. Waren	345.000,00	2. Darlehen	657.000,00
II. Umlaufvermögen		3. Verbindlichkeiten a. LL	443.187,00
1. Forderungen a. LL	892.590,00	4. Umsatzsteuer	28.215,00
2. Postbank	36.160,00		
3. Vorsteuer	8.550,00		
4. Bank	6.385,00		
5. Kasse	6.097,00		
	4.192.582,00		4.192.582,00

203153590

AKTIONEN

1. Wählen Sie ein Unternehmen aus dem DAX 30 aus und suchen Sie dazu im Internet die Geschäftsberichte der letzten drei Jahre.
   Bestimmen Sie die Rentabilitäten der letzten drei Jahre und interpretieren Sie die Ergebnisse.
2. Durch die Corona-Krise haben sich verschiedene Kennzahlen vieler deutscher Unternehmen verschlechtert. Untersuchen Sie nachfolgende Kennzahlen von Volkswagen für die Geschäftsjahre 2019 und 2020:
   - Eigenkapitalrentabilität
   - Gesamtkapitalrentabilität
   - Umsatz
   - Gewinn

ZUSAMMENFASSUNG

Analyse des Erfolgs eines Unternehmens

mit Zahlen aus

GuV | **Bilanz**

Kennzahlen

zur Beurteilung der eigenen Unternehmenssituation

Wirtschaftlichkeit

$$= \frac{\textbf{betriebliche Leistung}}{\text{betriebliche Kosten}}$$

Umsatzstruktur

Umsatzrentabilität

$$= \frac{\textbf{Unternehmergewinn}}{\text{Nettoumsatz}} \times 100$$

Kapitalstruktur

Eigenkapitalrentabilität

$$= \frac{\textbf{Unternehmergewinn}}{\text{durchschnittliches Eigenkapital}} \times 100$$

Gesamtkapitalrentabilität

$$= \frac{\textbf{Unternehmergewinn + Fremdkapitalzinsen}}{\text{durchschnittliches Gesamtkapital}} \times 100$$

Rohertrag und Reingewinn

Wareneinsatz
Warenanfangsbestand
+ Einkäufe
− Warenschlussbestand
= Wareneinsatz

Rohertrag
Umsatzerlöse
− Wareneinsatz
= Rohertrag

Reingewinn
Alle Erlöse
− alle Kosten
= Reingewinn

Sachwortverzeichnis

203153592

Bildquellenverzeichnis

Bergmoser + Höller Verlag AG, Aachen: Zahlenbilder 95.1, 96.1, 132.1, 142.2, 144.1, 145.1.
Bioland e. V., Mainz: 432.1.
Corel GmbH, Alzenau: 180.2, 180.4, 180.7, 180.8, 180.11, 180.12; www.mindmanager.com 180.1, 180.3, 180.5, 180.6, 180.9, 180.10.
datenschutzexperte.de by Proliance GmbH, München: 2020 255.1.
Demeter e. V., Darmstadt: 432.2.
Deutsche Gütegemeinschaft Möbel e. V., Fürth: 263.3.
Dipl. Betriebswirt (FH) Montag, Torsten – Gründerlexikon, Dingelstädt: 254.2.
ECC Köln, Digitalmarke des Institut für Handelsforschung (IFH Köln), Customers' Choice, Köln: ECC Köln: Customers' Choice 2019 – Deutschlands beste Onlineanbieter. Köln, 2019 230.3.
EHI Retail Institute e. V., Köln: 235.1.
Europäische Kommission: 431.1.
Fairtrade Deutschland e. V., Köln: 434.1.
Forest Stewardship Council (FSC) Deutschland, Freiburg: 432.5.
fotolia.com, New York: Ament, Manfred 438.1; Andrea Veneziano 24.1; BillionPhotos.com 27.1; contrastwerkstatt 54.1; DOC RABE Media 62.1, 547.1; Effner, Jürgen 15.1; fotomek 20.1, 183.3; goodluz 28.2; Hanik 342.1; i love images 8.1; JackF 28.1; Jeanette Dietl 27.5; Kneschke, Robert 63.1, 105.1; konradbak 27.3; Laurent Hamels 27.4; Mixage 111.1; Natalia Merzlyakova 236.12, 236.13, 236.15; sepy 27.2; Spectral-Design 236.4, 236.7, 236.8; Tripod 183.2; Trueffelpix 85.1; Yuri Arcurs 190.1.
Google LLC, Mountain View: Google and the Google logo are registered trademarks of Google LLC, used with permission. 232.1, 232.2.
Görmann, Felix, Berlin: 34.1, 59.2, 77.1, 84.1, 86.1, 104.1, 115.1, 118.1, 118.2, 130.1, 134.1, 140.1, 156.1, 162.1, 192.1, 207.1, 215.1, 225.1, 241.1, 259.1, 267.1, 269.1, 272.1, 280.1, 288.1, 335.1, 353.1, 360.1, 361.1, 366.1, 383.1, 414.1, 420.1, 424.1.
Görmann, Felix (RV), Berlin: 48.1, 170.1, 175.1, 179.1, 181.2, 221.1, 222.1, 266.1, 270.1, 299.1, 303.2, 327.1, 329.2, 331.1, 460.1, 503.1.
Grüner Strom Label e. V., Bonn: www.gruenerstromlabel.de 432.4.
Hild, Claudia, Angelburg: 12.2, 17.1, 30.1, 30.2, 31.1, 32.1, 32.2, 38.1, 86.2, 86.3, 87.2, 122.1, 122.2, 123.1, 148.1, 159.1, 159.2, 167.1, 172.1, 174.1, 179.2, 193.1, 194.1, 195.1, 197.1, 198.1, 202.1, 204.1, 219.1, 219.2, 225.2, 232.3, 248.1, 249.1, 287.1, 301.1, 303.1, 310.1, 329.1, 334.1, 336.1, 355.1, 360.2, 360.3, 361.2, 361.3, 398.1, 399.1, 399.2, 404.1, 415.1, 425.1, 439.1, 441.1, 442.1, 448.1, 502.1, 508.1, 513.1, 517.1, 522.1, 522.2, 566.1, 567.1, 570.1; **basierend auf Idee von Heinemeier, Hartwig, Hannover** 98.5, 99.1, 100.1, 100.2, 121.1, 121.2, 121.3, 128.1, 136.1, 243.1, 291.1, 292.1; **Muove Design, Jens Müller, basierend auf Idee von Heinemeier, Hartwig, Hannover** 98.1, 98.2, 98.3, 98.4.
idealo internet GmbH, Berlin: 363.4.
Institut für Baubiologie Rosenheim GmbH, IBR, Rosenheim: 432.6.
iStockphoto.com, Calgary: Jackson, Brian 294.1; Tryaging 96.2.
Jecht, Birk, Hildesheim: 231.1, 339.1.
Jecht, Hans, Hildesheim: 12.1, 183.1, 343.1, 344.1, 362.1, 363.2.
Microsoft Deutschland GmbH, München: 181.1, 182.1, 198.2, 199.1, 199.2, 372.1, 372.2, 372.3, 372.4, 372.5, 378.1, 379.1, 380.1, 381.1, 382.1, 382.2, 383.2, 384.1, 384.2, 384.3, 384.4, 384.5, 385.1, 385.2, 385.3, 386.1, 386.2, 386.3, 386.4, 387.1, 387.2, 387.3, 387.4, 388.1, 388.2, 388.3, 388.4, 389.1, 389.2, 389.3, 389.4, 390.1, 390.2, 390.3, 392.1, 392.2, 393.1, 394.1, 394.2, 394.3, 394.4, 395.1, 397.1, 400.1, 400.2.
Picture-Alliance GmbH, Frankfurt a. M.: dpa-infografik 59.1, 115.2, 188.1, 188.2, 431.2; dpa-infografik GmbH 66.1, 90.1, 142.1, 531.1; dpa/Galuschka, Horst 417.1.
Producto GmbH – Testberichte.de, Berlin: 363.1.
RAL gGmbH, Bonn: 432.3.
Shutterstock.com, New York: Lee Yiu Tung 114.2; Monkey Business Images 515.1.
stock.adobe.com, Dublin: aaabbc 79.1; auremar 214.1; BERLINSTOCK 449.1; BillionPhotos.com 21.1; Buffaloboy 324.1; contrastwerkstatt 61.1, 339.2; Dietl, Jeanette 236.1, 236.6, 236.10, 236.11, 236.17; Dmitry 324.2, 348.1; Do Ra 363.3; Drobot, Dean 10.3; Enter, Matthias 88.1, 332.1; fizkes 51.1; FM2 345.1; FreshPaint 236.2, 236.3, 236.5, 236.9; Friedel,

Bernd 302.1; Gorodenkoff Productions OU 44.2; hfox 242.1; Ihlenfeld, Wilm 273.1; industrieblick 236.14, 236.16, 236.18; JackF 69.1; juergenphilipps 455.1; Kalyakan 114.1; katjaneben_888 263.1; Körber, Stefan 417.2; Kzenon 408.1; lasse-designen 171.1; Levitsky, Seva 10.1; MARIIA 10.2; Monster Ztudio 256.1; MQ-Illustrations 554.1; Nadezhda 44.1; NINENII 281.1; Nuamfolio Titel; nucro 10.4; pathdoc 168.1, 168.2; Phovoir 87.1; Popov, Andrey 94.1, 230.2; robu_s 230.1; ronna-rong 67.1; Soedher, Jakob Maria 289.1; sp4764 101.1; stockpics 80.1, 247.1; taa22 258.1; THANANIT 177.1; Victor 127.1; Wodicka, Erwin 406.1; ©neropha 231.2.
The Woolmark Company Pty Ltd., Sydney: 263.2.
Verband der Elektrotechnik Elektronik Informationstechnik e.V. (VDE), Frankfurt: 262.1.
VGL Verlagsgesellschaft mbH, Berlin: https://www.vergleich.org/ 362.2, 362.3.
Zeitfracht GmbH, Stuttgart: 254.1.

Konten

0 Anlage- und Kapitalkonten

00 Frei

01 Immaterielle Vermögensgegenstände (z. B. Firmenwert)

02 Grundstücke und Gebäude
- 0210 Grundstücke
- 0230 Gebäude

03 Anlagen, Maschinen, Betriebs- und Geschäftsausstattung
- 0310 Technische Anlagen und Maschinen
- 0330 Betriebs- und Geschäftsausstattung (BGA)
- 0340 Fuhrpark
- 0350 Geleistete Anzahlungen
- 0360 Anlagen im Bau
- 0370 Geringwertige Wirtschaftsgüter (GWG)
- 0371 GWG-Sammelposten

04 Finanzanlagen
- 0430 Beteiligungen
- 0450 Wertpapiere des Anlagevermögens
- 0460 Sonstige Ausleihungen (Darlehen)

05 Abschreibungen und Wertberichtigungen
- 0510 Abschreibungen auf Sachanlagen
- 0520 Wertberichtigungen bei Forderungen
  - 0521 Einzelwertberichtigungen (EWB)
  - 0522 Pauschalwertberichtigungen (PWB)

06 Eigenkapital
- 0610 Gezeichnetes Kapital oder Eigenkapital
- 0620 Kapitalrücklagen
- 0630 Gewinnrücklage
  - 0631 Gesetzliche Rücklagen
  - 0633 Satzungsmäßige Rücklagen
  - 0634 Andere Gewinnrücklagen
- 0640 Gewinnvortrag, Verlustvortrag
- 0650 Jahresüberschuss, Jahresfehlbetrag
- 0660 Bilanzgewinn, Bilanzverlust
- 0670 Ergebnisverwendung

07 Sonderposten mit Rücklageanteil und Rückstellungen
- 0710 Sonderposten mit Rücklageanteil
- 0720 Rückstellungen
  - 0721 Rückstellungen für Pensionen
  - 0722 Steuerrückstellungen
  - 0724 Sonstige Rückstellungen

08 Verbindlichkeiten
- 0820 Verbindlichkeiten gegenüber Kreditinstituten (z. B. Darlehen)
- 0830 Hypotheken

1 Finanzkonten

10 Forderungen
- 1010 Forderungen a. LL
- 1020 Zweifelhafte Forderungen
- 1030 Nachnahmeforderungen

11 Sonstige Vermögensgegenstände
- 1130 Sonstige Forderungen
- 1140 Geleistete Anzahlungen auf Vorräte
- 1150 Forderungen an Gesellschafter
- 1160 Forderungen an Mitarbeiter
- 1170 SV-Vorauszahlung

12 Wertpapiere des Umlaufvermögens

13 Banken
- 1310 -1319 Kreditinstitute (= Bank)
- 1320 Postbank

14 Vorsteuer
- 1410 Vorsteuer (19 %)
  - 1411 Vorsteuer für i. E.[2]
- 1420 Vorsteuer (7 %)
- 1430 Einfuhrumsatzsteuer

15 Zahlungsmittel
- 1510 Kasse
- 1520 Schecks
- 1530 Wechselforderungen (Besitzwechsel)
- 1540 Protestwechsel

16 Privatkonten
- 1610 Privatentnahmen
- 1620 Privateinlagen

17 Verbindlichkeiten
- 1710 Verbindlichkeiten a. LL
- 1750 Erhaltene Anzahlungen auf Bestellungen
- 1760 Wechselverbindlichkeiten (Schuldwechsel)

18 Umsatzsteuer
- 1810 Umsatzsteuer (19 %)
  - 1811 Umsatzsteuer für i. E.[2]
- 1820 Umsatzsteuer (7 %)

19 Sonstige Verbindlichkeiten
- 1910 Verbindlichkeiten aus Steuern
- 1930 Verbindlichkeiten gegenüber Gesellschaftern
- 1940 Sonstige Verbindlichkeiten
- 1950 Verbindlichkeiten aus Vermögensbildung
- 1980 Zollverbindlichkeiten

2 i. E. = innergemeinschaftliche Erwerbe

Fortsetzung Kontenklasse 0

09 Rechnungsabgrenzungsposten
- 0910 Aktive Rechnungsabgrenzungsposten
- 0920 Disagio
- 0930 Passive Rechnungsabgrenzungsposten

2 Abgrenzungskonten

20 Sonstige Aufwendungen
- 2010 Frei
- 2020 Betriebsfremde Aufwendungen
- 2030 Periodenfremde Aufwendungen
- 2040 Verluste aus dem Abgang von AV
- 2050 Verluste aus dem Abgang von UV (außer Vorräte)
- 2060 Sonstige Aufwendungen (z. B. Kursverluste, Kassenfehlbeträge, außergewöhnliche Aufwendungen)
- 2070 Spenden[3]
- 2080 Anlagenabgänge

21 Zinsen und ähnliche Aufwendungen
- 2110 Zinsaufwendungen
- 2130 Diskontaufwendungen
- 2140 Zinsähnliche Aufwendungen
- 2150 Aufwendungen aus Kursdifferenzen

22 Steuern vom Einkommen
- 2210 Körperschaftsteuer sowie SolZ[3]
- 2230 Kapitalertragsteuer
- 2250 Steuernachzahlungen – Vorjahre[3]
- 2251 Steuererstattungen – Vorjahre[3]

23 Forderungsverluste
- 2310 Übliche Abschreibungen auf Forderungen
- 2320 Außergewöhnliche Abschreibungen auf Forderungen
- 2330 Zuführungen zu Einzelwertberichtigungen
- 2340 Zuführungen zu Pauschalwertberichtigungen

24 Sonstige Erträge
- 2410 Frei
- 2420 Betriebsfremde Erträge
- 2430 Periodenfremde Erträge
- 2460 Sonstige Erträge (z. B. Sachbezüge, Kassenüberschüsse, außergewöhnl. Erträge)

25 Erträge aus Beteiligungen, Wertpapieren und Ausleihungen des Finanzanlagevermögens
- 2510 Erträge aus Beteiligungen
- 2520 Erträge aus Wertpapieren des AV

26 Sonstige Zinsen und ähnliche Erträge
- 2610 Zinserträge
- 2630 Diskonterträge
- 2640 Zinsähnliche Erträge
- 2650 Erträge aus Kursdifferenzen

27 Sonstige betriebliche Erträge
- 2700 Erlöse aus Anlagenabgängen
- 2710 Erträge a. d. Abgang von AV

3 Diese Konten sind im AKA-Kontenplan nicht enthalten, da sie nur für Kapitalgesellschaften gelten.

1 Auf der Grundlage des vom **Bundesverband des Groß- und Außenhandels (BGA)**, Bonn 1988, und unter voller Berücksichtigung des von der **Aufgabe** **kaufmännische Abschlussprüfungen (AKA)**, IHK Nürnberg, herausgegebenen Großhandelskontenrahmens (1988).
Die Konten **8818** und **8828 Kundenskonto** sind im Kontenrahmen nicht aufgeführt, ebenso wie die **Unterkonten** der **Kontengruppen 37 und 38**. Sie ent

Kontenrahmen für den Groß- und Außenhandel[1]

klassen

3 Wareneinkaufskonten Warenbestandskonten

30 Warengruppe I
- 3010 Wareneingang
- 3020 Warenbezugskosten
- 3030 Leihemballagen
- 3050 Rücksendungen an Lieferanten
- 3060 Nachlässe von Lieferanten
- 3070 Lieferantenboni
- 3080 Lieferantenskonti

31 Warengruppe II
- 3110 Wareneingang
- 3120 Warenbezugskosten
- 3130 Leihemballagen
- 3150 Rücksendungen an Lieferanten
- 3160 Nachlässe von Lieferanten
- 3170 Lieferantenboni
- 3180 Lieferantenskonti

32 Warengruppe III

33 Warengruppe IV

37 Wareneingang aus i. E.[2]

38 Wareneinfuhr (aus Drittländern)

39 Warenbestände
- 3910 Warengruppe I
- 3920 Warengruppe II
- 3930 Warengruppe III
- 3940 Warengruppe IV

Fortsetzung Kontenklasse 2

- 2720 Erträge aus dem Abgang von UV (außer Vorräte)
- 2730 Erträge aus Zuschreibungen
- 2731 Zuschreibungen im AV
- 2732 Zuschreibungen im UV
- 2740 Erträge aus abgeschriebenen Forderungen
- 2750 Erträge aus der Auflösung von Wertberichtigungen zu Forderungen
- 2751 Auflösung von Einzelwertberichtigungen (EWB)
- 2752 Auflösung von Pauschalwertberichtigungen (PWB)
- 2760 Erträge aus der Auflösung von Rückstellungen
- 2770 Sonstige betriebliche Erträge (z. B. Kursgewinne)
- 2771 Erträge aus Versicherungsentschädigungen
- 2780 Entnahme von sonstigen Gegenständen und Leistungen

28 Verrechnete kalkulatorische Kosten[4]

29 Abgrenzung innerhalb des Geschäftsjahres[4]

4 **Kalkulatorische Kosten** und **inner periodische Abgrenzungen** werden in der Praxis nicht buchhalterisch, sondern stets **tabellarisch** in der **Abgrenzungsrechnung der KLR** berücksichtigt.

4 Konten der Kostenarten

40 Personalkosten
- 4010 Löhne
- 4020 Gehälter
- 4030 Aushilfslöhne
- 4040 Gesetzliche soziale Aufwendungen
- 4050 Freiwillige soziale Aufwendungen
- 4060 Aufwendungen für Altersversorgung
- 4070 Vermögenswirksame Leistungen

41 Mieten, Pachten, Leasing

42 Steuern, Beiträge, Versicherungen
- 4210 Gewerbesteuer
- 4211 Gewerbesteuernachzahlungen – Vorjahre
- 4212 Gewerbesteuererstattungen – Vorjahre
- 4220 Kfz-Steuer
- 4230 Grundsteuer
- 4240 Sonstige Betriebsteuern
- 4250 Betriebsteuernachzahlungen – Vorjahre
- 4251 Betriebsteuererstattungen – Vorjahre
- 4260 Versicherungen
- 4270 Beiträge
- 4280 Gebühren und sonstige Abgaben

43 Energie, Betriebsstoffe

44 Werbe- und Reisekosten

45 Provisionen

46 Kosten der Warenabgabe
- 4610 Verpackungsmaterial
- 4620 Ausgangsfrachten
- 4630 Gewährleistungen

47 Betriebskosten, Instandhaltung
- 4710 Instandhaltung
- 4730 Sonstige Betriebskosten

48 Allgemeine Verwaltung
- 4810 Bürobedarf
- 4820 Porto- und Telekommunikationskosten
  - 4821 Portokosten
  - 4822 Kosten der Telekommunikation
- 4830 Kosten der Datenverarbeitung
- 4840 Rechts- und Beratungskosten
- 4850 Personalbeschaffungskosten
- 4860 Kosten des Geldverkehrs
- 4890 Diverse Aufwendungen

49 Abschreibungen
- 4910 Abschreibungen auf Sachanlagen
- 4920 Abschreibungen auf GWG
- 4930 Abschreibungen auf Sammelposten
  - 4931 Abschreibungen auf SP Jahr 1
  - 4932 Abschreibungen auf SP Jahr 2
  - 4933 ... usw.
- 4940 Außerplanmäßige Abschreibungen auf Sachanlagen
- 4950 Abschreibungen auf Finanzanlagen des AV
- 4960 Abschreibungen auf Wertpapiere des UV

5 Konten der Kostenstellen[5]

Für die Konten der Kostenstellen sind betriebs- und branchenbedingt unterschiedliche Aufteilungen möglich. Die nachfolgende Untergliederung nach Funktionen ist beispielhaft aufgeführt:
- Einkauf
- Lager
- Vertrieb
- Verwaltung
- Fuhrpark
- Be-/Verarbeitung

5 **Anmerkung:** Die **Kostenstellenrechnung** wird in der Praxis stets **tabellarisch** und nicht kontenmäßig durchgeführt. Die Kontenklasse 5 bleibt deshalb in der Regel frei.

6 Konten für Umsatzkostenverfahren[6]

6 **Anmerkung:** Diese Kontenklasse bleibt in der Regel frei, da Großhandelsunternehmen ihre GuV-Rechnung meist nach dem **Gesamtkostenverfahren** erstellen.

7 Freie Kontenklasse

8 Warenverkaufskonten/Umsatzerlöse

80 Warengruppe I
- 8010 Warenverkauf
- 8050 Rücksendungen von Kunden
- 8060 Nachlässe an Kunden
- 8070 Kundenboni
- 8080 Kundenskonti

81 Warengruppe II
- 8110 Warenverkauf
- 8150 Rücksendungen von Kunden
- 8160 Nachlässe
- 8170 Kundenboni
- 8180 Kundenskonti

82 Warengruppe III

83 Warengruppe IV

87 Sonstige Erlöse
- 8710 Entnahme von Waren
- 8720 Provisionserträge
- 8730 Mieterträge

88 Außenhandelserlöse
- 8810 Erlöse aus innergemeinschaftlicher Lieferung
- 8820 Erlöse aus Warenausfuhr (in Drittländer)

9 Abschlusskonten

- **9100 Eröffnungsbilanzkonto**
- **9150 Saldenvorträge** (Sammelkonto)
- **9200 Warenabschlusskonto**
- **9300 Gewinn- und Verlustkonto**
- **9400 Schlussbilanzkonto**

telle für

rechen **den Unterkonten** der **Kontengruppen 30 und 80.**

Gliederung der Jahresbilanz

mittelgroßer und großer Kapitalgesellschaften[1]

nach § 266 Abs. 2 und 3 Handelsgesetzbuch mit Kontenzuordnung[2]

Aktiva		Passiva	
A. Anlagevermögen		A. Eigenkapital	
I. Immaterielle Vermögensgegenstände	(01)	I. Gezeichnetes Kapital	(0610)
1. Selbstgeschaffene gewerbliche Schutzrechte und ähnliche Rechte und Werte;		II. Kapitalrücklage	(0620)
2. entgeltlich erworbene Konzessionen, gewerbliche Schutzrechte und ähnliche Rechte und Werte sowie Lizenzen an solchen Rechten und Werten		III. Gewinnrücklagen	
3. Geschäfts- oder Firmenwert		1. gesetzliche Rücklage	(0631)
4. geleistete Anzahlungen		2. Rücklage für Anteile an einem herrschenden oder mehrheitlich beteiligten Unternehmen	
II. Sachanlagen	(02–03)	3. satzungsmäßige Rücklagen	(0633)
1. Grundstücke, grundstücksgleiche Rechte und Bauten einschließlich der Bauten auf fremden Grundstücken	(0210, 0230)	4. andere Gewinnrücklagen	(0634)
2. technische Anlagen und Maschinen	(0310)	IV. Gewinnvortrag/Verlustvortrag[3]	(0640)
3. andere Anlagen, Betriebs- und Geschäftsausstattung	(0330, 0340, 0370, 0371)	V. Jahresüberschuss/Jahresfehlbetrag[3]	(0650, 0660)
4. geleistete Anzahlungen und Anlagen im Bau	(0350, 0360)	**B. Rückstellungen**	(0720)
III. Finanzanlagen	(04)	1. Rückstellungen für Pensionen und ähnliche Verpflichtungen	(0721)
1. Anteile an verbundenen Unternehmen		2. Steuerrückstellungen	(0722)
2. Ausleihungen an verbundene Unternehmen		3. sonstige Rückstellungen	(0724)
3. Beteiligungen	(0430)	**C. Verbindlichkeiten**	
4. Ausleihungen an Unternehmen, mit denen ein Beteiligungsverhältnis besteht		1. Anleihen davon konvertibel	
5. Wertpapiere des Anlagevermögens	(0450)	2. Verbindlichkeiten gegenüber Kreditinstituten	(0820)
6. sonstige Ausleihungen	(0460)	3. erhaltene Anzahlungen auf Bestellungen	(1750)
B. Umlaufvermögen		4. Verbindlichkeiten aus Lieferungen und Leistungen	(1710)
I. Vorräte		5. Verbindlichkeiten aus der Annahme gezogener Wechsel und der Ausstellung eigener Wechsel	(1760)
1. Roh-, Hilfs- und Betriebsstoffe		6. Verbindlichkeiten gegenüber verbundenen Unternehmen	
2. unfertige Erzeugnisse		7. Verbindlichkeiten gegenüber Unternehmen, mit denen ein Beteiligungsverhältnis besteht	
3. fertige Erzeugnisse und Waren	(39)	8. sonstige Verbindlichkeiten	(1930, 1940, 1950, 1980)
4. geleistete Anzahlungen	(1140)	– davon aus Steuern	(18, 1910)
II. Forderungen und sonstige Vermögensgegenstände		– davon im Rahmen der sozialen Sicherheit	
1. Forderungen aus Lieferungen und Leistungen	(1010, 1020, 1030, 1530)	**D. Rechnungsabgrenzungsposten**	(0930)
2. Forderungen gegen verbundene Unternehmen		**E. Passive latente Steuern**	
3. Forderungen gegen Unternehmen, mit denen ein Beteiligungsverhältnis besteht			
4. sonstige Vermögensgegenstände	(1130–1170)		
III. Wertpapiere	(12)		
1. Anteile an verbundenen Unternehmen			
2. sonstige Wertpapiere			
IV. Kassenbestand, Bundesbankguthaben, Guthaben bei Kreditinstituten und Schecks	(1310, 1320, 1510)		
C. Rechnungsabgrenzungsposten	(0910, 0920)		
D. Aktive latente Steuern			
E. Aktiver Unterschiedsbetrag aus der Vermögensverrechnung			

1 **§ 266 (1) HGB**: Kleine Kapitalgesellschaften (§ 267[1] HGB) brauchen nur eine verkürzte Bilanz aus den mit Buchstaben und römischen Zahlen bestehenden Posten aufzustellen. Kleinstkapitalgesellschaften (§ 267a HGB) dürfen ebenfalls eine verkürzte Bilanz aufstellen, die nur die mit Buchstaben bezeichneten Posten enthalten muss.

2 nach dem Kontenrahmen für den Groß- und Außenhandel

3 **§ 268 (1) HGB**: Die Bilanz darf auch nach vollständiger oder teilweiser Verwendung des Jahresergebnisses aufgestellt werden. Wird die Bilanz nach teilweiser Verwendung des Jahresergebnisses (z. B. Zuführung von 50 % des Jahresgewinns in eine Gewinnrücklage) aufgestellt, so tritt an die Stelle des Postens „Jahresüberschuss/Jahresfehlbetrag" und „Gewinnvortrag/Verlustvortrag" der Posten **„Bilanzgewinn/Bilanzverlust"**; ein vorhandener Gewinn- oder Verlustvortrag ist in den Posten „Bilanzgewinn/Bilanzverlust" einzubeziehen und in der Bilanz oder im Anhang gesondert anzugeben.

Gliederung der Gewinn- und Verlustrechnung in Staffelform[1]

nach § 275 Handelsgesetzbuch mit Kontenzuordnung[2]

(1) Die Gewinn- und Verlustrechnung ist in Staffelform nach dem Gesamtkostenverfahren oder dem Umsatzkostenverfahren aufzustellen. Dabei sind die in Absatz 2 oder 3 bezeichneten Posten in der angegebenen Reihenfolge gesondert auszuweisen.

(2) Bei Anwendung des **Gesamtkostenverfahrens** sind auszuweisen:

1. Umsatzerlöse (8010, 8710, 8720, 8730, 8810, 8820)
2. Erhöhung oder Verminderung des Bestands an fertigen und unfertigen Erzeugnissen
3. andere aktivierte Eigenleistungen
4. sonstige betriebliche Erträge (2420, 2430, 2460, 2650, 2700, 2720, 2730, 2740, 2750, 2760, 2770, 2780)
5. Materialaufwand:
   a) Aufwendungen für Roh-, Hilfs- und Betriebsstoffe und für bezogene Waren (3010, 3710, 3810)
   b) Aufwendungen für bezogene Leistungen
6. Personalaufwand:
   a) Löhne und Gehälter (4010, 4020, 4030, 4070)
   b) soziale Abgaben und Aufwendungen für Altersversorgung und für Unterstützung, davon für Altersversorgung (4040, 4050, 4060)
7. Abschreibungen:
   a) auf immaterielle Vermögensgegenstände des Anlagevermögens und Sachanlagen (4910 , 4920)
   b) auf Vermögensgegenstände des Umlaufvermögens, soweit diese die in der Kapitalgesellschaft üblichen Abschreibungen überschreiten (2320)
8. sonstige betriebliche Aufwendungen (2020, 2030, 2040, 2050, 2060, 2070, 2080, 2150, 2310, 2320, 2330, 2340, 4100, 4260, 4270, 4280, 4300, 4400, 4500, 4610, 4620, 4630, 4710, 4730, 4810, 4820, 4830, 4840, 4850, 4860, 4890)
9. Erträge aus Beteiligungen (2510)
   – davon aus verbundenen Unternehmen
10. Erträge aus anderen Wertpapieren und Ausleihungen des Finanzanlagevermögens (2520)
    – davon aus verbundenen Unternehmen
11. sonstige Zinsen und ähnliche Erträge (2610, 2630, 2640)
    – davon aus verbundenen Unternehmen
12. Abschreibungen auf Finanzanlagen und auf Wertpapiere des Umlaufvermögens (4930, 4940)
13. Zinsen und ähnliche Aufwendungen (2110, 2130, 2140)
    – davon an verbundene Unternehmen
14. Steuern vom Einkommen und vom Ertrag (2210, 2230, 2250, 4210)
15. **Ergebnis nach Steuern (Saldo)**
16. sonstige Steuern (4220, 4230, 4240 , 4250)
17. **Jahresüberschuss/Jahresfehlbetrag (Saldo)**

(3) Bei Anwendung des **Umsatzkostenverfahrens** sind auszuweisen:

1. Umsatzerlöse
2. Herstellungskosten der zur Erzielung der Umsatzerlöse erbrachten Leistungen
3. Bruttoergebnis vom Umsatz
4. Vertriebskosten
5. allgemeine Verwaltungskosten
6. sonstige betriebliche Erträge
7. sonstige betriebliche Aufwendungen
8. Erträge aus Beteiligungen,
   – davon aus verbundenen Unternehmen
9. Erträge aus anderen Wertpapieren und Ausleihungen des Finanzanlagevermögens,
   – davon aus verbundenen Unternehmen
10. sonstige Zinsen und ähnliche Erträge,
    – davon aus verbundenen Unternehmen
11. Abschreibungen auf Finanzanlagen und auf Wertpapiere des Umlaufvermögens
12. Zinsen und ähnliche Aufwendungen,
    – davon an verbundene Unternehmen
13. Steuern vom Einkommen und vom Ertrag
14. **Ergebnis nach Steuern**
15. sonstige Steuern
16. **Jahresüberschuss/Jahresfehlbetrag**

---

1 **§ 275 [5] HGB**: Kleinstkapitalgesellschaften (§ 267a HGB) dürfen eine verkürzte GuV-Rechnung aufstellen, die nur die Posten Umsatzerlöse, sonstige Erträge, Materialaufwand, Personalaufwand, Abschreibungen, sonstige Aufwendungen, Steuern und Jahresüberschuss/Jahresfehlbetrag enthält. **§ 276 HGB**: Kleine und mittelgroße Kapitalgesellschaften (§ 267 HGB) dürfen die Posten § 275 Abs. 2 Nr. 1 bis 5 oder Abs. 3 Nr. 1 bis 3 und 6 zu einem Posten **„Rohergebnis“** zusammenfassen.

2 nach dem Kontenrahmen für den Groß- und Außenhandel